Anne Kraume
Literatur und Unabhängigkeit

Latin American Literatures in the World

Literaturas Latinoamericanas en el Mundo

Edited by / Editado por
Gesine Müller

Editorial Board
Ana Gallego (Granada)
Gustavo Guerrero (Paris)
Héctor Hoyos (Stanford)
Ignacio Sánchez Prado (St. Louis)
Mariano Siskind (Harvard)
Patricia Trujillo (Bogotá)

Volume 18 / Volumen 18

Anne Kraume

Literatur und Unabhängigkeit

Transatlantische Verflechtungen bei
fray Servando Teresa de Mier (1763–1827)

DE GRUYTER

Diese Open-Access-Publikation wurde gefördert durch den Publikationsfonds der Universität Konstanz.

ISBN 978-3-11-221490-9
e-ISBN (PDF) 978-3-11-102799-9
e-ISBN (EPUB) 978-3-11-102804-0
ISSN 2513-0757
DOI https://doi.org/10.1515/9783111027999

Dieses Werk ist lizenziert unter der Creative Commons Namensnennung 4.0 International Lizenz.
Weitere Informationen finden Sie unter https://creativecommons.org/licenses/by/4.0/.

Library of Congress Control Number: 2023938611

Bibliografische Information der Deutschen Nationalbibliothek
Die Deutsche Nationalbibliothek verzeichnet diese Publikation in der Deutschen Nationalbibliografie;
detaillierte bibliografische Daten sind im Internet über http://dnb.dnb.de abrufbar.

© 2025 bei den Autorinnen und Autoren, publiziert von Walter de Gruyter GmbH, Berlin/Boston
Dieser Band ist text- und seitenidentisch mit der 2023 erschienenen gebundenen Ausgabe.
Dieses Buch ist als Open-Access-Publikation verfügbar über www.degruyter.com.

Satz: Integra Software Services Pvt. Ltd.
Druck und Bindung: CPI books GmbH, Leck

www.degruyter.com

Inhaltsverzeichnis

1	**Einleitung —— 1**	
1.1	Schlaglichter: Transatlantische Verflechtungen in der Sattelzeit um 1800 —— 1	
1.2	Biographische Notizen: Fray José Servando Teresa de Mier Noriega y Guerra —— 14	
1.3	Gegenstandskonstitution: Die *Historia de la Revolución de Nueva España, antiguamente Anáhuac* (1813) und die *Memorias* (1817–1820) —— 21	
1.4	Voraussetzungen: Zur Vorgehensweise und zum Aufbau der Studie —— 33	
2	**Geschichte schreiben – die *Historia de la Revolución de Nueva España, antiguamente Anáhuac* (1813) —— 37**	
2.1	Historiographie im Zwischenraum: Fray Servando Teresa de Mier und seine *Historia de la Revolución de Nueva España, antiguamente Anáhuac* (1813) —— 43	
2.1.1	Stimmen: Autor und Erzähler —— 49	
2.1.2	Räume: Europa und Amerika —— 61	
2.1.3	Formen: Collage und Ironie —— 76	
2.1.4	Ziele: Kerkyräer und Korinther —— 91	
2.2	Ein Denkmal für die Unabhängigkeit: Carlos María de Bustamante und sein *Cuadro histórico de la Revolución Mexicana* (1843–1846) —— 112	
2.2.1	Geschichte leben – Geschichte schreiben —— 119	
2.2.2	Helden und Dämonen —— 124	
2.2.3	Emotion, Kompilation, Brieffiktion —— 138	
2.2.4	Historia magistra vitae? —— 146	
2.3	Die ordnende Kraft der Analyse: Lucas Alamán und seine *Historia de Méjico* (1849–1852) —— 154	
2.3.1	Ordnung: Das Vizekönigreich Neuspanien —— 157	
2.3.2	Unordnung: Die *Independencia* —— 167	
2.3.3	Die ordnende Instanz —— 176	

2.3.4	Schicksalsordnungen: Providenz und Zufall —— **184**	
2.4	Essay und Revolution: Der *ensayo historiográfico* bei fray Servando Teresa de Mier —— **192**	

3   **Geschichten schreiben – die *Memorias* (1817-1820) —— 211**

3.1	Revolution und Krise der Repräsentation: Henri Grégoire und seine *Mémoires ecclésiastiques, politiques et littéraires de M. Grégoire, Ancien évêque de Blois* (1808, erstmals publiziert 1837) —— **215**
3.1.1	Fragmentarität —— **221**
3.1.2	Las Casas —— **231**
3.1.3	Die verfolgte Unschuld —— **247**
3.1.4	Austausch, Aufklärung, Archiv —— **256**
3.2	Konversion und Konfession: José María Blanco White und sein *The Life of Rev. Joseph Blanco White, written by himself* (1830-1832, erstmals publiziert 1845) —— **265**
3.2.1	Autobiographisches Schreiben in Serie —— **275**
3.2.2	Leben als Krise —— **290**
3.2.3	Don Leucadio Doblado —— **305**
3.2.4	Transatlantic Romanticism? —— **317**
3.3	Ich bin viele: Fray Servando Teresa de Mier und seine *Memorias* (1817–1820, erstmals unter diesem Titel publiziert 1917) —— **338**
3.3.1	Das Ich und die Predigt —— **352**
3.3.2	Das Ich und die Literatur —— **374**
3.3.3	Das Ich und der Raum —— **392**
3.3.4	Die *fuga* als diskursive Strategie —— **411**
3.4	Synkretismus der Schreibformen: Autobiographisches Schreiben bei fray Servando Teresa de Mier —— **421**

4   **Lektüren – die *Memorias* und die *Historia de la Revolución, antiguamente Anáhuac* —— 431**

4.1	Fray Servandos reisende Bibliothek —— **436**
4.2	Versuche über fray Servando —— **462**
4.2.1	Alfonso Reyes: Mit fray Servando gegen die spanische Philologie —— **465**
4.2.2	José Lezama Lima: Fray Servando als Verkörperung der *expresión americana* —— **490**

4.2.3	Reinaldo Arenas: Fray Servando bin ich —— **513**	
4.2.4	Christopher Domínguez Michael: Fray Servandos Rückkehr —— **535**	
4.3	América: un ensayo —— **554**	

5   Rückblick und Ausblick —— 561

Bibliographie —— 569

Personenregister —— 603

1 Einleitung

1.1 Schlaglichter: Transatlantische Verflechtungen in der Sattelzeit um 1800

1767. Mit einem auf den 27. März datierten Dekret verbannt der spanische König Carlos III. die Angehörigen des Jesuitenordens aus Spanien und dessen Besitzungen in Übersee:

> [U]sando de la suprema autoridad económica, que el Todo Poderoso ha depositado en mis manos para la protección de mis vasallos, y respecto de mi corona; he venido en mandar extrañar de todos mis dominios de España, é Indias, Islas Philipinas y demás adyacentes á los regulares de la Compañía, así sacerdotes como coadjutores, ó legos, que hayan hecho la primera profesion, y á los novicios que quisieren seguirles, y que se ocupen todas las temporalidades de la Compañía en mis dominios.[1]

Wenige Wochen später befiehlt der spanische Vizekönig in Neuspanien die Umsetzung des Dekrets in seinem Vizekönigtum. Am 25. Juni 1767 reisen seine Abgesandten durch das ganze Land und versammeln die neuspanischen Jesuiten in ihren Kapellen und Kirchen, um ihnen die Nachricht von ihrer Verbannung zu übermitteln. Im November desselben Jahres schiffen sich die ersten Angehörigen des Ordens in Veracruz nach Europa ein. Dort beginnen sie im Kirchenstaat ein neues Leben im Exil. Sechs Jahre darauf erlässt schließlich Papst Clemens XIV. unter dem Druck der weltlichen Herrscher in Europa das Breve *Dominus ac redemptor*, mit dem der Jesuitenorden vollständig aufgelöst wird.[2]

Die Gründe für diese folgenreiche Konfrontation zwischen weltlicher Macht und geistlichem Anspruch sind vielschichtig. Der mexikanische Literaturkritiker Christopher Domínguez Michael führt die ausgeprägte „vocación universalista" der *Compañía de Jesús* ebenso an wie ihren „laxismo moral" und die „naturaleza multicultural de su enseñanza".[3] Was nun die Konsequenzen dieser Konfronta-

---

1 Malpica de Lamadrid 2011: 71. Das Dekret trägt den Titel „Decreto de expulsión de los jesuitas de la Nueva España, dado por Carlos III, el 27 de marzo de 1767, aplicado el 25 de junio de 1767". Im Folgenden werden Texte aus dem 18. und 19. Jahrhundert immer im Original zitiert, ohne dass eigens auf Schreibweisen hingewiesen würde, die nach den mittlerweile geltenden Regeln eigentlich als orthographische Fehler markiert werden müssten.
2 Vgl. Domínguez Michael 2004: 55–60.
3 Domínguez Michael 2004: 56. Auch Jorge Cañizares-Esguerra zufolge steht die Vertreibung der Jesuiten in Zusammenhang mit den europäischen Bemühungen, deren transnationale Wirkung zu begrenzen: „[L]as reformas formaban parte de una corriente europea más amplia a través de la cual los estados-nación primerizos buscaron restringir el poder trasnacional y corporativo de las órdenes religiosas" (Cañizares-Esguerra 2001: 235).

Open Access. © 2023 bei den Autorinnen und Autoren, publiziert von De Gruyter. Dieses Werk ist lizenziert unter der Creative Commons Namensnennung 4.0 International Lizenz.
https://doi.org/10.1515/9783111027999-001

tion angeht, so sind sie insbesondere in den spanischen Überseegebieten gravierend. Die Jesuiten waren dort vor allem als Lehrer tätig gewesen und hatten nicht nur Grundschulen, *Colegios* und Seminare betrieben, sondern auch Lehrstühle an den Universitäten innegehabt. Ihre Verbannung riss deshalb eine empfindliche Lücke, welche die verbleibenden Orden und der säkulare Klerus nur unzureichend schließen konnten. Nach der Auflösung des weltumspannenden Netzwerks der *Compañía de Jesús* mussten hispanoamerikanische Intellektuelle wie der 1763 im neuspanischen Monterrey geborene fray Servando Teresa de Mier nicht nur andere Wege finden, miteinander und mit ihren europäischen Kollegen in Verbindung zu treten; vielmehr galt es für sie, auch ihre Position zu dem Projekt der europäischen Aufklärung neu zu definieren, für das die Jesuiten in besonderem Maße gestanden hatten.[4]

1789. Während am 14. Juli eine Menschenmenge die Pariser Bastille stürmt, tagt in Versailles die Nationalversammlung unter dem Vorsitz des Abgeordneten Henri Grégoire, der zuvor als einer der ersten Vertreter des Klerus in den Dritten Stand gewechselt war. Am 26. August desselben Jahres verkündet die Konstituante die Erklärung der Menschen- und Bürgerrechte, und Grégoire tritt in der Folge dafür ein, diese durch eine *Déclaration des droits des gens* zu ergänzen, welche die Prinzipien der Französischen Revolution auf alle Völker und namentlich auch auf die Kolonien ausdehnen sollte. Vor diesem Hintergrund erscheint es nur folgerichtig, dass sich der Priester insbesondere in den Jahren zwischen 1792 und 1794 als Mitglied des Nationalkonvents nachdrücklich für ein Ende des transatlantischen Sklavenhandels und der Sklaverei in den Kolonien einsetzen sollte.[5] In seinen 1808 zu Papier gebrachten Memoiren verortet er die Frage nach der Abolition, um die in Frankreich auch zum Zeitpunkt der Entstehung dieser Erinnerungen noch erbittert gestritten wurde,[6] ausdrücklich in einem globalen Maßstab. Er zeigt damit, dass seine Überlegungen stets das große Ganze und insbesondere die Situation in den Kolonien im Blick behielten, auch wenn sie zunächst immer von der französischen Nation ausgehen mochten. Die Französische Revolution war ein im Kern (trans-)atlantisches Ereignis, davon hatte Abbé Grégoire ein klares Bewusstsein:

---

4 „Siendo los jesuitas quienes habían intentado [...] sintetizar la Ilustración y la Iglesia, el dominico Mier se volverá, al final de su vida, un republicano sin formación ilustrada. Como independentista, entrará en las sociedades paramasónicas, contramodelo calcado de las imaginarias conspiraciones jesuíticas." (Domínguez Michael 2004: 60).
5 Vgl. zu Grégoires Kampf gegen den Sklavenhandel und die Sklaverei auch Dorigny 2000: 51–68.
6 Vgl. allgemein zu den Debatten um die Abolition in Frankreich in den Jahren zwischen 1789 und 1848 Müller 2012: 36–44.

> Verrons-nous enfin les malheureux Africains soustraits à la tyrannie des blancs? L'esprit des sociétés religieuses en Angleterre et en Amérique, la maturité des abus, les connaissances qui pénètrent dans les Antilles, et, parmi les événemens futurs, celui par lequel cet archipel, secouant le joug de l'Europe, prendra part à des révolutions qui doivent déplacer les rapports commerciaux et changer la face du monde politique: tout présage des changemens favorables à la justice.[7]

1793. Am 18. Januar wird der frühere französische König Louis XVI. auf Betreiben Maximilien Robespierres des Hochverrats angeklagt und in einem Schauprozess mit 361 zu 334 Stimmen zum Tode verurteilt. Welche Position Abbé Grégoire mit Blick auf die Frage nach der Notwendigkeit dieses Todesurteils vertreten hat, ist umstritten. Er selbst, der bei der entscheidenden Abstimmung abwesend war, betont später immer wieder ausdrücklich, er habe die Hinrichtung des Königs abgelehnt:

> Bientôt s'ouvre la discussion sur le procès du roi; mon discours imprimé est un tableau épouvantable des maux causés par le despotisme et de la mauvaise foi du ci-devant roi; j'y conclus en demandant qu'on supprime la peine de mort, et que Louis XVI, profitant le premier de cette loi, soit condamné à vivre pour être livré à ses remords, si les rois peuvent en avoir. Cent fois on a débité que malgré mon absence lors du jugement [...] j'avais, avec mes collègues, écrit pour demander que Louis XVI fût condamné à mort; notez qu'en affirmant le contraire, je ne prétends pas émettre une opinion sur ceux qui ont voté de cette manière; ils remplissaient la pénible fonction de jurés de jugement, et je dois croire qu'ils ont suivi leur conscience. J'ai dédaigné de répondre.[8]

Wenn diese nachträglich vorgetragene Rechtfertigung wirklich den Tatsachen entspricht, dann wäre das vor allem deshalb interessant, weil auch der später eng mit Grégoire befreundete fray Servando Teresa de Mier als junger Prediger die Guillotinierung des französischen Königs öffentlich verurteilt hatte. In seinen zwischen 1817 und 1820 im Gefängnis der Inquisition von Mexiko-Stadt verfassten autobiographischen Aufzeichnungen betont fray Servando seinerseits, er habe sich ausdrücklich gegen den Königsmord positioniert, als die Nachricht aus Frankreich im Verlauf des Jahres 1793 in Neuspanien eintraf. Und auch wenn man davon ausgehen kann, dass dem wegen seiner Agitation gegen die spanische Kolonialherrschaft inhaftierten Dominikanermönch daran gelegen gewesen sein musste, sich bei den mit seinem Fall befassten Autoritäten in ein günstiges Licht zu rücken, ist seine an dieser Stelle vorgetragene Sorge vor dem Extremismus eines allzu radikalen Jakobi-

---

7 Grégoire 1837, Bd. I: 337–338. Vgl. zu der intrikaten Verbindung zwischen aufklärerischen Idealen einerseits und dem Festhalten an der Sklaverei andererseits in dieser Zeit auch Buck-Morss 2011: 40.
8 Grégoire 1837, Bd. I: 411.

nismus doch überzeugend. So schreibt er im Rückblick auf die Anfänge seiner Karriere als Prediger:

> Había quedado admirado de ver el caso que se había hecho de una bicoca, contra un hombre que había predicado a favor del rey dos sermones enteros con el mayor entusiasmo. El uno fue en Santo Domingo, ante la nobilísima ciudad, [...] a principios de la revolución de Francia, impugnando con todo género de argumentos la famosa declaración de la Asamblea o el sistema de Rousseau. Y el otro, domingo de Pascua de Espíritu Santo, en la Catedral, al otro día de haber llegado la noticia del regicidio de Francia, contra él que declamé tomando por asunto que la obediencia a los reyes era una obligación esencial del cristianismo. Como este sermón estaba más fresco y fue sumamente aplaudido [...] lo llevé al arcediano Serruto, obispo entonces electo de Durango. Certificó que por el entusiasmo con que lo dije y por lo que me conocía, podía asegurar que eran expresiones de mi corazón.[9]

Wenn fray Servando hier mit der christlichen Doktrin argumentiert, welche die Untertanen zum Gehorsam ihren Herrschern gegenüber verpflichte, dann mag das zwar angesichts des entschiedenen Republikanismus überraschen, den er mindestens am Ende seines Lebens vertreten hat. Es steht aber durchaus im Einklang mit einer Überzeugung, an der er zeitlebens festgehalten hat und die er in seinem 1813 veröffentlichten umfangreichen historiographischen Werk über die neuspanische Unabhängigkeitsbewegung ausführlich begründet. So geht diese *Historia de la Revolución de Nueva España, antiguamente Anáhuac* von einem Pakt aus, den die spanischen Könige nach der Eroberung Amerikas mit den Nachfahren der Konquistadoren geschlossen und in dem sie sich auf den Schutz ihrer amerikanischen Untertanen verpflichtet hätten. Da diese den Königen im Gegenzug ihre unverbrüchliche Treue zugesichert hätten, musste die radikal jakobinische Sicht auf die Monarchie für fray Servando zumindest im Kontext des weltumspannenden spanischen Kolonialreichs problematisch bleiben.

1805. Am 21. Oktober besiegt die *Royal Navy* unter ihrem Vizeadmiral Horatio Nelson in der Seeschlacht von Trafalgar die Armada der miteinander verbündeten Franzosen und Spanier unter Pierre de Villeneuve und Federico Carlos Gravina. Der englische Sieg schaltet Frankreichs Flotte aus und vereitelt auf diese Weise Napoleons Pläne einer Invasion der britischen Inseln. Dass sich der französische Kaiser bei seinen weiteren Eroberungen auf das europäische Festland konzentrieren

---

9 Mier 2009, Bd. I: 352. Vor dem Hintergrund des hier ja implizit unternommenen Vergleichs der Positionen von Abbé Grégoire und fray Servando Teresa de Mier ist interessant, dass der Letztere so ausdrücklich betont, in der ersten seiner beiden hier erwähnten Predigten auch die Erklärung der Menschen- und Bürgerrechte vom 26. August 1789 verdammt zu haben. Auch diese explizite Stellungnahme gegen das, was er für das „sistema de Rousseau" hielt, ist aber durchaus konsistent in dem Zusammenhang, innerhalb dessen Mier hier argumentiert. Vgl. zu dessen Position zu Rousseau im Allgemeinen auch Kapitel 2.1.4 Ziele: Kerkyräer und Korinther.

muss, wo der Russlandfeldzug schließlich in einer militärischen Katastrophe für die *Grande Armée* endet, ist damit in letzter Instanz auch eine Konsequenz der Schlacht vor dem Kap in der Provinz Cádiz.

> A la noche atracamos a Rota, porque el barco iba pegadito a la costa por miedo de los ingleses, que estaban a la vista con veintinueve navíos de línea y cuarenta y cuatro fragatas de guerra. A otro día seguimos, y se batían casi a nuestra vista la escuadra inglesa y la combinada de España y Francia, con treinta y dos navíos y cinco fragatas. Esta fue la célebre batalla de Trafalgar, donde pereció infinita gente, porque sólo a bordo de nuestra escuadra había 30,000 hombres, y murió el general Gravina que la mandaba. También murió de una bala de fusil el general inglés Nelson; pero ganaron los ingleses por la pericia de aquél, que dispuso su armada en ángulo, y haciendo él punta, rompió nuestra línea recta, y dejó la mitad de nuestra escuadra fuera de combate. [...] [L]ograron con esta batalla los ingleses concluir con el resto de las fuerzas marítimas en Europa.[10]

Der Augenzeuge, der die historische Seeschlacht hier beschreibt, ist kein Spanier, auch wenn die Verwendung des Possessivpronomens in Formulierungen wie „nuestra línea recta" oder „nuestra escuadra" das auf den ersten Blick nahelegen könnte. Im Gegenteil: In anderen Zusammenhängen hat der Kreole fray Servando Teresa de Mier seine Nichtzugehörigkeit und seine Alterität in Bezug auf die spanische Nation immer wieder ausdrücklich hervorgehoben.[11] In dem zweiten Teil seiner im Gefängnis der Inquisition verfassten *Memorias*, dem die zitierte Passage über die Seeschlacht entnommen ist, berichtet Mier von den Jahren seiner Verbannung in Europa, und er tut das ausdrücklich mit dem Ziel, seine neuspanischen Landsleute über die Verhältnisse dort zu informieren. Dass die sich in Europa zutragenden historischen Ereignisse immer auch einen unmittelbaren Einfluss auf die Situation in den überseeischen Kolonien gehabt haben, dass also die Geschichte dieser Ereignisse tatsächlich nur als transatlantische Verflechtungsgeschichte geschrieben werden kann, das ist die Annahme, die fray Servandos autobiographischem Text und selbstverständlich auch seinem Bericht über die historische Seeschlacht von Trafalgar dabei implizit zugrunde liegt.[12]

1808. Nach der Seeschlacht von Trafalgar sieht sich die von den Briten besiegte spanisch-französische Allianz schnell in Zweifel gezogen. Bereits 1806 ruft Manuel

---

10 Mier 2009, Bd. II: 325–325.
11 Vgl. dazu Kraume 2013b: 199–211. Vgl. zur spezifisch kreolischen Identität der in Amerika geborenen Nachkommen spanischer Eltern auch Vitulli/Solodkow 2009.
12 Christopher Domínguez Michael geht so weit, in der verlorenen Schlacht von Trafalgar den Anfang vom Ende des spanischen Weltreichs zu sehen: „Esa batalla cambió el curso de la historia. De nuestra historia americana. [...] Las consecuencias del desastre fueron inmediatas y simbólicas para el Imperio español, cuyo largo ocaso puede situarse entre dos batallas navales libradas ante los ingleses: el desastre de la Armada Invencible en 1588 y Trafalgar en 1805." (Domínguez Michael 2004: 317). Vgl. zu dem Ansatz einer transnationalen Verflechtungsgeschichte innerhalb der Geschichtswissenschaft Werner/Zimmermann 2002.

Godoy, der starke Mann der Regierung des spanischen Königs Carlos IV., die Spanier zum Krieg gegen Frankreich auf; schon im darauffolgenden Jahr allerdings wird das Bündnis zwischen Spanien und Frankreich mit dem Vertrag von Fontainebleau erneut besiegelt – auf Kosten Portugals, das von Napoleon besetzt wird. Im März 1808 wiederum besetzen französische Truppen unter Napoleons Schwager Joachim Murat Madrid. Am 2. Mai erhebt sich die Madrider Bevölkerung gegen die Fremdherrschaft, und der bewaffnete Widerstand gegen die Besatzung erfasst in der Folge das ganze Land. Der aus Sevilla stammende junge Priester José María Blanco White lebt zum Zeitpunkt der französischen Invasion in Madrid. In seiner Jahrzehnte später in England und auf Englisch verfassten Autobiographie schreibt er über das Dilemma, vor das er sich dadurch gestellt gesehen hat:

> The events of the Spanish Revolution succeeded each other with surprising rapidity. The Provinces most distant from the Capital proclaimed war against the French, and this was the moment to take my side in the now inevitable contest. The struggle which this state of things brought upon my mind was painful beyond description. I knew the moral and intellectual condition of the country too well to expect a favourable result from a popular insurrection. [...] Who, then, was the true Patriot? He who, like myself, followed the mass of his countrymen against his own conviction, because he would not see them *forced* into what he deemed good for them; or they who, in joining their ranks, followed the mere impulse of feeling, not to say of ambitious views and personal interest?[13]

Der Einmarsch der Franzosen und die daraus resultierende Spaltung der Spanier in aufgeklärte *afrancesados* und konservative *patriotas* sind es, die letztlich den Ausschlag dafür geben, dass der liberale José María Blanco White im Jahr 1810 seinem Heimatland den Rücken kehrt und nach England auswandert. Der Einmarsch der Franzosen in Spanien ist es aber auch, der dazu führt, dass sich auch in den spanischen Besitzungen in Übersee und namentlich in Neuspanien die Situation zuzuspitzen beginnt. Dort hatten konservative Kreise schon seit Längerem Korruptionsvorwürfe gegen den amtierenden Vizekönig José de Iturrigaray erhoben. Als die Nachricht von der französischen Besatzung des „Mutterlandes" bekannt wird, befürchten die Gegner Iturrigarays, dieser könne sich von Spanien lossagen und sich selbst als Oberhaupt eines neuen unabhängigen Staates installieren. Um dieses Szenario zu verhindern, putscht am 15. September 1808 der konservative Großgrundbesitzer Gabriel de Yermo gegen den Vizekönig – ein Ereignis, das in der Geschichtsschreibung einhellig als auslösendes Moment für die 1810 ausbrechende Unabhängigkeitsrevolution in Neuspanien interpretiert wird.[14]

---

13 Blanco White 1845, Bd. I: 139–140 und 142.
14 Vgl. etwa Hernández Ruigómez 1981: 541–601.

1812. In dem nicht von den Franzosen besetzten Teil Spaniens war ebenfalls im September 1808 eine *Junta Suprema Central y Gubernativa del Reino* gebildet worden, die als eine Art Gegenpol zu der von Napoleon eingesetzten Regierung fungierte. Diese *Junta* beruft Anfang des Jahres 1810 eine Verfassunggebende Versammlung in Cádiz ein, die sogenannten *Cortes generales y extraordinarias*, die im September und damit genau in dem Augenblick zum ersten Mal zusammentreten, in dem jenseits des Atlantiks der Priester Miguel Hidalgo mit seinem *Grito de Dolores* das Signal zum Beginn des Kampfes für die Unabhängigkeit Neuspaniens von Spanien gibt. Am 19. März 1812 verabschieden die *Cortes* die liberale Verfassung von Cádiz. Schon der Prozess der Erarbeitung dieser Verfassung beeinflusste die Entwicklungen in jenen hispanoamerikanischen Ländern maßgeblich, die zwischen 1820 und 1830 ihre Unabhängigkeit von Spanien erlangen sollten. So wurde in Cádiz immer wieder kontrovers über den Status der überseeischen Besitzungen Spaniens und ihrer Bewohnerinnen und Bewohner diskutiert. Die amerikanischen Abgeordneten verlangten ihre Anerkennung als vollwertige und mit den gleichen Rechten wie die Europäer ausgestattete Bürger Spaniens, was ihnen von ihren spanischen Kollegen vehement verwehrt wurde. Insbesondere ging es um die Frage, wie viele amerikanische Abgeordnete überhaupt zugelassen werden sollten: nach Meinung der Spanier sicher nicht so viele, wie mit Blick auf die Einwohnerzahlen in den überseeischen Provinzen numerisch eigentlich angemessen gewesen wäre.[15] Ein kritischer Zeuge dieser Diskussionen war einmal mehr fray Servando Teresa de Mier, der sich im Verlauf des Jahres 1811 mehrere Monate in Cádiz aufhielt und der in seiner dort begonnenen und später in London veröffentlichten *Historia de la Revolución de Nueva España* konstatiert:

> De suerte que yo me desespero cuando considero que han costado a los americanos 17 días de debates tempestuosísimos en las Cortes para hacer declarar iguales en derechos a los invasores los legítimos señores de América; y más de que todavía algunos mentecatos estén en Cádiz quexándose de esta declaración como de una injuria atroz hecha a toda la Europa.[16]

---

15 „Pero al día siguiente de la instalación, los diputados sustitutos sometieron al pleno una iniciativa para elevar su representación a la misma cifra que la peninsular: un diputado por cada cincuenta mil habitantes. Al oponerse enérgicamente, los españoles decidieron que ni en el momento más generoso de su liberalismo iban a aceptar la igualdad de los multitudinarios reinos de Ultramar [...]." (Domínguez Michael 2004: 368).
16 Mier 1990: 491. Vgl. dazu auch die etwas ausführlichere Argumentation in fray Servandos an José María Blanco White gerichteter „Carta de un americano a *El Español* sobre su número XIX". Hier schreibt er mit Blick auf die spanische Argumentation *gegen* die Gleichstellung der Amerikaner: „Tan hondas raíces había echado en los españoles el antiguo crimen de tratar a las Américas como un país de conquista, y a sus habitantes como a siervos destinados a sólo trabajar para enriquecerlos. Y todavía aunque el elocuente diputado Mejía peroró largamente de rodillas en la

Das Cádiz der *Cortes* wird auf diese Weise zum Schauplatz der Fortsetzung einer jahrhundertealten Debatte, der Debatte nämlich, die der italienische Historiker Antonello Gerbi Mitte des 20. Jahrhunderts die „Disputa del Nuovo Mondo", den Streit um die Neue Welt, nennen sollte.[17] Tatsächlich war der Status dieser vermeintlich „Neuen" Welt seit ihrer Entdeckung durch die Europäer umstritten gewesen, und vor allem die europäische Aufklärung hatte die Frage nach dem nichteuropäischen Anderen zu einem ihrer zentralen historischen und epistemologischen Probleme gemacht.[18] Was war Amerika? Und welche Position konnte seinen Bewohnerinnen und Bewohnern in einem globalen Gefüge zukommen, in dem Europa weiterhin mit großer Selbstverständlichkeit die Vorherrschaft beanspruchte?[19]

1821. Diese seit Jahrhunderten schon diskutierten Fragen werden dann besonders virulent, als in ganz Hispanoamerika von Feuerland bis nach Texas und Kalifornien die Kämpfe für die Unabhängigkeit von Spanien losbrechen. In Neuspanien kommen diese Kämpfe am 24. August 1821 mit der Unterzeichnung des Vertrags von Córdoba durch den letzten spanischen Vizekönig Juan O'Donojú und den ebenfalls spanischen Obersten Agustín de Iturbide (der zu den Aufständischen übergelaufen war und sich an deren Spitze gestellt hatte) und schließlich der offiziellen Unabhängigkeitserklärung vom 28. September 1821 zu einem Abschluss. Im Dezember finden die Wahlen für den ersten mexikanischen Kongress statt, der sich im Februar 1822 konstituiert und dem nicht nur der Jurist, Journalist und spätere Historiker Carlos María de Bustamante als Abgeordneter für seinen Heimatstaat Oaxaca angehört, sondern ab Mitte Juli 1822 auch der frisch aus der Haft entlassene fray Servando Teresa de Mier für seinen Heimatstaat Nuevo León.[20]

---

tribuna implorando piedad para los mulatos o castas libres, y enterneciendo de facto extraordinariamente al pueblo, no se pudo impedir que los diputados europeos inflexibles sustituyesen a la expresión de los americanos *habitantes libres* el término oscuro *originarios de España e Indias* para excluir desde entonces de la ciudadanía y representación activa y pasiva a los que por alguna línea fuesen originarios de África, sin que éstos por la ambigüedad de la voz se apercibiesen de la tiranía. ¡Y añadiendo a ésta contra las castas el insulto para los demás, tuvieron aliento para hacer clamorear en ambos mundos tal declaración de igualdad como una gracia digna de una nación generosa reunida para sellar su libertad." (Mier 2003: 75).

17 Vgl. Gerbi 1982.
18 Vgl. dazu auch Struve 2020.
19 Vgl. Bernaschina/Kraft/Kraume 2015.
20 Mier war Ende Mai 1820 aus dem Gefängnis der in Spanien mittlerweile aufgelösten Inquisition entlassen und stattdessen in der Festung San Juan de Ulúa vor der Küste von Veracruz in Haft genommen worden. 1821 sollte er auf dem Weg über Kuba abermals nach Spanien verschifft werden, von Kuba aus gelingt ihm aber die Flucht in die Vereinigten Staaten. Von dort aus kehrt er im Februar 1822 in das mittlerweile unabhängig gewordene Mexiko zurück, wo er abermals in San Juan de Ulúa festgesetzt wird. Ende Mai lässt ihn der spanische Kommandant der Festung, José Dávila, schließlich frei. Vgl. zu einer ausführlicheren Darstellung von fray Servandos Bio-

Der Historiker und Politiker Lucas Alamán schreibt im Rückblick zu Miers Rolle in diesem Kongress:

> Pocos días antes [...] había llegado à Méjico el padre Mier, y habiendo sido aprobados sus poderes como diputado nombrado por Monterey, se presentó á jurar y tomar asiento en el congreso en la sesion del 15 de julio. Corrió la noticia en el público y fué grande la concurrencia en las galerías, con el deseo de conocer a un hombre que tanta celebridad había adquirido [...].[21]

Nur wenige Tage später lässt sich Agustín de Iturbide zum Kaiser krönen. Mehr noch als liberale Gesinnungsgenossen wie Carlos María de Bustamante musste fray Servando Teresa de Mier diese Krönung als anachronistisch und verfehlt empfinden. So entwirft er, der als junger Priester noch das Königtum gegen den jakobinischen Extremismus in Schutz genommen hatte, in seiner schon ein Jahr zuvor in Philadelphia veröffentlichten *Memoria político-instructiva* das Bild eines der Zukunft zugewandten Amerika, das die Monarchie als überkommenen Ballast abzuwerfen und das dadurch das alte Europa endgültig hinter sich zu lassen im Stande sein sollte:

> ¡Ah hermanos míos! [...] Escarmentados ya tres siglos de reyes, ¿porque no ensayar la experiencia de una república? ¿Porque comenzar como los pueblos decrépitos y corrompidos del luxo, la ambicion, la inmoralidad y el libertinaje, por daros un amo, que mal que os pese, ya no podréis dejar, á título de una rueda de metal que lleva en la cabeza? [...] Dejemos a los pueblos de Europa averiados con sus habitudes y carcomidos con la misma broma de su vejez, debatiéndose con sus monarcas, que los están bañando en sangre para quitarles ó impedirles las constituciones y representaciones, con que forcejean á contener su arbitrariedad.[22]

Gegen Ende seines Lebens und nach seiner Rückkehr aus Europa nach Amerika scheint Mier mit dieser Gegenüberstellung eines der Zukunft zugewandten Amerika auf der einen und eines in den alten Strukturen verhafteten und dadurch unbeweglichen Europa auf der anderen Seite die Konsequenz aus jener Erkenntnis einer fundamentalen „Gleichzeitigkeit der Ungleichzeitigen" zu ziehen, die Reinhart Koselleck zufolge eine der wesentlichen Erfahrungen der Zeit um 1800 darstellt.[23] Tatsächlich liegt der von Koselleck auf diese Weise akzentuierten Denkfigur zunächst die durch die europäischen Entdeckungen und Eroberungen in der Frühen Neuzeit erlebte Erfahrung der „Andersartigkeit der außereuropäischen Kulturen"

---

graphie auch das sich anschließende Kapitel 1.2 Biographische Notizen: Fray Servando Teresa de Mier Noriega y Guerra.
21 Alamán 1852, Bd. V: 643.
22 Mier 1821: 72–73.
23 Vgl. Uhl 2002: 166–168.

zugrunde, die von den Europäern „im Bewusstsein der eigenen (technologischen, militärischen, kognitiven) Superiorität [immer wieder] temporal, als Differenz im Entwicklungsstand ausgelegt wurde."[24] Dagegen dreht Miers Zuspitzung die Perspektive nun um: Bei ihm ist es ganz ausdrücklich Amerika, dem seine grundsätzliche Orientierung auf die Zukunft hin dabei hilft, die verkrusteten Strukturen des alten Europa hinter sich zu lassen und damit den Raum für eine ebenfalls zukunftszugewandte und dadurch positive Entwicklung der Geschichte zu bieten. Wenn Koselleck deshalb im ausgehenden 20. Jahrhundert konstatiert, die ursprünglich als Erfahrung der europäischen Expansion nach Übersee erlebte „Gleichzeitigkeit des Ungleichzeitigen" sei seit dem 18. Jahrhundert zunehmend zu einem „Grundraster [geworden], das die wachsende Einheit der Weltgeschichte [...] fortschrittlich auslegte", und wenn er in diesem Kontext davon spricht, es habe damals eine „Verzeitlichung der Geschichte" stattgefunden,[25] dann ist auffällig, dass fray Servando Teresa de Mier diesen Prozess offensichtlich weiterhin ausdrücklich in jenem Raum zwischen der Alten und der Neuen Welt verortet, innerhalb dessen er Jahrhunderte zuvor seinen Anfang genommen hatte.

Dass sich in jeder einzelnen der sieben hier schlaglichtartig angeführten Szenen auf die eine oder andere Art und Weise die grundsätzlich transatlantische Dimension der historischen Entwicklungen im ausgehenden 18. und beginnenden 19. Jahrhundert manifestiert, das situiert die vorliegende Studie zu fray Servando Teresa de Mier in einem Rahmen, den man als denjenigen einer europäisch-hispanoamerikanischen Verflechtungsgeschichte beschreiben könnte.[26] Denn tatsächlich sind das Leben und das Werk des noch in dem spanischen Vizekönigreich Neuspanien geborenen und dann in dem unabhängigen Nationalstaat Mexiko gestorbenen fray Servando Teresa de Mier Noriega y Guerra in besonderer Weise repräsentativ für ihre Zeit. Fray Servando hat die historischen Umwälzungen, die zu seinen Lebzeiten auf beiden Seiten des Atlantiks stattfanden, aus unmittelbarer Nähe beobachtet, begleitet und durchaus auch beeinflusst; und er hat sie nicht zuletzt auch in seinen beiden ebenfalls in einem transatlantischen Zwischenraum angesiedelten Hauptwerken kritisch reflektiert, nämlich in der 1813 in London publizierten *Historia de Nueva España, antiguamente Anáhuac* und den zwischen 1817 und 1820 in Mexiko-Stadt zu Papier gebrachten und erst lange nach dem Tod ihres Autors veröffentlichten *Memorias*. In seinen umfangreichen Studien zu der Zeit um 1800 hat Reinhart Koselleck dargestellt, auf welche Art und Weise sich die Begriffs-

---

24 Schmieder 2017: 329.
25 Koselleck 1979b: 336.
26 Vgl. zu diesem vor dem Hintergrund der Forderung nach einer Überwindung nationalgeschichtlicher Perspektiven in der historischen Sozialwissenschaft anzusiedelnden Ansatz noch einmal Werner/Zimmermann 2002.

welt des alten Europa damals (und also genau in der Entstehungszeit von fray Servandos Werken) transformiert hat, und er hat für die in Frage stehende Epoche den ebenso einprägsamen wie letztlich vage bleibenden Begriff „Sattelzeit" geprägt. Die implizit auf einen Bergsattel Bezug nehmende Metapher verweist darauf, dass der sich in diesem Begriffswandel manifestierende Übergang von der Frühen Neuzeit zur Moderne, den Koselleck auch als „Epochenschwelle" bezeichnet, trotz aller revolutionären Beschleunigung sehr allmählich und gewissermaßen organisch vonstatten gegangen ist.[27] Insofern sie begriffsgeschichtlich ausgerichtet sind, beziehen sich Kosellecks Überlegungen nun zwar unmittelbar nur auf den deutschen und allenfalls noch auf einen etwas weiteren europäischen Zusammenhang; trotzdem lassen sie sich aber dann ohne Schwierigkeiten auf den transatlantischen Kontext übertragen, innerhalb dessen sich fray Servando Teresa de Mier zeit seines Lebens bewegt hat, wenn man die Erfahrung des Umbruchs zentral setzt, die den zur Debatte stehenden Bedeutungswandel überhaupt erst veranlasst:

> Es ist eine vorerst noch nicht eindeutig beantwortbare Frage, ob der skizzierte Bedeutungswandel im Bereich der politisch-sozialen Terminologie, der analog natürlich für alle Epochenschwellen registrierbar ist, seit rund 1750 beschleunigt stattgefunden hat. Dafür sprechen viele Indizien. Dann wäre die ‚Neuzeit' aufgrund ihres beschleunigten Erfahrungswandels auch als eine ‚neue Zeit' erfahren worden.[28]

Überlegungen wie diese sind es, die den zunächst vor allem für einen europäischen Kontext und innerhalb eines europäischen Wissenschaftsverständnisses argumentierenden Koselleck auch im Zusammenhang mit globalhistorischen Fragestellungen wie denjenigen unmittelbar anschlussfähig sein lassen, die sich aus den eingangs angeführten historischen Schlaglichtern ergeben. Vor diesem Hintergrund kann nämlich der Umbruch der zu Beginn des 19. Jahrhunderts stattfindenden hispanoamerikanischen Unabhängigkeitskämpfe tatsächlich als ein von den Zeitgenossen ausdrücklich als solcher erlebter „Erfahrungswandel" interpretiert werden, dem vor dem Hintergrund der zeitgenössischen transatlantischen Verflechtungen und insbesondere vor demjenigen der offensichtlich auf den zwei Seiten des Atlantiks je unterschiedlich akzentuierten Erfahrung einer unaufhaltsamen Beschleunigung besonderes Interesse zukommt.[29] Wenn der sich sein Leben lang sowohl gedanklich als auch physisch zwischen Amerika

---

27 Vgl. Koselleck 1979a: XV. Vgl. zu einer kritischen Auseinandersetzung mit der Unschärfe des Begriffs Fulda 2016: 1–18.
28 Koselleck 1979a: XV.
29 Vgl. zu der Korrelation von Modernisierung und Beschleunigungserfahrung allgemein Rosa 2005. Rosas Studie geht von der Hypothese aus, „dass Modernisierung nicht nur ein vielschichtiger Prozess in der Zeit ist, sondern zuerst und vor allem auch eine strukturell und kulturell höchst bedeutsame Transformation der Temporalstrukturen und -horizonte selbst bezeichnet

und Europa bewegende fray Servando Teresa de Mier deshalb mit seinem Plädoyer für eine republikanische Verfassung für das gerade unabhängig gewordene Mexiko die Erfahrung einer „neuen Zeit" in räumliche Begriffe übersetzt, dann bringt er damit auch seine Überzeugung zum Ausdruck, dass die amerikanischen Unabhängigkeitsbewegungen einen wesentlichen Beitrag dazu geleistet haben, dass die überkommenen politischen Leitbegriffe keine überzeitliche Gültigkeit mehr beanspruchen können, ganz so, wie Reinhart Koselleck das in seinen Studien zu der Epochenschwelle um 1800 annimmt.[30] Auch wenn dieser selbst sich an keiner Stelle seines Werkes explizit zu Amerika geäußert hat, ist eine Übertragung seines Ansatzes auf den amerikanischen und insbesondere den hispanoamerikanischen Kontext deshalb naheliegend.

Und in der Tat sind Kosellecks geschichtstheoretische Überlegungen in der spanischsprachigen Geschichts- und Kulturwissenschaft beiderseits des Atlantiks gerade in jüngerer Zeit auf großes Interesse gestoßen. Dieses Interesse lässt sich nicht allein daran bemessen, dass seit der Jahrtausendwende nicht weniger als mindestens fünf Koselleck-Bände in spanischer Sprache veröffentlicht wurden,[31] sondern es äußert sich vor allem in der Resonanz, welche die entsprechenden Bände sowohl in Hispanoamerika als auch in Spanien gefunden haben.[32] Vor diesem Hintergrund legt nun der argentinische Historiker Elías José Palti nahe, dass Kosellecks Begriffsgeschichte für den hispanoamerikanischen Zusammenhang gerade dann von besonderem Interesse sein könnte, wenn man das Werk des deutschen Historikers selbst historisch liest. So schreibt Palti in seiner Einleitung zu dem in Barcelona publizierten Sammelband *Los estratos del tiempo: estudios sobre la historia*:

> Cuando un término o idea se carga de connotaciones particulares diversas se convierte en lo que Koselleck llama un ‚concepto'. [...] [E]n un concepto se encuentran siempre sedimentados sentidos correspondientes a épocas y circunstancias de enunciación diversas, los que se ponen en juego en cada uno de sus usos efectivos (esto es, vuelve sincrónico lo diacrónico). De ahí deriva la característica fundamental que distingue a un concepto: lo que lo

---

und dass die *Veränderungsrichtung* dabei am angemessensten mit dem Begriff der sozialen *Beschleunigung* zu erfassen ist." (Rosa 2005: 24).

30 Diese Interpretation stünde im Einklang mit den bereits zitierten Überlegungen von Susan Buck-Morss, die in *Hegel und Haiti* ebenfalls argumentiert, dass es gerade die haitianische (und die amerikanische) Revolution gewesen sind, die einen der entscheidenden Impulse zum begriffsgeschichtlichen Wandel in Europa gegeben haben (vgl. dazu noch einmal Buck-Morss 2011). Ich danke Fernando Esposito, der mir diesen Zusammenhang in unserem Austausch über Reinhart Koselleck noch einmal vor Augen geführt hat.

31 Nämlich Koselleck 2000, 2006, 2010, 2011 und 2013.

32 Vgl. zur Rezeption etwa die Rezensionen von Laila Yousef Sandoval zu den *Esbozos teóricos* (Madrid), von Ivana Costa zu *Sentido y repetición en la historia* (Buenos Aires) und von Josué Barrera zu den *Estratos del tiempo* (México) (Yousef Sandoval 2014, Costa 2013 und Barrera 2009).

define es, precisamente, su capacidad de trascender su contexto originario y proyectarse en el tiempo [...]. Y allí radica también su interés histórico; tal capacidad de los conceptos de transponerse a sus contextos específicos de enunciación, de generar asincronías semánticas, confiere a la historia de conceptos su rendimiento específico.[33]

Wenn man nun diese Überlegungen heranzieht, um die Frage nach einer transatlantischen Dimension der Sattelzeit neu zu perspektivieren, dann wird deutlich, dass selbstverständlich auch die Vorstellung von einer Epochenschwelle um 1800 dann semantische Ungleichzeitigkeiten hervorbringt, wenn man sie ausweitet und auf einen anderen Kontext überträgt als denjenigen, auf den sich Reinhart Koselleck ursprünglich bezogen hatte. Genau darin liegt Palti zufolge aber der spezifische Ertrag einer solchen Herangehensweise: Für den argentinischen Historiker, dessen Forschungsschwerpunkte nicht zufällig in der hispanoamerikanischen Geistes- und Ideengeschichte seit der Unabhängigkeit liegen,[34] resultiert die Fruchtbarkeit der Koselleckschen Begriffsgeschichte vor allem aus der Tatsache, dass in der Veränderlichkeit der Begriffe die Prozessualität der Geschichte selbst nachvollziehbar wird. Palti hebt in diesem Zusammenhang hervor, dass Reinhart Koselleck Geschichte zwar immer in ihrer Kontingenz verstanden, den historischen Prozess aber dennoch für grundsätzlich intelligibel gehalten habe.[35] Dieses scheinbar widersprüchliche Verhältnis von Kontingenz einerseits und Kontinuität andererseits ist es nun, das auch das Werk eines Zeugen des Epochenwandels um die Jahrhundertwende vom 18. zum 19. Jahrhundert wie fray Servando Teresa de Mier prägt.[36] Tatsächlich lässt sich ausgehend von den Überlegungen zu einer sich in dessen Leben und Werk auf exemplarische Art und Weise niederschlagenden transatlantischen Verflechtungsgeschichte an dieser Stelle bereits eine erste Hypothese ableiten, nämlich: Auch Miers Hauptwerke, die *Historia de la Revolución de Nueva España, antiguamente Anáhuac* und die sogenannten *Memorias*, arbeiten sich an der Spannung zwischen Kontingenz und Kontinuität ab, die Elías José Palti zufolge einen der Ausgangspunkte für Reinhart Kosellecks begriffsgeschichtliche Interventionen darstellt. In seiner Auseinandersetzung mit der Geschichte der Unabhängigkeit (in der *Historia de la Revolución*) und der Geschichte der eigenen Person (in den *Memorias*) sucht fray Servando Teresa de Mier Mittel und Wege, diese Spannung in einem politischen ebenso wie in einem literarischen Sinne fruchtbar zu machen. Dabei verfährt er in den beiden Werken unter-

---

33 Palti 2000: 15–16.
34 Vgl. beispielsweise Paltis diskursgeschichtliche Studie über die Transformationen der politischen Sprachen in dem gerade unabhängig gewordenen Mexiko (Palti 2005).
35 Vgl. Palti 2000: 32.
36 Vgl. mit Blick auf die traumatische Dimension der zu dem in Frage stehenden Epochenwandel führenden Ereignisse auch Pizarro Cortés 2020.

schiedlich: Während er in der *Historia de la Revolución* versucht, die einzelnen durchaus kontingenten Ereignisse der mexikanischen Geschichte bis 1813 durch die starke Präsenz eines Erzählers dahingehend zu ordnen, dass sie sich als eine sich auf das Ziel der Unabhängigkeit hin entwickelnde Kontinuität darstellen lassen, setzt er in den *Memorias* darauf, die Kontingenz seiner eigenen Lebenserfahrungen ausdrücklich als solche zu markieren und auszustellen. Zwischen den Polen von Kontingenzbewältigung und Kontingenzexposition spannt sich auf diese Weise sein Versuch, eine Problematik narrativ fruchtbar zu machen, von der man mit Reinhart Koselleck annehmen könnte, dass sie charakteristisch ist für die Sattelzeit um 1800 auf beiden Seiten des Atlantiks.[37]

1.2 Biographische Notizen: Fray José Servando Teresa de Mier Noriega y Guerra

Der spätere Dominikanermönch, Priester und Doktor der Theologie José Servando Teresa de Mier Noriega y Guerra wurde 1763 als achtes Kind des Ehepaares Joaquín de Mier und Antonia Francisca Guerra Iglesias y Santa Cruz in Monterrey in der neuspanischen Provinz Nuevo Reino de León geboren. Die Familie seines Vaters war Generationen zuvor aus Asturien nach Amerika gekommen. Die Nachfahren dieser ersten Einwanderer schlugen in Neuspanien Karrieren als Kleriker ein oder sie gingen zum Militär und wurden Kolonialbeamte wie Servandos Vater. Über Servandos Kindheit und Jugend ist wenig bekannt – wohl vor allem aus dem Grund, weil er selbst diesem Thema in seinen Erinnerungen im Unterschied zu der Frage nach seiner Abstammung keinerlei Aufmerksamkeit schenkt.[38] Die frühe For-

---

[37] Miriam Lay Brander hat sich mit dieser Frage nach Kontingenz und Kontinuität mit Blick auf das Erzählen in der Frühen Neuzeit auseinandergesetzt. Sie unterscheidet zwischen dem Erzähler in historiographischen Texten der Frühen Neuzeit, der vor allem deshalb als „Garant der Einheit der Erzählung" auftreten könne, weil er das zu erzählende Geschehen von einem Endpunkt aus perspektiviert; und dem Erzähler in fiktionalen Texten aus derselben Zeit, der im Unterschied dazu in Episoden erzähle, weil er „nicht über die totalisierende zeitliche Einheit eines allwissenden Erzählers verfügt". Auf eine ähnliche Art und Weise unterscheiden sich tatsächlich auch noch gut zweihundert Jahre später die Erzählerfiguren in fray Servando Teresa de Miers *Historia de la Revolución* einerseits und in seinen *Memorias* andererseits voneinander, wie im Folgenden zu zeigen sein wird (Lay Brander 2011: 48).
[38] Die Frage nach seiner Abstammung ist eines der Themen, die im Verlauf von fray Servandos *Memorias* immer wieder aufgeworfen werden. Der Autor verstrickt sich im Zusammenhang mit dieser Frage insofern in einen typisch neuspanischen Widerspruch, als er einerseits immer wieder mit großem Stolz seine adlige Abstammung aus dem alten Asturien hervorhebt, andererseits aber darauf beharrt, es sei sein Status als Kreole, also als in Amerika geborener Nachfahre von

schung hat deshalb versucht, diese Lücke in der Biographie des späteren Dominikaners mit eher imaginativen Versatzstücken zu füllen und auf diese Weise zu ergänzen, was den Leserinnen und Lesern des ausgehenden 19. Jahrhunderts an Informationen zu fehlen schien. Von diesen teilweise sehr fantasievollen Ausschmückungen eines fragmentarischen Lebenslaufs geht nun im 20. Jahrhundert fray Servandos Biograph Christopher Domínguez Michael aus, wenn er die wenigen Erkenntnisse über die Kindheit seines Protagonisten zusammenzufasst, an denen kein Zweifel bestehen kann:

> El cuadro bucólico [...] fue la única manera que encontraron los primeros servandistas para suplir la escasa documentación que rodeaba el nacimiento de un héroe republicano más recordado por sus extravagancias que por sus obras. Así, el Nuevo Reino de León [...] es dibujado como un mundo de ensueño, dividido entre la carabina y la parroquia, la solemnidad militar del padre y la devota ternura materna. Más allá del arquetipo, podemos decir que Servando creció entre la desolación y la violencia, en una tierra ansiosa de riqueza y apenas recompensada por la religión.[39]

Wie aus dem in einem solchen Umfeld aufgewachsenen Kind der Novize geworden ist, der im Alter von 16 Jahren in den Dominikanerorden eintrat, lässt sich im Detail nicht rekonstruieren. Der erwachsene fray Servando wird sich später allerdings durchaus kritisch über das Leben im Kloster und nicht zuletzt auch über seine Ordensbrüder äußern, und er wird im Rückblick von starken Zweifeln sprechen, die ihn seinerzeit veranlasst hätten, seine Profess um zwei Tage aufzuschieben.[40] Zugleich betont sein Biograph aber zu Recht, dass fray Servandos innere Kämpfe und Auseinandersetzungen mit der Frage nach seiner Berufung zum Leben als Mönch niemals so weit gegangen sind, dass er mit dem Katholizismus gebrochen hätte: „Mier fue un fraile con una vocación no por conflictiva menos intensa."[41] Vor diesem Hintergrund kann als gesichert gelten, dass der Vater des jungen Servando seinen Sohn 1780 nach Mexiko-Stadt schickte, wo dieser zum Studium der Philosophie und Theologie in das *Colegio de Porta Coeli* aufgenommen wurde, das den Dominikanern als *Casa de novicios* diente; wo er dann in der

---

spanischen Einwanderern, der zu den Verfolgungen geführt habe, die er im Laufe seines Lebens immer wieder zu erdulden hatte (vgl. dazu Domínguez Michael 2004: 66).
39 Domínguez Michael 2004: 62.
40 Vgl. etwa fray Servandos Aussagen in den Verhören der Inquisition: *Declaraciones de fr. Servando Mier, del 22 de septiembre de 1817 al 21 de agosto de 1818*, Primera declaración, 22 de septiembre de 1817, in: Hernández y Dávalos 1882: 791. Hier heißt es: „Dijo que nació como tiene dicho, y estubo en Monterrey hasta la edad de diez y seis años, y entonces pasó a México á tomar el hábito como tiene dicho, [...] que pasó su Noviciado con mucha estimacion de sus Superiores y hermanos y gusto de parte del confesante, sino que tenia muchos escrupulos en orden á la exactitud de la observancia regular, por lo que detuvo dos dias la profesion [...]."
41 Domínguez Michael 2004: 74.

ebenfalls stark dominikanisch geprägten, wenngleich autonomen *Real y Pontificia Universidad de México* studierte und schließlich im Jahr 1790 den Doktorgrad erlangte.⁴² Bereits zuvor, nämlich 1786, war er durch den Erzbischof von Mexiko-Stadt zum Priester geweiht und ein Jahr später in seinem Priesteramt bestätigt worden.⁴³ Es dauerte nicht lang, bis er sich in ganz Neuspanien als begabter Prediger einen Namen machte. In genau diesem Zusammenhang ist nun dasjenige Ereignis aus dem Jahr 1794 zu verorten, das dazu geführt hat, dass die Nachwelt sehr viel genauer als über die ersten dreißig Jahre von fray Servandos Leben über dessen weiteren Verlauf informiert ist.

So hält der junge Priester fray Servando Teresa de Mier am 12. Dezember 1794 und in Anwesenheit des spanischen Erzbischofs von Mexiko-Stadt, Alonso Núñez de Haro, und des ebenfalls spanischen Vizekönigs von Neuspanien, Miguel de la Grúa Talamanca y Branciforte, die Predigt in dem feierlichen Festgottesdienst zu Ehren der Jungfrau von Guadalupe, deren Feiertag an diesem Tag begangen wurde. Bei dieser Gelegenheit schlägt er eine vollkommen neue Interpretation der synkretistischen Tradition dieser Marienfigur vor – eine Interpretation, die seinen Zuhörerinnen und Zuhörern und namentlich den Vertretern der spanischen Kolonialverwaltung und der Kirche in politischer ebenso wie in religiöser Hinsicht skandalös erscheinen musste.⁴⁴ Fray Servando wird deshalb in seiner Klosterzelle unter Arrest gestellt, während der Erzbischof ihm die Predigterlaubnis entzieht und einen kirchenrechtlichen Prozess anstrengt, der mit der Verbannung des Dominikaners nach Spanien und mit seiner Verurteilung zu zehn Jahren Haft in einem Kloster in Kantabrien endet. Einmal in Spanien angekommen, entzieht sich Mier allerdings immer wieder der Haft und bemüht sich, seinen Fall vor dem für alle politischen, rechtlichen und administrativen Fragen der Kolonien zuständigen *Consejo de Indias* in Madrid prüfen und sich rehabilitieren zu lassen. Dieser Indienrat legt die Angelegenheit im Jahr 1799 der *Real Academia de Historia* vor, die bei den Akademikern fray Manuel Risco und fray Joaquín Traggia jeweils ein Gutachten zu den Kernaussagen der skandalumwitterten Predigt von 1794 in Auftrag gibt. Insbesondere Traggia empfiehlt daraufhin die vollständige Rehabilitation des Beschuldigten. Im Februar 1800 spricht die *Real Academia de Historia* fray Servando deshalb von dem Vorwurf der Häresie frei, den der Erzbischof gegen ihn erhoben hatte, und fordert seine Wiedereinsetzung in alle Ämter und seine Wiedereingliederung in die Gesellschaft. Der *Consejo de Indias* verfährt mit dieser Anweisung allerdings gemäß dem im Kontext mit der spanischen Kolonialherrschaft in His-

---

42 Vgl. Domínguez Michael 2004: 75–76.
43 Vgl. Domínguez Michael 2004: 77.
44 Vgl. zu den näheren Umständen und den Konsequenzen dieser Predigt auch Kapitel 3.3.1 Das Ich und die Predigt.

panoamerika gern zitierten Motto „se acata pero no se cumple": Er nimmt zwar zur Kenntnis, dass die *Real Academia de Historia* den Beschuldigten entlastet, zieht daraus aber keine Konsequenzen, sondern verfügt vielmehr, dass dieser dessen ungeachtet die zehn Jahre Arrest in ganzer Länge verbüßen müsse, zu denen er in Mexiko verurteilt worden war.

1801 flieht fray Servando aus diesem Grund über die Pyrenäen nach Frankreich, wo er zunächst Simón Rodríguez kennenlernt, den Hauslehrer und Freund des späteren Unabhängigkeitskämpfers Simón Bolívar aus Caracas. Wesentlich folgenreicher noch ist die sich anschließende Begegnung mit Henri Grégoire. Dieser hatte zuvor schon brieflich Kontakt zu Mier aufgenommen, weil er dessen Interesse an fray Bartolomé de Las Casas teilte und deshalb in Austausch treten wollte über fray Bartolomés Darstellung der Eroberung Hispanoamerikas.[45] Auf Grégoires Einladung hin nimmt fray Servando im Sommer als Gast an dem zweiten Konzil der konstitutionellen Kirche Frankreichs teil. Im Jahr 1802 reist er von Paris aus nach Rom, wo er seinen später verfassten *Memorias* zufolge hofft, im Vatikan seine Säkularisierung, also seine Entlassung aus dem Dominikanerorden, erwirken zu können, weil er offensichtlich glaubte, sein Ziel einer vollständigen Rehabilitation als Laie besser verfolgen zu können. Tatsächlich behauptet er, diese Säkularisierung im Juli 1803 erreicht zu haben. Seinem Biographen zufolge fehlt allerdings jeglicher materielle Beleg dafür, dass das wirklich gelungen sein soll:

> Pero ocurre que Mier jamás pudo demostrar, con los papeles en la mano, la factura de esa diligencia. Su *Breve de secularización* [...] no consta en actas o archivos, ya sea porque le fue confiscado, o porque sencillamente nunca existió. La primera posibilidad, denunciada por Mier en numerosas y confusas situaciones, se enfrenta a la suspicacia de todos los comentaristas, en el sentido de que esa secularización jamás se llevó a cabo o nunca tuvo buen fin.[46]

Nach einer Reihe von kleineren Reisen, die ihn unter anderem nach Neapel, Florenz und Siena führen, schifft sich fray Servando Teresa de Mier schließlich in Genua nach Barcelona ein und reist von dort aus weiter in die spanische Hauptstadt. Dort wird er im November 1803 erneut festgenommen. Im Januar 1804 sendet man ihn nach Sevilla und nimmt ihn dort in der ursprünglich als Besserungsanstalt für Jugendliche errichteten Einrichtung Los Toribios in Haft. Nach einem ersten Fluchtversuch wird er erneut und unter verschärften Bedingungen inhaftiert, bis

---

[45] Vgl. zu fray Servandos und Grégoires Austausch über Bartolomé de Las Casas auch Kapitel 3.1.2 Las Casas.
[46] Domínguez Michael 2004: 242.

ihm schließlich im Oktober 1805 die Flucht nach Portugal gelingt.[47] Weil seine zwischen 1817 und 1820 verfassten *Memorias* mit dem Übertritt über die Grenze zwischen Spanien und Portugal enden, ist über die sich anschließenden Jahre in Lissabon wenig überliefert. Genauer rekonstruierbar werden die Spuren des aus seiner Heimat verbannten Dominikaners erst wieder im Jahr 1808, als er im spanischen Befreiungskrieg gegen die Franzosen als Feldkaplan des spanischen Heeres in Erscheinung tritt.

1811 schließlich lebt fray Servando mehrere Monate in Cádiz, nimmt als Beobachter an den Debatten der Verfassunggebenden Versammlung teil und beginnt mit der Arbeit an seinem historiographischen Hauptwerk, der *Historia de la Revolución de Nueva España, antiguamente Anáhuac*. Im Oktober desselben Jahres siedelt er nach London über, wo er mit dem bereits ein Jahr zuvor aus Spanien nach England gekommenen spanischen Priester José María Blanco White eine freundschaftliche Debatte über die Frage nach der hispanoamerikanischen Unabhängigkeit beginnt, die in dessen Zeitschrift *El Español* eine größere Öffentlichkeit erreicht.[48] Er verkehrt in den Kreisen der in London exilierten hispanoamerikanischen Unabhängigkeitskämpfer, gibt 1812 die *Brevísima relación de la destrucción de las Indias* seines Ordensbruders Bartolomé de Las Casas heraus und veröffentlicht ein Jahr später auch sein eigenes historiographisches Hauptwerk, die *Historia de la Revolución de Nueva España, antiguamente Anáhuac*. 1814 reist er noch einmal nach Paris und trifft dort nicht nur von Neuem auf seinen Freund Henri Grégoire, sondern auch auf seinen jungen Landsmann Lucas Alamán aus Guanajuato, der wie er selbst zuvor in Cádiz gewesen war und der wesentlich später, in den Jahren zwischen 1849 und 1852, mit seiner *Historia de Méjico* ebenfalls eine Geschichte der mexikanischen Unabhängigkeit schreiben sollte.[49] 1815 kehrt fray Servando nach London zurück. Er lernt dort den Spanier Francisco Xavier Mina kennen und schifft sich im darauffolgenden Jahr mit diesem und einer Truppe von europäischen und amerikanischen Freischärlern in sein mehr als zwanzig Jahre zuvor verlassenes Heimatland Neuspanien ein, um die seit Jahren nicht zum Abschluss kommende Unabhängigkeitsbewegung zu unterstützen. Minas Expedition landet zunächst in Virginia, und die Partisanen halten sich mehrere Monate in den Vereinigten Staaten auf, ehe sie im April 1817 in Soto la Marina in dem heutigen mexikanischen Bundesstaat Tamaulipas neuspanischen Boden be-

---

47 Auf dem Weg nach Portugal wird er zum Augenzeugen der Schlacht von Trafalgar, die am 21. Oktober 1805 stattfindet.
48 Vgl. zu der Debatte mit José María Blanco White auch Kapitel 2.1.1 Räume: Europa und Amerika.
49 Vgl. zu Alamáns Blick auf die Unabhängigkeit in diesem Werk Kapitel 2.3 Die ordnende Kraft der Analyse.

treten. Schon im Juni wird die Truppe dort von den Spaniern unter dem Kommando des Generals Joaquín de Arredondo besiegt.

Dieser lässt fray Servando Teresa de Mier nach Mexiko-Stadt überstellen, wo der Dominikaner im Gefängnis der Inquisition inhaftiert wird. Im September 1817 eröffnet das *Tribunal del Santo Oficio* einen Prozess gegen ihn, in dem er sich gegen den Vorwurf der Apostasie, der Amtsanmaßung und des politischem Aufrührertums verantworten muss. In den knapp drei Jahren seiner Haft entstehen mit der „Apología del Dor. Dn. Servando Teresa de Jesús de Mier Noriega Guerra etc. sobre el sermón que predicó en el Santuario de Tepeyac el 12 de Diciembre de 1794, con noticia de todo lo ocurrido en la atroz persecución que con ese pretexto le suscitó el M. R. Dor. Dn. Alonso Núñez de Haro, Arzobispo entonces de México" und der „Relación de lo que sucedió en Europa al Dr. D. Servando Teresa de Mier, después de que fue trasladado allá por resultas de lo actuado contra él en México, desde julio de 1795 hasta octubre de 1805" die beiden autobiographischen Texte, die genau hundert Jahre später fray Servandos Landsmann Alfonso Reyes erstmals unter dem vereinheitlichenden Titel *Memorias* veröffentlichen würde. Nach der Abschaffung des *Santo Oficio* im Frühjahr 1820 wird fray Servando Teresa de Mier zunächst in die *Cárcel de Corte* in Mexiko-Stadt und dann in die Festung San Juan de Ulúa bei Veracruz überstellt. Hier verfasst er eine Reihe von kleineren Texten sowohl autobiographischer als auch politischer Natur. Während das autobiographische „Manifiesto apologético" vor allem den Verlust der beiden im Gefängnis der Inquisition verfassten umfangreichen autobiographischen Texte kompensieren sollte, die bei Miers Entlassung von den Inquisitoren konfisziert worden waren, stellt die „Idea de la Constitución" einen explizit politisch argumentierenden und bewusst kämpferischen Text dar, der sich ohne Umschweife zu seinem Ziel (der Unabhängigkeit Neuspaniens) bekennt. Das herausstechende Merkmal von fray Servandos politischen Manifesten aus dieser Zeit kurz vor der tatsächlichen Vollendung der Unabhängigkeit ist ihre „retórica partisana": Bei der Lektüre dieser Texte könne kein Zweifel bestehen, dass fray Servando damit nicht mehr isoliert agiere, sondern dass er mittlerweile zu einer „pieza central en la conspiración independentista" geworden sei, argumentiert Christopher Domínguez Michael.[50]

Weil sich auch die spanischen Autoritäten der Gefährlichkeit dieses Häftlings bewusst sind, wollen sie ihn 1821 abermals nach Spanien überstellen und lassen ihn von San Juan de Ulúa zunächst nach Havanna bringen. Von dort aus gelingt ihm die Flucht in die Vereinigten Staaten. Hier veröffentlicht er mit der bereits erwähnten *Memoria político-instructiva* einen Text, der in der Folge dank seines klaren Plädoyers für ein republikanisches Mexiko zu einem der Fundamente der

---

50 Domínguez Michael 2004: 586–587.

republikanischen Tradition dort werden wird.[51] Im Januar 1822 bricht fray Servando Teresa de Mier mit dem Schiff von New York aus in das gerade unabhängig gewordene Mexiko auf, wo er am 23. Februar ankommt. Die Truppen des spanischen Königs halten zu diesem Zeitpunkt nur noch die Festung San Juan de Ulúa, in welcher der spanische General José Dávila den Dominikaner abermals festsetzen lässt. Bereits Ende des vorangegangenen Jahres hatten Wahlen für den ersten Kongress des unabhängigen Mexiko stattgefunden, und fray Servando war in Abwesenheit als Abgeordneter für seinen Heimatstaat Nuevo León gewählt worden. Es ist viel darüber spekuliert worden, ob seine Freilassung im Mai 1822 ein politisches Manöver von General Dávila gewesen ist. Tatsächlich ist gut vorstellbar, dass dieser den mittlerweile zu Ruhm gekommenen fray Servando und seinen nicht nachlassenden Kampfgeist bewusst eingesetzt hat, um die imperialen Ambitionen des Vollenders der mexikanischen Unabhängigkeit Agustín de Iturbide zu bremsen. So schreibt beispielsweise Lucas Alamán in den frühen fünfziger Jahren des 19. Jahrhunderts in seiner *Historia de Méjico*:

> La sospecha que entonces se tuvo de haber puesto Dávila en libertad al padre Mier, para hacer á Iturbide la hostilidad mas efectiva que podia imaginar, considerando á aquel eclesiástico como una tea encendida que arrojaba sobre los combustibles de todas clases que los sucesos habían ido acumulando en el imperio mejicano, puede tenerse pues por una suposición verosímil, ya que no sea un hecho averiguado.[52]

Und tatsächlich beginnt fray Servando sofort nach seinem Einzug in das erste Parlament des unabhängigen Nationalstaats Mexiko, den Widerstand gegen Iturbide zu organisieren. Dieser setzt sich zur Wehr, indem er den Dominikaner und andere kritische Parlamentarier (unter ihnen Carlos María de Bustamante) Ende August erneut inhaftieren lässt.[53] Erst 1823 und kurz vor der Abdankung Iturbides kommt der mittlerweile sechzigjährige fray Servando Teresa de Mier aus diesem letzten von vielen Gefängnissen frei.[54] Zwei Jahre später bezieht er auf Einladung des neuen Präsidenten Guadalupe Victoria eine Wohnung im *Palacio Nacional* von Mexiko. Hier stirbt er am 3. Dezember 1827. Er wird in dem nahegelegenen

---

51 Vgl. Domínguez Michael 2004: 599.
52 Alamán 1852, Bd. V: 645.
53 Vgl. zu Bustamantes Blick auf die Geschichte der Unabhängigkeitsrevolution in Mexiko und zu seinem Widerstand gegen Agustín de Iturbide auch Kapitel 2.2 Ein Denkmal für die Unabhängigkeit.
54 Domínguez Michael stellt eine unmittelbare kausale Verbindung zwischen dieser letzten Inhaftierung fray Servandos und der Abdankung Iturbides her, wenn er schreibt: „Pero al buscar el origen de la abdicación todos miraron hacia el 26 de agosto del año anterior, cuando el emperador osó encarcelar a Servando y a sus cómplices." (Domínguez Michael 2004: 646).

Dominikanerkloster beigesetzt, in dem er fast ein halbes Jahrhundert zuvor sein Ordensgelübde abgelegt hatte.

1.3 Gegenstandskonstitution: Die *Historia de la Revolución de Nueva España, antiguamente Anáhuac* (1813) und die *Memorias* (1817–1820)

Die von José Rogelio Álvarez herausgegebene zwölfbändige *Enciclopedia de México* aus dem Jahr 1977 hat den Anspruch, „todo lo mexicano ordenado alfabéticamente" zu präsentieren.[55] Angesichts des so explizit betonten national-mexikanischen Charakters der Enzyklopädie mag es nicht überraschen, dass der Artikel zu fray Servando Teresa de Mier diesen nicht als Autor und schon gar nicht als Verfasser von Texten mit einem womöglich über das Politische hinausgehenden, nämlich literarischen Anspruch präsentiert, sondern allein als Akteur der mexikanischen Unabhängigkeitsbewegung. Im Zentrum des Interesses steht dabei das historische Handeln einer Figur, die in der Logik des Nachschlagewerks zu einer nahezu mythischen Gründungsgestalt eben der ruhmreichen mexikanischen Nation wird, die in Szene zu setzen sich die Enzyklopädie im Ganzen vorgenommen hat. Wenn der auf diese Art und Weise vorgestellte neuspanische Dominikanermönch aber trotzdem seltsam blutleer bleibt, dann liegt das daran, dass der Lexikonartikel zu seiner Person zwar die wichtigen Stationen von fray Servandos Leben und insbesondere seine wiederholten Ausbrüche aus den unterschiedlichsten Gefängnissen darstellt; dass es ihm dabei aber kaum gelingt, plausibel zu machen, wie sich denn aus diesen transatlantischen Versatzstücken und insbesondere aus den zahlreichen Fluchten und Ausbruchsversuchen ein kohärentes und zudem inhaltlich stringent auf das Ziel der Unabhängigkeit Neuspaniens von Spanien ausgerichtetes Ganzes ergeben soll.

Tatsächlich hätte eine solche Kohärenz wohl nur erzielt werden können mittels des Hinweises auf die beiden großen im weitesten Sinne literarischen Werke fray Servandos,[56] die auf jeweils unterschiedliche Art und Weise das bewegliche und unstete Leben ihres Verfassers zu reflektieren und zu resümieren scheinen: die 1813 publizierte *Historia de la Revolución de Nueva España, antiguamente Anáhuac* einerseits und die erstmals im Jahr 1865 und damit lange nach dem Tod ihres Verfassers unter dem Titel *Vida, Aventuras, Escritos y Viajes del Dr. D. Servando Teresa*

---
55 Álvarez 1977: o. S.
56 Vgl. zu der Frage nach der Literarizität dieser beiden Werke die sich anschließenden Überlegungen.

de Mier veröffentlichten und aus den beiden im Gefängnis der Inquisition verfassten autobiographischen Texten bestehenden *Memorias* andererseits nämlich.[57] In der *Enciclopedia de México* werden diese beiden Hauptwerke fray Servando Teresa de Miers aber nicht in dem Artikel zu seiner Person, sondern allein in der diesen Artikel abschließenden Bibliographie aufgeführt und entsprechend weder eingehender analysiert noch auch nur mit einem knappen Kommentar gewürdigt.[58] Das Lexikon bestätigt damit die zuvor bereits im Kontext mit der Frage nach fray Servandos Kindheit und Jugend zitierte Feststellung von Christopher Domínguez Michael, man habe sich an den Protagonisten seiner umfangreichen Biographie seit jeher eher wegen dessen Extravaganzen als wegen seiner Werke erinnert.[59] Im Falle der *Enciclopedia de México* wiegt das Versäumnis nun allerdings besonders schwer angesichts der Tatsache, dass das Nachschlagewerk Miers Bedeutung für die Entstehung eines in der Argumentation des Lexikonartikels zwar diffus bleibenden, dafür aber nur umso nachdrücklicher in Anspruch genommenen mexikanischen Nationalbewusstseins so explizit betont.

Während die *Enciclopedia de México* fray Servando Teresa de Mier auf diese Weise aus einer Vielzahl von Anekdoten heraus als in seinem Heldentum nicht weiter zu hinterfragenden Helden der mexikanischen Unabhängigkeitsbewegung entwirft und damit ganz auf der Linie eines großen Teils der sich mit Mier beschäftigenden Werke bis weit ins 20. Jahrhundert hinein liegt,[60] ist das Ziel der vorliegenden Studie insofern ein anderes, als sich ihr Interesse vor allem auf seine Rolle innerhalb einer sich zu Beginn des 19. Jahrhunderts zunehmend von den bisher gültigen europäischen Vorbildern emanzipierenden mexikanischen Literatur richtet.[61] Fray Servandos *Historia de la Revolución de Nueva España, antiguamente Anáhuac* und seine *Memorias* wären vor diesem Hintergrund als Gründungstexte einer solchen unabhängigen mexikanischen Literatur zu lesen, als Texte, die zwar ohne jeden Zweifel ein klar umrissenes politisches Anliegen haben, deren Bedeutung aber insofern darüber hinausreicht, als sie zu dessen Entwicklung und Entfaltung durchaus auf genuin literarische Mittel zurückgreifen.[62] Der chilenische

---

57 Vgl. Mier 1813, und Payno 1865. Der Text ist aufgenommen in die *Obras Completas* von Payno, vgl. Payno 2005: 284–348. Vgl. zur Editionsgeschichte der *Memorias* auch Kapitel 3.3 Ich bin viele.
58 Vgl. o. A. 1977.
59 Vgl. dazu noch einmal Domínguez Michael 2004: 62.
60 Vgl. zur Rezeptionsgeschichte von fray Servando Teresa de Mier auch die Argumentation im weiteren Verlauf dieser Einleitung.
61 Womit nicht gesagt sein soll, dass fray Servando Teresa de Mier bisher noch nie als literarischer Autor gelesen worden wäre, im Gegenteil: Vor allem seit Mitte des 20. Jahrhunderts ist der Dominikaner in zunehmendem Maße auch in den Blick der Literaturwissenschaft gerückt.
62 Christopher Domínguez Michael betont immer wieder den gewissermaßen doppelten Anfang der mexikanischen Literatur mit dem erstmals 1816 publizierten Roman *El Periquillo Sarniento*

Literaturwissenschaftler Nelson Osorio Tejeda schreibt über die Literatur aus der Epoche der hispanoamerikanischen Unabhängigkeit, diese habe sich immer in den Dienst der „difusión polémica de las nuevas ideas" gestellt,[63] und diese Feststellung trifft selbstverständlich auch auf die beiden während der Unabhängigkeitskriege entstandenen Hauptwerke fray Servando Teresa de Miers zu. Auch die *Historia de la Revolución* und die *Memorias* sind Werke, deren Interesse nicht unmittelbar ein ästhetisches, sondern zunächst ein in starkem Maße politisches ist,[64] und entsprechend wird der Autor dieser beiden Werke seine Arbeit daran auch kaum als die zweckfreie und autonome Tätigkeit verstanden haben, zu der man gerade in der Moderne das literarische Schreiben in Abgrenzung zur politischen Publizistik immer wieder stilisiert hat.[65]

Trotzdem steht aber die Literarizität der umfangreichen *Historia de la Revolución* mit ihren detaillierten Erzählungen über die zu erreichende mexikanische Unabhängigkeit ebenso außer Frage wie diejenige der *Memorias* mit ihren proliferierenden Geschichten aus dem Leben ihres Autors, wie im Folgenden zu zeigen sein wird. In beiden Fällen handelt es sich darüber hinaus um eine Literarizität gerade in dem Sinne, den Osorio für die Literatur aus der Zeit der hispanoamerikanischen Unabhängigkeit eigentlich ausschließt, wenn er für diese Epoche die

---

von José Joaquín Fernández de Lizardi einerseits und den zwischen 1817 und 1820 geschriebenen, dann aber erst mit einiger Verspätung publizierten *Memorias* von fray Servando Teresa de Mier andererseits: „Acusada con tanta frecuencia de solemnidad, la literatura mexicana no debe olvidar que es hija de un par de sufridos espíritus chocarreros: Mier y Fernández de Lizardi. Suerte tuvo Francia de iniciarse con Montaigne, un escéptico, dijo Nietzsche. Suerte tuvo México de iniciarse con un par de desmadrosos, digo yo, toda proporción guardada." (Domínguez Michael 2016: 594).

63 Osorio T. 2000: 25. Vgl. dazu auch das apodiktische Urteil, das Emmanuel Carballo in seiner *Historia de las letras mexicanas en el siglo XIX* über die Literatur der Unabhängigkeitszeit fällt: Diese sei „una literatura típica de un país subdesarrollado, que pospone para tiempos más venturosos los valores artísticos y se compromete con los valores sociales, económicos y políticos." (Carballo 1991: 88).

64 In seiner 1979 veröffentlichten Essaysammlung *El ogro filantrópico* entwirft Octavio Paz die Genealogie einer solchen „literatura política" in Mexiko und stellt sich selbst ausdrücklich in eine Traditionslinie mit deren Vertretern. Der erste Autor, den er in diesem Zusammenhang zitiert, ist fray Servando Teresa de Mier: „La literatura mexicana, desde Fray Servando Teresa de Mier y Lorenzo de Zavala hasta Luis Cabrera y Daniel Cosío Villegas, ha sido particularmente rica en textos de crítica política. A esa tradición mexicana pertenece *El ogro filantrópico*." (Paz 1983: 8–9). Vgl. zu der Filiation zwischen fray Servando und Octavio Paz auch Kapitel 4.2.4 Christopher Domínguez Michael: Fray Servandos Rückkehr.

65 Umso weniger, als der Beruf des unabhängigen Schriftstellers in Hispanoamerika erst sehr viel später existierte: „Until the very end of the nineteenth century, Latin American writers could not live from their writing." (Mücke 2019: 1162). Vgl. auch zu der grundsätzlichen Unterscheidung von literarischen Schreiben und Publizistik noch einmal Osorio T. 2000: 25.

vollständige „ausencia de una literatura concebida como expresión individual, subjetiva" diagnostiziert.[66] Denn es kann zwar kein Zweifel daran bestehen, dass die Bestimmung dessen, was einen literarischen Text von einem nicht-literarischen unterscheidet, seit jeher eines der drängendsten und zugleich eines der am schwierigsten zu lösenden Probleme der Literaturwissenschaft gewesen ist;[67] zugleich lässt sich die Literarizität der beiden in Frage stehenden Werke aber ohne größere Schwierigkeiten zunächst pragmatisch im Sinne der von Nelson Osorio ex negativo formulierten Bedingung feststellen, und das umso leichter angesichts der Tatsache, dass sich das Interesse der vorliegenden Studie weniger auf diese abstrakte Diskussion als vielmehr auf die Bedeutung fray Servando Teresa de Miers für die Entstehung einer unabhängigen mexikanischen Literatur richtet. So zeichnen sich fray Servandos *Historia de la Revolución* und seine *Memorias* tatsächlich durch „subjektive und individuelle Ausdrucksformen" aus, welche die Stoßrichtung dieser Werke klar von derjenigen einer rein zweckgebundenen Publizistik unterscheiden, die einen so verstandenen literarischen Ausdruck immer den zu verfolgenden politischen Zielen unterordnen würde.

Mit ihren unterschiedlichen inhaltlichen Schwerpunkten (nämlich der Frage nach der kollektiven Geschichte der Unabhängigkeitsrevolution bis zum Jahr 1813 im Falle der *Historia de la Revolución* und der Frage nach der individuellen Geschichte des in diese Unabhängigkeitsrevolution maßgeblich involvierten Autors bis zum Jahr 1805 im Falle der *Memorias*) lassen sich Miers Werke dabei ohne jeden Zweifel gattungstheoretisch klar bestimmbaren Kategorien zuordnen, die mit den Schlagworten „Historiographie" und „Autobiographie" grob zu umreißen wären. Dabei bewegt sich beides, das Schreiben über ein zeitgenössisches historisches Ereignis ebenso wie das Schreiben über das eigene Leben, in jenem Modus der Literarizität, der zumindest vorläufig am sinnvollsten mit dem von Gérard Genette eingeführten Begriff der „Diktion" (im Unterschied zur Fiktion) zu beschreiben wäre.[68] Es ist dabei kein Zufall, dass die *Historia de la Revolución* und die *Memorias* innerhalb dieses weiten Spektrums diktionaler Literatur jeweils

---

66 Osorio T. 2000: 25.
67 „Gibt es immanente Eigenschaften oder Funktionen von Texten, die sie zu literarischen machen? Gibt es textinterne Kriterien, nach denen sich literarische von nicht-literarischen Texten unterscheiden lassen? Die Frage nach dem alle literarischen Texte zusammenhaltenden Literarizitätskriterium gleicht der Suche nach der Weltformel: Gäbe es sie und wäre sie akzeptiert, dann wäre alles einfacher." (Winko 2009: 374).
68 Vgl. Genette 1991b. Genette schlägt in diesem mittlerweile kanonischen Werk die Ersetzung der überkommenen konstitutivistischen durch eine konditionalistische Poetik vor. Gefragt werden sollte also nicht mehr: „Was ist Literatur?", sondern vielmehr: „Wann und unter welchen Umständen ist etwas Literatur?" Vgl. zu der Frage, ob fray Servandos Werke wirklich eindeutig dem Genetteschen Modus der Diktion zuzurechnen sind, auch Kapitel 3.3 Ich bin viele.

Gattungen angehören, die dem modernen Ich und seiner Subjektivität in besonderer Weise Ausdruck zu verleihen im Stande sind. So konstatiert der Historiker Dipesh Chakrabarty mit Blick auf Indien, dort hätten sich im Verlauf des 19. Jahrhunderts erstmals verschiedene öffentliche und private „Rituale des modernen Individualismus" manifestiert, und er hebt in diesem Zusammenhang namentlich den Bedeutungszuwachs hervor, den in dieser Zeit bestimmte literarische Gattungen wie unter anderem die Autobiographie und die Geschichtsschreibung erlebt haben.[69] Obwohl sich nun dieser ausdrücklich im Kontext des zeitgenössischen Nationalismus zu verortende Anfang einer Subjektivierung in dem weiter durch den europäischen Kolonialismus geprägten Indien nur bedingt mit der Situation in dem zur selben Zeit bereits unabhängig werdenden Mexiko in Beziehung setzen lässt, kann man doch feststellen, dass die Individualisierung sowohl in fray Servandos historiographischem als auch in seinem im weitesten Sinne autobiographischem Text in durchaus ähnlichen Bahnen verläuft wie denjenigen, die Chakrabarty in seiner Analyse des einsetzenden Nationalismus in Indien aufruft.

Wenn man deshalb im Einklang mit dessen Argumentation die Historiographie und die Autobiographie ausdrücklich als literarische Gattungen verstehen möchte, die ein solches modernes subjektives Bewusstsein voraussetzen,[70] dann ließe sich fray Servandos Rückgriff auf diese Gattungen und auf die damit verbundenen Schreibformen damit erklären, dass durch die auf diese Art und Weise stattfindende Akzentuierung einer modernen Subjektivität ein literarischer Weg in die Unabhängigkeit gebahnt werden kann. Eine solche Interpretation darf selbstverständlich die Unterschiede nicht verwischen, die zwischen dem historiographischen Schreiben auf der einen und dem autobiographischen Schreiben auf der anderen Seite bestehen. So stellt die Historiographie (das Schreiben über einen historischen Gegenstand von allgemein anerkanntem Interesse) im Unterschied zu der in Europa erst in der

---

69 Diese dienten dazu, dem „modernen Ich Ausdruck zu verleihen" (vgl. Chakrabarty 2010: 45–46).
70 Dabei gilt es zu betonen, dass frühe Formen eines sich literarisch manifestierenden „modernen" subjektiven Bewusstseins selbstverständlich bereits lange vor der Sattelzeit um die Jahrhundertwende vom 18. zum 19. Jahrhundert festzustellen sind und dass diese sich nicht zuletzt auch in historiographischen Texten manifestierten, wie unter anderem Michael Schwarze am Beispiel des französischen Geschichtsschreibers Jean Froissart gezeigt hat. In dessen im ausgehenden 14. Jahrhundert verfassten *Chroniques* verdichte sich, so Schwarze, „eine neue Form historiographischer Ich-Rede, die für folgende Generationen französischer Geschichtserzähler wegbereitend werden sollte und die insofern eine Zäsur in der Geschichte historiographischer Selbstautorisierung der frühen Neuzeit markiert." (Schwarze 2020: 142). Vgl. auch dazu noch einmal Lay Brander 2011. Lay Brander konstatiert ihrerseits für den Historiographen der Frühen Neuzeit: „Die historiographische Stimme stellt keine abstrakte überzeitliche Instanz dar, sondern gibt sich als historisches Subjekt zu erkennen" (Lay Brander 2011: 26).

Sattelzeit um 1800 und in Hispanoamerika sogar noch später an Einfluss gewinnenden modernen Autobiographie (dem Schreiben eines Ichs über sich selbst und das eigene Leben) ein im Spektrum der Gattungen fest etabliertes Genre dar, dem in Spanien und dessen überseeischen Besitzungen bereits im Kontext der Entstehung und der Konsolidierung des weltumspannenden Kolonialreichs eine zentrale Bedeutung zugekommen war. Die Chroniken und Briefe von an den Geschehnissen der *Conquista* Amerikas unmittelbar beteiligten Entdeckern und Eroberern wie Cristóbal Colón, Hernán Cortés oder Bernal Díaz del Castillo ebenso wie die Werke von die Ereignisse aus der räumlichen Distanz beurteilenden Historikern wie Pedro Mártir de Anglería oder Francisco López de Gómara stehen so schon im ausgehenden 15. und frühen 16. Jahrhundert für die Autorität einer Gattung ein, deren explizite Orientierung an den *res gestae* allein schon die beste Legitimierung ihrer Verfasser darzustellen schien – und das sowohl, wenn diese aus der Perspektive des direkten Augenzeugen als auch, wenn sie aus der des distanzierten Historikers schrieben.[71]

Wenn deshalb fray Servando Teresa de Mier sein in London veröffentlichtes erstes großes Werk *Historia de la Revolución de Nueva España, antiguamente Anáhuac* nennt, dann ist davon auszugehen, dass er mit diesem implizit auf die Rolle der Historiographie als seit jeher anerkanntes Genre anspielenden Titel auch bestrebt gewesen ist, sich ausdrücklich in deren Tradition zu stellen, und dass dieser Rückgriff auf die kanonische Gattung eine bewusst gewählte Strategie gewesen ist: Eine Strategie nämlich, die dem Autor dazu verhelfen sollte, sich eine literarische Freiheit und Unabhängigkeit zu erschreiben, über die er als in Europa schreibender, aus seinem Heimatland verbannter Kreole nicht von vornherein verfügte. In dieser Lesart stellt die Geschichtsschreibung also ein anerkanntes und deshalb

---

[71] Auch wenn über diese Frage der Perspektive (unmittelbarer Augenzeuge oder unbeteiligter Chronist) im Einzelfall durchaus erbitterte Kontroversen erwachsen konnten – wie etwa im Falle Francisco López de Gómaras, dessen Darstellung der Eroberung Mexikos im zweiten Teil der *Historia General de las Indias*, die „Crónica de la conquista de la Nueva España" (1552), Bernal Diaz del Castillo überhaupt erst dazu veranlasste, seine eigene Darstellung der Dinge derjenigen Gómaras entgegenzusetzen in der nicht umsonst diesen Titel tragenden *Historia verdadera de la conquista de la Nueva España*. Neben den spanischen Chronisten gilt es selbstverständlich auch indigene oder mestizische Autoren wie Felipe Huaman Poma de Ayala mit seiner *Primer Nueva Corónica y Buen Gobierno* (verfasst zwischen 1600 und 1615) oder den Inca Garcilaso de la Vega mit seinen *Comentarios Reales* (erschienen 1609 und 1617) zu erwähnen, deren Werke historiographische und proto-autobiographische Interessen in sich vereinen (vgl. dazu knapp Mücke 2019: 1148–1149).

„starkes" Modell dar, das Mier in dem ersten seiner beiden großen Werke dazu dient, das eigene Schreiben und sich selbst als Schreibender zu erproben.[72]

Im Gegensatz dazu ist die Autobiographie, auf die er wenige Jahre später mit seinen *Memorias* setzt, ein zu diesem Zeitpunkt im Spektrum der Gattungen noch sehr viel weniger fest etabliertes Genre (und diese Feststellung gilt in besonderem Maße für den hispanoamerikanischen Kontext, innerhalb dessen fray Servandos autobiographischer Text nach seiner Rückkehr aus Europa entsteht und auf den dieser Text implizit und explizit ausgerichtet ist).[73] Auch wenn die jüngere literaturwissenschaftliche Forschung gezeigt hat, dass die immer wieder mit Nachdruck vorgebrachte These von der Nichtexistenz autobiographischer Texte in Spanien und Hispanoamerika jeder Grundlage entbehrt, und auch wenn mittlerweile erwiesen ist, dass die in diesem Zusammenhang bemühten Begründungen für den vermeintlichen Mangel an autobiographischen Texten alles andere als stichhaltig sind,[74] ist doch nicht von der Hand zu weisen, dass zumindest die Rezeption der entsprechenden Texte oft nur schleppend erfolgt ist und dass ihr autobiographischer Charakter von der Leserschaft häufig überhaupt nicht oder wenn, dann nur mit einer gewissen Verzögerung gewürdigt worden ist. So argumentiert etwa die argentinische Literaturwissenschaftlerin Sylvia Molloy in ihrer kanonischen Studie über die „escritura autobiográfica en Hispanoamérica", dass die Annahme, in Hispanoamerika sei das autobiographische Schreiben kaum praktiziert worden, vor allem auf die zögerliche Haltung zurückzuführen sei, mit der man die entsprechenden Texte aufgenommen hat:

> El escaso número de relatos de vida en primera persona es, más que cuestión de cantidad, cuestión de actitud: la autobiografía es una manera de leer tanto como una manera de escribir. Así, puede decirse que si bien hay y siempre ha habido autobiografías en Hispanoamérica, no siempre han sido leídas autobiográficamente: se las contextualiza dentro de los

---

72 Rodrigo Díaz-Maldonado weist allerdings auf die Schwierigkeit hin, die mexikanische Historiographie des 19. Jahrhunderts unter Rückgriff auf gängige Schemata und Muster vor allem europäischer Prägung zu analysieren (vgl. Díaz-Maldonado 2016: 75).
73 Vgl. zu den Adressaten, an die fray Servando sich mit seinen Erinnerungen wendet, auch Kapitel 3.3. Ich bin viele.
74 So hat man beispielsweise mit Blick auf Spanien und den angeblichen Mangel an autobiographischen Texten von spanischen Autorinnen und Autoren argumentiert, dieser vermeintliche Mangel lasse sich durch psychologische und kulturelle Eigenheiten wie etwa die mangelnde Bereitschaft der Spanierinnen und Spanier zur Introspektion, ihren fehlenden Individualismus oder den in Spanien lange Zeit herrschenden Obskurantismus erklären (vgl. Durán López 2005b: 19). Vgl. zu dem Topos von der angeblich geringen Neigung der Spanierinnen und Spanier zum autobiographischen Schreiben auch Durán López 2007: 14–15 und Caballé 1995: 131–137. Caballé spricht in diesem Zusammenhang von dem „tópico de la escasa afición a la escritura autobiográfica" (Caballé 1995: 131).

discursos hegemónicos de cada época, se las declara historia o ficción, y rara vez se les adjudica un espacio propio.[75]

Zugleich sei diese Zurückhaltung der hispanoamerikanischen Leserinnen und Leser bei der Rezeption von autobiographischen Texten aber durchaus aussagekräftig, denn sie spiegele eine Unsicherheit wider, die häufig bereits in den Texten selbst angelegt sei.[76] Diese ihrer Meinung nach die hispanoamerikanische Autobiographie grundsätzlich prägende Unsicherheit ist es nun, für die sich Molloy in ihren Analysen der einschlägigen Werke besonders interessiert: „Quiero reflexionar sobre textos que pretenden realizar lo imposible, esto es, narrar la ‚historia' de una primera persona que sólo existe en el presente de su enunciación, y quiero observar cómo esa imposibilidad cobra forma convincente en textos hispanoamericanos."[77] Wenn die Literaturwissenschaftlerin deshalb ausführt, dass zwar schon die Chroniken der Entdecker und Eroberer durchaus auch in einem autobiographischen Sinne lesbar gewesen und dass in Hispanoamerika auch in der Kolonialzeit unterschiedliche Formen autoreflexiven Schreibens kultiviert worden seien (etwa in Gestalt der schriftlich niederzulegenden Geständnisse vor dem *Tribunal del Santo Oficio* oder auch in Texten wie der *Respuesta de la poetisa a la muy ilustre Sor Filotea de la Cruz* von sor Juana Inés de la Cruz),[78] dann macht sie doch zugleich sehr deutlich, dass die Zielsetzung dieser frühneuzeitlichen Texte niemals ausschließlich die Auseinandersetzung eines Autors oder einer Autorin mit dem eigenen Ich gewesen ist und dass sie deshalb kaum als tatsächliche Autobiographien in dem modernen Sinne zu lesen sind, auf den Dipesh Chakrabarty in seiner Untersuchung des indischen Nationalismus anspielt.

Die wesentliche Voraussetzung für die Möglichkeit eines solchen autobiographischen Schreibens ist für Sylvia Molloy eine Krise des Ichs, und eine solche Krise des Ichs wird ihr zufolge in Hispanoamerika erst im Gefolge der Unabhängigkeitskriege manifest.[79] Aus diesem Grund verortet sie die Anfänge der hispanoamerikanischen Autobiographie in genau der Zeit, in der auch fray Servando Teresa de Mier seine *Memorias* schreibt; in der Zeit nämlich, in der sich in dem Subkontinent die Autoritätskrise Bahn bricht, die der Zusammenbruch des spanischen Kolonialreichs für die Bewohnerinnen und Bewohner der neu entstande-

---

75 Molloy 2001: 12.
76 „El lector, al negar al texto autobiográfico la recepción que merece, sólo refleja, de modo general, una incertidumbre que ya está en el texto, unas veces oculta y otras evidente. La incertidumbre de ser se convierte en incertidumbre de ser en (y para) literatura." (Molloy 2001: 12).
77 Molloy 2001: 11.
78 Vgl. zu diesem in Briefform gehaltenen Text von sor Juana Inés de la Cruz auch Kraume 2023.
79 Vgl. Molloy 2001: 13.

nen Nationalstaaten unweigerlich bedeuten musste.[80] Wenn man Molloys Argumentation folgt, dann betritt fray Servando Teresa de Mier mit seinen aus zwei Teilen bestehenden und erst hundert Jahre nach ihrer Entstehung unter diesem Titel zusammengefassten *Memorias* (die Sylvia Molloy im Übrigen nicht analysiert) nun insofern literarisches Neuland, als er für die darin ins Werk gesetzte literarische Auseinandersetzung mit dem eigenen Ich kaum auf unmittelbare Modelle oder Vorbilder zurückgreifen konnte. Auch in seiner den *Memorias* vorausgehenden *Historia de la Revolución de Nueva España* hatte der Dominikaner zwar bereits ein eindeutig als solches zu identifizierendes und selbstbewusst seine erzählerische Autorität reklamierendes Ich in Szene gesetzt; allerdings war die Rede dieses historiographischen Ichs durch die Orientierung des Textes an dem starken Modell der Geschichtsschreibung noch abgesichert gewesen. Das kann für das in den *Memorias* auftretende autobiographische Ich nicht mehr in demselben Maße gelten, und das aus zwei Gründen: Zum einen kann ein Schriftsteller, der seine eigene individuelle und persönliche Geschichte schreibt, seine Autorität nicht wie der Schreiber einer kollektiven und politischen Geschichte aus dem Stoff herleiten, über den er schreibt (auch wenn dieser Stoff durchaus auch in einem politischen Sinne von Interesse sein mag wie im Falle fray Servandos). Zum anderen muss die explizite Rede über das eigene Ich aber eben dann besonders fragwürdig und instabil bleiben, wenn es an Vorbildern und Modellen für eine solch ausführliche und explizit als solche intendierte *escritura del yo* mangelt.

Wie im Folgenden zu zeigen sein wird, reagiert fray Servando auf diese doppelte Prekarität seiner Auseinandersetzung mit sich selbst mit einer ebenfalls doppelten Strategie, nämlich zunächst dadurch, dass er seinen Leserinnen und Lesern das autobiographische Ich seines Textes in einer in hohem Maße übersteigerten Form gegenübertreten lässt. Diese Inszenierung eines gewissermaßen „hyperbolischen" Ichs hat im Verlauf der Rezeptionsgeschichte der *Memorias* immer wieder dazu geführt, dass man dem Verfasser dieser Autobiographie seine angebliche Egolatrie und Selbstverliebtheit vorgeworfen hat. Im Zusammenhang mit der hier zur Diskussion stehenden Frage nach der Zuordenbarkeit seines Textes zu einer bestimmten Gattungstradition erscheint allerdings die Vermutung plausibler, dass der Rückgriff auf ein solchermaßen übersteigertes Ich fray Servando Teresa de

---

80 Zugleich lehnt Molloy aber die Vorstellung ab, dass die Annahme eines solchen „Anfangs" der hispanoamerikanischen Autobiographie zu Beginn des 19. Jahrhunderts automatisch mit der Vorstellung einhergehen müsse, diese habe sich nach und nach aus einer noch unbeholfenen postkolonialen Hybridität hin zu der vermeintlichen ästhetischen Perfektion des 20. Jahrhunderts entwickelt (vgl. Molloy 2001: 13). Vgl. dazu auch die Auseinandersetzung mit der hispanoamerikanischen Autobiographie in Kapitel 3.3. Ich bin viele.

Mier eher als eine Art implizite Rechtfertigung dafür gedient haben mag, dass er *überhaupt* so ausführlich über sich selbst geschrieben hat in einem Zusammenhang, in dem das in dieser Form eigentlich nicht vorgesehen war: Wenn man sich schon so intensiv mit sich selbst beschäftigt, dann muss dieses Selbst auch so beschaffen sein, dass nachvollziehbar wird, warum sich die ausführliche Auseinandersetzung damit lohnen sollte.[81] Zugleich sichert der Autor seine prekäre Rede über das eigene Ich aber auch dadurch ab, dass er in seinen *Memorias* angesichts des Mangels an wirklich ausdrücklich autobiographischen Vorbildern andere Gattungsmodelle heranzieht und die Erzählung über sein Leben an diesen etablierten Formen und den mit ihnen verbundenen Erwartungen ausrichtet. Diese Vorgehensweise wiederum hat dazu geführt, dass sich die Rezeptionsgeschichte der *Memorias* über weite Strecken auch als die Geschichte einer nie zu einem Ende kommenden Diskussion über die Frage lesen lässt, welcher Gattung dieser Text denn nun wirklich zuzuordnen sei: Ist in fray Servandos Erinnerungen das Modell des Schelmenromans vorherrschend oder das der Chronik, handelt es sich um einen Reisebericht oder um eine ironische Weiterentwicklung der *relaciones de méritos y servicios* aus der Kolonialzeit?[82] Dass diese Fragen niemals abschließend haben beantwortet werden können, deutet darauf hin, dass sie womöglich am Kern des Problems vorbeizielen; dass es sich also nicht vorrangig darum handeln kann, die *Memorias* in einem gattungstheoretischen Sinne „dingfest" zu machen, sondern dass vielmehr die Anerkennung der Offenheit dieses sich dezidiert verschiedener Gattungsmuster bedienenden, dabei aber offenkundig ein genuin autobiographisches Interesse verfolgenden Textes die wesentliche Voraussetzung zu seinem Verständnis darstellt.

Vor diesem Hintergrund können deshalb die historiographischen und die autobiographischen Schreibweisen, derer sich fray Servando Teresa de Mier in seinen beiden Hauptwerken bedient, tatsächlich als bewusst gewählte Strategien beschrieben werden, mittels derer der Autor versucht, parallel zur politischen Unabhängigkeit Mexikos auch dessen literarische Unabhängigkeit von Europa ins Werk zu setzen. Sowohl in seiner *Historia de la Revolución de Nueva España, antiguamente Anáhuac* als auch in seinen *Memorias* greift Mier auf eine schon bestehende, wenn auch in unterschiedlich starkem Maße kanonisierte Gattung zurück und schreibt sich in deren Tradition ein; dabei transformiert er die entsprechenden Gattungsmuster der Historiographie und der Autobiographie aber in vielfältiger Art und Weise und macht sie auf diese Weise für seine (in einem weiten Sinne independen-

---

81 Vgl. zu diesem übersteigerten Ich in den *Memorias* und zu dem daraus resultierenden Vorwurf der Ichbezogenheit ihres Verfassers besonders die Einleitung in Kapitel 3.3. Ich bin viele.
82 Vgl. auch zu dieser Diskussion die Einleitung in Kapitel 3.3. Ich bin viele.

tistischen) Zwecke nutzbar. Diese Interpretation ermöglicht nicht zuletzt eine ganzheitlichere Annäherung an die Figur und das Werk fray Servandos; eine Annäherung nämlich, welche die beiden im Laufe der Rezeptionsgeschichte meist getrennt und unabhängig voneinander betrachteten Seiten seines Wirkens, die politische und die literarische, als das auf ein gemeinsames Ziel hin orientierte Projekt in den Blick nimmt, das sie tatsächlich gewesen sind.

Im Verlauf der gut hundert Jahre seit der ersten Veröffentlichung der *Memorias* unter diesem Titel im Jahr 1917 haben die Geschichtswissenschaft einerseits und die Literaturwissenschaft andererseits (die beiden Disziplinen, die sich bevorzugt mit fray Servando Teresa de Mier beschäftigt haben), ihre Fragen an dessen Werk jeweils aus einer disziplinär stark eingegrenzten Perspektive gestellt. So interessierten sich die Historiker insbesondere für fray Servandos Rolle als Vorläufer der politischen Unabhängigkeitsbewegung seines Heimatlandes und für die historischen Begründungszusammenhänge und die Erklärungen für die Notwendigkeit der politischen Emanzipation der spanischen Besitzungen in Übersee, wie er sie vor allem in der *Historia de la Revolución* und in kleineren Texten wie etwa den *Cartas de un americano* ins Feld führt.[83] Dagegen haben sich die seit der zweiten Hälfte des 20. Jahrhunderts vermehrt unternommenen literaturwissenschaftlichen Auseinandersetzungen mit fray Servando vor allem der Diskussion der narrativen Strategien in den *Memorias* und in diesem Zusammenhang (wie bereits erwähnt) häufig auch der Frage nach deren Zuordenbarkeit zu einer bestimmten Gattungstradition gewidmet.[84] Erstaunlich selten hat man dagegen bislang versucht, die auf den ersten Blick klarer literarisch orientierten *Memorias* im Licht der bei nur oberflächlichem Hinsehen eher ein rein politisches Interesse verfolgenden *Historia de la Revolución* zu lesen und auf diese Weise beide Argumentationsstränge, den historisch-politischen und den literarischen, explizit miteinander in Verbindung zu setzen und nach ihren gemeinsamen Interessen und Vorgehensweisen zu fragen.[85] Im Rahmen einer solchen die Gemeinsamkeiten zwischen der *Historia de la Revolución de Nueva España, antiguamente Anáhuac* und den *Memorias* akzentuierenden

---

[83] Als Beispiele für diesen historisch argumentierenden Strang der Rezeption von fray Servando seien die Arbeiten von David Brading, Roberto Breña, Jacques Lafaye, Nettie Lee Benson, Edmundo O'Gorman oder auch René Jara und Eduardo San José Vázquez angeführt (vgl. Brading 1973 und Brading 1991, Breña 2012, Lafaye 2006, Benson 1948, O'Gorman 1981, Jara 1989 und San José Vázquez 2010).
[84] Vgl. dazu etwa die Arbeiten von Víctor Barrera Enderle, Linda Egan, Ottmar Ette, Robert Folger, Stephan Leopold, Javier Hernández Quezada und Kathleen Ross (Barrera Enderle 2002, Egan 2004, Ette 1992b, Folger 2010, Leopold 2012, Hernández Quezada 2003 und Ross 1989).
[85] Erst in jüngster Zeit hat Mariana Rosetti eine Studie vorgelegt, in der sie fray Servandos Gesamtwerk sowohl unter geschichts- als unter literaturwissenschaftlichen Gesichtspunkten untersucht (vgl. Rosetti 2022).

Lektüre kommt nun der bereits skizzierten transatlantischen Dimension von fray Servandos Leben und Werk besondere Bedeutung zu. Tatsächlich ist es kein Zufall, dass das erste der beiden Hauptwerke des Dominikaners in Europa entsteht und das zweite in Mexiko, und ebenso wenig, dass sich die beiden Werke an ein jeweils unterschiedliches Zielpublikum wenden: Während die in London publizierte *Historia de la Revolución* auf eine europäische Leserschaft zielt, die über die Vorkommnisse in Neuspanien seit Beginn der Unabhängigkeitsrevolution informiert und auf diese Weise im besten Fall zum Eingreifen bewegt werden soll, richten sich die in Mexiko verfassten *Memorias* an die amerikanischen Landsleute des Autors, die wiederum über dessen Erfahrungen in Europa und insbesondere über die Zustände in Spanien in Kenntnis gesetzt und dadurch im Kampf um die Unabhängigkeit ihres Heimatlandes von Spanien mobilisiert werden sollen. In beiden Fällen überspannt das aufklärerische Interesse des betreffenden Werkes also den Atlantik, und in beiden Fällen macht fray Servando Teresa de Mier den transatlantischen Zuschnitt seiner Fragestellung auch insofern deutlich, als er jeweils ein fest umrissenes „Hier" von einem näher zu erklärenden „Dort" abgrenzt (wobei „Hier" und „Dort" eben je nach dem Enunziationsort des betreffenden Werkes unterschiedlich besetzt sind). Auch in diesem Zusammenhang ist die bereits ausführlich kommentierte Frage nach dem gattungstheoretischen Zuschnitt von fray Servandos Werken von Bedeutung. Denn so, wie sich der Autor dieser Werke in dem transatlantischen Raum zwischen Mexiko, den USA und Westeuropa bewegt hat, der durch die „Atlantischen Revolutionen" der Sattelzeit auch ideologisch eng zusammengerückt war,[86] so sind (wie am Beispiel der Historiographie und der Autobiographie bereits kurz ausgeführt) selbstverständlich auch literarische Dispositive wie Gattungen flexibel und beweglich. Analog zu der eingangs skizzierten politischen Verflechtungsgeschichte zwischen Europa und Amerika kann deshalb auch eine kulturelle (oder spezifischer: eine literarische) Verflechtungsgeschichte desselben Raumes geschrieben werden.[87] Zu fragen wäre also nach dem spezifisch transatlantischen Zuschnitt der Schreibweisen, die der Dominikaner in seiner *Historia de la Revolución* und in seinen *Memorias* erprobt: Wie und auf welche Art und Weise sind Europa und Amerika in den Werken von fray Servando Teresa de Mier literarisch miteinander verknüpft, und wie und auf welche Art und Weise werden sie darin voneinander abgegrenzt? Wie verändern sich die von Mier in Anspruch genommenen, im europäischen Kontext mehr oder weniger etablierten literarischen Gattungen in dem

---

[86] Vgl. zu dieser Vorstellung von gemeinsamen Idealen verpflichteten „Atlantischen Revolutionen" beispielsweise Klooster 2009 und Rinke 2010.
[87] Vgl. dazu die an die „histoire croisée" der Geschichtswissenschaft anschließenden neueren Überlegungen zu einer Übertragbarkeit dieses Ansatzes auf die Literaturgeschichtsschreibung etwa bei Werberger 2012.

veränderten und sich weiter verändernden Kontext der politischen Unabhängigkeitsbewegungen in Hispanoamerika? Und inwiefern eröffnet die sich bereits jetzt abzeichnende (nicht zuletzt auch gattungstheoretische) Offenheit und Flexibilität, mit der sich seine Werke der Formulierung einer in der hispanoamerikanischen Literatur so bisher nicht vorgesehenen Subjektivität verschreiben, womöglich einen Zwischenraum, innerhalb dessen ausgehend von der Geschichte des je besonderen Ichs von fray Servandos Texten Möglichkeiten für eine weiter reichende Unabhängigkeit ausgelotet werden? Diese Fragen sind es, welche die vorliegende Studie im Folgenden zu beantworten versuchen wird. Dabei ergibt sich die theoretische Grundlegung, auf die sich die Untersuchung des Werkes von fray Servando Teresa de Mier dabei stützen wird, aus dem transatlantischen Zuschnitt der Fragestellung der Arbeit selbst. Wenn der Gegenstand dieser Arbeit, der neuspanische Priester und Schriftsteller fray Servando Teresa de Mier, sein Schreiben aus dem skizzierten transatlantischen Zwischenraum heraus entwickelt und sich als Schreibender dadurch ebenfalls in diesem Zwischenraum situiert, dann greift die vorliegende Studie den dieser dynamischen Verortung zugrundeliegenden Gedanken insofern auf, als auch sie sowohl europäische als auch hispanoamerikanische Quellen und sowohl europäische als auch hispanoamerikanische Forschungsliteratur heranziehen wird, um ihrem Gegenstand gerecht zu werden. Wie bereits diese Einleitung werden deshalb auch die sich anschließenden Analysen fray Servando Teresa de Mier als den Grenzgänger zwischen Europa und Amerika, zwischen Kolonie und Unabhängigkeit, zwischen Politik und Literatur behandeln, der er gewesen ist.

1.4 Voraussetzungen: Zur Vorgehensweise und zum Aufbau der Studie

Zu diesem Zweck verfährt die Studie in drei großen Schritten: Die ersten beiden Kapitel setzen zunächst die zwei Hauptwerke fray Servando Teresa de Miers in Beziehung zu vergleichbaren Texten von Zeitgenossen und Wegbegleitern des Dominikaners, um auf diese Weise die Besonderheiten der *Historia de la Revolución de Nueva España, antiguamente Anáhuac* und der *Memorias* genauer fassen zu können. Im Anschluss daran stellt das dritte Kapitel fray Servando noch einmal explizit in ein dichtes Netz aus Texten, indem es zuerst auf dessen 1817 bei seiner Rückkehr aus Europa nach Mexiko mitgebrachte Bibliothek und auf deren Bedeutung für die Entstehung der *Historia de la Revolución* und der *Memorias* eingeht, und dann in einem zweiten Schritt vier exemplarische Lektüren seines eigenen Werkes (insbesondere der *Memorias*) aus dem 20. Jahrhundert analysiert. Die ersten beiden der drei großen Kapitel verfahren chronologisch: So widmet sich das erste unter der Überschrift „Geschichte schreiben" der *Historia de la Revolución de Nueva España, antiguamente Anáhuac* von 1813, während das zweite mit „Geschichten schreiben" überschrieben ist und die zwischen 1817 und 1820 entstehenden *Memorias* in den Blick nimmt.[88] Das dritte Kapitel unter der Überschrift „Lektüren" lässt die Chronologie zwar insofern nicht ganz hinter sich, als es durchaus auch als eine Art Rezeptionsgeschichte gelesen werden kann. Es steht aber zugleich dadurch quer zur Chronologie, dass es die von fray Servando zu Lebzeiten ins Werk gesetzten Lektüren meist zeitgenössischer Bücher aus dem späten 18. und frühen 19. Jahrhundert in ein Verhältnis setzt zu denjenigen Lektüren, denen man dann im 20. Jahrhundert sein eigenes Werk unterzogen hat.

Diese Vorgehensweise situiert die Werke fray Servando Teresa de Miers ganz explizit in dem transatlantischen Zwischenraum, in dem sich ihr Autor zeitlebens bewegt hat. So stellt das Kapitel „Geschichte schreiben" die in Cádiz und London entstandene *Historia de la Revolución* als einen Text vor, dessen Differenzcharakter im Vergleich zu dem wenige Jahre später publizierten, sich immer wieder ausdrücklich auf den Vorläufertext von fray Servando berufenden *Cuadro histórico de la Revolución Mexicana* (1821–1827/1843–1846) von Carlos María de Bustamante einerseits und der ebenfalls in der Nachfolge der *Historia de la Revolución* stehenden *Historia de Méjico* (1849–1852) von Lucas Alamán andererseits unmittelbar ins Auge sticht. Die beiden mexikanischen Weggefährten fray Servandos schreiben in dem gerade unabhängig gewordenen Mexiko als unmittelbar betroffene Augenzeugen über die Unabhängigkeitsrevolution, die sie unter unterschiedlichen ideologischen Vorzeichen jeweils unterschiedlich beurteilen: Der liberale Bustamante als den heldenhaften Befreiungskampf eines seit Jahrhunderten unterjochten Volkes, der konservative Alamán als eine Serie von sozialen Revolten, die das zuvor wohlgeordnete Vizekönigtum in einen Abgrund von Unordnung und Anarchie gestürzt haben. Trotz der augenfälligen ideologischen Unterschiede (die sich selbstverständlich auch in der narrativen Gestaltung der beiden historiographischen Werke niederschlagen) ähneln sich das *Cuadro histórico* und die *Historia de Méjico* aber darin, dass beide Texte die an die Gattung der Geschichtsschreibung zu stellenden Erwartungen insofern erfüllen, als sie im Rückblick ein in sich abgeschlossenes Ereignis in seiner Bedeutung und Transzendenz darzustellen und zu interpretieren

---

[88] Diese Zweiteilung folgt dabei einem Gedanken, den der Historiker Edmundo O'Gorman schon 1945 in Bezug auf fray Servandos Werk geäußert hat: „Pero, visto de cerca su obra, la verdad es que en toda ella no hay sino esencialmente dos cosas: autobiografía con no pocas exageraciones, impresiones y disimulos y política con no poca palinodia." Dabei gilt es allerdings zu betonen, dass in fray Servandos Werk eben *nicht* die Politik allein in der *Historia de la Revolución* und das eigene Leben allein in den *Memorias* behandelt würde, sondern dass in beiden Werken beide Interessen miteinander verschränkt werden (O'Gorman 1960: 64).

suchen. Im Unterschied dazu entsteht fray Servandos *Historia de la Revolución* lange vor dem Abschluss der Ereignisse, von denen zu berichten sie sich vorgenommen hat, und geographisch aus einer großen Entfernung zu diesen Ereignissen heraus. Wenn Mier deshalb darin in so starkem Maße auf ein deutlich als solches konturiertes, die Kontingenz der Ereignisse bewusst ordnendes Erzähler-Ich setzt, dann ist ein Grund für diese so explizit betonte Subjektivität seiner Annäherung auch in der besonderen Schreibsituation zu suchen, der die *Historia de la Revolución* zu verdanken ist.

Das Kapitel „Geschichten schreiben" nähert sich dem zweiten der beiden großen Werke des Dominikaners auf eine ähnliche Art und Weise. Wie zuvor schon fray Servandos *Historia de la Revolución* werden nun auch seine *Memorias* in Beziehung gesetzt zu zwei „Lateraltexten", die in derselben Zeit entstanden sind und die ein vergleichbares Interesse oder eine ähnliche Zielsetzung haben wie fray Servandos Erinnerungen aus Europa. Im Unterschied zu dem vorangegangenen Kapitel mit seinem Fokus auf der mexikanischen Historiographie der Unabhängigkeit stammen die in Frage stehenden Werke jetzt allerdings aus Europa. Die 1807–1808 entstandenen Memoiren von Abbé Grégoire aus Frankreich einerseits und die 1830–1832 auf Englisch verfasste Autobiographie des in England exilierten spanischen Schriftstellers José María Blanco White andererseits stecken die Pole einer vermeintlich linear verlaufenden Gattungsgeschichte ab, aus der die Mierschen *Memorias* allerdings auf augenfällige Art und Weise ausscheren. Während die Erinnerungen von Grégoire so die Tradition der aufklärerischen Memoirenliteratur aufrufen und sich allenfalls an deren postrevolutionären Aporien abarbeiten, stehen diejenigen von José María Blanco White ohne Zweifel bereits im Zeichen der romantischen Autobiographie, wie sie in der ersten Hälfte des 19. Jahrhunderts gerade in England kultiviert wird. Fray Servandos *Memorias* sind mit Blick auf den Zeitpunkt ihrer Entstehung genau zwischen diesen beiden Extrempunkten angesiedelt, und der Umstand, dass sie nach der Rückkehr ihres Verfassers in sein Heimatland und insofern einmal mehr in großer räumlicher Distanz entstehen, nämlich zu den Orten des Geschehens und den Schreiborten seiner europäischen Weggefährten, mag mit dafür verantwortlich sein, dass sie die aus dem Vergleich zwischen Grégoire und Blanco vermeintlich abzuleitende „autobiographische Epochenfolge" bewusst durchbrechen zugunsten einer ebenso beweglichen wie unabhängigen *escritura del yo*.

Das dritte Kapitel schließt an diese Analysen der beiden großen Werke fray Servandos und an den Vergleich dieser Werke mit einschlägigen hispanoamerikanischen und europäischen „Lateraltexten" an, indem es zunächst die Bibliothek untersucht, die der Dominikaner bei seiner Rückkehr aus Europa nach Mexiko mitbrachte und deren Inventar die Inquisition nach seiner Gefangennahme hat erstellen lassen. Wenn diese Bibliothek theologische Grundlagenwerke ebenso beinhaltete wie Bücher aus der europäischen Aufklärung und Pamphlete und Flugblätter aus dem Kontext der südamerikanischen Befreiungskämpfe gegen die Spanier, dann zeigt das nicht nur, dass auch fray Servandos Bücher wie dieser selbst ganz ausdrücklich in dem geographischen und intellektuellen Zwischenraum zwischen Europa und Amerika zu verorten gewesen sind, sondern dann resultiert aus dem Zusammenspiel dieser europäischen und amerikanischen Bezugspunkte auch das beträchtliche subversive Potential der reisenden Bibliothek des neuspanischen Dominikaners.

Im Anschluss an diese Untersuchung der von fray Servando vorgenommenen Lektüren widmet sich der zweite Abschnitt des Kapitels den Annäherungen von vier hispanoamerikanischen Intellektuellen des 20. und frühen 21. Jahrhunderts an dessen Werk. Beginnend mit dem nach der Mexikanischen Revolution zu Beginn des 20. Jahrhunderts ebenfalls in Europa exilierten mexikanischen Schriftsteller Alfonso Reyes, der 1917 die erste Ausgabe der *Memorias* unter diesem Titel in der Biblioteca Ayacucho verantwortet hat; über den kubanischen Dichter und Essayisten José Lezama Lima, der fray Servando vierzig Jahre später in *La expresión americana* (1957) als Zeitgenossen und Weggefährten von Unabhängigkeitskämpfern wie Simón Rodríguez und Francisco de Miranda und insofern als Grenzgänger zwischen Kolonie und Unabhängigkeit in den Blick nimmt; den ebenfalls kubanischen Romancier Reinaldo Arenas, der fray Servandos *Memorias* vor dem Hintergrund der Kubanischen Revolution von 1958–1959 zum Anlass nimmt, diese *Memorias* im Jahr 1965 als „Novela de aventuras" neu zu schreiben und sich so mit der grundsätzlichen Dialektik von jedwedem revolutionären Prozess auseinanderzusetzen, bis hin zu dem mexikanischen Historiker Christopher Domínguez Michael, der im Jahr 2004 die bislang umfangreichste fray-Servando-Biographie zum Ausgangspunkt für eine Positionsbestimmung des mexikanischen Liberalismus in der Nachfolge seines intellektuellen Ziehvaters Octavio Paz macht: So unterschiedlich ihre Auseinandersetzungen mit der Person und dem Werk fray Servando Teresa de Miers sowohl mit Blick auf das jeweils bevorzugte Genre (Essay, Roman, Biographie...) als auch in ihrer ideologischen Ausrichtung auch sein mögen, gehen die vier hispanoamerikanischen Intellektuellen doch ausnahmslos alle von der Annahme aus, dass das Werk des heterodoxen Dominikaners eine unabhängige hispanoamerikanische Literatur begründet, in deren Tradition letztlich auch sie sich mit ihren je unterschiedlich akzentuierten „Versuchen über fray Servando" zu stellen bemüht sind.

2 Geschichte schreiben – die *Historia de la Revolución de Nueva España, antiguamente Anáhuac* (1813)

Im August 1521 eroberte der Spanier Hernán Cortés mit einer Handvoll Soldaten das vom Aztekischen Dreibund der Stadtstaaten Tenochtitlan, Texcoco und Tlacopan beherrschte Tal von Mexiko. Genau 300 Jahre später, im September 1821, verkündete Mexiko nach elf Jahren des Bürgerkriegs seine Unabhängigkeit von Spanien. Der Kampf um die Unabhängigkeit war in ganz Hispanoamerika eine Folge der Besetzung Spaniens durch napoleonische Truppen im Jahr 1808 gewesen. Allerdings hat die französische Okkupation des spanischen „Mutterlandes" die Unabhängigkeitsbewegungen in Hispanoamerika allenfalls unmittelbar veranlasst; den strukturellen Grund für den Aufstand gegen die spanische Kolonialherrschaft stellt vielmehr die Unzufriedenheit der seit den missglückten bourbonischen Reformen im ausgehenden 18. Jahrhundert stark in ihren Privilegien eingeschränkten Kreolen dar.[1] Auch wenn die kreolischen Träger der Emanzipationsbewegung vor allem in Mexiko versuchten, ihr Streben nach Unabhängigkeit dadurch zu legitimieren, dass sie ihren eigenen Kampf gegen die Spanier in eine Kontinuität mit demjenigen des knapp drei Jahrhunderte zuvor untergegangenen Aztekenreiches stellten, war der aus diesem Kampf schließlich hervorgehende unabhängige Nationalstaat doch nichts weniger als eine solche historische Notwendigkeit: „No fue una supuesta constitución histórica la que fundó la república mexicana, sino un ciclo de revoluciones políticas que entre 1808 y 1824 cambiaron, mucho más de los que se piensa, el perfil de la Nueva España."[2]

Dass der Umbruch, der aus dem bisherigen spanischen Vizekönigreich Neuspanien den unabhängigen Nationalstaat Mexiko machte, tatsächlich eine Revolution war, die unmittelbar an keine Vorgeschichte anknüpfen konnte und die deshalb nicht einfach zu legitimieren war, das mussten sich die Beteiligten schnell eingestehen. Der Ursprung der jungen Nation lag ideologisch zunächst selbst für diejenigen im Dunklen, die diese Nation begründet hatten. So konnte nach Erreichen der Unabhängigkeit anders als zuvor während des Bürgerkriegs ein Brückenschlag in die präcortesianische Vergangenheit kaum noch naheliegen angesichts der Tatsache, dass die neuen Eliten zumeist kreolischer und keineswegs indigener Abstammung waren. Zugleich musste nach den langen Jahren des Kriegs gegen Spanien aber selbstverständlich auch jeder allzu direkte Bezug zu der ehemaligen Kolonialmacht

---

1 Vgl. Rinke 2010: 41–44.
2 Annino 2008: 27.

Open Access. © 2023 bei den Autorinnen und Autoren, publiziert von De Gruyter. Dieses Werk ist lizenziert unter der Creative Commons Namensnennung 4.0 International Lizenz.
https://doi.org/10.1515/9783111027999-002

vermieden werden, zumal Spanien die mexikanische Unabhängigkeit erst Ende des Jahres 1836 und damit mit 15 Jahren Verspätung anerkannte. Die aus dem Bürgerkrieg hervorgegangene „imagined community" der Mexikanerinnen und Mexikaner war darüber hinaus im Verlauf des 19. Jahrhunderts alles andere als geeint: Sozial war das Land wie schon in der Zeit der spanischen Kolonialherrschaft von großer Ungleichheit geprägt; geographisch drohte sein riesiges Territorium auseinanderzudriften; innenpolitisch konnten sich die zersplitterten Fraktionen kaum einigen, ob der neue Bundesstaat nun zentralistisch oder föderalistisch organisiert sein sollte, und außenpolitisch musste sich die Nation schließlich nicht nur gegen die Übergriffe des mächtigen Nachbarn aus dem Norden, sondern auch gegen die nicht enden wollenden Versuche der Einflussnahme durch europäische Mächte (und insbesondere durch Frankreich) zur Wehr setzen.[3] Wenn deshalb mexikanische Intellektuelle, Schriftsteller und Journalisten (es waren tatsächlich nur Männer) in den ersten Jahren und Jahrzehnten nach Erreichen der Unabhängigkeit ihr gerade unabhängig gewordenes Heimatland dadurch diskursiv zu legitimieren suchten, dass sie seinen mythischen Ursprung in der Geschichte der Unabhängigkeitsbewegung selbst ansetzten, dann erscheint das nur folgerichtig angesichts der Vielzahl von Herausforderungen, mit denen sie sich konfrontiert sahen. Zur selben Zeit wie in den europäischen Nationalstaaten wurde aus diesem Grund auch in Mexiko die Geschichtsschreibung zu einer der bevorzugten diskursiven Formen zur Verständigung über die Herkunft und die Ziele der jungen Nation.[4]

In seinem 1984 postum erschienenen Essay *La ciudad letrada* stellt Ángel Rama der in Zeit und Raum klar verortbaren hispanoamerikanischen Stadt, der „ciudad real", mit der „ciudad letrada" ein von Zeit und Raum unabhängiges Pendant gegenüber. In einem Parcours, der ihn von der frühen Kolonialzeit bis ins 20. Jahrhundert führt, untersucht Rama die Schicht der des Lesens und Schreibens kundigen hispanoamerikanischen Intellektuellen *avant la lettre*, und er stellt dabei (deshalb sind seine Überlegungen in dem hier zu diskutierenden Zusammenhang wichtig) nicht zuletzt auch die Anpassungsfähigkeit dieser *letrados*

---

3 Vgl. Bernecker 2007. Vgl. zu dem Begriff der „imagined community" die kanonische Studie von Anderson 2016.

4 „La idea de nación fue uno de los grandes inventos del siglo XIX. Por primera vez la sociedad fue imaginada con una sola identidad frente a las identidades plurales heredadas del pasado. Esta idea, aparentemente tan artificial, tuvo, sin embargo, un éxito irreversible en el espacio occidental. Uno de los motivos fue la posibilidad de legitimar la nueva forma de gobierno representativo, que pretendió gobernar no ya en nombre de Dios, sino precisamente en nombre de los ciudadanos. Que el poder político de unos hombres tuviera su legitimidad en la ‚voluntad' de los demás resultaba aceptable sólo si estos demás formaban parte de un cuerpo único, con identidad propia [...]. De ahí que una nación sin historia no podía ser una nación, según la cultura del siglo XIX." (Annino 2008: 11).

über die historischen Umbrüche und insbesondere auch über den Umbruch der Unabhängigkeitsrevolution hinweg fest. Waren die Vertreter der *ciudad letrada* in der Kolonialzeit oft genug Geistliche, in deren Zuständigkeit die Festigung und Unterstützung der Ordnung der absoluten Monarchie fiel,[5] sind es nach der Unabhängigkeit Figuren wie beispielsweise der Journalist und Romancier Joaquín Fernández de Lizardi, die mit neuen publizistischen und literarischen Formen auch eine neue Sprache einführen:

> El efecto de la revolución en los órdenes simbólicos de la cultura, nos revela ampliaciones y sustituciones que se han producido en la ciudad letrada y asimismo su reconstitución luego del cataclismo social, pero fundamentalmente muestra el progreso producido en su tendencia escrituraria, en el nuevo período que –dificultosamente– conducirá al triunfo del ‚rey burgués'.[6]

Wenn die Vertreter der nach der Unabhängigkeitsrevolution auf diese Art und Weise erneuerten *ciudad letrada* so auch eine neue Öffentlichkeit schaffen, dann ist dieser Effekt tatsächlich auch im Zusammenhang mit der in dem sich anschließenden Kapitel zu verhandelnden Frage nach der besonderen Rolle von fray Servando Teresa de Miers *Historia de la Revolución de Nueva España, antiguamente Anáhuac* innerhalb der frühen Historiographie über die mexikanische *Independencia* und mit derjenigen nach deren Reichweite, ihren Möglichkeiten, Vorgehensweisen und Zielen von zentraler Bedeutung. Vor dem Hintergrund der Überlegungen von Ángel Rama zur *ciudad letrada* hat die Geschichtswissenschaft in jüngerer Zeit die Entstehung einer neuen Form der Partizipation in den jungen Nationalstaaten Hispanoamerikas betont: Der bisherige koloniale *letrado* sei nach der Unabhängigkeit und durch sie veranlasst zu einem dezidiert für die Belange seines unabhängig gewordenen Heimatlandes eintretenden Intellektuellen im Wortsinn geworden.[7]

---

5 Vgl. Rama 1998: 31. Annick Lempérière schließt an Rama an, wenn sie fragt: „¿[E]n qué consistía la especificidad de los hombres de letras como grupo social?" und auf diese Frage antwortet: „Dicho muy sencillamente, eran los poseedores y/o los creadores de los conocimientos cultos y de los artefactos literarios propios de su tiempo y de las sociedades en que vivían. [...] Como grupo social, no se distinguían sólo por su rango o por sus rentas, sino también por su funcionalidad y sus conocimientos, así como por las instituciones en que se desempeñaban." (Lempérière 2008: 242).
6 Rama 1998: 53–54.
7 Vgl. etwa Myers 2008: 122. Myers verbindet das um die Jahrhundertwende vom 18. zum 19. Jahrhundert stattfindende Auftreten dieser Intellektuellen ausdrücklich mit der politischen Krise, welche die hispanoamerikanischen Länder damals erlebten: „[S]i los escritores públicos que adquirieron protagonismo durante los años transcurridos entre 1780 y la década de 1820 pudieron concebir que este rol les incumbía legítimamente, ello se debió precisamente a la crisis y al progresivo derrumbe de los encuadres institucionales que hasta este momento habían servido como marco de ‚contención' de la actividad intelectual [...]. En el contexto de esa crisis de legitimidad y

In diesem Kontext also sind die drei historiographischen Interventionen zu verorten, mit denen sich das sich anschließende Kapitel beschäftigen wird. Im Jahr 1813 und also lange, bevor der Krieg um die Unabhängigkeit tatsächlich zu einem Ende gekommen war, publiziert der seit 1795 in der europäischen Verbannung lebende fray Servando Teresa de Mier das erste geschichtswissenschaftliche Werk über die Ursachen, den Verlauf und die zu erwartenden Folgen des drei Jahre zuvor begonnenen Kampfes um die Unabhängigkeit seines Heimatlandes von Spanien. Die in London veröffentlichte *Historia de la Revolución de Nueva España, antiguamente Anáhuac* ist ein umfangreiches, komplexes, vielschichtiges Werk, das eben wegen dieser Eigenschaften weit seltener als fray Servandos später nach seiner Rückkehr nach Mexiko verfasste Erinnerungen gelesen und kommentiert worden ist. Allerdings kommt der *Historia de la Revolución* in dem großen Zusammenhang der kreolischen (Selbst-)Ermächtigung insofern eine entscheidende Rolle zu, als ihr Verfasser sich darin um die Legitimierung der Unabhängigkeitsbewegung bemüht zu einem Zeitpunkt, zu dem diese ihr Ziel noch lange nicht erreicht hatte, ja, zu dem überhaupt noch nicht als sicher gelten konnte, ob dieses Ziel überhaupt jemals erreicht werden würde. Der Dominikaner fray Servando Teresa de Mier hatte erstmals im Dezember 1794 in einem politischen Sinne das Wort ergriffen, als er in einer aufsehenerregenden Predigt in der Basilika von Guadalupe die Legitimation der spanischen Kolonialherrschaft in Amerika nachhaltig in Frage stellte, indem er die Überlieferung der Erscheinungen der Jungfrau von Guadalupe, die sich kurz nach der spanischen *Conquista* im Norden von Mexiko-Stadt zugetragen haben sollen, einer synkretistischen Relektüre unterzog.[8] In der europäischen Verbannung hatte sich seither seine Überzeugung von der Notwendigkeit einer politischen und kulturellen Autonomie seines Heimatlandes verfestigt. Diese Überzeugung ist es, die ihn nach Ausbruch des Unabhängigkeitskrieges dazu veranlasst, mit seinem historiographischen Werk über die ersten Jahre dieses Krieges eine größere Öffentlichkeit zu suchen.

Fray Servando schreibt seine Geschichte der Unabhängigkeit weniger mit einem dokumentarischen als vielmehr mit einem aktivistischen Ziel: Mit diesem Werk greift der verbannte Dominikaner aus der Entfernung in den Kampf um die Unabhängigkeit ein.[9] Er tut dies allerdings, und das wird in dem sich an-

---

de la creciente incertidumbre acerca de la diferencia entre un curso de acción lícito y otro ilícito, los escritores públicos pasaron […] de ser los agentes y aliados del poder público […] a ser actores dotados de cierto grado de autonomía propia." (Myers 2008: 141–142).

8 Vgl. zu der genauen Argumentation fray Servandos in dieser Predigt und den Konsequenzen auch Kapitel 3.3.1 Das Ich und die Predigt.

9 In den geschichtswissenschaftlichen Untersuchungen zur Geburt des hispanoamerikanischen Intellektuellen aus dem Geist der Unabhängigkeitsrevolution wird genau diese Form des (publi-

schließenden Kapitel zu zeigen sein, nicht allein mit publizistischen, sondern vielmehr auch mit im weitesten Sinne literarischen Mitteln. Fray Servando Teresa de Mier schreibt anders als viele gleichgesinnte Zeitgenossen eben keine Flugblätter, Aufrufe oder Pamphlete, sondern er schreibt eine großangelegte „Geschichte der Revolution von Neuspanien"; und es ist sicher kein Zufall, wenn der Titel seines Werkes durch die Verwendung des Wortes „Historia" eine Gattungstradition aufruft, in die sich dieses Werk zunächst explizit einschreibt (um sich dann allerdings im weiteren Verlauf auch wieder ebenso explizit wieder daraus zu verabschieden). Im Folgenden sollen die beiden Bewegungen (also die Einschreibung des Werkes in eine zum Zeitpunkt von dessen Erscheinen schon lange kanonische Gattung ebenso wie der hinterher wieder unternommene Rückzug aus dieser Tradition) insofern ernst genommen werden, als das in dieser Studie verfolgte Interesse ausdrücklich der Schreib- und der Lektüregeschichte ihres Protagonisten und damit auch der Frage danach gilt, inwiefern sich diese Schreib- und Lektüregeschichte eines Individuums an der historischen Schnittstelle zwischen der Kolonialzeit und der Unabhängigkeit womöglich auch als eine Geschichte der Wandlung und Veränderung von diskursiven Formen erzählen lässt.

Vor diesem Hintergrund werden die vier sich anschließenden Unterkapitel fray Servando Teresa de Miers *Historia de la Revolución de Nueva España* in Beziehung setzen zu zwei anderen Geschichten der mexikanischen Unabhängigkeit. Das *Cuadro histórico de la Revolución Mexicana* von Carlos María de Bustamante ist in den zwanziger Jahren und damit nur kurz nach Erreichen der Unabhängigkeit erstmals veröffentlicht worden, eine zweite Ausgabe datiert aus der Mitte der vierziger Jahre. Die *Historia de Méjico* von Lucas Alamán wurde in den ausgehenden vierziger und beginnenden fünfziger Jahren publiziert. Sowohl Bustamante als auch Alamán waren mit fray Servando Teresa de Mier gut bekannt, und selbstverständlich hatten ihn beide gelesen, ehe sie ihrerseits ihre historiographischen Werke in Angriff nahmen. Der im Folgenden unternommene Vergleich zwischen den drei Werken zielt allerdings weniger auf den möglichen Einfluss der *Historia de la Revolución de Nueva España* auf die beiden späteren Untersuchungen (obwohl sich ein solcher Einfluss durchaus feststellen lässt). Stattdessen nehmen die sich anschließenden Kapitel eine dezidiert literaturwissenschaftliche Lektüre der drei Werke vor, um auf diese Weise die bloße Feststellung der aktionistischen Stoßrichtung von fray Servandos Revolutionsgeschichte

---

zistischen) Aktivismus als typisch für die in Frage stehende Epoche beschrieben: „El valor de un escrito no se medirá ya sólo por su contenido veritativo, sino por su eficacia material para generar acciones." (Palti 2008: 231).

überschreiten und vielmehr insbesondere deren diskursive Vorgehensweisen und deren über eine nur politische Zielsetzung hinausgehende literarischen Implikationen analysieren zu können. Dabei ist die leitende Hypothese, dass sich fray Servando Teresa de Mier mit seinem historiographischen Werk bewusst an einer im Kontext des spanischen Kolonialreichs seit Jahrhunderten fest etablierten und kanonischen Gattung orientiert, dass er die Tradition dieser Gattung dann aber insofern unterwandert, als er sie nicht zuletzt auch zur Einführung eines beweglichen, ironischen und dabei sehr persönlichen Erzähler-Ichs in die Geschichte der Unabhängigkeit seines Heimatlandes nutzt. Dass dieses Ich dann im weiteren Verlauf von fray Servandos (Schreib-)Geschichte noch mehr Raum erhalten wird, das wird später in dem großen Kapitel zu dem autobiographischen Projekt seiner *Memorias* zu zeigen sein. Zunächst gilt es in dem vorliegenden Kapitel aber, das In-Erscheinung-Treten dieses Ichs in der *Historia de la Revolución de Nueva España* gerade auch im Vergleich zu den ganz anders vorgehenden Werken von Carlos María de Bustamante und Lucas Alamán zu untersuchen. Schon in den vierziger Jahren hat der Historiker Edmundo O'Gorman die drei in Frage stehenden historiographischen Werke mit einem allerdings ganz anders gelagerten Interesse knapp (nämlich in nur einem Satz) miteinander in Verbindung gesetzt. Hier konstatiert er:

> Comparada esta Historia [die *Historia de la Revolución de Nueva España*] [...] con obras históricas de algunos ilustres contemporáneos suyos, como lo son el Cuadro Histórico de Bustamante y mejor aún la Historia y las Disertaciones de Alamán, la diferencia de intención es notoria, sin que esto quiera decir, naturalmente, que la Historia escrita por el Padre Mier, así como el resto de sus obras, no sean, para nosotros, documentos históricos de primera importancia.[10]

Tatsächlich betreffen die Unterschiede zwischen fray Servandos *Historia de la Revolución* einerseits und den Werken seiner Zeitgenossen Bustamante und Alamán andererseits nicht allein die Absicht, welche die entsprechenden Werke verfolgen, sondern mehr noch deren Vorgehensweisen. Dass diejenigen, auf die fray Servando Teresa de Mier in seiner *Historia de la Revolución de Nueva España* setzt, dazu führen, dass dieses erste historiographische Werk über die mexikanische Unabhängigkeit weit mehr ist als nur ein „documento[...] histórico[...] de primera importancia", wird im Folgenden zu zeigen sein.

---

10 O'Gorman 1960: 65.

2.1 Historiographie im Zwischenraum: Fray Servando Teresa de Mier und seine *Historia de la Revolución de Nueva España, antiguamente Anáhuac* (1813)

Nachdem Anfang 1820 ein Putsch des Generals Rafael de Riego den spanischen König Fernando VII. gezwungen hatte, die sechs Jahre zuvor außer Kraft gesetzte Verfassung von Cádiz aus dem Jahr 1812 wieder einzusetzen, wird im Einklang mit deren liberalen Prinzipien nur wenige Wochen später auch das *Tribunal del Santo Oficio de la Inquisición* abgeschafft.[11] Wenn deshalb der Sekretär der Inquisition in Mexiko-Stadt, don Mathias Joseph de Naxera, am 4. Mai 1820 ein Schreiben an den Augustinermönch fray Dionisio Casado aufsetzt, in dem er diesen auffordert, er möge doch seinen Verpflichtungen als „calificador del Santo Oficio" nachkommen und unverzüglich das überfällige Gutachten zu einem Werk erstellen, das man ihm zu diesem Zweck offensichtlich längst schon ausgehändigt hatte, dann spricht er eigentlich für eine Institution, die zu diesem Zeitpunkt schon gar nicht mehr existiert. Dessen ungeachtet reagiert der angeschriebene Zensor aber mit der gebotenen Hochachtung und antwortet zwei Wochen später mit der Bitte um Verständnis für die Verspätung und einer knappen, aber vielsagenden Einschätzung des in Frage stehenden Werkes:

> Illmo. Señor.– Haviendo recivido ayer la orden de V. S. por la que se me manda de mi parecer sobre la obra intitulada Historia de la Revolucion de Nueva España y no haviendo podido hacerlo antes, por las muchas ocupaciones en que me tiene empleado la obediencia, devo decir que en dicha Historia enquentro y contiene, proposiciones temerarias, mal sonantes, inductivas de discordias, enemigos del sociego publico, é injuriosas á nuestros catholicos Monarcas, á la Nacion Española y la N. España. Este es mi parecer, que someto al de V. S. Ilustrisima.[12]

---

11 Vgl. Bethencourt 2009.
12 „Calificación de la obra ‚Historia de la Revolución de Nueva España'", 19 de mayo de 1820, in: Hernández y Dávalos 1882: 789. Die *Historia de la Revolución* war ein Jahr zuvor schon von einem anderen Gutachter, fray Diego de las Piedras, geprüft und für hochgefährlich befunden worden. Fray Diego rät zu einem kompletten Verbot: „in totum hasta para los que tengan licencia para leer algunos libros prohibidos." („Calificación de la obra ‚Historia de la Revolución de Nueva España' por el Dr. Mier", 25 de mayo de 1819, in: Hernández y Dávalos 1882: 763–764). Das zweite Gutachten von fray Dionisio Casado wurde nach Erhalt des ersten von fray Diego de las Piedras mit der Begründung angefordert, es sei für eine wirklich fundierte Entscheidung über das in Frage stehende Werk sinnvoll, eine zweite Meinung zu hören (vgl. die kurze Notiz am Ende des Gutachtens von fray Diego. Hier heißt es: „Para mejor proveer pase esta obra en calificacion al P. Fr. Dionisio Casado del orden de San Agustin." („Calificación de la obra ‚Historia de la Revolución de Nueva España' por el Dr. Mier", 25 de mayo de 1819, in: Hernández y Dávalos 1882: 763)).

Nun ist die Verzögerung nicht weiter erstaunlich, mit der die Nachricht von der Auflösung des *Santo Oficio* dessen Dépendance in Neuspanien erreichte: Das zu diesem Zeitpunkt gerade noch existierende spanische Kolonialreich war groß genug, dass die Übermittlung von Nachrichten zwischen dem „Mutterland" und den Kolonien ohne Weiteres Monate in Anspruch nehmen konnte. Dennoch überrascht aus heutiger Sicht die Gleichzeitigkeit des Ungleichzeitigen,[13] wie sie in der Dringlichkeit der Anfrage der Inquisition an ihren Revisor und in dessen Beflissenheit und Eilfertigkeit zu einem Zeitpunkt in Erscheinung tritt, zu dem im Grunde alle Inquisitionsprozesse bereits Makulatur waren.

Das in Frage stehende Buch jedenfalls scheint für die Inquisition in Neuspanien von höchster Bedeutung gewesen zu sein, und seine Beurteilung durch fray Dionisio Casado lässt auch vermuten, worin das Interesse der mit dem Fall beschäftigten Inquisitoren bestanden haben mag: Gewagte Behauptungen, die nicht nur die öffentliche Ordnung zu gefährden und Zwietracht zu säen im Stande waren, sondern die sich auch in beleidigender Art und Weise gegen die spanische Krone und die Nation richteten, müssen mehr als alarmierend auf das *Santo Oficio* gewirkt haben, das immerhin eine staatliche Einrichtung war (und umso mehr zu einem Zeitpunkt, zu dem der hispanoamerikanische Kampf um die Unabhängigkeit bereits seit mehreren Jahren im Gang war, ohne dass er zugunsten der Kolonialmacht Spanien hätte entschieden werden können).[14] Vor diesem Hintergrund verwundert es nicht, dass der Verfasser des fraglichen Buches es vorgezogen hat, sich nicht namentlich zu seinem Werk zu bekennen. So ist die sieben Jahre zuvor erschienene *Historia de la Revolución de Nueva España, antiguamente Anáhuac*, um die es in der kurzen Korrespondenz zwischen dem Sekretär und dem Revisor der neuspanischen Inquisition geht, unter dem unscheinbaren Aller-

---

13 Vgl. zu diesem Konzept Bloch 1985. Bloch bezieht sich mit der Formulierung von der „Gleichzeitigkeit des Ungleichzeitigen" auf das gleichzeitige Auftreten von Phänomenen mit ungleichen historischen Wertigkeiten: „Geschichte ist kein einlinig vorschreitendes Wesen [...]; sondern sie ist ein *vielrhythmisches und vielräumiges, mit genug unbewältigten und noch keineswegs ausgehobenen, aufgehobenen Winkeln.*" (Bloch 1985: 69, Kursivierungen im Original).
14 Vgl. zu den Vorgehensweisen der Inquisition und ihrer „calificadores" sowie zu den dem Verbot von bestimmten Werken zugrunde liegenden Kriterien Gómez Álvarez/Tovar de Teresa 2009: 61–63. Gómez Álvarez und Tovar de Teresa schreiben, die Revisoren hätten sich an ursprünglich 16 in dem Index der Inquisition von 1640 etablierten Regeln zum Verbot von Büchern zu orientieren gehabt; allerdings figurierten eben in der von ihnen untersuchten Zeit zwischen 1790 und 1819 in den Beurteilungen aus naheliegenden Gründen plötzlich neue Vokabeln wie „sedición", „subversivo" und „revolucionario", die in den Stellungnahmen zuvor nicht aufgetaucht waren (Gómez Álvarez/Tovar de Teresa 2009: 61).

weltsnamen „José Guerra" in London publiziert worden.[15] Tatsächlich handelt es sich dabei um ein Pseudonym, das sich aus Teilen des Namens des neuspanischen Dominikanermönchs José Servando Teresa de Mier y Noriega y Guerra zusammensetzt; weil dieser allerdings seinen ersten Vornamen José und seinen letzten Nachnamen Guerra niemals benutzt hat, war er dahinter so wenig zu erkennen, dass auch er selbst die Chiffre ausdrücklich entschlüsseln musste, wenn er sich tatsächlich einmal zu seiner Autorschaft bekennen wollte. Auf dem Exemplar des Buches, das er seinem Freund und politischen Weggefährten, dem Bischof der konstitutionellen Kirche und Abgeordneten der Verfassunggebenden Nationalversammlung in Frankreich Abbé Grégoire, zugedacht hat, hebt er diese Autorschaft deshalb beispielsweise durch Unterstreichungen in einer handschriftlichen Widmung auf dem Titelblatt hervor: „A Mr. Gregoire, ancien eveque de Blois, el autor Dr. Dn. Servando José de Mier y Guerra", heißt es hier.[16]

Zu dem Zeitpunkt, zu dem fray Dionisio Casado über sein Werk urteilt, sitzt José Guerra alias fray Servando Teresa de Mier nun aber seit nahezu drei Jahren im Gefängnis der Inquisition in Mexiko-Stadt. Er war wie bereits erwähnt im April 1817 nach 22-jähriger Abwesenheit zusammen mit einer kleinen Truppe unter der Führung des Spaniers Francisco Xavier Mina von England aus in sein Heimatland Neuspanien zurückgekehrt, um dort die seit Jahren nicht zum Abschluss kommende Unabhängigkeitsbewegung zu unterstützen.[17] Als Minas Expedition jedoch rasch nach ihrer Ankunft in Soto la Marina von königlichen Truppen vernichtend geschlagen wird, lässt deren Kommandant Joaquín de Arredondo den 53-jährigen Dominikanermönch im August 1817 an die Inquisition überstellen, wo einen Monat später der Prozess gegen ihn eröffnet wird. In diesem Prozess steht nun genau die Frage im Mittelpunkt, die auch das spätere Urteil von fray Dionisio Casado über die *Historia de la Revolución de Nueva España* so brisant macht: So wirft man fray Servando neben

---

15 Eduardo San José Vázquez interpretiert die Wahl des Namens „Guerra" als durchaus intendiert und programmatisch, wenn er von dem „declaratorio pseudónimo de José Guerra" spricht (San José Vázquez 2010: 154).
16 Vgl. das Facsimile des Titelblatts in der kritischen Ausgabe der *Historia de la Revolución*, in: Mier 1990, o. S. Vgl. zu der Freundschaft zwischen fray Servando und Abbé Grégoire auch Kapitel 3.1 Revolution und Krise der Repräsentation. Vgl. zur Rezeption von Grégoire in Mexiko Lüsebrink 1991. Lüsebrink betont, Grégoire sei „unter den herausragenden Intellektuellen und Politikern der Französischen Revolution der Einzige [gewesen], der sich intensiv und über einen langen Zeitraum hinweg mit den Gesellschaften der Neuen Welt" beschäftigt hat (Lüsebrink 1991: 219).
17 Vgl. dazu auch Kapitel 4.1 Fray Servandos reisende Bibliothek. Vgl. zu Francisco Xavier Mina und zu seiner Expedition auch Codinach 1991: 265–351. Vgl. zur Biographie von Francisco Xavier Mina auch Ortuño Martínez/Lucena Giraldo 2008.

anderen Verfehlungen vor allem vor, er habe zum politischen Aufstand aufgerufen.[18] Gegen diese Anklage muss er sich in langen Verhören rechtfertigen, und die Befragungen erweisen sich für den Angeklagten tatsächlich gerade an jenen Stellen als eine schwierige Gratwanderung, an denen es sich um die *Historia de la Revolución* und um die Frage handelt, wer für dieses umfangreiche Werk zur Verantwortung zu ziehen ist.

Die Verhöre, die der Inquisitor José Antonio Tirado y Priego von September 1817 bis August 1818 mit dem inhaftierten fray Servando führt, sind in den Akten der Inquisition protokolliert und in der Sammlung von Dokumenten zu den mexikanischen Unabhängigkeitskriegen von Juan Evaristo Hernández y Dávalos dokumentiert.[19] Diese Protokolle sind nun vor allem deshalb interessant, weil sie die teilweise durchaus gewagte Strategie des Angeklagten im Umgang mit unbequemen Fragen wie derjenigen nach der *Historia de la Revolución* klar zu Tage treten lassen. So richtet sich das Hauptaugenmerk des Inquisitors tatsächlich auf die Schriften des Angeklagten, und zwar ebenso die gedruckten wie diejenigen, die nur als Manuskripte existieren, wie es in den Protokollen heißt.[20] Fray Servandos Taktik zu seiner Verteidigung ist hier eine doppelte: Bei einigen Schriften leugnet er seine Autorschaft rundheraus– das ist etwa bei den beiden ebenfalls in London publizierten *Cartas de un americano a El Español* von 1811–1812 der Fall, deren explizites Plädoyer für die vollständige Unabhängigkeit Hispanoamerikas von Spanien der Inquisition allerdings tatsächlich kaum vermittelbar gewesen sein dürfte.[21] Fray Servando führt in diesem Zusammenhang eine Reihe von Gründen dafür an, warum er nicht der Autor der beiden Briefe sein *könne* – und die Aufzählung dieser Gründe gipfelt in der Beteuerung, schließlich sei er der Autor der *Historia de la Revolución de Nueva España*, und die in diesem Werk vertretenen Positionen unterschieden sich so grundsätzlich von denjenigen der *Cartas de un americano a El Español*, dass die beiden Bücher unmöglich von ein und demselben Autor verfasst sein könnten.[22]

Es in der Tat gut vorstellbar, dass sich dem inhaftierten Dominikaner an dieser Stelle das Bekenntnis zur Autorschaft an der *Historia* trotz der zuvor getroffenen

---

18 Darüber hinaus wird er angeklagt, er habe sich die Bischofswürde angemaßt und sei dem Dominikanerorden abtrünnig geworden. Vgl. zum Prozess der Inquisition gegen fray Servando insgesamt Domínguez Michael 2004: 528–529.
19 Vgl. „Declaraciones de Fr. Servando Mier, del 22 de setiembre de 1817 al 21 de agosto de 1818", in: Hernández y Dávalos 1882: 789–829.
20 Vgl. „Décimanona declaración, 15 de diciembre", in: Hernández y Dávalos 1882: 822.
21 Vgl. zu den *Cartas de un americano a El Español* und der Polemik zwischen fray Servando und dem Herausgeber der Londoner Zeitschrift *El Español*, José María Blanco White, auch Kapitel 2.1.2 Räume: Europa und Amerika.
22 Vgl. „Décimanona declaración, 15 de diciembre", in: Hernández y Dávalos 1882: 822.

Vorsichtsmaßnahmen zur Verschleierung seiner Identität als ein kalkulierbares Risiko dargestellt hat. So mag er wirklich gehofft haben, dass die Überzeugungen, die er in diesem seinem Hauptwerk vertritt, den Inquisitoren weniger problematisch erscheinen würden als die tatsächlich wesentlich radikaleren Positionen aus den *Cartas de un americano*.[23] Dennoch wusste er natürlich nur zu gut, dass auch die umfangreiche *Historia de la Revolución* noch genug Material barg, um ihn in ernsthafte Schwierigkeiten zu bringen (und dass diese Sorge begründet war, das zeigt schließlich nicht zuletzt das Urteil des Zensors fray Dionisio Casado). Um die Gefahr frühzeitig zu bannen, distanziert sich der Angeklagte deshalb in der Befragung über seine Schriften schnell auch von seiner *Historia*, deren Verfasser zu sein er ja unmittelbar zuvor zugegeben hatte, indem er behauptet, ominöse „interpoladores" hätten sein Werk mit ihren Einfügungen verfälscht:

> Por esta continua interpolacion ya de solas expreciones, ya de algunas lineas, y de parrafos y muchos parrafos, la obra salió tan desigual, tan divergente en opiniones, y tan agena de la moderacion de los primeros libros, que fue necesario el ingenio de todos los interpoladores en el prologo para intentar medio persuadir que la obra es de un mismo Autor: y alcabo no es historia sino es un totili mundi, y por eso les dijo el confesante que ya no podia llevar el titulo de historia, y por eso lo pusieron disyuntivo.[24]

Auch wenn sich die Bedingungen, unter denen fray Servando sein Werk zu Beginn des 19. Jahrhunderts in London veröffentlicht hat, ohne jeden Zweifel deutlich von den Modalitäten unterschieden haben, unter denen solche und ähnliche Publikationen heute erfolgen würden, und auch wenn womöglich die Umstände der Entstehung der *Historia de la Revolución* tatsächlich einen Eingriff erlaubt hätten, wie fray Servando ihn hier schildert,[25] erscheint seine an dieser Stelle auf angebliche fremde Einfügungen in seinen Text rekurrierende Argumentation doch an den Haaren herbeigezogen. In der Tat ist mehr als fraglich, ob die Inqui-

---

23 Vgl. zu den unterschiedlichen Positionen, die fray Servando in seinen Werken vertritt, auch die Einführung der Herausgeber der kritischen Ausgabe der *Historia de la Revolución*: Saint-Lu/Bénassy-Berling 1990: LXV.
24 „Vigésimaprimera declaración, 3 de enero de 1818", in: Hernández y Dávalos 1882: 825. Die Formulierung „y por eso lo pusieron disyuntivo" am Schluss bezieht sich auf den vollständigen Titel der *Historia de la Revolución de Nueva España*, der tatsächlich ein doppelter ist und *Historia de la Revolución de Nueva España, antiguamente Anáhuac, ó Verdadero origen y causas de ella con la relación de sus progresos hasta el presente año de 1813* lautet.
25 So hat fray Servando die *Historia de la Revolución* unter anderem wegen seiner begrenzten finanziellen Möglichkeiten stückweise in den Druck gegeben (vgl. dazu noch einmal die Einführung der Herausgeber der kritischen Ausgabe, Saint-Lu/Bénassy-Berling 1990: XXIII–XXVIII). Vgl. zu einer medientheoretischen Grundlegung von Autorschaft und Urheberschaft um 1800 (allerdings ausschließlich auf Europa bezogen und mit einem starken Fokus auf Deutschland) Kittler 1995.

sition der fabelhaften Geschichte von den geheimnisvollen „interpoladores" wirklich Glauben geschenkt hat. Dennoch ist fray Servandos Verteidigungsstrategie aber insofern bemerkenswert, als sie sich zur Untermauerung ihrer Glaubwürdigkeit auf ein zentrales Merkmal des in Frage stehenden Buches stützt, das auch den mit dem Fall befassten Inquisitoren auf den ersten Blick ins Auge gefallen sein muss: die eklatante Disparatheit und das offenkundige Zusammengestücktsein dieses Buches nämlich.

So ist die *Historia de la Revolución* tatsächlich kein Werk aus einem Guss. Das Buch verfolgt weder eine einzelne und eindeutige These noch weist es eine klare (beispielsweise chronologische) Struktur auf, sondern es zeichnet sich vielmehr durch eine gewisse inhaltliche Widersprüchlichkeit einerseits und eine offenkundige strukturelle Heterogenität andererseits aus. Diese Eigenschaft ist auch in der Rezeptionsgeschichte immer wieder hervorgehoben worden,[26] und vor diesem Hintergrund hat fray Servandos Behauptung von den angeblichen fremden Eingriffen in sein Werk tatsächlich eine gewisse Plausibilität und Überzeugungskraft. In Wirklichkeit hat es natürlich keinerlei Eingriffe gegeben (denn sonst hätte fray Servando Teresa de Mier das Werk wohl kaum mit einem so deutlich erkennbaren Stolz seinem Freund Grégoire gewidmet, mit dem er über Jahrzehnte hinweg einen intensiven intellektuellen Austausch pflegte).[27] Vielmehr begründen die Herausgeber der kritischen Ausgabe der *Historia de la Revolución* deren chaotische Anlage mit den bewegten Lebensumständen des Autors und den wechselvollen Zeitläuften in den zwei Jahren der Abfassung des Werkes (von 1811 bis 1813).[28] Und tatsächlich lassen sich ausgehend von diesen biographischen und historischen Zusammenhängen und Entwicklungen sowohl die unübersehbaren Fehler, die der Verfasser auf der Ebene von Namen, Daten und Fakten in seine *Historia* einbaut, als auch seine sich im Laufe der Zeit allem Anschein nach verlagernden Zielsetzungen erklären. Wenn fray Servando Teresa de Mier in seiner Aussage vor der Inquisition selbst auf die Tatsache verweist, dass sich die Stoßrichtung der Argumentation mit Voranschreiten des historiographischen Werkes verändert hat, und (wie in der angeführten Passage) hervorhebt, dass im Laufe der Zeit

---

26 Vgl. etwa Annino 2008: 22–23. Annino spricht von der „chaotischen Struktur" des Buches (vgl. Annino 2008: 22). Vgl. auch Bertrand 1996. Hier ist die Rede von der „monumentale, mais parfois confuse *Historia de la Revolución de Nueva España*" (Bertrand 1996: 73).
27 Vgl. zu diesem intellektuellen Austausch insbesondere auch Kapitel 3.1.2 Las Casas.
28 Vgl. dazu noch einmal Saint-Lu/Bénassy-Berling 1990: XXVIII und die sich anschließenden Ausführungen.

die „moderacion de los primeros libros" aufgegeben worden sei,[29] dann zeigt das allerdings nicht nur, dass er sich der Mängel seines historiographischen Werkes bewusst gewesen ist, sondern auch, dass er sich selbst und dieses Werk durchaus kritisch reflektiert, und dass die Radikalisierung seiner Überzeugungen in dessen Verlauf keineswegs zufällig stattfindet.

Die Frage danach, wie und aus welchen Gründen sich die Argumentation und die Zielsetzung der in 14 unterschiedlich lange Bücher untergliederten *Historia de la Revolución de Nueva España* in der Abfolge dieser Bücher verändern, und diejenige danach, welcher Stellenwert fray Servandos Werk dadurch innerhalb der Historiographie über die mexikanische Unabhängigkeitsbewegung zukommt, sollen in dem sich anschließenden Kapitel verhandelt werden. Das Kapitel widmet sich zuerst dem Verfasser des Buches selbst und den Netzwerken, die ihm seine Arbeit ermöglicht haben; in einem zweiten Schritt dann den Räumen, innerhalb derer er die zu erzählende Geschichte ansiedelt; drittens der Art und Weise, wie er diese Geschichte erzählt, und schließlich viertens und letztens der Geschichte selbst und den Zielen, die er mit dieser Geschichte verfolgt. Es geht also kurz gesagt darum, wie, mit welchen Mitteln und zu welchem Zweck fray Servando Teresa de Mier in seiner *Historia de la Revolución* Geschichte schreibt zu einem Zeitpunkt, zu dem sich diese Geschichte gerade erst ereignet.

2.1.1 Stimmen: Autor und Erzähler

Die schwierige Gratwanderung zwischen Eingeständnis und Verleugnung, die fray Servando Teresa de Mier in den Verhören mit der Inquisition unternimmt, findet ihren Ausdruck auch in seinen Kommentaren zu dem Decknamen, unter dem die *Historia de la Revolución* publiziert worden ist. Tatsächlich erklärt er nämlich auch dieses Pseudonym mit den angeblichen fremden Eingriffen in sein Werk, das er dann eben wegen dieser Eingriffe nicht mehr guten Gewissens als sein eigenes habe ausgeben können:

> Aunque el Confesante no cree que la obra sea contra la fé Catolica, ni menos contra el Rey, no obstante como hay opiniones atrevidas y peligrosas, que aunque defendidas por Teologos y Canonistas modernos no son del gusto y aprobacion del Confesante, no quiso comprometerse con ellas, ni dar su nombre por mas que insistieron, asegurandole de la gloria que su erudicion le atraeria en Europa.[30]

---

29 „Vigésimaprimera declaración, 3 de enero de 1818", in: Hernández y Dávalos 1882: 825. Vgl. zu den sich verlagernden Zielsetzungen der *Historia de la Revolución* auch Kapitel 2.1.4 Ziele: Kerkyräer und Korinther.
30 „Vigésimaprimera declaración, 3 de enero de 1818", in: Hernández y Dávalos 1882: 825.

Auch hier bleibt fray Servando also einer doppelgleisigen Argumentation treu, die sich zwischen einem vorsichtigen Bekenntnis zu seinem Werk bei gleichzeitiger klarer Distanzierung von den darin propagierten Überzeugungen bewegt: Die in der *Historia de la Revolución de Nueva España* entfalteten Meinungen und Argumente sind zwar eigentlich unverfänglich, so könnte man sein Plädoyer zusammenfassen; für den Fall jedoch, dass die Inquisitoren das anders bewerten sollten, unterstreicht er zur Sicherheit aber doch noch einmal, dass keineswegs er selbst der Urheber dieser Meinungen ist. Dieser Argumentation folgend wäre das Pseudonym „José Guerra" also nicht als Vorsichtsmaßnahme zum Schutz vor Verfolgung, sondern vielmehr als Ausdruck der Distanz des Autors zu den in seinem Werk vertretenen Standpunkten gewählt worden.

Vor diesem Hintergrund besteht nun das spezifisch literaturwissenschaftliche Interesse der Protokolle von fray Servandos Vernehmung vor der Inquisition in ihrer besonderen Narrativität. Jenseits ihres bloßen faktualen Informationsgehalts etwa in Bezug auf die Anschuldigungen, welche die Inquisition gegen den Dominikaner erhob, zeichnen sich die Protokolle vor allem dadurch aus, dass sie einen Einblick in die Art und Weise gewähren, wie der Beschuldigte die *eine* Geschichte seines Lebens (und seiner Publikationen) aus den *vielen* mehr oder weniger fiktionalen Geschichten heraus entwickelt, auf die sich seine Verteidigungsstrategie gründet.[31] Im Sinne der narratologischen Grundannahme, dass Erzählungen eben „keine abstrakten Zusammenhänge darstellen, sondern einen subjektiven Erfahrungsgehalt aufweisen",[32] ermöglicht es diese Feststellung, die Narrativität von fray Servandos Aussagen vor der Inquisition aus der besonderen Interrelation von Erzählen und Erzähltem heraus zu begründen, von der die Protokolle von seiner Aussage zeugen. Die Ebenen von *discours* und *histoire* sind in diesen Inquisitionsprotokollen nämlich insofern auf besondere Art und Weise miteinander verschränkt, als die Aussage des Beschuldigten doppelt vermittelt erscheint: Zum einen vermittelt er selbst als (stellenweise durchaus unzuverlässiger) mündlicher Erzähler zwischen seinem Stoff (der Geschichte von der Publikation der *Historia de la Revolución*) und seinen Zuhörern (den Richtern und Justiziaren des *Santo Oficio*); zum anderen erscheint aber die daraus resultierende Erzählung inzwischen noch mittelbarer, weil sie nicht mehr mündlich vorgetragen wird, sondern weil die Protokolle der Inquisition den ursprünglich mündlichen Bericht von fray Servando schriftlich und deshalb ihrerseits nur vermittelt (nämlich in der dritten Person Singular und in indirekter Rede) wiedergeben.[33]

---

31 Vgl. allgemein zum Erzählen vor Gericht auch Arnauld 2009.
32 Nünning 2013: 6. Vgl. dazu auch Fludernik 1996. Fludernik spricht in diesem Zusammenhang von der „experientiality" als Grundmerkmal von Narrativität (Fludernik 1996: 12).
33 Vgl. zum unzuverlässigen Erzählen Martínez/Scheffel 2007: 95–107 und zum unzuverlässigen Erzählen insbesondere in den romanischsprachigen Literaturen Burnautzki/Welge 2023. Vgl. zur Mittel-

Diese Form der doppelten Mittelbarkeit ist an denjenigen Stellen besonders auffällig, an denen fray Servando Teresa de Mier über die Frage seiner Autorschaft an der *Historia de la Revolución* räsoniert, denn hier tritt seine Erzählerfigur mehrfach gebrochen auf. In den Protokollen wird der Erzähler „der Geständige" genannt, „el Confesante"; dieser geständige Erzähler bekennt sich also zu seiner Autorschaft, gibt aber zugleich an, dass es sich dabei nicht um eine eindeutige Urheberschaft handelt, weil er eben nicht für alle in seinem Werk vertretenen Überzeugungen verantwortlich sei. Wenn der insofern eingeschränkt geständige Erzähler aber betont, aus diesem Grund nicht ausdrücklich als Autor aufgetreten zu sein, sondern sich hinter dem Pseudonym „José Guerra" verborgen zu haben, dann ist er damit nicht nur zugleich auch aktiv Handelnder innerhalb seiner Erzählung, sondern dann hat dieser Umstand wiederum zur Folge, dass die verschiedenen Rollen, die er ausfüllt (nämlich Akteur, Geständiger, Erzähler, Autor) noch durch die beiden Namen diversifiziert werden, unter denen er auftritt (nämlich seinen tatsächlichen Namen und sein Pseudonym). Ausgehend von fray Servandos Aussage vor der Inquisition lässt sich deshalb mit besonderer Berechtigung die Frage nach dem Verhältnis von Autor und Erzähler in der *Historia de la Revolución de Nueva España* und insbesondere auch die Frage danach aufwerfen, wie und in welcher Form sich dieser Erzähler in seiner Erzählung manifestiert, wie er sich positioniert und in welche Netzwerke er sich implizit oder explizit einschreibt.

Denn tatsächlich ist die Präsenz einer eindeutig identifizierbaren und wiedererkennbaren Erzählerstimme in der *Historia de la Revolución* auffällig, und das umso mehr, wenn man berücksichtigt, dass fray Servandos Verteidigungsstrategie vor der Inquisition ja eine multiple Autorschaft angeführt und diese Behauptung ausgerechnet auf die vermeintliche Diversität der Erzählerstimmen in dem Werk gegründet hatte. In Wahrheit erweist sich die innere Einheit dieses Werkes (trotz seiner offenkundigen Disparatheit) jedoch gerade mit Blick auf die Identität des Erzähler-Ichs nicht nur mit sich selbst, sondern auch mit dem sich hinter dem Pseudonym „José Guerra" verbergenden Autor fray Servando Teresa de Mier.[34] So tritt dessen persönliche Geschichte immer wieder hinter den allgemeineren argumentativen Zusammenhängen der *Historia de la Revolución* hervor, etwa wenn der Erzähler im Zusammenhang mit der systematischen Benachteiligung der

---

barkeit des Erzählens als wesentlichem Merkmal von narrativen Texten Stanzel 1982: 15–38. Vgl. allgemein zur Narrativität auch Nünning 2001b.

34 Aus narratologischer Sicht ist diese Identität zwischen Autor und Erzähler eines Textes das entscheidende Merkmal zur Unterscheidung zwischen faktualen und fiktionalen Texten, vgl. etwa Klein/Martínez 2009: 3. Vgl. insbesondere zum historiographischen Diskurs auch Jaeger 2009. Hier heißt es explizit: „Die Identität von Autor und Erzähler erweist sich für die strukturale Erzählanalyse als grundlegendes Merkmal der historischen Erzählung." (Jaeger 2009: 124).

Kreolen in den spanischen Überseegebieten kurz und camoufliert seine eigenen Erfahrungen einblendet und über den langjährigen Erzbischof in Neuspanien, den Spanier Alonso Núñez de Haro y Peralta, schreibt, dieser habe sein Amt zu einem Zeitpunkt angetreten,

> que se buscaban para las mitras enemigos de los Jesuitas. Él lo fue de todos los criollos, a quienes excluyó en su palacio hasta del servicio de su cocina, y en 26 años de Obispado [...] declaró guerra abierta a todo americano sabio, desairándolos, desterrándolos y persiguiéndolos como a follones y malandrines, con el mismo furor y encarnizamiento que su paisano D. Quixote a los encantadores. [...] Su odio era allá tan terrible como inexorable, y su influxo tan grande en España como las riquezas que prodigaba sobre su familia y sus agentes [...] que obstruían con el oro todos los canales de la justicia, comprando al venal Consejo y venalísima Covachuela de Indias, donde tenía el negociado de México aquel caribe D. Francisco Antonio León.[35]

Auf den ersten Blick mag diese Passage im Zusammenhang mit der Frage nach der Identität von Autor und Erzähler in der *Historia de la Revolución* wenig aufschlussreich erscheinen, weil sich der Erzähler zwar eindeutig mit den benachteiligten Kreolen solidarisiert, dabei aber nicht als identifizierbares Ich mit einer eigenen Geschichte in Erscheinung tritt. Dennoch ist der Abschnitt aber bei näherem Hinsehen paradigmatisch für fray Servandos zwischen Abstraktion und Konkretion pendelnde Vorgehensweise, und zwar insofern, als sich hinter den vermeintlich objektiven Vorwürfen, die der implizite Erzähler an den spanischen Erzbischof Núñez de Haro richtet, die sehr subjektive Erfahrung des Autors mit diesem Erzbischof verbirgt. Diese Verbindung erschließt sich nicht zuletzt durch einen Vergleich der in Frage stehenden Passage aus der *Historia de la Revolución de Nueva España* mit dem ersten Teil von fray Servandos zwischen 1817 und 1820 in den Jahren im Gefängnis der Inquisition entstandenen *Memorias*, in denen er ausführlich seine Verfolgung durch die spanische Obrigkeit und insbesondere durch den Erzbischof nach der Predigt vom 12. Dezember 1794 schildert.[36] Ein solcher Vergleich macht unzweifelhaft deutlich, dass mit der bewusst vage gehaltenen Chiffre „todo americano sabio" aus der zitierten Passage niemand anderes als fray Servando Teresa de Mier selbst gemeint sein kann, und dass trotz der Verwendung der Pluralform in der sich anschließenden Reihe von Gerundien („desairándolos, desterrándolos y persiguiéndolos") niemand anderes als er selbst von dem Erzbischof gekränkt, verbannt und verfolgt worden ist: Die *Memorias* beschreiben nämlich fray Servandos ganz persönliche Konfrontation mit dem Erzbischof nahezu wortgleich, und sie ziehen sogar denselben Vergleich mit Don Quijote heran, um sich von Núñez de Haros

---

35 Mier 1990: 241–242.
36 Vgl. zu dieser skandalösen Predigt und den daraus resultierenden Konsequenzen Kapitel 3.3.1 Das Ich und die Predigt.

angeblich irrationaler Vorgehensweise in der Auseinandersetzung zwischen Spaniern und Kreolen abzugrenzen.[37]

In diesem Zusammenhang ist nun nicht zuletzt auch der Hinweis auf die Praktiken der Korruption maßgeblich, deren sich der Erzbischof in der Darstellung von fray Servando zur Durchsetzung seiner Interessen so schamlos bedient. Auch hier schimmert hinter der vermeintlich unbeteiligten und objektiven Feststellung der Bestechlichkeit der für die Überseegebiete zuständigen spanischen Gerichte und Behörden die Enttäuschung des von seiner Unschuld überzeugten Autors über das Versanden seines eigenen Falles vor den entsprechenden Institutionen durch. Denn auch wenn der eigene Fall nicht explizit angesprochen wird, so zeigt doch der Verweis auf den Beamten Francisco Antonio León, dass sich fray Servandos Argumentation auch hier aus seinen eigenen Erfahrungen speist: In den *Memorias* wird dieser Francisco Antonio León systematisch zum unerbittlichen Gegenspieler des vor dem *Consejo de Indias* beharrlich um seine vollständige Rehabilitation kämpfenden autobiographischen Ichs aufgebaut;[38] und dort wird auch nur zu deutlich, dass allein Leóns Bestechlichkeit die Erklärung dafür liefern kann, dass diese Rehabilitation eben nicht erreicht werden konnte.[39] So tritt an dieser für die Argumentation der *Historia de la Revolución* durchaus zentralen Stelle (schließlich ist die Benachteiligung der Kreolen durch das spanische Kolonialsystem ein wesentlicher Punkt innerhalb einer Beweisführung, die zuletzt auf die Auflösung dieses Systems zielt) hinter einer Darstellung der Verhältnisse, die formal ohne ein erzählendes und erlebendes Ich auskommt, genau ein solches Ich in Erscheinung.

Wesentlich ausdrücklicher (und dadurch auch systematischer) manifestiert sich der Erzähler der *Historia de la Revolución* aber an anderen Stellen des Werkes, an denen er sich bewusst auf seine Präsenz in bestimmten Situationen oder auf seine Beteiligung an bestimmten Prozessen beruft, um seine Darstellung der Verhältnisse und die Schlussfolgerungen zu begründen, die er daraus zieht. Dabei ist die Bandbreite der Möglichkeiten groß, deren er sich bedient; sie reicht von dem bloßen Hinweis auf die eigene Augenzeugenschaft im Zusammenhang mit

---

37 So heißt es in den *Memorias* im Zusammenhang mit fray Servandos Disput mit Núñez de Haro über diesen: „una vez embrazado el escudo, como su paisano D. Quijote, [el arzobispo] no era capaz de aplacarse hasta sepultar en una entera ruina al criollo follón y malandrín que se le ponía entre las cejas." (Mier 2009, Bd. I: 233).
38 In den *Memorias* wird León als „hombre ignorante, tropellón, corrompido y venal" beschrieben (Mier 2009, Bd. II: 13).
39 Vgl. zu fray Servandos Darstellung seiner eigenen Person als „verfolgte Unschuld" in den *Memorias* auch Kapitel 3.3 Ich bin viele und Ette 1992b: 185. Vgl. zu dem narrativen Modell von der „verfolgten Unschuld" insbesondere im Diskurs der Empfindsamkeit des 18. Jahrhunderts Lüsebrink 1993a.

den Debatten der *Cortes* von Cádiz und die persönliche Bekanntschaft mit den an
diesen *Cortes* beteiligten Abgeordneten,[40] über den sehr persönlich formulierten
Ausdruck von Verwunderung und Irritation angesichts der gezielten Benachteiligung der Amerikaner durch die spanischen Autoritäten,[41] bis hin zu längeren
narrativen Passagen, in denen durch die Schilderung von selbst erlebten Situationen ein Begründungszusammenhang für jene Reflexionen über die Legitimität
des Unabhängigkeitskriegs in Neuspanien geschaffen wird, denen sich die *Historia* verschrieben hat:

> ¡Qué habla este ignorante de acción inaudita hasta entre bárbaros! No referiremos las de
> los españoles en la conquista, ni referiremos todavía las suyas en la actual guerra. Sólo diré
> lo que qualquiera militar sabe, que el vencedor que no puede poner en salvo los prisioneros
> tiene derecho de quitarles la vida; derecho cruel de la guerra, pero practicado entre las naciones civilizadas. Algunos franceses lo llevan en España al extremo ciertamente bárbaro de
> fusilar a los soldados que no pueden seguir su marcha por flaqueza o enfermedad; pero no
> habiéndola, unos y otros practican lo dicho si no pueden llevárselos. 500 prisioneros marchábamos a Zaragoza después de la dispersión de Belchite, de ellos 45 oficiales; y vistos en
> sus inmediaciones del otro lado del Ebro algunos paysanos armados como que intentasen
> salvarnos, se nos puso ante un cañón a metralla con mecha encendida, estando a punto
> toda la guardia para hacernos fuego en el caso. Aunque temblábamos y nos resolvíamos a
> hacer por nuestra parte un esfuerzo de desesperación, no dudábamos de su derecho sobre
> nuestras vidas; nosotros habíamos intentado otro tanto con los prisioneros que tomamos en
> el Molino de García, en Cataluña.[42]

In dieser Passage geht es ausgehend von einer Bekanntmachung des in Neuspanien
die Aufständischen bekämpfenden spanischen Generals Félix María Calleja in der
Gaceta Extraordinaria del Gobierno de México vom November 1810 um die Frage, wie
nach dem Kriegsrecht mit Gefangenen zu verfahren sei. Calleja hatte in seinem nach
der Eroberung der Stadt Guanajuato durch das aufständische Heer von Miguel Hidalgo verfassten Bericht angesichts der im Zuge der Erstürmung und Plünderung
Guanajuatos erfolgten Exekution von 200 Zivilisten von einem schrecklichen An-

---

[40] Vgl. etwa einen Hinweis des Erzählers, der dessen Augenzeugenschaft im Zusammenhang
mit den Debatten in Cádiz direkt benennt: „Y en fin de lo más soy testigo presencial", oder eine
andere Bemerkung, mit der er sich nicht nur auf seine Präsenz in Cádiz und seine Bekanntschaft
mit dem Abgeordneten von Mexiko-Stadt, José Ignacio Beye Cisneros, sondern implizit auch auf
seine Bedeutung als dessen Gesprächspartner beruft: „El respetable diputado de México en las
Cortes D. José Beye Cisneros me repitió varias veces en Cádiz, delante de otros diputados y muchas personas [...]" (Mier 1990: 528 und 457).
[41] „Yo traté algunos de estos entes en Madrid a fines del siglo pasado, y los oí atónito, discurrir
en orden a América como pudiera el mismo *Príncipe* de Machiavelo." (Mier 1990: 525).
[42] Mier 1990: 290.

schlag gesprochen, der auch unter den barbarischsten Nationen beispiellos sei.[43] Der Erzähler der *Historia de la Revolución* weist diese Interpretation zurück und beruft sich dazu auf seine eigenen Erfahrungen im spanischen Befreiungskrieg gegen Napoleon (an dem tatsächlich der Autor der *Historia de la Revolución* als Kaplan des spanischen Heeres beteiligt gewesen ist). Der Hinweis des Erzählers auf die Schlacht von Belchite im Jahr 1809 blendet diesen Zusammenhang nun in die Erzählung über die Reaktion des spanischen Generals Calleja auf die Eroberung Guanajuatos durch die Truppen Miguel Hidalgos ein, um nicht nur diese Eroberung selbst, sondern auch das Vorgehen Hidalgos in diesem Zusammenhang zu rechtfertigen; und die dabei von ihm zwischen den Zeilen vorgenommene Parallelisierung des mexikanischen Unabhängigkeitskampfes gegen die spanische Kolonialherrschaft mit dem spanischen Befreiungskampf gegen die französische Besatzung unterstützt seine Argumentation für ein zivilisiertes Kriegsrecht in diesem Zusammenhang zusätzlich.

Was an dieser Stelle so offen zu Tage tritt, das charakterisiert zumindest implizit auch die zuvor angeführten kurzen Beispiele: eine zwar camouflierte, aber dennoch klar erkennbare autobiographische Dimension der Argumentation nämlich, die dem Erzähler der *Historia* keineswegs nur dazu dient, sein Räsonnement durch die Betonung seiner Augenzeugenschaft abzusichern, sondern letztlich auch dazu, sich in seiner Erzählung als Person mit einem unverwechselbaren Lebensweg zu erkennen zu geben. Tatsächlich lassen sich allein aus den wenigen angeführten Stellen bereits wesentliche Eckpunkte der Biographie dieses Erzählers rekonstruieren– nämlich ein Aufenthalt in Madrid Ende des 18. Jahrhunderts, eine Beteiligung am Befreiungskrieg der Spanier gegen Napoleon und in diesem Kontext die Gefangennahme durch die Franzosen nach der Schlacht von Belchite und schließlich nicht zuletzt auch eine aktive Präsenz bei den Debatten der Verfassunggebenden Versammlung in Cádiz um das Jahr 1811 herum.[44] Die Tatsache, dass diese Daten ausnahmslos mit wichtigen biographischen Stationen auch des Autors der *Historia de la Revolución* in den Jahren seines europäischen Exils übereinstimmen, konterkariert nun aber fray Servandos Behauptung vor dem Tribunal der Inquisition, sein Werk sei von verschiedenen „interpoladores" zusammengestückt und verfälscht worden: Tatsächlich handelt es sich bei den zitierten, autobiographisch gefärbten Stellen um Passagen, die aus ganz unterschiedlichen Teilen der umfangreichen *Historia de la Revolución de Nueva España*

---

43 Vgl. Mier 1990: 288. Die Eroberung der in der Kolonialzeit dank des Silberbergbaus ausgesprochen wohlhabenden Stadt Guanajuato durch die aufständischen Truppen von Miguel Hidalgo Ende September 1810 ist eines der Schlüsselereignisse dieser frühen Phase des Kampfes um die Unabhängigkeit. Vgl. zu diesem Ereignis auch die sich anschließenden Kapitel zu Carlos María de Bustamante (2.2 Ein Denkmal für die Unabhängigkeit) und Lucas Alamán (2.3 Die ordnende Kraft der Analyse).
44 Der von fray Servando erwähnte Abgeordnete Beye Cisneros war 1811 und 1812 in Cádiz, vgl. Zárate Toscano 1997: 201.

stammen, in denen sich die Erzählerstimme aber dessen ungeachtet durch ihre große Konsistenz und ihre Kontinuität auszeichnet.

Dieser Effekt wird auch dadurch erzielt, dass fray Servandos Erzähler seinen persönlichen Überzeugungen im Verlauf des ganzen Werkes immer wieder sehr offen und nicht selten auch emotional Ausdruck verleiht. Diese eindeutig identifizierbaren Positionen verleihen seiner Persönlichkeit eine zusätzliche Kohärenz, und das umso mehr, als sie häufig von performativen Äußerungen flankiert werden, die dem Ich dazu dienen, seine Überlegungen und Schlussfolgerungen ausdrücklich als eigene Enunziationen kenntlich zu machen: Die Formulierung „Sólo diré que...", mit der das Ich der *Historia de la Revolución* in der zitierten Passage seinen Widerspruch gegen Calleja einleitet, ist hier symptomatisch; ähnliche Wendungen finden sich immer wieder im Verlauf des Werkes.[45] Teilweise wird bei diesen Gelegenheiten auch die Situation selbst thematisiert, in der sich dieses Ich zum Zeitpunkt der Niederschrift seines Werkes befindet, und diese Passagen lassen nun weitere Rückschlüsse auf die besonderen biographischen Umstände zu, die den Schilderungen der *Historia de la Revolución* zugrundeliegen und die sie allem Anschein nach maßgeblich beeinflusst haben:

> No por eso quiero decir que Hidalgo fuese un santo, ni santa la obra que emprehendió. Aunque escribo en un país donde es una ley que todos los pueblos oprimidos tienen el derecho de levantarse contra sus opresores [...], jamás un abismo semejante de males y crímenes me arrancará demasiados panegíricos, ni menos el hombre y secuaces que se pongan a su cabeza.[46]

Mit der bewussten Thematisierung seiner Schreibsituation in England und mit der Anspielung auf die freiheitlichen Prinzipien dieses Landes eröffnet der Erzähler hier einen autobiographischen Raum, der für die Anlage und die Konzeption der *Historia de la Revolución de Nueva España* insofern von großer Wichtigkeit ist, als dieses Werk tatsächlich nur ausgehend von den Netzwerken verstanden werden kann, aus denen es hervorgeht und in die es sich einschreibt. In diesem Zusammenhang ist es vor allem die enge Beziehung zwischen der spanischen Stadt Cádiz einerseits, in der seit Januar 1810 ein Regentschaftsrat, der sogenannte *Consejo de Regencia de España e Indias*, den spanischen Widerstand gegen die französischen Besatzer des Landes koordinierte und wo dann im September desselben Jahres die von der *Regencia* einberufene Verfassunggebende Versammlung zusammentrat

---

[45] So etwa in verneinter Form auch kurz vor der zuvor zitierten Passage, mit der sich der Erzähler auf seinen Aufenthalt in Cádiz bezieht. Hier heißt es einleitend: „Yo no digo que no hayan cometido los insurgentes asesinatos y robos, porque éstos son inseparables de toda guerra civil [...] pero [...]" (Mier 1990: 456).
[46] Mier 1990: 268.

(die *Cortes*),⁴⁷ und der englischen Hauptstadt London andererseits, die der *Historia de la Revolución de Nueva España* ihre besondere Prägung verleiht.

So sind die ersten sieben der insgesamt 14 Bücher der *Historia de la Revolución* in Cádiz, die folgenden sieben dann in London entstanden. Fray Servando Teresa de Mier hatte die Arbeit an seinem Hauptwerk zu Beginn des Jahres 1811 in Cádiz aufgenommen, wo er den Berechnungen seines Biographen Christopher Domínguez Michael zufolge insgesamt etwa ein halbes Jahr lang gelebt hat,⁴⁸ bevor er im Oktober desselben Jahres dann nach London übersiedelte. Dort setzte er die Arbeit im November 1812 nach einer längeren Unterbrechung fort und beendete sie schließlich im Oktober des darauffolgenden Jahres 1813.⁴⁹ Domínguez Michael hebt in diesem Zusammenhang die enorme Bedeutung hervor, welche die Monate im Umfeld der *Cortes* in Cádiz für fray Servandos Leben und vor allem für sein Werk gehabt haben: Nur dank dieses Aufenthalts in Cádiz sei der Autor der *Historia de la Revolución* überhaupt zu jenem überzeugten „conspirador por la Independencia" geworden,⁵⁰ der dann in der Folge (und zwar vor allem durch die Publikation des in Cádiz begonnenen Buches über die Unabhängigkeit) so großen Einfluss erlangen sollte. So wird in Cádiz nicht nur durch den direkten Kontakt zu den dort versammelten amerikanischen Abgeordneten auf der einen und die Erfahrung der systematischen Geringschätzung der amerikanischen Fragen durch die spanischen Abgeordneten auf der anderen Seite fray Servandos seit jeher ausgeprägtes Bewusstsein für die problematische Beziehung zwischen Spanien und dessen überseeischen Besitzungen zusätzlich geschärft,⁵¹ sondern er schafft durch seine dort geknüpften Kontakte und Beziehungen auch die Grundlage für den intensiven Austausch von Informationen und Dokumenten, den er später von London aus pflegen sollte und ohne den seine *Historia de la Revolución* nicht denkbar wäre. Vor diesem Hintergrund ist auch die Bedeutung nicht zu unterschätzen, die seine enge Einbindung in den Kreis der hispanoamerikanischen Freiheitskämpfer in London und namentlich seine Zugehörigkeit zu der 1797 von dem um die Jahrhundertwende ebenfalls in Europa lebenden ve-

---

47 Der *Consejo de Regencia de España e Indias* hatte auf diese Weise die exekutive Gewalt inne, die Verfassunggebende Versammlung der *Cortes* die legislative. Vgl. zum historischen Hintergrund Álvarez Barrientos 2008 und Bernecker 2002: 111–114.
48 Vgl. Domínguez Michael 2004: 368.
49 Die Unterbrechung der Arbeit an der *Historia de la Revolución* war unter anderem der Tatsache geschuldet, dass fray Servando unmittelbar nach seiner Ankunft in England im Herbst 1811 die erste und im Juli 1812 dann die zweite seiner beiden *Cartas de un americano a El Español* schrieb. Vgl. zu Miers Schreibprozess Saint-Lu/Bénassy-Berling 1990: XVII und XXIII–XXVII. Vgl. zu den *Cartas de un americano* auch das folgende Kapitel 2.1.2 Räume: Europa und Amerika.
50 Domínguez Michael 2004: 368.
51 Vgl. zu den amerikanischen Fragen in Cádiz Rieu-Millan 2012 und Solís 2012: 451–460.

nezolanischen Unabhängigkeitskämpfer Francisco de Miranda gegründeten im weitesten Sinne freimaurerischen *Sociedad de Caballeros Racionales* gehabt hat, der er im September 1811 noch in Cádiz beigetreten war.[52] Dieser neuen und durchaus zeitgemäßen Form der Soziabilität verdankt der Autor der *Historia de la Revolución de Nueva España* in London den Kontakt zu südamerikanischen Verfechtern der Unabhängigkeit wie zum Beispiel Carlos María de Alvear, Manuel Moreno, José de San Martín oder Andrés Bello; diese Beziehungen wiederum sind es, die ihm die rasche und weitgehend problemlose Eingliederung in ein ihm fremdes Land und nicht zuletzt auch die erstaunliche Produktivität ermöglichen, die er dort sofort an den Tag gelegt hat.[53]

Denn wohl vermittelt durch Andrés Bello erhielt fray Servando in London schnell Zutritt zu der Bibliothek im Haus von Francisco de Miranda am Grafton Square,[54] so dass er für seine Arbeit an der *Historia de Nueva España* auf Bücher und Materialien zurückgreifen konnte, zu denen er in England sonst kaum Zugang gehabt hätte.[55] Jenseits von dieser Frage nach ihrer lebenspraktischen Nützlichkeit stellt die Gruppe der hispanoamerikanischen (und teilweise auch spanischen) Exi-

---

52 In den Verhören mit der neuspanischen Inquisition gibt fray Servando Auskunft über die Beitrittsmodalitäten der *Sociedad de Caballeros Racionales* (die auch unter dem Namen *Logia Lautaro* bekannt ist), vgl. dazu „Décimasexta declaración, 16 de noviembre", in: Hernández y Dávalos 1882: 817–819. Vgl. zur Biographie von Francisco de Miranda auch Zeuske 1995. Vgl. zu José Lezama Limas literarischer Lektüre von dessen Rolle in der Unabhängigkeitsbewegung auch Kapitel 4.2.2 José Lezama Lima: Fray Servando als Verkörperung der *expresión americana*.

53 „La ‚etapa londinense' es la más importante para la consolidación del Mier político e ideólogo. Se puede decir asimismo que se encuentra en la capital de la insurgencia, en el lugar donde se dan cita y se cruzan importantes personajes de los procesos revolucionarios americanos." (Pulido Herráez 2013: 35). Juan Goytisolo beschreibt London in diesen Jahren als „la encrucijada en la que convergen los defensores y portavoces de las ideas democráticas en el Nuevo Mundo" (Goytisolo 2010: 32). Vgl. insbesondere zu fray Servandos Zugehörigkeit zur *Sociedad de Caballeros Racionales* auch noch einmal Domínguez Michael 2004: 379–385. Vgl. allgemein zu seiner Aufnahme in die Kreise der hispanoamerikanischen Patrioten und Freiheitskämpfer in London Méndez Reyes 2009.

54 Das gibt er zumindest im Verhör mit der Inquisition an; in deren Protokollen wird Andrés Bello mit dem falschen Vornamen „Manuel" eingeführt (vgl. „Décimanona declaración, 15 de diciembre", in: Hernández y Dávalos 1882: 822). Vgl. zur Verbindung zwischen fray Servando Teresa de Mier und Andrés Bello in den gemeinsamen Londoner Jahren (zwischen 1811 und 1816) und danach Mejía Sánchez 1972. Mejía Sánchez betont „el franco reconocimiento de Bello por la obra de Mier, en gran parte realizada a su lado y desde lejos siempre referida y enviada a él" (Mejía Sánchez 1972: 132).

55 Vor der Inquisition wird er die Nützlichkeit dieser Bibliothek für seine Arbeit („su inmensa biblioteca, donde nada havia que desear de América") später vor allem deswegen hervorheben, weil er selbst in seinen frühen Exiljahren kaum Bücher besaß und weil es ihm zufolge in London keine öffentlichen Bibliotheken gab („Vigésima declaración, 16 de diciembre", in: Hernández y

lanten in London allerdings auch eine politische Wertegemeinschaft dar, deren wesentliche Bedeutung nicht zuletzt darin besteht, dass sie dem Einzelnen ein Forum zur Meinungsbildung, zum Austausch und zur Diskussion geboten hat: „Ignorantes des hiérarchies sociales fondées sur les ordres, ces sociétés de pensée véhiculaient de nouvelles valeurs, de nouvelles références dont le centre n'était autre que l'individu soucieux de s'affirmer comme acteur politique," so beschreibt Michel Bertrand dieses Verhältnis zwischen der Gruppe und dem ihr angehörenden Individuum.[56] Dabei zielt Bertrands Beschreibung vor allem auf Charakteristika, die man als im weitesten Sinne aufklärerisch bezeichnen kann, und tatsächlich ist die enge Verbindung zwischen der Freimaurerei und den Ideen der Aufklärung (und insbesondere auch die Rolle der Logen bei der Verbreitung dieser Ideen) in der Forschung zur europäischen und zur transatlantischen Aufklärung wiederholt festgestellt worden.[57] Es ist deshalb kein Zufall, dass fray Servando Teresa de Mier in den langen Verhören der neuspanischen Inquisition nach seiner Rückkehr in sein Heimatland versuchen wird, die Bedeutung herunterzuspielen, welche die *Sociedad de Caballeros Racionales* für seine eigene politische Meinungsbildung gehabt hat. Die Mitgliedschaft in einer Freimaurerloge war ein von der Inquisition nicht nur aus politischen, sondern vor allem auch aus theologischen Gründen üblicherweise streng geahndetes Vergehen, und namentlich die transatlantische Reichweite dieser Logen musste der Obrigkeit vor dem Hintergrund der zum Zeitpunkt der Verhöre ja schon Jahre andauernden Unabhängigkeitskämpfe als höchst problematisch erscheinen.[58]

Dávalos 1882: 823). Vgl. zu der Bibliothek von Francisco Miranda auch noch einmal Goytisolo 2010: 32.
56 Bertrand 1996: 76.
57 Vgl. mit einem europäischen Blickwinkel Im Hof 1993: 95–133, vor allem 126–131. Hier heißt es: „Um die Jahrhundertmitte [des 18. Jahrhunderts] waren die Zentren des europäischen Raumes und seiner überseeischen Dependenzen gewonnen. [...] Die *Weltbruderschaft der wahrhaft Aufgeklärten* war verwirklicht. In den Logen trafen sich hohe Adlige, hohe Hofbeamte, Berater und Freunde des Königs, reisende Ausländer, Diplomaten, Bankiers, Kaufleute und Offiziere. Man schloß Bekanntschaften, zuweilen Freundschaften, man erhielt Empfehlungsbriefe, die die Türen zu den Häusern bedeutender Persönlichkeiten zu öffnen vermochten." (Im Hof 1993: 129, Kursivierungen im Original).
58 Vgl. zu fray Servandos Positionierung im Zusammenhang mit der Frage nach seiner Mitgliedschaft in der von Francisco de Miranda mit genau einem solchen transatlantischen Interesse gegründeten Loge noch einmal „Décimasexta declaración, 16 de noviembre", in: Hernández y Dávalos 1882: 817–819. Hier stellt Mier die *Sociedad de Caballeros Racionales* vor allem als „instrumento de lucha antinapoleónica y de contacto con los aliados ingleses" dar, wie sein Biograph betont (Domínguez Michael 2004: 382). Dieser konstatiert außerdem im Vergleich zu anderen Verfahren der Inquisition die relative „tersura" der Verhöre, denen fray Servando unterzogen wurde (also deren Straffheit und Knappheit): „A Mier [...], pese a defender la francmasonería y

Vor diesem Hintergrund ermöglicht es nun eine deren eingangs konstatierte besondere Narrativität berücksichtigende Lektüre der Protokolle von fray Servandos Befragungen vor dem *Tribunal del Santo Oficio*, weiterreichende Schlussfolgerungen zu der seiner *Historia de la Revolución de Nueva España* unausgesprochen zugrunde liegenden Identität von Erzähler und Autor zu ziehen: Dass der Befragte in diesen Verhören allem Anschein nach recht bereitwillig über seine Erfahrungen in Europa berichtet und dass er dabei nicht zuletzt auch Auskunft über seine europäischen Netzwerke und namentlich die Kreise gibt, in denen er sich in Cádiz und London bewegt hat, lässt sich tatsächlich als ein implizites (vielleicht sogar unbewusstes) Bekenntnis des Autors zu seinem Werk interpretieren. Denn dieses gründet argumentativ auf genau denjenigen Kontakten und Beziehungen, über die fray Servando Teresa de Mier in den Verhören vor dem *Santo Oficio* spricht; es hätte nicht ohne den Einfluss der Diskussionen im Umfeld der *Cortes* in Cádiz und auch nicht ohne die Londoner Bibliothek Francisco de Mirandas und den in London stattfindenden Austausch mit den anderen Verfechtern einer hispanoamerikanischen Unabhängigkeit geschrieben werden können. Dass nun fray Servando Teresa de Mier vor diesem Hintergrund in seinen vor Gericht abgegebenen Erklärungen unterschiedliche, wenn auch jeweils aufeinander verweisende Rollen ausfüllt,[59] wird ihn dazu veranlassen, in seinen während der Haft im Gefängnis der Inquisition verfassten autobiographischen Aufzeichnungen auch diese verschiedenen Rollen und sein aus deren Zusammenspiel resultierendes Selbstbild zu reflektieren.[60] In dem sich anschließenden Unterkapitel soll aber mit der Frage nach den Räumen, die fray Servando Teresa de Mier in seiner *Historia de la Revolución* eröffnet, zunächst ein erster intensiverer Blick auf die inhaltlichen Schwerpunkte dieses historiographischen Werkes gerichtet werden.

---

aclarar que no había pertenecido a ella, no se le pidieron mayores explicaciones, aunque desde luego, de haber finalizado su proceso, habría debido abjurar de la SCR [la *Sociedad de Caballeros Racionales*], que para la Iglesia era igual o peor que las logias tradicionales." (Domínguez Michael 2004: 535).

59 Nämlich nicht nur diejenige als Geständiger in einem Inquisitionsprozess, sondern auch diejenige als Autor eines historiographischen Werkes, zu dessen Autorschaft er sich durch seine komplexe, zwischen Verhüllen und Offenlegen changierende Verteidigungsstrategie ja zumindest mittelbar bekennt – und vor diesem Hintergrund dann auch noch diejenige als Erzähler und Protagonist eines sowohl in dem betreffenden historiographischen Werk als auch in dem Prozess vor der Inquisition mehr oder weniger ausdrücklich thematisierten Lebens mit seinen Begegnungen, Verbindungen und Beziehungen.

60 Vgl. zu fray Servandos Erinnerungen insgesamt Kapitel 3.3 Ich bin viele. Vgl. zu dem Zusammenhang von Verhör und autobiographischem Schreiben auch Domínguez Michael 2004: 517.

2.1.2 Räume: Europa und Amerika

Fray Servando Teresa de Mier hat sein historiographisches Werk über die Unabhängigkeit seines Heimatlandes zwischen 1811 und 1813 zu einem Teil in Cádiz, zu einem anderen Teil in London geschrieben. Durch diese Verortung zwischen der Stadt der spanischen *Cortes* und der englischen Hauptstadt schreibt sich die *Historia de la Revolución de Nueva España* in einen diskursiven Raum ein, der gleichermaßen durch den spanischen Liberalismus wie durch den hispanoamerikanischen Independentismus geprägt ist.[61] Dass nun vor allem letzterer dafür verantwortlich ist, dass zu Beginn des neunzehnten Jahrhunderts die beiden Städte in einer engen Beziehung zueinander stehen, das bringt der zeitgenössische spanische Publizist Juan López Cancelada zum Ausdruck, wenn er in einem Artikel aus dem Jahr 1813 konstatiert: „El Cuartel General de la Revolución de América está en Cádiz y el Estado Mayor, en Londres."[62] Die Brücke zwischen Hauptquartier und Generalstab (um im Bild zu bleiben) wird dabei durch Figuren wie fray Servando Teresa de Mier geschlagen – Figuren also, die in hohem Maße beweglich sind, die von der einen Stadt in die andere wechseln und die dank ihrer persönlichen Kontakte und ihrer Korrespondenz zu Vermittlern nicht nur zwischen den Städten selbst, sondern auch zwischen den politischen Anliegen und den ideologischen Ausrichtungen ihrer Bewohnerinnen und Bewohner werden.[63]

Eine Person, die diese Form der Vermittlung zwischen Spanien und England wie kaum jemand sonst verkörpert und die aus ihr in gewisser Weise ein Lebenswerk gemacht hat, ist der spanische Priester, Schriftsteller und Journalist José María Blanco White. Der gebürtige Spanier Blanco White, der eigentlich Blanco y Crespo hieß und der mit der spanisch-englischen Doppelung seines ersten Nachnamens die Übersetzung und Vermittlung bereits als genuinen Teil seiner Identität kenntlich macht, war 1810 von Cádiz aus nach England gekommen. Dort sollte er (abgesehen von einer kurzen Unterbrechung von drei Jahren, die er in Dublin verbrachte) bis zu seinem Tod im Jahr 1841 bleiben, ohne jemals wieder in sein Hei-

---

61 Christopher Domínguez Michael siedelt beides, Liberalismus und Independentismus, in Cádiz an, wenn er über die Stadt schreibt: „Allí nació el liberalismo español y de allí se desprendió América." (Domínguez Michael 2004: 363).
62 *Telégrafo Mexicano*, n° 7, suplemento 451 (zitiert nach Solís 2012: 455). Der *Telégrafo Mexicano* erschien 1813 in Cádiz, die letzte Ausgabe datiert vom August jenes Jahres (vgl. Campos y Fernández de Sevilla 2011: 22). Von Juan López Cancelada wird in der Folge noch die Rede sein, vgl. Kapitel 2.1.4 Kerkyräer und Korinther.
63 Vgl. zu Cádiz und London und zur Beziehung zwischen den beiden Städten in den Jahren nach dem Putsch von Rafael de Riego auch Brennecke 2010. Vgl. zum spanischen Exil in London auch schon vorher Simal 2012. Vgl. schließlich zum hispanoamerikanischen Exil in London Pi Sunyer 1978.

matland zurückzukehren. In seinem auf eine 1971–1972 an der Harvard University gehaltene Vorlesung zurückgehenden Buch *Los hijos del limo* (1974) zeichnet Octavio Paz die Entwicklung der modernen Lyrik von der Romantik bis in seine Gegenwart des ausgehenden 20. Jahrhunderts nach. Hier nimmt er José María Blanco White als den Dichter in englischer und spanischer Sprache in den Blick, der er auch gewesen ist; nicht ohne allerdings zu betonen, Blancos essayistisches Werk übertreffe seine Lyrik bei Weitem. In diesem Zusammenhang charakterisiert Paz den in England exilierten spanischen Autor nun bezeichnenderweise als einen Schriftsteller, der in mehrfacher Weise zwischen den Welten zu verorten sei:

> No sé si pueda decirse que Blanco White pertenece a la literatura española: la mayor parte de su obra fue escrita en lengua inglesa. Fue un poeta menor y no es sino justo que en algunas antologías de la poesía romántica inglesa ocupe un lugar al mismo tiempo escogido y modesto. En cambio, fue un gran crítico moral, histórico, político y literario. Sus reflexiones sobre España e Hispanoamérica son todavía actuales.[64]

Nicht nur als Vermittler zwischen Spanien und England tritt Blanco White also in Erscheinung,[65] sondern auch als Bindeglied zwischen Spanien und seinen überseeischen Besitzungen bzw. allgemeiner formuliert zwischen Europa und Amerika. Aus diesem Grund kommt ihm nun auch im Zusammenhang mit der Frage nach den von fray Servandos *Historia de la Revolución* eröffneten Räumen entscheidende Bedeutung zu, denn wenn sich der spanische Priester José María Blanco White in seinen frühen Londoner Jahren zwischen 1810 und 1814 zu einem „gran analista de la independencia americana" entwickelt,[66] dann findet diese Entwicklung parallel zu derjenigen statt, die zur selben Zeit der neuspanische Dominikaner fray Servando Teresa de Mier durchläuft.

So erscheint Ende April 1810 und damit bereits wenige Wochen nach Blanco Whites Ankunft in England die erste Ausgabe der Zeitschrift, die knappe zwei Jahre später das Forum für eine sowohl in rhetorischer als auch in inhaltlicher Hinsicht mehr als aufschlussreiche Debatte zwischen Blanco White und fray Servando über die Frage der Unabhängigkeit Hispanoamerikas bieten würde. *El Español* heißt diese vier Jahre lang (nämlich bis zur Restauration unter Fernando

---

64 Paz 1974: 116.
65 Obwohl er natürlich auch das gewesen ist – so hat er beispielsweise 1822 auf Englisch und unter dem vielsagenden Pseudonym Leucadio Doblado (auf das noch näher einzugehen sein wird) die *Letters from Spain* publiziert und nach deren großem Erfolg dann zwischen 1823 und 1825 auf Spanisch die *Cartas de Inglaterra*. Vgl. zu José María Blanco White, seiner mehrfachen Vermittlerrolle, seinen literarischen Werken und insbesondere seiner Autobiographie Kapitel 3.2 Konversion und Konfession (vgl. zu den hier erwähnten Werken *Letters from Spain* und *Cartas de Inglaterra* auch Domínguez Michael 2004: 395).
66 Alonso 2012: 91.

VII. im Jahr 1814) erscheinende Zeitschrift, die Blanco White in London herausgibt und die er praktisch allein schreibt (weswegen Christopher Domínguez Michael sie auch als „un monólogo elocuente y brillante, único en la historia del periodismo hispánico" charakterisiert).[67] Diese Beschreibung führt allerdings zumindest in dem hier zu erörternden Zusammenhang ein wenig in die Irre, weil sich die Diskussion um die Möglichkeit einer vollständigen Unabhängigkeit Amerikas von Spanien, die José María Blanco White und fray Servando Teresa de Mier 1811–1812 auf den Seiten von *El Español* führen, vielmehr gerade durch ihre Dialogizität und ihre grundsätzliche Offenheit zum Dialog auszeichnet.[68] Es ist hier nicht der Ort, die Diskussion zwischen dem Amerikaner Mier und dem Spanier Blanco White eingehend zu analysieren;[69] allerdings sollen diejenigen der in dieser Diskussion vorgebrachten Argumente kurz eingeblendet werden, die für die Entstehung und die ideologische Ausrichtung von fray Servandos bereits vor der publizistischen Debatte mit Blanco White begonnener und nach dieser Debatte dann beendeter *Historia de la Revolución de Nueva España* wesentlich sind. Von besonderem Interesse sind dabei natürlich diejenigen Argumente, die Aufschluss zu geben versprechen über die ideologische Verortung dieses historiographischen Werkes zwischen Amerika und Europa.

Die von José María Blanco White mit einigem verlegerischen Geschick inszenierte und von fray Servando Teresa de Mier entsprechend genutzte Auseinandersetzung findet in Form eines öffentlichen Briefwechsels statt, der im Verlauf eines knappen Jahres in *El Español* publiziert wird.[70] So schreibt fray Servando kurz nach seiner Ankunft in London, am 11. November 1811, einen ersten Brief an Blanco White in seiner Funktion als Herausgeber der Zeitschrift, in dem er sich kritisch auf einen von dessen in *El Español* veröffentlichten Artikeln bezieht (entsprechend heißt diese erste Intervention auch „Carta de un americano a *El Español* sobre su número XIX"). Auf diese Zuschrift reagiert Blanco White mit einer Entgegnung, die wiederum fray Servando am 16. Mai 1812 mit einem zweiten Brief beantwortet (der „Segunda Carta de un americano a *El Español* sobre su número XIX. Contestación a su respuesta dada en el número XXIV"). Im August desselben Jahres schreibt

---

67 Domínguez Michael 2004: 396. Domínguez Michael beruft sich dabei auf Murphy 1989.
68 Mariana Rosetti betont in diesem Zusammenhang ausdrücklich die „forma moderna de Blanco de *abrir las puertas* de su periódico a todo escrito que contribuya al diálogo político entre España y América" (Rosetti 2014: 302 (Kursivierungen im Original)).
69 Das haben (unter anderem) bereits Manuel Calvillo, Eduardo San José Vázquez, Mariana Rosetti und Manuel Moreno Alonso getan. Vgl. Calvillo 2003, San José Vázquez 2010, Rosetti 2014 und Moreno Alonso 2012.
70 Vgl. zur Inszenierung dieser Debatte Rosetti 2014. Rosetti spricht von der „particular construcción discursiva de su polémica pública" (Rosetti 2014: 296).

schließlich Blanco White noch einmal abschließend zurück. Mit dieser letzten Intervention des Herausgebers der Zeitschrift endet die öffentlich ausgetragene Debatte um die Unabhängigkeit Hispanoamerikas zwischen Blanco und Mier, und der Letztere setzt seine Beschäftigung mit der Frage nach der Unabhängigkeit Hispanoamerikas im Rahmen der für die Diskussion mit Blanco White unterbrochenen Arbeit an der *Historia de la Revolución* fort.

Vor diesem Hintergrund ist also durchaus davon auszugehen, dass die Art und Weise, wie fray Servando in diesem großangelegten historiographischen Werk über das Verhältnis von Europa und Amerika nachdenkt, in einem unmittelbaren Zusammenhang mit den Überlegungen steht, die er zuvor im Austausch mit José María Blanco White entwickelt hat.[71] Dabei fallen nun im Kontext der hier zu analysierenden Frage nach dem in der *Historia de la Revolución* ausgeleuchteten transatlantischen Raum vor allem die Titel der zwei Interventionen aus der Feder von fray Servando Teresa de Mier auf: Denn die „Carta de un americano a *El Español* sobre su número XIX" und die „Segunda Carta de un americano a *El Español* sobre su número XIX" verweisen zwar durch die Kursivierung des Namens der Zeitschrift *El Español* auf typographisch eindeutige Art und Weise darauf, dass sich der anonym bleibende Amerikaner, der hier das Wort ergreift, an die in London erscheinende Zeitschrift gleichen Namens richtet.[72] Dennoch steht zu vermuten, dass der Autor der beiden Briefe nicht unglücklich gewesen ist über die leise Ambivalenz, die seine Titel trotz dieser typographischen Festlegung beinhalten: Schließlich handelt es sich tatsächlich auch um Briefe eines Amerikaners an einen Spanier (und nicht nur an die entsprechend betitelte Zeitschrift). Es geht fray Servando also nicht nur darum, dass ihm die Zeitschrift *El Español* mit den von José María Blanco White dort veröffentlichten Stellungnahmen zu der Frage der hispanoamerikanischen Unabhängigkeit den Anlass für seine Intervention bietet und dass sie ein geeignetes Forum für diese Intervention darstellt, sondern in dem Dialog über das Verhältnis zwischen dem spanischen „Mutterland" und seinen überseeischen Kolonien haben seine eigene Figur und diejenige seines Diskussionspartners insofern repräsentativen Charakter, als sie einander eben ausdrücklich auch als „der" Amerikaner und „der" Spanier gegenübertreten, ganz so, wie es der Titel der beiden Interventionen nahelegt.[73]

---

71 Vgl. Breña 2006: 311–319, besonders 312.
72 Fray Servando unterschreibt seine Briefe mit den Initialen V. C. R., die für „Un caraqueño republicano" stehen (vgl. Mier 2003: 91).
73 Mier spielt mit dieser Ambivalenz, wenn er sich in seinem zweiten Brief an Blanco richtet mit den Worten: „Crea usted, señor *español*, que todos ellos están tan convencidos de su sinceridad [...] que ni ellos ni yo, por más que me sorprenda alguna expresión al calor de la disputa, jamás dudaremos un momento." (Mier 2003: 140). Vgl. in diesem Zusammenhang auch die Über-

Den unmittelbaren Anlass dazu bietet ihnen nun die venezolanische Unabhängigkeitserklärung vom 5. Juli 1811, mit der drei Jahre nach der napoleonischen Invasion in Spanien erstmals Bewohner der spanischen Überseegebiete ihre bisherige bedingungslose Treue gegenüber dem von dem französischen Kaiser in Haft genommenen spanischen König Fernando VII. aufgeben und sich stattdessen für eine vollständige Trennung von dem unter diesen Umständen nicht mehr souveränen „Mutterland" aussprechen.[74] In der neunzehnten Ausgabe seiner Zeitschrift (auf die sich fray Servando in seiner Zuschrift bezieht) hatte Blanco White auf diese Nachricht aus Caracas mit großer Zurückhaltung reagiert: Er befürchtet, eine womöglich gegen den Willen der venezolanischen Bevölkerung durchgesetzte vollständige Unabhängigkeit Amerikas könne in eine jakobinische Gewalt- und Terrorherrschaft umschlagen, und spricht sich deshalb für eine Verständigung zwischen Spanien und seinen Kolonien im Sinne einer gemäßigten Unabhängigkeit aus.[75] Der Historiker Roberto Breña betont in diesem Zusammenhang, Blancos Skepsis gegenüber einer vollständigen Unabhängigkeit Hispanoamerikas liege in der Tatsache begründet, dass sich seine Ideen seit seiner Ankunft in London wesentlich stärker am englischen Parlamentarismus als etwa an den Idealen der französischen Revolution orientiert hätten.[76] Wie viele spanische Liberale seiner Zeit habe er außerdem geglaubt, dass eine Ausrichtung der spanischen Herrschaft in Hispanoamerika an liberalen Grundsätzen und eine entsprechende Umstrukturierung eine vollständige Unabhängigkeit der überseeischen Territorien schließlich überflüssig machen würde.[77] Fray Servando dagegen tritt in seinen *Cartas de un americano* radikal für die vollständige Unabhängig-

---

legungen von Mariana Rosetti zum Brief als einem auf die Gleichberechtigung der Briefpartner zielenden Genre (vgl. Rosetti 2022: 154).
74 Vgl. Calvillo 2003: 47.
75 Vgl. Moreno Alonso 2012: 84. Eine solche „independencia moderada" müsste man sich wohl im Sinne einer Übereinkunft zwischen dem spanischen „Mutterland" und den Kolonien vorstellen, die diesen die gleichen Rechte einräumt und eine allgemein gültige Gesetzgebung veranlasst (Moreno Alonso spricht auch von einem „convenio general"). Juan Goytisolo fasst Blancos Position in diesem Zusammenhang wie folgt zusammen: „Su punto de vista [...] era [...] el de alguien deseoso de preservar los lazos políticos entre las dos orillas del Atlántico mediante un conjunto de reformas indispensables" (Goytisolo 2010: 34).
76 Vgl. Breña 2006: 418. In seinen jungen Jahren hatte Blanco als politischer Redakteur des in Sevilla erscheinenden *Semanario Patriótico* noch wesentlich radikaleren Überzeugungen angehangen (vgl. dazu auch Kapitel 3.2.2 Leben als Krise). Vgl. zu den Lektüren des jungen Blanco und zu deren Einfluss auf seine politische Einstellung auch Lloréns 1967a: 140.
77 Vgl. auch dazu noch einmal Breña 2006: 394–421. Vgl. auch Malamud 2007: 23. Im Zusammenhang mit der Frage nach der Solidarität der spanischen Liberalen mit den independentistischen Anliegen „de sus pares americanos" konstatiert Malamud hier: „En realidad, los liberales españoles pensaban que una vez eliminada la tiranía del absolutismo, lo más normal era que los territorios americanos se reintegraran al viejo tronco español y que la independencia sería innecesaria."

keit Hispanoamerikas von Spanien ein, und er weist die Vermutung zurück, dass eine solche vollständige Unabhängigkeit nur zu einer jakobinischen Terrorherrschaft führen könne.[78] Stattdessen führt er die aufklärerische Kraft der Revolution ins Feld und plädiert für eine ausdrücklich auch politisch beförderte Ausweitung der Möglichkeiten dieser Aufklärung. So schreibt er an José María Blanco White:

> ¿Quiere usted más luces? Las da la revolución, porque interesa en las discusiones, y aguza en el choque de los entendimientos. ¿Quiere usted que los hombres se ilustren? júntelos en el foco de un congreso. ¿Quiere que se se [sic] extiendan y progresen los sólidos conocimientos? hágalos libres: sacudan el yugo bárbaro de los españoles, cuyas leyes expresas son, que nada pueda imprimirse en Indias sin la aprobación de su Consejo en España.[79]

Fray Servando Teresa de Mier vertritt damit nicht nur einen radikaleren Standpunkt als Blanco White, sondern vor allem auch einen wesentlich moderneren. In der Forschung ist zwar immer wieder betont worden, dass die beiden Kontrahenten in ihren Überzeugungen weniger weit voneinander entfernt sind, als man auf den ersten Blick vermuten könnte, weil schließlich beide der Frage der Unabhängigkeit aufgeschlossen gegenübergestanden hätten.[80] Wenn allerdings die Herausgeber der kritischen Ausgabe der *Historia de la Revolución de Nueva España* aus dieser Tatsache (und aus der Freundschaft und dem engen Kontakt zwischen Blanco White und Mier in dessen Londoner Jahren) schließen, bei der Diskussion handele es sich um eine „polémica falsa",[81] dann verfehlen sie damit doch den Kern der Angelegenheit, nämlich eben die radikale Modernität von fray Servandos

---

[78] Vgl. etwa: „Pugnemos por ser independientes, y daremos, como todo pueblo libre, pasos de gigante hacia esa reunión natural de poder y de imperio en el Nuevo Continente, que ha estorbado la opresión. [...] Sí, un mundo tan rico no puede ser esclavo de un rincón miserable. Cese ya ese fenómeno extrañísimo de un mundo menor tres siglos, bajo la tutela de un puñado de hombres, que ni saben regirse, ni los necesitamos." (Mier 2003: 198). Auf die Radikalität dieses Standpunkts beruft er sich (wie bereits erwähnt) in den Verhören vor der Inquisition in Neuspanien: Hier führt diese Radikalität als Beleg dafür an, dass die *Cartas de un americano* und die moderatere *Historia de la Revolución* nicht von demselben Autor verfasst worden sein können, vgl. dazu die Einleitung in dieses Kapitel 2.1 Historiographie im Zwischenraum.
[79] Mier 2003: 181 (es handelt sich um ein Zitat aus dem zweiten Brief).
[80] Vgl. etwa San José Vázquez 2010. San José Vázquez betont unter anderem: „[A]mbos compartían, si no el interés, al menos una confianza filantrópica en la independencia americana" (San José Vázquez 2010: 158), und schließt daraus: „Por esto, cabría matizar una parte sustancial de la opinión que pretende oponer tajantemente a Mier y a Blanco" (San José Vázquez 2010: 161).
[81] Saint-Lu/Bénassy-Berling 1990: XXXI. Vgl. zu der Beziehung zwischen José María Blanco White und fray Servando Teresa de Mier auch dessen euphorische Charakterisierung seines spanischen Freundes in der *Historia de la Revolución*: „un español, sevillano como Casas, que ha sabido elevarse como él sobre las preocupaciones de sus paysanos por la perspicacia de su talento, por la claridad de su juicio, por la rectitud e imparcialidad de su corazón y por la reunión más completa

Anschauung.⁸² Diese steht im Zentrum der Interpretation von Christopher Domínguez Michael, der fray Servandos Briefe zu Recht als Dokumente einer dezidiert aufgeklärten und dadurch tatsächlich ansatzweise auch säkularen Weltsicht liest – einer Weltsicht, die gewissermaßen die logische Konsequenz aus dem zentralen Argument schon seiner folgenreichen Predigt von 1794 darstelle: So plädiert der Dominikaner in seinen Briefen an Blanco White tatsächlich für die Notwendigkeit einer Trennung zwischen der „libertad civil" einerseits und den „misterios religiosos" andererseits und stellt dadurch einmal mehr die theologische Begründung und Rechtfertigung der *Conquista* in Frage.⁸³ Die klassisch aufklärerische Lichtmetaphorik, auf die er in der zitierten Passage aus seinem zweiten Brief sowohl mit dem Substantiv „luces" als auch mit dem Verb „ilustrar" zurückgreift, bezieht sich aus diesem Grund ausschließlich auf eine intellektuelle und nicht auf eine spirituelle Erleuchtung.

Miers Plädoyer für die aufklärerische Kraft der Revolution und für die Bildung, die durch politische Partizipation entsteht, hat deshalb in der Tat unmittelbar mit der Frage nach dem Verhältnis zwischen Europa und Amerika zu tun, mit der er sich auch in seiner *Historia de la Revolución de Nueva España* intensiv beschäftigt. In der polemischen Auseinandersetzung mit José María Blanco White zeigt sich auf exemplarische Art und Weise, dass die Komplexität der Probleme, die sich auf der einen wie der anderen Seite des Atlantiks stellen, nicht zuletzt daher rührt, dass die beiden Seiten zwar nicht voneinander zu trennen sind, dass man aber in Europa viel zu wenig von Amerika und in Amerika häufig auch zu wenig von Europa weiß. Fray Servandos *Historia de la Revolución de Nueva España* überwindet dieses Muster der gegenseitigen und teilweise durchaus willentlich in Kauf genommenen Unkenntnis nun dadurch, dass sie sich bewusst in einem Zwischenraum ansiedelt und diesen durch ein ausdrücklich formuliertes Bekenntnis zu einer transatlantischen Perspektive fruchtbar zu machen versteht, mittels derer beide Seiten in den Blick genommen und in ihren gegenseitigen Bedingtheit wahrgenommen werden

---

de las luces y el saber político, en una palabra, aquel que todo el mundo conoce por estas señas, el Dr. D. José Blanco [...]." (Mier 1990: 473).
82 Vgl. zu der in der Debatte zwischen fray Servando und José María Blanco White in der Tat zentralen Frage nach der Modernität auch Fernández 2018. Fernández betont besonders die Tatsache, dass im Verlauf des 18. Jahrhunderts Spanien aus der Reihe der als modern wahrgenommenen Imperien ausgeschlossen worden sei (vgl. Fernández 2018: 139).
83 „[L]a religión exige misterios, no la libertad civil." (Mier 2003: 66). Vgl. zu der Frage der theologischen Rechtfertigung der spanischen Herrschaft in Hispanoamerika auch die „Nota cuarta. Sobre los derechos de España a las Américas", mit der fray Servando diesen ersten Brief ergänzt (Mier 2003: 99–101). Vgl. zu fray Servandos Argumentation in der Predigt von 1794 auch Kapitel 3.3.1 Das Ich und die Predigt.

sollen.⁸⁴ Dabei spielen natürlich die biographischen Umstände eine besondere Rolle, unter denen das Buch in zuerst Cádiz und dann in London entstanden ist: Dass fray Servando zu dem Zeitpunkt, zu dem er sein historiographisches Werk über Amerika schreibt, bereits seit mehr als fünfzehn Jahren im Exil in Europa lebt, ist insofern nicht unerheblich, als ihn dieses Exil in besonderer Weise dazu qualifiziert, zwischen Europa und Amerika zu vermitteln oder die beiden Kontinente zumindest in ein Verhältnis zueinander zu setzen.⁸⁵ Was Juan Goytisolo über José María Blanco White und dessen selbst gewähltes Exil in England schreibt, das trifft deshalb in leichter Variation tatsächlich auch für fray Servando Teresa de Mier und dessen unfreiwilliges Exil in Europa zu: Beiden verhilft ihr Exil und die damit einhergehende „Außerhalbbefindlichkeit" zu einem Blickwinkel, der sich von demjenigen der meisten ihrer Zeitgenossen durch seine Flexibilität und seine Unabhängigkeit unterscheidet.⁸⁶

In der *Historia de la Revolución* nutzt fray Servando diese flexible Perspektive nun dazu, die häufig starre und stereotype Wahrnehmung Amerikas in Europa durch ein Bild der Neuen Welt aufzubrechen, das sich auf die eigene Erfahrung und die daraus resultierende Kenntnis der Verhältnisse stützt. Anders als seine Landsleute Carlos María de Bustamante und Lucas Alamán, deren historiographische Projekte über die mexikanische Unabhängigkeitsbewegung Jahre oder auch

---

84 Die (vor allem geschichtswissenschaftlichen) Forschungen jüngeren Datums, die sich mit dem Thema des Atlantiks und der atlantischen Welt beschäftigen, sind kaum noch zu überblicken; exemplarisch sei auf folgende neuere Studien und Sammelbände verwiesen: Coffman/Leonard/O'Reilly 2014, Braun/Vollendorf 2013, Schmieder/Nolte 2010 und Elliott 2006. Leise Skepsis mit Blick auf den heuristischen Nutzen der Vorstellung von einer globalen „revolución atlántica" um die Jahrhundertwende vom 18. zum 19. Jahrhundert meldet Roberto Breña vor allem mit Blick auf die Vorstellung von einer „atlantischen Revolution" an: „[E]l enfoque atlántico tiende, de manera natural, a borrar las especificidades o particularidades de cada una de las revoluciones que integran en esa gran revolución atlántica, en singular. Esto es así porque [...] este enfoque depende de las secuencias, de los influjos, de los eslabonamientos y de las continuidades. De hecho, los propios cultivadores del enfoque atlántico han señalado los riesgos de exagerar las similitudes y los paralelismos de manera poco realista." (Breña 2012: 179).
85 Anthony Pagden beschreibt diese Mittlerfunktion des Reisenden zwischen Europa und Amerika wie folgt: „The traveller, however, has always remained a mediatory figure, and the journey has always served to divide one universe from another. The belief that travel involved not merely migration, but also an entering into ‚other universes' is an old and enduring one." (Pagden 1993: 2–3).
86 Goytisolo beschreibt das für Blanco White mit einer Metapher aus der Seefahrt, die sich gut auch auf fray Servando übertragen lässt: „Extrañado de España, asumiría en adelante el extrañamiento como un destino personal. Puesto el barco en franquía, él mismo marcaría el rumbo de la navegación en su cuaderno de bitácora. Su vida se ajustaría a su propia aguja de marear", schreibt Goytisolo über seinen spanischen Protagonisten; dasselbe ließe sich für fray Servando feststellen, wenn man „Nueva España" statt „España" schriebe (Goytisolo 2010: 51).

Jahrzehnte nach deren Abschluss entstehen,[87] schreibt fray Servando mit seinem großdimensionierten historiographischen Werk zu einem Zeitpunkt Geschichte, zu dem deren Ausgang noch keineswegs feststeht. Es liegt daher nahe zu vermuten, dass seine *Historia de la Revolución de Nueva España* nicht nur das Ziel verfolgt, die Geschichte zu interpretieren und zu deuten, von der sie berichtet, sondern dass sie diese Geschichte vielmehr auch aktiv zu gestalten sucht.[88] Um das tun zu können, musste sich der Autor aber unter durchaus schwierigen Umständen Informationen über Geschehnisse beschaffen, die auf der anderen Seite des Atlantiks stattfanden,[89] und er musste diese Informationen so aufbereiten, anordnen und kommentieren, dass sie insbesondere auch für eine europäische Leserschaft verständlich waren. Denn auf eine solche europäische Leserschaft zielen die Darstellungen der *Historia de la Revolución* vorrangig; das zeigt nicht nur die große Anzahl von Anmerkungen und Fußnoten, in denen der Erzähler einem mit den Verhältnissen in Amerika nicht vertrauten Publikum bestimmte spezifisch amerikanische Sachverhalte erklärt oder in denen er diesem Publikum weiterführende Literaturhinweise gibt,[90] sondern das erweist sich vor allem auch in der Struktur der Narration selbst, die immer wieder in auffälliger Weise auf die Erschließung und die Darstellung von vor allem amerikanischen Räumen setzt.

Dabei fallen insbesondere die Deiktika ins Auge, welche die Position und die Perspektive des Erzählers und damit eben auch die räumliche Entfernung veranschaulichen, die ihn zum Zeitpunkt der Abfassung seines Werkes von seinem Gegenstand trennt: „allá", dort in Amerika, ist in diesem Zusammenhang eine wiederkehrende Wendung, aus der eindeutig hervorgeht, dass das Ich des Textes

---

[87] Vgl. zu Carlos María de Bustamante und Lucas Alamán und ihren historiographischen Projekten die beiden sich anschließenden Kapitel 2.2 Ein Denkmal für die Unabhängigkeit und 2.3 Die ordnende Kraft der Analyse.
[88] Vgl. zu den Zielen, die fray Servando Teresa de Mier mit seiner *Historia de la Revolución* verfolgt, auch Kapitel 2.1.4 Ziele: Kerkyräer und Korinther.
[89] In der von London aus organisierten Beschaffung und Aufbereitung dieser Materialien aus Hispanoamerika liegt tatsächlich eines der großen Verdienste fray Servandos: „[E]stuvo obligado a documentarse bien antes de escribir su historia. Esto lo convertiría no sólo en el primer historiador mexicano de la insurgencia, sino en el primero que empleó como base fundamental de su relato una copiosa documentación obtenida gracias a sus amigos españoles, hispanoamericanos y mexicanos que, desde los principals puertos de América, desde España y otros puntos de Europa le enviaron a Londres una gran cantidad de manuscritos, impresos y, en especial, periódicos." (Ávila 2005b: 12).
[90] Vgl. zum Beispiel: „Permítaseme [...] hacer algunas reflexiones sobre este preámbulo a fin de poner al lector en el estado de la questión, por ser generalmente desconocida en España la legislación de Indias." (Mier 1990: 71).

sich eben nicht „dort" befindet, sondern „hier" (hier in Europa, heißt das), und dass die Unterschiede zwischen diesen beiden Standpunkten beträchtlich sind:

> Se dice en América que los Obispos idos de España no cometen en los diez primeros años sino desatinos y errores, y que quando necesitaban los diez siguientes para trabajar en enmendarlos, entonces son promovidos a España. Lo mismo sucede a los demás mandones por la diferencia del clima, gentes, leyes y costumbres, pues como decía un europeo, nada había hallado allá idéntico a lo de España sino los huevos y los Jesuitas.[91]

Dennoch lässt dieser über den Atlantik zeigende Gestus niemals einen Zweifel daran aufkommen, dass die große Distanz zwischen Europa und Amerika überbrückt werden muss und dass sie auch überbrückt werden kann. Besonders deutlich wird das an denjenigen Stellen in der *Historia de la Revolución de Nueva España*, an denen sich der Erzähler als Ortskundiger in Szene setzt, der das ferne „dort in Amerika" durch seine Erklärungen eben doch wieder näher heranzurücken im Stande ist:

> No obstante el descalabro, que fue grande, nuestro exército situado en el cerro del calvario bombardeaba al pueblo para reducirlo a cenizas antes de intentar segundo ataque; pero en estas circunstancias recibió Llano las órdenes del Virey para incorporarse al general Calleja en el sitio de Coautla Amilpas [...], distante de México al sur 25 leguas, y situado en lo que llaman allá *tierra caliente*, donde en efecto el calor sofoca, el cielo se desgaja en torrentes, las tercianas acompañan al que se moja los pies, y son mortíferas las mordeduras de infinitos alacranes y grillos verdes.[92]

Auch wenn den Leserinnen und Lesern der *Historia de la Revolución* aus den gemäßigten Zonen Europas die Einzelheiten dessen fremd bleiben mögen, was hier erzählt wird, so ermöglicht ihnen der ortskundige Erzähler mit seinen Erklärungen doch einen Einblick in die fremde Welt jenseits des Atlantiks. So zeigen die beiden

---

[91] Mier 1990: 256. Dieselbe Wendung von den Eiern und den Jesuiten als einziger Gemeinsamkeit zwischen Europa und Amerika zitiert fray Servando später auch in seinen *Memorias* (vgl. Mier 2009, Bd. II: 202). Ähnlich funktioniert eine Passage, in welcher der Autor im Zusammenhang mit dem sich gegen mögliche Unabhängigkeitsbestrebungen in Neuspanien richtenden Putsch des spanischen Großgrundbesitzers Gabriel de Yermo aus dem Jahr 1808 die Steuer thematisiert, die Spanien zuvor auf die lokale Alkoholproduktion in Mexiko erhoben hatte (um Yermos Interesse an einer Änderung der dadurch entstehenden Verhältnisse zu erklären): „Este aguardiente es el de caña que llaman allá chinguirito, prohibidísimo antes por dar lugar a la venta del de España, con anatemas, confiscaciones, castillos, calabozos horrendos y destierros perpetuos, y permitido en estancos desde el marqués de Branciforte, que alcanzó esta gracia de su cuñado Godoy con la pensión de 6 duros en cada barril. Como su consumo en América, donde los licores fuertes son indispensables para reparar las sales que se filtran con el sudor, es inmenso [...], los derechos resultantes de la pensión impuesta ascendían respectivamente a Yermo a unos 60 mil duros." (Mier 2009, Bd. II: 166–167).
[92] Mier 1990: 373.

Zitate zwar, dass die geographischen, klimatischen und kulturellen Unterschiede zwischen Europa und Amerika, zwischen „hier" und „dort", kaum größer sein könnten, aber dennoch liegt den Beschreibungen Amerikas die unausgesprochene Annahme zugrunde, dass diese Unterschiede durchaus auch ergiebig und produktiv sein können, und das nicht zuletzt auch in einem literarischen Sinne – dafür steht der Erzähler selbst ein, der immer wieder versucht, die Distanz zwischen seinem Heimatland und dem Ort seines derzeitigen Aufenthalts zu verringern und den Raum zwischen den beiden Polen dadurch für die eigene Narration fruchtbar zu machen, dass er ihn als durchaus zu überbrücken darstellt.

Vor diesem Hintergrund bedeutet nun „Geschichte schreiben" bei fray Servando Teresa de Mier niemals, etwa nur sich in der Zeit entwickelnde und chronologisch ablaufende Handlungen zu rekapitulieren und zu erzählen. Vielmehr geht es ihm in seiner *Historia de la Revolución de Nueva España* immer auch darum, den Handlungsraum als solchen zu entwerfen, ihn für sein Publikum zugänglich zu machen und aufzuzeigen, dass und inwiefern dieser Raum an der Entstehung und Entwicklung der Geschehnisse beteiligt ist.[93] Dabei ist der Raum, der auf diese Art und Weise erschlossen wird, nun aber keineswegs allein Hispanoamerika beziehungsweise Neuspanien, sondern es geht dem Autor immer um einen transatlantischen Raum, in dem Amerika und Europa in enger Verbindung aufeinander bezogen bleiben und der in der Wechselwirkung dieser beiden Pole deshalb dynamisch konstituiert ist. Aus diesem Grund unterscheidet sich die räumliche Konzeption, die fray Servando Teresa de Miers *Historia de la Revolución* zugrunde liegt, fundamental von derjenigen, die zur selben Zeit in Europa politisch propagiert wurde.

Gerade die Diskussionen der *Cortes* von Cádiz beschäftigten sich so immer wieder mit der intrikaten Frage nach dem Verhältnis von Europa und Amerika,[94] und angesichts der geringen Bereitschaft der spanischen Abgeordneten, in einen wirklichen Austausch mit ihren amerikanischen Kollegen zu treten und diesen etwa die gleichen Rechte zuzugestehen, die sie für sich selbst in Anspruch nahmen, wuchs dabei im Laufe der Zeit die Irritation der Amerikaner und ihrer Unterstützer. Es ging in diesem Kontext vor allem um die konkrete Frage, nach welchem Schlüssel die Anzahl der Abgeordneten für die verschiedenen Provinzen Spaniens einerseits und für seine überseeischen Besitzungen andererseits bestimmt werden sollte. Mit Blick auf Amerika war diese Frage insofern problematisch, als man lange und erbittert darüber stritt, ob auch die indigenen Einwohner Amerikas und die soge-

---

93 Vgl. zu dieser Beziehung zwischen Zeit und Raum die klassische Studie von Schlögel 2003, in der dieser unter der Prämisse einer „Wiederkehr des Raumes" fordert, „Raum, Zeit und Handlung wieder zusammenzudenken" (Schlögel 2003: 24).
94 Vgl. dazu auch Breña 2006: 119–174.

nannten *castas* (also die mestizischen Nachkommen aus europäisch-indigenen oder europäisch-afrikanischen Verbindungen) das Recht haben sollten, in Cádiz so vertreten zu werden, wie es ihrer im Vergleich zu den Europäern größeren Zahl entspräche und wie es rein numerisch angemessen wäre. Dieses Recht wurde ihnen von den europäischen Abgeordneten vehement abgesprochen; und diese rechtfertigten ihre ablehnende Position in diesem Zusammenhang überdies mit Argumentationsmustern aus einer jahrhundertlangen europäischen Tradition der pejorativen Darstellung der Neuen Welt, die deren vermeintliche erdgeschichtliche „Neuheit" nur zu oft als einen grundsätzlichen Mangel an Zivilisation interpretierten und auch der Möglichkeit einer Zivilisierbarkeit dieses vermeintlich barbarischen Erdstrichs skeptisch gegenüberstanden.[95]

Beispielhaft für diese europäische Interpretation des Verhältnisses zwischen Europa und Amerika, und zwar gerade mit Blick auf die Wahrnehmung des transatlantischen Raumes, ist eine Schrift, die das sogenannte *Real Tribunal del Consulado* von Mexiko im Mai 1811 (und also zu einem Zeitpunkt, zu dem die Unabhängigkeitsrevolution dort schon ausgebrochen war) nach Cádiz adressierte. Dieses von der spanischen Kolonialverwaltung installierte *Real Tribunal del Consulado* war für den Handel zwischen Kolonien und Metropole zuständig und aus diesem Grund vorrangig den merkantilen Interessen der Europäer verpflichtet; in ihrem sogenannten „Informe del Real Tribunal del Consulado de México sobre la incapacidad de los habitantes de Nueva España para nombrar representantes a las Cortes" sprechen sich die dieser Institution angehörenden spanischen Geschäftsleute nun vehement gegen die Repräsentation der indigenen und mestizischen Bevölkerung Neuspaniens bei den *Cortes* aus und führen zur Begründung einmal mehr das Argument von deren angeblicher Geschichtslosigkeit und Barbarei an, das man in Europa seit der Zeit der Eroberung Amerikas im frühen 16. Jahrhundert und vor dem Hintergrund einer zweiten Phase der beschleunigten Globalisierung im 18. Jahrhundert dann insbesondere auch in der Zeit der Aufklärung immer wieder vorgebracht hatte.[96] Es ist nicht erstaunlich, dass dieser Text für heftige Debatten sorgte, als er im September 1811 öffentlich vor den *Cortes* verlesen wurde.[97] Tat-

---

95 Vgl. zu den *castas* auch Gonzalbo Aizpuru 2013. Vgl. zu den pejorativen Darstellungen der Neuen Welt vor allem im europäischen 18. Jahrhundert Bernaschina/Kraft/Kraume 2015. Vgl. insbesondere zu fray Servandos Reaktion auf diese europäischen Werke über Amerika auch Kapitel 3.3.3 Das Ich und der Raum und Kapitel 4.1 Fray Servandos reisende Bibliothek.
96 Vgl. zu dieser zweiten Phase beschleunigten Globalisierung (nach der ersten der Entdeckungen und Eroberungen im ausgehenden 15. und beginnenden 16. Jahrhundert) Ette 2012: 105–159. Vgl. zu der Debatte um die von europäischer Seite immer wieder betonte vermeintliche Geschichtslosigkeit Amerikas auch Kapitel 4.1 Fray Servandos reisende Bibliothek.
97 Dieser Debatte wohnte fray Servando Teresa de Mier (der Cádiz wenig später Richtung London verlassen sollte) noch als Zuhörer bei (vgl. Gerbi 1982: 397–398). Im Prolog seiner *Historia*

sächlich könnte sich die dem „Informe del Real Tribunal del Consulado" zugrundeliegende räumliche Konzeption kaum mehr von derjenigen unterscheiden, die fray Servando Teresa de Mier in seiner ja nur zwei Jahre später publizierten *Historia de la Revolución de Nueva España* vertreten wird. So heißt es in dem durchaus kämpferischen Text der Vertreter des mexikanischen *Real Tribunal del Consulado* gleich zu Beginn:

> El Real Tribunal del Consulado de México manifiesta á V. M. con mucha prolixidad y juicio el estado de las diversas castas de habitantes de la N[ueva] E[spaña] en razon de su cantidad, civilizacion, índole, costumbres, pasiones, deseos y patriotismo, de cuya combinacion analítica deduce naturalmente la verdad amarga de que aquellas remotas Provincias, no estan aun en sazon de ser igualadas con la Metrópoli, sobre el orden, forma y número de la representacion Nacional, y despues de discurrir en la injusticia, agravio, peligros é inutilidad de semejante proyecto indica el Plan más fácil sencillo y propio, quizá el único seguro para conciliar la representacion Americana con la conservacion de las Américas.[98]

Die hier verwendete Formulierung von den „remotas Provincias" ist wegweisend für den ganzen „Informe del Real Tribunal del Consulado" – und sie markiert den entscheidenden Unterschied zwischen der räumlichen Struktur, von der dieser in Cádiz so heftig debattierte Text ausgeht, und derjenigen, auf die sich fray Servandos *Historia de la Revolución* gründet: Während der „Informe" des *Real Tribunal del Consulado* konsequent die Ferne, die Fremdheit und die Unzugänglichkeit jenes amerikanischen Raumes hervorhebt, von dem er den Abgeordneten in Cádiz Kenntnis geben möchte, setzt fray Servandos historiographisches Werk gerade darauf, Verbindungen aufzuzeigen, Beziehungen herzustellen und auf diese Weise das vermeintlich Fernliegende und Abgelegene näher heranzurücken.

Zu den Vorgehensweisen, deren sich der Verfasser der *Historia de la Revolución* zu diesem Zweck bedient, gehört insbesondere auch seine konsequente Verwendung der alten präcortesianischen Toponyme zur Bezeichnung, Eingrenzung und Markierung des Raumes, in dem sich die neuspanische Unabhängigkeitsrevolution abspielt, von der zu berichten er sich vorgenommen hat. Auch wenn es auf den ersten Blick paradox erscheinen mag, so dienen ihm doch gerade diese alten aztekischen Ortsbezeichnungen dazu, seine europäischen Leserinnen und Leser mit dem amerikanischen Raum vertraut zu machen, den sein Text erschließen möchte, und das trotz

---

beschreibt fray Servando den Text des *Real Tribunal del Consulado* als „el texido más horrendo de calumnias, sátiras y dicterios que jamás han vomitado la pasión y el encono contra la América y sus habitantes." (Mier 1990: 8). Erwähnt wird der Text im Übrigen auch in Miers *Cartas de un americano a* El Español (vgl. Mier 2003: 123–124).

98 „Informe del Real Tribunal del Consulado de México sobre la incapacidad de los habitantes de N. E. para nombrar representantes á las Córtes", in: Hernández y Dávalos 1878: 450–466, hier 450.

des durch die Verwendung dieser in Europa ungebräuchlichen Toponyme zunächst scheinbar eintretenden „Verfremdungseffekts". Diese Vorgehensweise lässt sich am Beispiel des Titels seines Buches gut darstellen: Dieser Titel *Historia de la Revolución de Nueva España, antiguamente Anáhuac* setzt durch die alternative Nomenklatur bewusst zwei Zeitebenen miteinander in Verbindung, nämlich einmal die Zeit vor der Eroberung durch die Spanier, als der Raum noch Anáhuac hieß, von dem in dem Buch dann die Rede sein wird; und dann die Zeit der spanischen Kolonialherrschaft, in der dieser alte Náhuatl-Name durch denjenigen ersetzt worden ist, den die spanischen Eroberer genwählt haben.[99] Wenn fray Servando Teresa de Mier nun diese beiden Zeitebenen durch das kleine Wort „antiguamente" miteinander in Beziehung setzt, dann vermittelt er damit implizit den Anspruch, an die alte Zeit vor der spanischen *Conquista* anzuknüpfen und das usurpierte Land wieder in Besitz zu nehmen.[100] Trotz dieses im Verlauf seines Werkes durchaus auch explizit gemachten Anspruchs ist der dem Titel zugrunde liegende Gestus aber einmal mehr auch derjenige eines Mittlers zwischen den Welten: Die Ergänzung (und die dadurch bewirkte Verknüpfung der Zeitebenen) erklärt dem europäischen Publikum des Buches die Besonderheit des amerikanischen Raumes, von dem die Rede sein wird. So macht der auf die doppelte Möglichkeit der Benennung dieses Raumes anspielende Titel von fray Servandos *Historia de la Revolución de Nueva España, antiguamente Anáhuac* schon deutlich, dass der in Frage stehende Raum durch historische Brüche und Verwerfungen gekennzeichnet ist und dass es jetzt gilt, ihn jenseits dieser Brüche womöglich wieder neu zu erschließen.[101]

---

[99] In einer langen Fußnote im 14. Buch seiner *Historia de la Revolución* geht fray Servando auf die Bedeutung des alten Namens und auf die Umstände ein, unter denen er von den Spaniern ersetzt worden ist. Hier heißt es: „Así fue que habiendo Juan de Grijalva descubierto la costa de América septentrional y visto en Yucatán ciudades con casa de cal y canto que no habían visto en las Islas, torres y templos blanqueados y con cruces que eran veneradas, dixeron sus compañeros y él escribió a Diego Velázquez que había descubierto una Nueva España. Cortés pidió al Emperador que le confirmase este nombre, como lo hizo dándoselo a toda la América septentrional hasta el Istmo de Panamá [...]. Antes se llamaba todo ese país *Anáhuac*, esto es *náhuac*, círculo o corona, *atl* de agua, como si dijeran *península*." (Mier 1990: 476).

[100] Dieser Anspruch ist natürlich in gewisser Weise paradox: Als Kreole hat fray Servando Teresa der Mier genealogisch wenig mit den präkolumbinischen Kulturen zu tun; allerdings war dieser Rückgriff auf die indigene Vergangenheit gerade unter den Kreolen zur Begründung einer sich von der spanischen unterscheidenden spezifisch amerikanischen Identität weit verbreitet (vgl. unmittelbar dazu Lüsebrink 1993b: 423, und in einem allgemeinen Sinne zu dem dieser Vorgehensweise zugrundeliegenden „kreolischen Bewusstsein" Moraña 1988).

[101] Hans-Jürgen Lüsebrink betont in diesem Zusammenhang das nationalsymbolische Interesse, das fray Servando mit dieser Vorgehensweise verfolgt habe: „Fray Servando Teresa de Miers Plädoyer für die Aufdeckung der verdrängten indianischen Toponymie verfolgt [...] weniger ein ethno-

Im Verlauf seines historiographischen Werkes wird fray Servando diesem in dessen Titel implizierten Programm dadurch gerecht, dass er tatsächlich immer wieder die alten aztekischen Ortsnamen verwendet,[102] dass er sie an denjenigen Stellen erklärt, an denen das notwendig erscheint, und dass er schließlich auch ausdrücklich dafür eintritt, dass diese ursprünglichen Toponyme grundsätzlich wieder an die Stelle von denjenigen treten sollen, durch welche die spanischen Eroberer sie seinerzeit ersetzt haben. In einer Fußnote im 14. und letzten Buch seiner *Historia de la Revolución* (das in vielerlei Hinsicht die Überlegungen aus den vorangehenden 13 Büchern zusammenfasst und zuspitzt) fordert er deshalb:

> Yo sólo desearía dos mutaciones en nombres. La 1ª, en los de los lugares, restituyendo los antiguos, que por eso he recordado quando me han venido a la memoria, dulcificándolos si son mui duros con alguna ligera inflexión [...]; porque son simples, significativos, y los más topográficos o históricos. Los de los Santos que les sustituyó la hypocresía de los conquistadores, y nada hacen al caso para la religión, pues a ellos no los hicieron mejores, son largos por compuestos, confunden los lugares, convierten la geografía de América en letanía o calendario, embarazan la prosa e imposibilitan la belleza a las musas americanas. La 2ª, que pues estamos peleando contra usurpaciones, restituyamos a Colombo el derecho de dar su nombre al mundo que descubrió, y debería llamarse Colombia o Colombiana. Ya que el Consejo de Castilla, en sentencia ganada por Colombo en juicio contradictorio, mandó borrar el nombre de Américo Vespucci como de un impostor que puso su nombre en las primeras cartas que levantó y publicó del nuevo mundo, executemos nosotros la justicia. Es vergüenza que mantengamos el nombre de un impostor.[103]

Es ist sicher kein Zufall, dass die Argumente, die fray Servando Teresa de Mier in dem ersten Punkt dieser Fußnote anführt, deutlich an diejenigen erinnern, die er schon in der publizistischen Auseinandersetzung mit José María Blanco White im

---

logisches als ein nationalsymbolisches Interesse: es unterstreicht geradezu manifestär die Andersartigkeit der mexikanischen Kultur und Geschichte, ihre historische Differenz von Spanien." (Lüsebrink 1993b: 424). Diese Interpretation ist zweifellos richtig; dessen ungeachtet verliert Lüsebrinks Argumentation aber dadurch an Überzeugungskraft, dass sein Aufsatz eine ganze Reihe von sachlichen und formalen Fehlern aufweist. So ist darin beispielsweise die Rede von der „Kathedrale" von Tepeyac, in welcher der „26-jährige[...]" fray Servando gepredigt habe (Lüsebrink 1993b: 418, richtig wäre „Basilika" und „31-jährig"); ferner behauptet Lüsebrink, die *Cartas de un americano a El Español* und die *Historia de la Revolución* seien im „portugiesischen Exil" entstanden (Lüsebrink 1993b: 420), und schließlich heißt es, fray Servando sei „1815 mit dem Beginn der Restauration nach London geflüchtet" (Lüsebrink 1993b: 421). Ergänzt werden diese groben inhaltlichen Fehler durch nachlässige Literaturnachweise (etwa der *Historia de la Revolución*, vgl. Lüsebrink 1993b: 420) oder stellenweise auch den kompletten Verzicht auf bibliographische Angaben (etwa bei einem angeblichen Zitat aus der *Historia de la Revolución*, vgl. Lüsebrink 1993b: 423).
102 So schreibt er beispielsweise nicht „Cholula", sondern „Chololan" (Mier 1990: 280).
103 Mier 1990: 620–621.

Zusammenhang mit seiner vehementen Ablehnung der Vermischung von weltlichen mit geistlichen Diskursen angeführt hatte. Allerdings ist die Zurückweisung der spanischen Nomenklatur mit ihrer Orientierung am liturgischen Kalender der katholischen Kirche hier sicher weniger Ausdruck eines grundsätzlich säkularen Bewusstseins (denn fray Servando ist der katholischen Kirche und dem christlichen Glauben zeit seines Lebens treu geblieben und hat in seinen Werken durchaus auch selbst auf religiöse Argumentationsmuster zurückgegriffen, wenn es für seine Zwecke opportun war). Stattdessen ist seine auf der Notwendigkeit einer Trennung von Glauben und Politik insistierende Intervention hier eher als essentieller Bestandteil einer genuin kreolischen Strategie zur Selbstermächtigung und zur Legitimation der eigenen politischen und kulturellen Agenda zu interpretieren.[104] Interessant ist dabei allerdings die Stoßrichtung von fray Servandos Polemik, der sich ja nicht damit begnügt, die grundsätzliche Vermischung von Politik und Geographie einerseits und Religion andererseits und die dadurch entstehende Verwirrung zu beklagen, sondern der sein Bedauern über diese Sachlage ausdrücklich auch aus ästhetischen Erwägungen heraus begründet: Wenn er feststellt, dass die spanischen Ortsnamen „die Prosa beeinträchtigen und den amerikanischen Musen den Zugang zur Schönheit versperren", dann spricht hier weniger der Politiker als vielmehr der Schriftsteller. In dem sich anschließenden Kapitel soll es deshalb um die Frage nach den spezifisch rhetorischen und stilistischen Mitteln gehen, deren sich fray Servando Teresa de Mier in seinem historiographischen Werk bedient. Dass sich der Autor sehr bewusst solcher im weitesten Sinne literarischer Verfahrensweisen bedient und dies auch ausdrücklich kommentiert, erlaubt eine Lektüre seiner *Historia de la Revolución*, die das Werk über die neuspanische Unabhängigkeitsbewegung nicht allein als eine Quelle politischer und historischer Informationen, sondern auch als einen Gründungstext einer ebenfalls unabhängigen mexikanischen Literatur interpretiert.

2.1.3 Formen: Collage und Ironie

Denn der immer wieder festgestellte und tatsächlich nicht zu verkennende Mangel an Kohärenz und die teilweise chaotische Struktur, welche die *Historia de la Revolución de Nueva España* kennzeichnen, sind keineswegs nur als Defizite oder Unzulänglichkeiten zu interpretieren, im Gegenteil: Die strukturelle und teilweise

---

104 Vgl. dagegen zu den von fray Servando selbst durchaus auch mit politischen Zielen verwendeten religiösen Argumentationsmustern die Ausführungen zur biblischen Intertextualität in seinen *Memorias* in Kapitel 3.3.2 Das Ich und die Literatur.

auch argumentative Fragmentierung ist vielmehr die Bedingung für die große Offenheit, die für diesen Text charakteristisch ist. Mit Blick auf die Form fallen dabei vor allem zwei Besonderheiten ins Auge, nämlich zum einen die Konstruktion des Textes, der über weite Strecken als eine offene Collage organisiert ist, und zum anderen die ironische und polemische Zuspitzung, die fray Servandos Erzählungen, Zusammenfassungen, Überlegungen und Kommentare dabei häufig erfahren. Beides steht miteinander in engerer Verbindung, als es auf den ersten Blick den Anschein haben mag, denn wenn sich die *Historia de la Revolución* aus den unterschiedlichsten Quellen und Materialien zusammensetzt, dann ist es genau die Heterogenität dieser Elemente, die überhaupt erst die Bedingungen für die Polemik schafft, mit welcher der Autor des historiographischen Werks seine Argumente verficht und mit welcher er diejenigen seiner politischen Gegner zu widerlegen versucht.

> Mi dificultad en los 8 primeros libros [...] fue sobre la manera de escribirlos. Dar el autor la nata de su saber, haciendo sólo remisiones a fuentes conocidas, y ocupándose del orden, propiedad y belleza de la expresión con que haga al lector agradable la historia al mismo tiempo que le instruya, es lo que debe executarse quando, pasado el choque de los intereses y partidos, se cree al historiador libre de parcialidad y sospecha. Pero el que no habiendo sido testigo escribe la historia [...] lejos del teatro en el mismo tiempo en que se cruzan las pasiones y están sucediendo los hechos [...], o debe exhibir los documentos en que se funda, para que el lector juzgue, o renunciar el derecho y aun la esperanza de ser creído,[105]

so kommentiert der Autor selbst im Prolog der *Historia de la Revolución de la Nueva España* die Schwierigkeiten, mit denen er sich während des Schreibprozesses konfrontiert gesehen hat, und so begründet er die Vorgehensweise, zu der er sich entschlossen hat, um diesen Schwierigkeiten zu begegnen. In seiner Argumentation werden so die strukturellen Besonderheiten des historiographischen Werkes (und darunter eben insbesondere die offene Art und Weise ihres Umgangs mit ihren Quellen) ausdrücklich durch die beiden wesentlichen Merkmale gerechtfertigt, durch die sich dieses Werk von vielen anderen historiographischen Projekten unterscheidet – nämlich zum einen dadurch, dass mit der *Historia de la Revolución* zu einem Zeitpunkt Geschichte geschrieben wird, zu dem sich diese Geschichte gerade erst ereignet, und zum anderen dadurch, dass das aus einer großen räumlichen Distanz heraus geschieht. Die Tatsache, dass fray Servando Teresa de Mier aus diesem Grund vor allem auf Strategien zur Sicherung seiner Glaubwürdigkeit setzt, und dass er diese Glaubwürdigkeit höher bewertet als „Ordnung, Sauberkeit und Schönheit" der Erzählung, mag nun auf den ersten Blick den Anschein erwecken, es sei ihm anders, als es seine zuvor zitierte Formu-

---

[105] Mier 1990: 7.

lierung von den „amerikanischen Musen" nahegelegt hatte, gerade *nicht* an der Schönheit seines Textes gelegen, und man könne diesem Text am besten beikommen, indem man ihn angesichts der vermeintlichen Alternative „Dichtung oder Wahrheit" der Seite der „Wahrheit" zuschlägt und sich bei der Analyse auf die Untersuchung der bloßen Fakten beschränkt und die Frage nach Formen der Gestaltung, Stil, Narrativität oder womöglich gar Literarizität beiseite lässt. Allerdings würde eine solch pragmatische Vorgehensweise wesentliche Aspekte von fray Servandos *Historia de la Revolución* missachten und deren Besonderheit innerhalb der mexikanischen Historiographie über die Unabhängigkeitsbewegung verkennen – denn das Werk zeichnet sich trotz der schwierigen Umstände seiner Entstehung und trotz des Plädoyers seines Autors für die Überzeugungskraft und gegen die Schönheit der Darstellung eben doch durch ein ausgeprägtes Bewusstsein für seine stilistischen, rhetorischen und narrativen Möglichkeiten aus.[106]

Nun ist die Frage nach dem Verhältnis zwischen Historiographie und Literatur ein Thema, mit dem sich die Kulturwissenschaften und vor allem die Geschichts- und die Literaturwissenschaft nicht erst in den letzten Jahren beschäftigt haben.[107] Insbesondere der 2018 verstorbene US-amerikanische Historiker und Literaturwissenschaftler Hayden White hat seit den siebziger Jahren immer wieder und sehr nachdrücklich die formale und strukturelle Nähe zwischen Geschichtsschreibung auf der einen und Literatur auf der anderen Seite betont.[108] Whites zentrale These lässt sich dabei prägnant mit dem Titel der deutschen Übersetzung von einem seiner Bücher zusammenfassen: *Auch Klio dichtet oder die Fiktion des Faktischen,* heißt dieses ursprünglich 1978 auf Englisch unter dem Titel *Tropics of Discourse: Essays in Cultural Criticism* veröffentlichte Buch. In *Auch Klio dichtet* geht es wie in zahlreichen anderen Publikationen von Hayden White darum, dass auch historische Erzählungen notwendigerweise ästhetisch und damit rhetorisch präfiguriert und strukturiert sind, und dass historische Erkenntnis (anders als es die berühmte aristotelische Unterscheidung zwischen Geschichtsschreiber und Dichter nahelegt) immer von der Entscheidung der Historikerin oder des Historikers für eine bestimmte Form der Erzählung abhängig ist.[109]

---

106 Dessen ungeachtet ist es bisher genau in diesem pragmatischen Sinne vor allem von der Geschichtswissenschaft rezipiert worden; die literaturwissenschaftliche Forschung zu fray Servando Teresa de Mier hat sich beinahe ausschließlich mit dessen später im Gefängnis der Inquisition verfassten autobiographischem Werk, den sogenannten *Memorias,* beschäftigt. Vgl. zu einem Überblick über die entsprechende Forschung die Einleitung in Kapitel 3.3 Ich bin viele.
107 Vgl. zu dem Thema etwa den klassischen Beitrag von Heitmann 1970 oder zusammenfassend und allgemein auch Nünning 2001a.
108 Vgl. White 1986a, White 1990 und White 2008. Kritisch setzt sich Ansgar Nünning mit den Thesen Whites auseinander in Nünning 1999.
109 Aristoteles differenziert in seiner Poetik zwischen dem Historiker, der sich mit den Dingen befasse, die tatsächlich geschehen sind, und dem Dichter, der die Dinge beschreibe, die möglicherweise

> Die ältere Unterscheidung zwischen Fiktion und Geschichtsschreibung, in der die Fiktion als die Darstellung des Vorstellbaren und die Geschichtsschreibung als die Darstellung des Tatsächlichen verstanden wird, muß der Erkenntnis Platz machen, daß wir das *Tatsächliche* nur erkennen, wenn wir es mit dem *Vorstellbaren* kontrastieren oder vergleichen. [...] Das bedeutet, daß alles Erzählen nicht einfach die Wiedergabe dessen ist, was im Übergang von einem zum anderen Zustand ‚geschehen ist', sondern ein fortschreitendes *Neubeschreiben* von Ereignisfolgen in der Weise, daß eine zu Beginn in einem bestimmten sprachlichen Modus kodierte Struktur auseinandergenommen wird, um ihre Rekodierung am Ende in einem anderen Modus zu rechtfertigen. [...] Tatsache ist, daß Geschichte – die reale Welt, wie sie sich in der Zeit entwickelt – in der gleichen Weise sinnvoll gemacht wird, wie der Dichter oder der Romanautor dies versuchen, d. h. indem sie dem, was ursprünglich als problematisch oder geheimnisvoll erscheint, die Gestalt einer erkennbaren, weil vertrauten Form geben. Es spielt keine Rolle, ob die Welt als real oder lediglich vorgestellt verstanden wird; die Art der Sinnstiftung [...] ist die gleiche.[110]

Mit Blick auf fray Servandos historiographisches Unterfangen wirft diese Feststellung nun die Frage danach auf, wie in seiner *Historia de la Revolución de Nueva España* „die reale Welt, wie sie sich in der Zeit entwickelt" sinnvoll gemacht wird, und wie sich fray Servando selbst implizit oder auch explizit zu dem hier angesprochenen Problem der Geschichtsschreibung mit den Mitteln der Literatur verhält. Dabei gilt es allerdings im Auge zu behalten, dass zu dem Zeitpunkt, zu dem die *Historia de la Revolución* entsteht, ohnehin noch keine klare Trennung zwischen Historiographie und „belles lettres" vollzogen war, sondern dass die Geschichtsschreibung zu Beginn des 19. Jahrhunderts noch als ein Zweig der Literatur galt, zu dessen Beurteilung dieselben Kriterien herangezogen wurden wie zur Beurteilung der anderen literarischen Gattungen.[111] Auch historiographische Texte mussten sich damals also vor allem auf ihre rhetorischen und stilistischen Qualitäten hin überprüfen lassen:

---

geschehen können: „sie unterscheiden sich [...] dadurch, daß der eine das wirklich Geschehene mitteilt, der andere, was geschehen könnte" (Aristoteles 1982: 29).

[110] White 1986b: 120–121 (Kursivierungen im Original). Christian Klein und Matías Martínez zitieren White kritisch als einen Vertreter des sogenannten Panfiktionalismus, „also jener Auffassung, der zufolge es einen grundsätzlichen Unterschied gebe zwischen dem Wahrheitsanspruch eines fiktionalen bzw. eines faktualen Textes"; ihre Kritik gründet sich darauf, dass die Vertreter der „Panfiktionalismusthese" trotz ihrer unbestrittenen Verdienste häufig „dogmatische[...] Pauschalisierungen" befördert hätten (Klein/Martínez 2009: 7).

[111] Allerdings wurde mit dem Wort „Literatur" bis ins 19. Jahrhundert hinein keineswegs nur das bezeichnet, was heute darunter verstanden wird – also schriftlich fixierte sprachliche Erzeugnisse mit einem im weitesten Sinne künstlerischen Anspruch. Die Herausgeber der *Historia de la Revolución de Nueva España* weisen vielmehr anlässlich eines Zitats in fray Servandos Text darauf hin, dass mit dem dort verwendeten Wort „literatura" „el ‚saber jurídico' de los letrados" gemeint sei (Mier 1990: 54, Fußnote 19). Vgl. auch Schneider 2007: 6. Schneider weist auf die Etymologie des Wortes hin: Das lateinische Wort „litteratus" bedeutet „schriftkundig".

Erst mit dem Aufkommen positivistischer Geschichtsschreibung und dem Anspruch der Historiographie auf Wahrheit und Objektivität entwickelte sich eine klare funktionale Differenzierung zwischen Historiographie und Literatur, die sowohl durch die literarischen Innovationen des Ästhetizismus und Modernismus als auch durch die Verwissenschaftlichung und Professionalisierung der Historiographie im 20. Jahrhundert verstärkt wurde.[112]

Interessant ist nun, dass fray Servando Teresa de Mier in seiner *Historia de la Revolución de Nueva España* bereits zu einem sehr frühen Zeitpunkt genau den Anspruch auf Wahrheit und Objektivität (bzw. in seiner eigenen Diktion den Anspruch auf „Glaubwürdigkeit") erhebt, von dem Ansgar Nünning hier im Zusammenhang mit der erst später stattfindenden Ausdifferenzierung der Disziplinen spricht. Allerdings ist dabei nicht unerheblich, dass die *Historia de la Revolución de Nueva España, antiguamente Anáhuac* ein Buch ist, dem epistemologisch ein völlig anderer Stellenwert zukommt als den zur selben Zeit geschriebenen großen Werken der europäischen Historiographie und den sich an diesen orientierenden frühen Projekten einer hispanoamerikanischen Geschichtsschreibung: Zeitlich positioniert sich fray Servando Teresa de Miers Werk über die Unabhängigkeit im Vergleich mit den europäischen Meilensteinen der Historiographie des 18. und 19. Jahrhunderts zwischen aufklärerischen Projekten wie beispielsweise der *History of America* (1792) des Schotten William Robertson und Werken des Historismus wie etwa der *Histoire de la Révolution française* (1847–1853) von Jules Michelet. Diese zeitliche Zwischenstellung manifestiert sich natürlich auch in dem epistemologischen Anspruch des Buches, das zwar bestimmte aufklärerische Gedanken wie etwa den auch in der 1811–1812 geführten Debatte mit José María Blanco White angesprochenen von dem Recht jedes Menschen auf Bildung voraussetzt, dabei aber selbst sicher kein genuin aufklärerisches Werk ist.[113] Ein ähnliches Ergebnis fördert auch der Vergleich mit den einflussreichen Werken der zeitgenössischen hispanoamerikanischen und insbesondere mexikanischen Geschichtswissenschaft zu Tage. Auch neben Projekten wie zum Beispiel der stark auf eine aufklärerische Methodik setzenden *Storia antica del Messico* (1780–1781) einerseits, in welcher der in Italien exilierte neuspanische Jesuit Francisco Javier Clavijero die Geschichte des Aztekenreichs bis zur *Conquista* durch die Spanier nachzeichnet, und national-historiographischen Unternehmungen aus der Zeit nach Erreichen der Unabhängigkeit andererseits, mit denen Autoren wie Carlos María de Bustamante und Lucas Alamán die gerade unabhängig gewordene Nation ihrer politischen und kulturellen Identität zu

---

112 Nünning 1999: 356.
113 Fray Servando hat eine ganze Reihe von aufklärerischen Autoren aus Europa wie beispielsweise eben William Robertson, aber auch Rousseau oder Raynal gelesen; er stand ihnen aber durchaus kritisch gegenüber (vgl. zu fray Servandos Beziehung zu diesen Werken auch Kapitel 4.1 Fray Servandos reisende Bibliothek).

versichern suchen,[114] entzieht sich die *Historia de la Revolución* dem Versuch einer genauen epochenspezifischen und epistemologischen Zuordnung. Auf diese Weise ist fray Servandos Werk nicht nur räumlich,[115] sondern auch zeitlich und mit Blick auf sein Erkenntnisinteresse in einem „Dazwischen" zu verorten. Diese Feststellung allerdings lässt nun die Frage nach seiner Methodik und nach seiner rhetorischen Verfasstheit nur umso virulenter erscheinen.

In der zitierten Passage aus dem Prolog der *Historia de la Revolución*, in welcher der Autor selbst Auskunft über seine Vorgehensweise gibt, verweist er auf das umfangreiche Material, das er bei der Redaktion seines Buches herangezogen habe, um seiner Geschichte Glaubwürdigkeit und Überzeugungskraft zu verleihen. Wenig später erklärt er die Herkunft dieses Materials und seine Methode im Umgang damit noch etwas genauer, wenn er schreibt:

> Como mi ánimo no era tanto escribir lo que sucedió como dar una verdadera idea de lo que pasaba, creí que a falta de otros documentos auténticos debía dar y preferir el testimonio de los mismos españoles europeos, porque *el de la parte contraria* en lo que no la favorece *prueba plenariamente*. Y bien que yo no dexase de añadir mis reflexiones según mis conocimientos y las noticias que tenía de sujetos fidedignos que estuvieron en México hasta mediado del año 1811, el fondo de mi relación está fundado sobre las del gobierno de México y cartas de los europeos sus vecinos. A pesar de la opresión que sufre la verdad en un país donde reyna el despotismo más atroz, algunos de ellos, hombres de bien e imparciales, la dexaban traslucir o la decían claramente en cartas que llegaron a Cádiz y Londres para personas respetables. Yo conocía los autores, tengo sus originales, y las más han sido impresas en *El Español*, quien me servirá de testigo ante el público de que no las he fingido.[116]

Die Hinweise, die fray Servando seinen Leserinnen und Lesern hier gibt, sind in doppelter Hinsicht aufschlussreich. So ist zum einen die Absichtserklärung im ersten Satz der Passage bemerkenswert, an der besonders die unterschiedlichen Verben ins Auge fallen, die der Autor benutzt, um seine eigene Tätigkeit zu beschreiben. Das bloße „Schreiben" (escribir) wird hier unterschieden von dem „Vermitteln einer wirklichen Vorstellung" (dar una verdadera idea). Für fray Servando Teresa de Mier handelt es sich also nicht allein darum, nur etwas aufzuschreiben oder zu notieren, sondern offensichtlich geht es ihm vielmehr um die Wirkung, welche die Dinge entfalten können, die notiert werden. Noch interessanter sind aber die zwei Verben, die

---

114 Vgl. zu Francisco Javier Clavijero auch Kraume 2015 und zu Carlos María de Bustamante und Lucas Alamán die sich anschließenden Kapitel 2.2 Ein Denkmal für die Unabhängigkeit und 2.3 Die ordnende Kraft der Analyse.
115 Vgl. zu diesem räumlichen „Dazwischen" das vorangegangene Kapitel 2.1.2 Räume: Europa und Amerika.
116 Mier 1990: 10 (Kursivierungen im Original).

unmittelbar im Anschluss an diese Differenzierung verwendet werden und mit denen die inhaltliche Stoßrichtung der *Historia de la Revolución* präzisiert werden soll. In diesem Fall ist das Interesse kein lexikalisches, also auf die Auswahl der verwendeten Wörter bezogenes, sondern vielmehr ein grammatikalisches, das die Tempora in den Blick nimmt, die hier benutzt werden: So steht dem *Indefinido* von „lo que sucedió" das *Imperfecto* von „lo que pasaba" gegenüber, und auch diese Unterscheidung deutet darauf hin, dass es fray Servando in der entsprechenden Passage nicht nur darum geht, seinen Stoff inhaltlich präzise einzugrenzen, sondern dass er sich außerdem sehr bewusst ist, worin dabei sein eigenes historisches Erkenntnisinteresse besteht. Denn die beiden unterschiedlichen Vergangenheitsformen zeigen deutlich, dass für den Autor der *Historia de la Revolución* nicht die aufeinanderfolgenden Ereignisse in ihrer historischen Abgeschlossenheit von Bedeutung sind, sondern vielmehr diejenigen Entwicklungen in der Vergangenheit, die sich durch eine gewisse Kontinuität, durch ihre Regelmäßigkeit oder auch durch ihre stete Wiederholung auszeichnen.

Vor dem Hintergrund dieser expliziten Absichtserklärung sind nun aber zum zweiten auch die Anmerkungen aufschlussreich, mit denen fray Servando Teresa de Mier in der Folge seine Vorgehensweise im Einzelnen erläutert: Die Tatsache nämlich, dass es ihm darum geht, seinen Leserinnen und Lesern eine Vorstellung von den Dingen zu vermitteln, die sich im Verlauf der Unabhängigkeitsrevolution von Neuspanien mit einer gewissen Beständigkeit und Kontinuität immer wieder ereignet haben (oder auch: deren Beständigkeit den Anlass zu dieser Unabhängigkeitsrevolution dargestellt hat), erklärt auch seinen Umgang mit den Quellen, die er zur Unterstützung seiner Argumentation heranzieht. So ist gerade Miers Methode der kritischen Diskussion und Kommentierung von kontroversen Quellen (auf die er sich mit den Formulierungen „documentos auténticos" auf der einen und „añadir mis reflexiones" auf der anderen Seite bezieht) dazu angetan, seiner Analyse der durch den Gebrauch des Imperfekts eingeführten *longue durée* der Zustände in Neuspanien die historische Tiefenschärfe zu verschaffen, deren sie bedarf. Seine Herangehensweise wird damit tatsächlich der Erklärung gerecht, mit der Hayden White das historische Erzählen vor dem Hintergrund einer allgemeinen Erzähltheorie verortet hatte und die dieses historische Erzählen eben nicht begreift als „Wiedergabe dessen [...], was im Übergang von einem zum anderen Zustand ‚geschehen ist'", sondern als „fortschreitendes Neubeschreiben von Ereignisfolgen", in dem vorab kodierte Strukturen auseinandergenommen und wieder neu zusammengesetzt werden.[117] Tatsächlich zielt fray Servandos ausdrücklich formulierte Absichtserklärung genauso wie diese Reflexion aus dem

---

117 Vgl. noch einmal White 1986b: 120–121.

ausgehenden 20. Jahrhundert auf die Unterscheidung zwischen der (letztlich unmöglichen) Darstellung von in sich abgeschlossenen und für sich stehenden Ereignissen auf der einen und der sequenziellen Anordnung und Verkettung von Handlungen bzw. der sich aus dieser Verkettung ergebenden narrativen Struktur auf der anderen Seite. Vor diesem Hintergrund kann man die Collage aus Zitaten und persönlichen, oft genug polemischen Kommentaren, die seine *Historia de la Revolución* in letzter Instanz darstellt, als eine idealtypische Erzählung im Sinne von Hayden White verstehen, insofern sie dessen Aufforderung zur Demontage, Neuzusammensetzung und Rekodierung von Sinnzusammenhängen nicht nur auf exemplarische Art und Weise verwirklicht, sondern ihre eigenen Vorgehensweisen dabei auch noch ausdrücklich reflektiert.[118]

Zur konkreten Umsetzung dieses Programms greift fray Servando in seiner *Historia de la Revolución* (wie er ja in der angeführten Passage selbst erklärt) auf eine große Menge an Briefen, Zeitungsartikeln, militärischen Bulletins und vergleichbaren Quellen aus erster Hand zurück. Diese Materialien zirkulierten dank der Netzwerke der hispanoamerikanischen Unabhängigkeitskämpfer in dem Dreieck zwischen Neuspanien, Cádiz und London, und sie wurden in London nicht zuletzt durch José María Blanco White und seine Zeitschrift *El Español* einer größeren Öffentlichkeit zugänglich gemacht.[119] In der Konzeption der *Historia de la Revolución de Nueva España* manifestiert sich diese Form des transatlantischen Austauschs nun auf eine sehr unmittelbare Art und Weise, weil fray Servando seine Quellen häufig wörtlich zitiert und seinen Leserinnen und Lesern so einen scheinbar direkten und unverstellten Zugang zu den angeführten Informationen ermöglicht. Allerdings ordnet der Autor sein Material dabei auf eine sehr intentionale Art und Weise an, so dass die vermeintliche Unmittelbarkeit des Zugangs zu den der Argumentation zugrundeliegenden Materialien natürlich das Ergebnis von bewusst getroffenen Entscheidungen ist (und zwar sowohl mit Blick auf die grundsätzliche Auswahl und die narrative Anordnung der Quellen als auch mit Blick darauf, welche Stellen aus diesen Quellen auf welche Art und Weise zitiert werden). So weisen die Herausgeber der kritischen Ausgabe der *Historia de la Revolución* in ihren Fußnoten zu dessen Text immer wieder darauf hin, dass fray Servando Teresa de Mier massive Eingriffe in sein Material

---

[118] White verwendet in diesem Zusammenhang den Begriff „emplotment" und meint damit die narrative Modellierung, mittels derer der Historiker oder die Historikerin einen Text konstruieren und mit einem Erklärungsmuster unterlegen (vgl. Martínez/Scheffel 2007: 172–176).
[119] Vgl. allgemein zu den Materialien und Quellen, die fray Servando in seiner *Historia de la Revolución* benutzt, Bitrán Goren 2001: 76. Vgl. zu einem konkreten Fall des Austauschs zwischen London und Cádiz auch Rieu-Millan 1989. Vgl. zu José María Blanco Whites publizistischer Arbeit als Vermittler zwischen London und Hispanoamerika auch Kapitel 3.2.4 Transatlantic Romanticism?.

vorgenommen und die von ihm benutzten Quellen durch eine unvollständige und lückenhafte Zitierweise einerseits und durch gezielte Hinzufügungen und Ergänzungen andererseits zugespitzt, verfälscht, verfremdet oder übertrieben hat, um seine eigene Argumentation zu stützen und die seiner Gegner zu diskreditieren.[120]

Auf diese Weise ist sein Buch nun tatsächlich keineswegs allein das Ergebnis einer bloßen Zusammenstellung von Unterlagen zum Unabhängigkeitskrieg in Neuspanien, sondern es erweitert diese Materialien und bindet sie in eine voranschreitende Narration über den Ursprung und den Verlauf dieses Unabhängigkeitskrieges ein. Deutlicher noch als im Zusammenhang mit den Auslassungen oder Ergänzungen (deren die Leserinnen und Leser ja meist nur durch die entsprechenden Hinweise der Herausgeber gewahr werden können) tritt diese Eigenschaft des Textes im Zusammenhang mit den oft polemischen und ironischen Kommentaren zu Tage, in denen der Erzähler immer wieder kritisch Position zu seinen Quellen und zu deren ideologischem Gehalt bezieht. Aus dem Kontrast zwischen vermeintlich seriösem Zitat und polemischem Kommentar dazu entwickelt Miers Text eine ganz eigene Dynamik, die nicht allein die ideologische Stoßrichtung seiner Argumentation besonders anschaulich macht, sondern die darüber hinaus auch dazu beiträgt, die narrative Konstruktion seines Textes insgesamt zu profilieren – nämlich dadurch, dass der Erzähler eine Vielzahl von verschiedenen Stimmen und ihre jeweils unterschiedlichen Perspektiven so anordnet und orchestriert, dass sich daraus trotz der mit dieser Vielstimmigkeit notwendigerweise einhergehenden Fragmentierung und Offenheit eine kohärente Erzählung mit einer eindeutig identifizierbaren Botschaft entwickelt.

Dabei tritt er zwar scheinbar in einen offenen Dialog mit den Quellen, mit denen er sich auseinandersetzt und die er kritisch kommentiert; zugleich lässt aber die Ironie seiner Interventionen und Kommentare keinen Zweifel daran aufkommen, dass in diesem Dialog allein seiner eigenen Stimme (und keineswegs den Stimmen der anderen) Gehör und Glauben geschenkt werden sollte. Entsprechend besteht seine Vorgehensweise üblicherweise darin, dass er einzelne Sätze oder auch längere Passagen aus Briefen von Europäern aus Neuspanien oder aus den sogenannten *partes* zitiert, d. h. also aus den Bulletins der spanischen Administration und der spanischen Militärs, und dass er diesen Zitaten dann unmittel-

---

120 Vgl. etwa die Fußnoten in Mier 1990: 55. Hier wird in der ersten Fußnote auf eine umfangreiche Auslassung und in der letzten auf eine bedeutungsschwere Hinzufügung verwiesen. Vgl. dazu auch Bertrand 1996: 79–80. Hier heißt es: „Tout au long de ce récit qui prend parfois une coloration quasiment épique, *fray* Servando n'hésite pas à recourir aux procédés d'écriture les plus classiques pour noircir l'ennemi et exalter le combattant de la cause qu'il défend. [...] Ce faisant, le travail de l'historien que prétend réaliser *fray* Servando en s'appuyant sur des sources documentaires nombreuses disparaît derrière celui du polémiste et du militant de la cause indépendante soucieux de participer avec ses propres armes au combat engagé."

bar im Anschluss knappe, präzise, sarkastische Bemerkungen hinzufügt, mit denen er versucht, die zuvor zitierte Aussage als voreingenommen zu entlarven oder sie sogar vollständig *ad absurdum* zu führen:

> Su autor escribió otros papeles, que tengo a la vista, en que asegura que ‚la potestad soberana temporal ha emanado inmediatamente de Dios no menos que la espiritual del Papa, y que las naciones tuvieron la potestad de elegir el gobierno que más quisieron, como España el monárquico, pero elegido una vez, ya no fue ni es lícito a la nación ni a ninguno de sus individuos negarle la obediencia, ni atentar contra su potestad, ni contra parte alguna de sus dominios. Y la razón es porque el pueblo sólo tuvo en aquel origen la potestad de elegir, pero la soberanía vino de Dios al electo'; seguramente como vienen las pestes y las hambres a los reynos, o porque se la traxo algún profeta en un cuerno de aceyte, como en el Antiguo Testamento, o por revelación que tendría el autor.[121]

Im Verlauf des ganzen Werkes richtet sich die Ironie des Erzählers immer wieder wie an dieser Stelle mit besonderer Schärfe gegen diejenigen Autoren oder gegen diejenigen Akteure des Unabhängigkeitskriegs in Neuspanien, deren politische Überzeugungen nicht mit seinen eigenen übereinstimmen oder deren Handlungsweisen im Verlauf des Krieges ihm besonders unmenschlich, grausam und deshalb tadelnswert erscheinen. In der zitierten Passage ist die durch die Ironie vermittelte Kritik insofern fundamental, als die Frage nach der Souveränität des Volkes und daran anschließend die Frage nach dem Recht eines Volkes zur Rebellion insgesamt in der Argumentation der *Historia de la Revolución de Nueva España* von zentraler Bedeutung ist. So ist fray Servando Teresa de Mier selbst im Unterschied zu dem Autor, den er in der angeführten Passage zitiert und ironisch kommentiert, durchaus davon überzeugt, dass die Souveränität beim Volke liegt, dass das Volk sie aus freien Stücken einem von ihm gewählten Herrscher überträgt und dass es deshalb das Recht hat, sich gegen diesen Herrscher dann aufzulehnen, wenn er den Ursprung seiner Souveränität missachten und seine ihm vom Volk verliehene Macht missbrauchen sollte.[122] Die Bissigkeit von fray Servandos Kommentaren resultiert hier also aus der fundamentalen Nicht-Übereinstimmung zwischen seinen politi-

---

121 Mier 1990: 260–261. Ähnlich ist fray Servandos Vorgehensweise an einer Stelle, an der er Stellung bezieht im Zusammenhang mit den Exkommunizierungen, mit denen die spanischen Bischöfe in Neuspanien der Revolution Einhalt zu gebieten versuchten. Hier zitiert und kommentiert er den Bischof von Michoacán, Manuel Abad y Queipo: „'Pero sabed que si proseguís en la insurrección y morís impenitentes en este estado, vuestras almas serán destinadas a las penas eternas del infierno, y vuestros cuerpos privados de sepultura eclesiástica servirán de pasto a los perros y a las aves.' En lo que ha sido perfectamente servido el señor Obispo, porque en atención a sus excomuniones se han dexado insepultos los cadáveres de los insurgentes, &c." (Mier 1990: 264).
122 Vgl. zur Souveränität des Volkes explizit auch Mier 1990: 88–89. Vgl. zur Argumentation und zu den damit verfolgten Zielen der *Historia de la Revolución* auch Kapitel 2.1.4 Ziele: Kerkyräer und Korinther.

schen Grundüberzeugungen und denjenigen des von ihm zitierten Autors. Aber seine Ironie verwandelt sich auch dann immer wieder in offenen Spott, wenn die verhandelten Fragen weltanschaulich weniger essentiell und dafür unmittelbarer im Leben verankert sind – beispielsweise, wenn er eine Verlautbarung des spanischen Militärs Manuel de Flon, Conde de la Cadena, zitiert, in der dieser den Einwohnern von Querétaro drakonische Strafmaßnahmen ankündigt für den Fall, dass sie sich seinen Befehlen widersetzen sollten. Hier mündet die entsprechende Passage in einen sarkastischen Angriff nicht nur gegen den zitierten Conde de la Cadena selbst, sondern gegen die Spanier im Allgemeinen und gegen deren von Willkür und Erbarmungslosigkeit geprägte Herrschaft in Neuspanien im Besonderen: „Se debe confesar, en elogio de este y otros españoles, que aunque copian a cada paso las proclamas amenazadoras de Murat, Soult y otros caníbales transpyrenaicos, éstos, como franceses volubles, no tienen constancia para cumplirlas, pero aquéllos desempeñan su palabra con toda la honradez española."[123]

Die Stoßrichtung dieser Anklage liegt natürlich auf der Hand: So dient seine Ironie fray Servando Teresa de Mier einerseits dazu, die Spanier der willkürlichen Grausamkeit zu bezichtigen und seiner Leserschaft auf diese Weise die Berechtigung der neuspanischen Rebellion gegen eine Kolonialherrschaft vor Augen zu führen, die derartige Auswüchse toleriert oder sogar befördert. Auf der anderen Seite ist die Polemik aber auch Teil eines Argumentationszusammenhangs von größerer Reichweite. So kann fray Servando durch die ironische Brechung des Vergleichs zwischen den angeblich unbeständigen Franzosen und den vermeintlich rechtschaffenen Spaniern (deren Zuverlässigkeit sich eben insbesondere in ihrer zuverlässig zu erwartenden Grausamkeit manifestiert) den Konstruktionscharakter von solcherlei Essentialismen offenlegen und sich von diesen allzu vereinfachenden Erklärungsmustern gerade dadurch distanzieren, dass er sie vermeintlich gutgläubig und unkritisch reproduziert.[124]

---

[123] Mier 1990: 281. Ähnlich bissig zeigt sich der Erzähler auch in einer Passage über den neuspanischen Vizekönig Francisco Javier Venegas, in der es heißt: „A la vista tengo una proclama que Venegas mismo dirige en 31 de diciembre 1810 *a los habitantes de la Nueva Galicia*, en que, después de llamarlos conspiradores, contumaces, criminales, y a sus gefes irreligiosos, ignorantes y cobardes (con la dulce educación aprendida en los ranchos de España), concluye [...]." (Mier 1990: 327, Kursivierungen im Original).

[124] Interessant ist insbesondere auch die räumliche Konzeption, die dieser Passage zugrunde liegt und die sich in dem Wort „transpyrenaicos" manifestiert: Dieses Wort impliziert ja eindeutig einen Blick von Spanien aus auf dieses Frankreich jenseits der Pyrenäen. Weil das Zitat aber aus dem mutmaßlich in London geschriebenen 10. Buch der *Historia* stammt, liegt die Vermutung nahe, dass die vermeintlich spanische Perspektive auf Frankreich hier ebenfalls ironisch zu verstehen ist.

Tatsächlich ist diese Form der ironischen Distanzierung von den beschriebenen Verhältnissen oder den zitierten Personen ganz im Gegensatz zu dieser vermeintlichen Gutgläubigkeit vielmehr Ausdruck der grundsätzlich kritischen Haltung, die fray Servandos Ausführungen in der *Historia de la Revolución de Nueva España* zugrunde liegt; einer Haltung, die sich immer wieder auch in einer nahezu „philologischen" Vorgehensweise manifestiert, mittels derer der Erzähler die von ihm zitierten Quellen erschließt und mittels derer er sie (so zumindest sein impliziter Anspruch) überhaupt erst verständlich macht.[125] Wenn deshalb zum Beispiel der spanische General Félix María Calleja seine militärischen Verdienste in einem Text mit dem Titel „Detalle de la acción gloriosa de las tropas del Rey en el puente de Calderón" vom Februar 1811 diesem Titel entsprechend darstellt, dann subvertiert fray Servando den dieser Darstellung zugrundeliegenden Anspruch auf Anerkennung nachhaltig durch die Art und Weise, wie er Callejas Verlautbarung zitiert und wie er sie in seine eigene Argumentation einbaut. Es folgt Callejas Text mit Miers kursiv gesetzten Einschüben:

> El día 10 de diciembre último levanté el campo de las inmediaciones de Goanaxoato y me dirigí hacia la villa de Aguas Calientes [...]. Pacifiqué al paso (*pacificadores se intitulaban los conquistadores de América, para que el lector entienda la frase*) las villas de Silao, León y Lagos, batiendo y arrojando las gavillas de rebeldes que las ocupaban, y organizé su gobierno, que estos malvados habían alterado (*esto es, restituyó los europeos al mando y empleos.*)[126]

Auch hier resultiert die Ironie der Passage aus der Art und Weise, wie die verschiedenen Perspektiven zu einander in Beziehung gesetzt werden: Calleja als Vertreter der Spanier bekommt zwar das Wort und darf seine (tatsächlichen oder vermeintlichen) Verdienste darstellen, zugleich tritt aber der Erzähler als Vertreter nicht nur der Aufständischen, sondern mehr noch des gesunden Menschenverstands auf den Plan und formuliert seine Kommentare mit dem Anspruch, den eigentlichen Sinn von Callejas Ausführungen zu entschlüsseln und dadurch die Prätention offen zutage treten zu lassen, die diesen Ausführungen zugrunde liegt. Dank dieses ironischen Gestus behält er natürlich auch hier das letzte Wort, zugleich liegt in seiner Ironie aber doch auch ein tieferer Ernst: Wenn nämlich in der Tradition der Rhetorik die Ironie die „geradezu klassische Form gegenseitiger

---

125 Vgl. zur Philologie als Disziplin und als Praxis Lepper 2012: 17–44.
126 Mier 1990: 293 (Kursivierungen im Original). Vgl. zu der Batalla del Puente de Calderón, auf die sich Calleja mit seinem Bericht bezieht und in der die Aufständischen so vernichtend geschlagen wurden, dass damit das Ende der ersten (erfolgreichen) Phase der Unabhängigkeitsrevolution eingeläutet wurde, auch Breña 2012: 124.

Verständigung" ist, wie Hans-Georg Gadamer formuliert,[127] dann entspricht fray Servandos ironische Erzählhaltung in der *Historia de la Revolución* dieser Beschreibung insofern auf beispielhafte Art und Weise, als sie tatsächlich immer auf die Vermittlung und die Erklärung der in Frage stehenden Sachverhalte und dadurch auf die Überzeugung ihrer Leserinnen und Leser zielt. So dient die Ironie seiner Kommentare zu den spanischen Berichten und Bulletins eben dazu, im Gegensatz zu der seiner Meinung nach verzerrten Wahrheit dieser *partes* die tatsächliche historische Wahrheit ans Licht zu bringen, indem sie durch die Zuspitzung und Übertreibung der Aussagen oder durch ihre Verkehrung ins Gegenteil deutlich macht, dass und in welchem Maße die spanischen Quellen voreingenommen und tendenziös sind.[128] Um dieses gewissermaßen „aufklärerische" Ziel zu erreichen, entfaltet fray Servandos Ironie eine suggestive Kraft, die an der zitierten Stelle über den Kopf Callejas hinweg (und an anderen Stellen ebenso über die Köpfe der anderen Spanier hinweg) unweigerlich einen Schulterschluss zwischen dem Erzähler und den Leserinnen und Lesern der *Historia de la Revolución* bewirkt. Die Verständigung zwischen dem Erzähler und seinem Publikum ist auf diese Weise nahezu zwangsläufig und unausweichlich, und das gerade, weil seine Ironie Ausdruck eines durchaus autoritären Gestus ist, der keinen Widerspruch duldet.

Diese Feststellung von der Zwangsläufigkeit der Verständigung zwischen dem Erzähler und seinem Publikum rückt nun allerdings das Beharren fray Servandos darauf, der (historischen) Glaubwürdigkeit seiner Erzählung den Vorrang vor deren (literarischer) Gefälligkeit geben zu wollen, in ein neues Licht; denn die auf der Ironie seiner Erzählhaltung beruhende Glaubwürdigkeit seiner Darstellung ist natürlich in letzter Instanz eine Glaubwürdigkeit, die ganz im Sinne Gadamers mit rhetorischen Mitteln erzielt wird. Zu diesen rhetorischen Mitteln gehören vor allem auch die innovativen Wortschöpfungen und die pointierten Wortverwendungen, mit denen fray Servando seinen Text anreichert und bebildert. So schreibt er beispielsweise in einer direkten polemischen Anrede an die Spanierinnen und Spanier von den „fritangas de la Inquisición", denen diese applaudierten, obwohl sie

---

127 Gadamer 1986: 347.
128 Vgl. zu der fray Servando zufolge grundsätzlich verzerrten Wahrheit in den spanischen *partes* auch Mier 1990: 274. Hier erklärt fray Servando explizit und abermals nicht ohne Ironie: „Supongo que el lector sabe lo que son partes militares por lo común. Es una relación para enviar al General o Comandante en gefe, que por aproximación a lo ocurrido fragua el de la acción en su alojamiento, diciendo, para que se atribuya a su pericia, lo que debió hacer, si no lo hizo, para ganar la batalla, y si la perdió, fingiendo casualidades, achacando a otros la culpa, o al cansancio de sus tropas, aumentando las del enemigo, cuyos movimientos, concluye, le obligaron a la retirada, por supuesto en buen orden, y con una pérdida inferior a la de aquél."

eines christlichen Volkes nicht würdig seien; oder er kommentiert die Tendenz der spanischen Militärberichte, systematisch die Anzahl der den Aufständischen nach den Gefechten abgenommenen Waffen zu übertreiben, mit den lakonischen Worten: „Así es necesario descañonar en gran parte a los partes."[129] Anders, als es fray Servandos Unterscheidung zwischen der Glaubwürdigkeit und dem literarischen Anspruch des historiographischen Textes suggeriert hatte, zeigt die Untersuchung seiner ironischen Kommentare zu den von ihm benutzten Quellen und Materialien also gerade, dass sich beides nicht nur kaum voneinander trennen lässt, sondern dass die Glaubwürdigkeit gerade auf der Literarizität seines Textes beruht (und umgekehrt).[130] Dabei wird allerdings in der *Historia de la Revolución* die Ironie als grundsätzlicher Modus der Erzählung niemals explizit thematisiert, und noch viel weniger wird die Möglichkeit reflektiert, sie darüber hinaus auch als eine Lebensform oder eine Einstellung vor dem Leben zu verstehen. Während in Deutschland beispielsweise Friedrich Schlegel nur wenige Jahre vor Erscheinen von fray Servandos historiographischem Werk in seinem Essay „Über die Unverständlichkeit" (1800) einen theoretischen Begriff von der Ironie in der Kunst und namentlich in der Literatur entwickelt hatte, der darauf zielte, die Entstehungsbedingungen von Kunst im Kunstwerk selbst zu reflektieren,[131] fehlt bei fray Servando Teresa de Mier jede theoretische Auseinandersetzung mit den Möglichkeiten der Ironie, und umso mehr, wenn diese nicht nur als rhetorischer Tropus und Modus der Erzählung, sondern darüber hinaus als ontologische Haltung vor dem Leben oder dem Schicksal begriffen wird.[132]

Das liegt selbstverständlich daran, dass der seinem Projekt zugrunde liegende Anspruch auf Vermittlung der historischen Wahrheit und damit dessen eigentliche

---

[129] Mier 1990: 593 und 453. Das Verb „descañonar" existiert tatsächlich, es hat nur nichts mit den Waffen (den Geschützen oder wörtlich den Kanonen) zu tun, auf die sich fray Servando hier bezieht: Dem Wörterbuch der *Real Academia Española* zufolge bedeutet es 1. „Quitar a las aves los cañones (plumas que empiezan a nacer)" und im Anschluss daran 2. „Pasar la navaja pelo arriba, para cortar más de raíz las barbas, después del primer rape" (vgl. „descañonar", in: Real Academia Española 2022).

[130] Immer vorausgesetzt jedenfalls, man will von der bewussten rhetorischen „Gemachtheit" eines Textes auf dessen Literarizität schließen.

[131] Schlegels Ironie und ihre ästhetischen Verfahren werden in der Literaturgeschichtsschreibung als „romantische Ironie" bezeichnet. Vgl. Schlegel 1967. Vgl. zur Ironie bei Friedrich Schlegel auch Bohrer 2000 und Kohns 2007.

[132] Die Differenzierung zwischen der Ironie als „Modus der Erzählung" einerseits und als „ontologischer Haltung" andererseits gründet auf der Darstellung von Wolfgang G. Müller, der die Ironie „als Redewendung, als rhetorischer Tropus" (*ironia verbi*) von der Ironie als „Lebensform" (*ironia vitae*) und der Ironie als ontologischem Begriff (*ironia entis*) unterscheidet (Müller 2001: 290).

Zielsetzung vollkommen unironisch sind, trotz des ironischen Umgangs, den der Erzähler mit seinen Quellen pflegt.[133] „Déxese a la política retratar al vulgo en las gazetas monstruos que le espantan, y hacer tuerto a José Napoleón con sus dos ojos claros; el historiador debe consultar a la verosimilitud y referir los hechos para que juzgue el lector sensato",[134] so beschreibt fray Servando wenig überraschend seine Rolle als Historiker, und auch wenn er selbst diesem Auftrag auch durch seine ironische Erzählhaltung und die sich daraus ergebenden narrativen Möglichkeiten gerecht zu werden versucht, so unterscheidet sich seine Herangehensweise an die zu vermittelnde Historie doch in entscheidenden Punkten von derjenigen, die Hayden White in seiner Auseinandersetzung mit der europäischen Historiographie des 19. Jahrhunderts am Beispiel von Jacob Burckhardt als grundsätzlich ironisch beschreibt. White entwickelt in seinem Buch *Metahistory* (1973) ein Schema von vier historischen Erklärungskategorien, die ihm zufolge ihrer Sicht auf die Geschichte entsprechend jeweils unterschiedliche rhetorische Tropen bevorzugen, aus denen sich wiederum jeweils unterschiedliche narrative Strukturen ableiten lassen. Diesem Schema folgend stellt er am Beispiel von Jacob Burckhardt ein historiographisches Projekt dar, das im Unterschied zu Michelets romantischer, Rankes komischer und Tocquevilles tragischer Weltdeutung auf die rhetorische Figur der Ironie gründe und das narrativ deshalb als Satire strukturiert sei:

> Burckhardts Ausgangslage ist die ironische Konstellation, in der Tocquevilles Geschichtsdenken endet. Die Begeisterung einer romantischen, der Optimismus einer komischen und die Resignation einer tragischen Weltdeutung sind seine Angelegenheit nicht. Burckhardt hat eine Welt im Blick, in der die Tugend in der Regel betrogen, Begabung verdorben und Macht im Dienst an der minderen Sache angewendet wird. Er sieht kaum Verdienste seiner Zeit und nichts, dem er uneingeschränkt seine Treue widmen könnte. Seine einzige Verehrung gilt der ‚Kultur des alten Europa', die ihm allerdings eine Ruine scheint. [...] Auf die Wiederherstellung der Ruine hofft er nicht, er begnügt sich mit der Erinnerung.[135]

Damit wäre Burckhardts Herangehensweise in der Tat auf eine sehr viel umfassendere Art und Weise ironisch als diejenige von fray Servando: „Er verhält sich in allem, auch sich selbst gegenüber, ironisch und vertraut nicht einmal seiner eigenen Ernsthaftigkeit",[136] so ergänzt White seine Überlegungen zu Jacob Burckhardt, und er zieht daraus den Schluss, dass sich das kritische Potenzial von dessen Ironie sogar auf die Überzeugungen erstrecke, die seiner Konzeption der

---

133 Das scheint allerdings in der Natur der Sache zu liegen: So weist die Mediävistin Susanne Knaeble auf die Relationalität der Ironie hin, die immer auch den „Ernst des ironisierten Gegenstands in den Vordergrund" treten lasse (Knaeble 2014: 87).
134 Mier 1990: 268.
135 White 2008: 307.
136 White 2008: 308.

Geschichte und der Welt zugrunde liegen. Burckhardts Ironie zweifele auch ihre eigenen Prämissen an. Diese Feststellung markiert den entscheidenden Unterschied zwischen dem historiographischen Projekt des Schweizer Kulturhistorikers auf der einen Seite und demjenigen des neuspanischen Theologen auf der anderen: Die Ironie des letzteren richtet sich in seiner *Historia de la Revolución de Nueva España, antiguamente Anáhuac* niemals gegen sich selbst, und seine ironisch formulierte Kritik an den Verhältnissen in Neuspanien und den Beziehungen zwischen Europa und Amerika hat immer das Ziel, diese Verhältnisse zu verändern und diese Beziehungen zu verbessern, um im Unterschied zu Jacob Burckhardt die „betrogene Tugend" wieder in ihr Recht zu setzen und die „Verdienste seiner Zeit" entsprechend zu würdigen. Die Ironie fray Servando Teresa de Miers (die über weite Strecken auch die Haltung des Erzählers in seinen nach der Rückkehr in sein Heimatland verfassten *Memorias* kennzeichnet) macht deutlich, dass zu Anfang des 19. Jahrhunderts und aus der Perspektive des in Europa über Amerika schreibenden Amerikaners fray Servando das „alte Europa" tatsächlich in vielerlei Hinsicht nur noch eine bloße Ruine war.[137] Umso wichtiger ist für ihn die Zukunftsfähigkeit insbesondere Hispanoamerikas, die sich im Ausgang der ja noch lange nicht abgeschlossenen Kämpfe um die Unabhängigkeit von Spanien zu erweisen hatte. Welcher Argumente sich der Historiker fray Servando Teresa de Mier bei der Begründung dieses Zusammenhangs bedient und welche Ziele er auf diese Weise mit seinem historiographischen Projekt verfolgt, soll deshalb in dem sich anschließenden letzten Unterkapitel zu diesem Werk dargestellt werden.

2.1.4 Ziele: Kerkyräer und Korinther

Die *Historia de la Revolución de Nueva España* ist ursprünglich ein Auftragswerk gewesen: Es war Doña Inés de Jáuregui, die Frau des ehemaligen neuspanischen Vizekönigs José de Iturrigaray,[138] die fray Servando Teresa de Mier in den ersten Monaten des Jahres 1811 in Cádiz mit der Aufgabe betraute, das Ansehen ihres als Vizekönig abgesetzten Mannes wiederherzustellen, das sie durch die Anschuldigungen des spanischen Autors Juan López Cancelada in Gefahr sah. Dieser hatte 22 Jahre lang als Geschäftsmann und vor allem als Publizist in Neuspanien gelebt, bevor er im Jahr 1810 von dort nach Spanien verbannt wurde, weil er allzu vernehmlich Partei ergriffen hatte für den Großgrundbesitzer Gabriel de Yermo und dessen Putsch

---

[137] Die Formulierung von dem „alten Europa" stammt aus der bereits zitierten Passage von Hayden White (White 2008: 307).
[138] Der aus Cádiz stammende José de Iturrigaray war von 1803 bis 1808 Vizekönig von Neuspanien.

gegen den damaligen Vizekönig Iturrigaray zwei Jahre zuvor, und weil er allzu heftig Kritik geübt hatte an dem amtierenden Vizekönig, dem Erzbischof Francisco Javier de Lizana y Beaumont.[139] Allerdings bleibt López Cancelada sich und seiner konservativen Sache auch nach der Verbannung aus seiner Wahlheimat Neuspanien treu, und entsprechend geht es ihm auch in seinen in Cádiz veröffentlichten Artikeln darum, trotz der inzwischen ausgebrochenen Unabhängigkeitsrevolution in Neuspanien die uneingeschränkte und unverbrüchliche Treue von dessen Bewohnern zu dem spanischen „Mutterland" und dessen von den Franzosen gefangengenommenem König Fernando VII. zu betonen. Namentlich in einer zu Anfang des Jahres 1811 publizierten Schrift mit dem Titel *La verdad sabida y buena fé guardada. Orígen de la espantosa revolución de la Nueva España, comenzada en 15 de septiembre de 1810. Defensa de su fidelidad. Por D. Juan López Cancelada. Redactor de la Gazeta de México* wendet er sich nun einmal mehr gegen den seit seiner Amtsenthebung ebenfalls wieder in Spanien lebenden ehemaligen Vizekönig Iturrigaray. Dieser sei, so die Überzeugung des Pamphletisten, durch sein eigenmächtiges und in letzter Konsequenz unglückliches Agieren im Sommer 1808, nachdem man in Neuspanien Kenntnis von der napoleonischen Invasion in Spanien bekommen hatte, für den Ausbruch der Unabhängigkeitsrevolution zwei Jahre später und deshalb auch für die Verheerungen verantwortlich zu machen, die das Land seither erleben müsse:

> ¡La humanidad se estremece al leer las cartas que vienen de aquel continente [d. h. aus Amerika]! El hijo criollo mata á su padre solo porque es europeo: al otro le sacan los ojos vivo: al otro le cosen á chuzazos y lo abandonan moribundos [sic] y encueros: al otro le precipitan de una ventana: á otros los reúnen para pasarlos á cuchillo fríamente: los curas, los frailes criollos malos, predican que no es pecado *matar* y robar á los europeos, siendo así que son sus hijos, y que les deben, después del ser natural, el ser los distinguidos entre las demás castas en color y en honores. *Guanaxuato*: la cruel ciudad de Guanaxuato, borron eterno de la Nueva España, ¡qué de víctimas no ha sacrificado! ¡Qué europeos tan recomendables han muerto á manos de los mismos que recibían sus favores en minas, en agricultura, &c.! ¿Y quien és el culpable? ¿quien fué el primero que extendió las máximas de la *independencia*? volved los ojos á lo que llevo expuesto, y seguidme á los documentos oficiales que lo comprueban ademas de los que van citados, y vereis descubierta de una vez la embrolla.[140]

Canceladas Pamphlet ist nicht besonders umfangreich, und seine Argumentation ist in der Tat insofern verhältnismäßig einseitig, als sie sich darauf beschränkt, den ehemaligen Vizekönig der Bestechlichkeit und der Voreingenommenheit zu bezich-

---

[139] Vgl. zu Juan López Cancelada auch Toscano 1987. Vgl. zu dem Putsch des Jahres 1808 Valle Pavón 2010 und Hernández Ruigómez 1981.
[140] Cancelada 1811: LVII–LIX (Kursivierungen im Original).

tigen und im Gegenzug den reaktionären Putschisten Gabriel de Yermo als selbstlosen und patriotischen Helden darzustellen, der in den kritischen Augenblicken nach der Abdankung des spanischen Königs und der faktischen Machtübernahme Napoleons in Spanien seine Pflicht erfüllt und die Ordnung in Neuspanien aufrechterhalten habe. Dem Auftrag von Inés de Jáuregui entsprechend und offenkundig selbst in hohem Maße irritiert angesichts dieser tendenziösen Interpretation der Dinge widmet der gerade erst in Cádiz eingetroffene fray Servando Teresa de Mier (der dafür von der ehemaligen Vizekönigin auch bezahlt wurde) deshalb die ersten Bücher der *Historia de la Revolución de Nueva España* der Rechtfertigung Iturrigarays und seines Handelns nicht nur während des Putsches von 1808, sondern während seiner gesamten Amtszeit; und seine Argumentation mündet folgerichtig in eine allgemeine Zurückweisung der Thesen des spanischen Publizisten zum Ursprung der neuspanischen Unabhängigkeitsrevolution. Die *Historia de la Revolución de Nueva España* beginnt mit einer vehementen Anklage Canceladas und seiner Motive, und diese Anklage schreckt einmal mehr auch vor offener Polemik und scharfen Angriffen *ad hominem* nicht zurück. So beschuldigt fray Servando den Spanier seinerseits der Bestechlichkeit und der Voreingenommenheit, wenn er gleich auf den ersten Seiten des Prologs zu seinem Werk schreibt:

> Cancelada, buhonero quebrado, cohechado por el comerciante Yermo, que a la cabeza de una quadrilla de horteras o criados de las tiendas prendió al Virey D. José Iturrigaray y dio principio a la revolución de Nueva España, pretende cambiar su culpa achacándola al mismo Virey y al Ayuntamiento de México, encubriendo la verdad de los hechos, barajándolos y trastornándolos todos, fingiendo otros, mezclando mil fábulas y chismes populares, y ofendiendo la lealtad del pueblo mexicano que aparenta ir a defender. De suerte que en toda verdad su maniobra debía titularse: *La verdad prostituida y la buena fe burlada sobre el origen de la revolución de Nueva España. Ofensa de su fidelidad. Por un fallido público y gazetero detestado por sus imposturas.*[141]

Die grundsätzliche Stoßrichtung von fray Servandos Argumentation ist also zum Auftakt des Projekts denkbar einfach: Zunächst geht es schlicht darum, der gegen José de Iturrigaray gerichteten Polemik von Juan López Cancelada einen ebenso polemischen Versuch zur Ehrenrettung des ehemaligen Vizekönigs entgegenzusetzen und Cancelada auf diese Weise mit seinen eigenen Waffen zu schlagen. Allerdings wird sich die *Historia de la Revolución de Nueva España* nicht darauf beschränken, dem „gazetero detestado por sus imposturas" dieselben im Einzelnen nachzuweisen (wenngleich man bei der Lektüre den Eindruck haben mag, dass fray Servando Teresa de Mier auch bei diesem Unterfangen durchaus Freude gehabt hat). Aber darüber hinaus wird doch schnell erkenntlich, dass im Verlauf

---

141 Mier 1990: 5 (Kursivierungen im Original).

der Arbeit das ursprüngliche Ziel (nämlich die Zurückweisung der Thesen Canceladas) offensichtlich in erheblichem Maße erweitert wurde, und dass diese Anpassung wiederum weitreichende Konsequenzen für die Gesamtstruktur des Werkes gehabt hat.

So liegt der *Historia de la Revolución* bei näherem Hinsehen trotz ihrer Fragmentierung und trotz ihres immer wieder offen zu Tage tretenden Mangels an Struktur und Systematik doch eine gewisse Ordnung zugrunde, an Hand derer sich die allmählichen Veränderungen in der Zielsetzung gut nachweisen lassen. Tatsächlich sind es nämlich nur die in Cádiz verfassten ersten sieben der insgesamt 14 Bücher des Werkes, die sich wirklich mit Juan López Cancelada und dessen Thesen zu der unglücklichen Rolle von José de Iturrigaray im Jahr 1808 beschäftigen. In der Folge (also in den verbleibenden in London abgefassten sieben Büchern) weitet fray Servando Teresa de Mier den argumentativen Rahmen seines Buches entscheidend aus und emanzipiert sich dadurch von dem Auftrag, den Inés de Jáuregui ihm gegeben hatte. Vermutlich ist für diese Akzentverschiebung nicht zuletzt seine Übersiedlung von Cádiz nach London im Herbst 1811 verantwortlich; allerdings lässt sich die veränderte Zielsetzung der *Historia de la Revolución* nicht ausschließlich mit den veränderten Lebensumständen ihres Autors erklären. Vielmehr hat es fast den Anschein, als habe sich fray Servando Teresa de Mier in der Auseinandersetzung mit Juan López Cancelada gewissermaßen „freigeschrieben", um danach sein thematisches Spektrum vervollständigen, seine Argumentation kritisch zuspitzen und seine Zielsetzung weiter auslegen zu können. So folgen auf den ersten Teil mit seiner polemischen Diskussion der Thesen Canceladas und deren kritischer Zurückweisung zwei weitere, klar voneinander separierte und unterscheidbare Abschnitte: Zum einen widmen sich die auf den ersten Teil folgenden sechs Bücher (also Libro VIII bis einschließlich Libro XIII) dem eigentlichen historiographischen Unternehmen, das der Titel des Werkes von Anfang an in Aussicht gestellt hatte. Erst jetzt geht es tatsächlich um die „Geschichte der Revolution in Neuspanien", d. h. um die Ereignisse, die sich zwischen deren Ausbruch im September 1810 und dem Augenblick vollzogen haben, in dem das Buch in London publiziert wird (also dem Herbst 1813). Zum anderen folgt auf diese im weitesten Sinne chronologisch verfahrende und sehr detaillierte Darstellung des Bürgerkriegs in Neuspanien ein letztes Buch, Libro XIV, das wesentlich umfangreicher ist als die vorangegangenen und das sich wegen der Abstraktion seiner Überlegungen als eine Art Epilog oder auch Resümee der vorherigen Ausführungen lesen lässt.

Vor allem hier untermauert fray Servando Teresa de Mier sein Eintreten für eine Unabhängigkeit Mexikos von Spanien, wie er es bereits in den vorherigen 13 Büchern immer offener formuliert hatte, mit den notwendigen theoretischen (insbesondere historischen und juristischen) Reflexionen.[142] Dieses letzte Buch der *Historia de la Revolución de Nueva España* enthält also in kondensierter Form die Überlegungen des neuspanischen Dominikaners zum Stand der Dinge zwischen Spanien und Neuspanien im dritten Jahr der Unabhängigkeitsrevolution, und nicht zuletzt versucht er hier, die seinem ganzen Werk zugrunde liegende Frage abschließend zu beantworten – die Frage nämlich: Wie steht es um die Beziehungen zwischen Europa und Amerika 300 Jahre nach der Entdeckung und Eroberung der Neuen Welt durch die Alte?[143]

> ¿Por qué se está derramando tanta sangre en las Américas españolas? Ésta es la pregunta que hacen todos. ¿Quáles son los motivos de esa guerra civil, o sea entre españoles americanos y europeos? ¿Quáles son las razones de unos y otros para estar dando este escándalo a la Europa demasiado afligida con los males que le causa Napoleón? Ése mismo, respondo, es el autor de nuestros males con la ocupación de las Españas y las renuncias que arrancó a sus Reyes en Bayona. *Hinc prima mali labes*, como consta de la *Historia* que llevo escrita.[144]

Mit diesen rhetorischen Fragen und der rundheraus darauf gegebenen Antwort definiert der Autor gleich zu Beginn des für die Argumentation des ganzen historiographischen Werkes zentralen 14. Buches seiner *Historia de la Revolución de Nueva España*, wie seine Leserinnen und Leser sowohl die bis zu diesem Zeitpunkt bereits gelesenen Ausführungen der zurückliegenden 13 Bücher als auch das sich anschließende Fazit des letzten Buches verstehen sollen. Es ist kein Zufall, dass der

---

142 Die Feststellung, dass Mier auch in der *Historia de la Revolución* für eine Unabhängigkeit Mexikos von Spanien eintritt, scheint der am Anfang dieses Kapitels 2.1 ins Feld geführten Unterscheidung zwischen der in diesem historiographischen Werk verfolgten Zielsetzung und derjenigen der beiden *Cartas de un americano* zu widersprechen. Tatsächlich handelt es sich aber nur um einen vermeintlichen Widerspruch, denn wie im Folgenden zu zeigen sein wird, radikalisiert sich die anfangs tatsächlich moderatere Argumentation der *Historia de la Revolución* in deren Verlauf zunehmend. Auch in der *Historia de la Revolución* tritt fray Servando für die Unabhängigkeit seines Heimatlandes von Spanien ein (das haben nicht zuletzt auch die beiden von der neuspanischen Inquisition bestellten Zensoren ja durchaus wahrgenommen).
143 Enrique Florescano fasst den Inhalt der *Historia de la Revolución* entsprechend der hier skizzierten Dreiteilung folgendermaßen zusammen: „La primera parte de la *Historia de la Revolución de Nueva España* relata el derrocamiento del virrey Iturrigaray. La segunda narra con prosa exaltada la insurrección del cura Hidalgo y la cruenta represión desatada contra ella por las fuerzas realistas. [...] La última parte está formada por el libro XIV que [...] es una demostración formidable de las causas que para Mier justificaban la independencia." (Florescano 2002: 295). Vgl. zu dieser Struktur des Werkes, zum Prozess seiner Abfassung und zu den verschiedenen Phasen der Redaktion auch Saint-Lu/Bénassy-Berling 1990: XXIII–XXVIII. Hier heißt es unter anderem über den sich verschiebenden Fokus des Buches: „Mier [...] pasó de un libro polémico de fines limitados –‚contra Cancelada'– a un manifiesto político, original por otra parte" (Saint-Lu/Bénassy-Berling 1990: XXVII).
144 Mier 1990: 471.

Fokus seiner kurzen Intervention dabei abermals auf der engen Verbindung liegt, die seiner Meinung nach zwischen den historischen Entwicklungen auf der einen wie der anderen Seite des Atlantiks besteht: Wenn fray Servando mit dem kurzen Zitat aus Vergils *Aeneis* (das die Herausgeber der kritischen Ausgabe übersetzen mit „Desde entonces me persigue la desdicha") darauf verweist,[145] dass die Ereignisse in Neuspanien nur deshalb in einen veritablen Bürgerkrieg haben ausarten können, weil in diesen Jahren auch Spanien und ganz Europa durch die napoleonischen Kriege in beträchtliche Probleme verstrickt waren, dann zeugt das einmal mehr von seinem ausgeprägten Bewusstsein für die transatlantische Dimension nicht nur der Geschehnisse, von denen er berichtet, sondern auch seines historiographischen Unterfangens selbst.

Entsprechend verläuft auch seine inhaltliche Argumentation in Bahnen, die immer wieder auf das große Ganze der Beziehungen zwischen Amerika und Europa im Allgemeinen und zwischen Neuspanien und Spanien im Besonderen ausgreifen. Die Basis für fray Servando Teresa de Miers Rechtfertigung der *insurgentes* unter Miguel Hidalgo und für sein beherztes Eintreten für die Unabhängigkeit seines Heimatlandes stellt deshalb die fundamentale Kritik dar, die er an Spanien, an den Verhältnissen in Spanien selbst und an dessen Politik gegenüber seinen überseeischen Besitzungen übt. Spanien ist in fray Servandos Darstellung das despotische und unaufgeklärte Land schlechthin, und dieser Mangel an Aufklärung manifestiert sich in besonders augenfälliger Weise in der Macht der Inquisition, an der man dort ihm zufolge trotz der Liberalisierung durch das Zusammenkommen der *Cortes* von Cádiz und durch ihre 1812 verabschiedete, ausdrücklich liberale Verfassung festzuhalten geneigt war.[146] Seiner Meinung nach ist die Inquisition maßgeblich dafür verantwortlich, dass Spanien zu Beginn des 19. Jahrhunderts noch in einem Aberglauben verharrt, den er immer wieder in drastischen Worten als zurückgeblieben, anachronistisch und aus der Zeit gefallen beschreibt. Nicht zufällig erinnern fray Servandos Invektiven gegen die Inquisition hier an den Zyklus von Radierungen, den sein Zeitgenosse Francisco de Goya nur wenige Jahre vorher, nämlich 1799, unter dem Titel *Caprichos* veröffentlicht hatte: Wie für den spani-

---

[145] Aeneas erzählt hier vom Fall Trojas. In der deutschen Übersetzung von Edith und Gerhard Binder heißt der von fray Servando zitierte Satz: „Damit begann mein Sturz ins Unglück […]." (Vergil 2012: 66–67). Vgl. zu fray Servandos Vergillektüren auch Kapitel 3.3.2 Das Ich und der Raum.

[146] Tatsächlich wurde die Inquisition ja durch die Verfassung von 1812 abgeschafft, allerdings beschreibt fray Servando, dass das nicht ohne Widerstände in der spanischen Bevölkerung vonstattenging (vgl. Mier 1990: 568–569). König Fernando VII. setzte das *Santo Oficio* nach seiner Rückkehr aus der Haft in Frankreich 1814 wieder ein (vgl. dazu auch die Einleitung in dieses Kapitel 2.1).

schen Maler verkörpert die Inquisition auch für den neuspanischen Priester beispielhaft den Fanatismus, den Aberglauben und den fortgesetzten Missbrauch klerikaler Autorität in Spanien – kurz gesagt also den Mangel an Aufklärung, den zu betonen er in seinem historiographischen Werk nicht müde wird. Aus diesem Grund lesen sich seine Angriffe tatsächlich über Strecken, als wären sie als direkte Kommentare zu Goyas Aquatinta-Radierungen formuliert worden:

> ¿Qué diremos de los llamados en Europa juicios de Dios o, más bien, tentaciones consagradas con misa y bulas, de la agua fría y caliente, del hierro ardiendo, del desafío singular, de la abertura casual de los Evangelios, de los zahoríes, gitanos buenaventureros, duendes, brujos, vampiros, hechizeros, y de vuestros aquelarres o vuelos de brujos por los ayres para ir a adorar en Navarra al diablo en figura de cabrón, que tanto pábulo han dado a las hogueras de la Inquisición?[147]

Diese Form des Aberglaubens erscheint fray Servando nun umso verurteilenswerter, als sie seiner Meinung nach von den rigiden spanischen Zensurvorschriften (nicht nur, aber auch der Inquisition) noch befördert wird: Wie schon in seinen *Cartas de un americano*, in denen er sich ja in diesem Zusammenhang ausdrücklich für mehr Aufklärung in Hispanoamerika ausgesprochen hatte, wendet er sich auch in der *Historia de la Revolución de Nueva España* gegen die von Madrid ausgeübte Zensur, deren Folgen er gerade für die hispanoamerikanischen Länder und deren Entwicklung als besonders fatal beschreibt.[148] Zu dem Zeitpunkt, zu dem fray Servando Teresa de Mier von London aus seine kritische Haltung angesichts der durch die Inquisition verhinderten Aufklärung zu bei-

---

147 Mier 1990: 594. Vgl. zu Francisco de Goyas *Caprichos* auch Jacobs 2006. Vgl. zu einem (allerdings sehr oberflächlichen und kursorischen) Vergleich zwischen der Darstellung Spaniens bei fray Servando und Francisco de Goya auch Durán Luzio 2001.
148 Vgl. zu der entsprechenden Argumentation in den *Cartas de un americano* auch Kapitel 2.1.2 Räume: Europa und Amerika. In der *Historia de la Revolución* betont fray Servando: „No nos admiremos, pues, si del don de la palabra y de las luces se hizo también estanco y monopolio. Digo del don de la palabra, porque no es otra cosa la imprenta; ni quiero decir que se nos concediera la libertad que en España misma no había; pero a nosotros no sólo se nos prohibió imprimir libros en que se tratase de Indias sin ser aprobadas en España, sino también llevar libros impresos de esta que tratasen de cosas de Indias, leyes observadas hasta el día con tanto rigor, que Clavigero no pudo conseguir que se le permitiese imprimir en Madrid su *Historia antigua de México* [...]. A título de que no se llevasen *libros profanos y fabulosos ni historias fingidas*, se mandó especificar el contenido de cada libro en los registros para embarcarlos en España, y los Provisores eclesiásticos y los Oficiales Reales debían asistir a la visita de las naves para reconocerlos. Añádanse a esto y a la orden dada allá a los Vireyes, Audiencias, Oficiales Reales y prelados de reconocer y recoger los libros, las prohibiciones de la Inquisición [...] y discúrranse los progresos que debía hacer nuestra literatura." (Mier 1990: 521–522). Vgl. zur Zensur der Inquisition namentlich in Neuspanien auch Ramos Soriano 2011.

den Seiten des Atlantiks formuliert, konnte er natürlich noch nicht wissen, dass er selbst bei seiner Rückkehr in sein Heimatland in engeren Kontakt mit dem *Tribunal del Santo Oficio* kommen und dass er dessen Zensurbestrebungen noch unmittelbar und am eigenen Leib zu spüren bekommen würde.[149] Dennoch zielt seine in diesem Zusammenhang in der *Historia de la Revolución* zum Ausdruck gebrachte Kritik an Spanien schon jetzt weniger auf dieses „Mutterland" selbst als vielmehr auf die Art und Weise, wie es über den Atlantik hinweg die kulturellen und politischen Beziehungen zu gestalten versuchte. In seinen wenige Jahre später wieder in Mexiko und dort ausgerechnet im Gefängnis der Inquisition geschriebenen *Memorias* wird er diese Frage erneut und dem autobiographischen Zuschnitt dieses seines zweiten Hauptwerks entsprechend auf eine noch persönlichere Art und Weise aufwerfen. Schon jetzt in der *Historia de la Revolución* ist es aber die Frage nach dem Verhältnis zwischen Europa und Amerika und nach der Möglichkeit, dieses Verhältnis produktiv zu gestalten, die fray Servandos Überlegungen zugrunde liegt.

Dass sich seine Beschäftigung damit in der *Historia de la Revolución de Nueva España* auch in der konkreten Gestaltung des Raumes niederschlägt und auf welche Weise sie das tut, ist bereits dargestellt worden.[150] Jenseits von seiner Beschäftigung mit der Beziehung zwischen den konkreten geographischen Räumen beiderseits des Atlantiks analysiert fray Servando Teresa de Mier in seinem historiographischen Werk das Verhältnis zwischen amerikanischen Kolonien einerseits und europäischem „Mutterland" andererseits aber auch auf einer abstrakten Ebene. So erscheint seine Rechtfertigung der neuspanischen Revolution in der *Historia de la Revolución de Nueva España* tatsächlich eingebettet in eine Argumentation, die sich nicht allein auf den besonderen Fall Neuspaniens und dessen Beziehung zu Spanien bezieht, sondern die stattdessen den Status von Kolonien in einem grundsätzlichen Sinne reflektiert und dadurch auch den Anspruch erhebt, sehr viel weiter reichende Konsequenzen zu haben als die bloße Analyse eines einzelne konkreten Falles sie haben könnte. Fray Servandos Kernargument ist in diesem Kontext, dass Spaniens Besitzungen in Übersee niemals Kolonien in dem Sinne gewesen seien, in dem die Spanier selbst das Wort zu verwenden pflegen (also im Sinne von hierarchisch dem „Mutterland" untergeordneten Vasallenterritorien). Vielmehr seien die Amerikas immer schon einer der integralen Bestandteile der spanischen Monarchie gewesen, und ihre Bewohner denjenigen des spanischen „Mutterlandes" vollkommen gleichgestellt mit Blick auf ihre Rechte und Pflich-

---

[149] Vgl. zu den Zensurbemühungen der Inquisition im Zusammenhang mit der von fray Servando Teresa de Mier bei seiner Rückkehr aus Europa nach Neuspanien mitgebrachten Bücher auch Kapitel 4.1 Fray Servandos reisende Bibliothek.
[150] Vgl. zur Frage der Raumgestaltung abermals Kapitel 2.1.2 Räume: Europa und Amerika.

ten als Untertanen dieser Monarchie.[151] In diesem Zusammenhang greift der Autor der *Historia de la Revolución* auf eine historische Reflexion zurück, die den Status von Kolonien ausgehend von dem römischen Ursprung nicht nur des Wortes, sondern auch des dahinterstehenden Konzeptes zu klären versucht und die der spanischen Interpretation eine historisch fundierte Sicht der Dinge entgegensetzt. Während Spanien das Wort „Kolonie" dazu benutzte, seinen überseeischen Besitzungen die Bürgerrechte abzusprechen und von ihnen unbedingte Loyalität einzufordern, betont fray Servando Teresa de Mier, das ursprüngliche Konzept habe ganz im Gegensatz dazu auf die Gleichberechtigung, wenn nicht die Privilegierung der Kolonien gezielt:

> Los españoles, improperando a los americanos como colonos, ignoran lo que significa ese término tomado de los romanos. Éstos, después de conquistado un país, premiaron a sus veteranos con las mejores tierras, en que formaban establecimientos que llamaron Colonias, las quales en sus costumbres y policía eran otra Roma, y le tenían en sujeción a los indígenas. Los que de éstos eran antiguos aliados del pueblo romano o le habían hecho grandes servicios quedaban gobernándose con sus leyes y se llamaron Municipios; sin embargo la suerte de las Colonias era tan próspera y envidiable, que los Municipios, como lo eran Cádiz, Sevilla y Utica, pidieron al Emperador Adriano el privilegio de Colonias, de que en España había 25. Otras muchas ciudades siguieron su exemplo para adquirir el privilegio del Latium (*país latino*), y desde entonces ya no huvo diferencia entre los conquistados y los romanos. Los nietos de los galos que los tuvieron sitiados en Alesia ocuparon las plazas del Senado, y los naturales de Sevilla llegaron a Emperadores. Así, lejos de ser deshonroso el nombre de Colonias, era privilegio que alcanzaban los aliados, y lejos de excluir los derechos metropolitanos, el de reputarse colonos los daba a los mismos conquistados.[152]

In dem scheinbar harmlosen Verweis auf die römischen Kolonien als „otra Roma" schwingt der ganze Anspruch mit, den fray Servandos Beweisführung durch den Rückgriff auf die klassische Antike hier zu untermauern sucht. In einer Untersuchung der im Verlauf des 17. und 18. Jahrhunderts erschienenen französischen Übersetzungen der *Comentarios Reales* des Inca Garcilaso (der seinerseits von seiner Heimatstadt Cuzco schreibt, sie sei unter inkaischer Herrschaft „otra Roma" gewesen) hat Vicente Bernaschina gezeigt, dass dabei von entscheidender Bedeutung ist, dass der Inca Garcilaso Cuzco zu einem „anderen Rom" und nicht etwa zu einem „zweiten Rom" erklärt (wie später in den Kommentaren zu seinem Werk immer wieder fälschlich geschrieben worden ist). So zieht Garcilasos Formulierung gerade *keinen* wertenden Vergleich zwischen Rom und Cuzco, der die eine Stadt der anderen voranstellen würde, und sie stellt deshalb zwischen den beiden Städten auch keine genealogische Kontinuität im Sinne einer *translatio imperii* her. Viel-

---

151 Vgl. dazu zum Beispiel Mier 1990: 137.
152 Mier 1990: 138–139 (Kursivierungen im Original).

mehr konstatiert die Formulierung von der „otra Roma" im Unterschied zu derjenigen von einer „segunda Roma" die vollkommene Gleichwertigkeit und Gleichberechtigung der beiden auf diese Art und Weise miteinander in Beziehung gesetzten Städte.[153] Dasselbe gilt für die „otra Roma", von der fray Servando Teresa de Mier hier schreibt. Denn auch wenn der Dominikaner die Wendung in einem konkreten und nicht wie Garcilaso in einem metaphorischen Sinne benutzt, ist seine Formulierung in einem Zusammenhang interessant, in dem es ja gerade um die Zurückweisung der in seinen Augen despektierlichen Verwendung der Bezeichnung „Kolonie" für Amerika geht: Bei fray Servando gründet die Ebenbürtigkeit der Kolonien gegenüber der Metropole gerade auf der Anerkennung ihrer Anders- und Eigenartigkeit; und so schafft sein Insistieren auf einer historischen korrekten Verwendung des Wortes „Kolonie" und seine Abgrenzung von dessen umgangssprachlicher Verwendung durch die Spanier die Grundlage für eine positive Identifikation der Kreolen mit ihrem Status als „colonos".[154]

Was diese Überlegungen nun besonders bemerkenswert macht, das ist die Tatsache, dass sie in einem direkten Zusammenhang mit fray Servandos originellstem Argument zur Rechtfertigung der *insurgentes* in seinem Heimatland stehen. So basiert die Beweisführung in der *Historia de la Revolución de Nueva España* insgesamt auf einem Gedanken, den fray Servando Teresa de Mier zwar nicht exklusiv vertritt, den er aber ausführlicher und eigenständiger als andere Autoren entwickelt und dem dadurch innerhalb seiner Argumentation besonderes Gewicht zukommt. So geht Mier von der Existenz eines Paktes aus, den die spanischen Könige nach der Eroberung Amerikas mit den Nachfahren der *conquistadores* geschlossen und in dem sie diesen Schutz geschworen hätten, während die Untertanen ihrerseits den Königen im Gegenzug ihre Treue zugesichert hätten. Diese Vorstellung

---

[153] Vgl. Bernaschina 2015: 108–109.
[154] Hans-Jürgen Lüsebrink spricht im Zusammenhang mit fray Servandos Argumentation für die Loslösung seines Heimatlandes von Spanien davon, dessen historiographisches Werk verstehe sich bewusst als „Gegengeschichtsschreibung, als Gegenentwurf zu europäischen und insbesondere spanischen Darstellungen der Geschichte Mexikos" (Lüsebrink 1993b: 422). Er nennt in diesem Zusammenhang ausdrücklich die *Historia del Nuevo Mundo* (1793) des spanischen Historikers Juan Bautista Muñoz. Allerdings ist wenig wahrscheinlich, dass fray Servando sich mit seinem historiographischen Werk ausgerechnet gegen den bereits 1799 verstorbenen Muñoz hätte wenden wollen: So erhoffte er sich während seines eigenen Aufenthalts in Spanien von dem spanischen Kosmographen ausdrücklich Unterstützung bei seinen Bemühungen um Rehabilitation im Zusammenhang mit seiner Predigt von 1794 und hat noch 1819 im Gefängnis der Inquisition einen Briefwechsel über die Tradition der Jungfrau von Guadalupe erfunden, den er angeblich bereits 1797 mit dem von ihm durchaus respektierten Muñoz geführt haben wollte (vgl. Domínguez Michael 2004: 138–139 und insbesondere Rosetti 2022: 81–100). Vgl. zu fray Servandos Beziehung zu Juan Bautista Muñoz auch Kapitel 3.1.2 Las Casas.

von einer solchen „Magna Carta" zwischen den spanischen Königen und ihren amerikanischen Vasallen stellt nun insofern den Kern von fray Servandos Argumentation *für* die neuspanische Unabhängigkeitsrevolution dar, als dieser Pakt in seiner Darstellung nicht etwa von den amerikanischen Aufständischen, sondern vom spanischen König selbst gebrochen worden ist. Dieser sei nämlich angesichts seiner erzwungenen Abdankung nach der napoleonischen Invasion der spanischen Halbinsel nicht länger im Stande, seine vertraglichen Pflichten gegenüber den amerikanischen Untertanen zu erfüllen. Vor dem Hintergrund dieses Vertragsbruchs durch das spanische Königshaus sei die Revolution nicht nur legitim, sondern sogar dringend erforderlich gewesen, um zu verhindern, dass zuletzt auch Amerika in die Hände Napoleons fallen könnte. Dieser Lesart zufolge wäre die Unabhängigkeitsrevolution selbst also sogar ein Beweis für Amerikas unverbrüchliche Vertragstreue; allerdings entbinde die Tatsache, dass der Pakt inzwischen einseitig von den spanischen Königen aufgekündigt wurde, natürlich auch die Bewohnerinnen und Bewohner der Kolonien von ihren vertraglichen Pflichten:

> ¿Conque los vasallos no pueden abandonar a los Reyes que juraron, so pena de traydores y de muerte infalible e ignominiosa, aunque ellos la reciban a millones entre nublados de pólvora y balas, y los Reyes por sola una amenaza de muerte incierta pueden abandonarlos a un tirano sin perder los derechos que los mismos pueblos les dieron, y no obstante los juramentos que mutuamente les prestaron?[155]

Die hier angestellten Überlegungen haben rechtsphilosophisch eine lange Tradition. Während Luis Villoro vor allem ihre Herkunft aus dem rationalistischen Naturrecht von Francisco Suárez, aber auch von Hugo Grotius, Johann Gottlieb Heineccius und Samuel von Pufendorf hervorhebt,[156] betont David A. Brading besonders den Einfluss, den die europäische (Spät-)Aufklärung und ihre Nachfolger nicht nur aus Hispanoamerika, sondern auch aus den Vereinigten Staaten auf fray Servando Teresa de Mier ausgeübt haben. Tatsächlich argumentieren beispielsweise sowohl der in England geborene Gründervater der Vereinigten Staaten, Thomas Paine, in seiner einflussreichen Schrift *Common Sense* (1776) als auch der in Europa exilierte peruanische Jesuit Juan Pablo Viscardo y Guzmán in seiner von Francisco de Miranda veröffentlichten *Carta dirigida a los españoles americanos* (1799) mit dem Naturrecht auf Selbstbestimmung, das sich insbesondere aus der großen räumlichen Entfernung zwischen Amerika und Europa ableite. Paines Überlegungen zu der Notwendigkeit der Einführung eines demokratischen, auf den Prinzi-

---

155 Mier 1990: 354.
156 Vgl. Villoro 1981: 3. Vgl. zu Francisco Suárez Bach/Brieskorn/Stiening 2017. Vgl. auch die expliziten Verweise beispielsweise auf Grotius und Pufendorf bei fray Servando selbst in Mier 1990: 33.

pien der Menschenrechte beruhenden Regierungssystems hatten schon 1776 die von Thomas Jefferson verfasste Unabhängigkeitserklärung der Vereinigten Staaten beeinflusst.[157] Mit dem Gedanken von der zu großen räumlichen Distanz zwischen Europa und Amerika, die einer sinnvollen Herrschaft der Alten über die Neue Welt entgegenstehe, schließt der Verfasser von *Common Sense* ebenso wie wenig später der aus Peru stammende Jesuit unmittelbar an die Überlegungen zu den Auswirkungen der großen Entdeckungen auf die europäische Zivilisation an, die wenige Jahre zuvor Guillaume-Thomas Raynal in seiner *Histoire philosophique et politique des établissements et du commerce des européens dans les deux Indes* (1770) formuliert hatte.[158] Insbesondere Viscardos Text enthält dabei *in nuce* bereits die Vorstellung von einem Pakt zwischen den spanischen Königen und ihren amerikanischen Kolonien, der von der Krone einseitig gebrochen worden sei: „Pues que los derechos y obligaciones del gobierno y de los súbditos son recíprocas, la España ha quebrantado la primera todos sus deberes para con nosotros: ella ha roto los débiles lazos que habrían podido unirnos y estrecharnos",[159] schreibt der Jesuit an zentraler Stelle in seiner *Carta dirigida a los españoles americanos*. Damit ist der Kern von Miers späteren Ausführungen (nämlich eben der Vertragsbruch durch die spanischen Könige) tatsächlich schon bei Viscardo y Guzmán angelegt; und das, obwohl die napoleonische Invasion in Spanien und damit das für fray Servando im Zusammenhang mit seiner Annahme von einem Vertragsbruch ausschlaggebende Ereignis noch in ferner Zukunft liegt zu dem Zeitpunkt, als der exilierte Jesuit seine *Carta* verfasst.[160]

---

[157] Vgl. Bailyn 1992.
[158] Vgl. allgemein dazu Brading 1991: 635–640, besonders 639. Vgl. zu Miers Quellen im Zusammenhang mit dieser Frage nach dem Naturrecht darüber hinaus auch Góngora 2003. Vgl. zu Raynal und dem in seiner *Histoire des deux Indes* gezeichneten Bild von der Neuen Welt auch Winter 2015. Fray Servandos aus Europa nach Mexiko mitgeführte Bibliothek enthielt im Übrigen ein zeitgenössisches spanischsprachiges Exemplar von ausgewählten Schriften Thomas Paines (vgl. Paine 1811) und sowohl Raynals *Histoire philosophique et politique des établissements et du commerce des européens dans les deux Indes* als auch eine Ausgabe seiner *Révolution de l'Amérique* von 1781 (vgl. dazu die Inventarliste von fray Servandos Büchern, welche die Inquisition nach seiner Gefangennahme in Soto la Marina angelegt hat, in: Hernández y Dávalos 1882: 840–854, hier 845, 840 und 847. Vgl. dazu insbesondere auch Kapitel 4.1 Fray Servandos reisende Bibliothek). Auf beide Bücher verweist fray Servando auch in einer Fußnote im 14. Buch seiner *Historia de la Revolución* (vgl. Mier 1990: 603).
[159] Viscardo y Guzmán 2004: 90. Vgl. dazu auch Pagden 1991: 189.
[160] Tatsächlich avancierte die *Carta dirigida a los españoles americanos* nach ihrer postumen Veröffentlichung durch Francisco de Miranda rasch zum Gründungsmanifest des hispanoamerikanischen Independentismus. Mario Góngora datiert die Abfassung der *Carta* auf die Jahre zwischen 1787 und 1791, ihre abschließende Redaktion auf 1792 und ihre Veröffentlichung durch Francisco de Miranda dann auf 1799 (zunächst auf Französisch, auf Spanisch erschien der Text

Fray Servando Teresa de Mier seinerseits hatte den Gedanken von einem Pakt zwischen der spanischen Krone und den amerikanischen Nachfahren der *conquistadores* schon in seinen *Cartas de un americano* formuliert, in denen er im Zusammenhang mit der Frage nach dem Status der Kreolen darauf verweist, dass deren Rechte und Pflichten als legitime Erben der Eroberer und ersten Siedler in Amerika im *Código de Indias* vertraglich geregelt worden seien.[161] In seiner *Historia de la Revolución de Nueva España* und vor allem in deren abschließendem Buch führt er diesen Gedanken weiter aus und macht ihn zum zentralen Punkt in einer Argumentation, die zwar von der Überzeugung ausgeht, dass die amerikanische „Magna Carta" die notwendige Konsequenz aus der Souveränität der Volkes ist, die sich aber dessen ungeachtet dezidiert von den von Rousseau in seinem *Contrat Social* formulierten Überlegungen absetzt. So wird Rousseau, gegen den sich fray Servando schon als junger Priester in einer Predigt gewandt hatte,[162] in der *Historia de la Revolución* noch immer mit deutlicher Distanz behandelt, etwa wenn deren Erzähler das politische Hauptwerk des Genfers mit einem abgewandelten Voltairezitat als „contrato antisocial" bezeichnet,[163] und

---

zum ersten Mal im Jahr 1801). Vgl. Góngora 2003: 2. Vgl. zu einer eingehenderen Analyse von Viscardos Argumentation auch Kraume 2016.

[161] Vgl. Mier 2003: 105. Hier heißt es (in der „Nota sexta" zu dem ersten Brief): „Los criollos en fin no son conquistados sino hijos de los conquistadores y primeros pobladores, que habiéndolo hecho a sus expensas como dice Herrera, obligaron al soberano de España a quien cedieron sus conquistas, a guardar los pactos que en el código de Indias se llamaron privilegios. Estos pactos no se han guardado a sus hijos, y tienen éstos derecho para reclamarlos hasta con la espada en la mano."

[162] Die entsprechende Predigt sei im Januar 1791 gehalten worden, gibt fray Servando in den Befragungen durch die Inquisition zu Protokoll. Hier heißt es: „Es de advertir que apenas llegó a México la noticia de la Asamblea constituiente y de su celebre declaracion de los derechos del hombre, ú pacto social de Rossau, lo impugnó hasta agotar la materia con todo genero de razones, y autoridades en un sermon predicado en el Convento de Santo Domingo el dia primero del año, que seria del nobenta ó nobenta y uno." („Tercera declaración, 15 de diciembre", in: Hernández y Dávalos 1882: 794). Ähnliche Angaben finden sich auch in einem „Informe del arcediano [de Cádiz] insertando una extensa relacion de los servicios, trabajos y prisiones sufridas por el Dr. Mier, así como las concesiones que le hizo su Santidad" vom 16. Mai 1811, der ebenfalls in der Sammlung von Dokumenten von Hernández y Dávalos zur mexikanischen Unabhängigkeit enthalten ist (vgl. Hernández y Dávalos 1882: 869–876, hier 873).

[163] Mier 1990: 475. Fray Servando bezeichnet Rousseaus Werk darüber hinaus als zwar verführerischen „texido de sofismas", der aber letztlich nur den jakobinischen Terror befördert habe. In den Bücherkisten, die fray Servando bei seiner Rückkehr nach Neuspanien im Jahr 1817 aus Europa mitbrachte, findet sich tatsächlich auch ein Band der Erstausgabe von Rousseaus *Œuvres Complètes* aus Amsterdam, es handelt sich aber nicht um den *Contrat Social*, sondern um den Brief an Christophe de Beaumont, Erzbischof von Paris, in dem sich Rousseau gegen dessen Widerspruch gegen seinen Erziehungsroman *Émile* (1762) zur Wehr setzt (vgl. auch dazu Hernández y Dávalos

wenn er betont, dass der Pakt zwischen der spanischen Monarchie und ihren amerikanischen Untertanen, von dem er selbst ausgeht, im Unterschied zu dem von Rousseau in Anschlag gebrachten Vertrag der eigentliche und der wirksamere Gesellschaftsvertrag sei:

> [R]ecurro para fixar el estado de la questión entre españoles y americanos a principios más sólidos y absolutamente incontestables: al pacto solemne y explícito que celebraron los americanos con los Reyes de España, que más claro no lo hizo jamás nación alguna, y está autentificado en el mismo código de sus leyes. Ésta es nuestra *magna carta*.[164]

Das Interessante an fray Servandos Argumentation ist nun in diesem Zusammenhang eine nicht auflösbare Widersprüchlichkeit, deren er sich womöglich selbst gar nicht bewusst gewesen sein mag, die aber durch die grundsätzliche Ambivalenz, von der sie zeugt, einmal mehr die Vielschichtigkeit und die Komplexität der Problematik der europäisch-amerikanischen Beziehungen verdeutlicht, um die es ihm in seiner *Historia de la Revolución de Nueva España* ja ausdrücklich zu tun war. So beruft er sich im Kontext der für seine Argumentation zentralen „Magna Carta" zwischen den Kreolen einerseits und der spanischen Krone andererseits zwar explizit darauf, dass die in diesem Vertrag verbrieften Rechte der Amerikaner daher rührten, dass sie die Erben der *conquistadores* und insofern die eigentlichen Herren des von ihnen bewohnten und bestellten Landes seien; zugleich bewertet er aber die *Conquista* als solche grundsätzlich negativ und verweist im Verlauf seines historiographischen Werkes immer wieder darauf, dass die Erbarmungslosigkeit der Spanier in dem neuspanischen Unabhängigkeitskrieg in einer historischen Kontinuität mit derjenigen stehe, die sie schon bei der (in seiner Darstellung eben unrechtmäßigen) Eroberung Amerikas an den Tag gelegt hätten.[165]

1882: 840–850, hier 843. Das Buch von Rousseau wird von den Revisoren der Inquisition folgendermaßen verzeichnet: „Œuvres de Jean Jagnes Rousseau [sic] tomo troisième. A Amsterdam, 1763") Vgl. zu der kontroversen Rezeption Rousseaus in der mexikanischen Unabhängigkeit auch noch einmal Villoro 1981 und allgemein zu Rousseau in der spanischsprachigen Welt die klassische Studie von Spell 1938.

[164] Mier 1990: 475–476. Vgl. auch die Argumentation auf S. 508, wo Fernando VII. ausdrücklich des Vertragsbruchs beschuldigt wird: „Fernando VII, que con la renuncia en Rey extraño había faltado al pacto jurado de sus antecesores para siempre jamás con los americanos." Adolfo Sánchez Vázquez weist auf den latenten Widerspruch hin, der fray Servandos Position Rousseau gegenüber kennzeichne: Einerseits lehne er ihn ausdrücklich ab, weil er von einer direkten Verbindung zwischen Rousseaus Ideen und der jakobinischen *terreur* in der Französischen Revolution ausgehe; andererseits sei aber die gerade auch von fray Servando so vehement verfochtene Vorstellung von der Souveränität des Volkes nicht denkbar ohne eben jene Ideen Rousseaus. Vgl. Sánchez Vázquez 2011: 57.

[165] Vgl. etwa den Anfang von Libro XI, wo fray Servando sich lange mit der Beschreibung der Grausamkeiten des Spaniers Nuño de Guzmán bei der Eroberung von Michoacán und Jalisco auf-

„Lo pasado responde de lo porvenir", mit diesem Satz aus dem 11. Buch der *Historia de la Revolución de Nueva España* lässt sich die historische Konzeption bündig zusammenfassen, der fray Servandos Darstellungen in diesem Zusammenhang folgen und die in gewisser Weise auch für die Anlage des ganzen Werkes leitend ist.[166] Weil das so ist, weil sich seiner Meinung nach aus der Vergangenheit Regeln ableiten lassen für die Zukunft, und weil deshalb in der Grausamkeit der Spanier bei der *Conquista* Amerikas bereits ihre spätere Grausamkeit im Verlauf des Bürgerkriegs um die Unabhängigkeit angelegt ist, lässt sich auch die große Bedeutung erklären, die fray Servando seinem zweieinhalb Jahrhunderte älteren Ordensbruder fray Bartolomé de Las Casas und dessen Werk als Chronist der spanischen *Conquista* Amerikas und als Ankläger ihrer Verheerungen beimisst. Tatsächlich verdankt Las Casas fray Servando Teresa de Mier in gewisser Weise sogar seine Wiederentdeckung zu Anfang des 19. Jahrhunderts, nachdem sein Werk zuvor nahezu in Vergessenheit geraten war. So war es fray Servando, der im Jahr 1812 die *Brevísima relación de la destrucción de las Indias* von 1552 in London neu publiziert und mit einem Vorwort versehen hat, in dem er ausgehend von Las Casas' Darstellungen ebenfalls ein manichäisches Bild von den unschuldigen und schutzbedürftigen Ureinwohnern Amerikas und den sie grausam verfolgenden Spaniern entwirft.[167] In der *Historia de la Revolución de Nueva España* wird der Bischof

---

hält, um schließlich darauf hinzuweisen, dass unter der Führung des Vizekönigs Venegas gerade dort auch in der Aktualität die grausamsten Spanier herrschten: „Éstas [las provincias de Michoacán y Jalisco] son aquellas que su primer conquistador, Nuño de Guzmán, halló tan pobladas y florecientes que les impuso el nombre de la *Mayor España*, sino que él mismo, después de haber asolado la provincia de Panuco, enviando en millares sus habitantes a vender por esclavos en las Antillas, arruinó también estas otras mucho mayores, atormentando, matando y quemando a los reyes, sus vasallos y sus pueblos. [...] Con todo, aquel reyno y el de Xalisco son hoy todavía lo más rico y granado de toda la Nueva España, aunque destinados siempre a ser la presa de las fieras más atroces. Sí, allí es donde ha soltado Venegas todas las peores suyas, y reyna en Valladolid, capital hoy de Mechoacán, con título de comandante general, aquel Truxillo que ya conocemos, y en Guadalaxara, capital de Xalisco, D. José Cruz, que vamos a conocer." (Mier 1990: 313–314).
166 Mier 1990: 328.
167 In einem Brief an Miguel Ramos de Arispe aus demselben Jahr 1812 rühmt sich fray Servando ausdrücklich dieses Vorworts (vgl. Rieu-Millán 1989: 55–73. Der Brief ist im Zusammenhang mit diesem Aufsatz auch abgedruckt; die Stelle, in der sich fray Servando auf sein Vorwort zu Las Casas bezieht, lautet: „En tres días estará impresa del todo la Brevísima Relación que Usted desea, y con un prologuito (ya supone Usted de quien) que se ha de chupar Usted los dedos." (Rieu-Millán 1989: 68)). Vgl. auch fray Servandos Ausgabe der *Brevísima Relación* selbst: Las Casas 1812. Vgl. zu Bartolomé de Las Casas als Thema eines lang andauernden Austauschs zwischen fray Servando und seinem französischen Freund und Weggefährten Abbé Grégoire auch Kapitel 3.1.2 Las Casas. Vgl. schließlich insgesamt zu Las Casas und seiner Bedeutung für fray Servando Pulido Herráez 2011. Pulido Herráez betont vor allem, wie sehr sich das Vorwort

von Chiapas auf diese Weise zu einer Art Kronzeuge der Anklage gegen die Spanier: Auch hier orientiert sich fray Servando an der Vorlage der *Brevísima relación* seines Ordensbruders, wenn er die spanischen Gräueltaten aus den zurückliegenden drei Jahrhunderten und insbesondere diejenigen aus dem Zusammenhang der aktuellen Auseinandersetzungen zwischen den neuspanischen *insurgentes* und den spanischen Militärs beschreibt, und er bahnt damit den Weg für die breite Rezeption, die das Werk von Las Casas nicht nur im weiteren Verlauf der Unabhängigkeitsbewegung, sondern im Verlauf des 19. Jahrhunderts auf beiden Seiten des Atlantiks erfahren sollte.[168]

Dabei kümmert er sich allerdings tatsächlich nicht weiter um den latenten Widerspruch zwischen seiner vehementen Anklage der spanischen *conquistadores* auf der einen und seinem Eintreten für den angeblich zwischen den Nachfahren dieser Eroberer und den spanischen Königen geschlossenen Pakt auf der anderen Seite, der ja in seiner Auffassung die Rechte der Amerikaner im Verbund der spanischen Monarchie regeln sollte. Im Gegenteil: Während er sich bei seiner auf Bartolomé de Las Casas gründenden Invektive gegen die Grausamkeit der *Conquista* von den Spaniern abgrenzt, indem er sich eindeutig und explizit mit der von diesen verfolgten indigenen Bevölkerung Amerikas identifiziert, konstruiert er in seinen Plädoyers für die Existenz einer „Magna Carta" zwischen Kreolen und spanischer Krone eine amerikanische Identität, die sich gerade aus der ununterbrochenen genealogischen Kontinuität zwischen den spanischen Eroberern und den zeitgenössischen Kreolen herleitet, und er verbindet beide Argumentationsstränge sogar in einem Atemzug, wenn er schreibt:

> Los Reyes de España capitularon jurídica y solemnemente desde Colón con los conquistadores y descubridores de América para que lo fuesen a su propia cuenta y riesgo [...] y que por lo mismo quedasen señores de la tierra, con título de marqueses, los principales descubridores o pobladores, recibiendo a los indígenas en encomienda, vasallage o feudo, *a título de instruirlos en la religión, enseñarlos a vivir en policía, ampararlos y defenderlos de todo agravio e injuria* [...]; para lo cual prestaban juramento de fidelidad y homenage, &c., &c., en los

---

von fray Servando mit seinen Zuspitzungen an der Darstellung von Las Casas selbst orientiere: „Puede observarse cómo el regiomontano reproduce dos de las visiones que Las Casas contribuyó a forjar y con ello perpetuar: la visión (paradisíaca) de los indios como gente sencilla e inocente, y hasta cierto punto débil, necesitada de protección, y la de la maldad, o la malignidad española." (Pulido Herráez 2011: 448).

168 Christopher Domínguez Michael weist deshalb auf die „resurrección [...] como apóstol de las Indias" hin, die Las Casas im Verlauf der Unabhängigkeitsrevolution erlebt habe (Domínguez Michael 2004: 205). Fray Servando bringt im Übrigen bei seiner Rückkehr nach Neuspanien 1817 mehrere Exemplare seiner Las-Casas-Edition von 1812 in seinen Bücherkisten mit. Vgl. dazu noch einmal das von der Inquisition angelegte Inventar in: Hernández y Dávalos 1882: 840–854, hier 841 und 843.

términos que capitularon con el Rey, y de que muchos constan en el Código de Indias [...], quedando el Rey con el alto dominio de las Indias Occidentales, descubiertas o por descubrirse con tal que *no pueda enagenarlas ni separarlas de la corona de Castilla, a que están incorporadas, en todo ni en parte, en ningún caso, ni en favor de ninguna persona.* [...] Y si los dichos no se llaman pactos implícitos y solemnes, inalterables por onerosos, yo no sé qué cosa puede serlo en el mundo. Pero los misioneros dominicanos, a su cabeza Montesinos, Córdova, Casas, &c., viendo los excesos a que se propasaron los conquistadores, y la desolación de los indígenas baxo pretexto de la misma religión que los prohibía y baxo cuyo título se santificaba la más injusta invasión, no sólo allá [...] obraron para contrarrestar aquellos males con quantos medios estuvieron a su alcance, sino que, repasando muchas veces los mares, alborotaron con sus escritos y por medio de su Orden en las cátedras, púlpitos y tribunales las ciudades y cortes de España y Roma, y alarmaron las conciencias de los Papas que enviaron breves y fulminaron anatemas contra los tiranos, y de los Reyes, que enviaron visitadores, corregidores, audiencias [...].[169]

Nun kann diese Passage zwar in dem Sinne gelesen werden, dass die von Las Casas und seinen Ordensbrüdern vorgebrachten Vorwürfe sich nur gegen eine Minderheit unter den Spaniern in Hispanoamerika, eben gegen die tyrannischen *encomenderos* gerichtet hätten; allerdings spricht doch die Vielzahl von ähnlich argumentierenden Passagen in der *Historia de la Revolución* gegen diese einschränkende Interpretation. Der offenkundige Widerspruch zwischen fray Servandos Anklage der *Conquista* auf der einen und seiner Legitimation der Amerikaner als rechtmäßige Erben der *conquistadores* auf der anderen Seite bleibt also bestehen; aber trotzdem dient ihm der Rückgriff auf seine Ordensbrüder fray Bartolomé de Las Casas, fray Antonio de Montesinos und fray Pedro de Córdoba dazu, seine Argumentation zur Unterstützung der Unabhängigkeitsbewegung juristisch und historisch abzusichern. Begoña Pulido Herráez hat in diesem Kontext darauf hingewiesen, dass Las Casas insofern ein wichtiges Glied in der Argumentation der *Historia de la Revolución* ist, als es der Verweis auf die Person und das Werk des Bischofs von Chiapas fray Servando ermöglichte, eine Verbindung herzustellen zwischen dem von ihm angenommenen Pakt zwischen den spanischen Königen und ihren amerikanischen Vasallen einerseits und den von Carlos I. mit dem Ziel einer besseren Organisation des sozialen, wirtschaftlichen und politischen Lebens in den spanischen Überseegebieten erlassenen *Leyes de Indias* von 1542 andererseits. Deren Ziel war es nämlich ausdrücklich, den Machtmissbrauch in Amerika einzudämmen, den Bartolomé de Las Casas zur selben Zeit in seinen Schriften anprangerte.[170] Dennoch kann aber der grundsätzliche Widerspruch in fray Servandos Argumentation auch so nicht aufgelöst werden. Die Polemik, auf die der Autor der *Historia de la Revolución de Nueva España* gerade in diesem Zusammenhang immer wieder zurückgreift, dient ihm deshalb auch dazu, diesen fundamentalen Widerspruch wenigstens ein wenig zu überdecken und gewissermaßen zu

---

169 Mier 1990: 476–478.
170 Vgl. Pulido Herráez 2011: 465–466.

camouflieren, wie Pulido Herráez argumentiert: „Se trata de fundamentar lo ‚infundamentable'. La retórica, el discurso, tomando el lugar del derecho."[171]

Dabei fällt nun natürlich einmal mehr ins Auge, dass fray Servando auch im Zusammenhang mit seiner Beschreibung der Interventionen der Dominikaner des 16. Jahrhunderts erneut auf die für ihn so wichtige Verbindung zwischen Europa und Amerika setzt und ausdrücklich betont, dass das Bemühen um eine solche Verbindung schon das Wirken dieser seiner Vorgänger charakterisiert habe. So hätten Las Casas und seine Ordensbrüder eben nicht nur in Amerika, „no sólo allá", versucht, die Lebensbedingungen der indigenen Bevölkerung zu verbessern, sondern in fray Servandos Darstellung liegt der Schwerpunkt auf den wiederholten Atlantiküberquerungen, mittels derer sie in Europa eine Öffentlichkeit für ihre Anklage zu schaffen versuchten. Etwas Ähnliches hat nun auch er selbst sich mit seiner *Historia de la Revolución de Nueva España* vorgenommen. Auch dieses Werk möchte ja nicht nur in einem allgemeinen Sinne in Europa über ein dort nach wie vor weitgehend unbekanntes Amerika aufklären, sondern es möchte die europäische Öffentlichkeit für die amerikanischen Probleme sensibilisieren, es möchte die Europäer wachrütteln und sie nicht zuletzt dazu bewegen, Partei zu ergreifen in dem Konflikt zwischen Spanien und seine überseeischen Besitzungen. Vor allem um dieses Ziel zu erreichen, baut fray Servando Teresa de Mier seinen ursprünglich nur als Apologie für den ehemaligen spanischen Vizekönig José de Iturrigaray geplanten Text zu einem großangelegten Plädoyer für die amerikanische Unabhängigkeitsrevolution insgesamt aus, die diese durch den Rückgriff auf die Vorstellung von einer „Magna Carta" und auf die dieser Vorstellung zugrunde liegende Überzeugung von der Souveränität des Volkes auch juristisch abzusichern und zu legitimieren sucht.

Fray Servandos Appell richtet sich dabei vor allem an die Engländer. Nachdem er in dem 14. Buch seines Werkes noch einmal der Reihe nach alle Argumente angeführt hat, welche die amerikanische Unabhängigkeit in seinen Augen unumgänglich erscheinen lassen (die „Magna Carta" zwischen Kreolen und spanischer Krone, die aus dem spezifischen Status der Kolonien resultierende Souveränität des amerikanischen Volkes, der fortgesetzte Machtmissbrauch der Spanier gegenüber der indigenen Bevölkerung und den Kreolen, die gravierenden Mängel der ja gerade erst in Cádiz verabschiedeten liberalen Verfassung mit Blick auf Amerika und zuletzt auch die Nichtigkeit der Behauptung, Amerika schulde den Spaniern eine Vielzahl von Wohltaten),[172] endet dieses letzte Buch der *Historia de la Revolución de Nueva*

---

171 Pulido Herráez 2011: 468.
172 Vgl. zu fray Servandos Urteil über die Verfassung von Cádiz beispielsweise Mier 1990: 542. Hier konstatiert er: „Yo examino la Constitución como está hecha, y la hallo tan injusta respecto a las Américas e impolítica, como inexequible en la parte política, nada o mui poco útil en la judicial, y lo mismo en la gubernativa o económica."

España und damit diese selbst mit einem Aufruf an England, doch vermittelnd in den Konflikt zwischen Spanien und seinen Besitzungen in Übersee einzugreifen und dadurch den jetzt schon drei Jahre andauernden Bürgerkrieg in Hispanoamerika zu beenden. Seiner Überzeugung von der wegweisenden Kraft der Vergangenheit für die Zukunft entsprechend greift fray Servando in diesem Zusammenhang auf eine Episode aus den Anfängen des Peloponnesischen Krieges zurück, von der Thukydides in seinen *Historien* berichtet: In dem Konflikt zwischen Korinth und seiner Kolonie Kerkyra um die Vorherrschaft im Ionischen Meer (um 436 v. Chr.) ersuchen beide Poleis die damals stärkste Seemacht Athen um Hilfe; der Stadtstaat gewährt diese Hilfe schließlich der Kolonie Kerkyra, um den wachsenden Machtanspruch Korinths einzudämmen und eine korinthische Vormachtstellung zu verhindern.

Fray Servando verweist in den abschließenden Passagen seiner *Historia de la Revolución de Nueva España* nun auf diese Auseinandersetzung, weil sich in seiner Wahrnehmung deren Konfliktlinien in der historischen Konstellation zu wiederholen im Begriff waren, die er selbst und seine Zeitgenossen erlebten. Auch der Konflikt zwischen Spanien und Amerika, in dem er selbst mit seiner *Historia de la Revolución* Partei ergreift, lässt sich abstrahiert schließlich in einem solchen Dreieck zwischen einer eifersüchtigen Kolonialmacht, einer zu neuem Selbstbewusstsein erwachten Kolonie und einer neutralen dritten Macht abbilden, die von der letzteren um Hilfe gebeten wird. Neben dieser expliziten Parallelisierung seiner eigenen historischen Situation mit derjenigen, von der Thukydides berichtet, und den erklärenden Kommentaren zu dieser Parallelisierung im 14. Buch der *Historia de la Revolución* bekommt die Thukydides-Passage aber dadurch besonderes Gewicht, dass fray Servando Teresa de Mier den entsprechenden Abschnitt aus den *Historien* seinem historiographischen Werk insgesamt als Epigraph voranstellt. So beginnt die *Historia de la Revolución de Nueva España* mit einem Zitat derjenigen Passage auf Griechisch und in der spanischen Übersetzung, in der die Kerkyräer in Athen um Unterstützung werben und in der sie vor allem hervorheben, dass diese Unterstützung ihrer Sache zuletzt auch für die Athener von Vorteil sein werde: „Si nos escuchareis, vuestra unión con nosotros por muchas razones os cederá en honra y provecho", so argumentieren die kerkyräischen Bittsteller hier.[173] In dem ausführlichen Plädoyer, mit dem sich fray Servando Teresa de Mier am Ende seines Werkes dann explizit für die Vermittlung Englands in dem hispanoamerikanischen Konflikt mit Spanien einsetzt, erteilt er schließlich im Rückgriff auf dieses vorangestellte Motto den Engländern selbst das Wort: Wenn diese, so führt er aus, wie das antike Athen eine wirkliche Demokratie wären, dann könnten sie gar nicht anders, als den amerikanischen

---

[173] Mier 1990: 4. Vgl. auch die deutsche Übersetzung der Passage in Thukydides 1957: 26–30.

Bitten um Beistand umgehend zu entsprechen, denn das englische Volk habe im Unterschied zu seiner Regierung längst begriffen, was in dem Konflikt nicht nur für Amerika auf dem Spiel stehe. In der von ihm skizzierten fiktiven Ansprache der Engländer an die Spanier greift er deshalb noch einmal auf seine zentralen Argumente für die amerikanische Unabhängigkeit zurück und inszeniert sie auf rhetorisch sehr geschickte Art und Weise den Bedürfnissen der englischen Öffentlichkeit entsprechend:

> ¡Españoles!, diría el pueblo inglés, vosotros alegáis un tratado que hicimos al principio de vuestra guerra con Napoleón para garantir la integridad de la monarquía española. ¿Pero tratamos de que sostendríamos todas las injusticias y locuras con que trataseis de dividirla? Nosotros tratamos con la nación, de que los americanos componen la mayor parte, y de quienes por consiguiente somos también aliados. [...] Si quieren, como decís, ser independientes, ¿tenemos nosotros la culpa de que vuestra injusta y ciega obstinación en rehusaros a sus moderadas propuestas los haya llevado a ese extremo, o de que vosotros los hayáis dado el fundamento y el exemplo? Vosotros habéis despojado de la soberanía a vuestro Rey, mudado las bases de la constitución española, rompido el lazo que unía a las Américas y constituido a éstas en pueblo soberano, dueño por consiguiente como vosotros de adoptar el gobierno que les parezca. En virtud de nuestra alianza con Fernando vosotros sois los primeros a quienes deberíamos declarar la guerra, tanto más quanto que los americanos os acusan de que [...] los queréis sojuzgar enteramente para entregarlos a Napoleón si llegase a dominaros.[174]

Mittels des vorangestellten Thukydideszitats, das am Schluss erklärt und in den eigenen Argumentationszusammenhang eingebunden wird, findet die *Historia de la Revolución de Nueva España* auf diese Weise trotz ihrer Offenheit (und vor allem auch: trotz des ja weiter offenen Ausgangs des darin behandelten Konflikts!) eine Rahmung und einen Abschluss. Mit dem zweifachen Verweis auf Thukydides und auf die historische Konstellation, von der er berichtet, greift fray Servando Teresa de Mier nicht zuletzt auch auf einer anderen Ebene noch einmal die Frage nach der Beziehung zwischen Kolonie und „Mutterland" auf, mit der die zentrale Problematik seines Werkes angesprochen ist. So heißt es mit Blick auf diese Frage in der spanischen Übersetzung von Thukydides, die fray Servando zitiert: „Si se quexaren (los corintios) de que favorecéis a sus colonos, sepan que toda colonia honra a su metrópoli si recibe beneficios, pero que la opresión y las injurias sólo sirven de enagenárselas."[175]

Auf diese Weise erweist sich einmal mehr, dass für fray Servando die Verantwortung des „Mutterlands" gegenüber seinen Kolonien das zentrale Argument in einer Beweisführung ist, die auf die grundsätzliche Legitimation der amerikani-

---

174 Mier 1990: 615.
175 Mier 1990: 4.

schen Bestrebungen nach Unabhängigkeit von Spanien zielt. Seine unumstößliche Überzeugung von der auch juristischen Berechtigung dieser Bestrebungen macht deshalb auch noch einmal die Bedeutung von Bartolomé de Las Casas für das Projekt der *Historia de la Revolución de Nueva España* begreiflich: Las Casas, den fray Servando Teresa de Mier auf den letzten Seiten dieses Werkes ausdrücklich zum Schutzheiligen Amerikas erhebt und den er zum Modell und zum Vorbild für alle folgenden Generationen von freien Amerikanern erklärt, steht für eine Verbindung zwischen Europa und Amerika ein, die diese Verantwortung ausdrücklich respektiert. Wenn fray Servando Las Casas deshalb nicht nur als „nuestro verdadero apóstol", sondern auch als „padre de los indios" bezeichnet,[176] dann zeugen auch diese unterschiedlichen Attribute von dem Anspruch auf Repräsentativität, der seinem Entwurf zugrunde liegt: Das unabhängige Amerika, das er auf diesen letzten Seiten seiner *Historia de la Revolución de Nueva España, antiguamente Anáhuac* entwirft, das ist für fray Servando Teresa de Mier nicht zuletzt auch der Raum, in dem sich die scharfe Trennung zwischen Europäern, Kreolen, Mestizen und *indígenas*, wie sie bisher durch die spanische Politik ins Werk gesetzt wurde, auflösen lässt zu Gunsten einer größeren Einheit in einem „pueblo justo, humano, dulce, caritativo y hospitalero", wie es die Figur von Bartolomé de Las Casas beispielhaft verkörpert.[177]

Das rhetorische Denkmal, das fray Servando Las Casas am Ende seines historiographischen Werkes setzt (und das er auch ausdrücklich in diesem Sinne verstanden wissen will),[178] nimmt deshalb eine Geste vorweg, die zum Zeitpunkt der Publikation der *Historia de la Revolución* eigentlich noch verfrüht erscheint. So versteht fray Servando Teresa de Mier Geschichtsschreibung sicherlich eher als einen performativen Akt und weniger als eine Monumentalisierung; denn eine solche Monumentalisierung würde wohl immer mit einer Festschreibung einhergehen, wie sie sein Text in vielerlei Hinsicht zu vermeiden bemüht ist.[179] Wenn dieses Kapitel deshalb mit der Überschrift „Historiographie im Zwischenraum" überschrieben ist, dann vor allem aus dem Grund, dass fray Servandos *Historia de la Revolución de Nueva España* das erste Werk ist, das unmittelbar aus der neuspanischen Unabhängigkeitsbewegung heraus entsteht, das aktiv in ihren Verlauf ein-

---

176 Mier 1990: 622–623.
177 Mier 1990: 622.
178 Vgl. noch einmal Mier 1990: 622 (hier ist wörtlich die Rede von dem zu errichtenden „monumento" für Las Casas).
179 In einem ähnlichen Sinne bezieht sich Mariana Rosetti auch auf die publizistische Debatte zwischen fray Servando Teresa de Mier und José María Blanco White: Diese Debatte sei ein *„acto político"* oder auch eine *„práctica de un taller ciudadano trasatlántico"* gewesen, schreibt sie (Rosetti 2014: 296 (Kursivierungen im Original)).

greift und das aus diesem Grund zu ihrer Legitimierung einen dynamischen transatlantischen Raum der Aufklärung und der Freiheit entwirft, in dem zum Zeitpunkt der Publikation seines Buches tatsächlich noch vieles denkbar erschien, sogar ein Eingreifen Englands in den Konflikt zwischen Spanien und seinen Kolonien.[180] Auch wenn es dazu trotz der Interventionen fray Servandos und seiner hispanoamerikanischen Weggefährten und Gesinnungsgenossen in London nicht gekommen ist (und auch wenn England diese Möglichkeit wohl niemals ernsthaft in Betracht gezogen hat), eröffnet das historiographische Projekt der *Historia de la Revolución de Nueva España, antiguamente Anáhuac* doch einen nicht nur politischen, sondern auch literarischen Möglichkeitsraum, den die Unabhängigkeitsbewegung und ihre Texte in den folgenden Jahren auf unterschiedliche Art und Weise auszufüllen suchen werden.

2.2 Ein Denkmal für die Unabhängigkeit: Carlos María de Bustamante und sein *Cuadro histórico de la Revolución Mexicana* (1843–1846)

Fray Servandos *Historia de la Revolución de Nueva España, antiguamente Anáhuac* hatte mit der Anrufung von Bartolomé de Las Casas als Schutzpatron eines freien und unabhängigen Mexikos und mit der Aufforderung an seine Landsleute geendet, dem Verfasser der *Brevísima relación de la destrucción de las Indias* nach dem Ende des Kriegs um die Unabhängigkeit Mexikos ein Denkmal zu errichten:

> En fin, [...] la gratitud exige que el primer monumento erigido por manos libres sea al hombre celeste que tanto pugnó por la libertad de los antiguos americanos contra los furores de la conquista, a nuestro abogado infatigable, a nuestro verdadero apóstol, modelo acabado de la caridad evángelica [sic] y digno de estar sobre los altares por el voto del universo, menos de algunos españoles.[181]

Tatsächlich lässt sich aber bereits die *Historia de la Revolución* selbst als eine Art rhetorisches Denkmal für Las Casas interpretieren, obwohl ihre offene Struktur eigentlich jegliche Form der Monumentalisierung zu konterkarieren scheint. So

---

180 Denn fray Servando ist auch im Zusammenhang mit dieser Frage nicht der einzige unter den Hispanoamerikanern in Europa, der für eine solche englische Intervention in dem Konflikt mit Spanien eintritt. Schon 1790 hatte beispielsweise Francisco de Miranda in diesem Sinne mit dem englischen Premierminister William Pitt verhandelt, vgl. beispielsweise sein Memorandum „América espera", das mit den Worten beginnt: „La América española desea que la Inglaterra le ayude a sacudir la opresión infame en que la España la tiene constituida." (Miranda 1982: 104).
181 Mier 1990: 622.

orientiert sich fray Servando Teresa de Mier nicht nur dann maßgeblich an seinem Ordensbruder, wenn er wie in der zitierten Passage explizit auf das im Zuge der spanischen *Conquista* begangene Unrecht zurückgreift. Vielmehr scheint Las Casas implizit immer wieder auch dann in dem historiographischen Werk über die Unabhängigkeitsrevolution anwesend zu sein, wenn es darin um spanische Gräueltaten aus der unmittelbaren Gegenwart geht. Auf diese Weise liegt fray Servandos Darstellungen in der *Historia de la Revolución* immer ein klares Bewusstsein von der *longue durée* der zu analysierenden historischen Tatsachen zu Grunde: Die Grausamkeit der spanischen Truppen im Krieg gegen die aufständischen Mexikaner ist dieselbe wie diejenige der spanischen Eroberer im Krieg gegen die indigene Bevölkerung Amerikas 300 Jahre zuvor.[182] Wenn Mier seine Schilderungen deshalb mit dem Appell beendet, man möge nach Abschluss der Kämpfe ein Denkmal für Bartolomé de Las Casas errichten, dann nicht zuletzt auch, weil er sich selbst und sein Werk in dieselbe aufklärerische Tradition stellen möchte, in der in seinen Augen auch Las Casas und dessen Werk zu verorten sind.

Nun hebt in der ersten Hälfte des 19. Jahrhunderts aber keineswegs nur die *Historia de la Revolución de Nueva España* so ausdrücklich die historische Kontinuität der spanischen Grausamkeit hervor. Ähnlich argumentiert beispielsweise auch der mexikanische Historiker Carlos María de Bustamante in seinem erstmals in den zwanziger Jahren und in einer zweiten erweiterten Auflage zwischen 1843 und 1846 veröffentlichten *Cuadro histórico de la Revolución Mexicana*: Auch bei Bustamante werden immer wieder Bezüge hergestellt zwischen aktuellen Vorkommnissen aus der Zeit des Unabhängigkeitskriegs gegen die Spanier einerseits und Ereignissen aus der Zeit der spanischen Eroberung Mexikos andererseits. So vergleicht der Verfasser des *Cuadro histórico* beispielsweise eine sich 1812 und 1813 unter den Unabhängigkeitskämpfern verbreitende Gelbfieberepidemie mit der Pockenerkrankung der indigenen Bevölkerung Mexikos nach der *Conquista*: Damals wie heute sei die Krankheit aus Europa nach Amerika eingeschleppt worden. So sei es 1520 ein Soldat aus der Truppe von Pánfilo de Narváez gewesen, der den Amerikanern dieses „último regalo y prenda de amor español" mitgebracht habe, während es 1812 das aus Spanien zur Unterstützung der königlichen Truppen nach Mexiko gesandte „batallón expedicionario de Zamora" gewesen sei, das auf diese Weise den Spaniern einen Vorteil im Kampf gegen die Aufständischen verschafft habe.[183]

---

[182] Vgl. Mier 1990: 456.
[183] Bustamante 1985, Bd. II: 286–287.

Wie fray Servando Teresa de Mier war auch Carlos María de Bustamante ein Zeitgenosse der Geschehnisse, von denen er berichtet; ebenso wenig wie bei fray Servando kann auch bei Bustamante ein Zweifel daran bestehen, aus welcher Perspektive er über die Unabhängigkeitsbewegung erzählt und für welche der beiden Parteien sein Herz schlägt. In seiner Ode an Gaius Asinius Pollio (carm. II, 1) betont Horaz die Gefahr, der sich derjenige aussetzt, der wie Pollio die Geschichte eines Bürgerkriegs schreibt, und er beschreibt diese Gefahr mit dem Bild von der Glut, die unter der Asche des vermeintlich gelöschten Feuers weiterglimmt: „Ein Werk, gefährlich, voll des Wagemuts, / beginnst du, schreitest hin durch Gluten, / die verborgen noch unter Asche voll Trug,[184] so heißt es in der zweiten Strophe des Gedichts. In einer Passage aus dem fünften Band seines *Cuadro histórico de la Revolución Mexicana* reflektiert auch Carlos María de Bustamante die Schwierigkeit von historiographischen Unternehmungen, die wie dieses erstmals unmittelbar nach Erreichen der Unabhängigkeit veröffentlichte *Cuadro histórico* Zeitgeschichte schreiben wollen. Im Rahmen dieser Überlegungen zitiert er nun die Verse von Horaz an seinen Freund Pollio in einer sehr freien spanischen Übersetzung, deren hervorstechendes Merkmal die Einfügung eines Substantivs ist, das im lateinischen Original nicht auftaucht, das bei Bustamante aber sogar wiederholt und beim zweiten Mal graphisch hervorgehoben wird: „senda" nämlich, der Weg, den der Historiker mit seinem Werk beschreitet. So heißt es bei Bustamante: „Senda pisas do abriga / So apariencia traidora / Ceniza fria, chispa abrasadora; / *Senda*, Polion, de mil azares llena [...]."[185]

Zu dem Zeitpunkt, zu dem Bustamante diese Verse von Horaz zitiert, liegt ein großer Teil *seines* historiographischen Weges bereits hinter ihm: Der fünfte Band des *Cuadro histórico de la Revolución Mexicana* ist in der Ausgabe von 1843–1846 der letzte Band dieses Werkes, der sich noch der Geschichte der mexikanischen Unabhängigkeitsbewegung im eigentlichen Sinne widmet; es folgen zwar noch

---

184 Horaz 2009: 71. Es ist kein Zufall, dass der römische Dichter in diesem Zusammenhang auch das noch „ungesühnte[...] Blut" erwähnt, das an den Waffen der einstigen Kontrahenten klebe. Die parataktische Reihung, mit der er in der ersten Strophe den Inhalt von Pollios Geschichtswerk zusammenfasst („Der Streit [...] zwischen den Bürgern, des Krieges Gründe, Greuel, sein Verlauf, das Spiel auch der Fortuna und die unheilvollen Bündnisse der Führer") zielt genau auf die Unabgeschlossenheit der Geschichte, von der Pollio in seinem historiographischen Werk berichtet. Pollios Geschichtswerk über den Bürgerkrieg zwischen Cäsar und Pompeius ist nur in Fragmenten überliefert (vgl. zu Horaz' Ode auch Canfora 2001: 81–83).
185 Bustamante 1985, Bd. V: 91. Das Horazzitat findet sich schon in der ersten Auflage des *Cuadro histórico* (vgl. Bustamante 1827: Brief 5, 8). Ich werde mich in der Folge im Wesentlichen auf die zweite Ausgabe des *Cuadro histórico* von 1843–1846 stützen; auch die Zitate stammen (wenn nicht anders angegeben) aus dieser zweiten erweiterten Ausgabe. Vgl. zu den beiden Auflagen (derjenigen von 1821–1827 und derjenigen von 1843–46) auch die folgenden Ausführungen.

drei weitere Bände, aber deren Fokus liegt dann bereits auf den ersten Jahren des bereits unabhängigen Mexikos nach seiner Ablösung von Spanien.[186] Das Horazzitat aus dem fünften Band steht also in Bustamantes historiographischem Werk über die mexikanische Unabhängigkeit insofern an einer entscheidenden Stelle, als es den Übergang markiert von der eigentlichen Geschichte des Bürgerkriegs zwischen Befürwortern und den Gegnern der Unabhängigkeit hin zu derjenigen über die weiteren Konsequenzen dieses Bürgerkriegs in den ersten Jahren des unabhängigen Nationalstaats Mexiko.

Wenn Carlos María de Bustamante mit dem Zitat aus der Ode von Horaz ausdrücklich die Schwierigkeit des Weges betont, den der Historiograph eines gerade erst zum Abschluss gelangten Bürgerkriegs zu gehen hat, dann unterstreicht er damit besonders die problematische Prozessualität von historiographischen Unternehmungen, die sich wie die seine der Ergründung der Zeitgeschichte verschreiben. So schreitet natürlich die Geschichte auch dann weiter voran, wenn bereits über sie erzählt wird; und zugleich schreitet die Erzählung ebenso voran wie die sich in Augenblick der Erzählung zutragende Geschichte. Die Schwierigkeit desjenigen, der Zeitgeschichte schreibt, liegt deshalb darin begründet, dass die handelnden Personen in der gelebten Gegenwart, *in der* er schreibt, noch dieselben sind wie in der historischen Gegenwart, *über die* er schreibt, und dass nicht zuletzt deshalb der letzte Ausgang der Geschichte noch nicht feststeht, die zu erzählen er sich vorgenommen hat. Nun ist Carlos María de Bustamante selbstverständlich nicht der einzige Zeithistoriker, der sich mit diesem Problem konfrontiert gesehen hat (das zeigt unter anderem ja das Beispiel von fray Servando Teresa de Mier). Was Bustamantes Fall allerdings von anderen, vergleichbaren unterscheidet, das ist die Tatsache, dass er selbst nicht nur Zeitgenosse der Geschichte gewesen ist, von der er in seinem *Cuadro histórico* so ausführlich berichtet, sondern dass er diese Geschichte auch als aktiv Handelnder geprägt hat.

Nun war zwar auch fray Servando durchaus an jener Geschichte beteiligt gewesen, über die er in seiner *Historia de la Revolución de Nueva España* berichtet; allerdings schreibt er eben nicht in Mexiko selbst über die sich dort zutragenden Ereignisse, sondern zuerst in Cádiz und dann in London und insofern immer aus einer großen räumlichen Entfernung heraus. Zugleich hofft er ausdrücklich, mit seinem lange vor dem Abschluss der Kämpfe um die Unabhängigkeit veröffentlichten historiographischen Werk noch in den Verlauf der Geschichte eingreifen und als Historiker den Gang der Geschichte beeinflussen zu können. Diese Hoffnung kann der Historiker Carlos María de Bustamante wenige Jahre später schon nicht mehr hegen. Dieser sieht sich im Unterschied zu seinem Vorgänger vor die

---

186 Vgl. Bustamante 1985, Bd. VI sowie Bd. VII und VIII.

Aufgabe gestellt, nach Erreichen der Unabhängigkeit in seinem *Cuadro histórico de la Revolución Mexicana* ein Resümee ziehen zu müssen in dem Wissen, dass dieses Resümee zunächst allenfalls vorläufig würde sein können. Angesichts seiner eigenen aktiven Beteiligung an dem Bürgerkrieg, von dem er berichtet, und angesichts des offensichtlichen Changierens des zu erzählenden Stoffs zwischen Geschichte und Gegenwart und dessen daraus resultierender schwieriger zeitlicher Eingrenzung scheint deshalb für Bustamante die Unabgeschlossenheit der Geschichte, die schon Horaz zu seiner Metapher von der weiterglimmenden Glut unter der erkalteten Asche veranlasst hatte, ungleich problematischer gewesen sein als für fray Servando (dieser Schluss lässt sich jedenfalls aus seiner fortwährenden Reflexion der eigenen schwierigen Rolle als Zeithistoriker ziehen).

Im Rückgriff auf die Ode von Horaz skizziert Carlos María de Bustamante die Geschichte mittels der keineswegs unschuldigen Einfügung des zwei Mal wiederholten Wortes „senda" als einen unbefestigten Weg, den der Geschichtsschreiber abschreitet und den er auf diese Weise überhaupt erst gangbar macht (und das allen Unvorhersehbarkeiten zum Trotz, die sich unterwegs darbieten mögen). Mit seinem Bild wirft Bustamante die Frage auf, die nicht nur für sein historiographisches Werk selbst, sondern auch für dessen Untersuchung im Vergleich zu demjenigen von fray Servando Teresa de Mier maßgeblich ist: Wie soll man Geschichte schreiben in einem Kontext, in dem die zu beschreibende Geschichte noch nicht wirklich vergangen ist? Die Lösung, die der Verfasser des *Cuadro histórico de la Revolución Mexicana* seinen Leserinnen und Lesern anbietet, setzt auf die Neutralität des Zeithistorikers: Dessen Aufgabe bestehe darin, unvoreingenommen die notwendigen Daten und Fakten zu den zu berichtenden Geschehnissen zu sammeln, sie zu kompilieren und sie seinen Leserinnen und Lesern zu präsentieren, ohne sich aber ein endgültiges Urteil über die Geschehnisse und die an ihnen beteiligten Akteure zu erlauben:

> Era á la verdad muy diversa la época de 1821 de la presente. Entonces podiamos leer con un espíritu uniforme la relacion de hechos atrocísimos ejecutados por nuestros enemigos encarnizados, y todos de consumo dábamos gracias al cielo porque nos habia librado de béstias tan dañinas. [...] No era éste un problema en que pudiéramos discordar, pues aun no se nos presentaba á la vista un hombre de quien hubiésemos recibido grandes bienes, y grandes males, la libertad y la opresion; tal fue posteriormente D. Agustin de Iturbide, cuya historia si bien se recuerda con alegría por lo mucho bueno que obró en aquel memorable año, ahora se nos presentan sus hechos como una medalla con su anverso alhagüeño [sic] y con su reverso desagradable. Esta reflecsion bien muestra el compromiso en que me hallo, y de que solo podré desembarazarme siguiendo las sendas de la verdad é imparcialidad, y

dejando á la posteridad que lo llame á su tribunal, y lo sentencie con la inecsorable justicia que le es propia.[187]

Bustamante blickt in dieser Passage mit einem Abstand von einem Vierteljahrhundert auf das Jahr zurück, in dem nach elf Jahren des Bürgerkriegs schließlich Agustín de Iturbide die Unabhängigkeit Mexikos durchgesetzt und in dem er selbst begonnen hatte, die erste Fassung seines *Cuadro histórico de la Revolución Mexicana* zu publizieren. Dabei sind seine Überlegungen zu der zweischneidigen Rolle durchaus repräsentativ, die Iturbide in der Geschichte Mexikos gespielt hat. Agustín de Iturbide verkörpert bei Bustamante beispielhaft die Unabgeschlossenheit der Geschichte, mit der sich jeder Zeithistoriker auseinandersetzen muss; und wenn der Historiker die Ambivalenz seiner Figur so deutlich hervorhebt, dann erklärt das vielleicht auch, warum er *überhaupt* nach seinem bereits in den zwanziger Jahren unternommenen ersten Versuch einer Geschichte der Unabhängigkeitsrevolution Jahre später noch einmal einen neuen Anlauf dazu genommen hat: Während im Jahr 1821, als er sich der Geschichte der *Independencia* zum ersten Mal genähert hatte, noch niemand hatte ahnen können, dass der Vollender der Revolution wenig später durch seine Krönung zum Kaiser und seinen zunehmend despotischen Regierungsstil sein eigenes Werk konterkarieren würde, steht Bustamantes Leserinnen und Lesern des Jahres 1846 natürlich die Entwicklung nur zu deutlich vor Augen, die Agustín de Iturbide und Mexiko nach 1821 genommen haben.

Die erste Auflage von Bustamantes *Cuadro histórico de la Revolución Mexicana* (deren Erscheinungszeitraum sich insgesamt auf die Jahre 1821–1827 erstreckt) besteht wie die zweite aus den Jahren 1843–1846 aus Briefen an einen namenlos bleibenden Freund des Erzählers. Im Falle der ersten Fassung aus den zwanziger Jahren wurden diese Briefe allerdings zunächst separat, „por entregas, a manera de una revista o periódico semanal o quincenal",[188] und erst in einem zweiten Schritt gesammelt und in Buchform veröffentlicht. Was Bustamante nun in der zweiten, späteren Version seines Geschichtswerks über die Zeit des Aufbruchs und des Neuanfangs schreibt, in der die Anfänge seines historiographischen Projekts liegen, das ist nicht zuletzt auch deshalb interessant, weil er mit seinen Überlegungen zu der Unabgeschlossenheit der Geschichte unausgesprochen natürlich auch seine eigene Rolle in der zu schreibenden Geschichte charakterisiert.

---

187 Vgl. Bustamante 1985, Bd. V: 91.
188 Lemoine 1997: 327. Die zweite Auflage unterscheidet sich inhaltlich nicht substanziell von der ersten; sie ist aber neu geordnet und erweitert worden (vor allem um Fußnoten, die das, was im Text erzählt wird, mit Ereignissen verbinden, die nach 1827 geschehen sind). Vgl. auch dazu noch einmal Lemoine 1997.

Denn auch auf Carlos María de Bustamante selbst trifft ja zu, was er mit Blick auf Iturbide und viele andere Protagonisten des Bürgerkriegs konstatiert: Auch seine eigene Präsenz im öffentlichen Leben Mexikos hat über die vermeintliche Schwelle des Jahres 1821 hinaus eine Kontinuität, die sich nicht in die vermeintlich einfache Unterscheidung zwischen einem „vor der Unabhängigkeit" und einem „nach der Unabhängigkeit" auflösen lässt,[189] und so ist er eben nicht nur nachträglicher Chronist, sondern auch zeitgenössischer Akteur des Geschehens, und das ebenso vor wie auch nach der Unabhängigkeit.

Bustamantes Lösung für die Probleme, die aus der Unabgeschlossenheit der zu berichtenden Geschichte resultieren können, seine Entscheidung nämlich, sich der Geschichte auf „den Wegen der Wahrheit und der Unvoreingenommenheit" zu nähern,[190] stellt sich vor diesem Hintergrund als ambivalent dar. Auch wenn er von Anfang an seine Rolle als Kompilator betont, der nur das Material für eine später noch zu schreibende, methodisch und ästhetisch anspruchsvollere Geschichte zusammenstellt,[191] wird er seinem so explizit formulierten Anspruch auf eine neutrale Darstellung der Geschehnisse zwischen 1808 und 1821 doch nur selten gerecht. Seine Erzählung über den Krieg um die Unabhängigkeit Mexikos von Spanien ist in ihrer eindeutigen Parteinahme *für* die aufständischen Mexikaner und *gegen* die königstreuen Spanier vielmehr äußerst voreingenommen, und insbesondere seine Charakterisierungen der Protagonisten auf der Seite der Aufständischen und seine Darstellungen von deren Handeln bekommen dadurch nur zu oft einen nahezu hagiographischen Charakter. Das sich anschließende Kapitel widmet sich vor diesem Hintergrund in vier Schritten der Frage nach dem Spannungsverhältnis zwischen dem Erleben und dem Schreiben von Geschichte. In einem ersten Unterkapitel geht es tatsächlich um das Verhältnis von erlebendem und schreibendem Ich; ein zweites Unterkapitel widmet sich dann dem Antagonismus von heldenhaften Unabhängigkeitskämpfern und grausamen Spaniern,

---

189 Vgl. noch einmal Bustamante 1985, Bd. V: 91. Hier spielt Bustamante auf diese personelle Kontinuität mit der Metapher vom Theater an, das mit denselben Schauspielern unterschiedliche Stücke besetzen kann: „ciertos actores de la escena que aun representaban en nuestro teatro militar y político." Die Formulierung findet sich fast wortgleich zu Beginn des ersten Bandes des *Cuadro histórico*, auf den Bustamante hier ja rekurriert (vgl. Bustamante 1985, Bd. I: 2).
190 Bustamante spricht wörtlich von „las sendas de la verdad é imparcialidad" (Bustamante 1985, Bd. V: 91). Interessant ist hier die abermalige Verwendung des Wortes „senda", das ja schon in Bustamantes freier Übersetzung des Horazzitats eine zentrale Rolle gespielt hatte. Im Zusammenhang mit der Forderung nach Wahrheit und Unvoreingenommenheit muss man dieses Wort wohl auch im Sinne eines *Auswegs* aus der historiographischen Aporie verstehen, die das Schreiben von Zeitgeschichte in gewisser Weise für Carlos María de Bustamante darstellt.
191 „[P]resentaré los hechos por épocas, y ellos servirán de materia á nuestra historia; otra pluma sabrá darles el método y belleza que no es dado á la mia." (Bustamante 1985, Bd. I: 2).

den der Historiker in seinem *Cuadro histórico de la Revolución Mexicana* konstruiert. Der dritte Abschnitt untersucht die Schreibweisen, deren er sich dabei bedient, und der vierte und letzte wirft unter der Überschrift *Historia magistra vitae?* die Frage nach den Zielen auf, die zu erreichen sich Carlos María de Bustamante mit seinem historiographischen Werk vorgenommen hat.

2.2.1 Geschichte leben – Geschichte schreiben

Carlos María de Bustamante hat Mexiko im Unterschied zu dem gute zehn Jahre älteren fray Servando Teresa de Mier und dem knappe zehn Jahre jüngeren Lucas Alamán niemals verlassen: Das Leben des 1774 in Oaxaca geborenen Anwalts, Journalisten und Chronisten spielte sich ausschließlich innerhalb der Grenzen seines Heimatlandes ab. Hier erlebt er die Krise und den Niedergang des spanischen Kolonialreichs, den Bürgerkrieg zwischen 1810 und 1821, das Erreichen der Unabhängigkeit unter Agustín de Iturbide, dessen kurzlebiges Kaiserreich und schließlich die allmähliche Etablierung des demokratischen Systems in der neuen unabhängigen Nation bis hin zur mexikanischen Niederlage im Krieg gegen die USA in seinem Todesjahr 1848. Bustamante, der studierte Jurist, hat diese Ereignisse von Anfang an sehr unmittelbar und wohl auch sehr bewusst begleitet. Nach seinem 1801 in Guadalajara abgelegten Juraexamen ist er Teil der „inteligencia criolla" in Mexiko-Stadt und kommt in diesen Kreisen nicht nur mit den politischen und gesellschaftlichen Ideen und Idealen der europäischen Aufklärung in Berührung, sondern auch mit den Personen, die wenig später für ihre Durchsetzung auch in den amerikanischen Provinzen des spanischen Kolonialreichs kämpfen sollten.[192] 1805 gründet er zusammen mit Jacobo de Villaurrutia die Zeitung *Diario de México*, die trotz der vizeköniglichen Zensur zum Sprachrohr der Gruppe ebenjener aufgeklärten Kreolen avanciert; schon in diesem Zusammenhang macht der Historiker Héctor Cuauhtémoc Hernández Silva erste Anzeichen einer „disidencia política" aus, die mit der politischen Krise Spaniens und Neuspaniens 1808 schließlich auch öffentlich werden sollte.[193] Carlos María de Bustamante selbst tritt 1812 in eben dem doppelten Sinne ins Licht der Öffentlichkeit, der für sein weiteres Leben bestimmend bleiben wird – nämlich als Chronist einerseits und als Akteur andererseits. In diesem Jahr 1812, in dem die liberale Verfassung von Cádiz in Spanien und dessen überseeischen Besitzungen die Pressefreiheit einführt, gründet Bustamante die Zeitung *El Juguetillo*, die

---

192 Vgl. Hernández Silva 1997: 19 und Castelán Rueda 1997: 27.
193 Hernández Silva 1997: 19.

diese neue Pressefreiheit ebenso entschieden wie der zeitgleich von José Joaquín Fernández de Lizardi gegründete *Pensador Mexicano* zu nutzen wusste.[194] Zugleich wird er bei den ersten Wahlen, die in Neuspanien überhaupt durchgeführt wurden, als Kandidat der Kreolen für die Parroquia de San Miguel in Mexiko-Stadt aufgestellt und tatsächlich gewählt.[195] Weil die Wahlen jedoch in der Folge von der spanischen Obrigkeit für ungültig erklärt und auch die Zeitungen von Bustamante und Fernández de Lizardi wegen ihres aufrührerischen Potentials verboten werden, entzieht sich Bustamante seiner bevorstehenden Verhaftung, indem er aus Mexiko-Stadt flieht und sich im Süden des Landes den Truppen der Aufständischen um den Priester José María Morelos anschließt, der nach der Gefangennahme und Hinrichtung von Miguel Hidalgo die militärische Führung der *insurgentes* übernommen hatte.[196] Hier stellt er sich und vor allem seine journalistisch-schriftstellerischen Fähigkeiten in den Dienst der Revolution, indem er in den folgenden Jahren die *prensa insurgente* und vor allem deren wesentliches Organ, den *Correo Americano del Sur*, mit Aufrufen, Artikeln und Analysen versorgt.[197]

Seine Beteiligung an eben den Geschehnissen, über die er dann nach Erreichen der Unabhängigkeit berichten sollte, könnte also nicht unmittelbarer und direkter sein. Dieser Tatsache ist sich nun der Historiker Bustamante durchaus bewusst, und wenn er ihre Konsequenzen reflektiert, dann tut er das zum einen dadurch, dass er (wie in der Einleitung zu diesem Kapitel beschrieben) die notwendige Begrenztheit seiner Perspektive und die vorgeblich daraus resultierende Unmöglichkeit eines abschließenden Urteils erwähnt. Er tut das in einer gegenläufigen Bewegung aber auch dadurch, dass er die Glaubwürdigkeit dessen, was

---

[194] Vgl. Hernández Silva 1997: 21. Vgl. auch Castelán Rueda 1997: 54. Castelán Rueda konstatiert im Zusammenhang mit den Zeitungsgründungen von Bustamante und Fernández de Lizardi: „Se puede decir que con su publicación se abre, por primera vez en la historia de la Nueva España, un debate periodístico que presenta posiciones encontradas con respecto a la revolución de independencia." Mariana Rosetti betont die Bedeutung der in solcherlei publizistischen Projekten zum Ausdruck kommenden „construcción del escritor público" in den Jahren unmittelbar vor der Unabhängigkeit (Rosetti 2022: 110).

[195] Vgl. Domínguez Michael 2019: 54. Vgl. auch das entsprechende Kapitel in der Bustamante-Biographie von Salado Alvarez 1968: 106–117.

[196] Vgl. zur Biographie von Morelos und seiner Rolle als „Generalísimo" im Unabhängigkeitskrieg Guzmán Pérez 2015.

[197] Vgl. Castelán Rueda 1997: 89–106. Hernández Silva stellt Bustamantes Weg zum aktiven Kampf um die Unabhängigkeit als eine ebenso folgerichtige wie bewusste Entscheidung dar: „Los párrafos anteriores no sólo fueron una probada de la ‚vida azarosa y romántica' de Bustamante, sino la presentación del momento histórico en que un grupo de hombres decidieron actuar de la manera más consecuente para hacer posible la creación de la nueva nación y dirigir sus destinos en los primeros años de vida." (Hernández Silva 1997: 22).

2.2 Ein Denkmal für die Unabhängigkeit — 121

er in seinem *Cuadro histórico de la Revolución Mexicana* erzählt, immer wieder explizit auf seine eigene Augenzeugenschaft und seine Beteiligung an den Ereignissen gründet, von denen er jetzt nach Erreichen der Unabhängigkeit berichtet:

> Morelos llegó á este pueblo á las tres de la tarde con el gran dolor de haber perdido á su amado Galeana: ni se habría movido de aquel punto, á no ser porque fué á contener é impedir que alguno pasase á Tehuacán y noticiase esta pérdida. Mandó traer de allí dos cañones, y dispuso volver á la carga en demanda de Galeana. Efectivamente salió á las siete de la noche, y habria andado un cuarto de legua, cuando se le avisó que Galeana vivia, y habia salvado. Encontráronlo las partidas que se destacaron al efecto. Salvóse en el hueco de un árbol (que he visto) despues de haber dado muerte con su mano á tres dragones que le perseguian.[198]

Der kleine in Klammern stehende Zusatz „que he visto" ist in dieser Passage zentral: Er zeugt von der Nähe des Chronisten zu den Personen, von denen er berichtet, und er verleiht seiner etwas fantastischen Erzählung von dem Versteck des tot geglaubten Führers der Aufständischen und Vertrauten von José María Morelos, Hermenegildo Galeana, die notwendige Glaubwürdigkeit. Bustamantes Narrativ funktioniert mittels dieser Glaubwürdigkeitsstrategie so, dass es paradoxerweise gerade diese persönliche Nähe zu den Protagonisten der Unabhängigkeit ist, die dem Erzähler zuletzt doch die Urteilsfähigkeit verleiht, die er sich gerade wegen dieser Nähe immer wieder dann abspricht, wenn er explizit über seine persönliche Beteiligung an dem Geschehen reflektiert. So schreibt er über die Möglichkeit eines Konflikts zwischen den beiden Revolutionsführern Ignacio López Rayón und José María Morelos, der erstere hätte seine persönlichen Belange sicherlich immer dem Einsatz für die gemeinsame Sache untergeordnet (wenn er denn überhaupt persönliche Belange gekannt hätte, was damals nicht der Fall gewesen sei), und er begründet diese Einschätzung mit den Worten: „pues fuí compañero de armas con él cerca de un año, [...] le observé de cerca, y fui testigo presencial de sus buenos sentimientos patrióticos".[199] Ähnlich sanktioniert Bustamante seine teilweise durchaus anekdotischen Erzählungen immer wieder mit dem ebenso knappen wie vielsagenden Zusatz „yo testigo",[200] der von vornherein jede kritische Infragestellung auszuschließen scheint; und ähnlich legitimiert er auch das Material, das er heranzieht, um seine Geschichte zu entwickeln und um seine Argumentation zu untermauern: Wann immer der Erzähler aus Dokumenten, aus zeitgenössischen Briefen oder aus Berichten entweder der Aufständischen oder der Spanier zitiert, versieht er diese Zitate mit dem Hinweis, dass er das entsprechende Dokument im Augenblick der Niederschrift vor sich liegen habe und

---

198 Bustamante 1985, Bd. II: 195.
199 Bustamante 1985, Bd. II: 69.
200 Vgl. etwa Bustamante 1985, Bd. I: 182 oder Bustamante 1985, Bd. II: 164 und 230.

legt damit nahe, dass aus dem materiellen Vorhandensein des betreffenden Papiers gewissermaßen die größere Überzeugungskraft von dessen Botschaft resultiert: „Así consta en su correspondencia que he visto y tengo á la mano."[201]

Der Kurzschluss zwischen Akteur, Autor und Erzähler, der auf diese Weise erzeugt wird, ist durchaus intendiert: Wenn das Ich der Erzählung immer wieder seine Rolle als Augenzeuge des Berichteten hervorhebt, dann gewinnt die Erzählung selbst daraus ihre Überzeugungskraft, und diese Überzeugungskraft bezieht sich eben, entgegen anderslautender Beteuerungen Bustamantes, auch und gerade auf die historischen Urteile, die im Verlauf der Erzählung gefällt werden. Vor diesem Hintergrund zögert Carlos María de Bustamante selbstverständlich auch nicht, sich ausdrücklich für die Sache der Aufständischen auszusprechen und seine Identifikation mit deren Zielen zu unterstreichen. So wendet er sich in einem Brief aus dem zweiten Band seines *Cuadro histórico* mit einer Selbstcharakterisierung an seinen fiktiven Briefpartner, bei der es gerade seine Übereinstimmung mit den Überzeugungen der Unabhängigkeitskämpfer ist, die nun wiederum das Erzähler-Ich legitimiert: „Si se dieran ideas innatas de independencia, yo diria á V. que las tuve desde que ví la luz del mundo, y que mi primer grito fue... Libertad é independencia. Jamás he cambiado ni titubeado, ni aun por un instante segundo, en mis símbolos de fé católica y política."[202]

Emotionaler noch findet die Identifikation dann statt, wenn Bustamantes Erzähler Anlass hat, die Situation der Aufständischen im Krieg zu beklagen, denn dann geht seine Position nur zu oft in einem umfassenden „nosotros" auf, dem auf der anderen Seite das „vosotros" der unerbittlichen und gnadenlosen Spanier gegenübergestellt wird.[203] Dass diese Vorgehensweise, bei der das berichtende im erlebenden Ich aufgeht, keineswegs nur eine gezielt eingesetzte Strategie zur Untermauerung der eigenen Glaubwürdigkeit ist, sondern dass in der Identifikation von Akteur und Chronist vielmehr das narrative Muster selbst zum Vorschein kommt, das dem ganzen *Cuadro histórico de la Revolución Mexicana* zu Grunde liegt, das wird deutlich, wenn das erzählende Ich gegen Ende des zweiten Bandes ausdrücklich seine eigenen Verdienste um die Sache der Revolution her-

---

201 Bustamante 1985, Bd. II: 285.
202 Bustamante 1985, Bd. II: 238.
203 Vgl. etwa: „¡Caiga sobre vosotros la espada del ángel exterminador que acabó en los campos de Senaquerib con los sitiadores de Jerusalen! [...] Parece que el cielo llovia sobre nosotros infortunios y tribulaciones [...]." (Bustamante 1985, Bd. II: 258). Roberto Castelán Rueda geht davon aus, dass diese Gegenüberstellung nicht unbedingt „una referencia identitaria de lo nacional" sei, sondern eher eine Unterscheidung zwischen der schlechten Regierung der Spanier und dem guten amerikanischen Volk (Castelán Rueda 1997: 143).

vorhebt. Denn diese Verdienste sind, es könnte kaum anders sein, erzählerischer und womöglich sogar schriftstellerischer Natur:

> En tal conflicto, dirigí al ayuntamiento de México una esposicion para que pusiese de manifiesto á Calleja las desgracias que próximamente iban á sobrevenir á la patria, y se propusiesen bases de una razonable conciliacion. Bien sabia que seria desatendido y tal vez arrojado a las llamas mi papel [...]; pero superior á esas consideraciones capaces de arredrar á otro espíritu que no fuera el mio, remití por conductos seguros mi representacion. Testigo presencial de la revolucion y de sus progresos en aquellos dias, hice de ella una pintura exacta.[204]

Zunächst Augenzeuge, eben dadurch aber auch qualifizierter Chronist der Revolution und ihrer Fortschritte: Das Doppelbild von sich selbst, das Carlos María de Bustamante hier entwirft, ist insofern bezeichnend, als die zitierte Passage keinen Zweifel daran lässt, dass das Schreiben über die Unabhängigkeitsrevolution im Verständnis des Autors eine Form der aktiven Partizipation an dieser Revolution ist – und zwar eine, deren Stellenwert und Bedeutung man auch dann nicht hoch genug veranschlagen kann, wenn sie von den beteiligten Akteuren zunächst nicht ernstgenommen wird.

Trotz seines Bewusstseins für die Schwierigkeiten eines historiographischen Projekts, dem der Abstand zu seinem Gegenstand fehlt, fallen für Carlos María de Bustamante seine unterschiedlichen Rollen auf diese Weise zuletzt doch in der Tätigkeit des Schreibens für die Revolution zusammen: Wenn er während des Bürgerkriegs die Position der Aufständischen propagandistisch in der *prensa insurgente* vertrat, Reden für deren Führer José María Morelos schrieb und (wie in der zitierten Passage) auch vor direkten schriftlichen Interventionen bei der Regierung der Landes nicht zurückschreckte,[205] dann lässt sich seine spätere Rolle als Historiker der *insurgencia* in der Kontinuität dieser Parteinahme sehen. In beiden Epochen, während des Bürgerkriegs und danach, stellen sich deshalb

---

204 Bustamante 1985, Bd. II: 378.
205 Umstritten ist, ob Bustamante der Verfasser der berühmten Rede „Sentimientos de la Nación" war, in der José María Morelos am 14. September 1813 vor dem Kongress von Chilpancingo die grundlegenden Ideen der Unabhängigkeitsbewegung formulierte (zu nennen wären hier etwa das Streben nach der Unabhängigkeit Mexikos von Spanien, die grundsätzliche Ablehnung auch jeder anderen Fremdherrschaft, das Festhalten am Katholizismus als Staatsreligion, die Überzeugung von der Souveränität des Volkes, die Einführung der Gewaltenteilung und die Abschaffung der Sklaverei). Vgl. zu Bustamantes Urheberschaft unkritisch Wehrheim 2013: 178. Deutlich skeptischer äußert sich Castelán Rueda: „Aunque en realidad el texto contiene frases prácticamente idénticas a las empleadas por Bustamante [...], llama mucho la atención que nuestro autor no se atribuya la autoría de dicho documento [...]. Tanta modestia frente a un suceso histórico de tanta importancia resulta extraña si consideramos la gran necesidad de protagonismo expresada por nuestro autor en su biografía y en el *Cuadro histórico* [...]" (Castelán Rueda 1997: 145).

für Bustamante seine Rollen als Akteur der Unabhängigkeit einerseits und als deren Chronist andererseits nicht als im Widerspruch zueinander stehend oder sich gegenseitig behindernd dar, sondern beide Rollen gewinnen vielmehr durch ihr Wechselspiel an Überzeugungskraft. So legitimiert sich seine einstige Position als Mitglied der aufständischen Truppen im Rückblick vor allem durch seine schriftlichen Interventionen zum Wohle des Vaterlands, während seine gegenwärtige Position als Historiker durch seine damalige aktive Partizipation am Krieg und seine daraus resultierende Augenzeugenschaft gerechtfertigt erscheint. Die *escritura* für die independentistische Sache, das hat Roberto Castelán Rueda gezeigt, stellt eine spezifische Form der Einflussnahme auf den politischen Prozess dar, für die sich der studierte Jurist Carlos María de Bustamante bewusst entscheidet und die er dann zeit seines Lebens ebenso bewusst praktizieren wird: „Esta posibilidad de influencia va a determinar la actitud [...] de Bustamante, quien, renunciando definitivamente a los tribunales como espacio propicio para la divulgación de la palabra, no querrá separarse en toda su vida de las ventajas que había encontrado en la palabra escrita, de las cuales se iba a servir en abundancia."[206]

2.2.2 Helden und Dämonen

Vor diesem Hintergrund baut Carlos María de Bustamante die umfangreiche Erzählung seines *Cuadro histórico de la Revolución Mexicana* ausgehend von einem strukturellen Schema auf, das den fundamentalen Gegensatz von heroischen *insurgentes* und dämonischen *realistas* betont – einen Gegensatz also, der schon seine publizistischen Aktivitäten für die Sache der Revolution während der Jahre des Bürgerkriegs ausgezeichnet hatte und der jetzt unter anderem in der bereits erwähnten Abgrenzung zwischen dem „nosotros" der Aufständischen und dem „vosotros" der Spanier Ausdruck findet.[207] Entsprechend ist auch das Ziel, das er mit seinem historiographischen Werk auf einer ersten Ebene verfolgt, ohne Zweifel in der Verlängerung seines Engagements für die Sache der Unabhängigkeit zu sehen: So, wie Bustamante schon im Verlauf des Bürgerkriegs dafür gesorgt hatte, dass die bravourösen Leistungen der aufständischen Amerikaner in der *prensa insurgente* Würdigung erfuhren, so stilisiert er die Protagonisten des Aufstandes auch im Nachhinein noch ganz ausdrücklich zu Helden ohne Furcht und Tadel.[208]

---

[206] Castelán Rueda 1997: 362.
[207] Vgl. noch einmal Bustamante 1985, Bd. II: 258.
[208] María Eugenia Claps spricht in diesem Zusammenhang von „el interés y la necesidad de rescatar los hechos históricos de la revolución de independencia para que la memoria de éstos no

Die erste Auflage des *Cuadro histórico* entsteht unmittelbar nach dem Ende des Bürgerkriegs, als (um mit Horaz zu sprechen) die Glut unter der Asche des Kriegs noch nicht erloschen ist, und schon in dieser ersten Fassung ist die antithetische Struktur der Erzählung mit ihrer Unterscheidung zwischen heldenhaften Aufständischen und blutrünstigen Spaniern voll ausgeprägt.[209] In der zweiten Auflage von 1843–1846 wird diese auf der klaren Differenzierung zwischen den „Guten" einerseits und den „Bösen" andererseits beruhende binäre Struktur dann allenfalls noch ergänzt und weiter ausgebaut. So skizziert der Verfasser des *Cuadro histórico* die Unabhängigkeitsrevolution bereits direkt nach deren Abschluss auf eine Art und Weise, die mit der scharf konturierten Unterteilung der Akteure in Helden und Dämonen und der sich daraus entwickelnden Unterscheidung zwischen Licht und Schatten des Bürgerkriegs eine klare Vorstellung davon vermittelt, welches Bild er der Nachwelt von der Auseinandersetzung zwischen den Spaniern und den aufständischen Mexikanern überliefern wollte.

Dabei betont Carlos María de Bustamante vor allem den Charakter der Revolution als einer Bewegung des Volkes, die von aufgeklärteren und gebildeteren Figuren wie etwa dem Priester Miguel Hidalgo allenfalls angeführt, keineswegs aber autoritär gesteuert wird. Dieser Umstand bietet ihm nun immer wieder Gelegenheit zur (Er-)Findung von volkstümlichen Helden, die nur für den Augenblick einer einzelnen heroischen und deshalb denkwürdigen Tat aus der gesichts- und namenlosen Masse hervorragen, der sie entstammen – um dann wieder in diese Masse zurückzusinken und in ihr aufzugehen.[210] Im Unterschied zu den spani-

---

se pierda" (Claps Arenas 2001: 116). Vgl. dazu auch Florescano 2002: 302. Vgl. zu einer intensiveren Auseinandersetzung mit den Zielen, die Bustamante mit seinem *Cuadro histórico de la Revolución Mexicana* verfolgt, auch Kapitel 2.2.4 Historia magistra vitae? Dort wird mit Blick auf eine zweite Ebene der Zielsetzungen des *Cuadro histórico* argumentiert.

209 Vgl. dazu die erste Ausgabe aus den zwanziger Jahren, in der zu Beginn beispielsweise der spätere Revolutionsführer Miguel Hidalgo als „hombre modesto é incapaz de causar á nadie el menor sinsabor" eingeführt wird, während etwa die spanischen Truppen unter Félix María Calleja nicht nur in ihrer Unerbittlichkeit, sondern vor allem in ihrer Zügellosigkeit dargestellt werden: „Precedia al ejército de Calleja mas número de mugeres que soldados: alguno de estos traia cinco. [...] Venian cargadas de preciosidades, y mas plagadas de gálico que los grumetes de D. Cristobal Colón, pero en tanto extremo, que en breves dias se hicieron muchas amputaciones de soldados en los hospitales, en las fuentes mismas de sus impuros placeres." (Bustamante 1823a: „Carta segunda", 1 und „Carta veinte", 11). Roberto Castelán Rueda weist darauf hin, dass es vor dieser ersten Auflage noch eine frühere Fassung des *Cuadro histórico* aus der Zeit des Bürgerkriegs selbst gegeben habe, die dann verloren gegangen sei (vgl. Castelán Rueda 1997: 201).

210 „Lo que el historiador consigna es el valor, la decisión y la entrega espontánea al acto heroico que la circunstancia solicita. La cara, la descripción física, frecuentes en la obra de Bustamante, se desdibujan aquí frente al arrojo de quienes encarnan ‚el más exaltado patriotismo' del pueblo americano. [...] El orgullo español, con su bien armado ejército de línea y sus jefes milita-

schen Truppen, die als ein geordnetes und reguläres Heer ohne nennenswerten Rückhalt im Volk beschrieben werden, zeichnet sich das Heer der Aufständischen nicht nur dadurch aus, dass seine Soldaten selbst aus dem Volk stammen und dass sie sich der Revolution freiwillig zur Verfügung gestellt haben, sondern vor allem auch dadurch, dass die revolutionären Truppen immer wieder die Unterstützung der einfachen Bevölkerung insbesondere aus den Dörfern erfahren. Das bekannteste Beispiel für einen dieser den anonymen Volksmassen entstammenden Helden ist nun der mythische Pípila, ein Mann, der sich laut Carlos María de Bustamante im September 1810 bei der für den weiteren Verlauf des Krieges maßgeblichen Erstürmung des Kornspeichers von Guanajuato durch Miguel Hidalgo hervorgetan und auf diese Weise durch seinen selbstlosen Einsatz entscheidend dazu beigetragen habe, dass die Schlacht zugunsten der Aufständischen entschieden wurde.

In Guanajuato hatten sich die Spanier und die durch den Silberbergbau reich gewordenen dort ansässigen Kreolen unter der Führung ihres Bürgermeisters Juan Antonio de Riaño vor den herannahenden Truppen Hidalgos in einen befestigten Getreidespeicher, die sogenannte *Alhóndiga de Granaditas* zurückgezogen. Bei der Erstürmung dieses Getreidespeichers stehen sich erstmals die beiden Heere gegenüber, die in den folgenden Jahren in einen langen und verlustreichen Kampf miteinander verstrickt sein würden; und im historiographischen Rückblick scheint der Sieg der Aufständischen in Guanajuato immer schon vorauszudeuten auf deren Triumph am Ende des zuletzt mehr als zehnjährigen Bürgerkriegs. Auf diese Weise wird Guanajuato in der mexikanischen Historiographie über die Unabhängigkeit aber auch zu einer Chiffre, an der sich bereits auf den ersten Blick die ideologische Orientierung eines Autors ablesen lässt: Während liberale Historiker die Eroberung der Stadt als den ersten heroischen Befreiungsschlag der Truppen Hidalgos gegen die Unterdrückung durch die Spanier feiern, verurteilen konservativere Autoren ihre Erstürmung und vor allem ihre Plünderung als einen barbarischen Akt, in dem auf eklatante Art und Weise der Mangel an Zivilisiertheit zum Ausdruck komme, der die aufständischen Truppen auch im weiteren Verlauf des Krieges kennzeichnen würde. In diesem Sinne bezieht sich nun auch die in dem Kapitel zu fray Servandos *Historia de la Revolución de Nueva España* bereits zitierte Passage aus der 1811 veröffentlichten Schrift des spanischen Publizisten Juan López Cancelada auf Guanajuato. Bei López Cancelada steht die Eroberung der Stadt im nördlichen Zentrum von Mexiko symbolisch für all das, was der Autor des Pamphlets für

---

res de carrera, se humilla ante la decidida valentía de hombres sin rostro y sin pasado militar." (Castelán Rueda 1997: 274). Vgl. zu diesen volkstümlichen Helden bei Bustamante auch Claps Arenas 2001: 117.

die Verirrungen und die Verheerungen der Unabhängigkeitsbewegung insgesamt hält: „¡La humanidad se estremece al leer las cartas que vienen de aquel continente! [...] *Guanaxuato*: la cruel ciudad de Guanaxuato, borron eterno de la Nueva España, ¡qué de víctimas no ha sacrificado! ¡Qué europeos tan recomendables han muerto á manos de los mismos que recibían sus favores en minas, en agricultura, &c.!"[211]

Ganz offensichtlich hatten die Nachrichten von den Geschehnissen in Guanajuato im September 1810 innerhalb von nur wenigen Monaten ihren Weg nach Europa gefunden und waren dort innerhalb kürzester Zeit zu einem ausdrucksvollen Symbol für die revolutionären Ereignisse geworden, die sich auf der anderen Seite des Atlantiks zutrugen. Es ist deshalb nicht erstaunlich, dass auch fray Servando Teresa de Mier in seiner *Historia de la Revolución de Nueva España* auf Guanajuato zu sprechen kommt und dass er seinerseits unter Verweis auf das Kriegsrecht die Interpretation des spanischen Generals Félix María Calleja zurückweist, die Exekution der spanischen Gefangenen durch die aufständischen Truppen dort sei ein beispielloser Akt der Grausamkeit gewesen. Fray Servando dient der Verweis auf Guanajuato nun vielmehr dazu, mittels der ausdrücklichen Parallelisierung der aufständischen Truppen unter Miguel Hidalgo mit den spanischen Soldaten im Befreiungskrieg gegen Napoleon die Rechtmäßigkeit des mexikanischen Aufstandes gegen die Spanier insgesamt hervorzuheben.[212] Wenn nun in der Historiographie über die Unabhängigkeit im weiteren Verlauf des 19. Jahrhunderts die beiden unterschiedlichen Sichtweisen auf die Ereignisse immer wieder wiederholt werden, wie sie exemplarisch Juan López Cancelada einerseits und fray Servando Teresa de Mier andererseits vertreten, dann geht es dabei immer um die Frage nach der mexikanischen Nation: In den Augen der liberalen Historiker steht Guanajuato für die Selbstermächtigung der über Jahrhunderte unterdrückten und dadurch von sich selbst entfremdeten mexikanischen Nation. Ihre konservativen Kollegen dagegen zweifeln an der Legitimität einer Nation, der solche Manöver und die sich auf diese Manöver stützenden Gründungsmythen überhaupt erst zur Existenz haben verhelfen können.

Auch in Carlos María de Bustamantes *Cuadro histórico de la Revolución Mexicana* funktioniert die Erzählung vom Sieg der Aufständischen bei der Erstürmung des Getreidespeichers von Guanajuato als eine Art „micro-historia" innerhalb der großen Geschichte von den Unabhängigkeitskriegen, die zu erzählen sich der Historiker vorgenommen hat. Aus dem narrativen Kern der Eroberung der Silber-

---

211 Cancelada 1811: LVII–LIX (Kursivierung im Original).
212 Vgl. dazu noch einmal Mier 1990: 290. Vgl. zu fray Servandos Argumentation in diesem Zusammenhang im Einzelnen Kapitel 2.1.1 Stimmen: Autor und Erzähler.

stadt entwickelt sich auch bei Bustamante ein klares Bild von der neuen mexikanischen Nation und ihrer Legitimität. Wie zu erwarten unterwirft sich der Historiker auch bei seiner Erzählung von der Erstürmung Guanajuatos keineswegs dem Gebot der Neutralität, das er selbst in seinen Überlegungen zur Rolle des Zeithistorikers formuliert hatte. Stattdessen erweist er sich einmal mehr als flammender Anhänger der Unabhängigkeit und bejubelt als solcher den überwältigenden Sieg der Aufständischen. Die tragende Rolle kommt in seiner Darstellung nun dem volkstümlichen Helden Pípila zu, der Hidalgos Heer den Weg in den zur Festung ausgebauten Speicher und damit zum Sieg gebahnt haben soll:

> La empresa era arriesgada, porque era necesario poner el cuerpo en descubierto á una lluvia de balas; *Pípila*, este lépero comparable con el carbonero que atacó la Bastida en Francia, dirigiendo la operacion que en breve redujo á escombros aquel apoyo de la tiranía, sin titubear [...] [t]omó [...] una losa ancha de cuarton de las muchas que hay en Guanajuato; púsosela sobre su cabeza afianzándola con la mano izquierda para que le cubriese el cuerpo; tomó con la derecha un ocote encendido, y casi á gatas marchó hasta la puerta de la Alhóndiga, burlándose de las balas enemigas. No de otra manera obrara un soldado de la décima legión de César reuniendo la astucia al valor, haciendo uso del escudo, y practicando la evolucion llamada de la tortuga ... *¡Pípila!* tu nombre será inmortal en los fastos militares del valor americano; tú cubierto con tu losa, y armado con una thea, llamarás la atencion de las edades venideras, y recibirás el voto que se merece el valor denodado: quisiera tener la pluma de Plutarco para parangonarte con uno de sus héroes; recibe sin embargo mi pobreza, y el voto de mi corazon agradecido.[213]

An dieser enthusiastischen Beschreibung fallen auf den ersten Blick vor allem die historischen Vergleiche ins Auge, und umso mehr angesichts der Tatsache, dass Bustamante am Ende der Passage einmal mehr seine Rolle als Historiker thematisiert, indem er sich ausdrücklich zu Plutarch als seinem Vorbild bekennt. Sowohl die Erwähnung der Erstürmung der Bastille im Juli 1789 als auch der Hinweis auf die römischen Angriffsstrategien unter Cäsar dienen dem Autor in diesem Zusammenhang dazu, seinen Pípila als einen in seiner Singularität exemplarischen Helden darzustellen, und dessen Einsatz als eine denkwürdige militärische Aktion zu charakterisieren, deren Erinnerung festzuhalten die vornehmste Aufgabe des Geschichtsschreibers ist. Dabei ist es natürlich alles andere als ein Zufall, dass Carlos María de Bustamante ausdrücklich die Erstürmung der Bastille als Vorbild für die Erstürmung des Getreidespeichers heranzieht: Der Kampf des französischen Volkes für seine Freiheit stellte zu Beginn des 19. Jahrhunderts ohne jeden Zweifel einen ideologischen Bezugspunkt dar für hispanoamerikanische Intellektuelle wie Bustamante, die mit den Ideen der französischen Aufklärung vertraut waren und die ihre Heimat ihrerseits in diesem Sinne reformieren wollten. Vor diesem Hinter-

---

[213] Bustamante 1985, Bd. I: 39.

grund ist deshalb von besonderer Aussagekraft, dass der heldenhafte Pípila eine Fackel in der Hand trägt, mit der nicht nur der zur Festung ausgebaute Getreidespeicher angezündet, sondern mit der im übertragenen Sinne auch die ganze Szenerie erhellt werden konnte.[214]

Die Metapher vom Licht, das dieser Held in das Dunkel der spanischen Tyrannei bringt, steht bei Bustamante dabei selbstverständlich in einem offenen Gegensatz zu seiner Charakterisierung als „lépero", als ordinär oder auch als Gauner.[215] Gerade diese Art von Gegensätzen ist aber typisch für Bustamantes Vorgehen: Das Manöver, mittels dessen er den armen Schlucker Pípila in einen aufgeklärten, erleuchteten Helden verwandelt, der es verdient hätte, von Plutarch unsterblich gemacht zu werden, antizipiert und präfiguriert die Emanzipation der mexikanischen Nation selbst, von welcher der Historiker in seinem *Cuadro histórico de la Revolución Mexicana* erzählen will. In diesem Zusammenhang steht auch die ganz am Schluss seiner Erzählung über die Eroberung von Guanajuato geäußerte Überzeugung, der Sieg der Aufständischen sei auch der Verblendung, der Blindheit der Spanier zu verdanken, die nicht im Stande gewesen seien, die historische Gesetzmäßigkeit anzuerkennen, der zufolge früher oder später die Gerechtigkeit diejenigen entschädigen wird, denen Unrecht geschehen ist.[216]

Um nun diese Überzeugung zu veranschaulichen, lässt Bustamante am Ende seiner Erzählung über die Eroberung Guanajuatos die spanischen Eroberer Cortés, Alvarado und Pizarro auferstehen und veranschaulicht in einer Ansprache der personifizierten Amerika an die Nachfahren dieser Eroberer die Gründe für deren verheerende Niederlage:

> ¿Habéis olvidado las crueles matanzas que hicísteis tres siglos há en Tabasco, en *Cholula*, en el templo mayor de México, en *Cuernavaca*? ... ¿Han desaparecido de vuestra memoria las ejecuciones de *Cuauhpopoca*, á quien quemasteis vivo? ¿El arresto de Motheuzoma, á quien debiendo la hospitalidad mas generosa, y que os cargase y abrumase con el peso de innume-

---

214 Es gibt in Mexiko eine ganze Reihe von bildlichen Darstellungen und insbesondere Skulpturen, die Bustamantes volkstümlichen Helden mit der Fackel in der emporgereckten Hand zeigen. Vgl. zu der Figur insgesamt auch Rionda Arreguín 2002. Vgl. zu Bustamantes Interpretation der Episode von der Eroberung der *Alhóndiga de Granaditas* insgesamt Pizarro Cortés 2020: 150–151.
215 Im Wörterbuch der *Real Academia Española* wird das Wort als zentralamerikanisches Adjektiv mit den Bedeutungen „Soez, ordinario, poco decente" geführt (vgl. „lépero", in: Real Academia Española 2022).
216 „[S]olo lamentemos la imprudencia de aquel castillo y de los que dieron la voz de... *morir ó vencer*, y compadezcamos una ceguedad tan fatal que atrajo tantos males sobre nuestra América. ¡Oh! si Guanajuato no hubiera rompido esta lid!... ¡Si se hubiera conducido con cordura!... ¡Si los españoles hubiesen calculado el estado de sus fuerzas, su impotencia para contener el curso rápido de una nacion que reclamaba con tanta justicia su libertad, qué diferente fuera nuestra suerte!" (Bustamante 1985, Bd. I: 41).

rables riquezas y tesoros, prendísteis en su mismo palacio, violando el sagrado derecho de la hospitalidad y por último le quitásteis á puñaladas la vida? ¿La tortura en que pusísteis á *Cuauhtimoc*, último monarca de este imperio, para que os descubriera el tesoro de su predecesor?[217]

Ähnlich wie vor ihm schon fray Servando Teresa de Mier stilisiert hier auch Carlos María de Bustamante die unleugbare Grausamkeit des Unabhängigkeitskrieges zur Antwort auf die Frage, die in seiner Darstellung drei Jahrhunderte zuvor bei der Eroberung nicht nur von Mexiko, sondern von ganz Amerika aufgeworfen wurde. Der Historiker ist sich dabei der Gewalt durchaus bewusst, welche die aufständischen Truppen bei der Belagerung des Getreidespeichers von Guanajuato entfesselt haben. So macht er unmissverständlich deutlich, dass die heroische Aktion seines Helden Pípila nichts weniger als eine Schlächterei bewirkt hat; aber dieser Umstand nimmt dem Helden nicht die Legitimität, im Gegenteil. Angesichts der Tatsache, dass der Verfasser des *Cuadro histórico* kaum eine Gelegenheit auslässt, die ethnische Zusammensetzung des Heeres von Miguel Hidalgo zu erwähnen, repräsentiert Bustamantes Pípila nämlich nicht nur die Masse dieses indigenen Heeres, sondern er ist auch der Nachfolger der rechtmäßigen Herren des Landes, das Hidalgos Männer jetzt gegen die spanischen Usurpatoren verteidigen.[218] Schon bei seiner Hervorhebung seiner Rolle als Augenzeuge hatte Carlos María de Bustamante auf die durch seine Erzählung erzeugte unmittelbare Evidenz gesetzt, um seine Leserinnen und Leser von der Rechtmäßigkeit der Unabhängigkeitsrevolution zu überzeugen. Die Stilisierung Pípilas zum legitimen Erben Moctezumas und Cuauhtémocs zeigt nun, wie der Historiker vorgeht, wenn diese Evidenz fehlt (wie beispielsweise angesichts der unleugbaren Grausamkeit der Aufständischen). In diesen Fällen wird sie nämlich mit Hilfe von Strategien wie derjenigen von der Personifikation des namenlosen Volkes in der Lichtgestalt Pípila rhetorisch hergestellt, und das auf eine Art und Weise, die das Zeugnis des Historikers abermals unanfechtbar erscheinen lässt.

---

217 Bustamante 1985, Bd. I: 41–42.
218 In diesem Zusammenhang konstatiert Alfredo Ávila: „Desde muy temprana época estaba interesado, como muchos criollos, en la recuperación del pasado precortesiano de México. A la larga, Carlos María se convirtió en el principal exponente del neoaztequismo, según el cual México ya tenía un ser desde antes de la llegada de los españoles, quienes lo esclavizaron trescientos años, pero en nada influyeron en su desarrollo nacional." (Ávila 2005: 29). Vgl. zu diesem „neoaztequismo" auch Domínguez Michael 2019: 55. Hier schreibt Domínguez Michael: „Si es difícil escribir una historia de la Independencia sin Bustamante, es imposible concebir a la nación nacida en 1821 sin su vida y sin su obra. Es en Bustamante donde la ‚revolución mexicana' se convierte en sinónimo de la patria entera, o el ‚indio mexicano' en título de nobleza equivalente al gentilicio que lo identifica como el guerrero sobreviviente de los tres siglos oscuros del virreinato. Lo revolucionario, lo indio y lo mexicano se vuelven la misma cosa."

In seiner nur kurze Zeit nach der Veröffentlichung der zweiten Auflage des *Cuadro histórico de la Revolución Mexicana* verfassten *Historia de Méjico* (1849–1853) wird Lucas Alamán die Geschichte von dem angeblichen *héroe popular* Pípila ins Reich der Legenden verbannen.[219] Der Historiker Andrés Lira weist aber darauf hin, dass in Bustamantes Figur durchaus bestimmte klar identifizierbare Elemente aus dem Kontext der Belagerung des Kornspeichers von Guanajuato zusammenfließen, die den Schluss nahelegen, der zu diesem frühen Zeitpunkt des Krieges selbst noch nicht den aufständischen Truppen angehörende Autor habe aus diesen Elementen einfach einen volkstümlichen Helden amalgamiert.[220] Das Ziel dieser Vorgehensweise liegt auf der Hand: Für Carlos María de Bustamante handelt es sich in den Jahren unmittelbar nach Erreichen der Unabhängigkeit darum, der neuen unabhängigen Nation wiedererkennbare Vorbilder zur Seite zu stellen, mit denen sich dank ihrer Volkstümlichkeit jeder einzelne identifizieren konnte, und ihr dadurch in einer Zeit zu Orientierung und Stabilität zu verhelfen, in der es ihr gerade daran fehlte.[221]

Jenseits dieser volkstümlichen Helden und Vorbilder fällt an Bustamantes historischer Konstruktion aber vor allem auf, wie sehr sie sich um zwei einander klar gegenübergestellte Antipoden zentriert, deren Agieren im Verlauf der Geschichte des Bürgerkriegs als repräsentativ für die jeweilige Gruppe geschildert wird, die sie vertreten: Der oberste Befehlshaber auf der Seite der Aufständischen, José María Morelos, ist der selbstlose Held schlechthin, der nur Gott und seinem Gewissen verpflichtet ist und sich für das Vaterland und dessen Zukunft aufopfert. Diesem steht mit dem spanischen General und späteren Vizekönig Félix María Calleja ein Gegner gegenüber, der sich deutlicher nicht von ihm unterscheiden könnte: Bustamantes Calleja ist ein Mann, der vor nichts zurückschreckt und dessen Motivation allein in seinem übergroßen Ehrgeiz und seinem Hass auf die Amerikaner zu suchen ist. Diese antithetische Konstruktion ist das Gerüst, das dem *Cuadro histórico de la Revolución Mexicana* zu Grunde liegt; in diesem scharfen Gegensatz vermittelt Bustamante seine Botschaft von der Erinnerungswürdigkeit der Unabhängigkeitskriege am eindrücklichsten und damit auch am deutlichsten.[222]

---

[219] Vgl. Alamán 1985, Bd. I: 430. Hier betont der selbst aus Guanajuato stammende Alamán unter anderem, dass der Name Pípila in der Stadt vollkommen unbekannt sei. Vgl. zu Alamáns Darstellung der Unabhängigkeitsrevolution insgesamt auch das sich anschließende Kapitel 2.3 Die ordnende Kraft der Analyse.
[220] Vgl. Lira 1992: 182.
[221] Vgl. Lira 1992: 178 und Castelán Rueda 1997: 281.
[222] Vgl. auch dazu noch einmal Pizarro Cortés 2020: 150–151. Pizarro spricht von dem besonderen „patrón épico narrativo", der Bustamante wie anderen hispanoamerikanischen Historikern

Bei der Beurteilung dieser von Carlos María de Bustamante ins Werk gesetzten narrativen Zuspitzung darf natürlich nicht vernachlässigt werden, dass dessen eigene Aktivitäten im Verlauf des Bürgerkriegs bis zu Morelos' Tod unter dessen Befehl und stets in unmittelbarer Nähe zu ihm stattfanden. Unabhängig von dieser engen persönlichen Beziehung spielt aber für die herausragende Bedeutung, die José María Morelos in Bustamantes historiographischem Werk zukommt, wohl auch der Umstand eine Rolle, dass Morelos insgesamt insbesondere von der Gruppe der aufgeklärten Kreolen unterstützt wurde, die seinem Vorgänger Miguel Hidalgo noch mit Skepsis begegnet waren: „Había quienes veían en Hidalgo a un simple agitador sin programa de gobierno, que sólo quería eliminar a los españoles, mientras que a Morelos [...] se le acercó un buen número de criollos ilustrados que se dieron a la inmediata tarea de proponer planes de paz, constitución y gobierno."[223]

So findet Bustamantes Absicht, José María Morelos, den vormaligen Pfarrer der Gemeinde Carácuaro, in seinem *Cuadro histórico de la Revolución Mexicana* zum beispielhaften Helden der Unabhängigkeit zu erklären, besonders in der ersten Ausgabe seines Werkes ihren Ausdruck, und zwar zu einem Zeitpunkt, noch ehe die eigentliche Erzählung von den Unabhängigkeitskriegen ihren Anfang nimmt. Dieser ersten Ausgabe vorangestellt ist nämlich eine einseitige Lobrede mit dem Titel *Apóstrofe hecho sobre el sepulcro del Señor D. José María Morelos*, in der sich der Autor zunächst in einer direkten Anrede an sein Land wendet, das er auffordert, es möge sich seines großen Sohnes und dessen Vaterlandsliebe erinnern. In einem zweiten Schritt spricht er dann die Stadt Cuautla an, deren Belagerung durch die spanischen Truppen sich Morelos in den Monaten von Februar bis Mai 1812 erfolgreich hatte widersetzen können: Gerade Cuautla möge dessen Vorbildlichkeit in seinen Annalen gedenken. Schließlich wird das Grab des Helden selbst apostrophiert, ein Grab, das zu bescheiden sei, die sterblichen Überreste eines Mannes zu beherbergen, der, so Bustamante wörtlich, ein besseres Denkmal verdient hätte. Damit ist nun das Ziel des *Cuadro histórico* formuliert: Es handelt sich für Bustamante ausdrücklich darum, Mexikos Befreier von den Ketten der Sklaverei das Denkmal zu errichten, das man ihm bisher nicht zugestanden hat: „¿No honramos las [cenizas] de Cortés entre el marmol y el bronce? ¿por qué no hemos de respetar en mejor monumento al que rompió nuestras cadenas?"[224]

---

des 19. Jahrhunderts dazu gedient habe, bei der Darstellung des Unabhängigkeitskrieges die Grausamkeit der zu schildernden Ereignisse zu neutralisieren.
223 Castelán Rueda 1997: 322.
224 Vgl. Bustamante 1823a: o. S. Schon in dieser *Apóstrofe* deutet sich der Gegensatz an, den Bustamante im Verlauf seines Werkes dann weiter ausbauen wird: Während Morelos mit Substanti-

Dieser Auftakt der ersten Ausgabe von Bustamantes *Cuadro histórico de la Revolución Mexicana* scheint die Passage aus dem 14. Buch von fray Servandos *Historia de la Revolución* fortzuschreiben, in welcher der Dominikaner ausdrücklich ein Denkmal für seinen Ordensbruder Bartolomé de Las Casas gefordert hatte.[225] Wie im Falle von fray Servando ist auch bei Bustamante unverkennbar, dass er sein eigenes Werk als eine Art rhetorischen Vorläufer des später dann in Stein zu meißelnden „monumento" für den Helden seiner Erzählung verstanden wissen will. So ist die Lobrede am Grab des Revolutionsführers zwar der zweiten Auflage des *Cuadro histórico* von 1843–1846 nicht mehr vorangestellt, sondern hier findet sie ihren Platz chronologisch korrekt nach dem Bericht von Morelos' Tod im dritten Band.[226] Aber auch wenn diese Position weniger prominent sein mag, lässt der Autor auch in dieser mit größerem zeitlichen Abstand verfassten zweiten Ausgabe seines Werkes keinerlei Zweifel bezüglich der Absicht aufkommen, die er mit diesem Werk verfolgt. So zitiert er beispielsweise in dessen zweitem Band ein langes Lied, das man in Mexiko-Stadt zu Ehren der erfolgreichen *campañas* von Morelos gesungen habe. Die dritte Strophe dieses (angeblich) volkstümlichen Liedes konfrontiert den Helden dabei bezeichnenderweise schon mit dem Gegenspieler, den ihm dann auch Bustamantes *Cuadro histórico* gegenüberstellen wird: "Tú a Calleja eclipsaste / Su fantástica gloria, / Que en continua victoria / Se creyó perpetuar.[227]

Im Unterschied zu seinem spanischen Gegenspieler Félix María Calleja ist Bustamantes Morelos einzig und allein von lauteren Beweggründen angetrieben. Das zeigt sich in seinem Handeln im Verlauf der Kampagnen im Süden Mexikos, an denen der spätere Chronist ja selbst teilgenommen hat; darauf beharrt dieser aber auch noch in seinem Bericht von dem doppelten, nämlich zivil- und kirchenrechtlichen Prozess, den man Morelos nach seiner Gefangennahme im Herbst 1815 gemacht hat. Wie zuvor schon bei fray Servando Teresa de Mier, der ja dem *Tribunal del Santo Oficio* explizit vorgeworfen hatte, in Spanien vor allem den Aberglauben zu befördern, ist es nun auch bei seinem Nachfolger Carlos María de Bustamante die Inquisition, die im Zentrum der Kritik steht. Der konkrete Fall von José María Morelos bietet ihm den Anlass, die Inquisition als eine mehr als

---

ven wie „valor", „amor a la Patria" und „amigo del órden" beschrieben wird, werden seine noch namenlosen Gegner (seine „Henker", wie Bustamante schreibt) schon hier in einen rein negativ konnotierten Zusammenhang gesetzt, der mit Nomina wie „tiranía", „fanatismo" und „injusticia" charakterisiert wird.
225 Vgl. noch einmal Mier 1990: 622.
226 Vgl. Bustamante 1985, Bd. III: 239.
227 Bustamante 1985, Bd. II: 352. Das Lied wird schon in der ersten Auflage zitiert, vgl. Bustamante 1823b: Brief 29, 8.

anachronistische Einrichtung zu skizzieren, und dadurch implizit deutlich zu machen, dass sein von dieser Institution verurteilter Held seinerseits im Unterschied dazu als Verkörperung der neuen Zeit gelten muss, welche die Überzeugungen und die Vorgehensweisen des *Santo Oficio* längst hinter sich gelassen hat:

> Los que aspiran al restablecimiento de este tribunal, conózcanlo por sus obras, como se conocen los árboles por sus frutos: no son estos procedimientos del siglo de Torquemada, de aquel que hacia grandes fritangas de hereges, lo son de principios del siglo XIX en que las luces de la filosofia han penetrado hasta por las rendijas de los calabozos inquisitoriales. Justo es que salgan á luz y se sometan al exámen de la filosofia, unos procedimientos ejecutados entre las tinieblas, el silencio y las bayonetas protectoras de este linage de iniquidad.[228]

Auf die „fritangas" der Inquisition hatte sich schon fray Servando ebenso ironisch und mit vergleichbaren Zielen wie Bustamante bezogen; die „calabozos inquisitoriales" wiederum werden namentlich im Zusammenhang mit der Lektüre von dessen Werk und Leben eine wichtige Rolle spielen, die Mitte des 20. Jahrhunderts der kubanische Essayist José Lezama Lima in *La expresión americana* unternehmen wird.[229] Für Carlos María de Bustamante, der diese beiden Bilder hier einblendet, ist vor dem Hintergrund seiner dadurch vermittelten Kritik an der Inquisition und deren Prozess gegen José María Morelos nun vor allem von Bedeutung, dass die Darstellung dieses Verfahrens (in dem Morelos von der durch die Verfassung von Cádiz ja zunächst abgeschafften und dann 1814 unter Fernando VII. wieder eingerichteten Inquisition schuldig gesprochen wird) ihn nur in seinem Plan einer rhetorischen Monumentalisierung seines Helden bestärken kann: „Morelos se presentará *inocente, religioso, perseguido y libertador heróico de su patria, y obtendrá un lugar distinguido en el martirológio de las víctimas de la inquisición de México.*"[230]

Diesem Helden bleibt der Erzähler des *Cuadro histórico de la Revolución Mexicana* selbstverständlich über dessen Tod hinaus verbunden, und das Denkmal, das er ihm in seinem historiographischen Werk errichtet, dient vor diesem Hintergrund nicht selten auch dazu, die Zeitebenen seiner Erzählung, die erzählte Zeit und die Erzählzeit, ausdrücklich ineinander zu verschieben und die Errun-

---

228 Bustamante 1985, Bd. III: 230–231.
229 Vgl. zu der Formulierung von den „fritangas" der Inquisition auch Kapitel 2.1.3 Formen: Collage und Ironie, und zu Lezamas Lektüre von fray Servando Teresa de Mier Kapitel 4.2.2 José Lezama Lima: Fray Servando als Verkörperung der *expresión americana*.
230 Bustamante 1985, Bd. III: 231. Die Kurvisierung stammt von Bustamante selbst, der die Inquisition im Verlauf seines historiographischen Werkes wiederholt zu *der* Verkörperung eines unaufgeklärten Geistes schlechthin erklärt und in diesem Zusammenhang etwa José María Morelos und fray Servando Teresa de Mier in einem Atemzug als deren unschuldige Opfer zitiert (vgl. Bustamante 1985, Bd. III: 109).

genschaften der Unabhängigkeitsrevolution im Zeichen der Erinnerung an José María Morelos als nicht zuletzt auch durch die Erzählung selbst ins Werk gesetzte Erfolge zu inszenieren. So erinnert sich Bustamantes Erzähler beispielsweise im dritten Band seines *Cuadro histórico* an die Verabschiedung der ersten Verfassung Mexikos (der *Constitución de Apatzingán*) im Oktober 1814 unter der Ägide von José María Morelos und schlägt ausgehend von der Evokation dieser entscheidenden Szene dann eine Brücke in seine Erzählgegenwart des Jahres 1824, in der seiner Darstellung zufolge ausgerechnet in dem Augenblick, in dem er sein Kapitel über die Ereignisse von Apatzingán niedergeschrieben habe, die neue Verfassung der unabhängigen Nation Mexiko verabschiedet worden sei. Die hier so explizit in Szene gesetzte Verbindung zwischen der Vergangenheit des Kampfes um die Unabhängigkeit und der Gegenwart der tatsächlich erreichten Unabhängigkeit findet dabei im Zeichen der Trauer um Morelos statt, der eben die Vollendung der Unabhängigkeit nicht mehr hat erleben können: „¡[P]ara gozar de esta funcion por completo, era necesario que yo te contemplara y estuviera a tu lado honrándome con ser el último criado de tu persona!"[231]

José María Morelos wird in Bustamantes *Cuadro histórico de la Revolución Mexicana* immer als Mann mit einer klaren Mission geschildert. Es ist in diesem Zusammenhang kein Zufall, dass die Szene, in der sich der Held selbst dieser Mission bewusst wird, ausdrücklich an Weihnachten stattfindet und mit einem feierlichen Schwur über das alltägliche Geschehen hinausgehoben wird. Tatsächlich erinnert Bustamantes Darstellung hier an eine fast biblisch anmutende Erleuchtungs- und Bekehrungsszene:

> Parecia que sus votos estaban cumplidos cuando en el año de 1809 se dejó ver en Valladolid en Michoacan con el fin de saludar à su hermano, objeto precioso de su corazón [...] cuando una noche asistiendo à un coloquio, ó sea fiesta del nacimiento de nuestro señor Jesucristo, [...] oyó hablar de las ocurrencias del año de 1808; es decir del arresto ejecutado en la persona del virey Iturrigaray y otros sugetos dignos de memoria y gratitud [...]; Morelos volvió en sí como de un letargo, y en aquel momento sintió abrasarse su corazón del fuego hermoso del amor pátrio; resolvió vengar tamaños ultrajes, y juró hacer la guerra a los enemigos de América [...].[232]

Morelos, der einfache Dorfpfarrer, ist seinem Weggefährten Carlos María de Bustamante zufolge der geborene Heerführer, dem erst die Revolution die Gelegenheit geboten hat, seine Talente weiterzuentwickeln und zum Wohle des Vaterlands ein-

---

231 Bustamante 1985, Bd. III: 205.
232 Vgl. Bustamante 1985, Bd. II: 3–4. Vgl. zu dieser „Erleuchtungsszene" auch Castelán Rueda 1997: 324–326. Für Antonio Annino erklärt sich die große Bedeutung, die Bustamante José María Morelos beimisst, aus dessen Synthese von Katholizismus und Republikanismus, vgl. Annino 2008: 40.

zusetzen. Auch hier ist der Gedanke an eine göttliche oder mindestens schicksalhafte Fügung durchaus naheliegend, und der Verfasser des *Cuadro histórico* spielt tatsächlich auf einen solchen Zusammenhang an, etwa wenn er Morelos als „un pobre clérigo nacido para general" bezeichnet.[233] Dieser immer wieder betonte quasi religiöse Charakter von Morelos' Kampf für die Unabhängigkeit steht nun in einem engen Zusammenhang mit der Art und Weise, wie in Bustamantes Erzählung dessen Kontrahent in diesem Kampf geschildert wird. So wird der spanische General Félix María Calleja gewissermaßen zu dem schicksalhaften „Prüfstein" stilisiert, an dem sich die Kraft der Unabhängigkeitsbewegung und damit natürlich vor allem die Kraft von José María Morelos beweisen muss: „[E]ste gefe destinado por la Providencia para ser el azote mas terrible de la America mexicana",[234] so führt Bustamante seinen Calleja ein, und dieser Charakterisierung entsprechend zielt seine Beschreibung auch nicht ausschließlich auf dessen Blutrünstigkeit und Grausamkeit, sondern ebenso auf sein militärisches Talent: „La relacion de las operaciones de Calleja, será tambien un curso militar en que muchos preciados de generales y sábios políticos, tendrán que aprender de él para conducirse con acierto en las difíciles circunstancias en que este gefe se halló."[235]

Die Figur des spanischen Generals, dessen zwiespältiger Charakter sich in der Darstellung des *Cuadro histórico de la Revolución Mexicana* so ausdrücklich zwischen großem Talent auf der einen und grenzenloser Brutalität auf der anderen Seite spannt, bietet dem Erzähler nun natürlich vor allem die Gelegenheit, das Heldentum der aufständischen Truppen unter José María Morelos nur umso deutlicher hervorzuheben. Dazu beschreibt er Félix María Calleja mit den immer gleichen Bildern und Metaphern: Der Spanier ist eine Bestie, ein wildes Tier, das seine Beute mit ungezügeltem Hass zerfleischt,[236] er ist die Verkörperung des

---

[233] Bustamante 1985, Bd. II: 77.
[234] Bustamante 1985, Bd. I: 50.
[235] Bustamante 1985, Bd. I: 50. Roberto Castelán Rueda bemerkt dazu: „Sin llegar a ser exactamente ambivalente, la actitud de Bustamante frente al general Calleja se sitúa entre el odio y el respeto, entre la indignación y el asombro." (Castelán Rueda 1997: 335).
[236] „La marcha de este general para Guadalajara es la de un leopardo que sale por el bosque á carnear y marcar sus huellas con la sangre inocente de los animales que despedaza, y de cuya sangre parte de su guarida sediento." Ähnlich kurz darauf: „[É]l y su ejército presentaban la imagen de una camada de lobos carniceros que aun crugian los dientes viniendo de destruir los rediles de ovejas, saboreándose con la sangre que todavía quedaba pegada en sus devoradoras fauces." und „[E]s un tigre sediento de sangre que se entra por entre un redil de ovejas, ó para hablar con propiedad, es una pantera que no tiene mas complacencia que destruir y talar." (Bustamante 1985, Bd. I: 116, 117 und 119). Vgl. auch die vorangehenden Seiten 105–113. Hier wird Calleja unter anderem als „[i]nfame y carnívoro Leopardo" (Bustamante 1985, Bd. I: 105), als „tigre" und als „monstruo" (Bustamante 1985, Bd. I: 112) bezeichnet.

Bösen schlechthin,[237] und im Unterschied zu dem quasireligiösen Charakter der independentistischen Mission von Morelos scheint diejenige seines Gegenspielers von Anfang an unter keinem guten Stern zu stehen. So lässt der Himmel selbst Calleja im rechten Augenblick vom Pferd stürzen, um zu verhindern, dass er anlässlich des triumphalen Einzugs seiner Division in Mexiko-Stadt nach der Eroberung von Zitácuaro an einer feierlichen Messe in der Kathedrale teilnimmt: „El cielo no quiere las oblaciones de los impíos [...] quiere inocencia de manos y pureza de corazon, que no habia en este general victorioso."[238] Trotz dieser eindeutigen Zeichen beharrt Bustamantes Erzähler aber natürlich auf der strategischen Begabung und der politischen Intelligenz, die er seiner Figur von Anfang an zugestanden hatte: Diese Eigenschaften lassen schließlich deren providentielle Bedeutung für die Unabhängigkeit Neuspaniens nur noch deutlicher hervortreten. Gerade weil im Laufe der Jahre des Bürgerkriegs das Kriegsglück nur zu oft nicht den Aufständischen, sondern den königstreuen Spaniern unter Calleja hold ist, steht dieser stellvertretend für das spanische Kolonialsystem als solches, und der Kampf gegen ihn repräsentiert auf exemplarische Art und Weise den Kampf der Bewohner Neuspaniens gegen die spanische Herrschaft insgesamt: „A través del relato de las acciones de este comandante español, Bustamante despliega todos los males que tuvo que combatir la nación americana",[239] so fasst der Historiker Roberto Castelán Rueda diese Vorgehensweise zusammen.

Die besondere Bedeutung, die den beiden Gegenspielern José María Morelos und Félix María Calleja bei Carlos María de Bustamante zukommt, lässt sich ermessen, wenn man in Rechnung stellt, dass er sich im Verlauf der zwanziger Jahre *beiden* Figuren noch einmal in gesonderten Werken gewidmet hat, deren Argumentation zwar in der Substanz derjenigen des *Cuadro histórico de la Revolución Mexicana* ähnelt, deren Stellenwert aber durch die separate Publikation noch einmal ein anderer ist als derjenige der entsprechenden Passagen aus seinem größer angelegten historiographischen Werk über die Unabhängigkeit. *Der Elogio histórico del general Don José María Morelos y Pavón* (1822) ist, vor allem wenn man ihn in Kombination mit dem sechs Jahre später publizierten Text *Campañas del general D. Félix María Calleja, comandante en jefe del Ejército Real de Operaciones llamado del Centro* (1828) liest, eine Art Illustration des grundsätzlichen strukturellen Musters, das auch dem *Cuadro*

---

237 „Es comparable con el mismo demonio", schreibt Bustamante beispielsweise (Bustamante 1985, Bd. I: 217).
238 Bustamante 1985, Bd. I: 325.
239 Castelán Rueda 1997: 336. Vgl. zu Félix María Calleja auch Castelán Ruedas Interpretation der Figur in Bustamantes *Cuadro histórico* im Allgemeinen (Castelán Rueda 1997: 335–352).

histórico zugrunde liegt.²⁴⁰ Vor allem in den *Campañas del general D. Félix María Calleja*, die ja erst nach Abschluss der ersten Fassung des *Cuadro histórico* veröffentlicht werden, übernimmt Bustamante zwar die Ausführungen über Calleja über weite Strecken und bis in den Wortlaut, aber darüber hinaus greift er auf zusätzliche Materialien zurück, die er in der Zwischenzeit seit der Veröffentlichung des *Cuadro histórico de la Revolución Mexicana* in den Archiven der *Secretaría del Virreinato* ausfindig gemacht hat. Mit diesem Material stützt er die zuvor schon in seinem *Cuadro histórico* vermittelte Version von den beiden einander diametral entgegengesetzten Antagonisten Morelos und Calleja und den jeweils von ihnen vertretenen Werten, und er macht davon ausgehend deutlich, welche Mengen an unbearbeiteten Archivalien noch auf ihre Erschließung durch die Historiker der jungen Nation warten.²⁴¹ Tatsächlich setzt Bustamante aber schon bei der Charakterisierung von Félix María Calleja als Geißel des amerikanischen Volkes in seinem *Cuadro histórico de la Revolución Mexicana* keineswegs ausschließlich auf die Suggestivkraft der Emotion, sondern auch auf eine Fülle von Quellen und Dokumenten, die er zur Untermauerung seiner These ausführlich kommentiert. Mit den Stichworten „Emotion" und „Kompilation" sind in diesem Zusammenhang bereits zwei wesentliche Merkmale der Vorgehensweise angesprochen, auf die er in seinem historiographischen Werk über die mexikanische Unabhängigkeit zurückgreift. Die Besonderheiten dieser Vorgehensweise sollen im Folgenden näher erläutert werden.

2.2.3 Emotion, Kompilation, Brieffiktion

> De estilo confuso e incorrecto a menudo, pero pintoresco e ingenioso casi siempre; carente de espíritu crítico, lo que le hacía caer frecuentemente en contradicciones e inexactitudes; devoto de la causa de la Independencia, en cuya defensa llegó hasta falsear hechos y situaciones, Bustamante, a pesar de sus deficiencias, merece el cariño y agradecimiento de sus compatriotas por su acendrado patriotismo,²⁴²

so fasst Rafael de la Colina in einem Überblick über die mexikanische Historiographie des 19. Jahrhunderts zusammen, was er für die wesentlichen Defizite und Verdienste von Carlos María de Bustamante hält. An dieser Einschätzung fällt auf, dass sie systematisch unterscheidet zwischen Form und Gesinnung – „formal kon-

---

240 Namentlich die *Campañas del general D. Félix María Calleja* werden von Bustamante auch ausdrücklich als „Ilustración al Cuadro histórico" bezeichnet (Bustamante 1828: 1).
241 So die These von Roberto Castelán Rueda, der betont, dadurch handele es sich bei den *Campañas del general D. Félix María Calleja* eben *nicht* um eine bloße zusätzliche Illustration von andernorts schon präsentierten Überzeugungen (vgl. Castelán Rueda 1997: 352).
242 Colina 1942: 45.

fus, aber klar und geradlinig in der Gesinnung", so kann man ein Urteil zusammenfassen, das schon von Bustamantes Zeitgenossen und im Laufe der Rezeptionsgeschichte auch später immer wieder geäußert worden ist.[243] Dennoch möchte ich für das *Cuadro histórico de la Revolución Mexicana* zeigen, dass auch die Form, die Bustamante für seine Ausführungen wählt, eine gewisse innere Ordnung aufweist insofern, als sie bewusst auf bestimmte narrative Strategien setzt, um ihre Botschaft von der Denkwürdigkeit der Revolution zu vermitteln.[244]

Diese Botschaft ist eine emotionale, und der Erzähler selbst wirft angesichts seiner eigenen emotionalen Involviertheit in die zu erzählenden Geschichten die Frage nach der Möglichkeit einer ausgewogenen *escritura* auf, etwa wenn er zum Beispiel im Zusammenhang mit den Meinungsverschiedenheiten und Zwistigkeiten unter den Führern der *insurgentes* ausruft: „¡Ay de mí! Son tantos sus desaciertos, que mis ideas se atropan, y no sé como coordinar su exacta relacion."[245] Und in der Tat lassen sich die Beispiele beliebig vermehren, in denen er sich unter dem Eindruck heftiger Gefühle zu abrupten Interjektionen hinreißen lässt: „¡Que dias, buen Dios, aquellos para México!"[246] Nicht auf den ersten Blick, wohl aber zwischen den Zeilen erkennbar ist die Emotion auch dann, wenn Bustamantes Erzähler sich ironisch oder polemisch äußert. In diesen Fällen sind die Ironie und die Polemik wohl als eine Art Ventil zu interpretieren, das dem Erzähler dazu dient, seiner Irritation oder auch seiner Indignation Ausdruck verleihen zu können.[247] Im Laufe der Rezeptionsgeschichte ist diese in den Interjektionen des Erzählers oder in seiner Polemik zum Ausdruck kommende starke Emotionalität

---

243 Einen Überblick über die Rezeption gibt Ortega y Medina 1973: 7–64.
244 Ähnlich argumentiert Antonio Annino, der die Kritik an Bustamante zunächst mit derjenigen vergleicht, die man auch fray Servando gemacht habe: „Las críticas que siempre han acompañado al *Cuadro* son similares a las que se han hecho a la *Historia* de fray Servando: poco rigor documental, una fantasía a veces arbitraria, una escritura apasionada, casi siempre en primera persona y con continuos rasgos autobiográficos; en fin, un protagonismo frente a la materia tratada de manera poco ‚profesional'", um dann aber zu konstatieren, dass genau in diesen vermeintlichen Defiziten Bustamantes seine Qualität zu finden sei (Annino 2008: 34).
245 Bustamante 1985, Bd. II: 281.
246 Bustamante 1985, Bd. II: 150. Vgl. auch folgende Ausrufe von Bustamantes Erzähler: „¡Este es el sitio de Coscomatepec, americanos! ¡Este es el joven héroe que lo sostuvo on gloria! ¡Este es D. Nicolás Bravo!" (Bustamante 1985, Bd. II: 346, Hervorhebungen im Original) oder: „Ah! si abundaran estos defensores de su patria, en qué paz y tranquilidad viviríamos, y á qué punto habrian exaltado nuestra gloria militar!" (Bustamante 1985, Bd. II: 363).
247 Vgl. etwa Bustamante 1985, Bd. II: 151. Hier schreibt er über einen spanischen Arzt: „Este mismo doctor médico, tuvo gana de hacer del político, porque nadie está contento con su suerte, y hé aquí que en vez de escribir de pulsos, orinas, diarreas é incordios, se le antojó escribir un tratadito intitulado: *Impugnacion de algunos errores políticos que fomentan la insurreccion de Nueva-España*" (Kursivierungen im Original).

in Bustamantes *Cuadro histórico de la Revolución Mexicana* meistens in dem doppelten Sinne interpretiert worden, den bereits die zuvor zitierte Einschätzung von Rafael de la Colina angedeutet hatte: Nämlich als ein Zeichen seiner persönlichen Involviertheit einerseits, und als Grund für die vermeintlichen strukturellen Defizite seiner Erzählung andererseits. Dabei ist jedoch zu wenig beachtet worden, dass derselbe Text durchaus auch auf Strategien gründet, die wohlkalkuliertes Gegengewicht zu den scheinbar so unverstellt geäußerten Gefühlsregungen des Erzählers darstellen.

Zu diesen Strategien, im Zusammenhang mit den im Anschluss an die erste Ausgabe des *Cuadro histórico* publizierten *Campañas del general D. Félix María Calleja* wurde es schon angesprochen, zählt die ausführliche Dokumentation, auf die sich auch das *Cuadro histórico de la Revolución Mexicana* gründet und die Bustamante immer wieder in langen wörtlichen Zitaten direkt in seinen Text einblendet. So stützt er sich wie vor ihm fray Servando Teresa de Mier auf private und offizielle Briefe, auf militärische Kommuniqués (die sogenannten „partes", in denen beispielsweise ein Kommandant dem Vizekönig Bericht erstattet über den Verlauf einer Schlacht, oder in denen der Vizekönig Anweisungen gibt für die strategische Planung eines Manövers), auf mündliche Erzählungen (die bei Bustamante zumeist ausdrücklich und mit Quellenangabe zitiert werden) und insbesondere auch auf Zeitungen sowohl der spanischen als auch der aufständischen Seite. Sein Text hat so ähnlich wie derjenige von fray Servando über weite Strecken den Charakter eines *bricolage*,[248] und der Vorwurf der Konfusion, den man Bustamante immer wieder gemacht hat, mag seinen Ursprung tatsächlich auch in jener „Zusammengestücktheit" seines historiographischen Werks haben. Dennoch dient die Dokumentation dem Verfasser natürlich vor allem dazu, Beweise und Belege für seine Version der Geschehnisse zu sammeln, und seinen Leserinnen und Lesern dann ausgehend von diesem Material die seiner Meinung nach richtigen Schlussfolgerungen nahezulegen. So zitiert er in seinem zweiten Band beispielsweise über mehrere Seiten hinweg verschiedene *partes* von Félix María Calleja, in denen dieser sich auf die Belagerung von Cuautla durch das königliche Heer unter seinem Befehl bezieht.[249] Diese Bulletins werden nun nicht nur zitiert, sondern vor allem auch kommentiert, und zwar sowohl mit dem Ziel, sachlich fehlerhafte Behauptungen richtigzustellen, als auch mit dem Ziel, den Verfasser bloßzustellen oder sein Verhalten ironisch ins Lächerliche zu ziehen.

---

248 Vgl. zum „bricolage" Lévi-Strauss 2008: 553–872.
249 Vgl. Bustamante 1985, Bd. II: 77–81. Bustamante führt Callejas *partes* mit den Worten ein, er werde sie „por honor del Sr. Morelos" wiedergeben (Bustamante 1985, Bd. II: 77).

Wenn Calleja so von „doce mil y quinientos armados de fusil" auf Seiten der Aufständischen schreibt, gegen die sich seine Truppen in Cuautla hätten durchsetzen müssen, dann berichtigt der Erzähler diese Zahl in einer Fußnote: Höchstens tausend seien es gewesen, deren Kraft allerdings vervielfacht durch die „sabiduría" von Morelos.[250] Wenn Calleja hingegen anmerkt: „Cuautla debe ser demolida", dann lautet der lakonische Kommentar: „Calleja semejaba á los perros que muerden la piedra cuando no pueden destrozar al que la tira."[251] Diese Art des „gelenkten Zwiegesprächs" mit seinen Quellen dient Bustamante auf der einen Seite dazu, seine Glaubwürdigkeit als Historiker zu unterstreichen, indem er seinen verantwortungsbewussten Umgang mit dem Material offenlegt und seine Schlussfolgerungen begründet. Seine suggestive und stellenweise offen manipulative Vorgehensweise bewirkt aber andererseits auch, dass sich seine Gegner in ihren Texten selbst entlarven; oder dass der Leser oder die Leserin des *Cuadro histórico* zumindest den Eindruck hat, sie entlarvten sich selbst.[252] Dazu gehört auch, dass die zitierten Texte nicht nur kommentiert, sondern selbstverständlich auch selektiert und gegebenenfalls gekürzt wiedergegeben werden. So bricht der Erzähler ein langes Zitat aus einem Bericht des spanischen Oberstleutnants Juan Candano über die Belagerung von San Juan Coscomatepec einfach mit den Worten ab: „Tengo por inútil esta descripcion, y así la omito,"[253] und lässt auf diese Weise keinen Zweifel daran, dass es allem *bricolage* zum Trotz jemanden gibt, bei dem die Fäden der Erzählung zusammenlaufen und der diese Erzählung bewusst und mit einem klaren ideologischen Ziel gestaltet.

Diese Erzählinstanz greift nun auch jenseits ihrer Funktion als Kompilatorin kommentierend und ordnend in den Ablauf der Erzählung ein, etwa mit dem Hinweis, für ein umfassendes Verständnis dessen, was erzählt wird, müssten die Geschehnisse aus unterschiedlichen Perspektiven beleuchtet werden: „Es necesario espaciar ya la vista por otros puntos, y apartarla por ahora de los hermosos campos de Orizava y Tehuacán; tendámosla sobre el campamento del Gallo".[254] In den meisten Fällen beziehen sich die entsprechenden Hinweise auf die bloße Chronologie der Erzählung, die einzuhalten sich der Erzähler selbst immer wie-

---

250 Bustamante 1985, Bd. II: 78.
251 Bustamante 1985, Bd. II: 79.
252 In diesem Zusammenhang erinnert Bustamantes Vorgehensweise tatsächlich stark an diejenige von fray Servando Teresa de Mier, der ja mit den ihm vorliegenden Dokumenten aus der Feder von spanischen Autoren (und insbesondere auch von Félix María Calleja) ganz ähnlich vorgegangen war. Vgl. dazu noch einmal Kapitel 2.1.3 Formen: Collage und Ironie.
253 Bustamante 1985, Bd. II: 340.
254 Bustamante 1985, Bd. II: 199.

der ermahnt;[255] mitunter handelt es sich jedoch um veritable „Regieanweisungen", die dazu dienen, ein Szenario narrativ zu ordnen:

> Ha llamado mi atención el ejército del Sur [...] para aplicarme á describir con la exactitud que es compatible con la relacion de un *Cuadro Histórico*, cuanto ocurrió de notable por aquel rumbo: ya es tiempo de que hagamos una pausa y dirijamos la vista ácia el Occidente, comenzando por referir lo ocurrido entre el virey Calleja y el general D. José de la Cruz.[256]

In beiden Fällen fällt jedoch auf Seiten des Erzählers ein ausgeprägtes Bedürfnis ins Auge, strukturierend und kommentierend in die Anordnung und die Bewertung seines Materials einzugreifen. Erzähltheoretisch am interessantesten sind dabei die Stellen, an denen sich in diesem Zusammenhang die intradiegetische und die extradiegetische Erzählebene vermischen: „Llámanos ahora la atencion el otro convoy que Llano condujo para Veracruz, á quien será bueno seguir los pasos, ínterin García Conde se queda en Querétaro descansando un tanto de la fatiga de este penoso viage."[257] Diese Überschreitungen der diegetischen Grenzen sind in der Regel einfach strukturiert und beziehen sich einerseits auf die Chronologie oder die Reihenfolge dessen, was erzählt wird, andererseits auf die räumliche Anordnung von einzelnen Episoden. So zeichnen sich Erzählungen aus dem (Bürger-)Krieg ja nur zu oft durch eine gewisse Unübersichtlichkeit aus, etwa wenn an verschiedenen Stellen gleichzeitig mit unterschiedlichem Ergebnis gekämpft wird, wenn Truppenverbände vorrücken und andere sich zurückziehen, wenn an einer Stelle eine Linie aufgegeben werden muss, während parallel an einer anderen Stelle ein Sieg errungen wird. Diese teils unüberschaubare Gemengelage wird bei Carlos María de Bustamante durch die kommentierenden Hinweise seines Erzählers geordnet. Dieser Erzähler ist dabei derjenige, der aller Unübersichtlichkeit zum Trotz den Überblick über Zeit und Raum bewahrt, und der dank dieses Überblicks die Geschehnisse strukturieren und narrativ anordnen kann. Die Überschreitungen der diegetischen Grenzen, deren er sich im Verlauf seiner Erzählung immer wieder bedient, zeugen in diesem Zusammenhang von dem Bemühen, seine Leserinnen und Leser einzubeziehen in den Prozess, an dessen Ende die fertig strukturierte Erzählung mit ihren zeitlichen und räumlichen Markierungen und ihrer daraus resultierenden Ordnung steht.

---

255 Vgl. beispielsweise Bustamante 1985, Bd. II: 128. Hier heißt es ausdrücklich: „El órden cronológico que he procurado observar en mis relaciones [...] me hace retroceder á los acontecimientos ocurridos en Teohuacán de las Granadas y Orizava [...]." Vergleichbar die Hinweise etwa auf S. 134, 235, 245 oder 299 (vgl. zur Chronologie des *Cuadro histórico* und den aus dieser Chronologie entstehenden Problemen auch Castelán Rueda 1997: 210).
256 Bustamante 1985, Bd. II: 399.
257 Bustamante 1985, Bd. II: 142. Ähnlich unter anderem auch 108, 208, 214, 239, 269.

Auch wenn Bustamante die diegetischen Grenzen innerhalb seines Textes nur in dieser narratologisch vergleichsweise einfachen Art und Weise verwischt oder auflöst, handelt es sich doch um eine intendierte Form der Ausgestaltung dieses Textes, der dadurch weit mehr ist als nur die von ihm ursprünglich angekündigte Materialsammlung zur späteren narrativen Bearbeitung.²⁵⁸ Vielmehr setzt auch eine solche einfache Aufhebung von diegetischen Grenzen ein ausgeprägtes Bewusstsein von der narrativen Strukturierung des eigenen Textes voraus, und ein Bewusstsein davon, dass diese Strukturierung sich immer auf einen in Zeit und Raum klar zu verortenden und dadurch von anderen Kontexten abgrenzenden Ereigniszusammenhang bezieht. Es geht Bustamante also in seinem *Cuadro histórico de la Revolución Mexicana* keineswegs nur darum, den Bürgerkrieg durch die Bereitstellung der entsprechenden Materialien zu dokumentieren, sondern sein Interesse ist tatsächlich ein erzählerisches. So verweisen die entsprechenden Stellen mit ihrer bewussten Reflexion der Chronologie und der Topologie immer auf die Erzählinstanz und deren Erkenntnisinteresse zurück, wie es sich eben in der räumlichen und zeitlichen Anordnung dessen manifestiert, was erzählt wird. Dass Zeit und Raum dabei nur zu oft ineinandergreifen, wenn etwa wie in der zitierten Passage darauf verwiesen wird, dass sich dies oder jenes zugetragen habe, während, bevor oder nachdem einer der Protagonisten hier oder dort gewesen ist, verstärkt dabei den erzähltheoretischen Mehrwert dieser Überschreitung der diegetischen Grenzen und zeugt von deren narrativer Bedeutung.

Dass in Bustamantes *Cuadro histórico de la Revolución Mexicana* durchaus die narrative Ausgestaltung der Informationen im Mittelpunkt steht, dafür spricht auch die ausgeprägte Vorliebe des Erzählers für die Anekdote. Immer wieder reichert er seine Berichte mit Geschichten an, die oft genug volkstümlich und populär, gerade dadurch aber sehr wirkungsvoll sind, was die Übermittlung ihrer ideologischen Botschaft angeht. Immer wieder geht es bei diesen Anekdoten um das Wirken der Providenz, die dafür sorgt, dass Übeltäter bestraft werden und Helden zuletzt doch die Anerkennung finden, die ihnen zukommt. So berichtet Bustamante beispielsweise von der Exekution des Pfarrers von Riohondo, Manuel

---

258 Vgl. zu dieser Ankündigung etwa Bustamante 1985, Bd. I: 2. Man könnte diese Art der Überschreitung von diegetischen Grenzen, in der ein epischer Erzähler sich selbst thematisiert, als eine einfache Form der Metalepse im Sinne von Gérard Genette beschreiben. Allerdings lässt sich der narratologische Begriff nicht vollständig auf Bustamantes Vorgehensweise übertragen. So müsste wohl dessen Erzähler selbst in das Geschehen eingreifen, wenn es sich bei seinem Stilmittel um eine wirkliche „métalepse de l'auteur" handeln sollte (vgl. zu dem erzähltheoretischen Konzept der narrativen Metalepse Genette 1991a: 243–246).

Sabino Crespo, der auf Seiten der Aufständischen gekämpft hatte, und er leitet seine Anekdote mit einer Beschreibung des Settings und einer bedeutungsschweren Vorausdeutung ein: „Lloróse sobre su cadáver: el suelo manchado con sangre tan preciosa, no se pisó ni aun por los malos sino con respeto: nadie se acercaba á la silla en que se le sentó para sufrir el golpe, sino temblando, y como si el cielo fuese ya á descargar un rayo de indignacion para vengar la sangre de aquel ungido [...]."[259]

Nach dieser Einleitung wundert es nicht, wenn die Ereignisse, die sich an die Exekution des Pfarrers anschließen, genau die Erwartungen erfüllen, die hier bereits angedeutet werden. So berichtet Bustamante von zwei Konsequenzen, in denen man nichts anderes als eine Strafe des Himmels für diejenigen sehen kann, die den wackeren Pfarrer auf dem Gewissen haben: Einer der spanischen Soldaten, die an der Exekution beteiligt gewesen sind, sei wenige Tage später bei einem Scharmützel von einem Schuss getroffen worden und habe nicht bemerkt, dass der Schuss aus so großer Nähe abgegeben wurde, dass er seine Kleidung in Brand steckte. Als er sich daraufhin habe in einem Heuhaufen verstecken wollen, habe er diesen in Brand gesetzt und sei in den Flammen umgekommen. Ein anderer wiederum wollte auf einem gestohlenen Maultier an der Stelle der Exekution vorbeireiten, woraufhin das Tier zuerst gebockt habe und dann tot umgefallen sei.

Der Erzähler selbst kommentiert den Stellenwert dieser Anekdoten, wenn er direkt im Anschluss schreibt: „Usted estimará estas anécdotas como hechos verdaderos ó como consejas: pasó el tiempo de las grandes creederas en milagros, pero aun estamos en el de conocer la verdad é injusticia con que se ejecutó este asesinato."[260] Tatsächliche Begebenheiten oder Ammenmärchen – der Grad, auf dem sich der Erzähler hier bewegt, ist zwar schmal; die Tatsache jedoch, dass er selbst die Alternative formuliert, vor die sich die Leserinnen und Leser des *Cuadro histórico* gestellt sehen, zeugt von seinem Bewusstsein für die funktionale Rolle, die diesen und ähnlichen Anekdoten im Verlauf seiner Erzählung zukommt. Diese Rolle ist mehrschichtig. Zum einen ist eine erzählerische Funktion zu verzeichnen, bei der es darum geht, das historiographische Projekt insgesamt mittels der volkstümlichen Erzählungen anzureichern, es narrativ auszuschmücken und für die Leserinnen und Leser zugänglicher zu machen. Zum anderen geht diese Funktion aber Hand in Hand mit einer zweiten, die eindeutig didaktisch ist: Das *Cuadro histórico de la Revolución Mexicana* soll nicht nur unterhalten, sondern es soll auch belehren. Anekdoten wie diejenigen von den von der

---

[259] Bustamante 1985, Bd. II: 156.
[260] Bustamante 1985, Bd. II: 157.

Vorsehung bestraften spanischen Soldaten zeugen davon, dass es eine übergeordnete, ausgleichende Gerechtigkeit gibt, die zum Schluss dafür sorgt, dass jeder das bekommt, was ihm nach seinen Handlungen zusteht. Die Moral, die Bustamantes Anekdoten vermitteln, wird auf diese Weise zum Fundament für die Erinnerung an den Bürgerkrieg: Aus der Geschichte lernen heißt für ihn eben auch, das Wirken der Vorsehung in der Geschichte anzuerkennen.[261]

Um diese Botschaft zu vermitteln, wählt Bustamante eine Form, in der er (wie in dem oben zitierten Satz über den Stellenwert seiner Anekdoten) seine Leserin und seinen Leser scheinbar direkt ansprechen kann: Das *Cuadro histórico de la Revolución Mexicana* besteht aus Briefen an einen fiktiven Freund, in denen diesem Mitteilung gemacht wird über die Vorkommnisse zwischen 1808 und 1821. Diese Form der Anordnung der Information in einzelnen Briefen, von der Bustamante zu Beginn des *Cuadro histórico* schreibt, sie sei ohne Zweifel für sein historiographisches Projekt die angemessenste,[262] entspricht dabei dem Entstehungsprozess des Werkes, dessen erste Auflage ja in einzelnen „entregas" erschienen ist, die in dem Rhythmus gedruckt und verkauft wurden, in dem Bustamante sie fertigstellte.[263] Sie entspricht aber darüber hinaus in besonderem Maße auch der didaktischen Absicht des Autors, der dadurch, dass er sich an seinen namenlos und entsprechend unbestimmt bleibenden Freund wendet, seine Botschaft von der Erinnerungswürdigkeit der Unabhängigkeitskriege gewissermaßen „personalisiert" vermitteln kann: In der Ansprache an diesen fiktiven Freund wendet er sich implizit auch an seine Leserinnen und Leser, die auf diese Weise zu direkten Empfängerinnen und Empfängern dieser Botschaft werden.[264] In Bezug auf die brasilianische Literatur des 19. Jahrhunderts hatte António Cândido davon gesprochen, diese sei in letzter Instanz eine „literatura sem leitores" gewesen,[265] und sein Befund kann zweifellos auch auf die hispanoamerikanische Literatur übertragen werden. Auch in den spanischsprachigen Ländern fehlte es den Schriftstellern zunächst an einer Leserschaft, auch wenn rasch nach Erreichen der Unabhängigkeit Schulen gegründet und kulturelle Einrichtungen wie Bibliotheken und Akademien gefördert wurden.[266] Bustamantes Insistieren auf der Denkwürdigkeit der Unabhängigkeit ist vor

---

261 Vgl. zur Funktion der Anekdote in Bustamantes Erzählung auch Castelán Rueda 1997: 245–248. Vgl. zu Bustamantes didaktischer Absicht insbesondere auch das sich anschließende Kapitel 2.2.4 Historia magistra vitae?.
262 Vgl. Bustamante 1985, Bd. I: 2.
263 Vgl. dazu noch einmal Lemoine 1997: 327.
264 Vgl. dazu auch Cuevas Dávalos 2006: 54.
265 Cândido 1985: 82.
266 Vgl. Weinberg 1997: 188–189. Weinberg analysiert den besonderen Fall des Río de la Plata. Ihre Erkenntnisse lassen sich aber auf die anderen Länder in Hispanoamerika übertragen.

diesem Hintergrund tatsächlich als eine erzieherische Maßnahme zu interpretieren: Die Briefe des *Cuadro histórico de la Revolución Mexicana* zielen darauf, diese Botschaft einer Leserschaft zugänglich zu machen, die nach Auffassung ihres Verfassers keineswegs nur die gebildeten Klassen, sondern vielmehr die junge Nation als Ganzes umfassen sollte.[267]

2.2.4 Historia magistra vitae?

Denn um die Zukunft dieser jungen Nation macht sich Carlos María de Bustamante Gedanken, und zwar ebenso in den zwanziger Jahren, aus denen die erste Auflage des *Cuadro histórico de la Revolución Mexicana* stammt, wie in den frühen vierziger Jahren, in denen sein Werk in der erweiterten und angepassten Fassung neu aufgelegt wird. So tritt neben seinen (bereits kommentierten) Vorsatz, der Unabhängigkeitsbewegung und ihren Protagonisten mit seinem historiographischen Werk ein Denkmal zu errichten,[268] ein zweites Ziel, das allerdings unmittelbar aus dieser rhetorischen Monumentalisierung der Revolution und ihrer Protagonisten resultiert: Bustamante schreibt mit der Absicht, die junge und gerade erst unabhängig gewordene Nation Mexiko durch die Darstellung von deren jüngster Geschichte zum Zusammenhalt zu ermahnen und ihr so zu der Stabilität zu verhelfen, deren sie in seinen Augen dringend bedurfte.[269] Die Geschichte der Unabhängigkeit wird deshalb für ihn zu einer Sammlung von Lehrbeispielen, aus denen seine Mitbürgerinnen und Mitbürger lernen sollen, sich so zu verhalten, dass es der Einheit und Geschlossenheit der Nation zuträglich ist, und das Denkmal für die Unabhängigkeit, das er mit seinem historiographischen Werk errichtet, dient auf diese Weise natürlich dem Zweck, deren Beispielhaftigkeit gerade auch in moralischer Hinsicht zu sanktionieren. Das Ziel des *Cuadro histórico* ist also zu allererst ein erzieherisches: Jede Episode, die Eingang in Bustamantes historiographisches Werk findet, vermittelt eine Lehre – entweder dadurch, dass sie vorbildliches Verhalten zum Wohle

---

[267] Vgl. auch dazu noch einmal Pizarro Cortés 2020. Pizarro identifiziert in diesem Kontext vor allem zwei übergeordnete Ziele, denen sich historiographische Unternehmungen wie diejenige von Carlos María de Bustamante verschrieben hätten: „[...] en el plano de la política interna, crear una identidad nacional cohesionada en vinculación con un territorio y, en el de las relaciones internacionales, generar una imagen suficiente del país, capaz de contrarrestar errores de interpretación y prejuicios." (Pizarro Cortés 2020: 149).
[268] Vgl. dazu die bisherigen Ausführungen und insbesondere Kapitel 2.2.1 Geschichte leben – Geschichte schreiben.
[269] Vgl. dazu auch Castelán Rueda 1997: 229.

der Nation veranschaulicht oder dadurch, dass sie aufzeigt, welche verheerenden Konsequenzen dagegen weniger tugendhafte Handlungsweisen haben können.

Bustamantes Auffassung von Geschichte, wie sie seinem historiographischen Werk zugrunde liegt, lässt sich vor diesem Hintergrund mit dem bekannten ciceronianischen Satz von der „Geschichte als Lehrmeisterin des Lebens" zusammenfassen: *Historia magistra vitae*,[270] das ist der Leitgedanke, auf den sich sein Werk gründet. Diesen Gedanken fasst er gleich zu Anfang seines ersten Bandes in ein anschauliches Beispiel, wenn er seinem fiktiven Freund und Briefpartner die Beweggründe darlegt, die ihn zu seinem historiographischen Projekt verlasst haben. Hier schildert er eine Szene aus dem Umfeld Agustín de Iturbides, die ausdrücklich einer religiösen Bekehrungsszene nachempfunden ist und die ihm als Exemplum für die erzieherische Kraft der Geschichte dient:

> Leíale á este [a Iturbide] (según es voz pública) un amigo de su confianza, la historia de nuestra revolucion escrita por el *Dr. D. Servando Teresa de Mier, Noriega y Guerra*, impresa en Lóndres; mas como advirtiese *Iturbide* que trastravillaba un poco en lo que leia, y se llenaba de rubor, quiso averiguar la causa por sí mismo, y halló que era porque *Mier* hablaba en aquella página con execracion y espanto de las ejecuciones sangrientas que hizo con los prisioneros americanos que tomó en la batalla del puente de Salvatierra dada el dia de viernes santo de 1813. Consternóse sobremanera su espíritu, llenóse de confusion al ver el desairado papel que representaba en el cuadro de la historia de su pátria, y juró desde aquel instante borrar con hechos hazañosos aquella negra mancilla. Tal fué la causa de esta instantánea y saludable conversión [...].[271]

Unmittelbar im Anschluss an diese Passage wendet sich der Erzähler in einer direkten Anrede an fray Servando Teresa de Mier, den er vor diesem Hintergrund ausdrücklich zum Lehrer für die nachfolgenden Generationen erklärt.[272] Auf diese

---

[270] Cicero 1997: 228. Wörtlich heißt es hier: „Historia vero testis temporum, lux veritatis, vita memoriae, magistra vitae, nuntia vetustatis, qua voce alia nisi oratoris immortalitati commendatur?", auf Deutsch also: „Die Geschichte aber, die Zeitzeugin, das Licht der Wahrheit, die lebendige Erinnerung, die Schule des Lebens, die Künderin alter Zeiten [...]." Vgl. zu der ciceronianischen Wendung und ihrer Rezeption auch Landfester 1992 und Teich/Müller 2005.
[271] Bustamante 1985, Bd. I: 1. Antonio Annino situiert diese auf die moralische Überzeugungskraft eines einprägsamen Exemplum zurückgreifende Vorgehensweise in Rahmen eines größeren Ganzen, wenn er schreibt: „[P]ara Bustamante, escribir la historia de México y de su libertad era tratar de explicar cómo la patria se ubicó en la civilización cristiana, liberándose de la falsa ubicación impuesta por España. Aquí está el núcleo de su pedagogía cívica, de su estilo, que muchas veces recuerda al sermón, salpicado de buenas citas clasicistas; construido otras veces, como un catecismo cívico, y siempre estructurado alrededor de un exemplum mirabilis, susceptible de comunicar al lector, con emoción, el sentido moral de los acontecimientos." (Annino 2008: 35–36).
[272] „Formados en la escuela de la sabiduría y de los trabajos, oiremos tus consejos, y seguiremos tus lecciones como dictadas por un maestro deseoso de nuestro bien, y ocupado de tiempos atrás en exaltar la gloria del imperio de Moctezuma." (Bustamante 1985, Bd. I: 2).

Weise zeigt das Beispiel von fray Servando, das hier an so prominenter Stelle am Anfang des *Cuadro histórico de la Revolución Mexicana* steht, worum es Carlos María de Bustamante darin zu tun ist: Wenn fray Servandos *Historia de la Revolución de Nueva España* zum Vorbild für das eigene historiographische Projekt erklärt wird, dann wegen der Wirkung, die sie Bustamante zufolge auf Akteure der Zeitgeschichte wie Agustín de Iturbide gehabt hat. Eine solche Wirkung möchte auch er mit seinem *Cuadro histórico* erzielen, deshalb setzt er sein Projekt in eine direkte Beziehung zu dem Vorbild der *Historia de la Revolución* und betont, auch wenn er natürlich nicht wissen könne, ob sein Werk ebenso fruchtbar sein werde wie das von fray Servando, wolle er es doch nicht unversucht lassen.[273] Die Anekdote von Agustín de Iturbides fray-Servando-Lektüre macht deutlich, dass „Geschichte schreiben" für Bustamante immer „Schreiben auf eine Wirkung hin" ist, und dass diese Wirkung immer eine didaktische im Sinne einer moralischen Belehrung sein muss: Wenn sie bereit sind, aus der Geschichte zu lernen, dann können Menschen zu besseren Bürgern ihrer Nation werden, diese Botschaft ist es, die der Erzähler des *Cuadro histórico de la Revolución Mexicana* mit seiner Anekdote vermitteln will.

Vor diesem Hintergrund muss dieses Werk aber im Kontext der politischen Ereignisse aus der Zeit seiner Entstehung gelesen werden. Denn auch wenn sich Bustamantes Vorgehensweise und seine Ziele durchaus in dem abstrakten Grundsatz von der Geschichte als Lehrmeisterin des Lebens zusammenfassen lassen, ist es doch eine sehr konkrete Lehre, die seiner Meinung nach aus der Geschichte der Unabhängigkeitskriege zu ziehen ist: Es geht ihm darum, der Nation auf der Grundlage einer gemeinsamen Geschichte den Weg in eine gemeinsame Zukunft aufzuzeigen und dadurch das Schreckgespenst der Uneinigkeit und Zersplitterung zu bannen, das ihn und die anderen Gründerväter der mexikanischen Nation in jenen ersten Jahren nach Erreichen der Unabhängigkeit nicht ohne Grund umtrieb.[274] Die fünf langen Bände der zweiten Ausgabe des *Cuadro histórico* sind, wenn man sie so liest, nichts weiter als ein Plädoyer für die Einheit der unabhängigen mexikanischen Nation, und entsprechend scheut ihr Verfasser auch nicht davor zurück, dieses Plädoyer für die Einigkeit und gegen die Zersplitterung in unterschiedliche politische Fraktionen explizit zu formulieren:

> Compatriotas, permitidme que en los momentos mismos en que os veo agitados, y que este gran negocio ocupa la atencion de las cámaras, cuando miro con dolor asediados los congresos de los estados por chusmas de hombres á quienes ha conmovido la ronca y fatal voz de

---

[273] Vgl. Bustamante 1985, Bd. I: 2.
[274] Vgl. Villoro 2010: 211–241. Villoro spricht in diesem Zusammenhang von einer „revolución desdichada", die ihren Nachfolgern ihre ungelösten Probleme vererbt habe (Villoro 2010: 211).

las lógias, salida como de sepulcros, en medio de las tinieblas y espectros pavorosos, os conjure por la inocente sangre de vuestros compatriotas derramada en las batallas y en los suplicios por compraros la libertad que ahora gozais, que leais en estas páginas los tristes resultados del desórden; este, y no otro objeto, mueve mi pluma para presentaros cuadros tan horribles [...]. La historia se escribe para que arreglen los pueblos su conducta, y las lecciones de la esperiencia les sirva [sic] de regla para ajustar á la razon las operaciones de lo presente. La de nuestra revolucion está escrita con sangre, pero que aun humea: temamos mucho que la relacion de nuestras locuras se escriba para las edades venideras con la sangre que derramen los que hoy las hacen [...].[275]

Bustamantes Sorge bezieht sich darauf, dass das politische Spektrum Mexikos jetzt, nachdem die Unabhängigkeit einmal erreicht ist und die spanische Despotie endlich ein Ende gefunden hat, in einzelne Fraktionen zersplittern und das Land dann nach außen nicht mehr geeint auftreten könnte.[276] Ausdrücklich macht er an anderer Stelle den Ehrgeiz der liberalen Gruppierungen für diese von ihm befürchtete Zersplitterung verantwortlich,[277] und wenn er die fehlende Einigkeit für das schlimmste zu befürchtende Szenario hält, dann, weil sie seiner Meinung nach gleichzusetzen wäre mit einem Rückfall in die Verheerungen des gerade erst überstandenen Bürgerkriegs. Deshalb ist die Metaphorik in der zitierten Passage so sprechend: Mit Personifikationen wie der von der „fatal voz de las lógias, salida como de sepulcros, en medio de las tinieblas y espectros pavorosos" verweist Bustamante nicht nur (mit dem Adjektiv „fatal") auf die Macht des Schicksals, der die Geschehnisse in Mexiko nach wie vor unterliegen, sondern vor allem (mit den Substantiven „sepulcros", „tinieblas" und „espectros") auf die gefährliche Lebensfeindlichkeit derer, die das Schicksal der jungen Nation jetzt bestimmen wollen. Diese Gefahr sucht er zu bannen, indem er in seinem *Cuadro histórico* auf die Überzeugungskraft des historischen Beispiels setzt.

---

275 Bustamante 1985, Bd. I: 165–166.
276 Die *logias*, die Bustamante hier anspricht, sind in diesem Zusammenhang frühe Formen der parteipolitischen Organisation in den hispanoamerikanischen Staaten nach der Unabhängigkeit und stehen tatsächlich in einem unmittelbaren Zusammenhang mit den im Kontext von fray Servandos Zugehörigkeit zu der von Francisco de Miranda gegründeten *Sociedad de Caballeros Racionales* bereits erwähnten freimaurerischen Logen. Vgl. allgemein zur Rolle dieser Logen für die Unabhängigkeit Pasquali 2001. Vgl. zum Horizont zeitgenössischer Politik in Bustamantes *Cuadro histórico* auch Castelán Rueda 1997: 237–243.
277 „¡[Q]ue estragos tan funestos ha producido en este suelo de paz el azote terrible de una guerra civil!... ¿Y aun hay quien la turbe con proyectos ambiciosos? ¡Ojalá y que esta fuera la escuela a donde viniesen esos monstruos a meditar sobre el resultado de sus atrevidas hipótesis!... esos anarquistas, esos hombres que á fuer de liberales son unos criminales desorganizadores de los principios mas sencillos y reconocidos por sacrosantos en toda humana sociedad!" (Bustamante 1985, Bd. III: 136). Ähnlich unter anderem auch die Argumentation in: Bustamante 1985, Bd. II: 107, 281 und 399–400. Vgl. auch Castelán Rueda 1997: 235.

Historia magistra vitae: Dieser Überzeugung Bustamantes gehorcht seine Darstellung von José María Morelos und den von ihm angeführten *insurgentes* als tugendhafte und tapfere Vorbilder, aber auch das abschreckende Beispiel von Félix María Calleja; diese Überzeugung manifestiert sich in einer Reihe von Passagen, in denen der Erzähler Geschehnisse aus dem Bürgerkrieg skizziert, bei denen Zwistigkeiten unter den Aufständischen beinahe den Erfolg der ganzen independentistischen Unternehmung aufs Spiel gesetzt hätten,[278] und diese Überzeugung ist es nicht zuletzt, die ihn dazu veranlasst, immer wieder an den Gemeinsinn seiner Protagonisten und dadurch auch an den seiner Leserinnen und Leser appellieren. So beschreibt er etwa die Missgunst, mit welcher der aufständische General Rayón auf die Beförderung eines Konkurrenten reagiert habe, und die aus dieser Missgunst folgenden „desgracias", nämlich Niederlagen gegen die Spanier; so führt er die der Missgunst zugrundeliegende Uneinigkeit auf die jahrhundertelange Herrschaft der Spanier zurück, die ausschließlich auf dem Prinzip „divide y mandarás" gegründet habe, und so verlagert er schließlich die Lösung des Problems in die Zukunft, in der spätere Generationen aus den Exempla der Geschichte gelernt haben würden, sich endlich von diesem unheilvollen Prinzip zu lösen.[279]

Historia magistra vitae: Dieser Topos und vor allem dessen Auflösung in der Neuzeit steht im Mittelpunkt eines Aufsatzes des Historikers Reinhard Koselleck aus dessen Band *Vergangene Zukunft. Zur Semantik vergangener Zeiten*.[280] Vor dem Hintergrund der Überlegungen Kosellecks scheint Bustamantes Festhalten an dem Satz von der Geschichte als Lehrmeisterin des (politischen) Lebens tatsächlich anachronistisch zu sein. So weist Koselleck nach, dass und auf welche Weise der jahrhundertealte Topos vor dem Hintergrund „neuzeitlich bewegter Geschichte" (und also in der Sattelzeit um 1800, die er an anderer Stelle ausführ-

---

[278] Etwa in Bustamante 1985, Bd. II: 355–356. Hier urteilt der Erzähler über Vater und Sohn Villagrán, die beide auf Seiten der *insurgentes* kämpften, aber deren Erfolg durch ihr Verhalten stark gefährdeten: „Jamás podremos recordar la memoria de los Villagranes sin estremecernos; estaban reñidos con el órden, y eran incapaces de someterse á sus principios; fueron unas plagas tan funestas á la nacion como los mismos españoles: burláronse de la autoridad suprema que gobernaba entonces la República: comprometieron al presidente de la junta Rayon: llenaron de escándalo y de calamidades á los pueblos sobre quienes pesaron, y al fin corrieron la suerte comun á los hombres anárquicos; siendo mucho de estrañar que no hubiesen perecido antes por la perfidia y traicion de sus asociados. [...] ¡Ojalá y que estos fuesen los únicos ejemplares que pudiera presentar nuestra historia!"
[279] Vgl. Bustamante 1985, Bd. III: 45–46.
[280] Vgl. Koselleck 1989.

lich beschrieben hat) fragwürdig geworden ist.[281] Koselleck konstatiert, dass die Langlebigkeit des Topos bis zum 18. Jahrhundert „ein untrügliches Indiz für die hingenommene Stetigkeit der menschlichen Natur" und die aus dieser Stetigkeit resultierende Kontinuität von „Vergangenheit und Zukunft" gewesen sei,[282] dass aber genau diese Stetigkeit und Kontinuität vor dem Hintergrund der Aufklärung und vor allem der Französischen Revolution dann massiv in Frage gestellt worden seien: „Die neue Geschichte gewann eine ihr eigentümliche zeitliche Qualität, deren verschiedene Tempi und wechselnde Erfahrungsfristen einer exemplarischen Vergangenheit die Evidenz nahmen."[283] Auffällig ist nun aber, dass den Mexikaner Carlos María de Bustamante eben jener Erfahrungswandel überhaupt nicht zu betreffen scheint, den Koselleck für die Zeit um 1800 in Europa diagnostiziert: Trotz der Umwälzungen der mexikanischen Unabhängigkeitsrevolution, trotz deren ideologischer Begründung durch die Philosophie der Aufklärung (der er sich ja ausdrücklich anschließt) und trotz des unmittelbaren kausalen Zusammenhangs der hispanoamerikanischen *Independencia* mit den napoleonischen Kriegen in Europa hält Bustamante an dem alten Lehrsatz von der Geschichte als Lehrmeisterin des Lebens fest und gründet darauf sein historiographisches Werk. Fast mag es scheinen, als verharre er außerhalb der Reichweite der von Reinhart Koselleck als so wesentlich beschriebenen neuzeitlichen Umbrüche und deren Auswirkungen auf das menschliche Bewusstsein, und als setze er trotz seines Bewusstseins für den Bruch, den die Unabhängigkeit ja gerade für ihn als aktiven Teilnehmer der Revolution dargestellt hat, auf eine davon unberührt bleibende tiefere Kontinuität der Geschichte.[284]

Der Glaube an die Kontinuität menschlicher Verhaltensweisen und die daraus resultierende Überzeugung von der Nützlichkeit der aus der Geschichte zu ziehenden Lehren, die Bustamantes Geschichtsbild auf diese Weise trotz des offenkundigen und von ihm ausdrücklich als solchen inszenierten Bruchs der Revolution ausmachen, finden ihren Ausdruck auch in den historischen Parallelen, die er immer wieder zur Erklärung der geschichtlichen Ereignisse bemüht, von denen er in seinem *Cuadro histórico de la Revolución Mexicana* berichtet: „¡[H]e aquí a los españoles de principios del siglo XIX, en nada diversos de los del siglo XVI",[285] ist

---

281 Vgl. zur „Sattelzeit" Koselleck 1979a.
282 Koselleck 1989: 40 und 45.
283 Koselleck 1989: 46.
284 Tatsächlich beschreibt Roberto Castelán Rueda Carlos María de Bustamante in einem anderen Zusammenhang als typischen Vertreter einer von Zweifeln und Unsicherheiten geprägten Epoche, in der sich moderne Diskurse mit den Beharrungskräften von überkommenen Wissensbeständen und Traditionen konfrontiert sahen (vgl. Castelán Rueda 1997: 366–367).
285 Bustamante 1985, Bd. II: 427.

zum Beispiel ein Satz, in dem diese Überzeugung von der historischen Kontinuität der Ereignisse und Akteure explizit und exemplarisch zum Ausdruck kommt.[286] Sein Festhalten an der erzieherischen Kraft der geschichtlichen Exempla geht dabei immer einher mit einem klaren Bewusstsein von seiner eigenen Rolle als Historiker. Diese Rolle reflektiert er an verschiedenen Stellen in seinem Werk, und er definiert sie ausgehend von der didaktischen Zielsetzung seines historiographischen Werkes. Eine wiederkehrende Formulierung ist in diesem Zusammenhang diejenige von der „ley de historiador". Dabei wird zwar niemals explizit formuliert, was genau dieses Gesetz besagen mag, aber der Kontext, in dem die Formulierung auftaucht, legt nahe, dass darunter Bustamantes Anspruch auf Vollständigkeit, Ausgewogenheit und Unvoreingenommenheit ebenso zu subsumieren ist wie seine Überzeugung von der Rolle der Geschichte als Lehrmeisterin des Lebens:

> Este es el hilo de oro que deberá guiar á V. en el laberinto de esta historia: duélome de presentarlo; pero no puedo faltar á la ley de historiador. Tal vez podia servir de leccion práctica, aunque terrible á nuestros compatriotas, para que sepan conducirse en lo succesivo [sic] en el cúmulo de intrigas con que los hombres de bien tendrán que luchar.[287]

Mit der Formulierung „el laberinto de esta historia" bezieht sich Bustamante selbstverständlich eher auf die Geschichte im Sinne von Narration und weniger auf die Geschichte im Sinne von Historie – darauf deutet das Demonstrativpronomen hin, das er hier verwendet. Dennoch gibt es in seinem Text auch eine Reihe von Passagen, in denen er sich auf die grundsätzliche und von den Narrationen allenfalls intensivierte Verworrenheit der Historie selbst bezieht, etwa wenn er schreibt:

> El campo de nuestra historia es muy vasto, las relaciones hasta aquí publicadas son defectuosas, y no acierto en este bosque umbrío y lleno de malezas á tomar la hacha para desmontarlo; voy pues á probar mis fuerzas para acometer esta empresa, y á continuar el curso de aquellos acontecimientos, siguiendo el órden posible en que ocurrieron los sucesos en medio de un laberinto cuyo hilo apenas puedo tomar por la punta.[288]

Wenn er die Geschichte und ihre bisherigen Darstellungen hier als einen dunklen Wald beschreibt, in dessen labyrinthischer Struktur man Gefahr läuft, sich zu verlieren, dann gründet Bustamantes Selbstverständnis als Historiker auf seiner

---

[286] Die Überzeugung von der Möglichkeit einer solchen Parallelisierung der Spanier seiner Gegenwart mit denen aus der Zeit der *Conquista* teilt Bustamante (wie bereits dargestellt) mit fray Servando Teresa de Mier. Vgl. dazu noch einmal Mier 1990: 313–314 und Kapitel 2.1.4 Kerkyräer und Korinther.
[287] Bustamante 1985, Bd. II: 204. Ähnliche Formulierungen, die Pflichten des Historikers betreffend, finden sich unter anderem auf S. 274, 315 und 343.
[288] Bustamante 1985, Bd. I: 279.

Überzeugung von seiner Fähigkeit, seinen Leserinnen und Lesern einen Ariadnefaden an die Hand geben zu können, der sie schließlich doch den Weg aus dem Labyrinth heraus weisen wird. Ein solcher Faden ist und bleibt für ihn die Überzeugung von der Mission des Historikers als Erzieher der Nation. Am Ende des zweiten Bandes seines *Cuadro histórico de la Revolución Mexicana* vergleicht er seine eigene Unternehmung so mit derjenigen des Evangelisten Johannes, der wie er selbst Geschichte geschrieben habe. Allerdings bestehe zwischen einem solchen „historiador sagrado" und einem „historiador profano", wie er selbst einer ist, eben doch ein gravierender Unterschied. Während nämlich der Blick des Evangelisten auf die Geschichte von Ruhe und Distanz gekennzeichnet sei, fehlten diese Eigenschaften dem Historiker der weltlichen Geschichte.[289] Gerade deshalb hofft Carlos María de Bustamante aber, dass sein historiographisches Werk seiner Nation zu Ruhm und Ehre verhelfen möge: Das Denkmal für die Unabhängigkeit, das er mit diesem Werk errichtet, dient auch dazu, dem unabhängigen Mexiko den Platz unter den aufgeklärten und zivilisierten Nationen zu sichern, der ihm in Bustamantes Augen immer schon zukommt.[290]

---

[289] Vgl. Bustamante 1985, Bd. II: 428. Vor diesem Hintergrund ist der (allerdings durchaus bissige) Kommentar von Christopher Domínguez Michael interessant, der Bustamantes *Cuadro histórico* ausdrücklich mit der Bibel vergleicht: „El Cuadro histórico de la revolución mexicana aspira a ser el libro fundador de la nacionalidad y sería una Biblia completa de no faltarle un Nuevo Testamento, es decir, las instrucciones provenientes del cielo para fundar una verdadera república cristiana tan perdurable como la Iglesia de Pedro y Pablo. Morelos es un Moisés, héroe libertador y legislador, que muere en la raya. En la cuenta histórica mexicana, recomenzada en 1821 con la Independencia, y en el libro de Bustamante que la inmortaliza le falta la encarnación de un Cristo; las mudanzas y requiebros en la vida del profeta Bustamante expresan tristemente esa carencia de consumación escatológica. Y a falta de un nuevo profeta, la tierra prometida se pierde para siempre en el horizonte." (Domínguez Michael 2019: 60).

[290] In diesem Sinne kann man auch das Vorwort lesen, das Bustamante der zweiten Auflage seines *Cuadro histórico de la Revolución Mexicana* aus den vierziger Jahren voranstellt. Hier rechtfertigt er sich gegen Angriffe auf die erste Auflage des Werkes, indem er auf die Rezeption namentlich eine lobende Rezension zitiert, die der im Londoner Exil lebende liberale spanische Autor Pablo de Mendíbil dort in dem stark transatlantisch orientierten Verlag von Rudolph Ackermann veröffentlicht habe. Bustamante zitiert den Autor dieser Rezension nun unter anderem ausdrücklich mit Worten, in denen schon dieser sich auf das *Cuadro histórico* als „Denkmal" bezieht: „El autor del *Cuadro Histórico* ha erijido á su pátria un monumento muy estimable de memorias que podrán servir como el primer cimiento sobre que se levante el edificio histórico de la revolución mexicana [...]." (Bustamante 1985, Bd. I, V). Vgl. zu dem Londoner Verlag von Rudolph Ackermann auch Kapitel 3.2.4 Transatlantic Romanticism?.

2.3 Die ordnende Kraft der Analyse: Lucas Alamán und seine *Historia de Méjico* (1849–1852)

Zu Beginn des Jahres 1849, wenige Monate nach dem Tod von Carlos María de Bustamante, erscheint in Mexiko-Stadt eine detaillierte biobibliographische Skizze über den verstorbenen Historiker. Sie trägt den Titel *Noticias biográficas del licenciado Don Carlos María de Bustamante y juicio crítico de sus obras*, und ihr Verfasser zieht es vor, sich nicht namentlich zu erkennen zu geben. Stattdessen verbirgt er sich hinter der Formel „un amigo de D. Carlos y más amigo de la verdad", und die leise Ironie dieser Formel ist Programm: So zeichnet sich die Biographie tatsächlich nicht nur durch ihre profunde Kenntnis der Person, des Lebens und des Werks von Carlos María de Bustamante aus, sondern vor allem durch ihre distanzierte Haltung gegenüber dessen angeblich naiver Parteinahme für die Unabhängigkeit und seiner in diesem Sinne tendenziösen Vorgehensweise als Historiker: „Grande sin duda ha sido el daño que D. Carlos Bustamante ha causado con la errónea opinión que con sus escritos especialmente con el Cuadro Histórico, ha hecho formar de los sucesos desde 1808 en adelante."[291]

Der wahrheitsliebende Freund, der dieses strenge Urteil über Bustamantes Werk fällt, ist der 1792 in Guanajuato geborene Bergbauingenieur, Politiker und Historiker Lucas Alamán. Dieser ist in der zweiten Hälfte der vierziger Jahre des 19. Jahrhunderts, zu dem Zeitpunkt also, zu dem seine Bustamante-Biographie erscheint, selbst mit einem umfangreichen Werk über die Unabhängigkeitsrevolution befasst. Der erste Band seiner *Historia de Méjico desde los primeros movimientos que prepararon su independencia en el año de 1808 hasta la época presente* erscheint in demselben Jahr wie der Nachruf auf Carlos María de Bustamante, vier weitere Bände folgen in regelmäßigen Abständen bis 1852.[292] Vor dem Hintergrund dieser zeitlichen Korrelation ist es nicht verwunderlich, dass die in der biographischen Skizze unternommene freundschaftliche Kritik an Bustamante ihre Entsprechung in einer kontinuierlichen Auseinandersetzung mit dessen historiographischem Werk auch in der *Historia de Méjico* findet. Diese Auseinandersetzung findet tatsächlich unter genau den Vorzeichen statt, die Alamáns Selbstbeschreibung als „amigo de la verdad" vorgegeben hatte: Auch die *Historia de Méjico* beschreibt Bustamante immer wieder als einen Historiker, der es mit der Wahrheit nicht allzu genau nimmt und dessen Werk deshalb unzuverlässig und inkohärent ist. So finden sich allein im ersten Band dieser *Historia de Méjico* beispielsweise mindestens 15 Fußnoten, in denen Lucas Alamán mit großer Insistenz Zahlen, Daten und Fak-

---

291 Alamán 1849: 45–46.
292 Vgl. Alamán 1849–1852. In der Folge werde ich (wenn nicht anders angegeben) aus der *edición facsimilar* des Fondo de Cultura Económica zitieren (Alamán 1985, Bd. I–V).

ten aus Bustamantes *Cuadro histórico de la Revolución Mexicana* und insbesondere auch dessen Folgerungen aus diesen Zahlen, Daten und Fakten kommentiert, und in denen er unweigerlich zu dem Schluss kommt, Carlos María de Bustamante habe das umfangreiche Material, mit dem er gearbeitet hat, allzu freihändig seinen ideologischen Zielen untergeordnet:

> Lo mas extraño es que Bustamante, ha tenido á la vista el mismo proceso de la correjidora de Querétaro, y todos los documentos originales de que yo he sacado todos estos datos, y ha podido preguntar á las mismas personas fidedignas de quienes yo me he informado, y el no haberlo hecho, no prueba en el escritor mucho deseo de contar la verdad y presentarla con exactitud.²⁹³

Die (historische) Wahrheit und die (narrative) Genauigkeit, mit der diese Wahrheit zu präsentieren ist: In der Auseinandersetzung mit Bustamante formuliert Lucas Alamán hier implizit die Kriterien, die er auch für sich selbst und für sein eigenes historiographisches Werk für maßgeblich hält. Natürlich ist dabei nicht von der Hand zu weisen, dass Alamáns kritische Reaktion auf Bustamantes Version der Geschichte der Unabhängigkeitskriege auch und wahrscheinlich vor allem auf ideologischen Differenzen zwischen ihm selbst und seinem Vorläufer beruht – Differenzen, die in entscheidendem Maße dafür verantwortlich sind, dass die beiden Historiker die Geschehnisse zwischen 1808 und 1821 sehr unterschiedlich beurteilten. Dennoch zielt Alamáns Kritik an Bustamantes historiographischem Werk nicht nur auf dessen Überzeugung von der Notwendigkeit der Unabhängigkeit und dem Heldentum der *insurgentes*, sondern eben auch auf die Art und Weise, wie er dieser Überzeugung Ausdruck verleiht: „El Cuadro Histórico no tiene un plan regular, y quien de antemano no sepa la historia de la revolucion que en él se describe, no es fácil que acierte á salir de la confusion en que le pone la falta de hilacion en los sucesos."²⁹⁴

---

293 Alamán 1985, Bd. I: 243. Ähnlich auch 41, 80, 106–107, 118, 125, 205, 242, 253, 277, 308, 314, 320. Hier spricht Alamán unter anderem auch ausdrücklich von „las infieles reticencias que [Bustamante] acostumbra" (Alamán 1985, Bd. I: 320).
294 Alamán 1849: 47. Ähnliche Vorwürfe sind im Übrigen im Laufe der Zeit und vermutlich im Gefolge von Alamán immer wieder gegen Bustamante erhoben worden. Vgl. etwa Luis Martin, der die beiden Historiker explizit gegeneinander ausspielt, wenn er schreibt: „Bustamante wrote five volumes of a dull, almost unreadable compilation of facts and documents. Alamán puts flesh and blood to these bones [...]." (Martin 1975–1976: 242). Ähnlich Florescano 2002: 301. Hier heißt es über Bustamantes *Cuadro histórico de la Revolución Mexicana*: „Se trata de una acumulación de documentos mezclada con comentarios desordenados del propio Bustamante, difícil de entender por la anarquía de los asuntos tratados y la intromisión de anécdotas y asuntos triviales." Vgl. zu der angeblichen Konfusion von Bustamantes *Cuadro histórico* auch Kapitel 2.2.3 Emotion, Kompilation, Brieffiktion.

Der Vorwurf der Zusammenhanglosigkeit und Konfusion, den Lucas Alamán hier gegen Bustamante erhebt, ist nun nicht nur im Zusammenhang mit der Frage danach bezeichnend, wie Geschichte im Allgemeinen zu schreiben sei, sondern auch mit Blick auf Alamáns Interpretation der spezifischen historischen Situation, in der sich Mexiko in dieser ersten Hälfte des 19. Jahrhunderts befindet. Beides ist in der Konzeption des mexikanischen Historikers eng miteinander verbunden. So stellt dieser dem ersten Band seiner *Historia de Méjico* ein Vorwort voraus, in dem er über die Ziele Auskunft gibt, die er mit seinem historiographischen Projekt verfolgt, und über die Vorgehensweisen, deren er sich zum Erreichen dieser Ziele bedienen möchte. Wie vor ihm schon Carlos María de Bustamante vertritt auch Lucas Alamán in diesem Zusammenhang die Überzeugung von der erzieherischen Kraft der historischen Exempla, allerdings steht diese Funktion der Geschichte bei ihm weniger im Vordergrund, als sie das in Bustamantes *Cuadro histórico de la Revolución Mexicana* getan hatte. Stattdessen geht es Alamán vor allem um die ordnungstiftende Rolle der Historiographie. So erklärt er in seinem Vorwort von 1849, der Nutzen der Geschichte bestehe weniger in der bloßen Kenntnis der einzelnen Ereignisse, als vielmehr in derjenigen von deren innerer Verkettung in einer Abfolge von Ursachen und Wirkungen:

> [M]i principal atencion ha sido, considerando el conjunto de los sucesos, desde los primeros movimientos del año de 1808 hasta la época en que escribo, demarcar bien las ideas que se presentaron desde el principio, como base y medios de la revolucion y seguirlas en todo su progreso: hacer notar el influjo que tuvo sobre la moralidad de la masa de la poblacion el primer impulso que á aquélla se dió, y las consecuencias que ha producido el pretender hacer cambiar no solo el estado político, sino tambien el civil, atacando las creencias religiosas y los usos y costumbres establecidos, hasta venir á caer en el abismo en que estamos.[295]

Wenn Alamán die mexikanische Nation seiner Gegenwart wenige Zeilen später als „víctima de la ambicion extrangera y del desórden interior" bezeichnet,[296] dann wird deutlich, worauf seine Kritik an den Verhältnissen nach der Unabhängigkeit zielt und welche Rolle er seinem eigenen historiographischen Werk in diesem Zusammenhang zuschreibt: So hält er es einerseits für möglich, dass künftige Generationen aus den Fehlern der Gründerväter der mexikanischen Nation lernen können und dass so die Ordnung wieder hergestellt wird, die seiner Meinung nach durch die Unabhängigkeitsrevolution verloren gegangen ist. Sein historiographisches Werk hätte dann den Zweck, diese Wiederherstellung der Ordnung zu befördern. Andererseits hält es der konservative Historiker aber auch für denkbar, dass die junge Nation in ihrem postrevolutionären Chaos untergeht; dann aber könnte

---

[295] Alamán 1985, Bd. I: 8.
[296] Alamán 1985, Bd. I: 8.

sein Werk immerhin dazu dienen, den anderen unabhängigen amerikanischen Nationen das Beispiel Mexikos als Mahnung vor Augen zu führen und so immerhin *deren* Ordnung und Zusammenhalt für die Zukunft zu garantieren.

In jedem Fall geht es ihm mit seiner Darstellung aber auf der inhaltlichen Ebene um die durch die Unabhängigkeit und die ihnen vorangegangenen Auseinandersetzungen verlorene und jetzt im besten Falle wiederherzustellende Ordnung der Gesellschaft. Deshalb gründet die innere Struktur seiner umfangreichen *Historia de Méjico* ganz auf dem Gegensatzpaar „Ordnung und Anarchie", und wenn seine Darstellung dieses Verhältnisses vor allem darum bemüht ist, der Konfusion dessen, was beschrieben wird, mit der Ordnung der Beschreibung selbst zu begegnen, dann deshalb, weil in seiner Vorstellung eine solche narrative Ordnung schon ein erster Schritt hin zu einer auch außerhalb der Narration wieder in Kraft gesetzten Ordnung sein könnte. Der an Bustamante gerichtete Vorwurf der Konfusion ist in diesem Zusammenhang also weit mehr als nur eine Stilkritik: Er zeugt von einem grundsätzlich anderen Verständnis von der Reichweite und der Aufgabe der Historiographie. Das sich anschließende Kapitel zu Lucas Alamán und seiner *Historia de Méjico* geht deshalb in vier Schritten der Frage nach der Rolle der Historiographie im Zusammenhang mit dem Spannungsverhältnis von Anarchie und Ordnung nach. Dazu wird in einem ersten Schritt die Ordnung thematisiert, die Alamán zufolge *das* entscheidende Charakteristikum des Vizekönigreichs Neuspanien vor der Revolution gewesen ist; daran schließt sich folgerichtig ein Kapitel zu der in seiner Vorstellung in der Folge auftretenden Unordnung der Unabhängigkeitsbewegung an. Das dritte Unterkapitel widmet sich dann Alamáns Bemühungen, zumindest in seinem Text selbst wieder eine Art von Ordnung herzustellen durch bestimmte Schreibweisen, die er gezielt gegen die Unordnung und das Chaos der ihn umgebenden Welt einsetzt. Der vierte und letzte Abschnitt untersucht schließlich vor diesem Hintergrund die historische Konzeption, die seinem historiographischen Projekt zugrunde liegt, und die Ziele, die er damit verfolgt.

2.3.1 Ordnung: Das Vizekönigreich Neuspanien

In seiner Biographie über Lucas Alamán macht José C. Valadés dessen Auseinandersetzung mit Carlos María de Bustamante in dem Nachruf von 1849 dafür verantwortlich, dass Alamán überhaupt vom Politiker zum Historiker geworden sei: „Si Alamán había sido estadista, ahora era historiador."[297] Und tatsächlich verfolgt Ala-

---

[297] Valadés 1977: 447. Enrique Plascencia de la Parra weist darauf hin, dass es letztlich der Tod Carlos María de Bustamantes gewesen sei, der Alamán dazu bewegt habe, seine *Historia de Méjico* schon zu Lebzeiten zu veröffentlichen: „Aunque él [Alamán] alude que fue por el incentivo que varios amigos le daban, lo cierto es que la muerte de Bustamante determinó su decisión,

mán schon mit seiner anonym veröffentlichten Bustamante-Biographie einen Anspruch, der wesentlich weiter reicht als nur auf die Darstellung von bloßen biographischen Eckdaten. Aus diesem Grund wird die Figur Carlos María de Bustamante im Verlauf der kleinen biographischen Skizze aus den historischen Gegebenheiten heraus entwickelt, in die sie eingebunden ist und auf die sie reagiert. So schildert Alamán den jungen Anwalt Bustamante und seine Prozesse vor allem deshalb mit großer Ausführlichkeit, weil ihm diese Schilderung die Gelegenheit bietet, auf die Kontakte seines Protagonisten mit den angesehensten Repräsentanten des Vizekönigreichs zu verweisen; und so erwähnt er Bustamantes journalistische Aktivitäten insbesondere aus dem Grund, weil sie zunächst in der Auseinandersetzung mit der vizeköniglichen Zensur und später (nach deren Abschaffung) in ihrer Ausnutzung der Pressefreiheit Indikatoren für den Wandel des gesellschaftlichen Klimas in Neuspanien sind.[298] Verborgen hinter der Darstellung des Lebens und des Werkes von Carlos María de Bustamante scheint auf diese Weise immer schon eine Art Biographie des historischen Raumes auf, in dem sich dieses Leben und dieses Werk entwickelt haben, und Lucas Alamán ist sich dieser Interrelation durchaus bewusst, wenn er Bustamantes öffentliches Wirken vor dem Horizont der Unabhängigkeitsrevolution folgendermaßen reflektiert:

> La revolucion iba á abrir bien pronto al Lic. Bustamante un campo mas amplio y turbulento en que ejercer su patriotismo y su incansable actividad. No pretendo entrar en todos los pormenores de su vida pública, pues para ello sería menester formar la historia general del pais con la que están ligados todos los sucesos de aquella: obra mucho mas larga que lo que permite la extension de un artículo biográfico, por lo que habré de limitarme á tocar sólo los puntos principales.[299]

Das, was sich der Historiker an dieser Stelle noch ausdrücklich versagt, wird er dann an anderer Stelle aber doch leisten: Alamáns *Historia de Méjico desde los primeros movimientos que prepararon su independencia en el año de 1808 hasta la época presente* ist tatsächlich eine umfassende und allgemeine Darstellung der Geschichte desjenigen Landes, mit dessen Geschicken der Lebenslauf von Carlos María de Bustamante auf so unauflösliche Art und Weise verbunden ist. In seinem Vorwort zum ersten Band von 1849 erklärt Lucas Alamán die Entstehung dieser *Historia de Méjico* aus einer von ihm seit Mitte der vierziger Jahre konti-

---

pues la Historia es –entre muchas otras cosas– una refutación, un enorme alegato en contra del *Cuadro histórico* de Bustamante." (Plascencia de la Parra 2001: 325). Vgl. auch Plascencias Beurteilung der Bedeutung Bustamantes innerhalb der Gesamtheit der von Alamán benutzten Quellen (Plascencia de la Parra 2001: 343–344).
298 Vgl. Alamán 1849: 10 und 13.
299 Alamán 1849: 11–12.

nuierlich betriebenen Beschäftigung mit der mexikanischen Geschichte heraus, die zunächst ihren Niederschlag in drei Bänden mit *Disertaciones* über die Entwicklung Neuspaniens seit der *Conquista* gefunden habe. Der dritte Band dieser *Disertaciones* hätte eigentlich mit dem Ausbruch der Unabhängigkeitskriege seinen Abschluss finden sollen, aber die Veröffentlichung dieses letzten Bandes sei bislang durch politische Verwicklungen verhindert worden („la serie no interrumpida de trastornos políticos que desde entónces se han seguido"), wie Lucas Alamán betont. Da nun aber die drei *Disertaciones* mit ihrer Beschreibung von drei Jahrhunderten spanischer Kolonialverwaltung in Mexiko ohnehin nur als „introducción á la historia de la independencia" gedacht gewesen seien, habe er die Veröffentlichung des letzten Bandes einstweilen aufgeschoben, um stattdessen durch die Beschäftigung mit der Geschichte der Unabhängigkeit zum Kern der Fragen vordringen zu können, die ihn eigentlich beschäftigten.[300]

Wie es schon Carlos María de Bustamante in seinem *Cuadro histórico de la Revolución Mexicana* immer wieder getan hatte, so betont in seinem Vorwort auch sein Nachfolger Alamán seine persönliche Involviertheit in die Geschichte, die zu schreiben er sich anschickt, und auch Alamán hebt hervor, dass seine Beteiligung an den Geschehnissen ihn in besonderer Weise für deren Darstellung qualifiziere. Diese Bemerkungen finden allerdings in einem Rahmen statt, der sich von den im Verlauf von Bustamantes *Cuadro histórico* immer wieder eingestreuten Versicherungen der Augenzeugenschaft des sich erinnernden Historikers deutlich unterscheidet. Alamáns Anspruch ist insofern systematischer, als es derjenige von Bustamante gewesen war, als er seine unmittelbare Beteiligung an der zu beschreibenden Historie von Beginn an als abgeschlossen und seinen Bericht über diese Historie deshalb als nachzeitig beschreibt. Anders als bei Carlos María de Bustamante glüht bei Lucas Alamán, so zumindest sein Anspruch, unter der Asche des Bürgerkriegs keine verborgene Glut mehr weiter:

> Mi posicion en el tiempo en que he escrito, me ha colocado en la situacion mas ventajosa para juzgar con imparcialidad de todo lo pasado. En el curso rápido de las revoluciones, han dejado de existir los partidos á que he pertenecido ó que me han sido contrarios: la posteridad ha llegado para todos: otros intereses, otras opiniones han sucedido á las que aquellos habian creado ó sostenido, y cuando todo se ha cambiado, la pluma corre con libertad, olvidada de la parte que el que la lleva tuvo en unas escenas cuyas decoraciones se han mudado y cuyos actores han desaparecido. Mis opiniones también se han rectificado, y la experiencia ha venido á hacerme ver las cosas, bajo aspectos bien diversos que los que antes me ofrecía un deseo siempre puro y una intencion recta, pero á veces extraviada por los ensueños de las teorías y los delirios de los sistemas. Por otra parte, las revoluciones se explican unas por

---

300 Vgl. Alamán 1985, Bd. I: 3. Vgl. auch die drei Bände der *Disertaciones* (der dritte und letzte ist schließlich ebenfalls 1849 noch erschienen): Alamán 1844–1849.

otras, y lo que en el tiempo en que sucedieron fué motivo de acaloradas disputas [...], viene á comprenderse despues con la mayor claridad por el mismo curso de los sucesos, y por la diversa posicion en que se encuentran las personas que en ellos figuraron.[301]

Angesichts dieser Konstellation zielt Alamán mit seinem historiographischen Werk auf die Ordnung, die aus der kühlen und rationalen Analyse der historischen Daten und Fakten resultiert. Dabei hilft ihm im Vergleich zu fray Servando Teresa de Mier und zu Carlos María de Bustamante tatsächlich der größere zeitliche Abstand zu den zu analysierenden Geschehnissen; dabei helfen ihm aber auch die große emotionale Distanziertheit und Skepsis, die sein Verhältnis zu der Unabhängigkeitsrevolution von Miguel Hidalgo und José María Morelos seit jeher geprägt haben.

So stehen sich in dem historischen Entwurf, den Lucas Alamán mit seiner *Historia de Méjico* präsentiert, zwei nicht nur zeitlich, sondern vor allem auch ideologisch klar voneinander getrennte Pole gegenüber: Während sich das aus mehreren Kapiteln bestehende erste Buch des ersten Bandes zunächst der Analyse der politischen, ökonomischen und gesellschaftlichen Verhältnisse des Vizekönigreichs Neuspanien vor dem Einmarsch der Truppen Napoleons in Spanien im Jahr 1808 und dann den Konsequenzen widmet, die diese napoleonische Invasion in Neuspanien gehabt hat, handelt es sich ab Beginn des zweiten Buches dieses ersten Bandes und in allen folgenden Bänden darum, die von Miguel Hidalgo im Jahr 1810 initiierte Revolution und deren Verlauf bis zum Erreichen der Unabhängigkeit durch Agustín de Iturbide und darüber hinaus darzustellen.[302] Betrachtet man deshalb das Gewicht, das den vorrevolutionären Verhältnissen beigemessen wird, auf einer rein quantitativen Ebene, dann liegt der Schwerpunkt von Alamáns Darstellung selbstverständlich auf den Jahren der Revolution und nicht auf der Zeit davor (ebenso, wie er das bei Bustamante getan hatte). Allerdings verschiebt sich der Blickwinkel, sobald man die Struktur der fünf Bände der *Historia de Méjico* aus einer anderen, nämlich eher qualitativ orientierten

---

[301] Alamán 1985, Bd. I: 5. Vgl. zu dem Bild von der unter der Asche weiterglimmenden Glut der unabgeschlossenen Geschichte die Einleitung zu Kapitel 2.2 Ein Denkmal für die Unabhängigkeit.
[302] Schon der Titel der *Historia de Méjico* verweist auf die lange Dauer der Ereignisse, die der Historiker Alamán in diesem Werk in den Blick nimmt: *Historia de Méjico desde los primeros movimientos que prepararon su independencia en el año de 1808 hasta la época presente*, lautet dieser vollständige Titel. Insbesondere das vorletzte und das letzte Kapitel des fünften Bandes widmen sich, anders als es Alamáns Beteuerung von der Abgeschlossenheit der von ihm rekonstruierten Geschichte in seinem Vorwort vermuten ließe, der Periode von 1824 (dem Jahr, in dem der Vollender der mexikanischen Unabhängigkeit Agustín der Iturbide gestorben ist) und 1852 (dem Jahr der Veröffentlichung eben jenes fünften und letzten Bandes der *Historia de Méjico*). Insbesondere das letzte Kapitel ist vor diesem Hintergrund auch immer wieder als das „politische Vermächtnis" des Historikers bezeichnet worden (vgl. dazu Plascencia de la Parra 2001: 326).

Perspektive betrachtet: Dann gewinnen die ersten Kapitel über das Vizekönigreich Neuspanien um die Jahrhundertwende vom 18. zum 19. Jahrhundert insofern deutlich an Bedeutung, als es diese Kapitel sind, in denen Lucas Alamán aus der Analyse des spanischen Vizekönigreichs Neuspanien heraus das Idealbild einer politisch vorbildlich strukturierten, wirtschaftlich erfolgreichen und gesellschaftlich wohlproportionierten Ordnung entwickelt. Die narrative Logik, die sich aus diesem Idealbild am Anfang der Erzählung ergibt, ist somit notwendig diejenige einer Vertreibung aus dem Paradies: Alles, was dazu beigetragen hat, die in politischer, wirtschaftlicher und gesellschaftlicher Hinsicht mehr als vorbildlichen vizeköniglichen Verhältnisse zu (zer-)stören, muss deren Ordnung entgegengesetzt sein und aus diesem Grund mit Etiketten wie „Unordnung", „Anarchie", „Chaos" oder „Konfusion" versehen werden. Nun ist der Historiker Lucas Alamán zwar ausreichend belesen und ohne jeden Zweifel auch intelligent genug, um nicht der Versuchung von allzu vereinfachenden und allzu schematischen Binarismen zu erliegen; aber dennoch versteht es der Erzähler Lucas Alamán, sich versiert dieser verhältnismäßig simplen Gegenüberstellung zu bedienen, um seine Botschaft von der großen Ordnung des Vizekönigreichs und der verheerenden Unordnung der Unabhängigkeitsrevolution anschaulich zu vermitteln und sie zugleich analytisch abzusichern.

So geht er bei seiner Darstellung des Vizekönigreichs Neuspanien systematisch vor, indem er seinen Gegenstand aus der detaillierten Beschreibung von nicht nur dessen historischer, sondern auch geographischer Verfasstheit heraus entwickelt und eingrenzt. Vom ersten Satz an ist dabei aber klar, dass die Langsamkeit und die Ruhe, mit denen das allem Anschein nach geschieht, nur vordergründig wirksam sind, und dass der zu entwickelnde Gegenstand nicht so unbeweglich ist, wie diese vermeintliche Ruhe das suggerieren könnte: „El Virreinato de Nueva España comprendia, en la época en que esta historia comienza, no sólo el territorio á qué dió este nombre D. Fernando Cortés cuando hizo el descubrimiento y conquista de él, sino tambien el antiguo reino de Michoacan."[303] Durch den eingeschobenen Satz, mit dem der Erzähler seine räumlich zu verortende Geschichte gleichzeitig auch in der Zeit situiert, wird hier deutlich, dass das, was auf diesen einleitenden Satz folgen wird, alles andere als die Beschreibung eines statischen Zustands ist: Wenn das neuspanische Territorium „zu dem Zeitpunkt, zu dem diese Geschichte ihren Anfang nimmt" von bestimmten Grenzen eingehegt wurde, dann ist das nur dann erwähnenswert, wenn sich diese Grenzen in der Zwischenzeit verändert oder verschoben haben. Die Geschichte, die mit diesem Satz beginnt, ist also die Geschichte einer Veränderung, und die sorgfältige Eingrenzung eines klar umrissenen

---

303 Alamán 1985, Bd. I: 11.

Territoriums zum Auftakt dient vor allem dem Zweck, diese Veränderung dann im Verlauf der Geschichte spürbar und erkennbar werden zu lassen.[304]

Auf ähnliche Art und Weise schimmert auch im weiteren Verlauf von Alamáns Geschichte hinter der Beschreibung der Verhältnisse in Neuspanien vor 1808 immer bereits der Bruch durch, den dann die Unabhängigkeitsrevolution von 1810 darstellen wird. So verwendet der Autor viel Zeit darauf, die administrative Struktur der einzelnen spanischen Vizekönigreiche und ihr Verhältnis zum „Mutterland" im Allgemeinen und die neuspanischen Lebensbedingungen im Besonderen zu erklären, und wenn er in diesem Zusammenhang besonders das Muster der Selbstähnlichkeit betont, nach dem das ganze spanische Kolonialreich gegliedert gewesen ist und demzufolge in der Administration der untergeordneten Einheiten (der *virreinatos* oder *capitanías generales*) jeweils die verschiedenen Untergliederungsebenen wiederholt wurden, in welche die übergeordnete spanische Monarchie selbst eingeteilt war, dann deshalb, weil diese fraktale Ordnung für ihn ein Musterbeispiel an natürlicher Harmonie und Gleichmäßigkeit darstellt.[305] Aus der Retrospektive betrachtet zeigt sich allerdings trotz ihrer effizienten Strukturen die Fragilität einer Ordnung, die zu dem Zeitpunkt, zu dem Lucas Alamán schreibt, schon lange in ihren Grundfesten erschüttert ist, und zwar ausgerechnet durch die Geschehnisse, von denen zu berichten er sich vorgenommen hat:

> Todos los resortes de esta máquina, que parecia complicada por su inmensa mole, pero que era muy sencilla en sus movimientos, dependian de una mano que residia á dos, tres ó cuatro mil leguas de distancia, pero que no obstante esta, hacia sentir su impulso en todas partes con imperio, y era en todas obedecida con respeto y sumision. Si alguna vez estos

---

304 Am Schluss seiner *Historia de Méjico*, in der Zusammenfassung des fünften und letzten Bandes, wird Lucas Alamán noch einmal der Reihe nach die Veränderungen (und insbesondere auch die territorialen Einbußen) auflisten, die das ehemalige Neuspanien in den Jahren zwischen 1808 und 1821 erlebt (vgl. Alamán 1852, Bd. V: 871ff). Interessant ist, dass diese Veränderungen hier insofern in einem größeren, nämlich weltgeschichtlichen Rahmen interpretiert werden, als Alamán betont, dass nicht allein die Revolution für sie verantwortlich sei, sondern dass sie auch „por efecto del cambio completo que todo ha experimentado en el mundo en la misma época" eingetreten seien (Alamán 1852, Bd. V: 871).

305 „Vése por lo que llevo expuesto en este capítulo, acerca del sistema general de gobierno de las Indias y del particular de los grandes distritos en que se hallaban divididas, que cada uno de estos, fuese con el nombre de vereinato [sic] ó capitanía general, formaba una monarquía enteramente constituida sobre el modelo de la de España, en la que la persona del rey estaba representada por el virey o capitán general, así como la audiencia ocupaba el lugar del consejo, y entre ambos tenian la facultad de hacer leyes en todo lo que fuese necesario, pues los autos acordados tenian fuerza de tales mientras no eran derogados ó modificados por el rey." (Alamán 1985, Bd. I: 60). Vgl. zur Selbstähnlichkeit Mandelbrot 1987.

resortes se relajaban por la distancia del centro del poder, éste se hacia presente en todas partes por medio de los visitadores que de tiempo en tiempo se nombraban, y que [...] visitaban las oficinas, reformaban los abusos que en su manejo notaban, les daban nueva forma y nuevos reglamentos, y creaban nuevas rentas ó hacian mas productivas las ya establecidas. Por estos medios, los unos estables y ordinarios, los otros temporales y de las circunstancias, todo el inmenso continente de América, caos hoy de confusion, de desórden y de miseria, se movia entónces con uniformidad, sin violencia, puede decirse sin esfuerzo, y todo él caminaba en un órden progresivo á mejoras continuas y substanciales.[306]

Die Einheitlichkeit, die Anstrengungs- und die Gewaltlosigkeit, das Gleichgewicht und der stete Fortschritt, die Alamán hier anführt, um die vorrevolutionäre Ordnung des spanischen Kolonialreiches zu charakterisieren, finden ihre negative Entsprechung in der Unordnung und dem Elend, die er zum Zeitpunkt der Niederschrift seiner Überlegungen in dem unabhängigen Mexiko für beherrschend hält. Im Zentrum seiner Darstellung steht das Bild von der ruhigen Hand des spanischen Königs, die der Maschinerie des riesigen Kolonialreichs aus großer räumlicher Distanz den Takt vorgibt und die diese Maschinerie auf diese Weise zu einem nahezu geräuschlos funktionierenden und dadurch fast organischen System werden lässt.

An anderer Stelle führt der Historiker weitere Belege für seine These von der durch die Revolution zerstörten Ordnung der so harmonischen vorrevolutionären Gesellschaft an und verweist ausdrücklich darauf, der Unterschied zwischen den beiden Zeitaltern, dem vor der Unabhängigkeit und dem danach, sei so eklatant, dass man dazu neigen könne, die damaligen Zustände nachträglich als eine Art mythisches „goldenes Zeitalter" zu verklären:

Todo esto, unido á la abundancia y prosperidad que se disfrutaba, constituia un bienestar general que hoy se recuerda en toda la América, como en la antigua Italia el siglo de oro y el reinado de Saturno, y mas bien se mira como los tiempos fabulosos de nuestra historia, que como una cosa que en realidad hubo ó que es posible que existiese.[307]

Durch seine bewusst analytische Vorgehensweise baut Lucas Alamán dabei dem Vorwurf vor, seine idealisierte Darstellung der vermeintlichen Harmonie, Effizienz und Ordnung des spanischen Kolonialreichs entspreche nur den rückwärtsgewandten Träumen eines nostalgischen Reaktionärs. So sichert er seine Aussagen über die physisch-geographische, die politische, die ökonomische und die gesellschaftliche Struktur Neuspaniens durch umfangreiche bibliographische Verweise ab und

---

306 Alamán 1985, Bd. I: 60–61.
307 Alamán 1985, Bd. I: 80. Vgl. zu Alamáns Interpretation der Zustände vor der Unabhängigkeitsrevolution auch Palti 2009. Palti spricht von der „reivindicación del orden colonial", die Alamán sich vorgenommen habe (Palti 2009: 313).

zitiert insbesondere den *Essai politique sur le royaume de la Nouvelle-Espagne* (1811) von Alexander von Humboldt als Beleg für den unermesslichen Reichtum Neuspaniens, einen Reichtum, von dem sowohl die Bewohnerinnen und Bewohner Neuspaniens als auch diejenigen des spanischen „Mutterlandes" überhaupt erst durch die Ergebnisse der Forschungsreise des preußischen Weltwissenschaftlers Kenntnis bekommen hätten.[308] Im Zusammenhang mit diesen seine Argumentation absichernden Strategien scheut der Verfasser der *Historia de Méjico* nicht davor zurück, gegebenenfalls auch eher sperriges Material zu zitieren oder seine Leserinnen und Leser mit umfangreichen und sehr detaillierten Rechenbeispielen zu konfrontieren, etwa um zu belegen, wie sehr die Wirtschaftskraft des Landes durch den Krieg um die Unabhängigkeit, durch deren Vollendung und seither gelitten hat.[309] Dank dieser auf wissenschaftliche Analysen und deren strenge Überprüfbarkeit setzenden Herangehensweise gelingt es ihm nebenbei aber auch, seinen Gegenstand (nämlich den Wohlstand und die Harmonie Neuspaniens vor der Unabhängigkeitsrevolution) auf allen nur denkbaren Ebenen durchzudeklinieren: So ist die Ordnung des spanischen Kolonialreiches bei Alamán nicht nur auf der administrativen Ebene durch eine fraktale Struktur gekennzeichnet, sondern in seiner Darstellung stehen auch die unterschiedlichen Bereiche, in die dieses Kolonialreich ausdifferenziert ist (die Wirtschaft, der Raum, die Politik, die Kultur und die Bildung), stets dadurch miteinander in Verbindung, dass sich die Harmonie des großen Ganzen in all den kleinen Bestandteilen und Elementen abbildet, aus denen sich dieses große Ganze im Einzelnen zusammensetzt. Auf diese Weise leitet er beispielsweise aus dem bereits erwähnten detaillierten Rechenexempel, das eigentlich der Untermauerung seiner These von der Prosperität des wohlgeordneten Vizekönigtums hatte dienen sollen, nebenbei eine Analyse der räumlichen Struktur des gesamten spanischen Kolonialreiches ab, die in entscheidendem Maße auf dessen florierender Wirtschaft mit Ländern in Europa, Amerika und Asien gegründet

---

308 Vgl. Alamán 1985, Bd. I: 96. Mit dieser Aussage hat Lucas Alamán durchaus Recht. Er äußert sich in diesem Zusammenhang im weiteren Verlauf allerdings insofern kritisch über Humboldt, als er diesem implizit vorwirft, den Mexikanerinnen und Mexikanern durch seine Darstellung des Reichtums von Neuspanien ein falsches (weil übertriebenes) Bild von dessen Möglichkeiten als unabhängiger Staat vermittelt zu haben. Vgl. zu Humboldts „Weltwissenschaft" Ette 2009: 193. Vgl. zu Alexander von Humboldt im Kontext der hispanoamerikanischen Unabhängigkeit auch die einleitenden Überlegungen in Kapitel 4.1 Fray Servandos reisende Bibliothek. Die dort zitierte Passage aus Reinaldo Arenas' Roman *El mundo alucinante* (1969), in der „el joven Alamán" den Protagonisten fray Servando mit Alexander von Humboldt bekannt macht, ist vor dem Hintergrund von Alamáns intensiver Humboldtlektüre durchaus nicht ohne Aussagekraft (vgl. Arenas 2008a: 215).
309 Vgl. Alamán 1985, Bd. I: 77.

habe und die sich deshalb nach der Unabhängigkeitsrevolution ebenso in Frage gestellt sehen musste wie eben die Wirtschaftsordnung, auf der sie aufbaute.[310]

Das Bild von den Zuständen vor der Revolution von 1810, das Lucas Alamán am Anfang seiner *Historia de Méjico* entwirft, funktioniert auf diese Weise nicht allein im Sinne einer bloßen Darstellung des historischen *status quo ante*, an den man sich nostalgisch zurückerinnern mag, der aber ansonsten keine Bedeutung für eine radikal unter anderen Vorzeichen stehende Gegenwart mehr hat. Was Alamáns Entwurf vielmehr zugrunde liegt, das ist die referentielle Funktion des in so leuchtenden Farben skizzierten Bildes von der Ordnung des Kolonialreichs: An diesem Bild hat sich die Gegenwart zu messen, und vor dem Hintergrund dieses Bildes treten deren Defizite umso deutlicher hervor. Dies wird besonders anschaulich am Beispiel einer Episode aus dem Jahr 1808, von der ausgehend der Historiker explizit einen solchen Vergleich zwischen den damaligen Verhältnissen und seiner postrevolutionären Erzählgegenwart entwickelt. So berichtet er, der Vizekönig und der Erzbischof von Mexiko-Stadt hätten in dem für das ganze spanische Kolonialreich mehr als krisenhaften Jahr Aufrufe zur Unterstützung des spanischen Befreiungskampfs gegen Napoleon veröffentlicht, die unter den Bürgerinnen und Bürgern Neuspaniens zu einer Welle der Hilfsbereitschaft geführt hätten. Auf einer ersten Ebene dient ihm diese kurze Episode selbstverständlich abermals dazu, den damals noch engen Zusammenhalt zwischen der spanischen Metropole und ihren Kolonien zu demonstrieren. Allerdings belässt er es nicht bei der bloßen Feststellung dieses selbstlosen Zusammenhalts und dieser uneingeschränkten Solidarität, die ja für sich genommen schon seine These von dem reibungslos funktionierenden Räderwerk der spanischen Kolonialherrschaft hätten belegen können, sondern er schlägt zusätzlich noch eine Brücke in die unmittelbare Gegenwart. In dieser Gegenwart ist nun in seinen Augen das Wissen um die ganz grundlegenden Formen menschlichen Zusammenlebens und damit weit mehr verloren gegangen als nur eine funktionierende Kolonialverwaltung und der sich immer wieder auch im Kleinen manifestierende Zusammenhalt eines Weltreichs:

> En los tiempos presentes, en que los corazones están cerrados á todo movimiento generoso; en que en las mayores necesidades de la nacion el gobierno no encuentra recursos sino comprándolos con enormes sacrificios, y en que se pretende descargar sobre el clero el peso de proveer á las necesidades del estado, apénas se puede creer la generosidad de que entónces se dió prueba [...] tanto en la capital como en las provincias.[311]

---

310 Vgl. Alamán 1985, Bd. I: 77–79.
311 Alamán 1985, Bd. I: 185–186.

Dieser stete Bezug auf die politische und gesellschaftliche Unordnung der Gegenwart und die beständige Klage über den Verlust der ursprünglich vorbildlichen Ordnung führen nun allerdings ohne jeden Zweifel Alamáns einleitende Beteuerungen von der Nachzeitigkeit seines historiographischen Werkes und seiner eigenen daraus angeblich resultierenden Unvoreingenommenheit *ad absurdum*.[312] Tatsächlich ist die Perspektive des Historikers Lucas Alamán auf die Vergangenheit keine, die deren Auswirkungen auf die unmittelbare Gegenwart außer Acht lassen würde, im Gegenteil: Er, der in den zwanziger und frühen dreißiger Jahren der jungen Nation Mexiko als Innen- und Außenminister gedient hatte und der auch danach als Mitbegründer der konservativen Partei des Landes und einflussreicher Unternehmer noch rege Anteil an dessen politischer Entwicklung nahm,[313] musste gerade zu dem Zeitpunkt, zu dem er seine *Historia de Méjico* schrieb und publizierte, auf das Äußerste besorgt sein angesichts der jüngsten Entwicklungen, die in der verheerenden Niederlage gegen die Vereinigten Staaten im Jahr 1848 und dem daraus resultierenden Verlust knapp der Hälfte des mexikanischen Staatsgebiets nur ihren sinnfälligsten Ausdruck gefunden zu haben schienen.

Der Keim dieser in seinen Augen katastrophalen Entwicklung, die sein Heimatland in einen Zustand versetzt hatte, den er immer wieder in Worte wie „Unordnung", „Anarchie", „Chaos" oder „Konfusion" fasst, liegt für Lucas Alamán in der Unabhängigkeitsrevolution Miguel Hidalgos und José María Morelos' begründet, von deren fundamentaler Illegitimität er auch in den vierziger Jahren überzeugt bleibt, und das umso mehr angesichts des von ihm so deutlich hervorgehobenen

---

312 Darauf weist auch Andrés Lira hin: „La alegada posteridad no era tal; la guerra de Independencia y la lucha de partidos, que él pretendía dejar en el pasado descrito, fueron resultando más contemporáneas y vigentes al descubrirlas en una secuela ininterrumpida de desgracias nacionales." (Lira 1984: 17). Deutlich wird der Widerspruch zwischen Alamáns Behauptung der Nachzeitigkeit einerseits und der Bezugnahme der *Historia de Méjico* auf die Gegenwart andererseits nicht zuletzt auch in dem Untertitel des fünften und letzten Bandes. Dieser Band beinhaltet (nach der „parte primera" über die Unabhängigkeitskriege im eigentlichen Sinne, welche die ersten vier Bände umfasst hatte) nun die „parte segunda", von der erklärt wird: „[q]ue comprende desde el plan proclamado por D. Agustin de Iturbide en Iguala, en 24 de Febrero de 1821, y sucesos de España que dieron motivo á su formacion, hasta la muerte de este jefe y el establecimiento de la república federal mejicana en 1824". Im Anschluss heißt es bezeichnenderweise, diese „parte segunda" werde fortgeführt „hasta la época presente para terminar la historia de las tres garantías de aquel plan, y dar idea del estado actual de la república" (Alamán 1852, Bd. V: o. S.). Vgl. auch die Ausführungen Alamáns im Vorwort zu Band V. Hier spricht er explizit über die Relevanz für die Gegenwart, die den Dingen zukomme, von denen er in diesem fünften Band berichtet (Alamán 1852, Bd. V: IX).
313 Innere und äußere Angelegenheiten waren damals in einem Ministerium, dem *Despacho de Relaciones Exteriores e Interiores*, zusammengefasst. Vgl. Méndez Reyes 1996: 91. Vgl. zur Biographie Alamáns die Darstellung von Valadés 1977.

Friedens des spanischen Kolonialreiches und dessen organischer und harmonischer Ordnung. Diese Überzeugung, die der Konzeption von Lucas Alamáns *Historia de Méjico* nicht nur inhaltlich, sondern auch strukturell zugrunde liegt, manifestiert sich nun auf eine sehr bezeichnende Art und Weise (wenn auch gewissermaßen zwischen den Zeilen) in einer kleinen Episode, die der Schriftsteller in seiner biographischen Skizze über Carlos María de Bustamante schildert. Hier schreibt er nämlich über diesen seinen Vorgänger, dieser habe bei Ausbruch der Revolution eigentlich keinerlei Grund gehabt, sich den Truppen der *insurgentes* von José María Morelos anzuschließen, denn die spanische Kolonialregierung habe ihn persönlich nicht nur niemals benachteiligt, sondern sie habe ihn sogar stets in seiner Laufbahn und in seinem Weiterkommen unterstützt und gefördert.[314] Das Beispiel von Carlos María de Bustamante steht in Alamáns Argumentation hier stellvertretend für die Gruppe der mexikanischen Kreolen insgesamt: In seiner Vorstellung ist es die Undankbarkeit vor allem dieser Bevölkerungsgruppe gegenüber der eigentlich treu für sie sorgenden Kolonialregierung, die dazu geführt hat, dass geradezu leichtfertig ein Umbruch provoziert worden ist, dessen Spätfolgen auch jetzt, Jahrzehnte später, noch auf eine so verheerende Art und Weise zu spüren sind. In seiner Biographie über Carlos María de Bustamante lässt Lucas Alamán deshalb keinen Zweifel an seiner Genugtuung darüber aufkommen, dass der Protagonist dieser biographischen Skizze die Konsequenzen seines Alamán zufolge mehr als unverantwortlichen Handelns immerhin unmittelbar am eigenen Leib zu spüren bekommen hat.

2.3.2 Unordnung: Die *Independencia*

Denn das wesentliche Merkmal jener Revolution, der sich Carlos María de Bustamante so enthusiastisch anschließt, ist in Alamáns biographischer Skizze ihre mangelnde Organisation, ihre Disziplinlosigkeit und die daraus resultierende fundamentale Unordnung:

> Generalmente los adictos á la independencia en México, que se conocian con el nombre de insurgentes vergonzantes ú hojalateros, cuando salian á unirse á los que se hallaban con las armas en la mano á las inmediaciones, sufrian un cruel desengaño. En vez de encontrarse,

---

314 „Bustamante, no solo no habia sufrido agravio alguno del gobierno español, sino que antes por el contrario, habia sido favorecido y atendido estraordinariamente en su carrera, como hemos visto, por los mas altos empleados de aquel: sin embargo, siguió el impulso general é intimamente relacionado con el marqués de Rayas, el canónigo Alcalá, y otros que eran considerados como los promovedores de la independencia, procuró todos los medios de realizar ésta, con los pretestos solapados que entonces se hacian valer." (Alamán 1849: 12).

como se figuraban, con patriotas armados para la defensa de su patria, no hallaban mas que cuadrillas de hombres indisciplinados, mas dispuestos al robo que al combate, y que á veces los recibian de la manera mas hostil. Esto sucedió á Bustamante.[315]

In der weit umfangreicheren *Historia de Méjico* findet dieses hier in der Bustamante-Biographie nur grob skizzierte Bild von der Unordnung der Unabhängigkeitsrevolution einen differenzierteren Ausdruck vor allem in der ausführlichen und detaillierten Beschreibung der Belagerung und Erstürmung der *Alhóndiga de Granaditas* in Guanajuato im September 1810, die ja schon in Bustamantes *Cuadro histórico de la Revolución Mexicana* eine zentrale Rolle gespielt hatte und von der Lucas Alamán in dem ersten seiner fünf Bände berichtet. In diesen erst zehn Jahre zuvor erbauten Getreidespeicher hatten sich (wie bereits erwähnt) die spanientreuen Soldaten und die Bevölkerung der durch den Silberbergbau reich gewordenen Stadt unter der Führung des spanischen *intendente* Juan Antonio de Riaño aus Furcht vor dem bevorstehenden Angriff der Truppen von Miguel Hidalgo und Ignacio Allende zurückgezogen; seine Eroberung wird in der Geschichtsschreibung über die Unabhängigkeitsrevolution als eines der zentralen Ereignisse in dieser frühen Phase der Revolution angesehen – nicht nur, aber auch aus dem Grund, weil diese Eroberung dadurch, dass sie besonders viele zivile Opfer forderte und dadurch, dass ihr die vollständige Plünderung Guanajuatos durch die Aufständischen folgte, in der Bevölkerung Neuspaniens eine große Angst vor den *insurgentes* und vor der Revolution insgesamt geschürt habe.[316]

Bei der Darstellung dieses Ereignisses in seiner *Historia de Méjico* ist der aus Guanajuato stammende Lucas Alamán nun selbstverständlich von Anfang an Partei: Anders als seine Vorgänger fray Servando Teresa de Mier und Carlos María de Bustamante hat Alamán die Eroberung seiner Heimatstadt nämlich im Alter von knapp 18 Jahren selbst miterlebt, und er betont, dass es nach dem Sieg der aufständischen Truppen nur der persönlichen Bekanntschaft seiner Mutter mit deren Anführer, dem ehemaligen Pfarrer von Dolores Miguel Hidalgo, und ihrer beherzten Intervention bei diesem zu verdanken gewesen sei, dass nicht auch der Besitz der durchaus wohlhabenden Familie Alamán den marodierenden Horden der *insurgentes* zum Opfer gefallen ist.[317] Entsprechend setzt der Historiker

---

315 Alamán 1849: 13–14.
316 Vgl. De la Torre Villar 2010: 86–87.
317 Vgl. Alamán 1985, Bd. I: 282. Alamán schickt seiner Darstellung der Guanajuatenser Ereignisse vom September 1810 außerdem die Bemerkung voraus, dass er alles, was er darüber erzähle, selbst erlebt oder von vertrauenswürdigen Personen erfahren habe und fügt hinzu: „y de todos aquellos sucesos conservo muy fresca la memoria." (Alamán 1985, Bd. I: 261) Vgl. dazu auch Plascencia de la Parra 2001: 307. Plascencia spricht davon, dass die Eroberung Guanajuatos *das* Ereignis gewesen sei, das Alamáns Leben wie kein anderes geprägt und beeinflusst habe.

nun bei seiner Beschreibung der Ereignisse vom September 1810 auf starke Gegensätze: In einem ersten Schritt zeichnet er den Zustand Guanajuatos in den Tagen vor dem Angriff, einen Zustand, den man als die „Ruhe vor dem Sturm" beschreiben könnte und der sich einmal mehr besonders durch die große Ordnung auszeichnet, welche die stratifizierte Gesellschaft der Stadt den klar gegliederten Hierarchien des Vizekönigreichs Neuspanien verdankte. Alamán hebt im Zusammenhang mit diesen Hierarchien und ihrer zunächst noch fraglosen Anerkennung durch die Bevölkerung Guanajuatos besonders das differenzierte Handeln des Verwaltungsleiters Juan Antonio de Riaño und seiner Anhänger hervor, wenn er deren strategisch wohlüberlegte Schritte zur Befestigung des Getreidespeichers, den geordneten Rückzug der spanischstämmigen und spanientreuen Teile der Bevölkerung in den zur Festung ausgebauten Speicher und eben insbesondere den anfänglichen Zusammenhalt der durchaus als heterogen beschriebenen Bewohnerinnen und Bewohner der Stadt angesichts der Bedrohung betont:

> Una ciudad tan populosa, situada entre las breñas de los cerros, y que se ha comparada con propiedad á un pliego de papel arrugado, no podia ser defendida sino por toda la masa de sus habitantes unidos, para lo que era menester contar con la plebe. Esta se habia manifestado bien dispuesta cuando el intendente hizo tocar generala el dia 18.[318]

Genau dieser Zusammenhalt zwischen den unterschiedlichen Bevölkerungsschichten in Guanajuato ist es aber, der in der Folge der Ereignisse rasch zu erodieren beginnt und das vor allem dadurch, dass die diesen Zusammenhalt begründenden Hierarchien zunehmend in Frage gestellt werden. Das Bild, das Lucas Alamán von den in diesen Tagen im September 1810 gerade erst beginnenden Revolutionskriegen zeichnet, ist auf diese Weise nicht dasjenige von dem Freiheitskampf eines Volkes gegen eine unterdrückerische Fremdherrschaft. Stattdessen stellt Alamán die Unabhängigkeitsbewegung von Anfang an als eine Auseinandersetzung zwischen den verschiedenen Schichten der neuspanischen Bevölkerung und damit als eine Auseinandersetzung dar, in der gerade in einer reichen Stadt wie Guanajuato den wohlhabenden Spaniern und den vermögenden Kreolen die Masse der besitzlosen und zumeist indigenen oder mestizischen „plebe" gegenübersteht, welche die Privilegien der höheren Schichten womöglich immer schon mit Misstrauen betrachtet hat und welche jetzt die Gelegenheit gekommen sieht, sich gegen die seit Jahrhunderten bestehenden Verhältnisse aufzulehnen.[319] Er lässt vor diesem Hintergrund

---
318 Alamán 1985, Bd. I: 263.
319 Vgl. Alamán 1985, Bd. I: 265. An anderer Stelle spricht Alamán ausdrücklich davon, dass Hidalgo sich seine Popularität um den Preis der Zerstörung des sozialen Gefüges erkauft habe, auf dem die Gesellschaft Neuspaniens bis dahin gegründet habe (vgl. Alamán 1985, Bd. I: 244). Vgl. auch die Bemerkungen in der abschließenden Zusammenfassung von Band V, wo es über

keinen Zweifel daran, dass es einer Vielzahl dieser vermeintlichen *insurgentes* keinesfalls um die Unabhängigkeit von Spanien und auch nicht in einem weiteren Sinne um eine grundsätzliche Veränderung der politischen Verhältnisse in Neuspanien gegangen sei, sondern allenfalls darum, sich bei den nach einem Sieg der Aufständischen zu erwartenden Plünderungen persönlich zu bereichern. Damit diskreditiert er die Anhänger von Hidalgo (den er selbst zwar durchaus kritisch, aber dennoch differenziert darstellt[320]) bereits zu einem Zeitpunkt, zu dem sie in Guanajuato noch gar nicht persönlich in Erscheinung getreten sind: „La gente del pueblo de Guanajuato se dejaba ver por las alturas circunvecinas, los unos ya decididos á unirse con Hidalgo, los otros, y no eran los menos, únicamente en observacion para estar prontos á la hora del pillage."[321]

Lucas Alamán spart in seiner *Historia de Méjico* insgesamt nicht mit solcherlei Vorausdeutungen auf den Ausgang der Geschichte und lässt auf diese Weise bereits zu einem frühen Zeitpunkt ahnen, dass all die Vorkehrungen und strategischen Maßnahmen des Bürgermeisters Juan Antonio de Riaño und der ihn in der *Alhóndiga de Granaditas* begleitenden Honoratioren der Stadt zuletzt nutzlos bleiben würden. Diese Vorausdeutungen sind nun tatsächlich insofern struktureller Natur, als sie in ähnlicher Art und Weise bereits ganz am Anfang von Alamáns historiographischem Werk und damit zu einem Zeitpunkt auftreten, als eigentlich noch die uneingeschränkte Ordnung und Harmonie des spanischen Kolonialreichs beschworen werden. So zeichnet der Historiker schon bei der Beschreibung des Territoriums von Neuspanien, mit der er sein Werk eröffnet, das Bild einer Natur, in der eigentlich alles darauf ausgerichtet ist, in einer zentrifugalen Bewegung auseinanderzustreben, und in der sich aus dieser „particularidad del terreno" notwendigerweise auch die „diversidad de castas que forman su poblacion" ergibt.[322] Was sich auf diese Weise schon früh in der geographischen Disposition Neuspaniens andeutet, das wird sich im weiteren Verlauf der Erzählung auf immer mehr Bereiche der neuspanischen Lebensrealität ausdehnen; und der Erzähler der *Historia de Méjico* verweist immer dann auf diese grundlegend zentrifugalen Kräfte, wenn es darum geht, die tatsächliche oder vermeintliche Unausweichlichkeit von bestimmten Ent-

---

die Unabhängigkeit heißt: „No fué [...] una guerra de nacion á nacion [...]; no fué un esfuerzo heroico de un pueblo que lucha por su libertad para sacudir el yugo de un poder opresor: fué, sí, un levantamiento de la clase proletaria contra la propiedad y la civilización" (Alamán 1852, Bd. V: 723). Entsprechend ist Andrés Lira zufolge der eigentliche Protagonist in Alamáns Darstellung der Erstürmung Guanajuatos das einfache Volk, das sich aufzulehnen beginnt (vgl. Lira 1992: 181).
320 Vgl. Alamán 1985, Bd. I: 225–227. Vgl. dazu auch Plascencia de la Parra 2001: 334.
321 Alamán 1985, Bd. I: 274.
322 Alamán 1985, Bd. I: 12.

wicklungen anzudeuten, die in seiner Darstellung aus bestimmten Gegebenheiten resultieren.

Elías Palti nennt die *Historia de Méjico* wegen dieser wiederkehrenden Vorausdeutungen und wegen ihrer Suggestion eines gewissermaßen schicksalhaften Verlaufs des historischen Prozesses „el relato de una catástrofe anunciada, la saga de una sociedad desgarrada por los antagonismos ya en sus orígenes".[323] Im Falle der Belagerung des Getreidespeichers von Guanajuato ist in Alamáns Darstellung vor diesem Hintergrund der mit seiner Familie freundschaftlich verbundene spanische Magistrat Juan Antonio de Riaño der einzige,[324] der das Eintreten dieser angekündigten Katastrophe immerhin noch ein wenig aufschieben kann, und es ist deshalb nicht verwunderlich, dass der entscheidende Wendepunkt im Geschehen mit dem Tod Riaños eintritt. Dieser wird vor der *Alhóndiga de Granaditas* aus einem der gegenüberliegenden Häuser erschossen, nachdem er persönlich („con más arrojo que prudencia", schreibt der Historiker) dabei geholfen hatte, eine schwache Stelle des Verteidigungsrings rund um den Speicher abzusichern.[325] Weil der Bürgermeister für Lucas Alamán der Repräsentant der Ordnung schlechthin und der Garant für ein mindestens ansatzweises Fortbestehen dieser Ordnung gewesen war (und zwar ausdrücklich der alten, der vizeköniglichen Ordnung, die ihn in sein Amt eingesetzt hatte), treten nun mit seinem Tod folgerichtig die ersten Auflösungserscheinungen der Ordnung auf: „La muerte del intendente introdujo la division y la discordia entre los defensores de la alhóndiga, en el momento en que mas necesitaban proceder con union y firme resolucion."[326]

An dieser Stelle wird der in der Beschreibung bisher vorherrschende Gegensatz zwischen der Zerstreuung und Disziplinlosigkeit der Aufständischen einerseits

---

[323] Palti 2009: 316. Vgl. zu Alamáns Glauben an einen schicksalhaften Verlauf der Geschichte auch Kapitel 2.3.4 Schicksalsordnungen: Providenz und Zufall.
[324] Vgl. zur Verbindung zwischen Juan Antonio de Riaño und der Familie von Lucas Alamán auch Valadés 1977: 19–22. Valadés beschreibt Riaño als „la esencia del castellano" und führt in diesem Zusammenhang aus: „Su sentido estético, su apasionado orgullo, su intachable valor, le conducen más allá del imperio que se va apagando; es el último hombre que ha dado España para una nueva Nueva España." (Valadés 1977: 20). Vgl. auch Méndez Reyes 1996: 87. Méndez Reyes betont mit Blick auf Guanajuato „el ambiente ilustrado que [Riaño] supo crear en esa ciudad", auch Lucas Alamán selbst hebt neben Riaños Integrität, seiner Effizienz und seiner Tapferkeit ausdrücklich die Bildung und den aufgeklärten Geist des Bürgermeisters hervor: „Integro, ilustrado y activo como magistrado, no menos dedicado á la literatura y á las bellas artes; cuando la revolucion le obligó en sus últimos días á ceñir de nuevo la espada, ganó como militar el justo renombre de valiente y denodado, dejando en una y otra carrera ejemplos que admirar y un modelo digno que seguir à la posteridad." (Alamán 1985, Bd. I: 275).
[325] Alamán 1985, Bd. I: 275.
[326] Alamán 1985, Bd. I: 427.

und der hierarchisch gegliederten Ordnung der königstreuen Spanier und Kreolen aus Guanajuato andererseits aufgelöst: Durch den unvorhersehbaren und plötzlichen Tod von Juan Antonio de Riaño infiziert sich dessen Gefolgschaft mit dem Virus der Anarchie, das die Truppen der Aufständischen in die zuvor so wohlgeordnete Stadt getragen haben,[327] und die Ansteckung mit diesem Virus entscheidet zuletzt über das Schicksal derer, die sich unter der Anleitung des spanischen Verwaltungsleiters in dem zur Festung ausgebauten Getreidespeicher verbarrikadiert hatten. Das Chaos, das auf ihre Niederlage folgt, ist so nur die notwendige Folge der zuvor schon eingeleiteten Zerstreuung der unter Riaño noch gebündelten Kräfte, und Alamáns Beschreibung der sich anschließenden Erstürmung der Festung durch die *insurgentes* bildet diesen Umstand genau ab, indem sie nicht nur auf den Effekt einer gewissen Atemlosigkeit setzt, wie ihn die Aneinanderreihung von kurzen, knappen Parataxen produziert, sondern auch auf eine Metaphorik, welche die Masse der Aufständischen mit den rohen ungezügelten Kräften der Natur in Verbindung setzt. Zuletzt setzt sich (und auch das scheint in der Logik der Narration nur schlüssig) bei der Feststellung der Ergebnisse dieses Angriffs der unaufhaltsamen Naturgewalten auf die zivilisierten Vertreter der im Untergang begriffenen Kultur eine gewisse Lakonie durch, die den Anschein erweckt, als könne der Erzähler an dieser Stelle nicht anders, als die Folgerichtigkeit der von ihm berichteten Geschehnisse anzuerkennen, so bedauerlich er sie im Einzelnen auch finden mag:

> Abandonadas las trincheras y retirada la tropa que defendia la azotea, se precipitó por todas las avenidas aquella confusa muchedumbre hasta el pié del edificio: los que delante estaban eran empujados por los que los seguian, sin que les fuese posible volver atras, como en una tempestad las olas del mar son impelidas las unas por las otras y van á estrellarse contra las rocas. Ni el valiente podia manifestar su bizarría, ni al cobarde le quedaba lugar para la huida. La caballería fué completamente arrollada, sin poder hacer uso de sus armas y caballos: el capitan Castilla murió; algunos soldados perecieron; los mas tomaron partido con los vencedores. Solo el bizarro D. José Francisco Valenzuela, revolviendo su caballo, recorrió por tres veces la cuesta, abriéndose camino con la espada, y arrancado de la silla y suspendido por las puntas de las lanzas de los que en gran número lo rodeaban, todavía dió muerte á algunos de los mas inmediatos ántes de recibir el golpe mortal, gritando ,viva España', hasta rendir el último aliento. Era nativo de Irapuato y teniente de la compañía de aquel pueblo.[328]

---

327 Tatsächlich wird Lucas Alamán nicht müde, die Ordnung und den Reichtum Guanajuatos immer wieder zu betonen (vgl. etwa Alamán 1985, Bd. I: 406 (hier ist von „aquella ciudad opulenta y pacífica" die Rede) oder auch 413 (hier zeigt er sich selbst erstaunt über die „riqueza", über die die Bürger Guanajuatos verfügten)).
328 Alamán 1985, Bd. I: 276–277.

Was in dieser Passage auffällt, das bleibt auch in der Folge der Beschreibung der sich anschließenden Eroberung Guanajuatos beherrschend: Auf der Seite der Spanier und der spanientreuen Kreolen existieren zwar einige wenige Individuen, die sich wie der hier beschriebene José Francisco Valenzuela hervortun und noch im Angesicht des Todes mit außergewöhnlicher Tapferkeit agieren. Anders als bei Carlos María de Bustamante, dessen *Cuadro histórico de la Revolución Mexicana* ja trotz einer nicht zu verleugnenden Tendenz zur Heroisierung insbesondere von José María Morelos keineswegs nur auf diesen einen „großen" Helden gesetzt hatte, sondern der daneben auch immer wieder volkstümliche Helden wie den mythischen Pípila aus der Gruppe der Aufständischen emporgehoben hatte, gibt es bei Lucas Alamán nur die entfesselten Horden der wie eine Naturgewalt herandrängenden „muchedumbre". Diese „muchedumbre" der aufständischen Meute ist in Alamáns Darstellung selbstverständlich außer Stande, Helden hervorzubringen, wie sie das noch bei Bustamante getan hatte.[329] Und auch auf der Seite der den Getreidespeicher verteidigenden Spanier und spanientreuen Kreolen scheint im Angesicht dieser „muchedumbre" nur in den seltensten Fällen noch ein heldenhaftes Agieren möglich. Das Heldentum von einzelnen Figuren, die wie der erwähnte José Francisco Valenzuela für einen kurzen Moment aus dem Geschehen hervorgehoben werden, verblasst dagegen nur allzu schnell wieder angesichts der Tatsache, dass diesen Figuren trotz ihrer Tapferkeit zuletzt doch nur wenig Erfolg beschieden sein kann.[330]

Die *Historia de Méjico*, das wird insbesondere auch an diesem Mangel an personalisierten Helden deutlich, folgt in ihrer Grundanlage der Struktur einer Tragödie, deren Ziel eben nicht die Erhöhung eines solchen strahlenden Heroen sein kann, sondern deren unaufhaltsames Ende durch das möglicherweise leichtfertige, unter Umständen aber auch bewusste Schuldigwerden eines tragischen Protagonisten eingeleitet wird.[331] Dieser tragische Protagonist seiner Geschichte ist bei Lucas Alamán nun aber nicht ein Einzelner, sondern das mexikanische Volk in seiner Gesamtheit. Enrique Plascencia verweist in diesem Zusammenhang auf Hayden Whi-

---

[329] Gerade die Eroberung der *Alhóndiga de Granaditas* hatte Bustamante ja Anlass zu seiner vielleicht berühmtesten Erzählung gegeben, derjenigen über den volkstümlichen Helden Pípila. Vgl. dazu Kapitel 2.2.2 Helden und Dämonen.
[330] Alamán selbst kommentiert das Fehlen von Helden in seiner *Historia de Méjico* in deren fünftem Band mit einer Anspielung, die sich womöglich einmal mehr auf Carlos María de Bustamante bezieht. Hier heißt es: „He pintado á los hombres tales como los he conocido [...]. No he presentado por lo mismo colosos, como algun otro escritor lo ha hecho en estos dias, porque no he encontrado mas que hombres de estatura ordinaria." (Alamán 1852, Bd. V: X).
[331] Vgl. Plascencia de la Parra 2001: 333.

tes Überlegungen zur Struktur von historiographischen Erzählungen.[332] Er kommt dabei zu dem Schluss, dass für die Anlage von Alamáns historiographischem Werk als einer solchen Tragödie der geschichtsphilosophische Ausgangspunkt grundlegend sei, von dem die *Historia de Méjico* ausgeht: Von der Annahme nämlich, die Geschichte sei als eine Abfolge von Kausalitäten lesbar und interpretierbar, wie Lucas Alamán das in den seiner *Historia de Méjico* vorangestellten Überlegungen formuliert hatte.[333]

> El tipo de explicación que prefiere Alamán en su *Historia* nos lleva directamente a adivinar otro elemento indispensable de su reconstrucción del pasado: el tipo de trama que guía su relato. Él explica las cosas por hechos que desembocan, que influyen o determinan unos a otros. Esta forma de explicar prefigura el desarrollo que tiene el arquetipo de la tragedia.[334]

Plascencia geht nun davon aus, dass die Tragödie, als die sich die jüngere Geschichte Mexikos bei Lucas Alamán darstellt, in der Wahrnehmung des Historikers ihren Ursprung in einer schuldhaften Grenzüberschreitung haben muss; und tatsächlich zeichnen sich die Folgen einer solchen Verletzung der natürlichen Ordnung auf exemplarische Art und Weise in der Art und Weise ab, wie der Historiker die Eroberung seiner Heimatstadt Guanajuato schildert.[335] Wenn er die siegreichen Truppen Hidalgos hier als eine disziplinlose, entfesselte und gewalttätige Masse beschreibt, und wenn die aufständischen Horden dabei sowohl in sozialer als auch in ethnischer Hinsicht immer wieder ausdrücklich als „fremd" charakterisiert werden,[336] dann ist das Lucas Alamán zufolge kein Zufall, sondern dann handelt es sich um die logische Konsequenz aus dem tragischen Schuldigwerden der kreolischen Vordenker und Verfechter der Unabhängigkeit. Mit ihrer Infragestellung der kolonialen Ordnung haben diese die grundsätzlich zentrifuga-

---

332 Vgl. zu den Grundannahmen, von denen Plascencia ausgeht, White 2008. Eine Kritik zu Whites Überlegungen aus narratologischer Sicht formuliert (wie bereits erwähnt) Nünning 1999. Vgl. grundsätzlich zu Hayden White und seinem Vorschlag zur Struktur von historiographischen Erzählungen auch noch einmal Kapitel 2.1.3 Formen: Collage und Ironie.
333 Vgl. dazu die Ausführungen zu Anfang dieses Kapitels und abermals Alamán 1985, Bd. I: 8.
334 Plascencia de la Parra 2001: 330.
335 „La condición desdichada del México de su tiempo no es más que el precio de haber transgredido ese orden", schreibt Plascencia und bezieht sich dabei einmal mehr auf die Ordnung des spanischen Kolonialreichs. Das Wort „orden" taucht in diesem Zusammenhang nicht umsonst auf: Hier ist damit nicht nur eine Ordnung in dem neutralen Sinne von „Anordnung" oder „Formation" gemeint, sondern das Wort „Ordnung" wird genau in dem wertenden Sinne benutzt, in dem Alamán selbst es immer verwendet, wenn er sich auf das „Geordnetsein", den „ordentlichen Zustand" der Gesellschaft vor der Revolution bezieht (Plascencia de la Parra 2001: 331).
336 Wiederkehrende Bezeichnungen sind „la plebe" und „las numerosas cuadrillas de indios" (vgl. Alamán 1985, Bd. I: 278).

len Kräfte entfesselt, die bisher noch von der sorgfältig austarierten Ordnung des Kolonialreichs im Gleichgewicht hatten gehalten werden können.

In Alamáns Sicht ist die Unabhängigkeitsrevolution, die dieses Chaos und diese Zerstörung entfesselt hat, deshalb nach ethischen Maßstäben zu bewerten, und dass sein Urteil dabei kein positives sein kann, das hat die Analyse seiner Darstellung der Vorkommnisse bei der Belagerung des Getreidespeichers von Guanajuato und bei der sich anschließenden Eroberung und Plünderung der Stadt gezeigt: „[E]l funesto impulso que Hidalgo habia dado al desórden" oder „los que [...] intentaban establecer la anarquía en un pais hasta entónces el mas feliz del mundo" – mit Formulierungen wie diesen, die sich im Verlauf seines ganzen historiographischen Werkes wiederholen,[337] zementiert Lucas Alamán die grundsätzliche und unhintergehbare Dichotomie zwischen einer verlorenen Ordnung und einer willkürlich provozierten Anarchie, auf der die Struktur seiner *Historia de Méjico* gründet. Anders als die Darstellung der Geschichte der *Conquista* in seinen *Disertaciones* zeichnet sich die Erzählung über die Unabhängigkeitsrevolution in der *Historia de Méjico* immer durch ihre deutliche Akzentuierung der Illegitimität aus, die diese Revolution in den Augen des Historikers von Anfang an gekennzeichnet hat. Obwohl ja auch die spanische Eroberung der Neuen Welt eine bestehende Ordnung durch eine Art „revolutionären Umbruch" abgelöst hat, thematisiert Lucas Alamán die Frage nach der Legitimität dieses Umsturzes in diesem Zusammenhang kaum. Während in seiner Lesart die spanische *Conquista* insbesondere Mexikos ein Regime abgelöst hat, das durch seinen Aberglauben selbst schuldig geworden war, und die Spanier dann auf den Ruinen dieses schuldiggewordenen Regimes ihr christliches, zivilisiertes und wohlgeordnetes Kolonialreich errichtet haben, fällt die Unabhängigkeitsbewegung in Alamáns Darstellung wieder hinter diesen Stand der Zivilisation zurück, indem sie wie im Falle der Stürmung des Getreidespeichers von Guanajuato auch Plünderungen, Raub, Mord und Totschlag legitimiert, um ihr übergeordnetes Ziel einer Lösung Mexikos aus dem Verbund des spanischen Kolonialreichs zu erreichen.[338] Aus diesem Grund betont Lucas Alamán immer wieder, welche verheerenden Folgen die *Independencia* für das Zusammenleben der Menschen in dem ehemaligen Neuspanien gehabt hat, und er lässt niemals einen Zweifel daran, dass diese Folgen für ihn nur die gerechte Strafe für das Fehlverhalten der *insurgentes* sind: „[E]l destino de la insurgencia tenía que ser el que fue porque estaba viciado de origen."[339]

---

337 Alamán 1985, Bd. I: 298 und 320.
338 Vgl. Plascencia de la Parra 2001: 339.
339 Plascencia de la Parra 2001: 339. Auch Elías Palti betont, dass für Alamán die Konsequenz aus dieser seiner Meinung nach grundsätzlich fehlerhaften Anlage der *Independencia* die ebenfalls fehlerhafte Entwicklung Mexikos nach der Unabhängigkeit sein musste: „En definitiva, no es

Trotz dieser und vergleichbarer ideologischer Zuspitzungen beschränkt sich die *Historia de Méjico* aber nicht darauf, den bloßen Gegensatz von kolonialer Ordnung und Harmonie und sich daran anschließender independentistischer Unordnung aufzuzeigen und zu beklagen. Auch wenn Lucas Alamán der Möglichkeit einer grundsätzlichen Wiederherstellung jener Ordnung skeptisch gegenübersteht, die seiner Meinung nach so leichtfertig verspielt worden ist, arbeitet er doch selbst an dem Projekt einer solchen Restitution der verlorenen Harmonie, wenn er nämlich in seinem historiographischen Werk versucht, der Unordnung dessen, was er zu erzählen hat, durch die Ordnung seiner Erzählung entgegenzutreten.

2.3.3 Die ordnende Instanz

Dieses Unterfangen einer Wiederherstellung der Ordnung hat sowohl politische als auch persönliche Implikationen. Politisch geht es Lucas Alamán darum, den zentrifugalen Kräften im Inneren Mexikos und den Bedrohungen von außen entgegenzuwirken, welche die Einheit des Landes um die Mitte der 19. Jahrhunderts massiv in Frage stellten.[340] Daneben hat sein Eintreten für eine Wiederherstellung der verlorenen Ordnung allerdings auch eine stark persönliche Komponente, insofern sein historiographisches Werk über die Unabhängigkeitsrevolution eben auch als Reaktion auf die traumatische Erfahrung eines Verlusts und einer Vertreibung lesbar ist, der Vertreibung aus der wohlgeordneten Welt der eigenen Kindheit und Jugend nämlich.[341] Wenn deshalb Andrés Lira feststellt, die *Historia de Méjico* sei in gewisser Weise auch eine „gran autobiografía",[342] dann beschreibt er damit treffend die Botschaft, die dieses großangelegte historiographische Werk zwischen den Zeilen

---

tanto la independencia misma sino el principio en el que se fundó lo que trastocaría el desarrollo orgánico de la sociedad mexicana abriendo una cisura en él. La *Historia de Méjico* es el relato de esta escisión, sus orígenes y consecuencias." (Palti 2009: 313).

340 Vgl. dazu ausführlich Lira 1997: 62–69.

341 „En Alamán predomina la sensibilidad ante la fugacidad y mutación de lo histórico. En unos años, su patria ha dado un vuelco [...]. Y el hombre maduro ya no puede reconocer el mundo de su adolescencia; en dieciséis años todo se ha cambiado. ¿Podrá acaso encontrar el propio pasado cuando todo su calor humano ha muerto? Perdido en una tierra distinta de la que le era familiar, ¿cómo podrá reconocerse? Quizás esté rodeado de los mismos objetos de antaño, mas nada guarda ya aquella figura que amaba en ellos y se siente extranjero en su propio suelo. Nada más doloroso que esta muerte en vida. Perder el propio mundo irremisiblemente, verlo sepultarse en el olvido y quedarse solo, náufrago en una tierra que ya no se reconoce." (Villoro 2010: 220). Vgl. auch dazu Lira 1997: 17. Vgl. zu der grundsätzlich traumatischen Dimension der Unabhängigkeit noch einmal Pizarro Cortés 2020.

342 Lira 1997: 15.

vermittelt. Bei näherem Hinsehen erweist sich darum auch das scheinbare Paradox als durchaus folgerichtig, auf das wiederum Enrique Plascencia aufmerksam macht. Dieser bemerkt mit leichter Verwunderung, dass es Alamán zwar immer um die Kontinuität und die Ordnung gegangen sei, dass er aber dessen ungeachtet hauptsächlich über die einschneidenden Brüche, die „momentos de ruptura" geschrieben habe.[343] In dieser direkten Gegenüberstellung mag es fast scheinen, als schlössen sich das Interesse an der Ordnung und das Insistieren auf der Unordnung gegenseitig aus. Aber ist es nicht vielmehr so, dass die Spannung zwischen Ordnung und Unordnung (und damit das Grundmuster des historischen Verlaufs bei Lucas Alamán) grundsätzlich dialektisch organisiert ist? Gerade *weil* es ihm um die Ordnung zu tun war, musste er sich mit den Brüchen und der daraus folgenden Unordnung auseinandersetzen, das wäre dann die Interpretation, die sich als Konsequenz aus einer solchen Zuspitzung aufdrängen würde. Vor diesem Hintergrund kommt nun der Figur des Erzählers in der *Historia de Méjico* eine entscheidende Rolle zu (der sich ja auch in den historiographischen Werken von fray Servando Teresa de Mier und Carlos María de Bustamante als eine zentrale Instanz erwiesen hatte): Dieser Erzähler, der wie derjenige bei Mier und Bustamante ausdrücklich als „Ich" in Erscheinung tritt, fungiert in der *Historia de Méjico* als ordnende Instanz und versucht, angesichts der fundamentalen Unordnung der Welt wenigstens noch die Ordnung seiner Erzählung zu gewährleisten.

Er tut dies einmal durch einen sehr bewussten Umgang mit der Chronologie der Ereignisse und Entwicklungen, von denen er berichtet; er tut dies zum anderen aber auch durch die Systematik, mit der er diese Ereignisse und Entwicklungen einordnet und beurteilt. Diese beiden Ordnungsstrategien, die bewusst etablierte und immer wieder auch ausdrücklich kommentierte zeitliche Struktur der Narration einerseits und der abstrahierende Blick sowie das aus diesem abstrahierenden Blick resultierende historische Urteil andererseits, stehen einer dritten Vorgehensweise gegenüber, die ihrerseits dazu dient, der Leserin oder dem Leser der *Historia de Méjico* immer wieder vor Augen zu führen, wie prekär die narrativ begründete Ordnung ist. Mittels einer Reihe von rhetorischen Zuspitzungen gelingt es dem Erzähler nämlich, ein plastisches Bild von der (angeblich) strukturellen Anarchie der Unabhängigkeitsbewegung zu zeichnen, der er dann im nächsten Atemzug wieder die zwar zerbrechliche, aber eben doch existente Ordnung seiner Erzählung entgegensetzen kann. Was diese drei unterschiedlichen narrativen Vorgehensweisen miteinander verbindet, ist der Umstand, dass sich der Erzähler in jedem Fall als derjenige erweist, der das sperrige, ungeordnete, chaotische und teilweise unzugängliche Material sichtet, ordnet und schließlich verfügbar macht; die Souverä-

---

[343] Plascencia de la Parra 2001: 313.

nität dieses Erzählers erweist sich dabei immer dadurch, dass er trotz seiner persönlichen Involviertheit in die von ihm erzählte Geschichte in jedem Augenblick die Fäden seiner Erzählung in der Hand behält.

Auf diese Weise organisiert er die Anordnung der Geschehnisse, von denen zu berichten er sich vorgenommen hat, indem er etwa um der Kohärenz seiner Erzählung willen einzelne, chronologisch eigentlich nachgeordnete, aber inhaltlich mit den jeweils gerade anstehenden Überlegungen in Verbindung stehende Aspekte vorwegnimmt, und indem er diese Eingriffe in die Chronologie ausdrücklich kommentiert. So schreibt er beispielsweise im Zusammenhang mit den Folgen, die der prospanische Putsch von Gabriel des Yermo im Jahr 1808 für den durch diesen Putsch abgesetzten und in Spanien vor Gericht gestellten Vizekönig von Neuspanien, José de Iturrigaray, gehabt hat:

> Aunque la prosecucion y fin de la causa formada á Iturrigaray corresponda á los años sucesivos de los que comprende esta historia, no teniendo una conexion inmediata con los sucesos de que en ella he de ocuparme, ha parecido mas conveniente reunir aquí todo lo relativo á este negocio para no volver á hablar de él en adelante.[344]

An dieser Passage fällt vor allem die zwischen individueller Positionierung und allgemeinerem Anspruch changierende Rolle des Erzähler-Ichs auf, das einmal direkt als Person in Erscheinung tritt („los sucesos de que he de ocuparme"), dann aber unmittelbar danach hinter einer übergeordneten Erzähllogik zurückzutreten scheint („ha parecido" und eben nicht „me ha parecido"). Zugleich wird deutlich, dass sich der Erzähler bei der Strukturierung seines Materials ganz offensichtlich vor allem an dem Ziel der größtmöglichen Übersichtlichkeit und Ordnung seiner Erzählung orientiert hat, und das auch dann, wenn diese größere Übersichtlichkeit um den Preis von chronologischen Brüchen und Verwerfungen im Zeitgefüge der Erzählung erkauft werden musste. Auf ähnliche Art und Weise greift er auch immer dann kommentierend in den Gang und die zeitliche Struktur seiner Erzählung ein, wenn er seine Leserschaft auffordert, ihm auf den verschlungenen Pfaden der historischen Erinnerung zu folgen. An diesen Stellen scheint er auf den ersten Blick in einem kollektiven „Wir" aufzugehen, das ihn und sein Publikum gleichermaßen umfasst; zugleich hebt er sich aber aus diesem Kollektiv dadurch empor, dass er stets derjenige ist, der beherzt voranschreitet, seinen Leserinnen und Lesern den Weg bahnt und auch dann nicht den Überblick verliert, wenn die Situation unübersichtlich und verworren zu werden droht: „Véamos ahora cual fué la suerte de estos, para dar fin á esta materia, de que ya no habrá ocasion de ocupar-

---

344 Alamán 1985, Bd. I: 170. Vgl. zu dem Putsch und seiner Bedeutung für den sich anschließenden Prozess der Unabhängigkeit noch einmal den bereits zitierten Aufsatz von Hernández Ruigómez 1981. Vgl. zu José de Iturrigaray auch Kapitel 2.1.4 Kerkyräer und Korinther.

nos", schreibt er etwa über die Verschwörer von Querétaro,³⁴⁵ und macht damit deutlich, dass er sich nicht in den Details einer Geschichte verlieren will, deren man nur dann Herr bleiben kann, wenn man immer das große Ganze und vor allem das zu erreichende Ziel im Blick behält.³⁴⁶

In enger Verbindung mit diesen Eingriffen in die chronologische Abfolge der zu berichtenden Ereignisse steht nun die zweite Vorgehensweise, deren sich Alamáns Erzähler bedient, nicht nur, um sein Material zu organisieren, sondern auch, um seine eigene Beherrschung dieses Materials zu demonstrieren. In diesem Zusammenhang handelt es sich darum, den historischen Stoff systematisch zu beurteilen, der zuvor durch die selbstbewussten Eingriffe in die Chronologie und durch deren an den Anforderungen der eigenen Erzählung ausgerichtete Neuordnung bereits gestaltbar und verfügbar gemacht wurde. Schon in den bereits zitierten Passagen klingen solche abstrahierenden Urteile durch, eben weil sich der Erzähler hier die Freiheit nimmt zu entscheiden, was zu einem bestimmten Strang seiner Erzählung dazugehört und was nicht, was deshalb erörtert werden muss und was dagegen beiseite gelassen werden kann. Genauso funktionieren auch Formulierungen wie „á quien veremos en el curso de esta historia ocupar mas altos puestos",³⁴⁷ „los grandes acontecimientos de que vamos á ocuparnos en el capítulo siguiente",³⁴⁸ oder „se retardaron por dos años los sucesos lamentables de que se habrá de tratar en el curso de esta obra".³⁴⁹ Auch diese stets mit einer urteilenden und dadurch weltanschaulich identifizierbaren Positionierung verbundenen Vorausblicke setzen jeweils klare Entscheidungen seitens des Erzählers voraus, die immer in enger Korrelation mit der zeitlichen Struktur der Erzählung stehen.

Bisweilen werden in der *Historia de Méjico* jedoch auch wesentlich explizitere Urteile über den Verlauf der Geschichte und ihre Akteure gefällt, die ganz unabhängig von den Problemen sind, welche die zeitliche Organisation der Er-

---

345 Alamán 1985, Bd. I: 258. Vgl. zu der im September 1810 verratenen *Conspiración de Querétaro*, die in der Geschichtsschreibung als eine Art Initialzündung für den Ausbruch des Unabhängigkeitskrieges gilt, Hurtado Galves 2016.
346 Ähnlich ist die Rhetorik an den Stellen, an denen Alamáns Erzähler kurze Erklärungen einschiebt, um dann mit der Erzählung fortzufahren, vgl. zum Beispiel: „Sigamos ahora la narracion de los sucesos, que vendrán á ser de muy fácil inteligencia despues de las observaciones que preceden." (Alamán 1985, Bd. I: 127). Ähnlich etwa auch S. 121, 221, 257.
347 Alamán 1985, Bd. I: 91.
348 Alamán 1985, Bd. I: 100.
349 Alamán 1985, Bd. I: 180. Ähnlich auch: „en el teatro político, en el que lo veremos continuar haciendo distinguido papel" (Alamán 1985, Bd. I: 195) oder „las turbulencias que despues tuvieron tanto y tan funesto crecimiento" (Alamán 1985, Bd. I: 111). Parallel zu diesen Vorausdeutungen gibt es auch Rückblicke, die eine ähnliche Funktion haben: „Hemos visto en el libro anterior" (Alamán 1985, Bd. I: 224).

zählung aufwirft. Häufig dienen diese Urteile dem Erzähler dazu, einen kritischen Abstand einzunehmen zu den Personen, Vorkommnissen oder Entwicklungen, von denen die Rede ist; und auch sie haben nicht zuletzt auch wieder die Funktion, seine Souveränität über das von ihm präsentierte Material zu unterstreichen. In diese Kategorie von Anmerkungen gehören zuvorderst eine Reihe von kontrafaktischen Vermutungen über das historische Geschehen, mittels derer der Erzähler seine Sicht auf die Dinge und vor allem sein tiefes Verständnis des historischen Prozesses präsentiert, und mittels derer er unterstreicht, dass es seiner Meinung nach gerade diese historische Einsicht ist, die den damaligen Akteuren gefehlt habe und die den zeitgenössischen Akteuren noch immer fehle:

> Dábase por perdida la causa de España, y así lo creyeron el arzobispo y los oidores que en tres acuerdos continuos y secretos, trataron de lo que en tales circunstancias debia hacerse, habiéndose decidido á invitar á la infanta Da. Carlota Joaquina, que ántes habia pretendido ser reconocida regenta por ausencia de su hermano Fernando VII, para que con esta investidura viniese á gobernar estos dominios. Las noticias que en seguida se recibieron de la instalacion de la regencia, impidieron que se llevase á efecto esta resolucion, frustrándose [...] el establecimiento pacífico de una monarquía, con lo que la independencia se habria hecho por sí misma, sin los sacudimientos violentos que la nacion ha sufrido y que tendrá todavía que sufrir por largo tiempo.[350]

Der hier verwendete Konditionalis („la independencia se habria hecho por sí misma") steht in enger Verbindung zu der Erzählhaltung, die für Alamáns Erzähler typisch ist: Dadurch, dass er durch diesen Konditionalis denkbare, aber letztlich nicht realisierte Alternativen zum tatsächlichen historischen Verlauf aufzeigt (und das heißt also durch die Abstraktion, die sein kontrafaktischer Blick auf die Geschichte notwendig voraussetzt), verdeutlicht er die Distanz, die ihn von den von ihm berichteten Vorkommnissen trennt und die ihn überhaupt erst dazu befähigt, diese einzuordnen und zu beurteilen. Der analytische Anspruch, durch den sich der Erzähler der *Historia de Méjico* auf diese Weise auszeichnet, beruht maßgeblich auf dem Abstand, den er trotz seiner persönlichen Beteiligung an bestimmten Episoden seiner Geschichte zu dieser Geschichte hält: Nur dank dieses Abstands kann er von außen auf die Entwicklungen blicken und die ihnen zugrunde liegenden strukturellen Prinzipien beschreiben, ohne dass er den konkreten Details im Einzelnen zu viel Bedeutung beimessen müsste: „Pero la conspiracion en que Iturrigaray habia entrado sin conocerlo, no consistia en reunir un cierto número de

---

[350] Alamán 1985, Bd. I: 209. Ähnliche Argumentationen im Irrealis finden sich zum Beispiel auf S. 104 („Proyecto era este que hubiera producido los mas grandes resultados") oder auf S. 183 („hubiera sido prudente conservar una fuerza respetable de que el gobierno hubiera podido disponer prontamente en cualquiera ocurrencia.").

personas que le auxiliasen á dar un golpe de mano, sino en establecer un principio que habia de ser fecundo en consecuencias."[351]

Mit einer ähnlichen Distanz betrachtet der Erzähler deshalb auch seine Figuren. Gerade im Vergleich zu der Vorgehensweise von Carlos María de Bustamante fällt hier auf, dass die handelnden Personen bei Lucas Alamán mit einem stärker abstrahierenden Blick und insofern gewissermaßen von einer höheren Warte aus betrachtet und beurteilt werden. Der größere zeitliche Abstand, den Alamáns Erzähler zu seiner Materie einnimmt, und sein Bestreben, ordnend in diese Materie einzugreifen, bewirken in diesem Kontext, dass seine Beschreibungen und Charakterisierungen häufig den Charakter eines abschließenden Urteils haben: In einigen wenigen knappen zusammenfassenden Sätzen wird beispielsweise eine Person eingeordnet, kategorisiert und im Anschluss häufig schnell wieder aus der Geschichte verabschiedet – wie etwa der Spanier Pedro Garibay, den die konservativen Putschisten von 1808 als Ersatz-Vizekönig für den abgesetzten José de Iturrigaray einsetzen und über den der Erzähler zunächst festhält: „Esta falta de prestigio personal y su corta capacidad, se hacian notar mas particularmente en los momentos críticos en que tomaba el mando",[352] um dann wenige Seiten später ebenso knapp wie lakonisch zu resümieren: „y al cabo de diez meses de un brillo pasajero, volvió á su antigua oscuridad tan pobre como de ella salió."[353] Auch diese systematische Perspektivierung der Geschichte, die ausgehend von der konkreten Geschichte einer Person abstrahiert und so zu einem allgemeinen Urteil über den historischen Prozess gelangt, zeugt von Alamáns Bestreben, für seinen eigentlich schwer nur einzuordnenden Stoff doch eine Ordnung zu finden. Ebenso wie die kommentierenden Eingriffe in die Chronologie sind auch diese abstrahierenden Bewertungen der Geschichte und vor allem ihrer Akteure in gewissem Sinne Gesten der Ermächtigung, die seinem Erzähler-Ich dazu dienen, sich seines Stoffes zu versichern und diesen Stoff narrativ handhabbar und damit intellektuell nachvollziehbar zu machen.

---

351 Alamán 1985, Bd. I: 178–179.
352 Alamán 1985, Bd. I: 182.
353 Alamán 1985, Bd. I: 194. Auf ähnlich apodiktische Art und Weise urteilt Alamán auch über die anderen Gestalten, die zu einem bestimmten Zeitpunkt und für eine begrenzte Zeitdauer das Szenario der historischen Auseinandersetzung betreten, dabei mit bestimmten Eigenschaften ausgestattet sind, bestimmte Ziele verfolgen und schließlich wieder abtreten, wenn sie ihre Rolle ausgefüllt haben. So heißt es über den Vizekönig Iturrigaray: „no solia embarazarse mucho con las consultas del acuerdo" (Alamán 1985, Bd. I: 114), der Putschist Gabriel de Yermo zeichnet sich vor allem durch „el temple peculiar de su carácter" aus (Alamán 1985, Bd. I: 158) und der Pfarrer Hidalgo ist schließlich „[p]oco severo en sus costumbres y aun no muy ortodoxo en sus opiniones" (Alamán 1985, Bd. I: 226).

Diesen Vorgehensweisen steht nun mit der rhetorischen Aufbereitung der angeblich strukturellen Anarchie der Unabhängigkeitsbewegung eine andere Besonderheit der *Historia de Méjico* gegenüber, die auf den ersten Blick alle Bemühungen um Systematik und Ordnung zu konterkarieren scheint, tatsächlich jedoch dazu dient, deren Notwendigkeit nur umso deutlicher hervorzuheben. Besonders auffällig ist hier eine Passage, die sich zwar auf die Entwicklungen des Jahres 1808 und insofern auf die Zeit vor dem eigentlichen Beginn der Unabhängigkeitsbewegung bezieht, in der sich aber dennoch bereits die Uneinigkeit abzuzeichnen scheint, welche diese Unabhängigkeitsbewegung in Alamáns Augen später provozieren würde. Der Historiker berichtet hier von der *Junta*, die der Vizekönig in Neuspanien wegen der napoleonischen Besetzung Spaniens zur Besprechung der Lage einberuft, und er betont von Anfang an die Illegitimität dieser Vorgehensweise, die von der spanischen Verfassung nicht vorgesehen sei.[354] Entsprechend erscheint in seiner Darstellung auch die sich im Verlauf der Geschichte rasch erweisende Sinnlosigkeit dieser Versammlung nur folgerichtig: Viele Diskussionen und wenig Ergebnisse, so lassen sich die Beratungen der *Junta* (so wie Alamán sie beschreibt) knapp zusammenfassen. Um jedoch seine ideologischen Vorbehalte zu begründen und um zu beweisen, dass schon diese noch von dem von Spanien eingesetzten Vizekönig Iturrigaray einberufene Versammlung den Keim jener Anarchie in sich trug, die dann später mit Erstarken der Unabhängigkeitsbewegung in ganz Neuspanien um sich greifen würde, stellt Alamán die in den Diskussionen der *Junta* vertretenen Meinungen einander in einer bloßen Aufzählung gegenüber und erzielt durch diese unkommentierte rhetorische Aneinanderreihung von sich gegenseitig ausschließenden Positionen den Effekt einer fundamentalen Konfusion und Unübersichtlichkeit:

> Concluyóse la junta sin dejar nada determinado: todas las cuestiones se habian movido y ninguna resuelto. Los partidos habian puesto en evidencia sus miras, y se echaba ya de ver bastante la gran discrepancia de opiniones que prevalecia, aun entre los mismos que promovian la reunion de la junta del reino. El ayuntamiento de Méjico tomaba, cuando le convenia, la voz del reino [...] y queria que las juntas de los procuradores de las poblaciones españolas [...] se restableciesen para ejercer las mismas facultades que las leyes de Castilla dan á las cortes de aquel reino [...]. El acuerdo sostenia que tales juntas no podian celebrarse, sino por órden de un rey que moralmente no existia [...]. El virey queria un congreso consultivo, que lo dejase en el ejercicio de un poder absoluto: Villa Urrutia pretendia que este poder se restringiese [...] el P. Talamantes [...] no queria que en estas elecciones hubiese nada de popular, para no dar lugar a los excesos de la revolucion de Francia; el corregidor de Querétaro [...] disputaba al de Méjico el derecho de hacerse representante del reino [...]. Todo era pues confusion, y lo único que podia evitar un trastorno, era que el virey [...] gobernase conforme á las leyes existentes, sin pretender introducir novedades peligrosas, que no podian producir mas que su propia ruina.[355]

---

354 Vgl. Alamán 1985, Bd. I: 147.
355 Alamán 1985, Bd. I: 151–152.

Die rhetorisch erzeugte Konfusion, die Lucas Alamán hier präsentiert, findet auf der inhaltlichen Ebene ihre Entsprechung in einer Reihe von Kommentaren, in denen der Erzähler diese Konfusion schon zu diesem frühen Zeitpunkt durchaus auch auf einen Mangel an der Bereitschaft zur Verständigung zurückführt.[356] Vor diesem Hintergrund kann es nicht verwundern, dass die Unabhängigkeitsbewegung von Miguel Hidalgo in seiner Darstellung später einerseits genau auf die zerstörerische Wirkung dieser Konfusion setzen wird, um ihre Ziele zu erreichen; dass sie aber andererseits auch selbst unter eben jener Konfusion und Uneinigkeit zu leiden hat, welche die Entwicklung der *Independencia* in Neuspanien schon von Anfang an gekennzeichnet hat.[357] Entscheidend bleibt in diesem Zusammenhang die rhetorische Vermittlung von ideologischen Inhalten: Den ordnungsstiftenden Schreibweisen des Alamánschen Textes steht stets die rhetorisch zugespitzte Darstellung der Unordnung gegenüber, gegen die sich sein auf die systematische Analyse der Historie gründendes Werk richtet. Auf diese Weise mag es fast scheinen, als wuchere die Unordnung, welche die *Independencia* über das Land gebracht hat, bis in den Text hinein. Dabei gilt es jedoch nicht zu vergessen, dass die passagenweise Unordnung innerhalb des Textes der *Historia de Méjico* bewusst erzeugt ist, und dass dieser Text zugleich über durchaus wirkungsvolle Strategien verfügt, um die Unordnung auch immer wieder zurückzudrängen (im Unterschied beispielsweise zu demjenigen Bustamantes, von dessen fundamental chaotischer Anlage sich zumindest Lucas Alamán selbst in seinem Nachruf ja überzeugt zeigt, nicht ohne dabei zu betonen, dass die Konfusion bei Bustamante eben nicht intentional gesucht war und deshalb auch unbeherrschbar bleiben muss).[358] Dem Historiker Lucas Alamán gelingt auf diese Weise tatsächlich, was dem Politiker Lucas

---

356 „No se espere encontrar en la relacion que voy á hacer de esta y las siguientes juntas, una deliberacion arreglada y luminosa sobre los graves asuntos que iban á debatirse. Siendo una cosa enteramente nueva en el pais una reunion numerosa para tratar de asuntos públicos, todos eran extraños al arte de seguir sin confusion una discusion complicada, pero ademas, estando prevenidos de antemano los ánimos de los concurrentes, sospechando los unos de las intenciones de los otros, no podia haber la buena fé necesaria en una deliberacion en que solo se busca el acierto", schreibt Alamán beispielsweise (Alamán 1985, Bd. I: 129).
357 Vgl. etwa Alamáns Darstellung der Uneinigkeit zwischen Miguel Hidalgo und Ignacio Allende (Alamán 1985, Bd. I: 316–319).
358 Alamán kommentiert seine Haltung in diesem Zusammenhang tatsächlich auch explizit, etwa im Vorwort zu dem vierten Band seiner *Historia de Méjico*. Über den Stoff dieses vierten Bandes, der die Zeit von Dezember 1813 bis 1820 umfasst, heißt es hier (und die Beschreibung ist im Grunde übertragbar auf das ganze Projekt der *Historia de Méjico*): „en el caos de tantos acontecimientos incoherentes, era indispensable tomar algun hilo y adoptar algun sistema para darles claridad é interes, especialmente hablando de las disensiones de los insurgentes entre sí, que forman una parte muy importante de la historia de este periodo y de que no he tenido mas noticias que las esparcidas sin órden alguno en las obras de D. Cárlos Bustamante, ó en los escritos

Alamán zeitlebens versagt geblieben ist: Seine ideale Vorstellung von Ordnung und Harmonie zu realisieren (wenngleich sich diese Realisierung nur auf der innertextuellen Ebene seines historiographischen Werkes vollzieht und die lebenspraktische Unordnung einstweilen fortbesteht, gegen die Alamán mit diesem Werk anschreibt).[359]

2.3.4 Schicksalsordnungen: Providenz und Zufall

Wie es schon seine Vorläufer fray Servando Teresa de Mier und Carlos María de Bustamante getan hatten, gründet auch Lucas Alamán sein historiographisches Werk auf ein Zitat eines antiken Autors, in dem sich seine zentrale Botschaft fast wie in einer *mise en abyme* reflektiert sieht (wenngleich dieser Rückgriff auf die klassische Literatur bei Alamán natürlich unter anderen ideologischen Vorzeichen geschieht als bei fray Servando und bei Bustamante). Dennoch kommt aber dem freien Vergilzitat, auf das Alamán in seiner *Historia de Méjico* zurückgreift, eine strukturell ähnliche Funktion zu, wie sie bei fray Servando die vorangestellte Thukydides-Passage ausgefüllt hatte und bei Bustamante der abschließende Verweis auf Horaz. In dem zweiten Buch seiner *Aeneis* beschreibt Vergil den Fall Trojas, und er verwendet dabei einen Vergleich, den Lucas Alamán jetzt von ihm entlehnt: Das mächtige Troja habe dem Ansturm der Griechen lange standgehalten, ehe es schließlich doch gefallen sei; ganz so, wie eine alte Esche den Schlägen der Holzfäller lange Zeit widersteht, ehe sie zum Schluss doch nachgibt und krachend aus der Höhe herabstürzt.[360] Lucas Alamán zitiert dieses Bild am Ende des

---

de los mismos insurgentes acusándose ó defendiéndose unos á otros." (Alamán 1851, Bd. IV: V–VI).

359 Vgl. zu der Agenda des Politikers Lucas Alamán (und zu dessen Scheitern mit dieser Agenda) Annino 2008: 57.

360 „[A]c veluti summis antiquam in montibus ornum / cum ferro accisam crebrisque bipennibus instant / eruere agricolae certatim, illa usque minatur / et tremefacta comam concusso vertice nutat / vulneribus donec paulatim evicta supremum / congemuit traxitque uigis avulsa ruinam", auf Deutsch also: „Es war, wie wenn Bauern hoch oben in den Bergen sich um die Wette mühen, eine alte Esche, angehauen vom Beil und wiederholten Schlägen der Doppelaxt, zu fällen; sie droht in einem fort zu fallen, sie zittert im Geäst, heftig wird ihr Wipfel geschüttelt, und der ganze Baum schwankt, bis er [...] ein letztes Mal ächzt und aus dem Berghang gerissen endgültig niederstürzt." (Vergil 2012: 104–105). Auch fray Servando Teresa de Mier hatte in seiner *Historia de la Revolución de Nueva España* ja knapp aus eben jenem zweiten Buch der *Aeneis* zitiert; im Vergleich zu dem seinem historiographischen Werk prominent als Epigraph vorangestellten Thukydideszitat ist dieser Rekurs auf Vergil aber bei ihm weniger zentral (vgl. dazu noch einmal Kapitel 2.1.4 Kerkyräer und Korinther).

ersten Buches des ersten Bandes seiner *Historia de Méjico* und also zum Abschluss seiner ausführlichen Darstellung der harmonischen Ordnung des Vizekönigtums Neuspanien, bevor er sich im Anschluss dann im zweiten Buch den Anfängen der Unabhängigkeitsbewegung widmet. Das Vergilzitat dient ihm entsprechend dazu, das Ende des spanischen Kolonialreiches zu veranschaulichen, das in seiner Lesart ebenso wie die Esche bei Vergil lange noch den Schlägen derjenigen standgehalten hat, die sich vorgenommen haben, es zum Einsturz zu bringen, ehe es dann doch ins Wanken kam. Allerdings wandelt Alamán Vergils Bild in einem entscheidenden Punkt ab, um es an die Botschaft anzupassen, die er mit seinem historiographischen Werk vermitteln will: Anders als in Vergils Vorlage reißt bei ihm der schließlich stürzende Baum (bei Alamán ist es eine Eiche) die Holzfäller mit hinab in den Abgrund. Ebenso würde nach Alamáns Überzeugung also auch das spanische Kolonialreich in seinem Untergang diejenigen mitreißen, die es gewagt haben, die gewachsene und natürliche Ordnung dieses mächtigen Reiches in Frage zu stellen: „[...] semejante á aquel roble de que habla Virgilio, que atacado por los leñadores que á porfia intentan derribarlo, aunque casi cortado su tronco, resiste todavía á los repetidos golpes de la hacha, sacude con magestad su elevada copa y vencido por fin, arrastra en su caida á los mismos que lo derribaron."[361]

Wenn Alamáns auf die Geschichte der mexikanischen Unabhängigkeit angewandte Vergillektüre hier den Sturz auch derjenigen impliziert, die das spanische Kolonialreich und insbesondere die Ordnung des Vizekönigreichs Neuspanien in Frage gestellt haben, dann ist diese Interpretation natürlich insbesondere mit Blick auf die Führer der Unabhängigkeitsbewegung nicht ganz von der Hand zu weisen: Miguel Hidalgo ebenso wie José María Morelos, Ignacio Allende oder auch Juan Aldama haben ja tatsächlich für ihre Beteiligung an der Unabhängigkeitsbewegung mit dem Leben bezahlt. Dennoch führt Alamáns Abwehr dessen, was er als die „Anarchie der Unabhängigkeitsbewegung" wahrnimmt (denn gegen diese Anarchie richtet sich sein zugespitztes Vergilzitat selbstverständlich einmal mehr), aber etwas überraschend zuletzt keineswegs dazu, dass sich der Historiker gegen den Verlauf der mexikanischen Geschichte in den letzten Jahrzehnten insgesamt wenden würde. Lucas Alamán ist realistisch genug, um einzusehen, dass die Unabhängigkeit Hispanoamerikas eine historische Notwendigkeit gewesen ist, auch wenn er selbst den Untergang des spanischen Kolonialreichs bedauern und insbesondere im Falle Mexikos die sich an den von Miguel Hidalgo initiierten Aufstand anschließenden Entwicklungen kritisch betrachten mag. So konstatiert er am Ende des fünften Bandes seiner *Historia de Méjico* zwar, dass man auch *sein* Werk (in Anlehnung an dasjenige von Bartolomé

---

[361] Alamán 1985, Bd. I: 222.

de Las Casas) einen „Bericht von der Verwüstung der Westindischen Länder" nennen könne, zugleich erklärt er aber die Frage für unerheblich, ob die *Independencia* nun gut oder schlecht gewesen sei:

> La cuestion es ociosa despues de consumado el hecho, tanto mas, que nunca estos grandes sucesos son en las naciones resultados de cálculos de prudencia, sino efecto de casualidades ó combinaciones que están fuera de la prevision humana, y el curso de las cosas ha sido tal, que si Méjico no hubiera hecho su independencia en 1821, la habria hecho poco despues, obligado por las medidas mismas que el gobierno español hubiera tomado para impedirla.[362]

In der Sekundärliteratur ist immer wieder den Pessimismus hervorgehoben worden, der für Lucas Alamán in der zweiten Hälfte seines Lebens kennzeichnend gewesen sei und der sein historiographisches Werk entscheidend geprägt habe,[363] aber in dieser Passage fällt vielmehr ein gewisser Fatalismus ins Auge.[364] Tatsächlich ist Alamáns Bild von der Geschichte wesentlich von seinem Glauben an die Unausweichlichkeit bestimmter schicksalhafter Entwicklungen einerseits und die diesen Entwicklungen zugrundeliegende göttliche Vorsehung andererseits bestimmt. Wenn er deshalb hier die Unabhängigkeit als Produkt von historischen Zufälligkeiten beschreibt, die sich der Verantwortlichkeit des Menschen entziehen und die gerade deshalb zwingend sind, dann ist das charakteristisch für seine Auffassung von der Historie: Die Schicksalhaftigkeit auf der einen Seite, der Zufall auf der anderen bestimmen in Alamáns Augen den Rhythmus des historischen Prozesses. Diese Auffassung widerspricht nun keineswegs seiner Überzeugung davon, dass der Verlauf der Geschichte notwendig dem Grundmuster einer Verkettung von Ursachen und Wirkungen gehorcht und dass aus der Geschichte vor allem das Verständnis dieses Musters zu lernen ist (so hatte er es ja im Vorwort zu seinem ersten Band dargestellt).[365] Im Gegenteil: Gerade in dieser Abfolge von Kausalitäten manifestiert sich die Zwangsläufigkeit des historischen Geschehens besonders anschaulich:

> Llamaban los antiguos fatalidad, ó decretos irrevocables del destino, á este encadenamiento de sucesos que van naciendo los unos de los otros, parece que van arrastrando los primeros á los que los siguen y estos á los últimos de una manera irresistible, contribuyendo á precipitar á una nacion á su final exterminio los errores, las omisiones, los crímenes y hasta las

---

[362] Alamán 1852, Bd. V: 904. Vgl. zu Bartolomé de Las Casas und seiner *Brevísima relación de la destrucción de las Indias* (1552) auch Kapitel 2.1.4 Kerkyräer und Korinther und Kapitel 3.1.2 Las Casas.
[363] Vgl. zum Beispiel González Navarro 1952: 102, Lira 1997: 39–40 (Lira beruft sich auf González Navarro), oder auch Méndez Reyes 1996: 98.
[364] Auch auf diesen Fatalismus hat die Forschung zu Alamán und seinem historiographischen Werk hingewiesen (vgl. etwa Plascencia de la Parra 2001: 331 oder Gurría Lacroix 1975: XXV).
[365] Vgl. dazu die einführenden Bemerkungen in dieses Kapitel.

virtudes de los hombres, y sirviendo para llevar las cosas al último extremo, aquellos mismos medios que se emplearon para evitarlo. Nosotros, guiados por las verdades de la fé cristiana, debemos reconocer y adorar en todos los sucesos humanos los decretos de la Providencia divina, que por fines inexcrutables á nuestra limitada capacidad, deja en juego las pasiones de los hombres hasta que le conviene contenerlas, y desbaratando sus planes por los medios mas inopinados, sabe sacar bien del mal y todo lo conduce por senderos que no podemos penetrar.³⁶⁶

In dieser Konzeption ist die Providenz also keineswegs das Gegenmodell zu einer blinden Fatalität; die beiden Begriffe sind vielmehr zwei auf unterschiedlichen Wahrnehmungsweisen beruhende und entsprechend verschieden orientierte Bezeichnungen für ein und denselben Sachverhalt. Dieser Sachverhalt (den man vereinfachend auch als die „Unausweichlichkeit der geschichtlichen Entwicklung" bezeichnen könnte) wird nun in der *Historia de Méjico* nicht nur auf der ideologischen Ebene durch die bereits erwähnte Bekräftigung der historischen Notwendigkeit der *Independencia* ausgedrückt, mit der Lucas Alamán sein historiographisches Werk beschließt, sondern auch auf der argumentativen Ebene durch die Anerkennung der Kontingenz (hier verstanden im Sinne einer Vereinbarkeit von Kausalität und Offenheit der Geschichte) als Movens dieser Geschichte.³⁶⁷ Zugleich und diesem Kontingenzprinzip nur scheinbar entgegengesetzt (insofern ja auch hinter dem vermeintlichen Zufall immer die göttliche Vorsehung steht) betont Lucas Alamán immer wieder den großen schicksalhaften Zusammenhang, in dem die Geschehnisse stehen, von denen er in seiner *Historia de Méjico* berichtet. So ist es seiner Meinung nach eben gerade *kein* Zufall, wenn zum Beispiel bestimmte politische Verwerfungen einhergehen mit extremen Witterungsverhältnissen oder sogar Naturkatastrophen; vielmehr sind die „trastornos de la naturaleza" für ihn „avisos que la divina Providencia da á los hombres para prevenirlos de los males que tienen sobre su cabeza".³⁶⁸

Das Geschichtsbild, das der *Historia de Méjico* zugrunde liegt, entspricht auf diese Weise durchaus ihrer ideologischen Botschaft. Auch wenn es an manchen Stellen fast scheinen mag, als habe Lucas Alamán eine Tendenz zur grundsätz-

---

366 Alamán 1985, Bd. I: 221.
367 Vgl. etwa die Passage, in der Alamán davon berichtet, wie das *tribunal de minería* dem Vizekönig José de Iturrigaray 100 Kanonen zur Verteidigung des Vizekönigtums zubilligt habe, diese aber hinterher zu ganz anderen Zwecken eingesetzt worden seien (nämlich von den *insurgentes* für ihren Kampf um die Unabhängigkeit). Die Passage schließt mit dem fatalistischen Ausruf: „¡Así sucede frecuentemente con las cosas humanas!" (Alamán 1985, Bd. I: 193). Vgl. auch die erstaunte Bemerkung des Erzählers an anderer Stelle: „De tales accidentes dependen los mas importantes sucesos" (Alamán 1985, Bd. I: 160).
368 Alamán 1985, Bd. I: 217.

lichen Relativierung der Möglichkeit eines endgültigen Urteils über den Verlauf der Geschichte,[369] so steht doch sein Urteil über die *Independencia* in Mexiko fest: Die Unabhängigkeit war nicht zu vermeiden und von der göttlichen Providenz so vorherbestimmt, auch wenn teilweise das Auftreten der einzelnen Akteure und auch ihr Handeln durchaus kontingenten Charakter haben mögen. Weil sich diese Kontingenz nun aber insbesondere in der Tendenz der Unabhängigkeitsbewegung zur Anarchie und Unordnung manifestiert, und weil die Unabhängigkeitsbewegung dadurch für die Geschicke des Landes mehr als unheilvoll gewesen ist, hat es die Vorsehung so gefügt, dass es zuletzt eben nicht der Aufstand von Miguel Hidalgo gewesen ist, der die Unabhängigkeit realisiert hat, sondern der *Plan de las tres Garantías* von Agustín de Iturbide.[370] Kontingenz und Providenz, Zufall und historische Notwendigkeit schließen einander so bei Lucas Alamán nicht aus, sondern sie ergänzen sich vielmehr.

Sein historiographisches Projekt muss deshalb vor dem Hintergrund des unerschütterlichen Glaubens an die Wirksamkeit der Providenz beurteilt werden, der diesem Projekt zugrunde liegt: Alamáns Interpretation der *Independencia* als Infragestellung der überkommenen harmonischen (und durchaus auch providentiellen) Ordnung durch die Anarchie ist zwar tatsächlich insofern pessimistisch, als sie die jüngere mexikanische Geschichte als eine Reihe von fruchtlosen und von vornherein zum Scheitern verurteilten Versuchen liest, gegen die zerstörerische Macht der Konfusion und Unordnung anzukommen.[371] Wenn die *Historia de Méjico* aber des-

---

369 Vgl. etwa die Stellen, an denen er entgegengesetzte Interpretationen bestimmter Vorkommnisse einander gegenüberstellt und dabei den Anschein erweckt, als seien beide Sichtweisen gleichermaßen legitim: „Este ruidoso suceso de la prision de Iturrigaray ha sido presentado por los americanos como la primera causa de la revolucion, y por los españoles como lo único que por entónces la evitó y contuvo." (Alamán 1985, Bd. I: 176). Ähnlich auch die Argumentation auf S. 169.
370 Vgl. zu Alamáns Interpretation der unterschiedlichen Natur der Unabhängigkeitsbewegungen von Hidalgo einerseits und Iturbide andererseits Palti 2009: 307. Vgl. zu dem *Plan de las tres Garantías* von Agustín de Iturbide (der auch unter dem Namen *Plan de Iguala* firmiert) auch Villoro 2010: 188–189. Villoro schreibt hier: „El Plan de Iguala logra unir a las élites criollas. Uno tras otro los cuerpos de ejército se unifican en torno de Iturbide [...]. El alto clero y los propietarios sostienen el movimiento con toda su fuerza económica y moral. La rebelión no propugna ninguna transformación esencial en el antiguo régimen; por el contrario, reivindica las antiguas ideas frente a las innovaciones del liberalismo." (Villoro 2010: 188). Diese Interpretation mag Alamáns positives Urteil über den *Plan de las tres Garantías* durchaus erklären. Entsprechend fasst Villoro wenig später auch zusammen: „[R]esulta evidente que el movimiento de Iturbide nada tiene de común con el que promovió Hidalgo." (Villoro 2010: 192).
371 „Inútil fué la feroz energía de Morelos: inútiles los constantes aunque interesados intentos de D. Ignacio Rayon, para establecer un gobierno de que él hubiese de ser el jefe: la constancia de los diputados del congreso de Apatzingan para formar una constitucion entre riesgos y privaciones; el noble carácter de D. Nicolas Bravo; el sacrificio de su padre y de su tio; el denuedo de

sen ungeachtet auf der anderen Seite erneut einen Versuch unternimmt, mindestens eine erzählerische Ordnung wieder herzustellen, dann, weil Alamáns historische Konzeption trotzdem auf die aufklärerischen Möglichkeiten der Geschichtsschreibung vertraut. Bezeichnend ist in diesem Zusammenhang die Metaphorik, mit der Lucas Alamán die Ziele beschreibt, die sein historiographisches Projekt verfolgt. So spricht er immer wieder davon, dass es gelte, durch größtmögliche Offenheit und eine unbedingt an der Wahrheit orientierte Vorgehensweise den Schleier herabzureißen, mit dem die eigentliche „realidad de las cosas" der mexikanischen Unabhängigkeit vor der Öffentlichkeit verborgen werde;[372] und in der Konsequenz ist dann in klassisch aufklärerischer Diktion auch von dem „Licht" die Rede, das in das Dunkel der Geschichte der Unabhängigkeit gebracht werden soll.[373] Vor diesem Hintergrund ist deshalb selbstverständlich auch die ausführliche Darstellung der Anarchie der Unabhängigkeitsbewegung, der sich die *Historia de Méjico* über weite Strecken widmet, als ein Mittel zum Erreichen dieser aufklärerischen Ziele zu verstehen: Lucas Alamán wendet sich mit seiner kritischen Interpretation der historischen Leistung Miguel Hidalgos und seiner Anhänger vor allem auch gegen die seiner Meinung nach übertriebene Heroisierung der *Independencia*, wie sie in der jungen unabhängigen Nation auch im Gefolge von Carlos María de Bustamante bewusst gefördert wurde.[374]

Galiana; la capacidad militar de Teran y de D. R. Rayon; las ventajas que procuró á Victoria el terreno que ocupaba; el teson de Asensio y de Guerrero, no queriendo admitir el indulto cuando todos los demas lo habian solicitado y obtenido; el valor individual de que dieron mil y mil pruebas Trujano, Rosales, el Giro, Mina y sus compañeros, y tantos otros: todo fué infructuoso, todo se desvaneció ante el desórden, la anarquía y el espíritu de rivalidad, de egoismo, de pillage y de privadas ambiciones, que fué el carácter de aquella revolucion." (Alamán 1851, Bd. IV: 722–723).
372 Vgl. etwa Alamán 1851, Bd. IV: 724 oder Alamán 1852, Bd. V: VI–VII.
373 Vgl. Alamán 1851, Bd. IV: 724. Alamán stand der historischen Epoche der Aufklärung und ihrer Ideologie allerdings sehr kritisch gegenüber, vgl. etwa Alamán 1852, Bd. V: 919–920 (hier ist von der „filosofía irreligiosa y anti social del siglo 18" die Rede). Vgl. zu Alamáns Metaphorik in diesem Zusammenhang insgesamt Plascencia de la Parra 2001: 340. Vgl. zur aufklärerischen Lichtmetaphorik im Allgemeinen Lüsebrink 1995.
374 Vgl. auch dazu Alamán 1851, Bd. IV: 724. Hier schreibt Alamán über den Versuch einer bewussten Steuerung der Erinnerung an die Revolution von Seiten des Staates: „[E]l presente contribuirá mucho á acabar de disipar el error en todos los que no quieren engañarse voluntariamente: pero al mismo tiempo, este golpe de luz ha excitado la contrariedad de opiniones, y ha dado lugar á que para sostener la creencia que estaba establecida, el congreso general decrete un gasto de cuatro mil pesos anuales de los fondos del ayuntamiento de Méjico, para solemnizar la funcion del 16 de Septiembre; que el gobierno haya hecho imprimir en un tomo que nadie lee, la multitud de discursos pronunciados en diversos parajes de esta capital, con motivo de aquella celebridad en el año anterior: por último, que las legislaturas de los Estados de Guanajuato y Méjico, decreten estátuas al cura Hidalgo, para colocarlas en el lugar de su nacimiento; en el que comenzó la revolucion; y

Alamáns Überzeugung von der aufklärerischen Kraft der Historiographie bedeutet deshalb auch, dass für ihn auch sein eigenes historiographisches Werk im Sinne jener Providenz wirksam sein musste, die für ihn die Antriebskraft jeder historischen Aktion ist. Insofern weist die Stoßrichtung dieses historiographischen Werkes auch (trotz seines unterschiedlichen ideologischen Ausgangspunktes) eine gewisse Schnittmenge mit fray Servandos Konzeption von der Geschichtsschreibung und mit Bustamantes Vorstellung von der *historia magistra vitae* auf: Auch bei Lucas Alamán ist der Glaube an die Wirksamkeit der Historiographie gerade in schwierigen Zeiten ungebrochen. Zugleich unterscheidet er sich von seinen Vorgängern aber insofern, als seine *Historia de Méjico* eben doch vor allem einen Versuch darstellt, die Geschichte angesichts von deren mangelnder Harmonie nachträglich wenigstens mit narrativen und rhetorischen Mitteln zu harmonisieren. An den Stellen, an denen die Brüche und Unebenheiten des historischen Verlaufs bei fray Servando und bei Bustamante nicht nur diskursiv, sondern vielmehr strukturell (und also in der Anlage des historiographischen Werkes selbst) zutage getreten waren, werden diese Brüche und Unebenheiten bei Alamán zwar auf der diskursiven Ebene kommentiert, auf der strukturellen Ebene aber gerade dadurch geglättet, dass die Kommentare des Erzählers immer wieder darauf zielen, nachträglich doch eine Ordnung herzustellen. Dieses Bemühen um Ordnung gerade an den Stellen, an denen die Verhältnisse dazu neigen, unordentlich zu sein, bestimmt Alamáns historiographisches Projekt auf allen Ebenen, von der geschichtsphilosophischen Einordnung der von ihm berichteten Ereignisse, der psychologischen Beurteilung der Akteure, der narrativen Entwicklung seines Stoffs und seiner rhetorischen Aufbereitung bis hin zur Orthographie (deren Möglichkeiten der Anpassung an sich verändernde Umstände von Alamán allerdings entsprechend der konservativen Ausrichtung seines Projekts mit Skepsis beurteilt werden). So bemerkt er im Vorwort zu seinem vierten Band:

> Alguna variacion he introducido en la ortografía de que hago uso, mas por conformarme con la práctica general, que porque encuentre ventaja alguna en ella. Punto es este en que, como en otras muchas cosas, hubiera sido mejor dejarlas como estaban, que introducir reformas que no eran indispensables, y que solo han servido para aumentar dificultades.[375]

Indem er seine Skepsis angesichts der jüngsten orthographischen Reformen in einen Zusammenhang stellt mit seiner grundsätzlichen Zurückhaltung gegenüber Modifikationen, die nicht zwingend sind, legt tatsächlich der Historiker selbst an dieser Stelle eine polemische Interpretation seiner Ausführungen nahe: „Es wäre

---

en el monte de las Cruces, aunque la célebre accion dada en este punto, no sea ciertamente lo que mas ha contribuido á su gloria."
375 Alamán 1851, Bd. IV: VII.

besser gewesen, die Dinge so zu belassen, wie sie waren" – diesen Satz könnte man als Motto für Alamáns Geschichte der Unabhängigkeit im Ganzen ansetzen. Da man es in Mexiko aber nun einmal vorgezogen hat, die Dinge doch zu verändern, und da sich diese Veränderungen im Nachhinein auch als nicht umkehrbar herausgestellt haben, mag die unter diesen Vorzeichen verfolgte Harmonisierung der Geschichte, der sich Lucas Alamán mit seiner *Historia de Méjico* verschrieben hat, wenigstens den Versuch darstellen, die Geschichte dieser Veränderungen für die Zeitgenossen und die Nachwelt verfügbar zu machen. Dass Alamán selbst in der zitierten Passage eine unmittelbare Beziehung zwischen seinem Blick auf die Orthographie und seinem Blick auf die Geschichte nahezulegen scheint, das lässt auch den Titel in einem neuen Licht erscheinen, den er für sein historiographisches Werk wählt: *Historia de Méjico* heißt dieses Werk, und eben nicht „Historia de México". Im Unterschied etwa zu fray Servando Teresa de Mier und Carlos María de Bustamante schreibt Lucas Alamán den Namen seines Heimatlandes konsequent mit j und nicht mit x: Méjico; und in der Tat schieden sich an dieser Frage nach dem x bzw. dem j in dem gerade unabhängig gewordenen Nationalstaat die Geister: Während die konservative Fraktion für das j optierte, wählten die Liberalen das x. Hinter dieser Auseinandersetzung steht natürlich die Frage, die im Kern auch die historiographischen Projekte aus dieser ersten Hälfte des 19. Jahrhunderts motiviert hatte: die Frage nach der Legitimität der Unabhängigkeitsbewegung nämlich. So geht das Wort „México" auf die Selbstbezeichnung der aztekischen Herrscher im Tal von Mexiko zurück, die sich auf Náhuatl „mexica" nannten (wobei der Konsonant hier wie ein stimmloser postalveolarer Frikativ, also wie ein deutsches „sch" ausgesprochen wird). Die Spanier schrieben diesen Laut nach der *Conquista* zunächst mit x; weil sich aber mit der Zeit die Aussprache des Spanischen änderte (und der stimmlose postalveolare Frikativ zu einem stimmlosen palatalen Frikativ wurde, zu eben dem „ch"-Laut nämlich, der heute den Namen des Landes kennzeichnet), passte man die Schreibweise an und schrieb in der Kolonialzeit häufig „Méjico". Nach Erreichen der Unabhängigkeit legten die Befürworter dieser Unabhängigkeit großen Wert auf das x im Namen des gerade unabhängig gewordenen Landes, und das aus eben diesem Grund: In ihren Augen war „México" im Unterschied zu „Méjico" die eigene, die autochthone, die eben nicht koloniale Schreibweise, und das x stand auf diese Weise paradigmatisch für die Unabhängigkeit selbst.[376]

---

376 Die *Real Academia Española* lässt auch heute noch beide Schreibweisen zu, weist aber darauf hin, dass „Méjico" eine „Variante" sei (vgl. Real Academia Española y Asociación de Academias de la Lengua Española 2010). Vgl. zu der Frage „x oder j" auch Domínguez Michael 2004: 590–592. Domínguez verweist darauf, dass die letzten Verteidiger des j im 20. Jahrhundert „los nostálgicos del general Franco y del nacionalcatolicismo ibérico" gewesen seien (Domínguez Mi-

In diesem Zusammenhang ist es nun einmal mehr fray Servando Teresa de Mier, der die Problemlage schon zu einem frühen Zeitpunkt bündig zusammenfasst. So schreibt er in seiner 1821 im Gefängnis von San Juan de Ulúa verfassten „Carta de despedida a los mexicanos":

> Yo profesé la lengua española en París y Lisboa, he meditado mucho sobre ella, he llegado a fijar su prosodia, y tengo muchas razones que oponer contra esas novedades inútiles, y especialmente contra la extensión que quiere darse a la *j* tan fea en sus [sic] pronunciación como en su figura, tan desconocida de los latinos como de los antiguos españoles, que nos dificultará el aprendizaje del latín y de sus dialectos europeos. [...] Como quiera que sea, esta carta se reduce a suplicar por despedida a mis paisanos anahuacenses recusen la supresión de la *x* en los nombres mexicanos o aztecas que nos quedan de los lugares, y especialmente de México, porque sería acabar de estropearlos. Y es grande lástima, porque todos son significativos, y en su significado topográficos, estadísticos, o históricos.[377]

Dass der Verfasser dieses Briefs sich mit der Anrede „mis paisanos anahuacenses" an seine mexikanischen Landsleute richtet und dass er damit natürlich an die Bevorzugung der alten, aztekischen Orts- und Eigennamen anknüpft, die er schon in seiner *Historia de Nueva España, antiguamente Anáhuac* (und das ja nicht zuletzt in eben diesem Titel) ausdrücklich verfochten hatte, unterstreicht noch einmal den ideologischen Abstand zwischen ihm und seinem eine Generation jüngeren Nachfolger Lucas Alamán: Zwischen Méjico und Anáhuac liegen Welten – und eine Unabhängigkeitsrevolution, die man kaum unterschiedlicher beurteilen könnte, als es die beiden Historiker tun.

2.4 Essay und Revolution: Der *ensayo historiográfico* bei fray Servando Teresa de Mier

Wie erschreibt man sich Unabhängigkeit? Im Unterschied zu den historiographischen Werken von Carlos María de Bustamante und Lucas Alamán, die erst geschrieben und veröffentlicht werden, als die Unabhängigkeitsbewegung in Mexiko schon zu einem Abschluss gekommen ist, zeichnet sich die *Historia de la Revolución de Nueva España, antiguamente Anáhuac* von fray Servando Teresa de Mier dadurch aus, dass sie in großer zeitlicher Nähe zu den Ereignissen entsteht, von

---

chael 2004: 592). Vor diesem Hintergrund spricht der Titel einer 1951 publizierten Anthologie von Alfonso Reyes Bände, in der Reyes Texte über Mexiko versammelt: *La x en la frente*, heißt dieser Band. In dem Essay „Don Ramón se va a México" schreibt Reyes hier: „¡Oh, x mía, minúscula en ti misma, pero inmensa en las direcciones cardinales que apuntas: tú fuiste un crucero del destino!" (Reyes 1993: 96).
377 Mier 1978: 8.

denen sie berichtet. Zugleich konzipiert fray Servando sein historiographisches Projekt aber aus einer großen räumlichen Entfernung heraus. Anders als Bustamante und Alamán war er nicht vor Ort als aktiv Handelnder in die Geschehnisse eingebunden, mit denen er sich in seinem Werk beschäftigt (sieht man einmal von dem Impuls ab, den er der Unabhängigkeitsbewegung mit seiner Predigt aus dem Jahr 1794 natürlich gegeben haben mag). Dass beides, die fehlende zeitliche und die große räumliche Distanz, die *Historia de la Revolución* im Vergleich mit Bustamantes *Cuadro histórico de la Revolución Mexicana* und Alamáns *Historia de Méjico* entscheidend geprägt hat, konnte in den vorangegangenen Kapiteln zu diesen drei unterschiedlichen historiographischen Werken über die Unabhängigkeitsbewegung in Mexiko gezeigt werden. Vor diesem Hintergrund widmen sich die folgenden knappen Überlegungen noch einmal gezielt der Frage danach, wodurch sich fray Servandos Werk insbesondere auszeichnet und wie sich diese Besonderheiten womöglich nicht nur auf einer inhaltlichen und stilistischen, sondern davon ausgehend auch auf einer gattungstheoretischen Ebene fassen lassen.

Bei einem direkten Vergleich der drei verschiedenen historiographischen Projekte fällt auf den ersten Blick die (relative) Abgeschlossenheit der Werke von Bustamante und Alamán auf, der die Offenheit der Konzeption der *Historia de la Revolución* von fray Servando gegenübersteht. Trotz der unterschiedlichen ideologischen Ausrichtung von Bustamante und Alamán ist den beiden Historikern doch gemein, dass sie *ex post* auf bestimmte historische Entwicklungen blicken und diese (eben je nach Ideologie) einzuordnen, zu bewerten und für die Gegenwart und die Zukunft der jungen Nation Mexiko fruchtbar zu machen versuchen. Demgegenüber hat fray Servandos veränderlicher, stellenweise konfuser, mitunter auch durchaus schwer lesbarer Text ein anderes Anliegen, denn er möchte Geschichte nicht nur dokumentieren, interpretieren und für die Zukunft nutzbar machen, sondern er will sie vielmehr in ihrem Verlauf beeinflussen. Wenn man deshalb Bustamantes Zielsetzung vereinfachend mit dem Stichwort „Monumentalisierung" beschreiben kann, und wenn sich diejenige von Alamán unter der Rubrik „narrative Harmonisierung" fassen lässt, dann ist fray Servandos Projekt im Unterschied dazu als eine Art Versuchsanordnung zu verstehen, deren ideologische Stoßrichtung zwar mindestens ebenso klar identifizierbar ist wie diejenige der Werke seiner beiden Nachfolger; die sich aber dessen ungeachtet (und dieser Kontrast ist tatsächlich nur auf den ersten Blick paradox, wie im Folgenden zu zeigen sein wird) insbesondere ihre große Beweglichkeit, ihre Dynamik und deshalb in gewisser Weise auch durch ihre Vorläufigkeit auszeichnet. Diese Merkmale haben selbstverständlich vor allem mit den Umständen zu tun, unter denen die *Historia de la Revolución* entstanden ist, und dazu zählen nicht allein die problematischen Bedingungen, unter denen ihr Autor in Europa lebte, sondern auch seine daraus mit großer Wahrscheinlichkeit resultierenden Schwierigkeiten bei der Beschaffung von Informationen über die Geschehnisse in Neuspanien und nicht zuletzt auch die sukzessive Veränderung seiner Ziele im Verlauf der Arbeit an seinem Werk. Zugleich wird aber auch deutlich, dass der diskursive Zwischenraum, in den sich fray Servando Teresa de Mier dadurch einschreibt, dass er als Amerikaner in Europa über Amerika schreibt, um wiederum Europa zum Eingreifen in den amerikanischen Unabhängigkeitskrieg zu bewegen, nicht nur die argumentativ-inhaltliche Ausrichtung der *Historia de la Revolución* geprägt hat, sondern dass sich das Werk auch in gattungstheoretischer Hinsicht in einem „Dazwischen" verorten lässt, das sein Autor allem Anschein nach durchaus bewusst gewählt und gestaltet hat und dessen Beschaffenheit durch das zuvor verwendete Wort von der „Versuchsanordnung" bereits angedeutet sein mag.

Tatsächlich nennt nämlich fray Servando selbst (der sich ansonsten eher zurückhält mit derlei Einordnungen seines Werkes) die *Historia de la Revolución de Nueva España* in seinem Prolog ausdrücklich einen „Essay", ohne diese Zuschreibung allerdings genauer zu begründen etwa mit weitergehenden Reflexionen über das Genre.[378] Die Überlegungen, die der Verfasser der *Historia de la Revolución* an die Feststellung von dem essayistischen Charakter seines Werkes anschließt, beziehen sich vielmehr ausschließlich auf seine Vorgehensweise im Umgang mit dem Material, das er in seinem historiographischen Werk zitiert; darüber hinaus stellt er jedoch keinen expliziten Konnex zwischen dieser Vorgehensweise und der Gattungsbezeichnung her, die er für sein Werk wählt. Unzweifelhaft ist dabei aber dennoch, dass diese gattungstheoretische Zuschreibung in einem Zusammenhang stattfindet, in dem es ausdrücklich um die Offenheit, die Nicht-Zuordenbarkeit, die Beweglichkeit nicht nur des in Frage stehenden Textes, sondern auch der Ziele geht, die dieser Text verfolgt:

> Dada así cuenta de mi obra, suplico al lector se contente con hallar en ella la verdad según mi leal saber y entender, porque desde luego le confieso los defectos consiguientes no sólo a la pequeñez de mi talento y a la falta necesaria de plan, sino a la de reposo y de tiempo para digerirla mejor o darle la lima correspondiente. Casi todos los pliegos han ido de primera mano a la imprenta. Pero tampoco querría que se tomasen por defectos otros, que, siéndolo para una historia en general, no lo son para una historia de las circunstancias como ésta, y que por lo mismo han entrado en mi plan.[379]

---

[378] Mier 1990: 10. Ausdrücklich heißt es hier: „[...] la *Historia*, que desde el libro IX más bien debiera llamarse un ensayo, o déselo otro nombre sobre que no disputo." Vgl. in diesem Zusammenhang auch die Überlegungen fray Servandos auf den vorangehenden Seiten des Prologs, wo er unter anderem auch über das Problem der geringen zeitlichen und der großen räumlichen Distanz reflektiert, die ihn von seinem Stoff trennt (Mier 1990: 8–10).
[379] Mier 1990: 11.

Die Unterscheidung, die der Autor hier vornimmt, mag nun gerade im Zusammenhang mit der Frage nach den gattungsmäßigen Besonderheiten des Werkes interessant erscheinen: Seine *Historia de la Revolución de Nueva España* sei keine „historia en general" (keine normale Geschichte, wie man sie gewohnt ist), sondern eine „historia de las circunstancias", eine Gelegenheitsgeschichte also, die aus bestimmten Umständen heraus entsteht, die sich auf bestimmte Umstände bezieht und die deshalb in einer Art und Weise strukturiert ist, die diesen Umständen entspricht. Diese Abgrenzung zweier unterschiedlicher Formen der Historiographie voneinander und sein klares Bekenntnis zu der einen dieser beiden Formen zeugen einmal mehr von dem Selbstbewusstsein, das für fray Servandos Vorgehensweise in der *Historia de la Revolución* insgesamt kennzeichnend ist, beispielsweise auch in der Zurückweisung der Thesen von Juan López Cancelada oder in der kritischen Diskussion der von ihm verwendeten Quellen und in den Schlussfolgerungen, die er aus der Auseinandersetzung mit diesen unterschiedlichen Dokumenten zieht. Denn wenn er an dieser Stelle seine eigene „historia de las circunstancias" unterscheidet von den traditionellen „historia[s] en general", dann liegt dieser Geste der Abgrenzung auch eine ausgeprägte Skepsis gegenüber der vermeintlich unanfechtbaren Wahrheit zugrunde, für welche die letzteren, die allgemeinen, die von den Umständen vermeintlich unabhängigen Geschichtswerke stehen.[380]

Nicht umsonst beginnt der zitierte Abschnitt so mit einer Hervorhebung der Wahrheit, in diesem Fall allerdings der Wahrheit, wie sie sich dem Ich des Textes präsentiert und wie dieses Ich sie dann seinen Leserinnen und Lesern weiterzuvermitteln bestrebt ist. Entsprechend ist die in Frage stehende Wahrheit eine ganz eigene und persönliche Wahrheit, für die der sich hier ausdrücklich zu seinem Text bekennende Autor allerdings nach bestem Wissen und Gewissen einzustehen bereit ist, wie er deutlich macht: „la verdad según mi leal saber y entender" mag zwar eine individuelle und keine allgemeingültige Wahrheit sein, aber sie ist dennoch fundiert und abgesichert durch das getreue, das aufrichtige Wissen und Verständnis des Ichs. In diesem Zusammenhang und angesichts von fray Servandos offensichtlich in der Tat sehr ausgeprägtem Bewusstsein für die Besonderheit seines Werkes im Vergleich zu denjenigen, die man im Allgemeinen unter der Textsorte „historia" subsumiert, ist die wenige Absätze zuvor für das in Frage stehende Werk eingeführte Gattungsbezeichnung „Essay" deshalb als eine Art „Flucht nach vorn" zu verstehen: Dass die *Historia de la Revolución de Nueva España* eben keine solche gewöhnliche „historia" ist, sondern eine, deren Eigenheiten eine andere argumentative oder auch narrative Logik erforderlich machen, und dass ihr Zugriff

---

[380] Alfredo Ávila schreibt in diesem Zusammenhang unter Bezug auf Edmundo O'Gorman: „[E]l propio doctor Mier reconocía que no todo que llevara el título de *historia* lo era." (Ávila 2005b: 12).

auf den Stoff dabei stets ein ganz persönlicher ist, rechtfertigt in den Augen ihres Verfassers die Bezeichnung dieses historiographischen Werkes über die amerikanische Emanzipation von Europa als Essay. Diese Zuordnung scheint umso plausibler, als die Anfänge dieser Gattung in der europäischen Literatur genau in der Zeit liegen, in der man sich in der Alten Welt der Existenz einer Neuen bewusst zu werden begann und in der dieses Bewusstsein den europäischen Blick auf die Welt im Ganzen nachhaltig und unwiderruflich veränderte.[381] Wenn nun fray Servando Teresa de Mier in seinem historiographischen Werk die Frage nach dem Verhältnis zwischen der Alten und der Neuen Welt neu aufwirft und dieses Verhältnis vor dem Hintergrund der Unabhängigkeitskriege problematisiert, dann liegt ein Bezug zu der gattungsgeschichtlichen Tradition des Essays in der Tat nicht fern.[382]

Dass er sein Werk ganz explizit einen Essay nennt (und damit im Spanischen eben wörtlich: einen Versuch), sollte allerdings gerade vor diesem Hintergrund in einem Sinne verstanden werden, der das Relative des Begriffs „Essay" hervorhebt: Fray Servando Teresa de Mier zielt mit diesem Begriff nicht auf eine endgültige Festschreibung seines Werkes, sondern eher auf dessen lockere Einschreibung in eine dezidiert offene Traditionslinie. Im Vergleich zu der stärker objektivierenden und dadurch einen absoluteren Anspruch verfolgenden Gattung der „historia en general", von der sich der Historiker in seinem Prolog ausdrücklich abgrenzt, wäre die *Historia de la Revolución de Nueva España* als „historia de las circunstancias" dann ein insofern essayistischer Text, als sie auf eine bewusst subjektivere, offenere und dadurch beweglichere Argumentation setzt (und das in einem inhaltlichen ebenso wie in einem formalen Sinne). Auf diese Weise ist es zuletzt aber *gerade* die Zuordnung seines historiographischen Werkes zu der Gruppe der so verstandenen Versuche oder eben „Essays", die fray Servando Teresa de Mier die

---

[381] „Los ensayos surgen como nueva forma discursiva precisamente cuando empieza a tambalearse toda una concepción estática del mundo, desmentida por la nueva dinámica de la historia [...]." (Weinberg 2014: 10).

[382] In seiner Reflexion „Nuestra América es un ensayo" stellt der kolumbianische Schriftsteller Germán Arciniegas explizit einen solchen Bezug zwischen der Gattung des Essays und Amerika als seinem Thema her, wenn er zunächst mit Blick auf die amerikanische Geschichte schreibt: „América surge en el mundo, con su geografía y sus hombres, como un problema. Es una novedad insospechada que rompe con las ideas tradicionales. América es ya, en sí, un problema, un ensayo de nuevo mundo, algo que tienta, provoca, desafía a la inteligencia." Arciniegas zufolge hat sich diese enge Beziehung zwischen dem Essay und Amerika in der Unabhängigkeitsrevolution intensiviert: „La revolución fue un ensayo intelectual que acabó siendo ensayo armado [...]. En el proceso de la independencia, en la creación de las repúblicas, a todo lo largo de la América española, y en forma agudísima que no se conoció ni en el Brasil, ni en los Estados Unidos, ni en el Canadá, todo es discutible y todo es incierto y en todo hay incitaciones constantes a la reflexión y al debate." (Arciniegas 1979: 5 und 8–11).

uneingeschränkte Affirmation dieses Werkes überhaupt erst ermöglicht, die er in seinem Prolog vollzieht.[383]

Vor diesem Hintergrund stellt sich deshalb die Frage nach der Beziehung zwischen Form und Inhalt von fray Servandos historiographischem Werk noch einmal mit besonderem Nachdruck. Wie also erschreibt man sich Unabhängigkeit? Fray Servandos Ausführungen zu den besonderen Charakteristika seines Werkes lassen (jedenfalls sofern man sie nicht ausschließlich als Teil einer Verteidigungsstrategie lesen will, welche die vermeintlichen Defizite des in Frage stehenden Werkes selbstbewusst in positive Kennzeichen für dessen Einzigartigkeit umwidmet) nur den Schluss zu, dass die politische Unabhängigkeit Neuspaniens von Spanien allein mittels einer *escritura* ins Werk gesetzt werden kann, die sich ihrerseits unabhängig macht, indem sie sich aus überkommenen Abhängigkeiten oder eben zu eng gefassten gattungstheoretischen Zuschreibungen und Eingrenzungen löst. Die Offenheit, die Vielverbundenheit und die Dynamik von fray Servandos *Historia de la Revolución* wären also ebenso wie der von ihm offenbar bewusst und willentlich in Kauf genommene Mangel an Stringenz und die gelegentliche Konfusion Merkmale eines Schreibens, das seinen Gegenstand nicht anders als gerade so anschaulich und greifbar werden lassen kann.[384]

Dieser Gegenstand ist nun, so kündigt es der Titel des Werkes an, die Revolution in Neuspanien, und diese ausdrückliche Hervorhebung des revolutionären

---

383 Vgl. zur Gattungstheorie insbesondere mit Blick auf Hispanoamerika die einschlägigen Studien von Weinberg 2004, 2006, 2007b und die bereits zitierte Studie 2014. Hier schreibt Weinberg über die Gattung insgesamt: „El ensayo descubre la posibilidad de fundar un lugar nuevo de enunciación situado entre lo público y lo íntimo: un espacio libre y laico de intelección intelectual. Es necesario reconocer su vocación de sociabilidad y diálogo así como su capacidad de mediación entre discursos y lecturas. Su plasticidad y su ductilidad, su capacidad de cambio y transformación, de puesta en relación de distintas órbitas y saberes, le han permitido incluso pasar de los territorios acotados y las fronteras genéricas a los archipiélagos de infinitos recorridos y a las formaciones sin orillas fijas. Si en el ensayo es fundamental la escritura del yo, no resulta menos relevante su propio gesto de reinterpretar el mundo desde la relacionalidad y la conversación, así como su capacidad de reconfigurar tradiciones y repensar la historia a partir de la experiencia intelectual del sujeto." (Weinberg 2014: 11).

384 Dass die Epoche der Unabhängigkeitsrevolutionen in *ganz* Hispanoamerika auch eine für die Entwicklung des Essays als literarischer Gattung entscheidende Phase gewesen ist, das betont Weinberg 2007b. Hier schreibt sie: „Una vez revisados estos antecedentes, desembocamos en el clima de la independencia, para encontrarnos con las primeras muestras del ensayo propiamente dicho, donde el autor ofrece declaradamente una interpretación original y crítica de la historia americana que integra las tradiciones del ensayo científico e ideológico, que convive con las nuevas exigencias del periodismo y la difusión de las ideas, en un momento en que la república de las letras se prepara para afrontar la posibilidad de abrirse a un nuevo orden político y social." (Weinberg 2007b: 80).

Charakters der Ereignisse in Neuspanien bis zum Herbst 1813 lenkt die Aufmerksamkeit der Leserinnen und Leser des Werkes natürlich von Anfang an in eine bestimmte Richtung: Jemand, der sich anschickt, die Geschichte einer explizit als solche deklarierten Revolution zu lesen, wird seine Lektüre vermutlich mit anderen Erwartungen beginnen als jemand, der eine einfache Geschichte Mexikos zur Hand nimmt, wie sie beispielsweise Lucas Alamán mit *seinem* Titel (vermutlich aus gutem Grund) in Aussicht stellt.[385] Allerdings muss fray Servandos Bewusstsein dafür, es bei der Unabhängigkeitsbewegung in seinem Heimatland und den von dieser Bewegung zum Zeitpunkt der Publikation des Werkes bereits erzielten Ergebnissen mit einem revolutionären Umsturz zu tun zu haben, doch historisch situiert werden. So geht Hannah Arendt in ihrer grundlegenden Auseinandersetzung mit dem Phänomen der Revolution davon aus, dass das moderne Verständnis des Begriffs und des Konzepts „Revolution" seinen Anfang erst in den zwei großen Revolutionen beiderseits des Atlantiks am Ende des 18. Jahrhunderts hat, also in der Amerikanischen Revolution von 1776 auf der einen und der Französischen Revolution von 1789 auf der anderen Seite:

> Vor[her] [...] gab es einen eigentlichen Revolutionsbegriff nicht. Denn dieser ist unlösbar der Vorstellung verhaftet, daß sich innerhalb der weltlichen Geschichte etwas ganz und gar Neues ereignet, daß eine neue Geschichte anhebt. Dabei läßt sich nachweisen, daß keiner der Männer, die in den Ereigniszusammenhang eingriffen, der sich schließlich eben als eine Revolution enthüllte, die leiseste Vorahnung von diesem absolut Neuen hatte. Erst als die Revolutionen bereits wirklich zum Ausbruch gekommen waren, und lange bevor die Beteiligten die Chancen von Sieg oder Niederlage wirklich abschätzen konnten, wurde Handelnden wie Zuschauern gleichermaßen das Neue des Unternehmens und der eigentliche Sinn der Handlung selbst offenbar.[386]

Wenn also fray Servando Teresa de Mier 24 Jahre nach dem Beginn der Französischen Revolution von dem drei Jahre zuvor erst ausgebrochenen und noch lange nicht beendeten neuspanischen Unabhängigkeitskrieg als einer „Revolution" spricht, bedeutet das dann, dass er den Schritt schon vollzogen hat, auf den Hannah Arendt hier anspielt? Ist er sich der Neuheit der von ihm geschilderten Ereignisse tatsächlich bewusst gewesen? Situiert er sich dadurch, dass er die Unabhängigkeit eine „Revolution" nennt, wirklich bereits an der Schwelle zu einer neuen historischen Epoche? Wohl kaum, denn ähnlich, wie es Hannah Arendt für die Akteure der Französischen und der Amerikanischen Revolution beschreibt, kann auch für fray Servando Teresa de Mier der Ausgang des von ihm beschriebenen Bürgerkriegs in

---

385 Tatsächlich betont Christopher Domínguez Michael, dass fray Servando der erste gewesen sei, der die mexikanische Unabhängigkeitsbewegung tatsächlich als „Revolution" bezeichnet habe (vgl. Domínguez Michael 2016: 230).
386 Arendt 2014: 33–34.

Neuspanien noch lange nicht absehbar gewesen sein zu dem Zeitpunkt, zu dem er sein Werk abfasst und es mit dem Titel *Historia de la Revolución de Nueva España, antiguamente Anáhuac* überschreibt. Auch für ihn musste die Bewertung dieses Bürgerkriegs damit schwierig und problematisch bleiben, und umso mehr angesichts der großen räumlichen Distanz, die ihn von den Geschehnissen trennte. Es macht vor diesem Hintergrund einen großen Unterschied, ob fray Servando Teresa de Mier die Unabhängigkeit im Jahr 1813 von London aus eine „Revolution" nennt, oder ob Carlos María de Bustamante das dann in den zwanziger Jahren von Mexiko aus tut: Als Bustamante in dem gerade unabhängig gewordenen Mexiko sein *Cuadro histórico de la Revolución Mexicana* schreibt, da weiß er, dass er in diesem Werk eine historische Umwälzung behandelt, die etwas „ganz und gar Neues" in den Gang der Geschichte eingebracht hat; als dagegen fray Servando im europäischen Exil seine *Historia de la Revolución* schreibt, kann er davon noch nichts wissen, sondern er kann es allenfalls hoffen.[387]

Wie hat man die Verwendung des Wortes „Revolution" bei fray Servando Teresa de Mier aber dann zu verstehen, und was impliziert sie? Die Überlegungen von Hannah Arendt zur Begriffsgeschichte beschränken sich nicht auf die Feststellung, dass der moderne Begriff von der Revolution seinen Ursprung in den Revolutionen zu Ende des 18. Jahrhunderts hat und dass sein Auftreten deshalb ein Symptom für den Umbruch ist, der in der Sattelzeit an der Schwelle zur Moderne stattgefunden

---

[387] In seiner Interpretation der Umstürze in der hispanischen Welt zu Beginn des 19. Jahrhunderts argumentiert allerdings François-Xavier Guerra (anders als Hannah Arendt in ihrer allgemeinen Auseinandersetzung mit dem Phänomen der Revolution) ausdrücklich mit dem Bewusstsein der zeitgenössischen Akteure für die Neuheit dessen, was sie mit ihren Aktivitäten eröffneten: „Reducir estas revoluciones a una serie de cambios institucionales, sociales o económicos deja de lado el rasgo más evidente de aquella época: la conciencia que tienen los actores, y que todas las fuentes reflejan, de abordar una nueva era, de estar fundando un hombre nuevo, una nueva sociedad y una nueva política. Ese hombre nuevo es un hombre individual, desgajado de los vínculos de la antigua sociedad estamental y corporativa; la nueva sociedad, una sociedad contractual, surgida de un nuevo pacto social; la nueva política, la expresión de un nuevo soberano, el pueblo, a través de la competición de los que buscan encarnarlo o representarlo." (Guerra 1992: 13). Gegen die Hypostasierung der „Modernität", die dieser Lesart mit ihrer Betonung der „conciencia de los actores" zugrunde liegt, wendet sich wiederum Roberto Breña, der dagegen für die Notwendigkeit eines ideologisch weniger aufgeladenen Verständnisses der Umbrüche plädiert (vgl. Breña 2006: 527–534). Hier heißt es: „En el mundo peninsular, entre la invasión napoleónica de 1808 y la disolución de las Cortes de Cádiz en 1814, así como durante los procesos americanos de emancipación, el pensamiento ‚moderno' se mezclaría, de manera harto compleja, con el pensamiento tradicional. Ante la amalgama resultante, hablar de ‚modernidad' como un bloque monolítico, equipararla con el liberalismo y contraponerla a la ‚premodernidad' (que parece no haber existido más que para ser superada) termina por difuminar los matices y, en última instancia, simplifica la complejidad del liberalismo hispánico." (Breña 2006: 534).

hat.³⁸⁸ Vielmehr betont Arendt den Ursprung der Wortes „Revolution" in der Astronomie, wo damit im Einklang mit der lateinischen Etymologie „eine gesetzmäßige und kreisförmig verlaufende ‚revolvierende' Bewegung der himmlischen Körper" bezeichnet wurde, die entsprechend „weder durch Neuheit noch durch Gewaltsamkeit charakterisiert war."³⁸⁹ Tatsächlich verwendet auch fray Servando das Wort in seiner *Historia de la Revolución de Nueva España* keineswegs, ohne sich über dessen Implikationen und die Konsequenzen im Klaren zu sein, im Gegenteil: Seine Überlegungen in diesem Zusammenhang lassen durchaus ein Bewusstsein für die Problematik des auf diese Art und Weise ambivalenten Begriffs und eine intensive Auseinandersetzung damit erkennen. Mier erklärt sein Verständnis des Begriffes „Revolution" kurz nachdem er für seine *Historia de la Revolución de Nueva España* die Gattungsbezeichnung „Essay" eingeführt hat; und wie später Hannah Arendt greift auch er dazu auf die Etymologie des lateinischen Wortes zurück. Er beginnt mit einer Erklärung seiner Verwendung der Bezeichnung „insurgentes" für die Aufständischen unter der Führung von Miguel Hidalgo und José María Morelos. Dazu betont er in seinem Prolog im Fließtext, er habe diese Bezeichnung zunächst und ursprünglich mit dem Ziel verwendet, die öffentliche Meinung im Umfeld der *Cortes* von Cádiz für sich und seine Argumentation zu gewinnen und seine Leserinnen und Leser in Europa nicht durch ein zu offenes Eintreten für den neuspanischen Aufstand zu verschrecken. So hätten diese darin, dass sich der Autor der *Historia de la Revolución* ausdrücklich mit dem Wort „insurgentes" auf die neuspanischen Aufständischen bezog, eine zwar leise, aber dennoch merkliche Distanzierung von eben jenen Aufständischen und ihren Zielen erkennen können (wenn sie das denn wollten). Ganz im Gegensatz zu diesem Hinweis geht fray Servando Teresa de Mier dann aber in einer Fußnote zu diesen Ausführungen noch einmal näher auf die Etymologie und die Bedeutung zunächst des Wortes „insurgentes" und dann des Wortes „revolución" ein, und hier kann von dem kritischen Abstand zu den betreffenden Personen und den von diesen verübten Handlungen keine Rede mehr sein, den er im Fließtext noch für sich in Anspruch genommen hatte:

> Los franceses son los que han puesto en boga este término [eben den Begriff „insurgentes"] para designar a las naciones que resisten a su violencia y usurpación. Y tienen razón, porque viene del verbo latín *insurgo*, que significa *levantarse el que está caído, ponerse derecho*. Con que verdaderamente es un título de honor en su origen y en su aplicación. *Revolución* viene del verbo *revolvo*, que en Cicerón significa *volver otra vez o hacia atrás*; con que si lo

---

388 Vgl. zu dem Begriff „Sattelzeit" noch einmal Koselleck 1979a. Vgl. zu den entsprechenden Überlegungen auch die Einleitung zu der vorliegenden Studie.
389 Arendt 2014: 50–51.

de atrás fuere mejor, la revolución será mui buena; así como el ponerse derecho si no hay cosa que rompa la cabeza. Las palabras no hacen nada."[390]

Während Mier durch den Verweis auf die Sensibilitäten in Cádiz seine Verwendung des Wortes „insurgentes" zuvor im Fließtext also noch mit der politischen Notwendigkeit einer gewissen Distanzierung von den Zielen dieser *insurgentes* erklärt hatte, emanzipiert er sich jetzt in der Fußnote nicht zuletzt durch die Ironie des diese Fußnote beschließenden Satzes von seiner eigenen vermeintlich distanzierten Haltung dem Aufstand gegenüber.

Jenseits der Ironie ist an seinen Ausführungen aber vor allem bemerkenswert, wie sie mit dem Rückgriff auf die Etymologie des Wortes „revolución" eine Lesart der Geschichte der neuspanischen Geschehnisse plausibel zu machen versuchen, die zwar tatsächlich deren revolutionären Charakter betont, die diese Interpretation aber zugleich abfedert durch ein weniger modernes als vielmehr im Sinne von Hannah Arendt traditionelles Verständnis des Wortes „Revolution". Auch bei fray Servando Teresa de Mier steht schließlich auf den ersten Blick nicht die Neuheit dessen im Mittelpunkt, was die Revolution erreicht, sondern ihm geht es mit seinem Hinweis auf die Etymologie des Wortes insbesondere darum, dass jede Revolution notwendigerweise an das anknüpft, was schon da ist. Diese mit dem ursprünglichen, vormodernen Verständnis dessen, was eine Revolution ist, argumentierende Sichtweise hat den Vorteil, dass sie (auch wenn fray Servando darauf nicht eigens und explizit hinweist) unmittelbar anschlussfähig ist an sein zentrales Argument für die Berechtigung und Legitimität der Unabhängigkeitsbewegung in seinem Heimatland: Wenn für fray Servando die Revolution eine Art Rückkehr zu dem ist, was früher einmal gewesen ist, ein Weg zurück zu etwas Vergangenem, das im besten Falle besser gewesen ist als das Gegenwärtige, dann entspricht diese Bewegung zurück, „hacia atrás", natürlich genau derjenigen, die er selbst vollzieht, wenn er für die Existenz einer „Magna Carta" zwischen den spanischen Königen und den *conquistadores* und ihren Nachkommen eintritt. Auch die Anerkennung dieser „Magna Carta" und

---

[390] Mier 1990: 13 (Kursivierungen im Original). Vgl. im Unterschied dazu die Überlegungen, die Lucas Alamán (der ebenfalls von der Etymologie des Wortes ausgeht) zu dem Wort „insurgentes" anstellt: „El virey Venegas aplicó á los independientes el nombre de ‚insurgentes', porque acabando de llegar de España, habia visto que este mismo era el que daban los franceses á los españoles que contra ellos peleaban. Tal nombre no significa propiamente mas que el hecho de levantarse, ó ponerse en actitud hostil, y tanto por esto, como por ser el que se encuentra en todos los impresos y documentos de aquel tiempo, es el que daré á los que siguieron el partido de la revolucion, llamando ‚realistas' al bando contrario. El primero conviene tanto mas al partido que con él designo, cuanto que en sus principios, la revolucion no tenia objeto determinado: los que la dirijian proclamaban una cosa contraria á la que era su intento realizar, y la multitud que los seguia, no era movida mas que por el atractivo del saqueo." (Alamán 1985, Bd. I: 401).

der sich daraus ableitenden Rechte und Pflichten für beide Vertragsparteien und, im Falle der einseitigen Kündigung des Vertrags, auch dessen einvernehmliche Auflösung sind also Revolutionen im Sinne der Argumentation, die fray Servando mit dem Rückgriff auf die Etymologie des Wortes hier verficht: „Wir werden sehen, daß alle Revolutionen als Restaurationen oder als Erneuerungen eines Uralten begonnen haben und daß das revolutionäre Pathos des radikalen Neubeginns erst im Gang der Revolutionen selbst entstand", so wird später Hannah Arendt diese jeder Revolution inhärente Spannung zwischen Rückwendung und Neuanfang umreißen.[391]

Zugleich liegt allerdings die Vermutung nahe, dass fray Servando seinen Verweis auf die Etymologie des Wortes „Revolution" hier ebenso spielerisch und ironisch einsetzt wie viele andere vergleichbare Hinweise im Verlauf seines Werkes. Wenn dem wirklich so wäre, dann wäre die Betonung des traditionellen Verständnisses des Wortes für ihn also nur ein willkommener Vorwand, um eben genau dieses zuletzt dann doch brisante Wort affirmativ zur Unterstützung der Unabhängigkeit verwenden zu können, ohne sich dafür vor seinen politischen Gegnern rechtfertigen zu müssen. Bestimmte Ereignisse als „Revolution" zu bezeichnen und zugleich darauf hinzuweisen, dass die betreffende Bezeichnung rein etymologisch keinesfalls etwas Umstürzlerisches impliziert, das setzt natürlich ein geschärftes Bewusstsein gerade für die Ambivalenz des in Frage stehenden Begriffs voraus.[392] Wenn man also die entsprechende Fußnote zur Etymologie von „revolución" und „insurrección" aus der *Historia de la Revolución* wirklich ironisch lesen wollte, dann wäre unter diesen Prämissen die Ironie einmal mehr Teil einer rhetorischen Strategie, die sich die Ambivalenz des Revolutionsbegriffs bewusst zunutze macht, um implizit doch für die Revolution in dem modernen Sinne eines radikalen Umsturzes zu argumentieren. Und dann wäre sich fray Servando Teresa de Mier eben doch darüber im Klaren gewesen, dass seine Revolution in Neuspanien etwas vollkommen Neues in den Gang der Geschichte eingeführt hat, und er hätte es nur für opportuner gehalten, diesen Umsturz noch nicht explizit anzusprechen.[393] Sicher ist jedenfalls,

---

[391] Arendt 2014: 44.

[392] Mit Blick auf die Historiographie zur Französischen Revolution schreibt François Furet: „[T]oute conceptualisation de l'histoire révolutionnaire commence par la critique de l'idée de Révolution telle qu'elle a été vécue par les acteurs et véhiculée par leurs héritiers: c'est-à-dire, comme un changement radical, et comme l'origine d'un temps neuf." (Furet 1978: 32–33). Sollten fray Servandos Überlegungen zum Revolutionsbegriff bereits auf eine solche „conceptualisation de l'histoire révolutionnaire" zielen?.

[393] Und dann hätte zuletzt doch auch François-Xavier Guerra recht mit seiner Betonung der „conciencia de los actores", auf der nicht zuletzt die Modernität der revolutionären Umbrüche gründe (vgl. noch einmal Guerra 1992: 12–14). Vgl. zu dem Bedeutungswandel des Wortes „revolución" in diesem Kontext auch Annino 2008: 28.

dass seine Auseinandersetzung mit dem Revolutionsbegriff einmal mehr vielschichtig, veränderlich, beweglich und womöglich sogar widersprüchlich ist, und dass sich in dieser Vielschichtigkeit auch die Dynamik einer Zeit im Umbruch spiegelt, in der die überkommenen und bisher festgefügten Vorstellungen, Begriffe, Bilder und Metaphern nachhaltig in Bewegung geraten sind und in der es für Intellektuelle wie fray Servando Teresa de Mier gilt, diese Bewegung nicht nur zu reflektieren, sondern sie auch mitzuvollziehen.[394]

Gerade diese Vielschichtigkeit und diese Beweglichkeit sind es wiederum, die eine Lektüre der *Historia de la Revolución de Nueva España* als Essay mehr als plausibel erscheinen lassen, denn der schillernde Revolutionsbegriff, den fray Servando in seinem Werk auf der inhaltlichen Ebene entfaltet, erfordert natürlich auch auf der gattungstheoretischen Ebene eine Gestaltung, die im Stande ist, dieser Dynamik Rechnung zu tragen. Und in diesem Zusammenhang (wenn es nämlich darum geht, dem Voranschreiten der in diesem durchaus komplexen Sinne revolutionären Ereignisse in Neuspanien Ausdruck zu verleihen) erweist sich der Essay zweifellos als die passendste, die dafür am besten geeignete Gattung. Denn im Unterschied beispielsweise zu dem festgefügten historischen Entwurf, mittels dessen Lucas Alamán in seiner *Historia de Méjico* versucht, eine auf der politischen Ebene verloren gegangene Ordnung mit narrativen Mitteln wieder herzustellen, setzt die immer wieder brüchige und fragmentarische Konstruktion des historiographischen Essays von fray Servando Teresa de Mier insofern maßgeblich auf die prospektive Dimension der Geschichte, als bereits ihr Untertitel die Fortschritte der Revolution (und damit deren Potential zur Entwicklung) ausdrücklich hervorhebt: So verbindet schon der lange Doppeltitel *Historia de la Revolución de Nueva España, antiguamente Anáhuac, o verdadero origen y causas*

---

[394] Unabhängig von den hier angestellten Überlegungen zu dem zeitgenössischen Verständnis des Begriffs und des Konzepts „Revolution" im Allgemeinen und zu fray Servandos Verständnis davon im Besonderen konstatiert Liliana Weinberg für die in Frage stehende Zeit in Hispanoamerika: „En una sociedad que en pocas décadas vive transformaciones tan radicales como la ruptura con el viejo orden colonial de base mercantilista y el ingreso a un nuevo orden mundial de base capitalista regido por otras potencias, presenciamos el exacerbamiento del debate político a la vez que la emergencia de nuevas formas en prosa destinadas a nuevos sectores. […] La prosa entra en el mundo y el mundo entra en la prosa: artículos de costumbres, textos de crítica, discursos, debates parlamentarios, tratados, ensayos, cuyo fin último es nada menos que proveer de un nuevo imaginario y un nuevo sistema representativo del tiempo y del espacio que permita dar fundamento a la nueva nación. Es la gran época del diálogo y de la confrontación de ideas, es el estilo ágil en la conversación, inflamado en la arenga cívica y mordaz en la crítica. Una nueva figura, la del ciudadano con voz y voto, se expande por el espacio público, y se va construyendo a través de la palabra, la opinión, el debate, que atraviesan una y otra vez los porosos límites entre lo dicho y lo escrito." (Weinberg 2006: 277–278).

de ella con la relación de sus progresos hasta el presente año de 1813 die drei Zeitebenen von Vergangenheit (darauf wird mit der Formulierung von „origen y causas" angespielt), Gegenwart (deutlich in „el presente año de 1813") und Zukunft miteinander („sus progresos", denn diese werden eben nicht mit dem Jahr 1813 aufhören).[395]

Im Zusammenhang mit dieser prospektiven Dimension des essayistischen Entwurfs fällt nun die Teleologie ins Auge, die der *Historia de la Revolución de Nueva España* aller Fragmentierung und Offenheit zum Trotz zugrunde liegt. So ist dieses historiographische Werk von Anfang an natürlich auf das Ziel der Unabhängigkeit hin geschrieben; und die Ausrichtung an diesem Ziel und die damit einhergehende Perspektive liegen der Konzeption implizit auch an den Stellen zugrunde, an denen es vordergründig (noch) um andere Fragen geht. Diese klare Teleologie führt nun dazu, dass die Funktion des Erzählers vor allem darin besteht, die Kontingenz der historischen Ereignisse aufzulösen und diese Ereignisse so zu strukturieren, zu interpretieren und nicht zuletzt zu kommentieren, dass sie sich alle dem Fernziel der zu erreichenden *Independencia* unterordnen und dass auf diese Weise eine der offenen, im weitesten Sinne essayistischen Konzeption der *Historia de la Revolución de Nueva España* scheinbar entgegenstehende Kontinuität erzielt wird. Allerdings erweist sich der vermeintliche Widerspruch zwischen Offenheit und Zielgerichtetheit insofern als produktiv und deshalb wohl intendiert, als beides in der Flexibilität des essayistischen Ichs zusammenfällt: Wenn dieses essayistische Ich aus seiner eigenen Beweglichkeit heraus diejenige seines Textes organisiert, dann steht es damit an der Schnittstelle zwischen Kontingenz und Kontinuität, und die offensichtliche Fragmentierung seines Textes erweist sich als der sinnfällige Ausdruck dieser dynamischen Positionierung.

Mit seinem großangelegten historiographischen Essay bahnt fray Servando Teresa de Mier auf diese Weise auf der einen Seite tatsächlich den Weg zur Unabhängigkeit, und die Reichweite des Buches erstreckt sich dabei nicht nur auf Neuspanien, sondern auf ganz Hispanoamerika. So weisen beispielsweise die Herausgeber der kritischen Ausgabe der *Historia de la Revolución* auf den enormen Einfluss hin, den fray Servando Teresa de Miers Ausführungen auf den knappe zwanzig Jahre jüngeren Simón Bolívar und dessen independentistisches Projekt in Südamerika gehabt

---

[395] Wenn die Protokolle der Inquisition über die Verhöre fray Servandos im Zusammenhang mit dessen historiographischem Werk vermerken: „y alcabo no es historia sino es un totili mundi, y por eso les dijo el confesante que ya no podia llevar el titulo de historia, y por eso lo pusieron disyuntivo", dann bezieht sich diese Aussage genau auf den mehrgliedrigen Titel des Werkes („Vigésimaprimera declaración, 3 de enero de 1818", in: Hernández y Dávalos 1882: 825). Vgl. zu fray Servandos Verteidigungsstrategie vor der Inquisition noch einmal die einleitenden Bemerkungen zu Kapitel 2.1 Historiographie im Zwischenraum.

haben.³⁹⁶ Auf der anderen Seite hat der Entwurf des neuspanischen Dominikaners aber selbstverständlich auch die Historiographie über die Unabhängigkeit maßgeblich beeinflusst, nachdem diese Unabhängigkeit einmal erreicht war. Seine *Historia de la Revolución de Nueva España, antiguamente Anáhuac* ist schließlich der erste Versuch, die Geschehnisse in Neuspanien historisch zu verorten und sie zu erklären, und entsprechend werden alle folgenden historiographischen Projekte im Verlauf des 19. und 20. Jahrhunderts diesen Versuch zur Kenntnis nehmen, sich mit ihm auseinandersetzen und zu ihm Stellung beziehen müssen.

Bei der Frage nach der Rezeption sowohl durch die unmittelbaren Akteure der Unabhängigkeitsbewegung als auch durch deren spätere Chronisten gilt es allerdings zu berücksichtigen, dass das Werk (das mit einer für die damalige Zeit sehr großen Auflage von 1000 Exemplaren erschienen ist) zumindest in Mexiko allem Anschein nach wegen der Zensur der Inquisition weniger weite Verbreitung gefunden hat, als sein Autor ursprünglich gehofft haben mag.³⁹⁷ Auf eine mindestens erschwerte und behinderte Verbreitung in Neuspanien könnte den Herausgebern der kritischen Ausgabe der *Historia de la Revolución* zufolge auch der Umstand hinweisen, dass sich heute nur noch zwei Exemplare der Originalausgabe in Mexiko finden lassen, eines in der *Biblioteca Nacional* und ein weiteres in Guadalajara.³⁹⁸ Dennoch zeigt schon ein flüchtiger Blick etwa in die Werke von Carlos María de Bustamante und Lucas Alamán, dass fray Servandos Einfluss nicht von der Hand zu weisen ist trotz aller in der Endphase der Unabhängigkeitskriege noch von spanischer Seite aus unternommenen Versuche, die Reichweite seines Buches zu begrenzen: Schon bei Bustamante und Alamán lassen sich die Verweise auf die *Historia de la Revolución* kaum zählen, und beide Historiker sprechen trotz ihrer

---

396 Simón Bolívar ist 1783 in Caracas geboren. Besonders in seiner „Carta de Jamaica" von 1815 lässt sich der Einfluss von fray Servando Teresa de Mier nachweisen, etwa in den Bezügen auf Las Casas dort, in der Art und Weise, wie Bolívar die ökonomische Ausbeutung Hispanoamerikas durch Spanien anklagt, oder besonders auch in der Vorstellung von der juristischen Absicherung des Verhältnisses zwischen Spanien und seinen überseeischen Besitzungen, die direkt von Miers „Magna Carta" inspiriert scheint (vgl. Bolívar 1999). Vgl. auch Saint-Lu/Bénassy-Berling 1990: XCIX–C.
397 Vgl. zur Verbreitung der *Historia de la Revolución* auch Goren 2001: 82–83.
398 Vgl. Saint-Lu/Bénassy-Berling 1990: XCV–CX. Die Zahl von 1000 gedruckten Exemplaren und die Hinweise zu den beiden noch in Mexiko existierenden Exemplaren der *Historia de la Revolución* in Mexiko finden sich auf S. XCVI. Lucas Alamán erwähnt außerdem einen Schiffbruch, dem eine große Anzahl von Exemplaren des Werkes auf dem Weg nach Amerika zum Opfer gefallen sei (vgl. Alamán 1985, Bd. III: 66). Sollte dieser Schiffbruch wirklich stattgefunden haben, dann wäre der Untergang dieses transatlantischen Werkes im Atlantik natürlich nicht frei von Ironie...

so unterschiedlichen ideologischen Ausrichtung mit großem Respekt von fray Servando Teresa de Mier und seinem historiographischen Entwurf.[399]

Außer durch den Verweis auf ihre narrativen Besonderheiten (wie zum Beispiel die Beweglichkeit ihrer Konzeption zwischen diskursiver Fragmentierung und dennoch einheitlicher Zielsetzung oder ihre entschiedene Selbstpositionierung in einem nicht nur, aber auch in einem konkret räumlichen Sinne zu verstehenden „Dazwischen") lässt sich die große Bedeutung der *Historia de la Revolución* sowohl für die Protagonisten der mexikanischen Unabhängigkeitsbewegung als auch für die sich anschließende Historiographie über die Unabhängigkeit auch damit erklären, dass fray Servandos historiographischer Essay deutlicher als zum Beispiel die historiographischen Entwürfe von Lucas Alamán und Carlos María de Bustamante einen durchaus theoretischen Zugang zu seinem Stoff wählt. Die *Historia de la Revolución de Nueva España* ist ein Text, der sich seinerseits auf vielfältige Lektüren insbesondere aus dem Bereich der politischen und juristischen Theorie nicht nur zur Rolle Amerikas in dem Machtgefüge des spanischen Kolonialstaats, sondern auch zur Rolle Amerikas in der Welt insgesamt stützt. Dieser reiche theoretische „Unterbau" von fray Servandos *Historia de la Revolución* führt dazu, dass auch sie selbst unter bestimmten Gesichtspunkten als ein Text mit einem solchen theoretischen Anspruch gelesen werden kann.[400] Zugleich ist fray Servandos Annäherung an die Frage nach der Unabhängigkeit aber so persönlich, so frei und so beweglich gestaltet, dass man wesentliche Aspekte seines Werkes missachten würde, wollte man es ohne Rücksicht auf diese narrativen und damit im weitesten Sinne literarischen Qualitäten *allein* als die persönliche Verarbeitung eines jahrhundertealten Diskurses über Amerika und damit *ausschließlich* als einen theoretisch-politischen Entwurf lesen. Für dieses Werk ist gerade das Changieren zwischen Verarbeiten und Erfinden, zwischen Lesen und Schreiben, zwischen Aneignen und Neuentwer-

---

399 Im Falle von Bustamante ist hier natürlich der bereits erwähnte, nahezu szenisch ins Werk gesetzte Bezug auf Agustín de Iturbides Lektüre der *Historia de la Revolución de Nueva España* erwähnenswert (vgl. dazu Bustamante 1985, Bd. I: 1, und Kapitel 2.2.4 Historia magistra vitae?); aber vor allem Lucas Alamán bezieht sich immer wieder auf Miers historiographisches Werk und setzt sich sehr ernsthaft und in zahlreichen Fußnoten mit ihm auseinander (vgl. beispielsweise Alamán 1985, Bd. I: 6. Hier erwähnt Alamán die *Historia de la Revolución de Nueva España* zum ersten Mal und kündigt an, er werde sie im Verlauf seines Werks noch häufig zitieren („De la referida obra del Dr. Mier haré un uso muy frecuente en esta historia.")). Vgl. zu Miers Einfluss auf Lucas Alamán auch noch einmal Saint-Lu/Bénassy-Berling 1990: CVIII–CX.
400 Vgl. zu den entsprechenden Texten, auf die sich fray Servando implizit oder explizit bezieht, noch einmal Kapitel 2.1.4 Kerkyräer und Korinther und nicht zuletzt auch Kapitel 4.1 Fray Servandos reisende Bibliothek.

fen charakteristisch, und die dadurch entstehende Balance mag einmal mehr für seine im weitesten Sinne essayistischen Qualitäten sprechen.[401]

Im Unterschied zu vielen anderen Leserinnen und Lesern der *Historia de la Revolución de Nueva España* scheint sich Lucas Alamán (der fray Servando als junger Mann 1814–1815 und also bereits nach Abschluss der *Historia de la Revolución* in Paris persönlich kennengelernt hat) dieser politisch-literarischen Doppelnatur des Buches durchaus bewusst gewesen zu sein.[402] So schreibt er in seinem eigenen, Jahrzehnte später verfassten historiographischen Entwurf über die *Independencia* über fray Servandos Werk: „Esta obra, escrita con elegancia, y dispuesta con mucho artificio, será siempre apreciable por la multitud de noticias que contiene y por el talento con que el autor trata las materias de que se ocupa, dejando aparte todo lo que es hijo de las circunstancias y obra del espíritu de partido que reinaba en este momento."[403]

Die Fülle des Materials einerseits, die erzählerische oder stilistische Raffinesse andererseits – wenn Lucas Alamán hier ausgerechnet diese Qualitäten der *Historia de la Revolución de Nueva España, antiguamente Anáhuac* ausdrücklich hervorhebt, dann zeugt das von seiner Bereitschaft, sich auf die Eigenheiten des in Frage stehenden Werkes einzulassen und von seiner Sensibilität für dessen Vorgehensweise. Dass sich der konservative Verfasser der *Historia de Méjico* dennoch in ideologischer Hinsicht von seinem Vorgänger und dessen liberalem Entwurf der Geschichte der mexikanischen Unabhängigkeit distanzieren zu müssen glaubt, ist dabei nicht erstaunlich. Was allerdings ins Auge fällt, das ist die Formulierung, die er zum Zwecke dieser Distanzierung wählt: Ausdrücklich weist nämlich auch er auf die „circunstancias" hin, die trotz der unbestrittenen Qualitäten der *Historia de la Revolución de Nueva España* verantwortlich seien für das, was Alamán offensichtlich für deren Defekte hält. Dass sich fray Servando als Autor ebenso wie Alamán als Leser der *Historia de la Revolución de Nueva España* in ihrer Reflexion über deren Besonderheiten so nachdrücklich auf die besonderen Umstände beziehen, unter denen das historiographische Werk entstanden ist, und dass beide mit diesem Verweis auf diese Umstände bestimmte Eigenschaften

---

401 Vgl. dazu noch einmal Weinberg 2014: 19. Weinberg spricht hier davon, der Essay funktioniere „en un infinito abrazo entre autoconstrucción y apropiación de la palabra propia y la ajena". Vgl. zu der Möglichkeit einer „ästhetischen Lektüre" auch von historiographischen Texten auch Schlickers 2015: 21.
402 Vgl. zu der Begegnung von Alamán und fray Servando in Paris Domínguez Michael 2004: 475–479. Vgl. auch Valadés 1977: 66–69. In seinem Roman *El mundo alucinante* (1969) wird wie bereits erwähnt auch der kubanische Schriftsteller Reinaldo Arenas kurz auf diese Begegnung Bezug nehmen (vgl. dazu die Einleitung in Kapitel 4.1 Fray Servandos reisende Bibliothek und Kapitel 4.2.3 Reinaldo Arenas: Fray Servando bin ich).
403 Alamán 1985, Bd. I: 269.

des Werkes zu erklären suchen, die man bei strenger Prüfung für „Fehler" oder „Unebenheiten" halten könnte, rückt nun abschließend die Frage nach dem genauen Zuschnitt dieser „Umstände", der „circunstancias", in den Mittelpunkt des Interesses.

Sowohl bei Lucas Alamán als auch bei fray Servando Teresa de Mier scheint die Betonung der Umstände so eine gewisse Unmittelbarkeit zu implizieren, die für die *Historia de la Revolución* selbst und für die Art und Weise kennzeichnend wäre, wie dieses Werk auf die historischen Ereignisse reagiert, von denen es berichtet. Das impliziert unausgesprochen aber auch eine direkte, sehr enge und intensive Beziehung zwischen dem in Frage stehenden Werk und seinem Autor, denn die angesprochenen „Umstände" sind selbstverständlich immer auch die (biographischen) Zusammenhänge, in denen sich dieser Autor bewegt, aus denen heraus sein Werk entsteht und die dieses Werk prägen und beeinflussen. Dabei steht außer Frage, dass die „circunstancias" im Falle von fray Servando Teresa de Mier nicht nur von dem im Verlauf der Arbeit an der *Historia de la Revolución de Nueva España* vorgenommenen Umzug von Cádiz nach London, sondern auch von der unmittelbar nach Ankunft dort begonnenen Debatte mit José María Blanco White, von den Kontakten mit anderen exilierten Hispanoamerikanern und von den durch diese beeinflussten Lektüren, aber vor allem auch von der großen Unsicherheit geprägt gewesen sind, die das Leben als mehr oder weniger mittelloser amerikanischer Intellektueller im europäischen Exil mit sich gebracht haben muss. Vor diesem Hintergrund lässt sich nun tatsächlich eine Verbindung herstellen zwischen dem fundamentalen Mangel an Stabilität, der fray Servandos Leben nicht nur, aber auch in den Jahren der Arbeit an seinem historiographischen Hauptwerk gekennzeichnet hat, und der Fragilität des historischen Prozesses, über den er darin reflektiert.

Wenn man ihn so lesen wollte, dann reflektiert der unter dem Einfluss dieser existentiellen Unsicherheit entstandene Essay in exemplarischer Weise die historische Unsicherheit, mit der sich die Zeitgenossen auf beiden Seiten des Atlantiks konfrontiert gesehen haben, und dann wäre seine strukturelle Offenheit nicht nur ein Defekt, wie das der skeptische Lucas Alamán und nach ihm viele Interpreten fray Servandos vermuten, sondern vielmehr die angemessene Reaktion auf den offenen Ausgang der Revolution und der Geschichte insgesamt.[404] Auch

---

[404] Diese Beziehung wurde in ähnlicher Weise schon von Antonio Annino konstatiert: „Así que no se trató de una empresa académica sino de una reflexión política que en cierto sentido reprodujo la condición existencial de fray Servando: escribir en un marco de inestabilidad colectiva, en medio de acontecimientos que alteraban la existencia cotidiana y la percepción del futuro." (Annino 2008: 28).

aus diesem Grund wird das sich anschließende Kapitel untersuchen, wie fray Servando Teresa de Mier die „circunstancias", die Zusammenhänge seines Lebens, selbst erlebt und vor allem: wie er sie in seinen Erinnerungen, den nach seiner Rückkehr in sein Heimatland im Gefängnis der Inquisition verfassten sogenannten *Memorias* von 1817–1820, erzählerisch verarbeitet und dargestellt hat.

3 Geschichten schreiben – die *Memorias* (1817–1820)

Im Frühling 1824 bekommt fray Servando Teresa de Mier in Mexiko-Stadt Post aus Paris. Die Unabhängigkeit Mexikos, für die er sich in seiner *Historia de la Revolución de Nueva España, antiguamente Anáhuac* ausgesprochen hatte, war mittlerweile erreicht, und der Dominikaner gehörte als Abgeordneter seines Heimatstaates Nuevo León dem Verfassunggebenden Kongress an. Am 31. Januar 1824 hatte der Kongress die *Acta Constitutiva de la Federación* verabschiedet, in der die Regeln festgehalten waren, nach denen die politische Organisation und das Zusammenleben in dem gerade unabhängig gewordenen Staat funktionieren sollten. Auf die Debatten in diesem Kongress bezieht sich nun der französische Absender des Briefes, wenn er an den Abgeordneten Mier schreibt:

> J'ai été honoré de l'accueil qu'on a bien voulu faire aux Cortes de mon ouvrage sur les libertés des eglises catholiques. En lisant dans les journaux de Mexico le compte rendu des séances de cette auguste assemblée, j'ai vu avec la plus vive satisfaction qu'en rendant hommages aux principes de la religion catholique on savoit la discerner des abus et des empiètements par lequels des pontifes et les princes ont envahi les droits de la société chretienne et alterè sa discipline antique. Vos observations spécialement ont attiré mon attention. [...] Fasse le ciel qu'on voye enfin s'établir l'heureuse union entre l'église catholique et la liberté politiqué, et qu'une *Sainte Alliance* des peuples fasse oublier à jamais les confederations des despotes pour assouvir leur cupidité et museler les nations, car tel est le but vers lequel gravite sans cesse le despotisme qui pèse sur la vieille Europe.[1]

Der Verfasser dieser Zeilen ist der ehemalige Bischof von Blois, Henri Grégoire, der seinerseits während der Revolution in Frankreich der dortigen Verfassunggebenden Nationalversammlung als Deputierter angehört hatte. Fray Servando Teresa de Mier und Grégoire hatten sich 1801 in Paris kennen- und schätzengelernt, und wenn Grégoire seinen Brief jetzt mit „Monsieur et cher ami" beginnt, dann ist diese Formel durchaus ernstgemeint: Die beiden Kleriker teilten viele Interessen und zahlreiche Überzeugungen, davon zeugt nicht zuletzt auch der Brief vom März 1824, in dem Grégoire so ausdrücklich seiner Hoffnung auf eine künftige „glückliche Verbindung zwischen der katholischen Kirche und der politischen Freiheit" Ausdruck verleiht.

Zugleich zeigt dieser Brief aber auch, dass die darin zum Ausdruck kommende Freundschaft zwischen fray Servando und Grégoire nicht isoliert zu betrachten ist, sondern dass die beiden Kleriker Teil eines größeren transatlantischen Netzwerks

---

1 Grégoire 1944: 507.

gewesen sind, vor dessen Horizont ihre Beziehung zu beurteilen ist. Wenngleich die freundschaftliche Bindung zwischen dem Abbé und dem Dominikaner ohne Zweifel besonders eng gewesen ist, erwähnt der Erstere in seinem Schreiben doch auch eine Reihe von gemeinsamen Bekannten in Mexiko; und er scheint einer der erwähnten Personen besondere Bedeutung beizumessen: „J'écris à notre savant et aimable ami Mr. Alaman; je suis charmé qu'il soit au poste de ministre des relations exterieures. Sa droiture et ses talens sont une garantie pour la liberté publique."[2] Grégoire, fray Servando und Lucas Alamán waren 1815 in Paris zusammengetroffen, und Grégoires Bemerkung über die Rechtschaffenheit und die Begabung des jungen Politikers aus Guanajuato deutet darauf hin, dass sein Austausch auch mit ihm eng und intensiv gewesen sein dürfte, und dass die Beziehung zwischen den drei Männern auf gegenseitiger Wertschätzung und Anerkennung beruhte. Der Brief des Abbé zeigt auf diese Weise zwischen den Zeilen, wie sich in der Person von fray Servando Teresa de Mier vor allem nach dessen Rückkehr in sein Heimatland nach 22 Jahren des Exils in Europa politische und persönliche Verbindungslinien zwischen einflussreichen Intellektuellen zu beiden Seiten des Atlantiks gekreuzt haben. Wenn sich das vorliegende Kapitel im Anschluss an die Untersuchung von fray Servandos historiographischem Werk über die Unabhängigkeitsrevolution deshalb mit seinen nach seiner Rückkehr nach Mexiko verfassten autobiographischen Aufzeichnungen, den sogenannten *Memorias*, beschäftigt, dann soll das erneut vor dem Hintergrund des europäisch-amerikanischen Netzwerks geschehen, innerhalb dessen sich der Dominikaner bewegt hat und das (so die Hypothese) auch dieses zweite große Werk aus seiner Feder entscheidend beeinflusst hat.

In einem bereits 1982 veröffentlichten Artikel beschäftigt sich der argentinische Historiker Tulio Halperín Donghi mit dem Einfluss, den im Verlauf des 19. Jahrhunderts die hispanoamerikanischen Intellektuellen auf die Gesellschaften gehabt haben, innerhalb derer sie lebten. Er beschreibt diese Intellektuellen als die „[h]erederos frustrados del poder espiritual",[3] und analysiert deren auf dieser Vorstellung von einer spirituellen Nachfolge beruhende transzendente Rolle,

---

2 Grégoire 1944: 508. Neben dem hier besonders hervorgehobenen Lucas Alamán erwähnt Grégoire auch den Priester Miguel Ramos Arizpe, der zwischen 1810 und 1814 als Abgeordneter an den *Cortes* in Cádiz teilgenommen hatte und der jetzt seinen Heimatstaat Coahuila bei der Verfassunggebenden Versammlung vertrat; und die beiden Cousins José María und José Francisco Fagoaga, die ihrerseits zwischen 1815 und 1819 in Gesellschaft des jungen Lucas Alamán durch Europa gereist waren und mittlerweile ebenfalls verantwortliche Positionen in der Politik ihres unabhängig gewordenen Heimatlandes übernommen hatten (vgl. zu der Familie Fagoaga auch Pérez Rosales 2003).
3 Halperín Donghi 1982: 323.

indem er exemplarische Autobiographien daraufhin untersucht, wie deren Verfasser sich selbst in ihrer Funktion für die Gesellschaft entworfen haben:

> Aquí el intelectual nace –en nacimiento doloroso y conflictivo– del letrado colonial. Esa metamorfosis no la atraviesan tan sólo quienes se sienten apresados en la figura del letrado, encerrada en límites ideológicos y de comportamiento rígidamente definidos; deben afrontarla también quienes ven derrumbarse el contexto histórico que ha sostenido su carrera de letrados, y se adaptan como pueden a uno nuevo [...].[4]

Der argentinische Historiker widmet sich in diesem Zusammenhang tatsächlich auch den *Memorias* von fray Servando Teresa de Mier, den er als beispielhafte Verkörperung des noch kolonial geprägten Intellektuellen interpretiert,[5] der sich innerhalb der ihm von der Gesellschaft gesetzten Grenzen in seiner Freiheit, seinem Ausdruck und seiner Entfaltung massiv eingeschränkt gesehen habe und deshalb zunehmend dissidente Positionen vertreten habe.[6] Nun ist Tulio Halperín Donghi kein Literaturwissenschaftler, und entsprechend ist sein Interesse an den *Memorias* ebenso wie an den anderen von ihm angeführten Autobiographien aus Hispanoamerika ein strikt historisches bzw. in Ansätzen auch soziologisches. Dank dieser Herangehensweise kann er fray Servandos Erinnerungen als Ausdrucks einer beginnenden (Selbst-)Bewusstwerdung der hispanoamerikanischen Intellektuellen lesen, die dann über Stationen wie die Argentinier Gregorio Funes, Manuel Belgrano und Domingo Faustino Sarmiento, den Chilenen José Victoriano Lastarria und den Mexikaner Guillermo Prieto ihren (vorläufigen) Abschluss in der Figur von Rubén Darío am Ende des 19. Jahrhunderts gefunden habe. Was für Halperín in diesem Zusammenhang von Bedeutung ist, das ist die Art und Weise, wie alle diese Verfasser von autobiographischen Werken ihre eigene Rolle als „vate[s] de la estirpe", also als privilegierte Deuter der historischen Prozesse konzipiert hätten, deren Zeitgenossen sie gewesen sind.[7] Aus diesem Grund sind die in Frage stehenden Autobiographien für ihn natürlich vor allem als historische Quellen interessant, und eben nicht als literarische Werke.

Dessen ungeachtet betont aber mit Blick auf fray Servando Teresa de Mier und dessen Autobiographie auch Halperín nicht nur deren „extrema, exasperada lucidez", sondern ausdrücklich auch ihre „imaginación obsesiva",[8] und er weist dadurch zwischen den Zeilen darauf hin, dass diese Autobiographie womöglich

---

4 Halperín Donghi 1982: 326–327.
5 Wie Ángel Rama spricht auch Tulio Halperín Donghi in diesem Zusammenhang von dem „letrado colonial" (vgl. dazu noch einmal den bereits in der Einleitung zu Kapitel 2 zitierten Essay des uruguayischen Literaturwissenschaftlers, Rama 1998).
6 Vgl. Halperín Donghi 1982: 327.
7 Halperín Donghi 1982: 332.
8 Halperín Donghi 1982: 327.

doch mehr ist als eine bloße Quelle, die Aufschluss zu geben vermag über das Selbstbild eines exemplarischen hispanoamerikanischen Intellektuellen an der Schwelle zwischen der Kolonialzeit und der Unabhängigkeit. Tatsächlich gehören fray Servandos *Memorias* zu den ersten autobiographischen Texten aus Hispanoamerika überhaupt. Auch wenn es in dem Subkontinent selbstverständlich auch während der Kolonialzeit schon unterschiedliche Formen des *life writing* gegeben hat, gehorchen diese Werke doch anderen Regeln als die seit Beginn des 19. Jahrhunderts entstehenden Autobiographien.[9] Nachdem sich fray Servando Teresa de Mier mit seiner 1813 in London publizierten *Historia de la Revolución de Nueva España* noch ausdrücklich in die Tradition einer kanonischen Gattung eingeschrieben (und diese erst im Verlauf seines Werkes teilweise subvertiert) hatte, existiert im Falle der wenige Jahre später entstehenden autobiographischen Aufzeichnungen kein derartiges „Geländer", an dem entlang sich das Schreiben über die eigene Person hätte entwickeln können. Der Verfasser der *Memorias* greift darin zwar durchaus (wie im Folgenden zu zeigen sein wird) auf verschiedene überkommene Gattungen wie beispielsweise die frühneuzeitliche Chronik oder auch den Reisebericht zurück, um seine Auseinandersetzung mit dem eigenen Leben diskursiv abzusichern; aber für sich *allein* kann keines von diesen Vorbildern die in Hispanoamerika in dieser Zeit der politischen, kulturellen und gesellschaftlichen Umbrüche besonders prekäre Rede über das eigene Ich stabilisieren.

Wenn das vorliegende Kapitel deshalb fray Servandos *Memorias* nicht nur zu den Erinnerungen in Beziehung setzt, die sein französischer Weggefährte Abbé Grégoire zu Papier gebracht hat, sondern auch eine Verbindung herstellt zu der immer wieder aufs Neue unternommenen literarischen Auseinandersetzung mit der eigenen Person, der sich der bereits in dem vorangegangenen Kapitel erwähnte spanische Schriftsteller und Publizist José María Blanco White in der zweiten Hälfte seines Lebens verschrieben hat, dann, weil der Vergleich mit diesen zeitgenössischen europäischen Werken die Eigenheiten der *Memorias* besonders profiliert zu Tage treten lässt. Wie bereits in seiner *Historia de la Revolución* geht es fray Servando Teresa de Mier auch in seinen *Memorias* um die Frage nach der unter bestimmten Voraussetzungen zu vollziehenden oder sogar bewusst ins Werk zu setzenden Wandlung und Veränderung von diskursiven Formen und damit auch um eine Unabhängigkeit im literarischen Sinne; mehr noch als in der *Historia de la Revolución* setzt er zu diesem Zweck auf die Frage nach der individuellen Identität des autobiographischen Ichs und auf die oft genug sehr freie narrative Ausgestaltung der eigenen Geschichte. Die „imaginación obsesiva", die der Historiker Tulio Halperín in den *Memorias* erkennen zu können

---

9 Vgl. Molloy 2001: 14.

glaubt,[10] ist in diesem Zusammenhang tatsächlich eines von jenen Merkmalen, die fray Servandos autobiographisches Schreiben von den Annäherungen an das eigene Leben unterscheiden, die seine europäischen Weggefährten Grégoire und Blanco White mit jeweils unterschiedlichen Zielsetzungen und Methoden versuchen. Dabei geht weder Grégoire noch Blanco White auf die Freundschaft zu fray Servando Teresa der Mier ein, und auch dieser selbst beschränkt sich auf die bloße Erwähnung von Abbé Grégoire, ohne dessen Person oder der eigenen freundschaftlichen Beziehung zu ihm besondere Aufmerksamkeit zu schenken.[11] Dass die drei im weitesten Sinne autobiographisch strukturierten Werke der Weggefährten (die im Übrigen alle drei erst postum veröffentlicht worden sind) vor allem auf der inhaltlichen Ebene auch große Übereinstimmungen aufweisen, die trotz des Verzichts der Autobiographen auf die narrative Ausgestaltung ihrer freundschaftlichen Bindungen doch von ihrer nicht nur ideologischen, sondern auch persönlichen Nähe zeugen, wird im Folgenden nachzuweisen sein.

3.1 Revolution und Krise der Repräsentation: Henri Grégoire und seine *Mémoires ecclésiastiques, politiques et littéraires de M. Grégoire, Ancien évêque de Blois* (1808, erstmals publiziert 1837)

Am 23. April des Jahres 1808, mehr als zwanzig Jahre vor seinem Tod, schreibt der französische Priester und Politiker Henri Jean-Baptiste Grégoire die letzten Zeilen eines Werkes, von dessen Unvollständigkeit und Unvollkommenheit er zu diesem Zeitpunkt schon überzeugt ist. Grégoires *Mémoires ecclésiastiques, politiques et littéraires* (die erst 1837 postum veröffentlicht werden) ziehen eine Bilanz seines Wirkens entlang der drei Achsen, die ihr Titel vorgibt. Sie tun dies in einem Augenblick, in dem die Macht Napoleons ihren Höhepunkt erreicht hatte und in dem Grégoire

---

10 Wenn in der von Halperín Donghi verwendeten Formulierung „imaginación obsesiva" eine gewisse Distanz oder auch Skepsis mitzuschwingen scheint, dann liegt das sehr wahrscheinlich an seinem Erkenntnisinteresse als Historiker. Auf eine ähnliche Art und Weise vorsichtig distanziert äußert sich mit Alfredo Ávila ein weiterer Historiker über fray Servandos Autobiographie: „En cuanto a la parte autobiográfica debe decirse que la mayoría de los autores están de acuerdo en que no es una obra confiable." (Ávila 2005b: 15).
11 José María Blanco White kann in den *Memorias* keine Erwähnung finden, weil die Begegnung zwischen ihm und fray Servando erst 1811 und damit in einer Zeit stattfindet, über die fray Servando in seiner Autobiographie nicht mehr berichtet. Vgl. zu fray Servandos Verzicht auf Porträts selbst von denjenigen Zeitgenossen „con los que tuvo mayor privanza" auch Domínguez Michael 2004: 137.

den Eindruck haben musste, seine geistliche Karriere sei ebenso an ein Ende gelangt wie diejenige als Politiker.[12] In den Jahren um die Jahrhundertwende waren die ersten historiographischen Werke über die Französische Revolution erschienen, und der politisch weitgehend isolierte ehemalige Bischof von Blois machte sich in der Folge Gedanken über das Urteil, das wohl die Nachwelt über sein Wirken fällen würde. Vor diesem Hintergrund sind seine Memoiren ein politisches Testament: Grégoire reagiert damit auf Werke wie die *Mémoires pour servir à l'histoire de l'Assemblée constituante* von Charles Élie de Ferrières (1798), die *Histoire de la Révolution de France* von Antoine-François Bertrand de Moleville (1801–1802), die *Essais historiques sur les causes et les effets de la révolution de France* von Claude François Beaulieu (1801–1803) und die *Mémoires historiques et politiques du règne de Louis XVI* von Jean-Louis Soulavie (1801), in denen er des Antiroyalismus und des Opportunismus während der Revolutionsjahre beschuldigt wird. Für Grégoire mussten diese Vorwürfe umso schwerer wiegen, als die Verfasser der betreffenden Werke den unterschiedlichsten ideologischen Gruppierungen angehörten. So konnte zwar im Falle von Beaulieu und vor allem Bertrand de Moleville kaum überraschen, dass sie dem Abbé vorwarfen, sich in der Frage nach dem Umgang mit dem König *für* dessen Schuld und vor allem seine Verurteilbarkeit ausgesprochen zu haben, denn die beiden Autoren gehörten dem royalistischen Lager an und hatten sicher einige Rechnungen zu begleichen: Beaulieu hatte während der *terreur* im Gefängnis gesessen, und Bertrand de Moleville war ins englische Exil geflohen. Gravierender musste aus Sicht Grégoires aber sein, dass auch ein liberaler Autor wie Jean-Louis Soulavie ihm vorhielt, in dieser Frage befangen gewesen zu sein und seine Entscheidung gegen die Monarchie und König Louis XVI. aus machtpolitischen und deshalb opportunistischen Erwägungen heraus gefällt zu haben.[13]

Auch wenn ihre Publikation auf Grégoires ausdrücklichen Wunsch hin erst nach seinem Tod erfolgen sollte,[14] sind seine Erinnerungen doch ohne Zweifel als Entgegnung auf diese zeitgenössischen Interpretationen der jüngsten Geschichte Frankreichs konzipiert.[15] Der ehemalige Bischof der Konstitutionellen Kirche (der

---

12 Vgl. Popkin 2000: 170.
13 Vgl. Ferrières 1798 (drei Bände), Moleville 1801–1802 (vierzehn Bände), Beaulieu 1801–1803 (sechs Bände) und Soulavie 1801 (sechs Bände). Mehr oder minder schwerwiegende Vorwürfe gegen Grégoire finden sich bei Ferrières in Band 1 (111) und Band 3 (113–117); bei Moleville in Band 10 (210–214) und Band 12 (109–110 und 120–121); bei Beaulieu in Band 1 (203), Band 3 (60–62) und Band 4 (149–153), und bei Soulavie in Band 6 (504–507). Vgl. dazu auch knapp Chopelin-Blanc/Chopelin 2013: 159–160.
14 Vgl. Grégoire 1837, Bd. I: 322.
15 Vgl. etwa die Passage aus den *Mémoires*, in der Grégoire ausdrücklich Bezug nimmt auf die „pamphlétaires" und „écrivassiers", gegen deren Sichtweise er sich abgrenzen will (Grégoire 1837, Bd. I: 400–401).

sein Amt 1801 nach der Unterzeichnung des Konkordats zwischen Frankreich und dem Heiligen Stuhl niedergelegt hatte) schreibt sich damit in den Kampf um die Deutungshoheit über die revolutionären Ereignisse der Jahre nach 1789 ein und unterstreicht seinen Anspruch, die Interpretation seines Handelns als Akteur der Geschichte nicht dem Zufall zu überlassen. So bestimmt er Biographien und Memoiren in einem kurzen einleitenden Kapitel funktionsbezogen als „les matériaux dans lesquels vient puiser l'histoire",[16] und betont gegen die Auffassung, ein an den Geschehnissen Beteiligter könne nicht unvoreingenommen über diese Geschehnisse urteilen, es sei vielmehr *gerade* die unmittelbare Zeitgenossenschaft, die zu einem solchen Urteil befähige.[17] Wenn Grégoire seine eigenen Erinnerungen aber mit dem Hinweis auf ihre Unvollständigkeit und Mängel beschließt, dann wird deutlich, dass sein Anspruch weiter reicht als nur darauf, eine bloße Materialsammlung für spätere Historiker zusammenzustellen.

Denn die Memoiren, „cette rédaction informe",[18] wie der Abbé sie im Moment ihrer Fertigstellung im April 1808 nennt, lassen trotz ihrer vermeintlichen Formlosigkeit und Unausgereiftheit einen klaren Formwillen erkennen (und sei es nur *ex negativo* wie an dieser Stelle). Das Werk ist in drei große Teile gegliedert, die sich jeweils einem der drei Schwerpunkte von Grégoires Aktivität widmen. Auf einen ersten Teil, in dessen Zentrum die *Vie littéraire* des Bischofs steht, folgt ein zweites Kapitel zu seiner *Vie politique*, bevor die Memoiren mit der Darstellung von Grégoires *Vie ecclésiastique* ihren Abschluss finden. Diese thematische (und eben nicht chronologische) Struktur entspricht dabei durchaus den Interessen der Gattung „Memoiren", der Grégoires Erinnerungen ihrem Titel zufolge ja ausdrücklich zuzuordnen sind: So liegt der Schwerpunkt von Memoiren eben nicht wie in der modernen Autobiographie auf dem Werdegang bzw. dem Gewordensein des Individuums, sondern auf seinem öffentlichen Einfluss als Akteur mit einer gefestigten Identität und sozialen Rolle.[19] Allerdings geht Grégoire mit der Einteilung seines Lebens in verschiedene Tätigkeitsbereiche doch wesentlich weiter als diejenigen unter seinen

---

16 Grégoire 1837, Bd. I: 315. Vgl. zu dieser Frage nach Memoiren als Materialsammlung für künftige Historiker und zu den daraus erwachsenden Schwierigkeiten für die Verfasser von Memoiren Zanone 2006: 188.
17 Grégoire 1837, Bd. I: 316. Vgl. zu der Frage nach der historischen Urteilskraft von Akteuren der Zeitgeschichte auch Kapitel 2.2 Ein Denkmal für die Unabhängigkeit: Carlos María de Bustamante und sein *Cuadro histórico de la Revolución Mexicana*.
18 Grégoire 1837, Bd. II: 125.
19 Vgl. Zanone 2006: 107. Hier wird die Unterscheidung wie folgt zusammengefasst: „Mémoires et autobiographie sont habituellement opposés comme deux démarches distinctes pour narrer à la première personne l'histoire d'une vie: en en faisant, d'un côté, l'histoire d'une carrière et, de l'autre, l'histoire d'une personnalité." Vgl. auch Karla 2014. Karla spricht in diesem Zusammenhang von der „Dinglichkeit" der Memorialistik, welche die definitorische Unterscheidung von

Zeitgenossen, die wie er ihre Erinnerungen an die Französische Revolution zu Papier bringen; denn diese halten in ihren Memoiren in der Regel eben doch an der klassischen chronologischen Struktur des Erzählens fest.[20]

Tatsächlich gelingt es auch Abbé Grégoire nicht, sich von den Zwängen der Chronologie ganz zu befreien. So werden in den Erinnerungen die drei großen, thematisch strukturierten Kapitel zu seinem öffentlichen Wirken nicht nur durch die bereits erwähnten einleitenden Bemerkungen zum historischen Interesse von Memoiren im Allgemeinen und zu dem Anspruch seiner eigenen Memoiren im Besonderen ergänzt, sondern auch durch einen zusätzlichen Abschnitt über seine Kindheit und Jugend in Lothringen und seine ersten literarischen Arbeiten. Diese Passagen zu Grégoires Elternhaus, seiner Schulbildung und seinem Entwicklungsgang brechen die eigentlich in der dreigeteilten Konzeption der Memoiren angelegte thematische Struktur auf, indem sie der Erzählung zumindest am Anfang ein zeitliches Verlaufsschema und damit in gewisser Weise auch eine Entwicklungslogik zugrunde legen. Und auch wenn es übertrieben wäre, Grégoires denkbar knapp gehaltene und allenfalls exemplarische Ausführungen zu seinen Jugendjahren im Sinne einer Bewegung hin zur modernen Autobiographik lesen zu wollen,[21] so ist doch auffällig, dass die Einfügung dieser kursorischen Kindheitsreminiszenzen gleich zu Beginn die Bemühungen des Autors unterläuft, seine Erinnerungen durch ihre strenge thematische Gliederung in eine nachvollziehbare Ordnung zu bringen.

Denn das ist das erklärte Ziel, das er mit seiner Dreiteilung verfolgt: „[M]ettre de l'ordre dans ces Mémoires",[22] so formuliert es Grégoire am Ende des außerhalb dieser Ordnung stehenden Kapitels über seine Jugend. Dieses Ziel wird allerdings nicht nur zu Beginn, sondern auch im weiteren Verlauf seiner Erinnerungen immer wieder verfehlt, weil sich die systematische Trennung der Lebensbereiche und Aktivitätsfelder nicht durchhalten lässt und weil es deshalb immer wieder zu Überschneidungen kommt zwischen den drei vermeintlich sauber voneinander zu unterscheidenden „Leben" des erzählenden Ichs (dem literarischen, dem politischen und dem kirchlichen). So handelt es sich beispielsweise bei den literarischen

---

Memoiren und Autobiographien ermögliche (Karla 2014: 80–81). Vgl. allgemein auch Neumann 1970.
20 Vgl. Karla 2014: 169.
21 Dazu sind seine Erinnerungen an dieser Stelle tatsächlich zu fragmentarisch: Auch wenn Grégoire die Kindheit als „vestibule de la vie" bezeichnet und betont, dass die Erinnerungen an dieses Lebensalter „un charme ravissant" hätten, kündigt er in der Folge doch an, sich auf die Erzählung zweier knapper Anekdoten beschränken zu wollen – deren eine sogar kaum als Anekdote durchgehen kann, wenn man etwas strengere Maßstäbe anlegt (Grégoire 1837, Bd. I: 326–327). Vgl. zur Entwicklung der modernen Autobiographie die klassische Studie von Lejeune 1975. Vgl. zu dem Stellenwert von Grégoires Memoiren in diesem Zusammenhang noch einmal Popkin 2000: 167–169.
22 Grégoire 1837, Bd. I: 337.

Arbeiten, von denen der Abbé in dem Kapitel über seine *Vie littéraire* berichtet, keineswegs um fiktionale Werke, sondern um historische Traktate, intellektuelle Debattenbeiträge oder Essays zu Fragen des politischen und gesellschaftlichen Lebens und zur Zeitgeschichte. Die Themen dieser literarischen Werke stehen also immer in enger Verbindung zu denjenigen, mit denen Grégoire sich auch auf der politischen Bühne beschäftigt. Zugleich lässt sich auch sein Wirken als Kirchenmann nur schwer trennen von seinem politischen Engagement: Der Priester und Bischof der Konstitutionellen Kirche, der die 1790 von der Nationalversammlung verabschiedete Zivilverfassung des Klerus unterstützt und der maßgeblich beteiligt ist an der Organisation der beiden national-französischen Konzilen der Jahre 1797 und 1801, ist natürlich zugleich auch Politiker. Und wenn sich Grégoire schließlich im Nationalkonvent einsetzt für die Privilegierung des Französischen vor allen Regional- und Minderheitensprachen in Frankreich, dann haben seine an dieser Stelle vorgetragenen politischen Überzeugungen selbstverständlich auch Konsequenzen für sein Selbstverständnis als Intellektueller und Schriftsteller.[23] Vor diesem Hintergrund ist es nun wenig erstaunlich, dass es auch Grégoire selbst erkennbar schwerfällt, die thematische Trennung der Lebensbereiche in seinen Memoiren durchzuhalten und seinem Text auf diese Weise eine sinnvolle Ordnung zu verleihen.[24]

Grégoires Schwierigkeiten bei dem Versuch, seine Erinnerungen mittels einer strengen thematischen Ordnung zu strukturieren und ihnen dadurch Kohärenz zu verleihen, ist nun durchaus symptomatisch vor dem Horizont der Lebenserfahrungen, von denen er erzählt. Hinter diesem Scheitern verbirgt sich ein grundsätzliches Problem, das auch viele Zeitgenossen des Abbé umgetrieben hat, nämlich die Frage danach, wie überhaupt die eigenen Geschicke noch in einen sinnvollen Zusammenhang eingeordnet werden konnten, nachdem durch den Umbruch der Revolution die Möglichkeit von Zusammenhang insgesamt nachhaltig in Frage gestellt worden war. In einer jüngeren Studie zum autobiographischen Schreiben in der Französischen Revolution spricht die Romanistin Franziska Meier von der „verstörende[n] Ahnung einer Dynamisierung" in allen Lebensbereichen, die sich in den autobiographischen Texten der Revolution zwar manifestiere, für die deren Verfasser und Verfasserinnen aber keinen adäquaten Ausdruck hätten finden können,[25] und sie folgert: „Wenn eine Selbsterzählung darin besteht, eine Figur in der Zeit zu entfal-

---

23 Vgl. zur Biographie von Henri Grégoire Goldstein Sepinwall 2005. Vgl. zu den Überschneidungen zwischen den Lebensbereichen auch das sich anschließende Unterkapitel 3.1.1 Fragmentarität.
24 So subsumiert er etwa verschiedene kulturpolitische Initiativen (wie beispielsweise sein Engagement gegen den kulturellen Zentralismus in Frankreich oder für eine umfassende „instruction publique") großzügig unter der Überschrift *Vie littéraire*, obwohl sie sicher ebenso gut in die *Vie politique* hätten integriert werden können (vgl. Grégoire 1837, Bd. I: 343 und 344).
25 Meier 2016: 114–115.

ten, dann wird das durch das Erleben einer Beschleunigung ungemein erschwert. [...] Die neue Geschichtserfahrung [...] ist erzählerisch kaum zu vermitteln."[26]

Im Falle von Henri Grégoire scheint vor diesem Hintergrund tatsächlich schon der Beginn des Kapitels über seine Kindheit und Jugend (und damit der Beginn seiner Memoiren insgesamt) eine gewisse Distanz zwischen dem erzählenden und dem erzählten Ich zu schaffen. So heißt es hier: „Desessarts, dans ses Siècles littéraires de la France, m'apprend qu'à Vého, à deux myriamètres de Lunéville, département de la Meurthe, est né, le 4 décembre 1750, Henri Grégoire, curé d'Embermesnil, paroisse voisine de celle de ma naissance [...]."[27] Wenn Grégoire an dieser Stelle seine eigene Geburt als Ereignis schildert, über das man sich in den einschlägigen Nachschlagewerken zur Literaturgeschichte Frankreichs informieren kann,[28] dann hat diese Vorgehensweise einen doppelten Effekt. Zum einen wird durch den betont distanzierten Blick von außen unmittelbar die Wichtigkeit der eigenen Person und damit auch diejenige der sich anschließenden Erzählung manifest: Jemand, der schon zu Lebzeiten im Lexikon firmiert, muss sich über seine Bedeutung für die Nachwelt kaum Gedanken machen. Zum anderen wird die hier eingeführte Figur aber durch diese Strategie nur als abstrakte Person der Zeitgeschichte, keinesfalls jedoch als konkrete Person aus Fleisch und Blut fassbar. Der Rückgriff auf das Nachschlagewerk bringt den Leserinnen und Lesern der Passage den Gegenstand der Erzählung nicht näher, sondern er rückt ihn vielmehr in größere Entfernung.

Besonders auffällig ist allerdings, dass Grégoire seine betont distanzierte Erzählhaltung nicht konsequent durchhält, sondern dass er sie im selben Satz schon wieder zurücknimmt, indem er die dritte Person aus dem impliziten Zitat (ich lese bei Des Essarts, dass Henri Grégoire in Vého zur Welt gekommen ist...) in der Wendung „ma naissance" durch das Possessivpronomen in der ersten Person ersetzt. Der ganze Absatz scheint auf diese Weise von einem ständigen Oszillieren zwischen Nähe und Distanz geprägt, und es ist deshalb nicht überraschend, dass auch Grégoires kurz zuvor in der Einleitung ausdrücklich formulierte Warnung, er werde in den Memoiren vor allem über sich selbst sprechen, während er die Blicke seines Publikums „sur des faits contemporains" spazieren führe, kaum in einem an der Psychoanalyse ausgerichteten und an der Lektüre moderner Autobiographien erprobten Sinne verstan-

---

[26] Meier 2016: 230–231. Ähnlich argumentiert Jeremy D. Popkin, bei dem es über Grégoire heißt: „The extraordinary events he had lived through made it impossible for him to see his own life as a comprehensible unity." (Popkin 2000: 172).

[27] Grégoire 1837, Bd. I: 323.

[28] Das zwischen 1800 und 1803 in Paris erschienene mehrbändige Werk *Les siècles littéraires de la France* von Nicolas-Toussaint Le Moyne, dit Des Essarts trägt den Untertitel *Nouveau Dictionnaire, historique, critique, et bibliographique, de tous les écrivains français, morts et vivans, jusqu'à la fin du XVIIIe siècle*.

den werden darf. „[J]e vous parlerai de moi", das heißt bei Henri Grégoire eben nicht, dass dieses Ich selbst und seine Entwicklung zum Gegenstand seiner Reflexion werden würden.[29]

Vor dem Hintergrund dieser unklaren Positionierung des Erzählers seinem Gegenstand gegenüber untersucht das sich anschließende Kapitel deshalb die Krise der Repräsentation vor dem Hintergrund der revolutionären Erfahrung, wie sie sich in Henri Grégoires Erinnerungen manifestiert. In einem ersten Unterkapitel wird dazu die Fragmentarität als zentrales Merkmal seines Textes untersucht. Das zweite Unterkapitel geht auf die intellektuelle Freundschaft zwischen Grégoire und fray Servando Teresa de Mier ein und zeigt, wie die beiden Priester im Austausch über Bartolomé de Las Casas einen Angelpunkt für ihre jeweils unterschiedlich akzentuierten Bemühungen im Zusammenhang mit den europäischen Kolonien in Amerika finden, und wie Grégoire ausgehend von der Beschäftigung mit Las Casas mit der (literarisch stilisierten) Figur von Verfolgung und Verleumdung eine Grundlage für seine Auseinandersetzung mit der Frage nach dem Eigenen und dem Fremden entwickelt. Im Anschluss daran führt das dritte Unterkapitel aus, wie Abbé Grégoire diese Figur der verfolgten Unschuld in seinen Memoiren dazu nutzt, gegen die fragmentierte Wirklichkeit der (post-)revolutionären Gesellschaft in Frankreich seine eigene Beständigkeit ins Feld zu führen. Abschließend zeigt das vierte Unterkapitel, welche Ziele Grégoire damit verfolgt und inwiefern er sich mit seinen Memoiren auch literarisch in einem Feld positioniert, das gerade in den Jahren zu Anfang des 19. Jahrhunderts im Umbruch gewesen ist.

3.1.1 Fragmentarität

Das wohl berühmteste Bild aus der Frühphase der Französischen Revolution ist ein Fragment. Nur ein Jahr nach dem Ballhausschwur vom 20. Juni 1789 (mit dem sich die Vertreter des Dritten Standes verpflichteten, nicht auseinanderzugehen, ehe sie Frankreich nicht eine Verfassung gegeben hätten) gaben die Jakobiner bei Jacques-Louis David ein großformatiges Gemälde in Auftrag, das diesen Ballhausschwur für den Plenarsaal der Nationalversammlung verewigen sollte. Davids *Le Serment du Jeu de Paume* ist aber über das Stadium von Skizzen, Studien und schließlich nach diesen Skizzen und Studien angefertigten Stichen niemals hinausgekommen.[30] Der Künstler arbeitet zwar ab Ende November 1790 intensiv an dem Werk und stellt bereits 1791 eine erste Vorzeichnung als Ergebnis

---

29 Grégoire 1837, Bd. I: 320. Vgl. auch dazu das sich anschließende Unterkapitel 3.1.1 Fragmentarität.
30 Vgl. Kemp 1986.

seiner Studien vor, und er unternimmt in den darauffolgenden Jahren immer wieder aufs Neue den Versuch, das Gemälde zu vollenden. Zuletzt kündigt er aber im Dezember 1801 in einem parallel in mehreren Zeitungen veröffentlichten Brief an die Subskribenten eines Kupferstichs seines Werkes doch an, endgültig auf dessen Fertigstellung verzichten zu wollen.[31] In der kunsthistorischen Forschung zu David sind in den letzten Jahrzehnten verschiedene Versuche unternommen worden zu erklären, warum der Künstler dieses ihm nachweislich am Herzen liegende Projekt aufgegeben hat.[32] So habe er nicht nur mit Herausforderungen wie der schieren Größe des zu schaffenden Werkes und einem neuen Verständnis von Historienmalerei als Monumentalisierung von Zeitgeschichte zu kämpfen gehabt,[33] sondern die Fertigstellung des Gemäldes sei auch durch vielfältige Ablenkungen und namentlich durch Davids politisches Engagement in den neunziger Jahren und einen langen Gefängnisaufenthalt nach dem Sturz Robespierres erschwert worden.[34] Zuletzt ist jenseits dieser einerseits auf künstlerische und andererseits auf private Umstände zielenden Erklärungsmuster allerdings auch ausdrücklich die Vermutung geäußert worden, dass die Unfertigkeit von Jacques-Louis Davids Gemälde auch strukturelle Gründe gehabt haben muss. So spricht Laurent Loty von dem „inachèvement emblématique" des Gemäldes und führt aus, dass die Gründe für dieses „inachèvement" vor allem in der massiven Beschleunigung der Geschichte zu suchen seien, die Frankreich in den letzten Jahren des 18. Jahrhunderts erlebt habe.[35]

Im Zentrum von Jacques-Louis Davids monumentaler Komposition, welche die Vorstellung der Zeitgenossen und der Nachgeborenen von dem historischen Ereignis des Ballhausschwurs trotz ihres unfertigen Charakters auch in ihrer reproduzierbaren Gestalt als Kupferstich noch nachhaltig beeinflusst hat,[36] steht Jean-Sylvain Bailly, der Präsident der Nationalversammlung, im Augenblick des Schwures auf einem Tisch und blickt die Betrachterin und den Betrachter des Bildes an. Der Kunsthistoriker Wolfgang Kemp hat nachgewiesen, dass sich zwischen Baillys Augen alle „geometrisch maßgebenden Linien der Komposition" treffen, und er spricht deshalb davon, dieser sei „die einzige Hauptperson" des Gemäldes, das zudem die meisten Abgeordneten dem erhöht in der Mitte stehenden Bailly zugewandt darstellt.[37] Herausgehoben aus der dynamischen Masse der Vertreter des Dritten Standes ist allerdings auch eine Gruppe von drei Männern im Vordergrund der Komposition. Die

---

31 Vgl. Bordes 1983: 87–88 und 177–178, und Loty 2009: 35.
32 Vgl. zu Davids Interesse an dem Ballhausschwur-Gemälde Bordes 1983: 85.
33 Vgl. Kemp 1986: 166.
34 Vgl. Loty 2009: 35.
35 Vgl. Loty 2009: 35–36.
36 Vgl. Kemp 1986: 166.
37 Kemp 1986: 167.

wichtigste Figur dieser Dreiergruppe ist der in der Mitte stehende Abbé Grégoire, der mit dem linken Arm den offensichtlich gerade in diesem Augenblick hinzueilenden protestantischen Pfarrer Rabaut Saint-Étienne und mit dem rechten den Kartäusermönch Dom Gerle umfasst. Wie Jean-Sylvain Bailly ist auch Grégoire von vorn und mit einem aus dem Bild heraus gerichteten Blick zu sehen; seine brüderliche Umarmung der beiden anderen Geistlichen ist dabei allerdings wesentlich intimer als die deklamatorische Pose des Präsidenten auf dem Tisch.[38]

In seinen 1808 verfassten und knapp 30 Jahre später von dem republikanischen Politiker und Publizisten Hippolyte Carnot veröffentlichten Memoiren stilisiert der von dem Maler solcherart als zentrale, wenngleich mitten im Tumult stille und nach innen gekehrte Gestalt des Ballhausgeschehens entworfene Grégoire nun eben dieses Ballhaus zum *lieu de mémoire* für die hochfliegenden Hoffnungen aus der Anfangsphase der Revolution, wenn er schreibt:

> Il y a peu de temps que j'ai voulu la revoir cette salle du Jeu de Paume où sont accumulés des souvenirs de courage et de gloire: attendri à cet aspect, et déchiré par celui des contrastes que présentent des événements postérieurs, j'y ai versé des larmes brûlantes et de joie et de désespoir; si jamais mon horreur du despotisme pouvait, je ne dis pas s'éteindre, mais s'affaiblir, pour la rallumer je tournerais mes regards vers ce coin de terre à jamais mémorable.[39]

Bei Grégoire steht die Erinnerungswürdigkeit des Ortes an dieser Stelle nicht nur im Kontrast zu der von ihm in seinen Memoiren immer wieder mit großer Enttäuschung kommentierten weiteren Entwicklung der Revolution,[40] sondern er hebt insbesondere auch seine Irritation über den nachlässigen Umgang seiner Zeitgenossen mit der Erinnerung an die großen Momente der Revolution hervor. Das bezeichnende Symptom für diesen Mangel an historischem Bewusstsein ist nun ausgerechnet der fragmentarische Charakter von Davids unvollendetem Gemälde:

---

38 Caroline Chopelin-Blanc und Paul Chopelin interpretieren Grégoires tatsächlich leicht nach oben gehobenen Blick als Gebetshaltung: „Par sa prière, il place l'œuvre politique des constituants sous les auspices de l'Être suprême, tandis que le courroux divin s'abat sur l'ancienne Église et ses partisans, les prêtres réfractaires: à l'arrière-plan, la foudre s'abat sur le toit de la chapelle royale de Versailles. Sous le crayon de David, Grégoire devient la conscience morale de la Révolution." (Chopelin-Blanc/Chopelin 2013: 39–40).
39 Grégoire 1937a: 380. Der Begriff „lieu de mémoire" geht auf den französischen Historiker Pierre Nora zurück, der damit die Vorstellung verbindet, dass sich das kollektive Gedächtnis an bestimmten (nicht unbedingt nur im räumlichen Sinne zu verstehenden) Orten in besonderer Weise kristallisiert (vgl. Nora 1984–1992).
40 „Mes espérances ont été déçues; la révolution n'est guère qu'un changement de nom pour les choses", schreibt Grégoire etwa am Ende des Kapitels über seine *Vie politique* (Grégoire 1837, Bd. I: 457).

„Il ne sera point exécuté ce tableau du Jeu de Paume, digne du pinceau de David, conception vaste dont il avait tracé l'esquisse."[41]

Im Zusammenhang mit der Frage nach der erzählerischen Ordnung von Grégoires Erinnerungen lässt sich nun dessen Bedauern darüber, dass Jacques-Louis David sein monumentales Gemälde nicht hat vollenden können, durchaus in Beziehung setzen zu der ebenfalls von ihm beklagten angeblichen oder auch tatsächlichen Unfertigkeit seiner eigenen Memoiren. Wenn Grégoire im Augenblick des Abschlusses seiner Memoiren im April 1808 den Eindruck hat, diese seien „très imparfaits, très incomplets",[42] zugleich aber ausdrücklich darauf verzichtet, sich weiter um ihre Vollendung zu bemühen, dann bleibt zwar im Vagen, worin diese Vollendung eigentlich bestehen hätte bestehen sollen; zugleich legt die binäre Formulierung („imparfaits" und „incomplets") aber nahe, dass die Erinnerungen nicht nur in ästhetischer, sondern auch in epistemologischer Hinsicht hinter den Ansprüchen zurückbleiben, die an sie zu stellen wären. Im Unterschied dazu ist die Fragmentarität des Werkes von Jacques-Louis David ist leichter zu bestimmen: Die Defizienz von *Le Serment du Jeu de Paume* lässt sich auf den ersten Blick erkennen, da die Gestalt des unfertigen Gemäldes selbst kenntlich macht, was ihm noch zur Vollendung, zur Vollständigkeit fehlt. Jacques-Louis David selbst argumentiert deshalb auch ausdrücklich mit einer Vorstellung von Totalität und Größe, die sich durchaus in Zahlen bemessen lässt, wenn er um das Jahr 1798 herum einen Brief mit der Bitte um einen Vorschuss zur Fertigstellung seines Gemäldes schreibt, der vermutlich an den damaligen Innenminister François de Neufchâteau gerichtet war:

> Il faut que vous sachiez d'avance que *c'est le plus grand ouvrage que jamais peintre ait osé entreprendre*. Le tableau comporte à peu près mille à douze cents personnages dans les attitudes les plus énergiques. Il fallait être dévoré de l'amour de la liberté, comme je l'étais et comme je le suis encore, pour avoir osé concevoir une pareille entreprise. La toile comporte trente-deux pieds sur vingt-deux. Il ne faut pas moins qu'une église pour achever ce tableau immense.[43]

Auch wenn David in seinem Brief die Fertigstellung dieses in jeder Beziehung gigantischen Werkes noch in Aussicht stellt, lässt seine Emphase doch schon vermuten, dass gerade die hier formulierte Vorstellung von Größe zuletzt die Unabschließbarkeit des Projekts und damit auch dessen genuin diskontinuierlichen Charakter bedingen könnte. Tatsächlich adressieren sowohl Davids Ballhaus-Gemälde als auch

---

41 Grégoire 1837, Bd. I: 380.
42 Grégoire 1837, Bd. II: 125.
43 David 1983 (Kursivierung im Original). Der Herausgeber der Materialien zu Davids Leben und Werk, Philippe Bordes, weist darauf hin, dass nicht klar sei, ob der Brief an François de Neufchâteau tatsächlich abgeschickt worden ist.

Grégoires Erinnerungen aus jeweils unterschiedlichen Perspektiven eine nicht erreichte und vielleicht tatsächlich niemals erreichbare Ganzheit und Totalität. Beide Werke können deshalb als Fragmente *sui generis* bezeichnet werden, denen der Mangel an Vollständigkeit womöglich von Anfang an inhärent gewesen ist. „Ob ein Gegenstand Fragment ist oder nicht, wird davon bestimmt, [...] welche Fragen an ihn gerichtet werden",[44] schreiben die Herausgeber eines Bandes zur „Fragmentarität als Problem der Kultur- und Textwissenschaften". Im Falle von Grégoire gilt es deshalb, der bloßen Diagnose seines am Ende der Memoiren geäußerten diffusen Unbehagens konkrete Analysen zur Seite zu stellen, um deutlich zu machen, dass die Unzufriedenheit des Autors mit seinem Text mehr ist als nur eine bloße Bescheidenheitsgeste mit dem Ziel der *captatio benevolentiae*. Wenn Grégoire recht hat mit seinem Unbehagen, wenn seine Memoiren also wirklich unfertig und unvollständig und damit fragmentarisch sind – worin besteht dann ihre Defizienz? Und kann diese Defizienz (wie im Falle von David) wirklich mit der Beschleunigung der Geschichte durch die Französische Revolution und mit dem aus dieser Dynamisierung resultierenden strukturellen Unvermögen der Zeitgenossen erklärt werden, die eigenen Erlebnisse noch in einen sinnvollen Erfahrungshorizont einzuordnen?[45]

In der Tat lässt sich eine solche Interpretation von Grégoires *Mémoires ecclésiastiques, politiques et littéraires* rechtfertigen. Diese Memoiren sind bisher von der Literaturwissenschaft ebenso vernachlässigt worden wie von einer an systematischen Fragen interessierten Geschichtswissenschaft. Abgesehen von einem einzigen Aufsatz des US-amerikanischen Historikers Jeremy D. Popkin, der sich dem Text aus einer gattungstheoretischen Perspektive nähert und der ihn als aus gutem Grund marginalisierten autobiographischen Versuch über die Revolution interpretiert,[46] haben sich die Auseinandersetzungen mit Grégoires Erinnerungen bisher darauf beschränkt, diese als eine reine Quelle zu lesen, die Aufschluss zu geben vermag über das Leben des ehemaligen Bischofs von Blois und die Umstände, unter denen sich dieses Leben abgespielt hat. Dadurch werden die Memoiren aber nicht nur überstrapaziert (insofern nämlich, als sie als ein Zeugnis in Anspruch genommen werden, dessen Wahrheit völlig außer Frage steht), sondern sie werden gleichzeitig auch unterschätzt (insofern, als sie eben nicht als der durchaus auch mit einem literarischen Anspruch auftretende Text wahrgenommen werden, der sie sind). Exemplarisch für diese problematische Rezeption des Textes ist eine aus Anlass des *Bicentenaire* im Jahr 1989 unternommene kommentierte Neuausgabe der Memoiren, deren Herausgeber Jean-Michel Leniaud sich in seiner Einleitung auf eine

---

44 Malcher/Müller/Philipowski/Sablotny 2013: 14.
45 Vgl. dazu noch einmal Meier 2016: 230–231.
46 Vgl. Popkin 2000.

Würdigung der historischen Figur Grégoire beschränkt, indem er ausführlich dessen Bemühungen um Freiheit, Religion und Anerkennung der Minderheiten beschreibt, ohne auch nur mit einem Wort auf die Memoiren selbst als einen mit einem bestimmten Anspruch verfassten und mit bestimmten Problemen konfrontierten Text einzugehen.[47] Vor diesem Hintergrund ist der Versuch von Jeremy D. Popkin umso höher einzuschätzen, die Erinnerungen jenseits der Frage nach der Übereinstimmung ihrer Aussagen mit den historisch verbürgten Geschehnissen als ein Werk zu lesen, mit Hilfe dessen sich die Beziehung zwischen der revolutionären Erfahrung und dem Schreiben über das eigene Leben genauer bestimmen lässt.[48]

Auch Popkin beginnt seine Analyse mit der Feststellung einer doppelten Defizienz: „Henri Grégoire's Mémoires have never been included in lists of great French autobiographies. [...] Grégoire's text lacks the imaginative qualities of a literary classic, and it is too episodic to constitute a real source of insights into the politics of the revolutionary period."[49] Popkin interpretiert die Memoiren deshalb als eine „unsatisfactory [...] autobiography",[50] und er liegt damit nicht falsch. Wenig zufriedenstellend ist Grégoires memorialistischer Versuch tatsächlich, und das vor allem in Hinblick auf die narrative Entwicklung seines Gegenstandes. Dass dieser Gegenstand nicht die Person Henri Jean-Baptiste Grégoire in einem entwicklungspsychologischen Sinne sein kann, ist bereits in der Einleitung zu diesem Kapitel konstatiert worden: „[A]insi, lecteur, soyez en garde; car en promenant vos regards sur des faits contemporains, je vous parlerai de moi. Si vous redoutez l'ennui, qui vous force à me lire? mais si vous lisez, démentez, s'ils sont controuvés, les faits que j'allègue,"[51] schreibt Grégoire, und bezieht damit zwar durchaus seine eigene Person und die aus deren subjektivem Blickwinkel resultierende Perspektivierung seiner Erzählung mit in seine Überlegungen ein. Zugleich macht er durch die Wiederholung des Wortes „faits" („des faits contemporains" und „les faits que j'allègue") aber deutlich, dass seine Person eben nur insofern von Interesse ist, als sie an den zeitgenössischen Ereignissen, den „faits contemporains", Anteil hat und deshalb befähigt ist, die faktuale Richtigkeit derjenigen darunter zu bezeugen, die anzuführen sie sich entschlossen hat.

Diese Schwerpunktsetzung mag nun wenig überraschend sein, wenn man davon ausgeht, dass Grégoire in seinen Memoiren tatsächlich nicht die Geschichte

---

47 Vgl. Leniaud 1989.
48 Vgl. Popkin 2000: 167.
49 Popkin 2000: 167.
50 Nicht ohne zuvor den Unterschied zwischen Memoiren und Autobiographien insbesondere in der Zeit der Französischen Revolution auf etwas unsystematische Art und Weise einzuebnen (Popkin 2000: 169).
51 Grégoire 1837, Bd. I: 320–321.

seiner Person, sondern eben die seines Wirkens in der Revolution hat erzählen wollen (auch wenn Jeremy D. Popkin nicht umsonst noch einmal ausdrücklich auf Grégoires Schwierigkeiten hinweist, die Erzählung seiner eigenen Erfahrungen in eine wirksame Selbstdarstellung zu überführen).[52] Was erstaunlicher anmuten mag, das ist der Umstand, dass bei näherem Hinsehen nicht nur Grégoires Selbstdarstellung defizitär bleibt, sondern auch seine Erzählung über jene zeitgenössischen Ereignisse, an deren narrativer Gestaltung ihm eigentlich gelegen ist. So fällt auf, dass Grégoires Memoiren insgesamt ausgesprochen wenige Beschreibungen enthalten, die im Stande wären, einen größeren erzählerischen Bogen zwischen den einzelnen kleinteiligen Elementen zu spannen, von denen er berichtet; und dass sie ausgerechnet an den Stellen besonders wortkarg sind, an denen es eigentlich darum hätte gehen können, die revolutionäre Erfahrung des ja nicht nur im Jeu de Paume und in der Anfangszeit der Revolution, sondern über deren ganzen Verlauf hinweg maßgeblich an den Entwicklungen des Umbruchs beteiligten Ichs der Memoiren erzählerisch zu entfalten.

Die Revolution ist bei Grégoire zwar *das* einschneidende Erlebnis, es wird aber erstaunlich wenig deutlich, wie und auf welche Weise sie das ist. Dafür mag zum Teil sein Bemühen verantwortlich sein, seiner Erzählung mittels der strengen Dreiteilung in die verschiedenen Bereiche seines Lebens eine thematische Ordnung zu geben – denn auch wenn die systematische Unterscheidung zwischen einzelnen Tätigkeitsfeldern nicht funktioniert und es immer wieder zu Überlappungen kommt, wird dadurch doch die Erzählung zunächst in einzelne, scheinbar voneinander unabhängige Teilbereiche aufgespalten (und so im Wortsinn fragmentiert).[53] Auf diese Weise kann die Revolution nicht erzählerisch entwickelt werden als die dynamische und immer größer werdende Bewegung, die sie im Erleben ihrer Zeitgenossen gewesen ist und als die sie andere Memorialisten der Zeit durchaus zu schildern im Stande gewesen sind.[54] Bei Grégoire steht der Umsturz der politischen Verhältnisse zwar im Zentrum des Interesses und damit auch der Narration, er wird aber kaum mit narrativen Mitteln entwickelt.

---

[52] „The text [...] reflects a certain difficulty in shaping his own experiences into an effective self-representation." (Popkin 2000: 171).
[53] Bernard Plongeron nennt die Memoiren deshalb „de[s] pièces de puzzle que l'on n'est pas encore parvenu à reconstruire" (Plongeron 1989: 16).
[54] In ihrer Studie zur Geschichte der von dem Pariser Verlagshaus Baudouin Frères herausgegebenen *Collection des Mémoires relatifs à la Révolution française* betont Anna Karla, dass die Verfasser der in dieser Sammlung enthaltenen Memoiren unabhängig von ihren politischen Überzeugungen ausnahmslos eine chronologische Form der Darstellung gewählt hätten, die es ihnen unter anderem erlaubte, „das unaufhaltsame Vorwärtsdrängen des Geschehens" in seiner ganzen Dynamik darzustellen (Karla 2014: 169).

In ihrer 2014 veröffentlichten umfangreichen Studie zur Memorialistik der Französischen Revolution in der Restaurationszeit führt die Historikerin Anna Karla eine Reihe von textuellen Strategien auf, deren sich die Verfasserinnen und Verfasser von Memoiren in dieser Zeit bedient haben, um das Ereignis der Revolution in ihren Texten narrativ zu vermitteln, das Erzählte zu beglaubigen und es schließlich zu erklären und einzuordnen. Indem sie auf diese Weise die „grundlegenden Gemeinsamkeiten" eines Korpus von ansonsten sehr diversen Texten fokussiert (nämlich der von dem Pariser Verlagshaus Baudouin Frères zwischen 1820 und 1830 herausgegebenen *Collection des Mémoires relatifs à la Révolution française*),[55] gelingt es der Verfasserin, „Erzählmuster auf[zu]decken, die von den Zeitgenossen jenseits der Parteigrenzen geteilt wurden und die insofern typisch für die narrative Verarbeitung der Revolution waren."[56] Auffällig ist nun, dass Grégoire in seinen Memoiren (die exakt aus derselben Zeit stammen wie diejenigen, die Karla untersucht) auf kaum eine der angeführten Strategien zurückgreift. In *seiner* Erzählung über die Revolution finden narrative Vorgehensweisen wie beispielsweise „die Vorausdeutung von Endzuständen, die Inszenierung von Zäsurerfahrungen, die Perspektivierung einer Vorvergangenheit und das nachträgliche Herbeischreiben von Handlungsspielräumen" keine Anwendung;[57] stattdessen lesen sich seine Ausführungen über weite Strecken wie die bloße Aufzählung von Daten, Fakten, Funktionen, Interventionen, Meinungen und Debatten. Weil seine Darstellung selbst in Bezug auf diese Letzteren in den seltensten Fällen die erzählerische Dynamik entwickelt, die man von den revolutionären Kontroversen erwarten würde, bleibt Grégoires Bild von der Revolution überraschend blass und blutleer. Anders als in den von Anna Karla untersuchten Memoiren aus der *Collection des Mémoires relatifs à la Révolution française* scheint die Revolution bei ihm nichts zu sein, was die Sinne und die Gefühle der Beteiligten (und damit auch des Erzählers) affizieren würde, sondern sie ist vor allem ein diskursives Ereignis.[58]

Nur eine längere Episode, von der Grégoire berichtet, fällt in diesem Zusammenhang aus dem Rahmen. Hier blendet der Erzähler immerhin ansatzweise deskriptive Passagen ein, und er strukturiert seine Erzählung im Hinblick auf ihre zeitliche Ausdehnung so, dass eine gewisse Spannung und Dynamik vermittelt wird.

---

55 Karla 2014: 113.
56 Karla 2014: 115.
57 Karla 2014: 211.
58 Grégoire spricht zwar ab und an auch über Gefühle, etwa an der bereits zitierten Stelle über seinen Besuch im Ballhaus, bei dem er „des larmes brûlantes et de joie et de désespoir" vergossen habe; bei näherem Hinsehen dienen aber diese Gefühlsäußerungen vor allem dem Zweck, die Unverbrüchlichkeit der eigenen Überzeugungen zu beteuern und im Gegenzug die Wankelmütigkeit der Zeitgenossen zu beklagen (Grégoire 1837, Bd. I: 380).

So steht im Zentrum von Grégoires großem Kapitel zu seiner *Vie politique* die Frage nach dem König und dem Königtum, und das bedeutet angesichts der Tatsache, dass sich der Autor der Memoiren gegen den Vorwurf des aus bloßem Opportunismus verfochtenen Antiroyalismus zur Wehr setzen zu müssen glaubt, nicht nur die Frage nach der Berechtigung der Monarchie, sondern vor allem auch die Frage nach dem richtigen Umgang mit der Person des Königs. Vor diesem Hintergrund entfaltet Grégoire ausführlich die Geschichte von dessen Flucht nach Varennes im Sommer 1791, und er tut das, indem er im Unterschied zu seiner sonstigen Vorgehensweise nicht nur aufzählt, was sich im Einzelnen zugetragen hat, sondern indem er seine Erzählung mit (allerdings sehr kurz gehaltenen) Beschreibungen anreichert und sie auf diese Weise atmosphärisch rahmt. Auch diese Passage mündet am Ende zwar wieder in eines der Bekenntnisse seiner eigenen unverbrüchlich republikanischen Überzeugungen, welche die Memoiren in ihrem ganzen Verlauf charakterisieren – aber zumindest vorübergehend macht hier doch der Ideologe Grégoire Platz für den Erzähler:

> Comme Paris était beau dans ce jour et les suivans! jamais on n'y vit un tel calme. Comme l'Assemblée était majestueuse, lorsqu'après avoir pris les mesures nécessaires pour que rien n'arrêtât la marche du gouvernement, elle passa à l'*ordre du jour*, pour traiter paisiblement une matière étrangère à cette race royale, qui sans doute croyait avoir laissé Paris en proie à la guerre civile! Non, rien ne peut peindre la joie que fit éclater ce fameux *passage à l'ordre du jour* qui devait retentir dans toute l'Europe.[59]

Auch unmittelbar im Anschluss an den Absatz über diese entscheidenden Tage der Revolution fallen einzelne Elemente ins Auge, die Grégoires Erzählung hier die Anschaulichkeit verleihen, die ihr sonst zumeist fehlt. So findet beispielsweise der einleitende freudige Ausruf „Comme Paris était beau dans ce jour et les suivans!" seine Entsprechung in dem den Abschnitt abschließenden Eingeständnis des Erzählers, er habe über mehrere Tage nicht essen und nicht schlafen können vor Freude, nachdem im September 1792 schließlich die Entscheidung über die Abschaffung des Königtums gefallen war.[60] Tatsächlich scheint auf diese Weise in dieser für seine Argumentation so zentralen Passage die Möglichkeit einer emotionalen Involviertheit des Erzählers und einer Lebendigkeit auf, welche die Memoiren ansonsten vermissen lassen oder welche sie unter Umständen auch ganz bewusst vermeiden.

Denn normalerweise vermittelt Grégoire ein wesentlich distanzierteres Bild von der Revolution. Diese Revolution wird zunächst durchaus erwartbar als Einbruch von etwas Unvorhergesehenem eingeführt, das den eigentlich vorgesehenen

---

59 Grégoire 1837, Bd. I: 406.
60 Vgl. Grégoire 1837, Bd. I: 410.

Fortgang seiner Arbeit und insofern auch die Kontinuität seines Lebens unterbricht,[61] ehe sie sich dann in die enttäuschte Hoffnung verwandelt, auf die der Erzähler im Rückblick desillusioniert zurückblickt. Im Kontext der Frage nach der Fragmentarität der *Mémoires ecclésiastiques, politiques et littéraires* ist deshalb bemerkenswert, dass Grégoires fragmentierte Erzählung auch das, was er als das Scheitern der Revolution wahrnimmt, wiederum durch eine Fragmentierung erklärt – nämlich durch die Zersplitterung der ursprünglich einheitlichen und auf die Durchsetzung gemeinsamer Werte ausgerichteten Bewegung in viele partikulare Einzelinteressen, wie sie spätestens während der *terreur* manifest wurde: „Divisée en factions, qui tour à tour s'envoyaient à l'échafaud, et qui, suivant l'expression de Danton, avaient mis l'assemblée en coupe réglée, la Convention n'avait plus de régulateur."[62]

Das Bild von der Guillotine, mit dem Grégoire die Zerstückelung der zuvor angesichts der Flucht des Königs noch so geeint auftretenden revolutionären Bewegung in Szene setzt, verdeutlicht hier auf besonders anschauliche Art und Weise, wogegen sich seine Memoiren richten; es zeigt aber auch, was ihnen letztlich doch misslingt. Wenn Grégoire davon ausgeht, dass das Scheitern der Revolution durch ihre Fragmentierung hervorgerufen worden ist, und wenn er dieser Zersplitterung sein Bemühen um Ordnung entgegensetzt, dann macht die Fragmentierung trotz all dieser Bemühungen eben doch auch vor seinem eigenen Text nicht Halt: Tatsächlich gelingt es diesem durchaus detailverliebten Text nicht, die Revolution als das große Ganze darzustellen, das sie idealerweise und vor allem auch in seiner eigenen Wahrnehmung hätte sein sollen. Zugleich läuft aber Grégoires Versuch, seine Erinnerungen durch ihre thematische Gliederung zu strukturieren und zu ordnen, insofern ins Leere, als sich eine solche Trennung der Lebensbereiche gerade in einer Zeit nicht durchhalten lässt, in der die Revolution eben doch das Leben eines Menschen als Ganzes affiziert; und das wiederum bewirkt in letzter Instanz, dass es den Memoiren des Abbé auch nicht gelingt, die Erzählung von der Revolution und von deren Scheitern narrativ (mit Mitteln wie beispielsweise atmosphärisch

---

61 So schreibt Grégoire: „[Jacques] Basnage a fait […] une histoire partiale et très incomplète du peuple juif depuis la dispersion: j'avais entrepris une histoire nouvelle, qui eût en partie comblé les lacunes et rectifié les erreurs de Basnage […]. La révolution vint interrompre ce travail." (Grégoire 1837, Bd. I: 332). Vgl. dazu auch noch einmal Karla 2014. Grégoires Beschreibung des Beginns der Revolution entspricht durchaus dem Muster, auf das auch seine Zeitgenossen zurückgreifen: „Statt eines Revolutionsausbruchs beschrieben die Memorialisten das Hereinbrechen der Revolution in das eigene Leben. Ursprünglich, im Moment seines Erlebens, mag dieser Augenblick von dem Gefühl einer unerwarteten Wendung und einer neuen Zukunftsoffenheit begleitet gewesen sein. Im Nachträglichkeitsduktus der Memoiren präsentierte er sich als eine Zäsurerfahrung in einem bis dahin stetigen Zeitverlauf." (Karla 2014: 156).
62 Grégoire 1837, Bd. I: 424.

dichten Beschreibungen oder einem wirkungsvollen Spannungsaufbau) wirklich zu entfalten. Grégoires *Mémoires ecclésiastiques, politiques et littéraires* fehlt so nicht nur die strukturelle, sondern vor allem auch die narrative Kohärenz, und sie sind in der Tat nicht nur in epistemologischer, sondern auch in ästhetischer Hinsicht defizitär. Die Schwierigkeiten des Abbé, die revolutionäre Erfahrung mit narrativen Mitteln zu reflektieren, deuten auf eine fundamentale Krise der Repräsentation hin,[63] die sich gerade in *den* Augenblicken besonders deutlich manifestiert, in denen die Erinnerungen ihren Anspruch auf Ordnung und Kohärenz am explizitesten formulieren. Vor diesem Hintergrund ist der Ballhausschwur, an den sich Grégoire so nostalgisch erinnert, auch deshalb ein „mythischer Augenblick historischer Unschuld",[64] weil seine brüderliche Umarmung von Dom Gerle und Rabaut Saint-Étienne im Kreis der Vertreter des Dritten Standes eine Einheit suggeriert, die womöglich schon in diesem Augenblick selbst utopisch gewesen ist. Dass Henri Grégoire diese Einheit und seine eigene Rolle in diesem Zusammenhang ausgerechnet im Rekurs auf das Fragment gebliebene Gemälde von Jacques-Louis David heraufbeschwört, ist deshalb nur folgerichtig: Die Bedeutsamkeit des Fragments besteht schließlich vor allem darin, die abwesende Ganzheit als solche kenntlich zu machen.

3.1.2 Las Casas

Im Herbst 1801 erholt sich fray Servando Teresa de Mier in Paris von einer Grippe. Nachdem er sich schließlich wieder gut genug fühlt, um seine Korrespondenz wieder aufnehmen zu können, schreibt er Ende Oktober auf Lateinisch an seinen Freund Henri Grégoire:

> Da ich nach einem langwierigen Fieber und einer nahrhaften Pflege endlich wieder genesen bin [...], heiligster Pater, der Du von mir, als ich noch in Spanien war, Antworten über den Bischof von Chiapas erbeten hast, so soll dies geschehen. Jedoch tut es mir leid, dass ich nicht mehr liefern kann, da Dein Brief mich zu einer Zeit erreicht hat, da es nicht möglich war, genauere Informationen zu bekommen.[65]

---

63 Vgl. Popkin 2000: 176. Die Formulierung „Krise der Repräsentation" („crisis of representation") stammt von Popkin.
64 Popkin 2000: 176.
65 „A diuturna febri atque alimoniae cura cum data pace pecunias acceperim, sanctissime Pater, tandem liber, quae a me Hispaniae commorante de Episcopo Chiappensi responsa quaesiveras, esto. Doleo tamen reddere ampliora non posse, quod tali ad me tua tempore pervenerit epistola, quo accuratius informari non licuit." (Mier 1801/1802 (28.10.1801)). Ich danke Hans Georg Kraume und Herbert Kraume für ihre unschätzbare Hilfe bei der Transkription und Übersetzung der beiden lateinischen Briefe fray Servando Teresa de Miers an Abbé Grégoire.

Was folgt, ist eine gelehrte Abhandlung über ein Problem, das zwar womöglich auf den ersten Blick exzentrisch erscheinen mag, das aber tatsächlich lange Zeit für erbitterte Kontroversen gesorgt hat. So beschäftigt sich fray Servando in seinem Brief mit der Frage, ob fray Bartolomé de Las Casas, sein Ordensbruder aus dem 16. Jahrhundert, verantwortlich zu machen sei für die Einführung des Sklavenhandels in Amerika und insbesondere in der Karibik; und er verwendet viel Mühe darauf nachzuweisen, dass diese Anschuldigung jeglicher Grundlage entbehre.[66] So argumentiert er, Hinweise auf eine solche Verbindung von Las Casas zur sogenannten *traite négrière* seien einzig und allein bei dem spanischen Historiker Antonio de Herrera y Tordesillas zu finden, der im ausgehenden 16. Jahrhundert unter Felipe II. zum *Cronista mayor de las Indias* ernannt worden war und der als solcher in seiner *Historia general de los hechos de los castellanos en las Islas y Tierra Firme del mar Océano que llaman Indias Occidentales* (1601–1615) die Geschichte der spanischen Entdeckungen und Eroberungen in Amerika geschrieben hatte.

Tatsächlich hat fray Servando recht, wenn er bei Herrera den Ursprung für den vor allem in der europäischen Aufklärung weit verbreiteten Vorwurf gegenüber Las Casas sucht, dieser habe gefordert, das Los der von ihm protegierten indigenen Bevölkerung Amerikas durch die Einführung von Sklaven aus Afrika zu erleichtern. So schreibt der spanische Chronist in der zweiten *Década* seines historiographischen Werkes im Zusammenhang mit der Kolonisierung der karibischen Inseln:

> El Lic. Bartolomé de las Casas, viendo que sus conceptos hallaban en todas partes dificultad, i que las opiniones que tenia, por mucha familiaridad, que havia conseguido, y gran credito con el Gran Canciller, no podian haver efecto, se bolvió à otros Expedientes, procurando,

---

[66] Obwohl die Geschichtswissenschaft nachgewiesen hat, dass Las Casas tatsächlich keinesfalls der *Urheber* des transatlantischen Sklavenhandels gewesen ist, ist der Vorwurf auch heute noch nicht aus der Welt. So reproduziert ihn beispielsweise noch im Mai 2018 eine Titelgeschichte des *Spiegel*, die auf dem Cover des Magazins mit den Worten „Die Gespenster des Vatikan. Wie Verbrecher und Heilige eine Weltmacht schufen" angekündigt wird und in der es heißt: „Die Konquistadoren unterwarfen ein Volk nach dem anderen und zwangen die Eingeborenen, in Plantagen und Silberminen zu schuften bis zum Tod. [...] Es gab aber ein praktisches Problem: Die Indios im neu entdeckten Amerika hielten die Strapazen unter europäischer Knute nicht durch, sie starben viel zu schnell. Der Priester Bartolomé de Las Casas, Fürsprecher der Indios, empfahl, Sklaven aus Afrika zu holen. Die Schwarzen seien robuster – und so begann der transatlantische Sklavenhandel. Schätzungsweise zehn Millionen Menschen wurden in Afrika eingefangen wie Vieh, in Ketten gelegt und übers Meer geschickt. Viele starben schon auf der Überfahrt." (Höges/Mayr 2018: 16). Pierre Ragon zeichnet ein differenziertes Bild von der Position von Bartolomé de Las Casas im Zusammenhang mit der Frage nach dem Sklavenhandel und weist nach, dass der Bischof in diesem Zusammenhang einen Meinungswandel erlebt habe, der ihn vom Befürworter zum Gegner der Einführung von aus Afrika stammenden Sklaven habe werden lassen (vgl. Ragon 2006: 6–8).

que à los Castellanos que vivian en las Indias, se diese saca de Negros, para que con ellos, en las Grangerias, i en las Minas, fuesen los Indios mas aliviados.[67]

Antonio de Herrera selbst ist niemals in der Neuen Welt gewesen, er war kein Augenzeuge und nicht einmal Zeitgenosse der Geschehnisse aus dem Jahr 1517, von denen er hier berichtet. Er hatte aber als königlicher Chronist Zugang zu allen Quellen aus der Zeit der *Conquista*. In seinem auf Oktober 1801 datierten Brief an Grégoire wirft ihm fray Servando Teresa de Mier deshalb vor, sich bei der Abfassung seines Werkes großzügig bedient zu haben ausgerechnet bei demjenigen, dem er hier offenkundig die Verantwortung für die Einführung des Sklavenhandels in Amerika zuschreibt. In der Tat kann kein Zweifel daran bestehen, dass Herreras *Décadas* eine Kompilation von Informationen aus unterschiedlichen Quellen sind. Vor diesem Hintergrund ist auch unstrittig, dass eine der wichtigsten darunter das historiographische Hauptwerk von Bartolomé de Las Casas, die *Historia de las Indias*, gewesen ist.[68] Diese *Historia de las Indias* war zum Zeitpunkt des Austauschs zwischen fray Servando und Grégoire, im ausgehenden 18. und beginnenden 19. Jahrhundert, noch nicht veröffentlicht. Der spanische Historiker und Kosmograph Juan Bautista Muñoz hatte das Werk zu Ende des 18. Jahrhunderts herangezogen, um im Auftrag der spanischen Regierung eine *Historia del Nuevo Mundo* zu schreiben (von der letztlich allerdings nur ein Band fertiggestellt und 1793 veröffentlicht wurde). Auf diesen Zusammenhang bezieht sich nun fray Servando Teresa de Mier, wenn er in seinem Brief an Abbé Grégoire schreibt, Muñoz habe in der Geheimabteilung des Justizministeriums in Madrid das Manuskript der *Historia de las Indias* einsehen können, aus dem zu Beginn des 17. Jahrhunderts bereits Herrera seine Informationen übernommen habe.[69] Tatsächlich hat die neuere Forschung zu Herrera die Richtig-

---

67 Herrera y Tordesillas 1726: 53. Herreras Werk ist auch unter dem Titel *Décadas* bekannt; die erste Ausgabe dieser *Décadas* datiert von 1601–1615.
68 Vgl. Greußlich 2012: 156–157.
69 „Tantummodo in Gratiae et iustitiae regio secreto videre contigit quatuor ipsius in folio tomos, quorum tres primi indiarum historiam exhibent chronologice atque ordina teste Munosio digestam, ex qua quicquid Herrera scripsit pene ad litteram bausit [?]. Quatrum volume pergrande ipsius episcopi manu conscriptum Americae continent apologiam, in quam, quicquid sapientiae ac eruditionis haberet, extollendis illis gentibus atque regnis contulisse Munosius contestatur." („Nur in der Geheimabteilung des Ministeriums für Gnade und Justiz gelingt es vier Bände im Folioformat zu sehen, vom denen nach Munosius drei die chronologisch geordnete Geschichte der ersten Indios darstellen, aus der Herrera einiges fast wörtlich abgeschrieben hat. Der vierte besonders umfangreiche Band von des Bischofs eigener Hand enthält die Apologie Amerikas, in der er, was er an Weisheit und Bildung besaß, zur Hebung jener Völker und Reiche zusammengetragen hat, wie Munosius bezeugt.") (Mier 1801/1802 (28.10.1801)). Die Manuskripte, die Muñoz konsultiert hatte, wurden Jahre nach seinem Tod der *Real Academia de la Historia* zur Prüfung übergeben, die nach eingehender Prüfung im Jahr 1821 entschied, die *Historia de las Indias* von Bartolomé de Las Casas weiterhin nicht der Öffent-

keit dieser Behauptung nachgewiesen. Herreras Arbeit „mit dem Autograph [der *Historia de las Indias*] als dem einzig existierenden Textexemplar" lässt sich bestätigen und nachvollziehen,[70] weil die Beamten des *Consejo de Indias* den Zugriff des Chronisten auf dem Manuskript vermerkt und datiert haben. Fray Servando beschränkt sich nun allerdings nicht darauf, Antonio de Herrera in diesem Zusammenhang implizit des Plagiats zu beschuldigen, sondern wesentlich gravierender ist in seinen Augen, dass dieser das Ansehen seiner ansonsten so unkritisch ausgebeuteten Quelle Las Casas mit der Unterstellung beschädigt, dieser habe sich für den Sklavenhandel eingesetzt.[71] Diese Behauptung ist es, die fray Servando in seinem Brief an Grégoire mit großer philologischer und historischer Akribie, aber auch mit einigen suggestiven Übertreibungen zu widerlegen sucht.

So wählt er etwa im Zusammenhang mit dem unedierten Manuskript der *Historia de las Indias* eine Formulierung, die bewusst im Ungewissen lässt, ob er selbst in Madrid Zugang zu diesem Manuskript von Bartolomé de Las Casas gehabt hat oder nicht.[72] Seiner eigenen Aussage nach *ist* fray Servando Teresa de Mier tatsächlich in

---

lichkeit zugänglich zu machen: „[A]l fin de tan ímprobo trabajo, juzgó la Junta que esta obra no podía publicarse por las prolijas e importunas digresiones que hacen pesada y fastidiosa su lectura, y porque, contradiciendo siempre el derecho de los españoles a la conquista y acriminando perpetuamente su conducta, pareció que en circunstancias presentes, ni sería conveniente ni oportuna su publicación, ni decoroso a la nación el autorizarla." (Navarrete 1821). Es sollte noch bis 1875 dauern, bis das historiographische Werk von Bartolomé de Las Casas schließlich in Madrid veröffentlicht werden würde.

70 Greußlich 2012: 156–157.

71 Bernard Plongeron suggeriert, Herrera habe den Vorwurf an Las Casas aus persönlichen Motiven erhoben (vgl. Plongeron 2000: 42). Grundsätzlich gilt mit Blick auf Herrera aber zu bedenken, was Pierre Ragon in einem anderen Zusammenhang bemerkt: Bis weit in das 18. Jahrhundert hinein war in Europa der Handel mit Sklaven keineswegs verpönt; dass Herrera Bartolomé de Las Casas als Befürworter oder gar Begründer der *traite négrière* charakterisiert, muss deshalb nicht unbedingt im Sinne eines Vorwurfs verstanden werden (vgl. Ragon 2006). Ragons Feststellung bezieht sich darauf, dass fray Servando und Grégoire bei ihrer Verteidigung von Las Casas argumentieren, niemand außer Herrera habe jemals den Sklavenhandel-Vorwurf gegen Las Casas erhoben: „En réalité, le contraire eut [sic] été étonnant: jusque dans les années 1730, personne (ou presque) n'avait remis en cause la pratique de la traite. Pourquoi donc lui aurait-on reproché quelque chose qui faisait alors l'objet d'un quasi consensus?" (Ragon 2006: 5). In seiner *Historia de la Revolución de Nueva España* kommt fray Servando in einer Fußnote auf die strittige Frage zurück und argumentiert, bei Herrera selbst könne man ohne Schwierigkeiten Belege dafür finden, dass bereits unter der Herrschaft der Katholischen Könige schwarze Sklaven nach Amerika gebracht worden seien, und zwar mit „licencia Real" (vgl. Mier 1990: 147–148).

72 Der Adressat des Briefes, Grégoire, versteht ihn jedenfalls so, als habe er selbst das Manuskript gesehen – und zitiert ihn deshalb in seiner im Anschluss an den Austausch mit fray Servando Teresa de Mier veröffentlichten *Apologie de Barthélémy de Las Casas* mit den Worten: „Las Casas a laissé inédite une histoire générale des Indes, dont Herrera a beaucoup profité. Un

der besagten Geheimabteilung des Ministeriums in Madrid gewesen; aus dem Brief an Grégoire wird jedoch nicht klar, ob er dort das Manuskript der *Historia de las Indias* wirklich hat konsultieren können oder nicht.[73] Vielmehr beruft er sich bei seiner kurzen Beschreibung und Zusammenfassung des in Frage stehenden Werkes auf den Historiker Juan Bautista Muñoz, der bezeuge, dass die ersten drei Bände eine chronologisch geordnete Geschichte der indigenen Völker Amerikas enthielten, während ein vierter besonders umfangreicher Band eine zusammenfassende Apologie Amerikas und seiner Kultur darstelle.[74] Diesen bewusst verunklarenden Formulierungen zum Trotz steht aber außer Zweifel, dass sich fray Servando Teresa de Mier tatsächlich auf umfangreiche Lektüren vieler Werke von Bartolomé de Las Casas berufen konnte.[75] Diese profunde Textkenntnis führt er nun ins Feld, um Grégoires Fragen bezüglich dessen Rolle im Zusammenhang mit dem Sklavenhandel zu beantworten. So argumentiert er, dass Las Casas in keinem seiner Werke für die Einführung von schwarzen Sklaven in Amerika eintrete, und er belegt diese Auffassung mittels einer Art logischen Ausschlussverfahrens, das weitreichende Rückschlüsse in Bezug auf seine Las-Casas-Lektüren erlaubt. So stützt sich seine Beweisführung nicht etwa auf eine Aufzählung all derjenigen Werke von Las Casas, in denen von der Einführung schwarzer Sklaven in Amerika *nicht* die Rede ist, um daraus dann zu schließen, dass dem Bischof von Chiapas an dieser Maßnahme kaum gelegen gewesen sein konnte; sondern er wirft vielmehr umgekehrt die Frage auf, in welchem seiner Werke eine solche Vorgehensweise wohl empfohlen worden wäre, wenn er sie denn wirklich vorgeschlagen hätte, und gelangt dabei zu

---

savant américain, docteur de l'université de Mexico, m'assure avoir lu les trois volumes in-fo. manuscrits de la main de l'évêque, sans y rien trouver qui l'inculpe relativement aux nègres." (Grégoire 1801: 10). Auch in der Forschung hält sich die Überzeugung von fray Servandos Lektüre der *Historia de las Indias* (vgl. zum Beispiel Domínguez Michael 2004: 205 und Ragon 2006: 4. Ragon betont allerdings, dass fray Servando weit davon entfernt gewesen sei, ein „interlocuteur fiable" gewesen zu sein (Ragon 2006: 4–5)).

73 So schreibt er einerseits ausdrücklich, andererseits vage: „Alios item quatuor aut quinque tomos in reo secreti vidi, quorum titulos novi." („Vier oder fünf andere Bände habe ich in der Geheimabteilung gesehen, von denen ich die Titel nicht mehr weiß." (Mier 1801/1802 (28.10.1801)). Hier wird tatsächlich nicht deutlich, ob diese „anderen Bände" seiner Meinung nach auch Bestandteile der *Historia de las Indias* gewesen sein sollen oder nicht.

74 Vgl. Mier 1801/1802 (28.10.1801). Fray Servando geht hier fälschlich davon aus, dass die *Historia de las Indias* aus vier Bänden bestehe (und nicht aus dreien, wie es in Wirklichkeit der Fall ist); dieselbe Meinung ist tatsächlich auch noch von modernen Historikern vertreten worden, weil Las Casas mit seinem Vorhaben, die Geschichte Amerikas bis zur Mitte des 16. Jahrhunderts zur erzählen, am Ende des dritten Bandes nur bis 1520 gekommen war (vgl. dazu Andión Herrero 2004: 17–19).

75 Und das, obwohl er Grégoire ausdrücklich darauf hinweist, dass es in Spanien und Hispanoamerika nahezu unmöglich sei, an seine Bücher heranzukommen (vgl. Mier 1801/1802 (28.10.1801)).

einer eindeutigen Antwort: Wenn Las Casas den Vorschlag hätte unterbreiten wollen, Sklaven aus Afrika nach Amerika zu verschiffen, um die dortige indigene Bevölkerung zu entlasten, dann hätte er das fray Servandos Ansicht nach in dem sogenannten „Octavo remedio" von 1542 tun müssen:

> Wenn sich Las Casas in einem seiner gesicherten Werke für die Sklaverei von Schwarzen ausgesprochen hätte, dann wäre es in demjenigen gewesen, in dem er berufen vom königlichen Senat die geeigneten Mittel [remedia] darstellt, die seiner Meinung nach dazu dienen könnten, eine gerechte Regierung für jene Gegenden zu schaffen.[76]

Das „Octavo remedio" ist ein Fragment einer nicht vollständig überlieferten größeren Studie, *Entre los remedios*, in der Bartolomé de Las Casas dem Kaiser des Heiligen Römischen Reiches, Carlos I., Reformvorschläge für die spanischen Besitzungen in Amerika unterbreitet. Sein zentrales Anliegen in dem erhaltenen Text ist die Abschaffung des *Encomienda*-Wesens und die Anerkennung der indigenen Bewohner und Bewohnerinnen Amerikas als freie Vasallen der spanischen Krone. Dieses Anliegen untermauert er mit zwanzig „razones", in denen er dem Kaiser nicht nur die Gründe dafür aufzählt, warum das *Encomienda*-System der Konversion der amerikanischen Ureinwohner als dem eigentlichen Ziel der spanischen Kolonisation Amerikas entgegenstehe, sondern in denen er auch sehr rational mit den Vorteilen argumentiert, die deren Eingliederung als treue Untertanen der spanischen Krone für den Kaiser haben könnte.[77] An fray Servandos Beweisführung in seinem Brief an Grégoire ist nun nicht allein bemerkenswert, dass er das Werk von Bartolomé de Las Casas allem Anschein nach gut genug kannte, um argumentieren zu können, dass dieser eine Text besonders pragmatisch an einer Lösung für das Problem des Umgangs mit der indigenen Bevölkerung in Amerika arbeite, und dass deshalb der Vorschlag, das besagte Problem durch die Einführung von schwarzen Sklaven zu beheben, unbedingt dort seinen Platz hätte finden müssen, wenn Las Casas diesen Vorschlag wirklich gemacht hätte. Mit Blick auf die Las Casas-Rezeption in Spanien und Hispanoamerika insgesamt ist vielmehr von besonderem Interesse, dass Mier diesen Text *überhaupt* gekannt hat,[78] und dass er zudem offensichtlich auch gut informiert war über seine Editionsgeschichte. So weist er in seinem Brief zum Beispiel ausdrücklich darauf hin, dass Las Casas das „Octavo remedio" als einziges

---

76 „Si in aliquo certe opere Las Casas nigrorum servitutem propusuisset, fuisset in illo, in quo a regio senatu rogatus remedia exhibuit, iusto illarum regionum rigimini [statt regimini] suo iudicio idonea." (Mier 1801/1802 (28.10.1801)).
77 Vgl. Las Casas 1992. Vgl. dazu auch Eggensperger 2001: 38. Vgl. zum *Encomienda*-System in Hispanoamerika insgesamt Zeuske 2013: 231f.
78 Alberto Pérez-Amador Adam erwähnt das „Octavo remedio" nur am Rande im Zusammenhang seiner Diskussion der *Junta* von Valladolid und der *Leyes Nuevas* von 1542 (vgl. Pérez–Amador Adam 2011: 142–143).

von seinen *Remedios* in den Druck hat geben lassen, und macht damit deutlich, dass ihm der Verlust der Ausführungen aus den übrigen *Remedios*, der fragmentarische Charakter des „Octavo remedio" und dessen Losgelöstheit aus dem Kontext seiner Entstehung durchaus bewusst gewesen sind.[79]

Die ausgefeilte Argumentation, deren sich fray Servando in seinem Brief vom 28. Oktober 1801 an Henri Grégoire bedient, zeigt auf diese Weise deutlich die Relevanz, die diesem Brief und der Auseinandersetzung mit der Streitfrage um Bartolomé de Las Casas darin zukommt. Vor diesem Hintergrund ist umso erstaunlicher, dass der Brief bisher ebenso wenig eingehend analysiert worden ist wie ein zweiter, den fray Servando Teresa de Mier ein halbes Jahr später, im April 1802, an Grégoire gesandt hat und in dem es abermals um die Frage nach der Beteiligung von Las Casas an der Einführung des transatlantischen Sklavenhandels geht (nun aber, nachdem Grégoire seinen im Mai 1800 am Pariser *Institut National des Sciences et des Arts* gehaltenen Vortrag *Apologie de Barthélémy de Las Casas, évêque de Chiappa*, unter dem gleichen Titel und unter Berücksichtigung einiger Hinweise aus fray Servandos erstem Brief publiziert hatte). Beide Briefe befinden sich im Nachlass Grégoires in der *Bibliothèque Nationale* in Paris und sind dort zwar von einigen wenigen Forschern zur Kenntnis genommen worden; fray Servandos Argumentation darin ist aber bisher noch nicht im Einzelnen untersucht worden.[80] Namentlich der Hinweis auf das „Octavo remedio" ist bislang noch nicht wahrgenommen und kommentiert worden, und das, obwohl gerade dieser Hinweis (der allerdings tatsächlich im lateinischen Text des Briefes insofern ein wenig camoufliert daherkommt, als auf den ersten Blick nicht eindeutig zu erkennen ist, dass das Wort „remedium" hier in einem konkreten und nicht in einem abstrakten Sinne verwendet wird) im Zusam-

---

[79] „Sed caeteris omissis octavum tantum fuit remedium praelis commissum, in quo non solum sibi consuetis principiis graditur ad excludendum bellum servitutemque indorum verum nec hispaniae regi fidei ratione illic inferendae statui[sse?] ius nisi munuscula, quaedam a regibus indorum in protectionis signum accipienda." (Mier 1801/1802 (28.10.1801)). Interessant ist insbesondere die Wendung „fuit praelis commissum", mit der sich fray Servando auf die Drucklegung bezieht – einen Vorgang also, der im klassischen Latein kaum angemessen hätte dargestellt werden können.

[80] Der zweite der beiden Briefe ist laut Ernesto Mejía Sánchez von Ignacio Osorio in einer spanischen Übersetzung publiziert worden in: *La Cultura en México*, Suplemento de *Siempre!*, 4 de diciembre 1963, N°. 94, XIII–XV. Ich habe diese spanische Version allerdings nicht lokalisieren können (vgl. Mejía Sánchez 1963: 58). Am differenziertesten setzt sich der Historiker Arnulf Moser in einem bereits 1970 erschienenen Aufsatz mit den beiden Schreiben fray Servandos an Grégoire aus den Jahren 1801–1802 auseinander (vgl. Moser 1970). Erstaunlich ist dagegen, dass sie keine Erwähnung finden in der ausführlichen und ansonsten gut dokumentierten Biographie von fray Servando, die Christopher Domínguez Michael 2004 publiziert hat (dessen Auseinandersetzung mit Las Casas allerdings tatsächlich auch ein wenig oberflächlich ausfällt, vgl. Domínguez Michael 2004: 204–206).

menhang mit der intellektuellen Freundschaft zwischen dem neuspanischen Dominikaner und dem ehemaligen Bischof der Konstitutionellen Kirche in Frankreich von zentraler Bedeutung ist.

So lässt sich anhand von fray Servandos Verweis auf diesen dem Abbé mutmaßlich nicht bekannten Text von Las Casas auf exemplarische Art und Weise nachvollziehen, wie die Beziehung zwischen den beiden Klerikern funktioniert hat. Die beiden Priester hatten einander 1801 in Paris kennengelernt, wo fray Servando im Sommer zunächst als Gast an dem zweiten von Grégoire organisierten Nationalkonzil teilnahm und wo im Herbst sein erster Brief zu dem großen Thema „Las Casas" verfasst wurde.[81] Tatsächlich müssen die beiden Freunde aber schon vorher im brieflichen Austausch gestanden haben, denn zu Beginn seines Schreibens erwähnt fray Servando ja, dass er auf eine Anfrage von Gregoire reagiere, die ihn noch vor seiner Übersiedlung nach Paris in Spanien erreicht hatte. Im Mittelpunkt ihrer Korrespondenz steht immer der Austausch von bibliographischen Hinweisen einerseits und von ganzen Büchern andererseits, und vor diesem Hintergrund sind nun auch fray Servandos Erklärungen zur Rolle des „Octavo remedio" im Werk von Bartolomé de Las Casas einzuordnen.[82] In seinem Brief tritt der neuspanische Dominikaner gewissermaßen als Tutor seines in diesem Augenblick mit der Drucklegung seiner *Apologie de Barthélémy de Las Casas, évêque de Chiappa* beschäftigten Freun-

---

[81] Arnulf Moser zieht Miers aktive Beteiligung an dem Konzil von 1801 in Zweifel, da sein Name weder in der Liste der an dem Konzil teilnehmenden Priester und Bischöfe auftauche noch in den Sitzungsberichten. Trotzdem gesteht auch Moser zu, dass fray Servando in Paris zumindest „das Nationalkonzil aus der Nähe verfolgen" konnte (Moser 1970: 233).

[82] Die Korrespondenz von fray Servando Teresa de Mier und Abbé Grégoire erstreckt sich über Jahrzehnte bis nahezu zum Tod des Ersteren. Auch als fray Servando längst wieder zurückgekehrt ist in sein Heimatland, reißt der Kontakt nicht ab (erhalten sind neben den beiden Briefen von 1801 und 1802 immerhin ein weiterer Brief von fray Servando aus dem Jahr 1806 und zwei Briefe von Grégoire aus den Jahren 1824 und 1825). Im Zentrum des Interesses steht dabei immer der Austausch über Bücher und der Austausch von Büchern. So schreibt etwa Grégoire in seinem bereits zu Beginn dieses Kapitels zitierten Brief vom März 1824 nach Mexiko: „Quant aux livres que vous desirez [sic] pour vous personnellement et ensuite pour être repandus [sic] dans le Mexique par la voye [sic] de la librairie, Mr. Barrios ainé qui restera ici se concertera avec Mr. Rosa, libraire. [...] J'ai parlé à cet [sic] libraire muni de bons ouvrages de Port Royal, mais il demande à qui il doit adresser les envois à Mexico, et s'il y a dans cette ville un correspondant qui desire [sic] entrer en affaires avec lui. Quant aux livres que vous desirez [sic] il y en a qui actuellement sont presque introuvables [...]." (Grégoire 1944: 508). Vgl. auch den Brief von fray Servando aus dem Jahr 1806 (der sich allerdings anders, als es die Zuschreibung des Herausgebers dieses Briefes vermuten lässt, weniger an Grégoire selbst zu richten scheint als vielmehr an den Herausgeber einer Zeitschrift, in der abermals über die Frage nach der Verantwortung von Las Casas für die Einführung des Sklavenhandels verhandelt worden war): Mier 1822.

des Grégoire auf; er beantwortet seine Fragen, geht auf seine Zweifel ein und empfiehlt ihm einschlägige Bücher zur Fertigstellung seiner Arbeit.[83]

Dass Bartolomé de Las Casas für Henri Grégoire und fray Servando Teresa de Mier von höchstem Interesse gewesen ist, zeigt das Engagement, das sie in ihrer Korrespondenz über die strittige Frage nach dessen Verantwortung für die Einführung schwarzer Sklaven in Amerika an den Tag legen. Bei beiden hat dieses Interesse einen unmittelbaren Bezug zu ihren jeweiligen politischen Anliegen, und bei beiden hat es (wie in der Folge nachzuweisen sein wird) auch mittelbar Auswirkungen auf ihr Verständnis von sich selbst als Memorialisten und Autobiographen. So stellt die Figur Bartolomé de Las Casas für die beiden Kleriker einen Angelpunkt dar, von dem aus sie ihre ideologischen Kernthemen und in diesem Zusammenhang namentlich die Beziehung zwischen Europa und seinen Kolonien in Amerika reflektieren und zur Diskussion stellen können, und der ihnen hilft, eine Form für die dieser Debatte um Europa und Amerika zugrunde liegende Frage nach dem Fremden und dem Eigenen zu entwickeln – eine Form, die sie dann auf jeweils unterschiedliche Art und Weise in der *écriture* ihrer Erinnerungstexte fruchtbar machen werden.

Während fray Servando Bartolomé de Las Casas vor allem als Gewährsmann für seinen Kampf gegen die Ungerechtigkeit der spanischen Herrschaft in Amerika beansprucht,[84] lässt sich Grégoires Interesse an dem Bischof von Chiapas im Zusammenhang mit einer Frage verorten, die den Abbé sein ganzes Leben lang beschäftigt hat: die Frage nach der Gleichheit und der Gleichwertigkeit der Menschen und insbesondere auch der farbigen Bewohner der französischen Kolonien nämlich. So war Grégoire schon Ende 1789 Mitglied der zu Beginn des Jahres gegründeten *Société des Amis des Noirs* in Frankreich geworden, die gegen den Sklavenhandel und für die Rechte der freien *gens de couleur* kämpfte.[85] Auf sein Betreiben hin verabschiedete die Verfassunggebende Versammlung im Mai 1791

---

83 Jean-Daniel Piquet zufolge hatte Grégoire selbst schon „de nombreuses œuvres de Las Casas" auf Spanisch gelesen. Piquets Argumentation ist allerdings insofern etwas inkonsistent, als er sich vor allem auf die erst 1822 (und insofern lange nach Grégoires erstem brieflichen Austausch mit fray Servando und vor allem auch lange nach der Publikation seiner *Apologie de Barthélémy de Las Casas, évêque de Chiappa, par le citoyen Grégoire*) von Juan Antonio Llorente herausgegebene Anthologie bezieht (Piquet 2002: 285). Tatsächlich wird fray Servando die Rolle als Tutor in dem zweiten der beiden Briefe aus der *Bibliothèque Nationale* noch deutlicher einnehmen, weil er darin dann direkt auf Grégoires Ausführungen aus der in der Zwischenzeit publizierten *Apologie* Bezug nimmt und diese kommentiert und ergänzt.
84 Vgl. zu fray Servandos Indienstnahme von Bartolomé de Las Casas in diesem Kontext auch Kapitel 2.1.4 Kerkyräer und Korinther.
85 Vgl. zur *Société des Amis des Noirs* und zu Grégoires Rolle in dieser Gesellschaft Dorigny/Gainot 1998.

ein Dekret, das immerhin den wohlhabenden schwarzen Bewohnern der französischen Kolonien die Bürgerrechte zusicherte;[86] und seit der Unabhängigkeitserklärung Haitis im Jahr 1804 setzte sich Grégoire darüber hinaus für dessen offizielle Anerkennung durch die ehemalige Kolonialmacht Frankreich ein.[87] 1808, in demselben Jahr also, in dem er auch seine Memoiren schreibt, veröffentlicht er schließlich *De la littérature des Nègres* – eine Schrift, die Hans-Jürgen Lüsebrink als sein „kulturanthropologisches Hauptwerk" bezeichnet.[88] Hier erbringt der ehemalige Bischof von Blois den Nachweis, dass die intellektuellen Fähigkeiten der Schwarzen denjenigen der Weißen in nichts nachstehen und dass ihre Ungleichbehandlung durch die Kolonialgesetze deshalb durch nichts gerechtfertigt ist:

> Les Nègres étant de la même nature que les Blancs, ont donc avec eux les mêmes droits à exercer, les mêmes devoirs à remplir. Ces droits et ces devoirs sont antérieurs au développement moral. Sans doute leur exercice se perfectionne ou se détériore selon les qualités des individus. Mais voudroit-on graduer la jouissance des avantages sociaux, d'après une échelle comparative de vertus et de talens, sur laquelle beaucoup de Blancs eux-mêmes ne trouveroient de place?[89]

Lüsebrink weist zwar zu Recht darauf hin, dass Grégoires Engagement für die Rechte der Schwarzen insofern ambivalent beurteilt werden kann, als der Abbé deren Literatur und Kultur immer aus einer europäischen Perspektive beurteilt und zu keinem Zeitpunkt zugesteht, dass es in diesem Zusammenhang eine „altérité culturelle" gibt, die womöglich gerade den besonderen Wert der Artefakte karibischer und afrikanischer Provenienz ausmachen könnte.[90] Trotzdem ist Grégoires nahezu lebenslanges Eintreten gegen Rassismus und Sklaverei keineswegs selbstverständlich für seine Zeit; und vor eben jenem Hintergrund lässt sich nun auch der Austausch mit fray Servando Teresa de Mier über Bartolomé de Las Casas und namentlich über die Frage nach dessen Position in Bezug auf die Sklaverei einordnen.

Für Grégoire musste dieses Problem von zentraler Bedeutung sein, und das nicht nur angesichts seines eigenen Eintretens für die Anerkennung der Rechte der schwarzen Bewohnerinnen und Bewohner der französischen Kolonien, sondern vor allem auch angesichts des vehementen Widerstands gegen dieses Engagement, der

---

86 Vgl. Goldstein Sepinwall 2005.
87 Vgl. Lüsebrink 1985: 204–205.
88 Lüsebrink 1985: 207.
89 Grégoire 1808: 34. Die Vorstellung, dass die Menschheit in verschiedene Rassen einzuteilen sei, die über verschiedene Merkmale, Begabungen und Charaktereigenschaften verfügten, kann als widerlegt gelten; insbesondere im ausgehenden 18. Jahrhundert war aber der Rassismus „als dezidierte Ideologie der Überlegenheit des ‚weißen Mannes' [...] im Zuge der euramerikanischen Expansion" weit verbreitet (Messling 2016: 16). Vgl. auch Benot 2000.
90 Lüsebrink 1988: 460–461.

ihm immer wieder entgegenschlug. So ist es kein Zufall, dass Grégoires Memoiren über weite Strecken einen stark apologetischen Charakter haben, denn der Abbé setzt sich darin nicht nur (wie bereits erwähnt) gegen den von konservativer Seite gegen ihn erhobenen Vorwurf zur Wehr, er sei mindestens mitverantwortlich für die Verurteilung und die Ermordung des Königs im Jahr 1793, sondern er kämpft vor allem auch gegen die Anfeindungen, Attacken und Verleumdungen, mit denen er wegen seines Eintretens für die Schwarzen und wegen seines Kampfes gegen den Kolonialismus konfrontiert war. Den Bezug zu Bartolomé de Las Casas und zu *dessen* Eintreten für die Minderheiten hat Grégoire selbst deshalb schon frühzeitig hergestellt. So hatte er der Nationalversammlung schon im Dezember 1789 ein „Mémoire en faveur des Gens de couleur, ou Sang-Mêlés, de Saint-Domingue et des autres Isles Françoises de l'Amérique" präsentiert, in dem er das Ende von Sklaverei und Sklavenhandel in Aussicht stellt, und bereits in diesem Zusammenhang hatte er diejenigen seiner Zeitgenossen in eine Kontinuität mit dem Bischof von Chiapas gestellt, die sich wie er selbst für dieses Ziel einsetzten:

> J'observe que la traite, déjà plus difficile, ne peut plus se soutenir long-tems. [...] Dignes successeurs de las Casas, des Bénézets, Messieurs Brissot de Warville, Clarkson, Granville Sharp, James Ramsay, & en général, les *amis des Noirs* Anglois & François, méditent d'amener graduellement les esclaves à la liberté, leurs efforts seront couronnés du succès; encore quelques années, & dans nos annales il restera seulement le souvenir d'un forfait dont une postérité plus sage rougira pour les générations antérieures.[91]

Die Reaktionen von Grégoires Gegnern ließen nach der Veröffentlichung dieses Plädoyers nicht auf sich warten. So wird der Abbé noch im Dezember 1789 direkt von einem Mitglied des Club Massiac (der Vertretung der Plantagenbesitzer aus Santo Domingo) mit einer polemischen Entgegnung angegriffen. In seinem Pamphlet greift der anonyme Verfasser Grégoires Hinweis auf Las Casas auf, um den einen (Las Casas nämlich) als inkonsistent und den anderen (Grégoire) als unglaubwürdig erscheinen zu lassen: „Quant au pauvre Las Casas, il n'auroit pas dû s'attendre que son confrère [Grégoire] associeroit son nom à celui des grands Apôtres de la liberté qui veulent changer l'univers, lui qui a conseillé de prendre des Nègres esclaves pour cultiver l'Amérique."[92] Auf diese oder ähnliche Art und Weise wurde in den Jahren der Revolution und danach der Vorwurf, Bartolomé de Las Casas sei verantwortlich für die Ausbeutung schwarzer Sklaven in den

---

91 Grégoire 1968: o. S.; innerhalb des Textes von Grégoire findet sich das Zitat auf S. 34.
92 „Observations d'un Habitant des Colonies, sur le Mémoire en faveur des Gens de couleur, ou Sang-Mêlés, de Saint-Domingue et des autres Isles Françoises de l'Amérique, adressé à l'Assemblée Nationale par M. Grégoire, Curé d'Embermenil, Député de Lorraine", 54 (zitiert nach Moser 1970: 229).

spanischen Kolonien in Amerika zu einem der in Frankreich am häufigsten vorgebrachten Argumenten in der Debatte um die Kolonien. Während die Anhänger des Kolonialsystems auf Las Casas rekurrierten, um wie der zitierte anonyme Vertreter des Club Massiac ihre Verteidigung des bestehenden Systems zu rechtfertigen, zitierten die Gegner von Sklaverei und Kolonialherrschaft den Bischof von Chiapas, um wie Abbé Grégoire Argumente für die Anerkennung der Gleichwertigkeit aller Menschen zu finden und um auf diese Weise die Verhältnisse letztlich verändern zu können.[93]

So hat Las Casas für Grégoire persönlich tatsächlich eine immense Bedeutung gehabt: „Eine Rechtfertigung von Las Casas bedeutet zugleich eine Rechtfertigung seiner Person und seines Einsatzes zugunsten der N*** in den französischen Kolonien", schreibt der Historiker Arnulf Moser bereits 1970 in einem (trotz seiner aus heutiger Sicht alles andere als zeitgemäßen Diktion) noch immer einschlägigen Aufsatz über die Rolle von Las Casas in der Französischen Revolution.[94] Und tatsächlich identifiziert sich Grégoire mit Bartolomé de Las Casas nicht nur aus dem Grund, dass er für ihn einen Vorläufer in seinem Kampf für die gerechte Sache hielt. Fast ebenso wichtig war daneben auch die Tatsache, dass dieser Vorläufer aus dem 16. Jahrhundert seiner Meinung nach im Laufe der Geschichte seiner Rezeption bereits mit denselben Formen der Verleumdung und Verfolgung zu kämpfen gehabt hat, mit denen jetzt zu Beginn des 19. Jahrhunderts er selbst konfrontiert war. Wenn gerade Grégoires aufgeklärte Zeitgenossen Las Casas immer wieder mit dem Vorwurf begegnen, er sei verantwortlich für die Einführung der *traite négrière* in Amerika und könne deshalb nicht glaubhaft einstehen für christliche Werte wie Mitgefühl und Nächstenliebe, dann sind für den Abbé diese Angriffe einer ähnlichen Motivation geschuldet wie diejenigen, mit denen er selbst sich auseinanderzusetzen hatte. Denn auch die von seinen Zeitgenossen an ihn gerichteten Vorwürfe gründen zu einem guten Teil in deren Vorstellung, Grégoires liberale und teilweise sogar ja-

---

[93] Schon zuvor, im Verlauf des 18. Jahrhunderts, war die Debatte um Las Casas lebhaft entflammt, weil europäische Aufklärer wie Guillaume-Thomas Raynal aus Frankreich, William Robertson aus Schottland oder der Xantener Kanoniker Cornelius de Pauw den Hinweis von Antonio de Herrera auf dessen Verstrickung in die Versklavung der Schwarzen dazu benutzt hatten, den Bischof von Chiapas und sein Werk (und damit auch Spanien und teilweise auch die katholische Kirche) in Misskredit zu bringen (vgl. Ragon 2006: 3). Vgl. zu der aufklärerischen „Debatte um die Neue Welt" auch Kapitel 3.3.2 Das Ich und die Literatur und Kapitel 4.1 Fray Servandos reisende Bibliothek.

[94] Moser 1970: 231. Die Auslassungszeichen stammen von mir (A.K.). Vgl. auch Plongeron 2000. Plongeron schreibt: „L'évêque de Blois s'est instinctivement réflété dans le miroir tendu par Bartolomé, comme lui évêque [...], comme lui persécuté, comme lui calomnié honteusement [...]." (Plongeron 2000: 38).

kobinische Überzeugungen seien unvereinbar mit seinem Glauben und mit seiner Rolle als katholischer Priester.[95]

Die ausführlichen Erklärungen zu Las Casas, die dessen Ordensbruder fray Servando Teresa de Mier ihm in seinen Briefen liefert, dienen Grégoire deshalb dazu, seine Argumentation in demjenigen Text abschließend zuzuspitzen, der die darin verfochtene Position zu der strittigen Frage um Las Casas schon in seinem Titel klar benennt: Die 1802 veröffentlichte *Apologie de Barthélémy de Las Casas, évêque de Chiappa* geht auf einen Vortrag zurück, den Grégoire im Mai 1800 im Pariser *Institut National des Sciences et des Arts* gehalten hatte. Der Bischof von Blois formuliert darin explizit die Frage, um die es ihm in diesen Jahren um die Jahrhundertwende, aber durchaus auch noch später in seinen Memoiren zu tun gewesen ist: „Importe-t-il que l'histoire soit une suite de vérités et non un tissu de mensonges?"[96] Grégoires Essay verhandelt diese abstrakte Frage an dem konkreten Beispiel von Bartolomé de Las Casas auf eine Art und Weise, die auf den ersten Blick wenig überraschend erscheinen mag. Seine Argumentation orientiert sich an der Struktur, die schon den einschlägigen Interventionen von Las Casas selbst und insbesondere dessen mutmaßlich bekanntestem Text, der *Brevísima relación de la destruición de las Indias* aus dem Jahr 1552, zugrunde gelegen hatte. So schildert Henri Grégoire das von den Spaniern unterworfene Amerika als unschuldig und friedliebend, wie das bereits Bartolomé de Las Casas getan hatte; und um dieses Bild plausibel zu machen, beginnt er seine *Apologie de Barthélémy de Las Casas* mit einer Gegenüberstellung der Offenheit einerseits, mit der Amerika dem „génie entreprenant" Europas begegnet sei, und der Folgen der sich anschließenden willkürlichen und gewalttätigen Eroberung andererseits („la désolation, l'esclavage et le massacre").[97] Ohne Zweifel hat Grégoire die *Brevísima relación* gekannt, auch wenn ihr Autor in Spanien selbst und in Hispanoamerika im ausgehenden 18. Jahrhundert noch nicht publiziert und kaum bekannt gewesen ist; denn schon 1579 war in Antwerpen unter dem Titel *Tyrannies et cruau-*

---

95 Jean-Daniel Piquet interpretiert den Vorwurf an Bartolomé de Las Casas als eine „leyenda negra" über die Person des Bischofs, die in der „leyenda negra" über den angeblichen Königsmörder Grégoire ihre Entsprechung gefunden habe (vgl. Piquet 2002: 301–302).
96 Grégoire 1801: 31. Vgl. auch Plongeron 2000: 41.
97 Grégoire 1801: 1. Las Casas greift in seinen Werken zu diesem Zweck immer wieder auf das aus der Bibel entlehnte Bild von der Schafherde zurück, die von wilden und hungrigen Raubtieren angegriffen wird: „En estas ovejas mansas y de las calidades susodichas por su Hacedor y Criador así dotadas, entraron los españoles desde luego que las conocieron como lobos y tigres y leones crudelísimos de muchos días hambrientos. Y otra cosa no han hecho de cuarenta años a esta parte, hasta hoy, y hoy en este día lo hacen, sino despedazallas, matallas, angustiallas, afligillas, atormentallas y destruillas por las estrañas y nuevas y varias y nunca otras tales vistas ni leídas ni oídas maneras de crueldad [...]." (Las Casas 2016: 77). Vgl. dazu auch Saint-Lu 2016: 11–65, 17 und 20.

tez des Espagnols, perpétrées es Indes occidentales qu'on dit le Nouveau Monde eine erste französische Übersetzung des Textes erschienen. Deren im Vergleich zum spanischen Original deutlich zugespitzter Titel zeugt tatsächlich von der dezidiert antispanischen Stoßrichtung der Publikation (eine Tendenz, die allerdings vor dem Hintergrund des zum Zeitpunkt der Veröffentlichung der Übersetzung stattfindenden spanisch-niederländischen Krieges durchaus erklärlich sein mag).[98] Grégoires *Apologie* greift nun sehr explizit auf die bei Las Casas selbst entlehnte Gegenüberstellung von friedliebenden Amerikanern und blutrünstigen Spaniern zurück, um am Anfang seines Textes das segensreiche Wirken des Bischofs darzustellen und vor dieser Folie in der Folge seine Argumentation *gegen* die Unterstellung zu entwickeln, dieser habe die Einführung von schwarzen Sklaven in Amerika zu verantworten.

So, wie es der vorangegangene Austausch mit fray Servando bereits nahelegt, ist die Vorgehensweise des Abbé dabei diejenige einer philologisch-kritischen Diskussion von historischen Quellen. Sein Text zeugt von umfangreichen Recherchen und von einer ungemeinen Belesenheit. So zitiert Grégoire ausführlich spanische, französische, englische, italienische und portugiesische Quellen; er verweist auf die Wortführer der aufklärerischen Debatte um Las Casas ebenso wie auf die Vertreter der spätscholastischen Diskussion um die Legitimität der europäischen Herrschaft in der Neuen Welt; er führt die spanischen Chroniken von Herrera, Francisco López de Gómara, Gonzalo Hernández de Oviedo, Bernal Díaz del Castillo und Juan de Torquemada an und greift nicht zuletzt auch immer wieder ausführlich auf die Werke von Bartolomé de Las Casas selbst zurück, um seine Argumentation zu dessen Gunsten zu stützen.[99] Die Stoßrichtung seiner Intervention folgt dabei der Linie, die fray Servando Teresa de Mier in seinen Briefen vorgezeichnet hat: „Les auteurs ayant tous copié Herrera, l'autorité de celui-ci est donc la seule qui mérite d'être pesée",[100] schreibt Grégoire zunächst, um dann im Anschluss an dieses Argument eine Reihe von Einwänden gegen die Verlässlichkeit Herreras zu formulieren und dem spanischen Chronisten schließlich entgegenzuhalten: „N'est-il pas étrange que

---

98 Vgl. Saint-Lu 2016: 47. In der *Guerra de Flandes*, dem Spanisch-Niederländischen Krieg von 1568–1648, erkämpften die Niederlande ihre Unabhängigkeit von Spanien. Vor diesem Hintergrund ist das Interesse an der Darstellung der *Conquista* Amerikas aus der Feder von Bartolomé de Las Casas ebenso verständlich wie die antispanische Tendenz der nicht zufällig in Antwerpen veröffentlichten Übersetzung.
99 Im Einzelnen zitiert er im Zusammenhang mit der aufklärerischen Debatte um Las Casas und die Neue Welt beispielsweise Jean-François Marmontel, Guillaume-Thomas François Raynal, Cornelius de Pauw (Grégoire 1801: 5) und William Robertson (Grégoire 1801: 8). Im Zusammenhang mit der scholastischen Diskussion führt er etwa Francisco de Vitoria als Vertreter der Schule von Salamanca an (Grégoire 1801: 24). Die Verweise auf die spanischen Chronisten finden sich auf den Seiten 9–13.
100 Grégoire 1801: 9.

l'accusation dont il s'agit ne soit mentionnée dans aucun des auteurs qui, à diverses époques, ont écrit la vie de Las Casas d'une manière plus ou moins détaillée?"[101]

Im Verlauf von Grégoires ganzem Text finden sich dabei immer wieder Hinweise auf die Person, der er einen großen Teil seiner bibliographischen Referenzen verdankt: Ohne dass sein Name ausdrücklich erwähnt würde, ist es zweifellos fray Servando Teresa de Mier, welcher der *Apologie de Barthélémy de Las Casas* zu der Gestalt und zu der argumentativen Struktur verholfen hat, die sie in ihrer gedruckten Fassung schließlich aufweist.[102] Besonders aufschlussreich ist dabei im Kontext der Frage nach der Bedeutung von Las Casas nicht allein für die ideologischen Kämpfe, die Grégoire auszufechten zu müssen geglaubt hat, sondern auch für die Entwicklung der spezifischen *écriture* seiner Memoiren, dass tatsächlich auch fray Servandos Hinweis auf das „Octavo remedio" in die Argumentation der *Apologie de Barthélémy de Las Casas* Eingang gefunden hat. Die entsprechende Passage enthält auch bei Grégoire (wie zuvor schon in dem Brief von fray Servando) das, was die beiden Freunde für den schlagenden Beweis *gegen* Las Casas' Verstrickung in die *traite négrière* halten. Mit seiner nach allen Regeln der Logik ausgefeilten Darstellung versucht Grégoire auf diese Weise, die Debatte ein für alle Mal zu beenden:

> Ses autres ouvrages [ceux de Las Casas] présentent la même doctrine; on la trouve spécialement dans celui où il expose les moyens de remédier aux malheurs des indigènes du Nouveau-Monde; il répète que la liberté est le premier des biens; et que toutes les nations étant libres, vouloir les asservir sous prétexte qu'elles ne sont pas chrétiennes, c'est un attentat contre le droit naturel et le droit divin. [...] Il indique, dans le plus grand détail, les mesures à prendre pour soulager les malheureux Indiens. Assurément c'étoit là l'occasion de proposer l'importation des noirs, s'il eût été capable de s'écarter des principes qu'il avait si bien développés, et néanmoins il n'en parle pas. Il y a plus: un passage de cet écrit, le seul où j'ai trouvé le mot de *nègres*, prouve que déjà on les employoit.[103]

In einem allgemeinen Sinne macht die Argumentation der *Apologie* auf diese Weise einmal mehr die enge Verbindung und den intensiven Austausch zwischen fray Servando Teresa de Mier und Henri Grégoire nachvollziehbar; in einem konkreten

---

101 Grégoire 1801: 10.
102 Am leichtesten ist der Einfluss des neuspanischen Dominikaners auszumachen an den Stellen, an denen Grégoire ausdrücklich auf ihn verweist, etwa in der bereits zitierten Formulierung: „Un savant américain, docteur de l'université de Mexico, m'assure d'avoir lu les trois volumes info manuscrits de la main de l'évêque, sans y rien trouver qui l'inculpe relativement aux nègres." (Grégoire 1801: 10). Tatsächlich bedankt sich fray Servando in seinem Brief vom April 1802 für diese Erwähnung, korrigiert Grégoire aber dahingehend, er habe nicht gesagt, dass es drei Bände von Las Casas' *Historia de las Indias* gebe (neben anderen, die verloren gegangen seien), sondern vielmehr, dass dessen ganze amerikanische Apologie in einem großen Folioband enthalten sei (vgl. Mier 1801/1802 (22.04.1802)).
103 Grégoire 1801: 15–16.

Sinne zeigt aber insbesondere Grégoires expliziter Hinweis auf die Bedeutung der Freiheit aller Menschen, die Las Casas in seinem „Octavo remedio" betone, was für ihn bei der Debatte auf dem Spiel steht. Die *Apologie de Barthélémy de Las Casas* scheut deshalb auch nicht davor zurück, ausdrücklich direkte Vergleiche zu ziehen zwischen der Verfolgung, die Bartolomé de Las Casas zu Lebzeiten und nach seinem Tod habe erdulden müssen, und der Situation, in der sich Abbé Grégoire selbst zum Zeitpunkt der Publikation seines Textes befand. So formuliert er ausdrücklich seine Identifikation mit dem dominikanischen Vorläufer, wenn er die Anfeindungen, denen dieser ausgesetzt gewesen ist, mit denjenigen in Beziehung setzt, die in Frankreich den zeitgenössischen „défenseurs de la liberté des noirs" (und damit selbstverständlich dem Autor des Textes selbst) entgegenschlügen,[104] und er konstatiert in diesem Kontext: „Non contens de tourmenter les hommes, les tyrans qui se voient en face de la postérité, calculent encore les moyens de la tromper. Notre révolution en fournit plus d'un exemple; mais aussi plus d'un écrivain se prépare à dévoiler les trames ourdies pour faire mentir l'histoire."[105]

Wenn Grégoire hier formuliert, was er in einem allgemeinen Sinne für die Aufgabe des zeitgenössischen Schriftstellers, des *homme de lettres* hält (nämlich die Wahrheit der Geschichte ans Licht zu bringen), dann, weil er selbst sich mit der Publikation seiner *Apologie* selbstverständlich zu denjenigen zählen zu können glaubt, die sich dieser Aufgabe bereits angenommen haben. Der Text der *Apologie de Barthélémy de Las Casas* besetzt auf diese Weise eine Scharnierstelle in Grégoires Werk. So interpretiert ihn etwa Jean-Daniel Piquet als Bindeglied zwischen Grégoires frühen zunächst ausschließlich abolitionistischen Werken und seinem späteren wesentlich umfassenderen, ebenso sklavereikritischen wie antikolonialistischen Engagement,[106] während Bernard Plongeron betont, die *Apologie* sei derjenige Text, mit dem der von seinem Misserfolg in der Politik frustrierte Grégoire „sa période d'historien et d'anthropologue" initiiere.[107] Beide Interpretationsansätze lassen sich insofern miteinander in Beziehung setzen, als sich die sowohl von Piquet als auch von Plongeron bemühte Metapher vom „chaînon", den die *Apologie* innerhalb von Grégoires Werk darstelle, tatsächlich aus dem Text selbst und dessen Argumentation heraus begründen lässt. In seiner *Apologie de Barthélémy de Las Casas* bezieht Henri Grégoire zum ersten Mal Stellung zum Scheitern der Revolution; er sucht ausgehend von seiner Auseinandersetzung mit Bartolomé de Las Casas nach einer Erklärung für dieses Scheitern, und er glaubt diese Erklärung schließlich in der zunehmenden Religionsfeindlich-

---

104 Vgl. Grégoire 1801: 20.
105 Grégoire 1801: 3.
106 Vgl. Piquet 2002: 300.
107 Vgl. Plongeron 2000: 40.

keit der Revolution finden zu können – einer Religionsfeindlichkeit, mit der auch Las Casas schon konfrontiert gewesen sei. Ausdrücklich grenzt sich Grégoire deshalb in einem ersten Schritt von einer falsch verstandenen Aufklärung ab, der er vorwirft, die Frage nach der Eroberung und Zerstörung der präkolumbinischen Kulturen Amerikas zu einseitig dem angeblichen Fanatismus und dem vermeintlichen Aberglauben der spanischen Eroberer zuzuschreiben; und er führt aus, es sei im Gegenteil allein die Religion gewesen, welche die endgültige Unterdrückung der indigenen Bevölkerung verhindert habe. In einem zweiten Schritt schlägt er eine Brücke in seine Gegenwart, indem er seine Argumentation auf die Zeit der *terreur* überträgt: Auch da sei es schließlich nicht die Philosophie gewesen, welche die Verbrechen zu verantworten gehabt habe, die in ihrem Namen begangen worden seien.[108] In Grégoires Auseinandersetzung mit Bartolomé de Las Casas lässt sich so der Schlüssel zum Verständnis der Position finden, die er spätestens um die Jahrhundertwende in Bezug auf die Revolution eingenommen hat. In seinen Texten aus dieser Zeit (und insbesondere auch in seinen Memoiren) geht es ihm darum nachzuweisen, dass sein Glauben und seine politischen Überzeugungen sich nicht ausschließen, sondern dass sie sich ganz im Gegenteil gegenseitig bedingen. Die *Apologie de Barthélémy de Las Casas* dient dem ehemaligen Bischof dazu, sich im Rückgriff auf die Figur von Las Casas zu versichern, dass eine solche Position nicht nur möglich, sondern vielmehr zwingend erforderlich ist, auch wenn die Zeitgenossen sie für inkonsistent halten mögen. Die Verfolgung und Verleumdung, der Las Casas ausgesetzt war und mit der sich auch Abbé Grégoire selbst konfrontiert sieht, wird vor diesem Hintergrund immer mehr zum strukturbildenden Prinzip nicht nur seines Essays über den Bischof von Chiapas, sondern auch seiner Memoiren. Tatsächlich sind es in Grégoires fragmentierten Erinnerungen die beständige *persécution* und die nicht nachlassenden *calomnies* seiner Gegner, die der Erzählung aller Fragmentierung zum Trotz zuletzt doch die Möglichkeit einer gewissen Kohärenz eröffnen (wie im Folgenden zu zeigen sein wird).

3.1.3 Die verfolgte Unschuld

Als fray Servando Teresa de Mier 1817 nach 22 Jahren des Exils in Europa in sein Heimatland zurückkehrt, führt er drei Kisten mit Büchern mit sich, die bei seiner Gefangennahme durch spanische Soldaten von diesen konfisziert und die nach sei-

---

108 Vgl. Grégoire 1801: 25–26.

ner Inhaftierung von zwei Revisoren der Inquisition inventarisiert werden.[109] Deren Inventarliste gibt Aufschluss darüber, dass sich der Kontakt zwischen fray Servando und Abbé Grégoire nicht darauf beschränkte, einander auf die Bücher Dritter hinzuweisen, sondern dass die beiden Priester vielmehr auch ihre eigenen Werke ausgetauscht haben. Tatsächlich enthielt die von Europa nach Amerika verschiffte Bibliothek des Dominikaners insgesamt fünf Werke, für die Grégoire als Autor verantwortlich zeichnet, und drei dieser Werke beschäftigen sich unmittelbar mit der im vorangegangenen Unterkapitel ausführlich diskutierten Frage nach dem Sklavenhandel. So besitzt fray Servando die *Apologie de Barthélémy de Las Casas, évêque de Chiappa* ebenso wie die Abhandlung *De la littérature des Nègres* und eine weitere Schrift mit dem Titel *De la traite et de l'esclavage des noirs et des blancs; par un ami des hommes de toutes les couleurs* – wobei in diesem letzten Fall Grégoires Autorschaft für die mit der Inventarisierung der Bücher befassten Beauftragten der Inquisition nicht erkennbar sein konnte, weil der in Frage stehende polemische Essay anonym veröffentlicht worden war.[110]

De la traite et de l'esclavage des noirs et des blancs ist 1815 erschienen und damit zum Zeitpunkt von fray Servandos Rückkehr nach Neuspanien hochaktuell. Der sich hinter der Maske eines „Freundes der Menschen jeglicher Farbe" verbergende Autor verhandelt darin einmal mehr die brisante Frage nach der Berechtigung von Sklaverei und Sklavenhandel, und er bezieht einmal mehr dezidiert Stellung *für* die Einheit und Unteilbarkeit der „espèce humaine" und *gegen* die dem Sklavenhandel zugrunde liegende Logik von wirtschaftlichem Profit und Gewinnmaximierung.[111] Dass er in diesem Zusammenhang erneut auf die strittige Frage nach Bartolomé de Las Casas zu sprechen kommt, versteht sich fast von selbst; und ebenso wenig wird überraschen, dass er seine Argumentation abermals darauf ausrichtet, sein politisches Anliegen (nämlich die Abschaffung der Sklaverei) mit

---

109 Vgl. ausführlicher zu diesen Bücherkisten und zu dem von der Inquisition erstellten Inventar auch Kapitel 4.1 Fray Servandos reisende Bibliothek.
110 Vgl. die Inventarliste von fray Servandos Bibliothek in Hernández y Dávalos 1882: 840–854. Die Hinweise auf die drei Bände finden sich auf den Seiten 840, 847 und 849. Die beiden anderen Bücher von Grégoire in fray Servandos Bibliothek sind zum einen *Les Ruines de Port-Royal des Champs* (1809) und zum anderen *De la Constitution Française de l'an 1814* (1814).
111 Vgl. Grégoire 1815: 7 und 14. Hier heißt es: „Quel moyen de raisonner avec des hommes qui, si l'on invoque la religion, la charité, répondent en parlant de cacao, de balles de coton, de balance du commerce; car, vous disent-ils, que deviendra le commerce si l'on supprime la traite?" Die Sklaverei wird in Frankreich erst im Jahr 1815 während der napoleonischen „Herrschaft der Hundert Tage" abgeschafft, nachdem 1802 Napoleon selbst sie wieder eingeführt hatte (vgl. dazu auch Benot/Dorigny 2000).

den christlichen Grundsätzen und den republikanischen Überzeugungen zu begründen, die für ihn immer den Maßstab des Handelns dargestellt haben.[112] Wie zuvor schon in der *Apologie de Barthélémy de Las Casas* konstruiert Grégoire auch in *De la traite et de l'esclavage des noirs* eine auf der gemeinsamen Erfahrung von Verleumdung und Verfolgung beruhende Verbindung zwischen Las Casas und seiner eigenen Person, und wie schon zuvor geht seine Argumentation auch jetzt von der impliziten Annahme aus, dass es die Religionsfeindlichkeit und die Ignoranz der Zeitgenossen sind, die sowohl im Falle von Las Casas als auch in seinem eigenen Fall die andauernde Verfolgung zu verantworten haben. Tatsächlich stellt der Essay von 1815 die Verbindung zu Las Casas sogar auf eine besonders direkte Art und Weise her, weil der Hinweis auf die gegen den Bischof von Chiapas gerichteten Vorwürfe hier in einem unmittelbaren Zusammenhang mit der Erwähnung von denjenigen steht, gegen die sich der Autor selbst gerade *wegen* seines Einsatzes für Las Casas erwehren muss:

> La calomnie, qui depuis long-temps imputoit au célèbre Las Casas d'avoir introduit la traite des Noirs, calomnie tout récemment répétée dans divers écrits, avoit été complètement réfutée par une dissertation insérée dans les *Mémoires de l'Institut* [die *Apologie de Barthélémy de Las Casas*]. En 1809, un journaliste rendant compte, à sa manière, de l'ouvrage sur la *Littérature des Nègres*, avouoit franchement qu'il n'avait pas lu cette apologie, *mais qu'il n'y croyoit pas*. [...] Un autre affirmoit que l'auteur de la *Littérature des Nègres* proclame *que toute révolte est légitime*. Une imposture si infâme suffiroit pour flétrir celui qui l'impute sans y croire, car il sait qu'il n'y a pas un mot de cela dans l'ouvrage.[113]

Die *calomnie* verbindet nun aber nicht nur auf einer biographischen Ebene die beiden Personen, die ihr ausgesetzt sind, sondern ihr kommt innerhalb von Grégoires Werk auch auf einer strukturellen Ebene die Funktion eines Leitmotivs zu. Dadurch, dass die Betonung der sich fortsetzenden Verleumdung so unterschiedliche Texte wie beispielsweise die *Apologie de Barthélémy de Las Casas*, die Memoiren und *De la traite et de l'esclavage des noirs et des blancs* kennzeichnet, stellt sie näm-

---

112 So schreibt er: „Malheur à la politique qui veut fonder la propriété d'un pays sur le désastre des autres, et malheur à l'homme dont la fortune est cimentée par les larmes des semblables. [...] L'homme coupable ne subit pas toujours ici-bas la peine due à ses crimes, parce que, suivant l'expression de saint Augustin, Dieu a l'éternité pour punir. Il n'en est pas de même des nations: car [...] elles n'appartiennent pas à la vie future. Dès ce monde, suivant le même docteur, elles sont ou récompensées [...] ou punies [...].” (Grégoire 1815: 36). Caroline Chopelin-Blanc und Paul Chopelin sprechen von Grégoires „fidélité immuable au catholicisme et à la République" (Chopelin-Blanc/Chopelin 2013: 161).
113 Grégoire 1815: 27–28. Interessant ist, dass Grégoire hier ausgerechnet auf die beiden anderen Werke aus seiner Feder Bezug nimmt, die fray Servando zwei Jahre später nach Neuspanien mitnehmen würde – die *Apologie* und *De la littérature des Nègres*.

lich in Grégoires Gesamtwerk über die Grenzen der einzelnen Schriften hinweg einen argumentativen Zusammenhang her. Dieser Zusammenhang wiederum ist es, der in letzter Instanz dazu führt, dass die Figur des Autors Grégoire in *De la traite et de l'esclavage* trotz des von diesem Autor zur Verschleierung seiner Identität verwendeten Phraseonyms „Par un ami des hommes de toutes les couleurs" leicht zu enttarnen ist: Wenn das Ich des kurzen Essays nämlich anmerkt, es habe sich wegen der Verfolgung und Verleumdung durch seine Gegner in die vollständige Resignation zurückgezogen,[114] dann scheint hinter dieser Formulierung von der „plus entière résignation" abermals die Desillusion auf, die auch schon die Memoiren gekennzeichnet hatte, und dann ist in dieser Haltung der von den jüngeren Entwicklungen in seinem Heimatland tief enttäuschte Grégoire des Kaiserreichs deutlich zu erkennen.

Jenseits dieses Befundes eines durch das Leitmotiv der Verfolgung hergestellten werkübergreifenden Zusammenhangs ist Grégoires Insistieren auf den erlittenen Verleumdungen nun aber vor allem für die Memoiren auch auf einer textinternen Ebene und mit Blick auf die Frage nach deren Kohärenz von Bedeutung. Denn wenn Grégoires Erinnerungen *überhaupt* den Anspruch erheben können, trotz ihres genuin fragmentarischen Charakters über eine wie auch immer geartete Kohärenz zu verfügen, dann liegt auch diese in der Beständigkeit der Verfolgung begründet, die das Ich dieses Textes zu erdulden hat. Die Nachstellungen, denen sich Grégoire ausgesetzt sieht, affizieren sein Leben nicht nur punktuell, sondern grundsätzlich; so grundsätzlich, dass die sich wiederholende Erfahrung von *calomnie* und *persécution* die erzählte Zeit der Memoiren immer wieder nahezu in eins fallen zu lassen scheint mit der Zeit von deren Niederschrift: „j'étais injurié", „une foule de pamphlétaires", „une persécution réelle", „un libelle anonyme contre moi", „un libelle nouveau contre moi" – fast auf jeder Seite der Memoiren lassen sich solche und ähnliche Beispiele aus dem großen Wortfeld der *persécution* und der *calomnie* finden (und dabei ist es unerheblich, ob der Erzähler aus seiner *Vie politique*, aus seiner *Vie ecclésiastique* oder aus seiner *Vie littéraire* berichtet).[115] Auf der biographischen Ebene wird die beständige Verfolgung auf diese Weise zu der Erfahrung, die dem Leben des ehe-

---

[114] Vgl. Grégoire 1815: 37.
[115] Grégoire 1837, Bd. I: 388, 400, 433 (und genauso 435), 389, und 1837b: 24. In dem Kapitel über die *Vie ecclésiastique* des ehemaligen Bischofs von Blois findet sich tatsächlich sogar ausdrücklich eine „digression sur la calomnie", in der Grégoire die Verleumdung als einen Grundbestand menschlicher Verhaltensweisen darstellt und zu diesem Zweck eine von dem heiligen Gregor über den heiligen Martin und den heiligen Hieronymus bis in die Neuzeit hinein reichende lange Liste von „Ahnherren" aufmacht, die wie er selbst verleumdet und verfemt worden seien (vgl. Grégoire 1837, Bd. II: 41–43). Vgl. zu Grégoires Bezug auf Hieronymus auch die sich anschließenden Überlegungen zu dem dessen Memoiren vorangestellten Motto aus der *Apologia contra Rufinum*.

maligen Bischofs von Blois über den Einschnitt der Revolution hinaus Kontinuität verleiht; auf der textuellen Ebene wird sie dagegen zu dem Prinzip, das die Memoiren trotz ihrer Fragmentarität zusammenhält und das ihre endgültige Zersplitterung in eine Vielzahl von mehr oder minder relevanten Details verhindert. Auch wenn der revolutionäre Umbruch ausnahmslos alle Lebensbereiche erfasst haben und auch wenn dadurch nicht zuletzt auch die *écriture* der Memoiren affiziert sein mag – eines bleibt über alle Veränderungen und Fragmentierungen hinweg doch gleich, und das sind die Verleumdungen, mit denen Grégoires Gegner diesem nachstellen.

Dabei wird für Grégoire die ständige Verfolgung auf nur scheinbar paradoxe Art und Weise zum letztgültigen Beweis für die Richtigkeit der eigenen Überzeugungen. Eben *weil* das Ich seiner Erzählung im Laufe der Zeit immer wieder verfolgt worden ist, und eben *weil* es auch in der Gegenwart noch immer verfolgt wird, müssen die der Verfolgung zugrunde liegenden Überzeugungen richtig sein, das ist die Logik, die seiner Argumentation zugrunde liegt: „ils persécutent et calomnient sourdement tout homme à caractère",[116] dieser Satz fasst die Botschaft von Grégoires Erinnerungen wohl am deutlichsten zusammen. Es ist deshalb nur folgerichtig, dass der Abbé der Verfolgung immer wieder sein reines Gewissen, die Unverbrüchlichkeit seiner politischen und religiösen Überzeugungen, seine Beständigkeit und damit letzten Endes seine Identität mit sich selbst entgegensetzt: Diese Strategie ist angesichts des grundsätzlich apologetischen Charakters nicht nur seiner Memoiren, sondern der Gattung der Memoiren im Ganzen tatsächlich wenig überraschend. So weist Franziska Meier in ihrer Studie zum autobiographischen Schreiben nach der Französischen Revolution darauf hin, dass „[g]roße Teile des autobiographischen Schreibens in der Französischen Revolution [...] apologetischer Natur" gewesen sind,[117] und sie konstatiert in diesem Kontext:

> Selbstrechtfertigung als Anlaß autobiographischen Schreibens besteht wesentlich im Betonen der eigenen Identität. [...] Es hat ganz den Anschein, als verhalte sich das Empfinden einer Dynamisierung der Revolution indirekt proportional zum Verlangen nach Identität und Konstanz. Nicht einmal ein Anflug von Wandel war dem Einzelnen erlaubt.[118]

Auch wenn die Memoiren von Abbé Grégoire später und unter anderen Umständen verfasst worden sind als die oft während der *terreur* im Gefängnis zu Papier gebrachten Lebensberichte der Girondisten, die Meier in ihrer Monographie analysiert, lässt sich ihr Befund doch auf den ehemaligen Bischof von Blois übertragen. Auch Grégoire bemüht sich angesichts einer durch den Bruch der Revolution frag-

---

116 Grégoire 1837, Bd. I: 454.
117 Meier 2016: 179.
118 Meier 2016: 183 und 195.

mentierten Wirklichkeit und seiner in der jüngsten Vergangenheit in Zweifel gezogenen Rolle im Verlauf dieser Revolution, aus der Betonung seiner Standhaftigkeit eine Vorstellung von der eigenen Identität zu entwickeln und seiner Erzählung über sein Leben dadurch Kohärenz zu verleihen: „toujours moi et n'appartenant à aucun parti",[119] so beschreibt er sich selbst in der teilweise unüberschaubaren Gemengelage der (post-)revolutionären Wirklichkeit. Vor diesem Hintergrund erscheint die erlittene und mutmaßlich weiter zu erleidende Verfolgung nur umso willkürlicher, je standhafter das Ich der Memoiren betont, an den Überzeugungen festhalten zu wollen, deretwegen es überhaupt verfolgt wird.

Tatsächlich liegt Grégoires narrativer Konstruktion dabei ein Modell zugrunde, das durchaus auch in anderen memorialistischen Texten aus der Zeit der Revolution zur Anwendung kommt. So rekurriert der Abbé mit seiner expliziten Selbststilisierung als „vertu désintéressée" auf die Figur der „verfolgten Unschuld",[120] deren rhetorische Wirksamkeit in den französischen Memoiren des frühen 19. Jahrhunderts der Literaturwissenschaftler Damien Zanone wie folgt beschreibt:

> L'argumentation se donne pour imparable: puisqu'il y a persécution [...], il y a innocence. La rhétorique suscite sa propre logique, maîtresse de cohérence interne: on voit là comment [...] elle est tentée de renverser les polarités causales, en identifiant l'innocence par la persécution. En s'incarnant en calomnie, le faux acquiert une dynamique anthropomorphe tellement têtue qu'elle serait contre-productive: en désignant une victime, elle donnerait à celle-ci l'aura de l'innocence et rendrait du même coup la vérité visible.[121]

Wenn deshalb die auseinanderstrebenden Teile der Memoiren einzig und allein durch die wiederkehrenden Verweise auf die immerwährende Verfolgung der eigenen Person einerseits und deren Unerschütterlichkeit angesichts dieser Anfechtungen andererseits zusammengehalten werden, dann wird dadurch die Figur der „innocence persécutée" nicht nur in einem argumentativen, sondern auch in einem erzählerischen Sinne zum kohärenzstiftenden Prinzip. Denn auch wenn es Grégoire eher darum zu tun ist, die Richtigkeit seiner Überzeugungen und der auf diesen Überzeugungen beruhenden Handlungen nachzuweisen als darum, am Beispiel seiner eigenen Person eine bündige (und womöglich sogar spannende) Erzählung von der Revolution zu entwickeln, birgt die Figur der verfolgten Unschuld doch einen genuin narrativen Kern, aus dem heraus sich die Erzählung ihrer erzählerischen Defizienz zum Trotz entwickelt.[122]

---

[119] Grégoire 1837, Bd. I: 318.
[120] Grégoire 1837, Bd. I: 393.
[121] Zanone 2006: 256. Die Formulierung von der „verfolgten Unschuld" findet sich auf S. 246 (Zanone spricht von der „figure de l'innocent persécuté").
[122] Vgl. zu dieser erzählerischen Defizienz noch einmal Kapitel 3.1.1 Fragmentarität.

3.1 Revolution und Krise der Repräsentation — 253

Mittels der Analyse dreier einschlägiger Beispiele hat Hans-Jürgen Lüsebrink die Bedeutung des Modells von der „innocence persécutée" für die zwischenmenschlichen Beziehungen und die soziale Interaktion in dem Frankreich des 18. Jahrhunderts nachgewiesen und aufgezeigt, dass dieses Modell fest im diskursiven und emotionalen Feld der „sensibilité" verankert gewesen ist.[123] Grégoires Rekurs auf das Modell findet nun in einem gänzlich anderen Kontext statt: Wenn seine Memoiren darauf verzichten, den narrativen Kern von der Konfrontation zwischen der verfolgten Unschuld und der in dem von Damien Zanone beschriebenen Sinne anthropomorphisierten *calomnie* weiter mit erzählerischen Mitteln zuzuspitzen, dann liegt das auch daran, dass in der Person des Ichs seiner Memoiren die *beiden* konstitutiven Rollenmuster zusammenfallen, die Lüsebrink im Kontext seiner Analyse ausfindig macht und die ihm zufolge eigentlich auf zwei unterschiedliche Personen aufgeteilt erscheinen. Bei Grégoire verkörpert dieses Ich nämlich ebenso die verfolgte Unschuld selbst wie den „avocat sensible",[124] der sie gegen ihre Widersacher verteidigt; und tatsächlich scheint der Abbé mehr an der Spannung zwischen diesen beiden Rollenmustern interessiert zu sein als an der narrativen Weiterentwicklung des Nukleus um die fortgesetzte *calomnie* und ihr unschuldiges Opfer. Hans-Jürgen Lüsebrink weist darauf hin, dass der „avocat sensible" mit seinem Einsatz für die Unterdrückten und unschuldig Verfolgten bereits den engagierten Intellektuellen präfiguriert, dem dann im Verlauf des 19. und 20. Jahrhunderts immer größere gesellschaftliche Bedeutung zukommen wird.[125] Und tatsächlich entwirft sich auch Grégoire als einen solchen aktiven und idealistischen Intellektuellen, wenn er in seinen Erinnerungen die Verfolgungen, die er selbst erleiden musste, in eine unmittelbare Beziehung zu seinem Eintreten gegen jegliche Form von Diskriminierung setzt, und wenn er in diesem Zusammenhang indigniert konstatiert, dass in seiner Person ausgerechnet ein Mann verfolgt werde, der seinerseits zeit seines Lebens für die Rechte aller Verfolgten auf der Erde gekämpft habe.[126] Die aus der Doppelrolle von Opfer und Anwalt des Opfers resultierende Spannung setzt nun den Rahmen, innerhalb dessen Grégoire seine Erzählung entwickelt. Der Text der Memoiren ist ein Plädoyer für die Unschuld des verfolgten und verleumdeten Ichs; und das Ich, das dieses Plädoyer hält, lässt vor diesem Hintergrund keinen Zweifel daran, dass es sich der Bedeutung seiner Rolle als Anwalt sehr bewusst ist. So spricht Grégoire zu Beginn der Memoiren nicht umsonst ausdrücklich von dem „tribunal de l'avenir",[127] vor dem seine Gegner zu erscheinen hätten, und verortet damit seinen

---

123 Vgl. Lüsebrink 1993a.
124 Vgl. zu den beiden Rollenmustern Lüsebrink 1993a: 90–93.
125 Vgl. Lüsebrink 1993a: 101.
126 Vgl. Grégoire 1837, Bd. II: 40.
127 Grégoire 1837, Bd. I: 319.

Text schon in dem juristischen Kontext, in dem dessen apologetische Grundierung am besten ihre Wirkung entfalten kann.

Vor diesem Hintergrund ist auch das der *Apologia contra Rufinum* des Kirchenvaters Hieronymus entnommene Motto zu verstehen, das der ehemalige Bischof von Blois seinen Memoiren voranstellt: „Hoc mihi praestiterunt amici mei, ut si tacuero reus, si respondero inimicus, judicer, dura utraque conditio, sed e duobus eligam quod levius est."[128] Dass dieses Motto aus einem Text stammt, der sich in seinem Titel ausdrücklich als Verteidigungsschrift zu erkennen gibt, und dass die Wortwahl des Kirchenvaters darin ebenfalls den juristischen Kontext einer Gerichtsverhandlung evoziert, lässt sich nun unmittelbar in Verbindung setzen zu Grégoires Doppelrolle als unschuldiges Opfer einerseits und als Anwalt dieses Opfers andererseits. Durch die Alternative, die er im Rückgriff auf das Zitat von Hieronymus aufmacht (wenn ich schweige, werde ich in den Anklagestand versetzt, wenn ich reagiere, werde ich zum Feind erklärt), erklärt der Autor die Auswegslosigkeit der Situation des beständig Verfolgten zum Ausgangspunkt für seine Memoiren und legt dadurch implizit deren Konstruktionsprinzip offen. Denn mit der Niederschrift seiner durch das Hieronymuszitat eingeleiteten Memoiren (die ja erst Jahrzehnte später nach seinem Tod veröffentlicht werden würden) optiert auch Grégoire für das Reden und gegen das Schweigen; er ist sich zugleich aber bewusst, dass seine apologetische Erzählung im Kern paradox ist, weil seine Gegenrede die Feindschaft seiner Gegner nicht nur nicht abschwächen wird können, sondern sie sogar noch intensivieren muss. Die Memoiren *können* ihr Ziel nicht erreichen: Die Verteidigung desjenigen, der unschuldig verfolgt wird, muss fehlschlagen, gerade *weil* er unschuldig ist.

Im Rückgriff auf das vorangestellte Hieronymuszitat lässt sich daher nicht allein der apologetische Charakter von Grégoires Memoiren kontextualisieren, sondern die Analyse des knappen Zitats macht es darüber hinaus auch möglich zu begründen, warum die Memoiren angesichts dieser ihrer apologetischen Grundstruktur zuletzt trotz des erzählerischen Potentials der Figur der „verfolgten Unschuld" in eine narrative Aporie geraten. So scheitern Grégoires Erinnerungen nicht zufällig daran, die Erzählung des eigenen Lebens vor dem Hintergrund der revolutionären Erfahrung in eine nachvollziehbare Ordnung zu bringen, sondern ihnen ist die Unmöglichkeit von Erfolg von Anfang an eingeschrieben. Eine Lebenserzählung, die nur unternommen wird, weil es „leichter" ist zu reden als zu schweigen (wie es die von Hieronymus eröffnete Alternative nahelegt), kann die dem zu erzählenden Leben zugrunde liegenden Erfahrungen kaum sinnvoll in einen größeren narrativen Horizont inte-

---

[128] Grégoire 1837, Bd. I: o. S. Vgl. zu Hieronymus und insbesondere zu der Kontroverse zwischen dem Kirchenvater und seinem (ehemaligen) Freund Rufin, in dem die *Apologia contra Rufinum* zu verorten ist, auch Schlange-Schöningen 2018: 247–260. Ich danke Marie Revellio für ihre ausführlichen Erklärungen zu dieser Kontroverse.

grieren; und umso weniger, wenn sich der Autor dieser Lebenserzählung von Anfang an bewusst ist, dass er mit seiner Erzählung nur die Erfahrung perpetuieren wird, die ihn überhaupt erst veranlasst hat, seine Erzählung zu beginnen. Die Verfolgung und Verleumdung, so wie sie sich hier zunächst als auslösendes Moment, dann aber auch als Leitmotiv, als Strukturprinzip und als kohärenzstiftendes Muster von Grégoires Memoiren darstellt, kann deshalb nur in ihrer Ambivalenz zwischen Einschränkung und Ermöglichung ganz erfasst werden. Diese Ambivalenz ist es womöglich, die Grégoire Jahre später dazu veranlasst, in einem Brief an seinen mittlerweile in seine Heimat zurückgekehrten Freund fray Servando Teresa de Mier ihren sich fortsetzenden Austausch von Büchern in einem Kontext zu verorten, in dem das Spannungsverhältnis von *persécution* einerseits und Charakterstärke andererseits abermals zur Grundstruktur des Lebens und des Schreibens über das Leben stilisiert wird:

> Ces écrits [zwei ihm von fray Servando übersandte Bücher] et votre lettre portent l'empreinte de votre ame toujours religieuse et vertueuse, de votre caractere qui a travers les persecutions ne s'est jamais dementi... J'attache d'autant plus de prix à la fermeté de caractere, que cette qualité est devenue très rare en Europe et surtout en France.

Vor dem Horizont dieses erneuten Schulterschlusses mit dem fernen Freund angesichts der von beiden geteilten Erfahrung der Verfolgung schließt Grégoires Brief auf eine ähnliche Art und Weise wie zuvor schon die Beschreibung seiner *Vie politique* in den Memoiren. Hatte er schon damals die Notwendigkeit betont, sich im Leben grundsätzlich der „volonté divine" zu überantworten,[129] bleibt dem unschuldig Verfolgten vor dem Hintergrund der Unausweichlichkeit der Verfolgung im irdischen Leben jetzt tatsächlich nur das Vertrauen auf den unergründlichen Ratschluss Gottes und die Hoffnung auf ein besseres Jenseits: „Quant à moi et une portion de ce clergé persecuté, invariables dans nos principes, Dieu aidant nous continuerons à défendre les droits sacrés de la verité catholique et de la liberté politique. Nous savons d'ailleurs qu'ici bas est lieu d'epreuve. Il faut porter ses regards vers l'eternité."[130]

---

129 Grégoire 1837, Bd. I: 458.
130 Grégoire 1944: 507 und 509. Der wegen der fehlenden Akzente fehlerhafte französische Text ist tatsächlich so der in Mexiko erschienenen spanischsprachigen Ausgabe der *Escritos inéditos* von fray Servando entnommen.

3.1.4 Austausch, Aufklärung, Archiv

Wenn Henri Grégoire in seinem Brief aus dem Jahr 1824 auf die Verfolgungen zu sprechen kommt, denen auch fray Servando Teresa de Mier ausgesetzt gewesen ist, dann denkt er dabei mutmaßlich nicht nur in einem allgemeinen Sinne an all die Konflikte, die sein Freund im Laufe seines Lebens auszufechten gehabt hat, sondern sehr wahrscheinlich bezieht er sich mit dem Wort „persécutions" vor allem auf die knapp drei Jahre, die dieser nach seiner Rückkehr nach Mexiko zwischen 1817 und 1820 im Gefängnis der neuspanischen Inquisition zugebracht hat.[131] Aber auch wenn dieser Befund nahelegt, dass die ständige Verfolgung in Grégoires Wahrnehmung keineswegs allein auf das nachrevolutionäre Frankreich oder auf Europa beschränkt gewesen ist, sondern dass es sich für ihn dabei vielmehr um eine nahezu ubiquitäre Erfahrung handelt, der rechtschaffene Menschen immer wieder ausgesetzt sind, skizziert der Abbé in seinen Memoiren neben dem besseren Jenseits doch auch einen sehr diesseitigen Ort, an dem die übliche Dynamik von *calomnies* und *persécutions* außer Kraft gesetzt werden und an dem auf diese Weise sogar die Enttäuschung über den Ausgang der Revolution überwunden werden könnte: „[S]ouvent mes regards se sont portés vers les rivages américains; quelquefois un rêve enchanteur, remplaçant la réalité par une douce illusion, avec Churchill je m'écriais: Adieu l'Europe, adieu éternel à tous les délires dont elle est le séjour",[132] schreibt er so am Ende des ersten Bandes seiner Erinnerungen.

Henri Grégoire ist niemals in Amerika gewesen, und in der entsprechenden Passage seiner Memoiren erklärt er auch, dass er zu alt und zu wenig begütert sei, um ernsthaft darüber nachdenken zu können, wirklich ein neues Leben in der Neuen Welt zu beginnen. Aber dessen ungeachtet bleibt zumindest der „rêve enchanteur" als solcher bestehen, und wenn diese Perspektivierung über den Atlantik hinweg die Memoiren mit einer gewissen Offenheit enden lässt, dann lässt sich in der Intensität und Produktivität von Grégoires Kontakten nach Amerika tatsächlich eine Begründung für seinen verhaltenen Optimismus an dieser Stelle finden.[133] Alyssa Goldstein

---

[131] Vgl. zu Grégoires Gegnerschaft gegen die Inquisition und zu dem Brief, in dem er im Jahr 1798 den spanischen Großinquisitor Ramón José de Arce aufgefordert hat, selbst an deren Abschaffung mitzuwirken, Sciuti Russi 2003. Grégoire selbst schreibt in seinen Memoiren: „Nous avons mentionné l'inquisition; le laps de plusieurs siècles n'a pu légitimer ni justifier cet infâme tribunal, dont l'existence est un attentat contre la raison, une calomnie contre l'Église catholique." (Grégoire 1837, Bd. II: 65). Vgl. dazu auch Chopelin-Blanc/Chopelin 2013: 74–75.
[132] Grégoire 1837, Bd. I: 458.
[133] Die Forschung hat auf diese Kontakte sowohl zu Personen in den Vereinigten Staaten als auch in der Karibik und auf dem amerikanischen Festland wiederholt hingewiesen (vgl. etwa Lüsebrink 1991).

Sepinwall spricht in diesem Zusammenhang von einer „Atlantic Republic of Letters",[134] in die sich der Abbé mit seinen Werken und seiner umfangreichen Korrespondenz eingeschrieben habe, und sie führt aus, dass dieser sein transatlantisches Netzwerk vor allem in der Hoffnung auf ein von mehr Toleranz geprägtes Zusammenleben gepflegt habe. Die Freundschaft zu fray Servando Teresa de Mier ist dabei nun besonders repräsentativ, weil sich die Beziehung zwischen den beiden Priestern über einen so langen Zeitraum entwickelt und weil sie dabei so große geographische Distanzen überbrückt hat, dass darin tatsächlich der Raum des intellektuellen Austauschs zwischen den Kontinenten ganz konkret erfahrbar wird, auf den sich die Formulierung von der „Atlantic Republic of Letters" bezieht.

Auch wenn Grégoire in seinen Memoiren nicht explizit auf seine Freundschaft zu dem neuspanischen Dominikaner eingeht (wie er dort überhaupt individuellen Beziehungen und den mit diesen verbundenen Gefühlen kaum Raum einräumt), betont er doch immer wieder den Wert, den er der Freundschaft in einem allgemeinen Sinne beimisst. In verschiedenen Szenerien entwirft der ehemalige Bischof von Blois die Freundschaft auf diese Weise als das einzig wirksame Gegenmittel gegen die kontinuierliche Erfahrung von Verfolgung und Verleumdung, der er sich zeit seines Lebens ausgesetzt gesehen hat.[135] Die Gegenüberstellung von andauernder Verfolgung einerseits und tief empfundener Freundschaft andererseits, welche die Memoiren implizit strukturiert, lässt nun auch die jahrzehntelange Freundschaft zu fray Servando und die zu einem guten Teil auf dieser Freundschaft beruhende transatlantische Projektion von Grégoires Agenda am Ende des Kapitels seiner Memoiren über seine *Vie politique* in einem neuen Licht erscheinen. Dass große Teile des Gesprächs zwischen den beiden Freunden angesichts des bewegten Lebens von fray Servando ausschließlich brieflich stattfinden, tut der Intensität ihres Austauschs dabei keinen Abbruch, im Gegenteil: In seinen Memoiren entwirft Grégoire die grenzüberschreitende Korrespondenz sogar explizit als Mittel der Wahl, um die „circulation rapide des découvertes" insbesondere zwischen Europa und Amerika zu ermöglichen und um sie voranzutreiben.[136] Vor diesem Hintergrund kann deshalb der Austausch der beiden Freunde über Bartolomé de Las Casas als

---

134 Goldstein Sepinwall 2006.
135 So beschreibt er beispielsweise, dass ihm wegen seines „attachement à la religion et au républicanisme" einmal mehr große Widerstände entgegenschlugen, als er 1801 in den Senat gewählt werden sollte, und er betont, dass seine dann schließlich doch erfolgte Wahl nicht zuletzt der Freundschaft des Senators Dominique Clément de Ris zu verdanken gewesen sei, der sich krank in die entscheidende Sitzung habe tragen lassen, um für ihn stimmen zu können (vgl. Grégoire 1837, Bd. I: 436).
136 Grégoire 1837, Bd. I: 375. An anderer Stelle betont Grégoire ausdrücklich das Verdienst, eine so umfangreiche Korrespondenz aller Verfolgung zum Trotz aufgebaut und aufrecht erhalten zu haben (vgl. Grégoire 1837, Bd. II: 79).

besonders anschauliches Beispiel für die sich gerade in dem Spannungsfeld von Freundschaft einerseits und Verfolgung andererseits entwickelnde literarische Produktivität interpretiert werden, aus der heraus Grégoires Werk entsteht.

Auch wenn sich Grégoire in seinen Memoiren eher als Solitär denn als Teil einer Gruppe entwirft,[137] und auch wenn die Memoiren insgesamt in ihrer narrativen Anlage nicht darauf ausgerichtet sind, persönlichen Beziehungen allzu viel Gewicht beizumessen, setzen sie doch auf den Austausch als konstitutives Element eines im politischen wie im literarischen Sinne schöpferischen Lebens. Auch in diesem Kontext ist es Grégoire selten darum zu tun, die Geschichte von seinen Beziehungen mit Intellektuellen beiderseits des Atlantiks wirklich in einem erzählerischen Sinne fruchtbar zu machen (indem er etwa die Entwicklung ihres Austauschs in seiner voranschreitenden Intensität beschreiben würde), sondern er beschränkt sich vielmehr darauf, lange Listen von Personen zu erstellen, mit denen er zu einem bestimmten Zeitpunkt seines Lebens auf die eine oder andere Weise in Kontakt gestanden hat.[138] Dessen ungeachtet sind aber die von ihm in diesem Zusammenhang verwendeten Wörter „relation" und „liaison" von nicht zu unterschätzender Bedeutung für das Verständnis seiner Memoiren. Letztlich sind es diese Verbindungen, die den Stellenwert von Grégoires singulärer Position in der politischen und intellektuellen Landschaft seiner Zeit ausmachen, und die Insistenz, mit der er in seinen Memoiren sein weit verzweigtes Netzwerk erwähnt, zeigt, dass er sich dessen durchaus bewusst gewesen ist.[139] In der Forschung ist nun die Offenheit, die Grégoire in der Anbahnung und Aufrechterhaltung dieser Kontakte ganz offensichtlich an den Tag gelegt hat, immer wieder explizit in einen Zusammenhang zu seinen lebenslangen Bemühungen gestellt worden, Vernunft und Glauben zusammenzudenken und auf diese Weise den Katholizismus mit dem aufklärerischen Geist der Zeit zu versöhnen. So betonen etwa Caroline Chopelin-Blanc und Paul Chopelin, dass Grégoire zwar früh schon die Berufung zum Priester gespürt habe, dass er diese Berufung aber immer dazu genutzt habe, sich für die Welt um ihn herum zu öffnen.[140]

Diese Offenheit für die Welt schließt nicht nur die persönlichen Beziehungen ein, von denen die Memoiren berichten, sondern selbstverständlich auch diejenigen, die aus Grégoires umfangreichen Lektüreerfahrungen resultieren. Tatsäch-

---

137 Vgl. dazu noch einmal die bereits in einem anderen Kontext zitiert Aussage: „toujours moi et n'appartenant à aucun parti" (Grégoire 1837, Bd. I: 318).
138 Vgl. etwa Grégoire 1837, Bd. I: 360–361. An die lange Liste von Namen schließt sich hier immerhin die Erzählung *einer* Anekdote über eine der in der Liste aufgeführten Personen an, die allerdings in Grégoires Darstellung seltsam unvermittelt und zusammenhanglos stehenbleibt (vgl. Grégoire 1837, Bd. I: 361–362).
139 Vgl. Grégoire 1837, Bd. I: 360 und 362.
140 Vgl. Chopelin-Blanc/Chopelin 2013: 16.

lich lassen seine wiederholten Verweise auf zeitgenössische Autoren wie etwa Jean-Jacques Rousseau oder Jean-François Marmontel die Vermutung zu, dass sich der Abbé mit seinen Memoiren nicht zuletzt auch in ein spezifisch aufklärerisches Netzwerk einschreiben wollte, nicht ohne allerdings ähnlich wie bereits in seiner *Apologie de Barthélémy de Las Casas* auch immer wieder deutlich seine Distanz gegenüber den Positionen derjenigen Zeitgenossen zu betonen, welche die Aufklärung seiner Meinung nach zu radikal verstanden haben: „J.-J. Rousseau prétend que le catholicisme est inconciliable avec la liberté; moi, je crois que le catholicisme est inconciliable avec le despotisme, et si par le fait on a prétendu établir le contraire, c'est en le dénaturant."[141] Er selbst möchte das Wort von der „Aufklärung" dagegen in seinem ursprünglichen, wörtlichen Sinne des „Lichtbringens", „Erhellens", verstanden wissen. Vor diesem Hintergrund sind ganz ausdrücklich seine beherzten Interventionen gegen den Aberglauben der spanischen Inquisition zu verorten, und vor diesem Hintergrund erklärt sich auch das Verständnis, das er von seiner Aufgabe als Priester und Bischof hat.[142] So begegnet er dem immer wieder gegen ihn erhobenen Vorwurf, er wolle die Revolution „christianisieren" mit dem Hinweis auf den intrinsischen Republikanismus der Evangelien,[143] und entsprechend sieht er seine eigene Verantwortung ganz ausdrücklich darin, die Gläubigen in seiner Gemeinde zu befähigen, aus dem Glauben heraus Verantwortung für ihr eigenes Leben zu übernehmen: „Prêtre par choix, successivement vicaire et curé par goût, je formai le projet de porter aussi loin qu'il est possible la piété éclairée, la pureté de mœurs et la culture de l'intelligence chez les campagnards [...]."[144]

Vor diesem Hintergrund benutzt Henri Grégoire den Verweis auf Jean-Jacques Rousseau und auf dessen zwischen 1765 und 1770 verfasste und 1782/1789 postum publizierte *Confessions* auch immer wieder dazu, sein eigenes memorialistisches Schreibprojekt abzugrenzen gegen das, was er als den „cynisme corrupteur" seines Vorgängers wahrnimmt.[145] Wenn Rousseaus autobiographisches Werk von der

---

141 Grégoire 1837, Bd. II: 51. Vgl. ähnlich auch 3–4.
142 Vgl. zu Grégoires Kampf gegen die Inquisition abermals Sciuti Russi 2003: 121–132.
143 Vgl. Grégoire 1837, Bd. II: 52 und 95.
144 Grégoire 1837, Bd. II: 12. In einem ähnlichen Sinne verwendet Grégoire das Wort „éclairer" später nicht nur im Zusammenhang mit seinem Engagement für die Beibehaltung des christlichen Sonntags und gegen die Einführung des „décadi" (hier schreibt er: „Dans mon Histoire de l'Église, je présente le tableau complet et hideux de ces sacrilèges extravagans; je me borne ici à dire que les évêques réunis à Paris n'omirent rien à les combattre. La première chose était d'éclairer les pasteurs et les fidèles; la seconde, d'encourager leur résistance." (Grégoire 1837, Bd. II: 77)), sondern auch im Kontext seines Eintretens für die Gleichberechtigung von schwarzen und weißen Bürgern (vgl. Grégoire 1837, Bd. I: 391).
145 Grégoire 1837, Bd. I: 321.

Schwierigkeit des modernen Menschen zeugt, „die Rechtfertigung außerhalb eines von Gott vorgegeben [sic] Rahmens zu erreichen",[146] dann versucht Grégoire, diese Schwierigkeit dadurch zu negieren, dass er sein Leben und entsprechend auch seine eigenen Erinnerungen eben *doch* in den Plan der göttlichen Vorsehung einfügt – einer Vorsehung, von der ihm allerdings bewusst gewesen sein muss, dass ihr Wirken spätestens mit der Revolution noch nachhaltiger in Frage gestellt worden war, als das zu Lebzeiten Rousseaus der Fall gewesen war. Auch diese Problematik umschifft Grégoire aber unter anderem dadurch, dass er seinen Vorgänger schließlich doch noch in den Schoß der Kirche zurückzuholen versucht. So betont er beispielsweise in einem kurzen Bericht von einer Reise nach Savoyen und von einem Besuch in Rousseaus Haus Les Charmettes bei Chambéry ausdrücklich die Existenz einer kleinen Kapelle dort und impliziert dabei zwischen den Zeilen, dass diese Kapelle dem Verfasser der *Confessions* trotz seines Antiklerikalismus als Ort der Besinnung und des Rückzugs gedient hat, und dass dieser seine deistischen Überzeugungen deshalb weniger radikal gelebt haben mag als üblicherweise angenommen.[147]

Zugleich findet die in den Memoiren wiederholt vorgenommene Abgrenzung gegen Jean-Jacques Rousseau aber nicht nur in dem ideologischen Zusammenhang der Diskussion um die Möglichkeit eines aufgeklärten Katholizismus statt, sondern sie hat selbstverständlich auch einen konkreten gattungstheoretischen Bezug. Auch hier vermag die kleine Anekdote von der Reise nach Savoyen Aufschluss zu geben über Grégoires Positionierung. So kann dessen ausdrücklicher Hinweis auf Rousseaus Kapelle durchaus auch in dem Sinne verstanden werden, dass damit eine narrative Genealogie vor dem Hintergrund von Verfolgung und Verleumdung aufgemacht werden soll, die Rousseau begründet hätte und in die sich nun auch Grégoire einschreibt. Der auf einen Balken geschriebene Psalm, den der Abbé in Rousseaus Kapelle gesehen haben will, stellt auf diese Weise die Kontinuität zwischen dessen *Confessions* und seinen eigenen Memoiren her: „Seht, weit in die Ferne floh ich, und blieb in der Einsamkeit, denn ich sah Unrecht und Zank in der Stadt" – mit dem Zitat dieser womöglich von Jean-Jacques selbst in der Kapelle angebrachten Zeilen stilisiert der Autor der Memoiren den zurückgezogen in Les Charmettes lebenden Genfer zu einem Vorläufer für seinen eigenen Rückzug aus der postrevolutionären Gesellschaft.

Auch wenn deshalb Rousseaus Autobiographie zumindest im Hinblick auf die Frage nach der Verfolgung und auf ihre aus dieser Verfolgung resultierende apologetische Stoßrichtung durchaus Vorbildcharakter für die Memoiren haben mag,[148]

---

[146] Fritz 2007: 161.
[147] Vgl. Grégoire 1837, Bd. I: 422.
[148] Vgl. zu Rousseaus Strategie der Stilisierung seiner eigenen Person zum unschuldigen Opfer Fritz 2007: 237. Tatsächlich inszeniert Rousseau seinen autobiographischen Text ähnlich wie Grégoire den

bleibt der „récit scandaleux" der *Confessions* für den ehemaligen Bischof von Blois aber doch ein problematisches Modell,[149] mit dem er sich in einem anderen Kontext expliziter und deutlich kontroverser auseinandersetzt: „heureusement je puis être vrai sans blesser la décence, car j'écris une histoire et non un roman,"[150] schreibt Grégoire in der Einleitung zu seinen Memoiren, nachdem er zuvor kurz auf die Autobiographien von Rousseau, Jean-François Marmontel und Madame Roland Bezug genommen und allen dreien vorgeworfen hatte, ihren Lesern und Leserinnen ein Übermaß an „détails licencieux" zuzumuten.[151] Die Geste, mit welcher der Abbé hier den Roman und seine vermeintlich anstößigen Inhalte zum Gegenmodell zu der „Geschichte" macht, die zu erzählen er sich vorgenommen hat, entspricht dabei durchaus den Erwartungen, die seine Zeitgenossen an die Gattung der Memoiren gestellt haben: „Dans le discours des auteurs de Mémoires historiques, les termes de ‚roman' et ‚romanesque' se rencontrent souvent: dès qu'il s'agit de caractériser ce que les Mémoires ne sont pas – ne doivent pas être."[152] Was hier auf dem Spiel steht, das ist der Wahrheitsgehalt dessen, was erzählt wird: Der Roman steht bei Grégoire so nicht nur für das Freizügige, Anstößige, Sittenlose, sondern auch für ein unkontrolliertes Abgleiten in die Fiktion und damit für einen Verlust an Wahrhaftigkeit, den es unbedingt zu vermeiden gilt: „la vérité seule" ist das Prinzip,[153] an dem er seine Erinnerungen ausrichten möchte.

In seiner Studie zu den Memoiren der Restaurationszeit weist Damien Zanone darauf hin, dass diese Texte trotz ihrer Bemühungen um Abgrenzung gegen den Roman der Ort einer intensiven „interpénétration de l'historique et du romanesque" sind,[154] wie sie in der Polysemie des Wortes „histoire" schon angelegt sei. Er legt seiner Analyse dabei ein Verlaufsschema zugrunde, das davon ausgeht, dass aus naheliegenden Gründen zunächst die Geschichte das beherrschende kognitive und diskursive Modell der nachrevolutionären Epoche gewesen, dass deren Vorherrschaft aber spätestens in den 1830er Jahren beendet worden sei durch die stetig wachsende Bedeutung des Romans.[155] Die Ablösung der beiden Modelle habe sich nun namentlich in den zeitgenössischen Memoiren vollzogen, weil dort im Laufe der Zeit verschiedene Formen der Fiktionalisierung der Wirklichkeit (etwa

---

seinen vor dem Hintergrund einer Szenerie des Jüngsten Gerichts und entwirft ihn in diesem Zusammenhang als „allumfassende Zeugenaussage, auf deren Basis endlich Recht gesprochen werden kann" (Fritz 2007: 235).
149 Grégoire 1837, Bd. I: 422.
150 Grégoire 1837, Bd. I: 321.
151 Grégoire 1837, Bd. I: 321.
152 Zanone 2006: 273.
153 Grégoire 1837, Bd. I: 315.
154 Zanone 2006: 275.
155 Vgl. Zanone 2006: 348–350.

nach dem Modell des Schelmenromans oder des Liebesromans) erprobt werden konnten.[156] Vor diesem Hintergrund lässt sich nun Grégoires vehemente Abgrenzung gegen die romanhaften Schreibweisen, die er in den Memoiren seiner Vorgänger Marmontel und Rousseau ausfindig machen zu können glaubt, in Beziehung setzen zu der narrativen Defizienz seines eigenen Textes: Denn auch wenn auch er seinen Leserinnen und Lesern am Ende des kurzen Kapitels über seine Kindheit und Jugend „des anecdotes piquantes qui feront oublier la stérilité du sujet" in Aussicht stellt und damit auf den ersten Blick sein eigenes dezidiert an der bloßen historischen Wahrheit ausgerichtetes Projekt zu konterkarieren scheint,[157] löst er sein Versprechen im weiteren Verlauf seiner Erzählung doch kaum ein. Dass Grégoires Text tatsächlich *nicht* auf die Anekdote zielt (und schon gar nicht auf die amüsante, anregende, pikante), sondern dass es ihm allein um die Rechtfertigung seiner Person und seines Handelns im Verlauf der Revolution geht, das ist im Verlauf dieses Kapitels schon ausführlich dargestellt worden. Zugleich geht der apologetische Charakter seines Textes aber einher mit einer Eigenart, die in der Einleitung in dieses Kapitel ebenfalls bereits kurz angesprochen worden ist, die jedoch noch einer eingehenderen Erklärung bedarf.

So betont Grégoire immer wieder seine Verantwortung gegenüber der Nachwelt und insistiert in diesem Zusammenhang darauf, dass seine Schriften in gewisser Weise die bewahrende Funktion eines Archivs haben sollen, aus dem spätere Generationen sich dereinst einmal ein Bild von der Revolution und ihren Akteuren machen können. In diesem Zusammenhang ist es zu verstehen, dass er immer wieder eigene Briefe, Flugblätter oder andere öffentliche Interventionen zitiert, die Auskunft geben sollen über seine ideologische Konstanz und seine Aufrichtigkeit trotz aller Verfolgungen. In diesem Zusammenhang stehen nun auch die „pièces justificatives", die er seinen Erinnerungen in einem Anhang beifügt und die der Erzählung in der ersten Person (deren Subjektivität ihm natürlich trotz oder gerade wegen seines Anspruchs auf Wahrhaftigkeit bewusst ist) den Anschein von Objektivität geben sollen. Bei diesen „pièces justificatives" handelt es sich zum einen um einen Brief, den die „députés de la nation juive-portugaise de Bordeaux" im August 1789 an Grégoire gerichtet haben und der ihm jetzt dazu dient, die Richtigkeit seiner Interventionen zugunsten der jüdischen Bevölkerung Frankreichs zu belegen; zum anderen um einen bibliographischen Bericht, in dem er selbst als Vertreter des *Comité d'instruction publique* Auskunft gegeben hat über die „livres appartenant à la nation" sowie schließlich drittens um eine knappe Rede, in der er Stellung bezieht zur Lage

---

156 Vgl. Zanone 2006: 293.
157 Grégoire 1837, Bd. I: 337.

der Nation nach dreizehn Jahren der Revolution.[158] Die drei Belege sind jeweils versehen mit einer sich auf den vorangegangenen Text der Memoiren beziehenden Seitenangabe, mittels derer sichergestellt wird, dass Grégoires Leserinnen und Leser sie auch in den richtigen Zusammenhang einordnen. Sie werden damit noch ausdrücklicher in den Rang von Beweisstücken in einer Argumentation erhoben, die nicht umsonst so nachdrücklich auf die materielle Authentizität ihrer Quellen setzt: So ist natürlich auch diese Strategie vor dem Hintergrund der ständig befürchteten Verfolgung und Verleumdung zu verstehen, gegen die man sich am besten bereits vorab in Stellung bringt.[159]

Wenn Grégoire deshalb im Verlauf seiner Memoiren immer wieder ausdrücklich auch das Wort „archives" verwendet und sich damit einerseits auf das seinen Erinnerungen zugrunde liegende Material,[160] andererseits aber auch auf die Institutionen bezieht, in denen die aus der Revolution hervorgegangene Nation ihr Gedächtnis zu bewahren suchte,[161] dann steht auch dieses Insistieren auf der materiellen Konservierung von Erinnerung in einem unmittelbaren Zusammenhang mit seiner Rolle als „innocence persécutée" und mit seiner Überzeugung von der gerade durch die Verfolgung sich erweisenden Wahrheit seiner Überzeugungen. So ist es kein Zufall, dass er die drei Begriffe „archives", „vérité" und „persécution" in einem Atemzug nennt, wenn er über seine Vorliebe für das Judentum schreibt. Die Juden seien im Besitz der ältesten Archive und der erhabensten Wahrheiten, und gerade deswegen seien sie seit Jahrhunderten verfolgt, verleumdet und vertrieben worden.[162] Seine eigene Rolle als unmittelbarer Augenzeuge der Revolution und ihrer Folgen hat für Grégoire einen direkten Bezug zu dieser Frage nach der Funktion des Archivs vor dem Hintergrund der Verfolgung. Dass er in seinen Erinnerungen immer wieder seine Zeugenschaft und seine Zeitgenossenschaft betont,[163] das hat auch den Hintergrund, dass er seine Memoiren in ihrer Gesamtheit als eine Art Archiv verstanden wissen will. Darauf bezieht sich seine auf der ersten Seite seiner Erinnerungen platzierte und in der Einleitung zu diesem Kapitel bereits zitierte Aussage, Memoiren seien das Material, aus dem die Historiographie zu schöpfen habe;[164] darauf bezieht sich aber auch die

---

158 Vgl. Grégoire 1837, Bd. I: 459–460, 460–476 und 476–479.
159 Vgl. auch zu der Praxis, den eigenen Erinnerungen bestimmte „pièces justificatives" hinzuzufügen, noch einmal Zanone 2006: 247–248.
160 Vgl. Grégoire 1837, Bd. II: 62.
161 Vgl. Grégoire 1837, Bd. I: 444.
162 Vgl. Grégoire 1837, Bd. I: 336–337.
163 Etwa in der Einleitung, vgl. Grégoire 1837, Bd. I: 315–322; aber auch bei seinem Bericht über die Reise nach Savoyen, bei dem er im Zusammenhang mit der Kapelle auf Rousseaus Anwesen ausdrücklich hervorhebt, dass er diese Kapelle und den dort auf einem Balken angebrachten Psalm mit seinen eigenen Augen gesehen habe (vgl. Grégoire 1837, Bd. I: 422).
164 Vgl. Grégoire 1837, Bd. I: 315.

Formulierung, mit der er seinen Text schließlich abschließt: Auch wenn die Lebensgeschichte, die beenden er im Begriff steht, seinen eigenen Ansprüchen nicht genügen kann, so sei sie doch „dépositaire de [s]es sentimens",[165] und damit wolle er sich einstweilen begnügen. Die Verwahrung der eigenen Überzeugungen, Gefühle und Empfindungen, die hier als das einzige tatsächlich erreichte Ziel des Projekts der Memoiren formuliert wird, setzt die dem Text zugrundeliegende Vorstellung vom Archiv und seiner Funktion nun insofern noch einmal in ein neues Licht, als sie die autobiographische *écriture* in einem übergeordneten historiographischen Zusammenhang aufgehen lässt (und das, obwohl die Verwendung des Wortes „sentiments" vielleicht eher das Gegenteil nahelegen würde). Obwohl es Henri Grégoires Memoiren nicht gelingt, die aus der Revolution resultierende Krise der Repräsentation narrativ zu bewältigen, und obwohl diese Memoiren mit ihrem Beharren auf der Identität des Ichs mit sich selbst im Vergleich mit anderen memorialistischen Projekten der Zeit und erst recht im Vergleich mit autobiographischen Texten wie Rousseaus *Confessions* wenig modern zu sein scheinen, birgt das Modell des Archivs, so wie Grégoire es seinen Erinnerungen implizit zugrunde legt, zuletzt doch die Möglichkeit, diese anschlussfähig auch für Fragen zu machen, die über diejenige nach der bloßen Bewahrung von historischem Wissen hinausgehen – dann nämlich, wenn man den Begriff im Anschluss an Michel Foucaults diskursanalytische Auseinandersetzung mit dem Archiv weniger zur Bezeichnung eines Speichers von Wissen als vielmehr zur Beschreibung der Bedingungen der Entstehung von Wissen verwenden will.[166] Das Archiv bezeichnet dann die Gesamtheit der Regeln, nach denen Aussagegegenstände ebenso wie Äußerungspositionen formiert werden,[167] und vor diesem Hintergrund wären Grégoires *Mémoires ecclésiastiques, politiques et littéraires* weniger unvollständig, als ihr Verfasser selbst geglaubt hat: Tatsächlich formuliert Grégoires sich im Spannungsfeld von Verfolgung und Rechtfertigung verortender Lebensbericht in der Abgrenzung gegen den Roman die Bedingungen, unter denen über geographische und diskursive Grenzen hinweg der aufgeklärte Austausch möglich und produktiv sein kann. Dass nur wenig später zwischen Europa und Hispanoamerika unter ähnlichen Bedingungen auch ganz andere Formen des *life writing* denkbar gewesen sind, sollen die beiden sich anschließenden Kapitel zu den autobio-

---

165 Grégoire 1837, Bd. II: 125.
166 Vgl. Foucault 2008. Vgl. zur Geschichte des Archivs Friedrich 2013. Friedrich betont hier in der Einleitung: „Meist gelten Archive wie selbstverständlich als Wissensorte, also als Einrichtungen, die zur Aufbewahrung, Bereitstellung und Erzeugung von Wissen beitragen. [...] Doch man sollte Archive nicht allzu umstandslos und pauschal zu Wissensorten erklären. Der Weg vom Archiv zum Wissen war und ist weder zwingend oder unvermeidlich noch einfach oder selbstverständlich." (Friedrich 2013: 15).
167 Vgl. Balke 2002: 155.

graphischen Texten von José María Blanco White und den *Memorias* von fray Servando Teresa de Mier zeigen.

3.2 Konversion und Konfession: José María Blanco White und sein *The Life of Rev. Joseph Blanco White, written by himself* (1830–1832, erstmals publiziert 1845)

Wenige Jahre vor dem Tod von Francisco Franco übersetzt der zu diesem Zeitpunkt in den Vereinigten Staaten lebende spanische Schriftsteller Juan Goytisolo eine Reihe von ursprünglich englischsprachigen Texten von José María Blanco White ins Spanische. Die aus diesen Texten und Textausschnitten zusammengestellte Anthologie *Obra inglesa de Blanco White* wird 1972 wegen der franquistischen Zensur zunächst in Buenos Aires publiziert und erscheint zwei Jahre später in einer zweiten Auflage bei Seix Barral in Barcelona.[168] In dem ausführlichen Vorwort zu seiner Anthologie begründet der 1931 in Barcelona geborene und seit 1956 nicht mehr in Spanien lebende Goytisolo sein Interesse an der Figur von José María Blanco White mit dessen marginalisierter Rolle in der spanischen Literaturgeschichte. So schreibt er gleich auf den ersten Seiten:

> Que la atormentada y áspera personalidad de Blanco resultara extraña a sus coetáneos nos parece absolutamente normal. [...] La experiencia nos ofrece a menudo ejemplos del destino amargo de los pensadores y artistas que tienen la clarividencia y audacia de adelantarse a los valores oficiales de su tiempo: perseguidos y negados en vida, su reconocimiento no viene sino más tarde, rectificando así, de modo póstumo, la flagrante injusticia con que fueron tratados. Pero en España ni siquiera existe esa compensación: nuestros programadores siguen cargando sobre los hombros de Blanco el delito de insobornable lucidez que expió dolorosamente en vida.[169]

Juan Goytisolo interpretiert Blanco White als einen exemplarischen Fall, an Hand dessen sich nachvollziehen lasse, wie die Wertvorstellungen und in der Folge auch der literarische Kanon in Spanien schon immer (und also keineswegs nur in seiner eigenen Gegenwart) durch die Zensur und Repression der „sempiterna derecha" geprägt gewesen seien.[170] In seinen Augen ist die Auseinandersetzung in allen Epochen der spanischen Geschichte dieselbe gewesen: Auf der einen Seite eben jene

---

168 Vgl. Durán López 2010: 72–73. Durán López weist darauf hin, dass Juan Goytisolo in den Jahren seit 1970 bereits in verschiedenen Zeitschriften innerhalb und außerhalb Spaniens Übersetzungen und Interpretationen des Werkes von José María Blanco White publiziert hat. Vgl. zur Zensur in der Spätphase des Franquismus auch Neuschäfer 1991: 39–47.
169 Goytisolo 1999: 17–18.
170 Goytisolo 1999: 15.

ewige Rechte, die an den Hebeln der Macht sitzt; auf der anderen Seite die luziden Vertreter eines anderen, besseren Spaniens, die von den dunklen Machthabern verfolgt, verbannt und verleugnet werden. Tatsächlich ist die sich immer wieder aufs Neue und bis heute bemerkbar machende Spaltung des Landes nicht von der Hand zu weisen, auf die der spanische Schriftsteller hier anspielt. So hat sich vor allem im Verlauf des 19. und des 20. Jahrhunderts wiederholt gezeigt, dass die spanische Gesellschaft in zwei gegensätzliche politisch-ideologische Lager zerfiel: in ein liberales, demokratisches, häufig antiklerikales und fortschrittsorientiertes Lager auf der einen Seite und ein konservativ-traditionalistisches, katholisches und teilweise autoritär-monarchistisches Lager auf der anderen. Schon vor dem Spanischen Bürgerkrieg 1936–1939 ist deshalb die Theorie von den „dos Españas", den beiden einander unversöhnlich gegenüberstehenden Spanien, bemüht worden, um die politischen und kulturellen Konfliktlinien aufzuzeigen und Problemfelder einzugrenzen; sie hat ihren vielleicht bündigsten Ausdruck in dem berühmten Gedicht aus den „Proverbios y cantares" der Sammlung *Campos de Castilla* (1912) von Antonio Machado gefunden, in dem es heißt: „Españolito, que vienes / al mundo te guarde Dios. / Una de las dos Españas / ha de helarte el corazón."[171]

Wenn nun Juan Goytisolo vor diesem Hintergrund José María Blanco White als einen Vertreter jenes Liberalismus beschreibt, der es in Spanien seit jeher besonders schwer gehabt habe, dann spielt dabei auch die Erfahrung des Exils eine nicht zu unterschätzende Rolle, die beide Autoren teilen. Der Schriftsteller, Journalist und Literaturkritiker José María Blanco y Crespo wurde 1775 in Sevilla geboren und dort 1799 trotz seiner zu diesem Zeitpunkt bereits massiven Glaubenszweifel zum Priester geweiht. Seine Familie väterlicherseits war irischer Abstammung und hatte ihren Namen White nach der Ankunft in Andalusien hispanisiert. Als er selbst 1810 mit nicht ganz 35 Jahren seiner von Napoleon besetzten spanischen Heimat den Rücken kehrt und nach England auswandert, verzichtet er auf den mütterlichen Familiennamen Crespo und wählt stattdessen die spanisch-englische Verdoppelung des väterlichen Namens: Blanco White. Was dieser zweisprachige Name schon nahelegt, das bestätigt ein Blick auf die besondere Raumzeit, innerhalb derer sich Blancos Leben abspielte. Dieser kehrte von dem Augenblick an, in dem er im März 1810 erstmals seinen Fuß auf englischen Boden gesetzt hatte, niemals mehr nach Spanien zurück; sein Leben zerfällt so in zwei klar voneinander geschiedene Teile von nahezu gleicher Länge, einen spanischen und einen englischen.

In Goytisolos Augen ist das Exil nun nicht nur die notwendige Konsequenz aus Blancos sich früh schon manifestierender Skepsis gegenüber den traditionellen Werten Spaniens, sondern es ist auch die Prämisse für die unbestechliche Kritik an

---

[171] Machado 2007: 239. Vgl. Borsò 2007. Vgl. allgemein zu den „dos Españas" auch Juliá 2015.

den spanischen Verhältnissen, die der exilierte Schriftsteller von England aus formuliert. Wie der Dichter Luis Cernuda oder der Historiker Américo Castro (die beide in den dreißiger Jahren während des Bürgerkriegs ins Exil gegangen sind) ist José María Blanco White deshalb für Juan Goytisolo zeitlebens eine wichtige Bezugsfigur; und dieser scheut sich in diesem Kontext keineswegs, seine nahezu bedingungslose Identifikation mit dem Schriftsteller aus Sevilla offenzulegen. So konstatiert er am Ende des ausführlichen Vorworts zu seiner Anthologie scheinbar überrascht: „Acabo ya y sólo ahora advierto que al hablar de Blanco White no he cesado de hablar de mí mismo."[172] In Goytisolos Wahrnehmung findet diese Übereinstimmung seiner eigenen Erfahrungen mit denjenigen, die anderthalb Jahrhunderte zuvor José María Blanco White gemacht hatte, nun angesichts der Verhältnisse in Spanien keineswegs überraschend statt: „El valor excepcional de su experiencia radica en el hecho de que cifra en sí la historia secreta de miles y miles de sus paisanos –una historia no escrita jamás, encerrada bajo siete llaves en el santuario de sus conciencias–, historia de ayer, de hoy y, mucho me temo, de mañana [...]."[173]

Blancos außergewöhnliche Erfahrung bestünde seinem Übersetzer Goytisolo zufolge also darin, einer sehr gewöhnlichen Erfahrung Ausdruck verliehen zu haben: derjenigen der Verfolgung des Andersdenkenden durch die konformistische Mehrheit nämlich. Um die dieser Interpretation zugrundeliegende Hypothese von der böswilligen Ausgrenzung Blancos aus dem nationalen Diskurs in Spanien zu stützen, greift der spanische Schriftsteller nun auf das Zeugnis des konservativen Literaturwissenschaftlers und Ideengeschichtlers Marcelino Menéndez Pelayo zurück. Dieser hatte in seiner zwischen 1880 und 1882 publizierten mehrbändigen *Historia de los heterodoxos españoles* die Beziehung zwischen Katholizismus und Hispanität analysiert und war dabei zu dem Schluss gelangt, dass die Essenz des spanischen Wesens den Katholizismus notwendig voraussetze. Die aus katholischer Sicht häretischen Intellektuellen, mit denen sich Menéndez Pelayo in seinem Werk beschäftigt, werden auf diese Weise unweigerlich aus der spanischen Geistesgeschichte ausgegliedert – was im Falle von Blanco White umso schwerer wiegt, als Menéndez diesem abspricht, seinem Heimatland und dessen Religion aus wirklich ernstzunehmenden politischen und theologischen Gründen den Rücken gekehrt zu haben. Vielmehr seien einzig und allein Blancos Probleme mit dem Zölibat für seine Glaubenszweifel und schließlich den Gang ins englische Exil verantwortlich gewesen:

> ¡La tiranía! No estaba ahí el misterio, y el mismo Blanco, en uno de sus accesos de sinceridad, lo confesó en Londres, pensando herir con ello al sacerdocio católico, cuando sólo se afrentaba así propio [sic]: ,Viví en la inmoralidad mientras fui clérigo, como tantos otros

---

172 Goytisolo 1999: 141.
173 Goytisolo 1999: 34 und 39.

que son polilla de la virtud femenina.' Prescinda mi lector de la insolente bufonada con que esta cínica confesión termina, y aprenda a qué atenerse sobre las teologías y liberalismos de Blanco. ¡Que siempre han de andar faldas de por medio en este negocio de herejías![174]

Die *Historia de los heterodoxos españoles* von Marcelino Menéndez Pelayo ist, wie Fernando Durán López bemerkt, eines der Schlüsselwerke der spanischen Geistesgeschichte. Der Einfluss dieses ebenso umfangreichen wie gut dokumentierten Werkes nicht nur auf die „España reaccionaria", sondern auch auf diejenigen, die dem entgegengesetzten ideologischen Lager angehörten, sei seit jeher groß gewesen, was unter anderem auch die Tatsache beweise, dass gerade die ideologischen Gegner von Menéndez Pelayo ihn am intensivsten studiert hätten.[175] Dieser Befund trifft nun auf Juan Goytisolo und seine Menéndez-Lektüre tatsächlich in exemplarischer Weise zu. Goytisolo zeigt sich zwar in hohem Maße irritiert davon, dass die Blanco-White-Rezeption in Spanien von den „dudosas rentas del señor Menéndez" geprägt sei,[176] aber auch er kann nicht umhin, dem katholischen Literaturhistoriker zuzugestehen, dass er im Unterschied zu seinen Nachfolgern und Epigonen Blanco White immerhin gelesen habe (auch wenn er dann zu den falschen Schlüssen gelangt sei).

Tatsächlich (auch das hat Fernando Durán López gezeigt) ist die *Historia de los heterodoxos* ein Werk, das mit genuin literarischen Mitteln an der Umsetzung seiner ideologischen Ziele arbeitet. So zeichnet Menéndez klassische Porträts seiner heterodoxen Intellektuellen, um auf diese Weise bestimmte Aspekte ihrer Persönlichkeiten hervorzuheben und dann wiederum seine (ausnahmslos negativen) Werturteile auf diese Einzelaspekte zu konzentrieren.[177] „En ese sentido", schreibt Durán López, „Menéndez Pelayo tuvo un gran acierto y un golpe de franqueza cuando tituló su libro *Historia de los heterodoxos*, y no *de la heterodoxia*, porque su objeto va a ser siempre atacar la idea a través del hombre que la concibe o la difunde."[178] Genau diese Vorgehensweise wendet er auch im Falle von José María Blanco White an, an dessen Heterodoxie allerdings tatsächlich kein Zweifel bestehen kann. Wenn Menéndez Pelayo aber unterstellt, dass die Beweggründe für Blancos „Häresie" allein in dessen Unfähigkeit oder in seinem Unwillen zu suchen seien, sein Leben an den Maßgaben auszurichten, denen sich katholische Priester nun einmal zu unterwerfen haben, dann reduziert er ein vielschichtiges, sowohl theologisches als auch politisches und psychologisches Problemfeld auf einen einzigen Vorwurf: auf eine Verfehlung nämlich, die seinen katholischen Leserinnen und Lesern nur

---

174 Menéndez Pelayo 1963: 184.
175 Vgl. Durán López 2006: 353–354.
176 Goytisolo 1999: 15.
177 Vgl. Durán López 2006: 355.
178 Durán López 2006: 357 (Kursivierungen im Original).

allzu vertraut gewesen sein muss als eine der sieben von der Kirche geahndeten Todsünden.

Das simplifizierte Bild von José María Blanco White als der Luxuria verfallenem abtrünnigem Priester, das Menéndez Pelayo in seiner *Historia de los heterodoxos* zeichnet, wird dessen komplexem Charakter kaum gerecht. Es hat aber für den katholischen Literaturhistoriker den unschätzbaren Vorteil, dass es Blancos Heterodoxie, also den aus orthodoxer Sicht kaum erklärlichen Bruch mit dem Katholizismus, psychologisch nachvollziehbar und narrativ entfaltbar macht:

> Para Menéndez Pelayo lo raro es encontrarse con un heterodoxo que no se pueda explicar por ‚el interés y la concupiscencia', por la parte bestial de la naturaleza humana. El hecho de que, siendo virtuoso y moralmente íntegro, alguien pueda deslizarse hacia el error religioso y abandonar el amparo de la Iglesia, es una perturbación que introduciría una quiebra en el orden del universo. [...] Por fortuna para el santanderino [Menéndez Pelayo], persona de firmes convicciones y de afirmaciones rotundas, eso le ocurre en contadísimas ocasiones.[179]

Trotz dieser Tendenz zur Reduktion von Komplexität ist Menéndez Pelayos Annäherung an José María Blanco White aber in unserem Zusammenhang mit der Frage nach dessen autobiographischem Schreiben insofern bemerkenswert, als der Literaturhistoriker in der zitierten Passage über Blancos angebliche amouröse Verstrickungen und moralische Verfehlungen zwei Mal eine Formulierung verwendet, die dessen Auseinandersetzung mit der eigenen Biographie mehr als alle anderen kennzeichnet: „lo confesó en Londres", schreibt er zunächst über den vom Glauben abgefallenen Priester, um das in Frage stehende Wort kurz darauf noch einmal als Substantiv zu verwenden: „esta cínica confesión".[180]

In der Tat fällt beim Blick auf Blancos Publikationen nach seiner Ankunft in England auf, dass diese zu einem guten Teil einem offensichtlich nicht nachlassenden Impuls zum (öffentlichen) Bekenntnis zu verdanken sind, oder dass sie durch diesen Impuls mindestens wesentliche Prägungen erfahren haben. So existieren ins-

---

179 Durán López 2006: 362–363.
180 Menéndez Pelayo 1963: 184. Mit Blick auf die amourösen Verstrickungen Blanco Whites in den Jahren vor seinem Gang ins Exil gilt es an dieser Stelle vielleicht zu betonen, dass es sie zwar tatsächlich gegeben hat (1812 erfährt Blanco White von der Existenz seines 1809 geborenen Sohnes Fernando, den er kurz darauf zu sich nach England holt und der später eine Laufbahn in der englischen Armee in Indien einschlagen wird, vgl. Murphy 1989: 137); allerdings sind sie kaum die Ursache für Blancos Heterodoxie gewesen, sondern vielmehr deren Konsequenz. Vgl. zu Blancos Einstellung zum Zölibat die Reflexionen, die dieser selbst beispielsweise in seiner „Despedida del autor de las Variedades" formuliert (vgl. Blanco White 1825b: 307). Hier heißt es: „¿No es el celibato una ley meramente de disciplina [...] una ley cuyas fatales consecuencias nadie sabe mejor que los Papas y Cardenales, por su propia experiencia? ¿No es pues una infame tyranía, y desprecio absoluto de la moral, el que mantengan esta ley a pura fuerza [...]?" Vgl. auch die entsprechenden Ausführungen in Blanco White 1845, Bd. I: 52–55.

gesamt sieben autobiographisch geprägte Schriften, die der Schriftsteller zwischen 1811 und seinem Tod 1841 verfasst hat, und diesen in der Mehrzahl auf Englisch verfassten Schriften ist ausnahmslos eine gewisse strukturelle Nähe zum katholischen Sakrament der Beichte nicht abzusprechen. So rekapituliert Blanco darin in der Regel die wichtigen Stationen seiner Lebensgeschichte (Vorfahren, Elternhaus, Kindheit, Studienjahre, Priesterweihe), um im Anschluss daran die Versuchungen, Verfehlungen und vor allem Glaubenszweifel zu bekennen, mit denen er sich im Laufe seines Lebens konfrontiert gesehen hat. Die sieben Texte wenden sich zwar an unterschiedliche Zielgruppen, sie bedienen sich unterschiedlicher literarischer Verfahrensweisen und gehorchen unterschiedlich akzentuierten (politischen, gesellschaftlichen, literarischen) Zielen; sie teilen aber dessen ungeachtet ihren im weitesten Sinne „konfessionellen" Charakter. Diese Tatsache allein ist nun selbstverständlich nicht ungewöhnlich: Nicht umsonst tragen die beiden vielleicht bekanntesten und sicher einflussreichsten Autobiographien der abendländischen Literaturgeschichte den Hinweis auf die Verwandtschaft von Autobiographie und Konfession bereits im Titel.[181] Der Fall von José María Blanco White ist allerdings insofern etwas anders gelagert, als dieser im Laufe seines Lebens wiederholt seine Religionszugehörigkeit geändert hat und vom Katholizismus zunächst über den völligen Atheismus und dann den Anglikanismus schließlich zum Unitarismus gewechselt ist. Der konfessionellen Praxis, die er in seinen autobiographischen Texten pflegt, gehen daher einerseits intensive persönliche Erfahrungen mit dem katholischen Sakrament der Beichte voraus. Dessen aus seiner Sicht mehr als zweifelhaften Nutzen für die psychische Verfassung des Individuums und der Gesellschaft reflektiert Blanco wiederum just in jenen autobiographischen Texten, deren Motivation selbst vor allem konfessioneller Natur zu sein scheint.[182] Seine Konversionen sind für Blanco aber andererseits auch immer wieder der Anlass, sein Gewissen erleichtern und seine Sünden bekennen zu wollen, denn jede Konversion erzeugt einen gewissen Rechtfertigungsdruck vor sich selbst und vor der Öffentlichkeit.

Die Konfession seiner Glaubenszweifel, seines zeitweiligen völligen Abfalls vom Glauben und seiner darüber hinausgehenden Verfehlungen dient vor diesem Hintergrund einem doppelten Zweck. Einerseits geht es Blanco darum, sich selbst besser zu erkennen und zu begreifen; andererseits ist ihm aber auch daran gelegen, seinen Leserinnen und Lesern die Exemplarität seines Lebensweges vor Augen zu führen und auf diese Weise den Nachweis zu erbringen, dass seine Sünden unvermeidbar gewesen sind, weil die kirchlichen Strukturen (im Katholizismus und teil-

---

181 Nämlich die *Confessiones* des Augustinus und die *Confessions* von Jean-Jacques Rousseau. Vgl. dazu auch Loureiro 2000: XIII und Spender 1980.
182 Vgl. zu dem intrikaten Verhältnis von autobiographischem Schreiben und Beichte bei José María Blanco White außer den folgenden Ausführungen auch Kirkpatrick 2005.

weise auch im Anglikanismus) die Vergehen überhaupt erst provozieren, deren er sich seiner Meinung nach schuldig gemacht hat. Er möchte seiner Leserschaft deshalb als Vorbild dienen und hofft, auf diese Weise deren Wohlergehen in spiritueller Hinsicht befördern zu können:

> You may suppose, that for a man who has spent his whole life in the pursuit of learning, it must be very mortifying to publish so many errors, so many doubts, in a word to shew the utter feebleness of his mind and soul, when unsupported by Divine Grace. But I conceive this to be a duty which I owe to the truth of the Gospel, and to the spiritual welfare of my fellow creatures.[183]

In einem anderen Text präzisiert José María Blanco White deshalb, woran ihm in seinem Schreiben über sich selbst wirklich gelegen ist. Hier schreibt er, es gehe ihm nicht darum, eine detaillierte Beschreibung all seiner Laster zu liefern, sondern vielmehr darum, die Wandlungen zu beschreiben, die sein Geist durchlaufen habe: „The workings and changes of my mind is all I intend to describe."[184] Im Zusammenhang mit der Frage nach Konversion und Konfession lässt sich dieser Satz nun nicht nur als Absichtserklärung lesen, sondern implizit auch als Selbstcharakterisierung des Autors. Dessen Geist hat im Verlauf seines Lebens tatsächlich eine ganze Reihe von „workings and changes" erlebt. Blancos Konversionen sind jeweils das Ergebnis eines von ihm als durchaus krisenhaft erlebten Prozesses; sie sind damit immer auch Konsequenz und sinnfälliger Ausdruck der „workings and changes" seines Geistes. Das nachträgliche öffentliche Bekenntnis zu diesen Konversionen und den Zweifeln, die ihnen vorausgegangen sind, erfüllt für José María Blanco White daher immer wieder auch den Zweck, sich gegen Angriffe seiner Gegner zu verteidigen, von denen er vermutet, dass sie ihm seinen Mangel an Beständigkeit und an Festigkeit im Glauben vorwerfen würden (und das Beispiel von Menéndez Pelayo zeigt, dass der Autor allen Grund zu dieser Befürchtung hatte).

Zu Beginn des letzten und umfangreichsten unter seinen autobiographischen Texten, des 1845 postum publizierten *Life of the Rev. Joseph Blanco White, written by himself*, schreibt Blanco deshalb, er sei überzeugt von der Notwendigkeit „of leaving my friends in possession of every important fact relating to myself, in order that they may refute the calumnies and misrepresentations of my enemies, when I shall be no more",[185] und es ist hier selbstverständlich kein Zufall, dass Blanco auf dasselbe Wort zurückgreift, das auch Abbé Grégoire in seinen Memoiren benutzt hatte: Die Angst vor den „calumnies" treibt die beiden Schriftsteller gleichermaßen um, und bei beiden ist die Entscheidung zur Niederschrift ihrer Erinnerungen zu

---

[183] Blanco White 1825g: 18.
[184] Blanco White 1999c: 21.
[185] Blanco White 1845, Bd. I: 1.

einem guten Teil diesem apologetischen Impuls zu verdanken. Jenseits dieser strukturellen Gemeinsamkeit ist das von Blancos Freund und Nachlassverwalter John Hamilton Thom aus verschiedenen nachgelassenen Schriften und Briefen zusammengestellte dreibändige Werk *The Life of the Rev. Joseph Blanco White* allerdings durchaus anders angelegt als die Erinnerungen von Grégoire. Auch wenn Grégoire seine Unzufriedenheit mit seinen fragmentarischen *Mémoires* selbst explizit thematisiert hatte, hat der französische Abbé doch jenseits seiner postum publizierten Memoiren keine weiteren Versuche unternommen, die Geschichte seines Lebens niederschreiben zu wollen. José María Blanco White dagegen hört nicht auf, seine Geschichte zu erzählen – das zeigt zum einen die bloße Anzahl der autobiographisch inspirierten Texte, die er veröffentlicht hat; das zeigt zum anderen aber auch die Anlage und Struktur dieser Texte, die explizit aufeinander Bezug nehmen, die einander kommentieren und ergänzen, berichtigen und bestätigen.

Die Summe dessen, was José María Blanco White über sich selbst erzählen zu müssen glaubte, stellt dabei sicher der letzte der sieben autobiographischen Texte unterschiedlicher Länge dar, eben die postum veröffentlichte Autobiographie *The Life of the Rev. Joseph Blanco White*. Aber auch dieses von John Hamilton Thom zu verantwortende Werk ist insofern über einen längeren Zeitraum hinweg entstanden, als es aus einzelnen höchst unterschiedlichen Versatzstücken wie einerseits zwei längeren narrativen Texten (einer „Narrative of the Events of his Life 1775–1826" und einem „Sketch of his Mind in England 1812–1824") und andererseits Tagebucheinträgen sowie Auszügen aus Blancos Korrespondenz zusammengesetzt ist. Besonders die von Blanco explizit als autobiographische Texte konzipierten Erzählungen „Narrative" und „Sketch of his Mind" zeugen davon, dass sich die Redaktion dieser Texte über einen längeren Zeitraum erstreckte (von 1830 bis Ende 1834), dass Blanco auch später immer wieder auf sie zurückkam, sie ergänzte und kommentierte (etwa 1836, 1838 und 1840–1841), und dass er diese Arbeit wohl auch noch fortgesetzt hätte, wenn er nicht im Mai 1841 gestorben wäre.[186]

Die sechs anderen Texte, in denen José María Blanco White über sich selbst schreibt, sind dem spanischsprachigen Publikum 1999 in einer Edition von Antonio Garnica zugänglich gemacht worden, die den Titel *Escritos autobiográficos menores* trägt.[187] Zwei dieser Texte, die „Carta sobre la Inquisición" und die „Despedida del autor de las Variedades a los hispano-americanos" entstammen den beiden bekanntesten Zeitschriftenprojekten Blancos in seiner Zeit in England: Die „Carta sobre la Inquisición" ist 1811 in *El Español* veröffentlicht worden, die „Despedida del autor de las Variedades" 1825 in *Variedades ó Mensagero de Londres*. Weil sich diese beiden

---

186 Vgl. zum Prozess dieser Redaktion Garnica 1988: 15–16 und Garnica 1999: 7–8.
187 Vgl. Blanco White 1999b.

Publikationen ausdrücklich an ein spanischsprachiges Publikum in Spanien und Hispanoamerika richteten, sind auch die zwei fraglichen autobiographischen Texte auf Spanisch abgefasst. Die vier anderen unter den kleineren autobiographischen Texte sind ursprünglich auf Englisch verfasst worden; in diese Kategorie fällt die *Examination of Blanco by White, concerning his Religious notions and other subjects connected with them* von 1818–1819; der dritte Brief aus Blancos zu Lebzeiten vielleicht erfolgreichstem Buch, den *Letters from Spain* (1822); der erste Brief aus seinem 1825 veröffentlichten theologischen Werk *Practical and internal Evidence against Catholicism* und schließlich der erste Dialog aus dem im selben Jahr erschienenen populären *The poor Man's Preservative against Popery*. Wie in dem sich anschließenden Kapitel zu zeigen sein wird, stehen in diesen sechs kürzeren Texten tatsächlich ebenso wie in der umfangreichen Autobiographie *The Life of the Rev. Joseph Blanco White* Konversion und Konfession in einem engen Verhältnis zueinander (auch wenn dieses Verhältnis ganz anders geartet ist, als Marcelino Menéndez Pelayo das mit seinem impliziten Hinweis auf Blancos Tendenz zu Äußerungen konfessionellen Charakters vermutet zu haben scheint).

Ein erstes Unterkapitel wird sich vor dem Hintergrund des komplexen Verhältnisses von Konversion und Konfession der Frage nach dem autobiographischen Schreiben in Serie widmen, wie es der Sevillaner Schriftsteller in seinen Jahren in England praktiziert hat, und dabei auch die Effekte beleuchten, die ein solche serielle Auseinandersetzung mit dem eigenen Ich hat. Das zweite Unterkapitel geht dann näher auf den Inhalt der autobiographischen Schriften von José María Blanco White ein, welche die Konversion als Konsequenz einer durchlebten und durchlittenen psychischen und häufig auch physischen Krise darstellen und welche dank ihres „konfessionellen" Charakters den Prozess der (immer nur vorübergehenden) Genesung nicht nur nachvollziehen, sondern auch überhaupt erst zu veranlassen scheinen. Hier gilt es, auch die sehr auffälligen Aussparungen und Lücken in Blancos Texten zu analysieren: Welche Krisen werden verschwiegen, welche Berichte worüber werden aus welchen Gründen nachträglich entfernt? Das dritte Unterkapitel untersucht das Ich der autobiographischen Schriften Blancos Whites; ein Ich, dessen doppelter, hybrider Charakter in dem Pseudonym aufscheint, das der Autor für die Publikation seiner *Letters from Spain* (1822) gewählt hat: Leucadio Doblado ist wörtlich übersetzt der „verdoppelte Weiß" – ein Blanco also, der auch White ist, ein Blanco White zwischen Spanien und England, der auf Spanisch und auf Englisch schreibt und der auf Spanisch anders als auf Englisch schreibt. Auch hier sind die Brüche und Veränderungen erwähnenswert, die dieses verdoppelte Ich auf seinem Weg erlebt hat, denn gerade auch diese „changes" tragen dazu bei, dass das Ich in Blancos autobiographischen Werken niemals unteilbar ist. Das vierte und letzte Unterkapitel geht auf eine weitere Doppelung ein, welche die Position Blancos und namentlich diejenige seiner autobiographischen Schriften innerhalb der

Literaturgeschichte betrifft: Zwischen der spanischen Aufklärung und der englischen Romantik entwickelt José María Blanco White eine Form des Schreibens über sich selbst, die von beiden Ländern und beiden Epochen beeinflusst ist und die ihn in die Lage versetzt, sich zu einer Subjektivität zu bekennen, die kaum weiter entfernt sein könnte von derjenigen des auf seiner Beständigkeit beharrenden Ichs in den Erinnerungen Abbé Grégoires.

Juan Goytisolos Interpretation von José María Blanco White als verfolgtem Vertreter eines besseren Spaniens greift insofern tatsächlich etwas zu kurz. Auch wenn Goytisolo durchaus recht hat, wenn er die verzögerte und teilweise bruchstückhafte Rezeption unterstreicht, die Blanco in Spanien erfahren hat; und auch wenn nicht von der Hand zu weisen ist, dass die Versäumnisse in dieser Rezeptionsgeschichte zu einem guten Teil tatsächlich politisch motiviert gewesen sind,[188] ist doch nicht von der Hand zu weisen, dass auch sein eigenes Interesse in diesem Zusammenhang ein politisches ist. So lässt sich Goytisolos Identifikation mit dem exilierten Schriftsteller aus dem frühen 19. Jahrhundert vor dem Hintergrund seiner eigenen Dissidenz vor allem in der Zeit des Franquismus leicht nachvollziehen. Allerdings hat die spanische Forschung zu José María Blanco White in den Jahren seit der Veröffentlichung von Goytisolos Übersetzung von dessen englischsprachigen Werken durchaus große Fortschritte verzeichnet.[189] Wenn Fernando Durán López Juan Goytisolo deshalb vorwirft, er halte wider besseren Wissens an dem letztlich überholten Bild von José María Blanco White als ewigem Exilierten fest, um nicht selbst aus dem Exil zurückkehren zu müssen,[190] dann liegt er damit nicht ganz falsch. Die sich anschließende Lektüre von Blanco Whites autobiographischen Schriften im Zeichen von „Konversion und Konfession" will den „self-banished Spaniard" daher weniger fest im Exil verankern als vielmehr in dem historisch und geographisch offenen

---

[188] Allerdings auch nur zum Teil. Zu einem anderen Teil waren sicher die englischsprachigen Texte Blancos vor ihrer Übersetzung ins Spanische durch Juan Goytisolo selbst und durch Wissenschaftler wie Vicente Lloréns, Antonio Garnica und später Manuel Moreno Alonso für große Teile der spanischen Öffentlichkeit schwer zugänglich; wobei man natürlich davon ausgehen kann, dass es kein Zufall ist, dass zumindest die Übersetzungen von Goytisolo, Lloréns und Garnica alle zum selben Zeitpunkt kurz vor Ende der franquistischen Diktatur entstehen (vgl. Durán López 2010: 77).

[189] Auch einer breiten Öffentlichkeit ist der Schriftsteller Blanco White inzwischen durchaus bekannt (wozu unter anderem auch die populäre Biographie beigetragen hat, die Durán López 2005 publiziert hat (vgl. Durán López 2005a)). Schon 1985 hatte Klaus-Dieter Ertler eine Monographie über Blanco White mit der Feststellung eines zuletzt deutlich gestiegenen Interesses an dessen Werk eingeleitet (vgl. Ertler 1985: 1).

[190] Vgl. Durán López 2010: 80. Vgl. zu Goytisolos etwas einseitiger Interpretation von José María Blanco White auch Loureiro 2000: 63.

Raum situieren, in dem er sich zeitlebens bewegt hat und in dem sich sein Weg mit so vielen anderen gekreuzt hat.[191]

3.2.1 Autobiographisches Schreiben in Serie

In *La volonté de savoir* (1976), dem ersten Teil seiner *Histoire de la sexualité*, nimmt Michel Foucault die Konfession als *das* abendländische Instrument der Wahrheitsproduktion schlechthin in den Blick. Vor dem Hintergrund der Überlegungen zum Verhältnis von Wissen und Macht, denen er sich in jenen Jahren widmet, schreibt er hier:

> [L]'aveu est devenu, en Occident, une des techniques les plus hautement valorisées pour produire le vrai. Nous sommes devenus, depuis lors, une société particulièrement avouante. L'aveu a diffusé ses effets: dans la justice, dans la médecine, dans la pédagogie, dans les rapports familiaux, dans les relations amoureuses, dans l'ordre le plus quotidien, et dans les rites les plus solennels; on avoue ses crimes, on avoue ses péchés, on avoue ses pensées et ses désirs; on avoue son passé et ses rêves, on avoue son enfance; on avoue ses maladies et ses misères; on s'emploie avec la plus grande exactitude à dire ce qu'il y a de plus difficile à dire; on avoue en public et en privé, à ses parents, à ses éducateurs, à son médecin, à ceux qu'on aime; on se fait à soi-même, dans le plaisir et dans la peine, des aveux impossibles à tout autre, et dont on fait des livres.[192]

Die Beichte ist für Foucault eine der fundamentalen Praktiken der Subjektivierung, und wenn die zitierte Passage mit dem Hinweis auf die aus dieser Praktik resultierenden Bücher endet, dann ist das kein Zufall: Tatsächlich bleibt die große Bedeutung, die das Geständnis in der abendländischen Moderne hat, nicht ohne Auswirkungen auf die Literatur. War diese ursprünglich von einem grundsätzlichen „plaisir de raconter et d'entendre" ausgegangen,[193] das sich beispielsweise in den mittelalterlichen Erzählungen über Helden und Heilige niederschlug, so habe sich die moderne Literatur inzwischen der Aufgabe verschrieben, eine zuletzt doch immer unzugänglich bleibende Wahrheit vom Grund des Ichs ans Tageslicht zu befördern.[194]

José María Blanco White ist vor diesem Hintergrund insofern repräsentativ, als er sich über einen Zeitraum von Jahrzehnten hinweg immer wieder aufs Neue mit der Notwendigkeit konfrontiert gesehen hat, sein Leben zu erzählen und Rechenschaft abzulegen. Die auf diese Weise entstehenden Erzählungen über sein Leben

---

191 Die Formulierung von dem „self-banished Spaniard" stammt aus dem Titel von Murphy 1989.
192 Foucault 2015b: 658.
193 Foucault 2015b: 658.
194 Vgl. Foucault 2015b: 658–659.

erhalten von ihm Gattungsbezeichnungen wie beispielsweise „brief", „memoirs", „account of myself", „account of my life", „sketch", „narrative" oder auch „examination". Tatsächlich handelt es sich aber im Unterschied zu den Erinnerungen von Abbé Grégoire um Werke, die eindeutig autobiographischen Zuschnitts sind, und das genau aus dem Grund, den auch Foucault als Erklärung dafür anführt, dass die Konfession in der Moderne eine so einflussreiche Technik der Subjektivierung hat werden können: Während Grégoire in seinen Erinnerungen ein statisches Ich konstruiert, das keinerlei Veränderungen zu durchlaufen und keinerlei Brüche zu gewärtigen hat, denkt Blanco White tatsächlich über sein Leben nach, um mit der „größten Genauigkeit das zu sagen, was am schwersten zu sagen ist" („on s'emploie avec la plus grande exactitude à dire ce qu'il y a de plus difficile à dire"). Die Texte, die aus diesem Prozess resultieren, sind keine Memoiren mehr, denn es geht Blanco zu keinem Zeitpunkt darum, sein öffentliches Wirken in der Zeit darzustellen. Was für ihn zur Debatte steht, das ist vielmehr die Formulierung einer Subjektivität, deren zentrales Merkmal ihre Wandelbarkeit und dadurch nicht zuletzt auch ihre Brüchigkeit ist.[195] Wenn deshalb zwei seiner sieben im weitesten Sinne autobiographischen Schriften die Form eines Dialogs haben, dann ist das kein Zufall: Das Geständnis braucht ein Gegenüber, um als solches wirksam werden zu können.

Ein solches Gegenüber gibt es bei José María Blanco White allerdings nicht nur in den beiden ganz oder teilweise in Dialogform verfassten Erinnerungstexten,[196] sondern tatsächlich sind alle seine autobiographischen Schriften ausdrücklich an bestimmte Adressaten gerichtet und thematisieren dadurch mehr oder weniger explizit die Kommunikationssituation, von der sie ausgehen. So sind vier von diesen fünf Texten Briefe – an einen einzelnen Leser, an die Abonnenten einer Zeitschrift, an einen fiktiven Briefpartner oder an eine nicht näher definierte Leserschaft und Öffentlichkeit.[197] Und auch der fünfte Text, Blancos heterogene und in gewisser

---

195 Pedro M. Muñoz spricht José María Blanco White gerade diese Wandelbarkeit ab, wenn er betont, dieser vermittele in seinen autobiographischen Schriften ein Bild von sich selbst einer Person, die immer an den gleichen Idealen festgehalten hat: „En cada etapa de su existencia, la imagen moral de Blanco White será idéntica a la de la etapa siguiente: buscador de la verdad y víctima del dogma, tanto en la infancia como en la juventud y en la vejez." (Muñoz 1996: 74). Muñoz lässt allerdings außer Acht, dass dieses Beharren auf einem vermeintlich unveränderlichen Wesenskern bereits eine Reaktion auf innere und äußere Veränderungen ist, die dem Autobiographen teilweise durchaus bedrohlich erschienen sein mögen. Im Unterschied zu Grégoire, der tatsächlich ein solch unwandelbares Ich entworfen hatte, scheint dasjenige von Blanco doch sehr viel weniger gefestigt zu sein (vgl. dazu auch die sich anschließenden Ausführungen).
196 Nämlich in der *Examination of Blanco by White* (1818/1819) und dem ersten Gespräch aus *The poor Man's Preservative against Popery* (1825).
197 „Sobre la Inquisición" richtet sich an einen Leser von Blancos Zeitschrift *El Español*, die „Despedida del autor de las Variedades" an die Abonnenten der gleichnamigen Zeitschrift, der dritte

Weise nachträglich zusammengestückte Autobiographie *The Life of the Rev. Joseph Blanco White*, beginnt immerhin als Brief, ehe sich das Werk von dieser Form emanzipiert und als unabhängige Narration voranschreitet.[198] Auch in diesem Fall kann aber kein Zweifel daran bestehen, dass der in der ursprünglichen Form angelegte dialogische Charakter essenziell ist für die Konzeption der umfangreichen autobiographischen Erzählung. So ist der Brief, mit dem diese beginnt, an einen sehr konkreten Adressaten gerichtet, der mit „my dear friend" angesprochen wird und auf dessen Freundschaft sich José María Blanco White ausdrücklich beruft: „Of the many friends for whose kindness in a foreign land I am indebted to Providence, you alone seemed to have an instinctive knowledge of my character. The rest has to study me; you read me without preparation."[199] Der Adressat dieser Zeilen ist Richard Whately, der Erzbischof von Dublin, in dessen Haus Blanco vor seiner Übersiedlung nach Liverpool und vor seiner Konversion vom Anglikanismus zum Unitarismus von 1832 bis 1835 gelebt, von dem er sich aber just wegen dieser Konversion dann entfernt hatte.[200] In die Phase des Zusammenlebens mit Whately und seiner Familie fällt der Beginn der Redaktion der autobiographischen Aufzeichnungen, die John Hamilton Thom später als Teil seiner Sammlung *The Life of the Rev. Joseph Blanco White* herausgeben würde; und Blanco weist ausdrücklich darauf hin, dass es nur Whatelys Aufforderung gewesen sei, die ihn zu diesen Aufzeichnungen veranlasst habe, und dass es nur sein Pflichtgefühl dem Freund gegenüber sei, das ihn daran hindere, eine Aufgabe unvollendet zu lassen, die er als lästig, schmerzhaft und anstrengend empfinde.[201]

Brief aus den *Letters from Spain* an einen fiktiven Briefpartner, der in dem vorangegangenen zweiten Brief des Buches mit den Initialen A. D. C. Esq. eingeführt wird, dessen Identität für die Erzählung aber weiter keine Rolle spielt, und der erste Brief aus *Practical and internal Evidence* schließlich an ein Publikum, dessen Interesse durch die fiktionale Korrespondenzsituation gesteigert werden soll. Vgl. zu dem Umstand, dass Blancos autobiographische Schriften nahezu ausnahmslos Briefe sind, Fernández Cifuentes 2005: 44–45. Fernández Cifuentes weist in diesem Zusammenhang auf die große Bedeutung hin, die Blanco der Freundschaft beigemessen habe.
198 Die Rede ist hier von den beiden großen narrativen Texten, die den ersten Teil des großen Werkes ausmachen, nämlich der „Narrative of the Events of his Life" und dem „Sketch of his Mind in England". Die Briefe und Auszüge aus den Tagebüchern, mit denen der Herausgeber John Hamilton Thom diese Erzählungen ergänzt, sind von Blanco White nicht ursprünglich als Teile einer zusammenhängenden Autobiographie konzipiert worden; dies muss bei der Analyse des Werkes berücksichtigt werden. Vgl. zur Konstruktion von Blancos *The Life of the Rev. Joseph Blanco White* und zur Stellung dieser beiden längeren Erzählungen darin auch Loureiro 2000: 38–39.
199 Blanco White 1845, Bd. I: 2.
200 Vgl. zur Beziehung von Blanco und Whately auch Murphy 1989: 166–170, und Durán López 2005a: 491–493.
201 Vgl. Blanco White 1845, Bd. I: 1–2. Die Adjektive stammen von Blanco selbst; sie lauten im englischen Original „irksome", „painful" und „fatiguing".

Diese Klage über das autobiographische Geschäft erstaunt indes insofern, als der in Frage stehende Text bereits der siebente seit 1811 ist, in dem der zum Zeitpunkt des Beginns seiner Aufzeichnungen 55-jährige Autor auf die eine oder andere Art und Weise Rechenschaft über sein Leben abzulegen versucht. Sie lässt sich nur dadurch erklären, dass ihn nicht nur mit Blick auf seine vorherigen Versuche ein Gefühl des Ungenügens umgetrieben hat, sondern dass er angesichts der „various and difficult circumstances of [his] life" auch grundsätzlich daran gezweifelt haben muss,[202] so umfassend Auskunft über dieses Leben geben zu können, wie sein Gegenüber das erwarten mochte. In Foucaults Analyse des modernen Menschen als „Geständnistier", als „bête d'aveu",[203] kommt der Beichte zentrale Bedeutung in dem komplexen Zusammenspiel von Macht und Wissen zu, dessen Analyse sich der französische Philosoph in *Surveiller et punir* (1975) und in *La volonté de savoir* (1976) verschrieben hatte. Tatsächlich ist es immer die Macht, die das Geständnis einfordert – während allerdings das Individuum wie die Gesellschaft im Ganzen dem Glauben anhängen, durch das Aussprechen der bisher verborgenen Wahrheit werde die Macht gerade konterkariert:

> L'obligation de l'aveu nous est maintenant renvoyée à partir de tant de points différents, elle nous est désormais si profondément incorporée que nous ne la percevons plus comme l'effet d'un pouvoir qui nous contraint; il nous semble au contraire que la vérité, au plus secret de nous-même, ne ‚demande' qu'à se faire jour; que si elle n'y accède pas, c'est qu'une contrainte la retient, que la violence d'un pouvoir pèse sur elle, et qu'elle ne pourra s'articuler enfin qu'au prix d'une sorte de libération.[204]

Diese Interpretation mag eine Erklärung dafür liefern, warum es José María Blanco White in seinen Jahren in England immer wieder aufs Neue unternimmt, der Wahrheit seines Lebens näher kommen zu wollen. Der Zwang zum Bekenntnis, den eine außerhalb des Ichs liegende Macht auf dieses ausübt, träte in dieser Lesart in Gestalt der immer wieder erneuerten Hoffnung auf eine Befreiung auf, die dem Ich aber zuletzt doch immer verwehrt bleibt. Tatsächlich lässt sich ein solcher Mechanismus am Beispiel von Blancos frühem autobiographischem Text *The Examination of Blanco by White* gut nachvollziehen. Über diesen Text, der als ein Dialog zwischen „White" (dem aktuellen Ich des Autors) und „Blanco" (seinem früheren Ich) beginnt, schreibt Blanco in einem Tagebucheintrag, er habe ihn mit dem Ziel begonnen, seine religiösen Vorstellungen aufzudecken.[205] Dabei liegt der englischen Formulierung, die der Autor hier wählt („to unravel my ideas on the subject of Religion"),

---

202 Blanco White 1845, Bd. I: 2.
203 Foucault 2015b: 658.
204 Foucault 2015b: 659.
205 Der entsprechende Tagebucheintrag wird später in Blancos Autobiographie zitiert (vgl. Blanco White 1845, Bd. I: 354). Vgl. zu dieser Vorgehensweise (dem nachträglichen Kommentieren früherer

nicht umsonst die Vorstellung von einem zu enthüllenden Geheimnis oder einem zu lösenden Rätsel zugrunde: Es geht ihm in dieser Untersuchung wirklich darum, sich einer Wahrheit in seinem Inneren zu nähern, die auch ihm selbst bisher verborgen geblieben ist, einer „vérité au plus secret de lui-même" also im Foucaultschen Sinne.

Dass er seine zu diesem Zweck gewählte Vorgehensweise von Rousseau übernimmt, das legt er in seinem Tagebuch im Anschluss an die zitierte Bemerkung über seine Ziele offen.[206] Unter dem Titel *Rousseau juge de Jean-Jacques* hatte der Genfer Philosoph zwischen 1772 und 1776 drei Dialoge geschrieben, in denen sich „Rousseau" mit einem namenlosen Franzosen über „Jean-Jacques" und dessen Werke unterhält.[207] Rousseaus autobiographische Dialoge antizipieren so die Verdoppelung des Ichs, mit der später auch die *Examination of Blanco by White* spielt. Und auch wenn Blanco White die Dialogform im Verlauf seines Werkes wieder aufgibt,[208] ist doch bezeichnend, auf welche Art und Weise er die Entlehnung bei Rousseau an seine Zwecke anzupassen und wie er sie fruchtbar zu machen versucht. Anders als seinem Vorbild geht es José María Blanco White in seiner *Examination of Blanco by White* nämlich nicht darum, sich gegen Verleumdungen zur Wehr zu setzen,[209] sondern sein Text funktioniert vielmehr wie eine intensive Gewissenserforschung. Dabei besitzt das von Rousseau übernommene Frage-und-Antwort-Schema nicht zufällig Ähnlichkeit mit einem Beichtgespräch oder der Vorbereitung auf ein solches Gespräch mit Hilfe eines schematisierten Beichtspiegels. So wird der Befragte Blanco von seinem Gegenüber White ausdrücklich gefragt, ob er in seiner Jugend lasterhaften Neigungen Raum gegeben habe; und er beantwortet diese Frage, indem er nicht nur die fraglichen Verfehlungen bekennt, sondern zugleich versucht, mögliche Gründe für sein Fehlverhalten ausfindig zu machen und sein Verhalten auf diese Weise wenn schon nicht entschuldbar, dann doch wenigstens verständlich erscheinen zu lassen:

> W. Tell me, had any vicious inclination sprung up and taken root at that time?
> B. Yes indeed: and perhaps more than I am aware of; as my moral sense had not been properly guided, and consequently it could not be equally quick or correct as that, for instance, of a well educated English boy at the same age. My chief failing at that age was *deceit*. The

---

Tagebucheinträge) in Blancos Autobiographie die Abschnitte am Ende dieses Unterkapitels 3.3.1 Autobiographisches Schreiben in Serie.
206 Vgl. Blanco White 1845, Bd. I: 355.
207 Vgl. Rousseau 2012b. Vgl. zu Blancos Adaptation von Rousseaus Vorgehensweise und allgemein zum Einfluss von Rousseau auf José María Blanco White auch Doumergue 1982.
208 Der zweite (längere) Teil von Blancos *Examination* ist als fortlaufende Erzählung konzipiert, weil Blanco der Meinung ist, er könne sein Ziel (nämlich seinen Leserinnen und Lesern als Beispiel zu dienen) nicht mittels des Dialogs erreichen (vgl. Blanco White 1999c: 16).
209 Später, in seinem großen autobiographischen Werk *The Life of the Rev. Joseph Blanco White*, wird dieses Ziel dagegen auch für Blanco White durchaus eine Rolle spielen.

chief use I made of it was to avoid going to church, especially to confession. I recollect that I often pretended to be ill.[210]

Die strukturelle Nähe dieser Passage zu einem Gespräch zwischen einem Gläubigen und seinem Beichtvater fällt natürlich umso mehr ins Gewicht angesichts der Tatsache, dass darin ausdrücklich von der Beichte bzw. von den Taktiken des jungen Blanco zu deren Umgehung die Rede ist.[211] Tatsächlich setzt sich Blanco in seinen autobiographischen Schriften immer wieder mit dem katholischen Bußsakrament auseinander, zu dem er in seinen jungen Jahren in Spanien in beiden Rollen Zugang gehabt hat, als Beichtender und als Beichtvater; und sein Urteil fällt dabei jedes Mal mindestens so kritisch aus, wie es sich in der hier beschriebenen jugendlichen Vermeidungsstrategie bereits andeutet.

Besonders deutlich äußert er sich zu diesem Thema in dem dritten Brief seiner 1822 in Buchform erschienenen *Letters from Spain*, einem Text, in dem das Ich ähnlich wie bereits in der wenig zuvor entstandenen *Examination* in gewisser Art und Weise gedoppelt erscheint.[212] Wie die anderen *Letters from Spain* gibt auch dieser Brief vor, von einem seit Jahren in England lebenden Spanier namens Leucadio Doblado verfasst worden zu sein. Allerdings unterscheidet sich der in Frage stehende Brief von den anderen *Letters* dadurch, dass er das erzählende Ich (also Leucadio Doblado) in Sevilla auf einen namenlosen jungen Kleriker treffen lässt, der im weiteren Verlauf als intradiegetischer Erzähler die Geschichte seines Lebens erzählt (die sich schnell und wenig überraschend als identisch mit derjenigen des tatsächlichen Autors des Briefromans, José María Blanco White, erweist).[213] Es ist deshalb in

---

210 Blanco White 1999c: 10. Vgl. allgemein zu Blancos *Examination of Blanco by White* auch Calvelo 2004: 118. Calvelo betont die Spaltung zwischen dem spanischen und katholischen Blanco und dem englischen und protestantischen White: „Una escisión muy clara en todos los escritos autobiográficos del autor, que la multiplicidad de autobiografías pretende dificultosamente suturar."
211 Lucienne Doumergue setzt Blancos Selbstbefragung sogar mit den Praktiken der Inquisition in Beziehung, wenn sie über die *Examination* schreibt: „Est-ce innocent que White fasse subir à Blanco un véritable interrogatoire? Ne faudrait-il pas chercher là aussi la griffe du Saint-Office aux questionnaires rituels?" (Doumergue 1982: 128). Vgl. zu Blanco Whites Verhältnis zur Inquisition auch Tovar 2001.
212 Die *Letters from Spain* sind ursprünglich im *New Monthly Magazine* erschienen (vgl. Saglia 2002: 51 und Sweet 1997: 141–142).
213 Im Vorwort zu der zweiten Ausgabe seiner *Letters from Spain* (1825) bekennt sich José María Blanco White ausdrücklich nicht nur dazu, dass sein *Alter ego* Leucadio Doblado und der namenlose junge Kleriker ein und dieselbe Person seien, sondern auch dazu, dass ihre Erfahrungen seinen eigenen entsprechen. Hier heißt es wörtlich: „In short, Doblado and his inseparable friend, the Spanish clergyman, are but one and the same person; whose origin, education, feelings and early turn of thinking, have been made an introduction to the personal observations on his country, which [...] he again lays before the British public. Joseph Blanco White." (Blanco White 1825e: IV).

einer doppelten Brechung, nämlich in der Maske des für den angeblichen Reisenden Leucadio Doblado schreibenden jungen Priesters, dass Blanco sich hier zum katholischen Sakrament der Beichte äußert, und das zunächst in einer sehr persönlichen Art und Weise, in der Folge dann aber auch mit einem abstrahierenden Blick auf die zuvor erzählte konkrete Geschichte. So berichtet das streng katholisch erzogene Ich dieses Briefes, wie es im Alter von sieben Jahren an die Beichte herangeführt wurde, und wie bei dieser Gelegenheit gerade das Gegenteil dessen erreicht worden ist, was die frommen Eltern des Jungen bezweckt hatten:

> The effects of auricular confession upon young minds are, generally, unfavourable to their future peace and virtue. It was to that practice that I owed the first taste of remorse, while yet my soul was in a state of infant purity. My fancy had been strongly impressed with the awful conditions of the penitential law, and the word *sacrilege* had made me shudder on being told that the act of concealing any thought or action, the rightfulness of which I suspected, would make me guilty of that worst of crimes, and greatly increase my danger of everlasting torments. My parents had, in this case, done no more than their duty according to the rules of their church. But, though they had succeeded in rousing my fear of hell, this was, on the other hand, too feeble to overcome a childish bashfulness, which made the disclosure of a harmless trifle an effort above my strength.[214]

Wenn der Erzähler in der Folge berichtet, wie eine bei seiner ersten Beichte eben aus Schüchternheit verschwiegene kindliche Sünde sein Gewissen danach über Jahre hinweg belastet hat und wie die vermeintliche Schuld bei jeder darauffolgenden Beichte durch sein anhaltendes Schweigen nur umso größer wurde, dann, um die verheerende Wirkung des Sakraments auf die jugendliche Psyche anschaulich und seine Schlussfolgerung plausibel zu machen, dass dieses nichts sei als „an instrument to blunt the moral sense, by multiplying the subjects of remorse, and directing its greatest terrors against imaginary crimes".[215]

Der Vorwurf, den José María Blanco White hier (und an anderer Stelle) formuliert, bezieht sich in letzter Instanz darauf, dass die kirchliche Bußpraxis den Gläubigen entmündigt, indem sie sein eigentlich angeborenes moralisches Empfinden abstumpfen lässt und ihn in ständiger Abhängigkeit hält durch die Schuldgefühle, die innerhalb des Systems notwendigerweise unüberwindbar bleiben müssen.[216]

---

214 Blanco White 1822: 76 (ich zitiere im Folgenden nach dieser Ausgabe).
215 Blanco White 1822: 77–78.
216 Von der katholischen Kirche als „System" spricht Blanco ebenfalls in den *Letters from Spain*, wo es in diesem Zusammenhang beispielsweise heißt: „These fears are not peculiar to timid or weak characters: they are the legitimate consequences of a consistent and complicated system, and cannot be dispelled but by a decided rejection of the whole." (Blanco White 1822: 128–129). Vgl. auch die Ausführungen in der „Narrative" aus *The Life of the Rev. Joseph Blanco White*, wo der Autor ausdrücklich von der „church machinery" spricht (Blanco White 1845, Bd. I: 35).

Der Vorwurf wiegt umso schwerer, als Blanco in seinen autobiographischen Schriften und eben auch in den *Letters from Spain* besonderen Wert legt auf die Rolle der (aufgeklärten) Vernunft, die er immer wieder gegen den katholischen Aberglauben in Spanien ins Feld führt, etwa wenn er (wiederum in der Rolle des namenlosen jungen Priesters) seine eigene Entwicklung als die Geschichte einer sukzessiven Emanzipation durch die Lektüre von Büchern beschreibt: „From a state of mere animal life, I found myself at once possessed of the faculty of thinking [...]."[217] Die Entmündigung, welche die Beichte in Blancos Augen darstellt, konterkariert nun jeden Versuch, die eigene Freiheit auf einer solchen Befähigung zum Denken aufbauen zu wollen. Die Beichte wird damit zum zentralen Argument in dem Kampf, den José María Blanco White in der zweiten Hälfte seines Lebens gegen den Katholizismus spanischer Prägung kämpft: Seiner Meinung nach verhindert das Bußsakrament die Ausbildung eines Gewissens bei den Gläubigen; was wiederum im Falle Spaniens dazu beiträgt, dass das ganze Land moralisch insofern auf unsicherem Grund steht, als jeder Einzelne die Verantwortung für sich, sein Leben und seine Entscheidungen abgegeben hat an die höhere Instanz des Beichtvaters bzw. der Kirche.[218]

Diesen systematischen Mangel an Eigenverantwortung und Freiheit in der katholischen Kirche repräsentiert seiner Meinung nach niemand in so exemplarischer Art und Weise wie die Nonnen, die in der Abgeschiedenheit der Klöster ihr Dasein fristen und dort oft genug in eine noch größere emotionale und intellektuelle Abhängigkeit von ihren Beichtvätern geraten als die gewöhnlichen Gläubigen. Neben den Kindern, denen wie dem Icherzähler in dem dritten der *Letters from Spain* durch die Beichte Schuldgefühle eingeimpft werden, die sie gar nicht überwinden *können*, sind es deshalb in Blancos autobiographischen Werken die Nonnen, an deren Beispiel er seinen englischen Leserinnen und Lesern die verheerenden Auswirkungen der katholischen Bußpraxis am anschaulichsten vor Augen führen zu können glaubt. Über seine eigene Tätigkeit als Beichtvater in Sevilla schreibt er in diesem Zusammenhang in *The Life*:

> In a short time I found myself obliged to spend about two hours a-day (beside the time required to walk to distant convents) in listening, sometimes to the minute and anxious narrative

---

217 Blanco White 1822: 99–100. Vgl. etwa auch die „Despedida del autor de las Variedades", in der sich Blanco ausdrücklich als „criatura racional" beschreibt (Blanco White 1825b: 106).

218 Vgl. Blanco White 1845, Bd. I: 33 und 42–43. Hier heißt es: „in a country where every person's conscience is in the keeping of another, in an interminable succession of moral trusts, the individual conscience cannot be under the steady discipline of self-governing principle: all that is practised is obedience to the opinions of others, and even that obedience is inseparably connected with the idea of a dispensing power." (Blanco White 1845, Bd. I: 33) Nicht umsonst betont Blanco in den bereits zitierten Passagen, in denen es um die Beichte geht, immer wieder das Fehlen eines „moral sense" bei den Pönitenten (vgl. noch einmal Blanco White 1822: 77–78 und Blanco White 1999c: 10).

of a nervous recluse, who scarcely deemed herself safe from the crime and punishment of an insincere confession, when she had stated every thought, word, and deed, however innocent, which had occurred in the even tenor of her dull life, during the preceding week [...].[219]

Die Darstellung des Schicksals der Nonnen ist nun für Blanco White in seinen autobiographischen Schriften (und insbesondere in der ausführlichsten unter diesen Schriften, eben in *The Life*) von besonderer Bedeutung, weil sie es ihm ermöglicht, auch sein eigenes Schicksal als Priesteramtsanwärter und junger Priester anschaulich zu machen: Wie die in der zitierten Passage beschriebenen Nonnen in ihren Klöstern ist auch der junge José María eingesperrt in den engen und den Geist einengenden Sitten, Gebräuchen, Konventionen und Regeln des spanischen Katholizismus; ebenso wenig wie für sie existiert für ihn die Möglichkeit, den einmal eingeschlagenen Weg wieder zu verlassen und ein weltliches Leben zu beginnen.[220] Vor diesem Hintergrund ist die Beichte mit ihren entmündigenden Auswirkungen auf das Subjekt diejenige Praktik, in der sich für José María Blanco White die Macht der Kirche am deutlichsten zeigt. Dabei ist seine Herangehensweise an das Thema allerdings nicht frei von Widersprüchen: Während er dazu tendiert, in seiner Narration die Entmündigung der Nonnen sogar noch voranzutreiben, indem er sie implizit nahezu ausnahmslos als Hysterikerinnen charakterisiert (in der zitierten Passage beispielsweise mit dem Hinweis auf die nervöse Konstitution der Beichtenden), dienen ihm seine eigenen Erfahrungen als Beichtender dazu, eine wirkmächtige Erzählung über seinen früh schon sich manifestierenden Widerstand gegen die Mechanismen der kirchlichen Machtausübung zu entwickeln.[221]

So beschreibt er im ersten Teil von *The Life of the Rev. Joseph Blanco White* auch seine erste Generalbeichte als junger Mann. Im Unterschied zu der Passage über die erste Beichte im Alter von sieben Jahren aus den *Letters from Spain*, in der

---

219 Blanco White 1845, Bd. I: 66–67.
220 In *The Life of the Rev. Joseph Blanco White* beschreibt Blanco seine eigene Unfreiheit folgendermaßen: „To relinquish my profession was impossible: the law of the country forbids it, and construes a voluntary relinquishment of all priestly offices into a proof of heresy, punishable with death. Unless I quitted the country, my acting as a priest was inevitable." (Blanco White 1845, Bd. I: 112). Vgl. zu der von Blanco konstruierten Parallele zwischen seinem eigenen Schicksal und dem der Nonnen auch Kirkpatrick 2005: 73. Kirkpatrick betont, dass die beiden jüngeren Schwestern Blancos Nonnen gewesen seien, und dass diesen die auf diese Art und Weise in seiner unmittelbaren Umgebung erlebte Unfreiheit dazu veranlasst habe, sich dieser Frage besonders intensiv zu widmen:„las historias que cuenta sobre sus hermanas y las monjas que él confesaba sirven como elaboraciones figurativas de su propia experiencia [...]." (Kirkpatrick 2005: 73) .
221 Vgl. auch dazu Kirkpatrick 2005: 75–76. Kirkpatrick konstatiert im Zusammenhang mit der Entmündigung der Nonnen: „A través de los efectos de la confesión, en particular cuando son combinados con la reclusión monástica, las mujeres son asociadas a la sexualidad y la locura, a formas de sinrazón que esclavizan o anulan al sujeto racional." (Kirkpatrick 2005: 76).

es anlässlich der verschwiegenen kindlichen Sünden und des daraus erwachsenden schlechten Gewissens ja vor allem um die Unschuld des zur Beichte gezwungenen Kindes gegangen war, steht das Ich der autobiographischen Erzählung jetzt als denkendes und damit in der Konsequenz auch zum Widerstand fähiges Subjekt im Mittelpunkt. Es geht in der Geschichte über diese erste Generalbeichte um die Lektüre von verbotenen Büchern, konkret um eine Abhandlung des italienischen Gelehrten Lodovico Antonio Muratori aus der ersten Hälfte des 18. Jahrhunderts, die der junge Blanco von einem seiner Freunde geliehen bekommen hatte, die aber auf dem Index der spanischen Inquisition stand (obwohl das in Frage stehende Buch, wie der Autobiograph beteuert, einzig und allein in der Frage nach der unbefleckten Empfängnis Mariens nicht ganz im orthodoxen Sinne argumentiere). In seiner in diesem Fall tatsächlich mittels eines gedruckten Beichtspiegels vorbereiteten Generalbeichte sieht sich der junge Priesteranwärter deshalb mit der Notwendigkeit konfrontiert, nicht nur seine eigene Lektüre des verbotenen Buches anzugeben, sondern auch offenzulegen, von wem er es erhalten hatte.[222] Jahre später und aus dem sicheren Abstand des Exils berichtet er nun in seiner Autobiographie von der Situation, in der er sich damals befunden hat. Hier gibt er an, mit dem ersten Geständnis kein Problem gehabt zu haben: Dass er das indexierte Buch gelesen hatte, das konnte er vor seinem Beichtvater offenlegen; nicht aber, wer dessen eigentlicher Besitzer war. Angesichts des in den Fragen des Beichtspiegels angelegten Zwangs zum Denunziantentum regt sich der Widerstand des jungen Blanco White: „I well recollect the sort of trembling yet resolute courage with which I told him [the confessor], that I would rather ‚go to hell' than betray my friend."[223]

An dieser Stelle wird deutlich, dass Blancos Interpretation der Beichte als entmündigende Praxis (auf der seine in den autobiographischen Schriften immer wieder vehement vorgetragene Ablehnung des Sakraments gründet) einen entscheidenden Aspekt außer Acht lässt. Wenn Michel Foucault in den siebziger Jahren des 20. Jahrhunderts das institutionalisierte Bekenntnis als *die* Subjektivierungstechnik des modernen Menschen schlechthin interpretiert, dann lässt sich diese Lesart tatsächlich auch zur Erklärung des inneren Widerspruchs in Blancos Blick auf die Beichte heranziehen: Die durch seine Lektüren veranlasste Subjektwerdung des jungen Blanco findet erst in seinem (sich nicht umsonst auf ein Buch beziehenden) Widerstand gegen

---

222 Vgl. Blanco White 1845, Bd. I: 46.
223 Blanco White 1845, Bd. I: 47. Vgl. die knappe Zusammenfassung dieser Episode in Blancos „Sobre la Inquisición" von 1811. Hier heißt es: „Oh! yo no hablo de oídas. Yo tengo presentes las amarguras que he pasado en mi primera juventud; quando lleno de ardor por saber, y batallando entre mi timidez religiosa, y los sentimientos de un corazón honrado, entre el grito de mi razón, y los preceptos de un confesor, á quien escuchaba como órgano del cielo, preferí, lo que creía firmemente mi condenación, á delatar á un amigo." (José María Blanco White 1811b: 44).

die Praxis der Beichte ihre Vollendung; erst in der angeblich entmündigenden Beichte kann sich das Subjekt paradoxerweise überhaupt als solches äußern. Die Paradoxie wird in der Folge dadurch auf die Spitze getrieben, dass der durch seinen Gang ins englische Exil dem katholischen Bußsakrament eigentlich entkommene Blanco den Zwang zum Bekenntnis derart verinnerlicht zu haben scheint, dass er in der zweiten Hälfte seines Lebens kaum ein Werk veröffentlicht, das nicht mindestens passagenweise autobiographisch geprägt wäre und das nicht deutlich bekenntnishaften Charakter hätte. Seine explizite Ablehnung der Konfession („that debasing practice") kann also nicht darüber hinwegtäuschen,[224] dass er dieser Praktik zumindest in Teilen seine Subjektwerdung als junger Mensch verdankt, und auch nicht darüber, dass auch seine lebenslangen Bemühungen um die Formulierung seiner Subjektivität den in der Vorbereitung auf diese Praktik erlernten Vorgehensweisen viel zu verdanken haben.

José María Blanco White scheint die Ambivalenz in Kauf genommen zu haben, die seine autobiographischen Schriften mit ihrer expliziten Ablehnung der Konfession als herabwürdigender Praktik einerseits und ihrer impliziten Beibehaltung von deren Vorgehensweisen andererseits kennzeichnet; jedenfalls tauchen in diesen Schriften immer wieder Formulierungen auf, die durchaus nahelegen, dass er sich der Nähe zwischen seinen autobiographischen Erzählungen und der Beichte bewusst gewesen sein muss und dass diese Nähe womöglich sogar intendiert gewesen ist. So spricht Blanco immer wieder ausdrücklich davon, dass er „Geständnisse" zu machen gewillt sei, und er betont die Offenheit, die ihn beim Abfassen seiner autobiographischen Skizzen leite. In seinem Traktat gegen den Katholizismus von 1825, *Practical and internal Evidence against Catholicism*, heißt es in diesem Zusammenhang zum Beispiel wörtlich: „Alas! let the confession which I am going to make, be the unquestionable, though melancholy proof of my sincerity";[225] und auch in der populären Fassung dieses antikatholischen Traktats, *The poor Man's Preservative against Popery*, greift der Autor auf dasselbe Wortfeld zurück, wenn er schreibt: „I have never turned my back on my Master and Redeemer. I will, however, confess to you, that several years after I embraced the Protestant Religion, I was strongly tempted in my faith [...]."[226]

Angesichts dieser expliziten Bekenntnisse zum Bekenntnis ist es wenig erstaunlich, dass auch John Hamilton Thom, der Herausgeber von Blancos Autobiographie, diesen in einem 1841 in der unitarischen Zeitschrift *The Christian Teacher* erschei-

---

224 Blanco White 1845, Bd. I: 44.
225 Blanco White 1825f: 22.
226 Blanco White 1825g: 16. Diese Ambivalenz verkennt Lucienne Doumergue, die (zu) grundsätzlich auf Blancos Ablehnung der Beichte insistiert: „Même s'il lâche une fois le mot, avec précaution il est vrai, jamais Blanco n'aurait signé de ‚Confessions'." (Doumergue 1982: 113).

nenden Nachruf als „venerable Confessor" bezeichnet und dass er diese Beschreibung noch einmal dadurch validiert, dass er hinzufügt: „for no less he was".[227] Und auch der deutsche Theologe und Kirchenhistoriker August Neander, mit dem Blanco in den letzten Jahren seines Lebens in regem Austausch über Fragen einer neuen liberalen protestantischen Theologie gestanden hat, schreibt wenige Jahre nach dessen Tod gleich zu Beginn einer ausführlichen Rezension zu Blancos Autobiographie *The Life of Joseph Blanco White*, es handele sich dabei um die „Bekenntnisse [...] dieses merkwürdigen Mannes".[228] José María Blanco White, der ehemalige Beichtvater der Sevillaner Nonnen, der die Beichte so vehement wie kaum ein anderer ablehnte, entkommt der Beichte nicht – das machen diese Zuschreibungen und Charakterisierungen nur zu deutlich. Sie ist für ihn introspektive Gewohnheit, narrative Form und unausweichliche Praxis; und gerade weil es in seinen autobiographischen Schriften immer wieder um die Frage nach der Emanzipation des aufgeklärten Individuums aus der Sklaverei des Aberglaubens geht, ist die Introspektion zum Zweck der Selbsterkenntnis und das sich daran anschließende Bekenntnis auch immer wieder der erste Schritt, den dieses aufgeklärte Individuum auf seinem Weg zur Freiheit zu vollführen hat.[229] Aus diesem Grund nun sind Blancos autobiographische Schriften im Vergleich zu den Memoiren von Abbé Grégoire wesentlich persönlicher und deutlich subjektiver gehalten. Bei Blanco stehen nicht die historischen Ereignisse im Vordergrund, obwohl auch er sie erwähnt und obwohl sie auch für seine Erzählung zum Teil durchaus eine Rolle spielen.[230] Anders als bei Grégoire ist aber bei ihm in diesem Zusammenhang aber vor allem der Einfluss von Interesse, den diese Ereignisse auf das individuelle Bewusstsein und die subjektiven Empfindungen des autobiographischen Ichs haben; und weniger deren Bedeutung für den historischen Prozess. Zugleich manifestiert sich die stärker subjektive Prägung der autobiographischen Schriften Blanco Whites im Vergleich zu den Erinnerungen von Abbé Grégoire aber nicht zuletzt auch darin, dass Blanco im Verlauf seines Lebens in England immer wieder neue autobiographische „accounts" verfasst und publiziert;

---

[227] Thom 1841: 287.
[228] Neander 1846: 1. Vgl. zu der Beziehung von José María Blanco White und August Neander auch Durán López 2005a: 486–490.
[229] In Bezug auf die *Examination of Blanco by White* schreibt Alfredo Sosa-Velasco in diesem Zusammenhang: „Que Blanco rechace la confesión al ser adolescente muestra [...] una de las contradicciones sobre las que se construye el texto a nivel formal como a nivel interno. Mientras que Blanco pretende escapar de la confesión, White le obliga a Blanco a que se confiese." (Sosa-Velasco 2007: 291). Vgl. auch Loureiro 2000: 58. Loureiro schreibt über Blancos gebrochenes Verhältnis zur Konfession: „But his repudiation of Catholic confession in no way amounts to a renunciation of confessing, and this is precisely what Blanco will do over and over again in his writings."
[230] Der Einmarsch der französischen Truppen in Spanien im Jahr 1808 und die sich anschließenden Entwicklung sind beispielsweise von essentieller Bedeutung für Blancos Erzählung über sich selbst.

und schließlich auch darin, dass er seine schon existierenden Texte über sein Leben immer wieder hervorholt, um sie zu überarbeiten, zu kommentieren, neu zusammenzusetzen und dabei die zwischen den einzelnen Stadien der Bearbeitung durchlaufene Entwicklung oft genug als eine problematische zu kennzeichnen. Der stets aufs Neue auftretende Impuls zum autobiographischen Bekenntnis ebenso wie das ständige Überarbeiten der schon bestehenden Annäherungen an das eigene Leben können als ein Symptom dafür interpretiert werden, dass bei José María Blanco White die Frage nach seiner eigenen Subjektivität offensichtlich niemals zufriedenstellend beantwortet werden kann. Wo Grégoire noch von sich hatte sagen können: „toujours moi et n'appartenant à aucun parti",[231] kann es eine solche aus der Konstanz des eigenen Ichs resultierende Affirmation bei Blanco White nicht geben.[232]

Dies fällt vor allem im Falle des längsten und anspruchsvollsten unter diesen Texten, *The Life of the Rev. Joseph Blanco White*, ins Gewicht. Dieses postum veröffentlichte Werk zeugt nicht allein von dem beherzten *bricolage* des Herausgebers, der die drei Bände nach dem Tode Blancos aus den unterschiedlichsten Materialien wie Skizzen, Briefen und Auszügen aus Tagebüchern zusammengestellt hat. Vielmehr erweisen sich schon die beiden längeren autobiographischen Erzählungen, mit denen *The Life* einsetzt („Narrative of his Life" und „Sketch of his Mind"), bei genauerem Hinsehen als Palimpseste, in denen sich mehrere Bearbeitungsstufen und dadurch auch Zeitebenen überlagern.[233] Blancos Kommentare, seine später eingefügten Ergänzungen, Korrekturen und Selbstrevisionen lassen diese beiden autobiographischen Erzählungen als eine Art *work in progress* erscheinen, an dem er von 1830 an immer wieder gearbeitet hat und dessen tatsächlicher Abschluss wohl nur dem Tod des Autors im Jahr 1841 zu verdanken ist. So stellt Blanco in der „Narrative of his Life" und dem „Sketch of his Mind" immer wieder Querverbindungen zu seinen früheren, schon publizierten autobiographischen Versuchen her, indem er diese zitiert, rekapituliert und etwa ausdrücklich darauf verweist, bestimmte Geschichten bereits früher einmal erzählt zu haben: „In Doblado's Letters I have described my feelings during the performance of my first Mass, and, as age has added painfulness to these recollections, I must be excused from drawing up a second account of that deceitful but affecting scene."[234]

Eine andere, intensivere Form der Bearbeitung kennzeichnet dagegen diejenigen Passagen, in denen der Autor nicht wie hier den Leserinnen und Lesern

---

231 Grégoire 1837, Bd. I: 318.
232 Vgl. zu Grégoire und der Beständigkeit seines Ichs auch Kapitel 3.1.3 Die verfolgte Unschuld.
233 Vgl. zu dieser Interpretation der beiden autobiographischen Erzählungen als Palimpseste auch Muñoz 1999.
234 Blanco White 1845, Bd. I: 65.

seiner Erzählung bereits veröffentlichte Werke ins Gedächtnis ruft, um auf mögliche Veränderungen seiner Wahrnehmung in Bezug auf bestimmte Vorkommnisse hinzuweisen, sondern in denen er seine unveröffentlichten Tagebücher zitiert und kommentiert, um die gedanklichen und seelischen Prozesse selbst darstellbar zu machen, die solcherlei Veränderungen überhaupt erst bewirkt haben. Dieser Vorgehensweise bedient sich der Autobiograph vor allem in der zweiten der beiden längeren Erzählungen über sich selbst, die Eingang in die postum veröffentlichte Autobiographie gefunden hat, in „A Sketch of his Mind in England" nämlich. Tatsächlich stellt dieser von 1834 an verfasste Text aus der Feder José María Blanco Whites im Grunde nichts Anderes als eine eingehende Relektüre der eigenen Tagebücher seit seiner Ankunft in England dar. Die Tagebuchpassagen werden zitiert, kommentiert und interpretiert, und auf diese Weise zu einem neuen Text verwoben, in dessen gedruckter Fassung die unterschiedlichen Zeitebenen typographisch jeweils ein wenig abgesetzt erscheinen und der auf diese Art und Weise nicht zuletzt auch das Verstreichen der Zeit und deren Einfluss auf die Wahrnehmung thematisiert, die das Ich des Textes von sich selbst hat. So schreibt Blanco beispielsweise gleich am Anfang nach einem längeren Zitat aus seinen Tagebüchern von 1812:

> Many, many years have elapsed without my having read the preceding note. I confess that I have copied it under a strong perception of the ridicule to which its style and general tone may be exposed. But the re-perusal of the whole passage has raised a feeling of sincere gratitude in my heart, which overpowers all others. [...] I see the workings of my heart two and twenty years ago, and I recognize the hand of God in them.[235]

Auch hier ist es natürlich kein Zufall, dass der Kommentar zu den eigenen Aufzeichnungen von früher mit einem Hinweis auf dessen Geständnischarakter eingeleitet wird: Der Rückblick auf sein früheres Ich zwingt den Autobiographen dazu, sich mit den Überzeugungen und Gefühlen desjenigen auseinanderzusetzen, der er einmal gewesen ist; das Bekenntnis, seine früheren Äußerungen erschienen ihm jetzt in vielerlei Hinsicht lächerlich, ist zugleich ein Bekenntnis zu dem seither durchlaufenen Wandel. Der „Sketch of his Mind" folgt hier der klassischen Anlage vieler Autobiographien, die oft genug einen Umschwung, einen Bruch, eine Konversion und eine sich daran anschließende Metamorphose des Individuums zu ihrem Ausgangspunkt machen.[236] Blancos Text unterscheidet sich aber von dem kanonischen Modell insofern, als er sich mittels der Verweise auf seine anderen autobiographischen Texte und mittels der dadurch entstehenden Querverbindungen immer wieder klar als Teil einer größeren autobiographischen Anlage zu erkennen gibt. Auf diese Weise lassen die beiden großen Erzählungen aus *The Life of the Rev.*

---

235 Blanco White 1845, Bd. I: 243.
236 Vgl. Riley 2004: 1.

Joseph Blanco White, die „Narrative of his Life" und der „Sketch of his Mind", in vielerlei Hinsicht die Linearität vermissen, welche die klassischen Berichte über eine Konversion eigentlich kennzeichnet. Blancos immer wieder aufs Neue unternommene *réécriture* organisiert die eigene Geschichte eher in Schichten und als ein sich schichtenweise wiederholendes Kreisen um bestimmte Fragen denn als teleologisch voranschreitende Erzählung.[237]

Wenn der Autor seine Leserinnen und Leser im Verlauf der „Narrative of his Life" und des „Sketch of his Mind" deshalb immer wieder direkt anspricht und ihnen etwa Hinweise zum richtigen Verständnis seiner Ausführungen oder Ansätze zur Interpretation seiner Überlegungen liefert,[238] dann lassen sich diese Interventionen einerseits damit erklären, dass auch Blanco die später in *The Life of the Rev. Joseph Blanco White* zusammengefasste autobiographische Erzählung mit dem Ziel unternimmt, möglichen Verleumdungen nach seinem Tod vorzubeugen.[239] Darüber hinaus ist aber andererseits nicht von der Hand zu weisen, dass die Autobiographie von José María Blanco White mit diesen Leserapostrophen immer auch auf der Suche nach einer Art idealem Leser ist, und zwar gerade wegen ihrer Beeinflussung durch das Muster der Konfession: Offensichtlich sucht Blanco eine Leserin oder einen Leser, die oder der nicht nur all das zu verstehen im Stande wäre, was ihm da erzählt wird, sondern am Schluss womöglich sogar in der Lage sein könnte, dem Ich dieser Texte die Absolution zu erteilen. Angesichts der Tatsache, dass der Autobiograph immer wieder neu ansetzt, sein Leben zu erzählen und seine Verfehlungen zu beichten, muss aber zumindest zweifelhaft bleiben, ob es diesen idealen Leser geben kann. So sieht sich Blanco, der am Anfang der „Narrative of his Life" noch davon ausgegangen war, einen solchen idealen Leser in seinem Freund Richard Whately gefunden zu haben („The rest has to study me; you read me without prepa-

---

237 Und das, obwohl der unitarische Herausgeber von *The Life of the Rev. Joseph Blanco White*, Blancos Freund John Hamilton Thom, alles darangesetzt hat, die zu publizierenden Materialien für die autobiographische Sammlung so auszuwählen und zusammenzusetzen, dass die letzte Konversion des Autors hin zum Unitarismus als früh schon sich abzeichnend und in letzter Instanz zwingend erscheinen musste.
238 Etwa, wenn er sein Vorgehen mit den Worten kommentiert: „I am aware that the extracts of my Common Place Book which I have just inserted, and those which I am about to make, will be tiresome to some of my readers, and very painful to others", oder wenn er Parallelen zwischen seinen eigenen Überlegungen und denjenigen seiner Zeitgenossen entdeckt und sein Publikum ausdrücklich auf diese intellektuelle Nähe aufmerksam macht: „whoever will take the pains of reading the preceding pages, must be struck with the similarity of the course of his mind and mine, in matters of religion." (Blanco White 1845, Bd. I: 318 und 369).
239 In dieser einen Hinsicht ist Blancos Autobiographie den Memoiren von Grégoire nicht unähnlich.

ration.")²⁴⁰ nach dem Bruch mit diesem auf sich selbst zurückgeworfen. Blancos immer wieder aufs Neue unternommene Lektüre seiner eigenen Texte kann in diesem Zusammenhang als der Versuch interpretiert werden, als sein eigener Beichtvater zu fungieren. Zugleich macht aber die palimpsestartige Struktur seiner Aufzeichnungen nur zu deutlich, dass die Vorstellung kaum realistisch ist, mittels dieser Aufzeichnungen jemals wirklich zu einer „vérité au plus secret de lui-même" vordringen zu können. Anders als die anderen Sakramente ist die Beichte in der katholischen Kirche strukturell auf ihre Wiederholung ausgerichtet; und angesichts der Tatsache, dass deshalb die Absolution immer nur vorübergehend erteilt werden kann, endet auch der „Sketch of his Mind" in einer Volte, deren Ironie vor dem Hintergrund von Blancos ansonsten sehr wenig ironischer Herangehensweise überrascht: „I find when I look back on the long period of striving after moral improvement [...], a habit of dissatisfaction with myself, an unconscious tendency to represent myself much worse, in every respect, than a subsequent more cool and collected view shows that I had been",²⁴¹ schreibt José María Blanco White hier; und wenn sich hier das Ich der Skizze dafür anklagt, in seinen bisherigen Selbstanklagen zu streng über sich geurteilt zu haben, dann wird damit implizit sehr anschaulich gemacht, warum Blancos serielle Autobiographie zu seinen Lebzeiten zu keinem Abschluss kommen konnte. So funktioniert die kurze Passage wie eine *mise en abyme* des Prozesses, den sie beschreibt: Durch die Feststellung, er habe bisher immer zu streng über sich selbst geurteilt, fällt Blanco erneut ein Urteil, das er mutmaßlich später abermals für zu streng halten wird; und der auf diese Weise in Gang gesetzte Prozess kann wohl tatsächlich niemals zum Abschluss kommen. In dem Palimpsest der Autobiographie von José María Blanco White überlagern sich die Diskurse über ein Leben, dessen „vérité" im Widerspiel von Konversion und Konfession nur vorübergehend aufscheinen, aber nicht endgültig festgeschrieben werden kann. Auf diese Weise ist Blanco Whites autobiographische Auseinandersetzung mit sich selbst das Projekt einer dauerhaft unabgeschlossen bleibenden Subjektkonstitution, die sich gewissermaßen zyklisch in der immer neuen Annäherung an die Problematik des eigenen Ichs vollzieht.

3.2.2 Leben als Krise

„Que Blanco White se somete a sí mismo a una permanente y exigente reinterpretación no se puede negar",²⁴² stellt auch Fernando Durán López im Rahmen seiner

---

240 Blanco White 1845, Bd. I: 2. Vgl. zu Blancos Lektüren seiner selbst auch Loureiro 2000: 62–63.
241 Blanco White 1845, Bd. I: 383.
242 Durán López 2010: 85.

Auseinandersetzung mit der Blanco-White-Lektüre von Juan Goytisolo fest. Dabei sei allerdings die „manera angustiosa de autoexamen y continua reescritura" von dessen autobiographischen Texten (anders als das zum Beispiel Marcelino Menéndez Pelayo insinuiert) keineswegs einer krankhaften Instabilität und Wankelmütigkeit geschuldet; und trotz seiner existentiellen Zweifel sei José María Blanco White (anders als Juan Goytisolo vermutet) auch kein Vorläufer des Relativismus des 20. Jahrhunderts. Vielmehr könne Blancos ständige Infragestellung überkommener Wahrheiten (und damit eben auch seiner eigenen Wahrheiten) nur vor dem Hintergrund jenes aufklärerischen Optimismus verstanden werden, der ein ausgeprägtes Misstrauen gegenüber universellen Systemen mit einem festen Glauben an die Fähigkeit des menschliches Geistes zur Emanzipation verbindet.[243] Diese Interpretation mit ihrer emphatischen Betonung von Blancos Optimismus mag auf den ersten Blick paradox wirken, denn ihr Ausgangspunkt ist ja ausdrücklich die Erkenntnis, dass Blancos eingehende Gewissensprüfungen und die niemals zu einem Abschluss kommenden Relektüren seiner eigenen Texte etwas Angstvolles, Getriebenes, nahezu Obsessives haben. Dennoch zeigt die genauere Analyse der autobiographischen Werke von José María Blanco White, dass ihnen tatsächlich eine in einem in dem von Durán López angesprochenen Sinne optimistische Haltung zugrunde liegt.

Ein solcher aufklärerischer Optimismus manifestiert sich besonders in Blancos Erzählungen über seine Studienjahre in Sevilla. Obwohl die Emanzipationsbemühungen des jungen José María, von denen diese Erzählungen berichten, von den Konventionen der bürgerlichen Gesellschaft Sevillas und vor allem von den Restriktionen der katholischen Kirche stark eingeschränkt werden, entwickelt sich Blancos Geschichte in diesem Zusammenhang hin zu einer immer größeren Freiheit, die letztlich im Gang des Ichs ins freiwillige Exil in England ihren Kulminationspunkt findet. Auch wenn sich im Fortgang der Geschichte zeigen wird, dass die Bemühungen des autobiographischen Ichs um intellektuelle Unabhängigkeit mit der Ankunft in England keineswegs an ein Ende gekommen waren, ist dieser Schritt doch insofern essenziell, als er die von dem Autobiographen zeitlebens verfolgte Emanzipation von überkommenen Denkmustern gewissermaßen verräumlicht. So wird die Überfahrt von Cádiz nach Falmouth in Blancos autobiographischen Schriften zum Aufbruch in ein neues Leben stilisiert, bei dem die Wehmut des Abschieds schnell abgelöst wird durch die Freude des Neubeginns:

> I was under the British flag in the open sea, as the sun rose above the horizon. The beautiful town of Cadiz was sinking gradually behind the waters. A shade of melancholy passed over

---

243 Vgl. Durán López 2010: 86–89.

my mind, when I thought that I should never see those buildings again; and then I gave myself up to the sublime enjoyment of the solitary expanse before me.²⁴⁴

Im Sinne von Jurij Lotman konstituiert die von Blanco bei seinem Gang ins Exil vollzogene Grenzüberschreitung auf diese Weise das entscheidende Sujet der in seinen autobiographischen Schriften erzählten Geschichte.²⁴⁵ Implizit geht es in diesen Schriften immer auch um die Frage nach der eigenen Position zwischen den Nationalstaaten, zwischen den Kulturen und natürlich vor allem auch zwischen den Religionen. Wenn Blanco deshalb in seinen in der Autobiographie zitierten Tagebüchern immer wieder am Jahrestag seiner Ankunft in England innehält und zurückblickt,²⁴⁶ dann liegt das auch daran, dass erst diese Grenzüberschreitung die Möglichkeit für die Auseinandersetzung mit dem eigenen Leben geschaffen hat, wie er sie in der zweiten Hälfte seines Lebens so intensiv betreibt. Erst aus der Distanz des Exils heraus kann die Geschichte der eigenen Emanzipation als solche erkannt und beschrieben werden.

Der Autobiograph konstruiert diese Geschichte nun ausgehend von einer paradoxen Wendung, die den Gegensatz zwischen seinem eigenen frühen Drang nach Bildung und der ihn umgebenden bildungsfeindlichen Atmosphäre besonders anschaulich werden lässt. So ist es gerade der Wissensdurst des Jungen, der ihn dazu verleitet, nicht die kaufmännische Laufbahn einzuschlagen, die seine Eltern für ihn vorgesehen haben, sondern stattdessen Priester werden zu wollen: „I hated the counting house and loved my books. Learning and the church were, to me, inseparable ideas; and I soon declared to my mother that I would be nothing but a clergyman."²⁴⁷ Wenn er allerdings in der Folge rasch gewahr wird, dass nichts falscher sein könnte als seine ursprüngliche Annahme, die Kirche sei ein Ort der Bildung, dann wird dadurch die der Erzählung zugrundeliegende Diskrepanz zwischen dem Unwissen seiner spanischen Landsleute und seinem eigenen Streben nach Wissen nur umso größer: „To be a perfect stranger to literature is

---

244 Blanco White 1845, Bd. I: 164.
245 Vgl. zur Grenzüberschreitung und ihrer sujetbildenden Funktion in literarischen Texten Lotman 1993. Vgl. zum Potential des Lotmanschen Ansatzes und insbesondere zu dessen späterer Weiterentwicklung, bei der die Grenze zum „Übergangs- bzw. Begegnungsraum" umgedeutet wird und sich die bewegliche Figur „zur interkulturellen Übersetzerinstanz" entwickelt, auch Frank 2009: 67.
246 Vgl. etwa Blanco White 1845, Bd. II: 105. Hier schreibt Blanco am 3. März 1835: „This is the twenty-fifth anniversary of my arrival in England [...] My heart is grateful for the kindness of Providence, during the long period which I have passed in this country. I have been thinking on the great vicissitudes of my life: the sufferings, the troubles, the anxieties which I have gone through. In spite of them all, I am glad that I did not remain in Spain." Ähnlich äußert er sich zum Beispiel ein Jahr später (vgl. Blanco White 1845, Bd. II: 194).
247 Blanco White 1822: 81.

not, even now, a disgrace among the better class of Spaniards",[248] schreibt Blanco in den *Letters from Spain*, und in allen seinen autobiographischen Erzählungen macht er deutlich, dass dieser Mangel an Bildung von einer grundsätzlich geistfeindlichen Kirche nicht nur billigend in Kauf genommen, sondern vielmehr ausdrücklich befördert wird.

Vor allem die ausführlichen Beschreibungen der Exerzitien unter dem charismatischen Padre Vega, an denen der Autobiograph als Jugendlicher in Sevilla teilgenommen hat, dienen in diesem Zusammenhang dem Zweck, den Gegensatz zwischen (aufgeklärter) Vernunft und (unbewusstem) Gefühl schärfer zu profilieren, der Blancos Erzählungen über seine intellektuelle Emanzipation strukturiert. Dabei ist es kein Zufall, dass diese spirituellen Übungen in starkem Maße auf konfessionelle Praktiken setzen. Bei den Exerzitien wie bei der Beichte geht es darum, den Gläubigen als schuldig gewordenes Individuum in Abhängigkeit von eben jenem System zu halten, innerhalb dessen er agiert. Im Falle der von dem Pater angeleiteten mehrtägigen Exerzitien geschieht dies durch die emotionale Überwältigung des Einzelnen. So lässt der Geistliche die Gläubigen auf einer Art Reise ins Innere ihres Selbst ihre Verfehlungen rekapitulieren, malt ihnen die durch diese Verfehlungen provozierte Verdammnis in den grellsten Farben aus und hält die Pönitenten so lange in der Furcht vor den zu erwartenden Höllenqualen, bis die schließlich in Aussicht gestellte Erlösung sie nahezu in Ekstase versetzt. Im Verlauf des ganzen Prozesses werden die Gefühle der Gläubigen nicht nur durch die Rhetorik und die Gestik des Paters, sondern auch durch den absichtsvollen Einsatz von Musik, Kerzen und Bildern in einer Weise intensiviert, die kaum anders als manipulativ zu nennen ist.[249]

Blancos Evokation der seinerzeit erlebten Szenen lässt keinen Zweifel daran, für wie fragwürdig er diese bewusste Herbeiführung eines emotionalen Ausnahmezustands hält, und das umso mehr, als er seine eigene Geschichte nicht nur als diejenige einer Emanzipation im abstrakten Sinne erzählt, sondern diese Geschichte vielmehr sehr konkret als diejenige einer Emanzipation von den das Individuum zu sehr beherrschenden Gefühlen entwirft. Zu dieser besonderen Ausrichtung von Blancos Emanzipationsgeschichte konstatiert Ángel G. Loureiro:

> Obsessively exploring the territory of religious feelings, theological tenets, and familial and social attachments, Blanco retraces the struggle he endured to decolonize his affects, to re-

---

248 Blanco White 1822: 80.
249 Vgl. Blanco White 1845, Bd. I: 47. Hier schreibt Blanco: „The system was essentially the same from beginning to end, yet with this modification, that as, during the first half of the operation, every spring was put in motion to strike the mind with terror, so, during the second half, the object in view was a revulsion of feeling, consisting in that peculiar state of the mind, that devotional tenderness, which renders the mental faculties powerless, and reduces the moral being to the weakness of infancy."

lease them from the insidious and enduring governance of the church. In other words, the narrative(s) of his life may be characterized as an account of his discovery of the proper management of the imaginary, a reeducation of the affects that allows reason to prevail [...].[250]

Angesichts dieser von dem autobiographischen Ich deutlich empfundenen Opposition von Affekt und Ratio ist es nun nur folgerichtig, dass sich wie schon bei der Beichte auch bei den spirituellen Exerzitien sein Widerstand regt. Der affektive Überschuss, der eigentlich dem Zweck dienen soll, das Individuum willenlos und gefügig zu machen, bewirkt im Fall des Jugendlichen Blanco das Gegenteil. Obwohl er (wie er bekennt) nicht unbeeindruckt bleibt von dem performativen Aufwand, der bei den Exerzitien des Padre Vega betrieben wird, distanziert er sich doch ausdrücklich von der dabei zur Schau gestellten Devotion, die er nicht erst im Rückblick als „süßlich" und „rührselig" empfindet.[251] Mittels der Geschichte von den Exerzitien kann der Autobiograph auf diese Weise veranschaulichen, dass und wie sehr der Kampf zwischen Gefühl und Vernunft, der seine autobiographischen Erzählungen im Ganzen strukturiert, zu allererst im Inneren des Individuums selbst ausgefochten sein will: „The effect of this mystic discipline upon my mind and feelings was certainly powerful, but there was a secret source of resistance which fortunately opposed the direct tendency of that part of my education, else my warm temper might have made me a perfect visionary",[252] schreibt er in der „Narrative of his Life", und auch wenn die widerstrebenden Kräfte hier nicht ausdrücklich benannt, sondern allenfalls umschrieben werden, wird doch deutlich, dass mit der dem vagen Mystizismus der Exerzitien entgegenstehenden „secret source of resistance" die Vernunft des jungen Blanco y Crespo gemeint sein muss.

Blanco spricht in diesem Zusammenhang im Rückblick von der „animal affection", die ihn bei den Exerzitien abgestoßen habe, und verweist damit darauf, dass seine Vorstellung vom Menschen insgesamt auf der Annahme beruht, dass dieser allein als vernunftbegabtes Wesen im Unterschied zu den Tieren in der Lage ist, seine Affekte zu kontrollieren und zu reflektieren. Es kann kein Zweifel daran bestehen, dass sich José María Blanco White mit dieser Perspektive in eine Traditionslinie stellt, die in der Aufklärung ihren Ausgang nimmt.[253] Tatsächlich ist die gedankliche

---

250 Loureiro 2000: 48.
251 Vgl. Blanco White 1845, Bd. I: 49 (hier werden die Adjektive „cloying" und „mawkish" verwendet). Vgl. zu den performativen Aspekten der Devotion auch 26–27. Hier formuliert Blanco (in einem anderen Kontext) ausdrücklich: „From the age of fourteen [...] I had a daily task of devotion to perform [...]."
252 Blanco White 1845, Bd. I: 48.
253 Der von Immanuel Kant formulierte aufklärerische Wahlspruch, „Sapere aude! Habe Muth, dich deines eigenen Verstandes zu bedienen!", fasst Blancos Überlegungen in diesem Zusammenhang bündig zusammen (vgl. Kant 1784). Vgl. dazu auch Gerlach 2004.

Nähe des jungen José María Blanco y Crespo vor allem zur französischen Aufklärung in der Forschung immer wieder hervorgehoben worden.[254] Er selbst zitiert in seiner Autobiographie offensichtlich geschmeichelt einen spanischen Zeitgenossen, der ihn als „an enlightened man" bezeichnet hatte,[255] und bekennt sich zu dem Einfluss, den die „large collection of French prohibited books" eines Freundes auf seine intellektuelle Entwicklung ausgeübt habe (nicht ohne hervorzuheben, dass die Gefahr einer Verfolgung durch die Inquisition die Attraktivität dieser Sammlung für ihn nur noch gesteigert hat).[256] Dabei liegt seiner Darstellung einmal mehr die binäre Struktur zugrunde, die der Suche des jungen Priesteramtskandidaten nach Wissen und Bildung und seinem Bemühen um die Fortentwicklung seiner Vernunft die strukturelle Geistfeindschaft nicht nur der Kirche, sondern der ganzen Gesellschaft entgegensetzt. Der Umstand, dass die Inquisition eine staatliche Institution gewesen ist und dass sich deshalb in deren Verfolgung jeglicher Heterodoxie auch die unlösliche Verbindung von Kirche und Staat manifestiert, die das Spanien seiner Jugend in Blancos Augen so klaustrophobisch eng machte, lässt die strukturelle Opposition von Geist und Gefühl, Vernunft und Aberglauben, Wissen und Unwissen in seinen autobiographischen Schriften dabei nur umso zwingender erscheinen.

Wie zentral die Rolle des *Tribunal del Santo Oficio* im Zusammenhang mit dieser für Blanco White so wichtigen Frage nach dem Wissen und dem Unwissen ist, das zeigt eine Episode in seiner „Narrative of his Life", mit welcher der Autobiograph seine Erzählungen über die Zeit seiner Jugend in Spanien beschließt. Im Vorfeld der fraglichen Szene hatte er berichtet, wie die *Junta Central* in Sevilla während der napoleonischen Besetzung Spaniens seine Stellungnahmen als politischer Redakteur des *Semanario Patriótico* missbilligte, wie sie ihn wegen der in diesen Artikeln zum Ausdruck gebrachten jakobinischen Überzeugungen bedrängte, und wie die Zeitschrift schließlich nach verschiedenen Versuchen der Einflussnahme und Zensur

---

254 Unter anderem von Vicente Lloréns, von Ángel G. Loureiro, von André Pons, von Fernando Durán López und Martin Murphy (vgl. Lloréns 1967a: 140, Loureiro 2000: 31–32, Pons 2002, Durán López 2005a: 90–92 und Murphy 1989: 29).
255 Blanco White 1845, Bd. I: 135.
256 Blanco White 1845, Bd. I: 115–116. Vgl. zu Blancos Verhältnis zur Inquisition noch einmal Tovar 2001. Vgl. insbesondere zu der Frage nach dem Einfluss der Inquisition auf die Form, wie gelesen wird, abermals Lloréns 1967a: 140. Lloréns schreibt hier: „El lector de un libro ¿lo lee de la misma manera cuando circula libremente que cuando lo sabe prohibido? No. La lectura del libro prohibido es, por decirlo así, una lectura anormal, donde se mezcla la fruición con la irritación, tanto más intensa una y otra cuanto más valioso sea el libro." Vgl. allgemein zum Einfluss der französischen Aufklärung auf Blanco auch dessen eigene Darstellung in der *Examination* (Blanco White 1999c: 20).

im August 1809 eingestellt wurde.[257] Damit steht die sich anschließende Szene bereits in einem Kontext, in dem nicht nur die aufklärerischen Prinzipien selbst (in Gestalt des von Blanco in dieser Zeit vertretenen politischen Jakobinismus),[258] sondern eben auch der Versuch von deren Zensur eine wichtige Rolle spielt (auch wenn die zensierende Institution in diesem Fall nicht die Inquisition ist, sondern die Staatsgewalt, welche die *Junta Central* in der Zeit unter der napoleonischen Besetzung in den nicht von den Franzosen kontrollierten Gebieten verkörperte). Die Schlüsselszene, die nun auf diese Schilderung der Situation in Sevilla in der Zeit der napoleonischen Besetzung Spaniens folgt, stellt angesichts des sich unmittelbar daran anschließenden Aufbruchs des autobiographischen Ichs nach England den Endpunkt eines Lebensabschnitts dar und markiert zugleich den Übergang in eine andere Phase, in ein neues Leben. Es ist deshalb kein Zufall, dass José María Blanco White darin die Frage nach der Zensur und damit auch diejenige nach den Möglichkeiten des Individuums zur intellektuellen Emanzipation noch einmal neu beleuchtet.

Die in Frage stehende Passage in seiner „Narrative of his Life" setzt einmal mehr eine Überschreitung von Grenzen in Szene und wirbelt dabei im Wortsinn und bildlich gesprochen eine Menge Staub auf. So berichtet Blanco White, wie er 1809 unversehens die Gelegenheit bekommt, die von der Inquisition über die Jahre hinweg konfiszierten Bücher nicht nur einzusehen, sondern sich sogar in den Besitz von Teilen dieser in einem Abstellraum dem Vergessen überantworteten Bibliotheken zu bringen. Die Szene, so wie sie Blanco in seiner autobiographischen Erzählung evoziert, ist nun deutlicher als die meisten anderen Passagen darin literarisch stilisiert. Der Autobiograph bleibt zwar weiterhin so sachlich, wie es seinem Bemühen um eine möglichst weitgehende Kontrolle seiner Affekte entspricht, aber dennoch scheint die Art und Weise, wie er die grundlegenden Themen seiner Auseinandersetzung mit dem eigenen Leben verhandelt, hier freier und fantasievoller zu sein als sonst. So stellt er in der Erzählung über seinen Besuch in der Abstellkammer der Inquisition die dort wahllos durcheinander geworfenen Bücher wörtlich als „Gefangene" dar,[259] und er setzt die Befreiung dieser Gefangenen aus ihren Verliesen geschickt in Szene durch die ausführliche Beschreibung des Staubs, der sich auf den im Verborgenen gehorteten Bänden abgelagert hat, und der Bücherwürmer, die diese ihrer angeblichen Gefährlichkeit zum Trotz systematisch zerkleinern. Sein Blickwinkel ist dabei offensichtlich ein doppelter: Zum einen

---

257 Vgl. Blanco White 1845, Bd. I: 148–151. Vgl. zum historischen Hintergrund auch Durán López 2005a: 138–140.
258 Vgl. zu den aufklärerischen Lektüren Blancos und zu deren Auswirkungen auf den politischen Jakobinismus, dem er in jungen Jahren anhing, noch einmal Lloréns 1967a: 140.
259 Blanco spricht explizit von den „liberated captives", die er in den Händen seiner Freunde in Spanien zurückgelassen habe, als er sich nach England einschiffte (Blanco White 1845, Bd. I: 154).

spricht zu den englischen Leserinnen und Lesern der Autobiographie der Bücherliebhaber, der seine Freude über die unerwarteten bibliophilen Funde nicht verbergen kann; zum anderen spricht aber auch das unterdrückte Individuum, das in dieser Szene endlich einmal über die es unterdrückende Institution triumphieren kann. Angesichts der Tatsache, dass beide Blickwinkel in einem unmittelbaren Zusammenhang mit der Frage nach der Opposition von Wissen und Nichtwissen stehen, welche die Autobiographie zentral verhandelt, ist es deshalb nicht erstaunlich, dass das einzige aus dem Verlies befreite Werk, das Blanco namentlich erwähnt, die *Encyclopédie* von Denis Diderot und Jean Le Rond d'Alembert ist. Dieses Schlüsselwerk der europäischen Aufklärung war von der Inquisition in Sevilla offensichtlich gleich zwei Mal konfisziert und in der Folge durchaus auch hin und wieder konsultiert worden, wie Blanco White konstatiert. Wenn er es jetzt entstaubt und vor dem Zugriff der Würmer in Sicherheit bringt, dann darf diese Intervention getrost in einem symbolischen Sinne verstanden werden: Für ihn selbst schließt sich an die Szene in den Bücherverliesen der Inquisition der Aufbruch in ein neues Leben an, während die Tage der Existenz des *Santo Oficio* zu diesem Zeitpunkt bereits gezählt sind (wie er nicht versäumt zu erwähnen).[260]

Dessen ungeachtet bleibt die Inquisition für José María Blanco White aber ein durchaus virulentes Thema (wie sie das aus unterschiedlichen Gründen auch für seine Zeitgenossen Abbé Grégoire und fray Servando Teresa de Mier gewesen ist). So ist die erste autobiographische Erzählung des exilierten Autors ein Brief, den dieser ein Jahr nach seiner Ankunft in England in seiner Zeitschrift *El Español* in London veröffentlicht.[261] Schon dessen Titel, „Sobre la Inquisición", deutet auf die Bedeutung hin, die der fraglichen Institution im Zusammenhang mit den in diesem Brief erstmals literarisch entwickelten Kindheits- und Jugenderinnerungen zukommt. Blanco White reagiert mit dem Schreiben auf die Zuschrift eines Lesers von *El Español*, der ihn als Herausgeber der Zeitschrift gefragt hatte, ob die Inquisition in der Gegenwart des Jahres 1811 denn wirklich noch zu fürchten sei. Die Zielsetzung dieses Textes ist auf den ersten Blick also nur bedingt autobiographischer Natur; vielmehr greift José María Blanco White auf beispielhafte Versatzstücke aus seinem Leben zurück, um eine politisch-programmatische Stellungnahme argumentativ zu untermauern. Dennoch steht der autobiographische Impuls, der sich in dem kurzen Text Bahn bricht, in einer offensichtlich so engen Verbindung mit dessen politischem Thema, dass schnell deutlich wird, wie wenig beides für den

---

260 Vgl. zum Ende des *Santo Oficio* auch den Anfang von Kapitel 2.1 Historiographie im Zwischenraum. Vgl. zur von der Inquisition ausgeübten Zensur Kapitel 4.1 Fray Servandos reisende Bibliothek.
261 Das Projekt der Zeitschrift *El Español* schließt in gewisser Weise an Blancos journalistische Bemühungen im *Semanario Patriótico* aus Sevilla in den Jahren vor seinem Gang ins Exil an (vgl. zu diesen beiden Zeitschriftenprojekten Pons 2002).

Autor voneinander zu trennen gewesen ist. Wenn Blanco auch hier knapp von seinem Abstieg in die Verliese des *Santo Oficio* berichtet, und wenn der dort gefundenen *Encyclopédie* auch hier eine Schlüsselrolle zukommt,[262] dann hat das in dem Argumentationszusammenhang des Briefes an den (tatsächlichen oder fingierten) namenlosen Leser von *El Español* insofern seine Logik, als darin die Inquisition als mittlerweile selbst von den Ideen und Vorstellungen der Aufklärung beeinflusst beschrieben wird.[263] Die Exemplare der *Encyclopédie* in den Bücherverliesen wären vor diesem Hintergrund so etwas wie der letzte Beweis für die unaufhaltsame Infiltration aufklärerischen Gedankenguts in die Gesellschaft. Zugleich lässt Blanco White aber keinen Zweifel daran, dass sich im Umgang der Inquisition mit den verbotenen Büchern trotzdem weiter genau der Mangel an Freiheit und Toleranz abzeichnet, der die Institution seit jeher gekennzeichnet hat.[264]

Blancos Argumentation in der „Carta sobre la Inquisición" ist genuin aufklärerisch, weil er das darin formulierte Plädoyer für unbedingte Meinungsfreiheit mit der grundsätzlich vernünftigen Anlage des Menschen begründet: Richtige Ideen setzten sich ohnehin immer durch (da könne die Zensur also nichts verhindern), und falsche Ideen könnten niemals ein ganzes Volk blenden und täuschen (da sei also keine Zensur nötig). Das Verbot von Büchern dagegen schaffe ein Klima der Angst und des Misstrauens, in dem Vergehen gedeihen könnten, die unter anderen Umständen gar keine wären: „Mui poco ha de saber de moral, y mui ignorante ha de ser el corazon del hombre, el que dude de los perversos efectos, que tienen en él los remordimientos por crímenes, que no lo son, y que se hacen consistir en acciones difíciles de evitar."[265] Die Geschichte seiner eigenen Jugend dient in diesem Zusammenhang dazu, die abstrakten Überlegungen zu den Auswirkungen der Zensur auf die Psyche des Individuums zu konkretisieren. Der Widerstreit zwischen Vernunft und Affekt, der Blancos autobiographische Schriften grundsätzlich strukturiert, findet an dieser Stelle noch eine weitere Ausprägung: Auch die Schuldgefühle des Individuums, wie sie durch die Beichte oder die spirituellen Exerzitien begründet und wie sie durch die Zensur zusätzlich befördert und internalisiert werden, sind ja auf der Ebene des Affekts angesiedelt; auch diese Gefühle sollten also durch den bewuss-

---

262 Vgl. Blanco White 1811b: 45.
263 Wobei Blanco allerdings deutlich macht, dass sich letztlich weniger die Inquisition verändert habe als vielmehr die Menschen. Nicht die Inquisition verzichte aus Einsicht darauf, Häretiker auf den Scheiterhaufen zu schicken, sondern die Menschen seien inzwischen weniger bereit, für ihre Überzeugungen mit dem Leben einzustehen.
264 Vgl. zu Blancos Kritik an der Inquisition auch die entsprechenden Passagen aus dem dritten Brief seiner Letters *from Spain* (Blanco White 1822: 109–112).
265 Blanco White 1811b: 44. Fernando Durán López zufolge lässt sich Blancos Argumentation in diesem Brief im Kontext des spanischen Jansenismus situieren (vgl. Durán López 2005a: 208–209). Vgl. zu Blancos Beziehung zum Jansenismus auch Fillafer 2019: 143.

ten Einsatz der Ratio eliminiert werden können. Das allerdings gelingt José María Blanco White bei weitem nicht immer, wie nicht zuletzt die konfessionelle Struktur seiner autobiographischen Schriften beweist. Dass diese dadurch vor allem davon zeugen, dass und wie sehr der abtrünnige Priester zeitlebens gelitten hat, findet seine Erklärung deshalb auch in diesem unauflösbaren Widerspruch:

> [S]elf-reproach, whenever I deserved it, was more than enough to make me miserable. But my circumstances, and the state of Spanish Society could not but involve me in courses which ended in remorse. A protracted struggle, which I must not describe, occasioned the first attack of a disease, which having revived in England, under anxieties of another kind, has for many years kept me in constant suffering and weakness.[266]

Blancos „constant sufferings" sind ein Thema, das sich wie ein roter Faden durch seine Texte über sein Leben zieht.[267] Die Art und Weise, wie dieses Thema in der zitierten Passage der „Narrative of his Life" eingeführt wird, zeigt nun deutlich, dass die körperlichen Gebrechen des autobiographischen Ichs in einer engen Verbindung stehen mit seinen seelischen Leiden. Oft genug stellt Blanco White selbst implizit eine solche Korrelation zwischen psychischen Krisen und physischer Schwäche her, etwa wenn er in seinem „Sketch of his Mind in England" „[t]he weakness, pain, and general distress under which I was constantly suffering [...]" erwähnt, oder wenn er in demselben Text an anderer Stelle in einer positiveren Wendung „an improving state of mind and health" verzeichnet.[268] Dabei ist auffällig, dass die immer wieder auftretenden Krisen Blancos Produktivität durchaus keinen Abbruch tun. Selten notiert er, dass er so krank oder so niedergeschlagen gewesen sei, dass er nicht mehr habe lesen oder arbeiten können; häufiger sind die Passagen, in denen er betont, er habe die Arbeit trotz starker Beeinträchtigungen fortgesetzt.[269] Blancos Biograph

---

[266] Blanco White 1845, Bd. I: 118.
[267] Etwa in *Practical and internal Evidence against Catholicism*, wo die Rede ist von „the declining state of my health", „my growing infirmities" und „the continual sufferings" (Blanco White 1825f: 22); oder auch in *The poor Man's Preservative against Popery*, wo es heißt: „I lost my health soon after my arrival in this country" (Blanco White 1825g: 24). Am explizitesten und am ausführlichsten setzt sich Blanco in seinem „Sketch of his Life in England" mit seinem Leiden auseinander. Als Beispiele seien hier nur drei Textstellen angeführt: „The disease which began to develop itself in my digestive organs soon after my arrival in England, had made a rapid progress during the four years of excessive mental labour and anxiety which I had passed in London. I was now in constant suffering, and could hardly get rest at night", „[M]y illness had so increased that I could hardly stand on my feet", und „I was reduced to the utmost debility" (Blanco White 1845, Bd. I: 283, 336 und 312).
[268] Blanco White 1845, Bd. I: 318 und 379.
[269] Einen vorsichtigen Hinweis auf bisweilen unterbrochene Lektüren gibt Blanco im „Sketch of his Life", wenn er schreibt: „Nothing therefore but my bodily sufferings could interfere with my studies" (Blanco White 1845, Bd. I: 376).

Martin Murphy geht in diesem Zusammenhang sogar so weit zu vermuten, dass die Schmerzen, die der Autor zu erdulden gehabt hat, nicht nur kein Hindernis für dessen intellektuelle Tätigkeit gewesen seien, sondern diese sogar noch befördert hätten.[270] Wenn das tatsächlich der Fall gewesen sein sollte, dann lässt sich dieser Umstand sicher nicht allein mit Blancos ausgeprägtem Pflichtgefühl begründen,[271] sondern dann gilt es auch die Besonderheit der Texte in den Blick zu nehmen, in denen der Autor so explizit über sein Leiden schreibt, und das vor allem in einem gattungstheoretischen Sinne. Tatsächlich hat die radikale Offenlegung seiner psychischen und physischen Probleme vor allem in den späten autobiographischen Skizzen aus *The Life* manche Zeitgenossen nachhaltig irritiert. Insbesondere Blancos früherer Freund, der Dubliner Erzbischof Richard Whately, reagierte nach der Veröffentlichung dieser Texte aus dem Nachlass empfindlich. So schreibt Whately 1845 in einem Brief: „That the present publication surpasses the average in bringing before the public what is most emphatically private,– in the indecent exposure of the private memoranda of an invalid in a diseased state of mind,– this will be evident to any one who gives but the slightest glance to the book."[272]

Allerdings ist das, was Whately als krankhafte Selbstentblößung empfunden zu haben scheint, in der Logik von Blancos autobiographischen Schriften durchaus konsequent. So geht es José María Blanco White in seinen Erinnerungen ja ausdrücklich *nicht* darum, die öffentliche Seite seines Lebens nachzuzeichnen, wie das Abbé Grégoire in seinen Memoiren getan hatte. Wenn Blanco schreibt: „But I am not writing the history of public events. I wish only to answer the unfair surmises which have been thrown out against me", dann bedeutet das auch, dass er der Introspektion und der Analyse seines Ichs notwendigerweise großen Raum zugestehen muss, um sein Ziel erreichen zu können.[273] Die Konversionen, um die alle autobiographischen „accounts" von Blanco White kreisen und die dieser sowohl im Spanischen als auch im Englischen meistens mit dem Wort „Wandel" oder „Wechsel" beschreibt,[274] erweisen sich vor diesem Hintergrund als die Kulminationspunkte der ihnen vorangehenden jeweiligen Krisen. Sie sind um den Preis der seelischen Schmerzen und körperlichen

---

270 Vgl. Murphy 1989: 195.
271 Obwohl „duty" eines der in *The Life* am häufigsten auftauchenden Wörter ist (vgl. etwa Blanco White 1845, Bd. I: 64, 113, 132, 226–227 und 230).
272 Whatelys Brief wurde von dem Herausgeber von Blancos Autobiographie, John Hamilton Thom, in einem Aufsatz veröffentlicht, in dem sich dieser gegen die Anschuldigung zur Wehr setzt, er habe José María Blanco White für seine eigenen (unitarischen) Ziele instrumentalisiert (vgl. Thom 1867: 94). Vgl. auch dazu Murphy 1989: 195.
273 Blanco White 1845, Bd. I: 143. In *Practical and internal Evidence* hatte Blanco sein Vorgehen wörtlich eine „moral dissection of myself" genannt (Blanco White 1825f: 8).
274 Im Spanischen spricht er von „mudanza de opinions" (Blanco White 1825b: 302), im Englischen von „change" (zum Beispiel in Blanco White 1845, Bd. I: 108, 243, 361, 372).

Gebrechen erkauft, und die Tatsache, dass dieser Prozess ebenso wenig wie der parallel dazu verlaufende Prozess der autobiographischen Introspektion jemals zum Abschluss kommen kann, lässt vermuten, dass in Blancos lebenslanger Suche nach einem „resting place" vor allem der Wunsch nach einem Rückzugsort für seine bedrängte Seele zum Ausdruck kommt.[275]

Trotzdem hat bei näherem Hinsehen die Offenheit durchaus Grenzen, die Blancos Selbsterforschungen kennzeichnet und die auf Zeitgenossen wie den Erzbischof von Dublin so schockierend gewirkt hat. Tatsächlich ist Blanco weit davon entfernt, in seinen autobiographischen Schriften sein Innerstes nach außen zu kehren, und auch dieser Umstand hat selbstverständlich wieder mit seiner Privilegierung der Vernunft vor dem Affekt zu tun. So erwähnt der Autobiograph zwar durchaus an bestimmten Stellen die emotionale Verfassung, in der er sich befinde (insbesondere, wenn er über seine Glaubenszweifel und Gewissenskrisen schreibt oder auch, wenn er in Ausnahmesituationen wie dem Gang ins Exil mit widerstreitenden Gefühlen konfrontiert ist). Er bekennt sich auch zu freundschaftlichen und verwandtschaftlichen Bindungen und Beziehungen und räumt namentlich der tiefen Liebe zu seinen Eltern viel Raum ein (einer Liebe, die immer von der Angst begleitet war, den geliebten Eltern Kummer zu bereiten). Trotzdem spart er aber wesentliche Elemente und Aspekte seines Gefühlslebens aus und kommentiert allenfalls den Umstand der Auslassung, nicht aber die in Frage stehenden Gefühle selbst.

Die größte Lücke ist hier im Zusammenhang mit Blancos Privatleben und namentlich mit den Beziehungen zu verzeichnen, die der junge Mann noch in Spanien und vor allem in seinen Jahren in Madrid (1805–1808) eingegangen war. So gibt er zwar in einem zu einem späten Zeitpunkt in seinem „Sketch of his Life in England" zitierten Tagebucheintrag über seinen 1809 geborenen Sohn zu Protokoll, dieser sei „a very promising lad",[276] zugleich schweigt er sich aber über dessen Mutter sowie über die näheren Umstände der Ankunft des Sohnes in England und die Einzelheiten seiner Beziehung zu diesem Kind aus. In den frühen autobiographischen Versuchen sind diese und ähnliche Lücken noch auffälliger als in *The Life*: In den meisten davon wird der junge Ferdinand White überhaupt nicht erwähnt. Einzig und allein die *Examination of Blanco by White* unterscheidet sich von den anderen „escritos autobiográficos menores" dadurch, dass José María Blanco White in der darin vorgenommenen intensiven Selbstbefragung auch an die ansonsten vermie-

---

[275] Obwohl für den exilierten Blanco, der in seinen englischen Jahren nur selten einen eigenen Haushalt geführt und der viel häufiger als Gast bei Freunden gelebt hat, durchaus auch der Wunsch nach einem Zur-Ruhe-Kommen im wörtlichen Sinne eine Rolle gespielt haben mag (die Formulierung „resting place" stammt aus Blanco White 1825g: 21).
[276] Blanco White 1845, Bd. I: 398.

denen Themen rührt.[277] Dessen ungeachtet fallen aber auch bei der Lektüre dieses Werkes vor allem die Dinge auf, die der Autor *nicht* sagt (was sich in diesem besonderen Fall allerdings auch damit erklären lässt, dass der Herausgeber, der Blancos Text Ende des 20. Jahrhunderts veröffentlicht hat, dessen im Nachhinein vorgenommene Überarbeitungen kenntlich macht und kommentiert). Auf diese Weise wird deutlich, dass Blancos ständige Relektüre seiner selbst nicht nur zu umfangreichen Revisionen von bereits Geschriebenem, sondern oft genug auch zu Auslassungen und nachträglichen Streichungen geführt hat. Die Beschreibung einer (mutmaßlich venerischen) Krankheit, die den jungen Priester kurz nach seiner Ankunft in Madrid im Jahr 1805 für mehr als zwei Monate ans Bett gefesselt hatte, endet deshalb beispielsweise mit dem Satz: „When fully recovered I renewed with fresh ardour the pursuit of boisterous pleasures", auf den wiederum eine Reihe von Auslassungszeichen und der Kommentar des Herausgebers folgen, im Anschluss seien mehrere Seiten aus dem Manuskript ausgeschnitten worden mit dem Hinweis, ihre Lektüre hätte für die Leserinnen und Leser (oder für einen bestimmten Leser?) unnötig schmerzhaft sein können.[278]

Wenn deshalb die autobiographischen Texte José María Blanco Whites dank ihrer sich an einem konfessionellen Muster orientierenden Anlage in deutlich stärkerem Maße als etwa die Erinnerungen von Abbé Grégoire einer modernen (und das heißt auch gebrochenen) Subjektivität Ausdruck verleihen, dann gilt das vor allem in Bezug auf die Position des Subjekts im Zusammenhang mit Glaubensfragen und die sich daraus ergebenden Wandel und Wechsel. Hier ist der Autor offen, hier bekennt er sich ohne Umschweife. Zugleich hindern ihn aber sein Beharren auf seiner Rationalität und seine sich daraus ergebenden Bemühungen um die Kontrolle seiner Gefühle daran, auch in anderen Belangen das öffentliche Geständnis zu suchen; und das umso mehr, als er immer wieder angibt, nicht über die Ausdrucksmittel zu verfügen, die es ihm erlauben würden, auch die Ebene der schwer nur kontrollierbaren

---

[277] Vgl. dazu Loureiro 1999: 4. Loureiro argumentiert, die Darstellung von Blancos Leben falle in diesem frühen autobiographischen Text ehrlicher aus als in den späteren Werken, weil der Autor mit seinem Abfall vom Glauben und den erotischen Eskapaden seiner jungen Jahre zwei Probleme behandelt, für die er auch im Rückblick noch keine befriedigende Erklärung habe finden können.
[278] Vgl. Blanco White 1999c: 24 und 37. Der Herausgeber beruft sich hier auf Martin Murphy, der insinuiere, der Leser, dem durch die ausgeschnittenen Seiten Schmerzen erspart werden sollten, sei Blancos Sohn gewesen. Vgl. im Zusammenhang mit den Auslassungen in Blancos autobiographischen Texten auch einen Hinweis Blancos in seinem „Sketch of his Life", der ähnliche nachträglich vorgenommene Streichungen in seinen Tagebüchern kenntlich macht: „The pages to which those thoughts were consigned are not to be found in the book from which I make these extracts. It seems that I cut them out." (Blanco White 1845, Bd. I: 360).

Affekte anzusprechen.²⁷⁹ Vor diesem Hintergrund optiert Blanco nicht nur ausdrücklich für die Vernunft, sondern er verpflichtet sich zu einer *écriture* der Sachlichkeit, welche die Auswirkungen der gefürchteten Affekte schon auf einer rein stilistischen Ebene bannen soll. So schreibt er in einer poetologisch zentralen Passage seiner „Narrative of his Life" von der Angst, die er gehabt habe, in seinen autobiographischen Aufzeichnungen über den beim Gang ins Exil vollzogenen Abschied von seinen Eltern zu schreiben, und zieht aus dieser Angst den Schluss, er müsse grundsätzlich ohne jegliche Ausschmückungen erzählen:

> I am convinced that the Mind can employ certain *indistinct* signs to represent even its most vivid impressions; that instead of *picture* writing, it can use something like algebraic symbols. Such is the language of the Soul when the paroxysm of pain has passed, and the wounds it formerly received are skinned over, not healed: it is a language very opposite to that used by the Poet and the Novel writer. I am unambicious enough, at present, to adopt such colourless style.²⁸⁰

Auch in dieser Passage kommt dem Schmerz nicht zufällig eine wichtige Rolle zu. Wenn Blancos Bekenntnis zu seinem Bemühen um einen „farblosen Stil" das allmähliche Nachlassen des Schmerzes voraussetzt, wenn nämlich erst dann die Form des Schreibens möglich ist, die er in der letzten seiner autobiographischen Schriften pflegen möchte, dann bedeutet das, dass die psychischen und physischen Krisen tatsächlich unabdingbar für sein autobiographisches Projekt sind: Nur

---

279 Vgl. etwa Blanco White 1999c: 15. Hier erzählt Blanco von einer frühen Leidenschaft für eine junge Witwe in Sevilla und endet mit der Feststellung: „The state of my mind, the first time when from my change of circumstances, I was enabled to give way to the passion of love which had very often before filled my whole fancy, is absolutely indescribable." Ähnlich auch in *The Life*, wo der Autor etwa die Unmöglichkeit betont, seinen Freunden für die ihm selbst und seinem Sohn entgegengebrachte Freundlichkeit zu danken (vgl. Blanco White 1845, Bd. I: 224), und in *Practical and internal Evidence*, wo er konstatiert, die Beschreibung der Gefühle, mit denen er als junger Priester konfrontiert war, sei „certainly beyond [his] powers" (Blanco White 1825f: 10). In diesem Kontext unterscheidet sich Blanco auch von den 1782 publizierten und durch ihren konfessionellen Charakter gattungsprägenden *Confessions* Jean-Jacques Rousseaus und der programmatischen Verpflichtung zur Offenheit, die dieser in dem vielzitierten Incipit seiner Autobiographie formuliert: „Je sens mon cœur, et je connais les hommes", schreibt Rousseau in diesem Zusammenhang und macht damit deutlich, dass sich die Kenntnis seiner eigenen Person, der er Ausdruck verleihen will, ausdrücklich auch auf die Empfindsamkeit des autobiographischen Ichs stützt. Auch wenn Blanco immer wieder auf Rousseau Bezug nimmt, ist seine Vorgehensweise in dieser Hinsicht doch eine radikal andere (Rousseau 2012a: 67–68).
280 Blanco White 1845, Bd. I: 156. Ähnlich argumentiert José María Blanco White auch in dem dritten Brief seiner *Letters from Spain*, in dem er sein *Alter ego* schreiben lässt: „no such plot of romance would be read with more interest by such as are not indifferent to the noblest concerns of mankind. As I cannot, however, present an animated picture, I shall proceed with a statement of facts." (Blanco White 1822: 113).

durch diese Krisen wird das Ich überhaupt in die Lage versetzt, über sich selbst schreiben zu können.[281] Vor diesem Hintergrund wird auch verständlich, warum der namenlose junge Kleriker aus dem dritten Brief der *Letters from Spain* seine Erzählung mit einem Hinweis auf die „bewitching eloquence" des Autobiographen Rousseau beginnt,[282] die ihm selbst nicht zur Verfügung stehe, und warum er diese Eloquenz in Verbindung bringt mit dem, was er den „Zynismus" Rousseaus nennt. Dieser scheue nicht davor zurück, sein Herz vor den Blicken der ganzen Welt auszustellen, während es ihm selbst allein darum gehe, seinen Mitmenschen von Nutzen zu sein durch den Bericht über sein Schicksal.[283] In Blancos polemischer Zuspitzung wird Rousseaus vermeintliche Eloquenz auf diese Weise zum Ausdruck von dessen mangelndem Ernst; die Ernsthaftigkeit seiner eigenen autobiographischen Bemühungen dagegen schlage sich eben auch in deren strikter Orientierung an den Tatsachen und ihrem Verzicht auf jede literarische Stilisierung nieder.[284]

Dabei ist Blancos Plädoyer für die Sachlichkeit und seine sich daraus ergebende Abgrenzung gegen Rousseau mehr als eine bloße Stilkritik. Für den passionierten Leser José María Blanco White ist die Sprache *das* Mittel zur Erkenntnis, und aus diesem Grund tritt die für ihn so zentrale Opposition von Vernunft und Gefühl in seiner Auseinandersetzung mit Rousseau ein wenig abgewandelt in Gestalt des Gegensatzes von Sachlichkeit und Eloquenz in Erscheinung. Die Kritik an Rousseau ist vor diesem Hintergrund insofern bemerkenswert, als Blanco dessen Einfluss ansonsten als durchaus entscheidend für seine eigene intellektuelle Emanzipation beschreibt. So ist es in Blancos Darstellung die Lektüre des *Émile* und namentlich der „Profession de foi du vicaire savoyard", die dafür verantwortlich gewesen ist, dass sich seine in seinen jungen Jahren anbahnenden Glaubenszweifel zu

---

281 Es ist aber in der Tat auffällig, dass es (wohl aufgrund der hier formulierten Verpflichtung zu einem „farblosen Stil") bei Blanco keine literarische Form für das Leiden zu geben scheint. In seinen autobiographischen Schriften werden zwar immer wieder Krankheit und körperliche und seelische Schmerzen erwähnt, aber diese Schmerzen affizieren den Text weder in stilistischer noch in formaler Hinsicht.
282 Blanco White 1822: 66.
283 Vgl. Blanco White 1822: 66. An dieser Stelle fällt auf, wie sehr Blancos Kritik an Rousseau derjenigen gleicht, die später von Richard Whately gegen den Herausgeber von Blancos Autobiographie erhoben werden würde: Auch Whately argumentiert ja, die Ausstellung privatester Angelegenheiten vor der Öffentlichkeit sei „unschicklich" (vgl. die bereits zitierte Passage in Thom 1867: 94).
284 Blancos Hervorhebung von Rousseaus Eloquenz entbehrt dabei nicht der Grundlage. So bekennt sich dieser in dem zitierten Incipit seiner *Confessions* tatsächlich dazu, dass er mit seinen Erinnerungen ein literarisches Ziel verfolgt – wenn er nämlich darauf hinweist, es sei durchaus möglich, dass er auf „quelque ornement indifférent" zurückgegriffen habe. Genau diese Ausschmückungen möchte José María Blanco White vermeiden.

einer ersten wirklichen Glaubenskrise entwickelten.[285] Um diese Krise und um alle anderen sich anschließenden Krisen seines Lebens kreist José María Blanco White in den sich überlagernden Schichten seiner autobiographischen Schriften. Er hebt dabei immer besonders hervor, dass sein Leben mit all diesen Krisen in besonderer Weise beispielhaft sei für seine Zeit; und auch diese Betonung seiner eigenen Exemplarität unterscheidet ihn von seinem Vorläufer Rousseau, der sein autobiographisches Projekt damit begründet hatte, dass er sich gerade von allen anderen Menschen unterscheide.[286] Im Unterschied dazu wirft Blanco mit seiner Überzeugung, dass sich an seiner persönlichen Geschichte die entscheidenden Merkmale seiner Epoche im Allgemeinen nachvollziehen ließen,[287] implizit auch die Frage auf, was diese Epoche denn von allen anderen unterscheidet. Die Antwort, die er selbst auf diese Frage gibt, nimmt besonders die Umwälzungen in den Blick, welche vor allem die französische Aufklärung in der europäischen Geistesgeschichte bewirkt hat: So, wie sein eigenes Leben durch die Opposition von aufgeklärter Vernunft einerseits und vermeintlich unsachlichem Affekt andererseits geprägt ist, so ist es seiner Meinung nach auch die Zeit, innerhalb derer sich dieses Leben abspielt. Blancos kritische Distanz zu dem Autobiographen Rousseau muss vor diesem Hintergrund verstanden werden: Obwohl er Rousseau im Zusammenhang mit seiner eigenen noch in Spanien erfolgten *Émile*-Lektüre ausdrücklich als Gewährsmann für die aufgeklärte Vernunft zitiert, ist er zugleich doch der Meinung, dass dessen Herangehensweise in den *Confessions* zu sehr dem (womöglich bereits romantischen) Affekt zuneige. José María Blanco Whites nur scheinbar paradoxe Positionierung in diesem Zusammenhang zeigt deshalb auch, wie bewusst sich der spanische Schriftsteller mit der Vielzahl seiner autobiographischen Schriften und namentlich mit den beiden längeren Erzählungen aus *The Life of the Rev. Joseph Blanco White* in das Feld einer Gattung eingeschrieben hat, die in diesen Jahren zu Anfang des 19. Jahrhunderts erst im Entstehen begriffen war.

3.2.3 Don Leucadio Doblado

In einer besonders komplexen Passage aus seinem „Sketch of his Mind in England" vergleicht José María Blanco White die Entwicklung seiner eigenen religiösen Überzeugungen mit derjenigen der Glaubensgrundsätze des englischen Kirchenmannes

---

285 Vgl. zu Blancos Rousseau-Lektüre etwa Blanco White 1999c: 18.
286 „Je ne suis fait comme aucun de ceux que j'ai vus; j'ose croire n'être fait comme aucun de ceux qui existent." (Rousseau 2012a: 67).
287 „The temper of [my] mind shows, I believe, the general character of the age to which it belongs", schreibt Blanco in *Practical and internal Evidence* (Blanco White 1825 f: 28).

William Chillingworth aus dem frühen 17. Jahrhundert. Komplex ist die entsprechende Passage, weil Blanco darin (wie häufig im „Sketch of his Mind") mehrere Zeit- und Reflexionsebenen miteinander in Verbindung setzt: Er zitiert einen längeren Tagebucheintrag von Anfang Februar 1820, in dem er seine Entdeckung von Chillingworths Leben und Überzeugungen thematisiert (wobei diese Entdeckung nicht durch die Lektüre der Schriften von Chillingworth selbst, sondern vermittelt über eine Notiz des Historikers Edward Gibbon stattgefunden hat).[288] In diesem Jahre alten Tagebucheintrag hatte Blanco mit Blick auf Chillingworth die überraschende „similarity of the course of his mind and mine, in matters of religion" betont und eine längere Passage von Edward Gibbon zitiert, um die Richtigkeit dieser Feststellung unter Beweis zu stellen.[289] Tatsächlich beschreibt der Historiker in der von Blanco aufgegriffenen Passage die Konversionen von William Chillingworth vom Anglikanismus zum Katholizismus und zurück zum Protestantismus, um schließlich zu konstatieren: „in all his sallies and retreats, he was in fact his own convert."[290] Dieser Satz aus den 1796 veröffentlichten *Miscellaneous works* von Edward Gibbon ist es nun, der Blanco beschäftigt, und das nicht nur in dem Augenblick, in dem er ihn in seinem Tagebuch abschreibt (also im Februar 1820), sondern mehr noch später, in den dreißiger Jahren, als er den entsprechenden Tagebucheintrag in seinem autobiographischen „Sketch" noch einmal zitiert und reflektiert: „Among the points of similarity which I here find with myself, none is to me so remarkable as that which I discover in the concluding observation. I have always been my own convert. My resistance to the internal, converting power, however, has been much stronger at all times than that of the celebrated Chillingworth."[291]

I have always been my own convert: Der Satz, den José María Blanco White aus Edward Gibbons Notiz über William Chillingworth herausgreift und den er sich in seiner autobiographischen Skizze zu eigen macht, verdient eine genauere Analyse. So steht zwar außer Frage, dass sowohl Chillingworth als auch Blanco im Verlauf ihres Lebens mehrmals die Religion gewechselt haben; aber nicht allein die Konversionen seines Vorgängers sind es, die Blancos Aufmerksamkeit wecken. Was ihn in besonderem Maße zu interessieren scheint, das ist vielmehr Gibbons etwas paradox anmutende Formulierung, Chillingworth sei „his own convert" gewesen, sein eigener Konvertit also. Die Emphase, mit der Blanco das auch für sich selbst in Anspruch nimmt, legt nun die Frage nahe, worauf sich das verstärkte Possessivpronomen hier bezieht: Warum sollte Blanco sich als *sein eigener* Konvertit beschreiben? Die ur-

---

288 Vgl. Gibbon 1796: 47–49.
289 Blanco White 1845, Bd. I: 369.
290 Blanco White 1845, Bd. I: 371 (hier wird Gibbon wörtlich zitiert). Im Original: Gibbon 1796: 49.
291 Blanco White 1845, Bd. I: 371. Ich danke Mark Minnes für die gemeinsame Reflexion über Blancos Formulierung „I have always been my own convert."

sprüngliche Formulierung bei Edward Gibbon bezieht sich zunächst sehr konkret darauf, dass William Chillingworth bei seinen Konversionen keinem Impuls von außen gehorcht habe, sondern dass seine Zweifel und seine Neuorientierungen jeweils aus seinem Inneren erwachsen seien. Wenn diese Beschreibung wirklich auch auf Blanco White zutrifft, wie er selbst insinuiert, dann ist einerseits der Nachdruck leicht erklärlich, mit dem er gerade im Kontext seines „Sketch of his Mind" auf der intrinsischen Motivation seiner Konversionen beharrt; denn das Anliegen dieses Textes ist es ja, eben die Konversionen nachvollziehbar zu machen, von denen hier die Rede ist. Andererseits scheint sich Blancos Interesse an der Formulierung von Edward Gibbon aber durchaus auf einen Zusammenhang zu beziehen, der die Frage nach dem konkreten Anlass einer einzelnen Konversion überschreitet.

Tatsächlich klingt in der Formulierung „my own convert" auch eine fundamentale Disposition des Subjekts zur Veränderung im Allgemeinen an. Wenn sich José María Blanco White als sein eigener Konvertit anspricht, dann bedeutet das, dass er grundsätzlich nicht an einer einzigen, kohärenten Position festhält, sondern vielmehr im Stande ist, sich selbst auch von etwas anderem zu überzeugen – und das immer wieder aufs Neue. Diese Befähigung wiederum setzt einen gewissen Abstand zu sich selbst voraus: Das Subjekt blickt auf sich selbst, es kann mit sich selbst in Dialog treten, und es kann sich selbst auf diese Weise immer wieder selbst relativieren. Es bildet gewissermaßen eine Gemeinschaft mit sich selbst, und zwar eine Gemeinschaft, in der es sein eigener Konvertit ist. Damit ist der Satz „I have always been my own convert" nicht zuletzt auch in einem gattungstheoretischen Kontext von Interesse: dann nämlich, wenn man die Autobiographie in der von Blanco praktizierten Form als eine intensive Selbstbefragung verstehen will. Unter dieser Voraussetzung beschreibt die Vorstellung von der „Gemeinschaft mit sich selbst" implizit natürlich auch den Text, in dem die entsprechende Formulierung verwendet wird, denn auch in seinem „Sketch of his Mind" tritt Blanco durch die Relektüre seiner Tagebücher von früher in einen Dialog mit sich selbst.

Mit dem von Edward Gibbon entlehnten Satz beschreibt José María Blanco White deshalb nicht allein den Wandel seiner religiösen Vorstellungen im Laufe der Zeit, sondern mehr noch sein Verhältnis zu seiner eigenen Subjektivität. Anders als Abbé Grégoire, der seine Memoiren dem Versuch widmet, seine Identität mit sich selbst unter Beweis zu stellen, nimmt Blanco White die Veränderlichkeit nicht nur seiner religiösen Überzeugungen, sondern auch seiner Person in Kauf. Seine autobiographischen Skizzen stellen vor diesem Hintergrund den Versuch dar, mit sich selbst über diese sich wandelnde Subjektivität ins Gespräch zu kommen. Sie gehorchen insofern einem aufklärerischen Impuls, als Blancos Ziel immer auch die Selbsterkenntnis und das Verstehen der eigenen Beweggründe ist. Zugleich greifen diese Skizzen aber auf eine genuin romantische Figur zurück. So setzt der Autobiograph darin eine Reihe von Doppelungen ins Werk, die das romantische Doppelgängermotiv und die darin zum Ausdruck gebrachte Angst vor dem Verlust der eigenen Identität vorwegzunehmen scheinen.²⁹² Der spanische Autor, der mit der Ankunft in England seinen Nachnamen gewissermaßen „verdoppelt" und der mit dieser Doppelung einen ersten Hinweis auf seine mindestens doppelte Identität gibt, ist auch in dieser Beziehung sein eigener Konvertit. Seine in den autobiographischen Schriften inszenierten Doppelungen, und die daraus resultierenden Spaltungen nehmen ihren Anfang immer in seiner eigenen Person und deren Konversionen (im wörtlichen wie im übertragenen Sinne).²⁹³

Besonders gut lässt sich diese Tendenz von Blancos autobiographischen Schriften an den Stellen nachvollziehen, an denen es um seine mit großem Nachdruck verfolgten Bemühungen geht, sich nach der Ankunft in seinem neuen englischen Leben möglichst rasch und möglichst weitgehend zu anglisieren. Diese Bemühungen fangen naheliegenderweise bei der Sprache an, die der Spanier anfangs nur mangelhaft beherrscht (ein Umstand, zu dem seiner Meinung nach auch seine von den irischen Verwandten in Sevilla erlernte Aussprache beiträgt); sie erstrecken sich aber auch auf die Sitten und Gebräuche, die Umgangsformen und Konventionen seiner neuen Heimat. Hier wie dort beschreibt sich José María Blanco White im Rückblick als wissbegierigen, dessen ungeachtet aber immer wieder an seinen eigenen Ansprüchen scheiternden Schüler, der auch zum Zeitpunkt der Niederschrift seiner Erinnerungen noch weit davon entfernt ist, sein Lernziel erreicht zu haben:

> My attention was for many years constantly directed to the language of the country [...]. Even at this very time, when habit on the one hand, has given me some confidence, and age has allayed the anxiety of self-esteem [...], even at this time, I suffer in company from a consciousness of *undue* inferiority arising from the want of ease and grace of diction, which a native, perhaps much inferior to me in other respects, can display. [...] Another source of uneasiness [...] was the fear of offending against those forms which, being absolutely ungrounded on any thing but national habits, modified by the accidental causes which keep fashion in a state of constant change, lie beyond all reasonable conjecture, and cannot be learnt but by long experience.²⁹⁴

---

292 Vgl. allgemein zum Doppelgängermotiv in der modernen Literatur Forderer 1999. Vgl. vor allem zu der Beziehung zwischen dem Doppelgängermotiv und der Begeisterung für das autobiographische Schreiben in der Romantik Wilson 2014: 72. Wilson schreibt: „In Romantic literature the double is not a supernatural creature from another realm, but an internal other, and it is intriguing to note that the ‚rage', as Southey called it, for autobiographical writing comes hand-in-hand with the fascination in European fiction for doppelgangers and split-selves."
293 José Luis Abellán spricht in diesem Zusammenhang von der „dualidad que le caracterizó durante toda la vida" (Abellán 1984: 78). Vgl. knapp zur Beziehung zwischen dieser Dualität und dem romantischen Doppelgängermotiv Fernández Cifuentes 2005: 31–32.
294 Blanco White 1845, Bd. I: 174 und 176–177. Vgl. auch die Passage aus dem „Sketch of his Mind in England", wo es heißt: „It was my most constant and earnest endeavour to re-cast my mind in an English mould." (Blanco White 1845, Bd. I: 249).

Während Blanco in seiner *Examination of Blanco by White* wenige Jahre nach seiner Ankunft in England die zwei einander gegenüberstehenden Teile seiner gespaltenen (nämlich spanischen und englischen) Identität noch ausdrücklich miteinander ins Gespräch gebracht hatte, scheint diese Passage aus der Jahre später entstandenen „Narrative of the Events of his Life" die Gegensätze eher gegeneinander auszuspielen: Fremdheit einerseits und Zugehörigkeit andererseits werden hier als nahezu essentielle Kategorien behandelt, an deren sprachlicher Überwindung das autobiographische Ich fast zwingend scheitern muss.

Mit Blick auf die Sprache fällt allerdings auf, dass sich Blancos Gefühl des Ungenügens anders, als vielleicht zu erwarten gewesen wäre, keineswegs allein auf das Englische beschränkt. Vielmehr habe er sich auch im Spanischen niemals vollkommen zu Hause gefühlt: „I believe [...] that I never was a fluent speaker in my own language."[295] Die Distanzierung von der Muttersprache ist an dieser Stelle nicht allein ein nachträglicher Akt der Abgrenzung. So ergänzt der Autor die entsprechende Passage seiner „Narrative" durch eine Reihe von sprachphilosophischen Überlegungen, die vor dem Hintergrund seiner eigenen (tatsächlichen oder vermeintlichen) Unbeholfenheit sowohl in seiner Muttersprache als auch im Englischen die Möglichkeit von gelingender Kommunikation grundsätzlich in Frage stellen. Er beschreibt sich hier als grundsätzlich außer Stande, Sprache anders als analytisch zu verwenden, und greift dazu auf die sprachphilosophischen Überlegungen Immanuel Kants zurück: Wenn dieser den gelungenen Transfer von der analytischen Ebene auf diejenige der Einbildungskraft als die Basis der Eloquenz beschreibe, dann liege seine eigene Sprachskepsis in der grundsätzlichen Erfahrung des Scheiterns auf diesem Gebiet begründet.[296]

Blancos Ausführungen schließen hier einerseits an seine poetologischen Überlegungen zu einer *écriture* der Sachlichkeit an, die durch die strikte Fokussierung auf die bloßen Tatsachen die gefürchteten Auswirkungen der sich eloquent gebenden Affekte umgehen will. Wenn er angibt, zur Eloquenz auch kognitiv nicht befähigt zu sein, dann stützt er mit diesem Bekenntnis natürlich sein Plädoyer für eine möglichst sachliche und wenig literarisierte Sprache. Andererseits fällt aber auf, dass der exilierte Schriftsteller seine sprachskeptischen Reflexionen paradoxerweise ausgesprochen eloquent vorträgt. Ähnlich wie zu Anfang des 20. Jahrhunderts Hofmannsthals Lord Chandos ist offensichtlich auch Blancos autobiographisches Ich ein knappes Jahrhundert zuvor in seiner sprachlichen Ausdrucksfähigkeit in keiner Weise beeinträchtigt,[297] im Gegenteil: In seinen Überlegungen spiegelt sich vielmehr ein ausgeprägtes Bewusstsein für die Reichweite dieser Ausdrucksfähigkeit wider,

---

295 Blanco White 1845, Bd. I: 174.
296 Vgl. Blanco White 1845, Bd. I: 175.
297 Vgl. Hofmannsthal 1991: 45–55.

und das wiederum führt dazu, dass Blanco auch eine sehr klare Vorstellung von den Möglichkeiten seines autobiographischen Schreibens hat.[298] Die Vermutung liegt nahe, dass dazu nicht zuletzt seine Zweisprachigkeit beigetragen hat. Denn auch wenn ihm diese Zweisprachigkeit immer wieder die eigenen Unzulänglichkeiten vor Augen geführt haben mag, so hat sie zugleich seine allgemeinen Überlegungen zur Beziehung von Sprache und Wirklichkeit doch auch befördert. In seiner Autobiographie denkt der Autor deshalb nicht allein über die sprachlichen Schwierigkeiten nach, mit denen er am Anfang seines englischen Exils zu kämpfen hatte, sondern er nutzt auch die Möglichkeit, mittels der nachträglich eingefügten Kommentare zu früheren Aufzeichnungen seinen Lernprozess zu dokumentieren, etwa wenn er in einer Fußnote bemerkt: „This is very ill expressed and was (I doubt not) very imperfectly conceived", oder wenn er an anderer Stelle unterstreicht: „It is clear that I used the word malicious in the sense of a derivative of the French malice, and Spanish malicia."[299]

Vor diesem Hintergrund erstaunt es nun nicht, dass José María Blanco White in seinen autobiographischen Schriften ausdrücklich auch sein gebrochenes Verhältnis zu seiner Muttersprache reflektiert. Die ausführlichste und offenste dieser Reflexionen findet in seiner 1825 veröffentlichten „Despedida del autor de las Variedades a los hispano-americanos" statt, einem offenen Brief an die spanischsprachigen Leserinnen und Leser der vierteljährlich erscheinenden Zeitschrift *Variedades ó Mensagero de Londres*, die Blanco von 1823 an im Auftrag des deutschstämmigen Buchhändlers und Verlegers Rudolph Ackermann für den nach der Unabhängigkeit von Spanien neu zu erschließenden hispanoamerikanischen Markt herausgegeben hatte.[300] Die „Despedida del autor" ist einer von nur zwei autobiographischen Texten, die der in England exilierte Schriftsteller auf Spanisch verfasst hat. Da die Zielsetzung des zweiten, der 1811 veröffentlichten „Carta sobre la Inquisición", nicht ausschließlich autobiographischer Natur gewesen war,[301] ist es nur folgerichtig, dass Blanco

---

298 So zeugen vor allem die beiden großen autobiographischen Erzählungen aus *The Life of the Rev. Joseph Blanco White, written by himself* mit ihren zahlreichen Leseransprachen und mit ihren Verweisen auf frühere, bereits publizierte Werke des Autors davon, dass Blanco sie von Anfang an mit Blick auf eine Publikation verfasst hat (vgl. etwa Blanco White 1845, Bd. I: 246, 314, 325, 361–362).
299 Blanco White 1845, Bd. I: 261 und 262.
300 Vgl. zu Rudolph Ackermann und seinen verlegerischen Projekten Murphy 1989: 125–126. Murphy betont vor allem Ackermanns Geschäftssinn. Dieser habe in den frühen 1820er Jahren als einer der ersten die Möglichkeiten erkannt, die der gerade erst von der Zensur befreite hispanoamerikanische Buchmarkt für Verleger bot (im Zusammenhang mit der von Pablo de Mendíbil veröffentlichten Rezension zu Carlos María de Bustamantes *Cuadro histórico de la Revolución Mexicana* war davon schon die Rede, vgl. Kapitel 2.3.4 Historia magistra vitae?). Vgl. auch Roldán Vera 2003.
301 Vgl. zu der politischen Zielsetzung der „Carta sobre la Inquisición" noch einmal Kapitel 3.2.2 Leben als Krise.

jetzt in seinem Abschiedsbrief an seine spanischsprachigen Leserinnen und Leser ausdrücklich auch über jene Sprache nachdenkt, die er hier erstmals in einem eindeutig autobiographischen Zusammenhang verwendet. Seine Überlegungen stehen dabei in einer unmittelbaren Beziehung zum Anlass des in Frage stehenden Schreibens, in dem der Autor ankündigt, nach knapp zwei Jahren seine Arbeit an den *Variedades* zu beenden und damit auch das zweite der beiden spanischsprachigen Zeitschriftenprojekte aufzugeben, denen er sich im Verlauf seiner Jahre in England gewidmet hatte. Schon einmal hatte José María Blanco White die Publikation einer eigentlich erfolgreichen spanischsprachigen Publikation beendet. So hatte er im Juni 1814 das Erscheinen seiner Zeitschrift *El Español* eingestellt, nachdem der 1808 von Napoleon gefangen gesetzte spanische König Fernando VII. im März desselben Jahres nach Spanien zurückgekehrt war und dort die liberale Verfassung von Cádiz sofort wieder außer Kraft gesetzt hatte.

In den vier Jahre des Erscheinens von *El Español* hatte dessen Herausgeber und Autor Blanco White die spanischsprachige Öffentlichkeit auf beiden Seiten des Atlantiks mit Artikeln, Analysen und Kommentaren zur politischen und gesellschaftlichen Lage in Spanien und seinen überseeischen Vizekönigreichen versorgt. Er hatte sich damit vor allem in Amerika und bei den amerikanischen Unabhängigkeitskämpfern in Europa viel Anerkennung erworben, aber in seinem Heimatland und namentlich im Umfeld der von ihm scharf kritisierten *Cortes* in Cádiz war seine anfangs radikale, später immerhin noch sehr liberale Perspektive durchaus auch auf großen Widerspruch gestoßen.[302] Obwohl sich Blanco in den Jahren dieser intensiven publizistischen Arbeit vor allem mit den politischen Entwicklungen in seiner spanischen Heimat und deren transatlantischen Kolonien beschäftigte und versuchte, diese Entwicklungen jeden Monat auf Spanisch für ein spanischsprachiges Publikum nachzuvollziehen und aufzubereiten, bewegten sich seine Interessen in der Zeit seiner Arbeit an dem Zeitschriftprojekt zu-

---

302 Vor allem Blancos Position gegenüber den Unabhängigkeitsrevolutionen in Amerika brachte ihm in Spanien nicht nur den Vorwurf ein, ein Vaterlandsverräter zu sein, sondern führte auch zu einem Verbot seiner Zeitschrift in Spanien (vgl. dazu Abellán 1984: 81). Vgl. zu Blancos Position in Bezug auf das Verhältnis zu Amerika Durán López 2005a: 194–195. Durán López fasst Blancos in *El Español* vertretene Forderungen wie folgt zusammen: „En suma, su idea es estructurar un estado federal, monárquico, con igualdad de derechos entre personas y territorios, extensa autonomía y librecambista. Una sola nación que, al correr del tiempo, dará lugar a varios estados bien avenidos. Esta posición es radical para los tímidos términos en que se había encerrado el problema en Cádiz, aunque con eso y con todo sigue sin serlo demasiado: promover esa política no es sino llevar a sus últimos extremos las ideas de libertad e igualdad, aplicando a Ultramar los mismos principios de soberanía popular que defiende para España." Vgl. allgemein zur Entwicklung der politischen Stoßrichtung der Zeitschrift *El Español* Pons 2002 und zu deren Rezeption in Spanien und Hispanoamerika Garnica 2009: 48–51.

nächst unmerklich, später immer deutlicher in eine andere Richtung. So konstatiert Fernando Durán López:

> Es vital entender que por debajo y en paralelo de sus artículos de *El Español*, un sordo entrelazamiento fusiona su vida cotidiana con la vida cotidiana de los londinenses, y que su carrera literaria se encamina a una segunda fase, ya no la de escribir de España a españoles, sino actuar como intermediario cultural entre los dos países.[303]

So ist es kein Zufall, dass eine Vielzahl von Blancos Artikeln in *El Español* mit dem Pseudonym Juan Sintierra, Johann Ohneland, unterzeichnet sind. Tatsächlich entfernt sich der spanische Autor im Verlauf seiner ersten Jahre in England immer weiter von Spanien, ohne allerdings schon wirklich in England angekommen zu sein.[304] Der Prozess der allmählichen Entfernung von Spanien verläuft nun nicht zufällig parallel zu der publizistischen Debatte um die richtige Position gegenüber den Entwicklungen in Amerika, die José María Blanco White in den Jahren 1811 und 1812 mit dem zu diesem Zeitpunkt gerade in London angekommenen fray Servando Teresa de Mier geführt hat. Während der in dieser Debatte für die Unabhängigkeit Hispanoamerikas plädierende Mier als „americano" auftritt, der den Herausgeber des *Español* als „señor español" anspricht und ihn dadurch sehr bewusst mit der nationalen Zuschreibung seiner Zeitschrift identifiziert,[305] stellen sich die Dinge für den für eine Verständigung zwischen Spanien und seinen Kolonien eintretenden Blanco selbst allem Anschein nach wesentlich weniger einfach dar: Juan Sintierra agiert in einem Raum, der sich derlei Festlegungen in nationalstaatlichen Begriffen und Grenzen offensichtlich entzieht.[306]

Spätestens mit der Publikation der *Letters from Spain* im Jahr 1822 kann diese Übergangsphase aber als abgeschlossen gelten. Der Erfolg dieses Buches bei der englischen Leserschaft zeugt nicht nur davon, dass Blanco mit seinen Bemühungen um Vermittlung zwischen Spanien und England durchaus auf offene Ohren

---

303 Durán López 2005a: 215–216.
304 Vgl. auch zu dieser Entwicklung Durán López 2005a: 226. Vgl. zu den Artikeln, die Blanco White unter dem Pseudonym Juan Sintierra veröffentlicht hat, Moreno Alonso 1990: 9–46. In ihrer jüngst erschienenen Monographie zu den *Letrados de la independencia* scheint Mariana Rosetti in auffälliger Weise davor zurückzuscheuen, die Identität von José María Blanco White und Juan Sintierra explizit festzustellen. So spricht sie zwar davon, es handele sich um „un personaje ficcional"; zugleich zitiert sie „varios críticos", die der Überzeugung seien, die Autorschaft der fraglichen Briefe komme niemand anderem als Blanco White selbst zu. Ihre Formulierung erweckt dabei aber den Anschein, sie wolle sich diese Überzeugung nicht vollständig zu eigen machen (Rosetti 2022: 140 und 139).
305 Mier 2003: 140. Vgl. zu der publizistischen Debatte zwischen José María Blanco White und fray Servando Teresa de Mier auch Kapitel 2.1.2 Räume: Europa und Amerika.
306 Vgl. zu der damit einhergehenden Ambiguität Durán López 2009: 53–92, hier 54. Vgl. zu Blancos Position in der Debatte mit fray Servando noch einmal Moreno Alonso 2012: 84.

gestoßen war,³⁰⁷ sondern er beweist auch, dass der Exilant spätestens jetzt in seiner neuen Heimat als englischsprachiger Schriftsteller anerkannt wurde. Die sich unmittelbar an diesen ersten schriftstellerischen Erfolg in England anschließende zweijährige Tätigkeit Blancos als Herausgeber und wichtigster Autor der von Rudolph Ackermann für die jüngst unabhängig gewordenen Länder in Hispanoamerika konzipierten spanischsprachigen *Variedades* steht dieser Entwicklung nicht entgegen. Tatsächlich hielt Ackermann ihn gerade *wegen* seines Erfolgs auf dem englischen Buchmarkt für einen geeigneten Vermittler zwischen London einerseits und den hispanoamerikanischen Städten andererseits (so, wie er das zuvor zwischen London und Spanien gewesen war).³⁰⁸ Blanco selbst äußerte allerdings von Anfang an Zweifel nicht nur an dem verlegerischen Projekt als solchem, sondern auch daran, ob er die ihm von Ackermann angetragene Position wirklich würde ausfüllen können.³⁰⁹ Seine Bedenken beziehen sich in diesem Zusammenhang einmal mehr auf die Sprache:

> Since I had given up the *Español*, I had very seldom written so much as a letter in Spanish. The habit of thinking in my native language had been totally neglected for several years. The attempt to renew it, even occasionally, [...] was always very painful. I feel on similar occasions puzzled as to my own identity, and have to awake as it were from a melancholy dream, and assure myself that I am not again in that country both of my love and aversion [...].³¹⁰

---

307 Vgl. zu dem ausgeprägten englischen Interesse an Spanien zu Anfang des 19. Jahrhunderts Saglia 2000. Saglia beschreibt in seiner Studie das „Spanish imaginery" der englischen Romantik, über das er konstatiert: „This archive of tales, images and icons has been defined as a literary ‚zone' for the legitimation and delegitimation of some of the central notions in early nineteenth-century British culture. Fictions about Spain indeed negotiate –that is, reinvent, propose or abolish– ideas about the nation, established religion and the church, reform and conservatism, the family, the woman question, and forms of masculine or feminine subjectivity." (Saglia 2000: 60).
308 Vgl. Ruiz Acosta 2016. Ruiz Acosta betont die Rolle als Vermittler, die Ackermann Blanco White zugedacht habe: „Para Ackermann, Blanco representaba [...] un escritor asentado que conocía bien las culturas española e inglesa y podía por ello hacer de puente entre ambas y la hispanoamericana." (Ruiz Acosta 2016: 221). Vgl. auch Durán López 2009: 56.
309 „I was very reluctant", schreibt Blanco in seinem „Sketch of his Life" und betont, er habe sich nicht als Herausgeber einer Frauenzeitschrift gesehen: „the idea of degrading myself into a literary Gallantee-show man, revolted me." Die Vorstellung allerdings, mit seinen Artikeln zur Bildung seiner Leserinnen und Leser beitragen zu können, habe ihn dann doch bewogen, das Angebot des Verlegers anzunehmen; und das umso lieber, als er das angebotene Geld dringend für die Erziehung seines Sohnes benötigt habe (vgl. Blanco White 1845, Bd. I: 394–397). Vgl. auch zur inhaltlichen Ausrichtung der *Variedades* noch einmal Ruiz Acosta 2016. Ruiz Acosta schreibt: „La revista fue concebida como una miscelánea que abarcaba un amplio campo de materias destinadas a un público no acostumbrado a leer libros extensos ni eruditos. Además de ofrecer una información ligera, amena y placentera, pretendía ilustrar a sus lectores con cierta dosis de instrucción al objeto que les resultara útil" (Ruiz Acosta 2016: 216).
310 Blanco White 1845, Bd. I: 394.

Seine Verwirrung über die eigene Identität zeigt hier einmal mehr, dass es für Blanco nicht darum gehen kann, sein Leben als eine Geschichte von unverrückbaren Gewissheiten zu erzählen, wie das noch Abbé Grégoire getan hatte. Im Gegenteil: Wenn José María Blanco White seine Verwirrung hier in das Bild von der zweiten, traumhaften Wirklichkeit kleidet, die parallel neben der eigentlichen Realität existiert, und wenn sich für ihn der Übergang zwischen den beiden Ebenen durchaus nicht unproblematisch gestaltet, dann liegt das auch daran, dass sein autobiographisches Ich ganz offensichtlich niemals ganz sicher sein kann, welche der beiden Wirklichkeiten wirklich ist und welche doch nur ein melancholischer Traum.

Die Überlegungen rund um seine gespaltene und damit verwirrte Identität, wie Blanco sie hier in seiner Autobiographie aus den dreißiger Jahren rekapituliert, schließen nun unmittelbar an seine Reflexionen aus seinem Abschiedsbrief an seine Leserschaft der *Variedades* jenseits des Atlantiks von 1825 an. Schon in diesem Brief benennt er sein problematisches Verhältnis zum Spanischen als den entscheidenden Grund dafür, dass er sich veranlasst sehe, seine Arbeit an der Zeitschrift einzustellen, und tatsächlich geht er in seiner Argumentation an dieser Stelle noch ein Stück weiter als in der späteren autobiographischen Skizze. So führt er nicht nur seine Vernachlässigung des Spanischen und die daraus resultierende fehlende Sprachpraxis an, um seinen Rücktritt von der Herausgeberschaft der *Variedades* zu begründen, sondern er greift noch einmal auf seine Vorstellung einer engen Verbindung von Sprache und Realität zurück, wenn er schreibt: „El eco de la hermosa y desgraciada lengua Española, trae consigo a mi oído, como si fuese el rumor lexano de una mazmorra en que hubiese sufrido encarcelamiento, grillos, heridas, e insultos [...]."[311]

Auch Blancos Abschiedsbrief an seine hispanoamerikanischen Leserinnen und Leser konterkariert mit seinem Wortreichtum zwar einmal mehr die grundsätzliche Sprachskepsis, die der Autor an anderer Stelle vorbringt. Dessen ungeachtet belegen seine Vorbehalte der spanischen Sprache gegenüber aber auf eindrückliche Art und Weise, dass die beiden geographischen Pole seiner Existenz, Spanien und England, trotz seiner mittlerweile durchaus erfolgreichen Anglisierung und trotz seiner langjährigen Vermittlungstätigkeit zwischen den beiden Ländern und Kulturkreisen für ihn nur schwer in Einklang zu bringen gewesen sind. Es ist natürlich kein Zufall, dass José María Blanco White auch hier wieder auf eine Bildwelt rekurriert, die sich unmittelbar mit der Inquisition in Verbindung bringen lässt. Auch wenn er im Unterschied zu fray Servando Teresa de Mier die in seinem Abschiedsbrief evozierten Kerker und Verliese, Gefängnisse und Gitterstäbe, Verletzungen und Beleidigungen nicht aus eigenem Erleben gekannt hat, ist es doch die sich in

---

311 Blanco White 1825b: 300.

diesen Bildern ausdrückende Erfahrung der Verfolgung, die auch *sein* Leben entscheidend geprägt hat und die für den jetzt symbolisch vollzogenen Abschied von der spanischen Sprache und damit auch von Spanien und seinen politischen, religiösen und gesellschaftlichen Verhältnissen verantwortlich ist.

Die nur kurz nach den *Letters from Spain* veröffentlichte „Despedida del autor de las Variedades" zeigt auf diese Weise, dass der exilierte Schriftsteller in England insofern heimatlos geblieben ist, als sein Verhältnis zu seinem Heimatland und dessen Sprache in seinen Augen weiterhin der Klärung bedurfte; sie zeigt aber auch, dass er sich der Spaltung sehr bewusst gewesen ist, die dieser Heimatlosigkeit zugrunde lag. Mit seinen beiden Pseudonymen Juan Sintierra (aus der Zeitschrift *El Español*) und Don Leucadio Doblado (aus den *Letters from Spain*) bringt er diese Spaltung (die zugleich eine Doppelung ist) zum Ausdruck und erklärt sie sogar zu seinem entscheidenden Charakteristikum. In seinen autobiographischen Werken hat er sie darüber hinaus auch bewusst inszeniert. Denn trotz der 1825 in der „Despedida del autor" so nachdrücklich formulierten Absage an seine Muttersprache kehrt Blanco am Ende seines Lebens zu dieser Muttersprache zurück; und dass er das tun kann, das liegt auch daran, dass die in der *Examination of Blanco by White* explizit und in anderen Texten implizit ins Werk gesetzte Spaltung zwischen einem spanischen Blanco einerseits und einem englischen White andererseits keineswegs allein eine ideologische Positionierung, sondern eben vor allem auch eine literarische Strategie gewesen ist. In der entsprechenden Doppelung seines Ich ist das romantische Doppelgängermotiv schon angelegt, das zwischen den Zeilen auch in der zitierten Traumsequenz aus *The Life* anklingt: „I feel [...] puzzled as to my own identity, and have to awake as it were from a melancholy dream [...]",[312] und dass dieses Motiv durchaus auch in einem narrativen Sinne fruchtbar gewesen ist, dessen war sich der spanisch-englische Schriftsteller vermutlich nur zu bewusst.

„Began to write in Spanish",[313] notiert er am 6. Oktober 1839 in seinem später in *The Life of the Rev. Joseph Blanco White* abgedruckten Tagebuch. Tatsächlich nimmt José María Blanco White in diesen letzten Lebensjahren (und damit genau in der Zeit, in der er wieder und wieder seine beiden großen autobiographischen

---

312 Vgl. noch einmal Blanco White 1845, Bd. I: 394. Vgl. im Unterschied dazu Lloréns 1967b: 167–185. Lloréns interpretiert die Tatsache, dass Blanco an einer vollkommenen Integration in England nicht zuletzt auch aus sprachlichen Gründen gescheitert sei, als Symptom für seine anhaltende innere Zerrissenheit: „Había otros factores que hacían imposible la identificación plena con aquel mundo en donde buscaba restablecer el perdido equilibrio. ¿Cómo iba a encontrarlo si en su vida anterior tampoco había conocido la estabilidad? Desde el principio de su existencia racional Blanco estuvo sometido a impulsos contradictorios, a la íntima e inconciliable dualidad en medio de la cual se debatió angustiosamente toda su vida." (Lloréns 1967b: 184).
313 Blanco White 1845, Bd. III: 185–186.

Erzählungen, die „Narrative" und den „Sketch", durchsieht, korrigiert und kommentiert), die Arbeit an seinem Roman *Luisa de Bustamante o La huérfana española en Inglaterra* auf. Dieser späte, auf Spanisch verfasste Roman bleibt zwar unvollendet, er versucht aber mehr als jedes andere Werk Blancos, die alte Heimat des Autors mit der neuen in Einklang zu bringen. So bekennt der sich der Verfasser des Romans am Anfang ausdrücklich dazu, die spanische Seite seines Selbst nach Jahren der Vernachlässigung endlich wieder zu ihrem Recht kommen lassen zu wollen:

> Nada, paisanos míos: me empecé a convencer, algunos años ha, que había entrado dentro de los términos de la vejez con el perpetuo revivir que noté en mí de imágenes y memorias españolas. Hasta mis sueños, que por muchos años habían sido, por decirlo así, en mi lengua adoptiva, comenzaron a mezclar con el otro idioma el castellano. Desde entonces he sentido un vivo deseo de probar si el cielo me concedería, en el corto espacio que me puede quedar de vida, la satisfacción de dejar siquiera una obrita a España en que sus hijos hallasen tal cual entretenimiento unido con algún provecho.[314]

Es ist sicher kein Zufall, dass Blanco auch hier auf den Traum zu sprechen kommt, auf den Traum und die Frage nach der Sprache, in der geträumt wird. Wenn sich in Blancos Zweisprachigkeit und in seinen Versuchen, diese Zweisprachigkeit durch die weitgehende Vermeidung des Spanischen zu umgehen, exemplarisch die Spaltung des exilierten Subjekts abgezeichnet hatte, dann kann die späte Rückkehr zur Muttersprache (auch im Traum) als Zeichen zumindest für eine Aussöhnung dieses Subjekts mit seiner „verdoppelten" Identität verstanden werden. Tatsächlich unterstreicht Luis Fernández Cifuentes im Zusammenhang mit der von Blanco immer wieder ins Feld geführten Gespaltenheit, dass dessen autobiographische Werke keineswegs nur im Kontext mit der Frage nach der Nationalität auf das strukturierende Element einer solchen Spaltung bzw. Doppelheit zurückgriffen. Vielmehr setzten sie auch auf anderen Ebenen vergleichbare binäre Strukturen ein, um das Handeln, die Überzeugungen und nicht zuletzt auch die Konversionen des autobiographischen Ichs zu erklären. Die Opposition von Vernunft und Gefühl ist hier sicher das offensichtlichste Beispiel; daneben führt Fernández Cifuentes etwa die Gegensätze von Wahrheitsliebe und Wunsch nach Zugehörigkeit oder von Erziehung und geistiger Freiheit an. Was José María Blanco White selbst in seiner Autobiographie als „[t]hese two contending forces" beschreibt,[315] die für all die von ihm gebrachten Opfer und für all sein Leiden verantwortlich seien, das sind letztlich unterschied-

---

314 Blanco White 1975: 25–109, hier 26.
315 Blanco White 1845, Bd. I: 287. Vgl. grundsätzlich zu diesen „two contending forces" Fernández Cifuentes 2005: 31–32.

liche Spielarten ein und derselben Hin- und Hergerissenheit, die sich in den beiden geographischen Polen Spanien und England exemplarisch veranschaulichen lässt.

Allerdings zeigt sich gerade im Fall der doppelten nationalen Zugehörigkeit Blancos auch, dass diese Dichotomien zuletzt bei weitem nicht so starr sind, wie es auf den ersten Blick den Anschein haben mag. So führt der Gang ins englische Exil nur dazu, dass sich der Autor von dort aus in seiner Zeitschrift *El Español* nur umso intensiver mit Spanien befasst; die in seiner Autobiographie so ausführlich eingestandenen sprachlichen Unsicherheiten treten eben nicht nur im Zusammenhang mit der erlernten Zweitsprache auf, sondern auch in der Muttersprache; und selbst der in dem Abschiedsbrief an sein hispanoamerikanisches Publikum zelebrierte Abschied vom Spanischen und der spanischsprachigen Welt wird wieder zurückgenommen, wenn die Muttersprache zum Schluss doch noch als Literatursprache herangezogen wird.[316] Das gespaltene, in seiner Identität verwirrte Ich, das José María Blanco White in seinen autobiographischen Texten entwirft, ist auf diese Weise doch konsistenter, als der Autor selbst suggeriert. I have always been my own convert: Zuletzt kann selbstverständlich auch aus dem wiederholten Wandel eine gewisse Dauer und Beständigkeit resultieren (eine Beständigkeit, wie sie sich in dem Wort „always" in dem von Edward Gibbon übernommenen Satz bereits abzuzeichnen scheint). Wenn Blanco tatsächlich immer sein eigener Konvertit gewesen ist, und wenn er diese Eigenschaft tatsächlich mittels der seinen autobiographischen Schriften inhaltlich und strukturell zugrunde liegenden Spaltungen (und nicht zuletzt auch mittels seiner darauf anspielenden Pseudonyme) inszeniert hat, dann ist es gerade diese Beständigkeit des Wandels, die seinen autobiographischen Schriften Kohärenz verleiht und die sie so zeitgemäß wirken lässt in der Zeit der atlantischen Revolutionen, in der sie entstehen.

3.2.4 Transatlantic Romanticism?

Als José María Blanco White im Herbst 1825 die Herausgeberschaft der *Variedades* aufgab, hätte der Verleger Rudolph Ackermann ihn im Grunde ohne Schwierig-

---

316 An dieser Stelle gilt es auch mit Blick auf die von John Hamilton Thom herausgegebene letzte Autobiographie Blancos (*The Life of the Rev. Joseph Blanco White, written by himself*) zu betonen, dass diese Sammlung von Dokumenten vor allem auch deshalb rein englischsprachig ist, weil ihr englischer Herausgeber des Spanischen nicht mächtig war (vgl. Lloréns 1967b. Lloréns betont: „Como Mr. Thom no sabía una palabra de español, en la selección que hizo de los papeles de Blanco omitió todo lo que este poseía, propio y ajeno, en su lengua nativa. Bien se comprende la insuficiencia documental de obra semejante, tan autorizada por lo demás [...]." (Lloréns 1967b: 168)).

keiten ersetzen können. Die spanischsprachige Bevölkerung Londons hatte nämlich Ende 1823 großen Zuwachs erhalten, nachdem Fernando VII. das drei Jahre zuvor durch den Putsch von Rafael de Riego eingeleitete *Trienio liberal* beendet hatte und Spanien einmal mehr zur absolutistischen Herrschaft zurückgekehrt war.[317] Unter den liberalen Emigranten, die im Zuge dessen Spanien verließen und wie 13 Jahre zuvor Blanco selbst ein neues Leben in England begannen, befanden sich zahlreiche Schriftsteller und Intellektuelle wie Pablo de Mendíbil, der Duque de Rivas, José Joaquín de Mora, Antonio Alcalá Galiano oder Joaquín Lorenzo Villanueva und dessen jüngerer Bruder Jaime: „[e]n lo relativo al exilio liberal de los años veinte, la práctica totalidad de la elite intelectual española de la época se vio obligada a emigrar", fasst Manuel Valera Candel zusammen.[318] In der Endphase der *Variedades* arbeitet Blanco tatsächlich mit einigen dieser spanischen Landsleute zusammen, etwa mit Pablo de Mendíbil, den er den Leserinnen und Lesern der Zeitschrift im Juli 1825 als Mitarbeiter vorstellt, oder mit José Joaquín de Mora, der für Ackermann von 1824 an mehrere Ausgaben von dessen jährlich erscheinendem und ebenfalls für Hispanoamerika bestimmten Almanach *No me olvides* herausgab.[319] Wenn der Verleger das Erscheinen der *Variedades* nach Blancos Ausscheiden trotzdem einstellte, dann lag das deshalb weniger daran, dass er keine geeigneten Herausgeber und Autoren hätte finden können, als vielmehr daran, dass schon zuvor die Zusammenarbeit mit dem zunehmend widerwilligen Blanco schwieriger und dadurch das Konzept der Zeitschrift selbst fragwürdig geworden war. Der Geschäftsmann Ackermann zog es deshalb vor, sich anderen Projekten zu widmen, die weniger problematisch zu sein versprachen.[320]

Fernando Durán López hat die insgesamt neun Ausgaben der *Variedades* einer eingehenden Analyse unterzogen und detailliert die Gründe für das Scheitern die-

---

[317] Vgl. zum Beginn dieses *Trienio liberal* auch den Anfang des Kapitels 2.1 Historiographie im Zwischenraum. Vgl. zum historischen Hintergrund auch Bernecker 2002: 116–117.
[318] Valera Candel 2007: 133. Vgl. allgemein zum spanischen Exil in London in diesen Jahren Lloréns 1979. Blanco selbst weist in seiner „Despedida del autor de las Variedades" darauf hin, dass die große Zahl der mittlerweile in London lebenden spanischen Emigranten ihn von der Verpflichtung entbinden könnte, die Arbeit als Herausgeber der Zeitschrift noch länger fortzusetzen (vgl. Blanco White 1825b: 300).
[319] Im Vorwort der zweiten Ausgabe dieses Almanachs weist Mora ausdrücklich auf den Austausch mit José María Blanco White hin. Mora schreibt hier: „El Editor ha mirado con particular esmero los articulos de Poesia, movido por el estimulo que le ha dado la aprobacion con que han favorecido las composiciones poeticas del primer numero, algunos sugetos inteligentes, y especialmente el distinguido literato a cuya pluma debe el *Mensagero de Londres* la justa fama de que goza." (Mora 1825: IV). Blanco seinerseits rezensiert Moras *No me olvides* des Jahres 1824 in der Juliausgabe der *Variedades* (vgl. Blanco White 1824a). Vgl. zu dieser Rezension auch Lloréns 1979: 231–235. Vgl. zu Moras Vermittlerrolle zwischen Europa und Hispanoamerika Tully 2011.
[320] Vgl. Durán López 2009: 59–60.

ses zwischen Januar 1823 und Oktober 1825 betriebenen „zweistimmigen Projekts" von José María Blanco White und Rudolph Ackermann herausgearbeitet. Während Blanco, den Durán López als geborenen Publizisten charakterisiert, Journalismus immer als eine genuin moralische Aufgabe verstanden habe und deshalb sein Publikum vor allem zum Nachdenken anregen wollte, seien die Interessen des Verlegers anderer, nämlich vor allem kommerzieller Natur gewesen. Das Verlagshaus Ackermann zielte auf die Beherrschung des neu zu erschließenden hispanoamerikanischen Marktes, und zu diesem Zweck setzte dessen Gründer auf die wechselseitige Durchdringung seiner Produkte. So ließ Ackermann in den *Variedades* nicht nur Rezensionen von Büchern aus seinem Verlag, sondern auch eine Vielzahl von ebenfalls in seinem Hause produzierten Kupferstichen platzieren. Damit aber diese Strategie einer „empresa multimedia cuyos productos se apoyaban unos a otros" aufging und seine Produkte tatsächlich in möglichst vielen hispanoamerikanischen Ländern frei zirkulieren konnten,[321] war er darauf angewiesen, seine Publikationen insgesamt und damit natürlich auch die *Variedades* weltanschaulich möglichst wenig kontrovers zu halten. Das wiederum war nun die Sache seines Herausgebers nicht: „Desde el primer día, pues, el problema de Blanco consistió en realizar un periodismo profesional y neutral, cuando era incapaz de ver el sentido de ser periodista si no era precisamente para transmitir una doctrina moral y religiosa."[322] Dieser moralische Impetus hat natürlich auch mit der von Blanco in seinen autobiographischen „accounts" verhandelten Frage nach seiner eigenen Subjektivität zu tun. Gerade vor dem Horizont seiner im Wechselspiel von Konversion und Konfession stets unabgeschlossen bleibenden Subjektkonstitution und der großen Bedeutung, der er in diesem Zusammenhang der Frage der Bildung beimisst, sieht Blanco seine publizistische Mission in den knapp zwei Jahren seiner Tätigkeit als Herausgeber der *Variedades* darin, sein Publikum in den gerade erst unabhängig gewordenen hispanoamerikanischen Ländern zu instruieren und auf dem Weg in die Selbständigkeit anzuleiten. Das konnte aber angesichts des ihm von Rudolph Ackermann auf-

---

321 Durán López 2009: 73. Vgl. auch Fernando Durán López 2011: 130. Hier nennt Durán López das Verlagshaus „un grupo multimedia internacional."
322 Durán López 2009: 61–62. Der in dieser Strategie zum Ausdruck kommende Geschäftssinn Ackermanns zeigt sich unter anderem auch in der „Advertencia", mit der er den von José Joaquín de Mora herausgegebenen Almanach *No me olvides* des Jahres 1825 beschließt. Hier kündigt Ackermann die Eröffnung einer von seinem Sohn und einem Geschäftspartner geführten Buchhandlung in Mexiko an: „El ramo de Librería que el Sr. Ackermann despacha comprende una vasta coleccion de libros ingleses y españoles, publicadas por él mismo en Londres. Las obras españolas han sido escritas con el espreso designio de que circulen en America y todas ellas tienen por obgeto la propagacion de los conocimientos utiles, bajo la salvaguardia de la Religion y de las buenas costumbres." (o. A. 1825b) Auf diesen Hinweis folgt dann der Katalog der in London und Mexiko von Ackermann verlegten spanischsprachigen Bücher.

erlegten Gebots zur Zurückhaltung nur gewissermaßen „camoufliert" geschehen: indem der Journalist Blanco in einzelnen Artikeln *doch* einmal etwas dezidierter Stellung bezog, indem er in anderen, vermeintlich unverfänglichen Texten indirekte Botschaften einschleuste und indem er vor allem an den Kernthemen der Zeitschrift ansetzte, der europäischen Literatur und Geschichte nämlich, um Ackermanns Neutralitätsgebot möglichst unauffällig auszuhebeln.[323] Um die Botschaft entschlüsseln zu können, die Blanco auf diese Weise als eine Art „Kassiber" in der scheinbar harmlosen Zeitschrift verpackte, galt es deshalb für seine hispanoamerikanische Leserschaft, die in London erscheinende Publikation als Ganzes und die darin verfolgten Themen in ihrer Gesamtheit in den Blick zu nehmen. Nur mittels eines solchen konsekutiven und vergleichenden Blicks auf die einzelnen Ausgaben erschließt sich das trotz der verlegerischen Restriktionen inhaltlich und ideologisch durchaus eigenständige Profil der *Variedades*.

Wenn man die neun Ausgaben der Zeitschrift auf diese Weise in den Blick nimmt, dann wird deutlich, dass es Blanco White mit seinen Interventionen offensichtlich gelungen ist, einem Publikum, das ihm wegen der großen geographischen Entfernung und der langen Vertriebswege fremd bleiben musste, die Möglichkeit zu bieten, sich immerhin mit bestimmten Ideen vertraut zu machen, die eigene Reflexionsfähigkeit zu schulen und einen kritischen Geist zu entwickeln. Der Publizist José María Blanco White ist mit diesem Projekt einmal mehr um die Kommunikation zwischen unterschiedlichen geographischen Regionen der Welt und unterschiedlichen Perspektiven bemüht, und das auf einer höheren Ebene als bisher (insofern es ihm mittlerweile nicht mehr nur um den Austausch zwischen einzelnen Ländern geht, sondern um den zwischen Kontinenten). Dass er den Versuch schließlich doch resigniert abgebrochen hat, und dass er in dem Abschiedsbrief an seine Leserschaft ausdrücklich hervorhebt, es sei auch die große Distanz zwischen ihm und seinem Publikum gewesen, die ihm seine Aufgabe zunehmend erschwert habe,[324] ändert nichts an der grundsätzlichen „vocación trasatlántica" des Autors und seiner Werke.

Denn dass Blancos Interessen sich nicht allein auf Themengebiete innerhalb der Grenzen Europas konzentrierten, das hatten schon seine Interventionen aus *El Español* im Zusammenhang mit der amerikanischen Frage und insbesondere die freundschaftliche Polemik mit fray Servando in den Monaten zwischen Oktober 1811 und Oktober 1812 gezeigt. Hatte der Herausgeber der Zeitschrift in dieser Debatte eine Position bezogen, die reformorientiert, aber alles andere als revolu-

---

323 Durán López spricht wörtlich davon, Blanco habe die Literatur als eine „palanca para las reflexiones morales" benutzt, die er habe ansprechen wollen (Durán López 2009: 82). Vgl. auch dazu noch einmal Durán López 2011.
324 Vgl. Blanco White 1825b: 301.

tionär gewesen war,[325] so spiegelt sich in dieser gemäßigten Haltung auch die Entwicklung, die seine politischen Ansichten in den ersten Jahren seines englischen Exils durchlaufen hatten. Während der Blanco in seinen jungen Jahren und vor allem in seiner Zeit als Redakteur des *Semanario Patriótico* in Sevilla ein überzeugter Anhänger des politischen Jakobinismus gewesen war, hatte er nach der Ankunft in England begonnen, seine bisherigen Überzeugungen kritisch zu reflektieren. Der Schriftsteller wurde konservativer, und diese Entwicklung war auch seiner intensiven Auseinandersetzung mit der Frage nach den amerikanischen Kolonien geschuldet: „Consciente de las realidades sociológicas del Nuevo Mundo, Blanco estaba convencido de que, si los responsables difundían los principios democráticos franceses en una sociedad tan dividida, América corría el riesgo de caer en el caos."[326] In der Tat scheint in diesen Jahren in vielen von Blancos Kommentaren zu der Situation in den spanischen Überseegebieten seine Angst vor der im Falle einer hispanoamerikanischen Unabhängigkeit zu befürchtenden Anarchie auf. Dabei stützt er seine Argumentation immer auf eine profunde Kenntnis der Materie. So erklärt er beispielsweise ein halbes Jahr nach dem Beginn der Unabhängigkeitskämpfe in Neuspanien, im April 1811, er habe dazu bisher noch nicht Stellung bezogen, weil er nur über einseitige und daher dürftige Informationen zur Lage in Mexiko verfügt habe und sich daher noch kein Urteil habe bilden können. Erst jetzt, nachdem er den vor Ort in Mexiko verfassten Bericht eines „enemigo de la revolucion actual, aunque amigo de la razon en que la revolucion se funda" vorliegen habe, könne er eine erste Einschätzung wagen.[327]

Blancos Bemühen um eine ausgewogene Einschätzung der Situation auf der Grundlage von solchen aktuellen Berichten aus Amerika findet seine Entsprechung

---

325 Vgl. Pons 2006: 42. Pons schreibt hier: „Que Blanco White no quería favorecer la independencia sino mantener la unidad del Imperio en un marco de justicia, lo ponían de manifiesto sus continuos llamamientos, desde el primer momento, en favor de la reforma." Vgl. zu der Debatte zwischen José María Blanco White und fray Servando Teresa de Mier noch einmal Kapitel 2.1.2 Räume: Europa und Amerika.
326 Pons 2006: 44. Vgl. zur Entwicklung von Blancos Überzeugungen auch die weitere Argumentation. Hier heißt es in Bezug auf Blancos Reaktion auf die venezolanische Unabhängigkeitserklärung von Juli 1811: „Es cierto que desde julio de 1810 había ido marcando distancias con respecto a la ideología revolucionaria francesa; pero hasta la declaración de independencia de Caracas no había proclamado nunca con tanto vigor sus convicciones antirrevolucionarias. El que había sido demócrata radical cuando escribía en el *Semanario Patriótico* o en los comienzos de *El Español*, vituperaba ahora la dictadura del terror y el jacobinismo; el que fuera defensor de los derechos del hombre se mostraba ahora contrario a lo que se hacía en nombre de esos derechos; el que había querido hacer tabla rasa del pasado, veía ahora en la ruptura con ese pasado el preludio de ‚la esclavitud y la anarquía'." (Pons 2006: 143–144). Vgl. zu dem Einfluss der Amerikafrage auf diese Entwicklung von Blancos politischen Überzeugungen auch die knappe Darstellung in Ertler 1985: 81.
327 Blanco White 1811a: 30.

in seinen Versuchen, sein Urteil grundsätzlich auf die genaue soziologische, politische und wirtschaftliche Kenntnis der amerikanischen Wirklichkeit zu stützen. Es ist deshalb kein Zufall, dass die erste spanischsprachige Rezension zu Alexander von Humboldts erstmals zwischen 1808 und 1811 in zwei Quartbänden erschienenem *Essai politique sur le royaume de la Nouvelle-Espagne* im Juli 1810 ausgerechnet in *El Español* veröffentlicht wird. Zwar stammt der Text dieser Rezension nicht aus Blancos eigener Feder, sondern aus der seines schottischen Freundes John Allen, der seine Rezension auf Englisch bereits im April 1810 im *Edinburgh Review* veröffentlicht hatte.[328] Der Herausgeber des *Español* zeichnet aber für die Übersetzung des Textes ins Spanische verantwortlich; und dass er der Rezension und damit wohl auch dem rezensierten Buch besondere Bedeutung beigemessen hat, darauf verweist die erklärende Fußnote, mit der er seine Übersetzung einleitet: „Este discurso está escrito con tal tino, y con tan profundo saber acerca de la America Española que será aplaudido, sin duda, por quantos tengan algun interés respecto de aquellos dilatados payses", schreibt er hier.[329] Entsprechend beschränkt sich Blanco im Folgenden darauf, Allens Rezension wörtlich zu übersetzen und keinerlei Veränderungen an deren Struktur und inhaltlicher Stoßrichtung vorzunehmen. Er gesteht sich allenfalls minimale Ergänzungen zu, die seinem spanischsprachigen Publikum ein besseres Verständnis von Allens Ausführungen ermöglichen sollen, etwa wenn er den Satz: „The Spanish colonies will have acquired that independence which our colonies have attained, without the moral dilaceration through which they were compelled to purchase it" mit einem kleinen erklärenden Zusatz für seine spanischsprachigen Leserinnen und Leser versieht und schreibt: „Las colonias españolas habrán adquirido la independencia que las nuestras (las inglesas) adquirieron, sin la dilaceracion moral con que se vieron obligadas á comprarla."[330]

Tatsächlich muss Blancos Veröffentlichung der ins Spanische übersetzten Rezension zu Alexander von Humboldts *Essai politique* als eine politische Stellungnahme interpretiert werden, die den gleichen Prämissen folgt wie die anderen Positionie-

---

[328] John Allen war ein enger Freund und Mitarbeiter von Blancos Förderer Lord Holland, dessen politische Ansichten entscheidend von denjenigen des schottischen Gelehrten beeinflusst waren (vgl. Durán López 2005a: 136–137). Vgl. zu der spanischsprachigen Rezension in *El Español* auch Krumpel 2018. Krumpel schreibt die Rezension implizit Blanco selbst zu und betont die große Bedeutung für den spanischen Sprachraum, die dieser frühen Auseinandersetzung mit Humboldts *Essai politique* zukomme: Weil die erste vollständige Übersetzung dieses Textes ins Spanische erst 1822 erschienen ist, könne die Rezension aus *El Español* für sich in Anspruch nehmen, Humboldts Werk erstmals einem größeren spanischsprachigen Publikum nähergebracht zu haben (vgl. Krumpel 2018: 260).
[329] Blanco White 1810: 243. Der ursprüngliche Artikel aus der Feder von John Allen ist erschienen in *The Edinburgh Review or Critical Journal* (vgl. Allen 1810).
[330] Allen 1810: 92 und Blanco White 1810: 288–289.

rungen des Autors zu der Frage der hispanoamerikanischen Unabhängigkeit. So betont John Allen (und mit ihm Blanco White) unter Berufung auf die von Humboldt gesammelten Daten den Fortschritt, den Mexiko und die anderen überseeischen Provinzen Spaniens in den zurückliegenden Dekaden dank der von Spanien gelockerten Handelsgesetze vor allem in wirtschaftlicher Hinsicht gemacht hätten: „Una opulencia general se ha difundido por el pays, y el amor a las ciencias, a la literatura y artes ha nacido en todas las ciudades principales."[331] Dessen ungeachtet gelte es aber, fortbestehende politische Probleme anzuzeigen, die vor allem aus der großen räumlichen Distanz resultierten, welche die Regierung in Spanien von ihren Untertanen jenseits des Atlantiks trennt: „Las colonias españolas han prosperado a causa de que su gobierno ha descubierto y corregido algunos de sus errores: No se sigue de aquí que no hizieran mas progresos, si se huviera visto y corregido mas."[332] Jenseits dieser von einer reformunwilligen spanischen Administration verursachten Schwierigkeiten sei jedoch die die mexikanische Gesellschaft spaltende Rassentrennung das größte Hindernis für die Prosperität des Landes; und eine verfrühte oder unüberlegt provozierte politische Unabhängigkeit würde die dadurch bewirkten Konflikte noch zusätzlich anheizen: „La experiencia da a entender, que un gobierno criollo fixará con mas esmero, y demarcará mas sensiblemente la distinción entre las demas castas y la suya, que un gobierno enteramente ageno de las preocupaciones y emulacion de aquellos habitantes."[333]

An dieser Stelle wird deutlich, wie John Allen und der ihn übersetzende José María Blanco White in der 1810 im *Edinburgh Review* und *El Español* veröffentlichten Rezension die von dem preußischen Gelehrten auf seiner amerikanischen Reise (1799–1804) erhobenen Daten zur Interpretation der politischen Situation in Spanien und seinen Überseegebieten zu nutzen wussten, die sich ja in den Jahren seit dem Ende dieser Reise entscheidend verändert hatte.[334] So findet Blancos Sorge vor der Anarchie im Falle einer Unabhängigkeit in Humboldts Beschreibung der soziologischen Struktur Neuspaniens ihre nicht von der Hand zu weisende Begründung; und nicht erst Lucas Alamáns unter der Prämisse der Opposition von Anarchie und Ordnung stehender Rückblick auf die mexikanische Unabhängigkeitsrevolution und ihre Folgen wird im weiteren Verlauf des 19. Jahrhunderts zeigen, dass zur Sorge in

---

331 Blanco White 1810: 267.
332 Blanco White 1810: 269. Vgl. zu einer Auflistung der Fehler der spanischen Administration in den amerikanischen Kolonien auch Blanco White 1810: 272.
333 Blanco White 1810: 283.
334 Vgl. zu Humboldts Amerikanischem Reisewerk und der dem Reisewerk zugrundeliegenden Reise auch Kutzinski 2018. Vgl. zu dem ideologischen Einfluss, den der *Edinburgh Review* und namentlich John Allen auf José María Blanco White ausgeübt haben, auch Pons 2002: 229 und 258.

der Tat Anlass bestand.³³⁵ Zugleich macht die Publikation der ausführlichen Humboldt-Rezension in *El Español* aber deutlich, dass sich José María Blanco White schon zu diesem frühen Zeitpunkt der Bedeutung sehr bewusst war, welche die weitere Entwicklung Hispanoamerikas haben würde; und er teilt in diesem Kontext mit Alexander von Humboldt die Offenheit für die transatlantische Welt und das Interesse an den dortigen Verhältnissen.³³⁶ Dabei ist aus Blancos vollständiger Übernahme der von John Allen im *Edinburgh Review* entwickelten Argumentation nicht ersichtlich, ob er selbst Humboldts Werk wirklich gekannt hat. Es ist durchaus auch möglich, dass er sich darauf beschränkt hat, die von Allen verfasste Rezension als ein Vehikel zur Stärkung seiner eigenen Argumente gegen eine vollständige Unabhängigkeit der transatlantischen Provinzen zu benutzen, ohne den *Essai politique* zuvor selbst gelesen zu haben. Blancos hohes Lesepensum, sein Zugang zu der gut bestückten Bibliothek seines Freundes Lord Holland und sein schon in diesen ersten Londoner Monaten weitgespanntes Netzwerk lassen aber auch eine andere Version denkbar erscheinen: diejenige nämlich von einer eigenen Humboldt-Lektüre des Spaniers.³³⁷

---

335 Vgl. zu Lucas Alamán und seiner Interpretation der Unabhängigkeitsbewegung auch Kapitel 2.3 Die ordnende Kraft der Analyse.

336 Über Humboldts Einstellung diesbezüglich schreibt Sebastian Krumpel: „[Humboldt] vertrat die Überzeugung, dass ein grundlegendes Verständnis anderer Kulturen die Einsicht in das Vorhandensein einer Pluralität kulturell bedingter Perspektiven voraussetzt. Fremderkenntnis konnte für ihn nicht aus einem rein europäischen Denken und einer einzigen Sprache entstehen; nur durch das Bestreben und die Fähigkeit zur Relativierung der eigenen, bei gleichzeitiger Annahme der fremden Anschauung, war für Humboldt die Wahrnehmung des Anderen und letztlich das bessere Verstehen des Eigenen möglich." (Krumpel 2020: 36).

337 In jedem Fall haben John Allen und José María Blanco White mit der Veröffentlichung der beiden Versionen der Rezension (der englischsprachigen und der spanischsprachigen) eine breite Öffentlichkeit erreicht und Humboldts *Essai politique* früh und nachhaltig bekannt gemacht. In seiner *Historia de la Revolución de Nueva España* zitiert zum Beispiel fray Servando Teresa de Mier die beiden Rezensionen: „El autor del sabio artículo sobre la *Estadística* de Humboldt en el *Edinburgh Review* (que *El Español* dio traducido en 30 de julio 1810) dice que, según Humboldt, de los 2.231.000 gentes de sangre mezclada que contara en Nueva España, los siete octavos son de rigorosos mestizos." (Mier 1990: 553). Dass fray Servando an dieser Stelle so explizit auf die beiden Rezensionen Bezug nimmt (und die Art und Weise, wie er das tut), zeigt deutlich, dass er selbst Humboldts Werk zu diesem Zeitpunkt noch nicht selbst gelesen hatte. Interessant ist deshalb vor allem, dass er die Schwerpunktsetzung von Allen und Blanco übernimmt und den preußischen Forschungsreisenden wie diese vor allem mit dessen Angaben zu der Bevölkerungsstruktur Neuspaniens (eben den *castas*) zitiert. Sieben Jahre später, bei seiner Rückkehr nach Neuspanien, hatte fray Servando dann selbst ein Exemplar des *Essai politique* im Gepäck; allerdings handelt es sich in seinem Fall um die zweite und vollständige Ausgabe in fünf Bänden von 1811 (und nicht um die von Allen rezensierte unvollständige erste Ausgabe in zwei Bänden von 1808–1809). Vgl. dazu das von der Inquisition angelegte Inventar von fray Servandos Bücherkisten, in: Hernández y Dávalos 1882: 840–854, hier 845.

Auch wenn diese Frage wohl nicht abschließend zu klären sein wird, so steht doch außer Zweifel, dass José María Blanco White schon den Ausführungen von John Allen die für seine Belange essentiellen Informationen hat entnehmen können. Dass für ihn dabei die Frage nach den verschiedenen *castas* und ihrer Rolle in den hispanoamerikanischen Gesellschaften von besonderem Interesse war, darauf deutet ein weiterer Text hin, den er in diesen ersten Jahren in England veröffentlicht hat. Schon in jungen Jahren hatte er sich sensibel für die Problematik der Segregation einer Gesellschaft in unterschiedliche (vermeintliche) Rassen gezeigt, davon zeugt zumindest eine kurze Passage in seiner Autobiographie, in der er die spanische Doktrin der *pureza de sangre* kritisch reflektiert.[338] Wenn er vor diesem Hintergrund jetzt im März 1814 und damit kurz vor der Einstellung seines *Español* eine Skizze über den transatlantischen Sklavenhandel publiziert, dann bezieht er damit in einer Diskussion Stellung, die wenige Jahre zuvor auch Abbé Grégoire und fray Servando Teresa de Mier beschäftigt und zu einem intensiven Austausch angeregt hatte.[339] Und ohne dass Blanco White zu erkennen gäbe, dass er sich der Traditionslinie bewusst wäre, in die er sich da einschreibt, wird bei der Lektüre seines *Bosquejo del comercio de esclavos* doch nur zu deutlich, dass die darin zum Ausdruck gebrachte abolitionistische Haltung auf denselben aufklärerischen Prinzipien beruht, die schon Abbé Grégoire seiner Verteidigung von Bartolomé de Las Casas zugrunde gelegt hatte.

Tatsächlich weist Manuel Moreno Alonso, der Blancos *Bosquejo* 1999 neu herausgegeben und kommentiert hat, auf eine interessante Querverbindung zwischen dem ehemaligen spanischen Priester und dem Bischof der Konstitutionellen Kirche in Frankreich hin. So hat Blancos Jugendfreund Isidoro de Antillón (den er in den Jahren vor der napoleonischen Besetzung Spaniens in Madrid kennengelernt und mit dem er dann vor seiner Emigration in der Redaktion des *Semanario Patriótico* in Sevilla zusammengearbeitet hatte) schon 1802 vor der *Real Academia Matritense de derecho español y público* einen Vortrag mit dem Titel „Disertación sobre el origen de la esclavitud de los negros" gehalten, in dem er sich ausdrücklich auf die erst kurz zuvor veröffentlichte Las Casas-Verteidigung von Grégoire berief.[340] Blan-

---

In diesem Fall ist zumindest denkbar, dass der Dominikaner sein Exemplar erst 1815 bei seinem kurzen Aufenthalt in Paris erworben hat. Vgl. zu dem Inventar von fray Servandos Bücherkisten auch Kapitel 4.1 Fray Servandos reisende Bibliothek.
338 Vgl. Blanco White 1845, Bd. I: 59. Hier schreibt Blanco: „It is impossible to conceive how much real and unmerited misery the prejudice of the purity of blood has produced in Spain."
339 Vgl. zu der von Grégoire und fray Servando dazu geführten Diskussion auch Kapitel 3.1.2 Las Casas.
340 So schreibt Antillón: „Algun tiempo despues de escrita esta disertacion llegó a mis manos por fortuna una Memoria de Mr. Gregoire leida en el instituto nacional de Francia, con el título de Apología de Bartolomé de Las-Casas. El autor envió inmediatamente un egemplar a la Academia de la historia de Madrid. Como individuo de aquel cuerpo respetable la leí desde luego; y

cos abolitionistische Skizze kommt nun zwar ohne den Hinweis auf den Bischof von Chiapas aus; André Pons zufolge ist aber zu vermuten, dass der junge Blanco y Crespo in seiner Schulzeit bei den Dominikanern von Sevilla durchaus mit dessen Werken in Berührung gekommen ist. Noch wahrscheinlicher erscheint die Hypothese, dass sein *Bosquejo* auch von fray Servandos 1812 erschienener Londoner Edition der *Brevísima Relación* von Bartolomé de Las Casas beeinflusst ist.[341] In jedem Fall macht die von Moreno Alonso aufgedeckte Genealogie deutlich, dass Blancos Beschäftigung mit dem Thema des Sklavenhandels und der Sklaverei nicht ursächlich auf seinen Kontakt mit den Londoner Kreisen um den britischen Vorkämpfer für den Abolitionismus, William Wilberforce, zurückzuführen war, sondern dass sein Interesse an diesen Fragen weiter zurückreichte und durch die englische Vorreiterrolle bei der Abschaffung von Sklavenhandel und Sklaverei allenfalls befördert wurde.[342]

Im Kontext seiner Beschäftigung mit Amerika ist Blancos Skizze nun vor allem aus dem Grund von Interesse, dass der Autor sich darin zwar auf die bereits von den britischen Abolitionisten vorgebrachten Argumente für eine Abschaffung der Sklaverei beruft, dabei aber immer die spezifische Situation der spanischen Kolonien in Amerika im Blick behält.[343] So argumentiert er, dass etwa in Neuspanien die Zahl der Sklaven ohnehin äußerst gering sei und dass deshalb weder Industrie noch Handel von ihrer Arbeitskraft abhängig seien. Mit Ausnahme von Kuba und Puerto Rico gelte das auch für den Rest des Subkontinents, weshalb sich folgern lasse, dass die betreffenden Länder aktuell ganz offensichtlich andere Sorgen hätten: „Aun cuando no fuese cosa tan sabida que la prosperidad de la América no

admiré la vasta erudion con que prueba Gregoire no haber sido Las-Casas [...] el primer promovedor del comercio de los negros para cultivar las islas y tierra firme de América, pues que segun el testimonio de nuestros mismos historiadores se hallaba ya introducido y propagado antes de las cortes de Valladolid y de los escritos en que abogó por los indios el obispo de Chiapa. Parecióme esta memoria digna del aprecio y consideracion pública; y la traduje al castellano [...]." (Antillón 1820: 109). Antillón erklärt in der Folge, dass er seine Übersetzung wegen der Zensur nicht habe veröffentlichen können und schließt mit einer enthusiastischen Hommage an Las Casas (vgl. Antillón 1820: 110–111).
341 Das legt zumindest Joselyn M. Almeida nahe (vgl. Almeida 2011: 211). Vgl. zu fray Servandos Ausgabe dieses Textes auch Kapitel 2.1.4 Kerkyräer und Korinther.
342 Vgl. zu Blancos Kontakten zu William Wilberforce Moreno Alonso 1999: 50–51. Blanco selbst erwähnt den britischen Vorkämpfer für die Abschaffung von Sklavenhandel und Sklaverei in einem in seinem „Sketch of his Mind" zitierten Tagebucheintrag von 1817 im Zusammenhang mit dem kurzfristig von ihm verfolgten Plan, als protestantischer Pfarrer nach Trinidad zu gehen (vgl. Blanco White 1845, Bd. I: 316–317).
343 Tatsächlich behauptet Blanco zu Beginn seines *Bosquejo* mit großer Bescheidenheit (und nicht ganz den Tatsachen entsprechend), sein Text sei im Wesentlichen eine wörtliche Übersetzung von Wilberforces *A Letter on the Abolition of the Slave Trade* von 1807 (vgl. Blanco White 1999a: 69).

depende del bárbaro tráfico en carne humana, las circunstancias en que aquellos pueblos se han visto últimamente, nos han proporcionado una prueba indudable de esta verdad."[344] Mit diesem Hinweis auf die mittlerweile tatsächlich ausgebrochenen Unabhängigkeitskriege macht Blanco White zwar implizit deutlich, dass deren Verlauf seine früh schon formulierte Sorge vor der Anarchie kaum hat zerstreuen können; seine Argumentation zeigt aber auch, dass er durchaus bereit und in der Lage war, die sich verändernden Realitäten anzuerkennen.

Auch in seinem *Bosquejo del comercio de esclavos* betont er nun wie später in seiner Autobiographie ausdrücklich, keinen literarischen Text schreiben zu wollen: „La presente está lejos de ser una obra literaria: es un Memorial dirigido a cada español en nombre de las víctimas que la codicia de alguno de sus paisanos está arrancando todos los días de la costa de África."[345] Allerdings ist Blancos Vorgehensweise aber doch insofern literarisch, als er seine rationalen Argumente immer wieder durch fantasievolle und teilweise fast die Grenze zur Fiktion übertretende Schilderungen zu unterstützen und auf diese Weise die Emotionen der Leserinnen und Leser anzusprechen sucht, die er für sein Anliegen gewinnen möchte.[346] So schildert er nicht nur die grausamen Sklavenjagden im afrikanischen Hinterland, sondern auch die Qualen, welche die unglücklichen Schwarzen dann auf der Überfahrt über den Atlantik zu erdulden hatten; und er kontrastiert dabei immer die Unschuld der aus Afrika verschleppten Menschen mit der Habgier der sie verschleppenden Europäer.[347] Aufbauend auf diesen Szenen, die narrativ nicht ohne Anspruch sind, entwickelt er seine Argumentation gegen den Sklavenhandel dann systematisch aus drei Perspektiven: aus moralischer, aus politischer und aus christlicher Sicht. Seine Vorgehensweise ist dabei insofern genuin transareal, als sie Europa als Ausgangspunkt und Zentrum des transatlantischen Handels sowohl mit Afrika als auch mit Amerika in Verbindung setzt und die Bewegung zwischen den Kontinenten als Impuls für das ihm am Herzen liegende (politische) Geschehen

---

344 Blanco White 1999a: 152.
345 Blanco White 1999a: 70.
346 Tobias Kraft definiert (nicht zufällig mit Blick auf Alexander von Humboldt) eine so verstandene Literarizität als „nicht-pragmatischen Diskurs" und betont in diesem Zusammenhang: „Neben dem offensichtlichen wissenschaftlichen Gebrauchswert und besonders im politischen Sinne expliziten Appellcharakter der Texte gibt es demnach einen durch ihre Form und darin enthaltene spezifische Verfahren motivierten Überschuss, der sich der reinen Textpragmatik entzieht." (Kraft 2014: 25).
347 Er scheut dabei auch nicht davor zurück, diesen Gegensatz noch einmal zuzuspitzen etwa durch die Schilderung des sadistischen Mordes, den ein besonders grausamer Kapitän an einem nur zehn Monate alten Kind verübt (vgl. Blanco White 1999a: 125–126).

liest.³⁴⁸ So bringt seine Schilderung des Trajekts der Sklavenschiffe über den Atlantik die drei Kontinente in ein Verhältnis, in dem ihre Abhängigkeit voneinander und ihre gegenseitige Beeinflussung immer schon vorausgesetzt werden. Blancos Wunsch, dass diese Beeinflussung nicht allein merkantilen Interessen gehorchen, sondern vielmehr auf gemeinsamen Werten basieren möge, mag in dem Konflikt um die Abschaffung des Sklavenhandels und der Sklaverei aus Sicht der interessierten Parteien naiv gewirkt haben; und tatsächlich hat seine leidenschaftliche Intervention gegen den atlantischen Menschenhandel unmittelbar wenig Gehör gefunden. Die *Cortes* in Cádiz zum Beispiel zogen es angesichts des Drucks von Seiten der kubanischen Plantagenbesitzer und aus Angst vor einer „mayor agitación colonial" vor, über die Frage hinwegzugehen, und Spanien widersetzte sich noch bis weit in die Mitte des 19. Jahrhunderts hinein gegen die Abschaffung des Sklavenhandels.³⁴⁹ Dessen ungeachtet ist Blancos *Bosquejo del comercio de esclavos* aber ein Zeugnis für dessen zum Zeitpunkt des Erscheinens seines Textes noch immer scharfen Blick auf die politischen und kulturellen Realitäten nicht nur innerhalb, sondern auch außerhalb Europas.

Die Überzeugung, mit der José María Blanco White für die Abschaffung des Sklavenhandels und *à la longue* auch der Sklaverei argumentiert, steht nun in einem offensichtlichen Kontrast zu der Ungewissheit, die ihn angesichts seiner religiösen Zweifel und der daraus resultierenden seelischen Nöte über die Jahrzehnte hinweg immer wieder bedrückt und die er in seinen autobiographischen Schriften immer wieder so ausdrücklich angesprochen hat. Dabei gilt es allerdings zu berücksichtigen, dass sich seine in den autobiographischen Schriften rekapitulierten Glaubenszweifel zumeist vor allem auf die institutionelle Gestalt der unterschiedlichen christlichen Konfessionen und auf die daraus sich ergebenden Strukturen beziehen. Wenn Blanco dagegen in seinem *Bosquejo* im Sinne eines umfassenden und über jeden Zweifel erhabenen Christentums jenseits der Konfessionen argumentiert, dann kann er diese institutionelle Seite der Religion außer Acht lassen. Die unerschütterliche Sicherheit, mit der er das Evangelium zum Hauptargument seines Plädoyers gegen die *traite négrière* macht, erklärt sich deshalb auch aus seinem lebenslangen Bemühen darum, unabhängig von allen Konversionen zurückzufinden zu dem, was für ihn die Essenz des Christentums ausmacht: „Si aún queda en los corazones

---

348 Vgl. zu der dieser Interpretation zugrundeliegenden Vorstellung von einer kulturellen Globalisierung Ette 2012.
349 Vgl. Moreno Alonso 1999: 64. Die Frontlinien zwischen philanthropisch orientierten Akteuren auf der einen und ökonomische Interessen verfolgenden Pflanzern auf der anderen Seite sind hier also dieselben wie schon in dem Kampf um die Abschaffung der Sklaverei und des Sklavenhandels, den Grégoire in Frankreich ausgefochten hat. Vgl. allgemein zum atlantischen Sklavenhandel auch Zeuske 2015.

un grano de aquella fe cristiana que mudó la faz de la Europa, que civilizó a sus pueblos, y que abolió la esclavitud en ella; si aún resta alguna especie de respeto a la moral pura y benéfica del Evangelio, difícil será que se lean las expresiones que anteceden sin indignación y dolor."[350] Auf diese Weise verbindet Blancos transarealer Blick auf die den Atlantik kreuzenden Sklavenschiffe die Welten auch im Sinne eines universalen Christentums, das an dieser Stelle ganz anders als das in eine Vielzahl von partikularen Interessen zersplitterte Christentum der unbeweglich gewordenen Institutionen aus seinen autobiographischen Schriften zum Garanten für jene Freiheit wird, um die es ihm zeitlebens zu tun war.

Auch aus diesem Grund muss das besondere Interesse José María Blanco Whites an Amerika im Kontext seiner Enttäuschung über die Entwicklungen gesehen werden, die sein Heimatland Spanien in den Jahren nach seinem Gang ins Exil genommen hatte. So hatte er in *El Español* schon im Mai 1812 die religiöse Intoleranz der gerade verabschiedeten liberalen Verfassung von Cádiz angeprangert, in welcher der Katholizismus zur „einzig wahren" Religion erklärt wurde.[351] Wenn er nun wenig später in seiner abolitionistischen Skizze die Freiheit zu der Richtschnur macht, an der sich das politische Handeln ebenso wie die religiösen Überzeugungen des Einzelnen, aber auch der Gesellschaft im Ganzen zu orientieren hätten, dann erklärt sich diese Überzeugung auch aus seiner eigenen Erfahrung des Mangels an Freiheit in seiner Jugend. Gerade vor diesem Hintergrund erscheint dann aber auch das Ziel seiner sich an ein hispanoamerikanisches Publikum richtenden *Variedades* noch einmal in einem anderen Licht. „Quien diría treinta años ha a los autores cuyas obras aparecen ahora en la imprenta Hispano-Anglicana del Señor Ackermann, que habían de venir a exercitar su pluma en esta capital; y que el mercado de estas obras había de hallarse en Estados Libres al otro lado del Atlántico?",[352] schreibt Blanco 1825 in einem kurzen Artikel über die „Literatura anglo-hispana" des Verlagshauses Ackermann und stellt damit eine direkte Verbindung zwischen seinem lebenslangen Einsatz für die Freiheit und seinem Ziel her, mit den *Variedades* zum kulturellen und moralischen Fortschritt der hispanischen Zivilisation insgesamt beizutragen.[353]

Der erzieherische Impetus des Publizisten gründet in diesem Zusammenhang auch darauf, dass er Amerika für den Ort hielt, an dem seine in Spanien allem Anschein nach gescheiterten (politischen, gesellschaftlichen und kulturellen) Hoffnun-

---

350 Blanco White 1999a: 173.
351 Vgl. zu der Kritik des Autors an der Verfassung von 1812 und insbesondere zu seinem Vorwurf der religiösen Intoleranz Blanco White 1812: 79.
352 Blanco White 1825a: 251.
353 Die Formulierung vom „kulturellen und moralischen Fortschritt der hispanischen Zivilisation" stammt von Fernando Durán López (vgl. Durán López 2011: 126).

gen doch noch verwirklicht werden könnten. In seiner Autobiographie reflektiert er beispielsweise seinen jahrelang in *El Español* ausgefochtenen Kampf für mehr Freiheit und gegen die „Tyrannei von Kirche und Regierung" in Spanien, um nach der ausführlichen Rekapitulation seiner damaligen Überlegungen zu dem Schluss zu kommen: „I considered besides the Hispano-Americans as my countrymen. Could they, by any fortunate combination of circumstances, learn to be free, Spain would not only survive, but recover her youth beyond the Atlantic [...]."[354] Dieses utopische Bild von einer im wahrsten Sinne des Wortes „Neuen" Welt ist nun keineswegs originell, im Gegenteil: José María Blanco White teilt diese Vorstellung mit einer ganzen Reihe von Zeitgenossen, und nicht zuletzt auch mit Abbé Grégoire, dessen Hoffnungen sich etwa zur selben Zeit in ganz ähnlicher Weise auf Amerika richteten. Wie der französische Abbé ist auch der ehemalige spanische Priester Teil einer „Atlantic Republic of Letters",[355] und indem er sich mit seinen *Variedades* bemüht, den Austausch zwischen Europa und Amerika ausgehend von Übersetzungen und Rezensionen literarischer Werke aus Europa in einem kulturellen Sinne fruchtbar zu machen, versucht er auch, die Grenzen dieser Gelehrtenrepublik stetig zu erweitern. Dass er das Zeitschriftenprojekt schließlich auch deshalb aufgibt, weil die amerikanische Seite keine Möglichkeit gehabt hat, aktiv an dem von ihm angestrebten Austausch teilzunehmen, zeigt vielleicht nur, mit welchem Ernst Blanco bestrebt war, aus Amerika wirklich die „Neue" Welt zu machen, in der die Alte noch eine Zukunft haben könnte.[356]

---

[354] Blanco White 1845, Bd. I: 187–188.
[355] Und das nicht zuletzt auch, weil er sich in London in den Kreisen der exilierten Hispanoamerikaner bewegte, zu denen außer fray Servando Teresa de Mier beispielsweise auch Andrés Bello zählte. Die Formulierung von der „Atlantic Republic of Letters" stammt von Goldstein Sepinwall (vgl. Goldstein Sepinwall 2006). Vgl. zu Blancos utopischem Amerikabild Pons 2002: 207. Pons spricht davon, dass Blanco in Amerika eine „fuente de regeneración de la humanidad" gesehen habe. Vgl. allgemein zu der Gegenüberstellung von einem jungen Amerika und einem alten, degenerierten Europa Gerbi 1982: 116–118. Vgl. zu Grégoires Hoffnung auf Amerika auch Kapitel 3.1.4 Austausch, Aufklärung, Archiv.
[356] Es gibt noch keine Studie, die systematisch den Einfluss untersuchen würde, den die *Variedades* in Hispanoamerika gehabt haben; die Rezeptionsgeschichte der Zeitschrift ist bislang vollkommen unbekannt. In dieser Hinsicht scheint das Interesse der Forschung ähnlich unidirektional zu sein, wie es zu Blancos Leidwesen auch seine Artikel gewesen sind. Tatsächlich lag ein Teil der Schwierigkeiten wohl auch in dem etwas diffusen Zuschnitt der Zeitschrift begründet, die neben Rezensionen und Übersetzungen aus literarischen Werken auch englischen „Lifestyle" zu vermitteln bemüht war und beispielsweise auch eine Sektion „Modas inglesas" enthielt, in der Stiche des neuesten „Trage de baile" oder „Trage de paseo" aus London und eingehende Beschreibungen dazu präsentiert wurden: „TRAGE cerrado por detras, de glo de Napóles, color de lila; cuello medio doblado; cuerpo plegado, y cerrado por detras, con una tira soprepuesta, y botones. Mangas a la gigot, con t res puños, y botones encima. Cintura ancha del genero del trage, con dos

Die Forschung zu Blanco White und den *Variedades* hat in diesem Kontext insbesondere dessen Bestrebungen hervorgehoben, seine hispanoamerikanischen Leserinnen und Leser einerseits mit der spanischen Literatur und andererseits mit der englischen Lebensart und Kultur vertraut zu machen.[357] Dabei ist Blancos Zeitschrift vor allem in jüngster Zeit als ein Projekt interpretiert worden, das sich in einen „Transatlantic Romanticism" eingeschrieben bzw. zu dessen Stabilisierung beigetragen habe:

> *Variedades* places Blanco as an agent in the globalist project of the Romantic era [...]. The magazine is part of a global print culture that includes English, Spanish, and other languages, and that connects British imperialism in the East [...] with the Atlantic world. Blanco's Romanticism in *Variedades* fuses British, Spanish, and Latin-American cultures to create what he called ‚literatura Anglo-Hispana' [...]. Rather than reading Blanco's construction of identity as a choice between the Anglo or Hispanic world, Blanco's sense of self, mind, and writing [...] point to the ways hybrid identities found a voice within British Romanticism, mirroring in their texts nascent global networks of culture, trade, and politics.[358]

Tatsächlich stellen die *Variedades* ein Forum für Texte dar, die entweder aus einem im weitesten Sinne (früh-)romantischen Kontext stammen oder die thematisch so ausgerichtet sind, dass sie den Interessen der europäischen Romantiker entsprochen haben könnten. So publiziert Blanco in der Zeitschrift nicht nur Rezensionen von zeitgenössischen und im weitesten Sinne romantischen Werken (wie dem Roman *Ivanhoe* von Walter Scott oder Gedichten etwa von Alphonse de Lamartine), sondern auch Ausschnitte aus Werken der mittelalterlichen spanischen Literatur in *entregas* (hier wären zum Beispiel Don Juan Manuels *El Conde Lucanor* aus dem 14. oder Ruy González de Clavijos *Embajada a Tamorlán* aus dem frühen 15. Jahrhundert zu nennen).[359] Darüber hinaus positioniert sich der Journalist José María Blanco White aber auch in theoretischer Hinsicht im weitesten Sinne in dem Kontext der frühen europäischen Romantik. Sein Text „Sobre el placer de las imaginaciones inverosímiles" beispielsweise ist ein Plädoyer für die schöpferische Kraft der „literatura imaginativa", das sich als solches implizit auch der in den autobiographischen Werken so betonten aufklärerischen Rationalität

---

lazos por detras. Guarnición de tres *rulos*, del mismo genero. Papalina de tul, con guarnición angosta. Sombrero de paja de Italia, con ala ancha y abierta; la copa baja con adornos de gasa lisa, y vivos de raso azul. Velo de punto de Bruselas; zapatos y guantes de color de paja; quitasol verde forrado de rosa." (o. A. 1825a).
357 Vgl. zum Beispiel Peers 1924: 445–458.
358 Almeida 2011: 123.
359 Vgl. zu einer inhaltlichen Übersicht über die einzelnen Artikel und literarischen Werke in den neun Ausgaben der *Variedades* den von Fernando Durán López erstellten Index in Durán López 2009: 86–92.

zu widersetzen und stattdessen für eine subjektivere und womöglich auch emotionalere Perspektive zu plädieren scheint.[360]

Erstmals hat Vicente Lloréns in seinem Buch *Liberales y románticos* explizit die Frage nach Blancos Romantizismus aufgeworfen.[361] Diese zuerst 1954 in Mexiko und vierzehn Jahre später auch in Spanien veröffentlichte Studie, die ähnlich wie Juan Goytisolos Auseinandersetzung mit José María Blanco White von dem jahrzehntelangen Exil ihres Verfassers während des Franquismus geprägt ist, entwickelt die wirkmächtige These von der Verbindung von politischem Liberalismus und literarischem Romantizismus, indem sie die im ersten Drittel des 19. Jahrhunderts in England aufgenommenen Schriftsteller als eine zu Unrecht in Vergessenheit geratene erste Generation von spanischen Romantikern liest. Lloréns interpretiert José María Blanco White in diesem Zusammenhang als einen Autor, dessen romantische Neigung durch seine Biographie und namentlich durch die frühe Erfahrung von intellektueller Unterdrückung sowie das sich daran anschließende Exil und die dort von ihm verfolgte radikale Assimilation zwar nicht hervorgerufen, doch in entscheidendem Maße begünstigt worden sei:

> La vida de Blanco es la historia de una permanente insatisfacción. La insatisfacción del hombre moderno que en el tránsito del siglo XVIII al XIX entra en esa nueva crisis cuya expresión literaria denominamos romanticismo. Época de cambio e inestabilidad en todos los órdenes, de constante desasosiego, de contradicción y duda. Las disidencias y las conversiones abundan. En la obra y la existencia de Blanco [...] se refleja vívida y dolorosamente la angustia espiritual de su tiempo.[362]

---

360 Garnica 1998: 48. Vgl. auch Blanco White 1824b. Blanco stellt in diesem Artikel die schöpferische Kraft der Fantasie als Quelle dar, aus der die moderne Lyrik (hier wohl in dem weiteren Sinne von: Literatur) schöpfen müsse: „En estas creaciones de la imaginación consiste la parte más sublime y peculiar de la poesía. Sin ellas no puede existir el género romántico o novelesco que, ya sea en verso, ya en prosa, es el verdadero manantial y la única mina de que la poesía moderna ha sacado y ha de sacar sus mejores y más atractivos adornos." (zitiert nach Garnica 1998: 48).
361 Vgl. Lloréns 1979. Ihm folgten gerade in den letzten beiden Jahrzehnten eine Reihe von Literatur- und Geschichtswissenschaftlern, unter anderem der bereits in Kapitel 2.1 Historiographie im Zwischenraum zitierte Octavio Paz, der Blanco White vor dem Hintergrund der englischen Romantik situiert, den Romantizismus Blancos allerdings nicht eingehender analysiert (vgl. noch einmal Paz 1974: 116). Neben den bereits zitierten Werken von Almeida (*Reimagining the Transatlantic*, 2011) und Garnica („José Blanco White, prerromántico español y romántico inglés", 1998) ist hier beispielsweise auch noch Roldán Veras *The British Book Trade and Spanish American Independence* von 2003 zu nennen.
362 Lloréns 1979: 408. Vgl. zum Zusammenhang zwischen Blancos Leben und seinem Romantizismus auch Almeida 2006: 437. Almeida stellt ausdrücklich auch eine Verbindung zu Blancos Konversionen her, die sie als „the oldest form of romance" interpretiert.

Wenn Lloréns die Romantik hier als eine krisenhafte Epoche des Zweifels und der mangelnden Stabilität entwirft und in diesem Zusammenhang Dissidenz und Konversion explizit als die wesentlichen Merkmale dieses Zeitalters beschreibt, dann lässt sich natürlich nicht von der Hand weisen, dass José María Blanco White eine so verstandene Romantik in geradezu paradigmatischer Weise verkörpert hat. Jenseits seiner persönlichen Disposition zu einer romantischen Weltsicht in dem von Lloréns skizzierten Sinne stand der Autor in seinen englischen Jahren allerdings tatsächlich den prominenten Vertretern der englischen Romantik nahe. So pflegte er über die Jahre einen intensiven Austausch mit Robert Southey, Samuel Taylor Coleridge und Felicia Hemans.[363] Diese teilweise durchaus freundschaftlichen Beziehungen wurden durch unterschiedliche Faktoren begünstigt: Mit Southey und Coleridge, die beide nur wenig älter waren als er selbst, teilte Blanco beispielsweise seine religiöse Unruhe, während die Freundschaft zu Southey einerseits und der jungen Schriftstellerin Felicia Hemans andererseits von dem ausgeprägtem Interesse vieler englischen Romantiker an Spanien profitierte. Dieses Interesse an einem Land, das sich in der Wahrnehmung der englischen Intellektuellen so heroisch gegen Napoleon auflehnte und dessen stolze Vergangenheit ebenfalls im Licht des volkstümlichen Heldenmuts zu erstrahlen schien, war zwar durchaus von einem gewissen essentialisierenden Exotismus geprägt. Insbesondere Robert Southey war aber tatsächlich ein ausgewiesener Experte in allen hispanischen Fragen,[364] und seine von 1823 bis 1832 erschienene *History of the Peninsular War, 1807–1814* (in der er sich eben des spanischen Unabhängigkeitskampfes gegen die napoleonische Besatzung annimmt) ist ebenso umfangreich wie gut dokumentiert.[365]

Die Beziehungen des spanischen Schriftstellers zu den englischen Romantikern sind nun vor allem deshalb von Interesse, weil sie es erlauben, die von ihm in der Zeitschrift *Variedades* verfolgte literarische Agenda in den großen Kontext seiner

---

363 Davon zeugt Blancos „Sketch of his Mind in England", in dem er aus seiner Korrespondenz mit Robert Southey zitiert (vgl. Blanco White 1845, Bd. I: 311–312) ebenso wie der von John Hamilton Thom hinzugefügte dokumentarische Teil der Autobiographie, in dem sich ebenfalls eine Reihe von Briefen von Southey, Coleridge und Hemans sowie einzelne Passagen aus Blancos Tagebüchern finden, in denen dieser auf diese Kontakte hinweist (vgl. etwa Blanco White 1845, Bd. I: 410–415 und 418–427). Vgl. zu Blancos Korrespondenz mit Robert Southey Lloréns/Southey/Blanco White 1972. Vgl. zu dieser Korrespondenz auch Murphy/Pons 1985. Vgl. zu Blancos Beziehung zu Samuel Taylor Coleridge die vollständige Sammlung von dessen Briefen (Coleridge 1971, Bd. V und Bd. VI. Im Einzelnen handelt es sich um die Briefe Nr. 1474, 1476, 1480, 1501, 1503, 1607, 1608, 1639, 1645, 1658). Vgl. auch Coleridges Erwähnung von Blanco White in seinem Table Talk (Coleridge 1917: 114).
364 Diego Saglia konstatiert mit Blick auf Southey dessen „lifelong obsession with everything concerning Iberian history and civilizations" (Saglia 2000: 48).
365 Vgl. Southey 1823–1832. Die drei Bände von Southeys Werk sind 1823, 1827 und 1832 erschienen.

Bemühungen um eine möglichst weitreichende Anglisierung seiner eigenen Person zu stellen und auch seine Vermittlertätigkeit zwischen dem englischen und dem spanischsprachigen Sprach- und Kulturraum vor diesem Hintergrund zu interpretieren.[366] Im Anschluss an Vicente Lloréns hat Antonio Garnica dargestellt, dass tatsächlich schon die spanischen Gedichte Blancos aus der Zeit vor seiner Emigration in verschiedener Hinsicht als frühromantisch gelten können, und dass diese romantische Neigung dann in London und namentlich während jener Jahre zur Reife gelangt sei, in denen der Autor dann die *Variedades* herausgab.[367] Das wiederum habe sich nicht nur in seinen literaturkritischen Artikeln niedergeschlagen, sondern selbstverständlich auch in seinen eigenen literarischen Werken. Als Beleg für diese Hypothese führt Garnica nicht nur die englischsprachige Lyrik an, mit der sich Blanco auch unter den englischen Romantikern einen Namen gemacht hat,[368] sondern auch auf Spanisch verfasste erzählerische Werke wie „El Alcázar de Sevilla" und *Luisa de Bustamante*.[369] Was der spanische Anglist in diesem Zusammenhang allerdings nicht erwähnt, das sind die autobiographischen Versuche des Autors, und dieser Umstand verwundert umso mehr, wenn man einen etwas genaueren Blick auf die Geschichte und die Eigenheiten der Gattung wirft. Kann nicht die Autobiographie insofern als *das* romantische Genre *par excellence* verstanden werden, als sie dem Individuum, seiner Entwicklung und seinen Gefühlen einen bis dahin unüblichen Vorrang vor anderen Themen gibt? Kann deshalb nicht das Ich der modernen Autobiographie als eine exemplarische Verkörperung der ro-

---

366 Vgl. dazu zum Beispiel Sweet 2010. Die Autorin untersucht in diesem Aufsatz den Einfluss, den José María Blanco White auf die Dichterin Felicia Hemans und ihr langes Gedicht „The Forest Sanctuary" ausgeübt hat, und geht in diesem Zusammenhang besonders auf die transatlantische Dimension dieses Einflusses ein. Tatsächlich zeigt sich dieser Einfluss gleich zu Beginn des Gedichts. Hier heißt es im Stil einer Regieanweisung: „The following Poem is intended to describe the mental conflicts, as well as outward sufferings, of a Spaniard, who, flying from the religious persecutions in his own country in the 16th century, takes refuge with his child in a North American Forest." (Hemans 1825: 3).
367 An Blancos frühen spanischsprachigen Gedichten hebt Garnica vor allem die in ihnen zum Ausdruck kommende Rebellion und den *desengaño* als typisch romantische Merkmale hervor (vgl. Garnica 1988: 44–45 und 48). Fernando Durán López ist im Unterschied dazu der Meinung, Blanco könne nicht wirklich als Romantiker gelten, sondern sein Geschmack an den mittelalterlichen Interessen der Zeit und sein feines interpretatives Gespür situierten ihn allenfalls „en la antesala del Romanticismo – aunque en mi opinión sin penetrar en él" (Durán López 2009: 56).
368 Vgl. etwa den von John Hamilton Thom in *The Life* aufgenommenen Brief von Samuel Taylor Coleridge, in dem sich dieser lobend zu einem Sonett von Blanco White äußert, das er „the finest and most grandly conceived Sonnet in our language" nennt (Blanco White 1845, Bd. I: 439).
369 Garnicas Überlegungen gehen auch hier auf Vicente Lloréns zurück (vgl. Garnica 1998: 29). Die Erzählung „El Alcázar de Sevilla" ist in Rudolph Ackermanns *No me olvides* von 1825 erschienen (vgl. Blanco White 1825d). Vgl. auch Almeida 2011: 109.

mantischen Subjektivität interpretiert werden?³⁷⁰ Tatsächlich ist diese Verbindung zwischen José María Blanco Whites intensiver Auseinandersetzung mit sich selbst in seinen seriellen autobiographischen Werken einerseits und seiner Beeinflussung durch die Romantik bisher nur vereinzelt hergestellt worden. Dass sein nahezu obsessives Bestreben, die Geschichte seiner sich wiederholenden Konversionen zu erzählen, nicht allein dem Einfluss des Rationalismus der französischen Aufklärung geschuldet war, sondern dass seine immer wieder aufs Neue unternommenen Versuche, der Wahrheit des eigenen Ichs näherkommen zu wollen, auch unter Rückgriff auf die Vorstellung von einem romantischen Subjektivismus erklärt werden können, das hat in der Diskussion um Blancos autobiographische Texte bisher eine erstaunlich geringe Rolle gespielt, von wenigen Ausnahmen abgesehen:

> La autobiografía es un género nacido al doble amparo del romanticismo y del iluminismo. Del romanticismo, porque rescata de él la idea de que la vida y las experiencias del ‚yo' único e irrepetible del artista romántico merecen, en la originalidad que las caracteriza, los honores de ser recordadas en un libro. Del iluminismo, porque en ese período fundador del género la temporalidad y la causalidad se enhebran en un transcurso dominado e iluminado por la razón, en busca de una verdad única que se supone es transmisible a través de la escritura.³⁷¹

Wenn man von diesen Überlegungen ausgeht, dann erlauben es Blancos autobiographische Schriften, den Übergang von der europäischen Aufklärung hin zur Romantik genauer in den Blick zu nehmen und dabei angesichts seiner in seiner Autobiographie ausdrücklich auf Amerika gerichteten Hoffnungen nicht zuletzt auch die transatlantische Projektion dieser Entwicklung mit einzubeziehen.³⁷² Blanco selbst zielt unausgesprochen auf diesen Zusammenhang, wenn er die Beispielhaftigkeit seines Lebensweges betont und den Anspruch formuliert, mit seiner Geschichte auch eine Aussage über seine Zeit treffen zu wollen.³⁷³ Tatsächlich stehen seine autobiographischen Versuche sowohl in der Tradition der Aufklärung mit ihrem Vertrauen in die Emanzipationskraft der menschlichen Vernunft als auch in derjenigen der Romantik mit ihrer Betonung der Subjektivität des

---

370 „What might be called the autobiographization of literature is a key component of the culture of Romanticism." (Stelzig 2009: 1–12, hier 3). In diesem Zusammenhang wird in der Forschung immer wieder auf die prägende Rolle von Rousseaus *Confessions* verwiesen, vgl. Williams 1983 und Schmidt 2012.
371 Calvelo 2008: 17. Ähnlich auch Pedro M. Muñoz, der über *The Life* konstatiert: „Si bien el trasfondo ideológico de esta autobiografía corresponde a una mentalidad ilustrada, su tono tiene innegables síntomas de la melancolía del romanticismo inglés [...]" (Muñoz 1996: 76).
372 Vgl. dazu noch einmal Blanco White 1845, Bd. I: 187–188.
373 Vgl. auch hier noch einmal die bereits zitierte Aussage aus Blancos *Practical and internal Evidence*: „The temper of [my] mind shows, I believe, the general character of the age to which it belongs", schreibt Blanco hier (Blanco White 1825 f: 28).

Ichs, auch wenn der Autobiograph auf der diskursiven Ebene die erste Filiationslinie wesentlich expliziter kenntlich macht. Sie unterscheiden sich darin sowohl von der 1817 in London erschienenen *Biographia literaria* von Samuel Taylor Coleridge, die auf eine Mischung aus autobiographischen und literaturtheoretischen Texten setzt und damit als das wichtigste theoretische Zeugnis der englischen Romantik gelten kann;[374] als auch von der 1825 ebenfalls in London erschienenen *Vida literaria* von Blancos Landsmann Joaquín Lorenzo Villanueva, die ihrerseits halb der Kategorie der „memorias políticas justificativas" und halb derjenigen der „memorias eruditas de intelectuales" zuzuordnen und damit vor allem aus ideengeschichtlicher Perspektive interessant ist.[375] Aller Wahrscheinlichkeit nach hat José María Blanco White zwar nicht nur die *Vida literaria* von Joaquín Lorenzo Villanueva gekannt,[376] sondern auch die fast gleichnamige literarische Autobiographie von Samuel Taylor Coleridge, den er wenige Jahre nach deren Erscheinen kennenlernte.[377] Dennoch ist nicht davon auszugehen, dass Blancos eigene postum erschienene Autobiographie *The Life of the Rev. Joseph Blanco White, written by himself* von Coleridge oder von Villanueva beeinflusst wäre, denn dazu ist die Kontinuität zwischen dieser letzten Autobiographie aus der Feder des exilierten Schriftstellers und all den vorangegangenen Versuchen zu groß. Allerdings scheint der in der ersten Hälfte seiner englischen Jahre so beständige Zwang zur Konfession im Laufe der Zeit nachgelassen zu haben, denn in keinem seiner autobiographischen Texte reicht die erzählte Zeit weiter als bis 1826. José María Blanco White kommt zwar bis zu seinem Tod im Jahr 1841 immer wieder auf seine bereits geschriebenen autobiographischen Erzählungen zurück, ergänzt, kommentiert und verbessert sie, aber er erzählt eben nicht weiter.[378]

Die dadurch verursachte Lücke ist nicht unerheblich, denn sie umfasst nicht weniger als die Hälfte von Blancos Zeit in England und damit genau die entscheidenden Jahre der englischen Romantik vor ihrem Aufgehen im Viktorianismus.

---

374 Vgl. Coleridge 2014. Der Herausgeber betont in seinem Vorwort, dass es sich bei Coleridges Text eben *nicht* um eine Autobiographie im herkömmlichen Sinne handele, sondern um eine literarische Autobiographie (vgl. Roberts 2014: xiv). Vgl. auch Wheeler 1980.
375 Durán López 2000: 42.
376 Den Erinnerungen von Villanueva widmet er in der letzten Ausgabe seiner *Variedades* eine kurze und euphorische Rezension (vgl. Blanco White 1825c: 353). Blanco zielt hier besonders auf den liberalen Hintergrund von Villanuevas Erinnerungen, wenn er betont, dass das Buch nicht nur für Liebhaber der spanischen Literatur, sondern vor allem auch für die Vorkämpfer für die Freiheit der Völker von Interesse sei. Auch hier ist seine Zielsetzung eindeutig eine didaktische; so betont er beispielsweise, für die gerade unabhängig gewordenen Länder Hispanoamerikas seien die aus Villanuevas Buch zu ziehenden Lehren besonders wichtig.
377 Vgl. zu der Begegnung mit Coleridge Blanco White 1845, Bd. I: 418. Vgl. auch McVeigh 2005: 165.
378 Vgl. Calvelo 2008: 19.

Fast hat es den Anschein, als bahne José María Blanco White mit seiner seriellen autobiographischen Selbsterforschung zwar den Weg für eine spezifisch romantische Subjektivität, setze aber mit der immer wieder unternommenen *réécriture* seines letzten großen autobiographischen Textes zuletzt doch auf eine eher der aufklärerischen Rationalität verpflichtete Vorgehensweise anstatt auf die radikale Umsetzung der romantischen Selbsterforschung. Dass Blanco in seiner Autobiographie die letzten 15 Jahre seines Lebens ausspart und sich stattdessen an der palimpsestartigen Überschreibung des Schongelebten und Schongeschriebenen abarbeitet, mag deshalb nicht zuletzt auch das Ergebnis dieser doppelten, aufklärerisch-romantischen Orientierung seiner autobiographischen Versuche sein. Es ist vor diesem Hintergrund interessant zu sehen, dass José María Blanco White, der zeit seines Lebens auf der Suche nach dem einen idealen Leser oder der einen idealen Leserin gewesen war, ein solches Gegenüber postum in einer der auf dem Gebiet der Literatur einflussreichsten Frauen seiner Zeit gefunden zu haben scheint, und dass diese ideale Leserin genau die Doppelheit von „Verstand und Gefühl" als besonders fruchtbar hervorhebt, die der Autor viele Jahre seines Lebens lang nur als einen Gegensatz hatte sehen können, dessen eine Seite mit Hilfe der anderen überwunden werden musste. So situiert Coleridges Tochter Sara Blancos Autobiographie psychologisch, aber auch literarisch genau in diesem spannungsreichen Zwischenraum, wenn sie in einem später in ihre *Memoir and Letters* aufgenommenen Brief aus dem Februar 1846 schreibt:

> I was disappointed with the review of Blanco White's life, in the Quarterly, which I had heard highly praised for liberality and beautiful feeling. To my mind it by no means does justice to Blanco White's head or heart. It does not set in a strong point of view that in B. W.'s character in which he was superior, as it strikes me, to the mass of even good men, – a determined, far-going, all-sacrificing truthfulness. Neither does it render justice to the powers of thought in Blanco White. It is easy to point out vacillations, inconsistencies. The more a man thinks for himself and looks *into* things, the more will be his apparent inconsistencies.[379]

Fünf Jahre nach seinem Tod erhält José María Blanco White damit schließlich die Absolution, um die er sich mit allen seinen autobiographischen Versuchen bemüht hat. Dass er in Spanien trotzdem bis weit ins 20. Jahrhundert hinein als Heterodoxer galt, ist eine andere Geschichte.

---

379 Coleridge 1873: 24. Sara Coleridge war nicht nur die Tochter von Samuel Taylor Coleridge, sondern auch die Nichte von Robert Southey und von diesem stark beeinflusst. Sie bezieht sich hier auf eine lange Rezension aus dem konservativen *Quarterly Review*, in der an Blancos Autobiographie insbesondere die „incongruities of its philosophy" hervorgehoben wurden (o. A. 1845: 203).

3.3 Ich bin viele: Fray Servando Teresa de Mier und seine *Memorias* (1817–1820, erstmals unter diesem Titel publiziert 1917)

1819. Der Dominikanermönch und Doktor der Theologie fray Servando Teresa de Mier sitzt im Gefängnis der Inquisition in Mexiko-Stadt und erinnert sich an die Vielzahl der Gefängnisse, in denen er im Verlauf der vergangenen zweieinhalb Jahrzehnte eingesperrt gewesen ist: Angefangen mit der Zelle in seinem eigenen Kloster Santo Domingo in Mexiko-Stadt (direkt gegenüber von dem Gebäude der Inquisition, in dem er sich jetzt befindet) über das Kastell San Juan de Ulúa an der mexikanischen Atlantikküste, das Dominikanerkloster in Cádiz auf der anderen Seite des Atlantiks, die Klöster Las Caldas in der Nähe von Santander und San Pablo in Burgos, die *Cárcel de la Corona* in Madrid (auch sie ein Gefängnis der Inquisition), das Franziskanerkloster in Burgos und die *Cárcel Pública* in Madrid bis hin zu der ursprünglich als Besserungsanstalt für obdachlose Jugendliche gegründeten Einrichtung Los Toribios in Sevilla und schließlich der *Cárcel Pública* in Cádiz – wenn die Herausgeberin der kritischen Ausgabe von fray Servandos *Historia de la Revolución de Nueva España*, Marie-Cécile Bénassy-Berling, unter Anspielung auf den berühmten Roman von Jules Verne schreibt, fray Servando sei im Laufe der Jahre „in achtzig Gefängnissen um die Welt" gereist,[380] dann trifft sie mit dieser augenzwinkernden Charakterisierung eines Lebens (und eines Werkes) durchaus ins Schwarze.

Dass es sich dabei nicht allein um eine Beschreibung von fray Servandos Leben handelt, sondern vor allem um eine zugespitzte Zusammenfassung dessen, was er selbst über dieses Leben geschrieben hat, das macht Bénassy-Berling deutlich, wenn sie in diesem Zusammenhang die Fantasie, die Originalität und die Erfindungsgabe des Dominikaners betont. Und tatsächlich: Dass wir heute von fray Servandos Gefängnissen Kenntnis haben, das verdanken wir den Erzählungen über diese Gefängnisse, die er in den Jahren zwischen 1817 und 1820 zu Papier gebracht hat – und zwar nicht zufällig abermals im Gefängnis sitzend:

> [L]a fuente principal de nuestro pobre conocimiento de la vida de Servando Teresa de Mier está en los legajos del proceso incoado en su contra por el Tribunal del Santo Oficio de la Inquisición en México. [...] La propias *Memorias* servandianas, en mi opinión, son la elaboración artística de sus declaraciones ante el tribunal. [...] [S]in el Santo Oficio y sus procedimientos jurídicos, que confiscó su biblioteca y le permitió, por ordenamiento legal, preparar su defensa por escrito, no tendríamos la obra de Servando.[381]

---

[380] Bénassy-Berling 2013: 236. Vgl. zu der Sevillaner Einrichtung auch Montero Pedrera 1996.
[381] Domínguez Michael 2004: 517.

Die enge Verbindung zwischen Gefängnisaufenthalt und autobiographischem Schreiben, wie sie fray Servandos Biograph Christopher Domínguez Michael hier für die *Memorias* geltend macht, ist freilich längst ein Gemeinplatz der literaturwissenschaftlichen Forschung. Wie Luba Markovskaia jüngst in einer Studie über die europäische Aufklärung gezeigt hat, lässt sich die „écriture de soi" kaum trennen von der „expérience carcérale".[382] So kondensieren die von Markovskaia untersuchten Memoiren aus dem Gefängnis nicht nur die zentralen Eigenschaften der Gattung (vor allem den ihr zugrunde liegenden apologetischen Impuls), sondern sie ermöglichen auch ihre Weiterentwicklung – insofern sie es nämlich dem Individuum erlauben, neben seinem öffentlichen Wirken auch seine persönliche Entwicklung zu reflektieren.[383] Auch die gattungstheoretische Nähe von juristisch-bürokratischen Diskursen über das Ich einerseits und autobiographischen Schreibweisen andererseits ist bereits seit den achtziger Jahren intensiv erforscht worden, und das insbesondere im Zusammenhang mit frühneuzeitlichen Inquisitionsprozessen in Spanien.[384] Vor diesem Hintergrund ist die Hypothese von Christopher Domínguez Michael zwar nicht originell, dafür aber umso überzeugender: Selbstverständlich steht die Entstehung des Werkes, das wir heute unter dem Titel „Memorias" kennen, in einem unmittelbaren Zusammenhang mit der Haft seines Autors in den Verliesen der Inquisition, und wenn sich in diesem Werk so viele vorherige Gefängnisaufenthalte niedergeschlagen haben, dann spiegeln die Berichte von den vergangenen Inhaftierungen immer auch die Situation wider, in der sie entstanden sind – eine Situation der Unsicherheit, in welcher der Autor natürlich noch nicht wissen konnte, dass das *Tribunal del Santo Oficio* 1820 aufgelöst und dass deshalb auch der Prozess zu den Akten gelegt werden würde, den man gegen ihn angestrengt hatte.[385]

---

[382] Markovskaia 2019: 99. Ich danke Philipp Lammers für den Hinweis auf diese Studie und unsere Gespräche über das Gefängnis.
[383] Vgl. Markovskaia 2019: 123 und 133.
[384] Wegbereiter dieser diskursanalytischen Untersuchungen war Antonio Gómez-Moriana. Vgl. Gómez-Moriana 1983. Jüngere Arbeiten schließen an Gómez-Moriana an, vgl. Zepp 2005 und Folger 2007. Vgl. darüber hinaus mit einem etwas anderen Fokus auch Siegert 2004. Siegert untersucht „die diskursiven Praktiken der Individualisierung", die in der Frühen Neuzeit aus den Praktiken der Registrierung resultieren, mittels derer die *Casa de la Contratación* in Sevilla Buch führte über diejenigen, die Spanien mit dem Ziel Amerika verlassen wollten (Siegert 2004: 22).
[385] Immerhin war zuvor, 1811 und 1815, auch den Priestern Miguel Hidalgo und José María Morelos, den Anführern der mexikanischen Unabhängigkeitsbewegung, von der Inquisition der Prozess gemacht worden. Beide waren in diesen Inquisitionsprozessen zunächst wegen Häresie verurteilt worden, ehe sie schließlich ein Militärgericht zum Tode verurteilte (vgl. De la Torre Villar 2010: 91–92 und 95). Vgl. zu fray Servandos Unsicherheit im Augenblick der Redaktion der *Memorias* auch Barrera Enderle 2002: 28–30.

In der Korrelationsgeschichte der modernen Seele und einer neuen juristischen Gewalt, die Michel Foucault in seiner Studie *Surveiller et punir* (1975) skizziert, untersucht der französische Philosoph die gerichtlichen Untersuchungen der Moderne als eine Maschinerie zur Produktion der Wahrheit – einer Wahrheit, an deren Zustandekommen das angeklagte Subjekt allerdings nur noch am Rande beteiligt ist.[386] Wenn man so will, dann lässt sich die Vermutung von Christopher Domínguez Michael über die Entstehung der *Memorias* von fray Servando Teresa de Mier auf diese Weise durchaus in einem Foucaultschen Sinne interpretieren: So, wie die autobiographischen Texte von José María Blanco White aus der zugleich negierten und assimilierten Praxis der katholischen Beichte resultieren, wären in dieser Lesart die Erinnerungen von fray Servando dem Zugriff der disziplinierenden Institution des Gefängnisses zu verdanken. In diesem Zusammenhang ist von besonderem Interesse, dass das Gefängnis bei Foucault in einer Kontinuität mit Einrichtungen wie etwa dem Kloster steht, die ebenfalls auf die Isolation des Einzelnen und auf eine strenge Hierarchie setzen. Tatsächlich bestätigen auch die *Memorias* diese strukturelle Nähe von Kloster und Gefängnis, denn für das erzählende Ich verwandeln sich im Verlauf seiner Geschichte nur zu oft Klosterzellen in Verliese, aus denen kaum ein Entkommen möglich ist; und seine wiederholt vorgebrachten Klagen über die Beschränkungen, die das Leben als Mönch ihm auferlegt, lassen vermuten, dass er das Kloster immer schon als eine Art Gefängnis erlebt hat.[387]

Allerdings gilt es bei dem Versuch einer solchen historischen Einordnung der Erinnerungen von fray Servando zum einen deren spezifische Verfasstheit als literarischer Text, zum anderen aber auch ihre besondere Editionsgeschichte mit zu bedenken. So sind die *Memorias* als literarisches Werk natürlich kein mimetisches Abbild der historischen Konjunktur von jener „naissance de la prison", mit der sich Michel Foucault beschäftigt.[388] Zugleich ist dieser im Gefängnis der Inquisition geschriebene Text aber kein Werk aus einem Guss – ebenso wenig, wie es die in Lon-

---

386 Vgl. Foucault 2015a.
387 „Des institutions complètes et austères", nennt Foucault diese Vorgängereinrichtungen des Gefängnisses (vgl. Foucault 2015a: 512). Vgl. zu fray Servandos Klagen über das Klosterleben etwa Mier 2009, Bd. II: 195–196 (hier spricht fray Servando ausdrücklich von Opfern, die man in den Klöstern weggesperrt habe: „una infinidad de víctimas forzadas [que] muerden rabiando su cadena"). Vgl. auch Mier 2009, Bd. I: 245 (hier bezeichnet fray Servando die Mönche in seinem Heimatkloster Santo Domingo in Mexiko als „esclavos con cerquillo, como los militares con charreteras".) Interessant ist hier der auf dem *tertium comparationis* der jeweils erlebten strukturellen Unfreiheit beruhende Vergleich zwischen Mönchen und Soldaten. Auch Foucault führt die Kaserne als eine seiner „institutions complètes et austères" an.
388 Und das umso weniger, als das Material, von dem ausgehend Michel Foucault seine Überlegungen entwickelt, in *Surveiller et punir* wie in den meisten seiner Werke sehr frankreichzentriert ist.

don publizierte *Historia de la Revolución de Nueva España* von 1813 gewesen war. Anders als die *Historia de la Revolución* sind die *Memorias* jedoch auch nie als ein solches Werk aus einem Guss geplant gewesen, im Gegenteil: Vor dem Hintergrund des von Christopher Domínguez Michael vermuteten Zusammenhangs zwischen der Entstehung dieses autobiographischen Textes und der seinem Autor von der Inquisition erteilten Erlaubnis, schriftlich einige Überlegungen zu seiner Verteidigung niederzulegen, stellt sich vielmehr die Frage, ob die Erinnerungen des Dominikaners *überhaupt* als ein Werk im klassischen Sinne anzusehen sind. Der Text, den wir heute unter dem Namen „Memorias" kennen, setzt sich nämlich aus zwei Teilen zusammen, die ganz offensichtlich unterschiedlichen Zielsetzungen gehorchen und die entsprechend unterschiedlich strukturiert sind. Der erste Teil trägt den Titel „Apología del Dor. Dn. Servando Teresa de Jesús de Mier Noriega Guerra etc. sobre el sermón que predicó en el Santuario de Tepeyac el 12 de Diciembre de 1794, con noticia de todo lo ocurrido en la atroz persecución que con ese pretexto le suscitó el M. R. Dor. Dn. Alonso Núñez de Haro, Arzobispo entonces de México". In diesem Teil berichtet fray Servando von den Umständen seiner folgenreichen Predigt über die Tradition der Jungfrau von Guadalupe und verteidigt sich gegen die Vorwürfe der Häresie und des Aufrührertums, die ihm wegen dieser Predigt gemacht wurden. Auf diese Apologie folgt dann mit der sogenannten „Relación de lo que sucedió en Europa al Dr. D. Servando Teresa de Mier, después de que fue trasladado allá por resultas de lo actuado contra él en México, desde julio de 1795 hasta octubre de 1805" ein zweiter Teil, dessen Interesse trotz der darin weiterhin erkennbaren apologetischen Grundhaltung doch ein ganz anderes, nämlich eindeutiger narratives ist – darauf deutet nicht zuletzt die im Titel verwendete Gattungsbezeichnung („Relación") hin.[389] In diesem Teil erzählt der Dominikaner von den ersten zehn Jahren seiner Verbannung in Europa, von den dortigen Klöstern und Gefängnissen und seinen Fluchten aus den unterschiedlichsten Kerkern, von seinen Reisen durch ganz Spanien, durch Frankreich und Italien bis nach Portugal, und nicht zuletzt auch immer wieder sehr ausführlich von den Verhältnissen, die er auf seiner Reise quer durch Europa angetroffen hat.

Anders als die Memoiren Abbé Grégoires und anders als die Vielzahl der autobiographischen „accounts" von José María Blanco White sind die sich aus diesen beiden Teilen zusammensetzenden *Memorias* von fray Servando Teresa de Mier deshalb nicht ursprünglich aus dem Wunsch heraus entstanden, die Geschichte des eigenen Lebens beginnend mit der Kindheit bis hin zu einem wie auch immer gearteten

---

[389] Vgl. zu dieser sich verschiebenden Motivation der beiden Teile der *Memorias* auch Ette 1992b: 179.

Zielpunkt zu erzählen.[390] Bei fray Servando findet die Geburt des erzählerischen Ichs nicht im Schoß seiner Familie statt, sondern in der Suche dieses Ichs nach einer schlüssigen Argumentation für die im Jahr 1794 am Feiertag der Jungfrau von Guadalupe zu haltende Predigt, und dass die Erzählung in einem bestimmten Augenblick einfach abbricht (nämlich in dem Moment im Jahr 1805, in dem das autobiographische Ich Spanien in Richtung Portugal verlässt), mag der bloßen Kontingenz geschuldet sein oder strategische Gründe haben;[391] es widerspricht jedenfalls den Erwartungen, die gemeinhin an autobiographische Texte gestellt werden. Vor diesem Hintergrund erstaunt es wenig, dass gerade in jüngerer Zeit Stimmen laut geworden sind, die sich gegen eine Lektüre der *Memorias* in einem strikt autobiographischen Sinne aussprechen: „La negligencia de la complicada historia textual y de la naturaleza compuesta de la obra ha dado lugar a interpretaciones que sobrevaloran la importancia del discurso autobiográfico en la Relación",[392] schreibt etwa Robert Folger über fray Servandos Werk.

Tatsächlich ist nicht von der Hand zu weisen, dass die *Memorias* ein „construct of 19th- and 20th-century scholars" sind, wie derselbe Autor in einem anderen Text hervorhebt.[393] So ist zu Lebzeiten fray Servandos weder die „Apología" noch die „Relación" publiziert worden; die Manuskripte der beiden Texte sind allem Anschein nach in den Wirren der Unabhängigkeit Mexikos verloren gegangen. Die erste partielle Edition wurde im Jahr 1865 unter dem Titel *Vida, Aventuras, Escritos y Viajes del Dr. D. Servando Teresa de Mier* von Manuel Payno besorgt.[394] An diese erste Ausgabe schließt diejenige von José Eleuterio González (genannt Gonzalitos) aus dem Jahr 1876 an, die *Biografía del Benemérito Mexicano D. Servando Teresa de Mier, Noriega y Guerra*, die ihrerseits 1897 eine von dem mexikanischen Bundes-

---

390 Selbst der privaten Angelegenheiten ansonsten keinen Raum gebende Abbé Grégoire kommt ja zumindest kurz auf seine Kindheit zu sprechen (auch wenn seine Erzählung hier im Vergleich zu derjenigen von José María Blanco White fragmentarisch bleibt). Vgl. dazu noch einmal Kapitel 3.1.1 Fragmentarität.
391 Víctor Barrera Enderle spricht mit Blick auf das unvermittelte Ende von fray Servandos „Relación" von dem „hueco que ‚esconde' los años [de fray Servando] en Portugal y en Londres" und vermutet, der Autor habe sich mit seiner Erzählung der unmittelbaren Gegenwart nicht allzu sehr annähern wollen, um sich in einem ungewissen politischen Klima nicht verdächtig zu machen (Barrera Enderle 2002: 28).
392 Folger 2010: 23, Fußnote 5.
393 Robert Folger 2011: 135.
394 Vgl. Payno 1865. Der Text ist aufgenommen in die *Obras Completas* von Payno, vgl. Payno 2005: 284–348. In seinem Vorwort zu diesem Band beschreibt José Felipe Gálvez Cancino Manuel Payno als „un serio cazador y coleccionista de trayectorias de vida a quien su obra y el tiempo han convertido en el biógrafo novelado del siglo XIX mexicano" (Gálvez Cancino 2005: 9). Vgl. zu den Umständen der Publikation der *Memorias* durch Manuel Payno auch Domínguez Michael 2016: 231.

staat Nuevo León veranlasste Neuauflage erfuhr.[395] Nach der Jahrhundertwende wurden Teile der *Memorias* in der berühmten, von Pedro Henríquez Ureña, Justo Sierra, Nicolás Rangel und Luis G. Urbina herausgegebenen *Antología del Centenario* von 1910 veröffentlicht, die den 100. Jahrestag des Beginns der mexikanischen Unabhängigkeitsbewegung würdigen und einen Überblick über die mexikanische Literatur in diesem ersten Jahrhundert seit der Unabhängigkeit bieten sollte.[396] Im Jahr 1917 schließlich veröffentlicht der vier Jahre zuvor nach der Erschießung seines Vaters in der *Decena Trágica* der Mexikanischen Revolution nach Europa geflohene Alfonso Reyes die „Apología" und die „Relación" erstmals unter dem Titel *Memorias* in der Biblioteca Ayacucho der Editorial América in Madrid.[397] Der Name dieser historischen Reihe geht auf die Schlacht von Ayacucho zurück, in der die für die Unabhängigkeit der spanischen Kolonien in Südamerika kämpfenden Truppen unter General Antonio José de Sucre 1824 den wohl entscheidenden Sieg über die Kolonialmacht errungen hatten. Entsprechend liegt in der Entscheidung für den auf diese Schlacht bezugnehmenden Namen selbstverständlich ein verlegerisches Programm begründet. So hatte sich die Biblioteca Ayacucho in den Jahren von 1915 bis 1922 nach dem Willen ihres Begründers, des wie der junge Reyes in Madrid exilierten venezolanischen Schriftstellers Rufino Blanco-Fombona, der Publikation von Werken aus dem ideologischen Kontext der hispanoamerikanischen Unabhängigkeit verschrieben; und das mit dem Ziel, die Gesamtheit der in der Sammlung enthaltenen Werke in einen der Allgemeinheit ohne Schwierigkeiten zugänglichen „Erinnerungsort der Independencia" zu verwandeln.[398]

---

[395] Vgl. González 1876 und González 1897. Vgl. zur Person des Herausgebers González Madero Quiroga 2017.
[396] Vgl. Sierra/Henríquez Ureña/Rangel/Urbina 1910: 417–487. Vgl. zu der Anthologie und ihrer Publikation kurz vor dem Ausbruch der Mexikanischen Revolution von 1910 auch Sánchez Prado 2010: 55–74.
[397] Vgl. Mier 1917. Der Titel „Memorias" sei „invención del propio Reyes", schreibt Víctor Barrera Enderle (Barrera Enderle 2008: 80).
[398] Vgl. León Olivares 2020. León Olivares spricht von dem „gesto inaugural de Blanco-Fombona al construir la Biblioteca Ayacucho" (León Olivares 2020: 248). Vgl. zu der Figur Rufino Blanco-Fombona und zu dessen ausdrücklich gegen den US-amerikanischen Imperialismus gerichteten Lateinamerikanismus auch Degiovanni 2018: 29–36. Degiovanni beschreibt die Editorial América als „the most important platform for the consolidation of a retrospective Latin Americanist textual repertoire, developed from Europe through private initiative and with clear commercial ends." (Degiovanni 2018: 31). In diesem Zusammenhang betont er die von vornherein ideologisch voreingenommene Textauswahl Blanco-Fombonas und dessen „complete indifference toward philologically informed editions" (Degiovanni 2018: 32). Wesentlich weniger kritisch zeigt sich Yolanda Segnini, die zwar auch einzelne editorische „excesos" von Seiten Blanco-Fombonas konstatiert, dessen ungeachtet aber dessen „pasión [...] por universalizar la historia y la creación hispanoamericanas" hervorhebt (Segnini 2000: 98).

Dass nun fray Servandos „Apología" und die sich an diese „Apología" anschließende „Relación" ausgerechnet in einem solchen Zusammenhang zum ersten Mal unter dem vereinheitlichenden Titel *Memorias* erschienen sind, ist von nicht geringer Bedeutung. Schon durch die Aufnahme von Teilen der Erinnerungen des Dominikaners in die *Antología del Centenario* waren diese ja implizit zu einem der Gründungsdokumente einer unabhängigen mexikanischen Literatur erklärt worden.[399] Die jetzt von Alfonso Reyes in der Biblioteca Ayacucho herausgegebene Ausgabe des gesamten Textes liest fray Servando vor diesem Hintergrund explizit als einen „hombre[...] simbólico[...]", der auf exemplarische Art und Weise die neuen Ideen seiner Zeit verkörpere und den nur sein Patriotismus davor bewahrt habe, an den dadurch hervorgerufenen Widersprüchen zugrunde zu gehen. In dem kurzen Vorwort zu seiner Edition vergleicht Reyes seinen Protagonisten deshalb ausdrücklich mit dessen Freund José María Blanco White, dem in vergleichbarer Situation ein solcher Anker der Stabilität gefehlt habe: „Viven los hombres de esta edad en una como perpetua crisis. Afortunados los que, como fray Servando, hallaron en la previsión de la patria una ley á cuya virtud sujetar las inarmonías y contradicciones de la suerte."[400]

Unter diesen Umständen kann nun die von Robert Folger angesprochene verlegerische und literaturwissenschaftliche „Konstruktionsleistung", die aus den beiden im Gefängnis der Inquisition verfassten Texten fray Servando Teresa de Miers ein mehr oder weniger einheitliches, tatsächlich oder vermeintlich autobiographisches Werk aus konsekutiv aneinander anschließenden Teilen gemacht hat, in der Tat kaum als unschuldig bezeichnet werden. Ist aber deshalb auch Folgers Konsequenz gerechtfertigt, die Bedeutung des autobiographischen Diskurses in der „Relación" und damit implizit die autobiographische Motivation des Textes insgesamt in Zweifel zu ziehen? Im Vergleich mit den autobiographischen Texten des nur unwesentlich jüngeren Spaniers Blanco White fällt auf, dass fray Servandos *Memorias* tatsächlich andere Schwerpunkte setzen, etwa indem sie jegliche intime Introspektion vermissen lassen und indem sie (wie bereits erwähnt) die Kindheit und Jugend des erzählenden Ichs komplett aussparen. Mit seinem Ver-

---

[399] „[L]a *Antología del Centenario* no es una mera compilación de hechos literarios previamente determinados, sino un trabajo de intelección cuya apuesta última es la creación de una literatura nacional propiamente dicha", schreibt Ignacio M. Sánchez Prado. Er konstatiert in diesem Zusammenhang die symbolische Bedeutung, die der Literatur in der Anthologie zukomme: „De esta manera la *Antología del Centenario* opera en una fundamental identificación entre literatura y patria, en la cual la letra es el vehículo privilegiado para la transmisión de las mentalidades subyacentes a la transformación histórica y el letrado el agente central en el proceso de articulación del espacio simbólico de la nación." (Sánchez Prado 2010: 58 und 61).
[400] Reyes 1917a: XVIII. Vgl. zu Alfonso Reyes und seiner Interpretation von fray Servando auch Kapitel 4.2.1 Alfonso Reyes: Mit fray Servando gegen die spanische Philologie.

zicht auf Kindheitserzählungen ist fray Servando Teresa de Mier allerdings keineswegs allein. Tatsächlich ist das Absehen von Erzählungen aus der Kindheit in den hispanoamerikanischen Autobiographien des 19. und oft auch noch des 20. Jahrhunderts eher die Regel als die Ausnahme:

> El hecho de que se pasen por alto los primeros años de la vida del autor dice mucho acerca del modo en que el autobiógrafo elige validar su relato. Considerándolo una forma de la historia –la biografía no de un otro heroico o ejemplar, sino de un yo heroico o ejemplar–, le resulta difícil acomodar, dentro de los límites de su documento, una *petite histoire* cuya mera trivialidad podría hacer dudar de la importancia de su empresa.[401]

Vor diesem Hintergrund erscheint auch der Umstand weniger erstaunlich, dass fray Servando in seiner „Apología" und in seiner „Relación" auf jegliche intensivere Introspektion verzichtet. Denn auch wenn im Gefolge der *Confessions* von Jean-Jacques Rousseau in vielen (europäischen und nichteuropäischen) Autobiographien der ersten Hälfte des 19. Jahrhunderts die Auseinandersetzung mit dem eigenen Ich wichtiger wurde, verlieren die Erforschung von inneren Beweggründen und die Darstellung von Seelenzuständen doch dann massiv an Bedeutung, wenn das eigene Schreiben als ein Unterfangen mit einem dokumentarischen Anspruch verstanden wird.[402] In dem besonderen Falle des Jean-Jacques Rousseau gegenüber zeitlebens mehr als kritisch eingestellten fray Servando Teresa de Mier darf darüber hinaus bezweifelt werden, dass dieser die Autobiographie des Genfers überhaupt gekannt hat.[403]

---

[401] Molloy 2001: 17–18.
[402] Vgl. auch dazu Molloy 2001: 18. Molloy (die fray Servandos *Memorias* nicht analysiert) kommt hier zu dem Schluss: „El imperativo documental nunca desaparece de la autobiografía hispanoamericana; por el contrario, con el pasar del tiempo adopta formas más variadas y más sutiles." Dessen ungeachtet ist der Einfluss Rousseaus auf das autobiographische Schreiben in Hispanoamerika im weiteren Verlauf des 19. Jahrhunderts groß (vgl. beispielsweise zur Präsenz Rousseaus in *Mi defensa* (1843) und *Recuerdos de provincia* (1850), den beiden autobiographischen Werken von Domingo Faustino Sarmiento, noch einmal Molloy 2001: 49–50).
[403] Zwar hatte er bei seiner Rückkehr nach Mexiko im Jahr 1817 ein Werk von Rousseau im Gepäck; dabei handelte es sich aber nicht um dessen Autobiographie, sondern um Rousseaus Brief an den Erzbischof von Paris, Christophe de Beaumont. Der Nutzen dieses Briefes lag für Mier auf einer anderen Ebene begründet. So muss dieses Werk, in dem Rousseau dem nach der Veröffentlichung des *Émile* gegen ihn erhobenen Vorwurf des Atheismus entgegentritt und für die Möglichkeit der freien Auseinandersetzung mit Glaubensfragen plädiert, für ihn angesichts seiner eigenen teilweise durchaus vehementen Kritik an der Amtskirche und seiner nicht zuletzt durch die Freundschaft zu Henri Grégoire verstärkten Affinität zum Jansenismus von besonderem Interesse gewesen sein (vgl. zu fray Servandos Büchern das von der Inquisition angelegte Inventar der aus Europa mitgebrachten Bücherkisten, in: Hernández y Dávalos 1882: 840–854, hier 843. Der Brief von Rousseau an Beaumont ist verzeichnet unter dem etwas vagen Titel: „Œuvres de Jean Jagnes Rousseau [sic] tomo troisième. A Amsterdam, 1763"). Vgl. zu fray Servandos Kritik an Rousseau und insbesondere zu der

Nun kann die Frage nach der autobiographischen Dimension der *Memorias* aber nicht allein durch die Feststellung von deren offensichtlich fehlender Beeinflussung durch Rousseaus *Confessions* entschieden werden, denn autobiographisches Schreiben im engeren Sinne ist selbstverständlich auch unabhängig von einem solchen Einfluss möglich. Auch in diesem Kontext mag ein Blick in Sylvia Molloys Studie zu den hispanoamerikanischen Autobiographien des 19. und 20. Jahrhunderts hilfreich sein. So weist die aus Argentinien stammende US-amerikanische Literaturwissenschaftlerin jene evolutive Vorstellung von der Autobiographie entschieden zurück, die davon ausgeht, dass deren unbeholfene Anfänge in Hispanoamerika in dem Schritt der ehemaligen Kolonien in die Unabhängigkeit begründet lägen und dass sich die Gattung dann über das 19. und das 20. Jahrhundert hinweg hin zu einer immer größeren ästhetischen Vollkommenheit entwickelt habe. Das dieser weit verbreiteten Vorstellung zugrunde liegende Problem ist ein allem Anschein nach schwer zu überwindender intrinsischer Eurozentrismus gerade auch der Literatur- und Kulturwissenschaften. So bleibt in dieser Interpretation Hispanoamerika einmal mehr hinter seinen angeblichen europäischen Vorbildern zurück; und das, obwohl sich im Verlauf des 19. Jahrhunderts die gerade unabhängig gewordenen Nationen des Subkontinents in besonderem Maße um die Entwicklung einer eigenen (und dadurch eben unabhängigen) Stimme in Abgrenzung von den bisher gültigen Modellen bemühten.[404] Aus diesem Grund begründet nun Molloy ihre eigene Auswahl von autobiographischen Texten auf eine ähnliche Art und Weise wie Alfonso Reyes sein Interesse an der Figur fray Servando Teresa de Miers: Mit dem Umstand nämlich, dass die Umbruchssituation zu Beginn des 19. Jahrhunderts eine ideologische Krise hervorgerufen habe, die ihrerseits auf der individuellen wie auf der gesellschaftlichen Ebene eine besondere (und dadurch besonders interessante) Bewusstseinsbildung veranlasst habe.[405]

Diese Krise, die Molloy als eine Autoritätskrise beschreibt, habe besondere Auswirkungen auf das autobiographische Schreiben gehabt. Obwohl auch im Verlauf der Kolonialzeit Formen des autobiographischen Schreibens gepflegt worden sind, waren die Zusammenhänge dabei doch andere als in der Zeit nach Erreichen der Unabhängigkeit. Sylvia Molloy führt in diesem Kontext die Selbstauskunft der Angeklagten in den Inquisitionsprozessen als ein Beispiel an: Deren Zielsetzung sei eben nicht vorrangig, sondern allenfalls unfreiwillig autobiographisch motiviert gewesen. In der Kolonialzeit schrieb man für einen bestimmten Leser, wenn man über

---

von ihm in der *Historia de la Revolución* vertretenen Position auch die Ausführungen in Kapitel 2.1 Historiographie im Zwischenraum. Vgl. zu dem Inventar der Inquisition auch Kapitel 4.1 Fray Servandos reisende Bibliothek.
404 Vgl. Molloy 2001: 13–14.
405 Vgl. Molloy 2001: 14.

sich selbst schrieb – für die Kirche, die Krone, das *Santo Oficio*. Diese Institutionen verlieren aber mit der Unabhängigkeit ihre Funktion. Der hispanoamerikanische Schriftsteller, der zu Anfang des 19. Jahrhunderts über sich selbst schrieb (es waren tatsächlich fast ausschließlich Schriftsteller und keine Schriftstellerinnen), musste sich deshalb zunächst die Frage stellen, an wen sich seine Erzählung denn richten sollte.[406]

Diese Frage stellt sich auch im Fall von fray Servando Teresa de Mier. Schreibt der inhaftierte Dominikaner wirklich für die mit seinem Fall befassten Inquisitoren, wie man ausgehend von der Hypothese von Christopher Domínguez Michael zu den juristisch-bürokratischen Ursprüngen der *Memorias* annehmen könnte? Die Frage nach dem impliziten Leser in den *Memorias* wird im Verlauf des sich anschließenden Kapitels noch genauer zu diskutieren sein;[407] an dieser Stelle mag der Hinweis genügen, dass sich der Autor mit seinen Erinnerungen (und vor allem in seiner „Relación") allem Anschein nach sehr bewusst an der historischen Schnittstelle zwischen Kolonie und Unabhängigkeit situiert, wenn er nämlich auf bestimmte historische (und das heißt eben auch: europäische) Gattungsmuster zurückgreift, um seine Geschichte zu plausibilisieren, und wenn er zugleich die betreffenden Gattungsmuster ironisiert und persifliert.[408] Robert Folger liest die „Relación" in diesem Sinne als eine ironische Weiterentwicklung der *relaciones de méritos y servicios*, mit denen in der Kolonialzeit einzelne Individuen ihre Verdienste festhielten, um daraus resultierende Ansprüche geltend machen zu können: „This record [die „Relación"] [...] can be seen as a counter-writing, a defiance of a bureaucratic *dispositif* that works essentially within the same parameters we have seen in [...] early modern *relaciones*."[409] In dieser Lesart käme dem Text von fray Servando also tatsächlich eine Art Scharnierfunktion zwischen den beiden durch den Bruch der Unabhängigkeit voneinander getrennten (und zugleich miteinander verbundenen) Epochen in der mexikanischen Geschichte zu, der Kolonialzeit einerseits und der neuen Ära als unabhängiger Nationalstaat andererseits.

Zugleich greift diese Lektüre der „Relación" im Sinne einer (post-)kolonialen *relación de méritos* aber insofern zu kurz, als sie außer Acht lässt, dass sich der Text

---

[406] Vgl. noch einmal Molloy 2001: 13–14.
[407] Ich verwende die Formulierung „impliziter Leser" hier weniger in einem streng rezeptionsästhetischen als vielmehr in einem allgemeinen Sinne, um nämlich die im Akt des Lesens zu realisierende Leserrolle des Textes zu bezeichnen. Vgl. zum rezeptionsästhetischen Hintergrund trotzdem Iser 1972.
[408] Vgl. dazu auch Rosetti 2022. Rosetti untersucht die Werke von fray Servando Teresa de Mier und José Joaquín Fernández de Lizardi und spricht in diesem Zusammenhang von dem: „uso estratégico que realizaron Mier y Lizardi de las tradiciones narrativas europeas a fin de reflexionar y cuestionar el lugar del letrado criollo dentro del sistema colonial en crisis" (Rosetti 2022: 207).
[409] Folger 2011: 136–137.

eben nicht darin erschöpft, mittels des Rückgriffs auf die Kommunikationsformen der Bürokratie des spanischen Kolonialreiches ein Ich in Szene zu setzen, das dann gerade dadurch diese Bürokratie fundamental in Zweifel zieht.[410] Im Gegenteil: Im Laufe vor allem der letzten drei Jahrzehnte hat man immer wieder auf unterschiedliche Art und Weise versucht, fray Servandos Erinnerungen und vor allem deren zweiten Teil mit seinem ironischen Rekurs auf überkommene diskursive Muster gattungstheoretisch „dingfest" zu machen. So liest Kathleen Ross die „Relación" als eine Naturgeschichte der Alten Welt nach dem Muster derjenigen, die im 16. Jahrhundert etwa José de Acosta oder fray Bartolomé de Las Casas über die Neue Welt verfasst hatten.[411] Enrique Rodrigo vergleicht den Text daran anschließend mit den *Relaciones de Indias* der europäischen Entdecker und Eroberer,[412] und Víctor Barrera Enderle nennt ihn wegen seiner Ähnlichkeit mit den spanischen Chroniken aus der Zeit der Eroberung Hispanoamerikas eine „crónica inversa": Fray Servando schreibe als Amerikaner über Spanien wie die Konquistadoren über Amerika, nur eben unter umgekehrten Vorzeichen.[413] Ottmar Ette betont ausgehend von einem Vergleich mit Alexander von Humboldt die reiseliterarische Dimension der *Memorias*, die mittels der Beschreibung der politischen und administrativen Verhältnisse in Europa den Alten Kontinent zu demythologisieren suchten.[414] Diesen Gedanken greift unter anderem Linda Egan auf, wenn sie vor allem den parodistischen, satirischen Charakter der „Relación" unterstreicht.[415] An diese Interpretationen, die ja implizit immer die itinerarische Struktur der „Relación" hervorheben, schließt schließlich eine Reihe von Lektüren an, welche die pikareske Dimension von fray Servandos Erinnerungen und damit auch deren im weitesten Sinne „romanhafte Qualitäten" ins Zentrum der Aufmerksamkeit rücken.[416] Allen diesen Annäherungen an die *Memorias* ist gemein-

---

410 Vgl. Folger 2011: 138.
411 Vgl. Ross 1989: 90.
412 Vgl. Rodrigo 1997.
413 Barrera Enderle 2002: 23.
414 Vgl. Ette 1992b. Ette kommt auf diesen Gedanken noch einmal in seinen jüngst publizierten Vorlesungen zur Reiseliteratur zurück (vgl. Ette 2020: 121–122). Auch Margarita Pierini ordnet die *Memorias* in die Gattung der Reiseliteratur ein (vgl. Pierini 1993).
415 Vgl. Egan 2004.
416 Schon Ottmar Ette hatte auf diese Dimension der „Relación" hingewiesen, vgl. noch einmal Ette 1992b: 180 und Ette 2020: 122–123. Vgl. ausführlicher zu dieser Frage Hernández Quezada 2003. Hernández Quezada schreibt: „En lo general, las *Memorias* presentan una mirada inquietante hacia un pasado que, igualmente, admite toda clase de circunstancias graciosas, bufonescas y muchas veces paradójicas. Tal situación [...] no revela sino la aplicación de una poética: la de la novela picaresca." (Hernández Quezada 2003: 12–13) Stephan Leopold wiederum betont, die „Relación" sei bereits „jenseits des [pikaresken] Gattungsmusters angesiedelt" (vgl. Leopold 2012: 126).

sam, dass sie mehr oder weniger ausdrücklich die allem Anschein nach problematische Frage nach deren Gattungszugehörigkeit aufwerfen und dass sie versuchen, diese Frage ein für alle Mal zu beantworten. Wenn Enrique Rodrigo deshalb mit Blick auf die bisherige Rezeption der *Memorias* und insbesondere der „Relación" das Verb „catalogar" verwendet,[417] dann beschreibt er damit die Vorgehensweise eines großen Teils der Sekundärliteratur zu fray Servando Teresa de Mier durchaus präzise: Das Problem des Gattungsregisters, in das dieser Text sinnvollerweise einzuordnen sein könnte, ist in der Tat das in der Forschung am häufigsten diskutierte.

Wie in den sich anschließenden Kapiteln zu zeigen sein wird, sind die *Memorias* ein Werk, das beständig „entre la verdad histórica y la verosimilitud literaria" oszilliert.[418] Das haben sie allerdings mit (fast) allen literarischen Werken gemeinsam, die im weitesten Sinne autobiographischen Zuschnitts sind. Mit Gérard Genette lässt sich argumentieren, dass solche Werke kaum angemessen mit den Methoden einer konstitutivistischen Poetik erfasst werden können, welche die Frage nach der Literarizität eines Textes essentialistisch als eine dem Kunstwerk genuin innewohnende Eigenschaft versteht. Genette schlägt im Unterschied dazu bekanntlich den Rückgriff auf eine konditionalistische Poetik vor, welche die Literarizität eines Werkes in einem eher prozessualen Sinne als ein unter bestimmten Bedingungen zu erreichendes Merkmal des in Frage stehenden Textes versteht.[419] Auf diese Art und Weise gelangt der französische Erzähltheoretiker zu der Unterscheidung von Fiktionsliteratur einerseits (die durch den imaginären Charakter des in ihr Verhandelten gekennzeichnet ist) und Diktionsliteratur andererseits (deren Literarizität vor allem durch formale Qualitäten zustande kommt). Wenn fray Servandos *Memorias* also zwischen „historischer Wahrheit" und „literarischer Wahrscheinlichkeit" oszillieren, dann liegt das daran, dass sie sich keinem der beiden Bereiche ausschließlich zuordnen lassen; und es kann mit einiger Berechtigung vermutet werden, dass auch aus diesem Grund die bisherigen Versuche zu keinem Abschluss gekommen sind, das Werk in gängige Gattungsmuster einzuordnen. Tatsächlich entzieht sich fray Servandos in vielerlei Hinsicht beweglicher Text jeder definitiven Katalogisierung und Festschreibung. Die *Memorias* sind sowohl Diktion als auch Fiktion, und wenn sie durch ihr Oszillieren zwischen diesen Polen die eigentlich statischen Kategorien selbst in Bewegung zu setzen scheinen, mittels derer sie hätten festgeschrieben werden sollen, dann ist das kein Zufall.[420]

---

417 Rodrigo 1997: 356.
418 Miaja de la Peña 2014: 178.
419 Vgl. Genette 1991b.
420 Ottmar Ette hat für hybride Texte wie die *Memorias* den Terminus „*friktionale* Literatur" geprägt, denn durch das Changieren von solcherlei Texten zwischen den Polen von Fiktion und

Trotz der beträchtlichen Unterschiede zwischen fray Servando Teresa de Miers Erinnerungen und denjenigen seiner Zeitgenossen und Weggefährten Henri Grégoire und José María Blanco White gehe ich deshalb im Folgenden davon aus, dass die beiden Teile der *Memorias* grundsätzlich autobiographisch motiviert und strukturiert sind. Diese autobiographische Dimension wird keineswegs nur unfreiwillig erzielt, wie das in entsprechenden Werken aus der Kolonialzeit der Fall gewesen war; sondern fray Servando setzt sie sehr gezielt ins Werk, und das nicht zuletzt eben dadurch, dass er so viele unterschiedliche Gattungsmodelle anzitiert, ohne sich auf eines wirklich festlegen zu lassen. Zwischen Fiktion und Diktion, zwischen Kolonie und Unabhängigkeit, zwischen Europa und Amerika sind die *Memorias* damit ein Text, der seine eigene flexible Position immer wieder neu an den veränderlichen biographischen Gegebenheiten des erzählenden Ichs ausrichtet. Im Zentrum des Textes, im Zentrum aller Erzählungen steht das autobiographische Ich, das mal Ähnlichkeit mit einem *Pícaro* haben und mal einem frühneuzeitlichen Reisenden zwischen den Welten nachempfunden sein mag und das auf diese Weise zwar mehrdimensional und vielschichtig erscheint, dabei aber dessen ungeachtet erstaunlich stabil bleibt. Auch wenn die von Sylvia Molloy konstatierte Autoritätskrise nach dem Ende der Kolonialzeit sicher auch die Entstehung der *Memorias* und diese *Memorias* selbst geprägt hat, gibt es bei fray Servando (anders als in den von Molloy analysierten Autobiographien) kein „yo en crisis", das sich seiner selbst durch immer neue Entwürfe der eigenen Person versichern müsste, im Gegenteil: Dass der Erzähler der *Memorias* von der Erforschung der eigenen Psyche und der Reflexion über die eigene Entwicklung vollkommen abzusehen im Stande ist, das liegt auch daran, dass die Identität dieses Erzählers mit sich selbst immer schon gesetzt ist.[421]

Zugleich ist eines der augenfälligsten Charakteristika der *Memorias* aber sicherlich die beispiellose Proliferation des Ichs, die darin ins Werk gesetzt wird (und diese Feststellung widerspricht der zuvor konstatierten Stabilität des autobiographischen Ichs nur scheinbar). In fray Servandos Erinnerungen spricht ein Prediger, ein Intellektueller, ein Kleriker, ein Mönch, ein Doktor der Theologie, ein Amerikaner in Europa, ein Mexikaner in Mexiko, ein Gefängnisinsasse, ein Reisender, ein Leser, ein Fremder, ein unschuldig Angeklagter, ein Ästhet, ein Kämpfer für die Gerechtigkeit – und notwendigerweise zeichnet sich das Ich, das alle diese Stimmen sein Eigen nennt, durch seinen Konstruktionscharakter aus. Dieser Konstruktionscharakter des autobiographischen Ichs wird von fray Servandos Text durchaus offengelegt durch die ironische Erzählhaltung, die der Erzähler der *Memorias* über

---

Diktion entstehe eine nie zu einem Abschluss kommende Reibung, eine Friktion (Ette 2020: 141–149). Vgl. auch Ette 1998: 308–312.
421 Zumindest in dieser Hinsicht ähnelt die Vorgehensweise von fray Servando derjenigen des Abbé Grégoire (von dessen Erinnerungen sich die *Memorias* ansonsten aber fundamental unterscheiden).

weite Strecken einnimmt. Es ist die Ironie, die dem Werk seine Kohärenz verleiht; dieser Umstand ist von vielen von fray Servandos Interpreten übersehen worden, die den Autor und den Erzähler der *Memorias* vorschnell miteinander gleichsetzen, dem Autor deshalb seine vermeintliche „egolatría", seine „fijación en el yo", seine „subjetividad maniática" und seine „fuerte inclinación por hablar de sí mismo" vorwerfen und daraus folgern, er habe vor allem aus „einem starken narzißtischen Bedürfnis" heraus geschrieben.[422] Selbst wenn die Person fray Servando Teresa de Mier tatsächlich egozentrisch und narzisstisch gewesen sein mag, muss die ironisch in Szene gesetzte Proliferation seines Ichs in den *Memorias* doch als das untersucht werden, was sie ist: Ein bewusst gewähltes literarisches Mittel, durch dessen Einsatz die zu erzählende Geschichte womöglich überhaupt erst erzählt werden kann.

„Ich bin viele": Der etwas plakative Titel dieses Kapitels bezieht sich nun aber nicht allein auf diese bemerkenswerte Proliferation des Ichs in den *Memorias* und die nicht zuletzt dadurch erzielte Literarizität dieses autobiographischen Werkes an der Schwelle zur Unabhängigkeit, sondern auch auf die Haltung, die das vielfältige und schillernde Ich in diesem Werk in Bezug auf sein politisches Anliegen einnimmt: „Ich bin viele", das heißt in diesem Zusammenhang immer auch: Ich, der eine, der besondere, der einzigartige, der hier seine Geschichte erzählt, spreche mit dieser Geschichte für die vielen, denen es wie mir ergangen ist. Ich, fray Servando Teresa de Mier Noriega y Guerra, von den spanischen Autoritäten unschuldig Verfolgter, der ich gerade einmal mehr im Gefängnis sitze, spreche für all die Kreolen, die wie ich verfolgt und an der Entfaltung ihrer Talente gehindert worden sind und noch immer werden. Neben der Proliferation des Ichs, also der Aufspaltung des erzählten Ichs auf verschiedene Rollen und Funktionen, die bei fray Servando notwendigerweise immer die Besonderheit und Einzigartigkeit dieses Ichs voraussetzt, steht auf diese Weise paradoxerweise gerade dessen Repräsentativität und Beispielhaftigkeit.

Im Folgenden wird deshalb in vier Schritten zu zeigen sein, wie und mit welchen Mitteln sich das vielschichtige Ich der *Memorias* zu seiner Umgebung in Beziehung setzt. In einem ersten Schritt steht in dem sich anschließenden Unterkapitel zunächst das Ich als Prediger im Mittelpunkt. In diesem Abschnitt wird fray Servandos Predigt am Feiertag der Jungfrau von Guadalupe im Jahr 1794 nicht nur als biographischer Ausgangspunkt seiner Verbannung und seiner Reisen in Europa, sondern auch als literarischer Ausgangspunkt seiner Erinnerungen in den Fokus genommen. Das zweite Unterkapitel widmet sich dann der Frage nach der Selbstinszenierung des erzählenden Ichs als Intellektueller, Literat und Schöngeist. Hier werden vor allem die intertextuellen Verweise in den *Memorias* untersucht, auf

---

422 In der Reihenfolge der Zitate O'Gorman 1960: 60, Rodrigo 1997: 361, Folger 2010: 24, Barrera Enderle 2002: 9 und Rodríguez Monegal 1984: 65.

denen die Argumentationsmuster fray Servandos beruhen und die seine Erzählung in entscheidendem Maße beeinflussen. Im Anschluss daran widmet sich der dritte Abschnitt der Frage nach der Art und Weise, wie sich das Ich zu dem Raum verhält, in dem es sich bewegt und innerhalb dessen sich seine Erzählung abspielt. So sind die *Memorias* besonders durch das Wechselverhältnis von Innenraum (des Gefängnisses und des Klosters) und Außenraum (der durchreisten Länder) geprägt – ein Wechselverhältnis, das zu einem guten Teil für die Spannung verantwortlich ist, die fray Servandos Erinnerungen kennzeichnet und die sie zu einem Schlüsseltext der historischen Umbruchsphase an der Schwelle vom 18. zum 19. Jahrhundert hat werden lassen. Vor diesem Hintergrund wird sich das vierte und letzte Unterkapitel abschließend mit der Frage nach dem Ausbruch als diskursiver Strategie beschäftigen. So inszenieren die *Memorias* die zahlreichen *fugas* des Ichs aus den verschiedensten Gefängnissen als ein auf den unterschiedlichsten Ebenen des Textes wirksames Leitmotiv. Zur Debatte stehen damit in diesem letzten Unterkapitel auch die literarischen und politischen Ziele, die fray Servando Teresa de Mier Noriega y Guerra mit seinen in vielerlei Hinsicht schwer einzuordnenden Erinnerungen verfolgt.

3.3.1 Das Ich und die Predigt

Der Dominikanerorden, in den Servando Teresa de Mier 1780 im Alter von 17 Jahren als Novize eintrat, war 1215 von dem spanischen Priester Domingo de Guzmán mit dem Ziel der Missionierung der südfranzösischen Katharer gegründet worden. Als im Jahr 1526 und damit nur fünf Jahre nach der spanischen Eroberung der aztekischen Hauptstadt Tenochtitlan die ersten Dominikaner in Mexiko-Stadt ankamen, war es derselbe Gedanke von der Notwendigkeit einer Missionierung der Ungläubigen, der die Vertreter des Ordens zur Aufnahme ihrer Tätigkeit in den neu eroberten Überseegebieten bewegte und der sie veranlasste, schon kurze Zeit später ihr Kloster Santo Domingo in Mexiko-Stadt einzuweihen.[423] Das probate Mittel zum Zweck der Missionierung der Katharer ebenso wie der indigenen Völker Amerikas war die Predigt – nicht umsonst trägt der Orden, dessen Mitglieder nach dem Willen seines Begründers ein Leben in Armut als Wanderprediger führen und gegen die Irrlehren der Zeit den christlichen Glauben verkünden sollten, den offiziellen Beinamen „Predigerorden", Ordo Fratrum Praedicatorum.[424] Ein solcher Prediger war nun mehr als fünfhundert Jahre nach der Gründung des Ordens und fast dreihundert Jahre

---

[423] Das Kloster konnte unter anderem dank der Unterstützung des ersten Bischofs in Neuspanien, desjenigen von Tlaxcala, des Dominikaners Julián Garcés, errichtet werden und wurde 1532 geweiht (vgl. Domínguez Michael 2004: 67).
[424] Vgl. Eßer 1982.

nach der Ankunft der ersten Dominikaner in Neuspanien auch der junge und ehrgeizige fray Servando Teresa de Mier, als er Ende November 1794 von der Kolonialverwaltung von Mexiko-Stadt beauftragt wurde, in dem Festgottesdienst zu Ehren der Jungfrau von Guadalupe in der Stiftskirche Nuestra Señora de Guadalupe am 12. Dezember desselben Jahres die Predigt zu halten: „Dotado de fácil palabra, mordaz, erudito, inteligente y deslenguado, siempre supo cautivar la atención de sus oyentes",[425] so beschreibt ihn der Historiker Edmundo O'Gorman, der sich Mitte des 20. Jahrhunderts intensiv mit der Geschichte dieser folgenreichen Predigt auseinandergesetzt hat.

Tatsächlich konnte der knapp über dreißigjährige Doktor der Theologie zu diesem Zeitpunkt bereits auf eine durchaus bemerkenswerte Karriere zurückblicken. O'Gorman zählt für die Jahre vor der schicksalhaften Predigt von 1794 eine Reihe von Gelegenheiten auf, bei denen fray Servando von den kirchlichen Autoritäten landesweit ausdrücklich als Prediger angefordert worden sei, beispielsweise zur Feier eines Patroziniums in seiner Heimatstadt Monterrey.[426] Auch Mier selbst verweist in seinen *Memorias* immer wieder auf seine Reputation als Prediger, etwa in seiner „Apología", wo er den gegen ihn erhobenen Vorwurf des politischen Aufrührertums unter anderem mit dem Hinweis zu widerlegen versucht, dass er schon in den Jahren vor der Predigt von 1794 wiederholt vor einer großen Öffentlichkeit gepredigt habe, bei diesen Gelegenheiten auch vor klaren politischen Stellungnahmen nicht zurückgeschreckt sei und damit jedes Mal große Erfolge bei seinem Publikum erzielt habe.[427] Auch zentrale Passagen aus der „Relación" zielen darauf, das Ich der Erzählung nicht nur als einen begabten Theologen, sondern vor allem als einen begnadeten Prediger darzustellen. So berichtet fray Servando etwa, wie er in einem sich zufällig ergebenden theologischen Streitgespräch in der Synagoge von Bayonne innerhalb kürzester Zeit die Argumente des predigenden Rabbiners widerlegt habe und infolgedessen zum offiziellen „Predigtberater" der dort versammelten Rabbiner

---

425 O'Gorman 1960: 62.
426 Vgl. O'Gorman 1981: 23.
427 Vgl. Mier 2009, Bd. I: 351–352. Fray Servando betont hier aus naheliegenden Gründen die spanientreuen und royalistischen Überzeugungen, die er in jungen Jahren gehabt habe. So zählen zu den Predigten, die er erwähnt, nicht nur eine 1792 gehaltene Predigt gegen die *Déclaration des droits de l'homme* der Französischen Revolution, sondern auch eine weitere aus dem Jahr 1793, in der er sich gegen die Guillotinierung des französischen Königs ausgesprochen habe. Schließlich erwähnt er die „oración fúnebre" zu Ehren von Hernán Cortés und dessen Einmarsch in Tenochtitlan, die er unmittelbar vor der guadalupanischen Predigt im November 1794 gehalten habe. „He aquí, ciertamente, a un padre Mier a muchas millas de distancia de aquel ‚padrino de la libertad' que vio en él don Alfonso Reyes", bemerkt Edmundo O'Gorman zu der politischen Stoßrichtung dieser Predigten (O'Gorman 1981: 24).

avanciert sei.[428] Dieselbe Überzeugung von der eigenen oratorischen Begabung schwingt im weiteren Verlauf unausgesprochen auch dann mit, wenn der Erzähler der „Relación" über die unterschiedlichen Sitten und Gebräuche im europäischen Predigtwesen spricht und dabei nicht nur über Italien und Frankreich zu berichten weiß, dort sei es unter Priestern üblich, ein und dieselbe Predigt mehrmals zu halten,[429] sondern insbesondere die Gepflogenheiten am Hof in Spanien mit spöttischer Distanz betrachtet: „Los predicadores del rey apenas pasarían por sabatinos en México. Son unos bárbaros. Asistí al sermón de uno que tenía crédito, era monje Basilio, y me reía a taco tendido de oír a fray Gerundio de Campazas. La gente me decía: ‚Se ríe usted porque le gusta, ¿no? Es un pico de oro.'"[430]

Die *Historia del famoso predicador fray Gerundio de Campazas, alias Zotes* (1758) des spanischen Jesuiten José Francisco de Isla nimmt satirisch den ebenso überbordenden wie inhaltsleeren Stil vieler zeitgenössischer Prediger aufs Korn und mokiert sich über den Umstand, dass sich deren Wirksamkeit oft durch einen vollkommenen Mangel an Bildung in Frage gestellt sah.[431] Dass diese Kritik in der zweiten Hälfte des 18. Jahrhunderts nur zu berechtigt war, das zeigt die große Reichweite, die der Roman schnell erreichte, und das, obwohl er von der Inquisition verboten wurde (oder vielleicht auch gerade deswegen). Auch die augenzwinkernde Beiläufigkeit, mit der nun fray Servandos Erzähler auf den Roman des Jesuiten verweist, zeugt von dessen Erfolg: Tatsächlich war die Lektüre des *Fray Gerundio* obligatorisch für all diejenigen Zeitgenossen, die sich wie der Padre Isla selbst mehr den Prinzipien der Aufklärung verpflichtet fühlten als der überkommenen Rhetorik einer in die Jahre gekommenen Homiletik. Dabei verdeutlicht die Diskrepanz zwischen der Ironie von fray Servandos Ich-Erzähler und der Arglosigkeit, mit der die Zuhörer des spanischen Hofpredigers ihrer Begeisterung über dessen Predigt Ausdruck verleihen („un pico de oro"), nicht nur die kulturelle Distanz zwischen Spanien und Mexiko, wie sie der Erzähler im Verlauf seiner Erzählung immer wieder hervorheben wird,[432] sondern auch den Anspruch, den er an die Kunst des Predigens stellt und zu Recht stellen zu können glaubt. Wenn er von den spanischen Predigern konstatiert, in Mexiko könnten diese nur mit Mühe als „sabatinos" durchgehen, dann ist die Verwendung dieses eher ungebräuchlichen Worts durchaus aussagekräftig: Mit dem auf das gleich-

---

428 Vgl. Mier 2009, Bd. II: 83–84.
429 Vgl. Mier 2009, Bd. II: 182.
430 Mier 2009, Bd. II: 254.
431 Vgl. Isla 1992. Vgl. auch Scherer 2005. Der *Fray Gerundio* sei eine „sátira ilustrada contra la retórica culterana de los sermones contemporáneos", konstatiert Scherer (Scherer 2005: 180). Fray Servando zitiert das Buch auch im ersten Teil seiner *Memorias* (vgl. Mier 2009, Bd. I: 253).
432 Vgl. zu der kulturellen Distanz zwischen Spanien und Mexiko, wie sie die *Memorias* entwerfen, die Ausführungen in Kapitel 3.3.3 Das Ich und der Raum.

lautende Adjektiv zurückgehenden Substantiv bezeichnet man im Spanischen laut dem Wörterbuch der *Real Academia Española* 1) einen Gottesdienst, der am Samstag durchgeführt wird, 2) eine Wiederholungslektion, in der Schüler und Studenten am Samstag das Pensum der Woche rekapitulieren, und schließlich 3) ein „ejercicio literario", mittels dessen sich Studenten samstags in der Kunst der rhetorisch ausgefeilten Argumentation üben konnten.[433] Mit der Umwidmung dieses Wortes spielt Mier also zugleich auf die Unerfahrenheit der spanischen Prediger und auf den daraus resultierenden allenfalls vorläufigen Charakter ihrer Predigten an. Von ihnen sind eben keine formvollendeten Predigten für das Hochamt am Sonntag zu erwarten, sondern allenfalls Übungen, die zur Not an einem Samstag noch durchgehen mögen. Vor diesem Hintergrund liest nun Christopher Domínguez Michael die Anspielung auf den *Fray Gerundio de Campazas* einerseits als widerwillige Identifikation und andererseits als bewusste Abgrenzung fray Servandos gegen die vermeintlich ausweglose *conditio monastica*:

> A Servando, escritor de sermones, debió de atormentarlo esa novela que actualizaba la monacofobia erasmiana y la convertía en caricatura al carbón de los odiosos frailes dieciochescos. El *Fray Gerundio* era, al mismo tiempo, una fuente de odio a sí mismo, y una sátira tan feroz de la vida conventual que indicaba un camino seguro de escapatoria.[434]

Selbst wenn diese psychoanalytisch argumentierende Interpretation ein wenig übertrieben scheinen mag, ist der durch den Verweis auf den Protagonisten des Romans verstärkte Gegensatz zwischen dem schlechten spanischen Prediger und dem implizit mit dessen Beschreibung vermittelten Selbstbild des Erzählers doch erhellend: Das Ich der *Memorias*, das ist zuallererst und immer wieder der begnadete Prediger fray Servando Teresa de Mier, dessen Biographie nicht zufällig ausgerechnet wegen einer Predigt eine entscheidende Wendung genommen hat.

Der genaue Wortlaut der Predigt, die fray Servando am 12. Dezember 1794 in Anwesenheit des spanischen Vizekönigs, Miguel de la Grúa Talamanca y Branciforte, und des ebenfalls spanischen Erzbischofs von Neuspanien, Alonso Núñez de Haro, gehalten hat, ist nicht überliefert. Das ist insofern wenig erstaunlich, als die Predigt ein genuin orales Genre ist, dessen Wirkung keineswegs nur von inhaltlichen und rhetorischen Gesichtspunkten, sondern in entscheidendem Maße von performativen Aspekten abhängt, die sich kaum schriftlich übermitteln und schon gar nicht archivieren lassen.[435] Im Falle der Predigt, die nun fray Servando Teresa

---

433 Vgl. „sabatino", in: Real Academia Española 2022.
434 Domínguez Michael 2004: 116.
435 Vgl. allgemein zu einer kirchen- und kulturhistorischen Einordnung Bitter 1997. Vgl. insbesondere zur Predigt in Neuspanien auch Herrejón Peredo 2003. Zu dem Problem der Mündlichkeit schreibt Herrejón Peredo: „Oratoria dice oralidad. Sin embargo, las piezas que poseemos son textos

de Mier am 12. Dezember 1794 anlässlich des Feiertags der Jungfrau von Guadalupe in der Stiftskirche Nuestra Señora de Guadalupe im Norden von Mexiko-Stadt gehalten hat, gilt darüber hinaus, dass die Überlieferung seines Predigttextes nicht auf direktem Wege erfolgte, sondern vermittelt über gerade die Institution, die den sich an die Predigt anschließenden Prozess gegen Mier koordinierte, nämlich das Erzbistum Mexiko-Stadt. So erreichte den Dominikaner am 13. Dezember, einen Tag nach seiner in den Augen der kirchlichen und staatlichen Obrigkeit skandalösen Predigt, die Aufforderung des Erzbischofs, den Text der Predigt vom Vortag einzureichen. Dieser Aufforderung kam er nach, nicht ohne darauf hinzuweisen, dass der von ihm eingereichte Text keineswegs die vollständige Predigt enthalte, wie er sie tags zuvor gehalten hatte, sondern dass es sich nur um eine Sammlung von Notizen handele. Eine zweite Aufforderung zur Einreichung seines Textes wurde ihm dann mit Datum vom 30. Dezember und im Auftrag der sogenannten „censores" überstellt, die den strittigen Fall im Auftrag des Erzbistums prüfen und beurteilen sollten. Dieses Mal reagierte er, indem er neben weiteren Skizzen und Entwürfen eine zweite Version seines Textes einreichte. Von dieser zweiten Fassung gab er an, er habe versucht, die Predigt so aus dem Gedächtnis zu rekapitulieren, wie er sie tatsächlich am 12. Dezember gehalten habe (während der zuvor eingereichte Text zwar derjenige gewesen sei, dessen Manuskript er auf der Kanzel bei sich gehabt habe, zugleich aber in entscheidendem Maße abweiche von dem, was er dann tatsächlich gepredigt habe).[436]

Es gibt also zwei Texte, von denen nicht unmittelbar klar ist, welcher näher an das heranreicht, was am 12. Dezember 1794 gepredigt wurde. In einem Vergleich der beiden Versionen gelangt Edmundo O'Gorman allerdings zu dem Schluss, dass es sich aller Wahrscheinlichkeit nach eher umgekehrt verhalten müsse, als der Beschuldigte insinuiert – dass also der erste der beiden Texte eine bloße nachträglich erstellte Skizze sein müsse, die der in seiner Klosterzelle inhaftierte fray Servando

---

sólo escritos, despojados de la vida del momento y lugar en que fueron pronunciados. El sermón [...], tal como salió de labios del orador y tal como fue escuchado en sus circunstancias, se halla a distancia notable del texto escrito y de su lectura, aun cuando las palabras sean exactamente las mismas. Esa distancia no es simplemente de tiempo y espacio. La oralidad adquiere diverso significado gracias a la modulación e impostación de la voz, y se acompaña de otros medios de expresión, como son los ademanes, la gesticulación, la mirada, la actitud de todo el cuerpo y de la persona. La oralidad de la oratoria implica un auditorio y una historia que da razón de ese encuentro entre orador y oyentes. Éstos generalmente no hablan en ese momento, sin embargo funcionan como virtuales interlocutores con un discurso implícito. De tal manera el contexto de la pieza oratoria no es un mero accidente de la misma; forma parte de su esencia brindando o negando recursos de comunicación, abriendo o cerrando claves de comprensión sobre lo que se dice y lo que s calla." (Herrejón Peredo 2003: 18–19).

436 Vgl. zur Rekonstruktion von fray Servandos Predigttext O'Gorman 1981.

dem Bischof mit dem Ziel überlassen habe, dessen Anschuldigungen ins Leere laufen zu lassen, und dass es der zweite Text sei, der die Grundlage für das darstellt, was der Dominikaner an jenem Feiertag der Jungfrau von Guadalupe tatsächlich von der Kanzel herab verkündet hat: „El primero revela un gran desorden que bien le merece el calificativo de borrador, y el segundo, un pulimiento y esmero que lo recomienda como texto definitivo."[437]

Trotz der Entschiedenheit, mit der sich der Historiker zuletzt dafür ausspricht, den zweiten der beiden eingereichten Texte für die Grundlage von fray Servandos Predigt zu halten, zeigen doch die philologischen Schwierigkeiten, mit denen er sich bei dem Versuch einer Einordnung der beiden unterschiedlichen Versionen des Predigttextes konfrontiert gesehen hat, was eigentlich auf der Hand liegt: Dass es nämlich nahezu unmöglich ist, sich allein auf der Basis des nachträglich eingereichten Manuskripts einer umstrittenen Predigt ein Urteil darüber bilden zu wollen, was genau in der besagten Predigt geäußert worden ist und was im Einzelnen daran anstößig gewesen sein mag. Dass nun die Forschung zu fray Servando Teresa de Mier trotzdem genau das immer wieder versucht hat, liegt natürlich darin begründet, dass die Predigt zum Feiertag der Jungfrau von Guadalupe der Dreh- und Angelpunkt ist, an dem die Lebensgeschichte des Dominikaners ihre entscheidende Wendung erlebt, und dass auch er selbst diese Predigt immer bewusst als eine solche Scharnierstelle dargestellt hat – nicht zufällig beginnen seine Jahrzehnte später verfassten *Memorias* ja statt mit Geburt, Kindheit und Jugend des Ichs mit der Vorgeschichte dieser Predigt und mit dieser selbst. Wenn daher alle Entwicklungen, von denen der Autor in seinen Erinnerungen erzählt, in direkter oder indirekter Weise auf diese Predigt zurückzuführen sein müssen, dann können natürlich auch die Erinnerungen selbst herangezogen werden, um Erkenntnisse über die aufsehenerregenden Äußerungen zu gewinnen, die an ihrem Ursprung stehen. Zugleich entsteht durch diese Art der Verbindung zwischen Predigt und Autobiographie aber auch eine unausgesprochene narrative Verpflichtung für die letztere – eine Verpflichtung, der die *Memorias* (wie im Folgenden zu zeigen sein wird) tatsächlich in inhaltlicher und in stilistischer Hinsicht entsprechen.

Dieser Umstand erklärt das Interesse nicht allein der historischen, sondern auch der literaturwissenschaftlichen fray-Servando-Forschung an der Predigt von 1794. Dabei fällt allerdings auf, dass diese Predigt bisher nahezu ausschließlich als ein auslösendes Moment, als eine Art Initialzündung für die sich anschließende politische und literarische Entwicklung ihres Verfassers analysiert worden ist und nicht unter wirklich literaturwissenschaftlichen Gesichtspunkten. In der

---

[437] O'Gorman 1981: 234. Vgl. zu den beiden Versionen der Predigt und der Frage, wie sie zu interpretieren sind, auch Domínguez Michael 2004: 118–119.

Folge soll deshalb fray Servandos Predigt erstmals explizit als Keimzelle des autobiographischen Diskurses seiner *Memorias* analysiert werden, und das insbesondere mit Blick auf deren im weitesten Sinne „skizzenhafte Poetik".

> Sólo falta aquí que levantando yo la voz como los sacerdotes allá en Jerusalén igualmente os diga: todos los que estáis juntos en la presente solemnidad celebrad ahora la bondad del Señor y su eterna misericordia: *vocem in sublime tollentibus... coepissent et dicere: confitemini Domino quoniam bonus: quoniam in saeculum misericordia eius*. [...] Referid entre los pueblos los distinguidos favores que os ha franqueado, y referid todas sus maravillas: *notas facite in populis adinventiones eius... narrate omnia mirabilia eius*. Esto es precisamente, señores, lo que yo vengo a efectuar, y tal es hoy mi asunto: la verdadera portentosa historia de nuestra Santísima Madre de Guadalupe según su genuina tradición, libre ya de equivocaciones. [...] En los rayos de tu ilustración confío, soberana Señora, hermosísima aurora, estrella de la mañana, luz de todo el universo, luna verdadera de México para ti llena, y sobrellena para nosotros de gracia.[438]

Mit diesen Worten kündigt fray Servando Teresa de Mier laut dem überlieferten Manuskript das Thema der Predigt an, die zu halten er sich an jenem 12. Dezember 1794 anschickt. Dabei ist der auf das Alte Testament rekurrierende Vergleich des vor der Gemeinschaft der Gläubigen stehenden Predigers mit den Hohepriestern im Tempel von Jerusalem zunächst eine naheliegende Trope.[439] Auch das in Aussicht gestellte Thema der Predigt selbst wird für fray Servandos Zuhörer im ersten Augenblick wenig überraschend gewesen sein: „la verdadera portentosa historia de nuestra Santísima Madre de Guadalupe según su genuina tradición" – nichts Anderes werden die Vertreter der Kirche und der spanischen Kolonialverwaltung erwartet haben, die sich an diesem Feiertag zum Gottesdienst zusammengefunden hatten.[440] Dass die auf diese doch eher konventionelle Art und Weise eingeleitete Predigt binnen kürzester Zeit eine enorme Sprengkraft entfalten würde, das deutet sich indes in dem kleinen Zusatz an, mit dem fray Servando die Ankündigung seines Themas abschließt: „libre ya de equivocaciones", endlich frei von Irrtümern wolle er die Geschichte von der Erscheinung der Jungfrau von Guadalupe als den Gnadenbeweis Gottes darstellen, der sie tatsächlich gewesen ist, sagt er – und der aufmerksame Zuhörer könnte ergänzen: frei von jenen Irrtümern, die den Zugang zu dieser Geschichte schon viel zu lange verstellt haben.

---

[438] Mier 1981: 236–237.
[439] Vgl. Brading 1991: 627.
[440] In seiner kommentierten Ausgabe der späteren *Memorias* von fray Servando Teresa de Mier entwirft Manuel Payno ein anschauliches Bild der Szenerie an diesem Feiertag der Jungfrau von Guadalupe: „Llena la iglesia de gente, los canónigos revestidos de sus más ricos ornamentos, numerosos músicos y cantores en el coro, y las grandes dignidades del Estado en sus ricas bancas y sillones de terciopelo, esperaban con impaciencia el discurso de un hombre ya célebre por su ciencia y talento." (Payno 1965: 284–348, hier 289).

Die Tradition der Virgen de Guadalupe geht zurück auf das Jahr 1531, einen Zeitpunkt also, zu dem die spanische Eroberung von Tenochtitlan und der Beginn der Missionierung der überlebenden Azteken erst wenige Jahre zurücklag. Es ist die Geschichte eines wirkmächtigen Synkretismus, und diese Eigenschaft ist es, die der gebildete Priester fray Servando Teresa de Mier für seine Zwecke auszunutzen weiß. So soll im Dezember 1531 die Jungfrau Maria einem Mann indigener Abstammung namens Juan Diego Cuauhtlatoatzin auf dem Hügel von Tepeyac erschienen sein und ihn aufgefordert haben, bei Juan de Zumárraga, dem spanischen Bischof von Mexiko-Stadt, die Errichtung einer Kapelle auf eben jener im Norden der Stadt gelegenen Anhöhe zu fordern. Dieser sei allerdings skeptisch geblieben und habe Juan Diego deshalb aufgefordert, einen Beweis vorzulegen, dass die Marienerscheinungen tatsächlich stattgefunden haben. Als Juan Diego tags darauf dann vor dem Bischof seinen Mantel ausbreitete, in dem er auf Geheiß seiner Auftraggeberin duftende Rosen gesammelt hatte, sei darin das Bild der dunkelhäutigen Jungfrau erschienen, woraufhin der Bischof der Erzählung schließlich Glauben geschenkt habe und die geforderte Kapelle tatsächlich errichten ließ.[441] Aus dieser ursprünglich bescheidenen Kapelle entstand im Laufe der Zeit dann die Stiftskirche, in der im Jahr 1794 fray Servando Teresa de Mier predigen sollte.

Was der Geschichte der Marienerscheinungen auf der Anhöhe von Tepeyac nun besondere Bedeutung verleiht, das ist der Umstand, dass sie bis in die ersten Anfänge des Vizekönigreichs Neuspanien zurückreicht und dass ihr Protagonist Juan Diego indigener Abstammung gewesen ist. Vor diesem Hintergrund ist die Geschichte schnell in dem Sinne interpretiert worden, dass sich die Jungfrau mit den Erscheinungen bewusst den gerade erst christianisierten indigenen Gläubigen habe zuwenden wollen. Ihre eigene dunkle Hautfarbe, wie sie sich auf dem Bild in dem Mantel Juan Diegos abzeichnet, stehe für ihre ausdrückliche Identifikation mit diesen indigenen Neophyten und ihren mestizischen Nachkommen. Eine dunkelhäutige Virgen de Guadalupe wird zwar auch in der Extremadura in Spanien verehrt,[442] und weil viele der spanischen Konquistadoren (wie nicht zuletzt auch Hernán Cortés selbst) aus diesem Teil Spaniens stammten, ist die Anbetung dieser Marienfigur frühzeitig in die Neue Welt „exportiert" worden. Zwischen dieser spanischen Guadalupe und der mexikanischen wurde allerdings durchaus unterschieden, und das auch aus dem Grund, weil auch der Ort der mexikanischen

---

441 Vgl. zu dieser Geschichte und zu deren kulturgeschichtlicher Bedeutung für die Kolonialzeit in Mexiko das 1977 erstmals publizierte kanonische Werk von Lafaye 2006. Vgl. auch Poole 2017.
442 Dort in der Extremadura, am Fluss Guadalupe, sei die Jungfrau im 13. Jahrhundert einem Schäfer erschienen und habe ihn auf eine in der Nähe vergrabene Marienstatue hingewiesen.

Marienerscheinungen eine Vorgeschichte hat, die sehr viel weiter zurückreicht als nur bis in die Jahre der *Conquista*.[443]

So liegt das synkretistische Interesse der Geschichte nicht allein darin begründet, dass die ursprünglich spanische Jungfrau von Guadalupe nun nach der *Conquista* auch in Mexiko in Erscheinung getreten sein sollte, sondern vor allem darin, dass an dem Ort ihrer Erscheinungen, auf der Anhöhe von Tepeyac, bereits in prähispanischer Zeit ein Heiligtum existiert hatte, in dem die aztekische Göttin Tonantzin verehrt wurde: „Los testimonios de los misioneros concuerdan, pues, en lo esencial: Tonantzin era una divinidad mayor, su principal santuario se encontraba en el cerro de Tepeyac, a una legua al norte de la ciudad de México, y a él acudían peregrinos de todo el país",[444] schreibt der Historiker Jacques Lafaye, der sich in seinem Standardwerk *Quetzalcóatl y Guadalupe* intensiv mit der Geschichte der neuspanischen Synkretismen auseinandergesetzt hat. Die franziskanischen Missionare des 16. Jahrhunderts hätten mit der Inbesitznahme dieses aztekischen Heiligtums nichts anderes getan als die frühen Christen, wenn sie heidnische Pilgerstätten zu christlichen Wallfahrtsorten umwidmeten, betont Lafaye: „Los evangelizadores de México no hicieron más que dar una mano a un fenómeno de reinterpretación espontánea, cuyos antecedentes europeos habían sido numerosos."[445] Diese verborgene Seite der Geschichte ist es, die im Jahr 1794 nun den Prediger fray Servando Teresa de Mier zu einer Reinterpretation der mexikanischen Marienerscheinungen veranlasst, welche die Geschichte seines eigenen Lebens, aber auch die Geschichte seines Landes maßgeblich beeinflussen sollte.[446]

Fray Servandos Predigt geht von der Annahme aus, dass die Geschichte der Erscheinungen der Jungfrau von Guadalupe seit jeher verfälscht dargestellt worden sei, weil die zumeist europäischen Historiographen Neuspaniens des Náhuatl

---

443 Vgl. zu der Beziehung zwischen der spanischen und der mexikanischen Guadalupe Zires 1994: 287.
444 Lafaye 2006: 286.
445 Lafaye 2006: 289.
446 In seiner „Apología" wird sich Mier später ausdrücklich auf die synkretistischen Praktiken beziehen, die von den Konquistadoren und frühen Missionaren nach der *Conquista* bewusst eingesetzt worden seien: „Ya es necesario hablar claro. Los conquistadores y los primeros misioneros, quitando los ídolos, sustituyeron a los más célebres, y en los mismos lugares montuosos imágenes del cristianismo, análogas en los nombres y la historia, para que prosiguiesen celebrándose las fiestas antiguas con la misma analogía y concurrencia [...]", und er schließt daraus mit Blick auf die von ihm verhandelte Frage nach der Tradition der Jungfrau von Guadalupe: „Desde luego ya tengo probado que la historia de Nuestra Señora de Guadalupe, en su fondo, no es más que la historia de la antigua *Tonantzin* que los indios veneraban en Tepeyac y a quien dice Torquemada sustituyeron los misioneros la imagen de Nuestra Señora de Guadalupe." (Mier 2009, Bd. I: 291–292 und 293–294).

nur unzureichend mächtig gewesen seien.[447] In dem überlieferten Text seiner Predigt vergleicht fray Servando diese Sprache der indigenen Einwohner Mexikos (die er selbst, anders als er insinuiert, keineswegs beherrschte) mit den klassischen Sprachen der europäischen Antike: Die „secretos y misterios" des Náhuatl seien erhabener als die des Lateinischen und ebenso vielfältig wie die des Griechischen, weshalb die Sprache der Azteken im Ganzen besonders reich an Bildern und Symbolen sei.[448] Weil nun die Geschichte der Erscheinungen der Jungfrau von Guadalupe ursprünglich auf Náhuatl erzählt worden ist und deshalb nur ausgehend von dieser Sprache richtig verstanden werden könne, gelte es, diese Geschichte neu zu schreiben – „a fuerza de examinar los frasismos e indagar la fuerza de las palabras en que están las tradiciones".[449]

Zu diesem Zweck gliedert fray Servando seine Predigt in vier „proposiciones", mittels derer er die bisherigen Interpretationen korrigieren und die Tradition der Jungfrau von Guadalupe neu begründen will. Diese vier Hauptsätze seiner Predigt formuliert er in Form von einfachen Hypothesen, die im weiteren Verlauf dann ausführlich begründet und diskutiert werden, nämlich: 1) Das Bild der Jungfrau von Guadalupe befindet sich nicht auf dem Mantel von Juan Diego, sondern auf dem Umhang des Apostels Thomas aus dem ersten Jahrhundert nach Christus. 2) Schon vor 1750 Jahren (und also unmittelbar nach der Kreuzigung Christi) wurde die Jungfrau von Guadalupe von den damals schon christlichen Einwohnern von Mexiko verehrt. Ihr Bild wurde von dem heiligen Thomas in einem Tempel auf der Hochebene von Tenayuca in der Nähe von Tepeyac untergebracht. 3) Weil die indigene Gemeinschaft in der Folge vom Glauben abfiel, hat der heilige Thomas das Bild versteckt, bis die Jungfrau selbst es nach der *Conquista* durch die Spanier und der neuerlichen Christianisierung Mexikos Juan Diego überreichte, um die Errichtung einer neuen Stätte der Verehrung zu fordern. 4) Das Bild der Jungfrau datiert deshalb aus

---

447 So seien namentlich Historiker wie Juan de Torquemada aus dem ausgehenden 16. und beginnenden 17. Jahrhundert und Lorenzo Boturini de Benaducci aus der ersten Hälfte des 18. Jahrhunderts nicht im Stande gewesen, die „verdadera [historia] de este reino" zu erzählen (Mier 1981: 237). Auch Luis Becerra Tanco, der im Jahr 1666 die Geschichte der Erscheinungen der Jungfrau von Guadalupe geschrieben hat, komme dabei über bloße Mutmaßungen nicht hinaus, weil er sich zwar auf indigene Quellen beruft, diese aber nicht richtig zu deuten wisse (vgl. Mier 1981: 242). Tatsächlich beherrschte Becerra Tanco (anders als fray Servando andeutet) sehr gut Náhuatl. Die nicht namentlich genannte indigene Quelle, auf die er zurückgreift, ist mutmaßlich das um 1556 und damit nur 25 Jahre nach den vermeintlichen Erscheinungen verfasste Werk *Nican Mopohua* des indigenen Historikers Antonio Valeriano.
448 Mier 1981: 237–238.
449 Mier 1981: 238.

der Anfangszeit des Christentums und ist tatsächlich nicht von Menschenhand gemacht, sondern übernatürlicher Herkunft.[450]

Der Prediger gründet diese im Ganzen doch überraschende Interpretation unter anderem auf Erkenntnisse aus der zum Zeitpunkt seiner Predigt gerade einsetzenden Beschäftigung mit der prähispanischen Vergangenheit Mexikos. So waren 1790 und 1791 im Bereich des alten Haupttempels von Tenochtitlan unter der Plaza Mayor von Mexiko-Stadt (dem heutigen Zócalo) drei monumentale aztekische Skulpturen gefunden worden, nämlich eine Basaltstatue der Göttin Coatlicue, die berühmte Piedra del Sol und die sogenannte Piedra de Tízoc. Mier bezieht sich nun ausdrücklich auf diese Skulpturen und argumentiert, diese seien zwar sicher noch nicht hinreichend verstanden, sie müssten aber dessen ungeachtet schon zu diesem frühen Zeitpunkt für aussagekräftiger und wertvoller gelten als etwa die Funde aus Herculaneum und Pompeji.[451] Dank dieses ausdrücklichen Hinweises auf die römischen Ursprünge der europäischen Kultur wird die eigentliche Stoßrichtung von fray Servandos überraschender Intervention klarer erkennbar: Dass für ihn die mexikanische Ur- und Frühgeschichte der europäischen nicht nur ebenbürtig, sondern sogar überlegen ist, das macht er eben nicht nur dadurch deutlich, dass er so beharrlich die Komplexität des Náhuatl gerade auch im Vergleich zum Lateinischen und Griechischen betont, sondern insbesondere auch durch sein Insistieren auf der Notwendigkeit einer intensiveren Auseinandersetzung mit den künstlerischen Artefakten aus der prähispanischen Vergangenheit Mexikos.[452]

---

450 Vgl. Mier 1981: 238–239.
451 Wenige Jahre nach fray Servandos Predigt hat Alexander von Humboldt im Verlauf seiner Amerikareise (1799–1804) Gelegenheit, die unter der Plaza Mayor ausgegrabene Basaltstatue der Coatlicue näher in Augenschein zu nehmen. Er berichtet in seinen *Vues des Cordillères*, wie die an der Universität von Mexiko unterrichtenden Dominikaner (also fray Servandos Ordensbrüder) diese Statue erneut hätten vergraben lassen, um das Götzenbild den Blicken der Jugend zu entziehen, und dass er es nur der Intervention des Bischofs von Monterrey zu verdanken habe, dass die Basaltstatue abermals ausgegraben und ihm gezeigt wurde (vgl. Humboldt 1810–1813: 218). Vgl. zu der Bedeutung, die dieses und ähnliche „Kulturmonumente aus einer längst vergangenen und mit der europäischen Eroberung untergegangenen Epoche" für Humboldt gehabt haben, auch Kraft 2015: 309. Vgl. knapp zu Alexander von Humboldt und seinem Aufenthalt in Mexiko auch Kapitel 4.1 Fray Servandos reisende Bibliothek.
452 Trotzdem unterscheidet sich seine Position deutlich von derjenigen vieler im Jahr 1767 aus den spanischen Besitzungen ausgewiesenen Jesuiten. Diese gebildeten Jesuiten hatten durch ihre landesweite Tätigkeit auch in entlegenen Pfarreien und Schulen die Möglichkeit, in direkten Kontakt mit den Nachfahren der Azteken zu kommen; viele von ihnen (wie etwa der nach der Vertreibung in Italien exilierte Francisco Javier Clavijero) sprachen die indigenen Sprachen und waren im Stande, die prähispanischen Manuskripte und Bilderhandschriften zu lesen. Im Falle von Francisco Javier Clavijero führte diese umfassende Kenntnis der aztekischen Kultur beispielsweise dazu, dass er im Exil in Bologna 1780–1781 seine umfangreiche *Storia antica del Mes-*

Die Überlegenheit der mexikanischen Kultur, von der seine Predigt ausgeht, setzt für den gläubigen Christen fray Servando Teresa de Mier aber notwendigerweise voraus, dass bereits die Frühgeschichte seines Heimatlandes unter dem Zeichen des Kreuzes gestanden haben muss. Tatsächlich hat der Dominikaner ungeachtet seiner bisweilen bilderstürzlerischen Tendenzen und trotz seiner oft vehement geäußerten Kritik an der Amtskirche seinen christlichen Glauben im Unterschied zu seinem Freund José María Blanco White nie in Zweifel gezogen, im Gegenteil: Seine feste Verwurzelung im Katholizismus manifestiert sich in der Argumentation der polemischen Predigt selbst ebenso wie in den auf diese Predigt zurückgehenden *Memorias*, deren Erzähler immer wieder seine Empörung darüber formuliert, dass die kirchlichen Instanzen und insbesondere der spanische Erzbischof ihm in dem sich an die Predigt anschließenden kirchenrechtlichen Prozess Unglauben und Blasphemie vorwarfen.[453] Vor diesem Hintergrund überrascht es nicht, dass der Prediger zur Unterstützung seiner Hypothese von dem vermeintlichen mexikanischen Urchristentum ganz einfach die Logik der christlichen Überlieferung ins Feld führt, die ausdrücklich die Evangelisierung des ganzen Erdkreises und nicht etwa nur diejenige einzelner Regionen der Erde vorsehe. Dass deshalb auch Mexiko bereits im ersten Jahrhundert nach Christus christianisiert worden sei, und zwar durch den unmittelbar nach dem Tod Jesu nach Amerika ausgesandten Apostel Thomas, davon zeuge die Vielzahl von Kreuzen aus der prähispanischen Epoche, die man verteilt über das ganze Land noch immer finden könne.[454]

Der Gedanke einer solchen frühzeitigen Christianisierung Amerikas, den fray Servando hier zur Grundlage seiner Argumentation für eine Neuinterpretation der Marienerscheinungen auf der Anhöhe von Tepeyac macht, ist als solcher nicht neu. Bereits im 16. Jahrhundert hatte Miers Ordensbruder fray Diego Durán, der als Kind nach Neuspanien gekommen war und einer vom Judentum zum Christentum konvertierten Familie entstammte, in seiner *Historia de las Indias de Nueva España e islas de Tierra Firme* (1567–1580) die Vorstellung entwickelt, dass die indigenen

---

sico veröffentlichen konnte. Von einer solch intensiven Beschäftigung mit der prähispanischen Kultur kann dagegen bei fray Servando Teresa de Mier nicht die Rede sein. Sein Insistieren auf deren Bedeutung ist seiner politischen Absicht geschuldet; es entspricht der aztekisierenden Mode, die auch viele seiner kreolischen Zeitgenossen prägte (vgl. Rubial García 2014). Trotzdem gibt es eine Reihe von Berührungspunkten zwischen fray Servandos Interesse an den künstlerischen und sprachlichen Monumenten der indigenen Vergangenheit und demjenigen, das die aufgeklärten Jesuiten wie Clavijero zu ihren Werken motivierte. So nennt Rubial García die *Storia antica del Messico* zum Beispiel „una muestra del orgullo criollo por un pasado glorioso y equiparable a la antigüedad clásica europea" (Rubial García 2014: 395). Das setzt auch im Falle Clavijeros ein gesteigertes Interesse an der Sprache der indigenen Bewohner Mexikos voraus (vgl. Rubial García 2014: 397).
453 Vgl. Mier 2009, Bd. I: 303.
454 Vgl. Mier 1981: 240.

Bewohner Mexikos die Nachfahren eines der „verlorenen zehn Stämme Israels" seien, die dann von einem christlichen Apostel (eben mutmaßlich dem heiligen Thomas) missioniert worden seien.[455] In der Folge wurde dieser angebliche frühe christliche Missionar immer wieder mit der Figur des aztekischen Priestergottes Quetzalcóatl identifiziert, von dem die Azteken angenommen hatten, dass er eines Tages aus der Verbannung wiederkommen würde.[456] 150 Jahre nach der *Conquista* erfuhr die Theorie von der frühen Christianisierung der indigenen Bewohner Mexikos dann eine späte, dafür aber nur umso ausdrücklichere Grundlegung in dem Carlos de Sigüenza y Góngora zugeschriebenen Werk *El Fénix de Occidente. Santo Tomás descubierto con el nombre de Quetzalcóatl* (1675), das die populäre These schon in seinem Titel formuliert.[457] „El objeto de estos mitos era que explicaran a la vez la excelencia del código moral indígena y la similitud de su ritual religioso con la práctica cristiana",[458] so erklärt der Historiker David A. Brading die Attraktivität dieser These gerade für die Kreolen.

Vor dem Hintergrund der Langlebigkeit dieser Vorstellung von der Ankunft eines solchen frühen christlichen Missionars an den Küsten Mexikos mag die fantasievolle Fortschreibung dieser Geschichte, die fray Servandos Intervention am Feiertag der Jungfrau von Guadalupe in letzter Instanz darstellt, etwas weniger erstaunlich erscheinen. Dessen ungeachtet ist sein Beitrag zu dieser jahrhundertealten Diskussion aber insofern originell, als er die Frage der prähispanischen Christianisierung Mexikos erstmals mit der synkretistischen Tradition der Jungfrau von Guadalupe in Verbindung bringt.[459] Was der Prediger durch diese Kombination zweier altbekannter Überlieferungen unternimmt, das ist eine radikale Neuinterpretation der Geschichte seines Heimatlandes, und zwar nicht nur der

---

[455] Vgl. Durán 1867: 2. Durán schreibt hier über die indigenen Bewohner Mexikos: „[E]llos mesmos ignoran su origen y principio, dado caso que siempre confiesen aver venido de tierras estrañas, y así lo he hallado pintado en sus antiguas pinturas, donde señalan grandes trabajos de hambre, sed y desnudez, con otras innumerables afliciones que en él pasaron, hasta llegar á esta tierra y poblalla, con lo cual confirmo mi opinion y sospecha de que estos naturales sean de aquellas diez tribus de Israel, que Salmanasar, Rey de los Asirios, cautivó y trasmigró de Asiria [...]."
[456] Vgl. Domínguez Michael 2004: 29–30.
[457] Vgl. Tedeschi 2020: 31. Tedeschi betont vor allem den identitätsstiftenden Charakter, den der Mythos für die neuspanischen Kreolen gehabt hat: „Sigüenza identifica la figura del dios azteca Quetzalcóatl con la del cristiano apóstol Santo Tomás [...]. Aquí el santo aparece como Fénix para significar con ella la máxima ponderación a su grandeza espiritual. El apóstol nace, pues, de la pira en que se incendia el dios indio. La identidad mexicana renace del mismo fuego." Vgl. zu der Rezeption der Thomaslegende unter den kreolischen Schriftstellern der Kolonialzeit auch Leopold 2012: 113–114.
[458] Brading 1991: 313. Vgl. zur Rezeption dieser Vorstellung über die Jahrhunderte hinweg auch Domínguez Michael 2004: 27–36.
[459] Vgl. dazu Bénassy-Berling 1993: 113.

prähispanischen Frühgeschichte, sondern zugleich auch der jüngeren Vergangenheit unter spanischer Herrschaft. In den Augen der spanischen Kolonialverwaltung war das Skandalöse an der Predigt nicht allein ihre doch einigermaßen konfuse theologische Kernaussage, sondern vor allem die damit verbundene politische Absicht: Dadurch, dass fray Servando die Missionierung Mexikos kurzer Hand vorverlegt in die Zeit der Apostelgeschichte, schließt er sein Heimatland an die christliche Heilsgeschichte an und unterminiert damit den Legitimationsdiskurs, mit dem die Spanier seit Jahrhunderten die Notwendigkeit der *Conquista* begründeten.[460] Das Mexiko aus fray Servandos Predigt jedenfalls hat nicht von den Spaniern zum Zwecke seiner Christianisierung erobert werden müssen, denn es war ja seit jeher schon christlich gewesen.[461]

Dass die spanische Obrigkeit diesen Subtext der Predigt sehr genau verstanden hat, das zeigt der Aufruhr, der unmittelbar im Anschluss an den feierlichen Gottesdienst zu Ehren der Jungfrau von Guadalupe losbrach. Fray Servando Teresa de Mier wurde in seinem Kloster Santo Domingo unter Hausarrest gestellt, man entzog ihm die *Missio canonica* und eröffnete einen kirchenrechtlichen Prozess, der schließlich mit einer Verurteilung zu zehn Jahren Verbannung und Haft in einem spanischen Kloster endete. In seiner „Apología" rekapituliert der Dominikaner 22 Jahre später die Umstände des Skandals, den seine Predigt in der hochgradig stratifizierten Gesellschaft Neuspaniens provoziert hat. Dabei pflegt sein Erzähler zwar immer wieder eine sehr ironische Distanz zu den Vorkommnissen, von denen er berichtet; aber dennoch wird schnell erkenntlich, dass die Predigt für fray Servando *das* Thema seines Lebens schlechthin gewesen ist und dass er durchaus stolz gewesen ist nicht nur auf die innovative Interpretation der Tradition der Jungfrau von Guadalupe, die er darin vorgelegt hat, sondern auch auf die Art und Weise, wie er diese neue Perspektive formuliert hat.[462] Und auch wenn er beispielsweise mit der Wendung „mi ruidoso sermón" zumindest in Teilen die Verantwortung für den Aufruhr zu übernehmen scheint,[463] den er heraufbeschworen hat, steht doch auch hinter dieser Formulierung einmal mehr seine Überzeugung von der eigenen (oratorischen) Begabung und von der Mittelmäßigkeit seiner ihm intellektuell nicht gewachsenen Gegner. Dass der so folgenreiche Skandal von diesen

---

460 Vgl. zu dieser Erweiterung des Geschichtsraums von fray Servandos Heimat Ette 1991: 197.
461 Stephan Leopold spricht davon, dass fray Servando „die heilsgeschichtliche Asymmetrie zwischen Alter und Neuer Welt" dekonstruiert habe, „um die traditionelle Vorstellung einer Konsekutivität durch Simultaneität zu ersetzen." (Leopold 2012: 115).
462 So berichtet er beispielsweise in der „Apología" aufs Höchste irritiert, die vom Erzbistum bestellten Zensoren hätten seine Predigt als „rudis indigestaque moles" bezeichnet, als einen rohen, groben Brocken also (Mier 2009, Bd. I: 252).
463 Mier 2009, Bd. I: 293.

bewusst provoziert worden ist, das wird der Autobiograph nicht müde zu betonen: „Me ha perdido para siempre",[464] schreibt er so über den spanischen Erzbischof Alonso Núñez de Haro und sein Agieren in den Wochen nach der Predigt. Die Passivkonstruktion („Me ha perdido...") entspricht dabei der grundsätzlichen Struktur der „Apología", die solcherlei Konstruktionen schon in ihren Kapitelüberschriften perfektioniert hat: „Las pasiones se conjuran para procesar a la inocencia", „Las pasiones, bajo el disfraz de censores, calumnian a la inocencia", „Las pasiones infaman la inocencia con un libelo llamado edicto episcopal". Dass in diesen Überschriften das Ich der Erzählung zur allegorischen Verkörperung der Unschuld selbst wird,[465] setzt den Maßstab für die durch diese Überschriften geordnete Erzählung: Nicht mehr der Prediger hat das Heft des Handelns in der Hand, sondern die dunklen Mächte, die sich gegen ihn verschworen haben. Nicht er hat den Aufruhr um seine Predigt zu verantworten, denn er ist von einfachem Gemüt, harmlos, gutwillig und naiv.[466] Schuld sind vielmehr diejenigen, die in völlig unangemessener Art und Weise reagiert, ihn mit Verleumdungen überzogen und das ihm eigentlich wohlgesonnene Volk von Mexiko-Stadt gegen ihn aufgewiegelt haben.

Namentlich der Erzbischof wird in diesem Zusammenhang immer wieder zur Zielscheibe von fray Servandos bitteren Anklagen und von seinem beißenden Spott. Dabei ist wenig erstaunlich, dass auch die Frage der Gegnerschaft zwischen ihm selbst, dem kreolischen Priester, und seinem Kontrahenten, dem spanischen Bischof, immer vor dem Hintergrund der Frage nach der jeweiligen Befähigung zum Predigen verhandelt wird. So glaubt fray Servando die Unfähigkeit und Voreingenommenheit seines Bischofs vor allem in dessen fehlender Begabung und Motivation zur Predigt erkennen zu können: „Delante de un obispo que no solía predicar sino cuando más un sermón cada doce años, no podía un americano brillante predicar algo que no cuadre enteramente con sus ideas, sin que al momento

---

[464] Mier 2009, Bd. I: 305. „Para el Padre Mier, se trata, ante todo de un tema autobiográfico y nada podía ser más de su agrado", schreibt Edmundo O'Gorman über fray Servandos lebenslange Beschäftigung mit seiner Predigt von 1794 (O'Gorman 1960: 66).

[465] Vgl. zu dieser Art der Selbstdarstellung eines autobiographischen Ichs als „verfolgte Unschuld" auch Kapitel 3.1.3 Die verfolgte Unschuld (hier wird dieser Gedanke im Zusammenhang mit den Memoiren von Abbé Grégoire diskutiert).

[466] „Es menester confesar que la habladuría inmensa del pueblo excitada por el arzobispo, el ruido inmenso que metían mis émulos, el abandono general de mis tímidos amigos y las tropelías de los frailes me tenían indeciso, aturdido y aturrullado, especialmente siendo yo muy dócil por mi naturaleza y deferente al dictamen ajeno." (Mier 2009, Bd. I: 240). Ein ähnliches Bild von sich selbst als verfolgter Unschuld entwirft fray Servando auch an anderer Stelle (vgl. etwa Mier 2009, Bd. I: 238, 251 und 346, wo immer wieder von der Einfachheit, der Unschuld, der Harmlosigkeit des Ichs die Rede ist).

tratase de echarle la zancadilla para perderlo, como hizo conmigo [...] a costa de mil escándalos."[467]

Vor dem Hintergrund dieser Selbstdarstellung fray Servandos als verfolgte Unschuld fällt nun sein Insistieren auf dem angeblich durch den Erzbischof heraufbeschworenen Skandal besonders ins Auge. Der brillante Prediger, der zu Fall gebracht wird von dem Vorgesetzten, der ihm seinen Erfolg und seinen Ruhm neidet – das ist das Bild, das Miers Darstellung dieses Skandals zugrunde liegt.[468] Nun ist die Beharrlichkeit, mit der Mier nicht nur in der „Apología", sondern auch in der „Relación" immer wieder auf seine Predigt und den sich daran anschließenden Skandal zurückkommt, selbstverständlich leicht mit den Umständen zu erklären, unter denen die *Memorias* entstanden sind: Angesichts der Tatsache, dass der Dominikaner seine Erinnerungen im Kerker der Inquisition und abermals unter Anklage stehend zu Papier gebracht hat, liegt die Notwendigkeit einer expliziten und ausführlichen Rechtfertigung des eigenen Handelns auf der Hand. Trotzdem birgt die Argumentation, auf die fray Servando zum Zwecke dieser Rechtfertigung zurückgreift, einige Überraschungen. So bewegt er sich zwar mit seiner ausführlichen Rekapitulation der Vorkommnisse von 1794 und der Betonung der eigenen Unschuld und des bösen Willens der Gegenseite zunächst durchaus in den in einer Apologie erwartbaren Bahnen. Mit seiner Ironie, mit seiner immer wieder vorgetragenen Überzeugung, dass der Erz-

---

[467] Mier 2009, Bd. I: 316–317. Vgl. zu der Person von Alonso Núñez de Haro auch Orozco Linares 1985.
[468] Vgl. dazu besonders Mier 2009, Bd. I: 288–289. Hier bezieht sich der Autobiograph darauf, dass der Erzbischof in seinem Edikt das Volk gegen ihn aufgewiegelt habe, und er reflektiert darüber, was eigentlich in dem ganzen Prozess wirklich skandalös gewesen sei: „¿A qué alborotarlo, a indignarlo contra mí, a escandalizarlo con un verdadero escándalo activo? Porque tal es según los teólogos, lo que da ocasión de ruina espiritual al prójimo, y el arzobispo lo incitaba a aborrecerme y maldecirme, lo que no podía el pueblo sin ruina de su alma. El edicto es el verdaderamente escandaloso." Ähnlich argumentiert er auch im weiteren Verlauf: Der eigentliche Skandal sei nicht das, was er in der Predigt gesagt habe, sondern seine Verfolgung durch den Erzbischof (vgl. Mier 2009, Bd. I: 304, 317 und 327). Vgl. zum Skandal aus literatur- und kulturwissenschaftlicher Sicht und insbesondere zu der Frage nach einer „Poetik des Skandals" auch Gelz 2014. Gelz untersucht am Beispiel von Unamunos Roman *San Manuel Bueno, mártir* den „lange Zeit scheinbar obsolete[n], in den postsäkulare[n] Gesellschaften unserer Gegenwart jedoch erneut virulente[n] religiöse[n] Skandal", der ganz im Sinne der ursprünglichen Etymologie des Wortes den „Stein des Anstoßes" darstelle, „der die skandalisierte Person zu Fall bringt" (Gelz 2014: 167). Auch wenn sich die von Gelz in Ansätzen entwickelte „Poetik des Skandals" nicht auf den (historischen) Fall von fray Servando Teresa de Mier und dessen literarische Darstellung in den *Memorias* übertragen lässt, so ist doch auffällig, dass auch für fray Servandos Erinnerungen (wie Gelz es für Unamunos Roman konstatiert) die Wiederholung „eines der grundlegenden Strukturelemente des Skandalnarrativs" darstellt. Auch in den *Memorias* fungiert die stete Wiederholung „als eine akkumulativer Logik gehorchende Steigerungsfigur" (Gelz 2014: 169).

bischof die Auseinandersetzung willentlich zu einem orchestrierten Skandal gemacht habe, und nicht zuletzt auch mit seiner Betonung des skizzenhaften Charakters dessen, was er da in seiner Predigt vorgetragen habe, verlässt er diese vorgezeichneten Bahnen aber schnell wieder und gibt seinen Ausführungen eine Wendung, die umso interessanter ist, als sie abermals die enge Beziehung zwischen der Predigt und den *Memorias* unter Beweis stellt.

In der Forschung zur fray Servandos *Memorias* ist der „Apología" bisher weniger Aufmerksamkeit geschenkt worden als der sich daran anschließenden „Relación", aus naheliegenden Gründen: Während die „Relación" mit ihren anschaulichen Berichten aus Europa auf den ersten Blick womöglich zugänglicher und attraktiver wirken mag, und während sie mit ihrem Spiel der ständigen Überschreitung von Gattungsgrenzen und mit ihrer ausgeprägten Intertextualität zudem literarisch anspruchsvoller und damit literaturwissenschaftlich ergiebiger zu sein scheint, ist die vermeintlich konventionellere „Apología" häufig nur als eine ausführliche Rekapitulation der Vorkommnisse rund um die Predigt und in diesem Zusammenhang oft genug als die mehr oder weniger fadenscheinige Selbstverteidigung eines politischen Aktivisten angesichts der erdrückenden Last der gegen ihn sprechenden Beweise interpretiert worden. Gegen diese in meinen Augen zu vereinfachende Sicht der Dinge schlage ich vor, das Augenmerk besonders auf die Frage nach der Kommunikation und den Möglichkeiten von Kommunikation zu legen, wie sie implizit in der „Apología" verhandelt wird und wie sie in der Folge durchaus auch für die „Relación" entscheidend ist. Wenn man sie unter diese Prämisse betrachtet, dann stellt die Predigt in der Stiftskirche von Tepeyac die kommunikative Urszene dar, von der ausgehend dann der sich anschließende Skandal ein kommunikatives Ereignis ist, in dessen Rahmen in zunehmendem Maße auch die Bedingungen verhandelt werden, unter denen überhaupt noch kommuniziert werden kann.

„[Y]o estaba incomunicado absolutamente",[469] klagt der Autobiograph im ersten Teil seiner *Memorias*, wenn er über die Monate berichtet, die er eingeschlossen in seiner Zelle verbringen musste, während der Erzbischof seine Verurteilung als angeblicher Leugner der Tradition der Jungfrau von Guadalupe vorantrieb.[470] Auch nach seiner Verurteilung und bereits auf dem Weg in die Verbannung in Spanien wird derjenige, der in seiner Predigt ein solch eindrückliches Zeugnis seiner Beredsamkeit geliefert hatte, seiner eigenen Darstellung zufolge sehr nachdrücklich am Reden gehindert:

---

[469] Mier 2009, Bd. I: 302.
[470] Vgl. zu dem Urteil des Erzbischofs über fray Servandos Predigt dessen Darstellung in der „Apología" (Mier 2009, Bd. I: 285).

> La tropa estaba encargada de no dejarme hablar con nadie, y las órdenes que llevaba debían ser tan rigurosas que, aunque llegamos de noche a Veracruz y soplaba un Norte tan fuerte y peligroso que tuvo todavía tres días después sin comunicación a la ciudad con el castillo de San Juan de Ulúa, que está media legua dentro de la mar, se me embarcó para él inmediatamente a todo trance. Mientras se preparaba un calabozo para mi alojamiento, el teniente de rey me dijo en tono de admiración: ‚Usted es el primer europeo que pierde S[u] I[lustrísima] [d. h. der Erzbischof].' ‚No –le respondí– soy criollo; se me ha condenado sin oírseme, y para que no me defendiera se me quitaron libros, papel, tintero y comunicación.' ‚Válgame Dios –exclamó– las mismas prohibiciones se mandan hacer acá.'[471]

Der hier evozierten Szene in dem im Atlantik gelegenen Fort kommt eine Scharnierfunktion in fray Servandos Erzählung zu: In einem räumlichen Sinne ist San Juan de Ulúa durch seine exponierte Lage im Atlantik schon nicht mehr ganz Mexiko, es ist aber selbstverständlich auch noch nicht Europa. In einem zeitlichen Sinne schließt das Gespräch mit dem Kommandanten der Festung, von dem hier berichtet wird, den Teil der Erzählung ab, der sich den Vorkommnissen rund um die Predigt gewidmet hatte, und deutet voraus auf das, was das Ich der Erzählung nach seiner Verbannung nach Spanien in Europa erwarten wird. Die Tatsache, dass nun aufgrund der widrigen Witterung zuerst die Festung selbst ohne jegliche Möglichkeit der Kommunikation mit dem nahegelegenen Festland ist, und dass die rigiden Anordnungen des Erzbischofs dann jegliche Kommunikation noch weiter verunmöglichen, zeugt von der großen Bedeutung, die dieser Frage in dem Prozess um fray Servandos Predigt ebenso wie später in dessen *Memorias* zukommt: Offensichtlich halten die Kontrahenten des inhaftierten Predigers dessen kommunikative Fähigkeiten für gefährlich genug, um jeglichen Versuch eines (schriftlichen oder mündlichen) Austauschs unterbinden zu wollen, und offensichtlich schätzt der Autobiograph die ihm auferlegte Isolation als maßgeblich genug ein, um im Verlauf seiner Erzählung immer wieder auf sie zurückzukommen.

Die erzwungene Stille der Einzelhaft zuerst in seiner Klosterzelle und dann in dem Verlies in San Juan de Ulúa steht in einem starken Kontrast zu fray Servandos bisheriger privilegierter Position als in ganz Mexiko gefragter Prediger und insbesondere zu der Situation am Feiertag der Jungfrau von Guadalupe in der Stiftskirche, wo ihm alle Gehör schenkten, die in Neuspanien Rang und Namen hatten. Sie steht aber auch im Gegensatz zu dem grundsätzlichen Mitteilungsbedürfnis des Angeklagten, der nicht müde wird, sich gegen die Vorkehrungen zur Wehr zu setzen, mit denen man ihn zum Schweigen bringen will. So berichtet fray Servando in der „Apología" von seinen Versuchen, sich trotz des weitreichenden Kommunikationsverbots Gehör zu verschaffen bei dem Provinzial seines Klosters, um auf diese Weise gegen die in seinen Augen rechtswidrige Isolation vorgehen zu können. Dabei

---

471 Mier 2009, Bd. I: 246.

fällt besonders auf, wie hilflos das Bemühen des Ordensoberen bleiben muss, jedwede Kommunikation mit dem inhaftierten Prediger zu verweigern. Dass auch die Verweigerung von Kommunikation ein kommunikativer Akt ist, könnte kaum deutlicher werden als in der folgenden Passage:

> Repliqué con otro escrito que le llevó fray Agustín Oliva, lego sayón de las prisiones, destinado custodio de la mía, en que le pedía se sirviese declarar por escrito si mi prisión era de orden del arzobispo, como me había enviado a decir, o de la suya si lo fuese. Respondió con el mismo lego que no quería [...]. Y para que no le estuvieran llevando mis escritos, prohibió a los religiosos toda comunicación conmigo, y aun para impedírmela toda, solía andar él mismo haciendo alrededor centinela.[472]

Vor dem Hintergrund der hier beschriebenen Maßnahmen kann vermutet werden, dass die Redaktion seiner Verteidigungsschrift später im Gefängnis der Inquisition eine Genugtuung für fray Servando gewesen sein muss: Jetzt, 22 Jahre nach der kommunikativen Urszene seiner Predigt, kann der Versuch endgültig als gescheitert gelten, ihn zum Schweigen bringen zu wollen.[473] Obwohl er noch immer (oder schon wieder) inhaftiert ist, hindert ihn endlich niemand mehr daran, seine Sicht der Dinge darzulegen und sich nach allen Regeln der Kunst zu verteidigen. Dabei ist zunächst unerheblich, an wen sich der Autobiograph mit seiner Rechtfertigungsschrift wendet: Ob die von ihm avisierten Leser zunächst ausschließlich die mit seinem Fall befassten Inquisitoren gewesen sind oder ob er sich, wie einige seiner Formulierungen vermuten lassen, doch an ein größeres Publikum wendet, nämlich an die Gemeinschaft der Kreolen in Mexiko und darüber hinaus, das spielt zumindest dann keine Rolle, wenn es um die Frage geht, wer überhaupt das Recht hat zu kommunizieren.[474]

Auch in dieser Beziehung lassen sich die *Memorias* deshalb als eine Fortschreibung und Weiterentwicklung der skandalösen Predigt von 1794 verstehen. Wenn die Forschung schon in den neunziger Jahren vereinzelt auf die orale Qualität der *Memorias* hingewiesen und darin einen Faktor gesehen hat, der wesentlich zu deren subversiver Kraft beitrage,[475] dann deutet sich darin implizit zwar bereits ein

---

472 Mier 2009, Bd. I: 232–233. Vgl. zu der Unmöglichkeit, nicht zu kommunizieren, auch Watzlawick/Beavin/Jackson 2007.
473 Vgl. zu der erzwungenen Stille nach fray Servandos Predigt auch Barrera Enderle 2002: 21 („El destierro es el silencio", konstatiert Barrera Enderle hier).
474 Vgl. zu der Leserschaft, an die fray Servando sich mit seinen *Memorias* wendet, auch Kapitel 3.3.4 Die *fuga* als diskursive Strategie.
475 „[T]he liveliness of the text stems from the oral quality cast into literary form [...]. When contrasted with the written language of the Spanish colonial power, this oral quality constitutes above all a subversive transformation of the language", schreibt etwa Ottmar Ette (Ette 1992b: 180). Knapp zwanzig Jahre später positioniert sich etwa Robert Folger gegen diese ausdrückliche

Bewusstsein für die Beziehung zwischen Predigt und Autobiographie an. Trotzdem ist aber bisher nicht ausdrücklich analysiert worden, dass die bewusst inszenierte Inanspruchnahme von mündlichen Ausdrucksformen zur Validierung des autobiographischen Diskurses vor allem dem Umstand geschuldet ist, dass die Anfänge von fray Servandos Karriere als Schriftsteller in seiner Tätigkeit als Prediger liegen.[476] Von besonderem Interesse ist dabei, dass der Autor in seinen *Memorias* immer wieder betont, dass seine umstrittene Predigt nur als Skizze oder als Entwurf vorgelegen habe. Denn wenn man den so hervorgehobenen skizzenhaften Charakter des guadalupanischen Textes nicht im Sinne einer bloßen Schutzbehauptung und auch nicht einfach als das Resultat der chaotischen Umstände nach der skandalösen Predigt interpretieren möchte, sondern wenn man ihn stattdessen als das Ergebnis einer bewusst getroffenen, auch gattungstheoretisch relevanten Entscheidung versteht, dann kann der so hervorgehobene Entwurfscharakter der Predigt durchaus auch in einem poetologischen Sinne fruchtbar gemacht werden. In dieser Lesart läge der Predigt eine Poetik zugrunde, die versuchshalber als „Poetik der Skizze" bezeichnet werden könnte und die (wie im Folgenden zu zeigen sein wird) auch für das autobiographische Werk konstitutiv ist, in dem sie explizit gemacht wird.

So denkt der Erzähler beispielsweise in der „Relación" über das Material nach, das in den Akten zu seinem Prozess in Spanien archiviert wurde. Er verwendet dabei Formulierungen, die darauf hindeuten, dass sich dieses Material ganz offensichtlich in unterschiedlichen Stadien der Unfertigkeit und Skizzenhaftigkeit befindet. Nun dient die ausdrückliche Erwähnung der Unfertigkeit seiner in der Predigt formulierten Gedankengänge dem Autor zwar selbstverständlich zuallererst dazu, die Vorläufigkeit und damit auch die Harmlosigkeit dessen zu unterstreichen, was er da gepredigt hat. Zugleich lässt sich die in dem Hinweis auf den skizzenhaften Charakter des Materials rund um die Predigt enthaltene Lektüreanweisung aber tatsächlich auch auf die aus dieser angeblich nur als Entwurf existierenden Predigt hervorgegangenen Erinnerungen selbst übertragen: „La Academia [...] determinó examinar en cuerpo el asunto, y mandó leer todas las piezas, comenzando por mi sermón. Contenían los autos el borrador que de él entregué primero, la copia que después entregué en limpio, y aun los apuntillos que también entregué [...], y mis borrones de ensayo."[477]

Betonung der oralen Qualitäten der *Memorias*, wenn er diese als subversive Aneignung der „discoursive molds provided by bureaucracy" liest (Folger 2011: 138).
476 Die Nähe der Predigt zu literarischen Ausdrucksformen und ihre daraus resultierende kulturelle Bedeutung gerade im kolonialen Kontext des Vizekönigreichs Neuspanien betont Manuel Pérez (vgl. Pérez 2004: 14).
477 Mier 2009, Bd. II: 63.

Borrador, copia, apuntillos: Das Wortfeld rund um den Entwurf oder die Skizze, das fray Servando hier ausbreitet, ist nicht nur unerschöpflich, sondern immer weiter steigerungsfähig. So vermag etwa die Formulierung „borrones de ensayo" den skizzenhaften Charakter des Materials noch einmal zu potenzieren dadurch, dass sie sich nicht mehr nur auf einen Versuch oder einen Essay bezieht, sondern auf bloße Skizzen zu einem Versuch und damit auf einen Versuch zweiter Ordnung. Die tatsächliche oder vermeintliche Skizzenhaftigkeit dessen, was da dank der Effizienz der spanischen Bürokratie Eingang in die Akten zu dem Prozess um fray Servandos Predigt gefunden hat, steht zwar in einem deutlichen Gegensatz zu der Detailversessenheit und Akribie, mit denen dieser die Geschichte seiner Predigt im Nachhinein rekonstruiert; sie ist aber nur folgerichtig in einem Zusammenhang, in dem es immer auch darum geht, das eigene Ich vor dem Hintergrund des Skandals um die Predigt als eine bewegliche Größe in einem viel zu statischen Kontext zu modellieren.

Gerade die Vielzahl der vor allem in der „Apología" mit großer Genauigkeit rekapitulierten Details kann deshalb paradoxerweise als ein Hinweis darauf gelesen werden, dass auch die *Memorias* über weite Strecken den skizzenhaften Charakter haben, den fray Servando Teresa de Mier für seine umstrittene Predigt so nachdrücklich geltend macht.[478] Je kleinteiliger und akribischer die Rekonstruktion der Umstände, so könnte man argumentieren, desto vielseitiger und flexibler das literarische Ich, das aus dieser Rekonstruktion resultiert: „Y nadie se admire de que yo con una misma cosa quiera significar diversas, pues tal es el carácter de los jeroglíficos nacionales."[479] Was fray Servando hier gegen Ende seiner Predigt im Zusammenhang mit der Frage nach der korrekten Interpretation des Bildes der Jungfrau von Guadalupe in Anspruch nimmt, das könnte man auch für seine Herangehensweise bei der Modellierung seines autobiographischen Ichs in den *Memorias* geltend machen: Auch die Adressaten seiner Erinnerungen sollten sich nicht vorschnell auf *eine* dann unverrückbare Interpretation des autobiographischen Ichs festlegen, denn auch dessen Selbstcharakteristik beruht in entscheidendem Maße darauf, dass jede Aussage verschiedene Bedeutungsebenen haben kann.

---

[478] Die Präzision und Prägnanz von fray Servandos Rekonstruktion der entscheidenden Ereignisse seines Lebens ist umso erstaunlicher, als ja davon auszugehen ist, dass er in dem Augenblick der Redaktion seiner *Memorias* keinen Zugriff auf die Dokumente hatte, auf die er sich darin bezieht. Vgl. als ein Beispiel für die große Akribie bei der Rekapitulation des kirchenrechtlichen Prozesses etwa fray Servandos Ausführungen zu der Rolle des Staatsanwalts in diesem Prozess: „Veamos ahora cómo prueba el fiscal tuerto que el arzobispo tenía facultad para desterrarme y castigarme a dos mil leguas, caso de estarle yo sujeto. Su prueba única es ‚que las leyes de Indias 49 y 50 (no me acuerdo de qué título) y otras mandan que sean enviados a España con acuerdo de los obispos los religiosos que causaren escándalo'." (Mier 2009, Bd. I: 328).
[479] Mier 1981: 250.

Der literarische Entwurf des aus der Predigt hervorgehenden eigenen Ichs, wie ihn die beiden so unterschiedlichen Teile der *Memorias* vornehmen, ist deshalb von dem so repräsentativen wie statischen Ich aus den Memoiren von Abbé Grégoire gleich weit entfernt wie von dem zerquälten, an sich selbst leidenden Ich aus den autobiographischen Schriften José María Blanco Whites. Fray Servandos vielschichtige Subjektivität entsteht aus der Offenheit und Beweglichkeit seines skizzenhaften Textes selbst, eines Textes, der in entscheidendem Maße auf den Zufall zu setzen scheint – wenn der Erzähler der „Relación" sich in Exkursen verliert und diese ohne größere Umstände an die bisherigen Ausführungen anschließt mit der Wendung: „Se me olvidaba decir que..." ebenso wie wenn er ein eigentlich abgeschlossenes Kapitel mit einem Zusatz versieht und diesen mit den Worten einleitet: „Ya que ha sobrado este pedazo de papel, contaré una anécdota acontecida en Madrid cuando mi primera residencia en ella."[480] Das übrig gebliebene Stückchen Papier, das hier zum Anlass genommen wird, die Erzählung doch noch etwas weiter fortzusetzen, ist repräsentativ für fray Servandos Herangehensweise insgesamt: Seine Erinnerungen setzen grundsätzlich weniger auf die Bewältigung von Kontingenz als vielmehr auf deren bewusste Exposition, und das eben nicht nur auf einer inhaltlichen, sondern insbesondere auch auf einer stilistischen Ebene. Oft genug ersetzt die spontane Improvisation so die stringente Struktur dessen, was erzählt wird; und die Tatsache, dass in der zitierten Passage allein die konkrete Materialität des Schreibens bzw. der dazu benötigten Utensilien den Anlass zum Weitererzählen gibt, rückt nicht umsonst abermals den offenen, skizzenhaften Charakter der Autobiographie in den Blick.[481]

Weder der Text der Predigt, wie er heute vorliegt, noch der Text der Autobiographie, wie er aus dem komplexen Editionsprozess im Verlauf des 19. Jahrhunderts hervorgegangen ist, sind von ihrem Autor in genau dieser Gestalt zur Veröffentlichung vorgesehen gewesen. Beide Texte sind auf unterschiedliche Art und Weise bloße Skizzen, Entwürfe, Versuche – der eine, die Predigt, erklärtermaßen und der andere, die *Memorias*, unter der Hand. Die von fray Servando selbstverständlich zu einem guten Teil zum Zwecke der Exkulpation betonte Unfertigkeit seiner Argumentation in der Predigt am 12. Dezember 1794 findet in den *Memorias* von 1817–1820 ihre konsequente Fortschreibung. Nicht zufällig entwickelt sich die mittels der „skizzenhaften Poetik" entworfene Figur des schreibenden Ichs auch in deren Verlauf immer weiter: „La *Apología* refleja la figura del predicador que trata de convencer a los lectores [...]; la *Relación* nos muestra

---

480 Mier 2009, Bd. II: 263 und 265.
481 Vgl. zu dem dialektischen Verhältnis von Kontingenzbewältigung und Kontingenzexposition Warning 2001.

la imagen del escritor que maneja su pluma con la libertad del ensayista [...]," so beschreibt Guadalupe Fernández Ariza den Unterschied zwischen den beiden Teilen der *Memorias*.[482] Diese Geburt des Essayisten aus dem Geist der Predigt kommt nicht ohne ein dichtes Netz von intertextuellen Bezügen aus, das in der autobiographischen Skizze der *Memorias* wirkungsvoll in Szene gesetzt wird. Wie und auf welche Art und Weise das geschieht, soll daher in dem folgenden Kapitel diskutiert werden.

3.3.2 Das Ich und die Literatur

In seiner „Apología" ebenso wie in der sich daran anschließenden „Relación" wird fray Servando Teresa de Mier nicht müde, auf einen grundlegenden Zusammenhang hinzuweisen: Kommunikation, das ist für ihn auch und in besonderem Maße Lektüre, also der Austausch mit Büchern und über Bücher. Was ihn deshalb am meisten schmerzt, als man ihn nach der Predigt vom 12. Dezember 1794 in seiner Klosterzelle in Santo Domingo in Einzelhaft nimmt, ist der aus dieser Situation resultierende Mangel an Büchern: „Todo lo que pude conseguir, pasado el primer día en mi nueva prisión, fue luz y mi breviario; pero ni se me dio una mesilla para comer, ni quiso el provincial franquearme algunos libros de mi librería para mi consuelo, porque en todos los libros le parecía que podía yo estudiar para mi defensa."[483]

Dass ihm in der Folge seine Ordensvorgesetzten die für seine Verbannung nach Spanien anfallenden Kosten persönlich in Rechnung stellten und zum Zwecke der Begleichung dieser Rechnung seine private Bibliothek konfiszierten, war für den belesenen und bibliophilen fray Servando deshalb nicht einfach eine weitere Beleidigung neben vielen anderen, sondern ein Angriff auf das, was seine Person zuinnerst ausmachte.[484] Er, der bei seiner Rückkehr in sein Heimatland nach 22 Jahren in der Verbannung nichts mitbrachte als drei Bücherkisten, und der von sich selbst sagt, auch in Europa habe er nichts weiter besessen als Bücher,[485] scheint sich zeit seines Lebens in einem kaum zu überbietenden Maße mit seiner Bibliothek identifiziert zu

---

482 Fernández Ariza 1993: 61.
483 Mier 2009, Bd. I: 242. Ähnlich (wenn auch mit einem etwas anders gelagerten Schwerpunkt) auch in der „Relación", wo das autobiographische Ich den Mangel an Beschäftigung und die Langeweile im Gefängnis Los Toribios in Sevilla beklagt: „Allí nuestro principal martirio, fuera del hambre, era el tedio de la ociosidad, sin ocupación alguna, ni libro en que entretenerse." (Mier 2009, Bd. II: 292).
484 Vgl. zu fray Servandos Irritation über die Konfiszierung seiner Bibliothek Mier 2009, Bd. I: 247 und Mier 2009, Bd. II: 69.
485 Auch die aus Europa mitgebrachten Bücherkisten wurden nach der Verhaftung ihres Besitzers konfisziert, und fray Servando sollte nach seiner Freilassung noch jahrelang für ihre voll-

haben (davon zeugt auch die Aussage in der zitierten Passage, ein Buch aus seiner Bibliothek hätte ihm in der schwierigen Situation nach seiner Predigt immerhin zum Trost gereichen können). Vor diesem Hintergrund dient ihm nun in den *Memorias* die Wendung „mi talento y literatura" wiederholt dazu,[486] nicht nur seine angebliche natürliche Begabung zu betonen, sondern auch und vor allem seine durch eigenes Studium erworbene Bildung und Belesenheit: *Er* ist des Lesens und Schreibens mächtig, das unterstreicht er immer wieder, und zwar im Unterschied zu vielen seiner Zeitgenossen und insbesondere zu den seiner Meinung nach nahezu analphabetischen Mönchen, die in Spanien seinen Weg kreuzen.[487] Auch seine Wahrnehmung dessen, was er unterwegs in Europa sieht und erlebt, ist entscheidend von seinem Interesse an Büchern beeinflusst. Aus seinen Erzählungen in der „Relación" spricht so immer wieder aufs Neue seine Gewissheit, dass man nur dort gut leben kann, wo Bibliotheken zur Verfügung stehen; und dass dort, wo diese fehlen, auch eine entscheidende Voraussetzung für ein angenehmes, erfülltes und vollständiges Leben fehlt:

> En París hay la Biblioteca Real, o la del cardenal Richelieu, cuyos libros se cuentan a millones, y le dan a uno a leer todos los que pide las dos horas que está abierta por la mañana. Es muy buena la del Instituto, y hay otras, como la del Colegio Mazarin, etc. Hay también gabinetes de lectura, muy compuestitos y abrigados contra el frío, donde por una friolera, no sólo lee uno todos los periódicos, sino cuanto sale de nuevo. Pide también libros portátiles, esto es, de poco volumen. Y si no es asistente de costumbre, con cuatro sueldos al día asisten allí por la mañana, por la tarde y por la noche, en su mesita, con su fuego y su tintero. [...] Nada de esto [...] hay en España.[488]

---

ständige Restitution kämpfen (vgl. dazu auch Kapitel 4.1 Fray Servandos reisende Bibliothek). Vgl. zu den Büchern, die fray Servando in Europa besessen hat, Mier 2009, Bd. II: 275.
486 Mier 2009, Bd. I: 349. Ähnlich auch eine Formulierung aus der „Relación": „[...] me dieron mucho crédito de literatura; [...] y adquirí tanta fama, que se me consultaba en todo asunto literario." Mit einem etwas anderen Schwerpunkt, nämlich eher auf der Abstammung als auf der Begabung spricht der Autor dort auch von „mi literatura y nobleza" (Mier 2009, Bd. II: 22, 152 und 279). Das Wort „literatura" muss hier im Sinne von „Kenntnisse über Literatur" verstanden werden, und das in einem weiten (also nicht allein auf die fiktionale Literatur bezogenen) Sinne (vgl. „literatura", in: Real Academia Española 2022). Vgl. zu diesem Verständnis des Wortes auch Domínguez Michael 2019. Hier schreibt Domínguez Michael (in Bezug auf Carlos María de Bustamante): „De 1805 [...] hasta 1847 [...] el Nuevo Bernal Díaz del Castillo, Carlos María de Bustamante, es, sin duda, la principal figura de nuestra literatura. Entiéndase por literatura, aclaro, lo que el siglo XVIII entendía por tal: la suma de las artes impresas destinadas a la ilustración pedagógica e histórica de una sociedad." (Domínguez Michael 2019: 53).
487 Vgl. zu der angeblich mangelnden Bildung dieser Mönche, wie sie fray Servando in den *Memorias* immer wieder hervorhebt, auch Ross 1989: 95.
488 Mier 2009, Bd. II: 124–125. Vgl. zu diesen Pariser Lesekabinetten auch die kanonische Studie von Chartier 1990. Chartier schreibt hier über die Dynamisierung des Buchmarkts in der zweiten

Natürlich wird die Engführung von Lesen und Leben, die der Autobiograph in dieser Passage ins Werk setzt, durch seinen Status als Vertriebener verstärkt. Für den aus seinem Heimatland verbannten, jahrelang quer durch Europa reisenden Dominikaner sind Bibliotheken eben nicht nur Lesekabinette, sondern auch Zufluchtsorte, an denen man sich (wie in der zitierten Passage deutlich wird) zum Beispiel auch vor der Kälte der europäischen Städte schützen konnte. Dessen ungeachtet lassen die auf der Bedeutung literarischer Bildung insistierenden *Memorias* aber keinen Zweifel daran, dass Miers Überzeugung von der vitalen Funktion der Lektüre keineswegs nur seiner Exilerfahrung geschuldet war: Wenn er beispielsweise Florenz als „Wiege der modernen Literatur" würdigt oder wenn er erzählt, wie er in Neapel zum Grab Vergils gepilgert ist, dann spricht nicht der Vertriebene, sondern der passionierte Leser.[489]

Dass fray Servandos breitgefächertes Interesse an der Literatur und seine umfangreichen Lektüren auch Eingang in die Konzeption und Realisierung seiner *Memorias* gefunden haben, ist vor diesem Hintergrund kaum erstaunlich. So lassen sich in deren Verlauf zahlreiche Zitate nachweisen, die nicht allein von der Belesenheit des Autors, sondern auch von dessen literarischem Gestaltungswillen zeugen. Bei der Untersuchung der Gesamtheit dieser intertextuellen Verweise in den *Memorias* kann unterschieden werden zwischen einerseits Zitaten, die als Belege herangezogen werden, um die eigene Argumentation zu untermauern, und andererseits Zitaten, die darüber hinaus auch der literarischen Ausgestaltung des autobiographischen Textes und der Verortung der eigenen Person und des eigenen Werkes in dem Resonanzraum einer explizit literarischen Tradition dienen. In die erste Kategorie gehören beispielsweise die Hinweise auf die umfangreiche Literatur aus dem Kontext der *Conquista* und der frühen Jahre der Kolonisierung. Hier zitiert

---

Hälfte des 18. Jahrhunderts: „Si tous les nouveaux alphabétisés ne sont pas des acheteurs de livres en puissance [...], en ville au moins, le marché du livre s'est élargi, des lecteurs plus nombreux réclamant plus de textes. Pour satisfaire leur demande, qui excède souvent leurs moyens, des négoces nouveaux leur permettent de lire sans acheter: ainsi les cabinets de lecture ouverts par les libraires après 1760 ou les boutiques et étals des loueurs de livres. Dans les cabinets de lecture, contre un droit annuel d'une dizaine ou d'une vingtaine de livres, les abonnés trouvent, pour lire sur place ou emprunter, ce qu'ils ne peuvent acquérir en propre: les gazettes et journaux dont l'abonnement est fort coûteux, les gros ouvrages de référence (dictionnaires, encyclopédies, almanachs, etc.), les nouveautés littéraires et philosophiques. Permettant de lire beaucoup sans trop dépenser [...], la formule a du succès, à Paris et en province, et attire une clientèle nombreuse de membres de professions libérales et de négociants, d'étudiants et d'enseignants, voire d'artisans bien établis." (Chartier 1990: 88–89).

489 Vgl. Mier 2009, Bd. II: 194 und 146. Fray Servandos Bibliophilie ist auch in der Forschung schon vereinzelt festgestellt worden. So konstatiert etwa Ottmar Ette: „It is well known what an indefatigable, although unsystematic, reader Mier was." (Ette 1992b: 189).

fray Servando die einschlägigen Berichte der spanischen Eroberer (etwa von Bernal Díaz del Castillo) ebenso wie die frühen Chroniken der Missionare (etwa von dem Franziskaner Bernardino de Sahagún und dem Dominikaner Diego Durán aus Neuspanien sowie dem Jesuiten José de Acosta aus dem Vizekönigreich Peru) und die im ausgehenden 16. und beginnenden 17. Jahrhundert in Spanien entstandenen juristischen und historiographischen Grundlagenwerke (etwa von Autoren wie Juan de Solórzano y Pereira, Antonio de Herrera oder Francisco López de Gómara).[490] Diese Verweise dienen ihm mehrheitlich dazu, seine gewagte Interpretation der Tradition der guadalupanischen Marienerscheinungen zu stützen und sich gegen die Vorwürfe zu verwahren, die man ihm in diesem Zusammenhang gemacht hatte (und zum Zeitpunkt der Niederschrift der *Memorias* noch immer machte). So betont er zum Beispiel, dass Solórzano sich zwar in seinem frühen Werk *De indiarum iure* (1629 und 1639) gegen die Hypothese von der Missionierung Amerikas durch den heiligen Thomas ausgesprochen, dass er seinen Widerstand aber angesichts der immer zahlreicher werdenden Befürworter der Überlieferung später in der 1647 unter dem Titel *Política indiana* auf Spanisch publizierten und überarbeiteten Fassung seines Werks schließlich aufgegeben habe.[491] Über Bernal Díaz del Castillo schreibt er, dieser erwähne die Erscheinungen der Jungfrau ebenso wenig wie Francisco López de Gómara, obwohl beide in ihren unterschiedlich motivierten Werken über die *Conquista* durchaus ein Interesse daran hätten haben müssen, ein solches Wunder zu verzeichnen, wenn es denn stattgefunden hätte.[492]

Die entsprechenden Verweise auf Werke aus dem Kontext der spanischen *Conquista* Amerikas stehen in den beiden Teilen der *Memorias* häufig im Kontext einer meist impliziten, teilweise auch offen formulierten Kritik an der *Conquista*. So bezeichnet der Kreole Mier die Eroberung Mexikos zwar historisch korrekt als Leistung seiner Vorfahren und nimmt sie sogar ausdrücklich auch als Verdienst für sich selbst in Anspruch;[493] zugleich unterminiert er diesen harmonisierenden (weil jeden Unterschied zwischen den spanischen und den kreolischen Bewohnern des

---

490 Vgl. Mier 2009, Bd. I: 158, 188, 275 und 291.
491 Vgl. Mier 2009, Bd. I: 152–153.
492 Vgl. Mier 2009, Bd. I: 188.
493 Vgl. Mier 2009, Bd. I: 153. Hier schreibt fray Servando: „Digo esto porque algunos me acusaban de que había intentado quitar a los españoles la gloria de haber traído el Evangelio. ¿Cómo pude haber pensado en quitarles una gloria que es muy nuestra, pues fue de nuestros padres los conquistadores, o los primeros misioneros, cuya sucesión apostólica está entre nosotros? [...] La gloria de los Apóstoles tampoco perjudica a la de sus sucesores; y tan glorioso es haber introducido el Evangelio al principio como restablecerlo después de que se había olvidado o trastornado." Historisch korrekt ist diese Perspektivierung, weil die Familie Mier spanischer Abstammung war; allerdings sind die ersten Vertreter der Familie erst zu Beginn des 18. Jahrhunderts (und eben nicht bereits kurz nach der *Conquista*) nach Neuspanien gekommen (vgl. Domínguez Michael 2004: 63).

Landes verwischenden) Diskurs aber im Verlauf seiner *Memorias*, indem er unablässig auf die Rivalität zwischen Spaniern und Kreolen hinweist und in diesem Zusammenhang besonders die Unerbittlichkeit anprangert, mit der beispielsweise der spanische Erzbischof Núñez de Haro die Kreolen unterdrückt und verfolgt habe.[494] Auf diese Art und Weise stellt sich fray Servandos immer wieder durch Verweise auf die kanonischen Texte aus der frühen Kolonialzeit untermauerte Position in Bezug auf die *Conquista* schließlich doch ganz anders dar, als es seine etwas forcierte Konstruktion einer vermeintlich ununterbrochenen genealogischen Linie von den Konquistadoren bis hin zu ihm selbst nahelegt. So berichtet er gegen Ende der „Apología", man habe ihm im Verlauf des Prozesses um seine Predigt vorgeworfen, die Rechtmäßigkeit der *Conquista* bereits früher einmal in einer Debatte in der Universität in Zweifel gezogen zu haben. Dieser Vorwurf verkenne allerdings völlig den Charakter von solcherlei Debatten, in denen es allein um die Einübung rhetorischer Fertigkeiten und nicht etwa um die Formulierung tatsächlicher eigener Überzeugungen gehe. Darüber hinaus gehe er aber auch deshalb fehl, weil er, fray Servando, sich selbstverständlich tunlichst gehütet hätte, in einem solchen universitären Streitgespräch nun ausgerechnet über die *Conquista* zu sprechen: „S[u] E[xcelencia] [der Vizekönig] podía advertir que ni arguyendo hablase sobre la conquista, porque ya se ve no se debe mentar la soga en casa del ahorcado."[495]

Miers Strategie ist also eine doppelte: Einerseits betont er, die Tradition der Jungfrau von Guadalupe nicht geleugnet zu haben; andererseits zitiert er mit Bernal

---

[494] Vgl. zu seiner Kritik an der Benachteiligung der Kreolen zum Beispiel Mier 2009, Bd. I: 238, 244, 311 und besonders 324. Fray Servando stellt in dem Rückblick der zwischen 1817 und 1820 verfassten *Memorias* ausdrücklich eine Beziehung zwischen der strukturellen Benachteiligung der Kreolen und den in der Zwischenzeit ausgebrochenen Unabhängigkeitskämpfen her: „Y teniendo los europeos también el poco comercio que se permite, ¿qué se les deja a los hijos de esos mismos europeos empleados y comerciantes? ¿Un lazo para ahorcarse? Y ¿se espera prosperidad, cuando se reduce a la desesperación la parte más distinguida de la nación, la más instruida en sus derechos y de mayor influjo? [...] Haro, pues, preparó todo el combustible para la insurrección de América, cuando la de la Península aplicó la mecha a la mina." (Mier 2009, Bd. I: 324).

[495] Mier 2009, Bd. I: 351. Vgl. auch die Passage am Ende der „Relación", in der fray Servando von einem kurzen Aufenthalt in Palos de la Frontera in der Provinz Huelva in Andalusien berichtet. Von Palos aus ist 1492 Cristóbal Colón zu seiner Atlantiküberquerung aufgebrochen. Fray Servando schreibt deshalb sehr explizit: „Allí me latía el corazón al divisar el convento de la Rábida y el pequeño puerto de Palos. En aquél era guardián fray Juan Marchena, que hizo determinar a la reina Isabel, de quien era confesor, a aceptar por Castilla el descubrimiento del Nuevo Mundo. Tomó prestados para esto 8.000 pesos del tesorero de la Corona de Aragón; y poniendo por su parte Colón la octava parte, salió del puerto de Palos a engolfarse en el océano desconocido con dos miserables carabelas y un bergantín. ¡Qué miseria de fuerzas para las que ha dado a España nuestro dinero, y las que veíamos estarse batiendo!" (Mier 2009, Bd. II: 326–327). Vgl. zu dieser Passage auch Ette 1992b: 187.

Díaz und Francisco López de Gómara aber Quellen, die berechtigte Zweifel an dieser Tradition zu säen im Stande sind. Auf eine vergleichbare Art und Weise unterstreicht er, er habe den Spaniern mit seinem Eintreten für eine neue Interpretation der Marienerscheinungen von Tepeyac keineswegs den Ruhm streitig machen wollen, der ihnen für die (neuerliche) Missionierung des Landes gebühre. Andererseits lässt er in Passagen wie derjenigen, in der er die *Conquista* mit dem Seil im Hause des Gehenkten vergleicht, eben diese vermeintlich so klare Aussage doch wieder zweifelhaft erscheinen: Eine Ruhmestat, die man in der Öffentlichkeit lieber nicht erwähnen sollte, kann so rühmlich dann auch wieder nicht sein. Der Widerspruch zwischen den vollmundig vorgetragenen angeblichen Überzeugungen des Ichs und der parallel stattfindenden Distanzierung davon (sei es durch die ironischen Wendungen des eigenen Textes oder sei es durch den Einsatz opportuner Zitate aus der historiographischen und juristischen Literatur des 16. und 17. Jahrhunderts) stellt sich auf diese Weise als Teil einer argumentativen Strategie dar, die bewusst auf solche Ambivalenzen setzt. Dank dieser Vorgehensweise scheint sich fray Servandos Text auf den ersten Blick der Festlegung auf eine eindeutige Position zu entziehen; allerdings zeigt ein zweiter Blick rasch, dass er in Wirklichkeit durchaus dezidiert Stellung bezieht; und das nicht trotz, sondern eher wegen der rhetorischen Verschleierungsmanöver, die sein Erzähler immer wieder aufs Neue bemüht.[496]

Im Unterschied zu diesen inhaltlich in der Kontinuität der guadalupanischen Predigt stehenden, die eigene Argumentation stützenden und daher in ihrer Motivation leicht nachvollziehbaren intertextuellen Bezügen auf die historiographische Literatur rund um die *Conquista* scheint die Zielsetzung der Verweise aus der zweiten Kategorie, derjenigen der literarischen Zitate, zunächst weniger eindeutig zu sein: „No hay a fe mía en toda la censura otra cosa a que pueda aludir la descarga de errores, blasfemias e impiedades que, según los censores (dice al arzobispo) contiene mi sermón, sino las dos citadas proposiciones, tan inocentes como las dos manadas de ovejas que D. Quijote tomó por dos ejércitos de moros."[497]

Auch diese Passage aus der „Apología" dient zwar grundsätzlich demselben Zweck wie die zuvor angeführten Hinweise auf Juan de Solórzano, Bernal Díaz del Castillo und Francisco López de Gómara, nämlich der Rechtfertigung des autobiographischen Ichs und seines Agierens. Anders als die zuvor zitierten Passagen, in denen Solórzano mit seinem Positionswechsel in Bezug auf den heiligen Thomas und Bernal mit seinem Schweigen über die Marienerscheinungen als Be-

---

[496] Diese Manöver sind mit hoher Wahrscheinlichkeit den Umständen der Entstehung der *Memorias* geschuldet. Wenn fray Servandos Erinnerungen wirklich ihren Ursprung in den Verhören der Inquisition haben, dann war ihr Verfasser vermutlich gut beraten, bei der Niederschrift eine gewisse Vorsicht walten zu lassen.
[497] Mier 2009, Bd. I: 267.

lege für die Richtigkeit der eigenen Interpretation der Tradition der Jungfrau von Guadalupe gedient hatten, zeichnet sich der Verweis auf die beiden Schafherden aus dem *Don Quijote* aber dadurch aus, dass er nicht als ein solcher direkter Beleg funktioniert, sondern erst in einem weiteren, übertragenen Sinne verständlich wird. So scheint der Vergleich der von den erzbischöflichen Zensoren inkriminierten Aussagen aus der skandalösen Predigt mit den zwei Schafherden aus dem 18. Kapitel des Romans von Miguel de Cervantes wenig dazu beizutragen, fray Servandos Apologie argumentativ zu stützen. Stattdessen hat es zunächst den Anschein, als dienten die ziemlich unverhofft in dem ansonsten durchaus sachlich argumentierenden Text auftauchenden Schafe dem Erzähler allein dazu, seine Behauptung von der Harmlosigkeit der beanstandeten Hypothesen aus seiner Predigt in ein Bild zu fassen, sie also anschaulicher und damit überzeugender zu machen.

Allerdings lässt sich bei näherem Hinsehen doch auch der Hinweis auf die unschuldigen Schafe bei Cervantes in einem politischen Sinne lesen (und das nicht nur, weil durchaus auch der *Don Quijote* Fragen wie die nach der *Conquista* Amerikas, nach deren Berechtigung und deren Folgen verhandelt).[498] Wenn fray Servando suggeriert, der Kampf des spanischen Erzbischofs gegen die umstürzlerischen Ideen des aufsässigen kreolischen Predigers sei ähnlich absurd wie der Kampf des seinen Ritterromanen verfallenen Lesers Don Quijote gegen die blökenden Schafe, dann unterstreicht er damit nämlich nicht allein seine eigene Unschuld, sondern er setzt auch seinen Gegner mit dem nicht mehr zwischen Dichtung und Wahrheit unterscheiden könnenden Hidalgo aus der Mancha gleich.[499] Dass dieser die zwei Schafherden für maurische Heere und damit für legitimerweise zu bekämpfende Ungläubige hält, ist in fray Servandos subtilem intertextuellen Spiel von nicht geringer Bedeutung: Was in den *Memorias* durch den Verweis auf den *Quijote* verhandelt wird, das ist einmal mehr die Frage nach der richtigen Auslegung der christlichen Tradition (und ihren politischen Implikationen), und damit tatsächlich auch die Frage nach Glauben oder Unglauben. Zugleich insinuiert fray Servandos belesener Erzähler durch den Hin-

---

[498] Vgl. zu einer eroberungs- und kolonialismusspezifischen Interpretation des *Quijote* Leopold 2005.

[499] Vgl. Cervantes 2016: 256–268. Vgl. zu dieser Episode aus dem 18. Kapitel des *Don Quijote* noch einmal Leopold 2005. Leopold betont vor allem die Blindheit Don Quijotes, welche die wesentliche Bedingung dafür sei, dass sich das Abenteuer mit den Schafen als „freies Spiel der Quijotesken [sic] *vis imaginativa*" entwickeln könne (Leopold 2005: 49). Der Erzbischof hat in den *Memorias* im Übrigen noch einen Auftritt als rationalen Argumenten nicht zugänglicher Don Quijote. Auch in diesem zweiten Fall betont fray Servando dessen Spaniertum und stellt darum seinen vermeintlich quijotesken Kampf als ausdrücklich gegen ihn als Kreolen gerichtetes Manöver dar: „[U]na vez embrazado el escudo, como su paisano D. Quijote, [el arzobispo] no era capaz de aplacarse hasta sepultar en una entera ruina al criollo follón y malandrín que se le ponía entre las cejas." (Mier 2009, Bd. I: 233).

weis auf den Roman aber auch, dass es nicht ausreicht, einfach nur zu lesen, sondern dass man auch wissen muss, wie: Unbedarfte und verblendete Leser wie der Hidalgo aus der Mancha und der Erzbischof von Mexiko-Stadt sind gefährlich, weil ihre unzureichenden, fehlerhaften Lektüren sie zu Annahmen verleiten, die dann eben die fatalen Konsequenzen zeitigen, von denen im 17. Jahrhundert der Roman von Miguel de Cervantes und jetzt zu Beginn des 19. Jahrhunderts die Erinnerungen von fray Servando Teresa de Mier erzählen. Dagegen entwirft sich das Ich dieser Erinnerungen ausdrücklich als einen Leser, der es im Unterschied zu den naiven Lesern Alonso Quijano und Alonso Núñez de Haro versteht, seine Lektüren zu durchdringen und kritisch zu reflektieren, um sie für sein Leben und sein Werk fruchtbar machen zu können.

Auf diese Weise stellt sich der Erzähler mit seinem dem *Don Quijote* entlehnten Vergleich schließlich auch in eine literarhistorische Tradition, die sich nun keineswegs zufällig auf *den* kanonischen Text des spanischen *Siglo de Oro* schlechthin gründet. Das Spektrum, das die genuin literarischen Intertexte in den *Memorias* abdecken, ist zwar weniger breit angelegt als dasjenige der Zitate und Verweise, die sich auf die faktuale Literatur aus der frühen Kolonialzeit bezogen hatten: An wirklich literarischen Texten zitiert Mier kaum mehr als eben Cervantes mit seinem *Quijote*, den Padre Isla mit seinem *Gerundio de Campazas* und schließlich immer wieder Vergil mit seinen *Eklogen* und der *Aeneis*. Die über die *Memorias* verstreuten Anspielungen auf diese Werke können aber ausdrücklich im Sinne einer Reverenz vor den kanonischen literarischen Vorbildern gelesen werden, und sie sind für fray Servando ein probates Mittel, die eigene Belesenheit und Bildung unter Beweis zu stellen. Das Ich der *Memorias* und die Literatur – dass diese Beziehung kaum enger sein könnte, das kommt auch in der Vielzahl von impliziten und expliziten Zitaten zum Ausdruck, die sich in seinem autobiographischen Text ausfindig machen lassen. Intensiviert wird dieser Eindruck dadurch, dass der Erzähler seine Zitate oft genug nicht ausdrücklich als solche kenntlich macht und dass er seine literarischen Vorbilder manches Mal nicht beim Namen nennt, denn dadurch fordert er seine Leserinnen und Leser unausgesprochen auf, die Herkunft und Bedeutung dieser impliziten Zitate selbst zu eruieren. Das dichte Netz an intertextuellen Verweisen dient ihm auf diese Weise auch dazu, sein Publikum als eine ideale Lektüregemeinschaft zu entwerfen, als eine Gemeinschaft, in der ein literarisches Zitat auch ohne genaue Quellenangabe und ohne nähere Erklärung zugänglich und verständlich ist.[500]

In diesem Zusammenhang mögen vor allem die Vergilzitate in den *Memorias* aufschlussreich erscheinen, denn neben der sehr zeitgemäßen (und themenge-

---

500 Vgl. zu dem von fray Servando für seine *Memorias* avisierten Publikum auch Kapitel 3.3.4 Die *fuga* als diskursive Strategie.

bundenen) Bezugnahme auf den *Fray Gerundio* und den bei einem neuspanischen Autor letztlich wenig überraschenden Hinweisen auf Cervantes öffnen sie den Horizont des Textes zusätzlich auf eine klassische humanistische Tradition hin. „Qua data porta ruunt, immane ac murmure perflant", schreibt Mier über die Situation in den spanischen Kolonien kurz vor Ausbruch der Unabhängigkeitskämpfe, und bezieht sich mit dem (tatsächlich nicht als solches kenntlich gemachten und zudem leicht verfälscht wiedergegebenen) Zitat aus dem ersten Buch der *Aeneis* erneut auf die strukturelle Benachteiligung der Kreolen in der stratifizierten Gesellschaft Neuspaniens.[501] Wie die entfesselten Winde aus der Höhle des Aeolus würden diese aus ihrer unverschuldeten Knechtschaft herausstürzen, sobald sich ihnen die Gelegenheit dazu bieten werde. Das camoufliert auftretende Zitat verdichtet den Text auf eine doppelte Art und Weise: Zum einen lädt es ihn metaphorisch auf und intensiviert dadurch seine Aussage – das Bild von den aus der Höhle hervorstürzenden Winden veranschaulicht die erwachende Macht der Kreolen Neuspaniens wesentlich besser, als es eine nüchterne Beschreibung der Situation vermocht hätte. Zugleich ermöglicht es dem Autor aber auch, sich einzureihen in den Kreis derer, die über die nötige humanistische Bildung verfügen, um einen Halbsatz von Vergil in eine Erzählung einflechten zu können, ohne die Quelle eigens angeben zu müssen. Fray Servando Teresa de Mier, der an anderer Stelle über die kirchlichen Autoritäten in den amerikanischen Kolonien schreibt, diese ließen die jungen Kreolen ohne jeden Zugang zur Bildung aufwachsen, damit die aus Spanien entsandten Priester bei ihrer Ankunft in Amerika Esel hätten, die sie antreiben könnten,[502] macht mit seinem durch das bewusste Verschweigen der Quelle umso eleganteren Rückgriff auf den kanonischen Text der *Aeneis* nur zu deutlich, dass er selbst *kein* solcher Esel ist.[503]

Ob nun das auf diese Art und Weise erzeugte intertextuelle Gewebe der *Memorias* tatsächlich dem phänomenalen Gedächtnis ihres belesenen Autors zu verdanken ist, wie Ottmar Ette annimmt,[504] oder ob dieser während der Niederschrift seiner Erinnerungen nicht doch auch von der Bibliothek des *Tribunal del Santo Oficio* hat profitieren können, wird sich im Nachhinein kaum klären lassen. Es steht zu vermuten, dass es sich bei den Bezugnahmen auf literarische Texte wirklich um Zitate aus dem Gedächtnis handelt, denn in diesen Fällen unterlaufen dem Erzähler

---

501 Mier 2009, Bd. I: 324. In der *Aeneis* heißt es eigentlich: „qua data porta, ruunt et terra turbine perflant" (Mier 2009, Bd. I: 83), auf Deutsch also: „[Die Winde] stürzen [...] aus dem geöffneten Tor und wehen im Wirbel durch die Lande." (Vergil 2012: 10–11).
502 Vgl. Mier 2009, Bd. I: 247.
503 Vergilzitate finden sich außerdem in Mier 2009, Bd. I: 132, 134 und 276 sowie in Mier 2009, Bd. II: 200.
504 Vgl. Ette 1992b: 189.

immer dann kleinere Fehler und größere Ungenauigkeiten, wenn er sich nicht allein darauf beschränkt, einen literarischen Bezug zu erwähnen (wie bei den Schafen von Cervantes), sondern wenn er stattdessen versucht, wörtlich zu zitieren (wie im Falle des Zitats aus dem ersten Buch der *Aeneis*). Allerdings ist schwer vorstellbar, dass fray Servando auch die Argumentation der einschlägigen historiographischen und juristischen Werke aus dem Kontext der Eroberung Amerikas so genau aus dem Gedächtnis hat rekonstruieren können, wie er es an manchen Stellen der *Memorias* tut. In diesen Fällen scheint es wahrscheinlicher, dass er während der Niederschrift seiner Erinnerungen im Gefängnis der Inquisition mindestens auf einzelne Werke aus dem reichhaltigen Kanon Zugriff gehabt hat, dessen er sich zur Untermauerung seiner Argumentation bedient. Nachdem im Jahr 1820 in Spanien und seinen überseeischen Provinzen die Inquisition aufgelöst und fray Servando Teresa de Mier auf Betreiben des Vizekönigs Juan Ruiz de Apodaca abermals in die Festung von San Juan de Ulúa überstellt worden war, schreibt er dort einen weiteren apologetischen Text, das sogenannte „Manifiesto apologético". In diesem Text, von dem Miers Biograph Christopher Domínguez sagt, er sei „a la vez hinchado y poco sustancioso",[505] geht der Dominikaner nun im Unterschied zu den unmittelbar zuvor entstandenen *Memorias* auch auf die jüngste Vergangenheit und damit auch auf seine Zeit im Gefängnis der Inquisition in Mexiko-Stadt ein. Hier schreibt er über die Bedingungen seiner Haft:

> Cuando yo me vi en el encierro número diecisiete, que es una pieza espaciosa y bien pintada aunque no muy clara [...] se mi dió mesa, vino y postres en cuanto los pedí, aunque no se daban a los otros presos, y que los inquisidores mismos me incitaban a pedir algunos antojos, como no se niega nada a los que se van a ahorcar; auguré que estaba destinado a realizar en la cárcel inquisitorial el nombre que dió a su calle de *Perpetua*. Como no tenía delito alguno, los inquisidores no sólo me trataban con atención, sino con cariño y amistad. Me divertía en leer, aunque escaseaban los libros entre gentes que no estudiaban sino enredos, y en cultivar un jardincito acomodado de propósito para mí.[506]

Was hier als bloßer Zeitvertreib geschildert wird („me divertía en leer"), das mag in Wirklichkeit durchaus auch mehr gewesen sein, als die Parallelisierung der Lektüre mit der beinahe von Voltaires *Candide* inspiriert scheinenden Betätigung des autobiographischen Ichs im Gartenbau vermuten lassen könnte. Denn auch wenn der Erzähler mit dem Hinweis auf die sehr eingeschränkte Auswahl an Büchern einmal mehr seinen Anspruch in literarischen Dingen betont, geht aller Wahr-

---

[505] Domínguez Michael 2004: 322. Domínguez Michael bezeichnet das „Manifiesto apologético" an anderer Stelle auch als „texto altanero e imperativo, donde la repetición de su autobiografía se combina con la vigencia de su reclamo ante el virrey" (Domínguez Michael 2004: 576).
[506] Mier 1985: 85–86.

scheinlichkeit nach doch der Vorwurf der Beschränktheit fehl, den er damit gegen die Inquisition erhebt. So lässt sich zumindest aus José María Blanco Whites autobiographischer Auseinandersetzung mit dem *Tribunal del Santo Oficio* der Schluss ziehen, dass die Bibliotheken der Inquisition in diesen ersten Jahren des 19. Jahrhunderts durchaus auch anspruchsvolle Werke beherbergten, selbst wenn die Vertreter der Institution diese im Einzelnen natürlich nicht immer wirklich konsultiert haben müssen.[507] Vor diesem Hintergrund und angesichts der großen Zugeständnisse, zu denen das *Santo Oficio* im Falle von fray Servando allem Anschein nach bereit war, ist es mehr als wahrscheinlich, dass dieser während der knapp drei Jahre seiner Haft tatsächlich auch Zugang zu Büchern gehabt hat, die nicht allein der Unterhaltung und Zerstreuung dienten.

Abgesehen von den faktualen Werken aus der Frühzeit des spanischen Kolonialreichs und den fiktionalen Werken aus dem Kanon der europäischen Literatur taucht in dem intertextuellen Gewebe der *Memorias* allerdings ein Buch immer wieder auf, zu dem der inhaftierte Autor ohne jeden Zweifel jederzeit und auch im Gefängnis Zugang gehabt hat (wenn er darauf denn überhaupt angewiesen war). So stammen die weitaus meisten Zitate, auf die er in den beiden Teilen seiner Erinnerungen zurückgreift, aus dem Alten und dem Neuen Testament der Bibel, und als gläubiger Katholik und promovierter Theologe wird er diese Zitate ohne Schwierigkeiten auch aus dem Gedächtnis rekapituliert haben können. Es ist deshalb kein Zufall, dass seine Erzählung direkt mit einem Bezug auf das Buch der Bücher einsetzt. So ordnet fray Servando die Geschichte seines Lebens zu Beginn der „Apología" in einen Zusammenhang ein, in dem seine persönliche Auseinandersetzung mit dem spanischen Erzbischof als eine Variation des altbekannten Problems der intrinsischen Korruption der Mächtigen erscheint: „Poderosos y pecadores son sinónimos en el lenguaje de las Escrituras, porque el poder los llena de orgullo y envidia, les facilita los medios de oprimir, y les asegura la impunidad", so lautet der erste Satz seiner Erinnerungen. Dass diese zugespitzte Interpretation der Heiligen Schrift nicht übertrieben ist, das zeigt der Erzähler dann im folgenden Absatz mittels eines freien Zitats aus dem Alten Testament: „Pero vi al injusto exaltado como cedro del Líbano, pasé, y ya no existía."[508]

Die Passage aus dem Buch Ezechiel, der dieses Bild von der sprichwörtlichen Zeder des Libanon entstammt, berichtet davon, wie der Prophet Ezechiel den bevorstehenden Untergang der Feinde Judas prophezeit. In einer gegenläufigen Bewegung zu dem Bild von der Größe und vermeintlichen Unvergänglichkeit der

---

507 Vgl. zu Blanco White und der Inquisition auch Kapitel 3.2.2 Leben als Krise. Vgl. zu der Auseinandersetzung der neuspanischen Inquisition mit den Büchern, die fray Servando 1817 aus Europa mitbrachte, auch Kapitel 4.1 Fray Servandos reisende Bibliothek.
508 Mier 2009, Bd. I: 127. Das leicht abgewandelte Zitat bezieht sich auf Ezechiel 31: 3–18.

Zeder handelt sie damit in einem weiteren Sinne von der Vergänglichkeit irdischer Herrschaft und insbesondere von der Vergänglichkeit jedweder Herrschaft, die sich gegen das Volk Gottes und damit gegen diesen selbst wendet. Durch die implizite Parallelisierung der Kolonialherrschaft in Amerika mit der ungerechten Herrschaft aus der Bibel deutet fray Servando so gleich am Anfang seines autobiographischen Textes an, was er im Folgenden ausführlich erörtern wird. So, wie der Prophet das Ende der Herrschaft der Moabiter, Philister, Ammoniter und Ägypter vorhersagt und die Allmacht Gottes als Herr aller Nationen ankündigt, so weist der Autobiograph mit Hilfe des Zitats aus dem Buch Ezechiel nicht allein auf das bevorstehende Ende der spanischen Herrschaft im Amerika hin, sondern er begründet die Vergänglichkeit der spanischen Herrschaft einmal mehr mit dem Umstand, dass eben auch seine amerikanische Heimat seit jeher (und nicht erst seit ihrer Eroberung durch die Spanier) ihren Platz unter den Völkern des Herrn gehabt habe. Damit situiert fray Servando sich selbst und seine schicksalhafte Predigt vor dem Hintergrund eines übergeordneten heilsgeschichtlichen Plans.

Der Rückgriff auf Zitate aus der Bibel dient ihm dazu, die etablierte Vorstellung von einem katholischen Ursprung der spanischen Vizekönigreiche kritisch zu hinterfragen. Dass der Dominikaner in seinen Erinnerungen so oft, so beharrlich und so nachdrücklich aus der Bibel zitiert, stellt insofern nichts weniger als die logische Weiterentwicklung seiner in der Predigt von 1794 erstmals formulierten Gedanken dar. Dieser Umstand ist nun vor allem deshalb erwähnenswert, weil der Rekurs auf die Bibel zum Zwecke der Rechtfertigung revolutionären Agierens nicht unbedingt auf der Hand liegen mag, und umso weniger angesichts der Tatsache, dass Krone und Kirche in den spanischen Kolonien besonders eng miteinander verbunden waren. Gerade *weil* das Streben nach einem Bruch mit der Kolonialmacht deshalb dem Vorwurf ausgesetzt sein musste, es werde dadurch auch ein Bruch mit der Kirche oder sogar mit Gott provoziert, ist auf der anderen Seite aber leicht erklärlich, warum fray Servando Teresa de Mier sein Handeln im Rückblick der *Memorias* ausgerechnet mittels eines dichten intertextuellen Gewebes von Zitaten aus der Bibel zu rechtfertigen suchte: Was sich mit dem Buch der Bücher erklären und begründen ließ, das konnte nicht so häretisch sein, wie Miers Ankläger behaupteten.[509]

---

[509] Vgl. zu der Begründung revolutionären Handelns mit Argumenten aus der Bibel auch Di Stefano 2003. Hier heißt es: „[E]n América se trataba de legitimar una ruptura que muy poco tiempo atrás habría sido considerada atentatoria de la fidelidad al rey y a Dios mismo. Si desde un punto de vista jurídico-político las argumentaciones reposaban en las premisas del derecho natural y de gentes, en el plano religioso era preciso acudir a la fuente –más sagrada– de la Revelación, buscar en las Sagradas Escrituras casos análogos sancionados por la intención salvadora de Dios o al menos

Tatsächlich zeigt eine eingehendere Analyse der einschlägigen Bibelzitate in den *Memorias*, dass der Autor damit ein noch weiterreichendes Ziel verfolgt. So versucht er mit dem Rückgriff auf die Bibel offensichtlich nicht nur, sein eigenes Agieren vor dem weiten Horizont des jüdisch-christlichen Heilsplans einzuordnen und es dadurch nachträglich zu rechtfertigen, sondern er benutzt die Bibel auf einer abstrakteren Ebene jenseits der Frage nach seiner persönlichen Verantwortung auch mit dem Ziel, seine Leserinnen und Leser grundsätzlich für die Unterschiede zwischen einem amerikanischen und einem europäischen Selbstbewusstsein zu sensibilisieren. Dazu verfährt er in drei aufeinander aufbauenden Schritten. So geht er zunächst von der fundamentalen und nicht in Zweifel zu ziehenden Wahrheit der Bibel aus. Wenn er etwa konstatiert: „[L]os reyes [...] nunca oyen la verdad sino cuando se canta el Evangelio",[510] dann handelt es sich dabei nicht allein um eine rhetorische Übertreibung. Vielmehr beruht die Zuspitzung auf der grundsätzlichen Überzeugung des Autors von der Notwendigkeit eines wörtlichen Verständnisses der Heiligen Schrift. So erläutert er an anderer Stelle, dass die Bibel seiner Meinung nach in theologischen Auseinandersetzungen nur dann wirklich belastbare und unzweifelhafte Argumente zur Verfügung stelle, wenn die Erzählungen der Heiligen Schrift wörtlich verstanden würden (und nicht allegorisch).[511]

Der zweite Schritt in fray Servandos Argumentation beruht deshalb unmittelbar auf diesem Verständnis der Bibel als göttliche Offenbarung. So rechtfertigt er seine Predigt und die dieser Predigt zugrundeliegende Überzeugung von einer frühchristlichen Missionierung Amerikas mit Jesu Aufforderung an seine Jünger, das Evangelium in der ganzen Welt (und eben nicht nur in einem Teil der Welt) zu verkünden: „Jesucristo, enviando a predicar a sus apóstoles, les mandó: ‚Yendo al mundo entero, predicad el Evangelio a toda creatura que está por debajo del cielo; y sedme testigos desde Jerusalén y Judea hasta lo último de la tierra'. ¿Sería dable que en una orden tan fuerte, general y absoluta, no se hubiese comprendido la mitad del globo?"[512] Die Schlussfolgerung aus dieser Passage mit ihrem fast szenisch anmutenden Rückgriff auf das Neue Testament liegt auf der Hand: Selbstverständlich ist seine eigene Interpretation der Dinge, seine Überzeugung von der präkolum-

---

justificados por su consentimiento. De tal manera se exorcizaban las eventuales objeciones de carácter moral que pudieran enrostrarse a la causa patriota [...]." (Di Stefano 2003: 209).
510 Mier 2009, Bd. II: 45.
511 So erklärt er: „En cuanto a que los obispos son sucesores de los apóstoles, no hay duda; pero tampoco la hay en que lo somos también los presbíteros. A algún padre le ocurrió la alegoría de que los obispos son sucesores de los apóstoles, y los presbíteros de los setenta y dos discípulos, y ahí se han fijado los escolásticos, como si otro sentido que el literal de la Escritura prestase argumento sólido en Teología." (Mier 2009, Bd. I: 336).
512 Mier 2009, Bd. I: 146.

binischen Missionierung Amerikas also, „la más conforme a la Escritura",[513] und die Zurückweisung seiner Thesen ist es, die dem Geist des Evangeliums grundsätzlich widerspricht.

In einem dritten Schritt seiner Argumentation verortet sich der Erzähler der *Memorias* schließlich abermals auf einer anderen Ebene. Nachdem er zuvor die Bibel zur göttlichen und deshalb wörtlich zu verstehenden Offenbarung erklärt und sein eigenes Handeln vor diesem Hintergrund als Teil eines übergeordneten Heilsgeschehens plausibel gemacht hatte, beruft er sich jetzt auf die Heilige Schrift als gemeinsame kulturelle Basis des Abendlandes, um seine autobiographische Erzählung mit anschaulichen Beispielen zu ergänzen und auf diese Weise seine Leserschaft für sich einzunehmen.[514] So bemüht er sich um die Relativierung seiner angeblichen Schuld mittels des Hinweises darauf, dass vor dem Hintergrund der Erbsünde ohnehin niemand ohne Schuld sei; er parallelisiert seine eigene Verfolgung mit derjenigen, die etwa Jesus selbst und der heilige Paulus wegen ihres Glaubens erleiden mussten; er kritisiert den Missbrauch der Macht in den Kolonien mit dem Hinweis auf Passagen aus dem Neuen Testament, in denen die allenfalls ephemere Herrschaft der Menschen auf Erden dem Reich Gottes gegenübergestellt wird, und er rechtfertigt seine wiederholten Fluchten aus den unterschiedlichsten Gefängnissen mit einer Anspielung auf das Wort Jesu an seine Jünger: „[C]um persecuti fuerint vos in hac civitate, fugite in aliam."[515]

Fray Servandos implizite Anspielungen auf die Bibel ebenso wie seine ausdrücklichen Bibelzitate zeigen so auf exemplarische Art und Weise, wie er es in seinen *Memorias* immer wieder versteht, seinen persönlichen Rechtfertigungsdiskurs einzubinden in eine weiter gefasste Argumentation für die politische und intellektuelle Unabhängigkeit Hispanoamerikas. Angesichts der seit jeher auch theologischen Begründung der Rechtmäßigkeit der spanischen Kolonialherrschaft war

---

513 Mier 2009, Bd. I: 315.
514 Vgl. zu den unterschiedlichen Formen des Rückgriffs auf die Bibel Guerra 2002.
515 Vgl. zur Allgemeinheit der Schuld Mier 2009, Bd. II: 288 (hier zitiert fray Servando das Johannesevangelium: „Qui sine peccato est, primus in eam lapidem mittat." (Joh 8: 7)); zu dem Vergleich seiner Verfolgung mit derjenigen des heiligen Paulus Mier 2009, Bd. I: 231; zu dem Vergleich seiner Verfolgungen mit denjenigen Jesu Mier 2009, Bd. I: 246; zur irdischen Macht im Gegensatz zum Reich Gottes Mier 2009, Bd. I: 335 (hier zitiert fray Servando auf Spanisch die Passage aus dem Johannesevangelium vom Reich Gottes, das nicht von dieser Welt ist (Joh 18: 36)); zur Problematik der Macht in der Kirche Mier 2009, Bd. I: 340 (hier zitiert fray Servando das Matthäusevangelium: „Principes gentium dominantur earum..." (Mt 20: 25)), und zur Berechtigung seiner Fluchtbestrebungen Mier 2009, Bd. II: 18. Das korrekte Zitat aus der Vulgata lautet hier: „Cum autem persequentur vos in civitate ista, fugite in aliam", auf Deutsch also: „Wenn sie euch aber in der einen Stadt verfolgen, so flieht in eine andere." (Mt 10: 23). Ähnlich auch in Mier 2009, Bd. II: 323 („Y ya entonces vi que no había otro remedio para mí que el del Evangelio: *fugite*.").

die Bibel so von Anfang an essentieller Bestandteil nicht nur der literarischen, sondern auch der juristischen Kultur der Neuen Welt gewesen. Aus der ausführlichen Bibellektüre, die fray Servando Teresa de Mier jetzt in seinen *Memorias* ins Werk setzt, ergibt sich dagegen zwingend, dass Hispanoamerika ebenso an dem göttlichen Heilsplan teilhat wie die anderen Weltgegenden, und dass es daher auch kulturell keineswegs hinter Europa zurücksteht. Vor diesem Hintergrund ist in der Argumentation des Autors deshalb auch die politische Unabhängigkeit in letzter Instanz unvermeidbar.

Tatsächlich greifen in den Jahrzehnten um die Wende vom 18. zum 19. Jahrhundert auch andere hispanoamerikanische Intellektuelle auf die Bibel zurück, um ihrer Überzeugung von der Eigenständigkeit der hispanoamerikanischen Kultur Ausdruck zu verleihen und damit den Weg auch für eine politische Unabhängigkeit des Subkontinents zu ebnen.[516] So unterlegt der in Italien exilierte neuspanische Jesuit Francisco Javier Clavijero seiner in Cesena veröffentlichten *Storia antica del Messico* (1780–1781) die biblische Erzählung vom verlorenen Paradies, um ein facettenreiches Bild von der aztekischen Frühgeschichte seines Heimatlandes zu zeichnen; und Clavijeros Ordensbruder Juan Pablo Viscardo y Guzmán aus Peru greift in seiner ursprünglich auf Französisch verfassten *Carta dirigida a los españoles americanos* (1792) auf die Geschichte über das Abraham und seinen Nachfahren von Gott in Aussicht gestellte Gelobte Land zurück, um die rosige Zukunft des Subkontinents nach dessen Unabhängigkeit von Spanien zu skizzieren.[517] Obwohl auf diese Weise auch die Werke von Clavijero und Viscardo y Guzmán mit ihrem Blick in die Vergangenheit und in die Zukunft Hispanoamerikas auf eine ausgeprägte biblische Intertextualität setzen, unterscheidet sich die Herangehensweise fray Servando Teresa de Miers aber doch von derjenigen seiner beiden jesuitischen Vorgänger. So beruht deren Rekurs auf die Bibel auf der allegorischen Lektüre von jeweils nur *einer* zentralen Episode aus dem Alten Testament, während der Dominikaner eine ganze Reihe von Passagen sowohl aus dem Alten als auch aus dem Neuen Testament zitiert und diese in unterschiedlichen Zusammenhängen auf unterschiedliche Art und Weise aktualisiert. Dabei mag es angesichts seines Beharrens auf der Notwendigkeit eines literalen Verständnisses der Bibel zwar auf den ersten Blick scheinen, als sei der interpretatorische Spielraum bei diesen Aktualisierungen der althergebrachten Perikopen aus der Heiligen Schrift gering. Tatsächlich erweisen sich Miers Lektüren

---

516 An anderer Stelle habe ich ausführlich dargestellt, wie und mit welchen Zielen sich die hispanoamerikanischen Intellektuellen an der Schwelle zum 19. Jahrhundert der Bibel bedienen (vgl. Kraume 2016: 153–191).

517 Vgl. Clavijero 2009 und Viscardo y Guzmán 2004. Vgl. auch dazu noch einmal Kraume 2016: 159–169. Vgl. knapp zur Rolle Viscardo y Guzmáns im Rahmen der Debatte um die Unabhängigkeit auch Kapitel 4.1 Fray Servandos reisende Bibliothek.

aber insofern als ausgesprochen produktiv, als es ihm dank seines Rückgriffs auf einen breiten Fundus von weithin bekannten biblischen Geschichten, Exempeln und Sentenzen gelingt, nicht nur die Beziehung zwischen Politik und Religion in den spanischen Kolonien (nämlich die von den Spaniern vertretene Annahme, es gebe ein göttliches Recht auf die Macht) in Zweifel zu ziehen, sondern auch seinen eigenen Text durch die in dem Widerspiel zwischen den Verweisen auf vermeintlich überkommene Perikopen und deren subversiver Interpretation angelegte Dialogizität literarisch anspruchsvoll zu gestalten.

Trotz der methodischen Unterschiede zwischen Miers auf den Literalsinn der Bibel setzender Annäherung und den allegorischen Lektüren von Clavijero und Viscardo stimmen die drei Kleriker deshalb in ihrem Bestreben überein, die biblische Intertextualität in ihren so unterschiedlichen Texten jeweils mit dem Ziel zu nutzen, eine spezifisch amerikanische Form der Aufklärung zu begründen, die Glauben und Vernunft zu versöhnen im Stande sein könnte (und das gerade vor dem Hintergrund der großen Bedeutung der Heiligen Schrift für die politische und literarische Kultur in Hispanoamerika). Es ist in diesem Zusammenhang nicht erstaunlich, dass der um eine Generation ältere Francisco Javier Clavijero für fray Servando Teresa de Mier immer dann zum Vorbild wird, wenn dieser sich darum bemüht, der oft pejorativen Darstellung Amerikas in den Werken der europäischen Aufklärung ein positives Bild der amerikanischen Kultur und Zivilisation entgegenzusetzen. Auch wenn die spanische Krone jahrzehntelang zu verhindern wusste, dass die von Clavijero zwar in seiner Muttersprache verfasste, dann aber nur auf Italienisch veröffentlichte *Historia antigua de México* auch auf Spanisch publiziert wurde, ist das Werk doch auch in der spanischsprachigen Welt schnell rezipiert worden (und umso intensiver, als nach der italienischen Erstausgabe von 1780–1781 schon im Jahr 1787 eine Übersetzung ins Englische erschien).[518] Womöglich hat fray Servando Teresa de Mier diese englische Ausgabe in seinen Londoner Jahren konsultieren können; in jedem Fall zitiert er Clavijero sowohl in seiner *Historia de la Revolución de Nueva España* als auch in den *Memorias* ausdrücklich als Vertreter einer spezifisch amerikanischen Kultur und insofern als Gewährsmann für seine eigene Überzeu-

---

518 Vgl. Browning 1978: 296. Browning schreibt, die erste spanische Version der *Storia* sei 1826 in London erschienen. Carmen Alejos-Grau bezieht sich dagegen auf die erste Ausgabe in Mexiko, die erst 1945 erschienen sei (vgl. Alejos-Grau 1996: 728). Die von mir verwendete Ausgabe der Editorial Porrúa erwähnt allerdings eine erste mexikanische Ausgabe von 1844. Silvia Sebastiani löst schließlich die Verwirrung auf, indem sie darauf hinweist, dass die Ausgabe von 1945 die erste sei, die sich an dem ursprünglichen spanischen Text des später auf Italienisch veröffentlichten Werk Clavijeros orientiere (vgl. Sebastiani 2011: 205).

gung von der kulturellen Größe und der intellektuellen Unabhängigkeit seiner Heimat.[519]

Der Rekurs auf das Inventar von Bildern und Gedanken aus der Bibel dient dem Theologen Mier dazu, dieser Überzeugung einmal mehr Ausdruck zu verleihen und sich so gegen Vorstellungen von der angeblichen Inferiorität der vermeintlich „Neuen" Welt zu wenden, wie sie in Europa in den Jahrhunderten seit der *Conquista* immer wieder diskutiert worden waren. So war dort schon wenige Jahrzehnte nach der „Entdeckung" Amerikas durch Cristóbal Colón eine Debatte über die Natur des fremden Kontinents und seiner Bewohner entbrannt, die unter anderem in dem Disput von Valladolid (1550–1551) zwischen Bartolomé de Las Casas und dem Humanisten Juan Ginés de Sepúlveda über die Versklavung der indigenen Bevölkerung Amerikas ihren Ausdruck fand.[520] In seiner kanonischen Studie *La disputa del Nuovo Mondo* (1955) hat Antonello Gerbi gezeigt, wie sich der Fokus der europäischen Debatte um Amerika (der im 16. Jahrhundert vor allem auf philosophischen, theologischen und politischen Aspekten gelegen hatte) im 17. und 18. Jahrhundert zunehmend auf die naturwissenschaftliche Frage nach der Beschaffenheit der Natur des neuen Kontinents verlagerte.[521] Als schließlich der niederländische Kanoniker Cornelius de Pauw im Jahr 1768 die zwei Bände seiner *Recherches philosophiques sur les Américains ou Mémoires intéressants pour servir à l'histoire de l'espèce humaine* veröffentlichte, war die Diskussion über Amerika längst zu einem der Vehikel geworden, mittels derer sich das aufgeklärte Europa über die eigene Kultur und Zivilisation, sein Verhältnis zu anderen Weltgegenden und nicht zuletzt seine wissenschaftliche Episteme verständigte.

De Pauws Abhandlungen über Amerika gehen von der Prämisse aus, dass es sich bei den indigenen Bewohnerinnen und Bewohnern der Neuen Welt um „des peuples sauvages et abrutis" handelt, die in der Hierarchie der Völker und Zivilisationen weit abgeschlagen auf dem letzten Platz stehen.[522] Es ist sicher kein Zufall, dass der eigentlich am Xantener Stift Sankt Viktor beheimatete Gelehrte seine auf dieser Annahme gründenden Thesen während eines Aufenthalts am Hof Friedrichs

---

519 Vgl. Mier 1985: 598 und Mier 2009, Bd. I: 259 sowie Mier 2009, Bd. II: 188 und 259.
520 Der Begriff der „Entdeckung" Amerikas ist in der Forschung der letzten Jahrzehnte insofern problematisiert worden, als die darin zum Ausdruck kommende Perspektive stark eurozentrisch ist. Florian Borchmeyer spricht in diesem Zusammenhang von der „Erfindung" der Neuen Welt (vgl. Borchmeyer 2009). Vgl. zu der Debatte zwischen Las Casas und Sepúlveda Dumont 2009 und zum politischen Denken von Bartolomé de Las Casas Eggensperger 2001. Vgl. zu der Bedeutung von Bartolomé de Las Casas für fray Servando auch Kapitel 3.1.2 Las Casas.
521 Vgl. Gerbi 1982.
522 Die Formulierung stammt aus einem späteren Werk de Pauws, den *Recherches philosophiques sur les Grecs* (de Pauw 1787: i). Ich danke Andrea Renker für unseren Austausch über Cornelius de Pauw.

des Großen in Potsdam und Berlin und damit in einem *der* europäischen Zentren des aufgeklärten Absolutismus zu Papier gebracht hat.[523] Tatsächlich schreibt er in seiner Abhandlung den jahrhundertalten „Disput um Amerika" mit genuin aufklärerischen Methoden fort. So ist seine Perspektive stets diejenige eines philosophischen Beobachters der Realität, der sein Wissen vor allem aus Texten bezieht und der ausdrücklich für sich in Anspruch nimmt, stets im Namen einer universellen Vernunft zu sprechen.[524] Cornelius de Pauw will Erkenntnisse über Amerika und dessen Bewohner nicht nur rekapitulieren und zusammenfassen, sondern mit Hilfe der aufgeklärten Vernunft überhaupt erst produzieren.[525] Wenn er deshalb im Untertitel seines Traktats ausdrücklich dessen Nützlichkeit betont und seine Reflexionen über Amerika in eine teleologische Entwicklungsgeschichte der „espèce humaine" in ihrer Gesamtheit einordnet, dann schließt er damit an Überlegungen an, wie sie nur drei Jahre zuvor in dem Werk formuliert worden waren, das als *das* paradigmatische Textkorpus schlechthin für die Aufklärung und deren Versuch gelten kann, das Wissen ihrer Zeit zu sammeln, zu katalogisieren und zugänglich zu machen. So ist es im achten Band der von Denis Diderot und Jean Le Rond d'Alembert herausgegebenen *Encyclopédie* (1765) Diderot selbst, der den Artikel zu dem Lemma „Humaine espèce" verfasst und darin „machtvolle Ein- und Unterordnungen aller Menschen auf der Welt" vornimmt.[526] Auf diese Weise steht de Pauws Erkenntnisinteresse im Einklang mit dem zeitgenössischen Verständnis von der Wissenschaft und dem Menschen als ihrem Gegenstand. Sein enormer Erfolg auf dem Buchmarkt zeugt davon, dass er mit den in den *Recherches philosophiques sur les Américains* aufgeworfenen Fragen und mit seiner Vorgehensweise bei deren Beantwortung ganz offensichtlich einen Nerv der Zeit getroffen hatte.[527]

---

523 Der 1739 geborene de Pauw war bei den Jesuiten in Lüttich erzogen worden und hatte 1761 sein Kanonikat in Xanten erhalten. Von dort aus war er 1767 zu Verhandlungen nach Preußen entsandt worden (vgl. Frowein 2001).
524 Vgl. Ette 2015. Ähnlich verfährt Cornelius de Pauw in zwei später entstandenen Werken, den *Recherches philosophiques sur les Égyptiens et les Chinois* (1773) und den bereits zitierten *Recherches philosophiques sur les Grecs* (1787–1788).
525 Vgl. zu dem auf diese Weise prozessual verfassten Wissenskonzept der Aufklärung Struve 2020: 10.
526 Struve 2015: 195. Vgl. auch Diderot 1765: 344–348. Diderot schließt seinen Artikel mit der Feststellung: „De ce qui précède il suit que dans tout le nouveau continent que nous venons de parcourir, il n'y a qu'une seule & même race d'hommes, plus ou moins basanés. Les Américains sortent d'une même souche. Les Européens sortent d'une même souche. Du nord au midi on apperçoit les mêmes variétés dans l'un & l'autre hémisphere." (Diderot 1765: 348).
527 Gary Kates listet mit seinem „Enlightenment Books Project at Pomona College" für die Jahre zwischen 1768 und 1795 insgesamt 15 Ausgaben der *Recherches philosophiques sur les Américains* auf. Damit steht de Pauws Amerikatraktat an 152. Stelle der im Verlauf des Jahrhunderts am häufigsten verkauften Bücher (vgl. Kates 2019). Im Anschluss an die europaweite Debatte um de

Auch für fray Servando Teresa de Mier und seine *Memorias* ist der Xantener Kanoniker einer der zentralen Bezugspunkte, allerdings in einem vollkommen anderen Sinne als für dessen europäische Bewunderer. Wie im Folgenden zu zeigen sein wird, entfaltet sich die Wirkung von fray Servandos Rekurs auf das Amerikawerk de Pauws vor allem auf der strukturellen Ebene und insbesondere mit Blick auf die räumliche Organisation seines autobiographischen Textes. Dass dieser Text so nachdrücklich darauf beharrt, dass Mexiko (und Amerika im Ganzen) seit jeher an der christlichen Heilsgeschichte teilgehabt haben, lässt sich vor diesem Hintergrund als eine Entgegnung auf die in den *Recherches philosophiques sur les Américains* vertretene Hypothese verstehen, dass es sich bei der Neuen Welt nicht nur um einen später ins Bewusstsein der Europäer getretenen, sondern auch um einen erdgeschichtlich und zivilisatorisch jüngeren Kontinent handelt, der durch sein verspätetes In-Erscheinung-Treten gewissermaßen außerhalb der Geschichte steht. Der leidenschaftliche Leser fray Servando Teresa de Mier, dessen *Memorias* oft genug Erinnerungen nicht nur an Gelebtes, sondern auch an Gelesenes sind, widerspricht dieser Hypothese auch dadurch, dass er seinen autobiographischen Text in einem transatlantischen Zwischenraum situiert, in dem Europa und Amerika notwendig aufeinander bezogen sind und in dem sich die beiden Kontinente zwar in ihrer Geschichtlichkeit unterscheiden, dabei aber nur umso mehr aufeinander angewiesen bleiben.

3.3.3 Das Ich und der Raum

In ihrer 1992 erstmals erschienenen Studie *Imperial Eyes. Travel Writing and Transculturation* untersucht Mary Louise Pratt die Art und Weise, wie europäische Reiseschriftsteller insbesondere in den Jahren zwischen 1750 und 1850 dazu beigetragen haben, die in dieser Zeit stattfindende wirtschaftliche und politische Expansion Europas ideologisch zu untermauern.[528] Ein Kapitel ihres Buches unter-

---

Pauws Thesen forderte Denis Diderot den Kanoniker zur Mitarbeit am *Supplément* der *Encyclopédie* auf, und dieser verfasste in der Folge tatsächlich den Eintrag „Amérique" für die 1776–1777 besorgte vierbändige Ergänzung der Enzyklopädie. De Pauws späteres Werk über die Ägypter und die Chinesen provozierte dagegen eine polemische Entgegnung Voltaires (*Lettres chinoises, indiennes et tartares à M. Paw, par un bénédictin*, 1776). Auch diese Polemik kann allerdings in letzter Instanz als Beweis für die Anerkennung verstanden werden, die de Pauw und seinen Werken in den Kreisen der aufgeklärten *philosophes* zuteilwurde (vgl. Beyerhaus 1926: 487–490).
528 „Travel books [...] gave European reading publics a sense of ownership, entitlement and familiarity with respect to the distant parts of the world that were being explored, invaded, invested in, and colonized. [...] They created a sense of curiosity, excitement, adventure, and even moral fervor about European expansionism." (Pratt 2008: 3).

sucht vor diesem Hintergrund die Umkehrung des europäischen Blicks auf die Welt in Texten von kreolischen Schriftstellern. In diesem Kapitel argumentiert die Literaturwissenschaftlerin, es sei nur eine Frage der Zeit gewesen, bis auch Intellektuelle aus Amerika das Recht für sich in Anspruch nahmen, ihrerseits Reisebücher über Europa zu schreiben; und sie datiert den Zeitpunkt, zu dem das erstmals geschehen sei, auf die Mitte des 19. Jahrhunderts. Die Europareise des argentinischen Schriftstellers Domingo Faustino Sarmiento, deren Eindrücke in dem umfangreichen Reisebericht *Viajes* (1849) kondensiert worden sind, sei die erste gewesen, die zu einem solchen kreolischen „self-fashioning" in der Auseinandersetzung mit Europa Anlass geboten habe:

> What is new is not the fact that Sarmiento went abroad, or even where he went. What is new is that he wrote a book about it. Spanish American creoles commonly travelled to Europe and often sent their children there to study, but they did not produce a literature on Europe. One might suggest that as colonial subjects they lacked a discursive authority or a legitimate position of speech from which to represent Europe.[529]

Fray Servando Teresa de Mier ist gut anderthalb Generationen älter als Sarmiento (1811–1888) und zählt damit ohne jeden Zweifel zu den kolonialen Subjekten, auf die sich Mary Louise Pratt hier bezieht. Trotzdem nimmt er in seiner „Relación" genau die diskursive Autorität für sich in Anspruch, die Pratt den hispanoamerikanischen Kreolen aus der Zeit vor der Unabhängigkeit abspricht: Er reist nach Europa und schreibt darüber; und die Art und Weise, wie er das tut, lässt sogar vermuten, dass die Inanspruchnahme eben dieser diskursiven Autorität eines der Hauptziele seiner Erzählung gewesen ist.

Die Forschung zu den *Memorias* hat seit jeher einen besonderen Schwerpunkt auf die Frage gelegt, wie sich der Autor dieser *Memorias* zu der ihn umgebenden Welt positioniert (und das bedeutet in Bezug auf die „Relación" mit ihren Schilderungen aus der europäischen Verbannung vor allem: wie sich der Amerikaner fray Servando Teresa de Mier zu dem von ihm bereisten Europa an der Wende vom 18. zum 19. Jahrhundert positioniert). Wenn Kathleen Ross in diesem Kontext konstatiert, in den *Memorias* griffen zwei unterschiedliche Diskurse ineinander, nämlich einer, der sich mit dem Ich als Subjekt beschäftige und ein zweiter, der davon ausgehend die dieses Ich umgebende Welt beschreibe,[530] dann bahnt sie mit dieser Feststellung den Weg für eine ganze Reihe von Untersuchungen, die sich in den darauffolgenden Jahren in der einen oder anderen Art und Weise mit fray Servandos Blick auf Europa beschäftigt haben.[531] Keine dieser Un-

---

529 Pratt 2008: 186.
530 Vgl. Ross 1989: 90.
531 Vgl. etwa Rodrigo 1997, Egan 2004, Folger 2010 und Moore 2011.

tersuchungen stellt allerdings die von Ross angedeutete Verbindung zwischen dem Ich dieser *Memorias* und dem Raum ins Zentrum ihres Interesses, innerhalb dessen sich dieses Ich bewegt. Dabei ist die Art und Weise, wie fray Servando Teresa de Mier die Auseinandersetzung seines autobiographischen Ichs mit Europa inszeniert, nicht nur in entscheidendem Maße von seinen Lektüren und insbesondere von der Lektüre der *Recherches philosophiques sur les Américains* von Cornelius de Pauw beeinflusst; sondern seine Beschreibungen sind auch geprägt von einem spezifisch literarischen Interesse, das sich in der bewussten Konstruktion eines klar konturierten Textraums Bahn bricht. „Das Ich und der Raum", das ist deshalb trotz der beträchtlichen Zahl von bereits existierenden Untersuchungen zu fray Servandos Darstellung von Europa ein Thema, das noch keineswegs erschöpfend behandelt ist.

Es ist vor diesem Hintergrund kein Zufall, dass bei der Lektüre der „Relación" auf den ersten Blick deren itinerarische Struktur ins Auge fällt. Während die „Apología" im Wesentlichen zeitlich strukturiert ist und die Vorkommnisse rund um die Predigt vom 12. Dezember 1794 ihrer chronologischen Ordnung und zugleich der Systematik des Kirchenjahres folgend erzählt,[532] bleibt fray Servando der Chronologie der Ereignisse zwar auch im zweiten Teil seiner Erinnerungen treu; er ergänzt deren grundsätzlich zeitliche Ordnung aber zusätzlich durch eine sich an der sukzessiven Erschließung des Raumes durch das Ich orientierende Struktur. Auf diese Weise schreitet die Erzählung voran, indem sie den Reisebewegungen des Ichs folgt, und diese Eigenschaft des Textes verleiht nun nicht nur dem darin durchmessenen geographischen Raum insgesamt besondere Bedeutung, sondern sie trägt auch dazu bei, dass die Struktur des Textes ganz im Sinne von Jurij M. Lotman modellhaft die Struktur des Raumes abbildet, von dem dieser zweite Teil der *Memorias* erzählt.[533] Das rhetorische Mittel, auf das der Autor zu diesem Zweck immer wieder zurückgreift, ist die Vermischung zweier eigentlich voneinander getrennter Erzählebenen,[534] mittels derer das Voranschreiten der

---

[532] So erstreckt sich die erzählte Zeit in der „Apología" vom Feiertag der Jungfrau von Guadalupe am 12.12. über Weihnachten, den Tag der unschuldigen Kinder (28.12.) und Neujahr, und schließlich die Fastenzeit mit dem Freitag vor Palmsonntag („viernes de Dolores") und dem Palmsonntag selbst bis in die Karwoche hinein. Sie endet, als das Ich der Erzählung in den Tagen nach Fronleichnam schließlich nach Spanien verschifft wird: „El día infraoctava del Corpus se me embarcó [...] en la fragata mercante la *Nueva Empresa*." (Mier 2009, Bd. I: 247). An diesen chronologischen Bericht schließt sich dann allerdings noch eine längere außerhalb der Chronologie der Ereignisse stehende Diskussion der Argumente an, welche die vom Erzbischof bestellten Zensoren und der Erzbischof selbst in dem kirchenrechtlichen Prozess gegen fray Servando bemüht haben.
[533] Vgl. Lotman 1993: 311–339.
[534] Wie schon bei Carlos María de Bustamante könnte man diese Art der Überschreitung von diegetischen Grenzen als eine einfache Form der Metalepse im Sinne von Gérard Genette be-

Erzählung in sinnfälliger Weise mit der Bewegung des autobiographischen Ichs im geographischen Raum Westeuropas korreliert wird. Schon in der „Apología" hatte sich fray Servando dieses Stilmittels bedient, um den Beginn der jahrelangen Odyssee zu markieren, von der er dann im zweiten Teil seiner *Memorias* erzählen würde. So schreibt er am Ende seiner Erzählung über die Zeit nach seiner folgenreichen Predigt mit Blick auf die spanische Handelsfregatte *Nueva Empresa*, auf der er im Frühsommer 1795 von San Juan de Ulúa in Mexiko aus nach Cádiz in Spanien gebracht wurde: „Mientras ella navega yo voy a dar cuenta del dictamen que dieron sobre mi sermón los canónigos Uribe y Omaña, escogidos por el arzobispo a propósito para condenarme."[535]

In ganz ähnlicher Art und Weise verschränkt der Erzähler in der Folge auch in der „Relación" die Ebenen des physischen und des textuellen Raumes bzw. die Bewegung der Reise und die Bewegung der von dieser Reise berichtenden Erzählung miteinander: „Mientras llegamos contaré lo que son estas famosas Caldas." „Algunos desearían que yo, antes de partir de Roma, diese noticia de sus cosas [...]." „Antes de salir de esta ciudad de las aguas [...], daré noticia de algunos sabios americanos y españoles que traté." „[M]ientras llegamos a Sevilla, caminando por entre nieve, [...] voy a contar lo que se llaman Toribios en Sevilla" „Mientras que este pícaro, como ya se supone, me vuelve a enviar a Los Toribios, contaré algo de los presos."[536] Diese mehr oder weniger willkürlich gewählten Beispiele machen nachvollziehbar, wie fray Servando Teresa de Mier immer wieder auf das Stilmittel der narrativen Überschreitung von diegetischen Grenzen zurückgreift, um den von sei-

---

schreiben. Genette bezeichnet mit diesem Begriff „toute intrusion du narrateur ou du narrataire extradiégétique dans l'univers diégétique" (Genette 1991a: 243–246, hier 244). Wie schon diejenigen von Bustamante sind allerdings auch fray Servandos Konstruktionen einfacher strukturiert als die Metalepsen, die der französische Narratologe unter dem Oberbegriff „métalepse de l'auteur" diskutiert.

535 Mier 2009, Bd. I: 247. Es ist im Zusammenhang mit dieser ersten Atlantiküberquerung fray Servandos interessant, dass er so ausdrücklich die Fregatte *Nueva Empresa* erwähnt, mit der er nach Spanien gereist ist, denn die Fregatte ist Ottmar Ette zufolge *das* emblematische Transportmittel der zweiten Phase beschleunigter Globalisierung im ausgehenden 18. und beginnenden 19. Jahrhundert und löst als solches die Karavelle ab, welche die erste Phase der Globalisierung im Zeitalter der europäischen Entdeckung Amerikas geprägt hatte (vgl. Ette 2012: 14–18). Der kubanische Romancier Reinaldo Arenas, der in seinem Roman *El mundo alucinante* (1969) eine Neuerzählung von fray Servandos *Memorias* unternimmt, wird Anfang der 1980er Jahre in einem Interview die Ironie hervorheben, die in dem Namen der Fregatte liegt: „Es irónico que el nombre del barco en que lo llevaron prisionero fuera ,La nueva empresa' [...]. Lo que ,La nueva empresa' iba a realizar era esa empresa tan vieja y terrible que es darles la cicuta a aquellos que se habían rebelado contra el estado." (Santí/Morley 1983: 116). Vgl. zu Reinaldo Arenas und seiner fray-Servando-Lektüre auch Kapitel 4.2.3 Reinaldo Arenas: Fray Servando bin ich.
536 Mier 2009, Bd. II: 15, 156, 187, 283 und 313.

nem autobiographischen Ich durchmessenen physischen Raum Europas im Textraum der „Relación" anschaulich werden zu lassen. Im Vordergrund steht immer das Unterwegssein von einem Ort zu einem anderen; an diesem Unterwegssein richtet sich das Erzählen aus, und aus diesem Unterwegssein resultiert auch der Rhythmus der Erzählung.[537] Zugleich dient dem Autor der *Memorias* der Rückgriff auf diese und ähnliche im weitesten Sinne metaleptische Konstruktionen aber einmal mehr auch dazu, das bewegliche Ich seiner Erzählung deutlicher zu konturieren. Denn wenn die Metalepsen die Trennung aufheben zwischen der diegetischen Welt, von der erzählt wird, und der extradiegetischen Welt, innerhalb derer erzählt wird; wenn in der Erzählung also immer wieder die räumlichen und zeitlichen Grenzen der verschiedenen diegetischen Ebenen durchlässig werden, dann findet eine solche Grenzüberschreitung selbstverständlich insbesondere auch in Bezug auf das autobiographische Ich statt: Dann gehen auch das reisende Ich und das erzählende Ich unmittelbar ineinander über. Es ist deshalb nur folgerichtig, dass in jedem der angeführten Beispiele der Akt des Erzählens oder Berichtens ausdrücklich thematisiert wird („contaré" oder „daré noticia"). Dadurch, dass der Erzähler in diesen Wendungen seine eigene Erzählung ankündigt, antizipiert oder in Aussicht stellt, bekennt er sich bewusst zu seiner Rolle, und er benutzt die spielerische Überschreitung der diegetischen Grenzen, um sich als Erzähler zu profilieren.[538]

Vor dem Hintergrund dieser rhetorischen Grenzüberschreitungen ist nun wenig überraschend, dass die „Relación" auch auf der inhaltlichen Ebene immer wieder von Grenzüberschreitungen zu berichten weiß und dass sie diese nicht selten auch ausdrücklich als solche inszeniert: „A otro día pasamos por Ordaz, último lugarcito de España por aquel lado, y mi afán era saber dónde era la raya de

---

[537] Gérard Genette betont dagegen vor allem die zeitliche Bedeutung der Metalepse, wenn er über einfache Metalepsen wie die von fray Servando verwendeten schreibt, diese spielten mit der „double temporalité de l'histoire et de la narration" und verhielten sich so, als fände die Erzählung gleichzeitig mit der erzählten Geschichte statt und könnte auf diese Art und Weise deren „temps morts" füllen (Genette 1991a: 244).

[538] Wenn die Metalepsen auf diese Art und Weise auch der Selbstermächtigung des Erzählers dienen, dann gilt das in ähnlicher Form auch für etwas anders geartete Wendungen, in denen der Erzähler sich gewissermaßen selbst beim Erzählen zusieht und sein eigenes Erzählen ebenfalls auf einer Metaebene kommentiert: „Hago capítulo aparte de mi estancia en París […]", schreibt er so beispielsweise und verweist damit darauf, dass seine Erzählung unabhängig von ihrer grundsätzlich chronologischen Organisation gerade dann sehr bewusst konstruiert ist, wenn es um die Darstellung der unterschiedlichen Räume geht, die das Ich der Erzählung bereist und die für die Erzählung jeweils unterschiedlichen Stellenwert haben (Mier 2009, Bd. II: 91). Ähnlich auch: „Pero basta de París." und „Volviendo a los napolitanos […]." (Mier 2009, Bd. II: 125 und 143).

Francia. ‚Esta es', me dijo el arriero, señalándome un arroyito muy pequeño y somero. Lo pasé, me apeé y tendí de bruces en el suelo. ‚¿Qué hace usted?', me dijo él. ‚He pasado el Rubicón'– le contesté [...]."[539]

In dieser Passage wird am Beispiel der spanisch-französischen Grenze in den Pyrenäen die Überschreitung einer zugleich geographischen und symbolischen Demarkationslinie in Szene gesetzt. Der Übertritt über das kleine Rinnsal, das die kaum als solche wahrnehmbare Grenze zwischen Spanien und Frankreich markiert, ist für das Ich der Erzählung trotz der physischen Unauffälligkeit dieser Grenze umso bedeutsamer, als es mit Spanien ein Land hinter sich lässt, durch das und in dem es sich seit jeher verfolgt gefühlt hat, und zugleich mit Frankreich ein Land betritt, dessen Revolution zum Zeitpunkt des Grenzübertritts (1801) erst wenige Jahre zurücklag und das entsprechend größere Freiheit zu versprechen schien.[540] Dabei ist die Art und Weise, wie hier die Flucht des autobiographischen Ichs aus dem Einflussbereich der spanischen Autoritäten dargestellt wird, repräsentativ für fray Servandos Vorgehensweise in der „Relación" insgesamt. So kommt die itinerarische Struktur dieses Reiseberichts aus Europa immer wieder vor allem dann zum Tragen, wenn sich die einzelnen Stationen der Reise so deutlich voneinander unterscheiden, wie es in der zitierten Passage über die Grenze zwischen Spanien und Frankreich der Fall ist: „Héteme aquí otra vez en el país del despotismo [...]", schreibt Mier beispielsweise noch expliziter über einen weiteren Grenzübertritt, der das Ich seiner Erzählung nach längeren Aufenthalten in Frankreich und Italien wieder zurückführt nach Spanien.[541]

Die angeführten Beispiele machen deutlich, dass der „Relación" eine differenzierte Kartographie von Europa zugrunde liegt und dass die scheinbar ziellose Reise des Ichs (von Spanien nach Frankreich, von Frankreich nach Italien, von Italien wieder nach Spanien und von dort aus nach Portugal) ein engmaschiges Wegenetz über den Kontinent legt, dessen einzelne Stationen oder Knotenpunkte gerade in der Abgrenzung voneinander deutlich markiert sind. Wenn in fray Servandos Erzählung deshalb die Überschreitung der spanischen Grenze immer wieder besonders aufgeladen erscheint, dann liegt das daran, dass Spanien in dem Mapping dieser Erzählung eine Art „Herz der Finsternis" darstellt, an dem sich der Autor aus-

---

539 Mier 2009, Bd. II: 82.
540 Und das, obwohl sich fray Servando in seinen jungen Jahren in verschiedenen Predigten ausdrücklich gegen das ausgesprochen hat, was er als die Verirrungen der Französischen Revolution wahrgenommen hat (vgl. Domínguez Michael 2004: 82).
541 Mier 2009, Bd. II: 205. Auf eine vergleichbar deutliche Art und Weise markiert fray Servando den Übertritt über die Grenze zwischen Frankreich und Italien und das, was er für den Unterschied zwischen den beiden Ländern hält: „Ya estamos en el país de la perfidia y del engaño, del veneno; el del asesinato y del robo", schreibt er so über Italien (Mier 2009, Bd. II: 130).

führlich abarbeitet. Denn dass auch Miers Berichte aus den anderen von ihm bereisten europäischen Ländern in vielerlei Hinsicht an dem ausgerichtet sind, was er über Spanien berichten zu müssen glaubt, das hatte schon die bereits zitierte Passage über die Bibliotheken in Paris gezeigt, die ja nicht umsonst mit der lakonischen Feststellung „Nada de esto [...] hay en España" geendet hatte.[542] Vor diesem Hintergrund überrascht es nicht, dass das angebliche „Reich des Despotismus" in seiner Darstellung von einer unfähigen Clique von nur auf ihren Vorteil bedachten Adligen beherrscht wird, die ihrerseits nur die Spielbälle einer aufgeblähten Schicht von korrupten Hofschranzen sind; dass das Klima mit seinen bitterkalten Wintern und seinen glühend heißen Sommern so unerträglich ist wie nirgendwo sonst und mit seinen extremen Ausschlägen zu einer deutlich erhöhten Sterblichkeit führt; dass sich das Land selbst dem Reisenden wiederum als vollkommen unfruchtbar und heruntergekommen darstellt, und dass sich seine Bewohnerinnen und Bewohner zu guter Letzt nicht nur durch ihren fundamentalen Mangel an Bildung und Kultur auszeichnen, sondern darüber hinaus je nach Herkunft wahlweise kleinwüchsig, geizig, hässlich, schmutzig oder vulgär sind.[543]

Die Forschung zu den *Memorias* hat in dieser überzogenen Darstellung den Einfluss der europäischen Aufklärung erkennen wollen, die immer wieder ein stereotypes Bild von Spanien als einem despotischen, zurückgebliebenen und nicht wirklich zu Europa gehörenden Land propagiert hatte.[544] Aber selbst wenn fray Servando von diesem aufklärerischen Spanienbild geprägt gewesen sein mag, ist doch ein anderer intertextueller Bezug wesentlich wichtiger. So stellt seine fast parodistische Beschreibung der Verhältnisse in Spanien selbstverständlich eine direkte Antwort auf die ähnlich pejorative Beschreibung Amerikas in den *Recherches philosophiques sur les Américains* des Cornelius de Pauw dar. Dieser schreibt am Anfang seines umfangreichen Traktats:

> Le Climat de l'Amérique étoit au moment de la découverte, très contraire à la plûpart des animaux quadrupèdes, qui s'y sont trouvés plus petits d'un sixième que leurs analogues de l'ancien continent. Ce Climat étoit surtout pernicieux aux hommes abrutis, énervés & viciés dans toutes les parties de leur organisme d'une façon étonnante. La terre, ou hérissée de montagnes en pic, ou couverte de forêts & de marécages, offroit l'aspect d'un désert stérile

---

542 Mier 2009, Bd. II: 124–125.
543 Vgl. allgemein die Darstellung Spaniens in Mier 2009, Bd. II: 206–264.
544 Vgl. Ette 1992b: 184–185. Tatsächlich fragt auch fray Servando in seiner „Relación" suggestiv: „¿No tiene razón el arzobispo de Malinas cuando dice que España se cuenta en Europa por un error de geografía?" (Mier 2009, Bd. II: 286). Vgl. zu der systematischen „Ausgliederung" Spaniens aus Europa auch Kraume 2010: 63–76.

& immense. Les premiers Avanturiers [sic] qui y firent des Etablissements eurent tous à essuier les horreurs de la famine ou les derniers maux de la disette.⁵⁴⁵

Das Klima und sein negativer Einfluss auf das Wachstum von Menschen und Tieren, die unermessliche Weite und die Unfruchtbarkeit des Landes, die daraus resultierenden Hungersnöte: All das findet sich so oder ähnlich auch in fray Servandos Beschreibungen von Spanien wieder. Dass der Dominikaner Cornelius de Pauw tatsächlich gelesen hatte und dass er dessen Werk für eminent wichtig hielt, darauf deutet der Umstand hin, dass er bei seiner Rückkehr nach Mexiko ein Exemplar der *Recherches philosophiques* aus Europa mitbrachte. Dass er de Pauws Theorien aber keineswegs zustimmend, sondern im Gegenteil mehr als skeptisch gegenüberstand, das formuliert er im ersten Teil seiner *Memorias* ganz ausdrücklich:

> Paw [sic], que parece escribió sus investigaciones americanas dentro del círculo polar, según su absoluta ignorancia de las cosas de América, y [...] escribió contra los americanos [...], con una pluma teñida en sangre de caníbales, dijo que la América entera es un continente acabado de salir de las aguas. Por consiguiente, todo lleno de pantanos y lagunas hediondas y mortíferas, incapaz de madurar ninguna fruta, y sólo capaz de producir juncos, reptiles y espinos; que de sus corrompidos estanques han saltado una casta de ranas llamados indios, especie media entre los hombres y los monos orangutanes. Éstos son delirios dignos de una jaula.⁵⁴⁶

Die Strategie, mit der fray Servando auf de Pauws Werk über die Amerikaner reagiert, setzt nun einerseits darauf, dessen angebliche „Wahnvorstellungen" durch die eigene Sachkenntnis zu entkräften. Nicht umsonst argumentiert er zuerst in seiner Predigt und dann in der „Apología", man müsse nicht nur die europäischen, sondern auch die indigenen Quellen studieren, um die mexikanische Geschichte verstehen zu können. Diese Forderung ist nicht nur als wohlfeile Behauptung vor dem Hintergrund seiner eigenen Neuinterpretation der Tradition der Jungfrau von Guadalupe zu verstehen, sondern sie richtet sich tatsächlich in einem weitaus umfassenderen Sinne gegen all diejenigen Europäer, die wie Cornelius de Pauw glaubten, es reiche aus, sich allein auf europäische Quellen zu stützen, um Amerika erfassen zu können. Jenseits dieser sachlichen Auseinandersetzung mit dem Xantener Philosophen lässt sich auf der anderen Seite aber auch fray Servandos Vorgehensweise insgesamt als eine polemische Reaktion auf dessen Thesen interpretieren. So spiegelt die Art und Weise, wie Mier in seiner „Relación" über Spanien schreibt,

---

545 De Pauw 1768: 4.
546 Mier 2009, Bd. I: 254–255. Vgl. zu dem von fray Servando nach Mexiko mitgebrachten Exemplar der *Recherches philosophiques* das von der Inquisition erstellte Inventar seiner Bücherkisten, in: Hernández y Dávalos 1882: 841. Vgl. zu dem Inventar der Inquisition auch Kapitel 4.1 Fray Servandos reisende Bibliothek.

Cornelius de Pauws Darstellung von Amerika bis in die Einzelheiten wider – mit dem Unterschied, dass der Dominikaner seine überzogenen Beschreibungen immer mit dem Hinweis darauf absichern konnte, er sei persönlich vor Ort gewesen und könne deshalb bezeugen, dass sich die Dinge wirklich so verhielten, wie er es schildert.[547]

Der Einfluss des Kanonikers kommt nun besonders an den Stellen der „Relación" zum Tragen, an denen fray Servando sich bemüht, die seiner Erzählung zugrundeliegende Annahme von der fundamentalen Degeneration Spaniens durch explizite oder implizite Hinweise auf die in einem übertriebenen Maße ausgelebte Sexualität der Spanierinnen und Spanier zu stützen. So schreibt er sehr unmissverständlich über die entsprechenden Sitten und Gebräuche in der spanischen Hauptstadt:

> A las oraciones de la noche se apoderan de la Puerta del Sol [...] una infinidad de muchachas prostitutas, muy bien puestas, [...] que no hacen sino pasar y repasar muy aprisa, como quien va a otra cosa que lo que realmente busca, y así están andando hasta las diez de la noche. Hecho el ajuste se despacha en los zaguanes y escaleras, y cuando yo entraba a mi casa por la noche no hallaba donde pisar, por los diptongos que había en los descansos.[548]

Im Zusammenhang mit dieser und vergleichbaren Beschreibungen aus der „Relación" betont allerdings Robert Folger, fray Servandos Vorgehensweise in der „Relación" sei komplexer, als es eine bloße „inversión del discurso colonial" im Stile Cornelius de Pauws sein könnte.[549] Dabei zielt Folger nicht auf die an dieser Stelle tatsächlich komplexe Metaphorik fray Servandos, sondern vielmehr auf die dessen Beschreibungen im Ganzen zugrundeliegende Strategie. So entspricht seiner Meinung nach der Blick des Erzählers der „Relación" in den entsprechenden Passagen demjenigen eines männlichen Kolonisators, der das zu unterwerfende Land zu einem eindeutig weiblich konnotierten Sexualobjekt degradiert.[550] Mit dieser Interpretation bezieht sich Robert Folger auf die Ausführungen von Mary Louise Pratt zum „colonial gaze" der europäischen Eroberer: Dieser Blick werde in der „Relación" unter umgekehrten Vorzeichen aktiviert, also durch ein eigentlich koloniales Subjekt, das sich selbst dadurch ermächtigt, dass es sich den Blick des Kolonisators zu eigen macht.[551] Diese Beobachtung ist zweifellos richtig. Wenn der Literaturwissenschaftler allerdings darin allein einen Beleg für seine Hypothese sieht, dass

---

547 Im Unterschied dazu sind de Pauws *Recherches philosophiques sur les Américains* Ottmar Ette zufolge ein „travail volontairement rhétorico-littéraire" (Ette 2010: 28).
548 Mier 2009, Bd. II: 235.
549 Folger 2010: 28.
550 Vgl. Folger 2010: 29.
551 Vgl. auch hierzu noch einmal Pratt 2008.

fray Servandos Vorgehensweise über eine bloße Umkehrung des angeblich kolonialen Blicks von Cornelius de Pauw und vergleichbaren Autoren hinausgehe, dann verkennt er den Umstand, dass auch de Pauw dem europäischen Kolonialismus trotz der grundsätzlich eurozentrischen Perspektive seiner *Recherches philosophiques* durchaus reserviert gegenüberstand.[552] Angesichts dieses blinden Flecks in seiner Argumentation erstaunt es wenig, dass Folger zuletzt auch nicht hinreichend erklärt, worin genau die größere Komplexität von fray Servandos Vorgehensweise bestehen soll. Darin, dass der Dominikaner die zivilisatorische Überlegenheit seines in Europa reisenden Ichs auf dessen „masculinidad superior" gründet?[553] Eine solche überlegene Männlichkeit setzen implizit aber auch die Schriften von Cornelius de Pauw und seinen Zeitgenossen voraus. Anstatt deshalb für die „Relación" nur eine solche nur vage umrissene und damit letztlich diffus bleibende Komplexität zu reklamieren, schlage ich vor, fray Servandos Polemik ausdrücklich vor dem Hintergrund der jahrhundertealten „Debatte um die Neue Welt" zu verorten und präzise zu analysieren, wie sich das Ich seiner autobiographischen Erzählung nicht nur zu vorgängigen Texten wie demjenigen von Cornelius de Pauw, sondern auch zu der transatlantischen Wirklichkeit seiner Zeit in Beziehung setzt.

In diesem Zusammenhang mag eine Passage aufschlussreich erscheinen, in welcher der Autor der „Relación" über einen Aufenthalt in Madrid berichtet, bei dem die seinen Ausführungen grundsätzlich zugrundeliegende Vermutung von der Degeneration von dessen Bewohnerinnen und Bewohnern in vielfacher Hinsicht bestätigt worden sei:

> Me figuré que aquél era un pueblo de potrosos, y no lo es sino de una raza degenerada, que hombres y mujeres hijos de Madrid parecen enanos, y me llevé grandes chascos jugueteando a veces con alguna niñita que yo creía ser de ocho o nueve años, y salíamos con que tenía sus dieciséis. En general se dice de los hijos de Madrid que son cabezones, chiquititos, farfullones, culoncitos, fundadores de rosarios y herederos de presidios. Y luego la marca al cuello del Hospital de Antón Martín, que es el del gálico, porque éste se anuncia en Madrid por los pescuezos.[554]

Diese polemische Passage mit ihrem Rückgriff auf Stilmittel wie die Klimax (vom Leistenbruch über die Kleinwüchsigkeit bis hin zur Syphilis), die Häufung (dies und das und dann auch noch das), die Übertreibung (das sechzehnjährige Mäd-

---

[552] So schreibt er beispielsweise in dem „Discours préliminaire" seines Werkes: „Soit que ce fût une combinaison funeste de nos destins, ou une suite nécessaire de tant de crimes & tant de fautes, il est certain que la conquête du Nouveau Monde, si fameuse & si injuste, a été le plus grand des malheurs que l'humanité ait essuié." (de Pauw 1768: o. S.).
[553] Folger 2010: 29.
[554] Mier 2009, Bd. II: 231–232.

chen, das nicht größer ist als ein Kind) oder die Ironie (der Rückzug auf das allgemeine Urteil über die Madrilenen) ist durchaus typisch für die Art und Weise, wie fray Servando in der „Relación" über Spanien schreibt. Die rhetorischen Mittel entfalten dabei umso unmittelbarere Wirkung, als sie in einen Kontext eingebettet sind, in dem das Ich der Erzählung immer wieder deutlich macht, dass sich sein Wissen aus der persönlichen Anschauung speist: Ich war da; ich habe all das, was ich beschreibe, mit meinen eigenen Augen gesehen; ich kann es bezeugen und stehe für die Wahrheit meiner Darstellung ein – das ist die Logik, die seinen Erzählungen zugrunde liegt.[555] Zur Glaubwürdigkeit seiner Schilderungen trägt nun auch die offensichtlich sehr genaue Ortskenntnis des autobiographischen Ichs bei; eine Ortskenntnis, die sich nicht zuletzt auch in dem Hinweis auf das Hospital de Antón Martín manifestiert, mit dem die zitierte Passage endet. Dieses Krankenhaus (das Hospital de San Juan de Dios, wie es eigentlich hieß) war 1552 von dem Ordensmann Antón Martín gegründet worden und hatte sich auf die Pflege von unheilbar Kranken und insbesondere Syphilitikern spezialisiert.[556] Wenn fray Servando nun mit dem Hinweis auf dieses Krankenhaus metonymisch auf die dort behandelte Geschlechtskrankheit anspielt, dann zeigt er damit nicht nur, dass er sich in Madrid gut genug auskannte, um von diesem Krankenhaus und seiner Spezialisierung Kenntnis zu haben; sondern auch, dass er bereit war, sich in einen allem Anschein nach in dem Madrid seiner Zeit verbreiteten Diskurs einzuschreiben, mittels dessen man sich auf diese spielerische Art und Weise über die Syphilis austauschte.[557]

Dass fray Servandos rhetorische Klimax gerade in dem Vorwurf gipfelt, die Madrilenen seien nahezu ausnahmslos Syphilitiker, lässt sich nun nicht nur allgemein mit der weiten Verbreitung dieser Geschlechtskrankheit in der Frühen Neuzeit erklären, sondern insbesondere auch mit der immensen Bedeutung, die ihr in der „Debatte um die Neue Welt" zukam. So wendet sich Mier auch mit dieser Zuschreibung implizit gegen die auch von Cornelius de Pauw vertretene Ansicht, die Syphilis sei von den Besatzungen der zurückkehrenden Schiffe von Cristóbal Colón aus Amerika nach Europa eingeschleppt worden. In seinen *Recherches*

---

[555] Vgl. zu der Art und Weise, wie fray Servando diese Augenzeugenschaft betont, etwa Mier 2009, Bd. II: 117 und 242. Hier hebt der Autor seine Präsenz in entscheidenden Momenten der Geschichte und an entscheidenden Orten hervor, indem er ausdrücklich unterstreicht: „También estaba yo allí […]." (Mier 2009, Bd. II: 117).
[556] Vgl. o. A. 1787: 246. Hier heißt es in einer Liste von Krankenhäusern über das in Frage stehende Haus: „El de Anton Martin [sic] para enfermos del mal gálico."
[557] So konstatiert der Literaturwissenschaftler Juan Carlos González Espitia: „The name of the hospital became a metonym for gálico and mentioning that someone was in the Antón Martín tacitly meant that the person had acquired bubas." (González Espitia 2019: 89).

philosophiques hatte der Kanoniker nicht nur eine Reihe von vermeintlichen Belegen für diese Hypothese angeführt (unter anderem, dass die bloße Anzahl von in Amerika gebräuchlichen Heilmitteln gegen die Seuche den amerikanischen Ursprung der Seuche beweise),[558] sondern er hatte auch behauptet, die Krankheit sei zum Zeitpunkt der Entdeckung Amerikas dort so verbreitet gewesen, dass man sich jederzeit auch ohne jeden Körperkontakt habe anstecken können: „Du temps de Christophe Colomb, il suffisoit d'y séjourner quelque temps, pour gagner la goutte sereine & le mal vénérien sans contact, les germes en étant comme répandus dans l'Atmosphère, par l'expiration des habitants."[559]

Behauptungen wie diese sind es, die seit der Publikation der *Recherches philosophiques sur les Américains* den entschiedenen Widerspruch von kreolischen Intellektuellen wie fray Servando Teresa de Mier provoziert hatten.[560] Tatsächlich war die Syphilis die erste globale Epidemie, deren plötzliches massenhaftes Auftreten und deren rasanter Verlauf im 15. Jahrhundert sehr gut dokumentiert sind. Ihr kommt darüber hinaus eine große Symbolkraft zu gerade dadurch, dass sie scheinbar aus dem Nichts auftauchte und dann von umso zerstörerischerer Kraft war.[561] Die Frage, woher diese „Geißel der Menschheit" stamme,[562] war lange Zeit umstritten: Wenn die Franzosen die Syphilis die „Neapolitanische Krankheit" nannten, die Engländer und die Deutschen (und fray Servando!) dagegen von der „Französischen Krankheit" sprachen, die Polen ihren Ursprung bei den Deutschen suchten und in ganz Europa immer wieder auch die Bezeichnung „Spanische Krankheit" kursierte,[563] dann lässt sich an der Vielfalt dieser Zuschreibungen nicht nur die enorme Verbreitung der Seuche ablesen, sondern eben auch das Potential an Beunruhigung, das sie barg. Das Insistieren auf der Frage nach dem Ursprung der Krankheit und

---

[558] „Ce qui prouve sans réplique, que la peste vénérienne est née en Amérique, c'est la quantité de remedes auxquels les peuples de ces contrées avoient eu recours pour en retarder les progrès extrêmes." (de Pauw 1768: 22).
[559] De Pauw 1768: 24.
[560] So setzt sich beispielsweise auch Francisco Javier Clavijero in seiner *Storia antica del Messico* mit der Frage nach der Herkunft der Syphilis auseinander. Vgl. zu einem Vergleich zwischen Clavijero und fray Servando im Zusammenhang mit der Frage nach der Syphilis auch Kraume 2015.
[561] Vgl. dazu auch Ette 2012: 12. Ette betont, dass die Syphilis seit ihrem ersten Auftreten untrennbar mit einem „Imaginarium des Globalen" verbunden worden sei. Vgl. zu den eher mittelbaren Auswirkungen der Syphilis auf das Zusammenleben der Geschlechter auch Crosby 1972: 160. Hier heißt es: „Where there must be trust, there must now also be suspicion. Where there must be a surrender of self, there must now also be a shrewd consideration of future health."
[562] Winkle 1997. Winkle verweist darauf, dass die Syphilis schnell soziale Grenzen überschritt und Landsknechte und Prostituierte ebenso wie Bischöfe, Könige und ihre Mätressen befiel (Winkle 1997: 558–559).
[563] Vgl. Crosby 1972: 124–125. Vgl. auch dazu noch einmal González Espitia 2019: 134.

die Vielzahl von einander ausschließenden Antworten sind vor diesem Hintergrund auch als Versuch zu verstehen, das eigentlich Inkommensurable doch verstehbar zu machen. Wenn nun fray Servando den Leserinnen und Lesern seiner „Relación" zu verstehen gibt, große Teile der Bewohner von Madrid seien von der Geschlechtskrankheit befallen, dann erschließt sich die tiefere Bedeutung dieser Unterstellung erst vor dem Hintergrund der jahrhundertealten Debatte um den Ursprung der Krankheit. So hatte sich der Dominikaner schon in seiner *Historia de la Revolución* zu der strittigen Frage positioniert, und das sehr viel expliziter als später in den *Memorias*:

> Todavía insisten los españoles, después de tantos bienes, en que *la América no les ha acarreado sino males*. Decid más bien que vosotros nos los habéis llevado, y tan desoladores como las viruelas, el sarampión o el gálico, que los alemanes llaman *sarna española*. Porque os dimos el palo santo o guayacán, la zarzaparrilla y el salzafraz para curarla, tuvisteis la ingratitud de achacárnosla; pero hoy está demostrado que os debemos también este funesto regalo.[564]

Ohne es explizit zu machen, nimmt die Argumentation in dieser Passage direkt Bezug auf die Unterstellung von Cornelius de Pauw, der amerikanische Ursprung der Syphilis lasse sich aus der Vielzahl von in Amerika gebräuchlichen Heilmitteln gegen die Krankheit ableiten.[565] Fray Servandos Hinweis auf die etwa aus tropischen Palisanderhölzern gewonnenen Medikamente ist aber auch deshalb interessant, weil er die Frage nach der Syphilis direkter und ausdrücklicher im Rahmen der „Debatte um die Neue Welt" ansiedelt, als es die bisher angeführten Textstellen getan hatten. So gründet fray Servandos Stellungnahme in seiner *Historia de la Revolución* auf der klaren Unterscheidung zwischen einem „Ihr" (den Spaniern oder allgemein den Europäern) und einem „Wir" (den Amerikanern). Haben wir euch die Seuche gebracht, so wie ihr behauptet, oder war es nicht vielmehr umgekehrt: Habt nicht eher ihr sie uns gebracht? Ihr werft uns vor, wir trügen die Schuld, aber ist nicht längst erwiesen, dass es umgekehrt gewesen ist?

Am Beispiel der sowohl in der *Historia de la Revolución* als auch später in den *Memorias* geführten Diskussion um den Ursprung der Syphilis lässt sich so nachvollziehen, welcher Stellenwert den Passagen der „Relación" über die vermeintliche spanische Degeneration in fray Servandos Argumentation zukommt.

---

[564] Mier 1990: 598. Dass sich fray Servando intensiv mit der Frage nach der Syphilis beschäftigt hat, davon zeugt nicht zuletzt auch der Umstand, dass er bei seiner Rückkehr nach Mexiko auch zwei einschlägige Bücher des spanischen Arztes Luna Calderón über die Möglichkeit einer vorbeugenden Behandlung der Syphilis im Gepäck hatte (vgl. die Inventarliste von fray Servandos Bibliothek, in: Hernández y Dávalos 1882: 844).

[565] Vgl. dazu noch einmal de Pauw 1768: 22.

Tatsächlich lässt sich dieser Reisebericht aus Europa insofern als eine dezidierte Stellungnahme innerhalb der jahrhundertealten „Debatte um die Neue Welt" interpretieren, als fray Servando Teresa de Mier darin explizit erklärt, es sei eines der Ziele seiner autobiographischen Aufzeichnungen, zu Hause in Amerika über die Zustände in Europa und insbesondere in Spanien und nicht zuletzt auch über die moralische Verfasstheit der spanischen „Madre Patria" zu informieren:

> Como entonces fue cuando yo abrí los ojos para conocer la práctica de nuestro gobierno, […] será bien que yo se los abra a mis paisanos, para que no se fíen absolutamente en que tienen justicia […] y procuren acá transigir sus pleitos como puedan, aunque sea a mala composición. Porque allá el poder es más absoluto, más venal es la corte y los tribunales, mayor el número de los necesitados, de los malévolos e intrigantes, los recursos más difíciles, por no decir imposible, para un pobre, y, en una palabra: allá no se trata de conciencia, sino de dinero y de política, que en la inteligencia de las cortes es precisamente lo inverso de lo moral.[566]

Die „paisanos", an die sich der Autor dieser Zeilen ausdrücklich wendet, sind in diesem Zusammenhang nicht nur seine Landsleute im Wortsinn, sondern vielmehr alle Kreolen in Amerika im Unterschied zu eben den Spaniern, über deren vermeintliche Degeneration, deren ineffiziente Bürokratie und deren Korruptheit die „Relación" so ausführlich erzählt.[567] Vor diesem Hintergrund ist nun der klare Gegensatz auffällig, mittels dessen die grundsätzliche und dem ganzen autobiographischen Text zugrunde liegende Konkurrenz zwischen Spaniern und Kreolen hier in geographische Begriffe übersetzt wird: „Allá", dort jenseits des Atlantiks also, da drüben – das ist Spanien, das zum Zeitpunkt der Niederschrift zwar schon wieder in die Ferne gerückt ist, das dem schreibenden Ich aber noch deutlich genug vor Augen steht. „Acá" dagegen, das ist das Hier und Jetzt einer unmittelbaren Gegenwart Mexikos und Amerikas, das ausdrücklich als positiver Gegenpol zu dem moralisch ebenso wie kulturell zurückgebliebenen Spanien präsentiert wird.[568] Die *Memorias* situieren sich nun bewusst in dem Spannungsfeld zwischen dem „Hier" und dem „Dort", das sich durch diese Art der Beschreibung öffnet, und sie tun dies umso bewusster, als ihr Autor für sich in Anspruch nimmt, anders als die meisten Zeitgenossen in der Lage zu sein, tatsächlich zwischen Amerika und Europa zu vergleichen:

> En lo demás no se puede decir la verdad de España sin ofender a los españoles. Como ellos no viajan para poder hacer la comparación, y los que vienen para América vienen de niños,

---

566 Mier 2009, Bd. II: 33.
567 Vgl. zu dieser Verwendung des Wortes „paisanos" auch Ette 1992b: 181.
568 Auf eine vergleichbare Art und Weise, aber in umgekehrter Blickrichtung verwendet fray Servando diese Deiktika auch in seiner *Historia de la Revolución de Nueva España, antiguamente Anáhuac* (vgl. dazu auch Kapitel 2.1.2 Räume: Europa und Amerika).

sin haber visto a su patria con ojos racionales, España es lo mejor del mundo [...] aunque la mayor parte está sin cultivo y las tres partes del terreno son infecundas.[569]

Das Schlüsselwort dieser Passage ist zweifellos „comparación", der Vergleich, zu dem die Spanier nicht in der Lage seien. Mit diesem Hinweis nennt fray Servando die Methode beim Namen, derer er sich in seiner „Relación" bedient: *Er* ist im Unterschied zu den Spaniern in der Lage zu vergleichen, weil er gereist ist und weil er sowohl Amerika als auch Europa aus eigener Anschauung kennt. Es ist insofern nur folgerichtig, dass viele der Erzählungen in der „Relación" ausdrücklich als Vergleiche zwischen dem „Hier" und dem „Dort" aufgebaut sind und dass es in diesen Vergleichen immer die Deiktika sind, die zuerst ins Auge fallen. „Allá las iglesias no son templos magníficos y elevados, como por acá, sino una capilla",[570] schreibt fray Servando so beispielsweise. Weil der Erzähler der „Relación" nicht müde wird, immer wieder die grundsätzlichen Unterschiede zwischen dem „Hier" und dem „Dort" zu betonen, ähnelt sein Ton oft demjenigen eines Reiseführers, der eine Gruppe von neugierigen Touristen auf ein diesen bislang unbekanntes Terrain führt und ihnen dann Wissenswertes über den bereisten Ort vermittelt.[571] Dieser Eindruck wird dadurch verstärkt, dass Mier sein Unterwegssein immer wieder ausdrücklich als solches thematisiert und dass er die seinem Reisebericht zugrunde liegende itinerarische Struktur auf diese Weise noch deutlicher profiliert. Wenn sein Erzähler immer wieder unterstreicht, welche Distanzen er in wessen Begleitung mit welchen Verkehrsmitteln zurückgelegt hat, und wenn er dabei besonders die Strecken hervorhebt, die er zu Fuß bewältigt hat, dann dient die Vielzahl der präsentierten Details auch dazu, die Leserinnen und Leser der „Relación" mitzunehmen auf diese durchaus ermüdende Reise und ihnen auch das Unterwegssein selbst nahezubringen: „Sería largo contar los trabajos que pasé descansando de día, caminando de noche [...]", schreibt er beispielsweise, und an anderer Stelle betont er, wie zerschlagen er nach der Reise von Madrid nach El Escorial gewesen sei, die er aus Geldmangel zu Fuß unternommen habe.[572]

Obwohl den Leserinnen und Lesern der „Relación" auf diesen Wegen quer durch Europa durchaus intime Einblicke in die europäische Wirklichkeit am Ende des 18. und am Anfang des 19. Jahrhunderts vermittelt werden, kann doch kein Zweifel daran bestehen, dass der auf diese Art und Weise mühsam erschlos-

---

569 Mier 2009, Bd. II: 206.
570 Mier 2009, Bd. II: 252.
571 Vgl. etwa fray Servandos Ausführungen über Rom (Mier 2009, Bd. II: 167–168).
572 Vgl. Mier 2009, Bd. II: 77 und 30. Ähnlich auch eine Passage, in der fray Servando berichtet, wie er zu Fuß von Barcelona nach Madrid gereist sei (vgl. Mier 2009, Bd. II: 226).

sene Raum dem autobiographischen Ich bis zuletzt fremd bleibt,[573] und dass die seinen Erinnerungen zugrundeliegenden Vergleiche mehr Unterschiede als Gemeinsamkeiten zu Tage fördern. „Suelen decir los españoles que nada hay en América idéntico a lo de España sino los huevos y los jesuitas",[574] schreibt fray Servando ironisch, und sein eigener Bericht aus Spanien bestätigt diese volkstümliche Weisheit immer wieder aufs Neue. Das Bild, das der Dominikaner deshalb von den europäischen Städten zeichnet, die er auf seiner Reise besucht hat, zeigt vor diesem Hintergrund unmissverständlich, dass auch hier im Raume die Zeit zu lesen ist, wie Karl Schlögel das im Rückgriff auf den Geographen Friedrich Ratzel formuliert hat,[575] und dass die Zeit Europas langsam, aber sicher abgelaufen ist: „Del plano de las ciudades nada hay en Europa que se pueda comparar a las ciudades de nuestra América ni de los Estados Unidos."[576] Was in Europa fehlt, das sind die geraden Linien, wie sie die amerikanischen Städte kennzeichnen, daran lässt der Erzähler keinen Zweifel: „En España sólo se ha introducido alguna hermosura y regularidad en los puertos que comercian en América, por su ejemplo, como Cádiz, Puerto de Santa María, Bilbao, Barceloneta."[577] Wenn sich eine der bereisten Städte doch einmal überraschend durch eine halbwegs symmetrische Anlage auszeichnet, dann hebt er das (wie etwa im Falle von Siena) lobend hervor: „La ciudad es bonita para Europa, donde, como tengo dicho, parece haber primariamente habitado un pueblo enemigo de las líneas rectas." Das in Europa übliche Straßengewirr dagegen wird allenfalls abfällig erwähnt und dabei implizit immer als überkommen und veraltet dargestellt: „Barcelona [...] es una de las mejores ciudades de España; pero ya se supone que debe componerse de un enredijo de calles [...]." „No posé en Zaragoza, aunque vi el enredijo de sus calles [...]." „Hablando de lo que es la villa de Madrid, ya se supone el desorden, angostura, enredijo y tortuosidad de calles, sin banqueta ninguna, ni la hay en parte alguna de España [...]." In all diesen Passagen erscheinen Amerika und seine Städte (das „acá", das fray Servando immer wieder direkt anspricht) unausgesprochen als der geordnete Raum der Zukunft, dessen unmittelbar nachvollziehbare Struktur dem Chaos und der Unordnung der alten Städte in Europa (dem „allá" aus fray

---

573 „Pero yo no he aprendido la topografía de España sino a golpes y palos", schreibt fray Servando gegen Ende seiner „Relación" (Mier 2009, Bd. II: 325).
574 Mier 2009, Bd. II: 202. Dieselbe Formulierung hatte fray Servando auch schon in seiner *Historia de la Revolución* verwendet (vgl. Mier 1990: 256).
575 Vgl. Schlögel 2003: 10.
576 Mier 2009, Bd. II: 124.
577 Mier 2009, Bd. II: 124.

Servandos Vergleichen) bei Weitem überlegen sind.[578] Wen nimmt es angesichts dieser Verhältnisse noch wunder, dass auch die Giralda in Sevilla weniger hoch ist als der Turm der Dominikanerkirche in Mexiko-Stadt und dass der vielgerühmte Palast Philipps II. in El Escorial nichts weiter zu sein scheint als ein Haufen Steine?[579]

Für den Autor der „Relación" bleibt auf diese Weise seine mexikanische oder allgemeiner gesprochen seine amerikanische Heimat immer der Bezugspunkt, auf den hin sich seine Erzählung orientiert. Besonders deutlich wird die Bedeutung der fernen Heimat für den Reisenden in einer knappen Szene, die 150 Jahre später den Ausgangspunkt für eine der zentralen Passagen in dem sich auf fray Servandos *Memorias* stützenden Roman *El mundo alucinante* des kubanischen Schriftstellers Reinaldo Arenas darstellen wird. In dem entsprechenden Abschnitt seiner „Relación" berichtet fray Servando Teresa de Mier, wie er im botanischen Garten in Florenz zufällig über eine mexikanische Agavenpflanze gestolpert ist, die auf einem Schild entsprechend gekennzeichnet und klassifiziert war. Reinaldo Arenas macht aus dieser Szene eine kurze, aber intensive Reflexion über das Heimweh des Exilierten; und auch wenn in dem Hypotext seines Romans, den *Memorias*, von Heimweh überhaupt nicht die Rede ist,[580] verdeutlicht die zugespitzte Lektüre von Arenas doch, wie sehr fray Servandos Erzählungen aus Europa stets auf die ferne Heimat

---

578 Vgl. auch dazu Schlögel 2003: 177–188. Schlögel beschäftigt sich in diesem Kapitel mit der von Thomas Jefferson 1783 gezeichneten Karte, auf der die Ordnung des Territoriums der Vereinigten Staaten von Amerika beruht. Mit Blick auf die Städte schreibt er: „Städte, Gemeinden sind so eingerichtet, daß man sich in ihnen überall zurechtfindet. Sie funktionieren überall nach demselben Prinzip, so wie es überall die Main Street, das Gericht, die Post, das Gefängnis, das wichtigste Hotel am Platz gibt. Was auf den ersten Blick wie Uniformität aussieht, ist in Wahrheit die Erzeugung eines homogenen Raumes, in dem die Differenz blüht und in dem alle Fortbewegung leicht, einfach und schnell ist. Man ist immer schon informiert und orientiert und bewegt sich wie selbstverständlich im Grundriß der Stadt, sei es Boston, New York oder Des Moines." (Schlögel 2003: 188). Vgl. zur Ordnung der lateinamerikanischen Städte auch Ángel Ramas Essay *La ciudad letrada*, in dem der uruguayische Schriftsteller die Anlage der amerikanischen Städte explizit mit deren Gerichtetsein auf die Zukunft hin in Verbindung setzt: „La traslación del orden social a una realidad física, en el caso de la fundación de las ciudades, implicaba el previo diseño urbanístico mediante los lenguajes simbólicos de la cultura sujetos a concepción racional. Pero a ésta se le exigía que además de componer un diseño, previera un futuro. [...] El futuro que aún no existe, que no es sino sueño de la razón, es la perspectiva genética del proyecto." (Rama 1998: 20).
579 Mier 2009, Bd. II: 193 (zu Siena), 205 (zu Barcelona), 228 (zu Zaragoza), 251 (zu Madrid). Vgl. auch 252 (zur Giralda in Sevilla) und 240 (zum Escorial).
580 Stattdessen veranlasst die unverhoffte Begegnung mit der Pflanze aus der Heimat den Erzähler der „Relación" nur zu einem längeren Exkurs über die Anziehungskraft, die solche ursprünglich aus Amerika stammenden Produkte für das gebildete Europa besaßen, und damit unausgesprochen über den Reichtum der amerikanischen Natur (vgl. Mier 2009, Bd. II: 196–197).

ihres Autors hin perspektiviert sind.[581] Die „Relación" mit ihrer ausgeprägten itinerarischen Struktur ist trotz der immer wieder sehr kontingenten Erfahrungen, die das autobiographische Ich unterwegs macht und die der Erzähler durchaus als solche kennzeichnet,[582] immer auf dem Weg zu einem Ziel; und dass dieses Ziel jenseits des Atlantiks und in der Zukunft liegt, das zeigen fray Servandos Beschreibungen des urbanen Raums in Europa besonders eindrücklich.[583]

Die klare Perspektivierung von fray Servando Teresa de Miers Erzählungen aus Europa wird nun durch ein weiteres ebenfalls auf dem Raum und den unterwegs erfahrenen räumlichen Verhältnissen basierendes Strukturelement ergänzt. So liegt den *Memorias* ein deutlich markierter Gegensatz zwischen Innenräumen und Außenräumen zugrunde, und das Ich der Erzählung gewinnt immer dann besonders an Kontur, wenn es versucht, die Grenze zwischen diesen beiden klar voneinander getrennten Räumen zu überschreiten.[584] Den Erzählungen über den weiten Raum Westeuropas, den sich das autobiographische Ich auf seinen Reisen erschließt, steht auf diese Weise immer wieder die ausführliche Beschreibung des eng umgrenzten und von der Außenwelt abgeschlossenen Raumes in den Gefängnissen gegenüber, in denen dieses Ich eingesperrt und jäh in seinem Freiheitsstreben und seinem Bewegungsdrang gebremst wird:

---

581 Vgl. Arenas 2008a: 224. Hier heißt es: „Y dirás cómo llegaste a Florencia, y de lo mucho que te emocionaste cuando viste en uno de sus parques un *ágave* [sic] *mexicano*, ay, una planta de maguey, enjaulada, con aquel cartelito clasificador colocado donde las hojas formaban el cuello. Entonces dirás toda la tristeza que se te echó encima, y de la forma que te embargó, y cómo pensaste en tu tierra, en manos de burros españoles, y cómo fue que decidiste zarpar hacia ella, para libertarla de cualquier manera." Fray Servando selbst spricht an anderer Stelle ausdrücklich über seine Sehnsucht nach Mexiko: „Nunca perdía yo de vista a México, deseando volver a la patria." (Mier 2009, Bd. II: 127). Vgl. zu Reinaldo Arenas und seinem Roman auch Kapitel 4.2.3 Reinaldo Arenas: Fray Servando bin ich. Vgl. zu dieser Perspektivierung der *Memorias* auch Ette 1999: 110.
582 Vgl. dazu beispielsweise fray Servandos Erzählung über seine Reise von Paris nach Rom, die mit den Worten beginnt: „No acabaría de contar las aventuras a que daban lugar mi pobreza y mi sencillez. Pero había mucha caridad, especialmente en el sexo compasivo y devoto de las mujeres [...]." (Mier 2009, Bd. II: 127). Vgl. zu Darstellung von Kontingenz in narrativen Texten noch einmal Warning 2001.
583 Víctor Barrera Enderle betont in diesem Zusammenhang ähnlich wie zuvor schon Ottmar Ette, es gehe fray Servando immer um die „demarcación de un espacio otro, *nuestra* América, donde el despotismo ya no cabía [...]". Er setzt diesen „anderen Raum" später ausdrücklich mit dem „otro espacio de enunciación" in Verbindung, den die in Italien exilierten Jesuiten geschaffen hätten (Barrera Enderle 2002: 19 und 27).
584 Auch dieser Umstand lässt sich selbstverständlich wieder mit der strukturalistisch-semiotischen Theorie zur literarischen Darstellung von Raum von Jurij M. Lotman in Verbindung setzen, in der die *„die Versetzung einer Figur über die Grenze eines semantischen Feldes"* zur Voraussetzung dafür wird, dass ein literarischer Text sujethaltig wird (vgl. dazu noch einmal Lotman 1993: 332).

> Así volví a mi chinchero y a dormir sobre los ladrillos, sin otra ropa que mi mismo vestido, y por cabecera mi pañuelo de narices. El alcaide hacía un registro a las siete de la noche y otro a las doce. Yo me tiraba en medio del calabozo para huir de las chinches; pero ellas bajaban al olor del cuerpo y me acometían por todas partes. El alcaide, en la visita de media noche, solía con los pies matar la procesión que hacían en hileras para venir sobre mí. A aquello de las cuatro de la tarde se me daba, como a los demás presos, un pedazo incomible de paladar de vaca, duro como una piedra, y un pedazo de pan negro y hediondo [...]. Este calabozo era separado y sin que allí se pudiese oír voz humana.[585]

Angesichts der großen Bedeutung, die der Kommunikation in seinen Erinnerungen zukommt, kann kaum überraschen, dass fray Servando auch bei dieser Beschreibung der *Cárcel Pública* in Madrid neben dem Ungeziefer und den dürftigen Essensrationen besonders die Isolation betont, in der man ihn während seiner Haft dort gehalten hat. Dass sich der Horizont für den sonst so rastlos Reisenden in der Haft jedes Mal drastisch verengt hat und dass ihn der Mangel an Austausch die Enge seiner Zelle umso empfindlicher spüren ließ, erscheint vor dem Hintergrund der bisherigen Ausführungen zu seinen Reisen beinahe zwangsläufig; umso mehr, als die „Relación" keinen Zweifel daran lässt, dass das autobiographische Ich jede Gelegenheit auf seinen Reisen genutzt hat, um mit anderen Menschen in Kontakt und in Austausch zu treten.[586] Die Spannung zwischen Offenheit und Geschlossenheit, zwischen Weite und Enge, zwischen Bewegung und Stillstand, zwischen Austausch und Isolation erweist sich so als ein Grundprinzip von fray Servandos autobiographischem Schreiben. Zugleich entwickelt sich die Dynamik der Erzählung insbesondere in der „Relación" immer wieder aus dem Umstand, dass das Ich dieser Erzählung unter keinen Umständen bereit ist, den durch seine Inhaftierungen erzwungenen Stillstand zu akzeptieren, und dass es immer wieder aufs Neue unter den abenteuerlichsten Umständen aus den Verliesen flieht, in denen man es festgesetzt hat. Das folgende Kapitel widmet sich deshalb abschließend der Frage nach der Flucht und dem Ausbruch aus dem Gefängnis, die in fray Servandos *Memorias* sowohl auf einer inhaltlichen als auch auf einer strukturellen Ebene eine entscheidende Rolle spielen.

---

585 Mier 2009, Bd. II: 278.
586 Das zuvor erwähnte Wegenetz mit seinen Knotenpunkten, das man ausgehend von den Erzählungen der „Relación" zeichnen könnte, erweist sich auf diese Art und Weise nicht zuletzt als ein dichtes Netz von Beziehungen; und auch die vorliegende Arbeit beruht ja inhaltlich und strukturell zu einem guten Teil auf diesen Beziehungen fray Servandos zu seinen Zeitgenossen sowohl in Amerika als auch in Europa (vgl. etwa fray Servandos Hinweis auf die Empfehlungen, mit denen ihn Abbé Grégoire in Paris mit italienischen Bekannten in Verbindung gesetzt habe: „Florencia está llena de hombres cultos y sabios. Yo estaba recomendado por Gregoire [sic] a los sabios de la Italia [...]." (Mier 2009, Bd. II: 196). Ähnlich auch 200).

3.3.4 Die *fuga* als diskursive Strategie

„Decía, pues, el Arzobispo, [...] que yo era propenso a la fuga",[587] schreibt fray Servando Teresa de Mier am Ende seiner „Apología", und er zeigt sich in der sich anschließenden Passage ausdrücklich irritiert angesichts dieser Unterstellung: Er habe zuvor schließlich noch nie im Gefängnis gesessen, so dass nichts darauf hindeute, dass er tatsächlich eine solche grundsätzliche Disposition zur Flucht aus der Gefangenschaft habe. Nach der Verbannung des Dominikaners nach Europa wird die weitere Entwicklung allerdings schnell zeigen, dass der Erzbischof von Mexiko-Stadt mit seiner Einschätzung durchaus nicht falsch gelegen hat: Die „Relación" ist in ihrer Gesamtheit ein Text, der nahezu obsessiv um das Thema Flucht, Ausbruch, Entkommen und Entweichen kreist. Kein Kloster, dessen Schlösser das autobiographische Ich der Erzählung nicht geknackt hätte; kein Gefängnis, dessen Tore es nicht hätte heimlich öffnen können, und keine Zelle, deren Fenster ihm nicht einen Ausweg geboten hätten. Das Bild, das fray Servando Teresa de Mier in dem autobiographischen Bericht über seine Jahre in Europa von sich selbst entwirft, ist auf diese Art und Weise mehr als alles andere dasjenige eines Ausbrecherkönigs, der sich beständig auf der Flucht vor seinen ebenso hartnäckigen wie ungerechten Verfolgern befindet, und er ist dabei um keine Rechtfertigung verlegen:

> Entonces vi que no había otro remedio contra mi persecución, que lo que Jesucristo aconsejó a sus discípulos: *cum persecuti fuerint vos in hac civitate, fugite in aliam*. Las rejas de mi ventana asentaban sobre plomo, y yo no tenía martillo y escoplo. Corté el plomo, quité una reja, y salí a la madrugada cargado con mi ropa, dejando una carta escrita en verso y rotulada *ad fratres in eremo*, dando las razones justificadas de mi fuga.[588]

Die Art und Weise, wie der Erzähler hier seine Flucht aus dem Dominikanerkloster Las Caldas in Kantabrien in Szene setzt, ist in mehrfacher Hinsicht bemerkenswert. Zum einen fällt die lakonische Erzählhaltung auf, mit der ein eigentlich unerhörtes Ereignis erzählt wird, als handele es sich um einen vollkommen gewöhnlichen Vorgang. Fray Servandos Erzähler macht nicht viele Worte, sondern er präsentiert seine abenteuerliche Flucht aus dem ersten von vielen Gefängnissen einfach als die natürliche Konsequenz aus den anhaltenden politisch motivierten Verfolgungen, denen er sich ausgesetzt sieht. Zum anderen fällt aber einmal mehr die Einbettung seines scheinbar sachlichen Berichts in ein mehrfach

---

[587] Mier 2009, Bd. I: 344. In seiner „Relación" kommt Mier auf diese Unterstellung des Erzbischofs zurück und zitiert sie zum Teil im Wortlaut: „Que era propenso a la fuga: ¿en qué cárceles había estado en mi vida para saberlo?" (Mier 2009, Bd. II: 279). Ähnlich auch S. 13 und 305.
[588] Mier 2009, Bd. II: 18–19. Das Zitat aus dem Matthäusevangelium lautet eigentlich: „Cum autem persequentur vos in civitate ista, fugite in aliam" (Mt 10: 23).

kodiertes literarisches Gefüge auf. So wird der Ausbruch aus der Haft nicht nur mit einem Bibelzitat verteidigt und auf diese Weise als nahezu unausweichlich dargestellt,[589] sondern die ganze Passage läuft auf eine leicht ironisch eingeführte poetische Produktion des Erzählers selbst hinaus (aus der den Leserinnen und Lesern der *Memorias* im Anschluss selbstverständlich noch eine kleine Kostprobe präsentiert wird). Auch dieses wörtliche Zitat aus dem angeblich nahezu ein Vierteljahrhundert zuvor extemporierten Gedicht des autobiographischen Ichs wird mit einem weiteren intertextuellen Verweis abgefedert, der in einer etwas verklausulierten Art und Weise einmal mehr die Bedeutung nicht nur der Literatur, sondern insbesondere der Predigt für die Entstehung der *Memorias* unter Beweis stellt. Die Augustinus von Hippo zugeschriebenen *Sermones ad fratres in eremo* gelten heute zwar als apokryph,[590] zu Lebzeiten fray Servandos konnte der ironische Hinweis auf diese vermeintlichen Predigten des Kirchenvaters aber durchaus als Ausweis einer profunden theologischen und literarischen Bildung gelten.

Die Flucht aus dem Kloster (das hier einmal mehr als Gefängnis dargestellt wird) bietet dem erinnerten Ich auf diese Weise in der Situation der Flucht selbst die Gelegenheit, die Enge seiner Zelle einzutauschen gegen die Weite des Unterwegsseins, und aus der Abgeschiedenheit des Dominikanerklosters in Kantabrien zurückzukehren in die Welt (denn nicht umsonst beschreibt fray Servando Las Caldas durch den Verweis auf die vermeintlich augustinischen *Sermones* ja als „eremus", als Einöde oder Wüste). Sie stellt für das sich später erinnernde Ich aber eben auch eine Möglichkeit dar, erneut seine enge Beziehung zur Literatur zu unterstreichen und sich sowohl als gebildeten Rezipienten als auch als kreativen Produzenten von im weitesten Sinne literarischen Texten darzustellen. Tatsächlich bietet der Fortgang von fray Servandos autobiographischem Text Raum für eine ganze Reihe weiterer Fluchten aus dem Gefängnis, und bei einem Blick auf die Gesamtheit der entsprechenden Passagen fällt auf, dass der Erzähler darin seiner in dieser ersten Ausbruchsszene erprobten Vorgehensweise weitgehend treu bleibt. Auch in der Folge bilden der betont sachliche Ton und der abenteuerliche Inhalt der entsprechenden Passagen einen starken Kontrast. Der Kronzeuge für die Wirkung dieses Gegensatzes mag deshalb einmal mehr Reinaldo Arenas sein, der die Fluchtszenen aus der „Relación" in seinem in den sechziger Jahren auf Kuba geschriebenen fray-Servando-Roman mit überbordender Fantasie ausschlachtet, dabei aber nur konsequent zu Ende denkt, was schon in den *Memorias* angelegt ist. So erzählt der kubanische Romancier beispielsweise, wie sein Protagonist aus einem

---

589 Vgl. zur biblischen Intertextualität in den *Memorias* auch die Überlegungen in Kapitel 3.3.2 Das Ich und die Literatur.
590 Vgl. Saak 2012.

Regenschirm einen Fallschirm baut, mittels dessen es ihm gelingt, sich nicht nur aus der Gefangenschaft abzusetzen, sondern sich so lange fliegend dem Zugriff seiner erbitterten Gegner zu entziehen, bis ihn eine Gruppe von Weiden schließlich zur Bruchlandung zwingt.[591] Und tatsächlich geht der Kern dieser haarsträubenden Geschichte auf eine Episode in der „Relación" zurück, die ebenfalls mit den entsprechenden narrativen Elementen (Regenschirm, Fallschirm, Bruchlandung) arbeitet – mit dem einzigen Unterschied, dass sich fray Servando Teresa de Mier im Unterschied zu Reinaldo Arenas zuletzt doch entscheidet, das Projekt einer solchen Flucht mit dem Regenschirm nicht in die Tat umzusetzen, oder vielmehr: die entsprechende Geschichte nicht zu erzählen:

> Pues vamos a perderlo todo, dije yo en reviniendo, es necesario aventurarlo todo; y comencé a arbitrar los medios de escapar. Mi primer pensamiento fue echarme a volar con el paraguas, cuyas puntas llegué a atar, hasta el fondo de un patio formado por un cuadro de tres órdenes de celdas, donde se veía una puerta. Pero era mucha la altura; debían recibirme abajo unas piedras enormes, y podría tener mi vuelo el éxito de Simón Mago.[592]

Dass die Entscheidung gegen den Ausbruch mit dem Regenschirm auch und vor allem eine Entscheidung gegen die *Erzählung* über einen solchen Ausbruch ist, das zeigt ein intensiverer Blick auf die narrative Gestaltung der entsprechenden Passage in den *Memorias*. So ist fray Servandos Reflexion über die Möglichkeit einer Flucht aus dem Kloster San Francisco in Burgos im Vergleich zu der Konkretion, mit der anderthalb Jahrhunderte später Reinaldo Arenas den hier noch verworfenen Plan ausbuchstabiert, konsequent im Modus der Potentialität gehalten. Diese Dimension des nur Möglichen gipfelt in dem Hinweis auf Simon den Magier, von dem die apokryphe Überlieferung erzählt, er habe sich in einem Wunderduell mit dem Apostel Petrus in die Lüfte erhoben, sei aber nach dessen Gebet über Rom ab-

---

591 Vgl. Arenas 2008a: 146–148.
592 Mier 2009, Bd. II: 76. Es ist sicher kein Zufall, dass sich die Episode mit dem Regenschirm zu einer Art „running gag" in der Beschäftigung mit fray Servando Teresa de Mier entwickelt hat, denn sie kondensiert in charakteristischer Art und Weise die zentralen Eigenschaften von dessen Erzählung über sich selbst. So setzt auch das seit 2002 immer wieder gespielte und 2004 in einer Fernsehfassung von TV-UNAM zu großer Bekanntheit gelangte mexikanische Erfolgstheaterstück *1822 el año que fuimos imperio* von Flavio González Mello charakteristischerweise mit einer Verarbeitung dieser Szene ein: Das Stück beginnt im Jahr 1822 und also nach der Ausrufung der mexikanischen Unabhängigkeit in der Festung San Juan de Ulúa, wo der von Héctor Ortega gespielte fray Servando Teresa de Mier einmal mehr in Haft sitzt. Die erste Szene des Stücks zeigt diesen in Begleitung seines spanischen Gefängniswächters, der sich bei seinem Vorgesetzten bitter über einen neuerlichen Ausbruchsversuch des inhaftierten Dominikaners beschwert und seinen Ausführungen dadurch Gewicht verleiht, dass er den Regenschirm als *corpus delicti* durch die Luft schwenkt (vgl. González Mello 2004). Vgl. zu dem Stück von González Mello auch Miaja de la Peña 2014.

gestürzt.⁵⁹³ Ähnlich wie die zuvor zitierte Passage über den tatsächlich durchgeführten Ausbruch aus dem Dominikanerkloster Las Caldas führt also auch der hier analysierte Absatz über die bloße Möglichkeit einer Flucht aus dem Franziskanerkloster in Burgos zielstrebig auf einen Verweis aus einer zwar christlichen, aber eben doch apokryphen Tradition hin. Anders als die entsprechende Szene aus Las Caldas mündet diejenige aus Burgos aber allem Anschein nach nicht in eine literarische Produktion des Erzählers, sondern dieser wendet sich stattdessen zunächst der Erörterung anderer Möglichkeiten des Ausbruchs und schließlich erwartungsgemäß dessen planmäßiger Realisierung zu. Allerdings wird bei näherem Hinsehen deutlich, dass eine durch den Ausbruch motivierte literarische Produktion nur scheinbar ausbleibt. So ließe sich argumentieren, dass die erfolgreiche Flucht aus dem Kloster von Burgos und die dadurch eröffneten Möglichkeiten zwar nicht dem intradiegetischen Erzähler der „Relación", wohl aber deren historischem Autor eben doch zur Produktion von Literatur Anlass bieten – dann nämlich, wenn man die „Relación" selbst als den literarischen Text liest, der aus dieser und aus anderen Fluchten resultiert. Die Ausbruchsszenen und die Ausbruchsfantasien wären dann die Keimzelle für den literarischen Text, den die *Memorias* darstellen, und das umso mehr, als sich deren literarischer Charakter insbesondere in den mit einer Vielzahl von geknackten Schlössern, durchgefeilten Gitterstäben und aus Bettlaken hergestellten Strickleitern ausgeschmückten Szenen Bahn bricht.

Vor diesem Hintergrund kann deshalb die eingangs aufgeworfene Frage nach dem Status der *Memorias* zwischen den Polen von Diktion und Fiktion tatsächlich abschließend mit dem Hinweis auf deren hybriden Charakter beantwortet werden.⁵⁹⁴ Fray Servandos Erinnerungen sind sowohl Diktion als auch Fiktion, und sie lassen sich nicht auf einen der beiden Pole festlegen. Sie bewegen sich konsequent in dem Zwischenraum dazwischen, und gerade die Ausbruchsszenen legen beredtes Zeugnis ab davon, dass es fray Servandos Erzähler immer wieder gelingt, eigentlich faktuale Elemente seiner Geschichte fantasievoll zu fiktionalisieren. Wenn die „Relación" deshalb immer wieder aufs Neue die Ausbrüche des Ichs aus den unterschiedlichsten Gefängnissen inszeniert, dann lässt sich die große Zahl dieser Erzählungen auch damit erklären, dass darin nicht nur das Ich der Erzählung aus seinem jeweiligen Gefängnis ausbricht, sondern dass sich letztlich auch der autobiographische Text selbst jeder definitiven Festsetzung entzieht. So, wie das auto-

---

593 Vgl. Haehling 2003: 47–71.
594 Vgl. dazu noch einmal die Einleitung in dieses Kapitel 3.3. Auch Víctor Barrera Enderle wirft diese Frage auf, wenn er schreibt: „Si bien, en principio se trata de un texto de no ficción, sus estrategias narrativas dan cuenta de una construcción que bien podríamos llamar literaria en el sentido de la elaboración y descripción de situaciones y acciones (y creaciones) de personajes." (Barrera Enderle 2002: 37).

biographische Ich immer wieder und scheinbar unaufhaltsam die Grenzen zwischen dem eng umgrenzten Innenraum der Kloster- oder Gefängniszelle und dem offenen transatlantischen Raum überschreitet, innerhalb dessen es unterwegs ist, so bewegen sich auch die *Memorias* über die traditionellen Grenzen der literarischen Gattungen hinweg und stellen deren Geltung dadurch unausgesprochen in Frage.

Zugleich lassen sich die in diesen *Memorias* mit solcher Beharrlichkeit erwähnten Fluchten und Ausbrüche des Ichs selbstverständlich auch in einem allegorischen Sinne lesen, und tatsächlich ist das in der Forschung zu fray Servando Teresa de Mier bereits häufiger geschehen. Die Lebensgeschichte fray Servandos, wie sie die *Memorias* erzählen, wäre in diesem Zusammenhang als eine Allegorie für die Geschichte der mexikanischen Nation zu interpretieren. In einer solchen Lektüre würden die Ausbrüche des autobiographischen Ichs aus den spanischen Gefängnissen folgerichtig die Flucht Mexikos aus der jahrhundertealten spanischen Kolonialherrschaft präfigurieren, die zwar in den Jahren der Niederschrift der *Memorias* noch nicht erfolgreich zum Abschluss gekommen war, die sich aber just in dieser Zeit langsam abzuzeichnen begonnen hatte:

> Escribió en un momento en que el movimiento independentista padecía una crisis – así por lo menos debía de parecerle al autor en su cárcel en México. Por lo tanto, el autor pensaba que su destino personal era emblemático para el destino de su patria; escribir una relación de su destino significaba escribir una alegoría de la lucha por la independencia.[595]

Wenn man den in der „Relación" immer wieder aufs Neue inszenierten Ausbruch aus dem Gefängnis auf diese Weise als eine von fray Servando Teresa de Mier bewusst gewählte diskursive Strategie liest, dann lässt diese Strategie offenkundig politische Visionen ebenso handgreiflich werden, wie sie literarische Texte generiert. Zwar ist die abendländische Literaturgeschichte reich an Erzählungen über spektakuläre Fluchten, und gerade in der Zeit gegen Ende des 18. und Anfang des 19. Jahrhunderts scheint das Thema in den unterschiedlichsten Ausprägungen besonderes Interesse gefunden zu haben, davon zeugt nicht nur Giacomo Casanovas autobiographische *Histoire de ma fuite des prisons de la République de Venise qu'on appelle les Plombs* (1788), sondern auch Alexandre Dumas' Abenteuerroman *Le comte de Monte-Cristo* (1844–1846). Auf einer Ebene jenseits des bloß anekdotischen Ereignisses aber entfaltet das Sujet vor allem dann besondere Wirkung,

---

595 Folger 2010: 37. Im Unterschied zu dieser allegorischen Lektüre der *Memorias* spricht Linda Egan etwas verunklarend sowohl von dem „Leitmotiv" als auch dem „Symbol" der Flucht bei fray Servando: „El leitmotiv de la fuga, tan insistente a través de los dos tomos y hasta después de que se declara la independencia de México, construye un símbolo complejo." (Egan 2004: 19).

wenn es wie bei fray Servando dazu dient, literarische und politische Zielsetzungen miteinander in Einklang zu bringen.[596]

Die Poetik der Skizze, zu der sich der Autor der *Memorias* vor allem im Zusammenhang mit seiner umstrittenen Predigt von 1794 bekannt hatte, lässt sich nun mit dieser diskursiven Strategie der *fuga* insofern korrelieren, als der über weite Strecken skizzenhafte und oft die Kontingenz der dem Ich zustoßenden Erfahrungen betonende Charakter auch seiner autobiographischen Aufzeichnungen aus dem Gefängnis der Inquisition eben durch eine Schreibweise bedingt ist, die sich ihrerseits jeglicher Festschreibung entzieht und die auf diese Weise den Fluchten des Ichs auf der inhaltlichen Ebene nachempfunden zu sein scheint. Trotz der im Verlauf seiner Erinnerungen immer wieder wortreich vorgebrachten Beteuerungen seiner Präsenz in entscheidenden Momenten nicht nur der eigenen, sondern auch der politischen Geschichte Europas und Amerikas neigt fray Servando Teresa de Mier zu einer distanzierten Erzählhaltung,[597] zu der die Ironie seines Erzählers und dessen Hang zur Digression und zur Anekdote entscheidend beitragen. Wenn man diese distanzierte Erzählhaltung als eine Art Rückzug des Erzählers aus dem eigenen Text (bei gleichzeitiger maximaler Involviertheit in die darin verhandelten Fragen) interpretieren will, dann lenkt dieser Rückzug die Aufmerksamkeit abermals auf das Ich, das hier erzählt. Dieses Ich bekennt sich einerseits klar zu den von ihm verfolgten Zielen. So steht außer Frage, dass es ihm zunächst um die Wiederherstellung seiner nach der skandalösen Predigt vom Dezember 1794 in Mitleidenschaft gezogenen Ehre und in einem zweiten Schritt um die Aufklärung seiner amerikanischen Landsleute über die Verhältnisse in Europa geht. Andererseits spricht der mit Blick auf *diese* Ziele seiner Erzählung so freimütige Erzähler das *eine* Ziel aber gerade nicht an, dem sowohl seine eigene Rehabilitation als auch die Aufklärung seiner kreolischen Zeitgenossen unterzuordnen wären. Denn beides, die Verteidigung der eigenen Person wie die Information der Landsleute, dient natürlich der Vorbereitung jener Unabhän-

---

[596] Víctor Barrera Enderle liest fray Servando deshalb als Vorläufer einer hispanoamerikanischen Literatur, die in seiner Lesart insgesamt eine „fuga constante que se desplaza (huye) entre los modelos impuestos por Occidente y las voces que la Conquista y la alfabetización no lograron callar del todo, en una especie de transculturación escritural [...]" ist (Barrera Enderle 2002: 40–41). Abgesehen davon, dass die grammatikalischen Bezüge in dieser Aussage etwas unklar sind (die Flucht flieht?) und die Aussage als solche etwas opak wirkt, ist der Hypothese von der Vorreiterrolle fray Servandos sicher zuzustimmen.

[597] Vgl. zu dieser zeithistorischen Augenzeugenschaft fray Servandos Bemerkungen beispielsweise über das Verhältnis zwischen der spanischen Königin María Luisa und ihrem Minister Manuel de Godoy, über Napoleons Streben nach der Kaiserkrone und über die Schlacht von Trafalgar (vgl. Mier 2009, Bd. II: 20 und 238 (zu Godoy), 117 (zu Napoleon) und 326 (zur Schlacht von Trafalgar)).

gigkeit Mexikos von Spanien, welche die allegorisch zu lesenden Ausbrüche in den *Memorias* immer schon vorwegnehmen.

Vor allem aus diesem Grund stellt fray Servando sein autobiographisches Ich im Verlauf der ganzen Erzählung so ausdrücklich als verfolgte Unschuld dar, wie es unter gänzlich anderen Umständen auch Abbé Grégoire in seinen Memoiren getan hatte. Im Falle fray Servandos wird auf diese Weise eine positive Identifikationsfigur für seine kreolischen Landsleute geschaffen, die dadurch in ihrem Kampf gegen die spanische Kolonialherrschaft bestärkt werden sollen.[598] Wenn er das Ich seiner *Memorias* als ein zartes, naives und sensibles Individuum darstellt, dann dient dieser literarisch stilisierte Entwurf seiner eigenen Identität fray Servando dazu, eben diese seine vermeintliche Naivität als Ursache für all die Leiden und vor allem für die Verfolgungen darzustellen, denen er im Laufe der Jahre ausgesetzt gewesen ist. So schreibt er zum Beispiel ausdrücklich über sich selbst: „Mi desgracia en América y en España fue mi inexperiencia, y haber carecido de quien bien me aconsejase."[599]

Ein solcher Mangel an Erfahrung soll nun nicht auch den Leserinnen und Lesern der *Memorias* zum Verhängnis werden, das ist der Subtext der entsprechenden Darstellungen; und eben deshalb stellt sich der Autor seinen kreolischen *paisanos* als mittlerweile eben doch erfahrener Ratgeber zur Verfügung. Die *Memorias* sind vor diesem Hintergrund nicht nur die Schilderung eines zwar womöglich repräsentativen, aber dennoch individuellen Einzelschicksals, sondern der darin erzählte Kampf eines unschuldig verfolgten Ichs gegen die Machenschaften seiner finsteren Verfolger steht exemplarisch auch für die Auseinandersetzungen all derjenigen, die wie dieses Ich ohne eigenes Verschulden in Schwierigkeiten mit der unerbittlichen Kolonialmacht geraten sind. Auch deshalb werden die mit allen Wassern gewaschenen Gegenspieler des unschuldigen Ichs immer wieder in den grellsten Farben geschildert:

> Volviendo a atar el hilo de mi narración sobre la venalidad de los consejeros, la prepotencia e intrigas de los agentes de Indias, considérese qué podría yo hacer ¡pobre de mí! bisoño, sin dinero, sin más agente, ni procurador ni abogado que yo mismo, contra la garrulla veterana y rica del arzobispo de México lanzada contra mí. Era caer un cordero entre las garras de lobos.[600]

---

[598] Vgl. auch dazu noch einmal Folger 2010: 39.
[599] Mier 2009, Bd. II: 15. Ähnliche Hinweise auf die Naivität und den grundsätzlich guten Willen des autobiographischen Ichs sind im Verlauf der Erzählung immer wieder zu finden: „Esta es la única intriga que he intentado en mi vida [...]. Mi candor excluye todo fraude. En vano mis amigos me han exhortado siempre a tener un poco de picardía cristiana, como ellos decían. No está en mi mano tener malicia." (Mier 2009, Bd. II: 74) Ähnlich auch Mier 2009, Bd. II: 129, 306, 311–312, 319, 320 und 321.
[600] Mier 2009, Bd. II: 50. Ähnlich auch Mier 2009, Bd. II: 42–43. Hier heißt es: „Ya está mi asunto en el Consejo, y así como he informado a mis paisanos de lo que es la covachuela, voy a decir a lo que se reduce nuestro Consejo y lo que deben esperar los que negocien en él."

Diese Passage macht mehr als deutlich, wie sehr sich in Hispanoamerika das Schreiben über die eigene Person gerade in den Jahren zu wandeln im Begriff ist, in denen die *Memorias* entstehen. Hatten die hispanoamerikanischen Intellektuellen in der Kolonialzeit für Institutionen wie die Kirche, die Krone oder die Inquisition geschrieben, wenn sie über sich selbst schrieben,[601] so verlieren diese Instanzen am Vorabend der Unabhängigkeit einen guten Teil ihrer Bedeutung. In dem besonderen Fall von fray Servando Teresa de Mier kann zwar davon ausgegangen werden, dass der Dominikaner sicherlich *auch* für die mit seinem Fall befassten Inquisitoren geschrieben hat (darauf deuten wenigstens die auffälligen Lücken und Auslassungen in seinen Erinnerungen hin, die womöglich dem Zweck dienten, sich nicht allzu angreifbar zu machen).[602] Allerdings zeigt all das, was in der „Apología" und der „Relación" dessen ungeachtet ohne Rücksicht auf Verluste erzählt wird, dass sich die Aufzeichnungen des inhaftierten Dominikaners mehr als an die überkommene Institution des *Tribunal del Santo Oficio* an die neuspanische Öffentlichkeit kurz vor dem Schritt des Landes in die Unabhängigkeit richteten.[603] Seine kreolischen Mitbürgerinnen und Mitbürger stellen die implizite Leserschaft sowohl von fray Servandos Rechtfertigungsschrift als auch von seinem Reisebericht aus Europa dar, und dieses Zielpublikum beeinflusst die Argumentation der beiden Texte entscheidend:

---

[601] Vgl. dazu noch einmal Molloy 2001: 13–14.

[602] Vgl. dazu auch den Vergleich, den Christopher Domínguez Michael zwischen den *Memorias* einerseits und dem wenig später entstandenen und ebenfalls autobiographisch motivierten „Manifiesto apologético" andererseits anstellt: „El desaseo formal del *Manifiesto apologético*, borrador de más de un ciento de páginas, se compensa con su formidable libertad expresiva. En el castillo veracruzano, Mier disfruta de la distancia que lo separa del complejo compromiso que lo ató a los inquisidores." (Domínguez Michael 2004: 582) Vor dem Hintergrund der hier vorgeschlagenen Interpretation, welche die *Memorias* als einen einer skizzenhaften Poetik unterliegenden Text in den Blick nimmt, ist jenseits der von Domínguez Michael angesprochenen Unterschiede zwischen dem im Gefängnis der Inquisition verfassten autobiographischen Text des *Memorias* und dem später in San Juan de Ulúa verfassten „Manifiesto apologético" besonders die Charakterisierung auch dieses zweiten autobiographischen Textes aus der Feder fray Servandos als „borrador" interessant.

[603] Mariana Rosetti spricht in diesem Zusammenhang von der „Lethargie" der neuspanischen Bevölkerung, die fray Servando zu dem Weckruf veranlasst habe, den seine Erinnerungen darstellten (vgl. Rosetti 2022: 236–237). Sie betont in diesem Zusammenhang, es gehe dem Autor um eine „degradación de sus pares letrados criollos, que permanecen, según Mier, en la ceguera […] sobre la realidad social y cultural españolas." (237) Meines Erachtens kann von einer solchen Abwertung keine Rede sein. Es geht dem Autor um Aufklärung; damit ist aber keine pejorative Sicht auf die noch nicht aufgeklärten Zeitgenossen verbunden.

> La relación de Mier se dirige no tanto a una autoridad determinada de la colonia, sino a sus compatriotas de la Nueva España como jueces de los acontecimientos. La fuente de legitimación de la verdad de su relato no va a ser ahora la administración colonial, sino sus propios compatriotas levantados en armas contra la metrópoli.[604]

Nur vor diesem Hintergrund sind die ausführlichen Schilderungen des spanischen Antiamerikanismus verständlich, mit denen fray Servando Teresa de Mier seine Erzählung immer wieder abfedert: „[C]ontra americanos todo se cree",[605] schreibt der Autor beispielsweise im Zusammenhang mit einem gegen ihn erhobenen und seiner Meinung nach haltlosen Vorwurf, und er appelliert mit dieser Aussage implizit an die Leserinnen und Leser der entsprechenden Schilderungen: Weil das so ist, weil man uns Amerikanerinnen und Amerikanern ohnehin immer alles Mögliche zutraut, sollten wir uns zusammenschließen und gemeinsam gegen diese Art von Vorverurteilungen vorgehen. „En este sentido, el texto servandino podría leerse como la legitimación de la palabra americana, la verdadera protagonista de la obra (el yo desbordado de fray Servando)",[606] schreibt Víctor Barrera Enderle dazu; und auch wenn er nicht erklärt, in welcher Verbindung die „palabra americana" und das „yo desbordado de fray Servando" wirklich zueinander stehen, ist seiner Interpretation mit ihrem Fokus auf dem Ich des Autors doch insofern zuzustimmen, als die in der „Relación" geschilderten Ausbrüche des autobiographischen Ichs immer auch als Versuche dieses Ichs zu verstehen sind, den es allzu sehr einengenden Strukturen die eigene Subjektivität entgegenzusetzen und diese vor allem gegen eine koloniale Bürokratie zu behaupten, in deren Augen jegliche Subjektivität *per se* suspekt sein musste.[607]

---

604 Rodrigo 1997: 357. Vgl. zum theoretischen Hintergrund der Annahme einer „impliziten Leserschaft" noch einmal Iser 1972. Vgl. auch Willand 2015. Umberto Eco spricht dagegen von dem „Modell-Leser", der aus einem „Zusammenspiel glücklicher Bedingungen [resultiert], die im Text festgelegt worden sind und die zufriedenstellend sein müssen, damit ein Text vollkommen in seinem möglichen Inhalt aktualisiert werden kann." (Eco 1990: 76).
605 Mier 2009, Bd. II: 49. Ähnlich auch Mier 2009, Bd. I: 315–316. Ausdrücklich vom Antiamerikanismus des spanischen Erzbischofs ist die Rede in Mier 2009, Bd. I: 332.
606 Barrera Enderle 2002: 35.
607 „Fray Servando's principal foe is the Spanish bureaucracy", betont Robert Folger (Folger 2011: 137). Letztlich lässt sich auch fray Servandos immer wieder nachdrücklich vorgetragene Behauptung, in Rom beim Papst seine Entlassung aus dem Dominikanerorden erreicht zu haben, als der Versuch eines solchen Ausbruchs aus immer schon zu engen Strukturen interpretieren. Christopher Domínguez Michael hat in seiner umfangreichen und sehr gut dokumentierten fray-Servando-Biographie nachgewiesen, dass diese Behauptung wohl jeglicher Grundlage entbehrte: „Fray Servando fue a Roma para dejar de ser fraile. [...] Pero ocurre que Mier jamás pudo demostrar, con los papeles en la mano, la factura de esa diligencia. Su Breve de secularización, hoy llamado dispensa o licencia de exclaustramiento, no consta en actas o archivos, ya sea porque le fue confiscado, o porque sencillamente nunca existió. La primera posibilidad, denunciada por

Die auf diese Weise strategisch eingesetzte überbordende Subjektivität des autobiographischen Ichs manifestiert sich nun auch darin, dass fray Servando an verschiedenen Stellen seiner Erinnerungen ausführlich auf die äußere Erscheinung dieses Ichs eingeht und dass er immer wieder ein Bild von diesem Ich entwirft, das dessen angebliche Charakterzüge (Einfachheit, Harmlosigkeit, Unschuld) auf seine Physiognomie zu projizieren scheint: „Tenía la fortuna de que mi figura, todavía en la flor de mi edad, atraía a mi favor los hombres y las mujeres [...]."[608] Und auch wenn sich fray Servando Teresa de Mier immer wieder gezwungen sieht, das autobiographische Ich seiner *Memorias* auf der Flucht vor dessen unerbittlichen Verfolgern zu verkleiden und die Identität dieses Ichs mit sich selbst durch bunte Maskeraden zu verschleiern, tragen die Verkleidungen letztlich nur dazu bei, dieses vielschichtige, schillernde, bewegliche Ich der Erzählung ins Zentrum der Aufmerksamkeit zu rücken: „En efecto: me transformaron diabólicamente, hasta ponerme con piedra infernal un lunar sobre la nariz y otro sobre el labio superior. No me habría conocido la madre que me parió."[609] Auch die Verkleidung ist auf diese Art und Weise eine Art Flucht oder ein Ausbruch – aus der angestammten Physiognomie, aus den gewohnten Sehgewohnheiten, aus der eigenen Identität nämlich; und die Leichtigkeit, mit der das autobiographische Ich zwischen den Identitäten hin- und herwechselt, bestätigt deshalb einmal mehr dessen Beweglichkeit und Flexibilität. Vor dem Hintergrund des politischen, gesellschaftlichen und ideologischen Umbruchs, den die von fray Servando Teresa de Mier nahezu zeit seines Lebens betriebene Unabhängigkeit Hispanoamerikas von Spanien dargestellt hat, entwirft der autobiographische Text seiner *Memorias* dieses bewegliche Ich bewusst in dem geographischen Zwischenraum zwischen Europa und Amerika und in dem diskursiven Zwischenraum zwischen Diktion und Fiktion. Ein solches unabhängiges Ich in den literarischen Text eingeführt zu haben, ist fray Servando Teresa de Miers wesentlicher Beitrag zu der sich formierenden hispanoamerikanischen Literatur seiner Zeit.

Mier en numerosas y confusas situaciones, se enfrenta a la suspicacia de todos los comentaristas, en el sentido de que esa secularización jamás se llevó a cabo o nunca tuvo buen fin." (Domínguez Michael 2004: 242).
608 Mier 2009, Bd. II: 129. Ähnlich auch Mier 2009, Bd. II: 85 (hier heißt es: „Como yo estaba todavía de buen aspecto, tampoco me faltaban pretendientes entre las jóvenes cristianas [...]") und Mier 2009, Bd. II: 274.
609 Mier 2009, Bd. II: 80.

3.4 Synkretismus der Schreibformen: Autobiographisches Schreiben bei fray Servando Teresa de Mier

In seiner *Historia de la Revolución de Nueva España, antiguamente Anáhuac* greift fray Servando Teresa de Mier auf genuin essayistische Schreibweisen zurück, um sich von Europa aus zu der in seinem Heimatland jenseits des Atlantiks ausgebrochenen Unabhängigkeitsrevolution in Beziehung zu setzen und um diese voranzutreiben. Er konstruiert in seinem historiographischen Essay ein deutlich konturiertes, bewegliches Erzähler-Ich, das seine Argumentation auch mittels des Rückgriffs auf einzelne eindeutig als solche erkennbare und narrativ in unterschiedlich starkem Maße ausgestaltete Biographeme stützt (Biographeme nämlich, die das essayistische Ich dieses Textes mit dessen Autor fray Servando Teresa de Mier selbst teilt).[610] Das zweite große Werk fray Servandos, die nach der Rückkehr in sein Heimatland im Gefängnis der Inquisition geschriebenen und aus zwei Teilen bestehenden *Memorias*, stellt vor diesem Hintergrund die logische Fortsetzung der *Historia de la Revolución* dar: Nachdem schon in Miers historiographischer Auseinandersetzung mit der Unabhängigkeitsrevolution in Neuspanien ein zwar fragmentiertes, aber dennoch im weitesten Sinne autobiographisches Erzähler-Ich in Erscheinung getreten war, widmet sich sein zweites, expliziter autobiographisch motiviertes Werk der Aufgabe, dieses Ich vor dem Hintergrund der Frage nach dem Verhältnis zwischen Amerika und Europa in seinen unterschiedlichen Facetten zu entwickeln und zu entfalten. War es also in der *Historia de la Revolución de Nueva España* noch darum gegangen, die auf die kollektive Identität der Mexikaner (oder allgemeiner: der amerikanischen *paisanos* des Autors) zielende Argumentation durch den Rückgriff auf die erwähnten Biographeme zu stützen, steht jetzt die narrative Ausgestaltung der Frage nach der individuellen Identität und Geschichte des autobiographischen Ichs im Mittelpunkt des Interesses.

Sylvia Molloy hatte in ihrer Studie zum autobiographischen Schreiben in Hispanoamerika darauf hingewiesen, dass man dessen Anfänge nicht allzu schematisch auf die Epoche der Unabhängigkeitsrevolutionen datieren sollte; aber trotzdem betont auch sie die besondere Bedeutung eben jenes Zeitraums, aus dem auch fray Servandos *Memorias* stammen:

---

610 Der Begriff „Biographem" stammt von Roland Barthes, der in *Sade, Fourier, Loyola* schreibt: „[...] si j'étais écrivain, et mort, comme j'aimerais que ma vie se réduisît, par les soins d'un biographe amical et désinvolte, à quelques détails, à quelques goûts, à quelques inflexions, disons: des ‚biographèmes', dont la distinction et la mobilité pourraient voyager hors de tout destin et venir toucher, à la façon des atomes épicuriens, quelque corps futur, promis à la même dispersion; une vie trouée, en somme [...]." (Barthes 2002: 706). Ottmar Ette verwendet synonym auch den Begriff „LebensZeichen" (Ette 2011: 100–102).

No me parece casual que se cuestione la validez de la autobiografía, o se reflexione sobre sus metas, en el momento en que un orden recibido es reemplazado por un orden producido; y tampoco me parece casual que esa reflexión se dé en el contexto de debates más generales sobre identidades y culturas nacionales, debates en los que las relaciones canónicas con España, y, en términos más generales, con Europa, se renegocian forzosamente.[611]

Molloys Erklärung dafür, dass sie der Zeit der Unabhängigkeit eine besondere Bedeutung für das autobiographische Schreiben in Hispanoamerika beimisst, ist für die in der vorliegenden Studie untersuchte Frage nach dem Verhältnis zwischen dem Schreiben von Geschichte und dem Schreiben von Geschichten bei fray Servando Teresa de Mier vor allem deshalb wichtig, weil auch die argentinische Literaturwissenschaftlerin das Problem der Identität sowohl auf einer individuellen als auch auf einer kollektiven Ebene verortet, und weil auch sie in diesem Zusammenhang ausdrücklich die auch für fray Servando Teresa de Mier besonders wesentliche Frage nach dem Verhältnis zwischen der Alten und der Neuen Welt anspricht. Vor dem Hintergrund ihres Interesses an der Zeit um die Wende vom 18. zum 19. Jahrhundert fällt nun aber auf, dass Molloy ihre Untersuchung des autobiographischen Schreibens in Hispanoamerika eben *nicht* mit einer Autobiographie beginnt, die tatsächlich aus der Zeit der Unabhängigkeit datieren würde, sondern dass sie an den Anfang ihres Parcours einen diachronen Blick auf einen derjenigen inhaltlichen Schwerpunkte stellt, welche in ihrer Darstellung die Gattung in Hispanoamerika kennzeichnen. So untersucht die Literaturwissenschaftlerin zu Beginn ihrer Studie die in den autobiographischen Werken von Domingo Faustino Sarmiento besonders betonte Bedeutung der Lektüre für das Ich der Erzählung, um in der Folge dann die von Sarmiento geschilderten Lektüreszenen in eine Beziehung zu vergleichbaren Szenen bei Jorge Luis Borges, Victoria Ocampo und José Vasconcelos zu setzen.[612] Erst ihr zweites Kapitel ist dann der Untersuchung der 1835 erschienenen Autobiographie des kubanischen Schriftstellers Juan Francisco Manzano und damit einem Werk gewidmet, das nur wenig später entstanden ist als fray Servandos *Memorias*.[613]

Tatsächlich stellt fray Servando Teresa de Mier mit seinen aus seiner Zeit im Gefängnis der Inquisition (1817–1820) datierenden autobiographisch motivierten *Memo-*

---

611 Molloy 2001: 14.
612 Vgl. Molloy 2001: 24–51.
613 Vgl. zu Juan Francisco Manzano und seiner Autobiographie Molloy 2001: 52–77. Mit Blick auf die Frage nach dem Zusammenhang zwischen der Unabhängigkeit und der Entwicklung des autobiographischen Schreibens in dem Hispanoamerika ist Manzanos Autobiographie allerdings insofern nicht repräsentativ, als Kuba ja erst wesentlich später als die anderen Länder des Subkontinents unabhängig wurde.

rias eine Ausnahme unter seinen Zeitgenossen in Hispanoamerika dar.[614] So haben beispielsweise weder Carlos María de Bustamante noch Lucas Alamán ausführliche Memoiren oder Autobiographien geschrieben, obwohl auch in *ihren* historiographischen Auseinandersetzungen mit der Unabhängigkeitsrevolution selbstverständlich einzelne autobiographische Versatzstücke (oder auch bestimmte autobiographisch motivierte Legitimationsstrategien) ins Auge fallen. Und auch in anderen hispanoamerikanischen Ländern haben intellektuelle Vorreiter und Autoren der Unabhängigkeit wie zum Beispiel fray Servandos venezolanische Bekannte in Paris und London, Simón Rodríguez oder Andrés Bello, darauf verzichtet, ihre Erinnerungen an ihr Leben zu Papier zu bringen – obwohl auch sie viele Jahre in Europa verbracht hatten und vor dem Hintergrund ihrer Bemühungen um die intellektuelle Untermauerung der Unabhängigkeit Hispanoamerikas diese in Europa verbrachten Jahre durchaus hätten fruchtbar machen können. Wenn die vorliegende Studie deshalb die *Memorias* (anders als zuvor die *Historia de la Revolución de Nueva España*) nicht mit vergleichbaren Werken aus Mexiko oder einem anderen hispanoamerikanischen Land in ein Verhältnis setzt, sondern mit den Erinnerungen von fray Servandos europäischen Weggefährten Abbé Grégoire und José María Blanco White, dann liegt das auch daran, dass es in Hispanoamerika im ersten Drittel des 19. Jahrhunderts tatsächlich nur wenige vergleichbare Werke gibt.[615] Den *Memorias* kommt innerhalb der Literatur der gerade unabhängig werdenden spanisch-

---

614 Ulrich Mücke schreibt über das autobiographische Schreiben in den gerade unabhängig gewordenen Ländern des Subkontinents: „Die Unabhängigkeit des kolonialen Lateinamerikas markierte auch in der Geschichte des autobiographischen Schreibens bedeutende Veränderungen. Die Kolonialverwaltung verschwand, und die Stellung der Kirche veränderte sich. [...] Anders als in Deutschland, Frankreich oder Großbritannien wurde autobiographisches Schreiben aber kein zentrales Element einer städtisch-bürgerlichen Kultur." (Mücke 2012: 202).
615 In Mexiko hat sich unter den Zeitgenossen fray Servandos nur José Miguel Guridi y Alcocer 1801 und 1802 der Aufgabe gestellt, der Nachwelt seine Erinnerungen hinterlassen zu wollen. Dass dieses Unterfangen alles andere als gewöhnlich und erwartbar war, das macht der Autor am Anfang seiner *Apuntes de la vida de D. José Miguel Guridi y Alcocer* deutlich, wenn er schreibt: „Estrañarán algunos que yo haya asentado mis sucesos. Podia responder que no es cosa tan rara, cuando formó César sus anales, Ciceron la historia de su Consulado, y otros muchos, citados por este en su carta á Luceyo, escribieron su vida. Podia añadir la excusa con que él, en la propia carta se vindica, que esto no es elogio sino narracion sencilla de los hechos; pero no insisto sino en que estos apuntes, aunque hablan de mí, no son más que un troso de la historia de la Providencia. Ella resalta en la vida de qualquiera, pero no todos los reflexionan, ni en todos aparece igualmente. Quizá al descubrirla en mis pasages, se moverán algunos á registrarla en los suyos y á someterse á sus disposiciones." (Guridi y Alcocer 1906: o. S.). Vgl. zu Guridi y Alcocer auch Domínguez Michael 2004: 90–91 (hier geht es um die Reaktion Guridis auf fray Servandos Predigt von 1794). Vgl. zu einem Überblick über die autobiographische Produktion insbesondere in Mexiko auch Woods 2005.

sprachigen Länder Amerikas eine Sonderstellung zu; und dieser Sonderstellung ist es zuzuschreiben, dass der Verfasser dieser *Memorias* so ausdrücklich die Besonderheit, die Einzigartigkeit und zugleich die Repräsentativität des eigenen Ichs betont: Ein Schriftsteller und Intellektueller, der in einem Rahmen über sich selbst spricht, in dem die Rede über das eigene Ich eigentlich nicht vorgesehen ist, muss diese (noch) prekäre Rede über das eigene Ich mit großer Wahrscheinlichkeit dadurch absichern, dass er seine Leserinnen und Leser (und vielleicht auch sich selbst) immer wieder der Außergewöhnlichkeit dieses Ichs versichert.

Vor diesem allgemein literaturgeschichtlichen und insbesondere gattungshistorischen Hintergrund ist es nicht erstaunlich, dass sich fray Servandos *Memorias* nun sowohl von den Erinnerungen seines Pariser Vertrauten Abbé Grégoire als auch von den autobiographischen Aufzeichnungen seines Londoner Freundes José María Blanco White deutlich unterscheiden. So halten Grégoires aus dem Jahr 1807 stammende *Mémoires* trotz der von ihrem Verfasser bewusst als solcher erlebten Zäsur der Französischen Revolution an dem überlieferten Modell der gewissermaßen „staatsmännisch-offiziellen" Memoiren aus der Frühen Neuzeit und der europäischen Aufklärung fest. Für den Abbé ist das öffentliche Wirken seines memorialistischen Ichs allem Anschein nach deutlich interessanter und wesentlich wichtiger als dessen individuelle, persönliche oder gar seelische Entwicklung; und aus diesem Grund setzt er in seinen Erinnerungen darauf, eine sich fragmentierende oder bereits fragmentiert habende Realität trotz aller damit zweifellos verbundenen narrativen Schwierigkeiten weiter mit den konventionellen Mitteln der klassischen Memorialistik begreifen zu wollen. Im Unterschied dazu kann *The Life of the Rev. Joseph Blanco White* von José María Blanco White insofern als eine Autobiographie im modernen Sinne gelten, als das Interesse des Verfassers dieses aus den dreißiger Jahren des 19. Jahrhunderts stammenden Werkes nicht mehr der Rolle seines autobiographischen Ichs in der Gesellschaft, sondern vielmehr den inneren Beweggründen für die Wechsel, Wandel und Konversionen gilt, die dieses Ich im Verlauf seines Lebens vollzogen und durchlaufen hat. Der über weite Strecken ausdrücklich konfessionelle Charakter dieser Autobiographie kann deshalb als Merkmal einer im weitesten Sinne romantischen Tradition der Auseinandersetzung eines Ichs mit sich selbst gelten, während Grégoires Beharren auf der Identität seines memorialistischen Ichs mit sich selbst noch in einer eher aufklärerischen Tradition des Schreibens über das eigene Leben verwurzelt zu sein scheint.

Im Unterschied zu den Werken seiner beiden europäischen Zeitgenossen entziehen sich fray Servando Teresa de Miers *Memorias* dieser allzu schematischen Abfolge von literaturgeschichtlichen Epochen und den Gattungsmustern, die diesen Epochen jeweils zuzuordnen wären. Weder geht es ihm darum, in seinen Erinnerungen ein repräsentatives Bild seines Ichs als einer öffentlichen Person zu zeichnen, noch zielen diese Erinnerungen darauf, die seelischen Untiefen des Ichs als eines sensiblen und wandelbaren Individuums auszuloten. Stattdessen verfolgen die *Memorias* vor allem das Ziel, *überhaupt* ein sich eindeutig als solches zu erkennen gebendes autobiographisches Ich in den Diskurs (oder präziser: in die Literatur) des unabhängig werdenden Mexikos einzuführen. Die Hypostasierung seines stets sowohl in einem diskursiven als auch in einem geographischen Sinne besonders beweglichen autobiographischen Ichs dient dem Verfasser der *Memorias* dabei zunächst dazu, in einem politischen Sinne für sich eben diejenige diskursive Autorität in Anspruch zu nehmen, die den Kreolen in Neuspanien bis zu diesem Zeitpunkt nicht zugestanden worden war; das wird auch immer dann deutlich, wenn er sich ausdrücklich an das als ideale Lektüregemeinschaft entworfene Publikum seiner amerikanischen *paisanos* wendet. Sie dient ihm aber auch dazu, einen neuen Enunziationsort in einem literarischen Sinne zu definieren, den man als eine Art „diskursiven Zwischenraum" beschreiben könnte. Innerhalb dieses „diskursiven Zwischenraums" und mittels der ausdrücklichen Reflexion über diesen Zwischenraum lotet der Autobiograph das Verhältnis einer neuen unabhängigen hispanoamerikanischen Literatur zu den bisher gültigen rhetorischen und narrativen Modellen aus. Auf diese Art und Weise wird bei fray Servando Teresa de Mier also vor dem Horizont der zu erreichenden politischen Unabhängigkeit mittels der autobiographischen Auseinandersetzung mit dem eigenen Leben vor allem auch die Frage einer literarischen Unabhängigkeit verhandelt.

Wenn die vorliegende Studie am Ende des Kapitels über fray Servandos *Historia de la Revolución de Nueva España, antiguamente Anáhuac* im Vergleich mit den zeitgenössischen historiographischen Werken von Carlos María de Bustamante und Lucas Alamán gefragt hatte: Wie erschreibt man sich Unabhängigkeit?, dann kann deshalb diese Frage im Zusammenhang der hier zu verhandelnden Frage nach der Besonderheit von fray Servandos *Memorias* im Vergleich mit den zeitgenössischen memorialistischen und autobiographischen Werken von Henri Grégoire und José María Blanco White an dieser Stelle erneut und präziser als zuvor gestellt werden: Wie erschreibt man sich *literarische* Unabhängigkeit? Tatsächlich geht die Einführung eines beweglichen und vielfältigen Ichs in die gerade unabhängig werdende mexikanische Literatur, die fray Servando Teresa de Mier in seinen *Memorias* vollzieht, mit einem ausgeprägten literarischen Gestaltungswillen einher, der sich nicht nur im Rekurs auf die unterschiedlichsten Gattungsmuster (wie beispielsweise der Chronik, der *novela picaresca*, dem Reisebericht oder auch der *relación de méritos*) manifestiert, sondern unter anderem auch in der Vielzahl von intertextuellen Verweisen, auf welche die *Memorias* implizit und explizit zurückgreifen. Durch ihre bewusst ins Werk gesetzte Amalgamierung der unterschiedlichsten Schreibformen und Gattungstraditionen und durch ihr oft genug ironisches Spiel mit den vielfältigen intertextuellen Bezügen, die im Verlauf der Erzählung aufgerufen werden, stellen fray Servandos Erinnerungen eine besondere Subjektivität aus (die sich allerdings nicht deutlicher von derjenigen unterscheiden könnte, die José María Blanco White nur wenig später mittels der in seiner Autobiographie so zentral gesetzten Introspektion erzielt).

Tatsächlich ist ja auffällig, dass die literarisch verfassten Erinnerungen der drei Weggefährten Henri Grégoire, José María Blanco White und fray Servando Teresa de Mier trotz ihres gattungstheoretisch so unterschiedlichen Zuschnitts und trotz ihrer im Einzelnen sehr unterschiedlichen Zielsetzung inhaltlich große Übereinstimmungen aufweisen. Alle drei Schriftsteller sind katholische Priester (im Falle Blanco Whites immerhin: gewesen); alle drei sind belesen, intellektuell bewandert und im weitesten Sinne aufgeklärt; alle drei sind unter diesen Voraussetzungen in ihren jeweiligen Heimatländern in eine gewaltige politische und kulturelle Umwälzung involviert, die jeweils als der Beginn einer „Moderne" im emphatischen Sinne beurteilt werden kann,[616] und alle drei beschäftigen sich gerade deshalb intensiv mit denselben brennenden politischen, gesellschaftlichen und kulturellen Fragen ihrer Zeit: nämlich mit derjenigen nach der Rolle der Kirche in einer modernen Gesellschaft, mit derjenigen nach der Inquisition und deren Zensur und Repression, mit derjenigen nach dem Kolonialismus und dessen Berechtigung, mit derjenigen nach der Sklaverei und den Möglichkeiten von deren Abschaffung und nicht zuletzt auch sehr ausdrücklich mit derjenigen nach der Beziehung zwischen Europa und Amerika. Die drei Schriftsteller finden auf diese Fragen teils unterschiedliche, teils aber auch sehr ähnliche Antworten; sie tauschen sich in Briefen und in ihren manchmal auf dieser Korrespondenz basierenden Werken über diese Fragen aus, und sie evozieren die damit verbundenen Überlegungen und Debatten ausdrücklich in ihren memorialistischen und autobiographischen Werken – und das oft genug unter der Prämisse der diese Werke in unterschiedlicher Art und Weise prägenden Vorstellung von der Verfolgung des

---

616 Vgl. zum Begriff der „Moderne" Ette 2020: 73–76. Ette unterscheidet zwischen der philosophischen und der historischen Bestimmung dessen, was die Moderne sei (philosophisch sei sie mit dem Projekt der europäischen Aufklärung, historisch mit der Französischen Revolution in Verbindung zu setzen) und plädiert in der Folge für ein Verständnis, das die Moderne nicht allein auf Europa bezieht, sondern das einen weltweiten Maßstab anlegt. In diesem Zusammenhang schreibt er: „Erst mit dem Aufstand der amerikanischen Kolonien Großbritanniens in der sogenannten Amerikanischen Revolution und sicherlich mehr noch in der Französischen Revolution von 1789 entwickelte sich [...] ein Verständnis der Zeit, das nicht mehr vorrangig zirkulär geprägt, sondern unverkennbar offen, insbesondere ergebnisoffen, linear und zugleich vom Menschen beeinflussbar erschien. [...] Es ist an der Zeit, die Vielgestaltigkeit der Modernen weltweit zu denken. Die Moderne wie die Modernen werden [...] – und dies ist der entscheidende Punkt – durch ein grundlegend verändertes Verhältnis zur Zeit bestimmt" (Ette 2020: 74 und 75).

jeweils unschuldigen Ichs durch das, was in allen drei Werken wörtlich als „calomnies", als „calumnies" oder eben als „calumnias" beschrieben wird.[617]

Anders als Henri Grégoire geht es fray Servando Teresa de Mier vor diesem Hintergrund aber nicht um die gegen alle Verleumdungen vorgebrachte Beteuerung der Unveränderlichkeit des eigenen Ichs und der Unverbrüchlichkeit von dessen Überzeugungen. Anders als José María Blanco White geht es ihm auch nicht um die aus der Rechtfertigung der eigenen Person und des eigenen Handelns gegenüber den Verleumdungen erwachsende Selbsterkenntnis. Was stattdessen in den *Memorias* vor dem Hintergrund der Verleumdungen und Verfolgungen inszeniert wird, denen fray Servandos autobiographisches Ich ausgesetzt ist, das ist eine auf mehreren Ebenen ins Werk gesetzte Flucht: Die Flucht dieses Ichs aus den konkreten Gefängnissen, in denen man es immer wieder aufs Neue festzusetzen versucht; die durch diese konkreten Fluchten allegorisch versinnbildliche Flucht seines Heimatlandes aus dem spanischen Kolonialreich, und nicht zuletzt eben vor allem auch die Flucht des autobiographischen Textes aus den überkommenen diskursiven Mustern, in die man diesen Text einzuordnen versucht sein könnte. Auf diese Weise entziehen sich die *Memorias* auf einer inhaltlichen ebenso wie auf einer formalen Ebene jeder eindeutigen Zuordnung und Festschreibung und setzen stattdessen auf eine Offenheit und Beweglichkeit, die durchaus Ähnlichkeiten aufweist zu derjenigen des essayistischen Schreibens. Dieser Eindruck wird dadurch verstärkt, dass fray Servando seine Erinnerungen durch die an deren Anfang stehende ausführliche Evokation seiner skandalösen Predigt vom 12. Dezember 1794 auf eine Art „kommunikative Urszene" gründet, welche im weiteren Verlauf die Entwicklung der Geschehnisse (und damit auch diejenige der Erzählung über diese Geschehnisse) maßgeblich prägt. Tatsächlich bedingt die ursprünglich der Predigt zugrundeliegende skizzenhafte Poetik im weiteren Verlauf der autobiographischen Erzählung auch deren Struktur, ihre Offenheit und Beweglichkeit. Aus der Skizze der Predigt heraus entsteht so die Skizze einer autobiographischen Erzählung, die auch deshalb immer unabgeschlossen bleiben muss, weil auch die Flucht im wörtlichen wie im übertragenen Sinne immer eher einen Anfang als ein Ende darstellt. Es ist deshalb kein Zufall, dass die *Memorias* nach dem letzten Ausbruch von fray Servandos autobiographischem Ich aus einem spanischen Gefängnis einfach abbrechen, noch ehe dieses Ich die Grenze zwischen Spanien und Portugal überschreiten könnte, und dass dadurch fray Servandos Erzählungen aus Europa enden, ohne dass es noch zu der durch den Erzähler in Aussicht gestellten Fortsetzung seiner Geschichte käme. Die letzten Worte der Autobiographie lauten so: „Hagamos alto aquí sin internarnos

---

617 Verwendet wird dieser Begriff zum Beispiel an folgenden Stellen: Grégoire 1837, Bd. II: 41–43, Blanco White 1845, Bd. I: 1 und schließlich Mier 2009, Bd. I: 302, 304, 342, 343 sowie Bd. II: 307.

en Portugal, porque según mi costumbre debo contar lo que noté desde que salí de Madrid hasta salir de España",[618] und dass darauf nichts mehr folgt, das ist symptomatisch für diese aus einer angeblich nur in Form einer Skizze vorliegenden Predigt entstandene Erzählung.

Wenn die Predigt aus dem Jahr 1794 so in gewisser Weise bereits den Weg zu der späteren Poetik von fray Servandos *Memorias* vorzeichnet, dann ist das auch deshalb von Bedeutung, weil die darin formulierte Hypothese von einer präcortesianischen Christianisierung Mexikos einen wirkmächtigen Synkretismus darstellt, der sich der Argumentation des Predigers zufolge in den kulturellen und religiösen Überlagerungen zwischen den aztekischen Gottheiten Tonantzin und Quetzalcóatl einerseits und den christlichen Heiligen Guadalupe und Thomas andererseits manifestieren würde. Die *Memorias* setzen ein solches synkretistisches Denken nun nicht nur auf dieser inhaltlichen Ebene in Szene, indem sie die Argumentation der seinerzeit gehaltenen Predigt noch einmal ausführlich rekapitulieren, sondern sie greifen dazu auch gezielt auf Schreibformen zurück, die sich wie die bereits kommentierte Amalgamierung der unterschiedlichsten überkommenen europäischen Gattungsmuster oder die sehr gezielt ins Werk gesetzte Intertextualität natürlich ebenfalls als Synkretismen in einem übertragenen Sinne beschreiben lassen.[619] In dieser Lesart würden die skizzenhaften *Memorias* also mittels ihrer gattungstheoretischen und formalen Offenheit eine Art „Synkretismus der Schreibformen" ins Werk setzen, der vor allem vor der Folie von literaturhistorisch sehr viel eindeutiger zuordenbaren Werken wie den „aufklärerischen" Memoiren Henri Grégoire einerseits und der „romantischen" Autobiographie von José María Blanco White andererseits anschaulich wird.

Im Vergleich mit den *Mémoires de Grégoire* und mit *The Life of the Rev. Joseph Blanco White* fällt so auf, dass die beiden autobiographischen Erzählungen fray Servandos, die „Apología" einerseits und die „Relación" andererseits, eine andere Form der Erinnerung an das eigene Leben inszenieren, als das die Weggefährten des Domi-

---

[618] Mier 2009, Bd. II: 328. Andere Editionen der *Memorias* (wie etwa die 2006 von Manuel Ortuño Martínez unter dem Titel *Memorias: un fraile mexicano desterrado en Europa* in Madrid herausgegebene Ausgabe) ergänzen die abbrechende Lebensgeschichte fray Servandos mit anderen autobiographischen Texten wie etwa dem „Manifiesto apologético" von 1820, um auf diese Weise eine größere Kontinuität herzustellen (die allerdings von dem Autor der *Memorias* kaum intendiert gewesen ist). Vgl. Mier 2006: 191–192.

[619] Vgl. zum Begriff „Synkretismus" aus einer anthropologischen Perspektive Stewart 1999. Vereinzelt wird der Begriff bereits auf eklektizistische Verfahren in der Kunst oder auch in der Literatur angewandt (vgl. zu solchen Verfahren in der Bildenden Kunst Lehmann/Petri 2012. Die Autorinnen setzen in ihrem Überblick etwa mit Blick auf die Architektur dem „ästhetischen Diktum der Stilreinheit" den „real gebaute[n] Pluralismus der Stile" entgegen (Lehmann/Petri 2012: 10)).

nikaners in ihren in Europa verfassten Erzählungen über ihr Leben tun. Während sowohl Grégoire als auch Blanco White den Erwartungen an die verschiedenen Formen des zeitgenössischen *life writing* insofern genügen, als sie jeweils (wenn auch in unterschiedlich starkem Maße) mit der Kindheit ihres Ichs einsetzen, um dann dessen Entwicklung hin zu einem denkenden, aufgeklärten, bei Grégoire in seinen Überzeugungen grundsätzlich beständigen oder bei Blanco fundamental wechselhaften Erwachsenen darzustellen, geht fray Servando in seinen *Memorias* anders vor. So wird in deren Verlauf immer deutlicher, dass sich der Verfasser dieser Erinnerungen trotz oder auch gerade wegen der darin bewusst inszenierten Proliferation seines autobiographischen Ichs nicht nur jedem Versuch einer Fixierung entzieht, sondern dass er auch jegliche Festschreibung seiner nicht zufällig so offen endenden Erinnerungen immer wieder zu unterlaufen bemüht ist. Im zweiten Teil der *Memorias*, der sogenannten „Relación de lo que sucedió en Europa al Dr. D. Servando Teresa de Mier, después de que fue trasladado allá por resultas de lo actuado contra él en México, desde julio de 1795 hasta octubre de 1805", greift fray Servando zwei Mal auf eine Metapher zurück, die in diesem Zusammenhang besonders aussagekräftig ist. In den entsprechenden Passagen vergleicht sich das autobiographische Ich der „Relación" mit einem innerhalb einer Bibliothek verloren gegangenen oder mutwillig verstellten Buch, das der um Ordnung bemühte Bibliothekar nun wieder an der richtigen Stelle einzuordnen versuchen muss. Das erste Mal wird dieses Bild im Kontext der Erzählung über eine gescheiterte Flucht aus dem ersten von vielen Gefängnissen verwendet, wenn fray Servando schreibt: „tuve que volver a ser archivado en Las Caldas, como un códice extraviado"; ein weiteres Mal taucht es dann zu einem späteren Zeitpunkt in leichter Variation und mit einer etwas allgemeineren Stoßrichtung auf: „Toda la dificultad para archivar a uno en cualquier destino consiste en los medios de proveer a su manutención [...]."[620] Fray Servandos Vergleich seiner eigenen Person mit einem Buch und seine dabei zwischen den Zeilen vermittelte Charakterisierung des entsprechenden Buches als eines *per se* schwer einzuordnenden, eines immer schon verstellten, verlorenen, abhandengekommenen Werkes bestätigt sicher die Interpretation von der inhaltlichen und formalen Offenheit der *Memorias* und diejenige von der grundsätzlichen Beweglichkeit des darin in Szene gesetzten Ichs und von dessen Bereitschaft, sich allen Versuchen der Festschreibung immer wieder zu entziehen. Zugleich verdeutlicht die von fray Servando mehrfach benutzte Metapher von diesem „códice extraviado" aber nicht nur jene Schwierigkeit, auf die

---

620 Mier 2009, Bd. II: 19 und 74. Fray Servando verwendet dieselbe Metapher auch noch einmal gleich zu Beginn seiner 1821 in der Festung San Juan de Ulúa verfassten „Carta de despedida a los mexicanos" in Bezug auf seine Haft im Gefängnis der Inquisition. Hier schreibt er: „Al volver del otro mundo, que casi tanto vale salir de los calabozos de la Inquisición, donde por así conviene me tuvo archivado tres años el gobierno [...]." (Mier 1978: 7).

der bibliophile Dominikaner damit direkt anspielt: dass man nämlich ihn selbst zeit seines Lebens immer wieder hat festsetzen wollen. Wenn man das mit dieser Metapher begonnene Spiel noch ein wenig weiterspielt, dann lassen sich daraus vielmehr bereits erste Rückschlüsse auf den weiteren Verlauf von fray Servandos Geschichte und auf die Rezeptionsgeschichte seiner Werke und insbesondere seiner autobiographischen *Memorias* ziehen. Dann können nämlich auch all die Versuche, diese *Memorias* auf eine möglichst endgültige gattungstheoretische und literaturhistorische Formel zu bringen, als Versuche gelesen werden, den „códice extraviado" fray Servando Teresa de Mier ein für alle Mal in ein festes Regal oder eine klar zuordenbare Abteilung der Bibliothek zu bannen. Das sich anschließende Kapitel wird diesen Versuchen der literaturgeschichtlichen Schließung nicht nur die Offenheit der Lektüren entgegensetzen, die fray Servando selbst vollzogen hat, sondern es wird darüber hinaus vier exemplarische Lektüren seines Werkes aus dem 20. Jahrhundert vorstellen, die der Versuchung einer solchen definitiven Archivierung des verstellten Buches zu widerstehen gewusst haben.

4 Lektüren – die *Memorias* und die *Historia de la Revolución, antiguamente Anáhuac*

Der Roman *El mundo alucinante (Una novela de aventuras)* von Reinaldo Arenas rekurriert auf eine sehr freie, fantastische und parodistische Art und Weise auf die *Memorias* von fray Servando Teresa de Mier, um dessen Lebensgeschichte aus der Perspektive des hispanoamerikanischen *Booms* neu zu erzählen.[1] In seinem Roman evoziert der kubanische Schriftsteller auch den Parisaufenthalt des neuspanischen Dominikaners im Jahr 1801, und er schildert dessen Besuche in den eleganten Salons der französischen Hauptstadt in leuchtenden Farben. In diesem Zusammenhang skizziert er auch eine Begegnung zwischen seinem Protagonisten und einem Zeitgenossen, den der historische fray Servando zwar mutmaßlich niemals persönlich getroffen hat, der aber in der Diegese von *El mundo alucinante* umso größere Bedeutung erlangt dadurch, dass seine Figur gewissermaßen als Spiegelbild zu derjenigen des fiktionalen fray Servando angelegt ist. So schreibt Arenas:

> El joven Alamán me ha presentado a este otro formidable joven, que es Humboldt. Hemos hablado toda la tarde aquí, en la parroquia, y, ya oscureciendo, salimos a dar una vuelta en el coche del barón. Hemos vuelto a la América. Estás allí, conversando con la naturaleza y con la vida de la gente. Tocas las cosas. Cuando el barón olvida un detalle tú te precipitas a recordárselo... Hablamos de los ríos que él conoce de memoria, y hasta de los más insignificantes arroyuelos... Y de la Ciudad de México no ha olvidado ni el nombre de una calle. Ya está enterado de todas las vilezas que he sufrido. Nos bajamos del coche y echamos a andar por el paseo, y a cada momento nos detenemos para resaltar un detalle. Para discutirlo. Para llenarnos mutuamente de pasión. Después seguimos andando. Hace bastante frío y aún no estamos en invierno. El barón me invita a su castillo... El castillo está rodeado por miles de plantas de toda la América. Atravesando el jardín oímos chillidos, silbidos, piares, graznidos de aves americanas que no pensé ya oír jamás... Ahora estamos en una de las terrazas del castillo. El barón me enseña su ensayo sobre la Nueva España, en el cual se encuentra trabajando. Le doy más datos. Le lleno la cabeza de nuevas ideas y descripciones. Me voy dejando por los sentimientos... Ya amaneciendo nos despedimos, siempre con el compromiso de volvernos a ver.[2]

Tatsächlich erwähnt auch fray Servando Teresa de Mier in seinen *Memorias* eine Begegnung mit Alexander von Humboldt in der französischen Hauptstadt, bei der dieser ihm die Richtigkeit der Annahmen seiner folgenreichen Predigt von 1794 bestätigt habe.[3] Allerdings befand sich der preußische Wissenschaftler im Sommer

---

[1] Vgl. zu Reinaldo Arenas und seiner fray-Servando-Lektüre auch Kapitel 4.2.3 Reinaldo Arenas: Fray Servando bin ich. Vgl. zum hispanoamerikanischen *Boom* Müller 2004.
[2] Arenas 2008a: 215.
[3] „Yo creía que era invención de los frailes, y así lo dije en mi estadística; pero después que he visto la curiosa disertación de usted veo que no es así", so zitiert fray Servando Humboldts an-

1801 gerade *nicht* in Paris, sondern auf der großen Amerikareise, die ihn in den Jahren zwischen 1799 und 1804 in die spanischen Vizekönigreiche Neugranada, Peru und Neuspanien sowie in die USA und nach Kuba führte.[4] Wenn sich fray Servando und Humboldt also tatsächlich begegnet sein sollten, dann kann diese Begegnung nur während des zweiten Besuchs des Dominikaners in Paris zwischen Juli 1814 und April 1815 stattgefunden haben und nicht bereits 1801, wie das schon fray Servando selbst nahelegt und wie es im Anschluss an dessen die Chronologie etwas verunklarende Darstellung dann auch Reinaldo Arenas insinuiert.[5] Nun spielt selbstverständlich für den kubanischen Romancier die Frage nach der historischen Präzision seiner Darstellung keine Rolle, und umso weniger, als er in einem der Vorworte zu *El mundo alucinante* betont, sein Roman wolle weniger ein historischer oder ein biographischer Roman sein als vielmehr ganz einfach ein Roman.[6] Was aber seine Schilderung jenseits der Frage nach deren historischer Korrektheit von besonderem Interesse sein lässt in dem großen Kontext von fray Servandos Lektüren, den zu erhellen sich dieses Kapitel vorgenommen hat, das ist die doppelte Lesebewegung, die der Szene von dem Austausch zwischen fray Servando Teresa de Mier und Alexander von Humboldt in *El mundo alucinante* implizit zugrunde liegt.

Denn die eben gebrauchte Formulierung „fray Servandos Lektüren" lässt sich natürlich in einem zweifachen Sinne lesen: Als *Genitivus subiectivus*, dann liest fray Servando selbst; aber auch als *Genitivus obiectivus*, dann wird fray Servando gelesen. Der Roman von Reinaldo Arenas setzt *beide* Lesarten der Formulierung ins Werk, nämlich zunächst auf der formalen Ebene seiner narrativen Konstruktion (also außerhalb der Diegese) und dann auf der inhaltlichen Ebene dessen, was erzählt wird (also innerhalb der Diegese). So hat natürlich einmal Reinaldo

---

gebliche Bestätigung der von ihm in seiner Predigt vorgebrachten Hypothesen (Mier 2009, Bd. II: 111–112).

4 Zu dem Zeitpunkt, zu dem in Arenas' Roman die Begegnung zwischen dem preußischen Forschungsreisenden und dem neuspanischen Dominikaner mutmaßlich stattfindet, nämlich im August 1801, befand sich Alexander von Humboldt gerade in Bogotá (vgl. Kutzinski 2018).

5 Dieser zweite längere Parisaufenthalt fray Servandos fand während seiner Londoner Jahre statt. Für die Hypothese von einer Begegnung 1814–1815 würde auch Arenas' Hinweis auf Lucas Alamán sprechen, der erst 1792 geboren wurde und tatsächlich 1814 in Europa gewesen ist, nicht aber schon 1801. Allerdings ist durchaus auch vorstellbar, dass fray Servando Teresa de Mier die in den *Memorias* nur äußerst knapp dargestellte Begegnung mit Humboldt erfunden hat, um durch den Verweis auf dessen vermeintliche Unterstützung seine umstrittene guadalupanische Theorie zu untermauern (vgl. zu der bereits in den *Memorias* bestehenden und von deren Autor mindestens billigend in Kauf genommenen Verwirrung in Bezug auf fray Servandos zwei Parisaufenthalte Domínguez Michael 2004: 206–207).

6 „Más que una novela histórica o biográfica, pretende ser, simplemente, una novela." (Arenas 2008a: 81).

Arenas die *Memorias* des historischen fray Servando Teresa de Mier gelesen, um seinen Roman als palimpsestartige Neuerzählung dieser *Memorias* konzipieren zu können und um in dieser Neuerzählung dann auch auf die von fray Servando in seinen Erinnerungen erwähnte Begegnung zwischen seinem autobiographischen Ich und Alexander von Humboldt zu sprechen zu kommen.[7] In der entsprechenden Szene (die in dem Roman von Reinaldo Arenas mit sehr viel mehr Liebe zum Detail ausgeschmückt wird, als das in den Erinnerungen von fray Servando der Fall gewesen war) liest dann aber auch der fiktionale fray Servando, und zwar den im Werden begriffenen „ensayo sobre la Nueva España" seines Gastgebers Alexander von Humboldt. Auf diese Weise geht *El mundo alucinante* also von fray Servando Teresa de Mier als zu lesendem Autor aus, um dann ein Bild von fray Servando Teresa de Mier als begeistertem Leser eines anderen Autors zu zeichnen (wobei bezeichnend ist, dass sich der Leser fray Servando in der in Frage stehenden Szene nicht damit bescheidet, Alexander von Humboldt zu lesen, sondern dass er in seiner Begeisterung über den Austausch mit dem preußischen Gelehrten sogar unmittelbar zu dessen Co-Autor avanciert).

Der *Essai politique sur le royaume de la Nouvelle-Espagne* (1808–1811), um den es hier geht, ist Teil von Humboldts Amerikanischem Reisewerk und in den ersten Jahren des 19. Jahrhunderts in Paris entstanden, wo der Autor seit seiner Rückkehr aus Amerika lebte.[8] Alexander von Humboldt war im März 1803 aus Ecuador kommend nach Neuspanien gereist und hatte dort fast ein ganzes Jahr verbracht, um von Mexiko-Stadt aus zahlreiche Expeditionen in unterschiedliche Regionen des spanischen Vizekönigtums zu unternehmen. Der *Essai politique*, in dem er nach seiner Rückkehr nach Europa von diesen wirtschaftlichen, geographischen, geologischen, linguistischen, archäologischen und nicht zuletzt auch politischen Erkundungen berichtet, brachte ihm schnell großen Ruhm ein – nicht nur, aber

---

7 In einem weiteren Vorwort zu *El mundo alucinante* berichtet Reinaldo Arenas ausführlich von seiner fray-Servando-Lektüre (vgl. auch dazu das Kapitel 4.2.3 Reinaldo Arenas: Fray Servando bin ich).
8 Der *Essai politique* wurde erstmals zwischen 1808 und 1811 in zwei Quartbänden veröffentlicht. Im Jahr 1811 erschien er erneut „mit identischem Inhalt, aber einer unterschiedlichen Paginierung in fünf Oktavbänden." (Krumpel 2020: 36). Vgl. zu Humboldts Pariser Aufenthalt auch Ette 2018: 14–15. Ette schreibt hier: „Humboldt liebte das Leben in Paris. Sein Amerikanisches Reisewerk [...] wuchs beständig, auch wenn es sich als weitaus komplexer als ursprünglich geplant erwies. Wenn er mit seinen *Ansichten der Natur*, deren erste Ausgabe 1808 erschien, auch seine deutschsprachige Leserschaft nicht vergaß, so wandte er sich doch mit seinem Opus Americanum vorwiegend in französischer Sprache an ein internationales, ja weltweites Publikum. In Paris fand dank der Möglichkeiten und Reichweiten der Verlage, der Vielzahl an Künstlern und der wissenschaftlichen Netzwerke die Humboldtsche Wissenschaft in der Weltsprache Französisch zu ihrer eigentlichen publizistischen Ausdrucksform. Und Alexander von Humboldt – wie stets zwischen Publikationen und Expeditionen – zu seiner Lebensform."

auch, weil das umfangreiche Werk durch seine ausführliche Analyse der Situation in den neuspanischen Silberbergwerken unter europäischen Investoren viel Aufsehen erregte.[9] Das Interesse dieses Werkes für den fray Servando von Reinaldo Arenas liegt allerdings ganz offensichtlich an anderer Stelle begründet. So steht das Gespräch zwischen dem Amerikaner und dem Europäer in *El mundo alucinante* ausdrücklich im Zeichen der Sehnsucht beider Gesprächspartner nach Amerika, einer Sehnsucht, die schließlich in der gemeinsamen Arbeit an dem Essay über Neuspanien kanalisiert und produktiv gemacht wird.

Der europäische Amerikareisende Alexander von Humboldt fungiert für Reinaldo Arenas dabei als eine Art Spiegelbild des amerikanischen Europareisenden fray Servando Teresa de Mier. Während Humboldt schon von seiner amerikanischen Reise zurückgekehrt ist und daran arbeitet, die unterwegs gewonnenen Erkenntnisse für seine europäische Leserschaft aufzubereiten, ist das Ende von fray Servandos europäischer Reise zwar noch nicht abzusehen; aber die Leserinnen und Leser von Arenas' Roman wissen (oder ahnen zumindest), dass auch *dieser* Reisende nach seiner Rückkehr in die Heimat ein Buch über seine Reise schreiben wird. Tatsächlich lassen sich auch die historischen Vorbilder für Arenas' Romanfiguren auf dieselbe Art und Weise in ein Verhältnis zueinander setzen: „The uncertainty as to whether or not the meeting between Mier and Humboldt ever took place does not, however, prevent us from linking these truly different travelers and their travels since the writings the two of them left behind paint a picture – albeit each with its own perspective– of the respective *different* world."[10]

Wenn man sie so liest, dann teilen Alexander von Humboldts *Essai politique sur le royaume de la Nouvelle-Espagne* und fray Servando Teresa de Miers *Memorias* also die Perspektive auf eine jenseits des Atlantiks liegende fremde Welt und das Anliegen, ihren jeweiligen Leserinnen und Lesern diese fremde Welt zugänglich machen zu wollen. In dem unmittelbaren Zusammenhang der in dem vorliegenden Kapitel zu verhandelnden Frage nach den Lektüren fray Servandos ist die von Reinaldo Arenas imaginierte Szene tatsächlich auch wegen dieser sich über dem Atlantik kreuzenden Blicke der beiden Romanfiguren und ihrer historischen Vorbilder von Bedeutung. Zunächst interessiert aber vor allem ihre Inszenierung von fray Servandos begeisterter Lektüre des *Essai politique*.

Denn auch der historische fray Servando Teresa de Mier ist ein Leser Alexander von Humboldts gewesen, und nicht nur das: Er hat den kurz zuvor publizierten Essay über Neuspanien offensichtlich für wichtig genug gehalten, um ihn mitzu-

---

9 Vgl. Kutzinski 2018: 42–44. Der Humboldtforscher Tobias Kraft betont den „generisch wie disziplinär" äußerst komplexen Charakter von Humboldts Werk und dessen „die anfänglichen Zuschreibungen sprengende Qualität" (Kraft 2014: 249).
10 Ette 1992b: 166.

nehmen, als er im Jahr 1817 nach fast 22 Jahren des Exils in Europa wieder in sein Heimatland zurückkehrte. Vor diesem Hintergrund erscheint die Vermutung alles andere als abwegig, dass die Lektüre von Humboldts Essay über Neuspanien durchaus einen Einfluss auf die Entstehung von fray Servandos *Memorias* in den Jahren seiner Haft im Gefängnis der Inquisition gehabt haben kann. Das sich anschließende Kapitel wird deshalb die fiktionale Szene zwischen Alexander von Humboldt und dem Protagonisten aus Reinaldo Arenas' *El mundo alucinante* zum Ausgangspunkt nehmen, um in zwei großen Schritten fray Servandos Lektüren zu untersuchen. In dem ersten Unterkapitel wird es darum gehen, ausgehend von einer durch die neuspanische Inquisition erstellten Inventarliste von fray Servandos Bibliothek eine Interpretation derjenigen Lektüren des Dominikaners vorzunehmen, die dieser bei seiner Rückkehr aus Europa nach Neuspanien mitbrachte. Das Beispiel von Humboldts *Essai politique sur le royaume de la Nouvelle-Espagne* zeigt in diesem Zusammenhang bereits, dass die reisende Bibliothek des Dominikaners keineswegs nur von großer Aktualität, sondern auch in einem politischen Sinne von einem beträchtlichen subversiven Potential gewesen ist.[11] Auch aus diesem Grund wird sich das zweite Unterkapitel anschließend der Frage widmen, wie der passionierte Leser fray Servando Teresa de Mier seinerseits dann im Verlauf des 20. Jahrhunderts gelesen worden ist. Neben Texten von Alfonso Reyes, José Lezama Lima und Christopher Domínguez Michael wird in diesem Abschnitt auch der Roman von Reinaldo Arenas noch einmal einer eingehenderen Analyse unterzogen werden.

---

11 Der preußische Gelehrte hatte seine amerikanische Reise zwar mit der ausdrücklichen Billigung des spanischen Königs angetreten und von diesem vorab sogar einen Pass und die Zusicherung erhalten, dass die Kolonialverwaltung vor Ort uneingeschränkt mit ihm kooperieren werde; sein *Essai politique* wurde in Spanien dann allerdings angesichts der mittlerweile ausgebrochenen Unabhängigkeitskriege durchaus kritisch aufgenommen (vgl. Krumpel 2020). Vgl. in diesem Zusammenhang auch die Widmung an König Carlos IV., die Alexander von Humboldt seinem Werk voranstellt und die sich durchaus im Sinne einer im Bewusstsein der Sprengkraft des eigenen Werks vorausschauend formulierten *captatio benevolentiae* lesen lässt: „Ayant joui, pendant une longue suite d'années, dans les régions lointaines soumises au Sceptre de Votre Majesté, de Sa protection et de Sa haute bienveillance, je ne fais que remplir un devoir sacré en déposant au pied de Son Trône l'hommage de ma reconnoissance profonde est respectueuse." (Humboldt 1811: o. S.). Tobias Kraft betont die „ironische[n] Zwischentöne" in dieser Widmung: Es handele sich um einen Text, der „[m]ehr Werkkommentar als Fürstenlob" sei und der sich „– gerade in [seiner] ambivalenten Spannung zwischen royalitätsbezogener Demut und selbstbewusster Behauptung eines im Umgang mit Königen bewanderten Wissenschaftlers – als erste[r] Ausdruck des politischen Gestaltungswillen [sic] lesen [lässt], der sich im Laufe des [...] Textes entfalten sollte" (Kraft 2014: 263, 264 und 266–267). Vgl. zur Rezeption des Werkes im Besonderen auch Kapitel 3.2.4 Transatlantic Romanticism? und im Allgemeinen Kutzinski 2018.

4.1 Fray Servandos reisende Bibliothek

Am 15. Mai 1816 sticht in Liverpool die Fregatte *Caledonia* mit dem Ziel Neuspanien in See. An Bord befinden sich außer der Besatzung und dem mittlerweile 53-jährigen fray Servando Teresa de Mier auch drei mit Sackleinen ausgekleidete Kisten, die dessen im Laufe seines langen Exils in Europa erworbene Bücher enthalten. Ein gutes halbes Jahr zuvor hatte fray Servando in London den jungen Spanier Francisco Xavier Mina kennengelernt. Dieser war schon 1808 als Anführer von Studentenrevolten gegen die französische Besatzung in seinem Heimatland in Erscheinung getreten und hatte 1814 einen Aufstand gegen die von König Fernando VII. betriebene Rückkehr zum Absolutismus angeführt. Nach dem Scheitern dieser Rebellion war er im April 1815 wie so viele liberale Spanier dieser Zeit ins englische Exil gegangen. Dort verkehrte er in den Kreisen der exilierten Spanier und der hispanoamerikanischen Unabhängigkeitskämpfer, zu denen auch José María Blanco White und fray Servando Teresa de Mier gehörten.[12] In diesem Umfeld hatte Mina zunächst an Plänen für die Rückkehr Spaniens zu einer verfassungsgestützten Regierungsform gearbeitet und dann die Idee entwickelt, mit einer Truppe von Freischärlern in den bereits seit Jahren andauernden und zuletzt nicht mehr richtig vorankommenden mexikanischen Unabhängigkeitskampf gegen die Spanier einzugreifen und auf diese Weise den spanischen Liberalismus aus der Ferne zu unterstützen.[13] Diese Partisanentruppe ist es, die im Mai 1816 auf der Fregatte unter englischer Flagge ausläuft. Die Expedition landet zunächst in Nor-

---

12 Vgl. Simal 2012. Vgl. ausführlicher zur Biographie von Francisco Xavier Mina Ortuño Martínez 2008. Über die Situation in London im Jahr 1815 bemerkt Ortuño: „Al iniciarse la segunda década del siglo XIX la capital inglesa se había convertido en refugio y espacio para la esperanza de los rebeldes de las provincias españolas de América. Representantes de los grupos insurgentes opuestos a la continuidad de la dominación de la Monarquía española [...], exiliados forzosos, criollos ilustrados con amistades ultramarinas, liberales americanos y peninsulares en tránsito por Europa o expulsados de España, se fueron dando cita en la capital del Imperio, hasta constituir una colonia bien definida y estrechamente relacionada." (Ortuño Martínez 2008: 115). Vgl. zu den Netzwerken der spanischen Liberalen und hispanoamerikanischen Unabhängigkeitskämpfer in London auch Kapitel 3.2 Konversion und Konfession.
13 Vgl. Ortuño Martínez 2006. Ortuño schreibt über Minas Rolle in diesem Zusammenhang: „Se puede considerar a Xavier Mina como un eslabón práctico –no teórico– hasta ahora escasamente conocido, en el proceso de desarrollo de la influencia del primer liberalismo español en el mundo hispánico, la formación de una corriente de apoyo liberal internacional a las luchas por la emancipación y la independencia de la América española y la demostración de que en el seno del liberalismo peninsular existió un grupo de tendencia radical –sin abandonar cierta estrategia moderada de carácter temporal– con inclinaciones democráticas y republicanas, que asumió la insurgencia americana como una fórmula unitaria de enfrentamiento al régimen absolutista de Fernando VII." (Ortuño Martínez 2006: 64).

folk in Virginia, und die Rebellen versuchen in den folgenden Monaten, in Washington und Philadelphia finanzielle Unterstützung für ihre Unternehmung einzuwerben.[14] Im April 1817 geht Francisco Xavier Mina mit seiner Truppe schließlich in dem Dorf Soto la Marina im heutigen mexikanischen Bundesstaat Tamaulipas an Land. Schon am 17. Juni wird die Festung von Soto la Marina aber von dem spanischen Brigadier Joaquín de Arredondo eingenommen. Während in der Folge die meisten der Partisanen in der Festung San Juan de Ulúa bei Veracruz inhaftiert werden,[15] schickt man fray Servando Teresa de Mier auf den langen Weg nach Mexiko-Stadt, weil ihm als Mönch und geweihtem Priester von der dort ansässigen Inquisition der Prozess gemacht werden sollte. Wie den Akten der sorgfältig arbeitenden Behörde zu entnehmen ist, trifft der Dominikaner knapp zwei Monate nach seiner Festnahme im Gefängnis des *Santo Oficio* ein:

> En el Santo Oficio de la Inquisición de México, en catorce días de Agosto de mil ochocientos diez y siete, estando en su Audiencia de la mañana, los Señores Inquisidores Doctores Don Antonio Pereda, y D. José Antonio Tirado y Priego, mandaron á mi el infra escrito secretario, que en compañía del Alcaide D. Julian Cortazar, y del Teniente D. Jacinto Floranes, iziese cala, y cata de un hombre, que vino preso la noche de ayer, y siendo presente en una de las salas del Tribunal dixo llamarse Dr. D. Servando José de Mier, y Guerra, natural de Monterey, en el nuebo Reyno de Leon, su estado Presbitero secular, de cincuenta, y tres años de edad, su estatura dos varas escasas, su color blanco rubio, sus ojos pardos, pelo rubio, barva, y cejas un poco negras con el Brazo derecho quebrado, y tray en su cuerpo camisa de crea azul listada, Pantalon de coleta, Levita negra con bueltas moradas, Chaleco negro de lana, Zapatos sin medias, sin insignia ninguna de christiano, y la ropa de fuera de su cuerpo, se tomó razon en la noche que vino preso. [...] Le advertí la moderacion con que deve portarse en el tiempo de su prisión lo que prometio cumplir, y fue mandado volver á su prisión, y dixo no poder firmar por hallarse imposibilitado del Brazo derecho, y lo firmaron los dichos

---

14 Vgl. Domínguez Michael 2004: 490–498.
15 Francisco Xavier Mina selbst war schon im Mai in Richtung Guanajuato gezogen, wo sich seine Soldaten den zu diesem Zeitpunkt stark geschwächten aufständischen Truppen unter der Führung von Pedro Moreno anschlossen. Nach deren Niederlage gegen die Spanier unter Pascual Liñán wurde Mina im November 1817 standrechtlich erschossen (vgl. Ortuño Martínez/Luceano Giraldo 2008: 394–406). In dem 1950 in Mexiko veröffentlichten Gedichtzyklus *Canto general*, in dem sich der chilenische Dichter Pablo Neruda mit dem jahrhundertelangen Kampf Hispanoamerikas gegen jegliche Form des Kolonialismus beschäftigt, gibt es in der Sektion „Los Libertadores" auch ein Gedicht über Francisco Xavier Mina, in dem der aus den Pyrenäen stammende Freiheitskämpfer mit dem klaren Wasser eines spanischen Gebirgsbachs verglichen wird. Hier heißt es am Ende: „A América lo lleva el viento / de la libertad española / y de nuevo atraviesa bosques / y fertiliza las praderas / su corazón inagotable. / En nuestra lucha, en nuestra tierra / se desangraron sus cristales, / luchando por la libertad / indivisible y desterrada. / En México ataron el agua / de las vertientes españolas. / Y quedó inmóvil y callada / su transparencia caudalosa." (Neruda 1981: 88).

Alcaydes de que certifico. – *Julian de Cortazar*. – *Francisco* [sic] *Floranes*. [...] *D. José Maria Ris*, secretario.[16]

Der hinter den „cárceles secretas" der spanischen Inquisition stehende Apparat hat, wenn man auf der Grundlage der Akten des zwischen 1817 und 1820 gegen fray Servando Teresa de Mier geführten Prozesses urteilt, in diesen letzten Jahren seiner Existenz reibungslos funktioniert. Neben einigen knappen Protokollen über administrative Vorgänge wie dem oben zitierten, einer Reihe von Briefen zwischen Vertretern der unterschiedlichen Institutionen des Vizekönigreichs Neuspanien und den Niederschriften der im Verlauf seiner Befragungen abgegebenen Erklärungen des Häftlings selbst umfasst die akribisch geführte Akte zu dem letztlich ja zu keinem Abschluss gekommenen Prozess auch eine Vielzahl von Listen und Katalogen, angefangen mit einem Verzeichnis all derjenigen Gegenstände des täglichen Gebrauchs, die der Dominikaner bei seiner Inhaftierung bei sich trug, bis hin zu einer detaillierten Inventarliste seiner in den drei zugenagelten Kisten aus Europa mitgebrachten Bibliothek.[17]

Dabei sind der Status und der Stellenwert der einzelnen Unterlagen durchaus unterschiedlich. Während etwa das Register der Besitztümer des Häftlings offensichtlich vor allem dem Zwecke der möglichst vollständigen Dokumentation diente (und entsprechend auch dazu, dem Besitzer seine konfiszierten Habseligkeiten im Falle einer Entlassung wieder vollständig aushändigen zu können), stellt die Inventarliste seiner persönlichen Bibliothek selbst ein Beweisstück dar, und zwar eines, dem im Verlauf des Prozesses eine nicht zu unterschätzende Bedeutung zukam. Denn für die mit diesem Prozess befassten Inquisitoren galt es, mit allen ihnen zur Verfügung stehenden Mitteln zu versuchen, die gegen fray Servando erhobenen Anklagen und insbesondere diejenige zu untermauern, dass

---

[16] „Cala y Cata o sea Acta formada por los Alcaides de las Cárceles Secretas, de haber recibido al Dr. Mier, y asegurádolo en el separo Número 21 – 14 de Agosto de 1817", in: Hernández y Dávalos 1882: 663. Der im Titel des Dokuments verwendete Ausdruck „hacer cala y cata" bedeutet der *Real Academia Española* zufolge „Reconocer algo para saber su cantidad o calidad". (vgl. „cala", in: Real Academia Española 2022).

[17] Vgl. „Lista de la Ropa, Alajas, y papeles que traxo á estas carceles secretas el Dr. Don Servando José Teresa de Mier, y Guerra, en la noche del catorce de Agosto de mil ochocientos diez y siete en que fué conducido á estas Carceles Secretas", in: Hernández y Dávalos 1882: 664. Die von der Inquisition erstellte Auflistung der Besitztümer fray Servandos reicht vom Regenschirm über ein Paar violette Seidenstrümpfe und eine Brille bis hin zu einem Tuch, das der Dominikaner offensichtlich als Bandage für seinen bei einem Sturz auf dem Weg von Soto la Marina nach Mexiko-Stadt gebrochenen rechten Arm benutzt hat. Vgl. darüber hinaus die Inventarliste von fray Servandos Bibliothek, in: Hernández y Dávalos 1882: 840–854.

er zur politischen Rebellion aufgerufen und diese selbst betrieben habe.[18] Wenn das *Santo Oficio* deshalb die aus Europa mitgebrachte Bibliothek des Angeklagten inventarisieren ließ, dann war dieser Vorgang dem Bestreben der Ankläger geschuldet, sich einen Einblick in dessen intellektuelle Disposition zu verschaffen: Was hatte er gelesen, womit hatte er sich beschäftigt? Enthielt seine Bibliothek auf dem Index stehende, also verbotene Werke? Enthielt sie Bücher, die zwar womöglich nicht indexiert waren, die aber dessen ungeachtet subversives Potential hatten? Und wenn ja: Welchen Inhalts waren diese Bücher im Einzelnen? Diese Fragen waren es, die das *Tribunal del Santo Oficio* zu klären hatte, und allem Anschein nach sind die mit dieser Aufgabe betrauten Vertreter der Institution dabei mit großem Eifer ans Werk gegangen.

Die drei Bücherkisten waren unmittelbar nach fray Servandos Festnahme in Soto la Marina von den spanischen Soldaten unter dem Kommando von Joaquín de Arredondo konfisziert worden, sehr zum Ärger ihres Besitzers, der ihren Verlust noch jahrelang beklagen sollte: „Lo primero que hizo la guardia de Arredondo fue saquear los equipajes y uno de ellos el mío, que menos debía serlo por haberme yo presentado al indulto, y que valía unos mil pesos, sin contar tres cajones de libros que después se recogieron", schreibt er in seinem 1820 kurz nach der Entlassung aus der Haft der Inquisition verfassten „Manifiesto apologético".[19] Unabhängig von deren hier nur angedeutetem materiellen Wert ist die Sorge des passionierten Lesers fray Servando um seine Bücher umso verständlicher, wenn man bedenkt, dass der Reisende angesichts des begrenzten Platzes auf der Fregatte von Francisco Xavier Mina den Inhalt seiner Bücherkisten mutmaßlich sorgfältig hat auswählen müssen, und dass er deshalb mit großer Wahrscheinlichkeit nur diejenigen Bücher eingepackt hat, die ihm tatsächlich unverzichtbar zu sein schienen.[20] Und allem Anschein nach war er keineswegs der einzige, der ein großes Interesse an den in Frage stehenden Büchern hatte. So musste die Inquisition schon wenige Wochen nach Beginn des Prozesses feststellen, dass offensichtlich einzelne Soldaten aus der Brigade von

---

18 Daneben erhob man gegen ihn den Vorwurf, er habe sich die Bischofswürde angemaßt und sei dem Dominikanerorden abtrünnig geworden. Vgl. zum Prozess der Inquisition gegen fray Servando auch Kapitel 2.1 Historiographie im Zwischenraum und Domínguez Michael 2004: 528–529.
19 Mier 1985: 71.
20 Christopher Domínguez Michael imaginiert in seiner fray-Servando-Biographie eine kleine Szene, in der sich fray Servando in seiner Begeisterung für die Lektüre mit dem Unverständnis des spanischen Freiheitskämpfers Mina konfrontiert sieht: „En Liverpool, año de 1816, imagino al general Xavier Mina carraspeando ante las tres o cuatro cajas de libros que su sacerdote revolucionario le hizo embalar y desembalar en Norfolk, Baltimore, Galveston y Soto la Marina." (Domínguez Michael 2004: 551). Vgl. zu fray Servandos nach seiner Freilassung unternommenen Bemühungen, den Verbleib seiner drei Bücherkisten zu klären, Gómez Álvarez 2013: 451–452. Vgl. allgemein zu fray Servandos Leidenschaft für die Lektüre auch Kapitel 3.3.2 Das Ich und die Literatur.

Joaquín de Arredondo nach deren Sieg in Soto la Marina eine Reihe von Büchern aus dem Besitz von fray Servando Teresa de Mier hatten mitgehen lassen, anstatt sie ordnungsgemäß abzuliefern. Im September 1817 (und also bereits kurz nach der Inhaftierung des Dominikaners) bittet das *Santo Oficio* deshalb den Vizekönig von Neuspanien in einem kurzen Brief, er möge seinerseits den weiterhin im Norden des Landes stationierten General Arredondo veranlassen, die von seinen Soldaten gestohlenen Bücher zu konfiszieren und umgehend wieder auszuhändigen.[21]

Während also fray Servando Teresa de Mier selbst im Verlauf des gegen ihn geführten Prozesses immer wieder den Wunsch äußert, seine verlorenen Bücher zurückzuerhalten, zeichnen sich die Interventionen der Inquisition vor allem durch deren Streben nach Vollständigkeit bei der Klassifizierung und Bewertung dieser Bücher aus. Die Bibliothek des inhaftierten Dominikaners war in ihrer Gesamtheit zu beurteilen, daran konnte für die Vertreter des *Santo Oficio* kein Zweifel bestehen. Vermutlich aus diesem Grund enthalten die Unterlagen zu fray Servandos Prozess mitunter auch durchaus komische Details wie beispielsweise die Aussage eines Mönchs aus der Gegend von Soto la Marina, der im Oktober 1817 zu Protokoll gibt, sich nach der Niederlage von Minas Truppe um den in Ketten gelegten fray Servando Teresa de Mier gekümmert und mit ihm gesprochen zu haben, und der darüber hinaus zu berichten weiß, dass ein argwöhnischer Oberst des spanischen Heeres bei der Durchsuchung des Gepäcks der besiegten Aufständischen zwei auf französisch abgefasste Bücher gefunden habe:

> [...] el uno intitulado, sino se engaña Esplicacion de los quarenta modos de fornicar con varias laminas obscenisimas [...]. Que el mas chico se intitulaba Catecismo libertino, trataba de la misma materia, contenia cuatro laminas impurisimas muy á lo vivo y mas provocativas que la vista misma de estos objetos pues esta se horrorizaria al verlos y rechazada del mismo horror se apartaria: pero aquellas laminas tan expresivas insitan mucho mas á su contemplación [...].[22]

Wie der befragte Mönch weiter zu Protokoll gibt, hat der eifrige Oberst die inkriminierten Bücher umgehend verbrennen lassen, um so zu verhindern, dass sie womöglich noch „in die Hände eines unvorsichtigen Unschuldigen" geraten könnten. Tatsächlich galt natürlich auch die Sorge des *Santo Oficio* dem möglicherweise unheilvollen Einfluss, den einzelne Bücher aus fray Servandos Kisten und mehr noch

---

21 „Al Virey que ordene al Comandante de las Provincias Internas, remita los libros y papeles del Dr. Mier – Setiembre 9 de 1817", in: Hernández y Dávalos 1882: 682–683. Auch dieser Brief betont am Schluss ausdrücklich, dass der Besitzer der Bücher diese bereits reklamiert habe.
22 „Declaracion de Fr. Iñigo de S. José – 6 de Octubre", in: Hernández y Dávalos 1882: 708–710, hier 709.

die Bibliothek in ihrer Gesamtheit auf ihre Leser ausüben könnten (und damit selbstverständlich vor allem dem Einfluss, den sie womöglich bereits auf ihren Leser fray Servando ausgeübt hatten). Das Tribunal beauftragt deshalb den Militärrichter Rafael del Llano, die drei Kisten nach Monterrey schaffen zu lassen und dort gemeinsam mit einem weiteren Beamten, Domingo de Ugarte, ein Inventar der Bibliothek zu erstellen.[23] Während man noch darauf wartete, dass die Bücher nach Abschluss ihrer Inventarisierung nach Mexiko-Stadt verbracht würden, versucht sich auch der inhaftierte fray Servando Teresa der Mier selbst schon an einer Auflistung der in seinen Kisten enthaltenen Werke. In einer durchaus bemerkenswerten Gedächtnisanstrengung gelingt es ihm, sich innerhalb von wenigen Tagen an immerhin 113 seiner insgesamt 302 Bücher im Detail zu erinnern und nicht nur präzise Angaben zu den Autoren und Titeln der jeweiligen Bücher und der Sprache zu liefern, in der sie abgefasst waren, sondern teilweise sogar zu ihrem Format und ihrer Bindung.[24]

Im Juli 1818 wurden dem *Santo Oficio* schließlich die drei Bücherkisten und die von del Llano und de Ugarte angefertigte Inventarliste ausgehändigt. Diese vollständige Liste der Bücher fray Servando Teresa de Miers erlaubt nun nicht allein einen Einblick in dessen Lektüren, sondern sie vermittelt darüber hinaus ein anschauliches Bild von der Lektüre zweiten Grades, also der Lektüre dieser Lektüren, welche die Inquisition im Verlauf des von ihr gegen den Dominikaner angestrengten Prozesses unternommen hat.[25] Bei seinem auf September 1817 datierten Versuch einer Aufzählung der in seinen Kisten enthaltenen Titel hatte dieser noch ausdrücklich betont, dass unter den beschlagnahmten Werken ganz gewiss keines sei, das sich „gegen die Religion oder gegen Sitte und Anstand" wenden würde.[26] Ein Blick in die ein Dreivierteljahr später vorliegende vollständige und „offizielle" Inventarliste der

---

23 Vgl. Gómez Álvarez 2013: 456.
24 Vgl. „Documentos relativos a los libros dejados por el Dr. Mier en Soto la Marina", in: Hernández y Dávalos 1882: 685–687. Vgl. auch hierzu noch einmal Gómez Álvarez 2013: 455. Gómez Álvarez weist darauf hin, dass fray Servandos Motivation für diese Gedächtnisanstrengung einmal mehr gewesen sei, mittels der genauen Auflistung seiner Bücher deren Rückerstattung vorantreiben zu können.
25 Vgl. dazu auch Kraume 2020. In diesem Aufsatz versuche ich eine erste Annäherung an das Inventar von fray Servandos Bibliothek aus literaturwissenschaftlicher Sicht.
26 „Sabe: que hay más Libros en los cajones de los que se puede acordar, pero ninguno es contra la Religion ni las buenas costumbres." („Documentos relativos a los libros dejados por el Dr. Mier en Soto la Marina", in: Hernández y Dávalos 1882: 687). In seinem „Manifiesto apologético" wird fray Servando Teresa de Mier später zugeben, „zwei oder drei" verbotene Bücher aus Europa mitgebracht zu haben. Hier verteidigt er sich allerdings dadurch, dass er betont, er habe die Lizenz zu deren Lektüre besessen: „la cual se me dio sin excepción como a un teólogo controversista, conocido por mis obras impresas en París contra los incrédulos" (Mier 1985: 97).

Inquisition zeigt allerdings, dass die mit der Angelegenheit betrauten Inquisitoren die reisende Bibliothek den Unschuldsbeteuerungen ihres Besitzers zum Trotz als durchaus problematisch eingeschätzt haben. Das von Rafael del Llano und Domingo de Ugarte erstellte Inventar beschränkt sich nämlich nicht darauf, die einzelnen Bücher bibliographisch zu erfassen und zu registrieren, sondern es macht mittels eines differenzierten Systems von Siglen auch deren Status innerhalb des Zensursystems des *Santo Oficio* kenntlich. Auf diese Weise lässt der Katalog nur zu deutlich erkennen, dass aus der Sicht der zensierenden Behörde eine ganze Reihe von Büchern verdächtig war, gegen die Vorgaben entweder von Religion oder von Sitte und Anstand zu verstoßen.[27]

Das Inventar der umfangreichen aus Europa nach Mexiko transportierten Bibliothek hat die Form einer einfachen Liste. Allem Anschein nach haben die beiden Beamten bei seiner Erstellung ganz einfach die Ordnung reproduziert, welche die Bücher in den mehr als ein Jahr zuvor in England gepackten Kisten einnahmen. Die Inventarliste ist aus diesem Grund dreigeteilt (ein Abschnitt für jede Kiste), und die Anordnung der Bücher darauf folgt auf den ersten Blick kaum einer inhaltlichen oder systematischen Logik. Unmittelbar kenntlich und nachvollziehbar ist allein die Ordnung, welche die zensierende Behörde von außen an die Bibliothek herangetragen hat, denn deren Systematik spiegelt sich in den zur Klassifizierung der aufgeführten Werke verwendeten Siglen wider. So werden etwa die auf dem Index des *Tribunal del Santo Oficio* stehenden (und also verbotenen) Werke mit einem Kreuz markiert und dadurch nicht nur von den völlig unproblematischen und aus diesem Grund nicht weiter gekennzeichneten Werken unterschieden, sondern auch von denen, die zwar nicht auf dem Index standen, die den Vertretern der Inquisition aber dennoch aus dem einen oder anderen Grund suspekt zu sein schienen. Weil diese Zweifelsfälle von eigens dazu bestellten Zensoren noch einmal genauer überprüft werden sollten, wurden sie mit einem C gekennzeichnet (das „C" steht hier für „calificar").[28]

---

27 Cristina Gómez Álvarez zufolge ist eben *das* das Ziel der Inquisition bei der Inventarisierung der Bücher gewesen: Nachzuweisen, dass der inhaftierte Dominikaner verbotene Bücher besaß (vgl. Gómez Álvarez 2013: 457).

28 Eine vierte Kategorie neben den verbotenen, den unproblematischen und den noch zu überprüfenden Werken stellen diejenigen dar, die mit einem R markiert wurden. Hier handelte es sich um Bücher, die in die Rubrik „Revolución o asuntos del día" einzuordnen waren (vgl. Gómez Álvarez 2013: 458). Gómez Álvarez hat sich die Mühe gemacht, die prozentuale Verteilung von fray Servandos Büchern auf die vier Kategorien zu errechnen. Dabei gelangt sie zu dem Ergebnis, dass die drei Kisten zu 11 % unproblematische, zu 10 % verbotene, zu 40 % noch zu überprüfende Bücher und zu 39 % Bücher mit einem Bezug zur aktuellen Revolution beherbergt haben. Der weitaus größte Teil der Bibliothek musste in den Augen der Inquisition also tatsächlich problematisch erscheinen. Im Folgenden wird zu erörtern sein, ob fray Servandos Bücher insbesondere

Die jüngere Forschung zur Geschichte der Zensur im Allgemeinen und zur spanischen Inquisition im Besonderen stimmt darin überein, dass das *Santo Oficio* seit Beginn des 18. Jahrhunderts in immer stärkerem Maße mit den Herausforderungen zu kämpfen hatte, vor die es sich durch einen kontinuierlich expandierenden Buchmarkt und die damit einhergehenden veränderten Lesegewohnheiten der Öffentlichkeit gestellt sah.[29] Vor diesem Hintergrund ist die Unterscheidung zwischen schon verbotenen und gegebenenfalls noch zu verbietenden Büchern, wie sie dem Inventar von fray Servandos Bibliothek zugrunde liegt, repräsentativ für die besondere historische Situation, in welcher der Prozess gegen den Dominikaner stattfand. Die spanische Inquisition hatte sich bereits 1559 von der römischen „Mutterorganisation" unabhängig gemacht. Damals war der erste *spanische* Index verbotener Bücher erschienen, auf den dann bis in die Mitte des 18. Jahrhunderts in regelmäßigen Abständen neue spanische (und von den römischen verschiedene) Indices folgten. Der letzte dieser spanischen Indices wurde im Jahr 1747 veröffentlicht und umfasste 1112 Seiten. Dieser Index blieb dann im ganzen weiteren Verlauf des 18. Jahrhunderts und bis zur Auflösung der Inquisition im Jahr 1820 (und damit natürlich auch in dem Augenblick von fray Servandos Prozess) gültig.[30] Vor dem Hintergrund der Dynamisierung des Buchmarkts in dieser Zeit steht aber außer Zweifel, dass dieser letzte vollständige Index der Spanischen Inquisition bereits kurz nach seinem Erscheinen überholt gewesen sein muss. Nun war selbstverständlich auch den Vertretern des *Tribunal del Santo Oficio* der strukturelle (und unvermeidbare) Rückstand ihres Index gegenüber einer stetig anwachsenden und zunehmend unüberschaubaren Flut von Publikationen bewusst. Man suchte diesen Rückstand deshalb dadurch auszugleichen, dass der in die Jahre gekommene Index verbotener Bücher durch ständig aktualisierte und öffentlich ausgehängte Listen derjenigen Neuerscheinungen ergänzt wurde, die in der Folge ebenfalls verboten werden sollten. Allerdings hinkten auch diese dem Index nachträglich hinzugefügten Listen trotz aller Bemühungen dem sich stetig weiter beschleunigenden Publikationsgeschehen hinterher, und vor allem in den Jahren um die Jahrhundertwende wurde die der Inquisition obliegende Aufgabe der Zensur zu einem zunehmend mühsamen Geschäft.[31]

---

vor dem Hintergrund der Unabhängigkeitsrevolution in Neuspanien wirklich als subversiv einzuschätzen waren, und (wenn das der Fall ist) worin genau ihre subversive Kraft bestanden hat.
29 Vgl. Pelizaeus 2011: 207. Vgl. zu der Entwicklung des Buchmarkts im Verlauf des 18. Jahrhunderts auch Chartier 1990: 88–90. Chartier untersucht die Situation in Frankreich; seine Erkenntnisse lassen sich aber auf andere geographische und kulturelle Zusammenhänge übertragen. Vgl. allgemein zur Zensur auch Plachta 2010.
30 Vgl. zu diesen historischen Hintergründen noch einmal Pelizaeus 2011: 214. Vgl. zu der besonderen Geschichte der Zensur durch die Inquisition in Neuspanien auch Ramos Soriano 2011.
31 Vgl. auch dazu Pelizaeus 2011: 218. Vgl. zur Zensur der neuspanischen Inquisition in dieser Zeit auch Gómez Álvarez/Tovar de Teresa 2009.

Wenn darum die mit der Inventarisierung von fray Servandos Bibliothek beauftragten Beamten 120 von seinen 302 Büchern mit einem C markierten, um sie nachträglich prüfen und gegebenenfalls zensieren zu lassen, dann eben aus dem Grund, dass die in Frage stehenden Werke bisher weder auf dem etablierten Index noch auf den Listen zu dessen Ergänzung figurierten und deshalb für die Ersteller des Inventars nicht ohne Weiteres einzuordnen waren. Auf diese Weise ist es nicht nur die in der Inventarliste dokumentierte Fülle von Werken mit einem expliziten Bezug zu der zum Zeitpunkt der Erstellung dieser Liste stattfindenden Unabhängigkeitsrevolution, die von der großen Aktualität zeugt, welche die reisende Bibliothek des Dominikaners auszeichnete, sondern auch die Vielzahl der nachträglich noch zu prüfenden Bücher. Die aus diesem Umstand resultierende Handlungsanweisung liest sich in der Prozessakte nun wie folgt:

> Inquisición de México 22, de Agosto de 1818, SS. Inquisidores Pereda y Tirado.
> Reconoscanse todos los libros y papeles de este Reo, y separandose de los primeros todos los que fuesen conocidos por buenos, y los prohibidos en el expurgatorio por malos, remítanse a los Calificadores aquellos sobre los que hubiere formado duda formandose con sus calificaciones quaderno separado [...].[32]

Nicht von ungefähr mag sich bei der Lektüre dieses Auftrags eine Assoziation einstellen, die von dessen Verfassern möglicherweise auch bewusst intendiert gewesen ist. So entspricht die Dreiteilung, mit der das *Tribunal del Santo Oficio* hier operiert (auf der einen Seite die „guten" Bücher, auf der anderen Seite die erwiesenermaßen „schlechten" und dazwischen die zweifelhaften, die nach ihrer Überprüfung entweder der einen oder der anderen Seite zugeschlagen werden müssen), strukturell den klassischen Darstellungen des Jüngsten Gerichts in der Bildenden Kunst, bei denen der Weltenrichter in der Mitte thront und zu seiner Rechten die Seligen (die „Guten") in den Himmel aufsteigen, während zu seiner Linken die Verdammten (die „Schlechten") in die Hölle hinabgestoßen werden. Wenn man die Analogie zwischen dem Weltgericht und dem Buchgericht noch weiter vorantreiben wollte, dann entspräche die von der Inquisition veranlasste Überprüfung der zunächst nicht eindeutig einer der beiden Gruppen zuzuordnenden Bücher also einer Art Fegefeuer, das die zweifelhaften Werke vor ihrer endgültigen Einteilung in die Kategorie entweder der Geretteten oder der Verdammten zu durchlaufen hätten.

Der direkte Blick in das von Rafael del Llano und Domingo de Ugarte erstellte Inventar der reisenden Bibliothek legt vor diesem Hintergrund allerdings die Vermutung nahe, dass sich die beiden mit ihrer Rolle als Richter über die Bücher des Angeklagten nicht leichtgetan haben (auch wenn ihre Auflistung mit der klaren Verteilung

---

[32] „Auto mandando se califiquen los libros y papeles del Dr. Mier – 22 de Agosto de 1818", in: Hernández y Dávalos 1882: 829.

der Bücher auf die unterschiedlichen Kategorien auf den ersten Blick den Anschein erwecken mag, sie hätten ihr Urteil über die Bibliothek mit ruhiger Hand gefällt). Zwischen den Zeilen spricht das Inventar allerdings auch von den durchaus beträchtlichen hermeneutischen Schwierigkeiten, mit denen der Militärrichter und sein Beistand bei der Erstellung ihres auf die korrekte Erfassung und Einordnung aller Titel ausgerichteten Inventars zu kämpfen hatten. So ist es wohl kein Zufall, dass die Liste häufig Autorennamen und Buchtitel falsch wiedergibt, und dass die Fehler insbesondere dann auftreten, wenn es sich um englisch- oder französischsprachige Werke handelt. Hier scheinen den Beauftragten des *Santo Oficio* schlicht die Sprachkenntnisse gefehlt zu haben, die von Nöten gewesen wären, um die entsprechenden Bücher einschätzen und beurteilen zu können.[33] An einigen Stellen des Inventars wird sogar deutlich, dass diese sich mitunter wohl auch gezwungen gesehen haben, vollständig die Waffen zu strecken, etwa wenn sie ein Bündel von „cuatro libritos amarrados en lengua alemana cuyos caracteres no se entienden" verzeichnen und mit dieser gewissermaßen achselzuckenden, lakonischen Notiz klar ihre Überforderung und vielleicht auch einen gewissen Unwillen zu erkennen geben. Die Auseinandersetzung mit Werken, die nicht nur in einer fremden Sprache abgefasst, sondern deren Schrifttypen darüber hinaus nicht entzifferbar waren, überstieg offensichtlich die Möglichkeiten der ansonsten ja durchaus bemühten Beauftragten der Inquisition von Mexiko-Stadt.[34] Auch der in der Liste etwas später figurierende knappe Eintrag „Papeles de poca o ninguna importancia en francés yngles y castellano" spricht eine ähnliche Sprache. Dass es Rafael del Llano und Domingo de Ugarte für nötig befunden haben, die ihrer Meinung nach geringe oder sogar gänzlich fehlende Bedeutung der in Frage stehenden Papiere ausdrücklich festzuhalten, dass sie aber

---

33 Vorausgesetzt zumindest, es handelt sich nicht um nachträglich (also bei der Aufbereitung der Liste für deren Publikation in der Sammlung von Hernández y Dávalos) begangene Fehler. Vgl. etwa den *Essai historique sur la puissance temporelle des papes*, den der französische Historiker und Archivar Pierre Daunou 1799 im Auftrag Napoleons verfasst hat und der in der Inventarliste ein wenig deformiert erscheint als „Essay Historique sur Los Puyssances temporelle des Papes, – Sur l'abus qu'ils ont fait – de leur Ministerre Spirituel Hobra en dos tomos por M. Daunon Sacerdote del horatorio en Paris de 1811" oder auch die *Loi sur la constitution civile du clergé & la fixation de son traitement: donnée à Paris, le 24 Août, 1790*, welche die Revisoren verzeichnen als „Vn quaderno folio. Loi sur la Constitution civile du Clergé et la fixati on de son traitement. Donné á Paris le 24 Aout. 1790" (Hernández y Dávalos 1882: 840 und 842).
34 Hernández y Dávalos 1882: 848. Dass und wie sehr die beiden Beamten bemüht waren, zeigt sich unter anderem in mit großer Ausführlichkeit verfassten und von beträchtlichem Spürsinn zeugenden Einträgen wie beispielsweise „Un quaderno, aunque en su principio dice: Historia de la fundacion y discurso de la Provincia de Santiago de Mexico de Orden de Predicadores, por el P. Fr. Agustin Davila Padilla, dedicada al P. D. Felipe, y vida de Fr. Bartolome de Las Casas ó Casaus, lo esencial de el es, sobre que los Españoles tratavan con mucha tirania á los Indios comprandolos por esclavos" (Hernández y Dávalos 1882: 851).

im Unterschied zu ihrer üblichen Vorgehensweise deren genaue Titel nicht vermerken, legt den Verdacht nahe, dass die explizite Betonung der angeblich mangelnden Bedeutung der entsprechenden Broschüren vor allem das mangelnde Verständnis der beiden damit konfrontierten Revisoren kaschieren sollte.[35] Jenseits des Interesses, das diese und ähnliche bisweilen etwas unbedarft anmutende Kategorisierungen auf einem rein anekdotischen Niveau haben mögen, sind die Bemühungen der Inquisition, sich der reisenden Bibliothek des Dominikaners trotz aller Schwierigkeiten nicht nur in einem materiellen, sondern auch in einem ideellen Sinne zu bemächtigen, aber vor allem in einem übergeordneten Kontext aussagekräftig. In dieser Lesart zeugt das die eklatanten Schwierigkeiten einer Lektüre von fray Servandos Lektüren dokumentierende Inventar von einer für die Sattelzeit um 1800 durchaus typischen Diskrepanz – von der Diskrepanz nämlich zwischen der Statik der unveränderlichen Normen einer jahrhundertealten Institution wie dem *Tribunal del Santo Oficio* auf der einen und der Dynamik eines weiten, beweglichen und dadurch immer auch veränderlichen intellektuellen Panoramas auf der anderen Seite, wie es fray Servandos reisende Bibliothek repräsentiert.

In der angespannten politischen Lage der seit Jahren zu keinem Abschluss kommenden Unabhängigkeitskriege war diese Bibliothek mit ihrer Fülle an einerseits seit jeher verbotenen und andererseits in ihrem Gegenwartsbezug schwer einzuschätzenden und eben aus diesem Grund verdächtigen Büchern deshalb durchaus als subversiv einzuschätzen, wie Cristina Gómez Álvarez betont.[36] Allerdings unterschied sich die aus diesem subversiven Potential der Bücher resultierende Konfrontation zwischen dem *Santo Oficio* und dem Besitzer dieser Bücher nicht wesentlich von anderen, ähnlich gelagerten Fällen aus derselben Zeit. So konstatiert der Historiker José Abel Ramos Soriano für die Epoche um die Wende vom 18. zum 19. Jahrhundert insgesamt: „Entre otras cosas, los inquisidores y los lectores de escritos perseguidos fueron protagonistas de la lucha entre viejas y nuevas corrientes de pensamiento, en tanto que los libros prohibidos constituyeron un vehículo idóneo para la difusión de ideas subversivas de toda clase."[37] Was Miers besonderen Fall jedoch von anderen, ähnlich gelagerten Prozessen unterscheidet, das ist die Tatsache, dass die subversive Kraft *seiner* Bibliothek weniger der revolutionären Botschaft von einzelnen darin enthaltenen Werken als vielmehr in besonderem Maße der Zusammenstellung der Bibliothek im Ganzen zu verdanken ist.[38]

---

35 Hernández y Dávalos 1882: 852. Vgl. auch den weniger expliziten, aber ähnlich lakonischen Eintrag „Vn atado de varios papeles desquadernados en Idioma Ingles" (Hernández y Dávalos 1882: 850).
36 Vgl. Gómez Álvarez 2013: 458.
37 Ramos Soriano 2011: 26.
38 Eine solche Perspektive auf die Bibliothek als in ihrer Gesamtheit zu lesender Zusammenstellung von Büchern steht im Einklang mit der Herangehensweise des Germanisten Nikolaus Weg-

Auf diese Weise lässt sich die von der Inquisition erstellte Inventarliste von fray Servandos Büchern in letzter Instanz als eine Erzählung lesen, die trotz des vermeintlichen Eklektizismus dieser Bibliothek durch eine große (narrativ verfasste) Kohäsion gekennzeichnet ist. Dabei mag die Interpretation dieses Inventars im Sinne einer nach den Regeln einer zwar nicht offen zutage tretenden, dafür aber umso wirkmächtigeren Narrativität verfassten Erzählung im Zusammenhang mit der Frage nach dem subversiven Potential der reisenden Bibliothek auf den ersten Blick gewagt erscheinen.[39] Tatsächlich ist ein Inventar ja zunächst einmal nicht mehr als eine bloße Auflistung von Titeln oder Gegenständen, und wenn man unter einer Erzählung pragmatisch und sehr einfach die Wiedergabe eines Geschehens verstehen möchte,[40] dann kommen der Liste als solcher selbstverständlich noch keine narrativen Eigenschaften zu. Wenn hier dennoch der Versuch unternommen werden soll, die Inventarliste der Inquisition im Sinne einer Erzählung zu lesen, dann, weil durch eine solche Lektüre auch der Katalog von fray Servandos Bibliothek in dem großen Feld des Lesens und Schreibens verortet werden kann, innerhalb dessen die vorliegende Studie ihren Protagonisten und sein Werk insgesamt anzusiedeln bemüht ist. Mittels einer solchen dezidiert literaturwissenschaftlichen Interpretation des Inventars als Erzählung können die bisherigen (vor allem an den durch das Inventar vermittelten Daten und Fakten interessierten) geschichtswissenschaftlichen Annäherungen an dieses Inventar durch eine alternative und weiterreichende Verständnismöglichkeit ergänzt werden, die fray Servandos Bibliothek als eine allegorische Verkörperung eben der literarischen Verflechtungsgeschichte zwischen Europa und Amerika deutet, die das Leben und das Werk des Dominikaners so maßgeblich geprägt hat.

Und tatsächlich ist die Interpretation des Katalogs von fray Servandos Büchern als einer solchen Erzählung durchaus anschlussfähig an jüngere Tendenzen

---

mann in seiner Studie *Bücherlabyrinthe*. Wegmann untersucht darin die Lesbarkeit der Bibliothek als solcher und plädiert in diesem Zusammenhang dafür, „die Bibliothek als Vollform des Buches an[zu]erkennen" (Wegmann 2000: 2 (Kursivierung im Original)).

39 Und das umso mehr, wenn man die bisherigen (wenig zahlreichen und ausschließlich einem geschichtswissenschaftlichen Erkenntnisinteresse gehorchenden) Auseinandersetzungen mit dem Inventar in die Überlegungen mit einbezieht. Neben dem bereits ausführlich zitierten Aufsatz von Cristina Gómez Álvarez gilt es hier, eine weitere Untersuchung derselben Autorin zu erwähnen, nämlich Gómez Álvarez 2001. In der ebenfalls bereits zitierten Studie von José Abel Ramos Soriano wird fray Servando nur als Leser verbotener Bücher erwähnt, ohne dass das Inventar seiner persönlichen Bibliothek einer genaueren Analyse unterzogen würde (vgl. Ramos Soriano 2011: 226–228). Fray Servandos Biograph Christopher Domínguez Michael widmet der Bibliothek zwar ein kleines Kapitel, beschränkt sich darin aber im Wesentlichen auf eine grobe Bestandsaufnahme (vgl. Domínguez Michael 2004: 546–551).

40 Vgl. Martínez/Scheffel 2007: 9–10.

innerhalb der literaturwissenschaftlichen und insbesondere narratologischen Forschung, die sich in den letzten Jahren trotz oder womöglich auch gerade wegen der alltäglichen und lebenspraktischen Funktionalität von Listen auch der Frage nach deren Potential als literarischer (und das heißt eben häufig: als narrativer) Form gewidmet hat. Selbst wenn sich die betreffenden Untersuchungen aus naheliegenden Gründen vor allem mit Listen beschäftigen, die in literarische Texte eingebettet und insofern Teil einer bereits existierenden Erzählung sind, lässt sich in diesem Zusammenhang auch die Frage nach dem narrativen Potential der Liste selbst aufwerfen und diskutieren.[41] In einem Aufsatz über die literarische Form der Liste fragt die Literaturwissenschaftlerin Eva von Contzen so nach der Möglichkeit, grundsätzlich auch das *Auf*zählen als ein *Er*zählen zu interpretieren:

> In einem ganz basalen Sinne ist jede Erzählung eine Aufzählung, insofern erstere stets eine Sequenzierung von Inhalten (Episoden, Handlungsmustern, Orten, Ideen usw.) impliziert. Im Gegensatz zur bloßen Aufzählung ist eine Erzählung jedoch darüber hinaus gekennzeichnet von Kohärenz oder Motivation stiftenden Interferenzen zwischen den einzelnen Elementen. Mit anderen Worten, Handlung oder Plot ist das konstituierende Merkmal einer Erzählung.[42]

Vor diesem Hintergrund ließe sich die Interpretation der Inventarliste von fray Servandos Bibliothek im Sinne einer Erzählung also vor allem dann rechtfertigen, wenn aus den Interferenzen zwischen den einzelnen darin aufgelisteten Elementen eine wie auch immer geartete Kohärenz und dadurch eine Handlung entstünde. In der Erzähltheorie wird in diesem Kontext vor allem die Frage nach der zeitlichen Dimension von Erzählungen angeführt. So geht etwa Albrecht Koschorke davon aus, „dass Erzählungen sich vorrangig in der Dimension der Zeitlichkeit organisieren", dass sie also „Komplexität durch *Dynamisierung*, durch Auflösung von Zustand in Prozess" gestalten.[43] Eine besonders an dessen narrativen Qualitäten interessierte Lektüre des von der Inquisition erstellten Inventars von fray Servandos Büchern müsste demnach nach der besonderen Zeitlichkeit fragen, die sich darin vermittelt, und sie müsste dazu den prozessualen Charakter dessen in den Blick nehmen, was in diesem Inventar aufgelistet wird.

In der Tat gibt die von den beiden durch die Inquisition beauftragten Beamten erstellte Bücherliste keineswegs allein Auskunft über die einzelnen Elemente, aus

---

[41] Vgl. Contzen 2016, Contzen 2017a und Contzen 2017b. Eva von Contzen leitete von 2017 bis 2022 das an der Universität Freiburg angesiedelte und mit einem Starting Grant des European Research Council geförderte Projekt „Lists in Literature and Culture: Towards a Listology", das die kulturelle Praxis der Liste und des Listenmachens in narrativen Texten von der Antike bis ins 21. Jahrhundert untersucht.
[42] Contzen 2017b: 223.
[43] Koschorke 2017: 21 (Kursivierung im Original).

denen sich fray Servandos Bibliothek zusammensetzt, sondern sie stellt dabei innere und äußere Beziehungen her, die sich im Sinne einer solchen Prozessualität lesen und deuten lassen. So setzt der Katalog zunächst die Bücher selbst in ein Verhältnis zueinander und lässt sie miteinander in Dialog treten, indem er eines nach dem anderen aufführt, und zwar (ohne das eigens zu kommentieren) ganz einfach in der Reihenfolge, in der die einzelnen Schriftstücke in ihren Kisten verstaut gewesen sind. In dem Inventar von fray Servandos Bibliothek korrespondieren auf diese Weise Bücher unterschiedlichster Provenienz und sehr verschiedenen Zuschnitts miteinander, und wenn der erste Eindruck bei der Lektüre dieses Inventars derjenige einer gewissen Zufälligkeit ist, dann ist das selbstverständlich der Tatsache geschuldet, dass die drei zwischen den Kontinenten reisenden Bücherkisten auch in einem materiellen Sinne eine „Bibliothek in Bewegung" darstellen. Dass in diesen Kisten direkt neben den Fabeln von La Fontaine ein anonym veröffentlichter Traktat über *La morale pratique des Jésuites* und neben diesem eine Geschichte der Geißler aus der Feder von Jacques Boileau (dem Bruder des Dichters Nicolas Boileau) steht,[44] das lässt sich eben nicht inhaltlich begründen, sondern das wird allein praktischen Erwägungen beim Einpacken und Verschiffen der Bücher geschuldet gewesen sein.

Unabhängig von den dadurch entstehenden (weder von dem Besitzer der Bibliothek noch von den Erstellern des Inventars intentional gesuchten) Korrespondenzen zwischen mitunter sehr disparaten Werken stellt der Katalog implizit aber auch eine Beziehung zwischen den Büchern und ihren Rezipienten her, also zunächst zwischen den Büchern und fray Servando Teresa de Mier als ihrem Besitzer, und dann zwischen den Büchern und den mit deren Inventarisierung betrauten Beamten. So erweist sich der Dominikaner ausgehend von dem Inventar seiner Bibliothek als ein offensichtlich nicht nur passionierter, sondern vor allem vielseitig interessierter und intellektuell anspruchsvoller Leser, der sich mit theologischen ebenso wie mit medizinischen oder politisch und historisch argumentierenden Werken auseinandergesetzt und der darüber hinaus durchaus auch über eine gewisse literarische Bildung verfügt hat (zumindest wenn man mit einem weiten Literaturbegriff zu operieren bereit ist).[45] Im Unterschied dazu lässt das Inventar seine

---

44 Tatsächlich haben Rafael del Llano und Domingo de Ugarte in diesem letzten Fall den Autor des Werkes nicht identifiziert (vgl. zu der offensichtlichen Kontingenz der Zusammenstellung von Büchern in den drei Kisten noch einmal die komplette Inventarliste, in: Hernández y Dávalos 1882: 840–854).

45 Christopher Domínguez Michael geht von einem engeren Literaturbegriff aus, wenn er betont: „Salvo las excepciones consignadas, faltan, de manera previsible, las letras profanas en la biblioteca de un fraile que, fiel a la educación clerical y académica del siglo XVIII, despreciaba la imaginación." (Domínguez Michael 2004: 550). Allerdings figurieren in dem Katalog von fray Servandos Büchern außer den Fabeln von La Fontaine durchaus auch Werke von Horaz, die Briefe und Erinnerungen der im frühen 18. Jahrhundert äußerst erfolgreichen Schriftstellerin Lady

Ersteller weniger als Leser denn vielmehr als ordnende Instanzen in Erscheinung treten, und das nicht allein wegen der Mühe, die sie darauf verwenden, mit Hilfe ihrer Siglen jedes einzelne Buch einer eindeutig bestimmbaren Kategorie zuzuordnen, sondern vor allem auch wegen ihres beharrlichen Strebens nach Vollständigkeit. Dass sie es beispielsweise nicht versäumen, außer den Büchern selbst auch „otros muchos distintos impresos sin principio ni fin que venían enrollados para la opresion de los Libros" zu verzeichnen,[46] macht in diesem Zusammenhang mehr als deutlich, wie sehr sich Rafael del Llano und Domingo de Ugarte angestrengt haben, der vermeintlichen thematischen Unordnung der Bibliothek wenigstens die akribische Ordnung von deren vollständiger Erfassung entgegenzusetzen.

Trotz der Bemühungen der Inquisition um eine solche nachträglich etablierte Ordnung bleibt aber zumindest auf den ersten Blick die Kontingenz einer Bibliothek bestehen, die wie diejenige von fray Servando Teresa de Mier auf sehr begrenztem Raum die unterschiedlichsten thematischen Schwerpunkte setzt und dabei die überraschendsten Verbindungen herzustellen scheint. Der Eindruck, die breite Zusammenstellung von sehr unterschiedlichen Büchern in den drei Kisten gehorche keinerlei innerer Notwendigkeit, schwächt sich allerdings dann ab, wenn man nicht so sehr die Anstrengungen der Inquisition in den Fokus rückt, in der Bibliothek eine Ordnung durch die möglichst vollständige Aufzählung ihrer Bestandteile herzustellen, sondern stattdessen eher diejenige Ordnung in den Blick nimmt, die durch die implizite Erzählung erzielt wird, als die der Bücherkatalog hier gelesen werden soll. So lässt die Feststellung, dass dieses Inventar einer in Europa erworbenen und dann nach Amerika transportierten Bibliothek vor allem von den sich über dem Atlantik kreuzenden Blicken zwischen Europa und Amerika erzählt, die das intellektuelle und politische Projekt ihres Besitzers seit jeher gekennzeichnet haben, eine gewisse Prozessualität auch in der konkreten Wechselbeziehung zwischen jenen Büchern anschaulich werden, die ihrerseits eine solche transatlantische Perspektive einnehmen. In einer solchen Lesart

---

Mary Wortley Montagu und nicht zuletzt auch die aus einem Disput mit Voltaire heraus entstandenen *Lettres sur l'Atlantide de Platon* von Jean-Sylvain Bailly (dem wir bereits in Kapitel 3.1.1 Fragmentarität als Figur auf dem Ballhausschwur-Gemälde von Jacques-Louis David begegnet sind) – Werke also, in denen zwar nicht die von Domínguez Michael reklamierte „imaginación" leitend ist, die aber im Sinne Gérard Genettes zumindest als „diktionale" Literatur gelten können (vgl. dazu noch einmal Genette 1991b). Vgl. zu den entsprechenden Werken in fray Servandos Bücherkisten einmal mehr die Inventarliste, in: Hernández y Dávalos 1882: 843 (Horaz), 484 (Lady Mary Wortley) und 841 (Bailly). Vgl. zu fray Servandos Lektüren insgesamt auch die bereits in Kapitel 3.3.2 Das Ich und die Literatur zitierte Bemerkung von Ottmar Ette zu den Lesegewohnheiten des Dominikaners: „It is well known what an indefatigable, although unsystematic, reader Mier was." (Ette 1992b: 189).
46 Hernández y Dávalos 1882: 842.

gestaltet die Inventarliste der Inquisition tatsächlich ganz im Sinne Albrecht Koschorkes „Komplexität durch *Dynamisierung*, durch Auflösung von Zustand in Prozess",[47] insofern sie nämlich nicht nur die Bewegung der reisenden Bibliothek im geographischen Raum in den Blick nimmt, sondern darüber hinaus den Horizont auf die parallel (nämlich ebenfalls transatlantisch) verlaufende intellektuelle Bewegung ihres Besitzers hin öffnet.

Jenseits der bereits erwähnten Bücher und Traktate aus unterschiedlichen Wissensbereichen beherbergten fray Servandos mit Sackleinen ausgekleidete Bücherkisten so vor allem eine Vielzahl von europäischen Werken über die natürlichen und kulturellen Besonderheiten Amerikas im Vergleich zu Europa einerseits und von amerikanischen Büchern über die Möglichkeiten einer politischen Emanzipation Amerikas von Europa andererseits. Auf der europäischen Seite steht nicht nur der bereits in der Einleitung zu diesem Kapitel kurz kommentierte *Essai politique sur le royaume de la Nouvelle-Espagne* (1808–1811) von Alexander von Humboldt,[48] sondern hier sind auch Bücher wie die *Recherches philosophiques sur les Américains* von Cornelius de Pauw (1768), die von Guillaume-Thomas Raynal herausgegebene *Histoire philosophique et politique des établissements et du commerce des européens dans les deux Indes* (1770) und die *History of the Reign of Charles V.* (1792) des schottischen Aufklärers William Robertson zu verorten – Bücher also, die im ausgehenden 18. Jahrhundert aus dem Blickwinkel der europäischen Aufklärung und mit deren Methoden die Frage nach dem Verhältnis zwischen Europa und Amerika aufgeworfen und auf diese Weise die zu diesem Zeitpunkt bereits jahrhundertealte „Debatte um die Neue Welt" neu perspektiviert hatten.[49] Dabei spielt vor allem der bereits im Zusammenhang mit fray Servandos *Memorias* erwähnte

---

[47] Koschorke 2017: 21.
[48] Alexander von Humboldt wird hier als in Europa geborener Autor pragmatisch auf der europäischen Seite verbucht, obwohl sein *Essai politique* dezidiert auf eine Perspektive setzt, die gerade *nicht* eindimensional von Europa aus auf die Welt blickt: „Humboldt [bediente sich] eines transnationalen Wissensreservoirs, das er zu einem länder- und sprachübergreifenden Wissensnetzwerk verband und bewegte sich in einem literarischen Raum, dem einseitige Beschränkungen auf europäische oder amerikanische Autoren fremd waren. [...] Er vertrat die Überzeugung, dass ein grundlegendes Verständnis anderer Kulturen die Einsicht in das Vorhandensein einer Pluralität kulturell bedingter Perspektiven voraussetzt. Fremderkenntnis konnte für ihn nicht aus einem rein europäischen Denken und einer einzigen Sprache entstehen; nur durch das Bestreben und die Fähigkeit zur Relativierung der eigenen, bei gleichzeitiger Annahme der fremden Anschauung, war für Humboldt die Wahrnehmung des Anderen und letztlich das bessere Verstehen des Eigenen möglich." (Krumpel 2020: 36).
[49] Vgl. Hernández y Dávalos 1882: 845 (Humboldt), 841 (de Pauw), 840 (Raynal) und 841 (Robertson). Vgl. zu der besonderen Wendung, welche die „Debatte um die Neue Welt" in der europäischen Aufklärung genommen hat, Bernaschina/Kraft/Kraume 2015.

Cornelius de Pauw eine zentrale Rolle, der in seinen *Recherches philosophiques sur les Américains* auf ein nicht aus der persönlichen Anschauung, sondern aus vorgängigen Texten gewonnenes Wissen setzt und aus diesem Grund zur Untermauerung seiner Hypothese von der natürlichen Benachteiligung Amerikas im Vergleich zu Europa auf eine Vielzahl von Texten insbesondere aus der Frühphase des europäischen Kolonialismus zurückgreift.[50] Mit seinem 1768 erstmals gedruckten Traktat über die indigene Bevölkerung Amerikas greift de Pauw ein Thema auf, das vor ihm schon aufgeklärte Zeitgenossen wie etwa der französische Naturforscher Comte de Buffon behandelt hatten, nämlich die menschliche Art selbst.[51] Wie Antonello Gerbi schon Mitte der fünfziger Jahre des 20. Jahrhunderts gezeigt hat, entwickelt de Pauw sein polemisches Kernargument in der These über die Degeneration der Bewohnerinnen und Bewohner Amerikas.[52] Aus eben diesem Grund kann nun die Bedeutung kaum überschätzt werden, die seine *Recherches philosophiques* auch für fray Servando Teresa de Mier gehabt haben: In de Pauws Abhandlung kristallisiert sich in fray Servandos Augen in besonderer Weise die Geringschätzung des amerikanischen Kontinents durch seinen europäischen Gegenpart. Wenn aus diesem Grund seine eigenen Werke (und vor allem die ja nur kurz nach seiner Rückkehr aus Europa verfasste „Relación" mit ihrer überzogenen Darstellung eines angeblich dekadenten und degenerierten Spanien) keine polemische Wendung scheuen, um den europäischen Kanoniker mit seinen eigenen Waffen zu widerlegen,[53] dann stehen die darin zum Ausdruck kommenden intertextuellen Verflechtungen beispielhaft für eine Rezeption, die auch ein halbes Jahrhundert nach der ersten Veröffentlichung der *Recherches philosophiques* nichts von ihrem kontroversen Potential eingebüßt hatte.[54]

Weniger umstritten als de Pauws Werk, aber ähnlich populär war die ursprünglich anonym in Amsterdam veröffentlichten *Histoire des deux Indes* von Guillaume-Thomas Raynal. Auch in dieser einflussreichen Globalgeschichte des Handels und der Kolonien kommt der Analyse der transatlantischen Verbindungen eine so zentrale Rolle zu, dass das umfangreiche Werk in der jüngeren Forschung auch als „Verdichtungs- und Ausgangspunkt aufklärerischer Reflexion über die

---

50 Vgl. Ette 2012: 108–112.
51 Vgl. zu Buffon Gerbi 1982: 7–46 und Spary 2000.
52 Vgl. Gerbi 1982: 66–101. Gerbi fasst de Pauws Argumentation wie folgt zusammen: „En todo su libro [...] repite De Pauw hasta el fastidio que la naturaleza es en el continente americano débil y corrompida, débil por estar corrompida, inferior por estar degenerada." (Gerbi 1982: 69).
53 Vgl. zu dem Einfluss, den Cornelius de Pauw auf das Denken fray Servandos ausgeübt hat, auch Kapitel 3.3.2 Das Ich und die Literatur.
54 Vgl. zu der kontroversen Rezeption des Werkes Ette 2015.

außereuropäische Welt" bezeichnet worden ist.[55] Auch die *Histoire des deux Indes* lässt sich aus diesem Grund (wie im übrigen auch die *History of the Reign of Charles V.* des schottischen Aufklärers William Robertson) vor dem Hintergrund der im ausgehenden 18. Jahrhundert mit besonderer Leidenschaft geführten „Debatte um die Neue Welt" verorten.[56] Die europäischen Schriften aus der Zeit der Aufklärung, die das Inventar als Bestandteile von fray Servandos reisender Bibliothek aufführt, werfen also alle implizit oder explizit die Frage nach der Berechtigung der Kolonisierung der Neuen Welt auf, und sie beantworten diese Frage in unterschiedlicher Art und Weise durchaus kritisch.[57] Dasselbe gilt nun in modifizierter Form auch für die Bücher und Schriften einer jüngeren Generation von europäischen Autoren, die ebenfalls Teil von fray Servandos Büchersammlung waren. Zu dieser Gruppe von Schriftstellern und Intellektuellen gehören außer dem bereits erwähnten Alexander von Humboldt auch fray Servandos Weggefährten José María Blanco White und Henri Grégoire. So steht Letzterer mit den Abhandlungen *De la littérature des Nègres* (1808) und *De la traite et de l'esclavage des noirs* (1815) sowie der *Apologie de Barthélémy de Las Casas, évêque de Chiappa* (1802)) in dem Inventar verzeichnet;[58] Blanco White wiederum figuriert als Herausgeber (und Hauptautor) der zwischen 1810 und 1814 in London publizierten Zeitschrift *El Español* (allerdings ohne, dass die Liste der Inquisition seinen Namen nennen würde). Dabei unterscheiden sich die erwähnten Schriften von fray Servandos europäischen Freunden insofern von den kanonischen Werken der europäischen Aufklärung, als Grégoire und Blanco White vor dem Hintergrund der in der Zwischenzeit erfolgten Revolutionen

---

55 Winter 2015: 180. Die *Histoire des deux Indes* ist nicht allein von Raynal, sondern von einem größeren Autorenkollektiv verfasst worden, zu dem nicht zuletzt auch Denis Diderot gehörte. Dieser zeichnet Alix Winter zufolge aller Wahrscheinlichkeit nach für die einschlägigen Passagen über die Frage nach der Berechtigung der Kolonialisierung fremder Weltgegenden verantwortlich.
56 Robertson hat sich in Werken wie dieser *History of the Reign of Charles V.* ausführlich mit der Geschichte Spaniens und Hispanoamerikas auseinandergesetzt. Es ist zu vermuten, dass fray Servando in seinen Londoner Jahren mit diesen Werken in Berührung gekommen ist. Vgl. zu der Rolle und dem Einfluss Robertsons in der schottischen Geschichtsschreibung über Amerika auch Sebastiani 2015: 253–254.
57 Sowohl Raynal als auch de Pauw üben radikale Kritik an der Kolonisierung der „Neuen Welt", wenngleich aus unterschiedlichen Perspektiven: Raynal kritisiert vor allem die Art und Weise, *wie* die Kolonisierung vom 16. bis zum 18. Jahrhundert stattgefunden hat und befürwortet zwar durchaus die Gründung von Kolonien im gegenseitigen Einverständnis, nicht aber den Kolonialismus. De Pauw dagegen wendet sich zwar eine europäische Expansionspolitik, die ohne Rücksicht auf Verluste nur auf ihren eigenen Vorteil bedacht ist, er geht dabei aber von einer so grundsätzlichen Minderwertigkeit Amerikas im Vergleich zu Europa aus, dass seine Kolonialismuskritik zuletzt ambivalent bleibt (vgl. zu de Pauws Argumentation Ette 2015 und zu Raynal Winter 2015).
58 Vgl. Hernández y Dávalos 1882: 845 (Blanco White) sowie 840, 848 und 849 (Grégoire).

in Nordamerika und Frankreich und ihrer Folgen natürlich im Stande gewesen sind, die alte Frage nach dem Verhältnis zwischen Europa und Amerika neu zu perspektivieren. Sie entwerfen in ihren Werken so ein Bild von Amerika, das sich grundsätzlich von demjenigen unterscheidet, das etwa Cornelius de Pauw in seinen *Recherches philosophiques sur les Américains* gezeichnet hatte, und sie verhandeln das Verhältnis zwischen den Kontinenten nicht mehr unter der Prämisse der immer schon gesetzten natürlichen, kulturellen und politischen Überlegenheit Europas, wie de Pauw und viele andere Vertreter der europäischen Aufklärung das getan hatten. Ganz im Gegensatz dazu entwerfen Grégoire und Blanco White Amerika als einen kulturellen und politischen Möglichkeitsraum, der als solcher in ihrer Vorstellung durchaus einen Ausweg aus den Aporien des postrevolutionären Europas darstellen soll.[59]

Der narrative Mehrwert des Inventars von fray Servandos Bibliothek, das alle diese Werke auflistet, ergibt sich nun aber vor allem daraus, dass die umfangreiche Bücherliste neben den erwähnten europäischen Werken über Amerika aus der Zeit der Aufklärung und dem beginnenden 19. Jahrhundert auch Auskunft gibt über eine Vielzahl von in ihrer überwiegenden Mehrheit sehr zeitgenössischen Büchern, in denen amerikanische Autoren die Beziehung zwischen Europa und Amerika aus *ihrer* Perspektive beleuchten. Dabei erzählt das von den Vertretern des *Santo Oficio* erstellte Inventar die Geschichte von den sich über dem Atlantik kreuzenden Blicken der amerikanischen und der europäischen Autoren ausdrücklich vor dem Horizont der in Neuspanien wie in Südamerika seit Jahren andauernden Unabhängigkeitskämpfe. Durch die in der Inventarliste angelegte Wechselwirkung zwischen den verschiedenen darin verzeichneten Büchern wird auf diese Weise ein neues Kapitel in der „Debatte um die Neue Welt" aufgeschlagen – ein Kapitel, in dem der bisher einseitig von Europa aus auf Amerika gerichtete Blick durch den Blick von Amerika aus auf Europa ergänzt und in Frage gestellt wird.

So nimmt zum Beispiel der peruanische Arzt Hipólito Unanue ausdrücklich Bezug auf den jahrhundertealten Disput um die Neue Welt und auf Cornelius de Pauw, wenn er in seinen *Observaciones sobre el clima de Lima y su influencia en los seres organizados, en especial el Hombre* (1806) gegen die von europäischen Forschern und Naturhistorikern immer wieder geäußerte Überzeugung von der Minderwertigkeit der amerikanischen Natur eintritt und sich dazu auf meteorologische Daten und eigene klinische Beobachtungen beruft.[60] Dabei ist es kein Zufall, dass Una-

---

59 Vgl. zu Grégoires und Blanco Whites Bild von Amerika auch die Kapitel 3.1.4 Austausch, Aufklärung, Archiv und 3.2.4 Transatlantic Romanticism?.
60 Der bekannteste Vertreter dieser Hypothese von der Inferiorität der amerikanischen Natur war der Comte de Buffon (1707–1788), der in seiner *Histoire naturelle générale et particulière* besonders auf der angeblich geringeren Körpergröße der Lebewesen in Amerika insistiert und dar-

nue wie viele seiner auf eine vergleichbare Art und Weise engagierten Zeitgenossen auch eine tragende Rolle in den Auseinandersetzungen um die Unabhängigkeit von Spanien eingenommen hat und im Jahr 1821 zu den Unterzeichnern der peruanischen Unabhängigkeitserklärung gehörte. Schon in seiner 1806 publizierten naturhistorischen Abhandlung war die Stoßrichtung insofern eine politische gewesen, als der Autor mit seiner Betonung der großen Artenvielfalt in Amerika und der daraus resultierenden natürlichen Gleichrangigkeit der Neuen Welt im Vergleich zur Alten selbstverständlich vor allem darauf gezielt hatte, auch die politische Ebenbürtigkeit Amerikas hervorzuheben.[61] Im Unterschied dazu verhandelt die von dem ursprünglich ebenfalls aus Peru stammenden, dann nach der Vertreibung der *Compañía de Jesús* aus den spanischen Überseegebieten aber in Europa exilierten Jesuiten Juan Pablo Viscardo y Guzmán verfasste und zunächst auf Französisch veröffentlichte *Carta dirigida a los españoles americanos* (1799) das Verhältnis zwischen Europa und Amerika vor dem Hintergrund der Frage nach der problematischen Zugehörigkeit der amerikanischen Spanier (gemeint sind die Kreolen):

> El Nuevo Mundo es nuestra patria, su historia es la nuestra, y en ella es que debemos examinar nuestra situación presente, para determinarnos, por ella, a tomar el partido necesario a la conservación de nuestros derechos propios, y de nuestros sucesores. [...] [A]unque no conozcamos otra patria que ésta, en la cual está fundada nuestra subsistencia, y la de nuestra posteridad, hemos sin embargo respetado, conservado y amado cordialmente el apego de nuestros padres a su primera patria. A ella hemos sacrificado riquezas infinitas de toda especie, prodigado nuestro sudor, y derramado por ella con gusto nuestra sangre. Guiados de un entusiasmo ciego, no hemos considerado que tanto empeño en favor de un país, que nos es extranjero, a quien nada debemos, de quien no dependemos, y del cual nada podemos esperar, es una traición cruel contra aquel en donde somos nacidos, y que nos suministra el alimento necesario para nosotros y nuestros hijos; y que nuestra venera-

---

aus die Schlussfolgerung von der grundsätzlichen Unterlegenheit der „Neuen Welt" im Vergleich zur „Alten" abgeleitet hatte (vgl. Wulf 2016: 206). Vgl. im Unterschied dazu Unanues Argumentation in Unanue 1940. Vgl. zu dessen Rolle in der „Debatte um die Neue Welt" auch Gerbi 1982: 381–384 und zu seiner Biographie García Cáceres 2010.

61 Unanue argumentiert hier im Einklang mit Thomas Jefferson, der in seinen *Notes on the State of Virginia* (1785) seinen Heimatstaat Virginia gewissermaßen als eine Art „Amerika im Kleinen" entwirft und an dessen Beispiel die Beschaffenheit und vor allem den Reichtum, die Fruchtbarkeit und die unendlichen Möglichkeiten des Kontinents im Ganzen erläutert. Der US-amerikanische Forscher Lee Alan Dugatkin berichtet in seinem Buch *Mr. Jefferson and the Giant Moose* in diesem Zusammenhang, dass der spätere Präsident in seiner Zeit als amerikanischer Botschafter in Paris (1785–1789) ernsthaft versucht habe, einen ausgestopften Elch aus seiner Heimat über den Atlantik schaffen zu lassen, um die Franzosen und allen voran Buffon von der Größe Amerikas zu überzeugen (vgl. Dugatkin 2009: XI). Vgl. zu der Freundschaft zwischen Thomas Jefferson und Alexander von Humboldt, die vor dem Hintergrund der Frage nach der transatlantischen Dimension des zeitgenössischen Wissens durchaus bedeutsam ist, Rebok 2019.

ción a los sentimientos afectuosos de nuestros padres por su primera patria, es la prueba más decisiva de la preferencia que debemos a la nuestra,[62]

schreibt Viscardo und schließt aus dieser Analyse folgerichtig auf die Berechtigung des amerikanischen Strebens nach Unabhängigkeit von der Kolonialmacht Spanien. Nun ist die *Carta dirigida a los españoles americanos* bereits im ausgehenden 18. Jahrhundert erschienen und war entsprechend alt genug, um zum Zeitpunkt der Erstellung des Inventars von fray Servandos Bibliothek schon auf dem Index verbotener Bücher zu stehen. Die beiden mit der Erstellung des Inventars beauftragten Beamten mussten daher kein eigenes Urteil über die Brisanz von Viscardos Text fällen, sondern konnten sich bei dessen Klassifizierung eben auf den ihnen vorliegenden Index und dessen Ergänzungen stützen. Schwieriger stellte sich dagegen die Einordnung von Texten dar, die wie derjenige von Hipólito Unanue bisher nirgendwo verzeichnet standen; und noch problematischer mussten sicher Schriftstücke aus dem ganz unmittelbaren Kontext der zeitgenössischen Unabhängigkeitsbewegung erscheinen, denn diese Texte besaßen mitunter kaum den Charakter eines wirklichen „Werkes".[63] In diesen Fällen mussten Rafael del Llano und Domingo de Ugarte selbst entscheiden, ob das betreffende Schriftstück unverdächtig schien oder ob es noch einmal eingehender untersucht werden sollte. Tatsächlich verzeichnet ihr Inventar mehrere Schriftstücke aus dem ideologischen Umfeld der südamerikanischen Unabhängigkeitsbewegung, bei denen die Revisoren lieber sichergehen wollten: So sind beispielsweise ein Schreiben, das an den aus Caracas stammenden Widerstandskämpfer Simón Bolívar gerichtet, und ein weiteres, das von diesem selbst verfasst war, ebenso wie ähnliche Aufrufe und Pamphlete zur genaueren Überprüfung durch einen eigens dazu bestellten Zensor gekennzeichnet.[64] Dass nun

---

62 Viscardo y Guzmán 2004: 73–74. Vgl. zu Viscardos Argumentation im Einzelnen auch Kraume 2016. Viscardo wurde in der vorliegenden Studie bereits zitiert im Zusammenhang mit der Argumentation, auf die fray Servando Teresa de Mier in seiner *Historia de la Revolución de Nueva España, antiguamente Anáhuac* zur Rechtfertigung der Unabhängigkeitsbewegung zurückgreift (vgl. Kapitel 2.1.4 Kerkyräer und Korinther).
63 Das heißt, es waren häufig keine gedruckten Bücher, sondern Pamphlete, Aufrufe oder Verlautbarungen, die häufig anonym erschienen waren und zum Teil auch nur in Manuskriptform vorlagen.
64 Eines dieser Schriftstücke wird von den Erstellern des Inventars nur als „Un papel que empieza. El Exco. Capitan General de los Exercitos de la Vnion Simon Bolivar &" aufgeführt. Das andere Schreiben scheint ein Brief zu sein und figuriert unter dem sehr neutral gehaltenen Titel „Oficio del Señor Secretario del despacho de Guerra del Gobierno General dirigido al General Simon Bolivar. Cartagena de Indias año de 1815" (vgl. Hernández y Dávalos 1882: 849 und 850). Fray Servando Teresa de Mier hat Simón Bolívar zwar anders als andere Vertreter der südamerikanischen Unabhängigkeitsbewegung niemals persönlich getroffen; dessen Denken ist aber dessen ungeachtet stark von den Ideen beeinflusst gewesen, die der Dominikaner in seiner *Historia de la Revolución* propagiert (vgl. Saint-Lu/Bénassy-Berling 1990: XCIX–CI). Vgl. insbesondere zu

die entsprechenden Einträge in der Inventarliste mit größtmöglicher Distanziertheit formuliert wurden, ist in diesem Zusammenhang kein Zufall: Der venezolanische *libertador* Simón Bolívar wird den vom *Tribunal del Santo Oficio* in Mexiko bestellten Richtern zum Zeitpunkt der Erstellung ihres Inventars trotz seiner tragenden Rolle im Kampf der südamerikanischen Provinzen um die Unabhängigkeit noch kein Begriff gewesen sein.

Die Annahme, dass Neuspanien zu weit von den Vizekönigreichen La Plata, Neugranada und Peru entfernt war, als dass man in den Jahren 1817 und 1818 in Mexiko-Stadt schon im Einzelnen über die Unabhängigkeitskriege im Süden des Subkontinents und über deren Protagonisten hätte im Bilde sein können, wird in der Tat auch durch den noch lakonischeren Eintrag bestätigt, mit dem die beiden Revisoren auf ein Schriftstück aus der Feder von Bernardo de Monteagudo Bezug nehmen, das fray Servando ebenfalls aus Europa mitgebracht hatte: „Vn quaderno forrado en papel, y en la Caratula dice Monteagudo", notieren sie und geben damit zu erkennen, dass sie offenkundig keine Kenntnis davon hatten, dass der junge argentinische Anwalt Monteagudo nicht nur ein wichtiger Vordenker, sondern auch ein zentraler Akteur der Unabhängigkeitsbewegungen am Río de la Plata und in Peru gewesen ist.[65] Die in solcherlei Formulierungen zum Ausdruck kommende Unsicherheit über den Status der in Frage stehenden Schriftstücke legt nun die Vermutung nahe, dass das Inventar der reisenden Bibliothek in letzter Instanz nicht allein von der literarischen Verflechtungsgeschichte zwischen Europa und Amerika erzählt, die das Leben und das Werk des Besitzers dieser Bibliothek in besonderer Weise geprägt hat, sondern auch davon, dass die beiden Beauftragten der Inquisition jener Verflechtungsgeschichte mit großem Unverständnis gegenübergestanden und deren Bedeutung kaum haben ermessen können; und diese Feststellung kann vermutlich auch auf die Institution des *Tribunal del Santo Oficio* insgesamt übertragen werden, die in diesen letzten Jahren ihrer Existenz erkennbar kaum mit den sich in

---

der auch von Saint-Lu und Bénassy-Berling betonten gemeinsamen Beeinflussung Miers und Bolívars durch Bartolomé de Las Casas auch Barrera 2007: 27–31.

65 Hernández y Dávalos 1882: 842. Vgl. zu Bernardo de Monteagudo auch Vedia y Mitre 1950. Liliana Weinberg hat Bernardo Monteagudo in einem Aufsatz als Verfasser des „ersten politischen Essays aus Hispanoamerika" identifiziert. Mit dieser Formulierung bezieht sich Weinberg auf Monteagudos „Ensayo sobre la Revolución del Río de la Plata desde el 25 de mayo de 1809", der am 25. Mai 1812 in der Zeitung *Mártir o libre* publiziert wurde. Ihrer Argumentation liegt die Hypothese von einer engen Beziehung zwischen der Form des Essays und der inhaltlichen Auseinandersetzung mit der Unabhängigkeitsrevolution zugrunde, die auch für die vorliegende Untersuchung zentral ist (vgl. Weinberg 2007a).

ganz Hispanoamerika überschlagenden revolutionären Ereignissen Schritt zu halten im Stande gewesen ist.[66]

Was den Befund von dem mangelnden Verständnis der als solche ja nur zwischen den Zeilen in Erscheinung tretenden Erzähler des Inventars besonders interessant erscheinen lässt, das ist die Tatsache, dass die Diskrepanz zwischen der offenen Bewegung der sich über dem Atlantik kreuzenden Blicke, für die fray Servandos Bibliothek steht, und der auf Schließung bedachten Bewegung, mit der die Ersteller des Inventars dieser Offenheit begegnen, die diesem Kapitel zugrunde liegende Hypothese von dem narrativen Charakter des Inventars auf eine besonders anschauliche Art und Weise bestätigt. So erfolgt der Zugriff der beiden mit der Inventarisierung der Bibliothek beauftragten Beamten auf fray Servandos reisender Bibliothek immer in dem Bestreben, die Bücher festzuschreiben und den ihnen zugrundeliegenden ideologischen Gehalt dingfest zu machen; davon zeugen mehr noch als die zur Klassifizierung der Werke verwendeten Siglen die äußerst spärlichen und knappen Kommentare, mit denen sich die Beamten ihrem Stoff nähern (wenn man denn davon ausgehen möchte, dass diese tatsächlich die Erzählinstanz verkörpern). In Einträgen wie demjenigen zu Bernardo de Monteagudo scheint für einen kurzen Moment die Einstellung der Erzähler zu dem Erzählten auf, das heißt also allgemeiner formuliert deren Erzähl*haltung*, und diese Haltung ist geprägt von einer großen Skepsis und einer leisen Verunsicherung angesichts des quantitativ kaum zu überblickenden und qualitativ nicht vollständig zu erfassenden Stoffs, den fray Servandos Bücherkisten umfassten. Auf diese Weise macht die Lektüre der Inventarliste der Inquisition als eine einen transatlantischen Raum umspannende Erzählung deutlich, dass sich die Inquisition in ihrem Bemühen um Ordnung durch vollständige Erfassung zu keinem Zeitpunkt gewahr gewesen ist, dass diese Bibliothek keineswegs so ungeordnet war, wie es auf den ersten Blick den Anschein haben mochte, und dass *das* entscheidende Kriterium für ihre Ordnung der in der Zusammenstellung der Bücher zum Ausdruck kommende ausgeprägt bidirektionale Blick auf das Verhältnis zwischen Alter und Neuer Welt gewesen ist.

Wenn deshalb die mit dem Fall betrauten Inquisitoren am 25. Mai 1820 und damit zum Zeitpunkt der Auflösung des *Santo Oficio* und der Überführung fray Servando Teresa de Miers in die *Cárcel de Corte* einen Brief an den Vizekönig von Neuspanien senden, in dem sie nicht nur ihr Bedauern darüber formulieren, diesen entscheidenden Prozess nicht zu Ende führen zu können, sondern in dem sie

---

[66] Unter anderem aus diesem Grund sind Vermittlerfiguren wie José María Blanco White und fray Servando Teresa de Mier so wichtig gewesen, die von London aus Informationen aus den unterschiedlichen Provinzen des spanischen Kolonialreichs sammelten, aufbereiteten und weiterverbreiteten (vgl. dazu auch Kapitel 2.1.2 Räume: Europa und Amerika und Kapitel 3.2.4 Transatlantic Romanticism?).

vor allem ihrem Misstrauen gegenüber demjenigen Ausdruck verleihen, dessen Gesinnung und innere Beweggründe sie über fast drei Jahre hinweg zu ergründen versucht haben, dann kann es nicht verwundern, wenn aus ihrem Schreiben kaum die Einsicht spricht, dass die von ihnen versuchte Lektüre der Lektüren des Angeklagten angesichts der Dynamisierung des intellektuellen Panoramas in diesen ersten Jahren des 19. Jahrhunderts wahrscheinlich von Anfang an zum Scheitern verurteilt gewesen ist. Nicht die eigenen Vorgehensweisen sind überholt, sondern der Fall war so komplex, dass er trotz der eigentlich bewährten Methoden nicht zu einem zufriedenstellenden Ende hat geführt werden können, so könnte man die Argumentation der Inquisitoren zusammenfassen:

> Exco. Sor. – Desde el momento en que V[uestra] E[xcelencia] se sirvió poner á la disposicion de este Tribunal, la persona de Fr. Serbando Mier, Religioso apostata, se dedicó con el mayor empeño á formar su causa, por el grande interes que en ella tiene la Religion y el Estado; y deseaba concluirla, á la mas posible brevedad, para que en el castigo de sus enormes delitos se presentara un freno al fanatismo, á la irreligion é infidelidad. A pesar de sus deseos, el Tribunal tiene el dolor de no haver llegado aun á este termino. El examen y registro de los libros y papeles de ese Religioso, el reconocimiento de ellos, que los calificadores han debido hacer, está concluido en la mayor parte; y la distancia á los diversos puntos aun de Peninsula, en los quales ha sido indispensable practicar diligencias mui interesantes; esto es Sor. Exco. lo que ha dilatado la conclusion de este proceso. Ella se verificaria dentro de pocos meses por lo mui adelantado que se hallan sus actuaciones, pero las dolorosas y mui sensibles circunstancias del dia acaso no le permitirán. Este justo recelo ha obligado al Tribunal á instruir el superior animo de V. E. del estado de este negocio, y de las mui malas qualidades del Reo [...]. Fr. Serbando, es el hombre mas perjudicial y temible en este Reyno, de quantos se han conocido. Es de un caracter altivo y presuntuoso. Posee una instrucción mui basta en la mala literatura. Es de un genio duro, vivo y audaz, su talento no común, y logra ademas una gran facilidad para producirse. Su corazon está tan corrompido que lexos de haver manifestado en el tiempo de su prision alguna variacion de ideas, no hemos recibido sino pruebas constantes de una lastimosa obstinacion. Aun conserva un animo inflexible, un espiritu tranquilo superior á sus desgracias. En una palabra, este Reo aborrece de corazon al Rey, lo mismo que á las Cortes y á todo gobierno legitimo. No respeta ni á la Silla Apostolica, ni á los concilios: su fuerte y pasion dominante es la independencia revolucionaria que desgraciadamente ha inspirado y fomentado en ambas Americas por medio de sus escritos, llenos de ponzoña y veneno.[67]

An diesem abschließenden Urteil des *Tribunal del Santo Oficio* über den Angeklagten eines dann doch unabgeschlossen bleibenden Falles fallen verschiedene Aspekte ins Auge, die sich in einen argumentativen Zusammenhang mit der hier vorgenommenen Lektüre des Inventars von dessen Bibliothek als einer Erzählung über die literarische Verflechtungsgeschichte zwischen Europa und Amerika set-

---

67 „Informe del Tribunal de la Inquisición, sobre la clase de individuo que es el Dr. Mier, y que debe incomunicarse – 25 de Mayo de 1820", in: Hernández y Dávalos 1882: 923–924.

zen lassen. So ist zunächst auffällig, dass die Inquisitoren im Rahmen ihrer Rechtfertigung dafür, den Fall zu keinem Abschluss gebracht zu haben, an erster Stelle die von ihrer Institution veranlasste ausführliche Beschäftigung mit den Büchern des Angeklagten anführen und im Unterschied dazu auf andere Bestandteile des Prozesses wie etwa die sich über Monate erstreckenden eingehenden Verhöre mit diesem Angeklagten überhaupt nicht eingehen.[68] „El examen y registro de los libros y papeles" und die sich an diese Prüfung anschließende Beurteilung durch die Zensoren wird so zu *dem* entscheidenden Schritt innerhalb der Beweisaufnahme. Vor allem auf die Untersuchung der Bibliothek scheint sich das sich anschließende Urteil über den Angeklagten zu gründen. Dass dieses Urteil nun nicht wohlwollend ausfällt, das wird angesichts der in dem vorliegenden Kapitel untersuchten Diskrepanz zwischen den beweglichen Lektüren fray Servando Teresa de Miers und der statisch bleibenden Lektüre dieser Lektüren durch die Inquisition leicht nachvollziehbar. Interessant ist allerdings, dass die Inquisitoren die in ihrem Schreiben angesprochenen angeblichen schlechten Eigenschaften des Dominikaners zwar nicht argumentativ aus ihrer Prüfung von dessen Büchern herleiten (indem sie etwa unmittelbar auf die inhaltliche Zusammensetzung der Bibliothek eingehen und deren schlechten Einfluss begründen würden); dass sie aber trotzdem nicht davor zurückschrecken, ausdrücklich die „instruccion mui basta en la mala literatura" anzuführen, über die der Beklagte verfüge (allerdings auch hier ohne zu präzisieren, was genau sie unter „schlechter Literatur" verstehen).

Die Argumentation der Verfasser des Briefes lässt von Anfang an keinen Zweifel daran, dass der Fall von fray Servando Teresa de Mier vor allem deshalb von immenser Bedeutung auch für das Selbstverständnis der Inquisition als solcher war, weil er exemplarisch für die Herausforderungen stand, mit denen sich diese nun aufgelöste Institution des spanischen Staates in der Sattelzeit um 1800 konfrontiert gesehen hat. Dass die Angelegenheit von außergewöhnlichem Interesse war, das wird vor allem dadurch deutlich, dass die Inquisitoren so ausdrücklich auf die Hoffnung eingehen, die sie mit diesem problematischen Fall verbunden hatten: Die Hoffnung nämlich, ein Exempel statuieren zu können und dem ihrer Meinung nach um sich greifenden Fanatismus und Unglauben einen Riegel vorschieben zu können, so schreiben sie wörtlich. Dass diese Hoffnung nun enttäuscht wird, das muss die Vertreter der Inquisition umso mehr schmerzen, als sie angesichts der die Auflösung ihrer eigenen Behörde implizierenden jüngsten politischen Entwicklun-

---

68 Vgl. zu diesen Verhören und der Verteidigungsstrategie, auf die fray Servando Teresa de Mier in diesem Zusammenhang zurückgreift, auch die Einleitung in Kapitel 2.1 Historiographie im Zwischenraum.

gen befürchten mussten, dass sich Tendenzen wie der von ihnen beklagte vermeintliche Fanatismus jetzt umso ungehinderter verbreiten könnten.

Wenn die Inquisitoren am Ende der zitierten Passage mit besonderem Nachdruck betonen, dass es der Angeklagte nicht versäumt habe, seine revolutionären Überzeugungen in seinen Schriften weiter zu verbreiten, dann schließt sich an dieser Stelle der argumentative Kreis ihres Schreibens an den Vizekönig: In der Perspektive des *Tribunal del Santo Oficio* spiegeln sich in den Schriften des Angeklagten nicht nur dessen Vergehen wider, sondern diese Vergehen werden zugleich durch die Möglichkeit der Verbreitung der entsprechenden Schriften gewissermaßen noch potenziert. An dieser Stelle schließt sich zugleich aber auch der Kreis der Argumentation des vorliegenden Kapitels, der nur noch ein Gedanke hinzuzufügen wäre: Tatsächlich verzeichnet das Inventar von fray Servandos Bibliothek auch Exemplare von dessen eigenen Werken, die der Verfasser offensichtlich auch mit dem Ziel in sein Heimatland gebracht hat, dort eine neue Leserschaft für diese Werke zu erschließen. Die Liste der Inquisition führt nicht weniger als 15 Exemplare von fray Servandos 1812 in London veröffentlichter Edition der *Brevísima relación de la destrucción de las Indias* (1552) von Bartolomé de Las Casas auf, und es steht angesichts der großen Anzahl der mitgeführten Exemplare zu vermuten, dass der Herausgeber dieses auf dem Index der spanischen Inquisition stehende Werk wirklich in Neuspanien hat verbreiten wollen.[69] Dasselbe gilt auch für seine beiden anderen zum Zeitpunkt seiner Rückkehr nach Neuspanien bereits existierenden Werke, also die *Cartas de un americano* und die *Historia de la Revolución de Nueva España, antiguamente Anáhuac*. Auch diese Werke waren jeweils mehrfach in seiner reisenden Bibliothek vorhanden, und auch diese Werke wären in dem seit Jahren von den Unabhängigkeitskämpfen erschütterten Land seiner Herkunft sicher auf lebhaftes Interesse gestoßen – wenn das *Tribunal del Santo Oficio* ihre Verbreitung nicht unterbunden und sie stattdessen seinen *calificadores* zur Prüfung übersandt hätte.[70] Dass sich fray Servando Teresa de Mier mit diesen Werken (wie später auch mit seinen *Memorias*) in das weite transatlantische Diskursfeld einschreibt, innerhalb dessen seine Bibliothek im Ganzen zu verorten ist, und dass er auf diese Weise selbst die literarische Verflechtungs-

---

69 Vgl. Hernández y Dávalos 1882: 843. Fray Servandos Interesse an Las Casas ist in dem entsprechenden Kapitel 3.1.2 Las Casas bereits ausführlich kommentiert worden. Dass er bei seiner Rückkehr aus Europa seine Edition von dessen seit jeher von der Inquisition verbotenem Werk in mehreren Exemplaren bei sich hat, zeugt von seinem Stolz auf seine editorische Leistung, aber auch von seinem Bewusstsein für die Rolle, die Bartolomé de Las Casas im Rahmen der jahrhundertealten „Debatte um die Neue Welt" zukommt.
70 Vgl. Hernández y Dávalos 1882: 840. Die *Historia de la Revolución* wird von dem Inventar mit 21 broschierten Exemplaren aufgeführt, die *Cartas de un americano* immerhin mit 15. Vgl. zu Miers Position in den beiden Werken auch Kapitel 2.1 Historiographie im Zwischenraum.

geschichte zwischen Europa und Amerika fortschreibt, von der das Inventar seiner reisenden Bibliothek erzählt, das haben die Ersteller dieses Inventars wohl ebenso wenig geahnt wie die Verfasser des Briefes, mit dem der Inquisitionsprozess gegen ihn im Mai 1820 sein Ende findet. Erst im 20. Jahrhundert werden hispanoamerikanische Schriftsteller und Essayisten diese Dimension von fray Servandos Leben und Werk in den Mittelpunkt ihres Interesses rücken und ihre eigenen daraus resultierenden „Versuche über fray Servando" in dem großen Kontext der Geschichte der literarischen Austauschbeziehungen zwischen Europa und Amerika verorten.

4.2 Versuche über fray Servando

In seiner erstmals 1990 veröffentlichten, seither in viele Sprachen übersetzten Studie über die kulturellen Ursprünge der Französischen Revolution wirft Roger Chartier eine Frage auf, die sich auch angesichts der Sprengkraft von fray Servando Teresa de Miers transatlantischer Bibliothek aufzudrängen scheint: Sind es die Bücher, welche die Revolutionen machen?, fragt der französische Historiker in *Les origines culturelles de la Révolution française*.[71] Ausgehend von den kulturellen und gesellschaftlichen Veränderungen, die der sich dynamisierende Buchmarkt und die sich daraus ergebenden veränderten Lesegewohnheiten in Frankreich seit der Mitte des 18. Jahrhunderts hervorgerufen hatten, analysiert Chartier die Konsequenzen, die der immer größere Lesehunger einer ebenfalls immer größer werdenden Leserschaft für die politische Meinungsbildung und damit letztlich für die Vorbereitung der Revolution von 1789 gehabt hat. Tatsächlich hatte in seinen *Memorias* ja auch fray Servando Teresa de Mier gerade Paris mit seiner Vielzahl an gut ausgestatteten Lesekabinetten und Bibliotheken als einen Ort entworfen, dessen auf die intensive Lektüre des Einzelnen und damit auch der Gesellschaft als Ganzer ausgerichtete Infrastruktur ihn in besonderer Weise auszeichnete (und das vor allem im Vergleich mit den diesbezüglich weit weniger gut ausgestatteten spanischen Städten). Auch wenn diese von dem neuspanischen Reisenden noch um 1800 so intensiv erlebte Dimension der französischen Hauptstadt als „Leseort *par excellence*" die Vermutung nahelegen könnte, dass es wirklich die Bücher sind, welche die Revolutionen machen, gelangt Roger Chartier allerdings zu dem Schluss, dass in Frankreich weniger die subversiven Lektüren aus der Zeit der Aufklärung selbst für die zunehmend revolutionäre Gesinnung des Volkes im ausgehenden 18. Jahrhundert verantwortlich gewesen sein, als vielmehr die Art und Weise, *wie* man gelesen habe. Nicht so sehr der in den Büchern vermittelte Inhalt, sondern

---

71 Vgl. Chartier 1990: 86–115.

eher die aus der Praxis der Lektüre heraus entwickelte kritische Haltung sei es gewesen, die den Gehorsam der französischen Bürgerinnen und Bürger gegenüber den Institutionen des *Ancien Régime* schließlich habe erodieren lassen:

> Pourquoi dès lors ne pas penser que l'essentiel est moins dans le contenu subversif des livres ‚philosophiques', qui n'ont peut-être pas l'impact persuasif qu'on leur attribue trop généreusement, que dans un mode de lecture inédit qui, même lorsque les textes dont il s'empare sont tout à fait conformes à l'ordre politique et religieux, développe une attitude critique, détachée des dépendances et des obéissances qui fondaient les représentations anciennes?[72]

Mit Blick auf den neuspanischen Leser und Revolutionär fray Servando Teresa de Mier lassen sich Chartiers Ergebnisse nun dahingehend interpretieren, dass es auch in seinem Fall womöglich weniger die in seinen Bücherkisten enthaltene Vielzahl an Büchern revolutionären oder mindestens subversiven Inhalts gewesen ist, die ihn zu dem Vorkämpfer für die Unabhängigkeit seines Heimatlandes gemacht hat, der er gewesen ist. Vielmehr wäre auch in diesem Fall eher der Modus der Rezeption entscheidend für die kritische Haltung gewesen, die der Dominikaner schon in seiner skandalumwitterten Predigt von 1794, aber auch im Verlauf des Inquisitionsprozesses der Jahre von 1817 bis 1820 noch an den Tag gelegt hat. Dass seine reisende Bibliothek mit ihrer auf den ersten Blick eklektischen Auswahl an Büchern einen so deutlichen Schwerpunkt auf die Frage nach dem problematischen Verhältnis zwischen Europa und Amerika legt, das lässt sich tatsächlich im Sinne einer solchen implizit von dieser Zusammenstellung an Büchern vermittelten Lektüreanweisung interpretieren. So legt die fray Servandos Bibliothek zugrundeliegende Wechselbeziehung zwischen europäischen Büchern über Amerika einerseits und zeitgenössischen Schriften andererseits, in denen kreolische Schriftsteller und Intellektuelle gegen die europäische Hypothese von der Minderwertigkeit der Neuen Welt ein neues amerikanisches Selbstbewusstsein propagieren,[73] eine Form des Lesens nahe, die im Unterschied zu der sich an den statischen Beurteilungskriterien einer überkommenen Tradition von Kontrolle und Verbot orientierenden und daher notwendigerweise oberflächlicheren Lektüre der neuspanischen Inquisition bewusst auf Offenheit und Austausch setzt. Wenn sich deshalb fray Servando in seinen *Memorias* an den *Recherches philosophiques sur les Américains* von Cornelius de Pauw orientiert, um seinerseits philosophische Untersuchungen über die Europäer anzustellen und dadurch einmal mehr seine frühzeitige Intervention

---

[72] Chartier 1990: 115.
[73] Vgl. zu dieser Wechselbeziehung noch einmal das vorangegangene Kapitel 4.1 Fray Servandos reisende Bibliothek. Vgl. zu einer Lektüre Chartiers mit Blick auf den Kontext der Unabhängigkeitsrevolution in Mexiko auch Rojas 2003: 62–63.

gegen die spanische Kolonialherrschaft in Amerika zu legitimieren, dann zeugt das davon, dass auch seine eigenen Werke bereits diesem neuen Modus einer dynamischen und dialogischen Lektüre verpflichtet sind.[74]

Dass und wie sehr fray Servando Teresa de Miers eigene Werke, die *Memorias* ebenso wie die *Historia de la Revolución de Nueva España*, von seinen Lektüren geprägt sind, das erweist sich auf diese Weise in der ausgeprägten Intertextualität, die beide Werke auf einer inhaltlichen, aber nicht zuletzt auch auf einer gattungstheoretischen Ebene kennzeichnet. Wenn man die überwiegende Mehrheit der in fray Servandos Bücherkisten enthaltenen Werke als Bücher von im weitesten Sinne essayistischem Zuschnitt bezeichnen kann (insofern diese Bücher nämlich entweder ausdrücklich als Essays gekennzeichnet sind, wie beispielsweise der *Essai politique sur le royaume de la Nouvelle-Espagne* von Alexander von Humboldt; oder insofern sie sich mindestens implizit essayistischer Schreibweisen bedienen, wie eben die *Recherches philosophiques sur les américains* von Cornelius de Pauw), dann gilt das in unterschiedlich starkem Maße auch für seine eigene *Historia de la Revolución* und für seine *Memorias*. Auch das Gattungsregister, in das sich diese beiden Hauptwerke Miers einschreiben, ist durch seine große Beweglichkeit gekennzeichnet; durch eine Beweglichkeit und Offenheit, die im Verlauf der Rezeptionsgeschichte vor allem der *Memorias* dazu geführt hat, dass paradoxerweise immer wieder neue Versuche der gattungstheoretischen Festschreibung dieses sich bewusst zwischen verschiedenen Gattungsmustern bewegenden Textes unternommen worden sind. Die in den vorangegangenen Kapiteln unternommene Lektüre der *Historia de la Revolución* als offenem Essay und der *Memorias* als sich dezidiert gegen die Festlegung auf ein einziges fest umrissenes Gattungsmuster wendender Autobiographie setzt dagegen die Offenheit von fray Servando Teresa de Miers Werken in ein Verhältnis zu deren transatlantischer Ausrichtung, wenn sie den Dominikaner ausgehend von der Untersuchung seiner Lektüren als Initiator einer unabhängigen hispanoamerikanischen Literatur interpretiert. Wie nun im Folgenden mittels der Analyse von vier exemplarischen Lektüren seines Werkes aus dem 20. Jahrhundert zu zeigen sein wird, ist fray Servando aber nicht nur ein zentraler Wegbereiter für die hispanoamerikanische Literatur nach der Unabhängigkeit von Spanien gewesen, sondern er avancierte in der Folge auch zu einer ihrer wesentlichen Referenzfiguren.

In der Auseinandersetzung mit der Figur und dem Werk fray Servando Teresa de Miers haben vor allem im Laufe des 20. Jahrhunderts hispanoamerikanische Schriftsteller und Intellektuelle immer wieder zentrale Fragen ihres eigenen Schrei-

---

[74] Vgl. zu fray Servandos Adaptation von de Pauws Vorgehensweise für seine eigenen Zwecke auch Kapitel 3.3.2 Das Ich und die Literatur.

bens und ihres Selbstverständnisses als Schreibende verhandelt. Dabei haben sich die betreffenden Autoren vor allem mit den *Memorias* auseinandergesetzt; die *Historia de la Revolución* hat in ihren Texten dagegen meist nur eine untergeordnete Rolle gespielt. Dessen ungeachtet fällt aber auf, dass auch manche der literarischen Annäherungen an fray Servando Teresa de Mier aus der Feder von Alfonso Reyes, José Lezama Lima, Reinaldo Arenas und schließlich Christopher Domínguez Michael ihrerseits auf im weitesten Sinne essayistische Formen setzen (wenn man denn mit einem weiten Verständnis des Essayistischen zu operieren bereit ist). In chronologischer Reihenfolge wird sich das vorliegende Kapitel deshalb den Interpretationen von fray Servandos Werk und teilweise auch von seinem Leben widmen, welche die zwei mexikanischen und die zwei kubanischen Schriftsteller jeweils in Augenblicken der jüngeren Geschichte Hispanoamerikas vorgelegt haben, in denen sich die Frage nach der kulturellen und politischen Bedeutung des Subkontinents in ähnlicher Weise aufzudrängen schien, wie sie das bereits zu Lebzeiten fray Servando Teresa de Miers getan hatte.

4.2.1 Alfonso Reyes: Mit fray Servando gegen die spanische Philologie

Im Januar 1918 wird in der Zeitschrift *The American Historical Review* eine Rezension von insgesamt vier Büchern publiziert, die im vorangegangenen Jahr in der Biblioteca Ayacucho der Editorial América in Madrid erschienen waren. Der Verfasser der Rezension, der US-amerikanische Historiker William R. Shepherd, kritisiert darin das, was er als einen Strategiewechsel des Verlags mit Blick auf die Reihe wahrnimmt:

> To judge from the statements that accompanied the initial volume of the *Biblioteca Ayacucho*, the primary object of the collection was to reprint, either in the original or in translation, memoirs or descriptive accounts written by contemporaries of the Spanish-American struggle for independence and dealing with the events of that period. Although the available stock of such treatises is by no means exhausted, the editor appears to have decided upon at least a temporary change of procedure. Accordingly the subject-matter of the four volumes under consideration either does not relate to the actual era of emancipation, or is the product of historians living at a much later time. In the opinion of the reviewer this departure from the original intent of the series is regrettable.[75]

Eines der vier Bücher, die den Rezensenten zu diesem Urteil veranlasst haben, sind die von Alfonso Reyes herausgegebenen *Memorias* von fray Servando Teresa de

---

75 Shepherd 1918: 424–425. Vgl. zu den Zielen der Biblioteca Ayacucho auch die Einleitung in Kapitel 3.3 Ich bin viele.

Mier. Die anderen drei stammen aus der Feder von Miguel Luis Amunátegui und Benjamín Vicuña Mackenna aus Chile, Sabino Pinilla aus Bolivien und Lino Duarte Level aus Venezuela und beschäftigen sich mit der Geschichte der Unabhängigkeit in dem jeweiligen Heimatland der Verfasser und mit den ersten Jahren dieser Länder als unabhängige Nationen. In der Gruppe der begutachteten Bücher haben die *Memorias* damit einen anderen Stellenwert als die anderen Werke: Die Erinnerungen von fray Servando sind das einzige unter den vier Büchern, das tatsächlich von einem Zeitgenossen der Unabhängigkeit verfasst wurde; die anderen stammen aus dem späteren 19. und beginnenden 20. Jahrhundert und blicken aus dieser Perspektive zurück auf die Phase der Emanzipation Hispanoamerikas. Vor diesem Hintergrund muss also der Vorwurf des Rezensenten im Falle der *Memorias* eine andere Grundlage haben als im Falle der drei anderen Bücher. Wenn Shepherd schreibt, die von dem venezolanischen Schriftsteller und Verleger Rufino Blanco-Fombona in Madrid gegründete Biblioteca Ayacucho der Editorial América entferne sich mit diesen vier Publikationen von ihrem ursprünglichen Ziel, die Geschichte der hispanoamerikanischen Unabhängigkeit aus zeitgenössischen Quellen heraus nachvollziehbar zu machen, dann ist offensichtlich bei den *Memorias* nicht der Zeitpunkt der Entstehung des Werkes problematisch, sondern dann muss es dessen inhaltliche Ausrichtung sein, die den Rezensenten zu seiner Kritik veranlasst. Und in der Tat: Im weiteren Verlauf seiner Rezension betont der US-amerikanische Lateinamerikaspezialist ausdrücklich, dass wohl andere Werke fray Servandos besser geeignet gewesen wären zur Publikation in einer Sammlung, die sich wie die Biblioteca Ayacucho die Aufarbeitung der Geschichte der *Independencia* zum Ziel gesetzt hat: „Entertaining as this portion of the text is –as a record of the activities of a rather eccentric individual– the rightfulness of its inclusion in the Biblioteca Ayacucho is less obvious than would have been some of the other works of Mier cited by Sr. Reyes in his scholarly introduction."[76]

Dass nun der Rezensent die *Memorias* nicht als historische Quelle gelten lässt, die den Ansprüchen genügen würde, die an die in der Biblioteca Ayacucho erscheinenden Bücher zu stellen wären, sondern dass er sie als bloßen „record of the activities of a rather eccentric individual" interpretiert, das zeigt deutlich, dass er fray Servandos Erinnerungen allem Anschein nach ausschließlich als eine rein anekdotische Aneinanderreihung von mehr oder weniger unterhaltsamen Geschichten gelesen, aber keine Verbindung zwischen den „activities" des Ichs dieser *Memorias* und der sich anbahnenden Unabhängigkeitsbewegung in dessen Heimatland herzustellen gewusst hat. Dass er in diesem Zusammenhang jedoch

---

[76] Shepherd 1918: 425. Vgl. zu der Reihe und ihren Zielen noch einmal den bereits in der Einleitung zu Kapitel 3.3 zitierten Aufsatz von León Olivares 2020.

auch kein Wort über die literarischen Qualitäten eines Werkes verliert, das seine Literarizität ja immer wieder sehr bewusst ausstellt, das wirft ein bezeichnendes Licht auf die Art und Weise, wie diese erste Edition der *Memorias* aus dem 20. Jahrhundert unter den Zeitgenossen aufgenommen worden ist (und das gilt auch dann, wenn man berücksichtigt, dass das Versäumnis in dem besonderen Fall von William R. Shepherd natürlich zumindest teilweise seinem spezifischen Erkenntnisinteresse als Historiker geschuldet gewesen sein wird).

Der von dem skeptischen Rezensenten immerhin im Nebensatz für seine „scholarly introduction" gelobte Herausgeber des Werkes, der im Jahr 1889 wie fray Servando Teresa de Mier selbst in Monterrey geborene Alfonso Reyes, lebte zum Zeitpunkt der Publikation der *Memorias* seit vier Jahren in Europa. Reyes hatte im Sommer 1913 ein Mexiko verlassen, das seit Beginn der drei Jahre zuvor ausgebrochenen Revolution gegen den seit Jahrzehnten herrschenden Präsidenten Porfirio Díaz einmal mehr im Bürgerkrieg zu versinken drohte. Im Februar war der Vater des jungen Schriftstellers, der langjährige Gouverneur des Bundesstaats Nuevo León und Vertraute des abgesetzten Präsidenten Díaz, Bernardo Reyes, vor dem *Palacio Nacional* in Mexiko-Stadt von Anhängern des seit 1911 amtierenden Präsidenten Francisco I. Madero erschossen worden, weil er einen Putschversuch gegen diesen initiiert hatte.[77] Der junge Alfonso Reyes wartet danach nur noch seine Zulassung als Anwalt im Juli desselben Jahres ab und bricht dann mit seiner Frau und seinem noch nicht einjährigen Sohn von Veracruz aus nach Frankreich auf. In seinen Erinnerungen wird er später betonen, er habe Abstand zu seinem im Chaos der Revolution versinkenden Heimatland gebraucht: „Anhelé poner tierra y mar de por medio y alejarme de la *vendetta* mexicana."[78] Nach einem Jahr in Paris sieht er sich mit dem Ausbruch des Ersten Weltkriegs allerdings gezwungen, auch Frankreich wieder zu verlassen. Von Herbst 1914 an und bis 1924 lebt Reyes in Madrid, zunächst als freier Schriftsteller und Publizist, ab 1919 erneut (wie bereits in Paris) zusätzlich im diplomatischen Dienst seines Heimatlandes.[79] Die zehn Jahre in Madrid sind eine äußerst produktive Phase im Leben des jungen Autors. Hier entstehen Werke wie der Essay *Visión de Anáhuac*, die Sammlung von kurzen Skizzen *Cartones de Madrid* oder auch das dramatische Gedicht *Ifigenia cruel* – Werke, die dazu beigetragen haben, seinen Ruhm als Schriftsteller und Intellektueller zu begründen und die immer noch zu den am

---

77 „La rebelión contra Madero se inicia simultáneamente el 9 de febrero de 1913, [...] y el contingente marcha hacia Palacio en tres columnas; don Bernardo dirige la segunda y muere en el combate, en una operación que algunos catalogan como bochornosa y otros como suicida." (Glantz 2015: 46–47).
78 Reyes 1990b: 162. Vgl. zu der Bedeutung, die der Tod seines Vaters auch für die weitere Entwicklung von Alfonso Reyes als Schriftsteller gehabt hat, auch Rojas 2017: 290.
79 Vgl. Barrera Enderle 2018.

häufigsten gelesenen aus seinem umfangreichen Œuvre gehören.[80] In diese Periode fruchtbaren Schaffens fällt nun auch die Publikation von fray Servandos *Memorias* in der 1915 gegründeten Biblioteca Ayacucho.

Alfonso Reyes war mit dem Werk seines Landsmanns bereits als Jugendlicher in Berührung gekommen. Die 1876 von José Eleuterio González unter dem Titel *Biografía del Benemérito mexicano D. Servando Teresa de Mier, Noriega y Guerra* herausgegebene Ausgabe von dessen „Apología" und „Relación" war Bestandteil der Bibliothek seines bibliophilen Vaters in Monterrey gewesen, und die abenteuerliche Geschichte des Dominikaners aus dem frühen 19. Jahrhundert hat den jungen Alfonso offensichtlich schon früh und nachhaltig in ihren Bann gezogen.[81] In Europa ist diese Faszination nun umso naheliegender, als Reyes nicht umhin konnte, seine eigene Situation in ein Verhältnis zu setzen zu den Erfahrungen, die fray Servando gut ein Jahrhundert zuvor gemacht hatte: Nicht nur war auch er wie der Autor der *Memorias* ein Exilierter (und dabei ist zunächst unerheblich, ob das Exil die Folge einer Verbannung aus dem Heimatland ist wie im Falle von fray Servando Teresa de Mier oder einer Flucht wie im Falle von Alfonso Reyes), sondern wie dieser blickte auch er zurück auf ein Mexiko, dessen politische Zukunft in höchstem Maße ungewiss erscheinen musste. Es ist vor diesem Hintergrund sicher kein Zufall, dass die von Alfonso Reyes besorgte Ausgabe der *Memorias* ausgerechnet 1917 und damit genau in dem Jahr erscheint, in dem Mexiko nach Jahren des Bürgerkriegs eine neue Verfassung erhält und in dem auf diese Weise die Weichen für die weitere Entwicklung des Landes neu gestellt werden.[82] Zugleich stellt das Jahr 1917 aber auch insofern eine Art Schwelle dar, als in diesem Jahr fray Servandos Rückkehr aus dem

---

80 Vgl. dazu auch die Rekapitulation seiner Publikationen beispielsweise des Jahres 1917, die Reyes selbst im Rückblick vornimmt (Reyes 1990a). Vgl. zu Reyes' Produktion in diesen Jahren auch Pineda Buitrago 2014.

81 Vgl. Barrera Enderle 2008: 80–81. Barrera konstatiert hier: „La biografía de González [...] difunde la leyenda y ésta no se borrará de la inquieta memoria del precoz lector que inicia su formación lectora en la biblioteca de la casona del gobernador Reyes" (Barrera Enderle 2008: 81). Vgl. allgemein zu Reyes' Interesse an der mexikanischen Literatur des 19. Jahrhunderts García/Vieyra 2004. Vgl. Rafael Rojas betont die Bedeutung, welche die väterliche Bibliothek für den jungen Reyes gehabt habe (vgl. auch dazu noch einmal Rojas 2017: 291).

82 Vgl. zu Reyes' Position in Bezug auf die Mexikanische Revolution Sánchez Prado 2009b: 10–12. Ausgehend von einer eingehenden Analyse des ebenfalls 1917 verfassten Essays *La sonrisa* betont Sánchez Prado, Reyes habe in der in diesem Essay praktizierten Auseinandersetzung mit Denkern wie beispielsweise Henri Bergson eine Theorie der Revolution entwickelt, die diese als einen gewissermaßen dialektischen Prozess verstehe: „En 1917, año de promulgación de la Constitución Política, Reyes intuyó con asombrosa claridad una verdadera teoría de la Revolución: un gesto libertador seguido siempre de un regreso a las cadenas. Por ello, Reyes comprendió mejor que nadie que si la flama revolucionaria se apaga, como se apagó en el largo proceso institucionalizador que le sucedió, el único rescate posible es una sucesión constante de tomas de con-

Exil in Europa gerade 100 Jahre zurücklag. In dem Prolog, mit dem Reyes seine Ausgabe der *Memorias* einleitet, wird dieser Zusammenhang auch dadurch sichtbar, dass der Verfasser darin der Frage nach dem Exil großes Gewicht beimisst: „En el segundo período de su vida es fray Servando un desterrado. [...] Su impulso revolucionario se rectifica y se depura en el ambiente europeo; nuevos sufrimientos fertilizan su mente, contempla á su patria desde lejos –que es una manera de abarcarla mejor–, y la intensa atmósfera de Londres saca nuevos rayos de su voluntad."[83]

Wenn Reyes hier zwar wenig überraschend, dafür aber nur umso ausdrücklicher betont, der Blick auf die Heimat werde durch die räumliche Distanz geschärft, dann spricht er damit natürlich nicht nur über fray Servando, sondern auch über sich selbst. Nun ist diese Parallele zwischen den beiden in Europa exilierten Intellektuellen aus Monterrey in der Forschung zu Alfonso Reyes durchaus schon wahrgenommen und analysiert worden. So betont etwa die argentinische Literaturwissenschaftlerin Celina Manzoni die besondere Bedeutung, die Reyes vor dem Hintergrund seiner eigenen gewissermaßen strukturellen Abwesenheit der „Figur des Exils" zugeschrieben habe: „[E]l exilio [...] establece una frontera en la vida de Fray Servando; su voz es una voz ausente, lo mismo que la voz del que escribe su retrato. [...] Quizá su propia ausencia le permitió percibir [...] la marca de la ausencia del fraile [...]."[84] Wie Manzoni insistiert auch der bereits mehrfach zitierte Víctor Barrera Enderle auf der Identifikation des jungen Reyes mit fray Servando Teresa de Mier: „explicando a fray Servando se explica a sí mismo",[85] schreibt Barrera, und schließt daraus auf die Vorbildfunktion, die der Dominikaner für den Herausgeber seiner *Memorias* gehabt habe: „El clérigo mexicano será su guía en la nueva aventura."[86] Diese Vorbildfunktion ist nun keineswegs allein eine lebenspraktische, also vor dem Hintergrund der geteilten Exilerfahrung zu verortende, und sie ist auch nicht ausschließlich im Zusammenhang mit der Frage danach von Interesse, wie die beiden exilierten Mexikaner die Entwicklungsmöglichkeiten ihres Heimatlandes jeweils in politischer Hinsicht eingeschätzt haben. Von noch größerer Relevanz ist für Alfonso Reyes die Identifikation mit fray Servando Teresa de Mier auf der Ebene seines Selbstverständnisses als Intellektueller und Schriftsteller, und auch dieser Punkt ist in der Forschung schon ver-

---

ciencia." (Sánchez Prado 2009b: 12). Vgl. allgemein zur Bedeutung des Jahres 1917 auch für die mexikanische Literatur Sánchez Prado 2009a: 15–81.
83 Reyes 1917a: XVII–XVIII.
84 Manzoni 2000. Die Formulierung von der „figura del exilio" stammt auch von Manzoni und wird von ihr wenige Seiten später verwendet.
85 Barrera Enderle 2008: 85.
86 Barrera Enderle 2008: 80.

einzelt hervorgehoben worden.[87] Was im Zusammenhang mit der Frage nach der Bedeutung des Dominikaners für den jungen Alfonso Reyes allerdings noch keine Erwähnung gefunden hat, das sind die engen Verbindungen, die dieser in seinen Jahren in Madrid einerseits zu spanischen Schriftstellern und Verlegern, andererseits aber vor allem zu dem akademischen Kreis der Schüler des Philologen Ramón Menéndez Pidal und zu diesem selbst gepflegt hat. Gerade diese Verbindungen scheinen mir aber von zentraler Bedeutung zu sein.

Wenige Jahre vor Reyes' Ankunft in Madrid, 1910, war dort unter dem Dach der bereits 1907 gegründeten *Junta para Ampliación de Estudios e Investigaciones Científicas* (JAE) das *Centro de Estudios Históricos* (CEH) ins Leben gerufen worden. Die von der liberalen Regierung von Antonio Aguilar Correa geförderte *Junta para Ampliación de Estudios e Investigaciones Científicas* sollte (wie es ihr Name schon nahelegt) Wissenschaft und Forschung in Spanien fördern und erneuern. Nach dem „Desastre de 1898", also der Niederlage im Spanisch-Amerikanischen Krieg und dem Verlust der letzten amerikanischen Kolonien Kuba und Puerto Rico, hatte Spanien in den Jahren unmittelbar vor der Jahrhundertwende seine internationale Bedeutung eingebüßt. Die politische, wirtschaftliche und kulturelle Dekadenz des Landes war in der Folge Anlass zu einer Neuorientierung nicht nur der spanischen Literatur, die durch die sogenannte „Generación del 98" entscheidende Impulse zur ihrer Modernisierung und Europäisierung erhielt, sondern auch der Wissenschaft, die sich ebenfalls für neue Fragestellungen und Methoden zu öffnen begann.[88] Dabei kam natürlich den Naturwissenschaften eine entscheidende Rolle zu;[89] aber auch die Philosophie und insbesondere auch die Literaturwissenschaft und die Linguistik erlebten in den ersten Jahren des 20. Jahrhunderts einen bemerkenswerten Aufschwung. Gerade den beiden letztgenannten Disziplinen gelang es damals, ihre Methoden in entscheidendem Maße zu modernisieren und dadurch nicht zuletzt auch ihre Interessengebiete zu erweitern: „Gracias a la irrupción de estas nuevas corrientes metodológicas, surge en España, de forma

---

87 „Sin duda, Reyes ve en Mier el nacimiento de la figura de autor [...] y eso lo convierte en un antecedente inmediato de su propia búsqueda (ser un escritor moderno)", schreibt Barrera Enderle, und auch Manzoni unterstreicht fray Servandos Vorbildfunktion im Zusammenhang mit der „compleja construcción de intelectual que Reyes piensa y realiza para sí" (Barrera Enderle 2008: 82 und Manzoni 2000).
88 In den Worten des spanischen Literaturwissenschaftlers Mario Pedrazuela war die Wissenschaft in Spanien bis zu diesem Zeitpunkt eher „scholastisch" (d. h. stark durch die Kirche und deren teils überkommene Vorstellungen) geprägt gewesen (vgl. Pedrazuela 2015b: 56–57). Vgl. zur Reaktion der Schriftsteller auf die Krise des Landes auch Barriuso 2009 und Kraume 2010: 63–85.
89 Vgl. etwa zu dem spanischen Mediziner und Histologen Santiago Ramón y Cajal, der dazu in entscheidendem Maße beigetragen hat und auch deshalb 1906 den Nobelpreis erhielt, die literaturwissenschaftliche Studie von Drews 2015.

tardía con respecto a otros países de Europa, un debate sobre el origen de la lengua: se abandonan por fin las teorías escolásticas y se empieza a ofrecer una visión más científica a partir de los parámetros del positivismo y del darwinismo."[90]

Im Mittelpunkt dieser Entwicklung stand bereits im ausgehenden 19. Jahrhundert der junge Literatur- und Sprachwissenschaftler Ramón Menéndez Pidal, der 1896 sein erstes Buch über eines der ältesten Heldenlieder des spanischen Mittelalters (*La leyenda de los infantes de Lara*) veröffentlicht und seit 1899 den Lehrstuhl für Vergleichende Philologie an der *Universidad Central* von Madrid inne hatte.[91] Mit Gründung des *Centro de Estudios Históricos* im Jahr 1910 übernahm der zu diesem Zeitpunkt knapp über vierzigjährige Menéndez Pidal nicht nur die Leitung des Forschungszentrums im Ganzen, sondern auch diejenige der einflussreichen Abteilung „Orígenes de la lengua española" (deren Name 1914 in „Filología" geändert wurde).[92] Unter seiner Leitung und im Einklang mit seinen bisherigen Forschungsschwerpunkten galt das Interesse der Philologen am *Centro de Estudios Históricos* insbesondere dem Mittelalter und dem *Siglo de Oro*. Mittels ihrer intensiven Auseinandersetzung mit der Geschichte der spanischen Sprache und insbesondere mit den in dieser Sprache verfassten mittelalterlichen Epen verfolgten die Forscher auch das Ziel, der unter den Zeitgenossen weit verbreiteten Vorstellung von der Dekadenz Spaniens ihre Überzeugung von dessen historischer und kultureller Größe entgegenzusetzen. Dass Ramón Menéndez Pidal auf diese Weise in der Tat dazu hat beitragen können, die Wissenschaft in Spanien wieder anschlussfähig an die Entwicklungen in Europa und weltweit zu machen, das liegt aber nicht nur an seiner eigenen Offenheit für die neuen, positivistisch geprägten Methoden, sondern auch daran, dass er es verstanden hat, eine große Zahl junger und hochmotivierter Mitarbeiter um sich zu scharen, die sich anders als bisher in Spanien üblich als eine wirkliche Forschungs*gemeinschaft* verstanden: „Con la fundación del Centro de Estudios Históricos se perseguía desarrollar una ciencia en grupo, realizada por especialistas que trabajaran de forma conjunta."[93]

Einer dieser Mitarbeiter war ab dem Jahr 1914 der gerade erst nach Madrid übergesiedelte Alfonso Reyes. Der junge Schriftsteller hatte bereits 1911 in brieflichem Kontakt mit Ramón Menéndez Pidal gestanden, der das in diesem Jahr publizierte erste Buch des Mexikaners, *Cuestiones estéticas*, freundlich aufgenommen hatte. In Madrid war der Neuankömmling dann schnell mit spanischen Schriftstellern wie dem besser unter seinem Künstlernamen „Azorín" bekannten José Martínez Ruiz

---

90 Pedrazuela 2015b: 58.
91 Vgl. Pedrazuela 2015b: 61.
92 Vgl. zu den anderen Sektionen des *Centro de Estudios Históricos* noch einmal Pedrazuela 2015b: 62–63.
93 Pedrazuela 2015b: 66.

und vor allem dem Dichter und Kritiker Enrique Díez-Canedo in Kontakt gekommen, auf dessen Vermittlung er den Auftrag für eine Neuausgabe der dramatischen Werke von Juan Ruiz de Alarcón erhielt. Weil er aus diesem Grund regelmäßig in der *Biblioteca Nacional* arbeitete, in deren Gebäude auch das *Centro de Estudios Históricos* untergebracht war, dauerte es nicht lang, bis er die Philologen um Ramón Menéndez Pidal kennenlernte und in deren Kreis aufgenommen wurde.[94] Schon ab 1915 wird Reyes als fester Mitarbeiter der *Sección de Filología* geführt. In den sich anschließenden Jahren bietet er, der studierte Jurist, dort Sprach- und Literaturkurse für ausländische Studentinnen und Studenten an, er bereitet Neuausgaben spanischer Klassiker vor, arbeitet in der Redaktion der ein Jahr zuvor gegründeten *Revista de Filología Española* und schreibt vor allem selbst eine große Anzahl an wissenschaftlichen Aufsätzen für die Zeitschrift (etwa über Luis de Góngora, mit dessen Manuskripten er in der *Biblioteca Nacional* arbeiten kann). Ab 1916 leitet Reyes darüber hinaus mit dem Bereich „Bibliografía general de la Lengua y la Literatura españolas" eine der Unterabteilungen der *Sección de Filología* und beginnt in dieser Funktion, systematische Bibliographien zu den verschiedenen literaturhistorischen Schwerpunktthemen der Abteilung zu erstellen.[95]

Innerhalb kürzester Zeit war der mexikanische Exilant auf diese Weise in der „Herzkammer" der spanischen Geisteswissenschaften angekommen, und dass er vielen seiner spanischen Kollegen auch freundschaftlich verbunden gewesen ist, hat dazu beigetragen, dass er die Jahre in Madrid sein Leben lang in guter Erinnerung behalten hat.[96] In seinem 1937 und damit keineswegs zufällig im zweiten Jahr des Spanischen Bürgerkriegs erschienenen Band mit Texten aus seiner Zeit in Spanien, *Las Vísperas de España*, evoziert er vor allem die mit dem Kulturhistoriker Américo Castro, dem Mediävisten Antonio García Solalinde und dem Dichter José Moreno Villa in dem gemeinsamen Wochenendhäuschen El Ven-

---

94 Vgl. Pedrazuela 2015a: 449–451.
95 Vgl. auch dazu Pedrazuela 2015a: 453 und 456.
96 Vgl. etwa die ausführlichen Reminiszenzen in Reyes' 1939 in Mexiko geschriebenen und in Bogotá veröffentlichten *Memorias literarias*. Hier schreibt der Autor vor allem über seine Freundschaft zu dem jungen spanischen Mediävisten Antonio García Solalinde: „Recorríamos juntos todo Madrid. [...] A veces discutíamos sobre mis maneras mexicanas de hablar. Yo lo acusaba, burlescamente, de vivir preso entre los muros del ‚dialecto castellano' y no querer salirse de ellos. Porque el hecho de que en España se haya dado preferencia en el habla corriente a la palabra ‚estrecho' sobre la palabra ‚angosto' no significa que ésta deje de ser perfectamente legítima. [...] Entre mis resabios nacionales, yo solía decir: ‚¡No más eso faltaba!', en vez del castizo y directo: ‚¡No faltaba más!' Y él me caricaturizaba así: –‚¡Vaya un modo alambicado de hablar! ¿A quién se le ocurre decir: ‚No faltaba sino que nada más que eso?'" (Reyes 1960b: 223–224). Vgl. zu Reyes' Freundschaften in Madrid auch Enríquez Perea 2018.

tanillo in Toledo verbrachten Sonntage.⁹⁷ Aber auch die andere, die spanische Seite, wird sich noch viel später nostalgisch an diese Zeit des Aufbruchs und der Arbeit an einem gemeinsamen Projekt erinnern. So schreibt Ramón Menéndez Pidal selbst in einem Nachruf nach dem Tod von Alfonso Reyes im Dezember 1959:

> Hacía pocos días que había yo escrito a Alfonso Reyes unas palabras [...] cuando la prensa anunció el fallecimiento del egregio escritor. Bajo esta triste impresión, los españoles no podemos pensar en el Alfonso Reyes de ahora, ni en la espléndida actividad de sus últimos tiempos, sin anteponer el sentimiento afectivo que nos conduce a sus años madrileños, sus años juveniles de los 25 a los 35. [...] Yo lo veo en mi segundo hogar, en el Centro de Estudios Históricos, aplicando su siempre extraordinaria actividad a la difícil tarea de los que intentábamos una renovación crítica con la *Revista de Filología Española*.⁹⁸

Die persönliche Verbundenheit mit den einflussreichsten Repräsentanten des spanischen Geisteslebens aus diesen ersten Jahrzehnten des 20. Jahrhunderts, von der dieser Nachruf zeugt, ist einer der Gründe dafür gewesen, dass sich Alfonso Reyes 1939 (und also Jahre nach seinem eigenen Aufenthalt in Spanien) sehr um die Aufnahme zahlreicher nach dem Spanischen Bürgerkrieg nach Mexiko geflohener Wissenschaftler bemüht und dass er ihnen beispielsweise die Möglichkeit geboten hat, ihre wissenschaftliche Arbeit in der von ihm gemeinsam mit dem Wirtschafts- und Politikwissenschaftler Daniel Cosío Villegas gegründeten *Casa de España* fortzusetzen.⁹⁹ Ganz offensichtlich, das macht in seinem Nachruf auch der zu diesem Zeitpunkt schon neunzigjährige Menéndez Pidal deutlich, lässt sich das von ihm und seiner Gruppe fast ein halbes Jahrhundert zuvor verfolgte Ziel einer kritischen Erneuerung (der spanischen Philologie und Wissenschaft, aber auch der spanischen Kultur und Spaniens insgesamt) nicht ohne die menschliche, die freundschaftliche Dimension denken.¹⁰⁰

Nun hat Reyes in seinen Jahren in Madrid neben der intensiven philologischen Arbeit im *Centro de Estudios Históricos* natürlich auch andere Tätigkeiten verfolgt; er hat literarische Texte geschrieben und übersetzt und ungezählte Artikel für die unterschiedlichsten (nichtwissenschaftlichen) Zeitungen und Zeitschriften von großer Reichweite verfasst: „Fueron años frenéticos en los que era raro no encontrar

---

97 Vgl. Reyes 1956c. „El Ventanillo era nuestro refugio para pequeñas vacaciones de dos o tres días", schreibt Reyes hier (Reyes 1956c: 96).
98 Zitiert nach Polo Polo 2008: 115. Vgl. zu der Zeitschrift und ihrer Bedeutung auch García Mouton 2014.
99 Vgl. Pedrazuela 2015a: 463.
100 Vgl. zu dieser freundschaftlichen Dimension der Madrider Tätigkeiten von Alfonso Reyes auch Gutiérrez Girardot 2006: 35–36. Gutiérrez Girardot spricht von einer „fiesta de la amistad, de la generosidad y de la nobleza" (Gutiérrez Girardot 2006: 39).

la firma de Alfonso Reyes en un periódico o una revista."[101] Trotzdem stellte aber das *Centro de Estudios Históricos* mit seiner philologischen Abteilung in gewisser Weise das Gravitationszentrum dar, um das herum der exilierte Schriftsteller, Übersetzer und Journalist seine vielfältigen anderen Verpflichtungen angeordnet hat. Aus diesem Grund ist die Rekonstruktion des intellektuellen Kontextes des Menéndez-Pidal-Kreises nun auch in dem hier näher zu beleuchtenden Zusammenhang mit der von Alfonso Reyes im Jahr 1917 unternommenen Neuedition der *Memorias* von fray Servando Teresa de Mier wichtig – und das umso mehr angesichts der Tatsache, dass sich dieses Projekt so offensichtlich unterscheidet von denjenigen, mit denen sich der Herausgeber zur selben Zeit in der *Sección de Filología* des *Centro de Estudios Históricos* auseinandergesetzt hat. Denn die dort von Ramón Menéndez Pidal vorangetriebene spanische Philologie war eben vor allem das: *spanische* Philologie, und entsprechend beschäftigten sich Alfonso Reyes und seine zumeist spanischen Kollegen vor allem mit Autoren und Werken von der spanischen Halbinsel. Die Publikation der Erinnerungen von fray Servando Teresa de Mier fällt vor diesem Hintergrund erkennbar aus der Reihe.[102]

In den Jahren seines Exils in Europa hat sich Reyes nahezu ununterbrochen (oder zumindest immer wieder) mit den *Memorias* und ihrem Verfasser auseinandergesetzt, darauf deuten sowohl eigene Aussagen als auch Erinnerungen von Freunden und Weggefährten hin. Seinem Freund Pedro Henríquez Ureña etwa schreibt er bereits während seines Pariser Aufenthalts zwischen Sommer 1913 und Sommer 1914 mehrmals davon, dass er an dem Thema weiterarbeite und etwa in der *Bibliothèque Nationale* und bei den *bouquinistes* an den Seinequais Recherchen zu Unterlagen, Dokumenten oder Büchern von und über fray Servando angestellt habe: „He estado ordenando notas, y tomando apuntes sobre Fray Servando, cuya vida en París me interesa [...]."[103] Auch der ursprünglich spanische,

---

101 Pedrazuela 2015a: 460.
102 Vgl. zum Beispiel das thematische Spektrum der wissenschaftlichen Aufsätze, die im Jahr 1916 in der *Revista de Filología Española* erschienen sind. Hier sind ein Aufsatz zu den Ehrvorstellungen des 16. und 17. Jahrhunderts, einer zu Synaloephen im „Libro de Alejandro" aus dem 13. Jahrhundert, ein weiterer zu verschiedenen „trozos oscuros" in dem ebenfalls aus dem 13. Jahrhundert stammenden „Libro de Apolonio", ein umfangreicher Text von Ramón Menéndez Pidal selbst zur „Poesía popular" und dem „Romancero" sowie ein Aufsatz zu den spanischen Versionen des „Roman de Troie" und schließlich eine linguistische Arbeit zu den Vokalen im Spanischen zu verzeichnen (vgl. o. A. 1916). Alfonso Reyes selbst hat in den Jahren seiner Tätigkeit in der *Sección de Filología* neben den bereits erwähnten Aufsätzen zu Luis de Góngora unter anderem Arbeiten zu Baltasar Gracián, Francisco de Quevedo, Lope de Vega, Calderón de la Barca und dem Arcipreste de Hita geschrieben (vgl. Pedrazuela 2015a: 454–455).
103 Reyes/Henríquez Ureña 1986: 323 (der fragliche Brief ist auf den 19. Mai 1914 datiert). Vgl. auch einen weiteren Brief vom 10. Juli 1914, in dem Reyes berichtet, dass er auch den französischen Hispa-

später mexikanische Schriftsteller und Diplomat José María González de Mendoza weiß noch in den fünfziger Jahren von Streifzügen auf den Spuren fray Servandos zu berichten, die er im Jahr 1824 und damit ganz am Ende von dessen Exilzeit mit Alfonso Reyes in Paris unternommen habe.[104] Zwischen diesen beiden Eckpunkten (1914 und 1924) liegen nun die spanischen Jahre, während derer Reyes' intensive Beschäftigung mit dem Thema nicht allein in der Neuausgabe der *Memorias* in der Biblioteca Ayacucho mündete, sondern auch in einigen kürzeren Artikeln, mittels derer der mexikanische Schriftsteller das Interesse der spanischen Öffentlichkeit für seinen Landsmann fray Servando (und natürlich auch für seine eigene Edition von dessen *Memorias*) wecken wollte und die er vor allem in der erst 1917 gegründeten liberalen Zeitung *El Sol* in Madrid veröffentlichte. Einer dieser Artikel über fray Servando trägt den einfachen Titel „Fray Servando Teresa de Mier" und hat kurz nach seiner ersten Veröffentlichung in *El Sol* Eingang in Reyes' 1920 in Mexiko veröffentlichtes Buch *Retratos reales y imaginarios* gefunden. Der Titel dieses Bandes macht dabei nur zu deutlich, dass es sich bei den in diesem Band versammelten Texten keineswegs nur um eine Kollektion von bloß biographischen Rekonstruktionen handelt. Die ausdrückliche Gegenüberstellung von Wirklichkeit und Imagination im Titel betont vielmehr den Anspruch des Verfassers dieser Texte, Erkenntnisse nicht allein auf dem Wege der Dokumentation, sondern vor allem auch mittels seiner Fantasie als Schriftsteller erzielen zu wollen. Das Buch mit dem sprechenden Titel ist nun im Kontext der Frage nach dem Stellenwert von fray Servando für den exilierten Alfonso Reyes insofern besonders repräsentativ, als für die Schwerpunktsetzung dieses Buches Ähnliches konstatiert werden kann wie für diejenige, welche die zeitgenössische spanische Philologie zur selben Zeit praktizierte: Auch in seinem Essayband beschäftigt sich Reyes fast ausschließlich mit Figuren der europäischen Geistesgeschichte; auch in den *Retratos reales y imaginarios* ist fray Servando Teresa de Mier der einzige Amerikaner in einer rein europäischen Gesellschaft.[105]

---

nisten Raymond Foulché-Delbosc für das Thema „fray Servando" habe interessieren können (Reyes/Henríquez Ureña 1986: 396). In einem nur vier Tage später (am 14. Juli) verfassten Brief erzählt er von einem fray Servando betreffenden Fund in der *Bibliothèque Nationale* (Reyes/Henríquez Ureña 1986: 399). Vgl. außerdem etwa Reyes' Erinnerungen an seine Publikationen des Jahres 1917 in Reyes 1990a.
104 „En París le interesaba [a Alfonso Reyes] conocer los lugares donde estuvo Fray Servando Teresa de Mier. Juntos recorrimos los pocos metros que aún quedan de la rue de [sic] Filles de Saint-Thomas, por donde sin duda pasó muchas veces al andariego encargado de la parroquia de Santo Tomás [...]. Indagamos dónde estuvo el café Borel, que el padre Mier menciona como escenario de las habilidades de un ventrílocuo. Paseamos por los soportales del muy tranquilo y solitario Palais-Royal, imaginándolo [...] cómo estaría en los albores del siglo XIX, cuando el inquieto regiomontano lo conoció." (González de Mendoza 1970: 252).
105 Reyes beschäftigt sich in dem Band unter anderem mit Lucrezia D'Alagno, der Geliebten von König Alfonso V. von Aragón, mit dem 400. Todestag des Kardinals Cisneros (und dessen Zusammen-

In der Gesamtlogik des Bandes wird der Weg für den Dominikaner allerdings dadurch gebahnt, dass dessen essayistischem Porträt ein Text vorangeht, in dem sich Alfonso Reyes mit der Amerikareise von François-René de Chateaubriand im Jahr 1791 beschäftigt. Hier schreibt der Autor:

> A partir del Descubrimiento, la idea americana ha sido para la mentalidad de Europa una positiva idea-fuerza. Dentro de España, ya se sabe, por una parte, todo lo que significa la Conquista; por otra [...] no se ‚sabe‘, pero se adivina, todo lo que influye la idea americana en la concepción de la vida picaresca. En el centro, la severa Castilla. A la derecha, Valencia, puerta del Mediterráneo, por donde llegaban las voluptuosas seducciones y los lujos de Italia. A la izquierda, Sevilla, puerta de las Indias, por donde llegaban las tentaciones aventureras del oro americano. Sevilla, capital de la Picaresca. Y el picarismo, como el flamenquismo de nuestro tiempo, era una plaga social, no sólo una raíz estética de la Novela española.[106]

Dieser Auftakt von Reyes' Auseinandersetzung mit Chateaubriand ist vor allem deshalb interessant, weil sein Essay über den französischen Schriftsteller in der Folge dann ganz andere Schwerpunkte setzen wird. Alfonso Reyes schreibt von Spanien aus für ein (zunächst) spanisches Publikum; erst bei der späteren erneuten Veröffentlichung seines Textes in der Sammlung der *Retratos reales e imaginarios* richtet er sich ausdrücklich auch an seine mexikanischen Landsleute. Seiner vorerst hauptsächlich spanischen Leserschaft also präsentiert er die Reise des französischen Romantikers nach Amerika auf diese auf den ersten Blick wenig naheliegend erscheinende Art und Weise. Chateaubriand hat sich für Amerika ja gerade *nicht* deshalb interessiert, weil dort die „tentaciones aventureras del oro americano" gelockt hätten, und auch nicht, weil er als Schriftsteller eine Affinität zu pikaresken Erzählungen gehabt hätte. Das Amerika, das Alfonso Reyes hier mit groben Strichen skizziert, ist nicht das Amerika François-René de Chateaubriands,[107] sondern das Amerika des spanischen *Siglo de Oro*, das Amerika des Guzmán de Alfarache von Mateo Alamán (1599/1604)

---

fall mit dem 400. Geburtstag des Protestantismus), mit Antonio de Nebrija, mit François-René de Chateaubriand, mit Calderón, Gracián und Garcilaso de la Vega (vgl. Reyes 1956g). Celina Manzoni spricht in diesem Zusammenhang von der „conformación de un europeísmo ideal que va de los siglos XII a XIX" (Manzoni 2000). Außer dem in diese Sammlung von Porträts aufgenommenen Artikel über fray Servando (der den einfachen Titel „Fray Servando Teresa de Mier" trägt) ist ein weiterer Aufsatz zu Mier erwähnenswert, der ebenfalls in *El Sol* erschienen ist: „Dos obras reaparecidas de fray Servando" (Reyes 1956j). Darüber hinaus existieren aus der Feder von Alfonso Reyes zwei weitere (in den sich anschließenden Jahren verfasste) kleine Skizzen über den Dominikaner: „En busca del Padre Mier, nuestro paisano" (Reyes 1956e) und „Cuaderno de apuntes sobre el Padre Mier" (Reyes 1956i).
106 Reyes 1956f: 426.
107 Auf die „procedimientos literarios del gran viajero" wird er tatsächlich erst später eingehen (Reyes 1956f: 428). Zuvor hatte Reyes konstatiert: „Y la América de Chateaubriand es todo un criterio; un prisma bajo el cual contemplan y entienden a América los europeos de la primera mitad del XIX." (Reyes 1956f: 427).

oder des Buscón von Francisco de Quevedo (1626), das muss mindestens für seine spanische Leserschaft auf den ersten Blick zu erkennen gewesen sein. Wenn dieses Amerika nun insbesondere in seinen (sozialen und literarischen) Auswirkungen auf die frühneuzeitliche Wirklichkeit in Spanien dargestellt wird, dann ist das natürlich vor allem deshalb von großer Bedeutung, weil der in Spanien schreibende Mexikaner damit implizit einmal mehr eine Brücke zwischen den Kontinenten schlägt.

Eine solche Brücke zwischen Amerika und Europa, das macht Alfonso Reyes dann in dem sich in den *Retratos reales e imaginarios* anschließenden Essay deutlich, hat auch fray Servando Teresa de Mier geschlagen. Wie zuvor schon in seinem Vorwort zu den *Memorias* entwirft Reyes den Dominikaner auch in diesem Text als einen Wanderer zwischen den Welten. Trotz der teils wortgleichen Übernahmen der Argumentation aus dem Vorwort ist allerdings ein großer Unterschied zwischen diesem Vorwort und dem wohl unwesentlich später verfassten Essay über fray Servando zu verzeichnen. So greift Alfonso Reyes in dem Essay „Fray Servando Teresa de Mier" sehr viel weiter aus als in seinem Prolog zu den *Memorias*, indem er seinen spanischen Leserinnen und Lesern nicht nur genauer als in dem Vorwort erzählt, was den Protagonisten seines Textes ausgemacht und von seinen Zeitgenossen unterschieden hat, sondern indem er auch detaillierter rekapituliert, was dieser im Einzelnen in seinen *Memorias* berichtet und auf welche Art und Weise er das tut. Nun ist dieser Unterschied natürlich leicht dadurch erklärlich, dass Reyes in dem ursprünglich in *El Sol* und später in den *Retratos reales e imaginarios* veröffentlichten Essay anders als seinem Prolog zu den *Memorias* nicht darauf vertrauen konnte, dass seine Leserschaft die Erinnerungen von fray Servando selbst zur Hand haben würde. Das Ziel des Essays ist deshalb ein anderes – dieser Essay will nicht einführen, sondern umfassend informieren.

Gerade deshalb ist nun aber interessant, welche Punkte der Verfasser dieses Essays über fray Servando Teresa de Mier aus der Vielzahl derer herausgreift, von denen dieser selbst in seinem autobiographischen Text erzählt. Wie zu erwarten ist Reyes' fray Servando ein Verbannter, ein rastlos Reisender, ein ständig Fliehender. Er ist aber auch ein aufmerksamer Beobachter seiner Lebenswirklichkeit, ein Spötter und Ironiker, ein Ankläger der Verirrungen seiner Zeitgenossen und der daraus resultierenden Verwerfungen; und er ist nicht zuletzt auch ein großer Schriftsteller. Wenn Alfonso Reyes deshalb den letzten Abschnitt seines Essays mit „Las últimas páginas" überschreibt, dann weist er mit dieser Überschrift implizit darauf hin, dass sich bereits die vorangegangenen Abschnitte seines Textes stark an dem orientiert hatten, was fray Servando selbst in seinen *Memorias* über sich selbst und seine Erlebnisse geschrieben hat: Jetzt komme ich auf die „letzten Seiten" zu sprechen – das bedeutet selbstverständlich, dass ich vorher über die diesen letzten Seiten vorangehenden Seiten gesprochen habe (auch wenn ich das nicht deutlich zu erkennen gegeben haben mag). Obwohl er auf den vorangegangenen Seiten seines Essays genau das getan hat, betont Reyes allerdings in dem diesen Essay beschließenden Abschnitt zu fray Servandos „Últimas páginas", es sei unmöglich, dessen Erzählungen in allen ihren Details knapp zusammenzufassen. Mit einer letzten kursorischen Auflistung der wesentlichen Etappen von fray Servandos Reisen und einer äußerst knappen Charakterisierung von dessen Vorgehensweise lässt er deshalb den Modus der Nacherzählung hinter sich und platziert ans Ende seines Textes dessen zentrale Aussage:

> Cómo obtuvo Fray Servando la secularización, lo que pensaba de Roma, de Nápoles, de Florencia y de Génova; los trabajos que pasó todavía antes de volver a España por Barcelona; la sátira descriptiva de las regiones de España, en su viaje a pie desde Barcelona a Madrid; el pueblo vestido con colores de Goya; el desaseo de la corte, ocupan las últimas páginas de estas memorias. Ya no se las puedo resumir: habría que copiarlas. Un novelista episódico a lo Baroja, un crítico de la sensibilidad española a lo ‚Azorín', pueden sacar mucho partido de estas memorias.[108]

Natürlich hat es Alfonso Reyes in keinem seiner Texte über fray Servando versäumt, auf dessen Freiheitsdrang und seinen lebenslangen Kampf um die Unabhängigkeit Mexikos von Spanien hinzuweisen. Sowohl der Prolog zu den *Memorias* als auch der später in die *Retratos reales e imaginarios* aufgenommene Essay skizzieren beispielsweise eine imaginäre Szene im Leben des ans Ziel seiner Reisen gekommenen fray Servando, der seine letzten Jahre als Gast des ersten mexikanischen Präsidenten Guadalupe Victoria im *Palacio Nacional* verbringt. In der Fantasie des Herausgebers der *Memorias* konnte es dort ab und zu vorkommen, dass sich der von seinen Landsleuten hochverehrte Vorkämpfer der Unabhängigkeit aufs Neue eingesperrt fühlte, wie er es so oft in seinem Leben gewesen war, und dass er dann („llevado por su instinto de pájaro") ans Fenster trat, um abzuschätzen, ob er wohl einmal mehr die Flucht wagen und den Weg in die Freiheit antreten könnte.[109] Die nicht weiter ausgeführte Szene spricht in den beiden Texten für sich: Noch im hohen Alter ist der Dominikaner so wenig stillzustellen, dass auch die Annehmlichkeiten seines verdienten Ruhestands im Präsidentenpalast das Streben nach Freiheit nicht auslöschen können, dem er sein Leben verschrieben hat.

Mehr noch denn als Freiheitskämpfer beschreibt Alfonso Reyes fray Servando Teresa de Mier aber wie in der zitierten Passage über dessen „Últimas páginas" ganz ausdrücklich als einen literarischen Autor, und tatsächlich scheint mir das die zentrale Botschaft nicht nur des Essays aus den *Retratos reales e imaginarios*, sondern aller seiner in Spanien verfassten Texte über seinen Landsmann zu sein. Dessen Erinnerungen stellten „uno de los capítulos más inteligentes y curiosos de la literatura

---

108 Reyes 1956h: 442.
109 Reyes 1956h: 435 und Reyes 1917a: XXI–XXII.

americana" dar,[110] schreibt Reyes ganz ausdrücklich bereits an früherer Stelle in seinem Essay, und vor dem Hintergrund dieses Anspruchs ist natürlich der Hinweis auf die zeitgenössischen spanischen Schriftsteller Pío Baroja und Azorín umso bezeichnender, mit dem er den Essay dann beendet. Denn wenn er hier unterstreicht, die zwei weithin bekannten Schriftsteller der *Generación del 98* könnten von der Lektüre der *Memorias* profitieren, und wenn er dieses Urteil implizit damit begründet, dass fray Servando bestimmte Charakteristika von deren Schreiben bereits vorweggenommen habe (nämlich Barojas episodische Schreibweise und Azoríns kritischen Blick auf die seelische Verfassung Spaniens), dann reklamiert Reyes damit nicht nur für seinen Protagonisten die literarische Anerkennung, die diesem vor allem in Spanien bisher versagt geblieben ist. Vielmehr spricht er auch den spanischen Kollegen mindestens einen Teil der Originalität ab, die sie vermutlich zu Recht beanspruchen zu können geglaubt haben. Trotz des sehr konzilianten Tones, den Alfonso Reyes in seinem Essay anschlägt, lässt sich seine Intervention daher durchaus im Sinne einer literarhistorischen Kampfansage lesen: Auch in Amerika gibt es Schriftsteller, und diese haben sogar lange vor Azorín und Pío Baroja inhaltlich Interessantes und formal Innovatives über Spanien geschrieben, so könnte man die Botschaft des Essays „Fray Servando Teresa de Mier" knapp zusammenfassen.

Dass der Mexikaner Reyes in diesem Zusammenhang auch explizit auf fray Servandos satirische Darstellung von Spanien zu sprechen kommt und dabei betont, diese könne inzwischen bestimmt niemandes Gefühle mehr verletzen, weil das Spanien der Gegenwart ja ein ganz anderes sei als dasjenige, das fray Servando hundert Jahre zuvor erlebt habe, kann vor diesem Hintergrund durchaus als leise Ironie interpretiert werden, und umso mehr, wenn man die entsprechende Passage in ihrem Kontext liest: „Acaso encontraremos una visión caprichosa de aquella Europa de principios de siglo; acaso, una sátira de aquella España que, como está tan lejana, no lastimará los sentimientos de nadie y sí servirá para distraernos un rato de estas irritantes cosas de ahora."[111] Eine bloße Ablenkung von den Ärgernissen der Gegenwart soll fray Servandos überzogene Darstellung von Spanien also darstellen, und das, wo doch in Spanien zum Zeitpunkt der Publikation von Reyes' Essay seit zwanzig Jahren darüber diskutiert wurde, ob die Ärgernisse der Gegenwart des frühen 20. Jahrhunderts nicht vielmehr *gerade* aus Problemen resultierten, die schon der Dominikaner im frühen 19. Jahrhundert als solche erkannt und beschrieben hatte? Wo doch die offensichtliche und vieldiskutierte Dekadenz des Landes ohne jeden Zweifel auch eine Folge davon war, dass Spanien sich viel zu lang im Glanz seines Status als Kolonial-

---

110 Reyes 1956h: 437.
111 Reyes 1956h: 437.

reich gesonnt und Europa den Rücken zugekehrt hatte? Der Hinweis auf Baroja und Azorín, die beiden durchaus spanienkritischen Schriftsteller der *Generación del 98*, mit dem Alfonso Reyes seinen Essay beschließt, zeigt in diesem Zusammenhang nur zu deutlich, dass seine Versicherung, fray Servandos überzogene Darstellung des Landes könne doch inzwischen niemanden mehr kränken, trotz des darin vermeintlich zum Ausdruck gebrachten Entgegenkommens ein beträchtliches Potential an Polemik beinhaltete.[112]

Erst vor diesem Hintergrund wird aber nun die von Víctor Barrera Enderle zu Recht konstatierte Identifikation des in Europa exilierten Alfonso Reyes mit seinem Vorgänger fray Servando Teresa de Mier wirklich verständlich. Barrera hat recht, wenn er betont, es gehe Reyes in seiner Auseinandersetzung mit fray Servando darum, sich nach dessen Vorbild als einen literarischen Autor zu entwerfen.[113] Er führt dann aber zu wenig aus, wie Reyes das sich an dem Modell von fray Servando orientierende „nacimiento de la figura de autor" konkret ins Werk setzt. Denn tatsächlich beschränkt dieser sich nicht darauf, Mier in seinen Artikeln und Essays mit leiser Ironie als einen satirischen Beobachter der spanischen Realität seiner Zeit zu entwerfen. Stattdessen tritt er in Madrid insofern in dessen Fußstapfen, als auch er selbst keineswegs nur Texte wie die bisher zitierten schreibt, Texte also, die sich in der einen oder anderen Art und Weise mit Schriftstellern und den von diesen verfassten literarischen Werken auseinandersetzen. Seine ebenfalls 1917 publizierten *Cartones de Madrid* beispielsweise sind vielmehr ein polemisches Sittenbild der spanischen Gesellschaft seiner Zeit, in dem der in dem Essay über Chateaubriand aus den *Retratos reales e imaginarios* behandelte „Pikarismus" in gewisser Weise fröhliche Urstände feiert: „El infierno de los ciegos", „La gloria de los mendigos" und „Teoría de los monstruos", schon die Titel der ersten drei kurzen Essays aus den später in *Las Vísperas de España* aufgenommenen *Cartones de Madrid* weisen eindeutig auf die kritische Stoßrichtung hin, die diese Impressionen aus der spanischen Hauptstadt auszeichnet. „Como el autor anónimo del Lazarillo de Tormes, Reyes apuesta a mostrar la corte colonial desde sus infiernos, desde la perspectiva picaresca y tremendista que cuestiona la gloria del imperio moribundo",[114] so beschreibt Ignacio M. Sánchez Prado Reyes' Vorgehensweise in diesem Werk.[115]

---

112 Diese ironische Volte scheint Celina Manzoni zu entgehen, welche die entsprechende Passage und Reyes' konzilianten Ton rein affirmativ liest (vgl. Manzoni 2000).
113 Vgl. noch einmal Barrera Enderle 2008: 82.
114 Sánchez Prado 2009b: 23–25. Vgl. auch Reyes' Textsammlung selbst: Reyes 1956a.
115 Unter den Zeitgenossen sind die *Cartones de Madrid* sehr positiv aufgenommen worden und es ist wenig erstaunlich, dass gerade der schon mehrfach zitierte Azorín, wie gesagt selbst ein kritischer Beobachter der spanischen Wirklichkeit in diesen ersten Jahren des 20. Jahrhunderts, dem Verfasser der kurzen Skizzen ausdrücklich schrieb, er halte dessen Buch für vorzüglich,

Tatsächlich mag nun fray Servando Teresa de Mier mit seiner im weitesten Sinne ebenfalls pikaresken Erzählung über die spanische Wirklichkeit des ausgehenden 18. und beginnenden 19. Jahrhunderts für den Herausgeber seiner *Memorias* in diesem Kontext durchaus eine Orientierung dargestellt haben, und das in inhaltlicher ebenso wie in stilistischer Hinsicht. Ähnlich wie schon die *Memorias* entwerfen auch die *Cartones de Madrid* die spanische Hauptstadt als einen Abgrund aus Armut, Hunger, Krankheit, Behinderung und Deformität: „El mendigo y la calle de Madrid son un solo cuerpo arquitectónico: se avienen como dos ideas necesarias."[116] Zugleich lässt Reyes in seinen Skizzen aber durchaus auch eine gewisse Sympathie für das Material erkennen, aus dem er schöpft. Auch wenn deshalb seine Schilderungen bei aller Polemik wohlwollender sind, als es die von fray Servando gewesen waren, ist dennoch die große Diskrepanz unverkennbar, die zwischen dem entschlossen der zeitgenössischen Krisenstimmung trotzenden heroischen Spanienbild des Kreises um Ramón Menéndez Pidal auf der einen und dem die Auswirkungen der Krise insbesondere in den Niederungen der Armenviertel von Madrid nachzeichnenden Spanienbild des diesem Kreis zwar angehörenden, sich in seinen Vorgehensweisen und seinen Interessen aber doch davon abgrenzenden mexikanischen Schriftstellers Alfonso Reyes auf der anderen Seite besteht. Dass sich das Bild von Spanien, das Reyes sowohl in seiner Auseinandersetzung mit fray Servando als auch in seinen *Cartones de Madrid* entwirft, so deutlich von demjenigen unterscheidet, das zur selben Zeit seine Freunde und Kollegen in der *Sección de Filología* zu vermitteln suchten, das lässt sich auch damit erklären, dass der exilierte Schriftsteller der zeitgenössischen spanischen Philologie trotz seines eigenen großen Engagements in diesem Bereich mit gewissen Vorbehalten begegnete (die er mindestens in seinem privaten Umfeld durchaus auch offen formuliert hat). Im November 1916 schreibt Reyes beispielsweise an seinen Jugendfreund Julio Torri in Mexiko:

> Yo tengo aquí muy buenos amigos, oh ¿qué duda cabe? A ellos debo el vivir con cierto decoro y con decente pobreza. Ninguno tiene mala intención –cosa aquí desconocida del todo; pero tú comprendes Julio, que... Has comprendido–. En la *Revue Hispanique*, es verdad que algo he publicado: notículas erudículas sin ninguna importancia ni elegancia. [...] En la de *Filología Española*, constantemente, y mucho más de lo que firmo; sólo que no me busques en ella: allí no soy más que una máquina de técnica literario-histórica. La revista tiene una severidad brutal, justificada como reacción contra lo que tú bien sabes, pero terrible en sí.[117]

---

weil es das wahre Wesen Spaniens erfasse (zitiert nach Garciadiego 2015: 211). Der fragliche Brief ist auf den 2. Oktober 1917 datiert.
116 Reyes 1956b: 49.
117 Torri 1995: 75. Der Brief ist auf den 15. November 1916 datiert.

Auch wenn Alfonso Reyes sein eigenes Schaffen in dieser Zeit grundsätzlich eher skeptisch beurteilt hat,[118] überrascht doch sein hartes Urteil über seine „notículas erudículas" an dieser Stelle, und es überrascht umso mehr, als diese vermeintlich allzu gelehrsamen Notizchen ja zu einem guten Teil in der maßgeblich von ihm selbst betreuten *Revista de Filología Española* der *Sección de Filología* publiziert worden sind. In dem Brief an Julio Torri steht nun die übertriebene Strenge, die Reyes der Zeitschrift der Gruppe um Menéndez Pidal vorwirft, nicht zufällig in einem unmittelbaren Verhältnis zu dem Mangel an Bedeutung und Eleganz, den er in seinen eigenen in diesem Kontext entstandenen Artikeln ausgemacht haben will. Ganz offensichtlich widerstrebt dem jungen mexikanischen Schriftsteller die streng wissenschaftliche Art und Weise der Auseinandersetzung mit Literatur, wie sie die spanischen Philologen praktizierten, wie sie auch von ihm erwartet wurde und wie er sie im *Centro de Estudios Históricos* über Jahre hinweg diesen Erwartungen entsprechend geleistet hat – allerdings eben nur (auch das geht aus seinem Brief ja nur zu deutlich hervor), weil er sich dazu gezwungen sah, um weiterhin „con cierto decoro y con decente pobreza" leben zu können.

Seine zur selben Zeit verfassten und oft zuerst in Organen von größerer Reichweite publizierten Artikel und Essays zu anderen Themen sprechen eine andere Sprache. Dabei wird sich im Nachhinein kaum klären lassen, ob Texte wie der später in die *Retratos reales e imaginarios* aufgenommene Essay über fray Servando Teresa de Mier in den Augen ihres Verfassers wohl über die Bedeutung und Eleganz verfügt haben, die er in seinen philologisch-gelehrten Arbeiten vermisst hat. Als sicher kann aber gelten, dass für Alfonso Reyes seine Beschäftigung mit dem modernen hispanoamerikanischen Schriftsteller fray Servando Teresa de Mier ebenso wie seine pikaresken Schilderungen des Alltags von Madrid ein Gegengewicht zu der akademischen Ernsthaftigkeit des Menéndez-Pidal-Kreises dargestellt haben, und dass er der von diesem Kreis nachdrücklich vermittelten Botschaft von der kulturellen Größe Spaniens mittels dieser Strategie seine eigene Überzeugung von der kulturellen Größe nicht nur seines Heimatlandes Mexiko, sondern Hispanoamerikas insgesamt hat entgegensetzen können.[119]

---

118 Vgl. Garciadiego 2015: 211.
119 An dieser Stelle lässt sich auch die bereits zuvor in einer Fußnote zitierte freundschaftliche Auseinandersetzung mit Antonio García Solalinde um die linguistische Korrektheit bestimmter Wendungen, Wörter oder Formen der Aussprache im kastilischen und im mexikanischen Spanisch noch einmal eingehender analysieren und genauer fassen: Einer der Streitpunkte zwischen den Freunden ist auch die Frage nach der korrekten Aussprache des Wortes „Atlántico" – und damit nicht zufällig die Frage nach dem ebenso verbindenden wie trennenden Element zwischen Spanien und Mexiko. Im unmittelbaren Zusammenhang mit den bereits zitierten Passagen schreibt Reyes so über seine Auseinandersetzungen mit Solalinde: „Y se vengaba diciéndome que yo pronunciaba ‚Atlántico' a la manera Azteca. Porque él se empeñaba en decir ‚Ad-lántico' –que no pasa de ser un feo popularismo peninsular–, y fue

Eine solche Lektüre von Reyes' Essays über fray Servando Teresa de Mier vor dem Hintergrund des akademisch-gelehrten Diskurses der spanischen Philologie, dessen er selbst sich in seinen wissenschaftlichen Aufsätzen in der *Revista de Filología Española* höchst versiert zu bedienen wusste, sollte sich allerdings nicht darauf beschränken, allein die stilistische und ideologische Diskrepanz hervorzuheben, die sich zwischen den beiden Betätigungsfeldern der mexikanischen Schriftstellers (dem philologisch-gelehrten und dem essayistisch-engagierten) ausmachen lässt.[120] Sinnvoller scheint der Versuch zu sein, die beiden Bereiche in ihrer kausalen Verknüpfung miteinander zu untersuchen: Gerade *weil* Alfonso Reyes sich in der spanischen Philologie à la Menéndez Pidal gut auskannte und in Spanien sogar als einer von deren bekanntesten Vertretern anerkannt war, konnte er zur selben Zeit seine amerikanistische Agenda so nachdrücklich verfolgen und fray Servando Teresa de Mier als *den* paradigmatischen Repräsentanten der hispanoamerikanischen Literatur schlechthin entwerfen.

Wie sehr fray Servando für ihn eine solch repräsentative Figur war, das zeigt sich in einer kleinen Anekdote, auf die Reyes selbst in einem seiner in den Jahren nach der Publikation der *Memorias* in der Biblioteca Ayacucho veröffentlichten Texte über fray Servando zurückkommt. Anlässlich einer im Jahr 1922 durch das mexikanische Parlament veranlassten Neuausgabe auch der *Historia de la Revolución de Nueva España* kommt Reyes in dem kurzen Essay „Dos obras reaparecidas de fray Servando" nämlich auf ein weiteres Werk des umtriebigen Dominikaners zu sprechen, das dieser während seines Pariser Aufenthalts des Jahres 1801 verfasst habe: eine Übersetzung des in eben diesem Jahr erstmals erschienenen Romans *Atala ou Les amours de deux sauvages dans le désert* von François-René de Chateaubriand. In seinen *Memorias* hatte fray Servando behauptet, für diese erste Überset-

---

necesario acudir a la autoridad de don Ramón Menéndez Pidal para que se me concediera el triunfo." (Reyes 1960b: 224). In der Tat tritt die Konsonantenfolge „tl" ja im Náhuatl häufig auf; ob mexikanische Sprecher deshalb allerdings tatsächlich in besonderer Weise befähigt sind zur korrekten Aussprache des Wortes „Atlántico", scheint angesichts der ursprünglich griechischen Etymologie des Namens (Atlantis thalassa, Meer des Atlas) doch eine gewagte Hypothese zu sein. Trotzdem ist Reyes' augenzwinkernde Reminiszenz natürlich vor dem Hintergrund der von ihm in diesen Jahren entwickelten und immer nachdrücklicher verfolgten amerikanistischen Agenda wohl nicht *nur* scherzhaft gemeint.

120 Vgl. zu dieser Diskrepanz etwa einen Aufsatz von Alfonso Reyes aus der *Revista de Filología Española*, der 1917 und damit in demselben Jahr erschienen ist wie seine Edition der *Memorias* (Reyes 1917b). In diesem Aufsatz untersucht Reyes den ersten der beiden großen Monologe des Protagonisten aus dem Drama *La vida es sueño* von Calderón de la Barca und scheut sich dabei nicht, sich (als Wissenschaftler) explizit zu der spanischen Literatur- und Geistesgeschichte als der seinen zu bekennen. So schreibt er über das auch in diesem Monolog verhandelte Thema des „desengaño": „Buscar sus manifestaciones en España sería, mucho más que una investigación literaria, emprender un examen filosófico de toda *nuestra* tradición escrita y oral [...]." (Reyes 1917b: 6, meine Hervorhebung, A. K.)

zung des Romans ins Spanische verantwortlich zu zeichnen. Er habe sie auf Veranlassung seines Pariser Weggefährten Simón Rodríguez (des Lehrers von Simón Bolívar) vorgenommen, allerdings habe dieser dann nach der Fertigstellung der Übersetzung die alleinige Autorschaft für sich beansprucht.[121] Inzwischen ist längst erwiesen, dass die Übersetzung von Chateaubriands Werk tatsächlich Simón Rodríguez und nicht fray Servando Teresa de Mier zu verdanken ist. Zu dem Zeitpunkt, zu dem Alfonso Reyes seine Ausgabe der *Memorias* vorbereitete, zweifelte aber noch kaum jemand und schon gar nicht dieser selbst daran, dass fray Servandos Darstellung in seiner „Relación" der Wahrheit entsprach und dass tatsächlich der Mexikaner Mier für die Übersetzung verantwortlich zeichnete und nicht der Venezolaner Rodríguez. Trotzdem entzündete sich an der Frage nach der Urheberschaft an der spanischen Übersetzung von *Atala* im Vorfeld der Publikation der *Memorias* ein kleiner Streit zwischen Alfonso Reyes und dem Herausgeber der Editorial América, Rufino Blanco-Fombona, und an diesen Disput erinnert nun der Erstere in seinem Essay über die verloren geglaubten Werke Miers. Die Übersetzung von *Atala* sei von dem französischen Forscher Jean Sarrailh ausfindig gemacht worden, schreibt er hier:

> Se trata de la primer [sic] traducción castellana de la *Atala*. [...] Yo no había podido encontrar esta traducción [...] en París ni en México, y la había dado por perdida, suponiendo que se habría hecho de ella una edición escolar limitada. Sobre estos extremos me remito al prólogo de las *Memorias* [...]. Por cierto que en este Prólogo [...] (ha llegado la hora de contarlo, amigo Blanco-Fombona), la nerviosa pluma del director de la colección me intercaló, a última hora, una frase que yo no he soñado escribir. Sépase cuál es: ‚Sería la traducción en realidad obra de Mier, o sería de D. Simón Rodríguez?' Fue obra de Mier, amigo Blanco-Fombona, ni dudarlo.[122]

Das vermeintlich vernachlässigenswerte Problem der Urheberschaft an einer (wie Víctor Barrera Enderle betont) ohnehin schlechten Übersetzung erweist sich als durchaus relevant in einem Zusammenhang,[123] in dem es um die Frage nach der Bedeutung des (tatsächlichen oder angenommenen) Verfassers dieser Über-

---

121 „Por lo que toca a la escuela de lengua española que Robinsón [i. e. Rodríguez] y yo determinamos poner en París, me trajo él a que tradujese, para acreditar nuestra aptitud, el romancito o poema de la americana *Atala* de M. Chateaubriand, que está muy en celebridad, la cual haría él imprimir mediante las recomendaciones que traía. Yo la traduje, aunque casi literalmente, para que pudiese servir de texto a nuestros discípulos, y con no poco trabajo, por no haber en español un diccionario botánico y estar lleno el poema de los nombres propios de muchas plantas exóticas de Canadá, etc., que era necesario castellanizar. Se imprimió con el nombre de Robinsón, porque éste es un sacrificio que exigen de los autores pobres los que costean la impresión de sus obras." (Mier 2009, Bd. II: 94).
122 Reyes 1956j: 471. In Bezug auf die intellektuelle Verortung all dieser Fragen schließt sich hier insofern der Kreis, als Sarrailh seine Überlegungen später in einer Festschrift für Ramón Menéndez Pidal veröffentlicht hat, vgl. Sarrailh 1925: 255–268. Vgl. zu der Bekanntschaft von Alfonso Reyes zu Jean Sarrailh auch Patout 1978: 132–134.
123 Vgl. Barrera Enderle 2008: 79.

setzung für die Begründung einer eigenständigen hispanoamerikanischen Literatur geht. Vor diesem Hintergrund nämlich zeigt der kleine Disput mit Rufino Blanco-Fombona aus dem Jahr 1917, den Alfonso Reyes in seinem wenig später verfassten Essay noch einmal aufleben lässt und den er darin mit der vermeintlich abschließenden Feststellung von fray Servandos Autorschaft für beendet erklärt, dass für Alfonso Reyes die von ihm in den Madrider Jahren entworfene Figur eines literarischen Autors fray Servando Teresa de Mier nicht nur eine ganz entscheidende Funktion auszufüllen hatte, sondern auch, dass der Herausgeber der *Memorias* nicht bereit war, in diesem Zusammenhang Abstriche zu machen.

Es ist kein Zufall, dass einmal mehr ausgerechnet François-René de Chateaubriand im Zentrum des freundschaftlichen Streits zwischen den beiden in Madrid lebenden Hispanoamerikanern steht. Wenn Alfonso Reyes so vehement für fray Servandos Urheberschaft an der strittigen Übersetzung von Chateaubriands *Atala* eintritt, dann auch aus dem Grund, weil der kurze Roman als eines der besonders repräsentativen Werke der französischen Romantik gilt.[124] In den Augen seines Apologeten Alfonso Reyes würde ein Chateaubriand-Übersetzer fray Servando wohl allein durch diese Übersetzung seine Modernität unter Beweis stellen, und sich dadurch natürlich einmal mehr als das geeignete Gegenmodell zu dem Beharren der spanischen Philologen auf einer im weitesten Sinne „klassischen" Doktrin erweisen.[125] Wenn

---

124 Vgl. Bercegol 2009: 333–419. In jüngerer Zeit hat sich Mariana Rosetti mit der Übersetzung von *Atala* auseinandergesetzt. Sie setzt dabei unkritisch auf eine gemeinsame Autorschaft von Simón Rodríguez und fray Servando: „Para lograr este objetivo didáctico y hacerse de un lugar en el mundo parisino, Mier y Rodríguez tradujeron la novela *Atala* de Chateaubriand, novela de reciente publicación que contaba con un éxito rotundo de ventas y que se centraba en el viaje errante de un joven francés en busca de refugio en tierras americanas." (Rosetti 2015: 10). Auch Rosetti geht es vor allem darum, die Verbindungslinien zwischen dieser (vermeintlich gemeinsamen) Übersetzung einerseits und den politisch-historischen Werken aus der Feder von Mier und Rodríguez andererseits aufzuzeigen und die (angebliche) Arbeit an der Übersetzung gewissermaßen zur Urszene der Autorschaft der beiden Amerikaner in Europa zu stilisieren, wenn sie schreibt: „Estos esfuerzos críticos por defender a una figura pública, concibieron el acto de traducción como el pilar y base de lo que luego sería el tipo de escritura que configuraron ambos criollos, ligado a una fuerte resistencia política y a marcadas propuestas de cambio cultural." (Rosetti 2015: 26). Genauso argumentiert Rosetti in ihrer 2022 veröffentlichten Studie *Letrados de la independencia* (vgl. Rosetti 2022).

125 In dieser Hinsicht verlaufen die hier implizit gezogenen Frontlinien in den bekannten Bahnen von „modern" versus „klassisch", in denen sich beispielsweise in Frankreich schon die *Querelle des Anciens et des Modernes* an der Wende vom 17. zum 18. Jahrhundert oder auch die *Bataille d'Hernani* zwischen den Anhängern eines romantischen Dramas und den Verfechtern des klassischen Theaters (1830) abgespielt hatten. Im Unterschied zu José Lezama Lima, der fray Servando wenige Jahrzehnte später ausdrücklich als Romantiker skizzieren wird, geht Alfonso Reyes aber auf Fragen einer derartigen kulturgeschichtlichen Zuordnung nicht ein. Vgl. zu Lezamas fray-Servando-Lektüre das sich anschließende Kapitel 4.2.2 José Lezama Lima: Fray Servando als Verkörperung der *expresión americana*.

Mier tatsächlich für diese frühe Übersetzung von *Atala* verantwortlich gezeichnet hätte, wie Reyes das noch fraglos voraussetzt, dann wäre er es gewesen, der den spanischsprachigen Leserinnen und Lesern dieses Schlüsselwerk der französischen Romantik erstmals zugänglich gemacht hätte, und darum vor allem geht es Alfonso Reyes (dessen Interesse an Chateaubriand und dessen Beziehung zu Amerika ja durch den bereits zitierten Essay aus den *Retratos reales e imaginarios* bezeugt ist). Vor diesem Hintergrund spielt dagegen vermutlich eine eher untergeordnete Rolle, dass in dem freundschaftlichen Disput mit dem Herausgeber der Editorial América mit Rufino Blanco-Fombona ein exilierter Venezolaner für die Rechte des exilierten Venezolaners Simón Rodríguez eintrat, während sich mit Alfonso Reyes ein exilierter Mexikaner für diejenigen des exilierten Mexikaners fray Servando Teresa de Mier stark machte. Auch wenn unter den hispanoamerikanischen Exilantinnen und Exilanten in Madrid im Einzelfall auch solche Fragen der nationalen Zugehörigkeit eine Rolle gespielt haben mögen, verfolgt Alfonso Reyes mit seinem Eintreten für fray Servando doch ein anderes und größeres Ziel. Für ihn geht es in der in seinen Essays über fray Servando zwar niemals offen ausgesprochenen, aber doch zwischen den Zeilen deutlich erkennbaren Abgrenzung gegen die nationalphilologisch ausgerichteten Interessen des *Centro de Estudios Históricos* um die Frage nach einer unabhängigen hispanoamerikanischen Literatur, die der in Europa exilierte fray Servando begründet hätte und in deren Tradition sich auch Reyes selbst einzuschreiben bemüht ist. Auch aus diesem Grund erscheint das Urteil mindestens kurzsichtig, das Christopher Domínguez Michael im Zusammenhang mit der Frage nach der Urheberschaft an der Chateaubriand-Übersetzung über Alfonso Reyes fällt: „Todavía Alfonso Reyes, con buena fe y pocas luces, sostuvo la autoría servandiana",[126] schreibt der Historiker in seiner umfangreichen fray-Servando-Biographie streng und lässt damit erkennen, dass er die Reichweite des intellektuellen Projekts kaum erfasst haben kann, dem sich Reyes in seinen Jahren in Spanien (und weit darüber hinaus) verschrieben hatte.

Dieses intellektuelle Projekt bestand in nichts weniger als in der Begründung eines literarischen (Hispano-)Amerikanismus, der sich als Gegenentwurf zu dem zeitgleich von der *Sección de Filología* unter Ramón Menéndez Pidal verfochtenen Hispanismus verstand und darauf ausgerichtet war, das in sein Recht zu setzen, was Reyes Jahre später die „inteligencia americana" nennen würde.[127] Die Indienstnahme von fray Servando Teresa de Mier zur Realisierung dieses Projekts erscheint dabei umso plausibler, als fray Servando diese „amerikanische Intelligenz" in der

---

[126] Domínguez Michael 2004: 174.
[127] Vgl. Reyes 1960a. Vgl. zu diesem Amerikanismus auch den ersten Teil von Gutiérrez Girardot 2014: 41–193.

Darstellung von Alfonso Reyes immer auf eine Art und Weise verkörpert, die durch ihren leicht pikaresken Dreh der in der Gegenüberstellung Spanien-Hispanoamerika grundsätzlich angelegten Konfrontation jede Schärfe nimmt: „[E]l Padre Mier, que viene a ganar soldados para la causa de la emancipación colonial, y a quien hay que representarse como un hombrecillo elocuente que escapa de los calabozos de la Inquisición descolgándose por las ventanas [...]"[128] – auch wenn Reyes' skizzenhafte Darstellung seines Protagonisten es hier ein wenig an der historischen Genauigkeit vermissen lässt (denn aus den Kerkern der Inquisition ist fray Servando ja gerade *nicht* geflohen), zielt sie doch insofern auf den Kern der Problematik, als die Inquisition natürlich *pars pro toto* für die repressive Kontrolle steht, die das spanische Kolonialreich insgesamt in seinen überseeischen Besitzungen ausgeübt hat.

Obwohl er sich seit seinen Jugendjahren und insbesondere in seinen Exiljahren in Spanien intensiv mit fray Servando Teresa de Mier und vor allem mit den *Memorias* beschäftigt hat, hat Alfonso Reyes zu keinem Zeitpunkt seines Lebens ein größeres Werk über den Dominikaner in Angriff genommen. In einem aus drei ursprünglich in der ersten Hälfte der dreißiger Jahre veröffentlichten kurzen Notizen bestehenden „Cuaderno de apuntes sobre el Padre Mier" verweist er auf umfangreichere Biographien des Dominikaners, die seine mexikanischen Kollegen Genaro Estrada, Martín Luis Guzmán und Artemio de Valle-Arizpe planten,[129] und tatsächlich hat zumindest Letzterer das Vorhaben wirklich realisiert und in den dreißiger Jahren eine „biografía novelada" über fray Servando geschrieben, die zunächst in Fortsetzungen in der mexikanischen Zeitung *El Universal* und schließlich 1951 als Buch unter dem Titel *Fray Servando* bei Espasa-Calpe in Buenos Aires publiziert wurde.[130]

---

[128] Reyes 1956d: 245.
[129] Vgl. Reyes 1956i: 558 und 560. Reyes schreibt hier zunächst: „No menos que tres ‚vidas' de Fray Servando he visto anunciadas: una de Genaro Estrada, otra de Artemio de Valle Arizpe y otra [...] por Martín Luis Guzmán", und schließt seinen kurzen Text dann mit dem abermaligen Hinweis auf die drei geplanten Bücher: „Siempre con la esperanza puesta en las obras que, sobre Fray Servando Teresa de Mier, tienen ofrecidas Genaro Estrada, Artemio de Valle Arizpe y Martín Luis Guzmán, cada uno por su lado [...]."
[130] Vgl. Valle-Arizpe 2009. Valle-Arizpe hatte den Stoff 1931 zunächst auch für seine Antrittsrede als Mitglied der *Academia Mexicana de Lengua* benutzt. In seinem Vorwort verortet Domínguez Michael Artemio de Valle-Arizpe vor dem Hintergrund des literarischen Kolonialismus der ersten Hälfte des 20. Jahrhunderts, den er als „esa isla extraña en el archipiélago de nuestras letras" bezeichnet. Die Biographie von Valle-Arizpe ist wenig originell und trägt wenig zur Erfassung von fray Servando Teresa de Mier bei. Domínguez Michael hebt allerdings (auf eine etwas zweideutige Art und Weise) durchaus auch Valle-Arizpes Verdienste hervor: „Valle-Arizpe hace del colonialismo una costumbre de lectura. Sus libros, hoy en día, se siguen reeditando sin escándalo y con perseverancia. ¿Quién podrá leerlo? Cierto es que escribió libros edificantes para una clase media en extinción; pero también debe contar con un público secreto entre aquellos para quienes la infan-

Alfonso Reyes dagegen scheint trotz seines ohne jeden Zweifel großen Interesses an fray Servando niemals den Plan gehabt zu haben, dem Dominikaner eine Biographie oder eine ausführlichere Studie zu widmen. Dass sich sein Interesse an der Figur und dem Werk von fray Servando Teresa de Mier ausschließlich in kürzeren essayistischen Texten manifestiert, das ist sicherlich einerseits damit zu erklären, dass auch fray Servando selbst sowohl in seiner *Historia de la Revolución* als auch in seinen *Memorias* auf subjektive und zugleich offene und bewegliche Formen gesetzt hat, die große Ähnlichkeiten mit den Vorgehensweisen des essayistischen Schreibens aufweisen (wie die vorangegangenen Kapitel haben zeigen können). Reyes' Verzicht auf ein „großes Werk" über fray Servando ist vor diesem Hintergrund womöglich auch der Einsicht geschuldet, dass eine immer wieder aufs Neue unternommene und dadurch notwendigerweise unabgeschlossen bleibende Auseinandersetzung dem Stoff vielleicht eher gerecht werden kann als ein großangelegtes Werk, das sich zum Ziel setzen würde, zu endgültigeren und womöglich abschließenden Schlussfolgerungen zu kommen. Andererseits sind die kurzen Essays von Alfonso Reyes aber natürlich auch einmal mehr als Gegenmodell zu denjenigen Schreibweisen zu interpretieren, welche seine Freunde und Kollegen aus dem Kreis der spanischen Philologie in ihren Büchern und Aufsätzen praktizierten.[131] Die oft suchende, tastende Bewegung, die Reyes' Essays mit ihren skizzenhaften Darstellungen eigen ist, und die häufig auch explizit gemachte Vorläufigkeit der Befunde, zu denen sie gelangen, unterscheidet sie deutlich von den wissenschaftlichen Texten des Kreises um Ramón Menéndez Pidal, denen es eher um vollständige Erfassung von Daten und Fakten und endgültige Festschreibung von Ergebnissen zu tun war.[132]

Im Wissen um das durchaus intrikate Verhältnis von Alfonso Reyes zu jener von Ramón Menéndez Pidal und seinen Schülern vertretenen spanischen Philologie, die der mexikanische Schriftsteller in seinen Jahren im Exil kennengelernt hat, erscheinen seine essayistischen Interventionen zugunsten von fray Servando Teresa de Mier (und natürlich auch seine Publikation der *Memorias* in der Biblioteca Ayacucho) als entscheidendes Element einer Strategie, die den bewussten

---

cia, lejos de ser una experiencia, es una invención romántica sin cuyo soporte no se puede vivir." (Domínguez Michael 2009: 11 und 18).

131 Víctor Barrera Enderle dagegen interpretiert Reyes' Verzicht darauf, ein umfangreicheres Werk über fray Servando zu schreiben, implizit eher als ein Versäumnis, das er allerdings damit entschuldigt, dass der Verzicht Reyes ja nicht an der intensiven Lektüre fray Servandos und der Orientierung an dessen Vorbild gehindert habe (vgl. Barrera Enderle 2008: 86).

132 Vgl. im Unterschied zu Reyes' kurzen Essays über fray Servando Teresa de Mier allein den Umfang von einzelnen Aufsätzen aus der *Revista de Filología Española*, die nicht selten an die hundert Seiten umfassten (vgl. etwa Menéndez Pidal 1917). Vgl. auch noch einmal Pedrazuela 2015a: 452.

Hispanismus der spanischen Philologen auf eine subversive Art und Weise nicht unbedingt auszuhebeln, aber doch zu unterminieren suchte.[133] Die von Alfonso Reyes vertretene Position zeichnet sich nicht allein durch eine Form des kulturellen Amerikanismus aus, wie der Autor sie zur selben Zeit in leichter Variation auch in Texten wie dem ebenfalls 1917 publizierten Essay *Visión de Anáhuac* vertreten hat und wie er sie nach seiner Rückkehr nach Amerika in den dreißiger Jahren und im Einklang mit anderen hispanoamerikanischen Schriftstellern und Intellektuellen wie beispielsweise Fernando Ortiz aus Kuba oder Mariano Picón Salas aus Venezuela weiterentwickeln würde,[134] sondern mehr noch durch ihren dezidierten Kosmopolitismus. Vor dem Hintergrund dieses Kosmopolitismus ist für Alfonso Reyes ein Schriftsteller wie fray Servando Teresa de Mier gerade deshalb so wichtig, weil dieser in seinen Augen nicht allein der Repräsentant einer spezifisch mexikanischen (und allgemeiner hispanoamerikanischen) Literatur und Kultur, sondern darüber hinaus gerade dadurch auch glaubwürdiger Vertreter einer umfassenderen „cultura universal" gewesen ist.[135]

Alfonso Reyes sei der „spanischste unter den Mexikanern" gewesen, mit dieser Aussage zitiert der Politikwissenschaftler Alberto Enríquez Perea die nach dem Spanischen Bürgerkrieg in Mexiko exilierten spanischen Philosophen María Zambrano und José Gaos, und er fügt grammatikalisch etwas holperig, aber in der Sache unbestreitbar hinzu: „[E]ntre los mexicanos que vivían en España, ninguno como él vio, colaboro y participó, hasta donde fue posible, en la transformación de España."[136] Dass aber Reyes' zweifelsohne großes Interesse an der spanischen Wirklichkeit seiner Zeit und insbesondere an der spanischen Literatur vom *Siglo de Oro* bis in die Gegenwart ihn ebenso wenig wie seine lebenslange Freundschaft mit vielen spanischen Schriftstellern und Wissenschaftlern daran hinderte, die manchmal zu selbstbezogene Perspektive wahrzunehmen, aus der einige seiner spanischen Zeitgenossen noch auf die Welt blickten, das formuliert er wesentlich expliziter als in seinen Essays über fray Servando Teresa de Mier in einem Artikel, den 1920 in der spanischen Zeitschrift mit dem sprechenden Namen *España. Semanario de la vida nacional* erschienen ist:

---

133 Die Unterscheidung „nicht aushebeln, aber unterminieren" ist wichtig: Reyes war nicht nur von Berufs wegen Diplomat, sondern er hat es auch zeit seines Lebens vermocht, sich in seinen Überzeugungen diplomatisch zu geben – was im Falle der Frage nach seinem Verhältnis zu Spanien dazu führt, dass es in der Forschung auch heute noch durchaus einflussreiche Stimmen gibt, die den angeblich besonders ausgeprägten Hispanismus von Alfonso Reyes betonen (vgl. etwa Pineda Buitrago 2014: 30–31). Ich danke in diesem Zusammenhang besonders Sergio Ugalde Quintana für unseren Austausch über Alfonso Reyes.
134 Vgl. Chiampi 1993: 12.
135 Sánchez Prado 2009b: 15.
136 Enríquez Perea 2018: 15 und 16.

¡Ay, si España se decidiera a confiar un poco en sí misma, a esperar más de los actos que de los epigramas! Entonces la vida española se haría más penetrable a las preocupaciones superiores. La redentora ‚revisión' que data del 98, aunque combatía un mal de ensimismamiento, ha traído al fin otro mal del mismo linaje. Tanta introspección acusadora ha acabado por crear una atmósfera sofocante, de cuarto cerrado. No vendría mal abrir las ventanas. [...] No vendría mal pensar en América.[137]

Der kritische Blick, den der Verfasser des Artikels hier auf die andauernde Beschäftigung Spaniens mit sich selbst wirft, und seine Forderung danach, die Perspektive doch endlich zu weiten und sich selbst in einem transatlantischen Kontext zu verorten, finden ihre Entsprechung in seinem zur selben Zeit ausgearbeiteten Entwurf von fray Servando Teresa de Mier als einem Wanderer zwischen den Welten, der gerade wegen seiner Beweglichkeit zu dem kritischen Intellektuellen hat werden können, der er gewesen ist. Vor diesem Hintergrund ist das Bild besonders aussagekräftig, mit dem Reyes den Dominikaner in der bereits angeführten Passage aus einem seiner Essays als „un hombrecillo elocuente que escapa de los calabozos de la Inquisición descolgándose por las ventanas [...]" beschreibt,[138] denn ganz offensichtlich liegt für den mexikanischen Essayisten fray Servandos Verdienst nicht in einem Heldentum der Tat begründet, das sich etwa auf den Schlachtfeldern des Unabhängigkeitskriegs gegen die Spanier manifestiert hätte, sondern in der Gewandtheit, mit welcher der Verfasser der *Memorias* seine vielfältigen Fluchten ins Werk zu setzen wusste, und mehr noch in der Wortgewandtheit, mit welcher er dann davon zu erzählen wusste. Mit seinen eigenen Essays stellt sich Alfonso Reyes ausdrücklich in diese Tradition und öffnet damit auch den Weg für Schriftsteller wie den kubanischen Dichter, Essayisten und Romancier José Lezama Lima, der die essayistische Reflexion über fray Servando Teresa de Mier als einer emblematischen Figur an der Schnittstelle zwischen Kolonie und *Independencia* in den fünfziger Jahren des 20. Jahrhunderts fortgesetzt hat.

4.2.2 José Lezama Lima: Fray Servando als Verkörperung der *expresión americana*

In seinem auf einen 1936 in Buenos Aires gehaltenen Vortrag zurückgehenden Essay „Notas sobre la inteligencia americana" macht Alfonso Reyes seine Leserinnen und Leser auf eine Konsequenz derjenigen Konstellation aufmerksam, die er in Bezug auf Spanien schon in dem oben zitierten Zeitungsartikel aus dem

---

[137] Reyes 1956k: 568.
[138] Reyes 1956d: 245.

Jahr 1920 beklagt hatte und von der er jetzt konstatiert, dass sie keineswegs nur die ehemalige Kolonialmacht Spanien, sondern vielmehr die Alte Welt im Ganzen betreffe. Tatsächlich zeige *ganz* Europa zu wenig Interesse an seinem transatlantischen Gegenüber, und aus dieser zu großen Selbstgenügsamkeit und Egozentrik auf Seiten der Europäer resultiere eine durchaus limitierte Wahrnehmung der Welt:

> En tanto que el europeo no ha necesitado de asomarse a América para construir su sistema del mundo, el americano estudia, conoce y practica a Europa desde la escuela primaria. De aquí una pintoresca consecuencia que señalo sin vanidad ni encono: en la balanza de los errores de detalle o incompresiones parciales de los libros europeos que tratan de América y de los libros americanos que tratan de Europa, el saldo nos es favorable.[139]

Das Ungleichgewicht, das Alfonso Reyes hier beschreibt, ist ein Topos der amerikanischen Reflexion über die Beziehungen zwischen der Alten und der Neuen Welt. Seit jeher hatten amerikanische (oder in Amerika ansässige) Schriftsteller und Intellektuelle ihren europäischen Kollegen vorgeworfen, ohne jede Ortskenntnis und damit auch ohne Sachkenntnis zu argumentieren, wenn sie über Amerika schrieben.[140] An Reyes' Argumentation fällt in diesem Zusammenhang vor allem die Begründung für das entsprechende Ungleichgewicht zwischen der europäischen Wahrnehmung von Amerika und der amerikanischen Wahrnehmung von Europa auf: „[E]l europeo no ha necesitado de asomarse a América

---

139 Reyes 1960a: 87. Vgl. zu diesem Essay und den Umständen seiner Entstehung insbesondere auch Colombi 2017.
140 Schon unter den frühneuzeitlichen Chronisten war diese Frage nach der Ortskenntnis (und der daraus resultierenden Sachkenntnis) immer wieder verhandelt worden, etwa in der impliziten Debatte zwischen dem unmittelbar an der Eroberung Tenochtitlans beteiligten Soldaten Bernal Díaz del Castillo und dem spanischen Historiographen Francisco López de Gómara, der die Geschichte dieser Eroberung in seiner *Historia general de las Indias* (1552) von Spanien aus erzählen zu können beanspruchte. Auch in der zweiten Hälfte des 18. Jahrhunderts hatte sich die Debatte um die von Cornelius de Pauw in seinen *Recherches philosophiques sur les Américains* vertretenen Thesen vor allem an der Frage entzündet, ob über Amerika urteilen konnte (und durfte), wer Europa niemals verlassen hatte. So wirft vor allem Antoine-Joseph Pernety (der als Schiffskaplan Louis-Antoine de Bougainville auf seiner Weltumsegelung begleitet hatte) dem Xantener Kanoniker seine aus seiner Sesshaftigkeit resultierende mangelnde Urteilskraft vor: „Monsieur de P. vient de mettre au jour un Ouvrage sous ce titre, *Recherches Philosophiques sur les Américains*. Il s'efforce d'y donner l'idée la plus désavantageuse du nouveau Monde & de ses habitants. Le ton affirmatif & décidé avec lequel il propose et résoud ses questions; le ton d'assurance avec lequel il parle du sol & des productions de l'Amérique, de sa température, de la constitution corporelle & spirituelle de ses habitants, de leurs mœurs & de leurs usages, enfin des animaux; pourroient faire croire qu'il a voyagé dans tous les pays de cette vaste étendue de la terre; qu'il a vécu [sic] assez longtemps avec tous les peuples qui l'habitent. On seroit tenté de soupçonner, que, parmi les Voyageurs, qui y ont fait de longs séjours, les uns nous ont conté des fables, ont travesti la vérité par imbécillité, ou l'ont violée par malice." (Pernety 1770: 7–8).

para construir su sistema del mundo", schreibt der mexikanische Schriftsteller, die Europäer hätten Amerika nicht gebraucht, um ihre Vorstellung von der Welt zu entwickeln, während umgekehrt die Amerikaner immer darauf angewiesen gewesen seien, ihr Weltbild an dem nicht nur politisch, sondern vor allem auch kulturell übermächtigen Europa als zentralem Bezugspunkt auszurichten. Vermutlich hätte Alfonso Reyes seine Hypothese durch die in der Inventarliste von fray Servandos reisender Bibliothek aufgeführten Bücher sowohl europäischer als auch amerikanischer Provenienz bestätigt gesehen, wenn er bereits Kenntnis von dieser durch die Inquisition erstellten Liste gehabt hätte.[141] Auch, dass das von ihm konstatierte Ungleichgewicht in der gegenseitigen Wahrnehmung von Amerika und Europa über die Jahrhunderte hinweg eine nachhaltige Wirkung entfaltet hat, hätte der mexikanische Essayist ausgehend von fray Servandos Bibliothek belegen können. Die darin zusammengestellten Bücher zeigen schließlich exemplarisch, wie die Auseinandersetzung über das Wesen und die Natur der Neuen Welt europäische Philosophen einerseits und kreolische Intellektuelle andererseits zu immer neuen Reaktionen und Gegenreaktionen provoziert hat. Während so Cornelius de Pauw mit seinen *Recherches philosophiques sur les Américains* auf die Darstellungen der frühneuzeitlichen Chronisten Bezug nimmt, reagieren wenige Jahrzehnte später Hipólito Unanue mit seinen *Observaciones sobre el clima de Lima* und Alexander von Humboldt mit seinem *Essai politique sur le royaume de la Nouvelle-Espagne* ihrerseits auf den Xantener Kanoniker und versuchen, ihn durch ihre größere Orts- und Sachkenntnis zu widerlegen.[142] Dass sich deshalb auch fray Servando Teresa de Mier noch in diese Genealogie der europäisch-amerikanischen Auseinandersetzungen über Amerika einreihen lässt, konnte in den entsprechenden Kapiteln in den Analysen der intertextuellen Bezüge und der Raumdarstellung in seinem autobiographischen Werk nachgewiesen werden.[143] Im weiteren Verlauf des 19. Jahrhunderts ist es dann allerdings wieder ein Europäer gewesen, der die Debatte maßgeblich geprägt und der (hispano-)amerikanische Schriftsteller noch im 20. Jahrhundert dazu veranlasst hat, sich explizit oder implizit gegen eine Darstellung von Amerika zu positionieren, die

---

141 Obwohl die von Juan Evaristo Hernández y Dávalos erstellte *Colección de documentos para la historia de la guerra de independencia de México de 1808 a 1821* bereits im ausgehenden 19. Jahrhundert erschienen ist, deutet nichts darauf hin, dass Reyes die darin enthaltenen Unterlagen zu fray Servandos Prozess gekannt hat.
142 Vgl. dazu Kapitel 4.1 Fray Servandos reisende Bibliothek.
143 Auch fray Servando Teresa de Mier hatte in seinen *Memorias* ja immer wieder ausdrücklich das mangelnde Wissen der Europäer und namentlich der spanischen Kolonialherren über Amerika betont. Vgl. dazu die Ausführungen in den Kapiteln 3.3.2 Das Ich und die Literatur und 3.3.3 Das Ich und der Raum.

sie in dem von Alfonso Reyes angesprochenen Sinne als fehlerhaft empfinden mussten: Georg Friedrich Wilhelm Hegel war nur wenige Jahre jünger als fray Servando Teresa de Mier und hat in seinen an der Berliner Universität gehaltenen *Vorlesungen über die Philosophie der Geschichte* (1822–1831) einmal mehr ein wirkmächtiges Bild von einem naturhaften und dadurch ahistorischen Amerika entworfen. Für den deutschen Philosophen war die Neue Welt allein eine geographische Realität, und als solche war sie natürlich in seinen Augen von jeglicher historischen Entwicklung ausgeschlossen.[144]

An genau diesem entscheidenden Punkt hakt nun in den fünfziger Jahren des 20. Jahrhunderts (und damit nur kurz nachdem Alfonso Reyes so ausdrücklich das Ungleichgewicht zwischen der europäischen Unkenntnis von Amerika auf der einen und der amerikanischen Kenntnis von Europa auf der anderen Seite konstatiert hatte) der kubanische Dichter, Essayist und Romancier José Lezama Lima mit einem seiner bekanntesten Werke ein. In seiner im Jahr 1957 unter dem Titel *La expresión americana* veröffentlichten Sammlung von insgesamt fünf Essays wirft Lezama die Frage nach dem Werden der amerikanischen „Landschaft" auf, und er bezieht sich dabei mit dem Wort „paisaje" in einem allgemeinen Sinne auf die Kultur, in einem spezifischeren Sinne auf einen sich unter bestimmten kulturellen Bedingungen und in bestimmten natürlichen Gegebenheiten manifestierenden Geist. Der Essayist wendet sich damit zwar nicht ausschließlich, aber doch immer wieder sehr ausdrücklich gegen die von Hegel vertretene Konzeption einer Weltgeschichte, die einem als reine Natur verstandenen Amerika eben *keine* Geschichtlichkeit und insofern auch keine Möglichkeit zur kulturellen Entwicklung zugestanden hatte.[145] Vor

---

144 Hegel betrachtet in seinen Vorlesungen den „Naturzusammenhang des Volksgeistes" als „Boden, auf welchem sich der Geist bewegt" und begründet damit sein Interesse an diesen geographischen Zusammenhängen. Vor diesem Hintergrund schreibt er: „Von Amerika und seiner Kultur, namentlich in Mexiko und Peru, haben wir zwar Nachrichten, aber bloß die, daß dieselbe eine ganz natürliche war, die untergehen mußte, sowie der Geist sich ihr näherte. Physisch und geistig ohnmächtig hat sich Amerika immer gezeigt und zeigt sich noch so. Denn die Eingeborenen sind, nachdem die Europäer in Amerika landeten, allmählich an dem Hauche der europäischen Tätigkeit untergegangen." (Hegel 1986: 105 und 107–108). Vgl. zu Hegels Amerikabild auch Gerbi 1982: 527–561. Gerbi weist vor allem auf die Aporie hin, vor die sich Hegel mit seiner Interpretation der Neuen Welt als einer außerhalb der Geschichte stehenden Entität gestellt sah angesichts der Dynamik der politischen und kulturellen Entwicklungen, die der Kontinent zu Lebzeiten des Philosophen durchlaufen hat (vgl. Gerbi 1982: 559). Tatsächlich sind Hegels Ausführungen insofern widersprüchlich, als sie mit der Feststellung enden, Amerika sei „das Land der Zukunft, in welchem sich in vor uns liegenden Zeiten [...] die weltgeschichtliche Wichtigkeit offenbaren soll; [...] ein Land der Sehnsucht für alle die, welche die historische Rüstkammer des alten Europa langweilt." (Hegel 1986: 114).
145 „Lezama, demasiado sensible a esa total negación de la cultura americana [...] armó buena parte de su ensayo pensando en la refutación del filósofo suabo." (Ugalde Quintana 2011: 287). Besonders gut gelingt dem kubanischen Schriftsteller diese „refutación" Hegels vielleicht an der Stelle

diesem Hintergrund bezieht sich das in der Forschung zu José Lezama Lima immer wieder zitierte Incipit seines Essaybandes („Sólo lo difícil es estimulante [...]") nun nicht so sehr auf den Stil als vielmehr auf die Methode, deren sich der kubanische Schriftsteller in den darin versammelten Essays bedient (obwohl natürlich beides miteinander zusammenhängt und die beträchtliche Komplexität von Lezamas Prosa keineswegs allein einer stilistischen, sondern durchaus auch einer methodischen Entscheidung des Autors zu verdanken ist). Schon in diesem Incipit spricht Lezama ausdrücklich die Prozessualität an, die in *La expresión americana* im Zentrum seines Interesses steht, und er deutet an, wie sich seine Vorgehensweise aus der Feststellung dieser Prozessualität heraus begründen lässt:

> Sólo lo difícil es estimulante; sólo la resistencia que nos reta es capaz de enarcar, suscitar y mantener nuestra potencia de conocimiento, pero, en realidad, ¿qué es lo difícil? ¿lo sumergido, tan sólo, en las maternales aguas de lo oscuro? ¿lo originario sin causalidad, antítesis o logos? Es la forma en devenir en que un paisaje va hacia un sentido, una interpretación o una sencilla hermenéutica, para ir después hacia su reconstrucción, que es en definitiva lo que marca su eficacia o desuso, su fuerza ordenancista o su apagado eco, que es su visión histórica.[146]

Was José Lezama Lima hier implizit ankündigt (nämlich eine intensive Beschäftigung mit jener „Form im Werden", in der eine Kultur einen Sinn erhält oder eine Auslegung erfährt, um auf diesem Wege deren „historische Anschauung" ausloten zu können), das wird er in den sich anschließenden fünf Essays in einem mit den Schöpfungsmythen der Maya beginnenden und bis ins 20. Jahrhundert reichenden Durchgang durch die Geschichte Amerikas für die „expresión americana" vollziehen. Irlemar Chiampi, die Herausgeberin der kritischen Ausgabe von *La expresión americana*, verortet die fünf Essays deshalb ausdrücklich vor dem Hintergrund des

---

gegen Ende seines Textes, an der er Hegels Einwand, in der Neuen Welt seien die essbaren Tiere (in Lezamas spanischer Version „los animales comestibles") weniger nahrhaft als in der Alten, mit großer Ironie den seiner Meinung nach unabweisbaren Nährwert argentinischer Steaks entgegenhält: „Han pasado cien años, que ya hacen irrefutables, y sí ridículas, esas afirmaciones hegelianas. Queden así en su grotesco sin añadidura alguna de comento o glosa. Y sonrían los sibaritas ingleses, casi todos lectores de Hegel, cuando se hundan en el argentino bife. [...] Quede este gracioso problema para los numerosos hegelianos londinenses de la escuela de Whitehead, que deben regalarnos el nuevo absoluto de esa problemática de la incorporación." (Lezama Lima 2017: 193–194).
146 Lezama Lima 2017: 57. Zu dem apodiktischen ersten Satz Lezemas („Sólo lo difícil es estimulante.") bemerkt Sergio Ugalde Quintana, er könne als „una de las banderas estéticas más polémicas de la literatura del siglo XX" gelten (vgl. Ugalde Quintana 2011: 11). Vgl. zu der doppelten Interpretationsmöglichkeit dieses Incipit (also zur der Möglichkeit, die darin angesprochene Schwierigkeit stilistisch *und* methodisch zu lesen) auch das Vorwort der Herausgeberin der im Fondo de Cultura Económica erschienenen kritischen Ausgabe von Lezamas Text: „La frase emblemática que abre el ensayo [...], tantas veces tomada, no sin razón, como alusiva al lenguaje oscuro de los textos lezamianos, es en verdad una referencia al proyecto del ensayo." (Chiampi 1993: 16).

„pensamiento americanista", dem sich lateinamerikanische Schriftsteller und Intellektuelle schon seit Mitte des 19. Jahrhunderts und dann insbesondere in der ersten Hälfte des 20. Jahrhunderts verschrieben hatten. Tatsächlich war die Frage nach einer spezifisch amerikanischen Identität vor allem in den Jahren zwischen 1920 und 1940 von Autoren wie Alfonso Reyes aus Mexiko, Mariano Picón Salas aus Venezuela oder Fernando Ortiz und Alejo Carpentier aus Kuba ausführlich diskutiert worden. Obwohl die genannten Essayisten in ihrer Argumentation im Einzelnen durchaus unterschiedliche Schwerpunkte setzten und wahlweise die „inteligencia americana", die Vermischung europäischer und indigener Formen, die spezifisch amerikanischen Transkulturationsprozesse oder auch das „wunderbar Wirkliche" in Amerika auszuloten versuchten, stimmen sie doch in ihrer grundsätzlichen Anerkennung des kulturellen „mestizaje" Hispanoamerikas überein.[147] Diese Prämisse stellt nun auch die Grundlage dar, auf der in den ausgehenden fünfziger Jahren José Lezama Lima in seinen Essays aus *La expresión americana* argumentiert.[148]

Dabei weicht Lezamas Herangehensweise allerdings insofern von derjenigen seiner Vorgänger ab, als er mit *La expresión americana* einen offensichtlich umfassenderen Anspruch verfolgt, als es die Essayisten der vorangegangenen Dekaden mit ihren jeweiligen Werken getan hatten. Während etwa Reyes' Essay „Notas sobre la inteligencia americana" weniger als zehn Druckseiten umfasst, und während darin die Argumentation überaus knapp und teilweise auf bloße Andeutungen beschränkt bleibt, zeichnet sich Lezamas Werk durch seinen größeren Umfang und seine (auch) daraus resultierende „voluntad totalizadora" aus.[149] Die fünf Essays aus *La expresión americana* gehen auf eine Reihe von fünf Vorträgen zurück, die der 1910 geborene José Lezama Lima im Januar 1957 im *Palacio de Bellas Artes* in Havanna gehalten hat. Sie sind nicht nur durch eine große innere Kohärenz, sondern auch durch eine besondere argumentative Strukturiertheit gekennzeichnet. Wenn deshalb der Literaturwissenschaftler Abel E. Prieto den Band „el volumen de

---

147 Vgl. Chiampi 1993: 11–12. Die Aufzählung der inhaltlichen Schwerpunkte der einzelnen Autoren folgt derselben Reihenfolge wie die vorangegangene Aufzählung ihrer Namen.
148 „Por su configuración externa La expresión americana se acomoda al cuadro interpretativo general del americanismo; su esbozo de nuestro hecho cultural tampoco se opone al ideologema vigente de la ‚América mestiza' y exalta su universalidad como antes lo hicieron Reyes o Carpentier." (Chiampi 1993: 12–13).
149 Chiampi 1993: 13. Oscar D. Dávila del Valle betont in diesem Zusammenhang die größere Reichweite von Lezamas Überlegungen im Vergleich zu seinen Vorgängern: „Aunque de primera intención parecería obvio que estas cinco conferencias ensayo [sic] podrían ubicarse dentro de la perspectiva del discurso americanista, en efervescente desarrollo al momento, los giros e innovaciones conceptuales con que Lezama va tejiendo los momentos y espacios de nuestra historia cultural [...], sin lugar a dudas nos obligan a trascender las semejanzas y cercanías que pueda tener con esa tradición para poder valorar su aportación." (Dávila del Valle 2015: 18).

ensayos de mayor unidad, el más estructurado y sistemático de Lezama" nennt,[150] dann ist die von ihm angesprochene Systematik in Teilen sicher den Umständen der Entstehung der Essays geschuldet: Dass sich Lezamas Argumentation über die fünf aufeinander aufbauenden Texte hinweg so zielgerichtet und stringent fortentwickelt, das liegt natürlich auch daran, dass die ihnen zugrundeliegenden Vorträge innerhalb von insgesamt nur zehn Tagen und vor einem sich mutmaßlich nur wenig verändernden Publikum gehalten wurden.

Zugleich wird aber schon bei einem ersten schnellen Blick in den Band deutlich, dass sich dessen klare Struktur auch einer zum Teil schon in den Titeln der einzelnen Essays kenntlich gemachten bewusst chronologischen Anlage verdankt: „Mitos y cansancio clásico", „La curiosidad barroca", „El romanticismo y el hecho americano", „Nacimiento de la expresión criolla" und „Sumas críticas del americano" sind die Essays überschrieben, aus denen sich *La expresión americana* zusammensetzt.[151] Im Zentrum von jedem einzelnen dieser fünf je eine bestimmte Phase der amerikanischen Geschichte in den Blick nehmenden Essays stehen die künstlerischen Formen, welche die in Frage stehende Epoche gekennzeichnet haben; und in der Abfolge der Essays ergibt sich auf diese Weise ein breites Panorama dessen, was deren Verfasser die „expresión americana" nennt, den amerikanischen Ausdruck.[152] Dieser besondere Fokus auf den künstlerischen Ausdrucksformen des amerikanischen Wesens ist das entscheidende Kennzeichen von Lezamas Herangehensweise im Ganzen. So nennt der Essayist selbst seine Vorgehensweise einen „contrapunteo",[153] und bezieht sich mit diesem (sicher nicht zufällig auf den 1940 publizierten Essay *Contrapunteo cubano del tabaco y el azúcar* des kubanischen Anthropologen Fernando Ortiz anspielenden) Begriff auf eine bewusst subjektive Gegenüberstellung von einzelnen kulturellen Fragmenten aus unterschiedlichen Bereichen wie bildender Kunst, Architektur und Literatur, die in ihrer Gesamtheit dann eine Art „poetisches Imaginarium" Amerikas abzubilden im Stande sein sollen.

Vor diesem Hintergrund entwickelt der kubanische Schriftsteller mit seiner chronologisch voranschreitenden Argumentation eine Interpretation der lateinamerikanischen Geschichte, die von der mythischen Vorgeschichte des *Popol Vuh*

---

150 Prieto 1988: XII.
151 „La lectura detenida de los títulos nos estimula a concluir que la intención de Lezama es trazar una línea diacrónica de la historia de América [...]." (Naciff 2005–2006: 60).
152 Dabei gilt es ausdrücklich hervorzuheben, dass José Lezama Lima im Unterschied zu den meisten anderen hispanoamerikanischen Schriftstellern tatsächlich Amerika im Ganzen (und nicht nur dessen spanisch- und portugiesischsprachigen Teil) in den Blick nimmt und am Ende seines Parcours etwa auch Herman Melville und Walt Whitman untersucht (vgl. Lezama Lima 2017: 195–196).
153 Vgl. etwa Lezama Lima 2017: 57.

über die erste Begegnung von Spaniern und Azteken bei der *Conquista* Mexikos (im ersten Essay), die in Architektur und Literatur durch einen spezifisch amerikanischen und besonders spannungsreichen Barock geprägte Kolonialzeit des 17. und 18. Jahrhunderts (im zweiten Essay), die explizit als „romantisch" gekennzeichnete Epoche der Unabhängigkeitsbewegung zu Beginn des 19. Jahrhunderts (im dritten Essay), die Entstehung der nationalen Literaturen nach Erreichen der Unabhängigkeit (im vierten Essay) bis schließlich hin zu einem Plädoyer für die Integrationskraft der historischen Avantgarden und einer Rekapitulation des zurückgelegten Weges (im fünften Essay) reicht. Auch wenn man der inhaltlich und stilistisch hochkomplexen Anlage der Essays aus *La expresión americana* natürlich mit einer solchen kursorischen Zusammenfassung kaum gerecht werden kann (denn Lezamas Argumentation setzt ja nicht umsonst gemäß der schon im Incipit formulierten Prämisse auf „Stimulation durch Schwierigkeit"), lässt sich mit Hilfe des hier unternommenen Versuchs einer knappen Inhaltsangabe doch die Stoßrichtung dieser großangelegten essayistischen Intervention erkennen: Es geht dem kubanischen Essayisten in *La expresión americana* darum, die volle Gültigkeit und mehr noch: die große Fruchtbarkeit und den Reichtum der „expresión americana" nachvollziehbar zu machen, auch und gerade im Vergleich mit Europa:

> He aquí el germen del complejo terrible del americano: creer que su expresión no es forma alcanzada, sino problematismo, cosa a resolver. Sudoroso e inhibido por tan presuntuosos complejos, busca en la autoctonía el lujo que se le negaba y, acorralado entre esa pequeñez y el espejismo de las realizaciones europeas, revisa sus datos, pero ha olvidado lo esencial, que el plasma de su autoctonía es tierra igual que la de Europa. Y que las agujas para el rayo de nuestros palacios se hacen de síntesis, como la de los artesanos occidentales, y que hincan, como el fervor de aquellos hombres, las espaldas de un celeste animal, igualmente desconocido y extraño. Lo único que crea cultura es el paisaje y eso lo tenemos de maestra monstruosidad, sin que nos recorra el cansancio de los crepúsculos críticos.[154]

Ohne Zweifel kulminiert Lezamas Argumentation in dieser Passage (wie in *La expresión americana* insgesamt) in dem Anspruch, den er mit den Begriffen „tierra" einerseits und „paisaje" andererseits verbindet. Die amerikanische „Landschaft", die in diesen vor allem metaphorisch zu verstehenden Begriffen angesprochen ist, ist das entscheidende Element, mittels dessen sich der Schriftsteller gegen die Annahme von der reinen Naturhaftigkeit Amerikas abzugrenzen bemüht, wie sie unter anderem Hegel in seinen *Vorlesungen über die Philosophie der Geschichte* formuliert hatte. So entsteht für José Lezama Lima die amerikanische Landschaft aus dem Kampf zwischen der Natur und dem Menschen; sie ist gewissermaßen überwundene Natur, und als solche bestimmt sie gleichermaßen den amerika-

---

154 Lezama Lima 2017: 72.

nischen Menschen selbst und seine künstlerischen und insbesondere literarischen Artefakte:

> En América dondequiera que surge posibilidad de paisaje tiene que existir posibilidad de cultura. El más frenético poseso de la mímesis de lo europeo se licua si el paisaje que lo acompaña tiene su espíritu y lo ofrece, y conversamos con él siquiera en el sueño. El valle de México, las coordenadas coincidentes en la bahía de la Habana, la zona andina sobre la que operó el barroco, es decir la cultura cuzqueña (¿la pampa es paisaje o naturaleza?), la constitución de la imagen en paisaje, línea que va desde el calabozo de Francisco de Miranda hasta la muerte de José Martí, son todas ellas formas del paisaje, es decir, en la lucha de la naturaleza y el hombre, se constituyó en paisaje de cultura como triunfo del hombre en el tiempo histórico.[155]

Aus diesem Grund entwirft Lezama die amerikanische Landschaft als einen „espacio gnóstico", als einen Raum der Erkenntnis oder des Wissens also,[156] und seine ausdrückliche Erwähnung unterschiedlicher, in einem solchen auch transzendentalen Sinne zu verstehender Kulturlandschaften zeigt dabei, wie sehr seine Vorstellung von der amerikanischen „Landschaft" immer zwischen Abstraktion und Konkretion schwankt: Das Tal von Mexiko, die Bucht vor Havanna, die Andenregion um Cuzco sind sowohl natürliche als auch kulturelle Gegebenheiten, und sie bezeugen in ihrer Unterschiedlichkeit gemeinsam die zentrale Rolle, die dem so verstandenen „paisaje" in der historischen Entwicklung des amerikanischen Ausdrucks zukommt.

Um diese Entwicklung nachzuzeichnen, bedient sich José Lezama Lima einer Vorgehensweise, die in besonderer Weise die lateinische Etymologie des Wortes „Text" (oder im Spanischen „texto") anschaulich zu machen scheint. *La expresión americana* ist ein so dichtes Gewebe aus Referenzen, Verweisen, Bezügen und impliziten oder expliziten Zitaten, dass der mexikanische Lezamaforscher Sergio Ugalde Quintana (dessen 2011 erschienen Studie zu *La expresión americana* nicht umsonst den Titel *La biblioteca en la isla* trägt) davon spricht, dass der Text des Essays die stark verdichtete Logosphäre im Barthesschen Sinne ausstelle, inner-

---

155 Lezama Lima 2017: 188–189.
156 Die Formulierung vom „espacio gnóstico" taucht an verschiedener Stelle auf; ganz am Ende von *La expresión americana* wird vielleicht besonders deutlich, was José Lezama damit meint. Hier schreibt er: „Y cuando, por último, [...] ofrecemos, en nuestras selvas, el turbión del espíritu, que de nuevo riza las aguas y se deja distribuir apaciblemente por el espacio gnóstico, por una naturaleza que interpreta y reconoce, que prefigura y añora." Der „espacio gnóstico" der amerikanischen Landschaft ist also insbesondere durch eine Zeitlichkeit gekennzeichnet, wie sie in den Verben „prefigurar" und „añorar" mit ihrer Orientierung auf die Zukunft und die Vergangenheit hin zum Ausdruck kommt (Lezama Lima 2017: 204).

halb derer sich Lezama zeit seines Lebens bewegt habe.[157] In einem kurzen Rückblick auf seinen eigenen Lektüreweg betont Ugalde den aus dieser Verdichtung resultierenden dialogischen Charakter von *La expresión americana*:

> Al intentar explicarme esta obra, fui descubriendo que los ensayos de Lezama son un universo de tensiones estéticas, conceptuales e históricas; en ellos se resumen todas sus lecturas y sus referencias. Para entenderlos hay que tener presente el universo de libros que Lezama refiere y condensa. Sus citas son a un mismo tiempo encuentros, diálogos con otros textos.[158]

Dabei legt José Lezama Lima seine Bezüge nur teilweise offen. Ein guter Teil des von ihm in seinen Essays unternommenen Dialogs mit der literarischen Tradition sowohl Hispanoamerikas als auch Europas findet zwischen den Zeilen und dadurch gewissermaßen unter der Oberfläche statt; und es erfordert einige Ausdauer und ein beträchtliches literarhistorisches Gespür, um die halbverborgenen und teilweise auch bewusst verdeckten Bezüge ausfindig zu machen.[159] Umgekehrt liegt aber eben deshalb die Vermutung nahe, dass an denjenigen Stellen, an denen der Essayist seine Referenzen tatsächlich kenntlich macht, die entsprechenden Bezugspunkte für den Gang der Argumentation weit mehr darstellen bloße intertextuelle Verweise. José Lezama Lima gestaltet seine explizit als solche markierten und deshalb zentralen kulturhistorischen Anhaltspunkte vielmehr in einer Art und Weise, die diese gewissermaßen metaphorisch überhöht. Er macht dadurch im Vollzug seiner eigenen Analysen deutlich, wie er sein Insistieren auf der Existenz eines spezifisch amerikanischen „poetischen Imaginariums" verstanden wissen will: Der amerikanische Ausdruck, dessen Produktivität Lezama in seinen Essays nachweisen möchte, manifestiert sich dadurch nicht zuletzt in den (archetypischen, symbolischen und mythischen) Bildern, die dem dichten Gewebe

---

157 Ugalde Quintana 2011: 14 (vgl. auch 269, wo Ugalde ausdrücklich davon spricht, dass *La expresión americana* „un tejido tenso de alusiones y vínculos" sei).
158 Ugalde Quintana 2011: 18.
159 Sergio Ugalde deckt in seiner Studie viele von diesen Bezügen auf, nicht ohne darauf hinzuweisen, dass er damit nur einige wenige von den Fäden aufgenommen habe, aus denen sich das dichte Geflecht des Textes von *La expresión americana* zusammensetzt, und dass daneben viele andere noch unverbunden und lose blieben (vgl. Ugalde Quintana 2011: 14). Zu betonen ist an dieser Stelle, dass es sich bei den (impliziten und expliziten) Referenzen in *La expresión americana* tatsächlich um sowohl europäische als auch amerikanische Bezüge handelt – die Bandbreite reicht hier von dem Inca Garcilaso über sor Juana Inés de la Cruz und Carlos de Sigüenza y Góngora, Johann Wolfgang von Goethe, Georg Friedrich Wilhelm Hegel, José María Heredia, Charles Baudelaire, Oswald Spengler, José Ortega y Gasset und María Zambrano bis hin zu James Joyce, Ezequiel Martínez Estrada und nicht zuletzt (und immer wieder sehr ausführlich) José Martí (und das sind längst nicht alle Referenzen, die sich in *La expresión americana* ausfindig machen lassen).

dieser Essays seine eigentliche Struktur und Kohärenz verleihen, und damit in dessen Vorgehensweise selbst.[160] Damit ist die Form der Argumentation, auf die Lezama in *La expresión americana* zurückgreift, das anschaulichste Beispiel für die seinen Essays zugrunde liegende Hypothese, dass die amerikanische Natur seit jeher ein von der bildlichen Anschauung belebtes Szenario und damit tatsächlich „Landschaft" in dem erwähnten übertragenen Sinne gewesen ist.

Dabei interessiert im Zusammenhang mit der Frage nach der Bedeutung von fray Servando Teresa de Mier für die hispanoamerikanische Literatur des 20. Jahrhunderts natürlich vor allem das Bild, das José Lezama Lima von dem neuspanischen Dominikaner, seinem historischen Agieren und seinem literarischen Werk zeichnet. Fray Servando tritt in *La expresión americana* genau in der Mitte, nämlich im dritten der fünf Kapitel auf. Er folgt auf den vielzitierten „señor barroco", den Lezama in dem vorangegangenen zweiten Essay zum Emblem der lateinamerikanischen Kolonialzeit erhoben hatte,[161] und er geht dem kreolischen Dichter voraus, welcher der Argumentation von *La expresión americana* zufolge im weiteren Verlauf des 19. Jahrhunderts zu einem genuin amerikanischen Ausdruck gelangen wird.[162] Dass der Auftritt fray Servandos gerade in der Mitte der fünf Essays

---

[160] Vgl. auch zu dieser Dreiteilung der von Lezama angeführten bzw. entworfenen Bilder (archetypisch, symbolisch und mythisch) noch einmal Ugalde Quintana 2011: 66. Ugalde schreibt hier: „Las imágenes arquetípicas se relacionan, cada una, con ciertos períodos históricos; sus trazos resumen la visión de un mundo específico: el señor Barroco, el desterrado romántico, el mal poeta, el señor estanciero con sus construcciones abstractas y arquetípicas de ciertos proyectos culturales. Al lado de ellas aparecen las imágenes que, cargadas de un significado muy particular, adquieren la función de un símbolo: la puerta, el calabozo, los alimentos, la mula, la ceiba, el tabaco, el ombú. Cada una de ellas cumple, con todo [sic] una tradición tras de sí, con una tarea específica dentro del texto. Finalmente reúno las imágenes míticas en dos subgrupos: las de Occidente y las de América. Entre los mitos occidentales [...] deben contarse a Prometeo, a Orfeo, Fausto y Acteón. De los mitos americanos sobresalen: el colibrí, el conejo, el murciélago. [...] Con todo este archivo de imágenes, los ensayos de LEA manifiestan una organización mítico-simbólica. Su objetivo es mostrar los sueños, deseos, frustraciones, sensibilidades, proyectos, realidades y utopías de las sociedades americanas."

[161] „Ese americano señor barroco, auténtico primer instalado en lo nuestro, en su granja, canonjía o casa de buen regalo, pobreza que dilata los placeres de la inteligencia, aparece cuando ya se han alejado del tumulto de la conquista y la parcelación del paisaje del colonizador. Es el hombre que viene al mirador, que se sacude lentamente la arenisca frente al espejo devorador, que se instala cerca de la cascada lunar que se construye en el sueño de propia pertenencia. El lenguaje al disfrutarlo se trenza y multiplica; el saboreo de su vivir se agolpa y fervoriza." (Lezama Lima 2017: 92).

[162] „[E]l americano no recibe una tradición verbal, sino la pone en activo, con desconfianza, con encantamiento, con atractiva puericia. Martí, Darío y Vallejo lanzan su acto naciente verbal, rodeado de ineficacia y de palabras muertas. El sentencioso se puede volver cazurro; el reflexivo puede adormecerse en el fiel del balanceo. Pero el americano, Martí, Darío o Vallejo, que fue

und nach der Hälfte des zurückzulegenden Weges stattfindet, ist dabei kein Zufall. So zeichnet José Lezama Lima den Verfasser der *Memorias* als eine Figur des Übergangs zwischen unterschiedlichen Epochen und zwischen unterschiedlichen Formen des Ausdrucks, und als solcher kommt ihm in *La expresión americana* aus strukturellen wie aus inhaltlichen Gründen besonderes Interesse zu:

> A fines del siglo XVIII, aquel señor barroco, que veíamos en las fiestas pascuales, ir de su granja, rodeado de aromas y de paños de primor, al vistoso zócalo, donde repasa la filigrana del sagrario, al tiempo que estalla el chisporroteo del torito y la revuelta tequila pone a la indiada el reojo del frenesí. ¿Qué ha pasado? Su ilustrísima ha presidido, con disimulado quebranto, el predicamento de un curita juvenil, afiebrado, muy frecuente en la exaltación y el párrafo numeroso.[163]

Die hier skizzierte Szene ist in ihrer leicht camouflierten Dramatik eine der entscheidenden Szenen in der historischen Entwicklung Amerikas, wie sie José Lezama Lima in seinen Essays nachzeichnet. In dem „La curiosidad barroca" überschriebenen zweiten Essay hatte der kubanische Schriftsteller den amerikanischen Barock als eine Strömung auf der Grenze zwischen literarischem Stil und Lebensform beschrieben.[164] Die aufsehenerregende Predigt des „curita juvenil" fray Servando Teresa de Mier versetzt jetzt zu Beginn des dritten Essays eine Landschaft (in Lezamas metaphorischem Sinne des Wortes) in Bewegung, die zwar auch zuvor alles andere als statisch gewesen war,[165] die sich aber doch durch eine gewisse Beständigkeit und Ruhe ausgezeichnet hatte. Von dieser Ruhe kann nach der Predigt des „curita juvenil" keine Rede mehr sein. Wenn José Lezama Lima in der zitierten Passage zwischen den Zeilen eine Verbindung herstellt zwischen seinem archetypischen „señor barroco" und dem Bischof als einem der konsternierten Zuhörer des jungen Predigers fray Servando Teresa de Mier, dann, weil sich in der emblematischen Szene von dessen Predigt eine Umwälzung vollzieht, welche die Beteiligten wohl unmittelbar wahrnehmen, aber noch kaum intellektuell erfassen und schon gar nicht in Worte fassen können: „¿Qué ha pasado? Su ilustrísima ha presidido, con disimulado quebranto, el predicamento de un curita juvenil, afiebrado [...]." In dieser ent-

---

reuniendo sus palabras, se le concentran en las exigencias del nuevo paisaje, trocándolas en corpúsculos coloreados." (Lezama Lima 2017: 150).
163 Lezama Lima 2017: 124.
164 Vgl. Ugalde Quintana 2011: 228.
165 So betont Lezama ausdrücklich die Spannung, die essentiell ist für sein Verständnis des amerikanischen Barocks: „Nuestra apreciación del barroco americano estará destinada a precisar: Primero, hay una tensión en el barroco; segundo, un plutonismo, fuego originario que rompe los fragmentos y los unifica; tercero, no es un estilo degenerescente, sino plenario [...]." (Lezama Lima 2017: 90). Vgl. zu fray Servandos Predigt im Dezember 1794 auch Kapitel 3.3.1 Das Ich und die Predigt.

scheidenden Szene eines Umbruchs kommen die Lebensform und der Ausdruck des amerikanischen Barocks an ihre Grenzen, und der „señor barroco" wird abgelöst von dem ebenso archetypischen Protagonisten einer neuen Epoche.

Lezamas fray Servando ist der erste Vertreter der amerikanischen Romantik; einer Romantik, deren zentrales Merkmal eine fundamentale Abwesenheit ist, auf die im Folgenden noch näher einzugehen sein wird. Zunächst fällt allerdings bei der Lektüre des entsprechenden Essays aus *La expresión americana* vor allem auf, dass Lezama in seiner Annäherung an die Romantik anders vorgeht, als er es zuvor in seiner Auseinandersetzung mit dem Barock getan hatte. Während er den Barock in Amerika unter Bezugnahme auf die diesem inhärente Spannung von der entsprechenden Strömung in Europa abgegrenzt und dadurch versucht hatte, das ästhetische Konzept eines spezifisch amerikanischen Barocks insgesamt zu umreißen, bleibt die Romantik in dem sich anschließenden Essay seltsam unterdeterminiert. José Lezama Lima geht an keiner Stelle darauf ein, was genau er unter „Romantik" verstanden wissen will; und seine Überlegungen zu fray Servando Teresa de Mier und dessen Zeitgenossen lassen allenfalls vermuten, dass die Verwendung des (literatur- oder allgemein kulturhistorischen) Epochenbegriffs „Romantik" im Zusammenhang mit den historischen Unabhängigkeitsbewegungen in Hispanoamerika darauf zielt, das Handeln der entsprechenden Akteure als nicht allein politisch motiviert zu charakterisieren.[166] Stattdessen steht bei Lezamas Interpretation fray Servando Teresa de Miers als repräsentativem Vertreter einer amerikanischen Romantik vor allem die bildliche, die symbolische Dimension von dessen Lebensweg im Zentrum des Interesses.

Dabei mag zunächst verwundern, dass fray Servandos historisches Agieren für José Lezama Lima keineswegs einen radikalen Bruch darstellt. Vielmehr vollzieht sich der Übergang vom Barock zur Romantik auch insofern auf eine eher organische Art und Weise, als der Verfasser von *La expresión americana* besonderen Wert auf die Rolle legt, die im Verlauf der revolutionären Ereignisse des ausgehenden 18. und beginnenden 19. Jahrhunderts die Vertreter einer Institution gespielt haben, die im Allgemeinen kaum für ihre umstürzlerischen Tendenzen bekannt ist. Für den Katholiken José Lezama Lima ist von zentraler Bedeutung, dass ins-

---

[166] Gustavo Ogarrio betont in diesem Zusammenhang die Radikalität von Lezamas Annäherung an die Romantik: „En América Latina, es Lezama uno de los escritores que realiza [sic] una lectura del romanticismo desde otro de los ángulos de su modernidad republicana, al tiempo que acude a las imágenes de sus fugitivos para proponer una versión distinta a la de la exaltación sentimental de la patria, propia de la etapa independentista en América Latina. El poeta cubano persigue los relieves de un romanticismo radical, separatista de la Corona española a su manera, que convoca a los poderes de la picaresca y la libertad [...] para aportar una sensibilidad de cuño trágico al hecho americano." (Ogarrio 2009).

besondere in Mexiko die Unabhängigkeit vor allem von katholischen Priestern vorbereitet und ins Werk gesetzt wurde; und dieser Überzeugung entsprechend beginnt er seinen Essay über „El romanticismo y el hecho americano" mit einem kurzen Überblick über die verschiedenen Kongregationen von den Franziskanern über die Dominikaner bis hin zu den Jesuiten, die während der Kolonialzeit und über die Jahrhunderte hinweg die Geschichte und die Geschicke Lateinamerikas geprägt haben. Der Parcours endet folgerichtig an der Schwelle zum 19. Jahrhundert, für die der Autor konstatiert: „A medida que la colonización se integra y el poder central se muestra más absorbente, el conflicto surge y se exacerba, al extremo de llevar el clero católico [...] al separatismo, tratando de unir las esencias espirituales de la nación con las esencias evangélicas."[167]

Dadurch, dass Lezama die spezifisch katholische Intervention im Vorfeld und im Verlauf der Unabhängigkeitsbewegungen hier so ausdrücklich als den Versuch einer Verbindung zwischen dem „spirituellen Wesen der Nation" einerseits und dem „Wesen des Evangeliums" andererseits liest, liefert er implizit bereits die Begründung für seine später am Beispiel von fray Servando Teresa de Mier ausgeführte Hypothese von einer grundsätzlichen Kontinuität der „expresión americana" über alle die politischen Umwälzungen hinweg, die sich in dem amerikanischen Kontinent im Laufe der Zeit vollzogen haben. In Lezamas Argumentation ist fray Servandos revolutionäre Interpretation der Geschichte von den Erscheinungen der Jungfrau von Guadalupe in der Predigt von 1794 tatsächlich kein Bruch mit der Tradition, sondern vielmehr deren Vollendung (und das, obwohl er den umstürzlerischen Charakter dieser Predigt ja durchaus betont hatte):

> En Fray Servando, en esa transición del barroco al romanticismo, sorprendemos ocultas sorpresas muy americanas. Cree romper con la tradición, cuando la agranda. Así, cuando cree separarse de lo hispánico, lo reencuentra en él, agrandado. Reformar dentro del ordenamiento previo, no romper, sino retomar el hilo, eso que es hispánico, Fray Servando lo espuma y acrece, lo lleva a la temeridad. El catolicismo se recuesta y se hace tronal, huidizo, rehúsa el descampado, pues nuestro tronado mexicano, lo lleva a calabozos, a conspiraciones novedosas, tenaces reconciliaciones romanas, a dictados proféticos, a inmensas piras funerales.[168]

Der Gedanke von dem in der historischen Intervention fray Servando Teresa de Miers „flüchtig" werdenden Katholizismus ist der Grundpfeiler, auf dem Lezamas Konstruktion der archetypischen Figur des Dominikaners beruht. Um seinen fray Servando als den repräsentativen Vertreter eines spezifisch amerikanischen Roman-

---

167 Lezama Lima 2017: 121–122. Vgl. zu Lezamas Interesse an der Rolle, welche die Kirche für die Unabhängigkeit gespielt hat, auch Hernández Quezada 2011: 284–285.
168 Lezama Lima 2017: 126–127. Vgl. zu dieser Hypothese von der Kontinuität auch Paganini 2015: 1.

tizismus entwerfen zu können,[169] bedient sich der kubanische Schriftsteller einer Vorgehensweise, die den Dominikaner ausdrücklich dem in seinem Lebensentwurf ebenso wie in seinem Lebensvollzug sesshaften „señor barroco" gegenüberstellt und im Unterschied zu dessen Sesshaftigkeit die große Bedeutung von Flucht, Exil und Verbannung für das Leben der romantischen Figur hervorhebt. Lezamas fray Servando Teresa de Mier verkörpert auf exemplarische Art und Weise die Figur des „desterrado romántico" in der amerikanischen Geschichte, und der Verfasser von *La expresión americana* betont ausdrücklich, dass sein Interesse an dieser Figur vor allem dem Umstand geschuldet ist, dass der Verbannte sich bewusst für Verbannung und Verfolgung als die ihm am ehesten gemäße Lebensform entschieden habe. In dieser Entscheidung finde der amerikanische Ausdruck an der Wende vom 18. zum 19. Jahrhundert seine zeitgemäße Realisierung: „Fray Servando fue el primer escapado, con la necesaria fuerza para llegar al final que todo lo aclara, del señorío barroco, del señor que transcurre en voluptuoso diálogo con el paisaje. Fue el perseguido, que hace de la persecución un modo de integrarse."[170]

In dem archetypischen Bild des „desterrado romántico", wie es José Lezama Lima hier entwirft, kommt nun die zuvor bereits angesprochene Abwesenheit zum Tragen. Diese Abwesenheit stellt *das* entscheidende Merkmal jener amerikanischen Romantik dar, die auszuloten sich der Verfasser von *La expresión americana* vorgenommen hat. In diesem Zusammenhang wird daher vielleicht nachvollziehbar, warum Lezama darauf verzichtet, die Romantik auf eine ähnliche Art und Weise wie zuvor den Barock zu fassen: So scheint den Ausführungen des kubanischen Schriftstellers die Annahme zugrunde zu liegen, dass eine kulturelle Epoche, deren entscheidendes Merkmal die „ausencia" ist, allenfalls über die metaphorische Annäherung an diese Abwesenheit zu begreifen sein kann, nicht aber mittels des Versuchs einer genaueren Eingrenzung. Nicht zufällig setzt José Lezama Lima deshalb in seinem Entwurf von fray Servando Teresa de Mier als archetypischem „desterrado romántico" auf eine stark nautisch geprägte Metaphorik. Seine verdichtete Darstellung funktioniert dabei durchgehend über eine implizit vorgenommene Übertragung, mittels derer sich der Fokus des Interesses sukzessive weg von der nur zwischen den Zeilen angesprochenen Atlantiküberquerung fray Servandos auf dem Weg in die Verbannung und hin zu der metaphorischen Seefahrt der amerikanischen Landschaft auf ihrem Weg zu neuen Ufern verschiebt. So spricht Lezama von der „isla afortunada", der Insel der Seligen, welche die Unabhängigkeit Mexikos für fray Servando dargestellt habe; von der Verflüchtigung, welche die Land-

---

169 Im Unterschied zu der Epochenbezeichnung „Romantik" soll hier mit „Romantizismus" die den Vertretern dieser Epoche eigene Geisteshaltung bezeichnet werden. Lezama selbst spricht im Spanischen selbstverständlich nur von „romanticismo".
170 Lezama Lima 2017: 131.

schaft des „señor barroco" dadurch erlebt habe, dass sie dank fray Servandos Intervention mit „wechselndem Geschick in See gestochen" sei; und schließlich von der neuen Insel, die in den „Portulanen des Unbekannten" aufgetaucht sei und die das eigentliche Ziel der Reise (derjenigen fray Servandos, aber eben auch derjenigen der amerikanischen Landschaft) dargestellt habe: Eine neue Freiheit nämlich, die gerade aus der Akzeptanz der Verfolgung resultiert, wie sie fray Servando Teresa de Mier in der Darstellung des kubanischen Schriftstellers verkörpert.[171]

Die jahrzehntelange Abwesenheit fray Servandos von dem eigentlichen Schauplatz des Geschehens in Amerika findet ihren sprechenden Ausdruck in dem symbolischen Bild des „calabozo", in dem José Lezama Lima seine Vorstellung von der Figur des archetypischen „desterrado romántico" verdichtet. Der Kerker stellt dabei nicht nur die Bedingung für die leitmotivischen Fluchten fray Servandos dar (auch wenn diese naheliegende Interpretation in Lezamas Entwurf durchaus mitgedacht ist), sondern er steht sinnbildlich für die fundamentale Abwesenheit, die mit dem Auftreten von Figuren wie fray Servando Teresa de Mier zu Beginn des 19. Jahrhunderts den Horizont des „paisaje americano" insgesamt zu prägen beginnt. „[E]l boquerón del calabozo romántico" wird auf diese Weise zum Signum nicht nur der Biographie eines Einzelnen, sondern einer ganzen Epoche, für die dieser Einzelne repräsentativ steht.[172] Dabei weiß der Verfasser des Essays die dem Bild des „calabozo" inhärente symbolische Kraft selbstverständlich insbesondere mit Blick auf die Frage nach der „expresión americana" (also nach den künstlerischen Manifestationen des historischen Werdens von Amerika) zu nutzen, die ja im Zentrum seines Interesses steht: „Se encarcela a Fray Servando, se retracta éste, pero el frenesí del arzobispo lo envía a Cádiz, y allí lo sigue vigilante, y Fray Servando, como un precursor de Fabricio del Dombo [sic], comienza la ringlera de sus fugas y sus saltos de fronteras."[173] Das politische Projekt der hispanoamerikanischen Unabhängigkeit, wie es José Lezama Lima in seiner nur wenige Seiten umfassenden Skizze von fray Servando Teresa de Mier entwirft, gründet auf einem ästhetischen Prinzip, das macht diese Stilisierung des inhaftierten und immer wieder aus dem Kerker fliehenden fray Servando zu einem Vorläufer von Stendhals Fabrice de Dongo aus der *Chartreuse de Parme* (1839) nur zu deutlich.[174]

---

171 Vgl. Lezama Lima 2017: 131.
172 „En las acciones del arquetípico desterrado romántico, Lezama destaca un carácter [...] que define a un mismo tiempo un destino." (Ugalde Quintana 2011: 69).
173 Lezama Lima 2017: 125.
174 Rafael Rojas spricht in diesem Zusammenhang davon, Lezama habe der Idee Ausdruck verliehen, dass die politische Tatsache der Unabhängigkeit eine „reificación histórica de la estética romántica" gewesen sei, und er betont, dass wenige Jahre später Reinaldo Arenas genau an diese

Nun tritt aber fray Servando Teresa de Mier in Lezamas Essay über „El romanticismo y el hecho americano" nicht allein auf, sondern an seiner Seite stehen mit dem bereits in dem vorangegangenen Kapitel zu Alfonso Reyes erwähnten Simón Rodríguez einerseits und dem wie dieser aus Caracas stammenden Francisco de Miranda zwei weitere archetypische Vertreter einer aus der Verbannung und der Abwesenheit heraus gedachten amerikanischen Romantik, und tatsächlich wird die Zielsetzung, die José Lezama Lima mit seinem Essay verfolgt, erst in der Gesamtansicht dieser drei in gewisser Weise „sekundären" Repräsentanten der hispanoamerikanischen Unabhängigkeitsbewegung deutlich. Dabei bezieht sich das Attribut „sekundär" natürlich nicht darauf, dass fray Servando Teresa de Mier, Simón Rodríguez und Francisco de Miranda wirklich nur von untergeordneter Bedeutung für die Entwicklung der Unabhängigkeit in Mexiko und Südamerika gewesen wären. Gemeint ist vielmehr, dass die drei Akteure in der offiziellen Historiographie zu der in Frage stehenden Epoche jeweils hinter anderen Repräsentanten der hispanoamerikanischen *Independencia* zurückzutreten scheinen, deren Handeln in einem rein praktischen Sinne einflussreicher und damit auch erfolgreicher gewesen sein mag als dasjenige der von Lezama ausgewählten Figuren. So wird fray Servandos frühes Eintreten für die Unabhängigkeit seines Heimatlandes teilweise überstrahlt von den späteren militärischen Interventionen der beiden Priester Miguel Hidalgo und José María Morelos, während sowohl Simón Rodríguez als auch Francisco de Miranda zumeist ausschließlich in ihrer komplexen Beziehung zu dem venezolanischen Befreiungskämpfer Simón Bolívar bewertet werden – der eine als dessen ihm bedingungslos folgender Lehrer, der andere als sein schließlich unterlegener Konkurrent und Rivale.

In seinem Essay bekennt sich Lezama ausdrücklich zu seiner Wahl dieser drei gewissermaßen „nachgeordneten" Figuren als eben wegen ihres Zurücktretens hinter den historischen Protagonisten besonders repräsentative Vertreter der Unabhängigkeitsperiode in Hispanoamerika, und er bezieht sich in diesem Zusammenhang wenig überraschend auf die fundamentale Abwesenheit, welche die Biographien und die Projekte von allen dreien charakterisiere.[175] Tatsächlich haben auch Simón Rodríguez und Francisco de Miranda ebenso wie fray Servando lange Jahre in Europa verbracht, und wie dieser mussten sie teils schon in Europa, vor allem aber nach ihrer

---

Vorstellung anschließen werde (Rojas 2010: 5). Vgl. zu Reinaldo Arenas auch das sich anschließende Unterkapitel 4.2.3 Reinaldo Arenas: Fray Servando bin ich.

175 Das hebt auch Saúl Yurkievich hervor, wenn er schreibt: „Lezama Lima adopta como arquetipos románticos a aquellos hombres que, por la plenitud de su ausencia, constituyen el puente entre dos riberas simbólicas, propician una libertad irreductible, ofrecen un ‚inusitado' tan fervoroso que los vuelve capaces de crear una nueva casualidad." (Yurkievich 2002: 819) Vgl. zur Abwesenheit als „Leitmotiv" auch Vega Nava 2012: 51.

Rückkehr nach Amerika Verfolgung, Verleumdung und Verfemung erleben. Zwischen Europa und Amerika werden fray Servando Teresa de Mier, Simón Rodríguez und Francisco de Miranda so zu eben jenen archetypischen „desterrados románticos", die ihren Ort nur in der permanenten Flucht finden können und die auch deshalb für José Lezama Lima durch das dauerhafte Scheitern ihrer Bemühungen gekennzeichnet sind:

> Para ilustrar el siglo XIX hemos escogido las figuras que nos parecen más esencialmente románticas por la frustración. [...] Hemos preferido el calabozo de Fray Servando Teresa de Mier; la huida infernal de Simón Rodríguez hacia el centro de la tierra, hacia los lagos de la protohistoria; el caso complicadísimo de Francisco de Miranda, que se mueve como un gran actor por la Europa de la Revolución francesa, de Pitt y de Napoleón, de Catalina la Grande, en donde termina por hundirse en la extrañeza y volver hacia América, donde el destino joven de Simón Bolívar lo deja sin aplicación ni apoyo [...]. Pero esa gran tradición romántica del siglo XIX, la del calabozo, la ausencia, la imagen y la muerte, logra crear el hecho americano, cuyo destino está más hecho de ausencias posibles que de presencias imposibles.[176]

Auf diese Weise ist Lezamas Entscheidung, fray Servando, Simón Rodríguez und Francisco de Miranda zu den Protagonisten seines Essays über die Unabhängigkeit zu machen, natürlich alles andere unschuldig, im Gegenteil: Die Gegenüberstellung der „ausencias posibles" und der „presencias imposibles" zeigt, worin für den kubanischen Essayisten in diesem Zusammenhang der Einsatz bestanden hat. Ganz offensichtlich war ihm nicht daran gelegen, die Unabhängigkeit der bisherigen spanischen Kolonien und ihre Nationenwerdung in der ersten Hälfte des 19. Jahrhunderts als einen Prozess der politischen Auseinandersetzung über bestimmte Ideen zu skizzieren (wie er es hätte tun können, wenn er etwa Simón Bolívar und die von diesem in seiner *Carta de Jamaica* (1815) formulierten Überlegungen zu einer hispanoamerikanischen Einheit in den Mittelpunkt seiner Ausführungen gestellt hätte).[177] Durch sein Insistieren auf der strukturellen Abwesenheit seiner drei Protagonisten und den damit in Verbindung stehenden Bildern des Kerkers, der Verbannung und des Todes lässt Lezama vielmehr erkennen, dass es ihm vor allem um die symbolische Dimension geht, die sich aus dem Handeln seiner archetypischen „desterrados románticos" fray Servando Teresa de Mier, Simón Rodríguez und Francisco de Miranda ableiten lässt. Das von dem Essayisten immer wieder bemühte Wort von der „ausencia" bezieht sich dabei natürlich zunächst und in einem unmittelbaren Sinne auf die Abwesenheit der drei Vertreter der hispanoamerikanischen Unabhängigkeitsbewegung von dieser Unabhängigkeitsbewegung selbst und von ihren Schauplätzen. Lezamas stark verdichtete Prosa setzt aber selbstverständlich nicht allein auf diese wörtliche

---
176 Lezama Lima 2017: 145–146.
177 Vgl. Bolívar 1999. Vgl. auch Filippi 2015.

Bedeutung des Wortes „ausencia", sondern vor allem auf dessen metaphorischen Gehalt. Vor diesem Hintergrund wäre die Abwesenheit der drei „desterrados románticos" in einem sehr viel umfassenderen Sinne zu verstehen. Diese sind offensichtlich nicht nur abwesend von einem konkreten Ort oder einem konkreten Ereignis, sondern ihre Abwesenheit scheint insofern absoluter zu sein, als sie keines Bezugspunktes mehr bedarf: Die in Frage stehenden archetypischen Vertreter der Unabhängigkeit sind nicht abwesend *von* etwas, sondern sie sind ganz einfach abwesend.[178]

Wenn José Lezama Lima vor diesem Hintergrund in der zitierten Passage die Frustration als den kleinsten gemeinsamen Nenner des Lebens und des Wirkens seiner drei im Einzelnen ja durchaus unterschiedlichen Protagonisten anführt, wenn er diese Frustration in Verbindung setzt mit dem Romantizismus, der diese Protagonisten kennzeichne, und den Romantizismus wiederum zu dem entscheidenden Charakteristikum des 19. Jahrhunderts in Lateinamerika insgesamt erhebt („Para ilustrar el siglo XIX hemos escogido las figuras que nos parecen más esencialmente románticas por la frustración."), dann wird in dieser Überblendung von einzelnen Biographemen, deren emotionalen Konsequenzen auf einer persönlichen Ebene und kulturellen Epochenzuschreibungen auf einer allgemeinen Ebene deutlich, dass der Verfasser von *La expresión americana* das beginnende 19. Jahrhundert in Lateinamerika offensichtlich für eine vor allem in ihren Aporien und ihren Auswegslosigkeiten interessante Epoche gehalten hat. Die Frustration, wie sie in den symbolischen Bildern des Kerkers, der Verbannung und des Todes zum Ausdruck kommt und wie sie Lezamas archetypische Verbannte erleben und verkörpern, stünde dann für den Ausgang eines politischen und kulturellen Konflikts, der sich in Lezamas Wahrnehmung offensichtlich unter der Oberfläche der ja eigentlich durchaus erfolgreichen Geschichte der hispanoamerikanischen Unabhängigkeit abgespielt hat (und das, obwohl die von ihm so betonte Frustration seiner drei Protagonisten ja jeweils durchaus unterschiedliche Gründe gehabt hat). Der entscheidende Punkt an dieser Interpretation von fray Servando Teresa de Mier, Simón Rodríguez und Francisco de Miranda ist in diesem Zusammenhang aber, dass sich ausgehend von dem fundamentalen Konflikt, der Lezama zufolge das Leben seiner drei „desterrados románticos" geprägt habe, eine Brücke in dessen Gegenwart in dem Havanna der fünfziger Jahre schlagen lässt. In dieser Lesart würde der in *La expresión americana* mittels des dem Essay unterlegten dichten Geflechts aus Symbolen angesprochene und nicht näher beschriebene Konflikt aus der Epoche der hispanoamerikanischen Unabhängigkeit modellhaft die

---

[178] Darauf deutet eben die bereits zitierte Abgrenzung der „ausencias posibles" von den „presencias imposibles" hin. Vgl. zu der Unterscheidung zwischen einer „relativen" und einer „absoluten" Abwesenheit und zu deren Bezügen zu einer im weitesten Sinne romantischen Ästhetik (allerdings im französischen Kontext) auch die einleitenden Überlegungen in Kraume 2013a.

Situation abbilden, die José Lezama Lima zu dem Zeitpunkt erlebte, zu dem er seine Essays schrieb.[179]

Im März 1952 hatte sich in Kuba Fulgencio Batista an die Macht geputscht und in der Folge ein autoritäres Militärregime errichtet, unter dem die Verfassung aus dem Jahr 1940 außer Kraft gesetzt und die Opposition massiv unterdrückt und verfolgt wurde. Ende November 1956 und damit nur wenige Wochen, bevor José Lezama Lima im Januar 1957 die fünf Vorträge hielt, aus denen der Essayband *La expresión americana* hervorgehen sollte, waren der junge Fidel Castro und eine Truppe von Rebellen mit der Yacht Granma aus Mexiko kommend in Kuba gelandet und hatten von den Bergen der Sierra Maestra aus einen Guerillakampf gegen Batista begonnen, der zwei ganze Jahre dauern sollte. Erst um den Jahreswechsel 1958–1959 siegten Castros Partisanen gegen die Truppen des Diktators; dieser floh in den Morgenstunden des Neujahrstags in die Dominikanische Republik.[180] José Lezama Lima hat sich in seinen Texten aus den fünfziger Jahren an keiner Stelle explizit zu der angespannten politischen Situation geäußert, in der sich sein Heimatland nach dem Militärputsch befand.[181] Gerade deshalb liegt aber die Vermutung nahe, dass seine Darstellung der dauerhaften Verfolgung, der wiederholten Inhaftierung und der grundsätzlichen Abwesenheit von fray Servando Teresa de Mier, Simón Rodríguez und Francisco de Miranda durchaus als eine Allegorie gelesen werden kann, mittels derer der Schriftsteller eben *doch* Stellung bezogen hat zu der Unterdrückung und den massiven Repressionen, denen viele seiner Landsleute ausgesetzt waren. Lezamas opaker Stil mit seiner komplexen Syntax, seiner anspruchsvollen Lexik und seiner starken metaphorischen Verdichtung hätte in diesem Falle mindestens zum Teil auch dem Zweck gedient, seine kritische Haltung gegenüber dem Bastita-Regime auch vor dessen Zensur zu camouflieren: „Lezama, con su estilo inconfundible, lanzó varios flechazos sobre la situación, sólo que en su prosa los analfabetos del gobierno no entendían una palabra […]", mit diesem Satz zitiert Sergio Ugalde Quintana den kubanischen Literaturwissenschaftler und Autor José Antonio Portuondo (der seinerseits 1958 seinem Heimatland den Rücken gekehrt hatte und nach Venezuela geflohen war).[182]

---

179 Vgl. auch dazu Ugalde Quintana 2011: 270.
180 Vgl. Zeuske 2007: 180–184.
181 Vgl. noch einmal Ugalde Quintana 2011: 270.
182 Ugalde Quintana 2011: 270–271. José Antonio Portuondo hatte 1946 bei Alfonso Reyes in Mexiko studiert und war später Teil der Jury der *Unión Nacional de Escritores y Artistas de Cuba* (UNEAC), die über die Prämierung des auf den *Memorias* von fray Servando Teresa de Mier basierenden Romans *El mundo alucinante* von Reinaldo Arenas zu entscheiden hatten. Dieser berichtet in seiner

Darüber hinaus lässt sich die Botschaft des Essays „El romanticismo y el hecho americano" aber jenseits von dieser implizit über das archetypische Bild des „desterrado romántico" vermittelten kritischen Stellungnahme gegen das Regime von Fulgencio Batista auch noch in einem persönlicheren Sinne interpretieren. So stellte für José Lezama Lima in den ausgehenden fünfziger Jahren nicht nur die politische Situation unter der Diktatur eine Herausforderung dar, sondern er sah sich nach dem Erscheinen der letzten Ausgabe seiner Zeitschrift *Orígenes* im Jahr 1956 und dem Bruch mit José Rodríguez Feo (der *Orígenes* gemeinsam mit Lezama herausgegeben und zu großen Teilen finanziert hatte) auch persönlich mit Angriffen konfrontiert, die eine jüngere Generation von Schriftstellern in der Zeitschrift *Ciclón* gegen ihn und andere an *Orígenes* beteiligte Intellektuelle wie Cintio Vitier, Virgilio Piñera oder Fina García Marruz lancierte.[183] Vor diesem Hintergrund dürfte Lezamas Skizze von der permanenten Verfolgung der drei hispanoamerikanischen Romantiker fray Servando, Rodríguez und Miranda zwischen den Zeilen auch als eine Reaktion des Schriftstellers auf die Angriffe zu lesen sein, denen er selbst sich in zunehmendem Maße ausgesetzt sah; und aus seinem Insistieren auf der Fruchtbarkeit von deren Abwesenheit für die Entwicklung der „expresión americana" spräche dann die Hoffnung des Schriftstellers, mit seiner essayistischen Intervention aus der eigenen Abwesenheit heraus eine ähnliche Reichweite erzielen zu können.

Das Interessante an Lezamas Darstellung von fray Servando Teresa de Mier ist vor diesem Hintergrund, dass Lezama den Dominikaner zwar zur archetypischen Figur des „desterrado romántico" erklärt, dabei aber anders als zuvor Alfonso Reyes dessen schriftstellerische Qualitäten scheinbar nur am Rande erwähnt. Fray Servando wird in *La expresión americana* keineswegs *deshalb* zu der repräsentativen Figur eines spezifisch amerikanischen Romantizismus, weil er der Verfasser eines bemerkenswerten autobiographischen Textes wäre.[184] Stattdessen setzt der

---

Autobiographie, dass Portuondo gemeinsam mit Alejo Carpentier dafür verantwortlich gewesen sei, dass sein Roman *nicht* mit dem ersten Preis ausgezeichnet wurde, sondern nur eine lobende Erwähnung bekam: „En la entrega del premio conocí a Virgilio Piñera y me dijo textualmente: ‚Te quitaron el premio; la culpa tuvieron Portuondo y Alejo Carpentier.'" (Arenas 2008b: 101). Vgl. zu Reinaldo Arenas und seinem Roman auch das sich anschließende Kapitel 4.2.3 Reinaldo Arenas: Fray Servando bin ich.

183 „En cuentos, ensayos, reseñas publicados en la revista *Ciclón*, Lezama y sus amigos eran ridiculizados por sus actitudes y preferencias estéticas. La nueva generación ajustaba cuentas con los origenistas. Sin embargo, las críticas pasaron del ámbito estético al personal. A finales de 1956, justo en el periodo en el que Lezama estaba escribiendo LEA […], el poeta fue objeto de amenazas constantes." (Ugalde Quintana 2011: 271).
184 Vgl. zu der Beziehung zwischen Romantik und autobiographischem Schreiben auch Kapitel 3.2.4 Transatlantic Romanticism?.

Essayist zwar die Existenz dieses autobiographischen Textes immer voraus, indem er einzelne Episoden daraus aufgreift und nacherzählt, aber er erwähnt und zitiert ihn nur an wenigen Stelle ausdrücklich:

> Fray Servando sorprende el convento domínico desconchado, heladas las palabras por los corredores, sin pimienta de cita oportuna, pura mortandad engarabitada y ríspida, y anota en sus memorias: „¡Y al infeliz que, como yo, trae las bellas letras de su casa, y por consiguiente se luce, pegan como en un real de enemigos hasta que lo encierran o destierran!"[185]

Es ist natürlich kein Zufall, dass sich fray Servandos autobiographisches Ich in dem von Lezama angeführten Zitat als genau den Inhaftierten und Verbannten darstellt, als den auch der kubanische Schriftsteller selbst fray Servando darzustellen bemüht ist. Es ist aber ebenso wenig ein Zufall, dass fray Servando in der zitierten Passage als Grund für die von seinem autobiographischen Ich erlittene Verbannung ausgerechnet dessen literarische Begabung anführt: Fast scheint es, als habe José Lezama Lima seinem Protagonisten hier selbst in den Mund legen wollen, was er seinerseits den Leserinnen und Lesern seines Essays zuletzt schuldig bleibt: einen Hinweis auf dessen schriftstellerische Begabung nämlich.[186]

Obwohl Lezama fray Servando Teresa de Mier ganz anders als wenige Jahrzehnte zuvor der in Europa exilierte Alfonso Reyes nicht ausdrücklich als literarischen Schriftsteller analysiert, sondern aus seiner Figur stattdessen eines von denjenigen archetypischen Bildern entwickelt, welche die Struktur und die Argumentation von *La expresión americana* insgesamt prägen, hat seine Vorgehensweise trotz aller Unterschiede doch eine ähnliche Konsequenz wie diejenige seines mexikanischen Vorgängers: Wie Reyes (mit dem er als Herausgeber von *Orígenes* in brieflichem Kontakt gestanden und den er in der Zeitschrift im Übrigen auch immer wieder publiziert hatte) identifiziert sich José Lezama Lima mit fray Servando, er setzt dabei nur weniger als sein mexikanischer Kollege auf fray Servando Teresa de Mier als exilierten Beobachter einer europäischen und insbesondere spanischen Wirklichkeit, sondern rückt vielmehr Miers Verfolgung und Verfemung, seine Position im Übergang zwischen zwei Epochen und seine Rolle als Begründer eines spezifisch amerikanischen kulturellen Imaginariums ins Zentrum des Interesses.[187] Lezamas unausgesprochene, aber unverkennbare Identifikation funktioniert

---

185 Lezama Lima 2017: 129.
186 Ansonsten geht Lezama zwar im Zusammenhang mit fray Servandos Predigt auf dessen Stil ein und er erwähnt dessen in London verfasste „folletos" zur Unterstützung der Unabhängigkeitsbewegung in seinem Heimatland, aber er spricht eben nicht explizit von fray Servando Teresa de Mier als Schriftsteller (vgl. Lezama Lima 2017: 124–125 und 126).
187 Vgl. zu Lezamas Beziehung zu Alfonso Reyes auch Hernández Quezada 2011: 136–141. Reyes wird tatsächlich auch in *La expresión americana* zitiert und tritt unter anderem bei dem großen

vor diesem Hintergrund auf mehreren Ebenen: Fray Servando Teresa de Mier hat wie Lezama selbst den Wechsel zwischen zwei fundamental unterschiedlichen Phasen der Geschichte erlebt und verkörpert; wie Lezama selbst war er auch deshalb ein grundsätzlich Abwesender, und wie Lezama selbst hat er in seinen Werken die „expresión americana" nicht nur ausgelotet, sondern zugleich auch fortgeschrieben.[188] Was in der Skizze über die amerikanische Romantik aus *La expresión americana* aber noch wesentlich deutlicher zu Tage tritt als die Identifikation des Autors mit seinem Protagonisten, das ist die Stilisierung fray Servandos zu einer genuin literarischen Figur. Lezama entwirft seinen romantischen fray Servando ausdrücklich als eine solche literarische Figur, und das keineswegs nur, wenn er ihn in Beziehung setzt zu Stendhals Figur Fabrice del Dongo: „Al resaltar su capacidad para sortear los obstáculos y para proyectarse en la historia, [Lezama] muestra una figura novelesca que difícilmente pasa desapercibida."[189] Die Forschung hat immer wieder darauf hingewiesen, dass Lezamas „señor barroco" aus dem zweiten der fünf Essays aus *La expresión americana* und seine sich in diesem archetypischen Bild konkretisierende Reflexion über den amerikanischen Barock großen Einfluss ausgeübt haben nicht nur auf die theoretischen Überlegungen zu einem literarischen Neo-

---

barocken Festmahl auf, das Lezama in dem Essay über „La curiosidad barroca" imaginiert. Nicht ohne Ironie entwirft der kubanische Essayist den mexikanischen Kollegen hier als Mundschenk, der bei dem amerikanischen Bankett natürlich französischen Wein ausschenkt und der auch deshalb ausdrücklich als Wanderer zwischen den Kulturen Amerikas und Europas angesprochen wird: „Es hora ya de darle entrada al vino, que viene a demostrar la onda larga de la asimilación del barroco, con un recio y delicado vino francés, traído por Alfonso Reyes, elixir de muchos corpúsculos sutiles, en una de sus varias excursiones por las que le guardamos tan perenne agradecimiento." (Lezama Lima 2017: 104).
188 Vgl. Mataix Azuar 2004: 151.
189 Hernández Quezada 2011: 289. Hernández Quezada betont in demselben Zusammenhang auch, Lezama sei ohne Zweifel der erste gewesen, der die „literarisch-poetische Seite" von fray Servandos Leben herausgearbeitet habe (Hernández Quezada 2011: 288). Diese apodiktische Aussage scheint aus meiner Sicht aber in einem doppelten Sinne falsch zu sein: Zum einen existiert eine ganze Reihe von anderen Autoren, die diese Seite schon vor Lezama wahrgenommen und angesprochen haben (angefangen von den frühen Herausgebern der *Memorias* Manuel Payno und José Eleuterio González im 19. Jahrhundert bis hin zu Alfonso Reyes in der ersten Hälfte des 20. Jahrhunderts). Zum anderen, und das ist von noch größerer Bedeutung, mag Lezama zwar fray Servandos Leben (wie dieser es in seiner Autobiographie beschreibt) als einen potentiell literarisch ergiebigen Stoff erkannt haben, aber er verzichtet eben doch auf eine ausdrückliche Erwähnung von dessen literarischen Vorgehensweisen. Hernández Quezada selbst scheint sich dieser Tatsache durchaus bewusst zu sein (ohne dass er dies aber thematisieren würde). So schreibt er über Lezama: „Sin lugar a dudas, fue el primero en resaltar el cariz literario-poético de su vida [...]" und will diese Aussage vor allem in dem Sinne verstanden wissen, dass Lezama fray Servandos „costado negativo" analysiert habe. Er geht dann aber wenig überraschend nicht weiter darauf ein, dass sich diese Analyse aber eben *nicht* ausdrücklich auf dessen literarische Texte bezogen hat.

barock, die hispanoamerikanische Schriftsteller und Intellektuelle in den Jahrzehnten nach Erscheinen von Lezamas Essays angestellt haben,[190] sondern auch auf die praktische Überführung dieser Überlegungen in Literatur, wie sie zur selben Zeit in einer Reihe von Romanen des hispanoamerikanischen *Booms* versucht worden ist. Zugleich ist aber auch nicht von der Hand zu weisen, dass nicht nur der „señor barroco", sondern auch die archetypische Figur des verbannten und inhaftierten fray Servando Teresa de Mier, die José Lezama Lima in dem dritten seiner Essays skizziert, deutliche Spuren in der hispanoamerikanischen Literatur der sich an die Publikation von *La expresión americana* anschließenden Jahre hinterlassen hat. So wäre namentlich der Roman *El mundo alucinante*, in dem der eine Generation nach Lezama geborene kubanische Schriftsteller Reinaldo Arenas eine im weitesten Sinne parodistische und karnevaleske Neuerzählung von fray Servandos *Memorias* unternimmt, nicht denkbar gewesen ohne das literarische Vorbild der von José Lezama Lima erfundenen Figur des von Kerker zu Kerker verschobenen und rastlos zwischen Europa und Amerika umherirrenden „desterrado romántico" fray Servando Teresa de Mier.[191]

4.2.3 Reinaldo Arenas: Fray Servando bin ich

Am Ende von *El mundo alucinante*, der Protagonist des Romans ist nach langen Jahren im Exil, nach vielen Reisen und unzähligen Gefängnissen zurück in Mexiko und verbringt wie sein historisches Vorbild die letzten Jahre seines Lebens im *Palacio Nacional*, tritt fray Servando auf den Balkon dieses Präsidentenpalastes. Er fühlt sich mit einem Mal wieder eingesperrt und blickt deshalb über den Zócalo auf die nahegelegene Kathedrale und die Menschen, die den Platz überqueren. Wie schon in der Szene, die Alfonso Reyes in dem Vorwort zu seiner Ausgabe der *Memorias* und in seinem kurz danach publizierten Essay „Fray Servando Teresa de Mier" imaginiert hatte, kreisen die Gedanken des Dominikaners nun auch bei Reinaldo Arenas um die Möglichkeiten einer Flucht, einer Flucht zumindest in Gedanken und in der Vorstellung.[192]

---

190 Zu nennen wären hier etwa Severo Sarduy und Alejo Carpentier, die sich in verschiedenen literaturtheoretischen Schriften explizit mit diesen Fragen beschäftigt haben (vgl. Sarduy 1974 und Carpentier 1990). Vgl. dazu auch Ugalde Quintana 2011: 163–163.
191 Vgl. González Echevarría 1983.
192 Vgl. zu der Szene bei Alfonso Reyes noch einmal Reyes 1956h: 435 und Reyes 1917a: XXI–XXII. Während bei Reyes von fray Servandos „instinto de pájaro" die Rede ist, versucht der Protagonist in Arenas' Roman, mit dem Blick einen Ort ausfindig zu machen „que le sirviese de evasión" (Arenas 2008a: 294).

> Cuando Fray Servando pudo recuperarse (ahora el calor era más agobiante) buscó de nuevo un sitio que le sirviese de consuelo. Miró para el Portal de los Mercaderes, poblado de escribanos, vendedoras de tortillas y prostitutas, y descubrió al padre José de Lezamis, encaramado en una piedra, predicando con su voz de muchacho resentido. ‚Al fin –pensó Fray Servando–, encuentro alguien en quien puedo detener la mirada.' Y contempló sonriente al padre. Pero al instante descubrió que nadie escuchaba aquella hermosa predica. Los escribanos seguían garabateando ofensas y frases lujuriosas, las tortilleras anunciaban a voz en cuello sus productos y las prostitutas ejecutaban su oficio con gran soltura junto a las columnas del portal. Con tristeza dirigió otra vez la vista al padre quien, emocionado, seguía predicando. Y al instante, Fray Servando, dándose por vencido, se olvidó del Palacio y la ciudad y quiso buscar consuelo en el paisaje, en el tan mencionado *gran valle*, en el horizonte. ‚El valle', dijo el fraile y trató de contemplar aquel sitio, conocido más por los libros que por sus experiencias personales. Pero las montañas (al mismo tiempo que sus ojos) se alzaron de pronto. Ante él no había más que un anillo asfixiante, un círculo de montañas que se alzaban casi paralelas perdiéndose en las nubes. Y pensó que otra vez, como siempre, estaba en una cárcel.[193]

Die kleine Szene aus Arenas' Roman enthält *in nuce* mehrere Elemente, die im Kontext der hier zu verhandelnden Lektüren fray Servandos von Interesse sind. So fallen natürlich besonders die in dieser Szene versteckten Bezugspunkte zu den Interpretationen auf, die Alfonso Reyes zu Beginn und José Lezama Lima in der Mitte des 20. Jahrhunderts vorgelegt hatten. Zentral ist hier zunächst der Gedanke, der die ganze Passage aus *El mundo alucinante* motiviert: Dass nämlich der Protagonist des Romans, fray Servando Teresa de Mier, immer und grundsätzlich ein Gefangener ist oder vielmehr: dass er ein ausgeprägtes Bewusstsein davon hat, immer und grundsätzlich ein Gefangener zu sein, und dass er sich immer und grundsätzlich als einen solchen Gefangenen wahrnimmt.

Abgesehen von der auf diesem Gedanken von der fundamentalen *condition carcérale* seines Lebens beruhenden Parallele zwischen fray Servandos Situation in dem Roman von Reinaldo Arenas und derjenigen, die schon Alfonso Reyes skizziert hatte, lassen sich in der zitierten Passage aber noch weitere Anhaltspunkte und Markierungen ausfindig machen, die den Weg zu einer Lektüre von Arenas' fray-Servando-Lektüre bahnen helfen. So sucht der Protagonist seines Romans nach Orientierung in einer ihm allem Anschein nach zunehmend fremden Umgebung. Die Stadt und insbesondere der Präsidentenpalast können ihm diese Orientierung nicht bieten, eben weil dort die Verfolgung allgegenwärtig ist.[194] Nun erweist sich zuletzt auch fray Servandos Hoffnung auf die Landschaft als illusorisch: Auch hier kein Halt, kein Trost, kein Schutz. Stattdessen stellt Arenas' fray

---

[193] Arenas 2008a: 295–296.
[194] Im *Palacio Nacional* in einem Maße, dass der dort Lebende ständig fürchten muss, von einem herabfallenden Kronleuchter oder einer umstürzenden Statue erschlagen zu werden (vgl. Arenas 2008a: 287–289).

Servando beim Anblick dieser Landschaft fest, dass ihm das Panorama rund um Mexiko-Stadt noch nicht einmal wirklich fremd *geworden* ist, sondern dass es ihm vielmehr seit jeher fremd *geblieben* ist (denn angesichts seiner langen Abwesenheit kennt er es allenfalls aus Büchern und kaum aus eigenem Erleben). Schlimmer als dieser Mangel an eigenem Erleben ist aber die klaustrophobische Erfahrung der sich jetzt mit einem Mal doch aufdrängenden Präsenz der Landschaft. Ganz offensichtlich ist das Tal von Mexiko, wenn man es wie der Protagonist aus *El mundo alucinante* vom Balkon des *Palacio Nacional* aus betrachtet, keineswegs der aus dem Kampf des Menschen mit der Natur hervorgegangene „paisaje de cultura", von dem noch José Lezama Lima gerade mit Blick auf diese spezifische Landschaft ausdrücklich gesprochen hatte.[195] Stattdessen ist die Landschaft, auf die der fray Servando aus dem Roman mit wachsender Verzweiflung schaut, nichts weiter als eine Wiederholung, eine Verlängerung und Ausdehnung des von ihm seit jeher erlebten und immer gleichen Kerkers:

> Miró hacia el extremo oriental y se encontró con la amurallada Cordillera de la Sierra Nevada y con sus temibles volcanes, el Iztaccíhuatl y el Popocatépetl, que amenazaban con fulminarlo de un chispazo; hizo girar su cabeza hacia el suroeste y su nariz tropezó con la Sierra de las Cruces, alzándose como una gran cortina de hierro. Corrió hacia el frente del balcón, miró al norte, y sus manos casi palparon el cerro de Jálpan. Dando saltos giró hacia el sur: las estribaciones del Tláloc casi le golpearon la cabeza. Así siguió girando, buscando escapatorias; pero por todos los sitios no halló más que aquellas altísimas murallas, aquellas tapias casi rectas que no ofrecían ni el más mínimo resquicio [...]. Y cuando ya tropezó con el Cerro Cicoque (otro muro) estaba bañado en lágrimas.[196]

Reinaldo Arenas hat *El mundo alucinante*, seinen zweiten Roman, 1965 geschrieben und wurde damit ein Jahr später bei dem jährlich stattfindenden Wettbewerb der *Unión Nacional de Escritores y Artistas de Cuba* (UNEAC) zwar lobend hervorgehoben, aber nicht prämiert. Tatsächlich wurde der erste Platz in diesem Jahr für vakant erklärt, und obwohl der junge Schriftsteller sein Manuskript in der Folge überarbeitete, um den Beanstandungen der Jury Rechnung zu tragen, wurde der Roman in Kuba nicht publiziert. Aus diesem Grund schaffte Arenas das Manuskript schließlich mit Hilfe seines Freundes Jorge Camacho außer Landes, und dieser sorgte dafür, dass der Roman 1968 in einer Übersetzung von Didier Coste in Paris veröffentlicht werden konnte. Erst ein Jahr nach der französischen Erstausgabe erschien in Mexiko die erste spanischsprachige Ausgabe von *El mundo alucinante*.[197] In der Forschung zu dem Roman ist nun immer wieder die pessimistische Einstellung konsta-

---

195 Lezama Lima 2017: 188–189.
196 Arenas 2008a: 296–297.
197 Vgl. dazu die Einführung des Herausgebers der kritischen Ausgabe von *El mundo alucinante*: Santí 2008: 17–18).

tiert und kommentiert worden, der Reinaldo Arenas darin Ausdruck verleihe, und tatsächlich scheint auch die mit den Tränen des gealterten fray Servando auf dem Balkon des Präsidentenpalasts endende Szene diese Lesart zu bestätigen.[198]

Trotz ihrer Botschaft von der Unvermeidlichkeit der Verfolgung gibt es in der entsprechenden Passage aber doch einen kurzen Augenblick der Hoffnung; und auch wenn diese Hoffnung nicht von langer Dauer ist, verdient ihre narrative Begründung doch eine Kontextualisierung und eine genauere Analyse. So sucht Arenas' Protagonist von seinem Balkon aus mit dem Blick einen Ruhepunkt, der ihm zum Trost gereichen könnte („un punto que le sirviese de consuelo"), und er glaubt schließlich, einen solchen Punkt in der Figur des Predigers unten vor der Kathedrale gefunden zu haben. José de Lezamis heißt dieser Prediger, und er tritt nur an dieser einen Stelle in *El mundo alucinante* auf. Wie viele der Figuren aus Arenas' Roman hat aber auch diejenige des auf einem Stein stehenden und unverdrossen predigenden Paters ein historisches Vorbild: José de Lezamis war in der ersten Hälfte des 18. Jahrhunderts Priester an der Kathedrale von Mexiko-Stadt und hat als solcher tatsächlich im Freien auf dem Zócalo gepredigt, darauf verweist der Verfasser des Romans in einer Fußnote.[199] Wenn nun aber fray Servando beim Anblick des Predigers für einen kurzen Moment Trost findet, dann liegt das weniger daran, dass Reinaldo Arenas in der Figur des predigenden Paters José de Lezamis dem neuspanischen Priester gleichen Namens ein Denkmal setzen würde, sondern vielmehr daran, dass er mit dieser Figur natürlich vor allem auf den kubanischen Essayisten *fast* gleichen Namens anspielt, der sich in seiner Auseinandersetzung mit der „expresión americana" intensiv mit fray Servando Teresa de Mier als Archetyp des romantischen Verbannten beschäftigt und diesen als beispielhafte Verkörperung des amerikanischen Ausdrucks im 19. Jahrhundert interpretiert hatte.

Für den jungen Reinaldo Arenas war José Lezama Lima in den sechziger und siebziger Jahren ein Freund und Mentor. In seiner später im US-amerikanischen Exil verfassten und erst postum veröffentlichten Autobiographie *Antes que anochezca* (1992) erinnert sich der Verfasser von *El mundo alucinante* an die Vitalität des eine Generation älteren Lezama, an sein ansteckendes Lachen, seine ungeheure Belesenheit und vor allem seine Redlichkeit und seine intellektuelle Aufrichtigkeit.[200] Der 1943 geborene und im Osten der Insel aufgewachsene Reinaldo Arenas, der sich als Jugendlicher der Revolution von Fidel Castro angeschlossen

---

198 Vgl. zu diesem Pessimismus beispielsweise Pagni 1992.
199 Vgl. Arenas 2008a: 295–296. Vgl. zu der historischen Figur des Priesters José de Lezamis (deren Lebenszeit sich nicht mit derjenigen fray Servandos überschnitten hat) auch Silva Herrera 2020.
200 Vgl. Arenas 2008b: 109–110.

hatte, lebte seit 1962 in Havanna und arbeitete dort als Bibliothekar in der Nationalbibliothek. In dieser Zeit kam er in Kontakt mit der von José Lezama Lima und José Rodríguez Feo herausgegebenen Zeitschrift *Orígenes*, nahm selbst das schon in früher Jugend begonnene Schreiben wieder auf und begann, erste Texte in Zeitschriften wie der *Gaceta de Cuba*, *Casa de las Américas* und *El Caimán Barbudo* zu veröffentlichen.[201] Dass nun seine Erinnerung an die damals stattfindenden Begegnungen mit José Lezama Lima nicht allein auf dessen Lesehunger und Lebensfreude zielt, sondern vor allem auf seine Unbestechlichkeit, das ist besonders in einem Kontext relevant, in dem es um die Frage nach der Bedeutung von fray Servando Teresa de Mier im Werk von Reinaldo Arenas und um diejenige nach den Berührungspunkten zwischen dessen fray-Servando-Lektüre und derjenigen geht, die wenige Jahre zuvor Lezama vorgelegt hatte.

Arenas, der mit seinem ersten Roman *Celestino antes del alba* im Jahr 1965 noch von eben jenem Schriftstellerverband ausgezeichnet worden war, der ihm den Preis für *El mundo alucinante* ein Jahr später versagen sollte, war in dieser Zeit als mehr oder weniger offen homosexuell lebender und zunehmend kritischer Intellektueller immer stärkeren Repressalien ausgesetzt. Ab 1970 belegte ihn das kommunistische Regime *de facto* mit einem Publikationsverbot, vier Jahre später wurde er wegen Immoralität, konterrevolutionären Verhaltens und der Veröffentlichung dreier Bücher im Ausland zu einer einjährigen Gefängnisstrafe verurteilt. Er verbüßte diese Strafe unter anderem in dem berüchtigten Gefängnis El Morro in Havanna, in dem 150 Jahre zuvor schon fray Servando Teresa de Mier eingesessen hatte.[202] Erst 1980 gelang ihm im Rahmen der Massenauswanderung des *Éxodo de Mariel* und unter dramatischen Bedingungen schließlich eine Ausreise ins US-amerikanische Exil:

> Al segundo día, se le acabó la gasolina del bote y quedamos a la deriva en medio de la inmensa corriente del Golfo de México. Llevábamos tantos días sin comer que no podíamos siquiera vomitar; sólo vomitábamos bilis. Uno de los locos hizo varios intentos de lanzarse al agua y había que estarlo sujetando, mientras que algunos de los delincuentes le gritaban que se contralara, que iba para la ‚Yuma'; el pobre loco gritaba: ‚Qué Yuma, ni Yuma, yo quiero irme para mi casa'. Aquel hombre jamás se enteró de que íbamos para Estados Uni-

---

201 Vgl. Ette o. J.
202 Fray Servando war nach der Auflösung der Inquisition 1821 zunächst in die Festung San Juan de Ulúa bei Veracruz gebracht worden. Von dort aus sollte er eigentlich über Kuba nach Spanien geschickt werden; allerdings gelang ihm von Havanna aus die Flucht in die Vereinigten Staaten (vgl. Domínguez Michael 2004: 595–596). Über das Gefängnis El Morro schreibt Arenas in *Antes que anochezca*: „Desde allí podíamos al menos ver La Habana y el puerto. Al principio yo miraba la ciudad con resentimiento y me decía a mí mismo que, finalmente, también La Habana no era sino otra prisión; pero después empecé a sentir una gran nostalgia de aquella otra prisión en la cual, por lo menos, se podía caminar y ver gente sin la cabeza rapada y sin traje azul." (Arenas 2008b: 233). Vgl. zur Biographie von Reinaldo Arenas noch einmal Ette o. J.

dos. Los tiburones nos merodeaban, esperando que cayéramos al agua para devorarnos. Finalmente, el capitán pudo comunicarse por radio con otro barco y éste llamó a un guardacostas norteamericano [...].[203]

Nun ist der Roman *El mundo alucinante* wie gesagt *vor* dieser abenteuerlichen Überfahrt entstanden. Er ist auch vor Reinaldo Arenas' Haft in El Morro und vor dem sinistren „Fall Padilla" des Jahres 1971 entstanden, in dem das Castro-Regime den Dichter Heberto Padilla zu einer öffentlichen Selbstanklage als Konterrevolutionär und fast alle namhaften Intellektuellen des Landes zur Unterwerfung unter die beklemmenden Regeln dieses Spiels zwang.[204] Trotzdem hat es fast den Anschein, als nehme Arenas in seinem frühen Roman gerade die Fragen vorweg, mit denen er sich in den erwähnten Situationen dann gezwungenermaßen würde auseinandersetzen müssen: Haft, Verfolgung, Ächtung, Flucht, Exil – genau diese Themen stehen auch im Zentrum der narrativen Auseinandersetzung mit dem Leben und dem Werk von fray Servando Teresa de Mier, die *El mundo alucinante* darstellt.

Und vor diesem Hintergrund ist die Platzierung des Predigers José de Lezamis im Herzen der Szene von dem sich bis ans Ende der Welt verfolgt fühlenden fray Servando Teresa de Mier auf seinem Balkon alles andere als unschuldig. Wie Arenas selbst und die meisten kubanischen Intellektuellen hatte auch das Vorbild dieses Predigers, José Lezama Lima, die Revolution Fidel Castros begrüßt, weil er sich nach den bleiernen Jahren des Batista-Regimes einen politischen und kulturellen Aufbruch erhoffte. In den ersten Jahren nach der Revolution schien für den Schriftsteller selbst dieser Aufbruch auch tatsächlich stattzufinden: Er wurde zum Direktor der Literaturabteilung des *Instituto Nacional de Cultura* in Havanna ernannt, war mehrmals Teil der Jury bei der Vergabe des einflussreichen *Premio Casa de las Américas* und veröffentlichte schließlich 1966 seinen umfangreichen Roman *Paradiso*, an dem er viele Jahre gearbeitet hatte. Mit dieser Publikation allerdings veränderte sich die Situation für José Lezama Lima, denn die Reaktio-

---

203 Arenas 2008b: 305.
204 In seiner Autobiographie erinnert sich Reinaldo Arenas an die makabre Inszenierung von Padillas Geständnis: „Casi todos los intelectuales cubanos fuimos invitados por la Seguridad del Estado a través de la UNEAC para escuchar a Padilla. [...] Recuerdo que la UNAEC, custodiada por policías vestidos de civiles, estaba estrictamente vigilada; sólo podíamos entrar a escuchar a Padilla las personas que aparecíamos en una lista, que era chequeada minuciosamente. La noche en que Padilla hizo su confesión fue una noche siniestramente inolvidable. Aquel hombre vital, que había escrito hermosos poemas, se arrepentía de todo lo que había hecho, de toda su obra anterior, renegando de sí mismo, autotildándose de cobarde, miserable y traidor. Decía que, durante el tiempo que había estado detenido por la Seguridad del Estado, había comprendido la belleza de la Revolución y había escrito unos poemas a la primavera." (Arenas 2008b: 162). Vgl. auch die Dokumentation zu dem Fall in Casal 1971.

nen auf *Paradiso* waren äußerst ambivalent: Während der Roman international auf ein begeistertes Echo stieß, warf man ihm in Kuba vor, pornographisch, unverständlich und hermetisch zu sein. Nun ist es natürlich nicht mehr als eine Koinzidenz, dass Lezamas Roman *Paradiso* gerade in dem Jahr erschien, in dem sich der junge Reinaldo Arenas seinerseits mit der Zurückweisung seines Romans *El mundo alucinante* bei dem Wettbewerb der *Unión Nacional de Escritores y Artistas de Cuba* konfrontiert sah. Dennoch haben die beiden Fälle aber insofern ganz unmittelbar miteinander zu tun, als man Reinaldo Arenas gegenüber das Publikationsverbot für *El mundo alucinante* damit begründete, dass sein Werk eine Reihe von „pasajes eróticos" enthalte, die eine Publikation nicht ratsam erscheinen ließen in einem Augenblick, in dem die aus demselben Grund entbrannte Polemik um den Roman von José Lezama Lima noch lange nicht beendet war.[205] Gleichzeitig unterband die Regierung vorübergehend den weiteren Vertrieb von *Paradiso*, eben wegen der darin enthaltenen homoerotischen Passagen.[206] Spätestens nach dem „Fall Padilla" musste schließlich beiden Schriftstellern bewusst sein, dass sich ihre Probleme mit dem kommunistischen Regime in ihrem Heimatland nicht mehr einfach aus der Welt räumen lassen würden.[207] Während Lezama zum Rückzug gezwungen und bis zu seinem Tod 1976 nicht mehr veröffentlicht wurde, versuchte Arenas zunächst, sich der Verfolgung durch das Regime zu entziehen und wenigstens im Ausland weiter zu publizieren. Nachdem er aber wiederholt inhaftiert und zu monatelanger Zwangsarbeit auf den Zuckerrohrplantagen der Insel verurteilt worden war, blieb ihm zuletzt nur der Weg ins Exil.[208]

---

[205] Santí 1980: 20. Vgl. zu dieser Form der Zensur auch Pagni 1989.
[206] Vgl. Strausfeld 1979. Strausfeld spricht von der „cubanische[n] Blockade", die dazu geführt habe, dass Lezamas Roman erst mit einiger Verzögerung breit rezipiert werden konnte (Strausfeld 1979: 7). Mit Blick auf die Frage nach der Hermetik des Romans konstatiert Bernhard Teuber dessen „symptomatische Kohärenzverweigerung" und führt aus: „Kurz gesagt: das *Paradiso* ist sowohl ein unabschließbarer Text, der beständig auf vorausgegangene oder künftige Texte des Autors verweist, als auch in sich selber gebrochen, insofern seine einzelnen Teile als Umarbeitungen, Korrekturen, ja Zurücknahmen des schon einmal Gesagten gelesen werden können." (Teuber 1992: 104 und 105–106).
[207] Lezama hatte Padilla Ende der sechziger Jahre unterstützt und gefördert; dieser wurde dann von der Staatssicherheit gezwungen, bei seinem öffentlichen Geständnis auch Freunde und Kollegen zu denunzieren, die ebenfalls eine konterrevolutionäre Einstellung hätten. Er nannte auch José Lezama Lima. Reinaldo Arenas wiederum erinnert sich in *Antes que anochezca* daran, dass Lezama einer der wenigen gewesen sei, die sich geweigert hätten, der öffentlichen Inszenierung von Padillas Widerruf seines bisherigen Lebens und Werkes beizuwohnen (vgl. Arenas 2008b: 162–163).
[208] Vgl. zu Arenas' Versuchen, sich dem Zugriff des Regimes zu entziehen, noch einmal Santí 1980: 20. Arenas spricht hier von seiner „vida peripatética que impedía que se me localizara fácilmente". Vgl. zu der vergleichbaren Situation von Arenas und Lezama auch Santí 2008: 27. Auch

In der Figur des vor der Kathedrale von Mexiko-Stadt predigenden Padre José de Lezamis, dem niemand Beachtung schenkt trotz der Schönheit seiner Predigt, scheint diese Geschichte nun bereits angelegt zu sein (auch wenn Reinaldo Arenas Mitte der sechziger Jahre natürlich noch nichts von der Entwicklung wissen konnte, welche die Dinge in seinem Heimatland in den sich anschließenden Jahren nehmen würden). Der Pater auf dem Zócalo in Mexiko-Stadt verweist auf den Schriftsteller aus der Calle Trocadero in Havanna, und die Schönheit der ungehört verhallenden Predigt des einen verweist auf diejenige der nicht gelesenen Essays, Gedichte und Romane des anderen. Dass in der Szene aus *El mundo alucinante* einzig die Schönheit der Predigt (und das Wissen, dass es jemanden gibt, der diese Schönheit verantwortet) dem verfolgten, rastlosen und unglücklichen Protagonisten zumindest kurzfristig Trost zu schenken vermag, das ist in diesem Kontext die entscheidende Botschaft des Romans. Eine andere Szene, die der exilierte Reinaldo Arenas später in seinen Erinnerungen an José Lezama Lima evoziert, mag diese Interpretation stützen:

> En 1969 Lezama leyó en plena Biblioteca Nacional una de las conferencias quizá más extraordinarias de la literatura cubana, titulada ‚Confluencias'. Era la ratificación de la labor creativa, del amor a la palabra, de la lucha por la imagen completa contra todos los que se oponían a ella. La belleza es en sí misma peligrosa, conflictiva, para toda dictadura, porque implica un ámbito que va más allá de los límites en que esa dictadura somete a los seres humanos; es un territorio que se escapa al control de la policía política y donde, por tanto, no pueden reinar. Por eso a los dictadores les irrita y quieren de cualquier modo destruirla.[209]

Genau darum geht es auch Arenas selbst in *El mundo alucinante*. Auch dieser Roman will eine Bestätigung der kreativen Arbeit, der Liebe zum Wort und des Kampfes um das vollständige Bild sein, und eben deshalb (und nicht wegen seiner angeblich zu explizit homosexuell konnotierten Passagen) konnte er in dem Kuba der sechziger und siebziger Jahre nicht publiziert werden. Um dieses Ziel erreichen, um also in seinem Roman (wie in seinem Vortrag kurz darauf dann José Lezama Lima) die Schönheit der Kunst und die dieser Schönheit inhärente Dissidenz zum Ausdruck bringen zu können, braucht Reinaldo Arenas nun aber nicht nur die Figur des unermüdlich predigenden Padre José de Lezamis, sondern auch die seines Betrachters und Zuhörers fray Servando Teresa de Mier, denn dieser

---

Santí parallelisiert die Situation der beiden Schriftsteller ausdrücklich, wenn er über die Jahre zwischen dem „Fall Padilla" und dem Tod Lezamas schreibt: „El llamado ‚quinquenio gris' que comenzaba entonces, y que en realidad duró mucho más de cinco años y fue harto más oscuro, forzó al ocio a Arenas y a su generación a causa de los controles impuestos al campo de cultura. Y no sólo a su generación; escritores maduros como José Lezama Lima y Virgilio Piñera, también dejaron de ser publicados y vivieron en un exilio interno en el que terminaron muriendo."
209 Arenas 2008b: 113.

fray Servando ist schließlich derjenige, der den Trost sucht, der in der Predigt verborgen liegt, und er ist der einzige, der deren Schönheit überhaupt gewahr wird.

Dass sein fray Servando selbst nur zu genau weiß, welche Wirkung eine Predigt entfalten kann, wenn ihre Botschaft *nicht* so unbemerkt bleibt wie diejenige der Predigt des Paters auf dem Zócalo, ist dabei eine ironische Wendung, die den Leserinnen und Lesern des Romans kaum verborgen bleiben kann. Reinaldo Arenas erzählt in *El mundo alucinante* die *Memorias* von fray Servando Teresa de Mier nach, und er tut das durchaus sehr ausführlich und mit großer Detailverliebtheit (auch wenn im Folgenden zu zeigen sein wird, dass das Insistieren des Romanciers auf den bereits von dem historischen fray Servando selbst in seinen Erinnerungen angeführten Details nicht dazu führt, dass er dessen Erzählungen einfach reproduzieren würde). Dadurch, dass die fiktive (also nicht den *Memorias* nachempfundene) Szene von dem der Predigt des Paters auf dem Platz vor der Kathedrale lauschenden fray Servando implizit einen Anschluss an die Predigt herstellt, die dieser fray Servando selbst Jahre zuvor in der Basilika von Guadalupe gehalten hatte, schließt diese Szene einen Kreis. Der Protagonist des Romans ist an den Ausgangspunkt seines Weges zurückgekehrt, und wenn am Ende dieses Weges nun seine Erkenntnis steht, der grundsätzlichen *condition carcérale* seines Lebens nicht entkommen zu können, dann konterkariert diese Erkenntnis nachhaltig den Applaus und die Akklamationen, mit denen man ihn kurz zuvor im Präsidentenpalast empfangen hatte.[210] Dabei baut das Bewusstsein des Protagonisten von der *condition carcérale* seines Lebens nicht zufällig auf dem Bild auf, das wenige Jahre zuvor José Lezama Lima in *La expresión americana* skizziert hatte. Wie bei Lezama ist fray Servando Teresa de Mier auch bei Arenas derjenige, der das Verfolgtsein aus freien Stücken zum entscheidenden Merkmal seines Lebens erklärt und der nur aus der Verfolgung heraus zu dem Ausdruck dessen findet, was er zu vermitteln hat. Dass nun diese Charakterisierung seines Protagonisten als demjenigen, der bewusst die Verfolgung wählt, tatsächlich unmittelbar auf Lezamas Überlegungen zu diesem Thema zurückgeht, das betont der Romancier in einem Interview aus dem Jahr 1982:

> Cuando en *La expresión americana* Lezama habla del barroco, dice que una de las grandes figuras del barroco americano es Fray Servando; que en ese cambio del barroco al romanticismo Fray Servando elige ser el perseguido. Me pareció una observación muy inteligente por parte

---

210 In einem anderen Zusammenhang und mit einem anderen Fokus konstatiert auch Andrea Pagni, dass fray Servandos Lebensweg in *El mundo alucinante* die Struktur eines Kreises habe (vgl. Pagni 1992: 161). Vgl. zu den Akklamationen auch Arenas 2008a: 287.

de Lezama – haber descubierto esa intuición de Fray Servando de elegir ser el perseguido, es decir, sacrificarse. Es una elección fatídica pero a su vez es una elección de libertad.[211]

Was Reinaldo Arenas an fray Servando Teresa de Mier interessiert, das ist tatsächlich genau das: die dialektische Beziehung zwischen der Verfolgung und der *gerade* aus dieser Verfolgung resultierenden Freiheit nämlich. Dabei liegen die politischen Implikationen dieser Interpretation der Verfolgung als Bedingung für die Freiheit auf der Hand. Wenn *El mundo alucinante* in Kuba zensiert worden ist, dann, weil das Regime die Botschaft dieses Romans über den verfolgten und gerade deshalb freien fray Servando nur zu gut verstanden hat.[212] Dass das dem Roman zugrundeliegende Interesse des Autors an der unauflöslichen Verbindung von Verfolgung und Freiheit jenseits von dieser offenkundigen politischen Botschaft aber auch ästhetische Konsequenzen hat, mag zwar auf den ersten Blick weniger offenkundig erscheinen, ist aber im Rahmen der hier unternommenen Lektüren der einschlägigen fray-Servando-Lektüren aus dem 20. Jahrhundert nicht weniger wichtig. So äußert sich Reinaldo Arenas in dem eben zitierten Interview auch über die ersten von ihm unternommenen Recherchen zu der historischen Figur fray Servando Teresa de Mier. Im Rahmen seiner Nachforschungen habe er auch die von Artemio de Valle-Arizpe in den frühen dreißiger Jahren geschriebene Biographie des Dominikaners konsultiert, und er habe zwar von dessen guter Dokumentation profitiert, sei zugleich aber enttäuscht gewesen über die in dem Buch zum Ausdruck kommende Fantasielosigkeit: „Al ver aquel libro tan pobremente escrito [...], me dije que Fray Servando se merecía que uno escribiera en la forma en que él había vivido. Su historia debía ser escrita en forma alucinada, delirante, llena de aventuras, de terrores y, especialmente, de mucho optimismo y hasta de locura."[213]

Auch wenn Arenas' fray Servando in vielerlei Hinsicht (und insbesondere in seiner Eigenschaft als Verfolgter und Fliehender) den Figuren nicht unähnlich ist, die zuvor schon José Lezama Lima und Alfonso Reyes entworfen hatten, zielt diese Aussage des kubanischen Romanciers auf einen Aspekt der Figur, den seine beiden Vorgänger weitgehend außer Acht gelassen oder den sie in ihren Essays zumindest nicht prominent angesprochen hatten: auf ihren Wahnwitz, ihren Irr-

---

211 Santí/Morley 1983: 115 (das Interview wurde am 15. April 1982 geführt).
212 Vgl. Schlickers 2002. Schlickers hebt explizit den Bezug zwischen der Verfolgung fray Servandos in Arenas' Roman und derjenigen der kubanischen Dissidenten hervor: „Los órganos cubanos impidieron la publicación de *El mundo alucinante*, tal vez porque reconocieron ciertos paralelos entre la persecución del fraile y las campañas políticas contra los disidentes cubanos [...]." (Schlickers 2002: 110).
213 Santí/Morley 1983: 115. Vgl. zu der Biographie aus der Feder von Artemio de Valle-Arizpe auch knapp Kapitel 4.2.1 Alfonso Reyes: Mit fray Servando gegen die spanische Philologie.

sinn, ihre Verrücktheit oder auch ganz einfach ihre grenzenlose Übertreibung nämlich. Diese Eigenschaften haben bei Reinaldo Arenas ganz offensichtlich eine ästhetische Transzendenz; sie fordern also von demjenigen, der sich mit ihnen beschäftigen möchte, dass er sich zu diesem Zweck einer *écriture* bedient, die nicht über die entsprechenden Merkmale hinweggeht und sie nivelliert, sondern die sie vielmehr ins Zentrum der Aufmerksamkeit rückt. Arenas' explizite Abgrenzung seiner eigenen Annäherung an fray Servando Teresa de Mier von derjenigen, die wenige Jahrzehnte zuvor Artemio de Valle-Arizpe unternommen hatte, deutet in diesem Zusammenhang darauf hin, dass auch der Verfasser von *El mundo alucinante* einen Ausbruch inszeniert, der denjenigen seines Protagonisten in nichts nachsteht: So scheint seine Intervention nicht zuletzt darauf zu zielen, fray Servando Teresa de Mier aus dem Gefängnis der rhetorischen Konventionen zu befreien, in das Valle-Arizpe ihn mit seiner äußerst klassischen (in der Wahrnehmung von Reinaldo Arenas „fantasielosen") Biographie gesteckt hatte.

Die Vorgehensweise, auf die Arenas selbst in seinem Roman zurückgreift, setzt aus diesem Grund auf die vollständige Subversion von sowohl inhaltlichen als auch formalen Grenzen.[214] Diese Subversion von Grenzen manifestiert sich zunächst vor allem darin, dass *El mundo alucinante* zwar fray Servandos *Memorias* zum Ausgangspunkt nimmt, dass sich der Roman zugleich aber deutlich und in starkem Maße von seiner Vorlage emanzipiert. Die in dem Hypertext des Romans aus dem 20. Jahrhundert erzählte Geschichte orientiert sich in der Abfolge der Geschehnisse auf den ersten Blick weitgehend an dem, was schon in dem Hypotext der Autobiographie aus dem frühen 19. Jahrhundert angelegt gewesen ist.[215] Bei genauerem Hinsehen wird aber deutlich, dass sie fray Servandos Erzählungen

---

214 Das ist selbstverständlich in der Forschung zu *El mundo alucinante* schon oft und mit jeweils unterschiedlichen Schwerpunkten festgestellt worden. So betont Sabine Schlickers die „falta de una jerarquía narrativa" und die „carnavalización en forma de una ‚sexualización'", die der Roman ins Werk setze (Schlickers 2002: 113 und 117); auch Emil Volek zielt auf die Karnevalisierung, die der Roman vornehme, und die dadurch erreichte allegorische Bedeutungsebene (vgl. Volek 1985); Andrea Pagni dagegen hebt die subversive Sprache hervor, durch welche „die Stimme des Verfolgten" hörbar werde (Pagni 1992: 166, ähnlich auch in Pagni 1989); María Begoña Pulido Herráez wiederum setzt auf die Fusion von Rationalität und Irrationalität, durch die der Text in Bewegung versetzt werde (vgl. Pulido Herráez 2004: 87).
215 Vgl. zu dieser Terminologie Genette 1982. „Hypertext" und „Hypotext" sind bei Genette Phänomene der „Transtextualität", die er wie folgt definiert: „C'est donc lui [le quatrième type de transtextualité] que je rebaptise désormais *hypertextualité*. J'entends par là toute relation unissant un Texte B (que j'appellerai *hypertexte*) à un texte antérieur A (que j'appellerai, bien sûr, *hypotexte*) sur lequel il se greffe d'une manière qui n'est pas celle du commentaire." (Genette 1982: 11–12). Vgl. zu der Frage, wie eng sich in *El mundo alucinante* der Hypertext an dem Hypotext orientiert, auch Lange 2008: 96.

aus seinem Leben wesentlich ergänzt dadurch, dass sie die erzählte Zeit in beide Richtungen ausdehnt und im Unterschied zu den ja nur über knapp zehn Jahre aus fray Servandos Leben berichtenden *Memorias* dessen *ganzes* Leben erzählt und somit auch Episoden sowohl aus der Kindheit des Protagonisten als auch aus seiner Zeit in Portugal, England, den Vereinigten Staaten, Mexiko und nicht zuletzt Kuba einblendet. Außerdem geht Arenas aber auch insofern über den Hypotext der *Memorias* hinaus, als er dort zwar erwähnte, aber narrativ noch nicht voll entfaltete Details ausbaut und im Sinne jener „Poetik des Irrsinns" weiterentwickelt, auf die er sich in der Abgrenzung zu Artemio de Valle-Arizpe berufen hatte.

Als Beispiel mag hier die in dem Kapitel zu fray Servandos *Memorias* bereits kommentierte Stelle aus diesen *Memorias* dienen, in welcher der Autobiograph die unterschiedlichen Möglichkeiten einer Flucht aus dem Gefängnis durchdekliniert und dabei erwähnt, er habe seinerzeit auch einen Ausbruch mit Hilfe eines Regenschirms in Erwägung gezogen.[216] Während fray Servando Teresa de Mier selbst diese Lösung jedoch nur im Potentialis verhandelt und während er sie als ernsthafte Option zuletzt ausschließt, entwickelt Reinaldo Arenas ausgehend von diesem in den *Memorias* angelegten narrativen Kern tatsächlich eine fantastische Erzählung über eine Flucht, die nun nicht umsonst paradigmatisch seinen Anspruch zu veranschaulichen scheint, fray Servandos Geschichte „en forma alucinada, delirante" erzählen zu wollen:

> Yo, a la verdad no confiaba mucho en aquel vuelo. Pero ya los guardianes tocaban a mi celda. Así que cogí el paraguas y me encaramé en la ventana. [...] Yo ya iba por los aires y abajo veía las piedras que se restregaban unas con otras para sacarse filos y poderme convertir en tasajo cuando las tocara. En ese mismo momento el paraguas se me viró al revés, y ya bajaba más rápido de lo que deseaba, hasta que una corriente de aire elevó de nuevo mi artefacto y fui a parar a las nubes, sin dejar de soltar el cabo de mi nave y temeroso de que en cualquier momento se trozase y yo cayera haciéndome añicos. Pero el caso fue que yo cogí más impulso y seguí elevándome, y ya no vi al convento ni a los castillos abandonados, que es lo único que hay en toda España.[217]

Das Beispiel von der Flucht mit dem Regenschirm ist insofern repräsentativ für Reinaldo Arenas' Vorgehensweise in *El mundo alucinante*, als in diesem Zusammenhang ausgerechnet das Thema des Ausbruchs aus dem Gefängnis (das ja schon in den *Memorias* eine entscheidende Rolle gespielt hatte) den Anlass zu einer hyperbolischen Überbietung des Hypotextes bietet. Wenn fray Servando die Flucht aus dem Gefängnis in seiner Autobiographie nicht nur auf einer inhaltlichen Ebene

---

[216] Vgl. Mier 2009, Bd. II: 76.
[217] Arenas 2008a: 147–148. Vgl. zu einer Interpretation der Vorgehensweise, auf die fray Servando in diesem Zusammenhang in den *Memorias* ursprünglich setzt, auch Kapitel 3.3.4 Die *fuga* als diskursive Strategie.

zum Leitmotiv erklärt, sondern sie auch als eine der diskursiven Strategien einsetzt, mittels derer sich auch sein Text selbst immer wieder jeder Festschreibung entzieht,[218] dann dient die Flucht auch bei Reinaldo Arenas dazu, seinen Text inhaltlich und diskursiv zu strukturieren. Allerdings, und davon zeugt eben die angeführte Passage, lässt der Roman dabei seine autobiographische Vorlage insofern hinter sich, als er sich im Unterschied zu dieser Vorlage nicht mehr an das Gebot einer wie auch immer gearteten „historischen Wahrscheinlichkeit" gebunden sieht. Dass Arenas sich so vehement gegen die Vorgehensweise von Biographien wie derjenigen von Artemio de Valle-Arizpe abgrenzt, das liegt auch daran, dass er fest davon überzeugt ist, dass eine Annäherung an das in Frage stehende Thema auf dem Wege der Fantasie eine tiefere Wahrheit zu Tage fördern kann als eine bloße Orientierung an historischen Daten und Fakten.[219]

Gerade vor diesen Hintergrund sind die Paratexte von zentraler Bedeutung, die den Roman *El mundo alucinante* einleiten. Weil diese Paratexte außerhalb der Diegese des Romans stehen, können sie die Frage nach dem Verhältnis von Fantasie und Wirklichkeit noch einmal auf einer anderen Ebene aufwerfen (und das insbesondere, wenn man sie vor dem Hintergrund von Arenas' Plädoyer für die schöpferische Kraft der Imagination liest).[220] Tatsächlich versammelt Arenas' Roman eine ganze Reihe von Paratexten, die jeder für sich genommen ganz unterschiedlich perspektiviert sind, die aber in ihrer Gesamtheit die zentrale Botschaft der sich anschließenden Erzählung in besonders pointierter Art und Weise fokussieren. In der Reihenfolge ihres Auftretens wären hier zu nennen: Der Titel des Romans, eine Widmung, zwei Epigraphen und schließlich drei verschiedene Vorworte.[221] Der vollständige Titel des Romans lautet *El mundo alucinante (Una novela de aventuras)*. Dieser Titel verweist nicht allein auf die von Reinaldo Arenas konstatierte Notwendigkeit, den Irrsinn jener Welt anzuerkennen, in der fray Servando

---

218 Vgl. auch dazu noch einmal Kapitel 3.3.4 Die *fuga* als diskursive Strategie.
219 Vgl. dazu noch einmal Santí/Morley 1983: 117. Hier antwortet Arenas auf die Frage nach dem Verhältnis von Fantasie und Wirklichkeit in seinem Roman: „Yo parto siempre de una circunstancia muy real, y veces muy específica y le voy dando luego una dimensión de imaginación, de fantasía. Yo creo que la ficción, en este caso la narrativa, tiene precisamente esa función. Es decir, tomar algunos puntos que podríamos llamar completamente reales y llevar esos puntos al plano mítico de la imaginación."
220 Vgl. auch zu dem Begriff und der Funktion des Paratextes noch einmal Genette 1982: 9.
221 So verhält es sich zumindest bei der kritischen Ausgabe, die neben den zwei ursprünglichen Prologen einen dritten einschließt, der im Unterschied zu den beiden vorangegangenen namentlich gekennzeichnet und auf den 13. Juli 1980 (und damit auf die Zeit unmittelbar nach dem Gang des Autors ins Exil) datiert ist.

Teresa de Mier lebt und die er in seiner Autobiographie entwirft,[222] sondern er lenkt durch den die Gattung näher eingrenzenden Zusatz in Klammern die Aufmerksamkeit der Leserinnen und Leser zugleich auf die Art und Weise, wie diese wahnwitzige Welt in der sich anschließenden Erzählung gezeichnet werden wird. So wird ein Leser, der sich anschickt, einen Abenteuerroman zu lesen, seine Lektüre mit anderen Erwartungen beginnen als einer, der eine ausdrücklich als solche ausgezeichnete Biographie oder auch einen historischen Roman in der Hand hält; und mit eben diesen unterschiedlichen Erwartungen spielt Reinaldo Arenas durch die Kennzeichnung seines Werks als „novela de aventuras". Mit dem Hinweis auf den abenteuerlichen Charakter dessen, was in seinem Roman erzählt werden wird, unterstreicht der kubanische Schriftsteller seinen Anspruch, der Figur seines Protagonisten durch eine die Grenzen der Konvention überschreitende, eben „abenteuerliche" Form gerecht zu werden.

Auf den solchermaßen programmatischen Titel folgt eine Widmung, die allem Anschein nach eine ähnliche Stoßrichtung zu haben scheint wie die ausdrückliche Betonung der Aufrichtigkeit von José Lezama Lima in Arenas' Jahre später entstandenen Autobiographie: „A Camila Henríquez Ureña, a Virgilio Piñera, por la honradez intelectual de ambos", heißt es hier. Die so hervorgehobene, allerdings von Arenas nicht näher kommentierte intellektuelle Redlichkeit der dominikanischen Schriftstellerin Camila Henríquez Ureña und des kubanischen Dichters (und Freundes von José Lezama Lima) Virgilio Piñera stellt einen unmissverständlichen Hinweis auf den Literaturwettbewerb der *Unión Nacional de Escritores y Artistas de Cuba* des Jahres 1966 dar, bei dem *El mundo alucinante* eben *nicht* prämiert worden ist. So hatten sich Camila Henríquez Ureña und Virgilio Piñera als Mitglieder der Jury für *El mundo alucinante* eingesetzt, waren aber von den anderen Jurymitgliedern und insbesondere Alejo Carpentier und José Antonio Portuondo

---

222 Robert Folger versteht das Wort „alucinante" nicht in diesem positiven (auf den produktiven Irrsinn fray Servandos bezogenen) Sinne, sondern er interpretiert es insofern negativ, als er es auf den Irrsinn der weltanschaulich verbohrten Welt bezieht, in der fray Servando lebt: „Arenas's Freile [sic] is ultimately a prisoner of the inescapable, hallucinatory world of ideology and its interpellative mirrors." (Folger 2011: 135). Angesichts der eindeutig positiven Konnotation, die das Wort aber in dem bereits zitierten Interview hat, in dem Arenas sich dazu äußert, wie seiner Meinung nach über fray Servando geschrieben werden müsse, scheint mir dieses Verständnis des Wortes nicht plausibel (vgl. noch einmal Santí/Morley 1983: 115). Plausibler erscheint der Hinweis von Andrea Pagni, die in dem Wort „alucinante" und vor allem in dem vollständigen Titel von Arenas' Roman („El mundo alucinante") eine Abgrenzung gegen Alejo Carpentier und seine Romane *El reino de este mundo* einerseits und *El siglo de las luces* andererseits erkennt (vgl. Pagni 1992: 159). Vgl. zu Arenas' Positionierung gegen Carpentier auch seine parodistische Darstellung des kubanischen Schriftstellerkollegen in *El mundo alucinante* selbst. Hier wird *El siglo de las luces* verballhornt zu *El Saco de las Lozas* (vgl. Arenas 2008a: 293).

überstimmt worden.²²³ Die dem Roman vorangestellte Widmung, die implizit, aber unzweideutig auf diesen Zusammenhang anspielt, legt eine Lektüre des Romans nahe, welche die in *El mundo alucinante* erzählte Geschichte in eine Beziehung setzt zu der Lebenswirklichkeit ihres Autors. Dass Arenas seinen Roman diesen beiden Figuren zueignet und dass er ausdrücklich ihre intellektuelle Redlichkeit hervorhebt, lässt sich vor diesem Hintergrund nicht ausschließlich als Ausdruck seiner Dankbarkeit lesen, sondern vielleicht mehr noch als eine klandestine Kampfansage an alle diejenigen Zeitgenossen, die seiner Meinung nach weniger aufrichtig und weniger anständig gewesen sind als Henríquez Ureña und Piñera.

An die Widmung schließen sich zwei Epigraphen an, nämlich ein ins Spanische übersetztes Zitat aus den *Martyrs* (1809) des französischen Romantikers François-René de Chateaubriand, dessen indirekte Beziehung zu fray Servando Teresa de Mier ja auch von Alfonso Reyes schon aufgegriffen worden war; und ein weiteres Zitat aus einem ursprünglich auf Náhuatl verfassten historiographischen Werk aus dem 17. Jahrhundert aus der Feder eines Autors namens Cristóbal del Castillo. Arenas verändert beide Zitate leicht, indem er bei dem Satz aus Chateaubriands *Martyrs* das Genus ändert und aus der eigentlich weiblichen Sprecherin einen männlichen Sprecher macht, und indem er das Zitat aus del Castillos *Fragmentos de la Obra General Sobre Historia de los Mexicanos* etwas verkürzt und zuspitzt. Worauf die Kombination der beiden Zitate auf diese Weise zielt, das ist einmal mehr die Frage nach der Verfolgung einerseits und nach dem sich über diese Verfolgung hinwegsetzenden Mut des Einzelnen andererseits: „Yo también he sido desgarrado por las espinas de ese desierto [...]", sagt der leicht abgewandelte Chateaubriand, und „La primera cosa que os adornará será la cualidad de águila, la cualidad de tigre" unterstreicht der leicht veränderte del Castillo. Die von Reinaldo Arenas stillschweigend vorgenommene Veränderung des Chateaubriandzitats vom Femininum hin zum Maskulinum ist dabei insofern von zentraler Bedeutung, als dieses Manöver bereits eines der wesentlichen Merkmale seiner Interpretation von fray Servando vorwegnimmt. Dieses Charakteristikum ist es dann im Anschluss, das der Verfasser des Romans in seinen sich an die Epigraphe anschließenden Vorworten zu dem Roman noch weiter akzentuieren wird.

Bereits die bewusst vorgenommene Anpassung des Chateaubriandzitats, mit der sich ein männliches Sprecher-Ich den ursprünglich von einer weiblichen Sprecherin geäußerten Satz (und damit auch die in diesem Satz angesprochenen Erfahrungen) zu eigen macht, deutet nämlich auf eine grundsätzlich identifikatorische Lektüre hin. Ähnlich, wie der sich an die Paratexte anschließende Roman sich fray Servandos *Memorias* „einverleibt", ist es im Falle des dem Roman vorangestellten

---

223 Vgl. dazu noch einmal Arenas 2008b: 101.

Zitats das Werk Chateaubriands, das angeeignet und an die eigenen Zwecke angepasst wird. Dabei zielt der mit „Yo también he sido desgarrado" beginnende Satz aller Wahrscheinlichkeit nach auf den Protagonisten des Romans, dessen Zerrissenheit in der Folge entfaltet werden wird; er zielt aber unter Umständen auch auf den Autor des Romans – denn noch befinden wir uns auf der Ebene der Paratexte und haben diejenige der Diegese nicht betreten. Die dem Roman vorangestellten und leicht abgeänderten Zitate haben auf diese Weise die Funktion einer Schwelle zwischen der extra- und der intradiegetischen Welt, ohne dass dieser Übergang an dieser Stelle bereits explizit thematisiert würde.[224] Das geschieht dann allerdings im Anschluss an die beiden Epigraphe, nämlich in den drei unterschiedlich langen Vorworten, die der kubanische Schriftsteller seinem Roman voranstellt. Das erste dieser Vorworte ist das kürzeste. Hier legt Reinaldo Arenas eine erste Spur hin zu der in seinem Roman implizit verhandelten Frage nach der historischen Wahrheit: „Esta es la vida de Fray Servando Teresa de Mier. Tal como fue, tal como pudo haber sido, tal como a mí me hubiera gustado que hubiera sido. Más que una novela histórica o biográfica, pretende ser, simplemente, una novela", schreibt der Romancier,[225] und verweist durch die von der historischen Faktizität („tal como fue") über die bloße Potentialität („tal como pudo haber sido") bis hin zu der Schöpfungskraft der Imagination („tal como a mí me hubiera gustado que hubiera sido") reichende Reihung einmal mehr auf seine Präferenz der Letzteren vor der Ersteren.

Diese Frage wird er in dem auf Juli 1980 datierten und damit nach den beiden anderen Vorworten verfassten dritten Prolog ausführlicher und expliziter verhandeln. Hier imaginiert Arenas eine Szene, in welcher der exilierte fray Servando in einem botanischen Garten in Italien eine mexikanische Agavenpflanze entdeckt und in diesem im Wortsinn „entwurzelten" und „verpflanzten" Gewächs mit einem Mal sein eigenes Schicksal widergespiegelt sieht.[226] Auf diese Szene bezieht er sich, wenn er in der Folge schreibt:

---

224 René Jara betont zusätzlich die Beziehung zwischen den Epigraphen und dem „Ton" des sich anschließenden Romans: „Los textos epigráficos, sean auténticos o no, [...] añaden un indicio inaugural a la situación del discurso cuyo tono se anuncia como desgarrado, temeroso, contradictorio y sufriente, señalando la imagen que del acto de enunciación tiene el locutor y, consecuentemente, el alocutario cuya función es, en parte, asumida por el propio Servando." (Jara 1979: 230).
225 Arenas 2008a: 81. Die Widmung an Camila Henríquez Ureña und Virgilio Piñera und die beiden Epigraphe finden sich auf den Seiten vorher, die allerdings nicht nummeriert sind.
226 Vgl. Arenas 2008a: 85. Arenas spricht wörtlich von „la mínima planta, arrancada y trasplantada a una tierra y a un cielo extraños". Dass dieses Bild aus dem bereits im Exil verfassten dritten seiner Vorworte tatsächlich ein Bild für die Entwurzelung ist, die jedes Exil darstellt und dass er sich damit auch auf sein eigenes Exil bezieht, das wird deutlich, wenn man seine Formulierung mit derjenigen vergleicht, die er in einem von Ottmar Ette geführten Interview verwendet. Hier sagt er: „El exilio es todo como una bruma, como un negro... Pienso en el exilio como en un color

> Por eso siempre he desconfiado de lo ‚histórico', de ese dato ‚minucioso y preciso'. Porque, ¿qué cosa es en fin la Historia? ¿Una fila de cartapacios ordenados más o menos cronológicamente? ¿Recoge acaso la Historia el instante crucial en que Fray Servando se encuentra con el ágave [sic] mexicano [...]? Los impulsos, los motivos, las secretas percepciones que instan (hacen) a un hombre no aparecen, no pueden aparecer recogidos por la Historia, así como, aun bajo el quirófano, no se captará jamás el sentimiento de dolor de un hombre adolorido.[227]

Auf diese Weise schließt das ausführlichere (und explizitere) dritte Vorwort zu *El mundo alucinante* den Kreis, den der sehr knappe erste Prolog eröffnet hatte. Die Skepsis des Romanciers gegen die vermeintliche Objektivität der Geschichte und seine Bevorzugung nicht nur der subjektiven Ausdrucksformen des historischen Prozesses (nämlich eben zum Beispiel fray Servandos Gefühle beim Anblick der verpflanzten Agavenpflanze), sondern daran anschließend auch einer subjektiven Form der Annäherung an diesen historischen Prozess (beispielsweise nämlich in Form eines Romans) haben insofern einmal mehr eine politische Implikation, als sie sich gegen jegliche Aufforderung zu einem möglichst mimetischen Realismus und insbesondere natürlich gegen die Doktrin des sozialistischen Realismus richten. Das formuliert Reinaldo Arenas am Ende dieses dritten seiner Vorworte ausdrücklich, indem er betont: „En verdad, si de alguna obra realista socialista podemos hablar es de las novelas de Alexander Solzhenitsin. Ellas al menos reflejan parte de una realidad socialista, la más evidente y superficial: campos de concentración."[228] Mit dieser entschiedenen Zurückweisung der ästhetischen Forderungen, die das politische System seines Heimatlandes an die dort lebenden Künstlerinnen und Künstler richtete, macht Reinaldo Arenas in seinem 1980 im Exil verfassten Vorwort das explizit, was schon sein in Kuba verfasster Roman aus dem Jahr 1965 unausgesprochen vorausgesetzt hatte: seine Vorstellung von dem Wahnwitz oder dem Irrsinn einer Welt nämlich, der man nicht mit realistischen Mitteln, sondern einzig und allein mit einer Vorstellungskraft begegnen kann, die sich ungehindert zu entfalten vermag.

Und gerade vor diesem Hintergrund entfaltet nun der letzte der hier zu kommentierenden Paratexte, nämlich der zweite der insgesamt drei Prologe, eine besondere Wirkung. In diesem als Brief konzipierten Vorwort wendet sich der Verfasser

---

único. En realidad, en el exilio –y allí es donde está el problema terrible del exiliado– es que uno no existe. Una persona en el exilio no existe, porque de hecho uno pertenece a un contexto, a una manera de sentir, de ver, a unos olores, a una conversación, a un lenguaje, a un ritmo, a un paisaje, a un color, a varios colores – y como tú te trasplantas para otro mundo, tú no eres aquella persona: tú eres aquella persona que se quedó allá." (Ette 1992a: 77).

227 Arenas 2008a: 87. Die Szene von der zufälligen Entdeckung der entwurzelten Agavenpflanze ist einmal mehr bereits bei fray Servando angelegt (vgl. Mier 2009, Bd. II: 196–197). Arenas wird sich in seinem Roman noch eingehender mit der entwurzelten Agave beschäftigen (vgl. Arenas 2008a: 224).
228 Arenas 2008a: 88.

des Romans direkt an das historische Vorbild seines Protagonisten und vielleicht auch bereits an jenen Protagonisten selbst, wie er im Anschluss an die lange Reihe der Paratexte in Erscheinung treten wird. In seinem kurzen Brief an fray Servando Teresa de Mier rekapituliert Reinaldo Arenas den Weg, der ihn zu dem neuspanischen Dominikaner geführt hat: von der zufälligen Entdeckung der Figur in einer „pésima historia de la literatura mexicana" bis hin zu den gezielt unternommenen und oft genug fruchtlosen Recherchen in Museen, Botschaften und Kulturinstituten.[229] Nur in diesem zweiten seiner drei Vorworte bezieht sich Reinaldo Arenas ausdrücklich auf den seinem Roman zugrunde liegenden Hypotext der *Memorias*, und er verwischt bewusst die Grenzen zwischen seinem eigenen Text und demjenigen von fray Servando (und auch die Grenzen zwischen Text und Wirklichkeit), wenn er schreibt:

> Sólo tus memorias, escritas entre la soledad y el trajín de las ratas voraces, entre los estallidos de la Real Armada Inglesa y el tintinear de los mulos por los paisajes siempre intolerables de España, entre la desolación y el arrebato, entre la justificada furia y el injustificado optimismo, entre la rebeldía y el escepticismo, entre el acoso y la huida, entre el destierro y la hoguera; sólo ellas aparecen en este libro, no como parte de un texto extraño, sino como parte fundamental del mismo, donde resulta innecesario recalcar que son tuyas; porque no es verdad, porque son, en fin, como todo lo grandioso y grotesco, del tiempo; del brutal e insoportable tiempo que en estos días te hará cumplir doscientos años.[230]

Dass Reinaldo Arenas seinen eigenen Text und denjenigen von fray Servando Teresa de Mier auf diese Art und Weise ineinander übergehen und ineinander aufgehen lassen kann, das begründet er mit dem lakonischen Hinweis auf eine entscheidende Entdeckung, die er im Verlauf seiner Nachforschungen über den Dominikaner gemacht habe: „Lo más útil fue descubrir que tú y yo somos la misma persona." Diese so bedingungslose und ohne jede Einschränkung unternommene Identifikation mit dem historischen Vorbild seines Protagonisten (und konsequenterweise natürlich auch mit diesem Protagonisten selbst) übertrifft bei weitem diejenige, die Alfonso Reyes und José Lezama Lima in ihren jeweiligen Essays über fray Servando Teresa de Mier vollzogen hatten. Natürlich hatten auch Arenas' Vorläufer in fray Servando bestimmte Eigenschaften ausfindig gemacht, mit denen sie sich jeweils in einer konkreten persönlichen oder politischen Situation und mit dem Ziel der Formulierung von ebenfalls konkreten literarischen und politischen Zielen identifizierten, und auch *ihre* Essays hatten deshalb zu einem guten Teil auf einer solchen identifikatorischen Lektüre aufgebaut. Vor allem die Vorstellung von fray Servando als archetypischem Verfolgten war jenseits der im Einzelnen durchaus beträchtlichen

---

229 Arenas 2008a: 83.
230 Arenas 2008a: 83–84.

Unterschiede zwischen ihren fray-Servando-Lektüren eine Art kleinster gemeinsamer Nenner der Interpretationen von Alfonso Reyes und José Lezama Lima gewesen, und diese Vorstellung steht zweifellos auch bei Reinaldo Arenas im Mittelpunkt des Interesses. Dennoch unterscheidet sich der Romancier durch die Radikalität seiner Aussage von seinen Vorgängern: „Fray Servando bin ich", das hatten in dieser Entschiedenheit und in dieser Deutlichkeit weder Reyes noch Lezama von sich gesagt.

Trotz seines offenkundigen Interesses an der in unterschiedlicher Art und Weise schon von Reyes und Lezama perspektivierten Figur des Verfolgten zielt Arenas' fray-Servando-Lektüre aber keineswegs *allein* auf die politischen Umstände in den sechziger Jahren in Kuba. Tatsächlich ist der fray Servando aus *El mundo alucinante* trotz der so ausdrücklich vollzogenen Identifikation des Autors mit seiner Figur nicht weniger archetypisch, als es derjenige aus *La expresión americana* gewesen war; davon zeugen nicht nur Arenas' Kommentare zu seinem Werk, sondern mehr noch die narrative Anlage des Romans selbst. Denn auch wenn sich dieser Roman selbstverständlich in einem Sinne lesen lässt, der hinter dem Protagonisten fray Servando Teresa de Mier den Autor Reinaldo Arenas, hinter dem inquisitorischen System der durch fray Servando in Frage gestellten katholischen Kirche in Neuspanien das ebenso inquisitorische System des durch Arenas in Frage gestellten kommunistischen Regimes in Kuba und hinter der Schar der schmeichlerischen Hofpoeten der mexikanischen Präsidenten Guadalupe Victoria die Truppe der auf Linie gebrachten Schriftsteller Fidel Castros erkennt, ist *El mundo alucinante* doch nichts weniger als ein *roman à clef*. Vielmehr lässt Arenas keinerlei Zweifel daran aufkommen, dass ihn an der Figur fray Servando Teresa der Miers vor allem deren Universalität interessiert.[231]

Entsprechend nimmt sein Roman dieser Figur gegenüber zu keinem Zeitpunkt eine feste Position ein, sondern er kreist sie aus den unterschiedlichsten Perspektiven ein, indem er von Kapitel zu Kapitel und teilweise auch innerhalb eines Kapitels die Fokalisierung verändert. So fängt *El mundo alucinante* beispielsweise mit drei Versionen des ersten Kapitels an, die zwar alle drei mit „Capítulo 1" überschrieben sind, aber fray Servandos Kindheit aus drei unterschiedlichen Blickwinkeln und mit leicht sich verschiebendem Fokus erzählen: „De cómo transcurre mi infancia en Monterrey junto con otras cosas que también transcurren", „De tu infancia en Monterrey junto con otras cosas que también ocurren" und schließlich

---

[231] Vgl. noch einmal Santí/Morley 1983: 116. Hier sagt Arenas: „A mí me interesaba proyectar mi mundo, mi circunstancia, mi imaginación, amparándome, hasta cierto punto, en la imagen de un personaje como Fray Servando que de real se convierte en mítica. Y cuando una imagen se convierte en mito puede ser utilizada como dimensión universal."

„De cómo pasó su infancia en Monterrey junto con otras cosas que también pasaron".[232] Ein Thema in drei Variationen, und wenn der Prozess der spielerischen Veränderung nicht nur die Fokalisierung (vom Ich über das Du zum Er), sondern auch die Lexik (vergehen – sich zutragen – geschehen) betrifft, dann zeigt Arenas damit gleich zu Beginn, dass sein Roman nicht daran interessiert sein wird, die Dinge festzuschreiben, sondern dass er sie vielmehr offen und in der Schwebe halten will. Auch auf diese Weise wird aber zu diesem frühen Zeitpunkt schon deutlich, dass keineswegs nur Reinaldo Arenas fray Servando ist, sondern in letzter Instanz wir alle, die wir von den wechselnden Pronomina angesprochen sind.

Sowohl Alfonso Reyes als auch José Lezama Lima hatten sich ihrem Gegenstand fray Servando Teresa de Mier auf essayistischem Wege genähert und auch dadurch der charakteristischen inhaltlichen und formalen Offenheit von dessen Werken Rechnung getragen. Vor diesem Hintergrund und vor dem Hintergrund des Interesses, das auch die vorliegende Studie an solcherlei im Wortsinn „versuchshaften" Lektüren und den durch diese Lektüren eröffneten Zwischenräumen hat, bleibt nun auch in Bezug auf *El mundo alucinante* abschließend noch die Frage der literarischen Gattung aufzuwerfen, in die sich dieser Text einschreibt. Die Antwort auf diese Frage scheint selbstverständlich auf der Hand zu liegen, denn schließlich nennt Reinaldo Arenas selbst seinen Text nicht nur ausdrücklich einen Roman,[233] sondern er grenzt den Zugriff auf seinen Stoff noch zusätzlich ein, indem er sein Werk als einen „Abenteuerroman" bezeichnet. In der Tat hatte bereits die von José Lezama Lima entworfene Figur des „romántico desterrado" Züge gehabt, die denen einer Romanfigur nicht unähnlich waren; und Lezama selbst hatte durch seine Bezugnahme auf Stendhals Fabrice del Dongo zwischen den Zeilen darauf hingewiesen, dass auch ihm eine solche Interpretation seiner archetypischen Figur durchaus naheliegend erschien. Und auch bei fray Servando Teresa de Mier selbst war das Bewusstsein für die im weitesten Sinne „romanesken" Qualitäten seiner Geschichte schon sehr ausgeprägt gewesen: „Mi historia le pareció una novela, y seguramente fingida [...]", mit diesem vor allem in der Forschung des ausgehenden 20. und beginnenden 21. Jahrhunderts gern zitierten Satz hatte bereits der Verfasser der *Memorias* auf die Nähe seiner Lebensgeschichte zu der im frühen 19. Jahrhundert an Einfluss gewinnenden Form des Romans hingewiesen.[234] Allerdings ist diese Aussage im Kontext seiner auf der eigenen Unschuld insistierenden Darstellung bei fray Ser-

---

232 Arenas 2008a: 91, 94 und 96.
233 „Más que una novela histórica o biográfica, pretende ser, simplemente, una novela." (Arenas 2008a: 81). Andrea Pagni weist darauf hin, dass die narrative Struktur der ausführlichen Überschriften der einzelnen Kapitel in Arenas' Roman an „die der Ritter- oder Abenteuerromane" erinnere (Pagni 1992: 160).
234 Mier 2009, Bd. II: 278. Zitiert wird der Satz unter anderem von Folger 2010.

vando wohl eher im Sinne einer Distanzierung von der Gattung des Romans und ihrem fiktionalen Überschuss zu verstehen und nicht in dem Sinne, dass er seine Lebensgeschichte wirklich freiwillig in dieses Register hätte einordnen wollen. Der Hinweis auf den von seinem Gesprächspartner vermuteten fiktionalen Charakter seiner Geschichte deutet jedenfalls darauf hin, dass der Dominikaner das Schlagwort „novela" hier in eben diesem Sinne von „erfunden", „fantastisch" und „unglaubwürdig" und deshalb eher mit dem Ziel der Abgrenzung als mit dem Ziel der Aneignung verwendet. Dessen ungeachtet steht aber außer Frage, dass schon der Verfasser der *Memorias* das narrative Potential deutlich erkannt hat, das seine Geschichte barg; und natürlich ist es eben dieses narrative Potential, das auch Reinaldo Arenas im Blick hat, wenn er der von Artemio de Valle-Arizpe verfassten fray-Servando-Biographie vorwirft, sie sei zu trocken und zu fantasielos für ihren Stoff.[235] Obwohl also fray Servandos *Memorias* mit ihrer skizzenhaften Poetik unausgesprochen auf im weitesten Sinne essayistische Schreibweisen zurückgegriffen hatten, und obwohl fray Servandos Leser Reyes und Lezama das ihrerseits sehr explizit getan hatten, schlägt Reinaldo Arenas an dieser Stelle offensichtlich einen anderen Weg ein. So hält der kubanische Schriftsteller die Form des Romans für die einzig mögliche Form der Verwirklichung der schon in fray Servandos Autobiographie von 1817–1820 angelegten (und von seinen Vorgängern zwar wahrgenommenen, aber nicht ausgebauten) erzählerischen Möglichkeiten. Nicht der Essay, sondern der Roman gerade in seiner „postmodernen" Gestalt ist es, der dem Verfasser von *El mundo alucinante* am besten zu jener „ratificación de la labor creativa" geeignet ist, wie er sie im Rückblick seiner Autobiographie anlässlich von Lezamas Intervention „Confluencias" nur kurz nach der kubanischen Kontroverse um seinen Roman besonders hervorheben sollte.[236]

Auch wenn man nun seine drei Vorworte zu *El mundo alucinante* mit einiger Berechtigung auch als kurze Essays lesen, und auch wenn die auf diese Weise konstruierte Gattungsgenealogie Reinaldo Arenas noch ausdrücklicher in die Nachfolge der großen hispanoamerikanischen Essayisten Alfonso Reyes und José Lezama Lima stellen könnte, würde Arenas eine solche Interpretation der kurzen Paratexte zu seinem Roman ohne Zweifel weit von sich weisen:

> Mi campo no es el ensayo y se supone que el ensayo lo lee solamente la gente que piensa mientras que la novela la lee cualquier persona. Yo me sentía identificado con el personaje no solamente como condición puramente ensayística o crítica de un hombre que ha pade-

---

235 Vgl. noch einmal Santí/Morley 1983: 115.
236 Arenas 2008b: 113. Als „postmoderne Romane" sollen hier pragmatisch vor allem Werke verstanden werden, die ein ironisches Spiel mit der literarischen Tradition inszenieren (vgl. Hutcheon 1988). Auch Pagni situiert *El mundo alucinante* vor einem solchen im weitesten Sinne postmodernen Hintergrund, wenn sie konstatiert, dass „Lyotards Diagnose vom Ende der ‚großen Erzählungen' [...] wohl den Hintergrund bilden [dürfte], vor dem *El mundo alucinante* zu verstehen ist." (Pagni 1992: 168).

cido una determinada circunstancia; yo quería hacerle un homenaje y difundirlo. [...] Me di cuenta que ese personaje trascendía su propia condición de personaje como tal, para llegar a ser, hasta cierto punto, un arquetipo de la historia del género humano. Era el hombre en lucha contra un medio hostil bajo cualquier circunstancia.[237]

Einmal mehr: Fray Servando bin ich, fray Servando bist du, fray Servando sind wir alle. Arenas' Vorbehalte gegen die Gattung des Essays beschränken sich nicht darauf, dass er diese Form der Auseinandersetzung mit einem Thema im Vergleich zu derjenigen des Romans für zu akademisch oder sogar für elitär hält. In einem seiner drei Vorworte zu *El mundo alucinante* formuliert er eine explizite Absage an die Gattung, die weniger deren zu geringe Reichweite als vielmehr ihr in seinen Augen begrenztes epistemologisches Potential in den Blick nimmt: „[L]o que más útil me ha resultado para llegar a conocerte y amarte, no fueron las abrumadores enciclopedias, siempre demasiado exactas, ni los terribles libros de ensayos, siempre demasiado inexactos",[238] so leitet er das bereits zitierte Bekenntnis zu seiner vollständigen Identifikation mit dem Protagonisten seines Romans ein.

Wenn man Arenas' Vorworte unter dieser Prämisse liest, dann wird deutlich, dass sie tatsächlich viel zu sehr auf den sich an sie anschließenden Roman und die in dessen Verlauf erfolgende narrative Entfaltung des Sujets angewiesen sind, als dass sie für sich stehen und unabhängig von dieser narrativen Weiterentwicklung als Essays gelesen werden könnten. Anders als die Essays von Alfonso Reyes und José Lezama Lima funktionieren die Vorworte von Reinaldo Arenas nur im Wechselspiel miteinander und im Wechselspiel mit dem Roman, den sie einleiten. Vor allem der nicht nur aus diesen internen Bezugnahmen, sondern auch aus den zahlreichen externen Verweisen und intertextuellen Bezügen (von Alexander von Humboldt über Lucas Alamán bis hin zu José Lezama Lima) resultierende dialogische Charakter von *El mundo alucinante* macht aus dem Roman einen Meilenstein in der Auseinandersetzung der hispanoamerikanischen Literatur mit fray Servando Teresa de Mier.[239] Wenn es richtig ist, was Robert Folger konstatiert – dass nämlich Leserinnen und Leser des ausgehenden 20. und beginnenden 21. Jahrhunderts fray Servando vor allem oder sogar ausschließlich deshalb kennen, weil er eine Romanfigur von Reinaldo Arenas ist –,[240] dann zeigt sich darin die universelle Anschlussfähigkeit nicht nur des Protagonisten dieses kubanischen Abenteuerromans selbst, sondern auch diejenige der „Poetik des Irrsinns", mittels derer dessen Verfasser seine Geschichte als diejenige von uns allen entwickelt.

---

237 Santí/Morley 1983: 116.
238 Arenas 2008a: 83.
239 Vgl. zu der ausgeprägten Intertextualität in *El mundo alucinante* noch einmal Jara 1979.
240 Vgl. Folger 2010: 40–41.

4.2.4 Christopher Domínguez Michael: Fray Servandos Rückkehr

Die erste Ausgabe von *El mundo alucinante* war die französische Übersetzung von Didier Coste, die 1968 unter dem Titel *Le monde hallucinant* bei Seuil erschienen ist. Das Buch wurde in Frankreich begeistert aufgenommen und noch im selben Jahr neben Gabriel García Márquez' *Cien años de soledad* als bester ausländischer Roman ausgezeichnet.[241] Zu diesem Erfolg haben vor allem zwei Faktoren beigetragen: Einmal ein seit Beginn der sechziger Jahre in ganz Europa stark gewachsenes und zum Zeitpunkt der Publikation von *Le monde hallucinant* weiter zunehmendes Interesse an Literatur aus Hispanoamerika;[242] zum anderen aber nach dem Pariser Mai 1968 auch eine politische und gesellschaftliche Situation, in der man auf die Rezeption dieses Romans aus der Feder des „contestataire cubain" Arenas in besonderer Weise vorbereitet zu sein schien.[243] Beide Punkte hängen auf eine nur scheinbar paradoxe Art und Weise miteinander zusammen. So ging in diesen Jahren der *Boom* der Literatur aus dem Subkontinent eigentlich mit einem festen „Glaube[n] an die Kubanische Revolution" einher,[244] und zwar sowohl unter den hispanoamerikanischen Schriftstellern selbst als auch unter ihren europäischen Leserinnen und Lesern. Vor diesem Hintergrund scheint nun der Erfolg ausgerechnet des kubanischen Dissidenten Reinaldo Arenas zunächst wenig naheliegend zu sein.

Der vermeintliche Widerspruch zwischen der begeisterten Rezeption des Romans in Frankreich auf der einen und der zunächst noch unkritischen Haltung vieler europäischer Intellektueller gegenüber dem kommunistischen Regime in Kuba auf der anderen Seite lässt sich jedoch durch einen Blick auf die größeren weltgeschichtlichen Zusammenhänge auflösen. So waren die Pariser Studentenproteste im Mai 1968 von eben jenen hispanoamerikanischen Schriftstellern begeistert begrüßt worden, die in diesen ausgehenden sechziger Jahren begannen, überwälti-

---

241 Vgl. Arenas 2008b: 143.
242 Vgl. Müller 2004 und Müller 2020. Hier analysiert Müller unter anderem die strukturellen Bedingungen, die zu dem *Boom* der lateinamerikanischen Literaturen geführt haben, und untersucht die weltliterarischen Kanonisierungsprozesse, die dabei am Werk gewesen sind. In Deutschland war es vor allem der Suhrkamp Verlag, der dieses wachsende Interesse an Literatur aus Lateinamerika bediente und förderte (vgl. Einert 2018). In diesem Zusammenhang ist im Übrigen auch die bisher einzige (wenngleich nur bruchstückhafte) Übersetzung fray Servandos ins Deutsche zu verorten: So hat 1982 ein Fragment aus den *Memorias* in eine bei Suhrkamp erschienene und von Emir Rodríguez Monegal herausgegebene Anthologie Aufnahme gefunden (vgl. Mier 1982: 422–430).
243 Couffon 1969. Vgl. überblicksartig zum Pariser Mai 1968 auch Loth 2018.
244 Müller 2020: 33.

gende Erfolge auf dem internationalen Buchmarkt zu feiern.²⁴⁵ Gleichzeitig führte aber die gewaltsame Niederschlagung des „Prager Frühlings" durch Truppen des Warschauer Paktes und die ausdrückliche Billigung dieser Intervention durch Fidel Castro dazu, dass sich die ersten Intellektuellen von dessen Regime abzuwenden begannen, und das sowohl innerhalb als auch außerhalb Hispanoamerikas.²⁴⁶ Die langsam einsetzende Ernüchterung dieser kurz zuvor noch kubabegeisterten Schriftsteller und Intellektuellen kulminierte schließlich nach dem „caso Padilla" in einem am 9. April 1971 in *Le Monde* veröffentlichten Protestbrief, mit dem sich die enttäuschten Romanciers, Essayisten, Dichter und Philosophen aus Europa und Lateinamerika ausdrücklich von dem kubanischen Regime (und ihren eigenen damit verbundenen utopischen Vorstellungen) distanzierten.²⁴⁷

Die hier nur kurz skizzierte politische und kulturelle Situation in den späten sechziger und frühen siebziger Jahren stellt nun mit Blick auf die Rezeption fray Servando Teresa de Miers in der hispanoamerikanischen Literatur des 20. Jahrhunderts insofern eine Art „Scharnierstelle" dar, als die Ereignisse des Jahres 1968 selbstverständlich nicht nur Paris und Prag, sondern auch Mexiko-Stadt betroffen haben. So ließ die mexikanische Regierung unter Gustavo Díaz Ordaz am 2. Oktober 1968 und damit nur zehn Tage vor Eröffnung der Olympischen Spiele in Mexiko eine friedliche Demonstration von Studentinnen und Studenten auf der Plaza de las Tres Culturas in Tlatelolco durch Scharfschützen und Panzer blutig niederschlagen und unterband damit gewaltsam die Fortsetzung der Proteste, die über den Sommer 1968 hinweg auch in Mexiko immer massiver geworden

---

245 Namentlich der mexikanische Autor Carlos Fuentes ist hier erwähnenswert, der mit *París: la revolución de mayo* unmittelbar nach den Studentenprotesten einen euphorischen Text geschrieben hat (vgl. Fuentes 2005: 23–106). Vgl. zu der Rezeption des Pariser Mai 1968 in Mexiko auch Volpi 2006.

246 Am 23. August 1968, nur zwei Tage nach dem Einmarsch der sowjetischen Truppen in Prag, beurteilte Fidel Castro die Intervention in einer vom kubanischen Fernsehen übertragenen Ansprache als gerechtfertigt, weil seiner Meinung nach die Entwicklungen in der Tschechoslowakei anderenfalls darauf hinausgelaufen wären, dass das Land in die Hände des Kapitalismus und des Imperialismus gefallen wäre (vgl. Castro 1968).

247 Bereits am 2. April war in Mexiko ein Protestschreiben der durch den Pen-Club vertretenen mexikanischen Schriftsteller in der Zeitung *Excelsior* erschienen. Silvia Cezar Miskulin spricht mit Blick vor allem auf die sich anschließenden weltweiten Protestaktionen vom „Ende der Flitterwochen" zwischen den Künstlern und Intellektuellen und dem kubanischen Regime: „El encarcelamiento y la confesión de Padilla [...] marcaron el fin de la ‚luna de miel' entre la intelectualidad internacional y el gobierno cubano." (Cezar Miskulin 2010: 162). Vgl. auch dazu noch einmal Müller 2020: 33. Zu den Unterzeichnerinnen und Unterzeichnern des offenen Briefes aus *Le Monde* gehörten unter anderem Italo Calvino, Simone de Beauvoir, Jean-Paul Sartre, Julio Cortázar, Mario Vargas Llosa, Juan Goytisolo und sein Bruder Luis, Hans Magnus Enzensberger, Octavio Paz, Gabriel García Márquez und Marguerite Duras (vgl. López de Abiada 2008: 105).

waren. Bis heute ist die genaue Zahl der Opfer der Intervention auf der Plaza de las Tres Culturas nicht bekannt.[248]

> A la distancia, la represión del 2 de octubre en México que dio fin al movimiento estudiantil, acabará por parecerse más al final de la Primavera de Praga en agosto de 1968, aplastada por los tanques soviéticos, que al mayo francés, disuelto sin saldo sangriento gracias al horror genético de la Francia profunda (que incluía ya al Patido [sic] Comunista y a la Confederación General de Trabajadores) contra la revolución. En Checoslovaquia, un esclerótico régimen revolucionario, al intentar de reformarse desde adentro, había sido liquidado; en México, los estudiantes y muchos de sus profesores, con un modesto pliego democrático, también fueron derrotados al atreverse a proponer la reforma de su propio y artrítico Estado que había convertido a los XIX Juegos Olímpicos [...] en una magna autocelebración de la eterna paz social lograda por la Revolución mexicana,[249]

so fasst der mexikanische Publizist Christopher Domínguez Michael die Zusammenhänge zwischen den drei unterschiedlichen Protestbewegungen des Jahres 1968 in seiner 2014 veröffentlichten Biographie von Octavio Paz zusammen. Domínguez Michael hatte den späteren Nobelpreisträger schon Ende der achtziger Jahre in der Redaktion der Zeitschrift *Vuelta* kennengelernt und war in den zehn Jahren bis zu dessen Tod im Jahr 1998 in seinen engsten Kreis aufgerückt. Was deshalb für den 1962 geborenen Domínguez Michael an den sozialen Bewegungen des Jahres 1968 und deren Beziehungen untereinander vor allem von Interesse ist, das sind die Überlegungen, die sein intellektueller Ziehvater dazu angestellt hat, und zwar sowohl im Jahr 1968 selbst als auch später, mit dem Abstand von Jahrzehnten.

Im Unterschied zu den meisten zeitgenössischen hispanoamerikanischen Intellektuellen hatte Octavio Paz der Kubanischen Revolution seit jeher eher ferngestanden.[250] 1968 war er mexikanischer Botschafter in Indien und verfolgte aus diesem Grund die Ereignisse in Paris, in Prag und schließlich auch in Mexiko-Stadt aus der Ferne von Neu-Delhi aus. In dem wenige Jahre vor seinem Tod veröffentlichten Essay *Vislumbres de la India* (1995) erinnert er sich an seine Sympathien für die französische Studentenbewegung, in deren Auftreten er eine damals von ihm schon nicht mehr für möglich gehaltene Verbindung von Aktion und Poesie und damit eine Revolution im besten Sinne hatte erkennen wollen:

> Durante esas semanas sentí que mis esperanzas juveniles renacían: si los obreros y los estudiantes se unían, asistiríamos a la primera y verdadera revolución socialista. Tal vez Marx no

---

248 Vgl. auch dazu noch einmal Volpi 2006.
249 Domínguez Michael 2014: 296.
250 Vgl. Domínguez Michael 2014: 299. Vgl. auch Cezar Miskulin 2010: 163. Hier betont die Autorin, dass Octavio Paz das kubanische Regime schon lange vor dem „caso Padilla" äußerst kritisch beurteilt habe.

se había equivocado: la revolución estallaría en un país avanzado, con un proletariado maduro y educado en las tradiciones democráticas. [...] Y una novedad no prevista por Marx: esa revolución sería asimismo el comienzo de una profunda mutación de las conciencias. La poesía, heredera de las grandes tradiciones espirituales de Occidente, entraba en acción. Era la realización, al fin, de los sueños de los románticos del XIX y de los surrealistas del XX.[251]

In der Darstellung von Christopher Domínguez Michael ist nun das, was der Essayist Octavio Paz hier Mitte der neunziger Jahre im Rückblick über die Pariser Studentenproteste vom Mai 1968 schreibt, tatsächlich bereits in der unmittelbaren Reaktion des Diplomaten Octavio Paz auf die Niederschlagung der mexikanischen Studentenproteste vom Oktober 1968 knapp 30 Jahre zuvor angelegt gewesen: Paz hatte damals um seine Entlassung aus dem diplomatischen Dienst gebeten, und zwar als einziger Beamter des mexikanischen Staates überhaupt (wie der getreue Domínguez Michael nicht versäumt hervorzuheben).[252] Jenseits von dessen teils etwas unkritischer Anhängerschaft kristallisiert sich aber in der Art und Weise, wie Domínguez bei seiner Schilderung des Jahres 1968 die weltpolitischen Zusammenhänge zwischen Havanna, Paris, Mexiko-Stadt, Prag und Neu-Delhi in der Person von Octavio Paz zusammenfließen lässt, genau jene Frage heraus, die bereits in der *Historia de la Revolución de Nueva España, antiguamente Anáhuac* und zwar weniger explizit, aber dennoch erkennbar auch in den *Memorias* von fray Servando Teresa de Mier verhandelt worden war und die erst kurz vor den hier zur Debatte stehenden Ereignissen noch im Mittelpunkt des aus Kuba herausgeschmuggelten Romans von Reinaldo Arenas gestanden hatte: Die Frage nach der Berechtigung der Revolution nämlich, und diejenige nach den Möglichkeiten ihres Erfolgs (oder auch ihres Scheiterns).

Christopher Domínguez Michael kommentiert sein Interesse an dieser Frage nur an wenigen Stellen seiner umfangreichen biographischen Auseinandersetzung mit dem Dichter und Diplomaten Paz explizit, aber zwischen den Zeilen scheint es doch unverkennbar immer wieder auf, etwa wenn der Biograph betont, dass er und die anderen Mitstreiter aus der Redaktion von *Vuelta* sich dank der Beziehung zu Octavio Paz als „contemporáneos de la Revolución mexicana y de la Revolución rusa" hätten fühlen können,[253] oder auch, wenn er das „kleine Privileg" erwähnt, das er selbst in diesem Kreis genossen habe: So sei er der Einzige gewesen, der eine Vergangenheit als „militante del Partido Comunista Mexicano" gehabt habe, und diese Besonderheit habe ihn in den Augen von Octavio Paz vor allem aus dem Grund ausgezeichnet, weil für diesen der Kommunismus eine Ob-

---

251 Paz 2003: 1238. Vgl. zu Paz' Reaktion auf das Massaker von Tlatelolco auch Krauze 2014: 163–169 und Wedemeyer 2019: 109.
252 Vgl. Domínguez Michael 2014: 312.
253 Domínguez Michael 2014: 21.

session gewesen sei, mit der er sich seit jeher intensiv beschäftigt habe: „Primero como ortodoxo, luego como heterodoxo."²⁵⁴

Vor diesem Hintergrund findet nun die implizite Auseinandersetzung mit der Frage nach der Revolution, die Domínguez in seinem Buch über Octavio Paz versucht, auch in einem abstrakteren Sinne ihre Begründung. Die 650 Seiten starke Biographie zeichnet sich nämlich durch eine streckenweise deutlich hagiographische Stoßrichtung aus, die sich unter anderem dadurch erklären lässt, dass Domínguez Michael seinen Mentor immer wieder gegen die Angriffe „der alten und der neuen Linken" in Schutz nehmen zu müssen glaubt. Deren Vertreter hatten Octavio Paz seit den achtziger Jahren seine immer mehr zum Liberalismus tendierenden politischen Überzeugungen und damit seinen (angeblichen) Verrat an der bisher (vermeintlich) gemeinsam verfolgten Sache vorgeworfen.²⁵⁵ Dieser Sichtweise setzt der inzwischen wie sein intellektueller Ziehvater längst von einem orthodoxen zu einem heterodoxen Interesse am Kommunismus übergegangene Christopher Domínguez Michael seinen unverbrüchlichen Glauben an die intellektuelle Redlichkeit, die Unbestechlichkeit und vor allem natürlich die Brillanz seines Mentors entgegen:

> El genio de Octavio Paz pertenece a una especie rara, la de los poetas-críticos [...]. Sólo W. B. Yeats, Valéry, Pound, Eliot [...] comparten con Paz esa conjunción de hondura analítica y grandeza poética. Los cuatro fueron tan influyentes como ensayistas que como poetas y es imposible disociar, en ellos, a la prosa del verso, a la sensibilidad y a la inteligencia. De los cinco, si es que ello quiere decir algo, tres fueron premios nobel, Valéry murió en la víspera de obtenerlo y Pound muy probablemente lo hubiera sido de no mediar su episodio mussoliniano. Pero este quinteto a la vez lo fue de cinco jefes espirituales. No sólo organizadores públicos o privados de la cultura como editores o promotores del teatro, sino figuras públicas, hombres políticos, poetas exotéricos y clérigos dispuestos a dar la batalla por un conjunto de verdades universales y trascendentes: verdaderos intelectuales.²⁵⁶

Octavio Paz als herausragender Vertreter einer „jefatura espiritual", der als solcher die literarischen ebenso wie die politischen Geschicke seines Landes im Verlauf mindestens der zweiten Hälfte des 20. Jahrhunderts wenn nicht bestimmt, dann doch mindestens stark geprägt hat – das ist das Bild, das Christopher Domínguez Michael seiner Biographie des Dichters zugrunde legt.²⁵⁷ Vor diesem

---

254 Domínguez Michael 2014: 19. Vgl. auch Wedemeyer 2019: 14–15.
255 Vgl. Domínguez Michael 2014: 393. Domínguez Michael spricht wörtlich von der „evolución final hacia el liberalismo", die Paz vollzogen habe, und nennt die andere Seite „la vieja y [...] la nueva izquierda". Die gemeinsame Sache, die Paz mit dieser Linken zuerst verfolgt und dann aufgegeben hätte, wäre vereinfacht gesprochen natürlich „die" Revolution.
256 Domínguez Michael 2014: 411.
257 Nicht umsonst trägt die Biographie den Titel „Octavio Paz en su siglo": Dass das 20. Jahrhundert das Jahrhundert des 1914 geborenen und 1998 gestorbenen Octavio Paz gewesen ist, ist sicher unbestreitbar; dass Domínguez Michaels Biographie aber durch die Verwendung des

Hintergrund ist auch die Auseinandersetzung mit der abstrakten Frage nach der Revolution zu verstehen, die seine Annäherung an die bewunderte Figur des „jefe espiritual" Octavio Paz begleitet.

Was das Verhältnis von Domínguez Michael zu seinem Mentor Octavio Paz im Kontext der Frage nach der Bedeutung fray Servando Teresa de Miers für die hispanoamerikanische Literatur des 20. Jahrhunderts interessant und relevant erscheinen lässt, das ist die Tatsache, dass der mexikanische Literaturkritiker außer der im Jahr 2014 zum 100. Geburtstag von Octavio Paz veröffentlichten Biographie bisher nur ein weiteres Buch geschrieben hat, das ähnlich umfangreich und ähnlich anspruchsvoll wäre wie dasjenige über Paz: die in der vorliegenden Studie vielzitierte fray-Servando-Biographie *Vida de Fray Servando* aus dem Jahr 2004 nämlich. Zuerst fray Servando also und dann Octavio Paz. Jenseits dieser beiden voluminösen Biographien beschränkt sich das in Buchform veröffentlichte Werk von Christopher Domínguez Michael auf einen kurzen Roman (*William Pescador* aus dem Jahr 1997), verschiedene Anthologien und eine Reihe von (teils durchaus voluminösen) literaturgeschichtlichen Bänden, die zumeist zuvor bereits in anderen Zusammenhängen veröffentlichte Artikel und Essays versammeln oder die zugespitztere Reflexionen zu bestimmten Aspekten oder Entwicklungen der mexikanischen Literatur formulieren.[258] Die Biographien des neuspanischen Dominikaners und des mexikanischen Dichters nehmen also ohne Zweifel einen besonderen Platz in Domínguez Michaels Œuvre ein, und vor diesem Hintergrund mag die Frage naheliegend erscheinen, ob in seinen Augen wohl eine wie auch immer geartete Verbindung zwischen fray Servando Teresa de Mier auf der einen und Octavio Paz auf der anderen Seite besteht: Warum behandelt der Kritiker ausgerechnet diese beiden Figuren mit einer solchen Liebe zum Detail, mit einer solchen Ausführlichkeit und mit einem solch langen narrativen Atem, wenn sein Fach doch sonst eher dasjenige der kleinen Formen zu sein scheint, dasjenige der Essays, Aufsätze und Artikel?

Christopher Dominguez Michaels Biographie von Octavio Paz stützt sich auf die persönliche Beziehung und die Nähe des Biographen zu seinem Protagonisten. Diese Biographie lebt von der Erzählung über gemeinsam Erlebtes, über geteilte Erlebnisse und geteilte Freundschaften, über lange Telefongespräche und zusammen eingenommene Abendessen, und sie lebt auf diese Weise nicht zuletzt auch von der Anekdote. Am Anfang seines Werkes wirft der Verfasser zwar selbst ausdrücklich

---

Possessivpronomens „su" ihren Protagonisten gleich zum Besitzer oder zumindest zum Sachwalter dieses Jahrhundert erklärt, das kann durchaus als erster Hinweis auf ihre mitunter etwas hagiographische Tendenz verstanden werden.

258 Interessant sind allerdings mit Blick auf die Frage nach Domínguez Michaels Wahrnehmung von fray Servando Teresa de Mier die zwei Bände, die er der mexikanischen Literatur des 19. Jahrhunderts gewidmet hat: Domínguez Michael 2016 und 2019.

die Frage nach der Freundschaft auf, um sie dann aber umgehend zu verneinen („¿Fui amigo de Paz? No, de ninguna manera, me digo de inmediato [...]").[259] Wenn er aber in der Folge betont, dass Octavio Paz einer „jansenistischen" Vorstellung von Freundschaft angehangen habe, dann gibt er damit die vorher geübte Zurückhaltung doch wieder auf, um sich zuletzt eben *doch* einem solchen freundschaftlichen Zirkel um Paz zugehörig zu erklären.[260] Aus diesem Grund hat Christopher Domínguez Michael auch keine Scheu, seine eigenen Tagebücher aus der gemeinsam mit dem Gegenstand seiner Biographie verbrachten Zeit als historische Quelle zu dessen Leben zu zitieren und etwa anlässlich des Todes von Octavio Paz auf eines dieser Jugendtagebücher zurückzugreifen, um ausgehend von den darin enthaltenen Erzählungen eine sehr persönliche Reflexion zu der Frage anzustellen, in welcher Form der Verstorbene wohl weiterleben werde:

> Octavio Paz murió poco después de las 10:30 de la noche del domingo 19 de abril de 1998 (el mismo día que Lord Byron). Se terminaba el siglo XX y entrábamos a un tiempo nuevo donde se saciaría, quizá, aquella curiosidad mía cuando en una reunión con él, en noviembre de 1989, se fue la luz y Octavio siguió hablando sin hacer ningún comentario sobre la ausencia de electricidad. ¿Qué ocurriría si al regresar la luz él hubiera desaparecido? ¿Quedaría la voz sin persona?[261]

Im Unterschied zu dieser kurzen Verdunkelungsszene im Leben von Octavio Paz fehlt bei Dominguez Michaels Annäherung an fray Servando aber von Anfang an das Licht (um im Bild zu bleiben). Anders als bei Octavio Paz, der in der Erinnerung immer auch körperlich präsent ist, kann im Falle von fray Servando Teresa de Mier zunächst nur die Stimme des zu Porträtierenden existieren, so wie sie aus seinen Werken spricht, und eben nicht die Person selbst.[262] Hier muss die Nähe zum Gegenstand erst hergestellt werden, die bei Octavio Paz von Anfang an so fraglos gegeben scheint.

---

259 Domínguez Michael 2014: 19.
260 „Pero sí, lo fui, si me atengo a su idea filosófica de la amistad, un poco jansenista, es decir, una comunidad, religiosa pero heterodoxa, en la convicción y en la complicidad, un reconocimiento no secreto sino un tanto iniciático, para el cual él no necesitaba sino algunos signos, en prosa, en verso, en espíritu." (Domínguez Michael 2014: 19–20).
261 Domínguez Michael 2014: 568. Die Fußnote zu dieser Passage verweist als Quelle für die die Frage veranlassende Erinnerung auf „CDM, Diario, 27 de noviembre de 1989."
262 Vielleicht ist es aus diesem Grund auch kein Zufall, dass Domínguez Michael fray Servandos außergewöhnlicher Stimme (zu der mehrere Äußerungen von Zeitgenossen des Dominikaners überliefert sind) am Schluss seiner Biographie einen langen Absatz widmet: „Los tiempos que el fraile no eligió vivir, lo obligaron a robar atuendos y a volverse inasible para la paleta del retratista, pasando por un hombre a veces inexistente, otras impresionante, pero siempre esquivo: una silueta que camina en el límite de su leyenda. Pero fue su voz, instrumento modulado de los oradores sagrados, la que dio el testimonio por él." (Domínguez Michael 2004: 678).

Der fray-Servando-Biographie von Christopher Domínguez Michael kommt das Verdienst zu, den Wegen des sich physisch ebenso wie geistig zwischen den Welten bewegenden Dominikaners erstmals *überhaupt* mit einem systematischen Anspruch nachgegangen zu sein. Nachdem fray Servando unter seinen Zeitgenossen im frühen 19. Jahrhundert kaum als Verfasser von umfangreichen Werken mit einem auch literarischen Anspruch wahrgenommen worden ist (und auch nicht als solcher wahrgenommen werden konnte, weil seine *Historia de la Revolución de Nueva España* in Mexiko zunächst nur in wenigen Exemplaren zirkulieren konnte und seine *Memorias* erst lange nach seinem Tod veröffentlicht wurden),[263] waren die ersten vollständigeren Biographien, die man ihm dann in der Mitte des 20. Jahrhunderts widmete, entweder bloße Nacherzählungen seiner *Memorias* wie diejenige des bereits von Reinaldo Arenas als zu farblos und brav geschmähten Artemio de Valle-Arizpe (1951) oder in der Tendenz herablassende Psychologisierungen wie diejenige, die der erzkatholische Alfonso Junco im Jahr 1959 unter dem vielsagenden Namen *El increíble Fray Servando* veröffentlichte.[264] In beiden Fällen haben die Biographen offensichtlich keine substanziell weiterführenden Recherchen angestellt oder wesentlich mehr Material herangezogen als eben fray Servandos *Memorias* selbst und einige wenige Quellen, die in Mexiko-Stadt und Monterrey wohl auch ohne weiterführende Recherchen verfügbar gewesen sind.[265] Im Unterschied dazu hat Christopher Domínguez Michael im ausgehenden 20. und beginnenden 21. Jahrhundert nahezu *alle* Archive der Alten und der Neuen Welt durchkämmt auf der Suche nach Spuren, die der Dominikaner darin hinterlassen haben könnte, und er

---

263 Vgl. dazu die Darstellung von Christopher Domínguez Michael selbst: „Las *Memorias* servandianas, que están y no están en el origen de las letras mexicanas, redactadas en 1819 gracias al encierro del fraile en el Palacio de la Inquisición y al escrúpulo memorioso de sus juzgadores, no ven la luz hasta que Payno las publica, aún en agraz, en 1865. [...] Todavía cuando muere en diciembre de 1827, previa invitación teatral a su agonía, muy pocos han sido los lectores de su *Historia de la Revolución de la Nueva España* (1813), que está en el principio de todo." (Domínguez Michael 2016: 597).

264 „En suma: el castigo eclesiástico para fray Servando, era justificado y procedente. No había ni los odios, ni las envidias, ni las calumnias, ni las diez mil cosas negras que él ha fantaseado, en su delirio de persecución y de grandeza, y que han prohijado sin análisis la mayoría de sus biógrafos. Si el Padre Mier parte a España y cumple sencillamente su reclusión conventual –cosa no tremebunda para un religioso– todo se acaba en paz. Pero tenía la sangre de azogue, y convertido en genio de la fuga, se dedicó a evadirse de sus reclusiones sucesivas, agravando así, complicando y dando nuevas e indefinidas repercusiones a su falta inicial," schreibt Junco gleich zu Beginn seines Werkes, um fray Servando dann in dessen Verlauf mehrmals als „chiflado" zu charakterisieren (Junco 1959: 13 und 11). Darüber hinaus ist auch von „sus fosforescentes chifladuras" die Rede (Junco 1959: 5).

265 Junco veröffentlicht im Anschluss an seine aus zwei kürzeren Studien bestehende Annäherung noch 34 Briefe fray Servandos.

hat dank dieser ausführlichen und intensiven Recherchen tatsächlich einiges Licht in das Dunkel bringen können, das bestimmte Etappen von dessen Leben bis dahin gekennzeichnet hatte.[266] Allein aus diesem Grund ist seine hervorragend dokumentierte Biographie also mehr als verdienstvoll. Die Leistung des Biographen geht aber insofern über die Zusammenstellung all jener Daten und Fakten hinaus, die zur Rekonstruktion der Wege fray Servandos auf beiden Seiten des Atlantiks unabdingbar sind, als er es versteht, die Vielzahl der zusammengetragenen Daten und Fakten in den großen Zusammenhang einer historischen Erzählung einzubinden und seinen Protagonisten auf diese Weise in seiner Epoche zu verankern. So schreibt der Historiker Jean Meyer in einer 2005 in *Letras Libres* veröffentlichten Rezension von Domínguez Michaels *Vida de Fray Servando*:

> ¿Por qué el libro es tan monumental si abraza apenas veinticinco años de la vida de Servando Teresa de Mier? Es que si Servando fue fray Servando *Ordinis Praedicatorum* y padre de la patria mexicana, su biografía necesita una definición de cómo se concebía en su tiempo la condición frailuna (fraile no es monje ni tampoco cura), y una presentación de la especificidad dominica (frente a la jesuita, que hay que definir también); una presentación también de la Nueva España, de la novedad de la idea de la patria. El hilo de Ariadna cronológico que nos lleva de 1795 [...] a la muerte de[l] [...] héroe, pasando por las cárceles españolas, la Revolución Francesa y su política impolítica religiosa, el Imperio napoleónico, la Ilustración ibérica, la invasión francesa del territorio español y la Guerra de Independencia de España, seguida de las insurgencias americanas: ese hilo de Ariadna conduce al autor a multiplicar los estudios, asombrosos de precisión y de escrúpulo, sobre todo lo que el más curioso de los lectores podría necesitar o querer saber, acerca de la historia eclesiástica como de la teología, sobre el temblor o *tsunami* de Lisboa o sobre la destrucción de la Compañía de Jesús, sobre Miranda como sobre Blanco White, sobre la vida cotidiana, los libros, la guerra.[267]

Die hier von Meyer hervorgehobenen Qualitäten der Biographie aus der Feder von Christopher Domínguez Michael haben dazu geführt, dass das Buch auch von der mexikanischen Kritik im Ganzen anerkennend gewürdigt und im Jahr seines

---

266 Er selbst nennt in seiner Danksagung die folgenden Institutionen: „The Spanish Reading Room of the Library of Congress, el Archivio Segreto Vaticano, The Latin American Benson Collection of the University of Austin, la Biblioteca del Colegio Mayor del Niño Jesús (Coyoacán) y la Biblioteca Nacional de Portugal (Lisboa), así como, en Madrid [...] la Biblioteca Nacional, [e]l Archivo Histórico Nacional, [e]l Consejo Superior de Investigaciones Científicas, [e]l Archivo del Ministerio de Asuntos Exteriores y [e]l Instituto de México en España." (Domínguez Michael 2004: 13). Erhellt hat Domínguez Michael unter anderem fray Servandos Aufenthalt in Lissabon zwischen 1805 und 1808, über den der Dominikaner selbst nichts erzählt hat, und die sich anschließende Etappe als Feldkaplan bei den spanischen Befreiungskriegen. Auch bezüglich des Aufenthalts des Dominikaners in Rom im Jahr 1802 hat der Biograph insofern Interessantes zu Tage gefördert, als er dank seiner Recherchen in den Archiven des Vatikans dessen Erzählungen über seine angebliche Säkularisierung widerlegen konnte (vgl. Domínguez Michael 2004: 315–360 und 242–252).
267 Meyer 2005: o. S.

Erscheinens unter anderem mit dem renommierten *Premio Xavier Villaurrutia* ausgezeichnet worden ist. Trotzdem bleibt aber am Ende des in dem vorliegenden Kapitels unternommenen Durchgangs durch die fray-Servando-Rezeption im Verlauf des 20. Jahrhunderts mit Blick auf diese umfangreiche Biographie die Frage zu klären, die im Falle der zehn Jahre später publizierten Octavio-Paz-Biographie desselben Autors so leicht zu beantworten ist, nämlich: Welches Ziel verfolgt der Literaturkritiker Domínguez Michael (der zwar als junger Mann ein Geschichtsstudium angefangen, dieses Studium aber niemals abgeschlossen hat) mit dieser Biographie, die den auch in weiten Kreisen Mexikos vor allem als Namensgeber einer Straße und einer U-Bahn-Station in Mexiko-Stadt bekannten fray Servando Teresa de Mier fast 200 Jahre nach seinem Tod erstmals in das Bewusstsein zwar nicht einer breiten, aber doch einer größeren historisch und literarisch interessierten Öffentlichkeit gerückt hat?

Christopher Domínguez Michael hat an seinem Buch über fray Servando von Ende der achtziger Jahre an und bis 2002 gearbeitet. Anders als der zehn Jahre später publizierten Biographie von Octavio Paz ist derjenigen von fray Servando kein Vorwort vorangestellt, in dem der Biograph Auskunft über sein Interesse an seinem Gegenstand und seine Beziehung zu diesem Gegenstand gäbe, sondern nur eine Danksagung an Freunde und Freundinnen, Begleiter und Begleiterinnen auf den Wegen durch die Bibliotheken und Archive beiderseits des Atlantiks. Allerdings, und das ist im Zusammenhang mit der Frage nach seiner Motivation zu diesen umfangreichen Recherchen und dem daraus resultierenden Buch sicher kein Zufall, hat der Verfasser seiner Biographie eine knappe Widmung vorangestellt, die ohne weitere Kommentare lautet: „A Octavio Paz". Zunächst stellt diese Widmung natürlich schlicht einen weiteren Beleg für die enge Bindung zwischen Domínguez und seinem Mentor dar (wenn es eines solchen Belegs noch bedurft hätte); und sie scheint aus heutiger Perspektive schon eine Brücke zu dem zehn Jahre später publizierten biographischen Werk über Octavio Paz zu schlagen. Darüber hinaus geht aber womöglich auch die Interpretation nicht fehl, dass in den Augen von Christopher Domínguez Michael tatsächlich eine Beziehung besteht zwischen der Person, von der seine Biographie so ausführlich handelt, und derjenigen, der er diese Biographie hier postum und mit so wenigen Worten zueignet; und tatsächlich lässt die parallele Lektüre der beiden Biographien aus der Feder von Christopher Domínguez eine solche Verbindung zwischen fray Servando Teresa de Mier einerseits und Octavio Paz andererseits erkennen.

Octavio Paz hat sich in seinem literarischen Werk nicht wirklich ausführlich zu fray Servando Teresa de Mier geäußert, aber die wenigen Stellen, an denen der Name des Dominikaners fällt, sind doch besonders aussagekräftig. So existiert in dem von Paz selbst und Luis Mario Schneider herausgegebenen Band *El peregrino en su patria. Historia y política de México* aus dem Jahr 1987 ein aus mehreren Abschnitten bestehendes Kapitel mit der Überschrift „Pasados", in dem der Verfasser an zwei Stellen kurz auf fray Servando zu sprechen kommt, nämlich einmal in einem mit „El reino de Nueva España" überschriebenen Text und ein weiteres Mal in einem Text mit dem Titel „Orfandad y legitimidad".[268] Beide Essays (wenn man sie denn als solche bezeichnen möchte) entwerfen eindeutiges Bild von fray Servando Teresa de Mier, obwohl sie diesen nur äußerst knapp skizzieren. So ist der Dominikaner aus der Zeit zu Beginn des 19. Jahrhunderts für Octavio Paz einer der Begründer einer spezifisch mexikanischen intellektuellen Tradition und Geistesgeschichte. Paz zufolge hat Mexiko diese eigene Tradition umso notwendiger gebraucht, als das Land in seinen Augen seit jeher außerhalb der Geschichte des modernen Abendlands gestanden hat und weiter steht:

> Las ideas de la modernidad [...] no han logrado aún arraigar y florecer en nuestras tierras. Repetiré algo que he dicho ya varias veces: nuestra historia, desde el punto de vista de la historia moderna de Occidente, ha sido excéntrica. No hemos tenido ni edad crítica ni revolución burguesa ni democracia política: ni Kant ni Robespierre, ni Hume ni Jefferson. La *otra* historia, la nuestra, reaparece en ciertos momentos. Por ejemplo, cuando fray Servando Teresa de Mier se propone fundar histórica y jurídicamente el derecho de México a la independencia [...].[269]

„La *otra* historia, la nuestra" – das ist also der Platz, den der spätere Nobelpreisträger fray Servando Teresa de Mier hier zuweist. Man könnte seine Ausführungen deshalb ein wenig zugespitzt auch so zusammenfassen: Zwar kein Kant, aber dafür Mier. Die Interpretation fray Servandos, die Paz hier vorschlägt, ist nun insofern originell, als er das Hauptaugenmerk anders als die meisten anderen (professionellen) Leser des Dominikaners vor allem auf dessen Argumentation in der *Historia de Nueva España, antiguamente Anáhuac* richtet und nicht auf diejenige in den *Memorias*. Seine Lektüre macht fray Servando zu dem typischen Repräsentanten eines Mexikos, das vor allem durch den Konflikt zwischen Kreolen und Spaniern gekennzeichnet gewesen sei und deshalb schon immer um einen eigenen

---

268 Der Band versammelt Ausschnitte aus anderen bereits zuvor publizierten Werken, in denen es um Mexiko und seine Geschichte geht. Die Passagen zu fray Servando stammen aus *El ogro filantrópico* von 1979 („Orfandad y legitimidad", dieser Text ist allerdings bereits auf 1973 datiert und ursprünglich als Vorwort zu Jacques Lafayes Buch über die neuspanischen Synkretismen, *Quetzalcóatl y Guadalupe*, entstanden) und der Biographie *Sor Juana Inés de la Cruz o las trampas de la fe* von 1982 („El reino de Nueva España"). An dieser Stelle ist eine Präzisierung notwendig: Der hier erwähnte Band *El peregrino en su patria* ist *nicht* deckungsgleich mit dem Band gleichen Namens, der später (1993) als fünfter Band der *Obras Completas* von Octavio Paz erschienen ist. In dem Band aus den *Obras Completas* fehlen die in dem vorherigen Band von 1987 enthaltenen Passagen zu fray Servando Teresa de Mier.
269 Paz 1987: 128–129.

Ausdruck habe ringen müssen. Die Figur, in der Octavio Paz dieses Ringen schon während der Kolonialzeit auf eine emblematische Art und Weise verkörpert sieht, ist nun sor Juana Inés de la Cruz. In der Darstellung des mexikanischen Schriftstellers findet die im 17. Jahrhundert von den kirchlichen Autoritäten zum Rückzug gezwungene Dichterin in fray Servando einen Nachfolger, der zwar mit denselben Aporien zu kämpfen gehabt habe wie sie und die anderen kreolischen Intellektuellen der Kolonialzeit; der es anders als die schließlich verstummte sor Juana aber schließlich doch vermocht habe, einen solchen eigenen Ausdruck zu finden und damit der Unabhängigkeit den Weg zu bahnen. Über sor Juana Inés de la Cruz schreibt Paz:

> Doblegada por la soledad y la enfermedad, Sor Juana cede. Renuncia a la literatura y al saber como otros renuncian a las pasiones de los sentidos. Entregada a los ejercicios devotos, vende sus libros y sus instrumentos de música, calla – y muere. Su silencio expresa el conflicto sin salida a que se enfrentaba aquella sociedad. La contradicción de la Nueva España está cifrada en el silencio de Sor Juana. No es difícil descifrarlo. La imposibilidad de crear un nuevo lenguaje poético era parte de una imposibilidad mayor: la de crear, con los elementos intelectuales que fundaban a España y sus posesiones, un nuevo pensamiento.[270]

Schon in seiner Auseinandersetzung mit sor Juana Inés de la Cruz setzt Octavio Paz ausdrücklich Ethik und Ästhetik in ein Verhältnis zueinander (wie er es später auch in seiner Auseinandersetzung mit dem Pariser Mai 1968 tun sollte). Seiner Auffassung nach waren es gute hundert Jahre nach der zum Rückzug gezwungenen Nonne fray Servando und seine Zeitgenossen, die tatsächlich jene neue Form des Denkens geschaffen haben, auf welche die von ihm geforderte Verbindung von Ethik und Ästhetik zielt. Trotzdem lässt sich in seinen Augen aber die grundsätzliche Ausweglosigkeit nicht auflösen, mit der sich sor Juana konfrontiert gesehen hatte angesichts der Schwierigkeit, eine solche Form des neuen und eigenständigen Denkens in dem kolonialen Mexiko zu verankern; denn das von fray Servando implementierte kritische Denken musste notwendigerweise das Ende Neuspaniens und den Anfang von etwas Neuem bedeuten: „Ése fue el predicamento en que se encontró Fray Servando Teresa de Mier: sus argumentos sacrohistóricos sobre Quetzalcóatl/Santo Tomás [...] justificaban no sólo la separación de la Vieja España sino la destrucción de la Nueva."[271]

Wenn Octavio Paz deshalb die von den auf fray Servando folgenden Gründervätern der mexikanischen Nation vorgenommene Adaptation des demokratischen Liberalismus französischer und englischer Prägung an ihre eigenen Zwecke als logische Konsequenz aus dieser Aporie darstellt, und wenn er dadurch den Bogen von sor Juana Inés de la Cruz über fray Servando Teresa de Mier hinaus weiter ins

---

270 Paz 1987: 181–182.
271 Paz 1987: 182.

19. Jahrhundert hinein spannt, dann wird darin deutlich, worin genau sein Interesse an der Figur von fray Servando Teresa de Mier besteht: Dieser verkörpert für ihn eine *andere* Möglichkeit für Mexiko, einen eigenständigeren Weg, den das Land in eine wirkliche Moderne hätte nehmen können: Wenn Mexiko es verstanden hätte, nach der Unabhängigkeit die intellektuelle Tradition von fray Servando Teresa de Mier fortzuführen, anstatt auf die Übernahme fremder Modelle zu setzen, dann (das sagt Paz nicht explizit, aber das macht er deutlich genug), dann wäre eine Entwicklung möglich gewesen, die auch aus Mexiko eine moderne und selbstbewusste Nation hätte machen können: „México se hizo más pobre, no más sabio: un siglo después de la guerra con los norteamericanos nos preguntamos todavía qué somos y qué queremos."[272]

Dass nun Octavio Paz in diesem Zusammenhang so ausdrücklich den im Verlauf des 19. Jahrhunderts aus Europa importierten Liberalismus hervorhebt, der in Mexiko die Ausbildung oder die Weiterentwicklung einer eigenen liberalen Tradition verhindert habe, das weist an dieser Stelle den Weg zurück zu Christopher Domínguez Michael und dessen an die Lektüre seines intellektuellen Ziehvaters anschließende Interpretation von fray Servando Teresa de Mier.[273] Denn auch bei Domínguez Michael ist fray Servando ein mexikanischer Liberaler, und auch Domínguez Michael will durch die Beschwörung dieses autochthonen Liberalismus eine Tradition begründen – eine Tradition, die (so darf man vermuten) von Mier über Paz und dessen Zeitschrift *Vuelta* bis hin zu ihm selbst und ins 21. Jahrhundert führt. Fray Servandos Rückkehr: Die Überschrift dieses Kapitels lässt sich vor diesem Hintergrund in einem doppelten Sinne verstehen. Einmal handelt es sich tatsächlich um eine Rückkehr im wörtlichen Sinne, denn nachdem die Rezeptionslinie von Alfonso Reyes im ersten Drittel des 20. Jahrhunderts über Lezama Lima in den fünfziger bis hin zu Reinaldo Arenas in den sechziger Jahren sehr linear und ohne größere Unterbrechungen verlaufen war, scheint sie nach der ersten Publikation von *El mundo alucinante* auf Spanisch im Jahr 1969 zunächst abzubrechen, bis Octavio Paz in den späten siebziger und frühen achtziger Jahren wieder auf den Verfasser der *Historia de la Revolución* und der *Memorias* zu sprechen kommt (im Übrigen sicher nicht zufällig kurze Zeit, bevor er den jungen Christopher Domínguez kennenlernt). Mit der Formulierung „Fray Servandos Rückkehr" wäre in dieser Lesart ganz einfach dessen Wiedereingliederung nach längerer Abwesenheit in den politischen und kulturellen Diskurs Hispanoamerikas gemeint. „Fray Servandos Rückkehr" ist aber auch eine Rückkehr, die offen-

---

272 Paz 1987: 182.
273 Ich danke Iván Pérez Daniel für unsere inzwischen nicht mehr nur transatlantischen, sondern transandinen Gespräche über Octavio Paz, Christopher Domínguez Michael und den Liberalismus.

kundig sehr deutlich im Zeichen des explizit liberalen Geistes steht, der zwischen 1976 und 1998 in der Redaktion der Zeitschrift *Vuelta* (im Deutschen eben: Rückkehr) gepflegt wurde:

> *Vuelta*, como su nombre lo dice, no es un comienzo sino un retorno. En octubre de 1971 apareció una revista, *Plural*; navegó contra viento y marea durante cerca de cinco años; al llegar al número 58, desapareció; hoy reaparece con otro nombre. ¿Es la misma? Sí y no. [...] Vuelta quiere decir punto de partida y, asimismo, mudanza, cambio [...] Damos vueltas con las vueltas del tiempo, con las revoluciones de las estaciones y las revueltas de los hombres; al cambiar, como los años y los pueblos, volvemos a lo que fuimos y somos. Vuelta a lo mismo. Y al dar la vuelta, descubrimos que ya no es lo mismo: el que regresa es otro y es otro a lo que regresa.[274]

Vuelta, die letzte Zeitschrift von Octavio Paz, ist von Anfang an ein Projekt des intellektuellen Widerstands gewesen, und das im Kulturellen ebenso wie im Politischen: „A pesar de que las dos revistas [*Plural* y *Vuelta*] se crearon como publicaciones culturales, siempre se abordaron los temas políticos, lo que revelaba una concepción amplia de cultura de su director y el equipo de dirección."[275] In diesem Umfeld ist der fray Servando Teresa de Mier zu Hause, den Octavio Paz in den siebziger und achtziger Jahren in seinen Essays über die Geschichte Mexikos skizziert; und in diesem Umfeld, so steht zu vermuten, lernt auch der junge Publizist Christopher Domínguez Michael den von Paz entworfenen liberalen Rebellen wider Willen kennen. Wenn Domínguez die Arbeit an seiner fray-Servando-Biographie auf die Zeit von August 1989 bis Frühling 2002 datiert, dann legt die Jahreszahl „1989" ebenso wie zuvor die Widmung an Octavio Paz nahe, dass sein Interesse an fray Servando nicht losgelöst von dem intellektuellen Umfeld zu beurteilen ist, dem er sich als junger Mann zugehörig gefühlt hatte.[276] Womöglich ist es tatsächlich Octavio Paz selbst gewesen, der seinem aufstrebenden Mitarbeiter das Projekt über fray Servando ans Herz gelegt hat. Paz selbst hatte kurz vorher, in den frühen Jahren von *Vuelta*, seine große Biographie über sor Juana Inés de la Cruz geschrieben;[277] und in der Forschung ist seit der Publikation dieser Biographie 1982 immer wieder hervorgehoben worden, dass deren Verfasser in sor

---

[274] Paz 1976: 4. Die von Octavio Paz gegründete Zeitschrift *Plural* war eine monatliche Beilage der Zeitung *Excelsior* unter deren Chefredakteur Julio García Scherer. Dieser wurde im Juli 1976 von dem mexikanischen Präsidenten Luis Echeverría aus dem Amt gedrängt. Echeverría war 1968 Innenminister und als solcher maßgeblich für die Niederschlagung der Studentenproteste verantwortlich gewesen; acht Jahre später solidarisierte sich die Redaktion von *Plural* mit dem entlassenen García Scherer und stellte das Erscheinen der Zeitschrift ein. Die Nachfolgerin *Vuelta* erschien erstmals am 1. Dezember 1976 (vgl. Flores 2011: 31–32).
[275] Cezar Miskulin 2010: 161.
[276] Vgl. Domínguez Michael 2004: 695. Den Beginn seiner Bekanntschaft mit Octavio Paz datiert Domínguez auf August 1988 (vgl. Domínguez Michael 2014: 17).
[277] Vgl. Paz 2001.

Juana vor allem sich selbst porträtiert habe, als historische Figur und literarische Stimme.[278] Und auch wenn Christopher Domínguez Michael in seiner biographischen Auseinandersetzung mit Octavio Paz diese allzu simple Gleichsetzung zwischen dem Autor und dem Gegenstand von *Sor Juana Inés de la Cruz o las trampas de la fe* zurückweist, gesteht doch auch er zu, dass der spätere Nobelpreisträger durchaus bestimmte Gemeinsamkeiten zwischen sich selbst und der neuspanischen Hieronymitin hervorgehoben oder sogar bewusst hergestellt und auf diese Weise aus seiner Biographie eine „simulierte Autobiographie" gemacht habe: „Siendo real e histórica, Juana Inés de la Cruz habría sido un espejo en el cual Paz, megalómano, se habría querido mirar [...]."[279]

Wenn deshalb für Octavio Paz die mit sor Juana Inés de la Cruz begonnene intellektuelle Traditionslinie, als deren konsequente Fortsetzung er ja schon zuvor fray Servando Teresa de Mier installiert hatte, ihre (vorläufige) Vollendung in seiner eigenen Person findet, dann scheint tatsächlich die Hypothese plausibel, dass er in den ausgehenden achtziger Jahren seinem jungen Mitarbeiter Christopher Domínguez Michael aufgetragen haben könnte, seinerseits eine Biographie über das bisher erst lose in diese Abfolge hineinskizzierte Bindeglied zwischen dem späten 17. und dem späten 20. Jahrhundert zu schreiben; ein Projekt, das dieser dann zu Beginn des neuen Jahrtausends abgeschlossen und mit einer schlichten Widmung an den mittlerweile verstorbenen Auftraggeber versehen hätte... Christopher Domínguez Michaels Biographie von fray Servando Teresa de Mier wäre dann ein unverzichtbares Element in jener Konstruktion einer alternativen Geistesgeschichte Mexikos, der sich Octavio Paz im letzten Drittel seines Lebens verschrieben hatte.

Dabei scheint die Beziehung von Domínguez Michael zu dem Gegenstand seiner Biographie allerdings auf den ersten Blick in weniger starkem Maße auf eine Spiegelung abzuzielen, wie sie Paz in seiner Biographie von sor Juana inszeniert hatte. Trotz des großen Recherche- und Lektüreaufwands, den der Verfasser von *Vida de Fray Servando* betrieben hat, um seinen Gegenstand zu fassen zu bekommen, wirkt seine Erzählhaltung doch über weite Strecken eher distanziert. Dabei

---

278 Domínguez Michael zitiert ein Gespräch mit Margo Glantz, in dem diese ihm gesagt habe: „Sor Juana es tan grande, tan extraordinaria, que ¿en qué genealogía podía inscribirse Paz si no era la de Sor Juana?" (Domínguez Michael 2014: 415). Enrique Krauze liest Paz' Annäherung an sor Juana vor dem Hintergrund von dessen Auseinandersetzung mit der „intolerancia ideológica del siglo XX" als eine Reflexion über die Aporien des eigenen Lebens: „Destinos paralelos e inversos, Paz y Sor Juana, dos solitarios. Separados por tres siglos, ambos habían vivido una búsqueda. Él, desde joven, en un mundo en guerra pero en un país libre, había buscado el orden, la reconciliación: el mundo de ella. Ella, desde su orden cerrado y estático, había buscado la apertura, la libertad: el mundo de él." (Krauze 2014: 236).
279 Domínguez Michael 2014: 416.

tritt der Erzähler der Biographie durchaus als solcher in Erscheinung, indem er sich beispielsweise explizit oder implizit zu seiner Vorgehensweise äußert („Durante el siglo XVIII –basta con leer a los historiadores católicos para comprobarlo–, las órdenes mendicantes se hundieron en la decadencia.") oder indem er seine Verwunderung angesichts von bestimmten Entwicklungen formuliert („a mí me extraña que la homilética [...] guadalupana, tan estudiada, no haya arrojado ningún sermón escrito contra Mier [...]").[280] Er nähert sich seinem Gegenstand auf diese Weise mit einem erkennbar großen und durchaus auch persönlichen Interesse, aber er wirkt dabei nicht unmittelbar beteiligt. Fast erinnert er an einen Naturwissenschaftler, der sein Studienobjekt durch die Linse eines Mikroskops betrachtet und dem es dadurch zwar gelingt, dieses Objekt zu vergrößern, der aber trotzdem nicht näher an das entsprechende Objekt heranzurücken vermag. Dieser Eindruck einer beträchtlichen Distanz entsteht teilweise auch durch einen Erzählstil, der zwischen einer eher umgangssprachlich-lockeren und einer eher akademisch-gelehrten Ebene changiert und der durch eingestreute kolloquiale Wendungen und sehr persönliche Urteile des Erzählers auch anspruchsvollere Passagen zugänglich wirken lässt (dabei den Leserinnen und Lesern der Biographie aber dennoch einiges an Konzentration abverlangt):

> El sermón de Servando le pareció al señor arzobispo una llamarada que amenazaba con incendiar la legitimidad española sobre el Nuevo Mundo. También, descreído como era de las apariciones guadalupanas, le horrorizó ver a los criollos mirándose en la capa de Tomás. Finalmente, creo que la gerundiada del doctor Mier provocó en este cultivado príncipe de la Iglesia una abominación retórica que en no poco contribuyó al destierro y persecución de Mier.[281]

Es ist auf den ersten Blick erkennbar, dass der hier ausdrücklich als „Ich" in Erscheinung tretender Erzähler an dieser Stelle weder für den Erzbischof noch für fray Servando Partei zu ergreifen bereit ist. Tatsächlich steht Domínguez Michaels die vielschichtigen Stränge seiner Narration fest in der Hand haltende Erzähler-Ich dem neuspanischen Prediger in dieser Passage nicht näher als dem spanischen Kirchenfürsten: Während sich der Letztere mit den Geschichten von den wunderbaren Marienerscheinungen ebenso schwertut wie mit der Fortschreibung dieser Geschichten in der Predigt vom 12. Dezember 1794, tritt der Erstere den Leserinnen und Lesern der Biographie dank der ausdrücklichen Nennung seines Doktortitels und der eher pejorativen Charakterisierung seiner Predigt als „gerundiada" als eine mindestens verschrobene Figur entgegen (ohne dass diese Verschrobenheit allerdings wirklich explizit gemacht würde).

---

280 Domínguez Michael 2004: 72 und 92.
281 Domínguez Michael 2004: 120.

Die Distanz, die aus dieser ironischen Erzählhaltung resultiert, wird allerdings spätestens dann aufgehoben, wenn es um fray Servandos Werke und vor allem um die *Memorias* und ihre literarischen Qualitäten geht. Der Literaturkritiker, der Christopher Domínguez Michael ist, scheut an diesen Stellen nicht das entschiedene, kategorische Urteil über die in Frage stehenden Werke, und sein Urteil könnte nicht positiver ausfallen. Ausdrücklich beschreibt er fray Servandos Erzählungen aus Europa als den letzten Höhepunkt einer neuspanischen Literatur, für die zuvor auch in seiner Darstellung unter anderem sor Juana repräsentativ gestanden hat. Fray Servando repräsentiert vor diesem Hintergrund das Bindeglied zwischen dem literarischen Ausdruck des Vizekönigreichs Neuspanien und einer neuen narrativen Form, die der neuspanische Schriftsteller in seinen Werken (und insbesondere in der „Relación") ohne jede Beeinflussung durch unmittelbare Vorbilder entwickelt habe. Ähnlich wie zuvor bereits bei Octavio Paz fällt auch bei Christopher Domínguez in diesem Kontext auf, dass er fray Servando zugleich als den Vollender einer überkommenen *und* als den Begründer einer neuen Tradition skizziert; ausdrücklicher und vielleicht auch ausschließlicher als Paz bezieht Domínguez Michael diese Interpretation aber insbesondere auf den literarischen Ausdruck fray Servandos (und weniger auf dessen kritisches Denken):

> La *Relación* es un texto cuyo fascinante brío supera a casi toda la prosa mexicana del siglo XIX y sólo con ella bastaría para tornar inolvidable a su autor. Antes de Servando los novohispanos conocían poco el arte de narrar y tras la inédita *Relación*, los románticos se tropezaron durante décadas en la búsqueda de valores narrativos que, como la tensión dramática y el desprendimiento irónico, el fraile descubrió intuitivamente, ajeno de raíz a la invención de la novela europea moderna.[282]

Sollte sich also Christopher Domínguez Michael seiner Figur fray Servando Teresa de Mier doch näher fühlen, als es die ironische Distanz seines Erzählers auf den ersten Blick vermuten lassen könnte? Dass er in der zitierten Passage so explizit ausgerechnet die Ironie hervorhebt, die wiederum der Erzähler in fray Servandos „Relación" an den Tag lege, lässt diese Schlussfolgerung tatsächlich plausibel erscheinen.

Die Ironie als kleinster gemeinsamer Nenner zwischen dem Biographen und seinem Gegenstand betrifft insofern nicht nur die Form, sondern auch den Inhalt der Erzählung, als sie natürlich eine Haltung darstellt, mit der nicht nur die jeweils eigene Erzählung, sondern auch die dieser Erzählung vorausgehende oder die ihr zugrundeliegende Realität betrachtet werden kann. Dann wäre sowohl die Ironie, deren sich fray Servando bei der Darstellung der mangelnden Befähigung seiner Vorgesetzten zur Predigt bedient, als auch die Ironie, mit der Christopher

---

282 Domínguez Michael 2004: 128.

Domínguez Michael die Schwülstigkeit von fray Servandos Predigt am Feiertag der Jungfrau von Guadalupe aufs Korn nimmt, wohl als Ausdruck einer kritischen Distanz und vielleicht auch einer Skepsis zu interpretieren, welche die Haltung beider Schriftsteller grundsätzlich prägen würde: Nicht umsonst spricht Christopher Domínguez Michael in diesem Zusammenhang ausdrücklich anerkennend von der „ironischen Losgelöstheit", die fray Servando von seinen Zeitgenossen zunächst noch unbemerkt in die Literatur seines Heimatlandes eingeführt habe.

Allerdings hat seine eigene, womöglich fray Servandos Erzählhaltung nachempfundene, ironische Distanz unter den Leserinnen und Lesern der *Vida de Fray Servando* mitunter zu gewissen Irritationen geführt. So hegt offensichtlich insbesondere der Herausgeber der 2009 von der *Universidad Autónoma de Nuevo León* initiierten Ausgabe der *Memorias*, Benjamín Palacios Hernández, einen massiven Groll gegen Christopher Domínguez Michael. Dieser Groll scheint zwar teilweise durch konkrete Fragen des Ausdrucks ausgelöst zu sein; er dürfte sich allerdings kaum *allein* auf Fragen des Stils oder der Erzählhaltung beziehen, sondern ist vielmehr dezidiert politischer Natur. So wirft Palacios dem Verfasser von *Vida de Fray Servando* beispielsweise in einer langen Fußnote zunächst seinen angeblich oberlehrerhaften Ton und seinen überfrachteten Stil sowie eine Vielzahl von Unstimmigkeiten in der Argumentation und Ungenauigkeiten in der Recherche vor, um dann zum letzten Schlag auszuholen:

> Impertérrito e infalible, con una soberbia digna de juicios más coherentes, quizá de pronto consciente de que la división entre masonería buena y masonería mala parece ser sólo una débil coartada para poder acusar otra vez más a Mier, ahora de pretender trampear a los inquisidores, Domínguez intenta cerrar el círculo de este galimatías confesando que la *Relación* es en realidad ‚un elogio de la francmasonería', si bien lo es sólo ‚por encima de las palinodias servandescas'. A saber cuántas palinodias, así fuesen en privado, habrán sido necesarias en alguien, siendo ahora lo que es, en su juventud fue miembro del Partido Comunista Mexicano.[283]

Dass es bei dieser Diatribe ausgerechnet um die „palinodias" geht, um die Widerrufe früherer Überzeugungen also, die Christopher Domínguez in fray Servandos Verteidigungsstrategie in den Befragungen durch die Inquisition ausgemacht zu haben glaubt, das lässt deutlich werden, warum Palacios so empfindlich auf das reagiert, was er offensichtlich als Domínguez Michaels Arroganz oder Herablassung wahrnimmt, und warum er dessen impliziter Unterstellung, fray Servando habe in den Verhören des *Santo Oficio* ohne mit der Wimper zu zucken sein Fähnchen in den Wind gehängt, so vehement mit demselben Vorwurf entgegentritt: Letztlich geht es hier um politische Überzeugungen; und der Vorwurf, den der Herausgeber

---

[283] Mier 2009, t. II: 212, Fußnote des Herausgebers.

der *Memorias* in diesem Zusammenhang an Christopher Domínguez richtet, ist derselbe, den man schon Octavio Paz in den achtziger Jahren gemacht hatte: der Vorwurf nämlich, ein Opportunist und Verräter zu sein.[284]

Denn auch Benjamín Palacios hat einen kommunistischen Hintergrund. Der spätere Herausgeber von fray Servandos Erinnerungen war in seiner Jugend *guerrillero* in der marxistisch-leninistischen *Liga Comunista 23 de Septiembre*, und anders als Christopher Domínguez Michael nimmt er für sich in Anspruch, seinen damaligen Überzeugungen nicht abgeschworen zu haben. Entlang dieser Unterscheidung verläuft die Frontlinie, die Palacios in seiner Fußnote zu fray Servandos *Memorias* aufmacht: Auf der einen Seite er selbst, der unbestechliche Historiker, der sich und seiner politischen Einstellung zeit seines Lebens treu geblieben ist,[285] auf der anderen Seite der opportunistische Literaturkritiker, der sich seinen Verrat von den Eliten gut bezahlen lässt und der schon deshalb jenem unabhängigen Geist nur feindlich gesonnen sein kann, der fray Servando Teresa de Mier gewesen ist.[286] Dass der politische Streit zwischen den beiden fast derselben Generation angehörenden Intellektuellen auf diese Weise über Bande ausgetragen wird, an Hand der Frage nämlich, wie fray Servando Teresa de Mier zu lesen und zu bewerten ist, kann kaum überraschen angesichts der langen Tradition, welche die polemische Auseinandersetzung mit dessen Leben und Werk in Hispanoamerika und insbesondere natürlich in Mexiko im Verlauf des 20. Jahrhunderts hat.

Auch Alfonso Reyes und José Lezama Lima hatten fray Servando nicht nur als Vertreter einer eigenständigen hispanoamerikanischen Literatur oder eines genuin amerikanischen Ausdrucks gelesen, und auch Reinaldo Arenas hatte die *Memorias* nicht allein wegen ihrer literarischen Qualitäten zur Grundlage seiner palimpsestartigen Neuerzählung von fray Servandos Erinnerungen gemacht. Im Gefolge von Octavio Paz schreibt Christopher Domínguez Michael in *Vida de Fray*

---

284 Vgl. auch dazu noch einmal Wedemeyer 2019: 32.
285 Vgl. dazu etwa das kurze Porträt, mit dem sich Palacios als Autor der mexikanischen Kulturzeitschrift *Replicante* vorstellt: „Benjamín Palacios Hernández es historiador por la Universidad Autónoma de Nuevo León, si bien sus estudios principales los realizó en la cárcel como miembro en receso de la Liga Comunista 23 de Septiembre. Ha sido maestro universitario por necesidad y polemista en diversos medios por vocación. [...] Declara, con la mano izquierda sobre los tres tomos de *El capital* y los dos del *Quijote*, que jamás ha estado becado por mecenazgo alguno." (o. A. o. J.).
286 Vgl. dazu auch den langen Abschnitt, den Palacios in seiner Einführung zu den *Memorias* darauf verwendet nachweisen zu wollen, dass Domínguez mit *Vida de Fray Servando* ein seinem Gegenstand feindlich gesonnenes Buch geschrieben hat. Hier fasst Palacios zusammen: „Pensamiento barato, historias a contentillo, inescrupulosidad filológica e inescrupulosidad sin más, marcas desprotegidas y ‚lo que saliere'; todo ello confluye en la configuración de una realidad infectada de apariencias, un mundo cada vez más hostil al pensamiento teórico y al ejercicio independiente del criterio." (Palacios Hernández 2009: 101).

Servando die Geschichte von fray Servandos Lektüren weiter. Benjamín Palacios hat recht, wenn er diese Geschichte politisch liest, und er hat auch recht, wenn er in der Kampfansage an die hispanoamerikanische Linke mit ihrem unbeirrten Glauben an die Revolution deren wesentliche Botschaft erkennen will. Eine solche Kampfansage formuliert Domínguez Michael tatsächlich an manchen Stellen sehr explizit, etwa wenn er über den Freiheitskämpfer Francisco Xavier Mina und seine selbstmörderische Expedition nach Neuspanien schreibt:

> Al grito de ‚victoria o muerte', el general Mina prefigura a Ernesto Guevara. Los une la dudosa virtud de la pureza de principios, el mismo amor a la muerte, esa combinación entre el arrojo y el candor, así como la imperiosa urgencia de imponer dogmas revolucionarios a naciones escasamente interesadas en aplicarlos. Pero quienes gustamos de los paralelos históricos debemos ser prudentes. Mina está en el principio de las revoluciones democráticas que cruzaron el siglo XIX y Guevara muere como parte de una cruzada para liquidar a las sociedades liberales.[287]

Trotz der Unmissverständlichkeit, mit der sich Christopher Domínguez hier mit seinem Bekenntnis zu seiner ausgeprägten Vorliebe für vermeintliche oder tatsächliche historische Parallelen positioniert, liegt Benjamín Palacios aber falsch, wenn er aus der Art und Weise, wie dieser seine Geschichte erzählt, eine grundsätzlich feindselige Haltung des Biographen seinem Gegenstand gegenüber herauslesen zu können glaubt. Domínguez Michaels Erzählhaltung ist distanziert (und oft genug auch spöttisch), aber seine Distanz birgt mehr Potential zur Identifikation, als es auf den ersten Blick den Anschein haben mag. Der fray Servando, der in der *Vida de Fray Servando* zurückkehrt, ist der liberale Schriftsteller, den schon Octavio Paz in dem Dominikaner hatte sehen wollen.[288] Und wenn Christopher Domínguez Michael über seinen wendigen, womöglich wankelmütigen, aber immer wortgewandten Protagonisten schreibt, er sei im Grunde zugleich „aprendiz de periodista moderno" und „heredero de la digresión barroca",[289] dann trifft das durchaus auch auf den eloquenten Literaturkritiker selbst zu.

4.3 América: un ensayo

Anfang der neunziger Jahre publiziert der kubanische Literaturwissenschaftler und Journalist Roberto Pérez León einen schmalen Band mit Zeugnissen von Künst-

---

[287] Domínguez Michael 2004: 509.
[288] Domínguez Michael geht so weit, vor dem Hintergrund von fray Servandos unhinterfragtem Festhalten am katholischen Glauben zu behaupten: „[D]e alguna forma, Mier fue uno de los primeros demócratacristianos de México." (Domínguez Michael 2004: 62).
[289] Domínguez Michael 2004: 436.

lern und Intellektuellen, die in den fünfziger Jahren an der Zeitschrift *Ciclón* beteiligt gewesen waren. Hier erinnert sich der Maler Mariano Rodríguez an eine Szene, die er seinerzeit mit José Lezama Lima erlebt hat; und in der von Rodríguez evozierten Begebenheit scheint sich eine der Beobachtungen zu verdichten, auf deren Grundlage das vorliegende Kapitel seine Beschäftigung mit den Lektüren fray Servandos unternommen hat. So erzählt Mariano Rodríguez, wie er in jener Zeit, als die von José Rodríguez Feo lancierte Zeitschrift *Ciclón* den *Orígenes* von Lezama und seinen Freunden Konkurrenz zu machen begann, einmal mit dem Dichter auf der Mauer des Malecón in Havanna gesessen sei. Dort sei nun der Künstler Víctor Manuel vorbeigekommen, ein anderer Bekannter aus dem Kreis von *Ciclón*, und Lezama („el Gordo", wie Rodríguez ihn nennt) habe diesem Víctor Manuel spöttisch: „Adiós, maestro" hinterhergerufen – woraufhin dieser sich umgedreht und zornig entgegnet habe: „Maestro serás tú, cabrón. ¡No jodas! ¡Escaparate con libros!"[290]

Für das kulturelle Leben in Kuba kurz vor der Revolution ist diese Begebenheit insofern symptomatisch, als *Ciclón* und *Orígenes* ästhetisch ganz unterschiedliche Positionen vertraten: „*Ciclón* representa lo que en espíritu era Virgilio [Piñera]: surrealismo, los demonios del sexo. En cambio, *Orígenes* es el espíritu clásico, lo sosegado, lo que era Lezama en definitiva [...]",[291] so resümiert Mariano Rodríguez die Konstellation. Im Kontext der hier unternommenen Lektüregeschichte fray Servandos ist aber natürlich nicht nur José Lezama Lima solches „Bücherschaufenster" gewesen. Mit derselben Berechtigung könnte man den spontan extemporierten Spitznamen aus der Anekdote von Mariano Rodríguez auch zur Charakterisierung von Alfonso Reyes, Reinaldo Arenas, Christopher Domínguez Michael und nicht zuletzt auch von fray Servando Teresa de Mier selbst verwenden. Alle fünf, der Dominikaner aus der Sattelzeit um 1800 ebenso wie die vier Schriftsteller, die ihn im Verlauf des 20. Jahrhunderts gelesen haben, zeichnen sich durch ihre große Belesenheit und ihre Leidenschaft für Bücher aus, und alle fünf haben durchaus einen Hang dazu, dieser Leidenschaft für Bücher in ihren eigenen Werken Ausdruck zu verleihen. Wenn sich das vorliegende Kapitel deshalb mit fray Servandos Lektüren in jenem eingangs erläuterten doppelten Sinne beschäftigt hat, mit seinen eigenen Lektüren und mit den Lektüren seiner Werke nämlich, dann aus diesem Grund: Fray Servando Teresa de Mier ist ein Schriftsteller, der seine Werke und dadurch auch sich selbst in ein dichtes Gewebe aus vorgängigen Büchern und Texten einschreibt. Eben dadurch bewirkt er, dass seine Leser ganz ähnlich verfahren. Auch fray Servandos Interpreten im 20. Jahrhundert bauen ihre sich mit dem Dominikaner beschäftigenden Werke auf einer Vielzahl von Referenzen, Zitaten und inter-

---

[290] Pérez León 1991: 8.
[291] Pérez León 1991: 7.

textuellen Bezügen auf und verdichten dadurch das schon von diesem selbst geschaffene Netzwerk von aufeinander verweisenden Texten weiter. Gleich zu Beginn seines Roman *El mundo alucinante* schreibt Reinaldo Arenas so über die Bücherleidenschaft seines Protagonisten fray Servando Teresa de Mier:

> Soñó que caminaba con una tijera en la boca y que en sueños pedía explicaciones a ese sueño. Pero no las supo ni siquiera al despertar... Entonces se escondió tras los libros y, escudado entre pergaminos y hojas, revolvió estantes, rebuscó en lo que pudo haberse escrito, e imaginó lo que se pudo haber dicho y se dijo, o se dijo y aparece como no dicho para que se vuelva a repetir y surta efectos. Telarañas enormes tuvo que ir taladrando con las manos para abrirse paso entre la marasma polvorienta y alcanzar el volumen imaginario donde resaltaría, con letras brillantes, lo que aún no se había dicho en ningún otro...[292]

Dass die Lesegewohnheiten des jungen fray Servando, wie sie Arenas hier beschreibt, durchaus Ähnlichkeiten mit den Vorgehensweisen haben, auf die zurückgreifen muss, wer an einer literaturwissenschaftlichen Habilitationsschrift arbeitet, ist gegen Ende des hier unternommenen Parcours durch die Schreib- und Lesegeschichte fray Servando Teresa de Miers ein durchaus naheliegender Gedanke. Dass die in Arenas' kleiner Skizze vermittelte Botschaft aber für die vorliegende Studie auch jenseits dieser zufälligen Koinzidenz von großem Interesse ist, das liegt vor allem daran, dass der kubanische Romancier die Lektüren seines Protagonisten so ausdrücklich in ihrer „doppelten Wertigkeit" beschreibt. Das Lesen ist für den jungen fray Servando aus *El mundo alucinante* zugleich Hoffnung und Bedrohung, zugleich Ausweg und Verderben, und es ist in beiderlei Gestalt unausweichliches Schicksal:

> De modo que caíste en el veneno de la literatura y revolviste polillas y papeles sin encontrar nada. Y todo no fue más que una suma de interrogantes no contestados que agitaron más tus inquietudes ya habituales. Y quisiste saber. Y preguntaste. Y seguiste investigando sin que nadie te pudiera decir nada, sino que dejaras esas lecturas que mucho tenían de sacrilegio y de locura. Y así fue como empezaste a pronunciarte contra todos los que te criticaban.[293]

Die doppelte Perspektivierung, mit der Arenas hier die Leseleidenschaft seines fiktiven fray Servando als zwischen Wissbegierde und Ohnmacht changierende Bewegung in den Blick nimmt, entspricht in vielerlei Hinsicht derjenigen, die zwischen den Zeilen auch das von der Inquisition erstellte Inventar der Bibliothek des historischen fray Servando Teresa de Mier vermitteln konnte. So hatte auch dieses Inventar von den Lektüren eines Lesers erzählt, dessen Wissensdurst keine Grenzen kannte,

---

[292] Arenas 2008a: 107.
[293] Arenas 2008a: 109.

dem aber gerade wegen des grenzüberschreitenden Charakters seiner Lektüren immer wieder nur zu deutlich seine eigenen Grenzen aufgezeigt wurden. Auf der einen Seite dieser Leser, den das „Gift der Literatur" zu immer tieferen Sondierungen in immer neuen Büchern treibt; auf der anderen Seite die Inquisition, deren Vertreter die Bücherbegeisterung des Lesers für „Sakrileg und Verrücktheit" halten und aus diesem Grund alles daransetzen, dieser Verrücktheit einen Riegel vorzuschieben.

Wie erschreibt man sich Unabhängigkeit?, hatte die vorliegende Arbeit am Schluss des ersten großen Kapitels gefragt, um das zweite dann mit derselben Frage in leichter Variation zu beenden: Wie erschreibt man sich *literarische* Unabhängigkeit? Die Untersuchungen des dritten Kapitels und ihre Ergebnisse legen nun die Formulierung einer dritten Frage nahe, nämlich: Wie liest man sich unabhängig? Dass die Inquisition in ihrem knappen „Abschlussbericht" zu dem zwischen 1817 und 1820 gegen fray Servando Teresa de Mier geführten Prozess so ausdrücklich dessen weitreichende Kenntnisse im Bereich der „mala literatura" betont,[294] lässt vermuten, dass Arenas' fiktionalisierte Darstellung der Lektüren des Novizen fray Servando der Sache bereits recht nahekommt: Ein Buch bleibt selten allein. Die Lektüre des einen provoziert nur zu oft den Erwerb eines weiteren; die Fragen, die den Leser zu einem bestimmten Buch treiben, werden von dem betreffenden Buch zwar womöglich beantwortet, aber nur um den Preis von neuen Fragen, die wieder neue Antworten aus neuen Büchern erforderlich machen: „Caíste en ese pozo sin escapes que son las letras [...]",[295] schreibt der kubanische Schriftsteller zusammenfassend über die Bibliophilie seines Protagonisten, und innerhalb der Diegese von *El mundo alucinante* ist dieser metaphorische Brunnenschacht tatsächlich das einzige Gefängnis, aus dem fray Servando nicht entkommt (aus dem er allerdings auch gar nicht zu entkommen versucht).

Ottmar Ette hat auf die große Bedeutung hingewiesen, die dem Bild des Brunnens in der symbolischen Konfiguration fast aller Romane von Reinaldo Arenas zukommt. Wenn man deshalb die Metapher von dem „pozo sin escapes que son las letras" aus dem fray-Servando-Roman ernst nimmt, dann wäre „die Kraft des Sich-Vertiefens", für die der Brunnen bei Arenas die Ette zufolge steht, einmal mehr eine ambivalente Qualität: „Der Brunnen, aus dem das Schreiben selbst die Kraft schöpft, aus dem es aber auch kein Entrinnen mehr gibt",[296] mit dieser Aussage bezieht sich der Literaturwissenschaftler nicht allein auf das Bild von dem „Brunnen der Literatur", wie es Arenas in *El mundo alucinante* verwendet, son-

---

[294] Vgl. dazu noch einmal: „Informe del Tribunal de la Inquisición, sobre la clase de individuo que es el Dr. Mier, y que debe incomunicarse – 25 de Mayo de 1820", in: Hernández y Dávalos 1882: 923–924.
[295] Arenas 2008a: 109.
[296] Ette o. J.

dern auf die Vielzahl metaphorischer Brunnen in dessen gesamtem Romanwerk. Wenn man seine Überlegungen aber auf den spezifischen Fall des „pozo sin escapes que son las letras" überträgt, dann fällt auf, dass der kubanische Romancier in diesem Zusammenhang zwar zunächst nur über fray Servandos jugendliche Lektüren spricht und noch nicht über dessen späteres Schreiben; dass sich in der Metapher aber dessen ungeachtet doch auch dieses Schreiben bereits anzukündigen scheint (und das mit eben den Implikationen, die Ette in dem Bild vom Brunnen insgesamt erkennen zu können glaubt). Dass der metaphorische „pozo" dabei immer schon den „calabozo" in sich zu bergen scheint, der Brunnen also den Kerker, das legt in diesem Kontext einmal mehr eine Spur zu José Lezama Lima und *seiner* fray-Servando-Lektüre. Wenn sich Lezamas „boquerón del calabozo romántico" ganz ausdrücklich auf die Entwicklung des amerikanischen Ausdrucks im 19. Jahrhundert hin geöffnet hatte,[297] dann gilt für den Brunnenschacht seines Nachfolgers Reinaldo Arenas dasselbe. In beiden Fällen wird also die zumindest mittelbar aus fray Servandos Lektüren resultierende politische und literarische Unabhängigkeit Hispanoamerikas im Verlauf des 20. Jahrhunderts in den Lektüren von dessen Lesern fortgeschrieben.

Denn auch in deren Werken (und vor allem in denjenigen, die sich mit fray Servando Teresa de Mier beschäftigen) geht es immer um Amerika, um sein Verhältnis zu Europa und seine Rolle in der Welt, um seine Literatur und seinen Ausdruck. Alfonso Reyes besinnt sich zu Anfang des Jahrhunderts auf seinen Landsmann fray Servando und propagiert diesen als Vertreter eines modernen literarischen Universalismus, um die von seinen spanischen Kollegen in der *Sección de Filología* des *Centro de Estudios Históricos* vertretene „klassische Doktrin" von der kulturellen Größe Spaniens auf subtile Art und Weise zu konterkarieren. José Lezama Lima entwirft fray Servando als archetypischen Verbannten, der dem amerikanischen Ausdruck zu seiner Eigenheit und seiner besonderen Kreativität verhilft. Reinaldo Arenas lässt den Dominikaner die Geschichte seiner sich verzweigenden Wege durch eine „halluzinierende Welt" weitererzählen und macht ihn dadurch nicht nur zu einer emblematischen Figur des ästhetischen Widerstands gegen jede Form der politischen Verfolgung, sondern auch zu einem Botschafter für die Literatur des *Booms*, den die lateinamerikanische Literatur in den sechziger und siebziger Jahren weltweit, vor allem aber in Europa erleben würde. Christopher Domínguez Michael schreibt schließlich im Gefolge von Octavio Paz an einem eigenen, einem spezifisch mexikanischen Kanon und bringt fray Servando Teresa de Mier durch diese einmal mehr sowohl politisch als auch literarisch motivierte Intervention als Repräsentanten einer intellektuellen Tradition in Stellung, deren Genealogie von sor Juana Inés de

---

297 Lezama Lima 2017: 127.

la Cruz über Paz bis hin zu ihm selbst reicht. Alle vier setzen bei ihren Lektüren fray Servandos auf eine komplette oder mindestens teilweise Identifikation mit ihrem Gegenstand, und allen vieren dient die Auseinandersetzung mit seinen Werken nicht zuletzt deshalb maßgeblich dazu, ihr eigenes Schreiben zu begründen.

Reinaldo Arenas lässt die amerikanistische Stoßrichtung seiner Überlegungen unter anderem auch in der Begegnung seines fiktiven fray Servando mit Alexander von Humboldt anklingen, deren kurze Diskussion den Auftakt zu dem vorliegenden Kapitel dargestellt hatte. Humboldts *Essai politique sur le royaume de la Nouvelle-Espagne* schildert Amerika aus der Perspektive eines europäischen Reisenden, und die Lektüre dieses politischen Versuchs über das Königreich Neuspanien weckt nicht nur fray Servandos Heimweh nach Amerika, sondern sie schärft vor allem auch seinen Blick für Europa. Außerhalb der Diegese von Arenas' Roman ist es nun kein Zufall, dass es sich bei Humboldts Werk um einen ausdrücklich als solchen gekennzeichneten Essay handelt.[298] Dass kurz nach Alexander von Humboldt auch fray Servando Teresa de Mier ein ausgeprägtes Interesse an essayistischen Formen des Schreibens gehabt hat, das haben die Analysen seiner *Historia de la Revolución de Nueva España* und seiner *Memorias* zeigen können. Die Zusammensetzung seiner reisenden Bibliothek lässt nun vermuten, dass dieses Interesse durchaus auch mit dem Gegenstand zu tun gehabt hat, mit dem sich der Dominikaner in seinen Werken beschäftigt. So war Humboldts *Essai politique* in den von der Inquisition inventarisierten Bücherkisten keineswegs das einzige ausdrücklich als „Essai" gekennzeichnete Werk; vielmehr scheinen sich grundsätzlich gerade diejenigen von fray Servandos Büchern essayistischer Schreibformen zu bedienen, die in der einen oder anderen Form die Frage nach dem Verhältnis zwischen Europa und Amerika aufwerfen und sich dadurch in die alte „Debatte um die Neue Welt" einschreiben.[299] Es mag fast den Anschein haben, als sei die Form des Essays besonders geeignet

---

298 Tobias Kraft bemerkt zu dem Gattungsbegriff und seiner Verwendung durch Alexander von Humboldt: „Er verweist auf den laborähnlichen Versuchscharakter dieser Werke, die in jeweils spezifischer Weise vom Vorhaben sprechen, dem Wissen über den ‚Neuen Kontinent' eine neue [...] Form zu geben." (Kraft 2014: 58).
299 In dem „Discours préliminaire" zu seinen *Recherches philosophiques sur les Américains* bezeichnet beispielsweise auch Cornelius de Pauw sein Werk als „Essai". Hier schreibt er wörtlich: „Nous ne nous flattons point d'avoir marché d'un pas toujours sûr, par des chemins si hérissés: ce seroit un excès de témérité, lorsque nous avons besoin d'un excès d'indulgence, auquel nous ne nous attendons cependant pas. Si nous avons depeint les Américains comme une race d'hommes qui ont tous les defauts des enfants, comme une espèce dégénerée du genre humain [...] nous n'avons rien donné à l'imagination en faisant ce portrait, qui surprendra par sa nouveauté, parce que l'Histoire de l'Homme Naturel, a été plus négligée qu'on ne le pense. Cet Essai prouvera au moins, ce que l'on pourrait faire dans cette carrière, si de grands maîtres y excitoient l'émulation." (de Pauw 1768: o. S.).

dazu, nicht nur Wissen über die Menschheit (die „espèce humaine") und deren verschiedene Kulturen zu vermitteln, sondern zugleich auch implizit die epistemischen Voraussetzungen zu verhandeln, die dieser Form der Wissensvermittlung zugrunde liegen.

Wenn Liliana Weinberg deshalb die Befähigung zu einer „kritischen Distanz" zu einer der wichtigsten Voraussetzungen des Essays erklärt,[300] dann haben die Reisenden Humboldt und Mier diese Befähigung sicher beide auf ihren Reisen zwischen Europa und Amerika erwerben können, und ihre sich über dem Atlantik kreuzenden Blicke sind vor diesem Hintergrund durchaus auch mit Blick auf die Frage nach den essayistischen Qualitäten ihrer Werke von Bedeutung. Womöglich hat die Lektüre von Humboldts *Essai politique sur le royaume de la Nouvelle-Espagne* fray Servandos *Memorias* nicht nur inhaltlich, sondern tatsächlich auch in diesem gattungstheoretischen Sinne beeinflusst. Dass in der Folge auch Autoren wie Alfonso Reyes und José Lezama Lima die Frage nach dem Eigenen und dem Fremden vorzugsweise in essayistischen Texten ausgelotet haben, mag vor diesem Hintergrund damit zu tun haben, dass ihnen ihre fray-Servando-Lektüren den Essay als eine für diese Art der Reflexion besonders geeignete Gattung nahegelegt haben. Amerika ist nicht nur bei fray Servando Teresa de Mier, sondern auch bei seinen Lesern ein Versuch, den es weiterzuschreiben gilt.

---

300 Vgl. Weinberg 2007a: 79. Weinberg betont in diesem Zusammenhang im Übrigen auch die Bedeutung von Bartolomé de Las Casas für die Entwicklung des hispanoamerikanischen Essays.

5 Rückblick und Ausblick

Kaum eine umfangreichere Studie zu fray Servando Teresa de Mier und schon gar nicht die große Biographie von Christopher Domínguez Michael verzichtet darauf, eine Anekdote zu erzählen, auf die der Giordano Bruno zugeschriebene Satz „Se non è vero, è molto ben trovato" wie auf wenige andere zu passen scheint: So hätten in dem Mexiko des Jahres 1861 die liberalen Truppen unter Benito Juárez, nachdem sie die seit drei Jahren andauernde *Guerra de Reforma* gegen die Konservativen gewonnen hatten, bei der Erstürmung von Mexiko-Stadt auch das Dominikanerkloster geplündert, in dem fray Servando Teresa de Mier nach seinem Tod im Dezember 1827 seine letzte Ruhestätte gefunden hatte. Bei dieser Gelegenheit seien dort auch Gräber geöffnet worden, und man habe eine Reihe von nicht verwesten Leichnamen gefunden, unter ihnen auch den von fray Servando. Diese Mumien seien später verkauft, zuerst nach Chile und Argentinien transportiert und schließlich in Belgien als angebliche Folteropfer der Inquisition ausgestellt worden.[1] In seiner in den dreißiger Jahren konzipierten und Anfang der fünfziger Jahre publizierten fray-Servando-Biographie schreibt Artemio de Valle-Arizpe dazu (ohne das ihn dabei antreibende politische Ressentiment zu verbergen):

> Pero ni en la tumba tampoco encontró quietud el cuerpo de este hombre andariego y desventurado, artista de fugas. No acabaron allí las jornadas de su peregrinación. Cuando el bronco partido liberal, tras las luchas de la Reforma, exclaustró a los frailes y se apoderó de iglesias y conventos, para saciar convenientemente sus ideales y apaciguar los ímpetus bélicos del revoltoso clero, muchos celosos patriotas cargaron con toda la plata de Santo Domingo [...]. Y los que ya no encontraron en qué demostrar los elevados propósitos que los animaban, abrieron, poseídos de muy justa indignación, las tumbas de los dominicos [...]. Muchos días permanecieron en formación macabra las momias de los frailes dominicos, hasta que un italiano, alunado él, compró varios de estos amarillos y resecos despojos, y se los llevó a la Argentina. Volvió a cruzar el mar Fray Servando Teresa de Mier, y sólo Dios sabe en dónde estará ahora; en qué vitrina de museo aguardará la resurrección de la carne.[2]

Dass keine Biographie fray Servandos und kaum eine Untersuchung seiner Werke ohne diese Geschichte auskommt (und dass nun offensichtlich auch die vorliegende Studie am Ende ihres analytischen Parcours nicht darauf verzichten kann, sie erneut einzublenden), das liegt natürlich daran, dass die Story von dem selbst nach seinem Tod nicht zur Ruhe kommenden fray Servando Teresa de Mier und seiner

---
[1] Vgl. Domínguez Michael 2004: 681–695. Domínguez zitiert einen langen Zeitungsartikel aus der Zeitung *El Monitor Republicano* aus dem Jahr 1882, in dem von dieser Brüsseler Ausstellung berichtet wird (Domínguez Michael 2004: 690–691).
[2] Valle-Arizpe 2009: 206–208.

postumen Überquerung des Atlantiks wie in einem Brennglas diejenigen Eigenschaften hervorzuheben scheint, die schon das Leben des Dominikaners in besonderer Weise gekennzeichnet haben und die sein Werk weiter kennzeichnen: die große Beweglichkeit und Dynamik nämlich, die transatlantische Reichweite, die ständige Flucht und Ruhelosigkeit, die überbordende Fantasie und nicht zuletzt auch die allem Anschein nach nicht zu unterdrückende Tendenz zur Übertreibung oder auch zum leichten Irrsinn (um es mit Reinaldo Arenas zu sagen). Die Geschichte von der verkauften, verschifften und dann als Inquisitionsopfer ausgestellten Mumie verdichtet auf diese Weise wesentliche Elemente aus fray Servandos Erzählungen über sein Leben, und in ihrer Zuspitzung scheint sie dabei in vielerlei Hinsicht der Art und Weise nachempfunden zu sein, wie er selbst die entsprechenden Elemente in seinen *Memorias* in eine narrative Form gebracht hatte.

In den drei großen Schritten, die sie bei ihrer Untersuchung der Geschichte(-n) und Lektüren fray Servandos unternommen hat, hat diese Arbeit nachweisen können, wie sich dieser mit seiner *Historia de la Revolución de Nueva España, antiguamente Anáhuac* einerseits und seinen *Memorias* andererseits in bestehende und mehr oder weniger kanonische Gattungstraditionen einschreibt, wie er diese dann aber auf unterschiedliche Art und Weise transformiert, weiterschreibt und für seine eigenen Zwecke (nämlich die politische Unabhängigkeit auf einer kollektiven und die literarische Unabhängigkeit auf einer individuellen Ebene) nutzbar macht. Dass sich diese beiden Bereiche, derjenige der Politik und derjenige der Literatur, bei fray Servando Teresa de Mier nicht voneinander trennen lassen, war dabei eine der Prämissen, von denen die Studie ausgegangen war. Wie sehr die politischen und die literarischen Ziele in der *Historia de la Revolución* und den *Memorias* tatsächlich ineinandergreifen, und wie sehr fray Servandos politische Argumentation auf im weitesten Sinne „literarische Vorgehensweisen" wie zum Beispiel die in den beiden Werken unterschiedlich akzentuierte Intertextualität angewiesen ist, das haben die Analysen seiner Werke zeigen können und das hat sich im weiteren Verlauf der Argumentation auch in den vier Skizzen zur Rezeption fray Servandos in der hispanoamerikanischen Literatur des 20. Jahrhunderts erwiesen. Sowohl Alfonso Reyes als auch José Lezama Lima, Reinaldo Arenas und Christopher Domínguez Michael lesen den Dominikaner ausdrücklich als einen sowohl politischen als auch literarischen Autor, und gerade deshalb zielen ihre Lektüren darauf, ihn bewusst als Vorläufer oder Modell für das jeweils eigene Projekt in Anspruch zu nehmen (das natürlich wenig überraschend ebenfalls in allen vier Fällen ein gleichermaßen politisches wie literarisches ist). Der Grad der Identifikation mit dem auf diese Weise zum Vorbild stilisierten fray Servando reicht dabei von einer aus einer skeptisch-wohlwollenden Distanz heraus formulierten Übereinstimmung bei Christopher Domínguez Michael bis hin zu jener uneingeschränkten Überzeugung von der Identität der eigenen Person mit derjenigen des Vorläufers, zu der sich Reinaldo Arenas bekennt. Sowohl für die beiden mexikanischen als auch für die beiden kubanischen Schriftsteller ist der Verfasser der *Historia de la Revolución* und der *Memorias* ohne Zweifel eine Figur, deren besondere Bedeutung für die hispanoamerikanische Literatur- und Kulturgeschichte darauf gründet, dass sie es verstanden hat, durch die Einführung eines selbstbewusst seine erzählerische Autorität in Anspruch nehmenden Ichs in einen Diskurs, in dem das in dieser Form bislang nicht vorgesehen war, eben jene Engführung von Politik und Literatur ins Werk zu setzen, der auch sie selbst sich verschrieben haben (und das nicht zufällig in Augenblicken der jüngeren Geschichte Hispanoamerikas, in denen die Beantwortung der Frage nach der kulturellen und politischen Bedeutung des Subkontinents ähnlich dringlich zu sein schien, wie sie das bereits zu Lebzeiten fray Servandos gewesen war).

Wenn die vorliegende Untersuchung fray Servando Teresa de Mier auf diese Weise nicht nur als einen Initiator, sondern auch als eine der kontinuierlichen Referenzfiguren einer unabhängigen hispanoamerikanischen und insbesondere mexikanischen Literatur interpretiert, dann kommt auch darin die besondere transatlantische Dimension zum Tragen, die sein Leben und sein Werk kennzeichnet. Denn auch wenn sich europäische Historiker, Reisende, Philosophen und Schriftsteller bereits seit der Frühen Neuzeit mit der Frage nach dem Verhältnis zwischen Europa und Amerika beschäftigt hatten, und auch wenn diese „Debatte um die Neue Welt" vor allem seit der Aufklärung auf beiden Seiten des Atlantiks intensiv fortgeschrieben wurde, gibt es unter den Zeitgenossen fray Servandos doch nur wenige, die sich mit solcher Sachkenntnis in die Diskussion um das Wesen Amerikas im Vergleich zu Europa und die daraus resultierenden wechselseitigen Verpflichtungen und Möglichkeiten hätten einklinken können wie der nach seiner aufsehenerregenden Predigt des Jahres 1794 nach Europa verbannte Neuspanier. Schon in jener auf die kulturellen Synkretismen der guadalupanischen Marienerscheinungen setzenden Predigt war es im Kern um die Frage nach den europäischen (und insbesondere spanischen) Ansprüchen in Amerika gegangen; das macht der einstige Prediger selbst noch einmal deutlich, wenn er in seiner nach seiner Rückkehr aus dem Exil verfassten Autobiographie seine frühe Intervention in der Basilika von Guadalupe reflektiert und vor allem rechtfertigt. Dass diese Autobiographie ihrerseits nicht nur inhaltlich den Faden der Reflexion über Europa und Amerika aufnimmt, sondern dass sie auch stilistisch auf im weitesten Sinne „skizzenhafte" Schreibweisen zurückgreift, wie sie den in dieser Predigt formulierten Hypothesen zu der grundsätzlich synkretistischen Anlage der neuspanischen Kultur in idealer Weise entsprechen und wie sie der Autobiograph bereits in der Jahrzehnte vorher gehaltenen Predigt erprobt hatte, ist eine der zentralen Erkenntnisse der vorliegenden Studie.

Ein ähnlicher Bezug wie zwischen der Predigt und den *Memorias* konnte aber auch zwischen den *Memorias* und der diesen Erinnerungen unmittelbar vorangehenden *Historia de la Revolución* hergestellt werden. So lässt sich zwischen dem historiographischen Text mit seinen detaillierten Erzählungen über die zu erreichende Unabhängigkeit Neuspaniens von Spanien und dem autobiographischen Text mit seinen proliferierenden Geschichten aus dem Leben des für diese Unabhängigkeit eintretenden Autors eine Kontinuität feststellen, die keineswegs allein die inhaltlichen Schwerpunkte der beiden Werke (also die Frage nach der Beziehung zwischen Europa und Amerika im Allgemeinen und nach der Unabhängigkeit Amerikas von Europa im Besonderen) betrifft, sondern auch die Art und Weise, *wie* diese Frage verhandelt wird. Wenn fray Servando Teresa de Mier die Revolution in Neuspanien in seiner *Historia de la Revolución* auf eine Art und Weise zu reflektieren versucht, die der Neuheit und der grundsätzlichen „Unerhörtheit" der zu beschreibenden Umwälzung Rechnung zu tragen im Stande ist, und wenn er aus diesem Grund auf Schreibweisen zurückgreift, die als essayistisch in einem weiten Sinne beschrieben werden können, dann, weil der gerade aus der transatlantischen Entfernung schwer greifbare (und mit großer Wahrscheinlichkeit auch schwer *be*greifbare) Gegenstand dieses historiographischen Werkes nicht anders als in eben jener versuchshaften Anordnung und in jener offenen, tastenden Form überhaupt erfasst werden kann.[3] Auf eine ganz ähnliche Art und Weise dient fray Servando Teresa de Mier auch die skizzenhafte Poetik in seinen *Memorias* dazu, dank der (unter anderem durch den Rekurs auf eine ausgeprägte Intertextualität und eine synkretistische Amalgamierung von Gattungsdispositiven erzielten) narrativen Offenheit seiner Autobiographie auch die Offenheit der Geschehnisse, Ereignisse, Erlebnisse und vor allem Eindrücke zu betonen, von denen zu erzählen er sich in diesem Werk vorgenommen hat.

Den in der vorliegenden Studie unternommenen Analysen lag die Annahme zugrunde, dass die Gattungen, in die sich fray Servando Teresa de Mier mit seiner *Historia de la Revolución de Nueva España* und seinen *Memorias* kritisch einschreibt, eine spezifisch moderne Subjektivität voraussetzen.[4] Der Vergleich der diese Gattungstraditionen implizit reflektierenden Werke fray Servandos mit den historiographischen Werken von Carlos María de Bustamante und Lucas Alamán einerseits und den memoralistischen bzw. autobiographischen Werken von Henri Grégoire und José María Blanco White andererseits hat vor diesem Hintergrund zeigen können, dass die Akzentuierung einer solchen „modernen" Subjektivität

---

3 Wenn fray Servando selbst seinen Text ausdrücklich als einen „Essay" oder einen „Versuch" beschreibt, dann macht er damit deutlich, dass ihm diese Dimension seiner Vorgehensweise durchaus bewusst ist (vgl. dazu noch einmal Mier 1990: 10).
4 Vgl. dazu noch einmal Chakrabarty 2010: 45–46.

fray Servando Teresa de Mier dazu dient, die überkommenen Gattungsdispositive einerseits zur Autorisierung des von ihm eingeführten und tatsächlich dezidiert subjektiven „Ichs" zu nutzen, sie aber andererseits durch die Amalgamierung mit anderen Formen zu verändern und so in einer Weise nutzbar zu machen, die einmal mehr darauf zielt, eine größere Unabhängigkeit auch im Literarischen zu erreichen.[5] Dabei lässt sich der Weg von dem sich teilweise noch hinter seiner Rolle als Kompilator und Kommentator verbergenden Ich aus der *Historia de la Revolución* hin zu dem sich ausdrücklich zu seiner Geschichte bekennenden und diese Geschichte narrativ aufbereitenden Ich aus den *Memorias* durchaus im Sinne einer Fortentwicklung interpretieren: Von der kollektiven zur individuellen Geschichte, von der *Historia* zu den *historias* korreliert fray Servandos Schreiben die Subjektivität seines Ichs in zunehmendem Maße mit einer Beweglichkeit, die sich der Festschreibung in klar umgrenzte Gattungsmuster und Epochenschemata entzieht (das wird besonders durch den Vergleich mit den jeweils ganz anders verfahrenden „Lateraltexten" seiner Zeitgenossen und Weggefährten deutlich).

Fray Servando und seine Werke stehen auf einer Schwelle, und das ebenso in einem räumlichen wie in einem zeitlichen Sinne.[6] Was den Raum angeht, so setzen die *Historia de la Revolución* und die *Memorias* die Alte und die Neue Welt miteinander in Verbindung, indem sie jeweils eine Seite des Atlantiks von der gegenüberliegenden Seite aus in den Blick nehmen. Was die Zeit angeht, so reflektieren sie auf jeweils unterschiedliche Art und Weise den Übergang des kolonialen Neuspanien hin zu einem unabhängigen Mexiko. Das Ich, das fray Servando in seinen Werken entwirft, situiert sich zwischen diesen Polen, und seine *escritura* ist erkennbar darauf ausgerichtet, diese bewegliche Position widerzuspiegeln und sie zu reflektieren. Dass die von ihm auf diese Weise in den Jahren um 1800 in die hispanoamerikanische Literatur eingeführte Subjektivität dann im Verlauf des ganzen 20. Jahrhunderts einen so starken Widerhall gefunden hat, findet seine Begründung nicht zuletzt darin, dass Autoren wie Alfonso Reyes, José Lezama Lima, Reinaldo Arenas und auch Christopher Domínguez Michael in der Identifikation mit der beweglichen Figur, die fray Servando Teresa de Mier von sich selbst ent-

---

5 Vgl. zum Begriff der „Moderne" noch einmal Ette 2020: 73–76.
6 Vgl. dazu noch einmal Domínguez Michael, der in seinem Vorwort zu der fray-Servando-Biographie von Artemio de Valle-Arizpe mit Blick auf die von diesem vorgenommenen Ausschmückungen der Geschichte fray Servandos schreibt: „No olvidemos que Fray Servando nunca admitió que su vida fuera ni picaresca ni novelada. Al narrarla, él confiaba en que el lector fuese tan candoroso, como él se presentaba con malicia, y diera por testimonio algo mucho más complejo: la imagen, falaz e íntima, mitomaníaca, pero verdadera, que un hombre se atreve a ofrecer de su propia vida. Las *Memorias* de Mier son, por ello, el último gran libro novohispano y la primera entre las grandes creaciones de las letras de México." (Domínguez Michael 2009: 22).

worfen hat, ihre Vorstellungen von ihrer eigenen Rolle als Schriftsteller und Intellektuelle unmittelbar in Bezug setzen können zu ihren Überlegungen zu Amerika, dessen Ausdruck, dessen Literatur und deren Tradition. Wenn deshalb der „Erfahrungswandel" um 1800 tatsächlich eine so fundamentale Beschleunigung bewirkt hat, wie Reinhart Koselleck das annimmt,[7] und wenn sich diese Beschleunigung im Falle von fray Servando Teresa de Mier in der durch die Flexibilität des erzählenden Ichs ins Werk gesetzten Beweglichkeit der *escritura* manifestiert, dann ist die Feststellung von der offensichtlich anhaltenden Überzeugungskraft (oder auch ganz einfach Attraktivität) dieser Schreibweisen und der ihnen zugrundeliegenden gedanklichen Muster vielleicht eines der bemerkenswertesten Ergebnisse der vorliegenden Studie. Die Konstruktion einer genealogischen Linie zwischen ihrem eigenen Schreiben und demjenigen von fray Servando, die im Laufe des 20. Jahrhunderts Schriftsteller wie Alfonso Reyes, José Lezama Lima oder Reinaldo Arenas vorgenommen haben, lässt in der Tat vermuten, dass die um 1800 eintretende und in fray Servandos Werken literarisch fruchtbar gemachte gedankliche Dynamisierung auch mehr als 100 Jahre später nichts von ihrer Überzeugungskraft verloren hatte; und die jüngste Fortschreibung dieser Geschichte durch einen Autor wie Christopher Domínguez Michael deutet darauf hin, dass die von fray Servando anlässlich der von ihm erlebten Dynamisierung angestellten Überlegungen auch heute noch anschlussfähig sind.

Mit dieser Feststellung könnte das Ziel der vorliegenden Studie erreicht sein, und sie könnte alle weiterführenden Reflexionen insbesondere über die zu erwartende Entwicklung der von fray Servando Teresa de Mier begründeten Traditionslinie einer unabhängigen mexikanischen Literatur künftigen Arbeiten überlassen. Allerdings bleibt am Schluss ein bisher als solches nicht ausdrücklich angesprochenes, aber dafür nur umso drängenderes Problem ungelöst, das abschließend zumindest noch Erwähnung finden soll (in der Hoffnung, dass es im besten Fall dann seinerseits Anlass zu künftigen Untersuchungen bieten kann). So ist die Erkenntnis von der fundamentalen Beweglichkeit und Offenheit von fray Servando und seinen Werken, wie sie hier am Ende des Parcours durch seine Geschichte(n) und Lektüren steht, einerseits natürlich nicht von der Hand zu weisen: Selbstverständlich implizieren die Vorstellungen, denen der Dominikaner in seiner *Historia de la Revolución* und seinen *Memorias* Ausdruck verleiht, eine solche Beweglichkeit – alles andere wäre auch überraschend bei einem Schriftsteller, der sich nicht nur gedanklich sondern auch geographisch so ausdrücklich zwischen den Welten bewegt hat. Andererseits mögen die mit der Feststellung dieser Beweglichkeit implizit verbun-

---

7 Koselleck 1979a: XV. Vgl. zu diesem Erfahrungswandel noch einmal die einleitenden Überlegungen in Kapitel 1.1 Schlaglichter. Transatlantische Verflechtungen in der Sattelzeit um 1800.

denen Wertungen aber doch problematisch erscheinen. Denn letztlich ist ja nicht von der Hand zu weisen, dass die vorliegende Studie im Ganzen auf einem binären Muster aufbaut, das immer wieder zwischen Statik und Dynamik, zwischen Beharren und Bewegen, zwischen Eindimensionalität und Mehrpoligkeit unterscheidet, und das in diesem Zusammenhang eben immer auch Wertungen vornimmt (sowohl explizit als auch unausgesprochen). Am deutlichsten ist dieses Muster vielleicht in den Überlegungen zu den Lektüren fray Servandos und den Lektüren dieser Lektüren durch die Inquisition zum Ausdruck gekommen, die der sowohl geographischen als auch gedanklichen Mobilität des Dominikaners sehr bewusst die umfassende Statik der Zensurmaschinerie der Inquisition gegenübergestellt haben. Vor diesem Hintergrund erscheint mir die entsprechende Anlage meiner eigenen Arbeit an deren Ende nun mindestens bedenkenswert: Ist es nicht so, dass die Wahl eines Themas immer auch eine Aussage enthält nicht nur über diejenige, die diese Wahl trifft, sondern auch und vielleicht mehr noch über die übergeordnete (also wissenschaftliche, politische oder gesellschaftliche) Situation, innerhalb derer die entsprechende Themenwahl vorgenommen wird? So steht zu vermuten, dass meine Jahre zurückliegende Entscheidung, mich mit fray Servando Teresa de Mier beschäftigen zu wollen, alles andere als unschuldig gewesen ist (und das auch jenseits der persönlichen Gründe, die ich für diese Entscheidung gehabt haben mag). Die Auseinandersetzung mit einem Schriftsteller, der ohne jeden Zweifel so beweglich, dynamisch, anschlussfähig und offen ist in seinem Denken und Schreiben, und meine Begeisterung angesichts der Tatsache, dass es dann tatsächlich immer wieder genau diese Beweglichkeit gewesen ist, die aus den Analysen resultierte, sind vielleicht auch Ausweis einer gewissen Sehnsucht der in bestimmten akademischen Traditionen sozialisierten westlich-aufgeklärten Wissenschaftlerin: der uneingestandenen und letztlich natürlich politisch motivierten Sehnsucht nämlich, genau diesen binären Code immer wieder zu reproduzieren und auf diese Weise die eigene Überzeugung von der Reichweite einer in diesem dynamischen, offenen, flexiblen Sinne verstandenen Literatur (und damit in letzter Instanz das eigene Weltbild) zu bestätigen. Hätte man dieses Buch auch anders schreiben und die Beharrungskräfte des Kolonialreichs, das Bemühen um die Wiederherstellung einer verloren geglaubten Ordnung bei Lucas Alamán und das Festhalten an der überkommenen Form der staatstragenden Memoiren bei Abbé Grégoire in den Vordergrund rücken können? Hätte nicht auch die detailversessene spanische Philologie von Ramón Menéndez Pidal und seinen Schülern für etwas Anderes stehen können als nur für den letztlich imperialistischen Glauben an die Größe Spaniens? Hätte dann zuletzt womöglich auch das *Santo Oficio* mit seinen Zensurbestrebungen noch eine Chance haben können? Wahrscheinlich nicht. Aber dass das so ist und dass es kaum anders hat sein können, das bietet mindestens Stoff für weitere Lektüren und weitere Überlegungen.

Bibliographie

Werke von fray Servando Teresa de Mier

Mier, fray Servando Teresa de (1801/1802): „Deux lettres latines de Servando de Mier, évêque de Chiapa [sic!], à l'abbé Grégoire, 28 octobre 1801 et 22 avril 1802, à propos de l'Apologie de Las Casas par l'abbé Grégoire". Paris: Bibliothèque Nationale, Arsénal, Ms. 6339.

Mier, fray Servando Teresa de (1813): *Historia de la Revolución de Nueva España, Antiguamente Anáhuac ó Verdadero origen y causas de ella con la relación de sus progresos hasta el presente año de 1813*. Escribíala José Guerra, de la Universidad de México. Londres: En la imprenta de Guillermo Glindon.

Mier, fray Servando Teresa de (1821): *Memoria político-instructiva, enviada desde Filadelfia en agosto de 1821 á los gefes independientes del Anáhuac, llamado por los españoles Nueva-España*. Filadelfia: Juan F. Hurtel.

Mier, fray Servando Teresa de (1822): „Lettre écrite en 1806 par le Docteur Don Servando Teresa de Mier de Mexico a M. Henri Grégoire". In: J.-A Llorente (Hg.): *Œuvres de Don Barthélémi de Las Casas, évêque de Chiapa*. Paris, S. 398–429.

Mier, fray Servando Teresa de (1917): *Memorias de Fray Servando Teresa de Mier, del convento de Santo Domingo, de México, diputado del primer Congreso Constituyente de la República Mexicana*. Prólogo de don Alfonso Reyes. Madrid: Editorial América.

Mier, fray Servando Teresa de (1978): „Carta de despedida a los mexicanos". In: *Ideario Político*. Prólogo, notas y cronología de Edmundo O'Gorman. Caracas: Biblioteca Ayacucho, S. 5–15.

Mier, fray Servando Teresa de (1981): „El sermón predicado por el Padre Mier en la Colegiata. 12 de diciembre de 1794". In: *Servando Teresa de Mier. Obras completas. El heterodoxo guadalupano*. Estudio preliminar y selección de textos de Edmundo O'Gorman. México: Universidad Nacional Autónoma de México, S. 233–255.

Mier, fray Servando Teresa de (1982): „Ein Revolutionär wider Willen". In: Emir Rodríguez Monegal (Hg.): *Die Neue Welt. Chroniken Lateinamerikas von Kolumbus bis zu den Unabhängigkeitskriegen*. Frankfurt am Main: Suhrkamp, S. 422–430.

Mier, fray Servando Teresa de (1985) [1944]: „Manifiesto apologético". In: *Escritos inéditos*. Introducción, notas y ordenación de textos por J. M. Miquel I Verges y Hugo Díaz-Thome. México: Instituto Nacional de Estudios Históricos de la Revolución Mexicana, S. 39–168.

Mier, fray Servando Teresa de (1990) [1813]: *Historia de la Revolución de Nueva España, antiguamente Anáhuac ó Verdadero origen y causas de ella con la relación de sus progresos hasta el presente año de 1813*. Edición, introducción y notas por André Saint-Lu y Marie-Cécile Bénassy-Berling. Paris: Publications de la Sorbonne.

Mier, fray Servando Teresa de (2003) [1987]: *Cartas de un americano 1811–1812. La otra insurgencia*. México: Cien de México.

Mier, fray Servando Teresa de (2006): *Memorias. Un fraile desterrado en Europa*. Edición de Manual Ortuño Martínez. Madrid: Trama Editorial.

Mier, fray Servando Teresa de (2009): *Días del Futuro Pasado. Las Memorias de fray Servando Teresa de Mier*. Edición cotejada y revisada, introducción y notas de Benjamín Palacios Hernández. Band I und II. Monterrey: Universidad Autónoma de Nuevo León.

Werke von anderen Autorinnen und Autoren

Alamán, Lucas (1844–1849): *Disertaciones sobre la historia de la República Megicana desde la época de la conquista que los Españoles hicieron a fines del siglo XV y principios del XVI de las islas y continente americano hasta la independencia*. Band I–III. México: Imprenta de José Mariano Lara.

Alamán, Lucas (1849–1852): *Historia de Méjico desde los primeros movimientos que prepararon su independencia en el año de 1808 hasta la época presente*. Band I–V. México: Imprenta de José Mariano Lara.

Alamán, Lucas (1849): *Noticias biográficas del licenciado Don Carlos María de Bustamante y juicio crítico de sus obras*. México: Tipografía de R. Rafael.

Alamán, Lucas (1985): *Historia de Méjico desde los primeros movimientos que prepararon su independencia en el año de 1808 hasta la época presente*. Band I–V. Ed. facsimilar. México: Fondo de Cultura Económica.

Antillón, Isidoro de (1820): *Disertación sobre el origen de la esclavitud de los negros, motivos que la han perpetuado, ventajas que se le atribuyen y medios que podrían adoptarse para hacer prosperar sin ella nuestras colonias*. Leída en la Real Academia Matritense de derecho español y público, el día 2 de Abril de 1802, por el Dr. D. Isidoro de Antillón, su individuo exento, y miembro de varios cuerpos literarios. Y publicada en 1811 con notas en apoyo é ilustración de la misma doctrina. Valencia: Imprenta de Domingo y Mompié.

Arenas, Reinaldo (2008a) [1969]: *El mundo alucinante (Una novela de aventuras)*. Edición de Enrico Mario Santí. Madrid: Cátedra.

Arenas, Reinaldo (2008b) [1992]: *Antes que anochezca*. Barcelona: Tusquets Editores.

Aristoteles (1982): *Poetik*. Griechisch/Deutsch, übersetzt und herausgegeben von Manfred Fuhrmann. Stuttgart: Philipp Reclam jun.

Barthes, Roland (2002) [1971]: *Sade, Fourier, Loyola*, in: Ders.: *Œuvres Complètes*. Band III. Paris: Éditions du Seuil.

Beaulieu, Claude-François (1801–1803): *Essais historiques sur les causes et les effets de la Révolution de France*. Paris: Maradan.

Blanco White, José María (1810): „Examen de la obra intitulada *Essai politique sur le royaume de la Nouvelle Espagne*", par Alexandre de Humboldt, Paris 1808–9. In: *El Español*, No. 4, 30.07.1810, S. 243–304.

Blanco White, José María (1811a): „Reflexiones sobre el papel anterior". In: *El Español*, No. 13, 30.04.1811, S. 30–35.

Blanco White, José María (1811b): „Sobre la Inquisición". In: *El Español*, No. 13, 30.04.1811, S. 35–49.

Blanco White, José María (1812): „Breves reflexiones sobre algunos artículos de la Constitución Española, que preceden". In: *El Español*, No. 25, 30.05.1812, S. 76–80.

Blanco White, José María (1822): *Letters from Spain by Don Leucadio Doblado*. London: Henry Colburn and Co.

Blanco White, José María (1824a): „No me olvides". In: *Variedades ó Mensagero de Londres*. Band I. No. IV, 01.07.1824, S. 340–344.

Blanco White, José María (1824b): „Sobre el placer de las imaginaciones inverosímiles". In: *Variedades ó Mensagero de Londres*. Band I. No. V, 01.10.1824, S. 413–418.

Blanco White, José María (1825a): „Literatura anglo-hispana". In: *Variedades ó Mensagero de Londres*. Band II. No. VIII, 01.07.1825, S. 251–253.

Blanco White, José María (1825b): „Despedida del autor de las Variedades a los hispano-americanos". In: *Variedades ó Mensagero de Londres*. Band II. No. IX, 01.10.1825, S. 299–311.

Blanco White, José María (1825c): „Vida literaria de Don Joaquín Lorenzo Villanueva". In: *Variedades ó Mensagero de Londres*. Band II. No. IX, 01.10.1825, S. 353.
Blanco White, José María (1825d): „El Alcázar de Sevilla". In: *No me olvides: colección de producciones en prosa y verso. Originales y traducidas por José Joaquín de Mora*. Londres: Publicada por R. Ackermann, Strand, y en su establecimiento de Mégico, S. 3-27.
Blanco White, José María (1825e): „Preface". In: Ders: *Letters from Spain by Don Leucadio Doblado*. Second edition, revised and corrected by the author. London: Henry Colburn, S. III-IV.
Blanco White, José María (1825f): *Practical and internal Evidence against Catholicism, with occasional Strictures on Mr. Butler's Book of the Roman Catholic Church: in six Letters, addressed to the impartial among the Roman Catholics of Great Britain and Ireland*. London: Thomas Davison.
Blanco White, José María (1825g): *The poor Man's Preservative against Popery: addressed to the lower Classes of Great Britain and Ireland*. London: C. & J. Rivington.
Blanco White, José María (1845): *The Life of the Rev. Joseph Blanco White, written by himself, with Portions of his Correspondence*. Hg. John Hamilton Thom. Band I-III. London: John Chapman.
Blanco White, José María (1975): *Luisa de Bustamante o La huérfana española en Inglaterra y otras narraciones*. Hg. Ignacio Prat. Barcelona: Labor.
Blanco White, José María (1999a): *Bosquejo del comercio de esclavos y reflexiones sobre este tráfico considerado moral, política y cristianamente*. Edición de Manuel Moreno Alonso. Sevilla: Ediciones Alfar.
Blanco White, José María (1999b): *Escritos autobiográficos menores*. Edición y traducción de Antonio Garnica. Huelva: Universidad de Huelva.
Blanco White, José María (1999c): „The Examination of Blanco by White, concerning his Religious notions and other subjects connected with them begun on Sunday, Dec. 20, 1818". Hg. Ángel G. Loureiro. In: *Revista de Estudios Hispánicos*, 33, S. 3-40.
Bolívar, Simón (1999): *Cuatro textos (Manifiesto de Cartagena, Discurso de Angostura, La carta de Jamaica, Mi delirio sobre el Chimborazo)*. Introducción, presentaciones y notas de Arturo Garbizu Crespo. Caracas: Oscar Todtmann Editores.
Bustamante, Carlos María de (1823a): *Cuadro histórico de la Revolución de la América Mexicana*. Primera época, dedicada al Ciudadano General José María Morelos. México: Imprenta de la Águila.
Bustamante, Carlos María de (1823b): *Cuadro histórico de la Revolución de la América Mexicana*. Segunda época, dedicada al Ciudadano General José María Morelos. México: Imprenta de la Águila.
Bustamante, Carlos María de (1827): *Cuadro histórico de la Revolución de la América Mexicana*. Parte tercera de la tercera época, dedicada al Ciudadano General José María Morelos. México: Imprenta de Galván.
Bustamante, Carlos María de (1828): *Campañas del general D. Félix María Calleja, comandante en jefe del Ejército Real de Operaciones llamado del Centro*. México: Imprenta del Águila.
Bustamante, Carlos María de (1985) [1843-1846]: *Cuadro histórico de la Revolución Mexicana de 1810*. Band I-VIII. México: Instituto Nacional de Estudios Históricos de la Revolución Mexicana.
Cancelada, Juan López (1811): *La verdad sabida y buena fé guardada. Orígen de la espantosa revolución de la Nueva España, comenzada en 15 de septiembre de 1810. Defensa de su fidelidad. Por D. Juan López Cancelada. Redactor de la Gazeta de México*. Quaderno primero. Cádiz: Imprenta de D. Manuel Santiago de Quintana.
Castro, Fidel (1968): *Comparecencia del Comandante Fidel Castro Ruiz, Primer Ministro del Gobierno Revolucionario y Primer Secretario del Comité Central del Partido Comunista de Cuba, para analizar*

los acontecimientos de Checoslovaquia: viernes 23 de agosto de 1968. La Habana: Instituto del Libro, Dpto. de Versiones Taquigráficas del Gobierno Revolucionario.

Cervantes, Miguel de (^{35}2016): *El Ingenioso Hidalgo Don Quijote de la Mancha*. Edición de John Jay Allen. Madrid: Cátedra.

Cicero, Marcus Tullius (^{3}1997): *De oratore. Über den Redner*, II, 36. Übersetzt und herausgegeben von Harald Merklin. Stuttgart: Philipp Reclam jun.

Clavijero, Francisco Javier (^{11}2009): *Historia antigua de México*, México: Porrúa.

Coleridge, Samuel Taylor (1917): *The Table Talk and Omniana of Samuel Taylor Coleridge*. With a Note on Coleridge by Coventry Patmore. London u.a.: Humphrey Milford/Oxford University Press.

Coleridge, Samuel Taylor (1971): *Collected Letters of Samuel Taylor Coleridge*. Band V (1820–1825) und Band VI (1826–1834). Oxford: Clarendon Press.

Coleridge, Samuel Taylor (2014): *Biographia Literaria*. Edited by Adam Roberts. Edinburgh: Edinburgh University Press.

Coleridge, Sara (1873): *Memoir and Letters of Sara Coleridge*. Ed. by her daughter. Band II. London: Henry S. King & Co.

David, Jacques-Louis (1983): „Brouillon d'un mémoire sur l'achèvement du *Serment du Jeu de Paume*". In: Philippe Bordes (Hg.): *Le Serment du Jeu de Paume de Jacques-Louis David. Le peintre, son milieu et son temps de 1789 à 1792*. Paris: Éditions de la Réunion des musées nationaux, S. 177–178.

Domínguez Michael, Christopher (2004): *Vida de Fray Servando*. México: Ediciones Era.

Domínguez Michael, Christopher (2014): *Octavio Paz en su siglo*. México: Editorial Aguilar.

Domínguez Michael, Christopher (2016): *La innovación retrógrada. Literatura mexicana, 1805–1863*. México: El Colegio de México.

Domínguez Michael, Christopher (2019): *La literatura mexicana del siglo XIX*. México: El Colegio de México.

Durán, Diego (1867): *Historia de las Indias de Nueva España e Islas de Tierra Firme*. La publica con un atlas de estampas, notas e ilustraciones José F. Ramírez. Band I. México: Andrade y F. Escalante.

Ferrières, Charles Élie de (1798): *Mémoires pour servir à l'histoire de l'Assemblée constituante et de la révolution de mil sept cent quatre-vingt-neuf*. Paris: Les Marchands de Nouveautés.

Fuentes, Carlos (2005): *Los 68. París, Praga, México*. Madrid: Debate.

Gibbon, Edward (1796): *Miscellaneous works of Edward Gibbon, Esquire, with Memoirs of his life and writings, composed by himself: illustrated from his letters, with occasional notes and narrative by John Lord Sheffield*. Band I. Dublin: Printed for P. Wogan et al.

González de Mendoza, José María (1970) [1960]: „Alfonso Reyes, anecdótico". In: Ders.: *Ensayos selectos*, México: Fondo de Cultura Económica, S. 250–259.

Grégoire, Henri (1801): *Apologie de Barthélémy de Las Casas, évêque de Chiappa, par le citoyen Grégoire*. Paris: Baudouin, Imprimeur de l'Institut National.

Grégoire, Henri (1808): *De la littérature des Nègres, ou Recherches sur leurs facultés intellectuelles, leurs qualités morales et leur littérature; suivies de Notices sur la vie et les ouvrages des Nègres qui se sont distingués dans les Sciences, les Lettres et les Arts*. Paris: Maradan Libraire.

Grégoire, Henri (1815): *De la traite et de l'esclavage des noirs et des blancs; par un ami des hommes de toutes les couleurs*. Paris: Adrien Égron, imprimeur.

Grégoire, Henri (1837): *Mémoires de Grégoire, Ancien évêque de Blois, député à l'Assemblée Constituante et à la Convention Nationale, sénateur, membre de l'Institut*. Précédés d'une notice historique sur l'auteur par H. M. Carnot. Band I–II. Paris: Ambroise Dupont.

Grégoire, Henri (1944): „Cartas del obispo Grégoire a fray Servando". In: Fray Servando Teresa de Mier: *Escritos inéditos*. Introducción, notas y ordenación del texto por J. M. Miquel i Vergés y Hugo Díaz-Thomé. México: El Colegio de México, Brief vom 17.03.1824, S. 502–515.

Grégoire, Henri (1968): „Mémoire en faveur des Gens de couleur, ou Sang-Mêlés, de Saint-Domingue et des autres Isles Françoises de l'Amérique, adressé à l'Assemblée Nationale par M. Grégoire, Curé d'Embermenil, Député de Lorraine". In: *La Révolution Française et l'abolition de l'esclavage. Textes et documents*. Band I. Paris: Éditions d'histoire sociale.

Guridi y Alcocer, José Miguel (1906): *Apuntes de la vida de D. José Miguel Guridi y Alcocer. Formados por él mismo en fines de 1801 y principios del siguiente de 1802*. Manuscrito inédito de la colección de D. Joaquin García Icazbalceta, que publica por vez primera D. Luis García Pimentel. Con noticias biobibliográficas por D. Luis González Obregon. Méjico: Vallejo.

Hegel, Georg Friedrich Wilhelm (1986): *Vorlesungen über die Philosophie der Geschichte* (Werke XII). Frankfurt am Main: Suhrkamp.

Hemans, Felicia (1825): „The Forest Sanctuary". In: Dies.: *The Forest Sanctuary and other Poems*. By Mrs. Hemans. London: John Murray, Albemarle-Street, S. 1–101.

Hernández y Dávalos, Juan Evaristo (1878): *Colección de documentos para la historia de la Guerra de Independencia de México de 1808 a 1821*. Band II. México: José María Sandoval.

Hernández y Dávalos, Juan Evaristo (1882): *Colección de documentos para la historia de la Guerra de Independencia de México de 1808 a 1821*. Band VI. México: José María Sandoval.

Herrera y Tordesillas, Antonio de (1726) [1601–1615]: *Historia general de los hechos de los castellanos en las Islas y Tierra Firme del mar Océano que llaman Indias Occidentales*. Band II. Madrid: Imprenta Real de Nicolas Rodriguez Franco.

Hofmannsthal, Hugo von (1991): „Ein Brief". In: Ders.: *Sämtliche Werke XXXI. Erfundene Gespräche und Briefe*. Herausgegeben von Ellen Ritter. Frankfurt am Main: S. Fischer, S. 45–55.

Horaz (2009): *Oden und Epoden*. Übersetzt und hg. von Bernhard Kytzler. Stuttgart: Philipp Reclam jun.

Humboldt, Alexander von (1810–1813): *Vues des Cordillères et monumens des peuples indigènes de l'Amérique*. Paris: Schoell.

Humboldt, Alexander von (1811): *Essai politique sur le royaume de la Nouvelle-Espagne*. Band I. Paris: F. Schoell.

Isla, José Francisco de (1992): *Historia del famoso predicador fray Gerundio de Campazas, alias Zotes*. Edición crítica de José Jurado. Madrid: Gredos 1992.

Kant, Immanuel (1784): „Beantwortung der Frage: Was ist Aufklärung?". In: *Berlinische Monatsschrift*, 4, S. 481–494.

Las Casas, Bartolomé de (1812): *Breve relación de la destrucción de las Indias*. Discurso preliminar del Doctor Don Servando Teresa de Mier. Noriega y Guerra. London: Schulze and Dean.

Las Casas, Bartolomé de (1992): „Entre los remedios... el octavo". In: Ders. *Obras Completas*. Edición de Ramón Hernández y Lorenzo Galmés. Band X [Tratados de 1552]. Madrid: Alianza, S. 287–359.

Las Casas, Bartolomé de (2016) [1982]: *Brevísima relación de la destruición de las Indias*. Edición de André Saint-Lu. Madrid: Cátedra.

Le Moyne, Nicolas-Toussaint (dit Des Essarts) (1800–1803). *Les siècles littéraires de la France*. Nouveau Dictionnaire, historique, critique, et bibliographique, de tous les écrivains français, morts et vivans, jusqu'à la fin du XVIIIe siècle. Paris: Chez l'Auteur, Imprimeur-Libraire.

Lezama Lima, José (^{3}2017): *La expresión americana*. Edición con el texto establecido por Irlemar Chiampi. México: Fondo de Cultura Económica.

Machado, Antonio (2007): „Campos de Castilla". In: Ders.: *Poesías completas*. Edición de Manuel Alvar. Madrid: Espasa Calpe.

Miranda, Francisco de (1982): „América espera". In: Ders.: *América espera*. Selección, prólogo y títulos de José Luis Salcedo-Bastardo. Caracas: Biblioteca Ayacucho, S. 104–107.

Moleville, Antoine-François Bertrand de (1801–1802): *Histoire de la Révolution de France pendant les dernières années du règne de Louis XVI*. Paris: Giguet et Michaud.

Mora, José Joaquín de (1825): „Prefacio". In: *No me olvides: colección de producciones en prosa y verso. Originales y traducidas por José Joaquín de Mora.* Londres: Publicada por R. Ackermann, Strand, y en su establecimiento de Mégico, S. III–IV.
Neruda, Pablo (1981): „Mina 1817". In: Ders.: *Canto general.* Prólogo y cronología Fernando Alegría. Caracas: Biblioteca Ayacucho, S. 86–88.
Nora, Pierre (Hg.) (1984–1992). *Les lieux de mémoire.* Band I–III. Paris: Gallimard.
o. A. (1787): „Continuación del discurso sobre la reunión de Hospitales en esta Corte". In: *Diario curioso, erudito, económico y comercial.* Band III. Madrid: Imprenta de Manuel González, S. 246.
o. A. (1825a): „Modas inglesas". In: *Variedades ó Mensagero de Londres.* Band II. No. IX, 01.10.1825, o. S.
o. A. (1825b): „Advertencia". In: *No me olvides: colección de producciones en prosa y verso.* Originales y traducidas por José Joaquín de Mora. Londres: Publicada por R. Ackermann, Strand, y en su establecimiento de Mégico, o. S.
o. A. (1845): „Art. VII, The Life of the Rev. Joseph Blanco White, written by himself, with portions of his Correspondence. Edited by John Hamilton Thom". In: *The Quarterly Review*, LXXVI, S. 164–203.
o. A. (1916): „Índice del tomo III". In: *Revista de Filología Española*, III, o. S.
Paine, Thomas (1811): *La independencia de la costa firme justificada por Thomas Paine treinta años há.* Extracto de sus obras traducido del inglés al español por D. Manuel García de Sena. Philadelphia: Imprenta de T. y J. Palmer.
Pauw, Cornelius de (1768): *Recherches philosophiques sur les Américains, ou Mémoires intéressants pour servir à l'Histoire de l'Espèce humaine.* Band I. Berlin: Chez George Jacques Decker, imp. du Roi.
Pauw, Cornelius de (1787): *Recherches philosophiques sur les Grecs.* Band I. Berlin: Chez George Jacques Decker & Fils.
Payno, Manuel (1865): *Vida, Aventuras, Escritos y Viajes del Dr. D. Servando Teresa de Mier.* México: Imprenta de Juan Abadiano.
Payno, Manuel (2005): *Bosquejos biográficos* (= Obras Completas 18). Compilación, presentación y notas Boris Rosen Jélomer. México: Consejo Nacional para la Cultura y las Artes.
Paz, Octavio (1974): *Los hijos del limo. Del romanticismo a la vanguardia.* Barcelona: Seix Barral.
Paz, Octavio (1976): „Editorial". In: *Vuelta* 1, S. 4.
Paz, Octavio (^{4}1983) [1979]: *El ogro filantrópico. Historia y política 1971–1978.* Barcelona: Seix Barral.
Paz, Octavio (1987): *El peregrino en su patria. Historia y política de México.* Edición de Octavio Paz y Luis Mario Schneider. México: Fondo de Cultura Económica.
Paz, Octavio (2001) [1982]: *Sor Juana Inés de la Cruz o las trampas de la fe.* In: Ders.: *Obras Completas* III (Generaciones y semblanzas. Dominio mexicano). Barcelona: Galaxia Gutenberg.
Paz, Octavio (2003): *Vislumbres de la India.* In: Ders.: *Obras Completas* VI (Ideas y costumbres. La letra y el cetro. Usos y símbolos). Barcelona: Galaxia Gutenberg.
Pernety, Antoine-Joseph de (1770): „Dissertation sur l'Amérique et les Naturels de cette partie du Monde". In: Cornelius de Pauw: *Recherches philosophiques sur les Américains, ou Mémoires intéressants pour servir à l'Histoire de l'Espèce humaine par Mr. de P.* Nouvelle Edition, augmentée d'une Dissertation critique par Dom Pernety; & de la Défense de l'Auteur des Recherches contre cette Dissertation. Band III. Berlin: Decker, S. 2–136.
Reyes, Alfonso (1917a): „Prólogo". In: Fray Servando Teresa de Mier: *Memorias de Fray Servando Teresa de Mier, del convento de Santo Domingo, de México, diputado del primer Congreso Constituyente de la República Mexicana.* Prólogo de don Alfonso Reyes. Madrid: Editorial América, S. VII–XXII.
Reyes, Alfonso (1917b): „Un tema de ,La vida es sueño'. El hombre y la naturaleza en el monólogo de Segismundo". In: *Revista de Filología Española*, IV, S. 1–25.
Reyes, Alfonso (1956a) [1917]: *Cartones de Madrid.* In: Ders.: *Obras Completas* II. México: Fondo de Cultura Económica, S. 45–90.

Reyes, Alfonso (1956b) [1917]: „El infierno de los ciegos". In: *Cartones de Madrid*. In: Ders.: *Obras Completas* II. México: Fondo de Cultura Económica, S. 49–50.
Reyes, Alfonso (1956c) [1937]: „En el Ventanillo de Toledo". In: *Las Vísperas de España*. In: Ders.: *Obras Completas* II. México: Fondo de Cultura Económica, S. 93–98.
Reyes, Alfonso (1956d) [1937]: „La crisis de los emigrados". In: *Las Vísperas de España*. In: Ders.: *Obras Completas* II. México: Fondo de Cultura Económica, S. 244–245.
Reyes, Alfonso (1956e) [1919]: „En busca del Padre Mier, nuestro paisano". In: *Las Vísperas de España*. In: Ders.: *Obras Completas* III. México: Fondo de Cultura Económica, S. 242–243.
Reyes, Alfonso (1956f) [1920]: „Chateaubriand en América". In: *Retratos reales e imaginarios*. In: Ders.: *Obras Completas* III. México: Fondo de Cultura Económica, S. 426–432.
Reyes, Alfonso (1956g) [1920]: *Retratos reales e imaginários*. In: Ders.: *Obras Completas* III. México: Fondo de Cultura Económica, S. 401–496.
Reyes, Alfonso (1956h) [1920]: „Fray Servando Teresa de Mier". In: *Retratos reales e imaginarios*. In: Ders.: *Obras Completas* III. México: Fondo de Cultura Económica, S. 433–442.
Reyes, Alfonso (1956i) [1931–1933–1935]: „Cuaderno de apuntes sobre el Padre Mier". In: *Páginas adicionales*. In: Ders.: *Obras Completas* IV. México: Fondo de Cultura Económica, S. 558–560.
Reyes, Alfonso (1956j): „Dos obras reaparecidas de fray Servando". In: *Simpatías y diferencias*. In: Ders.: *Obras Completas* IV. México: Fondo de Cultura Económica, S. 469–472.
Reyes, Alfonso (1956k): „Dos viejas discusiones". In: *Páginas adicionales*. In: Ders.: *Obras Completas* IV. México: Fondo de Cultura Económica, S. 561–573.
Reyes, Alfonso (1960a) [1936]: „Notas sobre la inteligencia americana". In: *Última Tule*. In: Ders.: *Obras Completas* XI. México: Fondo de Cultura Económica, S. 82–90.
Reyes, Alfonso (1960b) [1939]: „El reverso de un libro (Memorias literarias)". In: *Pasado inmediato*. In: Ders.: *Obras Completas* XII. México: Fondo de Cultura Económica, S. 217–241.
Reyes, Alfonso (1990a): „El año de 1917". In: Ders.: *Obras Completas* XXIV. México: Fondo de Cultura Económica, S. 208–221.
Reyes, Alfonso (1990b): „De las conferencias del Centenario a los *Cartones de Madrid*". In: *Historia documental de mis libros*. In: Ders.: *Obras Completas* XXIV. México: Fondo de Cultura Económica, S. 160–177.
Reyes, Alfonso (1993) [1951]: „Don Ramón se va a México". In: Ders.: *La x en la frente*. México: Universidad Nacional Autónoma de México, S. 95–97.
Reyes, Alfonso/Henríquez Ureña, Pedro (1986): *Correspondencia 1907–1914*. Edición de José Luis Martínez. México: Fondo de Cultura Económica.
Rousseau, Jean-Jacques (2012a): *Les Confessions 1*. In: Ders.: *Œuvres complètes*. Édition critique par Raymond Trousson. Band I. Genève/Paris: Slatkine/Champion.
Rousseau, Jean-Jacques (2012b): *Rousseau juge de Jean-Jacques*. In: Ders.: *Œuvres complètes*. Édition critique par Philip Stewart. Band III. Genève/Paris: Slatkine/Champion.
Schlegel, Friedrich (1967): „Über die Unverständlichkeit". In: *Kritische Friedrich-Schlegel-Ausgabe*. Band II. Hg. Ernst Behler unter Mitwirkung von Jean-Jacques Anstett und Hans Eichner. München/Paderborn u.a.: Schöningh, S. 363–373.
Sierra, Justo/Henríquez Ureña, Pedro/Rangel, Nicolás/Urbina, Luis G. (Hg.) (1910): *Antología del Centenario*. Band II. México: Imprenta de Manuel León Sánchez.
Soulavie, Jean-Louis (1801): *Mémoires historiques et politiques du règne de Louis XVI depuis son mariage jusqu'à sa mort*. Paris/Strasbourg: Treuttel & Würtz.
Southey, Robert (1823–1832): *History of the Peninsular War, 1807–1814*. Band I–III. London: John Murray.

Thukydides (1957): *Der peloponnesische Krieg*. Vollständige Ausgabe, übertragen von August Horneffer. Bremen: Sammlung Dieterich.

Torri, Julio (1995): *Epistolarios*. Edición de Serge I. Zaïtzeff. México: Universidad Nacional Autónoma de México.

Unanue, Hipólito (1940): *Observaciones sobre el clima de Lima y su influencia en los seres organizados, en especial el Hombre*. Lima: Comisión Nacional Peruana de Cooperación Intelectual.

Vergil (2012): *Aeneis*. Übersetzt und hg. von Edith und Gerhard Binder. Stuttgart: Philipp Reclam jun.

Viscardo y Guzmán, Juan Pablo (2004): *Carta dirigida a los españoles americanos*. Introducción de David A. Brading. México: Fondo de Cultura Económica.

Sekundärliteratur

Abellán, José Luis (1984): *Historia crítica del pensamiento español*. Band IV (Liberalismo y romanticismo). Madrid: Espasa Calpe.

Alejos-Grau, Carmen (1996): „El método histórico en Francisco Javier Clavijero (1731–1787)". In: Josep-Ignasi Saranyana/Enrique de la Lama/Miguel Lluch-Baixauli (Hg.): *Qué es la Historia de la Iglesia*. Pamplona: EUNSA, S. 727–736.

Allen, John (1810): „Essai Politique sur le Royaume de la Nouvelle Espagne. Par Alexandre de Humboldt; les trois premiers livraisons, en 4to; avec un Atlas Géographique et Physique, en fol., Paris, 1808–9". In: *The Edinburgh Review or Critical Journal*, XVI, S. 62–102.

Almeida, Joselyn (2006): „Blanco White and the Making of Anglo-Hispanic Romanticism". In: *European Romantic Review*, 17, 4, S. 437–456.

Almeida, Joselyn (2011): *Reimagining the Transatlantic, 1780–1890*. Burlington: Ashgate.

Álvarez, José Rogelio (Hg.) (1977): *Enciclopedia de México*. Todo lo mexicano ordenado alfabéticamente: antropología, arqueología, arte, bibliografía, biografías, ciencias, derecho, economía, estadística, etimología, etnografía, fauna y flora, folclore, geociencias, historia, instituciones, léxico regional, literatura, mitología, música, paremiología, semántica, sociología, toponimia, turismo, etc. México: Enciclopedia de México.

Álvarez Barrientos, Joaquín (2008): *La Guerra de la Independencia en la cultura española*. Madrid: Siglo XXI de España Editores.

Anderson, Benedict R. (2016): *Imagined Communities: Reflections on the Origin and Spread of Nationalism*. Revised edition. London/New York: Verso.

Andión Herrero, María Antonieta (2004): *Los indigenismos en la Historia de las Indias de Bartolomé de las Casas*. Madrid: Consejo de Investigaciones Científicas.

Annino, Antonio (2008): „Historiografía de la Independencia (siglo XIX)". In: Ders./Rafael Rojas (Hg.): *La independencia. Los libros de la patria*. México: Fondo de Cultura Económica/Centro de Investigación y Docencia Económicas, S. 11–96.

Arciniegas, Germán (1979): „Nuestra América es un ensayo". In: *Latinoamérica. Cuadernos de Cultura Latinoamericana* 53, S. 5–17.

Arendt, Hannah (^{4}2014): *Über die Revolution*. München/Zürich: Piper.

Arnauld, Andreas von (2009): „Was war, was ist – und was sein soll. Erzählen im juristischen Diskurs". In: Christian Klein/Matías Martínez (Hg.): *Wirklichkeitserzählungen. Felder, Formen und Funktionen nicht-literarischen Erzählens*. Stuttgart/Weimar: J. B. Metzler, S. 14–50.

Ávila, Alfredo (2005a): „Carlos María de Bustamante". In: Belem Clark de Lara/Elisa Speckman Guerra (Hg.): *Galería de escritores* (La república de las letras. Asomos a la cultura escrita del México decimonónico. Band III). México: Universidad Nacional Autónoma de México, S. 23-35.
Ávila, Alfredo (2005b): „Servando Teresa de Mier". In: Belem Clark de Lara/Elisa Speckman Guerra (Hg.): *Galería de escritores* (La república de las letras. Asomos a la cultura escrita del México decimonónico. Band III). México: Universidad Nacional Autónoma de México, S. 9-22.
Bach, Oliver/Brieskorn, Norbert/Stiening, Gideon (Hg.) (2017): *Die Naturrechtlehre des Francisco Suárez*. Berlin/Boston: de Gruyter.
Bailyn, Bernard (1992 [1967]): *The Ideological Origins of the American Revolution*. Boston: Harvard University Press.
Balke, Friedrich (2002): „Die Enzyklopädie als Archiv des Wissens", in: Hedwig Pompe/Leander Scholz (Hg.): *Archivprozesse. Die Kommunikation der Aufbewahrung*, Köln: DuMont 2002, S. 155-172.
Barrera, Josué (2009): „La experiencia en la reescritura de la historia". In: *Casa del Tiempo*, 21, S. 73-76.
Barrera, Trinidad (2007): „Bartolomé de Las Casas en el siglo XIX: Fray Servando Teresa de Mier y Simón Bolívar". In: *América sin Nombre*, 9-10, S. 27-31.
Barrera Enderle, Víctor (2002): „La fuga como arte escritural: El grafocentrismo en las *Memorias* de fray Servando Teresa de Mier". In: Ders.: *Ensayos sobre literatura y culturas latinoamericanas*. Santiago de Chile: LOM Ediciones, S. 7-41.
Barrera Enderle, Víctor (2008): „La (re)creación de la ‚patria chica': fray Servando Teresa de Mier en la lectura del joven Alfonso Reyes". In: Ders.: *Literatura y globalización*. La Habana: Casa de las Américas, S. 79-87.
Barrera Enderle, Víctor (2018): *Reyes. La conquista de la vocación. Vida de Alfonso Reyes en tres ensayos*. Guanajuato: Universidad de Guanajuato.
Barriuso, Carlos (2009): *Los discursos de la modernidad: nación, imperio y estética en el fin de siglo español (1895-1924)*. Madrid: Biblioteca Nueva.
Bénassy-Berling, Marie-Cécile (1993): „De Sigüenza y Góngora (XVIIe s.) a Fray Servando Teresa de Mier (XVIII-XIXe s.): Vision de l'indien par le créole et enjeu politique". In: Agustín Redondo (Hg.): *Les représentations de l'autre dans l'espace ibérique et ibéro-américain*. Paris: Presses de la Sorbonne Nouvelle, S. 107-115.
Bénassy-Berling, Marie-Cécile (2013): „Defensa de Fray Servando Teresa de Mier, actor de la Independencia Mexicana". In: *Caravelle. Cahiers du monde hispanique et luso-brésilien*, 100, S. 235-253.
Benot, Yves (2000): „Grégoire défenseur de la cause des Noirs dans les revues de la Restauration". In: Ders./Marcel Dorigny (Hg.): *Grégoire et la cause des Noirs. Combats et projets (1789-1831)*. Paris: Société française d'histoire d'outre-mer/Association pour l'étude de la colonisation européenne., S. 153-162.
Benot, Yves/Dorigny, Marcel (Hg.) (2000): *Grégoire et la cause des Noirs (1789-1831). Combats et projets*. Paris: Société française d'histoire d'Outre-mer/Association pour l'étude de la colonisation européenne.
Benson, Nettie Lee (1948): „Servando Teresa de Mier, Federalist". In: *The Hispanic American Historical Review*, 28, 4, S. 514-525.
Bercegol, Fabienne (2009): *Chateaubriand: une poétique de la tentation*. Paris: Éd. Classiques Garnier.
Bernaschina, Vicente (2015): „‚Toda comparación es odiosa' oder die Weltengeschichten der Menschheit. El Inca Garcilaso und die französischen Übersetzungen der *Comentarios reales*". In: Ders./Tobias Kraft/Anne Kraume (Hg.): *Globalisierung in Zeiten der Aufklärung. Texte und Kontexte*

zur Berliner Debatte um die Neue Welt (18./19. Jahrhundert). Frankfurt am Main u.a.: Peter Lang, S. 99–121.

Bernaschina, Vicente/Kraft, Tobias/Kraume, Anne (Hg.) (2015): *Globalisierung in Zeiten der Aufklärung. Texte und Kontexte zur Berliner Debatte um die Neue Welt (18./19. Jahrhundert)*. Frankfurt am Main u.a.: Peter Lang.

Bernecker, Walther L. (2002): *Spanische Geschichte. Von der Reconquista bis heute*. Darmstadt: Wissenschaftliche Buchgesellschaft.

Bernecker, Walther L. (2007): „Mexiko im 19. Jahrhundert. Zwischen Unabhängigkeit und Revolution". In: Ders./Horst Pietschmann/Hans W. Tobler (Hg.): *Eine kleine Geschichte Mexikos*. Frankfurt am Main: Suhrkamp, S. 121–241.

Bethencourt, Francisco (2009): *The Inquisition: A Global History 1478–1834*. Cambridge: Cambridge University Press.

Bertrand, Michel (1996): „Entre ruptures et tradition: Les cheminements de Fr. Servando face à la crise d'Indépendance". In: *Caravelle. Cahiers du monde hispanique et luso-brésilien*, 67, S. 73–88.

Beyerhaus, Gisbert (1926): „Abbé de Pauw und Friedrich der Große. Eine Abrechnung mit Voltaire". In: *Historische Zeitschrift*, 134, 3, S. 465–493.

Bitrán Goren, Yael (2001): „Servando Teresa de Mier". In: Virginia Guedea (Hg.): *El surgimiento de la historiografía nacional*. México: Universidad Nacional Autónoma de México, S. 65–91.

Bitter, Gottfried (1997): „Katholische Predigt der Neuzeit". In: *Theologische Realenzyklopädie*. Band XXVII (Politik/Politologie – Publizistik/Presse). Berlin: de Gruyter, S. 262–296.

Bloch, Ernst (1985): *Erbschaft dieser Zeit*. Frankfurt am Main: Suhrkamp.

Bohrer, Karl Heinz (2000): „Sprachen der Ironie – Sprachen des Ernstes: Das Problem". In: Ders. (Hg.): *Sprachen der Ironie – Sprachen des Ernstes*. Frankfurt am Main: Suhrkamp, S. 11–35.

Borchmeyer, Florian (2009): *Die Ordnung des Unbekannten: von der Erfindung der neuen Welt*. Berlin: Matthes & Seitz.

Bordes, Philippe (1983): *Le Serment du Jeu de Paume de Jacques-Louis David. Le peintre, son milieu et son temps de 1789 à 1792*. Paris: Éditions de la Réunion des musées nationaux.

Borsò, Vittoria (2007): „El difícil camino hacia la modernidad. Miradas entrecruzadas, polarizaciones y transacciones culturales en la poesía de Antonio Machado". In: Gero Arnscheidt/Pere Joan Tous (Hg.): *„Una de las dos Españas..."*. *Representaciones de un conflicto identitario en la historia y en las literaturas hispánicas*. Estudios reunidos en homenaje a Manfred Tietz. Madrid/Frankfurt am Main: Iberoamericana Vervuert, S. 381–402.

Brading, David A. (1973): *Los orígenes del nacionalismo mexicano*. México: Secretaria de Educación Pública.

Brading, David A. (1991): *Orbe indiano. De la monarquía católica a la república criolla 1492–1867*. México: Fondo de Cultura Económica.

Braun, Harald/Vollendorf, Lisa (Hg.) (2013): *Theorising the Ibero-American Atlantic*. Leiden/Boston: Brill.

Breña, Roberto (2006): *El primer liberalismo español y los procesos de emancipación de América, 1808–1824. Una revisión historiográfica del liberalismo hispánico*. México: El Colegio de México.

Breña, Roberto (2012): *El imperio de las circunstancias. Las independencias hispanoamericanas y la revolución liberal española*. México: El Colegio de México, Centro de Estudios Internacionales/ Marcial Pons.

Brennecke, Christiana (2010): *Von Cádiz nach London: spanischer Liberalismus im Spannungsfeld von nationaler Selbstbestimmung, Internationalität und Exil (1820–1833)*. Göttingen: Vandenhoeck & Ruprecht.

Browning, John D. (1978): „Cornelius de Pauw and Exiled Jesuits: The Development of Nationalism in Spanish America". In: *Eighteenth Century Studies*, 11, 3, S. 289–307.

Buck-Morss, Susan (2011): *Hegel und Haiti. Für eine neue Universalgeschichte*. Frankfurt am Main: Suhrkamp.
Burnautzki, Sarah/Welge, Jobst (Hg.) (2023): *Unzuverlässiges Erzählen. Neue Blicke auf narrative Strategien in den romanischen Literaturen*. Berlin/Boston: de Gruyter [im Druck].
Caballé, Anna (1995): *Narcisos de tinta. Ensayos sobre la literatura autobiográfica en lengua castellana (siglos XIX y XX)*. Málaga: Megazul.
Carpentier, Alejo (1990) [1975]: „Lo barroco y lo real maravilloso". In: *Razón de ser*. In: Ders.: *Obras Completas* XIII. México: Siglo XXI, S. 167–193.
Calvelo, Oscar (2004): „Las ‚biografías' de Blanco White". In: Isaías Lerner/Robert Nival/Alejandro Alonso (Hg.): *Actas del XIV Congreso de la Asociación Internacional de Hispanistas*. Band III. Newark/Delaware: Juan de la Cuesta, S. 117–121.
Calvelo, Oscar (2008): „Una genealogía autobiográfica. Acerca de las autobiografías de José María Blanco White, Luis Cernuda y Juan Goytisolo". In: María Carmen Porrúa (Hg.): *Sujetos a la literatura. Instancias de subjetivación en la literatura española contemporánea*. Buenos Aires: Editorial Biblos, S. 11–29.
Calvillo, Manuel (2003) [1987]: „Prólogo". In: Fray Servando Teresa de Mier: *Cartas de un americano 1811–1812. La otra insurgencia*. México: Cien de México, S. 11–57.
Campos y Sevilla Fernández, F. Javier de (2011): „La Iglesia iberoamericana al advenimiento de las repúblicas". In: *Cuadernos de Investigación Histórica*, 28, S. 21–45.
Cândido, António (1985): *Literatura e sociedade: estudos de teoria e história literária*. São Paulo: Editora Nacional.
Canfora, Luciano (2001): *Caesar: der demokratische Diktator*. München: C. H. Beck.
Cañizares-Esguerra, Jorge (2001): *How to Write the History of the New World: Histories, Epistemologies, and Identities in the Eighteenth-Century Atlantic World*. Stanford: Stanford University Press.
Carballo, Emmanuel (1991): *Historia de las letras mexicanas en el siglo XIX*. Guadalajara: Universidad de Guadalajara/Xalli.
Casal, Lourdes (1971): *El caso Padilla: literatura y revolución en Cuba. Documentos*. Miami/New York: Ediciones Universal/Nueva Atlántida.
Castelán Rueda, Roberto (1997): *La fuerza de la palabra impresa. Carlos María de Bustamante y el discurso de la modernidad, 1805–1827*. México: Fondo de Cultura Económica.
Cezar Miskulin, Silvia (2010): „La Revolución Cubana y el caso Padilla en las revistas *Plural* y *Vuelta*". In: *Estudios*, 23–24, S. 159–171.
Chakrabarty, Dipesh (2010): „Europa provinzialisieren. Postkolonialität und die Kritik der Geschichte". In: Ders.: *Europa als Provinz. Perspektiven postkolonialer Geschichtsschreibung*. Übersetzt von Martin Pfeiffer. Frankfurt/New York: Campus Verlag, S. 41–65.
Chartier, Roger (1990): *Les origines culturelles de la Révolution française*. Paris: Éditions du Seuil.
Chiampi, Irlemar (1993): „La historia tejida por la imagen". In: José Lezama Lima: *La expresión americana*. Edición con el texto establecido por Irlemar Chiampi. México: Fondo de Cultura Económica, S. 11–40.
Chopelin-Blanc, Caroline/Chopelin, Paul (2013): *L'obscurantisme et les Lumières: itinéraire de l'abbé Grégoire: évêque révolutionnaire*. Paris: Vendémiaire.
Claps Arenas, María Eugenia (2001): „Carlos María de Bustamante". In: Virginia Guedea (Hg.): *El surgimiento de la historiografía nacional*. México: Universidad Nacional Autónoma de México, S. 109–126.
Coffman, D'Maris/Leonard, Adrian/O'Reilly, William (Hg.) (2014): *The Atlantic World*. London: Routledge.

Colina, Rafael de la (1942): „Historiadores mexicanos del siglo XIX". In: *Revista Hispánica Moderna*, 8, 1–2, S. 43–48.
Colombi, Beatriz (2017): „Alfonso Reyes y sus ‚Notas sobre la inteligencia americana': El ensayo en contexto". In: Liliana Weinberg (Hg.): *El ensayo en diálogo*. Band II. México: Universidad Nacional Autónoma de México/Centro de Investigaciones sobre América Latina y el Caribe, S. 371–400.
Contzen, Eva von (2016): „The Limits of Narration. Lists and Literary History". In: *Style*, 50, 3, S. 241–260.
Contzen, Eva von (2017a): „Die Affordanzen der Liste". In: *Zeitschrift für Literaturwissenschaft und Linguistik*, 47, S. 317–326.
Contzen, Eva von (2017b): „Grenzfälle des Erzählens: Die Liste als einfache Form". In: Albrecht Koschorke (Hg.): *Komplexität und Einfachheit. DFG-Symposion 2015*. Berlin/Heidelberg: Springer Verlag, S. 221–239.
Costa, Ivana (2013): „Lo que se repite y la historia". In: *Revista Ñ*, 17.12.2013.
Crosby, Alfred W. (1972): *The Columbian Exchange: Biological and Cultural Consequences of 1492*. Westport: Greenwood.
Cuevas Dávalos, Luis Carlos (2006): „Carlos María Bustamante y su Cuadro Histórico". In: *Vuelo libre*, 1, S. 51–59.
Dávila del Valle, Oscar D. (2015): *Historia, identidad y cultura*: La expresión americana *de José Lezama Lima*. San Juan: Instituto de Cultura Puertorriqueña.
Degiovanni, Fernando (2018): *Vernacular Latin Americanisms War, the Market and the Making of a Discipline*. Pittsburgh: The University of Pittsburgh Press.
De la Torre Villar, Ernesto (^{5}2010): *La Independencia de México*. México: Fondo de Cultura Económica.
Díaz-Maldonado, Rodrido (2016): „National Identity Building in Mexican Historiography during the Nineteenth Century. An Attempt at Synthesis". In: *Storia della storiografia* 70, 2, S. 73–93.
Di Stefano, Roberto (2003): „Lecturas políticas de la Biblia en la revolución rioplatense (1810–1835)". In: *Anuario de Historia de la Iglesia*, 12, S. 201–224.
Domínguez Michael, Christopher (2004): *Vida de Fray Servando*. México: Ediciones Era.
Domínguez Michael, Christopher (2009): „Don Artemio y Fray Servando". In: Artemio de Valle-Arizpe: *Fray Servando*. México/Miami/Buenos Aires: Lectorum S. 7–24.
Dorigny, Marcel (2000): „Grégoire et le combat contre l'esclavage pendant la Révolution. Précis historique". In: *Revue française d'histoire d'outre-mer*, 87, 328–329, S. 51–68.
Dorigny, Marcel/Gainot, Bernard (1998): *La Société des Amis des Noirs, 1788–1799: contribution à l'histoire de l'abolition de l'esclavage*. Paris: Éd. UNESCO.
Doumergue, Lucienne (1982): „J. Blanco White (Séville 1775–Liverpool 1841): l'obsession autobiographique chez un apostat". In: Guy Mercadier (Hg.): *L'autobiographie en Espagne*. Aix-en-Provence: Publications de l'université de Provence, S. 111–132.
Drews, Julian (2015): *Lebenswissen und Autobiographik. Santiago Ramón y Cajal und Wilhelm Ostwald*. Berlin: Kadmos Kulturverlag.
Dugatkin, Lee Alan (2009): *Mr. Jefferson and the Giant Moose. Natural History in Early America*. Chicago: Chicago University Press.
Dumont, Jean (2009): *El amanecer de los derechos del hombre: la controversia de Valladolid*. Madrid: Encuentro.
Durán López, Fernando (2000): „Autobiografía, Cortes de Cádiz y diálogo humanista: las tertulias constitucionales de la *Vida literaria* de Joaquín Lorenzo Villanueva". In: *Cuadernos de Ilustración y Romanticismo*, 8, S. 41–57.
Durán López, Fernando (2005a): *José María Blanco White o la conciencia errante*. Sevilla: Fundación José Manuel Lara.

Durán López, Fernando (2005b): *Vidas de sabios: el nacimiento de la autobiografía moderna en España (1733–1848)*. Madrid: Consejo Superior de Investigaciones Científicas/Instituto de la Lengua Española.
Durán López, Fernando (2006): „Ideas que imprimen carácter: narración, retrato y otras maniobras de distracción en la *Historia de los heterodoxos*". In: *Boletín de la Biblioteca de Menéndez Pelayo*, LXXXII, S. 353–391.
Durán López, Fernando (2007): *Un cielo abreviado: introducción crítica a una historia de la autobiografía religiosa en España*. Madrid: Fundación Universitaria Española.
Durán López, Fernando (2009): „Blanco White aconseja a los americanos: *Variedades o el Mensajero de Londres*". In: Antonio Cascales Ramos (Hg.): *Blanco White, el rebelde ilustrado*. Sevilla: Centro de Estudios Andaluces, S. 53–92.
Durán López, Fernando (2010): „El destierro infinito de Blanco White en la mirada de Juan Goytisolo". In: *Revista de literatura*, LXXII, 143, S. 69–94.
Durán López, Fernando (2011): „Dudas y brahmines: estrategias críticas de José María Blanco White en *Variedades o el Mensajero de Londres*". In: Daniel Muñoz Sempere/Gregorio Alonso García (Hg.): *Londres y el liberalismo hispánico*. Madrid/Frankfurt am Main: Iberoamericana Vervuert, S. 125–150.
Durán Luzio, Juan (2001): „Un criollo de la Nueva España en la España de Goya: Breve crónica de un desencanto". In: *Atenea*, 483, S. 37–61.
Eco, Umberto (1990): *Lector in fabula. Die Mitarbeit der Interpretation in erzählenden Texten*. München: Deutscher Taschenbuch Verlag.
Egan, Linda (2004): „Servando Teresa de Mier y su sátira general de las cosas de la Vieja España". In: *Literatura Mexicana*, XV, 2, S. 7–22.
Eggensperger, Thomas (2001): *Der Einfluss des Thomas von Aquin auf das politische Denken des Bartolomé de Las Casas im Traktat „De imperatoria vel regia potestate": eine theologisch-politische Theorie zwischen Mittelalter und Neuzeit*. Münster/Hamburg/London: Lit Verlag.
Einert, Katharina (2018): *Die Übersetzung eines Kontinents: die Anfänge des Lateinamerika-Programms im Suhrkamp Verlag*. Berlin: edition tranvía/Verlag Walter Frey.
Elliott, John H. (2006): *Empires of the Atlantic World: Britain and Spain in America*, 1492–1830. New Haven: Yale University Press.
Enríquez Perea, Alberto (2018): „La imagen de España". In: Ders.: *Caminos de Alfonso Reyes*. Monterrey: Universidad Autónoma de Nuevo León, S. 15–51.
Ertler, Klaus-Dieter (1985): *Die Spanienkritik im Werk José María Blanco Whites*. Frankfurt am Main u.a.: Peter Lang.
Eßer, Ambrosius OP (1982): „Dominikaner". In: *Theologische Realenzyklopädie*. Band IX (Dionysius Exiguus – Episkopalismus). Berlin: de Gruyter, S. 127–136.
Ette, Ottmar (1992a): „Los colores de la libertad. Nueva York, 14 de enero de 1990". In: Ders.: *La escritura de la memoria. Reinaldo Arenas: Textos, estudios y documentación*, Frankfurt am Main: Vervuert, S. 75–91.
Ette, Ottmar (1992b): „Transatlantic Perceptions: A Contrastive Reading of the Travels of Alexander von Humboldt and Fray Servando Teresa de Mier". In: *Dispositio*, XVII, 42–43, S. 165–197.
Ette, Ottmar (1998): *Roland Barthes. Eine intellektuelle Biographie*. Frankfurt am Main: Suhrkamp.
Ette, Ottmar (1999): *„Tres fines de siglo*. (Teil I) Kulturelle Räume Hispanoamerikas zwischen Homogenität und Heterogenität". In: *Iberoromania*, 49, S. 97–122.
Ette, Ottmar (2009): *Alexander von Humboldt und die Globalisierung*. Frankfurt am Main/Leipzig: Insel.
Ette, Ottmar (2010): „Réflexions européennes sur deux phases de mondialisation accélérée chez Cornelius de Pauw, Georg Forster, Guillaume-Thomas Raynal et Alexandre de Humboldt". In: *HiN Internationale Zeitschrift für Humboldt-Studien*, XI, 21, S. 24–44.

Ette, Ottmar (2011): *LebensZeichen. Roland Barthes zur Einführung*. Hamburg: Junius.
Ette, Ottmar (2012): *TransArea: eine literarische Globalisierungsgeschichte*. Berlin/Boston: de Gruyter.
Ette, Ottmar (2015): „Die ‚Berliner Debatte' um die Neue Welt. Globalisierung aus der Perspektive der europäischen Aufklärung". In: Vicente Bernaschina/Tobias Kraft/Anne Kraume (Hg.): *Globalisierung in Zeiten der Aufklärung. Texte und Kontexte zur Berliner Debatte um die Neue Welt (18./19. Jahrhundert)*. Frankfurt am Main u.a.: Peter Lang, S. 27–55.
Ette, Ottmar (2018): „Ein Leben in Bewegung". In: Ders. (Hg.): *Alexander von Humboldt-Handbuch. Leben – Werk – Wirkung*. Stuttgart: J. B. Metzler, S. 10–19.
Ette, Ottmar (2020): *ReiseSchreiben. Potsdamer Vorlesungen zur Reiseliteratur*. Berlin/Boston: de Gruyter.
Fernández, Elena (2018): „From Subject to Citizen? A Debate about Citizenship and Race in the Works of José Blanco White and Fray Servando Teresa de Mier". In: *International Review of Eighteenth-Century Studies*, 4, S. 129–140.
Fernández Ariza, Guadalupe (1993): „Fray Servando en Madrid: crónica de un romántico destierro". In: *Anales de literatura hispanoamericana*, 22, S. 59–69.
Fernández Cifuentes, Luis (2005): „Las autobiografías de Blanco White: tres divergencias". In: Eduardo Subirats (Hg.): *José María Blanco White: crítica y exilio*. Barcelona: Anthropos Editorial, S. 25–67.
Filippi, Alberto (2015): „Bicentenario de la *Carta de Jamaica* de Bolívar (1815–2015)". In: *Cuadernos Americanos*, 153, 3, S. 89–100.
Fillafer, Franz L. (2019): „Il crepuscolo del giansenismo? La chiesa come repubblica durante l'età delle rivoluzioni (1776–1820). Una prospettiva globale". In: Penitenzieria Apostolica (Hg.): *Penitenza e Penitenzieria al tempo del giansenismo: (secoli XVII–XVIII): culture – teologie – prassi*. Città del Vaticano: Libreria Editrice Vaticana, S. 129–145.
Flores, Malva (2011): *Viaje de Vuelta. Estampas de una revista*. México: Fondo de Cultura Económica.
Florescano, Enrique (2002): *Historia de las historias de la nación mexicana*. México: Aguilar.
Fludernik, Monika (1996): *Towards a „Natural" Narratology*. London: Routledge.
Folger, Robert (2007): „The Picaresque Subject Writes: Lazarillo de Tormes". In: Christoph Ehland/Robert Fajen (Hg.): *Das Paradigma des Pikaresken – The Paradigm of the Picaresque*. Heidelberg: Winter, S. 45–68.
Folger, Robert (2010): „‚Mi historia… una novela, y seguramente fingida': estereotipos (post)coloniales y alegoría nacional en las *Memorias* de Fray Servando". In: Ders./Stephan Leopold (Hg.): *Escribiendo la Independencia. Perspectivas postcoloniales sobre la literatura hispanoamericana del siglo XIX*. Madrid/Frankfurt am Main: Iberoamericana Vervuert, S. 21–44.
Folger, Robert (2011): *Writing as Poaching. Interpellation and Self-Fashioning in Colonial relaciones de méritos y servicios*. Leiden/Boston: Brill.
Forderer, Christof (1999): *Ich-Eklipsen: Doppelgänger in der Literatur seit 1800*. Stuttgart: J. B. Metzler.
Foucault, Michel (2008) [1969]: *L'archéologie du savoir*. Paris: Éditions Gallimard.
Foucault, Michel (2015a) [1975]: *Surveiller et punir. Naissance de la prison*. In: *Œuvres* II. Édition publiée sous la direction de Frédéric Gros. Paris: Éditions Gallimard, S. 261–613.
Foucault, Michel (2015b) [1976]: *La volonté de savoir*. In: *Œuvres* II. Édition publiée sous la direction de Frédéric Gros. Paris: Éditions Gallimard, S. 615–736.
Frank, Michael C. (2009): „Die Literaturwissenschaften und der *spatial turn*. Ansätze bei Jurij Lotman und Michail Bachtin". In: Wolfgang Hallet/Birgit Neumann (Hg.): *Raum und Bewegung in der Literatur: die Literaturwissenschaften und der Spatial Turn*. Bielefeld: transcript, S. 53–80.
Friedrich, Markus (2013): *Die Geburt des Archivs. Eine Wissensgeschichte*. München: Oldenbourg Verlag.
Fritz, Jochen (2007): *Ruinen des Selbst. Autobiographisches Schreiben bei Augustinus, Rousseau und Proust*. München: Martin Meidenbauer.

Fulda, Daniel (2016): „Sattelzeit. Karriere und Problematik eines kulturwissenschaftlichen Zentralbegriffs". In: Elisabeth Décultot/Ders. (Hg.): *Sattelzeit. Historiographiegeschichtliche Revisionen*. Berlin/Boston: de Gruyter, S. 1–18.
Furet, François (1978): *Penser la Révolution française*. Paris: Éditions Gallimard.
Gadamer, Hans-Georg (1986): „Text und Interpretation". In: Ders.: *Gesammelte Werke*. Band II. Tübingen: Mohr, S. 330–360.
Gálvez Cancino, José Felipe (2005): „Payno, el novelista que biografió al siglo XIX mexicano". In: Manuel Payno: *Bosquejos biográficos* (= Obras Completas XVIII). Compilación, presentación y notas Boris Rosen Jélomer. México: Consejo Nacional para la Cultura y las Artes, S. 9–17.
García, Alejandro/Vieyra, Lilia (2004): „Ecos del pasado no tan inmediato: Alfonso Reyes y el siglo XIX". In: Pol Popovic Karic/Fidel Chávez Pérez/Paulette Patout (Hg.): *Alfonso Reyes, perspectivas críticas: ensayos inéditos*. México: Plaza y Valdés, S. 245–261.
García Cáceres, Uriel (2010): *La magia de Unanue*. Lima: Fondo Editorial del Congreso del Perú.
García Mouton, Pilar (2014): „La Revista de Filología Española". In: José García-Velasco (Hg.): *Redes internacionales de la cultura española, 1914–1939*. Madrid: Publicaciones de la Residencia de Estudiantes, S. 293–299.
Garciadiego, Javier (2015): „Alfonso Reyes y España: exilio, diplomacia y literatura". In: Ders.: *Autores, editoriales, instituciones y libros. Estudios de historia intelectual*. México: El Colegio de México, S. 205–227.
Garnica, Antonio (^{2}1988): „Introducción". In: *Autobiografía de Blanco White*. Edición, traducción, introducción y notas de Antonio Garnica. Sevilla: Publicaciones de la Universidad de Sevilla, S. 11–26.
Garnica, Antonio (1998): „José Blanco White, prerromántico español y romántico inglés". In: Juan Antonio Pacheco (Hg.): *Romanticismo europeo: historia, poética e influencias*. Sevilla: Universidad de Sevilla, S. 39–50.
Garnica, Antonio (1999): „Introducción". In: José María Blanco White: *Escritos autobiográficos menores*. Edición y traducción de Antonio Garnica. Huelva: Universidad de Huelva, S. 7–32.
Garnica, Antonio (2009): „Blanco White, un periodista exiliado: El Español de Londres". In: Antonio Cascales Ramos (Hg.): *Blanco White, el rebelde ilustrado*. Sevilla: Centro de Estudios Andaluces, S. 39–51.
Gelz, Andreas (2014): „Überlegungen zu einer Poetik des Skandals am Beispiel von Miguel de Unamunos *San Manuel Bueno, mártir* (1931/1933)". In: Ders./Dietmar Hüser/Sabine Ruß-Sattar (Hg.): *Skandale zwischen Moderne und Postmoderne. Interdisziplinäre Perspektiven auf Formen gesellschaftlicher Transgression*. Berlin/Boston: de Gruyter, S. 167–184.
Genette, Gérard (1982): *Palimpsestes. La littérature au second degré*. Paris: Éditions du Seuil.
Genette, Gérard (1991a) [1972]: *Figures* III. Paris: Éditions du Seuil.
Genette, Gérard (1991b): *Fiction et diction*. Paris: Éditions du Seuil.
Gerbi, Antonello (^{2}1982): *La disputa del Nuevo Mundo: historia de una polémica, 1750–1900*. Traducción de Antonio Alatorre. México: Fondo de Cultura Económica.
Gerlach, Hans-Martin (2004): „Kant und die Berliner Aufklärung". In: *Sitzungsberichte der Leibniz-Sozietät*, 69, S. 55–64.
Glantz, Margo (2015): „Por las heridas de su cuerpo, se desangra la patria: Alfonso Reyes". In: Rafael Olea Franco (Hg.): *Los hados de febrero: visiones artísticas de la Decena Trágica*. México: El Colegio de México, S. 41–56.
Goldstein Sepinwall, Alyssa (2005): *The Abbé Grégoire and the French Revolution. The Making of Modern Universalism*. Berkeley: University of California Press.

Goldstein Sepinwall, Alyssa (2006): "The Abbé Grégoire and the Atlantic Republic of Letters". In: *Proceedings of the American Antiquarian Society*, 116, S. 317–335.

Gómez Álvarez, Cristina (2001): "Lecturas perseguidas: el caso del padre Mier". In: Laura Beatriz Suárez de la Torre (Hg.): *Empresa y cultura en tinta y papel (1800–1860)*. México: Instituto Mora/ Universidad Nacional Autónoma de México, S. 297–313.

Gómez Álvarez, Cristina (2013): "Una biblioteca viajera: las lecturas subversivas del Padre Mier". In: Fray Servando Teresa de Mier: *La revolución y la fe. Una antología general*. Selección y estudio preliminar Begoña Pulido Herráez. México: Fondo de Cultura Económica/Fundación para las Letras Mexicanas/Universidad Nacional Autónoma de México, S. 451–571.

Gómez Álvarez, Cristina/Tovar de Teresa, Guillermo (2009): *Censura y revolución. Libros prohibidos por la Inquisición de México (1790–1819)*. Madrid: Trama Editorial/Consejo de la Crónica de la Ciudad de México.

Gómez-Moriana, Antonio (1983): "Autobiographie et discours rituel. La confession autobiographique au tribunal de l'Inquisition". In: *Poétique. Revue de théorie et d'analyse littéraire*, 56, S. 444–460.

Góngora, Mario (2003): "Pacto de los conquistadores con la Corona y antigua Constitución indiana: dos temas ideológicos de la época de la Independencia". In: Ders.: *Historia de las ideas en América española y otros ensayos*. Compilación, prólogo y notas de Óscar Julián Guerrero. Medellín: Editorial Universidad de Antioquia, S. 1–26.

Gonzalbo Aizpuru, Pilar (2013): "La trampa de las castas". In: Solange Alberro/Pilar Gonzalbo Aizpuru: *La sociedad novohispana: estereotipos y realidades*. México: El Colegio de México, S. 17–193.

González, José Eleuterio (1876): *Biografía del Benemérito Mexicano D. Servando Teresa de Mier, Noriega y Guerra*, Monterrey: Juan Peña, editor.

González, José Eleuterio (^{2}1897) *Biografía del Benemérito Mexicano D. Servando Teresa de Mier, Noriega y Guerra*. Monterrey: Tipografía del Gobierno.

González Echevarría, Roberto (1983): "El reino de este mundo alucinante: era imaginaria de fray Servando". In: Ders.: *Isla a su vuelo fugitiva: ensayos críticos sobre literatura hispanoamericana*. Madrid: J. P. Turanzas, S. 253–257.

González Espitia, Juan Carlos (2019): *Sifilografía. A History of the Writerly Pox in the Eighteenth-Century Hispanic World*. Charlottesville: University of Virginia Press.

González Navarro, Moisés (1952): *El pensamiento político de Lucas Alamán*. México: El Colegio de México.

Goytisolo, Juan (1999): "Presentación crítica de J. M. Blanco White". In: Ders./José María Blanco White: *Obra inglesa de Blanco White: selecta de sus obras en esta lengua*. Traducción y prólogo de Juan Goytisolo. Madrid Blanco White: Santillana, S. 13–141.

Goytisolo, Juan (2010): *Blanco White, El Español y la independencia de Hispanoamérica*. Con una selección de textos de José María Blanco White. Madrid: Santillana Editores General.

Greußlich, Sebastian (2012): *Text, Autor und Wissen in der ,historiografía indiana' der frühen Neuzeit. Die Décadas von Antonio de Herrera y Tordesillas*. Berlin/Boston: de Gruyter.

Guerra, François-Xavier (1992): *Modernidad e independencias. Ensayos sobre las revoluciones hispánicas*. Madrid: Editorial Mapfre.

Guerra, François-Xavier (2002): "'Políticas sacadas de las sagradas escrituras'. La referencia a la Biblia en el debate político (siglos XVII a XIX)". In: Mónica Quijada/Jesús Bustamante (Hg.): *Élites intelectuales y modelos colectivos. Mundo ibérico (siglos XVI–XIX)*. Madrid: Consejo Superior de Investigaciones Científicas, S. 155–198.

Gutiérrez Girardot, Rafael (2006): „Alfonso Reyes y la España del 27". In: Guadalupe Fernández Ariza (Hg.): *Literatura hispanoamericana del siglo XX*. Málaga: Servicio de publicaciones y divulgación científica de la Universidad de Málaga, S. 23–40.
Gutiérrez Girardot, Rafael (2014): *Ensayos sobre Alfonso Reyes y Pedro Henríquez Ureña*. México: El Colegio de México.
Gurría Lacroix, Jorge (1975): „Estado de los estudios históricos a fines del siglo XVIII y primera mitad del XIX". In: Anastasio Zerecero (Hg.): *Memorias para la historia de las revoluciones en México*. México: Universidad Nacional Autónoma de México, S. VII–LXX.
Guzmán Pérez, Moisés (2015): „José María Morelos y Pavón, Generalísimo de las armas de la América Septentrional". In: Carlos Méndez Domínguez/Salvador Rueda Smithers (Hg.): *José María Morelos y Pavón: generalísimo de los ejércitos de la América Mexicana*. México: Instituto Nacional de Antropología e Historia, S. 93–127.
Haehling, Raban von (2003): „Zwei Freunde in Rom: Das Wunderduell des Petrus mit Simon Magus in den *acta Petri*". In: *Römische Quartalschrift für christliche Altertumskunde und Kirchengeschichte*, 98, S. 47–71.
Halperín Donghi, Tulio (1982): „Intelectuales, sociedad y vida pública en Hispanoamérica a través de la literatura autobiográfica". In: *Revista Mexicana de Sociología*, 44, 1, S. 315–333.
Heitmann, Klaus (1970): „Das Verhältnis von Dichtung und Geschichtsschreibung in älterer Theorie". In: *Archiv für Kulturgeschichte*, 52, S. 244–279.
Hernández Quezada, Javier (2003): *„No está en mis manos escribir sin vehemencia": Autobiografía y picaresca en las „Memorias" de fray Servando*. México: Fondo Editorial Tierra Adentro.
Hernández Quezada, Javier (2011): *La imago mexicana en la obra de José Lezama Lima*. Puebla: Universidad Iberoamericana de Puebla/Gobierno del Estado de Puebla.
Hernández Ruigómez, Manuel (1981): „El primer paso del proceso independentista mexicano: el contragolpe de Gabriel de Yermo (1808)". In: *Revista de Indias*, 41, S. 541–601.
Hernández Silva, Héctor Cuauhtémoc (1997): „Carlos María de Bustamante en la historiografía mexicana". In: Ernesto Lemoine: *Estudios historiográficos sobre Carlos María de Bustamante*. Edición, introducción, selección y presentación de textos por Héctor Cuauhtémoc Hernández Silva. México: Universidad Autónoma Metropolitana Azcapotzalco, S. 15–58.
Herrejón Peredo, Carlos (2003): *Del sermón al discurso cívico, 1760–1834*. Zamora/México: El Colegio de Michoacán/El Colegio de México.
Höges, Clemens/Mayr, Walter (2018): „Im Namen Gottes". In: *Der Spiegel*, 21, 19.05.2018, S. 10–18.
Hurtado Galves, José Martín (2016): *La Conspiración de Querétaro en 1810*. México: Sindicato Nacional de Trabajadores de la Educación.
Hutcheon, Linda (1988): *A Poetics of Postmodernism: History, Theory, Fiction*. New York: Routledge.
Im Hof, Ulrich (²1993): *Das Europa der Aufklärung*. München: C. H. Beck.
Iser, Wolfgang (1972): *Der implizite Leser. Kommunikationsformen des Romans von Bunyan bis Beckett*. München: Wilhelm Fink Verlag.
Jacobs, Helmut C. (2006): *Der Schlaf der Vernunft: Goyas Capricho 43 in Bildkunst, Literatur und Musik*. Basel: Schwabe.
Jaeger, Stephan (2009): „Erzählen im historiographischen Diskurs". In: Christian Klein/Matías Martínez (Hg.): *Wirklichkeitserzählungen. Felder, Formen und Funktionen nicht-literarischen Erzählens*. Stuttgart/Weimar: J. B. Metzler, S. 110–135.
Jara, René (1979): „Aspectos de la intertextualidad en *El mundo alucinante*". In: *Texto crítico*, 13, S. 219–235.

Jara, René (1989): „The Inscription of Creole Consciousness: Fray Servando Teresa de Mier". In: Ders./ Nicholas Spadaccini (Hg.): *1492-1992: Re/discovering Colonial Writing*. Minneapolis: Prisma Institute/University of Minnesota Press, S. 350-379.
Jiménez Codinach, Guadalupe (1991): *La Gran Bretaña y la Independencia de México 1808-1821*. México: Fondo de Cultura Económica.
Juliá, Santos (2015): *Historia de las dos Españas*. Madrid: Taurus.
Junco, Alfonso (1959): *El increíble Fray Servando. Psicología y epistolario*. México: Editorial Jus.
Karla, Anna (2014): *Revolution als Zeitgeschichte. Memoiren der Französischen Revolution in der Restaurationszeit*. Göttingen: Vandenhoeck & Ruprecht.
Kemp, Wolfgang (1986): „Das Revolutionstheater des Jacques-Louis David. Eine neue Interpretation des ‚Schwurs im Ballhaus'". In: *Marburger Jahrbuch für Kunstwissenschaft*, XXI, S. 165-184.
Kirkpatrick, Susan (2005): „Catolicismo, género y subjetividad moderna: Blanco White en el confesionario". In: Eduardo Subirats (Hg.): *José María Blanco White: crítica y exilio*. Barcelona: Anthropos Editorial, S. 69-80.
Kittler, Friedrich (^{3}1995): *Aufschreibesysteme 1800/1900*. München: Wilhelm Fink Verlag.
Klein, Christian/Martínez, Matías (2009): „Wirklichkeitserzählungen. Felder, Formen und Funktionen nicht-literarischen Erzählens". In: Dies. (Hg.): *Wirklichkeitserzählungen. Felder, Formen und Funktionen nicht-literarischen Erzählens*. Stuttgart/Weimar: J. B. Metzler, S. 1-13.
Klooster, Wim (2009): *Revolutions in the Atlantic World. A Comparative History*. New York: New York University Press.
Knaeble, Susanne (2014): „Ironische Distanzierung im Fokus intertextuellen Erzählens. Der westjiddische *Widuwilt* als Rezeptionsgegenstand". In: Cora Dietl/Christoph Schanze/Friedrich Wolfzettel (Hg.): *Ironie, Polemik, Provokation*, Berlin/Boston: de Gruyter, S. 85-108.
Kohns, Oliver (2007): „Romantische Ironie und die Möglichkeit von Metaliteratur". In: Janine Hauthal/ Julijana Nadj/Ansgar Nünning/Henning Peters (Hg.): *Metaisierung in Literatur und anderen Medien*. Berlin: de Gruyter, S. 194-205.
Koschorke, Albrecht (^{4}2017): *Wahrheit und Erfindung. Grundzüge einer allgemeinen Erzähltheorie*. Frankfurt am Main: S. Fischer.
Koselleck, Reinhart (1979a): „Einleitung". In: Otto Brunner/Werner Conze/Ders. (Hg.): *Geschichtliche Grundbegriffe. Historisches Lexikon zur politisch-sozialen Sprache in Deutschland*. Band I. Stuttgart: Klett-Cotta, S. XIII-XXVII.
Koselleck, Reinhart (1979b): „‚Neuzeit'. Zur Semantik moderner Bewegungsbegriffe". In: Ders.: *Vergangene Zukunft. Zur Semantik geschichtlicher Zeiten*. Frankfurt am Main: Suhrkamp, S. 300-348.
Koselleck, Reinhart (1989): „Historia Magistra Vitae. Über die Auflösung des Topos im Horizont neuzeitlich bewegter Geschichte" In: Ders.: *Vergangene Zukunft. Zur Semantik historischer Zeiten*. Frankfurt am Main: Suhrkamp, S. 38-66.
Koselleck, Reinhart (2000): *Los estratos del tiempo. Estudios sobre la historia*. Traducción de Daniel Innerarity. Introducción de Elías Palti. Barcelona: Ediciones Paidós Ibérica.
Koselleck, Reinhart (2006): *Historia de conceptos. Estudios sobre semántica y pragmática del lenguaje político y social*. Traducción de Luis Fernández Torres. Madrid: Editorial Trotta.
Koselleck, Reinhart (2010): *Sentido y repetición en la historia*. Prólogo de Reinhard Mehring. Buenos Aires: Ediciones Hydra.
Koselleck, Reinhart (2011): *Modernidad, culto a la muerte y memoria nacional*. Edición e introducción de Faustino Oncina. Madrid: Centro de Estudios Políticos y Constitucionales.
Koselleck, Reinhart (2013): *Esbozos teóricos. ¿Sigue teniendo utilidad la historia?* Introducción de José Luis Villacañas. Madrid: Escolar y Mayo.

Kraft, Tobias (2014): *Figuren des Wissens bei Alexander von Humboldt. Essai, Tableau und Atlas im amerikanischen Reisewerk*. Berlin/Boston: de Gruyter.
Kraft, Tobias (2015): „Krise der Kategorien. Kulturdifferenz und Vergleich bei Alexander von Humboldt". In: Vicente Bernaschina/Tobias Kraft/Anne Kraume (Hg.): *Globalisierung in Zeiten der Aufklärung. Texte und Kontexte zur „Berliner Debatte" um die Neue Welt (17./18. Jh.)*. Frankfurt am Main u.a.: Peter Lang, S. 309–325.
Kraume, Anne (2010): *Das Europa der Literatur. Schriftsteller blicken auf den Kontinent (1815–1945)*. Berlin/New York: de Gruyter.
Kraume, Anne (2013a): „Abwesenheiten. Eugène Fromentins literarische Ästhetik des Raumes". In: Marina Hertrampf/Dagmar Schmelzer (Hg.): *Die (Neu-)Vermessung romantischer Räume: Raumkonzepte der französischen Romantik vor dem Hintergrund des spatial turn*. Berlin: Franke & Timme, S. 23–45.
Kraume, Anne (2013b): „Nosotros los otros. Fray Servando Teresa de Mier und die ‚identidad criolla'". In: Susanne Greilich/Karen Struve (Hg.): *„Das Andere Schreiben". Diskursivierungen von Alterität in Texten der Romania (16.–19. Jahrhundert)*. Würzburg: Königshausen & Neumann, S. 199–211.
Kraume, Anne (2015): „Bibliotecas viajeras. Wissenstransfer zwischen Europa und Amerika bei Francisco Javier Clavijero und Fray Servando Teresa de Mier". In: Vicente Bernaschina/Tobias Kraft/Anne Kraume (Hg.): *Globalisierung in Zeiten der Aufklärung. Texte und Kontexte zur Berliner Debatte um die Neue Welt (18./19. Jahrhundert)*. Frankfurt am Main u.a.: Peter Lang, S. 221–239.
Kraume, Anne (2016): „La Biblia en la literatura de la Revolución de Independencia". In: Daniel Attala/Geneviève Fabry (Hg.): *La Biblia en la literatura hispanoamericana*. Madrid: Editorial Trotta, S. 153–191.
Kraume, Anne (2020): „El inventario como texto: leyendo las lecturas de fray Servando Teresa de Mier". In: Marina Garone Gravier/Freja I. Cervantes Becerril/María José Ramos de Hoyos/Mercedes I. Salomón Salazar (Hg.): *El orden de la cultura escrita. Estudios interdisciplinarios sobre inventarios, catálogos y colecciones*. México: Universidad Autónoma Metropolitana/Editorial Gedisa, S. 63–82.
Kraume, Anne (2023): „Der Diskurs zur Geschlechterdifferenz oder: Warum Frauen manchmal auch im Kampf um Frauenrechte nicht gehört werden". In: Luis Alfonso Gómez Arciniega/Fernando Nina Rada (Hg.): *Politisches Denken im globalen Kontext – Lateinamerika*. Stuttgart: Alfred Kröner Verlag [im Druck].
Krumpel, Heinz (2018): „Lateinamerika". In: Ottmar Ette (Hg.): *Alexander von Humboldt-Handbuch. Leben – Werk – Wirkung*. Stuttgart: J. B. Metzler, S. 260–264.
Krumpel, Sebastian (2020): „Zur quantitativen Auswertung der intertextuellen Bezüge Humboldts in seinem *Essai politique sur le royaume de la Nouvelle-Espagne*". In: *HiN Internationale Zeitschrift für Humboldt-Studien*, XXI, 40, S. 35–44.
Krauze, Enrique (2014): *Octavio Paz. El poeta y la Revolución*. Barcelona: Penguin Random House Grupo Editorial.
Kutzinski, Vera (2018): „Das Amerikanische Reisewerk". In: Ottmar Ette (Hg.): *Alexander von Humboldt-Handbuch. Leben – Werk – Wirkung*. Stuttgart: J. B. Metzler, S. 40–52.
Lafaye, Jacques (2006) [1977]: *Quetzalcóatl y Guadalupe. La formación de la conciencia nacional*, México: Fondo de Cultura Económica.
Landfester, Rüdiger (1972): *Historia magistra vitae. Untersuchungen zur humanistischen Geschichtstheorie des 14. bis 16. Jahrhunderts*. Genève: Librairie Droz.
Lange, Charlotte (2008): *Modos de parodia. Guillermo Cabrera Infante, Reinaldo Arenas, Jorge Ibargüengoitia y José Agustín*. Oxford/New York u.a.: Peter Lang.

Lay Brander, Miriam (2011): *Raum-Zeiten im Umbruch. Erzählen und Zeigen im Sevilla der Frühen Neuzeit.* Bielefeld: transcript.

Lehmann, Doris/Petri, Grischka (2012): „Der Eklektizismus und seine Verfahren – historisch-methodische Anmerkungen". In: Dies.: *Eklektizismus und eklektische Verfahren in der Kunst,* Hildesheim/Zürich/New York: Olms, S. 1–22.

Lejeune, Philippe (1975): *Le pacte autobiographique,* Paris: Éditions du Seuil.

Lemoine, Ernesto (1997): „Carlos María de Bustamante y su ‚Apologética Historia' de la Revolución de 1810". In: Ders.: *Estudios historiográficos sobre Carlos María de Bustamante.* Edición, introducción, selección y presentación de textos por Héctor Cuauhtémoc Hernández Silva. México: Universidad Autónoma Metropolitana Azcapotzalco, S. 317–335.

Lempérière, Annick (2008): „Los hombres de letras hispanoamericanos y el proceso de secularización (1800–1850)". In: Carlos Altamirano/Jorge Myers (Hg.): *Historia de los intelectuales en América Latina.* Band I (La ciudad letrada, de la conquista al modernismo). Buenos Aires: Katz, S. 242–266.

Leniaud, Jean-Michel (1989): „Introduction". In: Henri Grégoire: *Mémoires de Grégoire, ancien évêque de Blois, député à l'Assemblée constituante et à la Convention nationale, sénateur, membre de l'Institut: suivies de la Notice historique sur Grégoire d'Hippolyte Carnot.* Hg. Jean-Michel Leniaud. Paris: Éditions de Santé, S. 11–42.

León Olivares, Isabel de (2020): „Biblioteca Ayacucho de la Editorial América: el orden de los libros como orden de la memoria". In: Marina Garone Gravier/Freja I. Cervantes Becerril/María José Ramos de Hoyos/Mercedes I. Salomón Salazar (Hg.): *El orden en la cultura escrita. Estudios interdisciplinarios sobre inventarios, catálogos y colecciones.* México: Universidad Autónoma Metropolitana/Editorial Gedisa, S. 241–259.

Leopold, Stephan (2005): „Eroberungsparodien – Schafe, Marionetten, Inseln und der Andere im ‚Don Quijote'". In: *Iberoromania,* 61, S. 46–66.

Leopold, Stephan (2012): „*The Empire Writes Back*: Fray Servando Teresa de Mier, *Memorias*". In: Frank Leinen (Hg.): *México 2010: Kultur in Bewegung – Mythen auf dem Prüfstand.* Düsseldorf: Düsseldorf University Press, S. 107–131.

Lepper, Marcel (2012): *Philologie zur Einführung.* Hamburg: Junius.

Lévi-Strauss, Claude (2008): „La pensée sauvage". In: Ders.: *Œuvres.* Paris: Gallimard, S. 553–872.

Lira, Andrés (1984): „Introducción". In: Ders. (Hg.): *Espejo de discordias: la sociedad mexicana vista por Lorenzo de Zavala, José María Luis Mora y Lucas Alamán.* México: Secretaría de Educación Pública, S. 13–28.

Lira, Andrés (1992): „La insurgencia de Hidalgo según tres contemporáneos: Bustamante, Mora y Alamán". In: Jean Meyer (Hg.): *Tres levantamientos populares: Pugachóv, Túpac Amaru, Hidalgo.* México: Consejo Nacional para la Cultura y las Artes, S. 173–187.

Lira, Andrés (1997): „Lucas Alamán y la organización política de México". In: Ders.: *Lucas Alamán.* México: Cal y arena, S. 9–84.

Lloréns, Vicente (1967a): „La Inquisición en sus postrimerías". In: Ders.: *Literatura, historia, política.* Madrid: Ediciones de la Revista de Occidente, S. 121–142.

Lloréns, Vicente (1967b): „Los motivos de un converso". In: Ders.: *Literatura, historia, política.* Madrid: Ediciones de la Revista de Occidente, S. 167–185.

Lloréns, Vicente (^{3}1979): *Liberales y románticos: una emigración española en Inglaterra (1823–1834).* Valencia: Castalia.

Lloréns, Vicente/Southey, Robert/Blanco White, Joseph (1972): „Fragments of a Correspondence". In: *Studies in Romanticism,* 11, 2, S. 147–152.

López de Abiada, José Manuel (2008): „Desde la otra ladera: opiniones de escritores españoles sobre el *boom*". In: Ders./José Morales Saravia (Hg.): *Boom y postboom. Desde el nuevo siglo: impacto y recepción*. Madrid: Editorial Verbum, S. 99–133.
Loth, Wilfried (2018): *Fast eine Revolution. Der Mai 68 in Frankreich*. Frankfurt/New York: Campus Verlag.
Lotman, Jurij M. (^{4}1993): *Die Struktur literarischer Texte*. Übersetzt von Rolf-Dietrich Keil. München: Wilhelm Fink.
Loty, Laurent (2009): „L'inachèvement emblématique du *Serment du Jeu de Paume*". In: *Dix-huitième siècle*, 41, S. 27–41.
Loureiro, Ángel G. (1999): „Introduction". In: Joseph Blanco White: „The Examination of Blanco by White, concerning his Religious notions and other subjects connected with them begun on Sunday, Dec. 20, 1818". Hg. Ángel G. Loureiro. In: *Revista de Estudios Hispánicos*, 33, S. 3–7.
Loureiro, Ángel G. (2000): *The Ethics of Autobiography: Replacing the Subject in Modern Spain*. Nashville, Tennessee: Vanderbilt University Press.
Lüsebrink, Hans-Jürgen (1985): „Aufklärerisches Erkenntnispotential versus institutionelle Erkenntnisschranken. Zur Geschichtsschreibung Henri Grégoires (1751–1831)". In: Horst-Walter Blanke/Jörn Rüsen (Hg.): *Von der Aufklärung zum Historismus. Zum Strukturwandel des historischen Denkens*. München/Paderborn u.a.: Schöningh, S. 203–218.
Lüsebrink, Hans-Jürgen (1988): „Grégoire et la littérature des nègres". In: Roger Toumson (Hg.): *La période révolutionnaire aux Antilles: images et résonnances; littérature, philosophie; histoire sociale, histoire des idées*. Paris: Université de Paris-Sorbonne, S. 453–464.
Lüsebrink, Hans-Jürgen (1991): „Grégoire, amigo y famoso defensor de los negros y pardos. Zur Rezeption eines jakobinischen Kulturpolitikers in Mexiko und der Karibik zu Beginn des 19. Jahrhunderts". In: Hanns-Albert Steger (Hg.): *Die Auswirkungen der Französischen Rezeption außerhalb Frankreichs*. Neustadt an der Aisch: Degener, S. 219–230.
Lüsebrink, Hans-Jürgen (1993a): „L'innocence persécutée et ses avocats. Rhétorique et impact public du discours ,sensible' dans la France du XVIIIe siècle". In: *Revue d'histoire moderne et contemporaine*, 40, 1, S. 86–101.
Lüsebrink, Hans-Jürgen (1993b): „Synkretistische Fiktion als Gegengeschichtsschreibung. Fray Servando Teresa de Mier und die Wieder-Entdeckung Amerikas". In: *Österreichische Zeitschrift für Geschichtswissenschaften*, 4, 3, S. 417–429.
Lüsebrink, Hans-Jürgen (1995): „,Lumières' et ,ténèbres': présence et usages d'un couple sémantique-clé du dix-huitième siècle dans *l'Histoire des deux Indes*". In: Ders./Anthony Strugnell (Hg.): *„L'Histoire des deux Indes": réécriture et polygraphie*. Oxford: Voltaire Foundation, S. 57–68.
Madero Quiroga, Adalberto Arturo (2017): „Introducción". In: Ders. (Hg.): *Gonzalitos, ideario*. Monterrey: Universidad Autónoma de Nuevo León, S. 9–13.
Malamud, Carlos (2007): „¿Cuán nueva es la nueva historia política latinoamericana?". In: Guillermo Palacios (Hg.): *Ensayos sobre la nueva historia política de América Latina, siglo XIX*. México: El Colegio de México, S. 19–30.
Malcher, Kay/Müller, Stephan/Philipowski, Katharina/Sablotny, Antje (2013): „Fragmentarität als Problem der Kultur- und Textwissenschaften. Eine Einleitung". In: Dies. (Hg.): *Fragmentarität als Problem der Kultur- und Textwissenschaften*. München: Wilhelm Fink, S. 9–32.
Malpica de Lamadrid, Luis (2011) [1985]: *La Independencia de México y la Revolución Mexicana. A través de sus principales documentos constitucionales, textos políticos y tratados internacionales (1810–1985)*. Band I. México: Editorial Limusa.
Mandelbrot, Benoît B. (1987): *Die fraktale Geometrie der Natur*, Basel: Birkhäuser.

Markovskaia, Luba (2019): *La Conquête du for privé. Récit de soi et prison heureuse au siècle des Lumières*. Paris: Classiques Garnier.
Martin, Luis (1975–1976): „Lucas Alamán. Pioneer of Mexican Historiography. An Interpretative Essay". In: *The Americas. A Quarterly Review of Inter-American Cultural History*, XXXII, S. 239–256.
Martínez, Matias/Scheffel, Michael (⁷2007): *Einführung in die Erzähltheorie*. München: C. H. Beck.
Mataix Azuar, Remedios (2004): „José Lezama Lima y la reinvención de América". In: *América sin nombre. Boletín de la Unidad de Investigación de la Universidad de Alicante*, 5–6, S. 147–155.
McVeigh, Daniel (2005): „ESTESE and Doblado: Coleridge, Blanco White, and the Church of Rome". In: Donald G. Marshall (Hg): *The Force of Tradition: Response and Resistance in Literature, Religion, and Cultural Studies*. Lanham, Maryland: Rowman & Littlefield, S. 165–184.
Meier, Franziska (2016): *In ein Mühlwerk geworfen: zum autobiographischen Schreiben in der Französischen Revolution*. Göttingen: V&R Unipress.
Mejía Sánchez, Ernesto (1963): „Mier, defensor de Las Casas". In: *Boletín de la Biblioteca Nacional de México*, XIV, 3–4, S. 57–84.
Mejía Sánchez, Ernesto (1972): „Andrés Bello y el doctor Mier". In: *Anuario de Letras*, X, S. 105–132.
Menéndez Pelayo, Marcelino (1963): *Historia de los heterodoxos españoles*. Band VI (Heterodoxia en el siglo XIX). Madrid: Consejo de Investigaciones Científicas.
Menéndez Pidal, Ramón (1917): „‚Roncesvalles'. Un nuevo cantar de gesta español del siglo XIII". In: *Revista de Filología Española*, IV, S. 105–204.
Méndez Reyes, Salvador (1996): *El hispanoamericanismo de Lucas Alamán, 1823–1853*. Toluca: Universidad Autónoma del Estado de México.
Méndez Reyes, Salvador (2009): „Fray Servando Teresa de Mier y la comunidad hispanoamericana de Londres". In: *Cuadernos Americanos*, 129, S. 95–107.
Messling, Markus (2016): *Gebeugter Geist. Rassismus und Erkenntnis in der modernen europäischen Philologie*. Göttingen: Wallstein Verlag.
Miaja de la Peña, María Teresa (2014): „Fray Servando Teresa de Mier: el personaje histórico y literario llevado a la escena". In: Vittoria Borsò/Ute Seydel (Hg.): *Espacios históricos – espacios de rememoración: la historia mexicana decimonónica en las letras y la cultura visual de los siglos XX y XXI*. México/Düsseldorf: Bonilla Artigas Editores/Düsseldorf University Press, S. 177–199.
Molloy, Sylvia (2001) [1996]: *Acto de presencia. La escritura autobiográfica en Hispanoamérica*. México: El Colegio de México/Fondo de Cultura Económica.
Montero Pedrera, Ana María (1996): „Un antecedente de bienestar social en el siglo XVIII sevillano: el Colegio de los Niños Toribios". In: *Cuestiones pedagógicas. Revista de Ciencias de la Educación*, 12, S. 123–130.
Moore, Charles B. (2011): „El discurso higiénico en las *Memorias* del fray Servando Teresa de Mier Noriega y Guerra (1763–1827)". In: *Dieciocho*, 34, 2, S. 311–331.
Moraña, Mabel (1988): „Barroco y conciencia criolla en Hispanoamérica". In: *Revista de Crítica Literaria Latinoamericana*, 28, S. 228–251.
Moreno Alonso, Manuel (1990): „Introducción". In: José María Blanco White: *Cartas de Juan Sintierra (Crítica de las Cortes de Cádiz)*. Edición de Manuel Moreno Alonso. Sevilla: Editorial Universidad de Sevilla, S. 9–46.
Moreno Alonso, Manuel (1999): „Introducción". In: José María Blanco White: *Bosquejo del comercio de esclavos y reflexiones sobre este tráfico considerado moral, política y cristianamente*. Edición de Manuel Moreno Alonso. Sevilla: Ediciones Alfar, S.11–66.
Moreno Alonso, Manuel (2012): „Las razones de Blanco White sobre la Independencia de América en la polémica con Servando Teresa de Mier". In: Antolín Sánchez Cuervo/Ambrosio Velasco Gómez

(Hg.): *Filosofía política de las independencias latinoamericanas*. Madrid: Editorial Biblioteca Nueva/ Consejo Superior de Investigaciones Científicas, S. 75–96.

Moser, Arnulf (1970): „Las Casas und die Französische Revolution von 1789". In: *Jahrbuch für Geschichte, Wirtschaft und Gesellschaft Lateinamerikas*, 7, S. 225–238.

Mücke, Ulrich (2012): „Autobiographisches Schreiben und Kolonialismus in Peru". In: Claudia Ulbrich/ Hans Medick/Angelika Schaser (Hg.): *Selbstzeugnis und Person. Transkulturelle Perspektiven*. Köln/ Weimar/Wien: Böhlau, S. 201–225.

Mücke, Ulrich (2019): „Latin America". In: Martina Wagner-Egelhaaf (Hg.): *Handbook of Autobiography/ Autofiction*. Band II History. Berlin/Boston: de Gruyter, S. 1143–1204.

Müller, Gesine (2004): *Die Boom-Autoren heute: García Márquez, Fuentes, Vargas Llosa, Donoso und ihr Abschied von den „großen identitätsstiftenden Entwürfen"*. Frankfurt am Main: Vervuert.

Müller, Gesine (2012): *Die koloniale Karibik. Transferprozesse in hispanophonen und frankophonen Literaturen*. Berlin/Boston: de Gruyter.

Müller, Gesine (2020): *Wie wird Weltliteratur gemacht? Globale Zirkulationen lateinamerikanischer Literaturen*. Berlin/Boston: de Gruyter.

Müller, Wolfgang G. (^{2}2001): „Ironie". In: Ansgar Nünning (Hg.): *Metzler Lexikon Literatur- und Kulturtheorie*. Stuttgart/Weimar: Verlag J. B. Metzler, S. 290–291.

Muñoz, Pedro M. (1996): „Relación entre testimonio retórico y testimonio narrativo en *The Life* de José María Blanco White". In: *Boletín de la Biblioteca de Menéndez Pelayo*, LXXII, S. 69–86.

Muñoz, Pedro M. (1999): „*The Life and Letters* de Blanco White: notas para una lectura en clave de palimpsesto". In: *Salina*, 13, S. 57–62.

Murphy, Martin (1989): *Blanco White: Self-banished Spaniard*. New Haven/London: Yale University Press.

Murphy, G. Martin/Pons, André (1985): „Further Letters of Blanco White to Robert Southey". In: *Bulletin of Hispanic Studies*, LXII, S. 357–372.

Myers, Jorge (2008): „El letrado patriota: los hombres de letras hispanoamericanos en la encrucijada del colapso del imperio español en América". In: Carlos Altamirano/Ders. (Hg.): *Historia de los intelectuales en América Latina*. Band I (La ciudad letrada, de la conquista al modernismo). Buenos Aires: Katz, S. 121–144.

Naciff, Marcela (2005–2006): „Una lectura de *La expresión americana* de José Lezama Lima". In: *Cuadernos del CILHA*, 7/8, S. 59–65.

Neander, August (1846): „Ueber das Leben des Joseph Blanco White". Besonderer Abdruck einer in den Berliner Jahrbüchern für wissenschaftliche Kritik erschienenen Recension über *The life of Joseph Blanco White, written by himself; with portions of his correspondence, edited by John Hamilton Thom*. Berlin: Wilhelm Besser.

Neumann, Bernd (1970): *Identität und Rollenzwang. Zur Theorie der Autobiografie*. Frankfurt am Main: Athenäum.

Neuschäfer, Hans-Jörg (1991): *Macht und Ohnmacht der Zensur. Literatur, Theater und Film in Spanien (1933–1976)*. Stuttgart: J. B. Metzler.

Nünning, Ansgar (1999): „,Verbal Fictions?' Kritische Überlegungen und narratologische Alternativen zu Hayden Whites Einebnung des Gegensatzes zwischen Historiographie und Literatur". In: *Literaturwissenschaftliches Jahrbuch*, 40, S. 351–380.

Nünning, Ansgar (^{2}2001a): „Historiographie und Literatur". In: Ders. (Hg.): *Metzler Lexikon Literatur- und Kulturtheorie*. Stuttgart/Weimar: Verlag J. B. Metzler, S. 250–252.

Nünning, Ansgar (^{2}2001b): „Narrativität". In: Ders. (Hg.): *Metzler Lexikon Literatur- und Kulturtheorie*. Stuttgart/Weimar: Verlag J. B. Metzler, S. 464–465.

o. A. (1977): „Mier Noriega y Guerra, Fr. José Servando Teresa de". José Rogelio Álvarez (Hg.): *Enciclopedia de México*. Todo lo mexicano ordenado alfabéticamente: antropología, arqueología, arte, bibliografía, biografías, ciencias, derecho, economía, estadística, etimología, etnografía, fauna y flora, folclore, geociencias, historia, instituciones, léxico regional, literatura, mitología, música, paremiología, semántica, sociología, toponimia, turismo, etc. México: Enciclopedia de México, S. 65–66.

O'Gorman, Edmundo (1960) [1945]: „Fr. Servando Teresa de Mier". In: Ders.: *Seis estudios de tema mexicano*. Veracruz: Universidad Veracruzana, S. 57–97.

O'Gorman, Edmundo (1981): „Estudio preliminar". In: Servando Teresa de Mier: *Obras completas*. Band I. El heterodoxo guadalupano. México: Universidad Nacional Autónoma de México, S. 23–220.

Orozco Linares, Fernando (1985): „Quincuagésimo virrey. Alonso Núñez de Haro y Peralta. Arzobispo de México 1787". In: Ders.: *Gobernantes de México. Desde la época Prehispánica hasta nuestros días*. México: Panorama Editorial, S. 160–161.

Ortega y Medina, Juan A. (1973): „El historiador don Carlos María de Bustamante ante la conciencia histórica mexicana". In: Ders.: *Estudios de tema mexicano*. México: Secretaría de Educación Pública, S. 7–64.

Ortuño Martínez, Manuel (2006): *Expedición a Nueva España de Xavier Mina. Materiales y ensayos*. Pamplona: Universidad Pública de Navarra.

Ortuño Martínez, Manuel (2008): *Vida de Mina: guerrillero, liberal, insurgente*. Prólogo de Manuel Lucena Giraldo. Madrid: Trama Editorial.

Osorio T., Nelson (2000): *Las letras hispanoamericanas en el siglo XIX*. Prólogo de José Carlos Rovira. Alicante/Santiago de Chile: Cuadernos de América sin nombre.

Paganini, Mateo (2015): „El fraile de la voz de plata en la expresión americana. Las narrativas autobiográficas de fray Servando Teresa de Mier como alegorías de la colonización". In: Lucas Bidon-Chanal/Nicolás Fernández Muriano (Hg.): *IV Jornadas Internacionales de Hermenéutica. „Hacia una hermenéutica neobarroca: mestizaje, imagen, traducción"*. Buenos Aires: Ediciones Proyecto Hermenéutica, S. 1–5.

Pagden, Anthony (1991): *El imperialismo español y la imaginación política. Estudios sobre teoría social y política europea e hispanoamericana (1513–1830)*. Traducción de Soledad Silió. Barcelona: Editorial Planeta.

Pagden, Anthony (1993): *European Encounters with the New World: from Renaissance to Romanticism*. New Haven: Yale University Press.

Pagni, Andrea (1989): „De revoluciones y alucinaciones: La instancia inquisitorial de Fray Servando a Reinaldo Arenas". In: Titus Heydenreich/Peter Blumenthal (Hg.): *Glaubensprozesse – Prozesse des Glaubens? Religiöse Minderheiten zwischen Toleranz und Inquisition*. Tübingen: Stauffenburg, S. 143–156.

Pagni, Andrea (1992): „Reinaldo Arenas: ‚El mundo alucinante (Una novela de aventuras)'". In: Volker Roloff/Harald Wentzlaff-Eggebert (Hg.): *Der hispanoamerikanische Roman. Von Cortázar bis zur Gegenwart*. Band II. Darmstadt: Wissenschaftliche Buchgesellschaft, S. 157–168.

Palacios Hernández, Benjamín (2009): „Una biografía hostil". In: Fray Servando Teresa de Mier: *Días del Futuro Pasado. Las Memorias de fray Servando Teresa de Mier*. Edición cotejada y revisada, introducción y notas de Benjamín Palacios Hernández. Band I. Monterrey: Universidad Autónoma de Nuevo León, S. 79–101.

Palti, Elías José (2000): „Introducción". In: Reinhart Koselleck: *Los estratos del tiempo: estudios sobre historia*. Traducción de Daniel Innerarity. Introducción de Elías Palti. Barcelona: Ediciones Paidós Ibérica, S. 9–32.

Palti, Elías José (2005): *La invención de una legitimidad. Razón y retórica en el pensamiento mexicano del siglo XIX (Un estudio sobre las formas del discurso político)*. México: Fondo de Cultura Económica.

Palti, Elías José (2008): „Tres etapas de la prensa política mexicana del siglo XIX: el publicista y los orígenes del intelectual moderno". In: Carlos Altamirano/Jorge Myers (Hg.): *Historia de los intelectuales en América Latina*. Band I (La ciudad letrada, de la conquista al modernismo). Buenos Aires: Katz, S. 227–241.

Palti, Elías José (2009): „Lucas Alamán y la involución política del pueblo mexicano. ¿Las ideas conservadoras ‚fuera de lugar'?". In: Erika Pani (Hg.): *Conservadurismo y derechas en la historia de México*. Band I. México: Consejo Nacional para la Cultura y las Artes/Fondo de Cultura Económica, S. 300–323.

Pasquali, Patricia (2001): „Bolívar, San Martín y la masonería en la independencia americana: la influencia de las logias en el movimiento emancipador". In: *Todo es historia*, 34, S. 6–24.

Patout, Paulette (1978): *Alfonso Reyes et la France*. Paris: Éditions Klincksieck.

Pedrazuela, Mario (2015a): „Alfonso Reyes y la filología: entre la *Revista de Filología Española* y la *Nueva Revista de Filología Hispánica*". In: *Nueva Revista de Filología Hispánica*, LXIII, S. 445–468.

Pedrazuela, Mario (2015b): „La modernización de los estudios filológicos en España: la Sección de Filología del Centro de Estudios Históricos". In: Pilar García Mouton/Ders. (Hg.): *La ciencia de la palabra: cien años de la „Revista de Filología Española"*. Madrid: Consejo de Investigaciones Científicas, S. 55–89.

Peers, E. Allison (1924): „The Literary Activities of the Spanish ‚emigrados' in England (1814–1834)". In: *Modern Language Review*, 19, 3–4, S. 315–324 und S. 445–458.

Pelizaeus, Ludolf (2011): „Strategien der Kontrolle: Die Zensur in Spanien, Portugal und Mexiko 1750 bis 1811". In: Hubert Wolf (Hg.): *Inquisition und Buchkultur im Zeitalter der Aufklärung*. München/Paderborn u.a.: Schöningh, S. 207–226.

Pérez, Manuel (2004): *Los cuentos del predicador: historias y ficciones para la reforma de costumbres en la Nueva España*. Madrid/Frankfurt am Main: Iberoamericana Vervuert.

Pérez-Amador Adam, Alberto (2011): *De legitimatione imperii Indiae Occidentalis: la vindicación de la Empresa Americana en el discurso jurídico y teológico de las letras de los Siglos del Oro en España y los virreinatos americanos*. Madrid/Frankfurt am Main: Iberoamericana Vervuert.

Pérez León, Roberto (1991): *Tiempo de Ciclón*. La Habana: Unión de Escritores y Artistas de Cuba.

Pérez Rosales, Laura (2003): *Familia, poder, riqueza y subversión: los Fagoaga novohispanos 1730-1830*. México: Universidad Iberoamericana.

Pi Sunyer, Carlos (1978): *Patriotas americanos en Londres (Miranda, Bello y otras figuras)*. Caracas: Monte Ávila Editores.

Pierini, Margarita (1993): „Un fraile heterodoxo en la España de Carlos IV: las *Memorias* de Fray Servando Teresa de Mier". In: Luis Martínez Cuitiño (Hg.): *Actas del III Congreso Argentino de Hispanistas „España en América y América en España"*. Buenos Aires: Instituto de Filología, S. 806–815.

Pineda Buitrago, Sebastián (2014): „Comprensión de España en clave mexicana: Alfonso Reyes y la generación del 14". In: *Revista de Hispanismo Filosófico*, 19, S. 11–31.

Piquet, Jean-Daniel (2002): „Controverses sur l'*Apologie de Las Casas* lue par l'Abbé Grégoire". In: *Revue d'histoire et de philosophie religieuses*, 82, 3, S. 283–306.

Pizarro Cortés, Carolina (2020): „Trauma e independencia". In: Roland Spiller/Kirsten Mahlke/Jeanett Reinstädler (Hg.): *Trauma y memoria cultural. Hispanoamérica y España*. Con la colaboración de Reinier Pérez-Hernández. Berlin/Boston: de Gruyter, S. 145–164.

Plachta, Bodo (2010): „Zensur und Gattung". In: Rüdiger Zymner (Hg.): *Handbuch Gattungstheorie*. Stuttgart/Weimar: Metzler, S. 79–82.

Plascencia de la Parra, Enrique (2001): „Lucas Alamán". In: Virginia Guedea (Hg.): *El surgimiento de la historiografía nacional*. México: Universidad Nacional Autónoma de México, S. 307–348.

Plongeron, Bernard (1989): *L'abbé Grégoire (1750-1831), ou, L'Arche de la fraternité*. Paris: Letouzey & Ané.
Plongeron, Bernard (2000): „Apologie de Barthélémy de Las Casas, Évêque de Chiapas, par le citoyen Grégoire". In: *Revue française d'histoire d'outre-mer*, 87, 328-329, S. 37-50.
Polo Polo, José (2008): „Bibliografía rara, curiosa u olvidada en torno a la escuela de Menéndez Pidal II". In: *Boletín de la Real Academia Española*, 88, 297, S. 77-131.
Pons, André (2002): *Blanco White y España*. Oviedo: Instituto Feijoo de Estudios del Siglo XVIII.
Pons, André (2006): *Blanco White y América*. Oviedo: Instituto Feijoo de Estudios del Siglo XVIII.
Poole, Stafford (2017) [1995]: *Our Lady of Guadalupe: The Origins and Sources of a Mexican National Symbol, 1531-1797*. Tucson, Arizona: The University of Arizona Press.
Popkin, Jeremy D. (2000): „Grégoire as Autobiographer". In: Ders./Richard Henry Popkin (Hg.): *The Abbé Grégoire and his World*. Dordrecht: Kluwer Publishers, S. 167-182.
Pratt, Mary Louise (^{2}2008): *Imperial Eyes. Travel Writing and Transculturation*. New York: Routledge.
Prieto, Abel E. (1988): „Confluencias de Lezama". In: José Lezama Lima: *Confluencias. Selección de ensayos*. Selección y prólogo de Abel E. Prieto. La Habana: Letras Cubanas, S. V-XLI.
Pulido Herráez, María Begoña (2004): „El mundo alucinante de Fray Servando Teresa de Mier y la caricatura fantástica de la historia". In: *Clio*, 4, 32, S. 85-104.
Pulido Herráez, María Begoña (2011): „Fray Bartolomé de las Casas en la obra y el pensamiento de fray Servando Teresa de Mier". In: *Historia Mexicana*, 61, 2, S. 429-475.
Pulido Herráez, María Begoña (2013): „Entre lo festivo y lo trágico" (estudio preliminar). In: Fray Servando Teresa de Mier: *La revolución y la fe. Una antología general*. Selección y estudio preliminar de María Begoña Pulido Herráez. México: Fondo de Cultura Económica, S. 11-62.
Rama, Ángel (1998) [1984]: *La ciudad letrada*. Prólogo de Hugo Achugar. Montevideo: Arca.
Ramos Soriano, José Abel (2011): *Los delincuentes de papel. Inquisición y libros en la Nueva España (1571-1820)*. México: Fondo de Cultura Económica.
Rebok, Sandra (2019): *Humboldt y Jefferson. Una amistad transatlántica de la Ilustración*. Traducción de Denise Bard. Santiago de Chile: Ediciones Biblioteca Nacional de Chile.
Rieu-Millan, Marie Laure (1989): „Fray Servando Teresa de Mier en Londres y Miguel Ramos de Arispe en Cádiz (su actividad política y propagandística según una carta inédita de Mier, 1812)". In: *Suplemento de Anuario de Estudios Americanos* (sección Historiografía y Bibliografía), 46, 2, S. 55-73.
Rieu-Millan, Marie Laure (Hg.) (2012): *Memorias de América ante las Cortes de Cádiz y Madrid, 1811-1814: de los diputados en Cortes por sus respectivas provincias: José Eduardo de Cárdenas (Tabasco), Miguel Ramos de Arizpe (Coahuila), Pedro Bautista Pino (Nuevo México) y Mariano Robles (Chiapas)*. Madrid: Consejo Superior de Investigaciones Científicas.
Riley, Patrick (2004): *Character and Conversion in Autobiography. Augustine, Montaigne, Descartes, Rousseau, and Sartre*. Charlottesville: University of Virginia Press.
Rinke, Stefan (2010): *Revolutionen in Lateinamerika. Wege in die Unabhängigkeit 1760-1830*. München: C. H. Beck.
Rionda Arreguín, Isauro (2002): *El Pípila: héroe popular de la insurgencia*. Guanajuato: Archivo General del Gobierno del Estado de Guanajuato.
Roberts, Adam (2014): „Introduction". In: Samuel Taylor Coleridge: *Biographia Literaria*. Edited by Adam Roberts. Edinburgh: Edinburgh University Press, S. xi-clxv.
Rodríguez Monegal, Emir (1984): „Die Neue Welt. Ein Dialog zwischen den Kulturen". In: Ders. (Hg.): *Die Neue Welt. Chroniken Lateinamerikas von Kolumbus bis zu den Unabhängigkeitskriegen*. Frankfurt am Main: Suhrkamp, S. 7-65.

Rodrigo, Enrique (1997): „Una 'anti-relación de Indias': la *Relación* de Fray Servando Teresa de Mier". In: Claire J. Paolini (Hg.): *La Chispa '97. Selected Proceedings*. New Orleans: Louisiana Conference on Hispanic Languages & Literatures, S. 355–363.

Rojas, Rafael (2003): *La escritura de la Independencia. El surgimiento de la opinión pública*. México: Taurus-CIDE.

Rojas, Rafael (2010): „México en Lezama". In: *La Jornada Semanal*, 787, 04.04.2010, S. 3–7.

Rojas, Rafael (2017): „La epopeya del duelo. Alfonso Reyes, el ensayo y la historia". In: Liliana Weinberg (Hg.): *El ensayo en diálogo*. Band II. México: Universidad Nacional Autónoma de México/Centro de Investigaciones sobre América Latina y el Caribe, S. 287–318.

Roldán Vera, Eugenia (2003): *The British Book Trade and Spanish American Independence: Education and Knowledge Transmission of in Transcontinental Perspective*. Aldershot: Ashgate.

Rosa, Hartmut (2005): *Beschleunigung. Die Veränderung der Zeitstrukturen in der Moderne*. Frankfurt am Main: Suhrkamp.

Rosetti, Mariana (2014): „La práctica de la libertad civil: La polémica de Servando Teresa de Mier y José Blanco White en la fragmentación de la monarquía española". In: *Dieciocho*, 37, 2, S. 295–320.

Rosetti, Mariana (2015): „El desplazamiento y la ventriloquia cultural. Servando Teresa de Mier y Simón Rodríguez, traductores de *Atala* de Chateaubriand". In: *Literatura Mexicana*, XXVI, 2, S. 9–30.

Rosetti, Mariana (2022): *Letrados de la independencia. Polémicas y discursos formadores*. Prólogo de Elías J. Palti. Posfacio de Iván Escamilla. Buenos Aires: CLACSO.

Ross, Kathleen (1989): „A Natural History of the Old World: the *Memorias* of Fray Servando Teresa de Mier". In: *Revista de Estudios Hispánicos*, 23, 3, S. 87–99.

Rubial García, Antonio (2014): „Los indios vistos por los ilustrados". In: Ders.: *El paraíso de los elegidos. Una lectura de la historia cultural de Nueva España (1521–1804)*. México: UNAM/Fondo de Cultura Económica, S. 393–407.

Ruiz Acosta, María José (2016): „Variedades o Mensagero de Londres". In: Dies. (Hg.): *La prensa hispánica en el exilio de Londres (1810–1850)*. Salamanca: Comunicación Social Ediciones y Publicaciones, S. 214–220.

Saak, Eric Leland (2012): „The Sermones ad fratres in eremo". In: Ders.: *Creating Augustine: interpreting Augustine and Augustinianism in the later Middle Ages*. Oxford: Oxford University Press, S. 81–138.

Saint-Lu, André (2016) [1982]: „Introducción". In: Bartolomé de Las Casas: *Brevísima relación de la destruición de las Indias*. Edición de André Saint-Lu. Madrid: Cátedra.

Saint-Lu, André/Bénassy-Berling, Marie-Cécile (1990): „Introducción". In: Fray Servando Teresa de Mier: *Historia de la Revolución de Nueva España, antiguamente Anáhuac o Verdadero origen y causas de ella con la relación de sus progresos hasta el presente año de 1813*. Edición, introducción y notas por André Saint-Lu y Marie-Cécile Bénassy-Berling. Paris: Publications de la Sorbonne, S. XI–CXXXII.

Saglia, Diego (2000): *Poetic Castles in Spain: British Romanticism and Figurations of Iberia*. Amsterdam: Rodopi.

Saglia, Diego (2002): „Hispanism in the *New Monthly Magazine*, 1821–1825". In: *Notes and Queries*, 49, 1, S. 49–55.

Salado Álvarez, Victoriano (1968) [1933]: *La vida azarosa y romántica de Don Carlos María de Bustamante*. México: Editorial Jus.

San José Vázquez, Eduardo (2010): „Independencia o autonomía de la América española: la polémica entre Mier y Blanco White". In: *Dieciocho*, 33, 1, S. 153–168.

Sánchez Prado, Ignacio M. (2009a): *Naciones intelectuales. Las fundaciones de la modernidad literaria mexicana (1917–1959)*. West Lafayette, Indiana: Purdue University Press.

Sánchez Prado, Ignacio M.(2009b) „Renovar a Reyes: Cuatro intervenciones contracanónicas" In: *Armas y letras*, 66–67, S. 8–18.

Sánchez Prado, Ignacio M. (2010): „Canon *interruptus*: La *Antología del Centenario* en la encrucijada de 1910". In: *Revista de Crítica Literaria Latinoamericana*, 36, 71, S. 55–74.

Sánchez Vázquez, Adolfo (2011): „La filosofía de Rousseau y la ideología de la independencia". In: Ders.: *Rousseau en México*. México: Editorial Ítaca, S. 13–64.

Santí, Enrico Mario (1980): „Entrevista con Reinaldo Arenas". In: *Vuelta*, 47, S. 18–25.

Santí, Enrico Mario (2008) [1969]: „Introducción". In: Reinaldo Arenas: *El mundo alucinante (Una novela de aventuras)*. Edición de Enrico Mario Santí. Madrid: Cátedra, S. 15–65.

Santí, Enrico Mario/Morley, Mónica (1983): „Reinaldo Arenas y su mundo alucinante: Una entrevista". In: *Hispania*, 66, S. 114–118.

Sarduy, Severo (1974): *Barroco*. Buenos Aires: Sudamericana.

Sarrailh, Jean (1925): „Les fortunes d'Atala en Espagne (1801–1833)". In: *Homenaje ofrecido a Menéndez Pidal: miscelánea de estudios lingüísticos, literarios e históricos*. Band I. Madrid: Hernando, S. 255–268.

Scherer, Ludger (2005): „Diálogo de los prólogos: La *Historia del famoso predicador Fray Gerundio de Campazas* de José Francisco de Isla y el *Quijote* de Miguel de Cervantes". In: Christian von Tschilschke/Andreas Gelz (Hg.): *Literatura – Cultura – Media – Lengua. Nuevos planteamientos de la investigación del siglo XVIII en España e Hispanoamérica*. Frankfurt am Main u.a.: Peter Lang, S. 177–186.

Schlange-Schöningen, Heinrich (2018): *Hieronymus. Eine historische Biographie*. Darmstadt: Wissenschaftliche Buchgesellschaft.

Schlickers, Sabine (2002): „La rebeldía narrativa de Reinaldo Arenas en *El mundo alucinante*". In: Annette Paatz/Burkhard Pohl (Hg.): *Texto social. Estudios pragmáticos sobre literatura y cine*. Homenaje a Manfred Engelbert. Berlin: edition tranvía/Verlag Walter Frey, S. 109–122.

Schlickers, Sabine (2015): *La conquista imaginaria de América: crónicas, literatura y cine*. Frankfurt am Main u. a.: Peter Lang.

Schlögel, Karl (2003): *Im Raume lesen wir die Zeit. Über Zivilisationsgeschichte und Geopolitik*. München: Carl Hanser Verlag.

Schmieder, Falko (2017): „Gleichzeitigkeit des Ungleichzeitigen. Zur Kritik und Aktualität einer Denkfigur". In: *Zeitschrift für kritische Sozialtheorie und Philosophie*, 4, 1–2, S. 325–363.

Schmieder, Ulrike/Nolte, Hans-Heinrich (Hg.) (2010): *Atlantik: Sozial- und Kulturgeschichte in der Neuzeit*. Wien: Promedia.

Schmidt, Ricarda (2012): „Biographie, Autobiographie, Fiktion: Die Funktion von Rousseaus „Confessions" für die Konstruktion von Identität in E. T. A. Hoffmanns „Kater Murr"". In: Sheila von Dickson/Walter Pape (Hg.): *Romantische Identitätskonstruktionen: Nation, Geschichte und (Auto-)Biographie*. Berlin/Boston: de Gruyter, S. 193–216.

Schneider, Jost (2007): „Literatur und Text". In: Thomas Anz (Hg.): *Handbuch Literaturwissenschaft. Gegenstände und Grundbegriffe*. Band I. Darmstadt: Wissenschaftliche Buchgesellschaft, S. 1–23.

Schwarze, Michael (2020): „Der Historiograph als ‚acteur': Strategien der Selbstlegitimierung und Selbstautorisierung bei Jean Froissart". In: David Nelting/Rosemary Snelling-Gőgh (Hg.): *Poetische Selbstautorisierung in der Frühen Neuzeit. Denkvoraussetzungen und Modelle*. Berlin/Boston: de Gruyter, S. 141–162.

Sciuti Russi, Vittorio (2003): „Abolir l'Inquisition d'Espagne: Une lettre de l'abbé Grégoire". In: *Annales historiques de la Révolution française*, 333, S. 121–132.

Sebastiani, Silvia (2011): „Las escrituras de la historia del Nuevo Mundo: Clavijero y Robertson en el contexto de la Ilustración europea". In: *Historia y grafía*, 37, S. 203–236.
Sebastiani, Silvia (2015): „Das Amerika der Aufklärung und die Hierarchie der Rassen. Kontroversen um die Geschichtsschreibung in der *Encyclopedia Britannica* (1768–1788)". In: Vicente Bernaschina/Tobias Kraft/Anne Kraume (Hg.): *Globalisierung in Zeiten der Aufklärung. Texte und Kontexte zur Berliner Debatte um die Neue Welt (18./19. Jahrhundert)*. Frankfurt am Main u.a.: Peter Lang, S. 241–284.
Segnini, Yolanda (2000): *La Editorial-América de Rufino Blanco-Fombona Madrid 1915–1933*. Madrid: Libris.
Shepherd, William R. (1918): „*Memorias de Fray Servando Teresa de Mier* [...]. Prólogo de Don Alfonso Reyes [...] *La Creación de Bolivia*. By Sabino Pinilla [...]. *La Dictadura de O'Higgins*. By M. L. Amunategui and B. Vicuña Mackenna [...]. *Cuadros de la Historia Militar y Civil de Venezuela* [...]. By Lino Duarte Level [...]". In: *The American Historical Review*, 23, 2, S. 424–427.
Siegert, Bernhard (2004): *Passagiere und Papiere. Schreibakte auf der Schwelle zwischen Spanien und Amerika*. München: Wilhelm Fink Verlag.
Silva Herrera, Rocío (2020): „Los rosarios del padre José de Lezamis (1684–1750), cura del Sagrario de México". In: María Teresa Jarquín Ortega/Gerardo González Reyes (Hg.): *Orígenes y expresiones de la religiosidad en México. Cultos cristológicos, veneraciones marianas y heterodoxia devocional*. México: El Colegio Mexiquense, S. 297–310.
Simal, Juan Luis (2012): *Emigrados: España y el exilio internacional, 1814–1834*. Madrid: Centro de Estudios Políticos y Constitucionales.
Solís, Ramón (2012): *El Cádiz de las Cortes. La vida cotidiana en la ciudad en los años de 1810 a 1813*. Madrid: Silex Ediciones.
Sosa-Velasco, Alfredo (2007): „Blanco White entre dos mundos: retórica y confesión". In: *Dieciocho*, 30, 2, S. 287–302.
Spary, Emma C. (2000): *Utopia's Garden. French Natural History from Old Regime to Revolution*. Chicago: University of Chicago Press.
Spell, Jefferson Rea (1938): *Rousseau in the Spanish World Before 1833: A Study in Franco-Spanish Literary Relations*. Austin: University of Texas Press.
Spender, Stephen (1980): „Confessions and Autobiography". In: James Olney (Hg.): *Autobiography. Essays Theoretical and Critical*. Princeton: Princeton University Press, S. 115–122.
Stanzel, Franz K. (^{2}1982): *Theorie des Erzählens*. Göttingen: Vandenhoeck & Ruprecht.
Stelzig, Eugene (2009): „Introduction. Romantic Autobiography in England: Exploring its Range and Variety". In: Ders. (Hg.): *Romantic Autobiography in England*. Farnham: Ashgate, S. 1–12.
Stewart, Charles (1999): „Syncretism and Its Synonyms: Reflections on Cultural Mixture". In: *Diacritics*, 29, 3, S. 40–62.
Strausfeld, Mechtild (1979): „Vorwort". In: Dies. (Hg.): *Aspekte von José Lezama Lima „Paradiso"*. Frankfurt am Main: Suhrkamp, S. 7–11.
Struve, Karen (2015): „‚à peu près de la taille des Européens'. (Un-)Wissen und (Ohn-)Macht über den kolonialen Anderen in der *Encyclopédie* von Diderot und d'Alembert". In: Vicente Bernaschina/Tobias Kraft/Anne Kraume (Hg.): *Globalisierung in Zeiten der Aufklärung. Texte und Kontexte zur Berliner Debatte um die Neue Welt (18./19. Jahrhundert)*. Frankfurt am Main u.a.: Peter Lang, S. 193–205.
Struve, Karen (2020): *Wildes Wissen in der „Encyclopédie". Koloniale Alterität, Wissen und Narration in der französischen Aufklärung*. Berlin/Boston: de Gruyter.
Sweet, Nanora (1997): „‚Hitherto closed to British Enterprise': Trading and Writing the Hispanic World circa 1815". In: *European Romantic Review*, 8, 2, S. 139–147.

Sweet, Nanora (2010): „*The Forest Sanctuary*: The Anglo-Hispanic Uncanny in Felicia Hemans and José María Blanco White". In: Joselyn M. Almeida (Hg.): *Romanticism and the Anglo-Hispanic Imaginery*. Amsterdam/New York: Rodopi, S. 157–182.
Tedeschi, Stefano (2020): *El largo viaje de los mitos: Mitos clásicos y mitos prehispánicos en las literaturas latinoamericanas*. Rom: Sapienza Università Editrice.
Teich, Mikuláš/Müller, Albert (2005): „Historia magistra vitae?" In: *Österreichische Zeitschrift für Geschichtswissenschaften*, 16, 2, S. 5–10.
Teuber, Bernhard (1992): „José Lezama Lima: ‚Paradiso'". In: Volker Roloff/Harald Wentzlaff-Eggebert (Hg.): *Der hispanoamerikanische Roman. Von Cortázar bis zur Gegenwart*. Band II. Darmstadt: Wissenschaftliche Buchgesellschaft, S. 104–119.
Thom, John Hamilton (1841): „Outlines of the Life of Joseph Blanco White". In: *The Christian Teacher. A Theological and Literary Journal*. Volume third, new series. London: John Green, S. 285–307.
Thom, John Hamilton (1867): „Archbishop Whately and the *Life* of Blanco White". In: *The Theological Review: A Journal of Religious Thought and Life*, 4, S. 82–120.
Tovar, Paco (2001): „José María Blanco White o trozos con vida de un exiliado español desde Inglaterra". In: *Salina* 15, S. 139–144.
Tully, Carol (2011): „Ackermann, Mora and the Transnational Context: Cultural Transfer in the Old World and the New". In: Daniel Muñoz Sempere/Gregorio Alonso García (Hg.): *Londres y el liberalismo hispánico*. Madrid/Frankfurt am Main: Iberoamericana Vervuert, S. 153–164.
Uhl, Elke (2002): „Ungleichzeitigkeit". In: Joachim Ritter/Karlfried Gründer/Gottfried Gabriel (Hg.): *Historisches Wörterbuch der Philosophie*. Band XI. Basel: Schwabe Verlag, S. 166–168.
Ugalde Quintana, Sergio (2011): *La biblioteca en la isla. Una lectura de* La expresión americana, *de José Lezama Lima*. Madrid: Editorial Colibrí.
Valadés, José C. (1977): *Alamán: estadista e historiador*. México: Universidad Nacional Autónoma de México.
Valera Candel, Manuel (2007): „Actividad científica realizada por los liberales españoles exiliados en el Reino Unido, 1823-1833". In: *Asclepio. Revista de Historia de la Medicina y de la Ciencia*, LIX, S. 131–166.
Valle-Arizpe, Artemio de (2009) [1951]: *Fray Servando*. Prólogo de Christopher Domínguez Michael. México/Miami/Buenos Aires: Lectorum.
Valle Pavón, Guillermina del (2010): „Mercaderes agraviados. El derrocamiento del virrey José de Iturrigaray en 1808". In: José A. Serrano/Luis Jaúregui (Hg.): *La corona en llamas. Conflictos económicos y sociales en la Independencia iberoamericana*. Castelló de la Plana: Publicaciones de la Universidad Jaume I, S. 87–104.
Vedia y Mitre, Mariano de (1950): *La vida de Monteagudo*. Buenos Aires: Kraft.
Vega Nava, Brenda (2012): „América vista como hacer poético: una lectura de *La expresión americana* de José Lezama Lima". In: *Iberoamericana*, XII, 45, S. 45–58.
Villoro, Luis (1981): „Rousseau en la Independencia mexicana". In: *Casa del tiempo*, 13, S. 2–8.
Villoro, Luis (2010) [1953]: *El proceso ideológico de la revolución de Independencia*. México: Fondo de Cultura Económica.
Vitulli, Juan M./Solodkow, David (Hg.) (2009): *Poéticas de lo criollo. La transformación del concepto ‚criollo' en las letras hispanoamericanas (siglos XVI al XIX)*. Buenos Aires: Editorial Corregidor.
Volek, Emil (1985): „La carnavalización y la alegoría en *El mundo alucinante* de Reinaldo Arenas". In: *Revista Iberoamericana*, 130–131, S. 125–148.
Volpi, Jorge (^{2}2006): *La imaginación y el poder: una historia intelectual del 1968*. México: Ediciones Era.
Warning, Rainer (2001): „Erzählen im Paradigma. Kontingenzbewältigung und Kontingenzexposition". In: *Romanistisches Jahrbuch*, 52, S. 176–209.

Watzlawick, Paul/Beavin, Janet H./Jackson, Don D. (2007): *Menschliche Kommunikation. Formen, Störungen, Paradoxien*. Bern: Huber, S. 53–70.
Wedemeyer, Catarina von (2019): *Offene Dialektik. Poetische Form und Geschichtsdenken im Werk von Octavio Paz*. Berlin/Boston: de Gruyter.
Wegmann, Nikolaus (2000): *Bücherlabyrinthe. Suchen und Finden im alexandrinischen Zeitalter*. Köln/Weimar/Wien: Böhlau Verlag.
Wehrheim, Monika (2013): „La *Galería de antiguos príncipes mexicanos* de Carlos María de Bustamante: propuestas para un imaginario nacional". In: Katja Carrillo Zeiter/Dies. (Hg.): *Literatura de la Independencia, independencia de la literatura*. Madrid/Frankfurt am Main: Iberoamericana Vervuert, S. 175–196.
Weinberg, Liliana (1997): „Nueva lectura de la *Primera lectura*". In: Yvette Jiménez de Báez (Hg.): *Varia lingüística y literaria: 50 años del CELL. III. Literatura: siglos XIX y XX*. Con la colaboración de Martha Lilia Tenorio. México: El Colegio de México, S. 185–208.
Weinberg, Liliana (2004): *Umbrales de un ensayo*. México: Universidad Nacional Autónoma de México.
Weinberg, Liliana (2006): *Situación del ensayo*. México: Universidad Nacional Autónoma de México/Centro Coordinador y Difusor de Estudios Latinoamericanos.
Weinberg, Liliana (2007a): „Bernardo de Monteagudo y el primer ensayo político americano". In: *Prismas. Revista de historia intelectual*, 11, S. 77–85.
Weinberg, Liliana (2007b): *Pensar el ensayo*. México: Siglo XXI Editores.
Weinberg, Liliana (2014): *El ensayo en busca del sentido*. Madrid/Frankfurt am Main: Iberoamericana Vervuert.
Werberger, Annette (2012): „Überlegungen zu einer Literaturgeschichte als Verflechtungsgeschichte". In: Dorothee Kimmich/Schamma Schahadat (Hg.): *Kulturen in Bewegung. Beiträge zur Theorie und Praxis der Transkulturalität*. Bielefeld: transcript, S. 109–144.
Werner, Michael/Zimmermann, Bénédicte (2002): „Vergleich, Transfer, Verflechtung. Der Ansatz der *Histoire croisée* und die Herausforderung des Transnationalen". In: *Geschichte und Gesellschaft*, 28, S. 607–636.
Wilson, Frances (2014): „Romantic Autobiography". In: Maria DiBattista/Emily O. Wittman (Hg.): *The Cambridge Companion to Autobiography*. Cambridge: Cambridge University Press, S. 71–86.
Wheeler, Kathleen M. (1980): *Sources, Processes and Methods in Coleridge's* Biographia Literaria. Cambridge u. a.: Cambridge University Press.
White, Hayden (1986a) [1978]: *Auch Klio dichtet oder die Fiktion des Faktischen. Studien zur Tropologie des historischen Diskurses*. Aus dem Amerikanischen von Brigitte Brinkmann-Siepmann und Thomas Siepmann. Stuttgart: Klett-Cotta.
White, Hayden (1986b) [1978]: „Der historische Text als literarisches Kunstwerk". In: Ders.: *Auch Klio dichtet oder die Fiktion des Faktischen. Studien zur Tropologie des historischen Diskurses*. Aus dem Amerikanischen von Brigitte Brinkmann-Siepmann und Thomas Siepmann. Stuttgart: Klett-Cotta, S. 101–122.
White, Hayden (1990) [1987]: *Die Bedeutung der Form. Erzählstrukturen in der Geschichtsschreibung*. Aus dem Amerikanischen von Margit Smuda. Frankfurt am Main: Fischer Taschenbuch Verlag.
White, Hayden (2008) [1973]: *Metahistory. Die historische Einbildungskraft im 19. Jahrhundert in Europa*. Aus dem Amerikanischen von Peter Kohlhaas. Frankfurt am Main: Fischer Taschenbuch Verlag.
Willand, Marcus (2015): „Isers *impliziter Leser* im praxeologischen Belastungstest. Ein literaturwissenschaftliches Konzept zwischen Theorie und Methode". In: Andrea Albrecht/Lutz Danneberg/Olav Krämer/Carlos Spoerhase (Hg.): *Theorien, Methoden und Praktiken des Interpretierens*. Berlin/Boston: de Gruyter, S. 237–269.
Williams, Huntington (1983): *Rousseau and Romantic Autobiography*. Oxford: Oxford University Press.

Winkle, Stefan (1997): *Geisseln der Menschheit: Kulturgeschichte der Seuchen*. Düsseldorf: Artemis & Winkler.

Winko, Simone (2009): „Auf der Suche nach der Weltformel. Literarizität und Poetizität in der neueren literaturwissenschaftlichen Diskussion". In: Dies./Fotis Jannidis/Gerhard Lauer (Hg.): *Grenzen der Literatur. Zum Begriff und Phänomen des Literarischen*. Berlin/New York: de Gruyter, S. 374–396.

Winter, Alix (2015): „Globale Reflexionen. Verbindungen zwischen Alter und Neuer Welt in der *Histoire des deux Indes* von Raynal". In: Vicente Bernaschina/Tobias Kraft/Anne Kraume (Hg.): *Globalisierung in Zeiten der Aufklärung. Texte und Kontexte zur Berliner Debatte um die Neue Welt (18./19. Jahrhundert)*. Frankfurt am Main u.a.: Peter Lang, S. 179–192.

Woods, Richard Donovon (2005): *Autobiographical Writings on Mexico: An Annotated Bibliography of Primary Sources*. Jefferson N.C.: McFarland & Co.

Wulf, Andrea (2016): *Alexander von Humboldt und die Erfindung der Natur*. München: Bertelsmann.

Yousef Sandoval, Laila (2014): „R. Koselleck, Esbozos teóricos. ¿Sigue teniendo utilidad la historia?, introducción de José Luis Villacañas, Madrid, Escolar y Mayo, 2013". In: *Res Publica. Revista de Historia de las Ideas Políticas*, XVII, 1, S. 315–368.

Yurkievich, Saúl (2002): „*La expresión americana* o la fabulación autóctona". In: *Revista Iberoamericana*, LXVIII, 200, S. 815–821.

Zanone, Damien (2006): *Écrire son temps: les mémoires en France de 1815 à 1848*. Lyon: Presses universitaires de Lyon.

Zárate Toscano, Verónica (1987): „Juan López Cancelada: escritor público en ambos mundos". In: *Historias*, 18, S. 115–123.

Zárate Toscano, Verónica (1997): „José Ignacio Beye Cisneros en las Cortes de Cádiz". In: *Estudios de historia novohispana*, 17, S. 201–225.

Zepp, Susanne (2005): „Ironie, Inquisition und Konversion. Parodien von Inklusionsdispositiven im ‚Lazarillo de Tormes'". In: *Romanistisches Jahrbuch*, 56, S. 368–392.

Zeuske, Michael (1995): *Francisco de Miranda und die Entdeckung Europas. Eine Biographie*. Münster/Hamburg/London: Lit Verlag.

Zeuske, Michael (^{3}2007): *Kleine Geschichte Kubas*. München: C. H. Beck.

Zeuske, Michael (2013): *Handbuch Geschichte der Sklaverei. Eine Globalgeschichte von den Anfängen bis heute*. Berlin/Boston: de Gruyter.

Zeuske, Michael (2015): *Sklavenhändler, Negreros und Atlantikkreolen: eine Weltgeschichte des Sklavenhandels im atlantischen Raum*. Berlin/Boston: de Gruyter Oldenbourg.

Zires, Margarita (1994): „Los mitos de la Virgen de Guadalupe. Su proceso de construcción y reinterpretación en el México pasado y contemporáneo". In: *Mexican Studies/Estudios Mexicanos*, 10, 2, S. 281–313.

Internetquellen

Contzen, Eva von: „Lists in Literature and Culture: Towards a Listology", https://www.listlit.uni-freiburg.de/ (konsultiert am 17. März 2021).

Couffon, Claude (1969): „Un contestataire cubain". In: *Le Monde* (supplément), https://www.lemonde.fr/archives/article/1969/03/22/un-contestataire-cubain-reinaldo-arenas_3060074_1819218.html, 22.03.1969 (konsultiert am 16. Juni 2021).

Diderot, Denis de (1765): „Humaine espèce". In: Ders./Jean Le Rond d'Alembert (1751–1772): *Encyclopédie ou dictionnaire raisonné des sciences, des arts et des métiers: Édition Numérique Collaborative et Critique de l'Encyclopédie ou Dictionnaire raisonné des sciences, des arts et des métiers* (ENCCRE). S. 344–348, http://enccre.academie-sciences.fr/encyclopedie/article/v8-1272-1/ (konsultiert am 05. Mai 2023).

Ette, Ottmar (o. J.): „Reinaldo Arenas". In: *Munzinger Online/Kritisches Lexikon zur fremdsprachigen Gegenwartsliteratur*, http://www.munzinger.de/document/18000000024 (konsultiert am 23. April 2023).

Frowein, Peter (2001): „Pauw, Kornelius de". In: *Neue Deutsche Biographie*, 20, S. 140 f [Onlinefassung], https://www.deutsche-biographie.de/pnd124060552.html#ndbcontent (konsultiert am 13. Juli 2020).

Kates, Gary (2019): „De Pauw, Recherches philosophiques sur les Américains". In: *The Enlightenment Books Project at Pomona College: A Bibliographical Checklist of Eighteenth-Century Editions*, https://kates.itg.pomona.edu/books/editions.php?action=view_references&groupID=123 (konsultiert am 06. Mai 2023).

Manzoni, Celina (2000): „Alfonso Reyes, lector de Fray Servando". In: *Ciberletras*, 3, http://www.lehman.cuny.edu/ciberletras/v03/Manzoni.html (konsultiert am 24. April 2021).

Meyer, Jean (2005): „Vida de Fray Servando, de Christopher Domínguez Michael". In: *Letras libres*, https://www.letraslibres.com/mexico/libros/vida-fray-servando-christopher-dominguez-michael, 30.06.2005 (konsultiert am 17. Juni 2021).

Navarrete, Martín Fernández de (1821): „*La Historia General de las Indias*" del Rvdo. P. Fray Bartolomé de las Casas: informes de 1821 y 1856, http://www.cervantesvirtual.com/obra-visor-din/la-historia-general-de-las-indias-del-rvdo-p-fray-bartolom-de-las-casas – informes-de-1821-y-1856-0/html/00ab5520-82b2-11df-acc7-002185ce6064_2.html#I_0_ (konsultiert am 23. März 2018).

Nünning, Vera (2013): „Narrativität als interdisziplinäre Schlüsselkategorie". In: *Forum Marsilius-Kolleg*, 06, S. 1–17, https://journals.ub.uni-heidelberg.de/index.php/forum-mk/article/view/10768/Nuenning_2013 (konsultiert am 04. Mai 2023).

o. A. (o. J.): „Benjamín Palacios Hernández". In: *Revista Replicante*, https://revistareplicante.com/colaboradores/benjamin-palacios-hernandez/ (konsultiert am 30. April 2023).

Ogarrio, Gustavo (2009): „Lezama Lima y el otro romanticismo". In: *La Jornada Semanal*, 763, https://www.jornada.com.mx/2009/10/18/sem-gustavo.html, 18.10.2009 (konsultiert am 22. Mai 2021).

Ragon, Pierre (2006): „Les lectures françaises de Bartolomé de Las Casas, de Jacques de Migrodde à l'abbé Grégoire". In: *Colloque international „Grégoire. Droits de l'homme et droits des gens. Christianisme et lumières"*. Metz, https://hal.archives-ouvertes.fr/hal-01379940 (konsultiert am 29. März 2018).

Real Academia Española (2022): *Diccionario de la lengua española*. 23.ª ed., https://dle.rae.es/ (konsultiert am 04. Mai 2023).

Real Academia Española y Asociación de Academias de la Lengua Española (2010): *Ortografía de la lengua española*, http://aplica.rae.es/orweb/cgi-bin/buscar.cgi (konsultiert am 02. Juni 2021).

Filme

González Mello, Flavio (2004): *1822 el año que fuimos imperio*. Dirección Antonio Castro. México: TV-UNAM.

Personenregister

Ackermann, Rudolph 153, 310, 313, 317–320, 329, 334
Alcalá Galiano, Antonio 318
Aldama, Juan 185
Allen, John 322–325
Allende, Ignacio 168, 183, 185
Alvarado, Pedro de 129
Alvear, Carlos María de 58
Amunátegui, Miguel Luis 466
Arcipreste de Hita (i.e. Juan Ruiz) 474
Arendt, Hannah 198–202
Arredondo, Joaquín de 19, 45, 437, 439–440
Augustinus von Hippo 270, 412
Azorín (i.e. José Martínez Ruiz) 471, 478–480

Bailly, Jean-Sylvain 222–223, 450
Baroja, Pío 478–480
Batista, Fulgencio 509–510, 518
Baudelaire, Charles 499
Beaulieu, Claude François 216
Beauvoir, Simone de 536
Becerra Tanco, Luis 361
Bello, Andrés 58, 330, 423
Bertrand de Moleville, Antoine-François 216
Blanco-Fombona, Rufino 343, 466, 484–486
Boileau, Jacques 449
Bolívar, Simón 17, 204–205, 456–457, 484, 506–507
Bonaparte, Napoleon 4, 6–7, 55, 93, 95, 101, 110, 127, 160, 165, 215, 248, 266, 311, 333, 416, 445, 507
Borges, Jorge Luis 422
Boturini de Benaducci, Lorenzo 361
Bougainville, Louis Antoine de 491
Brading, David A. 31, 101–102, 358, 364
Buffon, Georges-Louis Leclerc Comte de 452, 454–455

Calleja, Félix María 54–56, 70, 87–88, 123, 125, 127, 131, 133, 136–138, 140–142, 150
Calvino, Italo 536
Camacho, Jorge 515
Carlos III. von Spanien 1
Carlos IV. von Spanien 6, 435

Carpentier, Alejo 495, 510, 513, 526
Casanova, Giacomo 415
Castillo, Cristóbal del 527
Castro, Américo 267, 472
Castro, Fidel 509, 516, 518, 531, 536
Chakrabarty, Dipesh 25, 28, 564
Chartier, Roger 375–376, 443, 462–463
Chateaubriand, François-René de 476, 480, 483–486, 527–528
Cicero, Marcus Tullius 147, 200, 423
Clavijero, Francisco Javier 80–81, 97, 362–363, 388–389, 403
Coleridge, Samuel Taylor 333–334, 336–337
Coleridge, Sara 337
Colón, Cristóbal 26, 106, 125, 378, 390, 402
Cortázar, Julio 536
Cortés, Hernán 26, 37, 74, 129, 132, 161, 353, 359
Cosío Villegas, Daniel 23, 473
Coste, Didier 515, 535
Cuauhtémoc 130
Cuauhtlatoatzin, Juan Diego 359, 361

D'Alembert, Jean Le Rond 297, 391
Darío, Rubén 213, 500
David, Jacques-Louis 221–225, 231, 450
De la Cruz, Juana Inés (i.e. Juana Inés de Asbaje) 28, 499, 546, 548–549, 551, 558–559
De la Grúa Talamanca y Branciforte, Miguel 16, 355
De la Vega, Garcilaso 476
De la Vega, Garcilaso el Inca 26, 99–100, 499
Díaz del Castillo, Bernal 26, 244, 377–379, 491
Díaz Ordaz, Gustavo 536
Díaz, Porfirio 467
Diderot, Denis 297, 391–392, 453
Díez-Canedo, Enrique 472
Duarte Level, Lino 466
Dumas, Alexandre 415
Duque de Rivas (i.e. Ángel de Saavedra) 318
Durán López, Fernando 27, 265, 268–269, 274, 277, 286, 290–291, 295–296, 298, 311–313, 318–320, 322, 329, 331, 334, 336

Durán, Diego 363–364, 377
Duras, Marguerite 536

Echeverría, Luis 548
Eliot, Thomas Stearns 539
Enzensberger, Hans Magnus 536
Estrada, Genaro 487

Felipe II. von Spanien 232
Fernando VII. von Spanien 43, 65, 92, 96, 104, 134, 180, 311, 318, 436
Ferrières, Charles Elie de 216
Foucault, Michel 264, 275–276, 278–279, 284, 340
Foulché-Delbosc, Raymond 475
Funes, Gregorio 213

Gaos, José 489
García Márquez, Gabriel 535–536
García Scherer, Julio 548
García Solalinde, Antonio 472, 482
Garibay, Pedro 181
Gerbi, Antonello 8, 72, 330, 390, 452, 455, 493
Gerle, Christophe-Antoine (i.e. Dom Gerle) 223, 231
Gibbon, Edward 306–307, 317
Ginés de Sepúlveda, Juan 390
Godoy, Manuel de 5–6, 70, 416
Goethe, Johann Wolfgang von 499
Góngora, Luis de 472, 474
González de Mendoza, José María 475
González, José Eleuterio (i.e. Gonzalitos) 342–343, 468, 512
Goytisolo, Juan 58–59, 65, 68, 265–268, 274, 291, 332, 536
Guridi y Alcócer, José Miguel 423
Guzmán, Domingo de 352
Guzmán, Martín Luis 487

Hegel, Georg Friedrich Wilhelm 493–494, 497, 499
Hemans, Felicia 333–334
Henríquez Ureña, Camila 526–528
Henríquez Ureña, Pedro 343, 474–475
Heredia, José María 499

Hernández de Oviedo, Gonzalo 244
Herrera, Antonio de 103, 232, 233–234, 242, 244, 377
Hidalgo, Miguel 7, 54–56, 95–96, 120, 125–128, 130, 132, 160, 166, 168–170, 174–175, 181, 183, 185, 188–189, 200, 339, 506
Hieronymus 250, 254
Horaz (i.e. Quintus Horatius Flaccus) 114–116, 118, 125, 184, 449, 450
Humboldt, Alexander von 164, 322–324, 327, 348, 362, 431–435, 451, 453, 455, 464, 492, 534, 559–560
Hume, David 545

Isla, José Francisco de 354, 381
Iturbide, Agustín de 8–9, 20, 116–119, 147–148, 160, 166, 188, 206
Iturrigaray, José de 6, 91–95, 108, 135, 178, 180–182, 187, 188

Jáuregui, Inés de 91, 93–94
Jefferson, Thomas 102, 408, 455, 545
Joyce, James 499
Junco, Alfonso 542

Kant, Immanuel 294, 309, 545
Koselleck, Reinhart 9–14, 150–151, 200, 566

La Fontaine, Jean de 449
Lafaye, Jacques 31, 359–360, 545
Las Casas, Bartolomé de 17–18, 105–108, 111–113, 133, 185–186, 205, 221, 232–249, 257, 259, 325–326, 348, 390, 445, 453, 457, 461, 560
Lastarria, José Victoriano 213
Lezamis, José de 514, 516, 518, 520
López Cancelada, Juan 61, 91–94, 126–127, 195
López de Gómara, Francisco 26, 244, 377, 379, 491

Madero, Francisco I. 467
Manuel, Víctor 555
Marmontel, Jean-François 244, 259, 261–262
Marruz, Fina G. 510
Martí, José 498–500

Martínez Estrada, Ezequiel 499
Mártir de Anglería, Pedro 26
Melville, Herman 496
Mendíbil, Pablo de 153, 310, 318
Menéndez Pelayo, Marcelino 267–269, 271, 273, 291
Menéndez Pidal, Ramón 470–474, 481–484, 486, 488, 567
Meyer, Jean 543
Mina, Francisco Xavier 18, 45, 189, 436–437, 439–440, 554
Miranda, Francisco de 36, 58–60, 101–102, 112, 149, 498, 506–510, 543
Moctezuma 130, 147
Molloy, Sylvia 27–29, 214, 345–347, 350, 418, 421–422
Monteagudo, Bernardo de 457–458
Mora, José Joaquín de 318–319
Morelos, José María 120–121, 123, 131–138, 140–141, 150, 153, 160, 166–167, 173, 185, 188, 200, 339, 506
Moreno Villa, José 472
Muñoz, Juan Bautista 100, 233, 235, 276

Neruda, Pablo 437
Núñez de Haro y Peralta, Alonso 16, 19, 52–53, 341, 355, 366–367, 378, 381

O'Gorman, Edmundo 31, 34, 42, 195, 351, 353, 356–357, 366
Ocampo, Victoria 422
Ortega y Gasset, José 499
Ortiz, Fernando 489, 495–496

Padilla, Heberto 518–520, 536–537
Palacios Hernández, Benjamín 552–554
Pauw, Cornelius de 242, 244, 390–392, 394, 398–404, 451–454, 463–464, 491–492, 559
Payno, Manuel 22, 342, 358, 512, 542
Paz, Octavio 23, 36, 62, 332, 536–541, 544–549, 551, 553–554, 558–559
Pérez León, Roberto 554–555
Pernety, Antoine-Joseph de 491
Picón Salas, Mariano 489, 495
Pinilla, Sabino 466
Piñera, Virgilio 510, 520, 526–528, 555

Pípila (i.e. Juan José de los Reyes Martínez Amaro) 126, 128–131, 173
Pizarro, Francisco 129
Plutarch 128–129
Portuondo, José Antonio 509–510, 526
Pratt, Mary Louise 392–393, 400
Prieto, Guillermo 213

Quevedo, Francisco de 474, 477

Rabaut Saint-Étienne, Jean-Paul 223, 231
Ramos Arizpe, Miguel 212
Rangel, Nicolás 343
Raynal, Guillaume-Thomas François 80, 102, 242, 244, 451–453
Reyes, Bernardo 467
Riaño, Juan Antonio de 126, 168–172
Riego, Rafael de 43, 61, 318
Robertson, William 80, 242, 244, 451, 453
Robespierre, Maximilien de 3, 222, 545
Rodríguez Feo, José 510, 517, 555
Rodríguez, Mariano 555
Rodríguez, Simón 17, 36, 423, 484–486, 506–510
Rousseau, Jean-Jacques 4, 80, 103–104, 259–264, 270, 279, 303–305, 335, 345–346
Ruiz de Alarcón, Juan 472

Sarduy, Severo 513
Sarmiento, Domingo Faustino 213, 345, 393, 422
Sarrailh, Jean 484
Sartre, Jean-Paul 536
Schneider, Luis Mario 544
Sierra, Justo 343
Sigüenza y Góngora, Carlos de 364, 499
Solórzano y Pereira, Juan de 377, 379
Soulavie, Jean-Louis 216
Southey, Robert 308, 333, 337
Spengler, Oswald 499
Stendhal (i.e. Marie-Henri Beyle) 505, 512, 532
Sucre, Antonio José de 343

Thom, John Hamilton 272, 277, 285–286, 289, 300, 304, 317, 333–334
Thukydides 109–110, 184
Torquemada, Juan de 134, 244, 360–361
Torri, Julio 481–482

Unanue, Hipólito 454–456, 492
Urbina, Luis G. 343

Valeriano, Antonio 361
Valéry, Paul 539
Valle-Arizpe, Artemio de 487, 522–525, 533, 542, 561, 565
Vallejo, César 500
Vargas Llosa, Mario 536
Vasconcelos, José 422
Vassall-Fox, Henry Richard (i.e. Lord Holland) 322, 324
Vega, Lope de 474
Vergil (i.e. Publius Vergilius Maro) 96, 184–185, 376, 381–382
Vicuña Mackenna, Benjamín 466
Villanueva, Joaquín Lorenzo 318, 336
Viscardo y Guzmán, Juan Pablo 101–102, 388–389, 455–456

Vitier, Cintio 510
Vitoria, Francisco de 244
Volpi, Jorge 536–537
Voltaire (i.e. François-Marie Arouet) 103, 383, 392, 450

Whately, Richard 277, 289, 300, 304
White, Ferdinand (Fernando) 269, 301
Whitman, Walt 496
Wilberforce, William 326

Yeats, William Butler 539
Yermo, Gabriel de 6, 70, 91, 93, 178, 181

Zambrano, María 489, 499
Zumárraga, Juan de 359

www.ingramcontent.com/pod-product-compliance
Lightning Source LLC
Chambersburg PA
CBHW031718230426
43669CB00007B/178